新 한국통사

신형식 외

주류성

新 한국통사

신형식 · 최병도 · 장득진 · 이경찬 ·
노성태 · 이기명 · 홍순룡

간행사

　다변화하는 현대사회에 민족의 정체성을 확립하는 데에는 역사 교육만큼 좋은 것은 없다. 특히, 자국사인 한국사 교육은 매우 중요하다. 이런 연유로 교육부에서는 2017학년도 대학수학능력시험부터 한국사는 필수로 지정되어 문과와 이과 등과 무관하게 모든 수험생들이 반드시 치러야 하는 과목이 되었다. 우리나라 학생들의 역사 의식 부재와 무지가 심각한 상황이라는 사회적 요구에 따른 것이다. 역사 과목은 과거로부터 지혜를 얻고 현대와 미래를 바라보는 통찰력을 찾기 위함이다. 국제화 시대일수록 역사교육은 더 중요하다. 우리 역사를 모르고는 세계화가 이루어지기 어렵기 때문이다. 특히, 일본의 역사 왜곡과 중국의 동북공정 등 한·중·일의 역사전쟁에서 이기기 위해서 한국사 교육은 매우 절실하다.

　이 책은 우리 역사를 전체적으로 설명한 한국사 개설서이다. 한국사 개설서의 경우 개인 저자의 저술과 대학의 사학과 중심으로 대학 교양을 위해 편찬한 것, 그리고 연구소 등의 여러 연구자들이 쓴 것들이 많이 있다. 게다가 출판사에서 일부 특정 층을 목적으로 편찬한 경우도 보인다. 그러나 몇 개의 저서를 제외하고는 대개 특정 주제를 중심으로 대학에서 강의하기 좋게 만든 개설서가 대부분이다. 대개 이러한 책들은 한국사의 전체적인 면을 보여주지 못하는 한계를 지니고 있다. 이 책은 이러한 한계를 극복하기 위해 제작되었고 보는 사람의 편의와 이해의 향상을 위해 학창시절 때 친근감이 있었던 교과서와 같은 편제로 구성되었다. 교과서는 모든 시대를 아우를 수 있고 가독성이 좋기 때문이다.

　이 책의 특징은 선사시대부터 현대에 이르기까지 총 8편으로 골고루 구성되어 있다는 점이다. 이는 각종 시험의 문항 분배가 대개 전근대 60%, 근현대 40%의 비율로 출제되기 때문이다. 특히, 근·현대사에 많은 비중을 두어 다른 개설서가 갖지 못했던 한계를 나름 보완하였다. 또 하나의 가장 큰 특징은 많은 시각 자료의 수록이다. 시각 자료는 내용의 이해에 많은 도움을 줄 뿐만 아니라 역사 지식 향상에도 큰 도움을 준다. 특히, 많은 유적을 수록함으로써 문화편을 강조하였다. 이는 근래의 시험이 문화에서 많이 출제되기 때문이다. 더욱이 이 책에는「자료스페셜」이라는 항목을 만들어 본문에 있는 관련 자료의 원문을 번역하여 발췌 수록하여 수능형 문제 해결에 도움을 주게 하였다.「더 알아보기」에서는 우리 역사상 주요 문제점을 알기 쉽게 해설하였다.

이 책의 독자층은 한국사를 체계적으로 이해하기 위한 분들과 각종 시험에 응시하려는 입시생이 될 것이다. 특히, 대학의 한국사 강좌의 교재, 공무원이나 임용 고시를 보려는 분들, 한국사 능력 검정시험에 많은 도움이 될 것이다. 이러한 연유로 주로 필자를 교과서 편찬 경험이 많고 각종 문제를 출제한 교사 분들로 구성하였다. 책의 교정과 윤문, 시각 자료 선정 등 모든 편집에는 장득진, 이경찬, 이기명 세 분의 노력이 컸다. 이 분들이 없었더라면 이렇게 깔끔한 책이 나올 수 없었을 것이다.

마지막으로 이 책이 나오기까지 무려 3년이란 세월이 흘렀다. 그리고 이 책은 나의 마지막 작품이 될 것이다. 원고를 써 주신 선생님들과 선뜻 간행을 약속한 주류성 사장이며 강남문화원의 최병식 원장, 그리고 주류성 출판사의 이준 이사와 편집디자인의 정진호에게 고마움을 전한다.

대표 필자 **신 형 식**

(서울시사 편찬위원장)

2014. 1.

차례

I
선사 문화와 국가의 형성

II
고대 사회의 발전

III

고려의 건국과
발전

IV

조선의 건국과
발전

V

조선 후기
사회의 변동

VI

근대 사회의
전개

VII

일제 강점과
독립 운동의 전개

VIII

현대 사회의
발전

부록

I
선사 문화와
국가의 형성

1. 선사 문화의 전개
2. 국가의 형성과 고조선

약 70만 년 전부터 만주와 한반도 주변 지역에 사람들이 살기 시작하였다. 그리고 우리 민족은 신석기 시대부터 청동기 시대를 거치면서 요녕, 만주, 한반도 등 동북 아시아 일대에서 독자적인 문화를 이루며 널리 분포되어 살았다.

구석기 시대에는 뗀석기를 사용하여 주로 사냥과 채집 등에 의존하며 생활하였다. 만주와 한반도에서는 1만 년 전 무렵 신석기 시대가 시작되었다. 신석기 시대에는 강가, 바닷가 등에 움집을 짓고 마을을 형성하는 한편, 농경과 목축 생활을 시작하고, 다양한 간석기와 토기를 만들어 사용하였다.

기원전 2,000년에서 기원전 1,500년 무렵 만주와 한반도에서 시작된 청동기 시대는 농경이 발달하고 청동제 무기의 보급으로 정복 활동이 활발해졌다. 이에 따라 빈부의 차와 계급이 발생하고, 막강한 권력과 경제력을 지닌 지배자인 군장이 등장하여 선민 사상을 내세워 주변 부족들을 통합해 갔다.

이 무렵에 출현한 고조선은 우리나라 최초의 국가였다. 단군왕검에 의해 아사달에 건국한 고조선은 이후 만주와 한반도 서북부 지역 등을 세력 범위로 하여 기원전 4세기 무렵에는 왕의 칭호를 사용하며 중국 세력과 맞서는 등 독자적인 문화를 이룩하였다. 기원전 2세기에 발달된 철기 문화를 배경으로 위만 조선은 주변 국가를 정복하여 영토를 넓히면서 중국 한나라와 남방의 진과의 중계 무역을 통하여 세력을 키워나갔다.

이후, 고조선은 한 무제의 침략으로 왕검성이 함락되어 멸망하고 말았다(기원전 108년). 한나라는 고조선 옛 땅에 군현을 설치하여 지배하려고 하자, 고조선 유민들은 만주와 한반도 지역으로 이주하여 여러 국가를 세웠다. 만주의 부여와 고구려, 한반도 북부의 옥저, 동예, 그리고 한강 이남의 삼한 등이 그 대표적인 국가였다.

그때 우리는		그때 세계는	
연 대	주요 사건	연 대	주요 사건
B.C.		B.C.	
		400만년 전	오스트랄로피테쿠스 출현
70만년 전	구석기 시대 시작		
		5만년 전	현생 인류 출현
8000년 경	신석기 시대 시작		
		3000년 경	메소포타미아·이집트 문명 성립
2333	단군왕검, 고조선 건국	2500년 경	황하 문명·인더스 문명 성립
2000년 경	청동기 보급		
500년 경	철기 사용	500년 경	인도, 불교 성립
194	위만 조선 성립	492	페르시아 전쟁(~B.C. 479)
108	고조선 멸망	221	진, 중국 통일
37	주몽, 고구려 건국	27	로마, 제정 수립

1 선사 문화의 전개

1. 구석기 시대의 사회와 문화
2. 신석기 시대의 사회와 문화

돌을 이용하여 도구를 만들고 있는 호모 하빌리스 모습(충북대 박물관)

선사 시대의 시대 구분

1816년 덴마크의 톰젠(C.J.Thomsen, 1788~1865)은 처음으로 고고학의 시대 구분을 하였다. 즉, 인류의 역사를 사용한 도구에 따라 석기 시대, 청동기 시대, 철기 시대로 구분한 것이다.

이후, 1865년 영국의 러보크(John Lubbock, 1834~1913)는 석기 시대를 다시 둘로 나누어 주로 뗀석기(타제석기)를 사용한 시대를 구석기 시대, 간석기(마제석기)를 만들어 쓴 시대를 신석기 시대로 각각 구분하였다.

－『고고학개론』－

구석기인들과 신석기인들은 어디서 어떻게 살았을까?

구석기 시대 생활 모습 구석기인들은 주로 동굴이나 막집에서 무리지어 생활하면서 열매를 채집하거나 뼈도구와 뗀석기를 사용하여 짐승을 사냥하였다.

신석기 시대 생활 모습 신석기인들은 강가나 바닷가에 움집을 짓고 부족을 중심으로 촌락을 이루며 농경과 목축 생활을 하기 시작하였다.

1 구석기 시대의 사회와 문화

(1) 구석기 시대의 유적과 유물

우리 민족의 기원

몽골 인종에 알타이 어족에 속하는 우리 조상들은 한반도와 만주 지역을 중심으로 한 동북아시아 일대를 생활 터전으로 삼아 살아 왔다. 자연 환경이 다양한 이 지역에서 구석기 시대를 지나 정착 생활을 하기 시작한 신석기 시대와 청동기 시대를 거치면서 우리 민족의 기틀이 형성되었다.

동북아시아에는 선사 시대부터 여러 민족들이 각기 독특한 문화를 이루고 있었다. 우리 민족도 주변의 다른 민족들과 교류하면서 독자적인 문화를 이룩하였다. 또한, 우리 민족은 농경 생활을 바탕으로 민족 국가를 유지하면서 민족 문화를 꽃피워나갔다.

구석기 시대의 시기 구분

우리나라와 그 주변 지역에는 약 70만 년 전 구석기 시대부터 사람들이 살기 시작하였다. 구석기 시대에는 돌을 깨서 만든 뗀석기를 사용하였는데, 돌을 다듬는 기법에 따라 전기, 중기, 후기의 세 시기로 나누어진다.

구석기 전기에는 양면 가공 석기로 만능 연장이었던 주먹도끼를 비롯하여 찍개, 찌르개 등과 같이 큰 몸돌로 한 개의 도구를 만들어 여러 가지 용도로 사용하였는데, 약 10만 년 전까지 이어졌다. 처음에는 한쪽 면만 날이 선 외날 찍개였다가 점차 양쪽 면에 날이 선 양날 찍개를 만들어 썼다. 중기에는 큰 몸돌에서 떼어 낸 돌조각(격지)을 정교하고 세련되게 잔손질하여 한 개의 석기를 한 가지 용도로 썼다. 후기에는 쐐기 같은 것을 대고 눌러떼어 작고 형태가 같은 복합 도구를 다량으로 만드는 기술적 발전을 보였다. 또한, 슴베찌르개를 나무나 뼈 등에 연결하여 쓰는 이음 도구가 만들어졌다.

구석기 시대 유적

1933년 함경북도 옹성군 동광진에서 철도 공사 중에 흑요석 석기, 골각기 등이 출토되면서 우리나라에서 구석기 시대의 존재가 처음으로 알려지게 되었다. 현재는 우리나라 최초의 구석기 유적으로 평가되는 이곳에서는 들소, 털코끼리의 화석과 고인류의 유물 등도 함께 발견되었다. 그러나 일본 국내에서 아직 구석기 유적이 발견되지 않았고 뜻밖에 한반도에서 먼저 구석기 시대 유물이 발견되자, 식민지 사관이 지

오스트랄로피테쿠스
·400만 년 전
·남쪽의 원숭이
·직립 보행, 도구 사용

호모 하빌리스
·250만 년 전~150만 년 전
·손재주 좋은 사람
·도구 제작

호모 에렉투스
·150만 년 전~20만 년 전
·곧선 사람
·불 · 언어 사용

호모 사피엔스
·20만 년 전~4만 년 전
·슬기 사람(고인)
·시체 매장(내세관)
·네안데르탈인, 상시인

호모 사피엔스 사피엔스
·4만 년 전
·슬기슬기 사람(신인)
·크로마뇽인, 흥수아이
·현생 인류 조상

구석기 문화의 전통
구석기 문화의 전통 가운데 주먹도끼 전통(Hand-ax tradition)은 서구·아프리카·중동 지역의 문화이다. 이에 대해 찍개문화전통(Chopper, Chopping-tool tradition)은 동아시아·남양·발칸반도에서 보여진다. 그러나 우리나라 전곡리에서 주먹도끼 문화의 유물이 발견되어 기존의 학설에 수정을 가져왔다.

점말 동굴(충북, 제천) 남한의 대표적인 구석기 유적인 두루봉 동굴(청원)에서는 인골이 발견되었으며 동굴곰의 뼈도 발굴되었다.

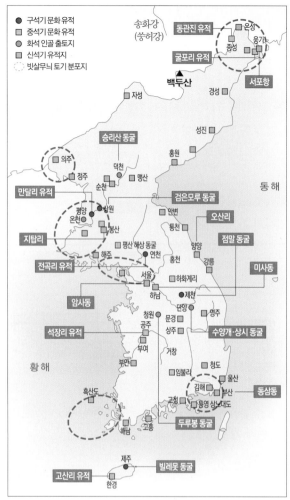

● 구석기 문화 유적
■ 중석기 문화 유적
● 화석 인골 출토지
■ 신석기 유적지
⸺ 빗살무늬 토기 분포지

송화강
(쑹허강)

동관진 유적
굴포리 유적
온성
옹기
종성

백두산
자성
경성
서포항

성진

승리산 동굴
의주
덕천
홍원
맹산

만달리 유적
평양
온천
상원
안변

검은모루 동굴
봉산
통천
오산리

지탑리
평산 해상 동굴
해주
연천
홍천
양양
강릉

점말 동굴

전곡리 유적
서울
하화계리
미사동

암사동
하남
제천

청원
단양
영주
문경

석장리 유적
공주
상주

수양개·상시 동굴

부여
거창

황 해
부안
임불리
청도

흑산도
김해
울산
고창
부산
동삼동
고성
용영 상노대도

두루봉 동굴
고흥
해남

제주
빌레못 동굴

고산리 유적
한경

선사 시대의 유적 발견지

배하던 일본 학계는 동관진 유적의 실체를 부정하였다.

그러나 광복 후 1960년대에 이르러 함경북도 웅기군 굴포리(1963), 충청남도 공주시 석장리(1964)에서 구석기 유적이 잇달아 발견되어 한반도에서의 구석기 시대 존재가 더욱 확실해졌다.

구석기 유적의 발견이 다시 활기를 띤 것은 1980년 이후이다. 강원도 양구군 상무룡리, 경기도의 연천군 남계리와 양평군 병산리, 충청북도의 제천시 창내와 단양군 금굴, 전라남도의 승주군 곡천과 화순 등지에서도 구석기 유적이 확인되어 현재까지 남북한 지역에서 확인된 유적이 200여 곳에 이른다. 구석기 유적의 발견은 이후에도 발굴성과에 따라 많아질 예정이다. 어떻든 공식적으로 구석기 시대의 존재가 인정됨으로써 우리나라 역사의 기원이 크게 올라가게 되었다.

구석기 유적은 한데 유적과 동굴 유적으로 구분할 수 있다. 공주시 석장리 유적을 비롯하여 연천군 전곡리, 고양시 원당, 단양군 수양개 등은 한데 유적이다. 남한의 충청북도 청원시 두루봉, 제천시 점말, 단양군 상시, 제주 빌레못 등을 비롯하여 평양시 검은 모루와 상원 용곡, 평안남도 덕천시 승리산 등 북한의 대부분은 동굴 유적이다.

한편, 한반도 여러 지역의 동굴에서 약 70만 년 전에 살았던 사람들의 어금니, 머리뼈, 어깨뼈 등이 발견되어 우리나라에서도 원인 · 고인 · 신인 등이 살았던 사실이 확인되었다. 한반도에 살았던 대표적인 구석기인으로 승리산인(덕천인), 만달인, 상시인, 홍수아이 등이 있다.

(2) 구석기 시대의 사회와 문화

구석기인의 모습

한반도에 생존했던 사람으로 원인(곧선 사람)은 검은모루사람으로 추정되며, 굴포 유적과 상시 바위그늘(단양)에서 발견된 사람은 고인(슬기 사람)으로 생각된다. 이후 이들은 호모 에렉투스 단계에서 진화한 것으로 약 40만~25만 년 전이다. 인류 단계에 속하는 것은 네안데르탈인으로 이들은 죽은 사람을 위하여 무덤을 만들기도 한다.

주먹도끼 큰 자갈덩이에서 떼어내거나, 자갈돌을 망치돌로 뾰족하게 날을 세워 양면이 날카롭게 만든 양면 핵석기이다.

슴베찌르개

이어 발견된 승리산인(덕천인)이나 역포인 등으로 설명되고 있다. 신인은 4만 년 전에 등장하는 현생 인류로 돌을 다루는 기술이 있어 석기를 만들어 사용했을 뿐만 아니라 짐승의 뼈나 뿔 등을 가지고 여러 도구를 만들어 사용했다.

구석기 시대의 생활 모습

구석기 시대 사람들은 주로 동굴이나 바위 그늘에서 살거나 강가에 막집을 짓고 살았다. 기후 변화나 맹수

석장리 유적지(충남 공주)

또는 다른 집단과의 생존 경쟁에 대처하기 쉬웠기 때문이었다. 또한 숲이나 강가에서도 구석기 시대 유적이 발견되어 식량 채취를 위해 이동 생활을 하였음을 추측할 수 있다. 구석기 시대 사람들의 주거지였던 막집 자리에서 기둥 자리, 담 자리와 함께 불을 사용한 사실을 보여주는 화덕 자리 등이 발견되고 있다. 집터는 대개 3, 4명에서 10여 명이 살 수 있는 정도의 크기였다.

승리산 유적(평남 덕천)

구석기 시대에는 가족을 중심으로 하는 무리 사회를 이루어 살았다. 구석기 시대 사람들은 무리 중에서 연장자 또는 경험이 많거나 지혜로운 자를 우두머리로 삼아 평등한 원시적 공동체적 생활을 하였다. 이들은 열매나 뿌리 등을 채집하여 먹거나 돌을 깨뜨려 만든 뗀석기나 동물의 뼈나 뿔로 만든 뼈도구(골각기)를 사용하여 사냥, 물고기잡이 등을 하였으며, 사냥감이나 계절에 따라 이동 생활을 하였다.

구석기 시대에서 신석기 시대로 넘어가는 시기에 빙하기가 지나고 다시 기후가 뜻해지면서 다양한 동·식물이 새로이 나타났다. 토끼, 여우, 새 등 작고 날쌘 짐승을 잡기 위해 활, 창, 작살 등의 도구가 새로이 고안되었다. 이것들은 크기를 작게 만든 잔석기로서, 나무나 뼈 등에 꽂아 쓰는 슴베찌르개와 같은 이음 도구로 만들어졌다. 이러한 이음 도구를 사용한 시기를 '중석기 시대'라고 부르기도 한다. 북한 지역의 함경북도 웅기군 부포리, 평양시 만달리, 남한 지역의 충청남도 공주시 석장리, 강원도 홍천군 하화계리, 충청북도 단양시 금굴, 경상남도 거창군 임불리 유적, 경상남도 통영시 상노대도 등이 중석기 시대의 대표적인 유적이다.

구석기 시대 사람들은 돌이나 동물의 뼈 또는 뿔을 이용하여 조각품을 만들기도 하였다. 구석기 시대 유적으로 널리 알려진 평양시 상원 검은 모루, 경기도 연천군 전곡리, 충청북도 단양군 수양개, 충청남도 공주시 석장리 등에서 물고기, 고래 등을 새긴 조각이, 제천 점말 동굴에서는 사람 얼굴이 새겨진 코뿔소 뼈 등이 나왔다.

구석기인들이 살던 유적지에서 뼈바늘, 각종 장신구가 발견되는 것으로 옷을 만들어 입고 몸을 꾸몄으며 예술품을 만들어 자신의 감정을 표현했다.

이들 조각품은 구석기 시대 사람들이 사냥의 대상이 되는 동물의 번성이나 사냥의 성공을 축원하는 주술적 의미가 반영된 것으로 보인다.

연천 전곡리 발굴(모형)

단양 수양개 선사 유적지(충북 단양)

금굴(충북 단양)

남한 지역의 구석기 유적

*는 동굴 유적

지역	유적 명칭	지명	발견 시기	특징
금강	석장리	공주 장기면	1964~1992	전기·중기·후기 구석기 유적 (12개 문화층)
	샘골	청원 문의면	1978	후기 구석기 유적
한강	점말*	제천 송학면	1973~1980	전기 구석기 유적
	두루봉*	청원 가덕면	1976~1983	후기 구석기 유적·홍수아이 복원
	상시, 바위그늘	단양 매포읍	1981	슬기사람(상시인) 확인
	창내	제천 한수면	1982~1983	후기 구석기 유적
	명오리	제천 한수면	1983~1984	중기 구석기 유적
	금굴*	단양 매포읍	1983~1985	전기·중기 구석기 유적
	수양개	단양 적성면	1983~1996	중기 구석기 유적·주먹도끼·찌르개
	구낭굴*	단양 가곡면	1986~1988	짧은 꼬리 원숭이, 사슴, 곰
	상무룡리	양구 양구읍	1987~1988	후기 구석기 유적
	병산리	양평 강산면	1992~1993	중기·후기 구석기 유적
한탄강	전곡리	연천 전곡읍	1979~1991	전기·중기 구석기 유적·주먹도끼
	남계리	연천 군남면	1989~1992	전기·후기 구석기 유적
	원당리	연천 장남면	1996~2003	전기 구석기 유적

2 신석기 시대의 사회와 문화

(1) 신석기 시대의 유적과 유물

신석기 시대의 시기 구분과 유적

우리나라의 신석기 시대는 기원전 8000년 무렵에 시작되었다. 이때부터 사람들은 돌을 갈아서 여러 형태와 용도를 가진 간석기를 만들어 썼다. 신석기 시대 사람들은 나무 외에도 강가나 바닷가 주변에서 단단한 돌뿐만 아니라 무른 돌을 주어다가 쓰임새에 맞게 갈아서 도구로 만들었다. 또, 진흙으로 그릇을 빚어 그늘에 말린 다음에 불에 구워서 만든 토기를 사용하기 시작하였다.

신석기 시대는 대체로 전기, 중기 후기의 3시기로 구분한다. 전기는 기원전 8,000년~기원전 4,000년으로는 이른 민무늬 토기, 덧무늬 토기, 눌러찍기무늬 토기(압인문토기) 등이 유행하던 시기이다. 이 시기의 대표적인 유적으로 강원도 양양군 오산리, 부산시 동삼동, 제주도 고산리 등이 있다.

중기는 기원전 4,000년~기원전 3,000년으로 신석기 시대를 대표하는 빗살무늬 토기가 사용된 시기이다. 이 시기에 사람들은 강가나 바닷가에 정착해 살면서 주로 어로 · 수렵 생활을 하였기에 빗살무늬가 널리 유행하였다. 평양 남경, 서울시 암사동, 경기도 하남시 미사동, 경상남도 김해시 수가리 등이 이 시기 대표적 유적인데, 강가나 바닷가에 있다.

후기는 기원전 3,000년~기원전 2,000년으로 청동기 시대로 이어지는 시기이다. 황해도 봉산 지탑리, 강원도 춘천시 교동, 경기도 부천시 시도 등이 신석기 후기의 대표적인 유적으로 꼽힌다.

신석기 시대의 유물 · 유적

신석기 시대는 정착 생활을 하였기 때문에 농경을 위한 돌도끼(석부), 반달돌칼(반월형 석도), 실생활에 필요한 맷돌, 사냥과 어로를 위한 돌살촉(석촉), 돌검(석검) 등의 석기와 석추, 낚시 등 골각기를 개발하였다. 또한 직조를 위한 골침이 있었고 토기(빗살무늬토기, 덧무늬토기)를 발명하였다. 신석기 유적으로는 (선봉, 부산 동삼동, 김해 웅천)(패총)과 (선봉, 암사동)(주거지)가 대표적이다.

갈돌·갈판

(2) 신석기 시대의 사회와 문화

신석기 시대의 경제 생활

신석기 시대 사람들은 산간의 동굴에서 내려와 강가나 바닷가 등지에 주거지를 마련하여 살았다. 구석기 시대 사람들이 채집, 사냥, 물고기잡이 등 주로 자연 경제에 크게 의존하여 이동 생활을 하였던 것과는 달리 신석기 시대에는 농사를 짓고 가축을 기르기 시작하면서 점차 한 곳에 정착해서 살게 되었다. 특히, 농경 생활의 시작으로 큰 변화를 맞게 되었는데, 이를 '농업 혁명' 또는 '신석기 혁명'이라 한다.

신석기 시대에는 조, 피, 수수 등 주로 야생의 잡곡류를 재배하였다. 평양시 남경, 황해도 봉산 지탑리 등의 신석기 시대 유적에서 불에 탄 좁쌀이 발견됨으로써 이러한 사실이 확인되고 있다. 이 시기의 대표적인 농기구로는 돌괭이, 돌보습, 돌삽, 돌낫 등을 비롯해 나무열매나 곡물의 껍질을 벗기는 갈판과갈돌 등이 있다.

신석기 시대에는 농경과 목축으로 고기잡이, 사냥, 채집의 경제 활동이 점차 줄어들었으나, 이는 여전히 부족한 식량을 얻는 중요한 수단이었다. 주로 창, 활화살,

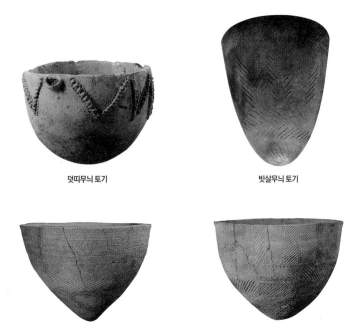

덧띠무늬 토기   빗살무늬 토기

빗살무늬 토기

빗살무늬 토기

신석기 시대를 대표하는 토기로 대체로 강가와 바닷가에서 발견된다. 주로 생선뼈 무늬가 중심이 되나 밑바닥이 뾰족하며 아가리, 몸통, 밑바닥이 각각 다른 무늬로 되어 있다. 아가리는 짧은 무늬가 4줄의 평행선 모양으로 이어지고, 몸통은 생선뼈 무늬가 상하로 이어졌으며, 밑부분은 아가리와 같은 모습을 하고 있다. 다시 말하면 아가리·몸통·밑바닥이 각기 다른 무늬로 되어있다.

가락바퀴

방추차(紡錘車)라고도 불리는 가락바퀴는 신석기시대부터 청동기시대까지 사용한 원시적인 방적 도구로 돌·흙·뼈·도기 등으로 만들었고, 그 모양도 원판형·구형·반구형·원통형 등 다양하였다. 가락바퀴는 그 중앙에 둥근 구멍이 뚫려 있는데, 그 구멍을 통하여 가락바퀴의 축이 될 막대를 넣어 고정시키고 막대의 위쪽 끝에는 갈퀴를 만들었다.

작살 등으로 짐승을 사냥하였고, 뼈나 돌로 만든 낚시나 그물 등을 사용하여 물고기잡이를 하였다. 또, 바닷가에서 굴, 홍합 등 조개류를 채취하여 먹기도 하였다.

신석기 시대 사람들의 가장 큰 특징 중 하나는 토기를 만들어 사용하였다는 것이다. 처음에는 이른 민무늬 토기와 덧무늬 토기를 사용하다가 기원전 4,000년 무렵에는 빗살무늬 토기를 주로 사용하였다. 특히, 신석기 시대의 대표적인 토기인 빗살무늬 토기는 그릇 표면을 빗살같이 길게 이어진 무늬새기개로 누르거나 그어서 점·선·동그라미 등의 기하학무늬로 모양을 내고, 밑 부분을 화분이나 포탄 모양으로 뾰족하게 만들었다. 전국 각지의 유적에서 나온 빗살무늬 토기는 바닷가의 패총 유적에서 많이 발견되고, 강가의 경우에는 주로 주거지 유적에서 출토된 것이 특징이다.

신석기 시대에는 농업과 함께 원시적인 수공업 활동이 이루어졌다. 황해도 봉산군 지탑리, 평안남도 용강군 궁산리, 강원도 양양군 오산리, 경기도 여주군 흔암리 등의 유적에서 실을 뽑는 도구인 가락바퀴를 비롯하여 뼈바늘이 출토된 것으로 보아 신석기 시대 사람들이 옷이나 그물 등을 만들었음을 알 수 있다.

신석기 시대의 사회 모습

농경의 시작으로 정착 생활을 하게 된 신석기 시대 사람들은 경제 활동에 맞게 주거 생활도 개선하여 살았다. 그것이 바로 반지하 가옥인 '움집'이다. 움집은 원형 또는 사각형으로 땅을 파고 둘레에 기둥을 세워 이엉을 덮고, 바닥에는 주로 진흙을 깔았으며, 대체로 햇볕이 잘 드는 남쪽 방향으로 출입구를 냈다. 움집 안에는 취사와 난방을 위한 화덕이 중앙에 있고, 그 옆에는 저장 구덩이를 따로 두었다. 남자들이 출입구 근처에서 석기를 만드는 등의 작업을, 여자들은 출입구 반대쪽에서 취사 등의 일을 했던 것으로 보인다. 움집의 크기는 한결같지 않았으나, 4~5명 정도의 한 가족이 살기에 적당한 넓이였다.

신석기 시대 사람들은 강가나 바닷가 또는 야산 등지에서 사냥과 어로를 통해 식량을 확보하여 먹었다. 신석기 대표적인 유적지인 패총 속에 뼈나 껍질 상태로 남아 있는 동물과 물고기, 조개 등을 통해 알 수 있다. 그리고 주변에서 안정적으로 구할 수 있는 식용 식물이나 도토리 등의 열매 등을 채집하며 먹고 살았다. 부산 동삼동 패총에서는 불탄 조와 기장이 나와 이미 이 시기부터 잡곡을 먹었다는 것을 알 수 있다. 이들이 구한 음식물은 주로 불을 이용하여 토기에 담아 끓여먹거나 화덕에 굽거나 익혀 먹었을 것으로 여겨진다. 남은 음식물은 토기항아리나 저장 구덩이에 놓았을 것이다.

신석기 시대 사람들은 여러 씨족이 모여 부족을 이루고 살았다. 신석기 시대에는 혈연을 바탕으로 한 씨족들이 다른 씨족과의 족외혼을 통해 부족을 이루었다. 그러나 신석기 시대는 구석기 시대의 무리 사회와 같이 연장자나 경험이 많은 자가 부족을 이끌어 나가는 평등한 공동체 사회였다.

신석기 시대에는 농경과 정착 생활을 하게 되면서 여러 신앙이 생겨났다. 사람이 죽어도 영혼은 없어지지 않는다고 생각하여 영혼이나 조상을 숭배하였다. 또, 특정 동·식물을 숭배하는 토테미즘, 정령을 믿는 애니미즘, 무당과 그 주술을 믿는 샤머니즘과 같은 믿음도 나타났다.

신석기 시대 사람들은 짐승 뼈나 조개껍질 등을 이용하여 조각품을 만들기도 하였다. 이들 조각품에는 풍요한 수확을 염원하는 주술적 의미가 담겨 있었다. 한편, 장신구를 착용하기도 하였다. 장신구는 쉽게 구할 수 있는 동물뼈, 조개, 옥, 돌 등을 재료로 하여 목걸이나 팔찌, 발찌 및 귀걸이를 하였다. 동삼동 패총에서 다량 발굴된 조개 팔찌는 신석기 사람들이 즐겨 착용했던 것으로 보인다.

애니미즘
자연 현상이나 자연물에 정령이 있다고 믿음

토테미즘
자기 부족의 기원을 특정한 동식물과 연결시켜 숭배

샤머니즘
인간 영혼과 하늘을 연결하는 무당과 그 주술을 신봉

돌괭이

뼈연모(바늘과 침통)

암사동 집자리 유적
신석기인들의 삶의 모습을 보여주는 암사동 움집(주거지)은 직경 6m, 깊이 60cm, 면적 18㎡ 크기의 지상 주거지이다. 중앙에 화덕(온돌자리)과 출입구 옆에는 저장구덩을 두고 음식물과 도구를 저장하였는데 이 정도의 크기로 보아 4명 정도가 살았다고 생각된다.

암사동 집자리 유적(서울 강동)

동삼동 패총

2 국가의 형성

1. 청동기·철기 시대의 전개
2. 고조선의 건국과 발전
3. 여러 국가의 성장

단군 왕검 고려 충렬왕 때 일연(一然, 1206~1289)이 편찬한 『삼국유사』에는 단군왕검이 기원전 2333년에 우리나라 최초의 국가인 고조선(古朝鮮)을 아사달에 건국한 것으로 기록되어 있다.

조선(朝鮮)의 건국

위서에 이르기를,
"지금으로부터 2천 년 전에 단군왕검이 있어
도읍을 아사달에 세우고 나라를 창건하여
이름을 조선(朝鮮)이라 하니,
중국 고(요)임금과 같은 때이다."

魏書云 乃往二千載 有檀君王儉立都阿斯達
開國號朝鮮 與高(堯)同時
— 일연, 『삼국유사』 고조선(왕검 조선) —

우리 민족의 생활 터전인 만주와 한반도 지역에 청동기 문화와 철기 문화가 꽃피다.

청동기 시대 유물들 청동기 문화의 보급으로 사유 재산 제도와 계급이 나타나게 되면서 사회 전반에 걸쳐 큰 변화가 일어났다.

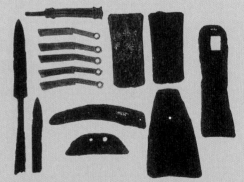

철기 시대 유물들 철제 농기구와 무기의 사용으로 농업 생산력이 증대되고, 정복 활동이 활발해짐에 따라 만주와 한반도 각지에는 여러 나라가 성립되었다.

(1) 청동기 시대의 전개와 생활

청동기 시대의 전개

기원전 20세기에서 15세기무렵 만주를 거쳐 기원전 10세기에는 한반도에서 청동기가 사용됨으로써 석기 시대는 막을 내렸다. 청동기는 구리에 주석을 합금시킨 매우 단단한 금속인데, 이 금속으로 도구를 만들었다. 청동으로 만든 무기·제기·장신구 등의 사용에 따라 전반적인 사회변화가 일어났다. 비파형 동검(요녕식 동검)은 손잡이와 날개 부분을 별도로 제작하여 조립한 것으로 요서 지방에서 집중적으로 발견되며 한반도 전역에서도 출토되고 있다.

청동기 사람들은 민무늬 토기를 만들었고 빗살무늬 토기인(고아시아족)을 흡수하여 새로운 주역으로 등장하였으며, 이들이 예맥족으로서 한민족의 주류를 형성하였다. 기원전 4~3세기에 이르러 이들은 세형 동검을 제작하여 한국식의 청동기 문화를 이룩하게 되었다. 민무늬 토기는 대개 구릉 지대에서 발견되어 강가나 바닷가에서 주로 분포된 빗살무늬 토기와 달리 농경을 중심으로 정착 생활을 하였음을 알 수 있다.

아울러 이 시기에는 반달 돌칼, 간돌검, 거친무늬거울, 돌널무덤, 돌덧널무덤, 널무덤, 독무덤 등이 발견되고 있다. 신석기 후반부터 청동기 초기에 이르는 시기에는 고인돌(지석묘)과 다양한 주제의 바위그림이 나타나게 되었다. 또, 이 시기는 사유 재산과 계급이 발생하게 되었고, 사회도 군장 사회(Chiefdom Society)로 넘어가게 되었다.

청동기 시대의 사회와 문화

청동기 시대 사람들은 주로 강을 끼고 있는 야산이나 구릉 지대에 살았다. 청동기 시대는 발달된 석기와 다양한 청동기를 사용하였고, 이를 바탕으로 농경 사회가 이룩되었다. 벼(쌀)·보리·수수·조·기장 등이 재배되어 생활 환경이 유리하게 발전하였다. 농기구는 이전의 간석기보다 더욱 개량되어 이 시기부터 밭에 이랑을

반달 돌칼

바위그림
바위그림[岩刻畵]은 수렵인의 예술, 또는 정착 농민 예술(Farmer's art)로 청동기 문화의 대표적 존재이다. 대곡리 반구대 바위그림에는 사슴·고래·거북·곰·토끼·호랑이·멧돼지·여우 등이 등장하여 수렵·어로 생활의 모습을 보여준다.

인천 강화군 부근리 고인돌(탁자식)

전북 고창군 고인돌(바둑판식)

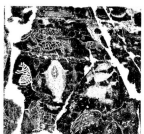

(위) 고령 양전동 바위그림과 (아래) 울산 대곡리 (반구대) 바위그림

고인돌은 무거운 돌을 큰 받침 위에 올려 놓은 것으로 탁자식(북방식)은 높은 받침 위에 세운 것이고, 바둑판식(남방식)은 받침돌이 낮게 되어 있다. 그러나 가장 많은 것은 받침돌이 없는 개석식(무지석식) 고인돌이다. 고창, 화순, 강화도 고인돌은 세계 문화 유산으로 등재되었다.

민무늬토기 항아리

무늬없는 토기의 종류

명칭	지역
공귀리식 토기	평북 강계·중강진
미송리식 토기	평북 의주
팽이 토기	황해도 황주·봉산
공열 토기	함북일대
가락리식 토기	서울(가락동)
송국리식 토기	충남 부여

농경무늬 청동기(대전 괴정동 출토)위에는 6개의 구멍이 있어 매달아 사용한 것으로 보인다. 두갈래 끝에는 새가 있으며, 따비를 이용해 밭을 가는 남자와 여인상이 새겨져 있다.

입석(경북 칠곡)

만들고 곡식을 심는 방법이 사용되었다고 한다. 벼농사는 청동기 시기에 벼의 전래와 함께 본격적으로 시작되었다. 이러한 사실은 여주 흔암리, 부여 송국리 유적 등에서 불탄 볍씨가 발견되었고 토기 바닥이나 몸통에 볍씨 자국이 있는 데에서 알 수 있다.

한편, 청동기 시기의 집은 직사각형이나 원형의 반움집이었고 신석기 시대보다 훨씬 커졌으며, 마을의 규모도 커졌다. 집은 주춧돌을 사용하기도 하였으며 난방 기술의 발달로 움집에서 지상 가옥으로 바뀌어 갔다. 가운데에 있던 화덕은 점차 한쪽 벽으로 옮겨졌고 음식이나 물건을 저장하는 저장 구덩이도 따로 설치하였다.

식량의 생산 활동이 발달되어 잉여 생산물의 교역이 활발해져서 생활 범위가 크게 확장되었다. 이에 따라 사유 재산과 계급이 발생되어 지배자(족장) 세력이 확대되어 군장 사회가 나타났다. 따라서 군장의 무덤뿐 아니라 경계표식으로 고인돌(Dolmen)과 선돌(Menhir)이 유행되어 족장의 힘을 과시하였다. 다양한 주제(사람, 고래, 곰, 돼지, 물고기, 새)의 바위그림을 통해 수렵과 풍요를 기원하였고, 동시에 동심원, 별자리, 각종 무늬를 나타냄으로서 고대인의 내세·토템·희망을 상징적으로 표현하였다.

이러한 청동기 시대의 경제적·정치적인 사회 변화는 밀집된 취락을 이루게 되었고, 잉여 생산물의 재분배와 물물 교역이 발생하였다. 게다가 다른 지역과의 교역이 이루어지면서 사유재산과 계급이 발생하였다.이에 따라 초기 국가로 넘어가는 전단계로서 제정 일치 사회가 발달하였다.

우리나라의 대표적인 바위그림(암각화)

위치		행정 구역	바위그림 관련 내용
경북	수곡리	안동시 임하면	말굽, 새, 사람발자국, 윷판
	가흥동	영주시	사람, 갑옷
	보성리	영천시 청통면	사람(여자·남자), 목걸이
	금장대	경주시 석장동	사람(꼬깔), 발자국(어린이·호랑이), 배, 호랑이
	암터	고령군 개진면 양전리	동심원, 사람, 전(田)자
	안화리	고령군 쌍림면	사람
	안심리	경주시 내남면	사람
	인비리	포항시 북구 기계면	칼자루 모양, 화살촉 모양
	칠포리	포항시 북구 흥해읍	사람, 간돌검, 간돌촉(남녀 생식기)
울산·경남	천전리	울산시 언양면	사슴, 물고기, 짐승, 인면수신, 동심원, 마름모꼴
	대곡리	울산시 언양면(반구동)	고래, 상어, 남자, 사슴, 배, 여자
	도항리	함안군 가야읍	동심원
	양아리	남해군 상주면	추상선각으로 표현
전남	오림동	여수시 오림동	사람(앉아있는·서있는), 칼
전북	봉황대	남원시 대산면 대곡리	여자, 역사다리꼴
충남	어풍대	금산군 제원면 제원리	사람(얼굴), 파충류

군장(君長) 사회의 성립과 발전

청동기 사회는 사유 재산과 계급이 발생하여 생산의 다양화와 잉여 생산물의 재분배에 따라 족장(군장)의 권한이 강화되었다. 여기서 지배와 피지배(복종)의 관계가 생기고 군장 사회(성읍국가, 읍락국가)가 성립되어 권력자(군장)를 중심으로 소규모의 국가 체제를 갖추게 되었다. 이 때의 군장 사회는 방어에 유리한 야산 부근에 치소(정치 중심지)를 두고 토성·목책을 쌓았다.

이러한 군장 사회는 초기 국가의 모습이었고, 그것이 보다 중앙 집권적인 형태로 발전하여 갔다. 그러나 당시의 군장은 세습된 지배자가 아니었고 폐쇄적인 혈연 사회로서 강력한 권한을 갖고 있지 않았다.

이러한 군장 사회는 초기 고조선 시대에 역계경(歷谿卿)이나 이계상(尼谿相)과 같은 부족장이 존재한 것으로 그 모습을 엿볼 수 있다. 동시에 부여의 부족장인 마가, 우가, 고구려 초기의 관나, 환나, 주나 등 나(那)의 집단 부족장도 그러한 사례이다.

또한 옥저의 삼로나 동예의 후, 읍군, 삼한지방의 신지, 읍차 등 부족장이 다스리는 70여 개의 소국이 바로 군장 사회의 모습이었다. 따라서 군장 사회와 초기 국가의 차이가 크지 않았으며 지배자를 중심으로 복합 사회를 이루었다. 기원전 4세기 철기 사용에 따른 초기 국가의 등장으로 군장 사회는 점차 소멸되었다.

(2) 철기 시대의 전개와 문화

철기 시대의 등장

기원전 4세기에 이르러 중국 전국 시대(기원전 403~221)의 철기 문화가 만주(요서 지방)를 거쳐 압록강 중류와 청천강을 거쳐 대동강 유역으로 들어왔다. 그 이유로 이 지역에서 명도전, 반량전, 오수전 등 중국 동전이 발견되고 있음에서 알 수 있다.

청동기 시대의 유물·유적

구분		분류	
유물	동검	전기	비파형 동검
		후기	세형 동검
	거울	전기	거친무늬 거울
		후기	잔무늬 거울
	석기		돌칼, 홈자귀, 돌괭이, 간돌검
	토기		민무늬 토기
유적	무덤		돌덧널무덤, 돌널무덤, 널무덤, 독무덤
			고인돌
	경계표		선돌(입석)
	돌예술		바위그림

오수전(한대) 중국 춘추 전국 시대와 한대의 화폐. 고조선 지역에서 발견되는 것으로 보아 교역이 활발하게 전개되었음을 알 수 있다.

송국리식 토기

송국리 청동기 움집과 목책 복원 모습(충남 부여)

명도전(춘추 전국 시대)

각종 철기(동아대박물관)

이러한 철기의 사용으로 무기(칼, 창, 화살촉)와 농기(낫, 괭이, 보습)가 크게 발달하여 정복 사업이 본격화되었다. 특히, 벼농사를 비롯한 농업의 발달로 생산력이 증가하였고, 계급 사회가 본격화되어 초기 국가의 등장이 가능하게 되었다.

철기 시대의 유물로서는 김해 패총(조개무지)에서 왕망전과 쌀알을 비롯하여 각종의 농기구(낫, 삽, 보습)와 무기(칼, 창, 투구, 갑옷), 마구 등이 출토되었다. 무덤으로는 청동기 시대에 나타난 돌널무덤(석관묘), 널무덤, 독무덤(옹관묘) 외에 돌무지무덤(적석묘), 토광묘, 돌덧널무덤 등이 남아있다.

한반도의 철기 유적

철기 시대는 김해패총의 발굴(도끼, 낫, 화살촉, 칼)로 확인되기 시작하였으며 북한 지역에서는 이보다 앞서 평북 위원(용연동)에서 연나라 제품이 분명한 쇠도끼·쇠화살촉·쇠꺾창 등과 함께 쇠낫·반달쇠칼·쇠가래·쇠호미 등의 농기구가 일괄 발견된 바 있다.

철기시대에 들어 가장 큰 변화는 농업의 발달이었다. 철제 농기구 사용, 벼농사의 발전(저수지), 목축 등 발전하여 빈부의 격차가 생기기 시작하였다. 주거는 점차 지상화되고, 목조 가옥이 등장하였으며, 인구 증가로 정착 생활의 규모 확대하였다.

한편, 경남 창원 다호리에서는 붓과 손칼, 철덩어리, 철제기구, 나무널 등 여러 유물이 출토되었는데, 이 가운데 붓과 손칼은 당시 대나무나 나무판에 글씨를 쓰고 지우는 오늘날의 연필과 지우개와 같은 것이다. 이 유적을 통해 이미 2000년전 우리나라에서 문자가 사용되었음을 알 수 있다.

철기 시대의 사회와 문화

철기의 사용으로 계급 사회가 강화됨으로써 최고 지배자로서 대군장은 왕으로 추대되었다. 하지만 초기 국가에서의 왕은 절대권을 행사할 수 없었으며 모든 정치적 행위는 부족장 회의에서 결정되는 연맹체 사회였다.

따라서 부족장들은 사자, 조의와 같은 가신을 거느리고 있었으며, 엄격한 계급과 부족의 단결을 위해 영고(부여), 동맹(고구려)과 같은 제천 행사를 열었다. 당시는 사유 재산이나 권력, 지배 질서를 유지하려는 책화(경계 침략의 금지), 1책12법 등 법규는 있었지만, 부족장 회의에서 모든 것이 결정되었다. 또 천재지변이 나면 그 책임을 왕에게 돌려 죽이거나 교체가 가능하였다. 이러한 사회 규제나 법 질서는 고대 국가로 이어지는 과도 정치 체제를 유지하고 있었다.

철기 시대의 유물 · 유적

유물	농구	보습, 낫, 삽
	무기	칼, 창, 투구, 갑옷
	마구	차여구, 마구, 대구
	중국 화폐	명도전, 오수전
유적	널무덤	목관을 이용한 지하분묘
	독무덤	2~3개의 항아리를 맞붙임
	패총	김해 패총(왕망전, 불에 탄 쌀알출토)

(1) 고조선의 건국

고조선의 건국

청동기 문화의 발달로 만주 요령 지방과 한반도 서북 지역에는 족장이 다스리는 많은 부족이 나타났으며, 이 부족을 단군이 통합하여 고조선이 건국되었다(B.C. 2333). 고조선의 건국 과정은 『삼국유사』의 기록에 나타나 있다. 옛날 하느님(환인)의 서자인 환웅이 홍익인간의 뜻을 가지고 무리 3,000여 명을 이끌고 태백산에 내려와 신시(神市)를 베풀고 풍백·우사·운사를 거느리고 인간의 360여 가지 일(농사·수명·질병·형벌·선악 등)을 다스렸다. 이때 곰이 여자가 되어 단군을 낳았는데,

참성단(강화도 마니산) 고조선 지배자들이 하늘에 제사 지내던 곳이라고 전해진다.

단군이 기원전 2,333년에 고조선을 건국하였다고 전해온다.

고조선은 청동기 문화를 바탕으로 군장 사회를 이룩한 후 철기 문화를 받아들이면서 발전하였다. 고조선은 비파형 동검, 미송리식 토기, 고인돌 등을 결합한 후에 기원전 4세기의 철기 문화를 통해 요하 일대(요동 일대)에서 초기 국가로 성장해 나갔다. 고조선은 요동 반도 남단(다롄)의 강상 무덤과 같은 유적을 남기면서 중국 세력과 대결하면서 성장하였다.

고조선의 세력 범위

고인돌

미송리식 토기 청동기 시대(기원전 8~7세기)

비파형 동검

거친무늬 거울

기원전 3세기에는 중국이 전국 시대(기원전 403~221)의 혼란으로 망명자들이 한반도로 밀려왔다. 여기서 이른바 기자동래설이 나타났는데, 이것은 은나라의 기자가 온 것이 아니라 그 후손들이 파상적으로 이동해 온 것이며 한민족과 혈통이 같은 것으로 생각된다.

섭하 사건

기원전 109년 한나라에서 사신 섭하를 보내 우거왕을 회유하였으나 우거는 이를 거절하였다. 섭하는 고조선의 비장 장(長)을 죽였고, 고조선에서는 그 죄를 물어 그를 죽였다. 결국 한무제는 5만의 병력을 출병하여 고조선을 공격하였다.

한군현(일명 한4군)의 위치

군명	위치	치소
낙랑군	평양(토성리)	대동강 유역
진번군	삽현(?)	황해도 일대
임둔군	동이현(덕원)	강원〈북〉~함남〈남〉
현도군	고구려현(통구)	압록강 중류

한4군의 위치가 만주(요동)와 한반도로 나뉘어져 있지만, 한반도내 존재설이 유력하다.

고조선의 발전

고조선은 단군왕검 이후 그 발전 과정에 대한 기록이 없다. 그러나 기원전 2천년에 청동기 문화가 만주 지방에서 발전하였다. 기원전 8~7세기에는 요동·요서 지역에서 고조선은 큰 나라로 성장하였으며, 기원전 4~3세기에 연나라(진개)와의 싸움에서 밀려 대동강 유역으로 이동하게 되었다.

(2) 고조선의 변천

위만 조선의 성립

중국이 진(기원전 221~206)과 전한(기원전 202~A.D.8)으로 이어지는 과정에서 혼란이 계속되자 연왕 노관의 망명을 계기로 위만은 고조선의 준왕을 축출하고 위만 조선(기원전 194~108)을 세웠다. 위만 조선은 토착인과 연합하여 반한(反漢) 정책을 강화하였다.

이때 한 무제(기원전 140~87)는 조선이 흉노와 결탁할 것을 두려워하였다. 무제는 조선에 속해 있던 예국(압록강 유역~동가강 유역)의 남려가 한나라에 투항하자 그 곳에 창해군을 두고 섭하 사건을 계기로 위만 조선에 침입하여 멸망시키고(기원전 108) 그 곳에 한군현을 두었다.

한군현의 설치

고조선은 한나라에 저항하였으나, 당시 고조선 내부의 갈등 끝에 주화파인 이계상(尼谿相)이 우거왕과 주전파 대신 성기를 죽이고 한나라에 투항하였다. 결국 한 무제의 침입으로 위만 조선은 3대 86년만(기원전 194~108)에 멸망하고 그 지역에는 4개의 한군현이 설치되었다.

자료 스페셜 　단군왕검(檀君王儉)의 고조선(古朝鮮) 건국에 관한 기록

고기(古記)에 이르기를 옛날 환인(桓因)의 서자(庶子) 환웅(桓雄)이 자주 천하에 뜻이 있어 인간 세상을 선망하였다. 아버지가 아들의 뜻을 알고 아래로 삼위태백(三危太白) 땅을 내려다보니, 널리 인간들에게 큰 이익을 줄만 하였다[弘益人間]. 이에 천부인(天符印) 세 개를 주어 가서 다스리게 하였다. 환웅이 무리 3천을 이끌고 태백산(太伯山) 꼭대기에 있는 신단수(神壇樹) 아래로 내려와 그 곳을 신시(神市)라 하였으니 이가 바로 환웅천왕(桓雄天王)이다. 그는 풍백(風伯)과 우사(雨師)와 운사(雲師)를 거느리고 곡식과 생명과 질병과 형벌과 선악을 주관하고 인간의 360여 가지 일을 주관하여 세상에 살면서 교화를 베풀었다. 이때, 곰 한 마리와 호랑이 한 마리가 같은 동굴에서 살고 있었는데 항상 신웅(神雄)에게 기도하여 사람 되기를 원하였다.

이때 신웅이 신령스러운 쑥 한줌과 마늘 20개를 주며 말하기를 "너희들이 이것을 먹고 햇빛을 백일 동안 보지 않으면 곧 사람이 될 것이다."라고 하였다. 곰과 호랑이는 이것을 먹고 21일 동안 삼가니 곰은 여자의 몸으로 변했으나 호랑이는 능히 삼가지 못해 사람이 되지 못하였다. 웅녀는 혼인해서 같이 살 사람이 없으므로 날마다 신단수 아래에서 아기 갖기를 빌었다. 환웅이 잠시 변하여 혼인하였더니 이내 잉태해서 아들을 낳았으니 이름을 단군왕검(壇君王儉)이라 하였다. 그는 요 임금이 즉위한 50년 경인년(庚寅年)에 평양성에 도읍하고 비로소 조선(朝鮮)이라 일컬었다.

『삼국유사』권1,「기이2」고조선

이후 조선인들의 저항으로 제1차 변동(기원전 82 진번·임둔 폐지), 제2차 변동(기원전 75 현도 폐지) 끝에 한은 진번 지역(황해도)에 대방군을 설치하였다(206). 그러나 고구려 미천왕의 공격으로 한 군현은 완전히 소멸되었다(313).

(3) 사회와 문화

사회 모습

고조선은 기원전 4세기 이후 중앙에 왕을 두고 정치 제도를 마련하면서 초기 국가 체제를 갖추게 되었다. 당시의 관직에 상(相)·경(卿)·장군·대부 등의 이름이 나오고 우거왕때 진(辰)으로 망명한 역계경이 2천 호를 이끌었다는 사실로 볼 때 어느 정도 발달된 정치 조직이 있었다.

더구나 법조의 8조에서 살인·상해·절도를 금한 것을 보면 계급과 사유 재산을 보호하였으며 공후인에서 알 수 있듯이 가부장제 사회의 모습을 알 수 있다. 따라서 노예 제도가 나타났으며 남자 중심의 가족 제도가 확립되었으나 사회가 발전함에 따라 8조가 60여조로 확대되었다.

문화의 발달

평양 일대에서 발달된 고조선의 문화는 후에 그 곳에서 나타난 낙랑 문화를 통해 유추해 볼 수 있다. 낙랑 문화는 단순히 중국 문화가 아니라 독자적인 고조선 문화의 영향 하에 이루어졌다. 낙랑이 설치된 토성리와 대방의 당토성(봉산) 일대에서는 당시의 와당(기와의 마구리)이나 봉니(공문서를 봉하는 흙덩이), 박산로(구리로 만든 향로), 채화칠협(옻칠한 바구니) 등 대표적인 유물이 출토되었다. 여러 개의 토성이나 점제비에 보이는 문자(한자)로 볼 때 중국 문화의 전래도 있었을 것으로 여겨진다.

이러한 낙랑 문화는 중국 문화에다 고조선 문화가 결합된 독자적인 민족 문화로서 토기 제작·야금술·한자 활용 등 고조선 문화가 한 단계 발전하는 계기가 되었다. 낙랑 문화는 우리 민족의 정치·경제 수준을 높여 주었고, 일본에 전해주는 역할도 하였다.

「공무도하가」(公無渡河歌)
우리나라 시가 중 가장 오래된 것으로, 고조선 시대 곽리자고(藿里子高)의 아내 여옥(麗玉)가 지었다. 「공후인」(箜篌引)이라고도 부른다. 중국 진(晉)나라 때 최표(崔豹)가 쓴 『고금주』(古今注)에 노래와 설화가 기록되어 있다.

公無渡河 공무도하
公竟渡河 공경도하
墮河而死 타하이사
當奈公何 당내공하

임이여, 그 물을 건너지 마오.
임은 기어코 물속으로 들어가셨네.
원통해라, 물속에 빠져 죽은 임.
아아, 저 임을 언제 다시 만날꼬.

낙랑출토 기와 (『조선고적도보』)

낙랑군과 낙랑국
한4군의 하나인 낙랑군의 위치에 대하여 만주와 평양의 두 가지 설이 있으나 유적의 출토로 보아 평양 일대로 생각된다. 그러나 평양 일대에는 또 다른 낙랑군이 있었다. 곧 1세기 초에는 왕조가 정치적 독립을 꾀한 바 있으며 대무신왕 15년(32) 호동에 의해서 정복된 최리의 낙랑국도 있었다.

자료 스페셜 고조선의 8조 금법(八條犯禁)

낙랑 조선(樂浪朝鮮)에는 범금 8조(犯禁八條)가 있다. 서로 죽이면 그 때에 곧 죽인다. 서로 상하게 하면 곡식으로 배상한다. 도둑질한 자는 남자는 그 집의 가노(家奴)로 삼고 여자는 비(婢)로 삼는다. 노비에서 벗어나기를 원하는 자는 50만전을 내야 하는데 비록 면하여 상민 신분이 되어도 사람들이 이를 부끄럽게 여겨 장가들고자 하여도 결혼할 사람이 없다. 이런 까닭에 그 백성들이 끝내 서로 도둑질하지 않았고 문을 닫는 사람이 없었다. 부인들은 단정하여 음란한 일이 없었다. … 상인들이 왕래하면서 밤에는 도둑질을 한 까닭에 민심이 점차 각박해졌다. 지금은 범금(犯禁)이 점차 많아져 60여 조항에 이르렀다.

「한서」 지리지

2. 국가의 형성 **27**

(1) 부여

건국과 발전

부여는 만주 송화강 유역(장춘 · 농안)의 넓은 평야지대에서 성장한 고조선 다음의 초기 국가였다. 부여라는 이름은 『사기』에 처음으로 나타나는데, 이 시기의 부여는 아직 군장 사회의 단계였으며 기원전 2~1세기 경에 국가형태를 갖추었을 것으로 추측된다. 그것은 9년 중국에서 왕망이 신(新)을 세운 후 사신을 주변 여러 나라 군장에게 보냈을때 부여는 이 때에 왕을 스스로 칭하고 있었기 때문이다.

『후한서』(동이전)에 49년 부여왕이 후한에 사신을 보내자 후한 광무제가 보답함으로써 그후 매년 사신을 보냈다. 이어 111년에는 부여왕이 기병 7 · 8천여 명을 보내 낙랑군을 공략할 정도로 당당한 국가로 발전하였다.

이후 부여는 지리적으로 중국(북방)과 고구려(남방)에 위치하여 국가 발전에 큰 어려움이 있었다. 정시 연간(240~248 : 동천왕 14~중천왕 1)에 관구검이 고구려를 침략할 때 이를 도울 수밖에 없었으며 모용외의 침입(285 : 서천왕 16)으로 왕(의려)이 죽었으나 의려의 아들(의라)이 나라를 부흥시켰다. 이후 부여는 크게 위축되어 고국원왕 16년(346)에 국도가 함락되었고 일부 왕족이 두만강 하류로 옮겨가 동부여를 세웠다. 동부여는 광개토대왕 20년(410)에 정복되었으며, 결국 문자왕 3년(494)에 고구려에 병합되었다.

여러 나라의 성장

사회와 문화

부여에는 국왕 밑에 가축 이름을 딴 마가 · 우가 · 저가 · 구가 · 대사자 · 사자의 관리를 두었다. 이들 제가는 별도로 사출도를 다스렸는데 큰 것은 수천 가(家), 작은 것은 수백 가를 다스렸다. 국왕의 장례에는 옥갑(玉匣)을 사용하였고, 많을 때에는 100여 명을 함께 순장하였다.

부여의 풍속에 장마와 가뭄이 고르지 않으면 그 책임을 물어 제가회의에서 왕을 바꾸거나 죽일 수 있어 왕권은 미약했다. 이것이 초기 국가의 공통된 모습이다. 또 전쟁이 일어나면 제가들은 스스로 전쟁에 참여하였다. 군장의 후신인 대가(大加) 아래에는 노예와 같은 하호(下戶)가 있었다. 이들은 주로 농업에 종사하면서 조세와 부역을 담당하고 전쟁이 일어나면 제가의 통솔 하에 출전하였다.

부여에는 영고라는 제천 행사가 12월에 열렸는데 이 때에는 술마시고 노래하며 죄수를 석방하기도 하였다. 전쟁이 일어나면 하늘에 제사를 지내고 소를 잡아 발굽을 보고 길흉을 점쳤는데, 발굽이 붙어야 길하다고 여겼다. 부여 사람들은 음식을 먹을 때는 조두(도마와 접시)를 사용하고, 국내에 있을 때는 흰 옷을 입고 외국에 나갈 때는 비단옷과 수놓은 모직옷을 입었으며 높은 사람은 짐승(여우, 살쾡이, 원숭이) 가죽으로 만든 옷과 금은으로 장식한 모자를 썼다.

부여의 풍속에 형이 죽으면 동생이 형수를 취하는 형사취수혼 제도가 있었다. 또 엄한 형벌인 살인죄, 절도죄, 간음죄가 존재했다. 그 밖에 후장과 순장 제도를 통해 종족인 전통을 유지하였다. 즉, 여름에 사람이 죽으면 얼음을 넣어 장사지내고, 제가들이 죽었을 때는 순장을 하고 관을 쓰지 않았다. 특히, 성인들은 금·은 장식이 있는 모자를 사용한 것으로 볼 때 일찍부터 서역과 교섭이 있었을 것으로 추정된다.

(2) 고구려

건국과 발전

압록강 중류의 동가강(혼강·비류수) 유역의 졸본성(오녀산성·흘승골성)에서 출발한 고구려는 부여와 함께 선진 국가였다. 『삼국사기』에는 기원전 37년에 부여에서 남하한 주몽이 나라를 세웠다고 기록되어 있다. 그러나 고구려 건국 이전에 또 다른 고구려가 존재했다고 전한다. 즉, 『후한서』(권85)에는 고구려와 구려를 구분하고 있어, 『삼국사기』 기록 이전의 고구려를 초기 고구려·원고구려·구려 등으로 부른다.

실제로 한 무제가 고조선(위만 조선)을 멸망시키고 한 군현을 두었던 기원전 107년 현도군을 세웠을 때 고구려현을 수현으로 세웠기 때문에 주몽 이전의 고구려가 있었던 것은 분명하다. 북한에서는 고구려의 건국년을 기원전 277년으로 잡고 있다. 이러한 사실은 주몽이 남하하여 나라를 세웠을 당시 압록강 중류에는 여러 개의 정치 집단(나부집단)이 있었으며, 그 대표적인 소노 집단인 비류국(송양왕)은 동명성왕 2년(기원전 36)에 투항해 왔음으로 그 땅을 다물도(옛 땅을 회복하는 것을 다물이라고 함)로 삼았다.

자료 스페셜 **부여의 법률**

- 살인자는 사형에 처하고 그 가족을 노비로 삼는다.
- 도둑질한 자는 그 물건의 12배를 배상한다.
- 간음을 한 자는 사형에 처한다.
- 간음과 투기한 부녀자는 극형에 처하여 그 시체를 남산 위에 버려 썩게 한다. 다만 그 여자의 집에서 시체를 가져갈 때에는 소와 말을 바쳐야 한다.

『삼국지』 권30, 위서30, 부여

오녀산성(졸본성·흘승골성, 820m : 환인) 주몽이 나라를 세웠던 산성으로 서·북·동쪽에 절 벽이 있으며 중앙에 평지가 있다. 그러나 산꼭대기이기에 여러 가지 어려움이 있어 평지성인(하고 자성)을 별도로 두어 도성체제(산성과 평지성)의 기원을 이루게 되었다.

부경(복원) 본집 옆에 설치해 위층에는 잡곡 등을 저장하고 아래층은 외양간으로 사용한 고구려 의 창고 시설이다.

고구려 시조인 주몽(천제의 아들이며 하백의 딸인 유화가 어머니)은 부여에서 3인의 벗(오이·마리·협보)과 함께 남하하여 오녀산성에서 나라를 세웠다. 곧이어 이곳에 터를 잡고 있었던 비류국의 항복과 행인국(함경도 일대)을 정복하였다. 유리왕 22년(3)에 국내성(집안)으로 서울을 옮겼으며, 제3대 대무신왕(18~44)은 낙랑을 정벌하면서 성장하였다.

사회와 문화

고구려 초기에는 5부족이 중심이 되어 구성된 후 소노부에서 계루부가 주도권을 장악하여 왕족은 계루부, 왕비족은 소노부로 흡수하게 되었다. 왕 아래에 상가, 고추가, 대로, 패자 등이 지도층을 이루고 그 아래 사자, 조의, 선인 등의 지배층이 형성되었다. 법률이 엄하여 범죄자는 제가회의에서 결정하여 직접 처벌하였다. 도둑질하면 12배의 배상(1책12법)을 물리고 있어 사유 재산을 엄격히 보호하였음을 알 수 있다.

고구려는 10월에 동맹이라는 제천행사를 지냈으며 나라 동쪽에 있는 수혈(국동대혈)에서 수신에게 제사를 올렸다. 고구려인들은 결혼하면 신부의 집에서 지내면서 자식을 낳으면 남편의 집으로 돌아가며 죽어서 입고갈 수의를 장만해 주었다. 따라서 부인의 집에는 서옥(사위가 머무는 방)이 있고 집집마다 창고인 부경이 있었다. 고구려인도 부여와 같이 흰옷을 좋아했으며, 왕들은 금은으로 장식한 의복이나 모자를 착용하여 부여처럼 일찍부터 서역의 영향을 받은 것으로 생각된다.

(3) 옥저와 동예

옥저

함경남도의 남쪽 지방에서 성장한 옥저는 지리적·정치적 여건으로 가장 후진적인 사회였다. 그것은 낭림산맥으로 서방의 선진 문화를 받을 수가 없었고, 한 군현과 고구려의 정치적 압박으로 경제적 수탈을 면할 수 없었기 때문이었다. 이 지역에는 일찍이 임둔이 설치되었으나 이후 1세기에 한군현은 축출되었다. 그러나 옥저는 고구려에 예속되어 군장 사회 단계에 머물게 되었다.

옥저는 해안 지역에 위치하였으므로 생선과 소금 등 해산물과 농산물 등이 풍부하였다. 언어·음식·의복과 풍속이 고구려와 비슷하였을 것이다. 소·말 등 가축이 적고 싸움에는 보병에 능하였다.

옥저에는 대군장이 없었고 각 고을(읍락)마다 지배자 삼로가 자기 고을을 다스렸다. 그 중에서 옥저 현후가 세력이 가장 커서 초기 국가로 성장하였으나, 한군현과 고구려의 간섭으로 군장 사회에 머물다가 결국 고구려에 흡수되고 말았다. 옥저에는 여자 나이 10세가 되면 맞아들인 후 성인이 되면 돈을 치르고 정식 아내로 삼는 민며느리제와 가족공동묘제, 그리고 세골장(洗骨葬)제 등의 풍속이 있었다.

세골장(洗骨葬)
시체를 어느 기간 동안 보관해 두고 남은 뼈만 그릇에 넣고 장사지내는 것.

동예

강원도 북부 지방에서 성장한 동예도 옥저와 비슷한 후진 사회로서 대군장이 없고 각 지방마다 읍군·삼로가 지방의 하호를 다스렸다. 그러나 동예를 대표하는 불내예후국이 있어 공조·주부 등의 관리를 두고 국가 형태를 갖추기 시작하였으나, 한군현의 지배 하에 있었기 때문에 어려움이 컸다. 한 군현의 정치적 지배와 토착적인 삼로의 전통 지배 질서 하에서 이중적 정치 체제를 유지하였다.

동예에서는 전통적인 풍속으로서 산천을 중시하고 읍락의 침범자에게 노비와 우마로 변상케 하는 책화(責禍)가 존재하였다. 그리고 동성불혼의 전통과 10월에 하늘에 제사지내고 밤낮으로 먹고 마시고 춤을 추는 무천이라는 제천 행사가 있었다. 긴 창을 가지고 여러 명이 싸우는 전투를 잘했으며 옥저처럼 바닷가에 있어 해산물이 풍부하였으나 농사가 주업이었다.

동예의 민무늬 토기(춘천박물관)

(4) 삼한

성립과 변화

북방에 고조선·부여·초기 고구려 등이 존재하고 있을 때 남방의 한강, 금강, 섬진강 유역에도 정치적 집단이 나타났다. 기원전 4세기 서해안 일대에서 진국(震國)이라는 연맹 국가가 나타나 중국(한)과 교역을 하고 있었다. 기원전 2세기 말에 위만조선이 등장하자 고조선(기자 조선)의 지배층이 남쪽으로 내려왔다. 이후 위만조선이 망하자 준왕을 비롯한 망명객들이 대거 남하하면서 진국 사회는 삼한으로 발전하였다.

이러한 북방 유민의 남하에 따라 철기 문화가 보급되

벽골제 제2수문 장생거(전북 김제) 벼농사에 이용한 저수지의 수문으로 당시 농사 수준을 짐작하게 한다.

솟대(강릉 오죽헌)

면서 마한·진한·변한의 삼한은 각기 지역적인 차이로 국가를 발전시켰다. 삼한의 대표적인 국가인 마한은 경기(남부)·충청(천안 일대)·전라(익산, 나주) 등지의 54개의 소국이 소속되었다. 이중 목지국(성환·직산·천안 중 1곳)과 백제국(伯濟國 : 경기 광주 일대)이 대표적이었고, 진왕이 목지국을 다스렸다. 진한은 낙동강 유역의 12개 소국이 있었는데, 사로(경주), 호로(상주) 등이 중심이 되었다. 변한 12개 소국은 낙동강 하류에 위치하였는데, 구야(김해)·안야(함안) 등이 세력을 가지고 있었다.

이와 같이 삼한은 하나의 중앙 집권적인 국가가 아니라 신지·험측·번예·살해·읍차가 다스리는 소국(대국은 4~5천가, 소국은 6~7백가)으로 구성되었으며, 목지국의 진왕이 삼한을 통솔하였다. 그러나 목지국의 진왕의 통제가 약화되면서 마한은 백제로, 진한은 신라로, 변한은 가야로 발전하였다.

사회와 문화

삼한 사회에서는 신지, 읍차 등 중앙의 정치 지배자 외에 천군(天君)이 있었다. 천군은 신성 지역인 소도에서 종교, 농경 등에 관한 의례를 주관하였다. 천군이 주관하는 소도는 군장 세력이나 나라의 법이 미치지 못하는 별읍으로 죄인이 이곳에 도망하여 오더라도 그를 돌려보내거나 잡아갈 수 없었다. 이러한 천군이나 소도 등의 존재를 통해 삼한 사회의 종교의 변화와 함께 제정 분리 사회로 발전한 모습을 엿볼 수 있다.

삼한에서는 해마다 씨 뿌리고 모를 심는 5월과 가을 곡식을 거두는 10월에 각각 수릿날과 계절제(상달고사)라는 제천 행사를 성대히 거행하였다. 이러한 제천 행사 때에는 온 나라 사람들이 큰 나무를 세우고 방울과 북을 매달아 놓고 소도 등에 모여서 날마다 음식과 술을 마련하여 노래를 부르고 춤을 추며 즐겁게 밤새워 놀았다.

삼한 사회는 일찍이 전래된 철기 문화를 배경으로 하여 농경이 발달하였다. 삼한 지역은 토지가 비옥할 뿐만 아니라 벽골제, 의림지, 수산제, 공검지, 대제지 등의 대규모 수리 시설도 갖추어져 농업이 발달하였다. 또한 낫, 괭이, 보습 등의 철제 농기구가 본격적으로 사용됨에 따라 농업 생산력도 크게 늘어났다.

삼한 중에서도 특히 변한 지역에서는 철이 많이 생산되었다. 철은 국내에서는 화폐처럼 사용되었고, 낙랑, 대방, 왜(일본) 등에 수출되기도 하였다.

소도(蘇塗)

삼한 시대에 산천에 제사 지내던 신성한 장소가 소도이다. 제정이 분리되지 못한 삼한에서 매년 1·2차에 걸쳐 제주인 천군을 선발하여 제사를 지내고 재앙이 없기를 빌었다. 소도에는 큰 나무를 세워 솟대가 수호신으로 보호하면서 신·구 문화의 갈등을 조화시켰다.

삼한시대의 저수지

명칭	위치
벽골지	전북 김제
의림지	충북 제천
수산제	경남 밀양
공검지	경북 상주
대제지	경북 의성

자료 스페셜 **초기 국가의 언어와 풍속**

- 고구려는 부여의 별종으로 언어와 제반사가 부여와 상당히 비슷하다.
- 동옥저(東沃沮)는 언어가 고구려와 대개는 같으나, 간혹 조금씩 다르다.
- 동옥저는 언어·음식·거처·의복 등이 고구려와 유사하다.
- 예(濊)는 언어 법속 등이 고구려와 대개 같다.
- 읍루는 사람의 모습이 부여와 비슷하지만 언어는 부여·고구려와 같지 않다. 옛날 숙신씨(肅愼氏)의 나라이다.

『삼국지』 위서 동이전

더 알아보기

사료로 배우는 초기 국가 모습(『삼국지』권30, 위서 30 동이전에서 발췌)

- 부여(扶餘)는 장성(만리장성) 북쪽에 있다. 현토에서 천리를 가야하고 남으로 고구려, 동쪽으로 읍루, 서쪽으로 선비가 접해 있고 북쪽으로 약수가 있으며 가히 2천리다. 호수는 8만호이며, 그 백성은 토착 생활을 하고, 궁실과 창고와 감옥이 있다. …… 나라에 왕이 있고, 모두 여섯 가축 이름의 관직이니, 마가, 우가, 저가, 구가, 대사, 대사자, 사자가 있다. 읍과 마을에는 호민이 있으며 하호(下戸)는 모두 노복이라 불렀다. 여러 가(加)의 주인은 각각 사방을 나눠 다스리는데, 구역이 큰 자는 수천 집의 주인이고, 작은 자는 수백 집이다. 음식을 먹음에는 모두 조두(도마와 굽이 달린 그릇)를 사용하고, 여럿이 모이면 절하고 술을 마시면서 잔을 닦아 돌리고, 서로 절하고 양보하여 오르고 내린다. 은(은나라 달력)의 정월에 하늘에 제사를 지내는데, 나라의 큰 모임으로, 연일 음식을 먹으며 노래와 춤을 하니, 이를 영고(迎鼓)라 하며, 이 때에는 형벌과 가둠이 없고, 죄인들을 풀어준다. 〈부여〉

- 고구려(高句麗)는 요동의 동쪽 천리에 있다. 남쪽에는 조선과 예맥이 있고, 동쪽에는 옥저가 있으며, 북쪽으로는 부여에 접해 있다. 도성은 환도 아래에 있으며, 사방 2천리고, 호는 3만이다. …… 그 백성들은 노래와 춤을 좋아하여, 나라의 읍락에서는 날이 저물어 밤이 되면 남녀가 무리지어, 서로 따라 노래하고 춤춘다. …… 10월에 하늘에 제사를 지내는 것은 나라의 큰 모임으로 동맹(東盟)이라고 한다. …… 그 풍속에 혼인함에 있어서 미리 말로 정하고 여자 집에서는 본채 뒤에 별채를 짓고 이를 서옥(사위 집)이라 하였다. 사위 될 사람이 저녁 무렵에 여자의 집 대문 밖에 이르러, 스스로의 신분을 밝힌 뒤 꿇어 엎드려 절하고 여자와 잠자리에 들기를 청하는데 보통 두세번 한다. 여자의 부모가 이에 듣고 받아들여 서옥에서 잘 수 있게 하면 돈과 비단(폐백)을 내어놓고, 자식이 태어나 장성하면 청하여 부인과 집으로 돌아간다. 〈고구려〉

- 동옥저(東沃沮)는 고구려 개마대산의 동쪽에 있고, 큰 바닷가에 거주한다. 땅의 형태는 동북쪽은 협소하고 서남쪽은 넓어 천리에 이른다. 북쪽은 읍루와 부여, 남쪽은 예맥에 접해 있다. ……『위략』에 이르기를 "결혼하는 법도는 여자는 열 살이 되면 미리 서로 베풀어 허락한다. 사위 집안에서 맞아 들여 다 자라도록 양육하여 부인이 되게 한다. 성인이 되면, 다시 여자의 집으로 돌아간다. 여자 집안에서는 돈을 요구하고, 돈을 다 주면 이에 신랑 집으로 다시 돌아온다."고 하였다. 장례에는 큰 나무 곽을 만드는데 길이가 십여 장이고 열 수 있게 위쪽 한군데에 홈을 판다. 죽은 사람을 모두 가매장을 하고 겨우 몸만 덮게 하여 피부와 살이 다 없어지면 유골을 수습해서 곽 안에 안치한다. 집안 모두 공동으로 하나의 곽으로 행하고 생전의 모습을 나무(인형)로 깎는데 죽은 자의 수를 따른다. 또 기와솥(질솥)이 있어 그 안에 쌀을 넣고 곽의 입구 주변에 매단다. 〈옥저〉

- 동예(東濊)는 남쪽에 진한이 있고 북쪽으로 고구려와 옥저와 접해 있으며 동쪽으로는 큰 바다와 닿아 있어 지금 조선의 동쪽이 모두 그 지역이다. 호(戸)는 2만이다. …… 항상 10월이면 하늘에 제를 올리며 밤낮으로 술을 마시고 노래와 춤을 하니, 이를 무천(舞天)이라 부르고, 호랑이를 신이라 하여 제사를 지낸다. 마을을 함부로 침범하면 서로 벌을 내려 가축 소와 말을 받아내는데 이를 허물에 대한 배상[책화]이라고 한다. 〈예〉

- 한(韓)은 대방 남쪽에 있은데, 동서는 바다로 한계를 삼고 남으로는 왜와 접해 있으며 면적이 4방으로 4천리쯤 된다. 세 족속이 있으니, 하나가 마한이요, 둘이 진한이요, 셋이 변한이다. …… 항상 5월에 씨뿌리기를 마치면 귀신에게 제사지내고, 무리지어 노래하고 춤추고, 술을 마시는데 밤낮 구분이 없고 쉬지 않는다. 그 춤은 수십 사람이 함께 일어나 따라가면서 땅을 밟는데 손과 발이 서로 응하는 게(장단 맞추는 게) 가락이 진나라의 탁무(鐸舞)와 비슷하다. 10월에 농사가 끝나도 다시 이와 같이 한다. 귀신을 믿어 나라에서 읍에 각각 한 사람씩 세워 천신에게 하는 제사를 주관하게 하니 이를 천군(天君)이라고 한다. 또한 여러 나라에는 각기 특별한 읍이 있어, 이를 소도(蘇塗)라고 부른다. 큰 나무를 세우고, 방울과 북을 매달아, 귀신을 섬긴다. 여러 도망자가 그 안으로 피하면 모두 돌려 보내지 않으니 도둑질을 하는 것을 좋아하게 되었다. 〈한〉

II
고대 사회의
발전

1. 고대의 정치
2. 고대의 사회
3. 고대의 경제
4. 고대의 문화

고구려, 백제, 신라의 삼국은 각기 영토를 확장하면서 왕위 세습, 율령 반포, 불교 수용 등을 배경으로 중앙 집권 국가 체제를 확립하여 고대 국가 체제를 마련하였다. 낙동강 유역에서 성장한 금관가야 등 6가야 연맹도 주변의 삼국과 경쟁하면서 국가 발전을 도모하였으나 6세기에 신라에 병합되었다. 특히, 고구려는 중국의 침략을 잇달아 막아내어 민족의 방파제 역할을 하기도 하였으며, 백제는 해외진출에 큰 역할을 하였다. 6세기에 강국으로 성장한 신라는 당과 연합하여 백제(660)와 고구려(668)를 차례로 멸망시키고, 이어 당나라 세력을 몰아냄으로써 마침내 676년에 삼국 통일을 달성하였다. 한편, 고구려 유민들은 대조영을 중심으로 발해를 건국하여(698) 만주 지역과 한반도 북부 지역을 계속해서 지배하였다. 이로써 신라와 발해는 '남북국 시대'를 이루며 발전해 나갔다.

한편, 삼국은 여러 부족을 통합하는 과정에서 귀족, 평민, 천민으로 구분되는 엄격한 신분 제도를 마련하였다. 또한, 지배층은 특권을 유지하기 위하여 율령을 제정하였고, 신라의 골품 제도와 같은 개인의 능력보다는 친족의 사회적 지위가 중시되는 신분 질서를 구축하였다. 삼국 시대에는 철제 농기구 보급, 우경 실시 등으로 농업이 발달하고, 농민 생활도 점차 향상되어 갔다. 삼국 통일 이후에는 인구 증가와 영토 확장 등에 힘입어 농업 생산력이 더욱 증대되었고, 상업과 수공업, 무역 활동도 활발하게 전개되었다.

7세기 중엽 통일 신라는 전제 왕권 체제를 마련하였고 삼국의 문화를 융합하고, 당과 서역의 문화를 수용하여 고대 문화의 수준을 향상시켰다. 발해는 고구려 문화 기반 위에서 당 문화를 적극 받아들여 독자적인 문화를 이룩하였다. 고대 문화는 사원, 탑, 불상 등 불교 예술품을 비롯하여 고분 건축, 금속 공예, 첨성대, 목판 인쇄본 등 다양한 문화유산을 통해 고대 문화의 수준을 높여 나갈 수 있었다.

그때 우리는		그때 세계는	
연 대	주요 사건	연 대	주요 사건
		313	로마, 크리스트교 공인
372	고구려, 불교 전래	395	로마 제국, 동서 분열
433	나·제 동맹 성립	486	프랑크 왕국 건국
552	백제, 일본에 불교 전함	537	성 소피아 성당 건립
612	고구려, 살수 대첩	610	마호메트, 이슬람교 창시
660	백제 멸망	618	당 건국(~907)
668	고구려 멸망	645	일본, 다이카 개신
676	신라, 삼국 통일	661	옴미아드 왕조 성립(~750)
698	대조영, 발해 건국(~926)	755	당, 안·사의 난
751	불국사와 석굴암 창건	771	카롤루스 대제, 프랑크 왕국 통일
828	장보고, 청해진 설치	829	잉글랜드 왕국 성립
918	고려 건국	916	거란, 요 건국(~1125)
935	신라 멸망		

1 고대의 정치

1. 삼국의 발전과 가야
2. 삼국의 대외 관계와 삼국 통일
3. 통일 신라의 발전과 변화
4. 발해의 건국과 발전

1870년대 발견 당시의 고구려 광개토대왕릉비(廣開土大王陵碑) 모습(중국 만주 길림성 집안현)

광개토대왕릉비는 말한다.
– 한·일 고대사의 최대의 미스터리, 임나일본부설 –

백잔(百殘)과 신라(新羅)는 옛적부터 (고구려의) 속민으로 조공을 해왔다. 그런데 왜(倭)가 신묘년(391년)에 건너왔음으로 고구려(왕)는 백잔을 파하고 □□(신)라를 신민(臣民)으로 삼았다.

百殘新羅舊是屬民由來朝貢而倭以辛卯年來渡海破百殘□□□ 羅以爲臣民

유물로 본 고대 국가의 발전

백제 무령왕릉 석수(진묘수)

북한산 신라 진흥왕 순수비유지

가야 철갑옷

발해 돌사자상(정혜 공주 묘에서 출토, 중국 길림성 돈화현)

(1) 삼국의 발전

고구려의 건국과 발전

고조선 멸망(기원전 108) 이후, 만주와 한반도 일대에서는 많은 소국들이 생겨났다. 이들 소국 가운데 고대 국가로 발전한 것은 고구려, 백제, 신라의 삼국이었다. 삼국의 모태가 된 것은 만주 지역에서 성장한 구려국, 삼한 지방에 있었던 백제국과 사로국이었다. 삼국은 주변의 국가들을 통합하거나 중국의 한 군현 세력들과 맞서 싸우면서 발전하였다.

기원전 4세기 무렵에 연맹 국가를 이룩한 구려국을 계승한 주몽은 기원전 37년에 졸본(지금의 환인) 비류수 강가에 새로이 고구려를 세웠다. 고구려는 부여에서 남하한 유이민 세력인 주몽 일파가 졸본 지역의 토착 세력인 소노부(연노부)를 흡수하여 건국한 국가였다.

초기 고구려는 왕실인 계루부를 위시하여 절노부 · 관노부 · 소노부 · 순노부 등 '나부'(那部) 체제 중심으로 경영되었다. 나부는 독자적인 관리 체계와 군사력을 갖추었으나, 계루부의 통제를 받았다. 즉, 각 나부는 자치권을 지닌 동시에 계루부의 통제를 받는 하부 단위의 정치 체제였다.

부여에서 출생한 주몽의 맏아들 유리는 이복동생인 온조와 비류를 물리치고 동명성왕(주몽)에 이어 왕위에 올랐다. 유리왕은 수도를 졸본에서 국내성으로 옮겼다(B.C.17). 또한, 주변의 소국을 병합하고 5부족을 통합해나갔으며, '황조가'(黃鳥歌)를 지어 계비인 치희를 그리워하는 심정을 애절하게 노래하기도 하였다.

7세에 왕위에 오른 태조왕(太祖王)은 종래의 부족 국가적 형태에서 중앙 집권적

국동대혈과 통천동(거북상)

통천동(거북상)
집안시 동쪽 5km 지점의 하해방촌에 있는 동굴이다. 이 동굴을 수혈이라 부르는데 바로 앞에는 평지가 있어 여기서 수신을 모시고 제천 행사를 실시했다. 이곳이 극동대혈 위에 있는 수신을 내려받는 통천동이라는 동굴에는 거북 모양의 대석이 있다.

삼국의 건국 순서
고려 때 김부식이 편찬한 『삼국사기』에는 신라(B.C.57) 고구려(B.C.37), 백제(B.C.18) 순으로 건국된 것으로 기록되어 있다. 그러나 중앙 집권 국가의 형성은 일찍부터 중국 문화와 접촉한 고구려가 가장 먼저였다.

국내성과 환도산성
고구려의 수도는 평상시 생활을 위한 평지성(국내성과 안학궁)과 외적이 침입했을 때 항쟁의 근거지로 삼는 산성(환도산성과 대성산성)으로 이루어진 도성 체제였다.

초기의 고구려 서울

오녀산성(고구려의 최초 수도)

1930년대의 국내성

현재의 국내성

자료 스페셜 **고구려의 건국 전설**

주몽의 건국신화는 『삼국사기』나 『동명왕편』 등 국내 문헌이나 『위서』, 『북사』, 『수서』 등 중국 문헌에 비슷하게 기록되어 있다. 하백의 딸인 유화가 천제의 아들 해모수와 사통하여 알을 낳았으며 그 알을 깨고 주몽이 태어났다. 그러나 당시 부여왕 아들의 모함을 받아 주몽은 오이·마리·협보를 데리고 남하하던 중 물고기와 자라의 도움으로 엄시수를 건너 모둔곡(혼강 : 동가강)에 이르러 재사·무골·묵거를 만나 비류수(혼강·동가강)의 졸본성(흘승골성 : 오녀산성)에서 나라를 세웠다.

형태로 체제를 정비하여 고대 국가 체제를 확립하는데 힘썼다. 또한, 동옥저를 정벌하여 동해안으로 진출하고, 중국 세력과 경쟁하여 요동 지방으로 영토를 넓혔다. 동생인 수성(차대왕)에게 양위하고 별궁으로 물러나 '태조왕'이라 불렸다. 그는 119세까지 살아 우리나라 역사상 최장수 임금으로 기록되고 있다.

2세기 후반 고국천왕은 왕위 계승을 형제 상속에서 부자상속으로 바꿨고, 부족적인 성격의 5부족을 행정 구역인 5부로 개편하였다. 초야에 묻혀 농사짓고 살다 국상에 임명한 을파소(乙巴素)의 건의에 따라 우리나라 최초의 사회 보장제도라 할 만한 '진대법'(賑貸法)을 실시하여 평민이 노비로 전락하는 것을 예방하였다.

고구려는 3세기 동천왕 때에 국가적 위기를 맞기도 하였다. 중국의 분열(3국 시대)을 이용하여 오(吳)와 친교를 맺었으나, 서안평 공격에 위협을 느낀 위(魏)의 유주자사 관구검(毌丘儉)의 침략으로 고구려 수도인 환도성 등이 약탈당하였다(246). 그러나 밀우 등의 희생으로 이 위기를 극복할 수 있었다.

4세기에 이르러 고구려는 압록강 중류 지역을 벗어나 남쪽으로 진출할 수 있는 발판을 마련하였다. 미천왕은 중국의 혼란(5호 16국)을 이용하여 서안평을 점령하는 한편, 한 4군의 하나로 마지막까지 버티고 있던 낙랑군을 공략하여 중국 세력을 한반도에서 완전히 몰아냈다(313).

고구려는 4세기 후반 이후 광개토대왕, 장수왕 때의 최대 전성기를 맞이하였다. 고국양왕의 아들로 17세 나이에 왕위에 오른 광개토대왕(392~413)은 소수림왕 대의 정치적 안정을 기반으로 최대로 영토를 넓혔다. 광개토대왕의 정식 왕명이 '국강상광개토경평안호태왕'(國岡上廣開土境平安好太王)이라는 칭호에서 그의 정복 군주로서의 위업을 엿볼 수 있다. 우리나라 최초의 연호인 '영락'(永樂)을 사용한 광개토대왕은 북으로는 거란, 숙신, 후연, 동부여 등을 공략하여 만주 지역에 대한 지배권을 강화하였다. 이어 남으로는 백제를 공격하여 58개 성과 700여 촌을 점령하고, 마침내 백제 아신왕의 항복을 받아냈다(396).

또한, 가야가 왜와 연합하여 신라를 위협하자, 광개토왕은 직접 5만의 군대를 이끌고 가서 신라를 침입한 왜를 격퇴함으로써 한반도 남부까지 영향력을 행사하였다. 고구려는 신라에서 보낸 복호(내물왕 아들로 '보해'라고도 함)를 인질로 삼아 신라에 대한 내정 간섭을 이어나갔다. 이러한 그의 위업은 413년에 건립된 광개토대왕릉비에 기록되어 오늘날까지 전해오고 있다.

20세에 즉위하여 78년 동안 재위한 제20대 장수왕(394~491, 재위 : 413~491)은 부왕인 광개토대왕의 위업을 이어나갔다. 그는 중국 남북의 국가들과 외교 관계를 맺어 다면 외교 정책을 구사하여 만주 지역에 대한 지배력을 다져나갔다. 이어 신라와는 종래의 친선 관계를 유지하는 한편, 백제에 대한 압력을 더욱 강화해 나갔다.

장수왕은 427년에 평양 천도를 단행하여 본격적으로 남하 정책을 펼쳤다. 그는 백제를 공격하여 북위(北魏)에 국서를 보내 구원병을 요청한 개로왕을 패사시키고

고구려의 천하 의식

광개토대왕과 장수왕 때 고구려 사람들은 스스로 천하의 중심이라고 생각했다. 왕을 '태왕'으로 높여 부르고, 연호를 사용해 자주 의식을 높였다.

광개토대왕이 점령한 지역

연도(광개토대왕)	점령지역
395(5년)	시라무젠강(거란)
396(6년)	한강(백제)
398(8년)	연해주(부여)
400(10년)	낙동강(신라·가야)
404(14년)	황해도(대방)
407(17년)	대능하(후연)
410(20년)	두만강 하류(부여)

고구려의 영토 확장

삼국 중 가장 먼저 중앙 집권적 체제에 도달한 고구려는 광개토대왕 때 크게 발전하였다. 광개토대왕은 백제·가야·신라를 압박하고 북으로 후연·거란·부여·동부여를 공격하는 등 적극적인 영토 확장을 했다. 그의 아들 장수왕은 남진 정책으로 신라와 백제에 압박을 가했으며 결국 한강 유역을 차지했다.

고구려 주요 왕

왕명	재위 연대
① 동명왕(주몽)	B.C. 37~B.C. 19
② 유리왕	B.C. 19~A.D. 18
⑥ 태조왕	53~146
⑨ 고국천왕	179~197
⑪ 동천왕	227~248
⑮ 미천왕	300~331
⑯ 고국원왕	331~371
⑰ 소수림왕	371~384

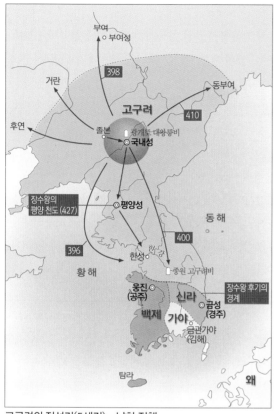

고구려의 전성기(5세기) – 남하 정책

광개토 대왕릉비(중국 길림성 집안) 이 비석은 장수왕이 아버지(광개토 대왕)의 업적을 기념하기 위해 세운 것이다. 비문 내용은 크게 고구려의 역사, 정복 활동, 능비기 규정으로 되어 있는데, 비문의 해석이 한·중·일 간에 차이가 있다. 『삼국사기』의 내용에 없는 7개 방향의 정복 내용으로 고구려가 만주의 주인공이 되었음을 알 수 있다.

충주 고구려비(충북 충주) 충주시 (당시는 중원군 가금면)에서 발견된 고구려의 남진 기념비이다. 신라가 고구려의 영향을 받고 있음이 드러나 있다.

호우명 그릇 1946년에 신라 호우총에서 발견된 청동 그릇으로 정식 명칭은 '광개토대왕공적기념호우'(廣開土大王功績紀念壺杅)이다. 그릇 밑바닥에 "을묘년 국강상 광개토지호태왕"(乙卯年 國岡上 廣開土地好太王)이라는 글씨가 새겨져 있다. 이를 통해 당시 신라와 고구려의 관계 즉, 신라 해안에 출몰한 왜구를 격퇴하기 위해 고구려 군대가 신라 영토 내에 진주하였던 사실을 보여 준다.

백제의 수도인 한성마저 점령하였다(475). 장수왕은 여기서 멈추지 않고 남한강 유역으로 내려가 한반도 중심부격인 충주 지역까지 차지하고, 그곳에다 '중원 고구려비'를 세워 남하 정책의 기념비로 삼았다.

장수왕을 이은 문자(명)왕(491~519)은 그동안 명맥만 유지하고 있던 부여를 병합하여 송화강 유역까지 영토를 넓혔다(494). 이로써 고구려는 북쪽과 동쪽으로는 만주 지역 대부분을, 서쪽으로는 요동 지역을, 남쪽으로는 남양만과 순흥(영주)–영덕을 연결하는 역사상 최대의 영토를 차지함으로써 마침내 동북아시아의 최강자로 군림하기에 이르렀다.

그러나 6세기에 이르러 고구려는 발전에 한계를 드러냈다. 안으로는 평양 천도(427) 이후 신구 지배 세력의 대립과 정변 등으로 인한 정치적 혼란에다 신라의 북진 정책에 밀리면서 중대 기로에 놓이게 되었다. 결국 신라 진흥왕에게 한강 유역마저 빼앗기고 함경도 지역까지 잃고 말았다. 이에 고구려는 빼앗긴 영토를 되찾기 위해 여러 차례 군대를 보내 신라의 북쪽 변경을 공략하였다. 특히, 평원왕의 사위인 온달(溫達) 장군이 신라를 공격하였으나, 뜻을 이루지 못한 채 아단성(지금의 아차산)에서 그만 전사하고 말았다(영양왕, 590).

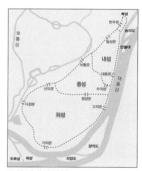

도성 체제의 변화
외적방어를 위해 만들어진 도성 체제는 전기 평양성(안학궁과 대성산성 : 427~586)을 끝으로 후기 평양성(장안성 : 586~668)은 장안성의 단성 체제로 바뀌었다.

백제의 건국과 발전

몽촌토성의 목책(서울 송파)

백제는 『삼국사기』의 기록에 의하면 주몽의 아들이자 비류의 동생인 온조(溫祚)가 기원전 18년에 북부여에서 10명의 신하를 이끌고 남하하여 하남 위례성(지금의 서울 일대)에 건국한 나라이다. 이후, 백제는 한강 유역과 주변의 유리한 자연 환경 등을 배경으로 북쪽의 한 군현 세력에 대항하는 한편, 남쪽의 마한 세력을 흡수하면서 성장해 나갔다.

한강 하류에서 일어난 백제는 54개 마한(馬韓) 소국 중이 하나로 처음에는 맹주국인 목지국(目支國)의 지배를 받았지만, 목지국으로부터 100여 리의 땅을 할애 받아 '십제'(十濟)를 세우면서 성장하였다. 백제는 기원을 전후한 시기에 근처의 작은 나라들을 한데 모아 이끌어 가는 나라로 발전하였다. 2세기 후반 중국 대륙의 혼란으로 한 군현의 세력이 약화되자 들어온 유이민의 영향으로 자극을 받았을 것이다. 한편, 중국 사서인 『삼국지』에는 '백가가 바다를 건너와 건국한 나라'로 기록되어 있다.

3세기에 이르러 초기 백제는 고대 국가 체제를 확립해나갔다. 고이왕은 6좌평과 16관등제 및 관리의 복색을 제정하였으며 아울러 율령을 반포하여 중앙 집권적인 지배 체제를 정비하였다. 또한, 위의 관구검이 고구려를 침입한 틈을 타서 북쪽으로는 낙랑군을 공략하고 서쪽으로는 신라의 변경을 공격하여 영토를 넓히는 등 강화된 국력을 과시하기도 하였다.

4세기 후반 백제는 제13대 왕인 근초고왕 때(346~375) 최대의 전성기를 맞이하였다. 근초고왕은 신라와는 우호 관계를 유지하는 한편, 황해도 방면으로 침공해 오는 고구려군을 기습하여 물리쳤다. 곧 태자와 3만의 병사들을 이끌고 출정한 근초고왕은 고구려의 평양성을 공격하여 고구려 고국원왕을 전사시켰다(371). 이리하여 백제는 오늘날의 경기 · 충청 · 전라도의 전지역과 강원도와 황해도의 일부 지역을 차지하는 등 삼국간의 경쟁에서 주도권을 장악하였다.

이어, 근초고왕은 신라와 동진과 교섭하는 동시에 중국의 요서 · 산동, 일본의 큐슈 등지에 진출하여 그곳에 백제군을 설치하였다. 이들 해외 개척지는 백제 본국과 연결하는 해외 교역망으로 백제인들의 활발한 해외 활동을 보여주는 것이었다. 특히, 근초고왕은 372년(일본 인덕 60)에 현재 일본 이소노카미 신궁(石上神宮)에 보관 중인 '칠지도'를 왜왕에게 하사하여 일본 지역에 대한 지배력을 강화해 나갔다. 이

『삼국사기』와 『일본서기』의 연대 비교
『삼국사기』와 『일본서기』의 기록에는 그 연대 차이가 크다. 『삼국사기』에는 근초고왕이 죽은 해가 375년(근초고왕 30)인데 반해 『일본서기』에는 신공왕후 55년(255)이라고 되어 있다. 따라서 120년의 차이가 난다. 그러나 개로왕이 죽은 해(475)는 웅략 천황 20년(476)이었으며 동성왕이 즉위한 479년은 웅략 천황 23년(479)과 무령왕이 즉위한 501년이 모두 같다. 그러므로 475년 이전에는 120년을 붙여서 계산하는 것이 맞다.

백제 건국 신화
백제 시조인 온조는 주몽의 아들로 유리가 왕위를 계승하자 오간·마려 등 10신하를 이끌고 위례성에 나라를 세웠다.(처음 나라이름을 十濟) 온조는 형인 비류와 함께 남하하였는데, 비류는 미추홀(인천)에서 자리 잡았으나 실패하였다.

고이왕(古爾王, 234~286)
중국 문헌인 『주서』(周書)·『수서』(隋書)의 백제전에 나오는 "백제시조구태"(百濟始祖仇台)의 '구태'를 '구이'(久爾)로 읽고, 이것은 '고이'와 음상 통한다고 보아 '구이＝고이'로 해석하여 고이왕을 백제 고대 국가의 실제적 건국자로서의 시조로 보는 견해가 있다.

평양 천도는 고구려가 산악 지대(북방 또는 내륙 지대)에서 평야 지대(또는 해양 지대)로의 이동으로 고구려가 전성기를 이루었다. 그러나 개로왕이 472년(백제 개로왕 18, 고구려 장수왕 60)에 북위에 보낸 글에서 평양 천도 이전부터의 고구려 사회 분열상(물론 과장되었을 것이지만)을 말하고 있다. 또한 551년(신라 진흥왕 12 : 고구려 양원왕 7)에 신라로 귀순한 혜량은 고구려에 난리가 나서 곧 망할 것 같다는 말을 하고 있다. 결국 평양성 천도는 고구려의 전성기를 가져왔으나 북방(만주)에 대한 관심과 중요성을 잃게 되는 결과를 가져왔다.

러한 강성한 국력을 배경으로 근초고왕은 박사 고흥(高興)에게 『서기』(書記)라는 역사서를 편찬하게 하여 전성기의 문화적 기념비로 삼았다. 나아가 그는 왕인과 아직기를 일본에 보내 『논어』와 『천자문』 등 경서를 비롯하여 선진 문화와 유학을 전해주었다.

그러나 5세기에 이르러 백제는 고구려 장수왕의 평양 천도(427)에 이은 남하 정책에 밀려 국가적 위기를 맞게 되었다. 이에 백제 비유왕은 433년에 신라의 눌지왕과 나제 동맹을 맺어 고구려에 대항하였다. 백제는 신라와의 동맹 이외에도 북위에 사신을 보내 군사 원조를 요청했으나(472), 도리어 고구려를 자극하여 장수왕의 침입을 불러와 수도인 한성을 비롯한 한강 유역을 빼앗기고 말았다. 이 전투에서 백제 개로왕마저 사로잡혀 죽임을 당하였다. 개로왕이 고구려군에 포위되자 신라에 구원을 요청하러 갔던 그의 아들 문주가 1만의 구원병을 이끌고 돌아왔으나 이미 개로왕이 죽은 뒤였다. 결국 문주왕은 수도를 웅진(지금의 공주)으로 도읍을 옮길 수밖에 없었다(475).

이러한 위기 속에 등장한 왕이 동성왕(479~501)이었다. 그는 중국 남제(南齊)와 수교하여 후원 세력을 확보하는 한편, 신라 왕실(소지왕)과 혼인 관계를 맺어 고구려에 맞서면서 국력의 회복에 힘썼다. 그는 탐라(현재의 제주도)를 복속하고, 말년에 수도를 사비로 옮기려다가 귀족들의 반발을 사서 위사좌평 백가(苩加)에게 살해되고 말았다.

동성왕의 뒤를 이어 즉위한 무령왕(501~522)은 백가세력을 제거하고 왕실의 권위를 회복하였다. 그는 지방에 22담로(擔魯)를 설치하고 왕족을 보내 지방에 대한 통제력을 강화하였다. 또한, 중국 남조의 양(梁)나라와 국교를 맺고 문화 교류에도

백제의 전성기(4세기) – 해외 진출

칠지도(七支刀)

백제와 신라의 동맹

백제와 신라의 동맹(433~552)			
동맹	백제	신라	
나제 동맹 (433~552)	비유왕	눌지왕	고구려 장수왕~ 양원왕
결혼 동맹 (493~552)	동성왕	소지왕	

칠지도(七支刀)

칠지도는 백제왕이 왜왕 지(旨)에게 하사한 철제 칼. 칼의 몸 좌우로 가지 모양의 칼이 각각 3개씩 나와 있어 모두 7개의 칼날을 이루져 있다 하여 붙여진 이름이다. 칠지도는 길이 74.9㎝ 크기의 단철로 만든 양날 칼인데, 양면에 60여 자의 문자가 금(金)으로 상감되어 있다. 이 명문에는 판독하기 힘든 부분이 많았다. 그러나 1981년 1월에 행해진 X선 촬영 및 현미경 확대 사진을 통해 많은 부분들이 보다 명확하게 판독할 수 있게 되었다. 그 내용은 대체로 다음과 같이 풀이된다.

[앞면] 태□ 4년 5월 16일은 병오인데, 이날 한낮에 백 번이나 단련한 강철로 칠지도를 만들었다. 이 칼은 온갖 적병을 물리칠 수 있으니, 제후국의 왕에게 나누어줄 만하다. □□□□가 만들었다.

[뒷면] 지금까지 이러한 칼은 없었는데, 백제 왕세자 기생성음이 일부러 왜왕 지(旨)를 위해 만들었으니 후세에 전하여 보이라.

📛 칠지도를 둘러싸고 '백제가 왜왕에게 하사했다'고 보는 한국측 해석과 '백제왕이 왜왕에 바친 헌상품'이라는 일본의 주장이 맞서면서 100년 넘게 논란을 빚고 있다. 칠지도는 광개토왕릉비문과 더불어 일본 고대사 및 4세기 내지 5세기 무렵의 한·일 관계사 연구에 소중한 근본 사료로 주목을 받아 왔다. 현재 일본 이소노카미 신궁에 보관되어 있다.

무령왕의 탄생지 무령왕의 탄생에 대하여 우리나라 기록에는 없으나 『일본서기』(권14, 웅략 5년, 461)에 개로왕의 동생(곤지)에게 부인을 주면서 일본에 보냈는데 도중에 가카라섬(加唐島, 큐슈 앞의 작은 섬)에서 태어났다고 되어 있다. 무령왕이 태어난 곳 동굴에는 현재 그의 탄생지라는 표지판이 있다.

무령왕릉 지석(공주박물관) 지석의 발견으로 무덤의 주인공이 '무령왕'임을 알 수 있게 되었을 뿐만 아니라 백제 웅진 시기를 연구하는데 크게 기여하였다. 이전에는 어느 왕 또는 누구의 무덤인지 주인을 알 수 있는 유물이 나오질 않아 풍부한 유물에도 불구하고 역사적인 사실은 밝혀낼 수가 없었다.

쇼토쿠 태자(聖德太子, 574~622)

용명천황(用明天皇)의 아들로 태어난 쇼토쿠 태자는 일본 최초의 절 법흥사(法興寺, 593년 창건)에서 승려 혜자(고구려), 혜총(백제)로부터 불교를 배워 장차 일본이 불교 국가로 자리잡는데 크게 공헌을 하였다. 그는 사재를 털어 일본에서 현존하는 가장 오래된 목조 건물인 호류사(法隆寺)를 창건하였다(601~607). 또, 그는 17조 헌법과 관위 12체계를 도입하여 국가 제도를 정비하였다. 17조 헌법의 제1조는 '화합은 가장 고귀하다. 그러므로 모든 것은 대화로 정해야 한다.'인데, 이 정신은 오늘날 일본 관료 제도의 출발점으로 평가되고 있다. 일본 역사상 처음으로 공식 외교사절을 중국에 파견하였고, 수도를 아스카(飛鳥)에서 이카루가(班鳩, 지금의 나라)로 옮기기도 하였다.

무령왕릉과 출토품(복원 모형) 1971년 공주 송산리 고분에서 무령왕과 왕비의 능이 발견되었다. 그 속에서 금관식·지석·돌짐승·토지 매지권·양나라 동전이 나왔다.

힘썼다. 이때 양나라에 파견된 사신들 모습을 그린 '양직공도'(梁職貢圖) 속에서 백제국 사신의 모습을 엿볼 수 있다. 왜와도 활발하게 교류하여 오경박사를 파견하고 의학, 점성술 등을 전해주었다. 나아가 고구려에 대한 적극적인 공세를 펼쳐 중흥의 기반을 다졌다.

제26대 성왕(523~554)은 무령왕에 이어 본격적으로 국가 중흥을 도모하였다. 그는 다시 수도를 웅진에서 사비(지금의 부여)로 옮기고(538), 국호를 '남부여'라 고쳐 국가 면모를 새롭게 하였다. 또한, 중앙에는 22부를, 지방에는 5부 5방을 설치하는 등 행정 조직의 개편을 통해 중앙 집권 체제를 강화하는 한편, 겸익을 등용하여 불교 세력의 후원을 이끌어냈다. 나아가 성왕은 대외 교류도 활발하게 펼쳐 중국 남조인 양나라의 학자, 기술자 등을 초빙하였고, 일본에 노리사치계를 보내 불상과 불경 등을 전해주었다.

성왕은 신라 진흥왕과 연합하여 고구려에 빼앗긴 한강 유역을 되찾아왔다. 그런데 신라 진흥왕은 고구려와 밀약을 맺고 백제를 기습 공격하여 한강 하류 유역을 빼앗아 갔다(553). 뜻밖에 신라의 배신으로 한강 유역을 다시 빼앗긴 성왕은 격분하여 신하들의 반대를 무릅쓰고 보복에 나섰으나, 관산성(옥천) 전투에서 매복해 있던 신라군의 역습을 받아 전사하고 말았다. 이리하여 120여 년간 이어온 나제 동맹이 깨지게 되었다(554).

성왕을 이은 위덕왕(554~598)은 중국과 일본과의 문화 교류를 활발하게 전개하였다. 그는 그림을 잘 그렸던 아들 아좌 태자는 일본으로 보내 일본 쇼토쿠(聖德) 태자의 스승이 되게 하였다(597). 이때 아좌 태자가 그린 쇼토쿠 태자의 초상화가 나라현의 호류사에 국보로 남아있다.

신라 선화(善化) 공주와의 사랑을 노래한 '서동요'의 주인공 무왕(600~641)은 군사력을 강화하여 고구려에 적극 대응하였다. 외교에서는 수에 이어 당에 사신을 보내 긴밀한 관계를 유지하여 당을 세운 고조(이연)로부터 '대방군왕 백제왕'(大方郡王 百濟王)이라는 칭호도 받았다. 일본에는 관륵을 보내 천문, 지리, 역법, 둔갑과 방술에 관한 서적을 전해 주었다. 이후 관륵은 일본 초대 승정(僧正)이 되어 일본 승단의 기강을 확립하는데 기여하기도 하였다.

서동요(薯童謠)
[향가 원문]
善化公主主隱
他密只嫁良置古
薯童房乙
夜矣卯乙抱遺去如
[풀이]
선화 공주님은
남 몰래 시집가 놓고
맛둥[薯童] 도련님을
밤에 몰래 안고 간다.

신라의 건국과 발전

신라는 진한 12국의 하나였던 사로국(斯盧國)을 모체로 하여 박혁거세(朴赫居世)가 기원전 57년에 사로 6촌장의 추대를 받아 건국한 나라였다. 처음에는 '서라벌'(徐羅伐)이라도 불렸다. 건국 이후 사로국에는 박씨 외에 석씨(탈해)·김씨(알지)의 3성의 세력 집단이 교대로 왕위를 이어갔다. 각기 다른 신화와 전통을 갖고 있던 이들 박·석·김 3성 집단은 왕위 세습의 어려움 속에서 국가적 발전도 늦어졌다.

4세기 중엽 한강을 둘러싸고 백제와 고구려가 치열한 쟁탈전을 벌이는 동안에 신라는 국가 체제 정비에 힘을 기울였다. 내물왕(356~402)은 김씨에 의한 왕위의 독점적 세습을 이루고, 왕의 이름도 이사금에서 '마립간'으로 바꾸었다. 또, 그는 대등으로 구성된 귀족회의인 남당(南堂)에서 정사를 주재하는 최고 통치자로서 군림하는 등 고대 국가의 기틀을 마련해 나갔다. 내물왕은 국제 관계에도 힘써 전진(前秦)과 외교 관계를 수립하였으며, 이때부터 본격적으로 한자를 사용하기 시작하였다.

당시 신라는 한반도로 왜병과 연합한 백제로부터 자주 침범을 받았다. 신라의 힘

신라 3성의 시조 설화
박혁거세 설화는 양산기슭의 나정의 숲속에서 말이 떠난 자리에 남아있던 알에서 태어난 것이며, 김알지 설화는 용이 알영정에 나타나 오른쪽 겨드랑(갈빗대)이 밑으로 여아를 낳았다는 것이다. 석탈해 설화는 다파나국의 왕녀가 임신 7년만에 큰 알을 낳았으며 그 알을 보물과 함께 바다로 띄어보냈다. 그러나 진한의 아진포(영일)에 도착하였을 때는 어린 아이가 되었으며 성장하여 남해왕의 사위가 되었다.

신라의 왕호

왕호	시기	의미
거서간	① 박혁거세	군장
차차웅	② 남해	제사장
이사금	③ 유리~⑯ 미추	연장자
마립간	⑰ 내물~ ㉑ 소지	대군장
왕	㉒ 지증왕~㊹ 경순왕	중국식 왕호
	㉓ 법흥왕~㉘ 진덕여왕	불교식 왕호
	㉙ 태종 무열왕~㊹ 경순왕	중국식 시호

고구려의 신라에 대한 내정 간섭
신라는 군사 원조를 해준 고구려와 우호 관계를 유지하기 위한 고육책으로 392년에 실성(이찬 대서지의 아들)을 고구려에 볼모로 보내야 하였다. 고구려에서 귀국한 실성이 내물왕이 죽은 뒤에 그의 여러 아들을 제치고 왕위를 계승한 이면에는 고구려의 압력이 작용하였을 것이다.

자료 스페셜 중앙 정치 제도의 정비

신라의 중앙 제도는 법흥왕 3년(516)에 병부, 18년에는 최고직(화백 의장) 상대등을 설치하였다. 이어 진흥왕 26년(565)에 세운 최고 행정 총괄 기관인 품주를 진성여왕 때에는 집사부(행정 총괄 기구)와 창부(재정 담당)로 나누고 행정 최고 책임자인 중시(이후 시중으로 고침)를 두었다. 이어 진평왕 때에는 5관부인 위화부·조부·승부·예부·영객부를 두었으며 신문왕 때에는 예작부를 두어 14부가 완성되었는데 무려 170년이란 시간이 걸렸다.

만으로는 백제와 왜의 연합 세력을 막을 수 없어 우호 관계에 있었던 고구려에 도움을 청하였다. 이에 고구려의 광개토대왕은 5만 명의 보병과 기병을 보내 백제군과 연합한 왜군을 크게 격파하였다(400). 그러나 고구려의 군사적 지원은 결과적으로는 내정 간섭을 불러와 신라의 발전을 저해하는 요인이 되기도 하였다.

5세기 신라 눌지왕(?~458)은 왕위의 부자 상속 제도를 확립하였다. 5세기 신라에서는 황남대총, 천마총 등 규모가 큰 무덤들이 많이 만들어졌는데, 이는 당시 신라의 왕권이 크게 성장되었음을 보여 주는 것이다.

한편, 눌지왕은 평양으로 천도한 고구려 장수왕에 대항하기 위해 백제 비유왕과 나제 동맹을 체결하였다. 소지왕 때에는 다시 백제 동성왕과 결혼 동맹을 맺어 백제와의 관계를 더욱 공고히 하였다.

6세기에 들어 신라는 본격적으로 발전하기 시작하였다. 지증왕(500~514)은 국호를 사로국에서 '신라'(新羅)로, 왕호는 마립간에서 '왕'(王)으로 각각 고치고 전국을 군현제로 개편하는 등 국가의 기틀을 새롭게 하였다. 소로 농사짓는 우경을 도입하고, 서울(금성)에 동시를 설치하여 농업과 상업 등을 장려하였으며, 초기 국가에서부터 전해오던 순장의 풍습을 금지하였다. 또, 하슬라주 군주로 임명된 이사부(異斯夫)를 보내 우산국(지금의 울릉도)과 독도를 정복하여 신라 영토로 삼았다(지증왕 13년, 512).

지증왕 대의 정치 · 경제 개혁을 토대로 법흥왕 대에는 중앙 집권적 국가 체제를 확립할 수 있었다. 법흥왕(514~540)은 국정을 총괄하는 상대등을 두고, 병부 설치, 율령 반포, 관리의 복장 제정 등을 단행하는 한편, 신분 제도인 골품 제도를 정비하였다. 527년에는 이차돈의 순교를 계기로 불교를 공인하였다. 이러한 일련의 정책은 왕권의 확립에 기여하였을 뿐만 아니라 장차 삼국을 통일할 수 있는 사상적 기반으로 되었다.

신라 최초로 '건원'(建元)이라는 독자적인 연호를 사용한 법흥왕은 중국 남조인 양나라와 국교를 체결하고, 대가야와는 이뇌왕의 청혼을 받아들여 결혼 동맹을 맺었다. 이후, 낙동강과 남해안의 요지인 금관가야(본가야)를 병합함으로써(532), 장차 나머지 5가야 연맹마저 정복하여 영토를 넓힐 수 있는 기틀을 마련하였다. 법흥왕은 말년에 승려로 출가하였다가 죽어 애공사(哀公寺) 북쪽 산봉우리에 조성된 능에 묻혔다.

신라는 제24대 진흥왕 대에 이르러 최대의 전성기를 누렸다. 갈문왕 입종의 아들로 7세에 법흥왕의 뒤를 이은 진흥왕은 연호를 '개국'(開國)으로 고치고, 화랑도를 국가의 공식 청소년 단체로 확대 개편하였는데(576), 화랑도는 이후 삼국 통일의 원동력이 되었다. 병부령인 이사부의 건의에 따라 거칠부에게 신라의 역사를 기록한 『국사』를 편찬하게 하였다. 또한, 대가야 출신인 우륵이 가야금(12현금)을 가지고 신라로 망명해 오자, 그를 국원(지금의 충주)에 살면서 가야금곡 연주와 노래, 춤 등을

나정(경북 경주)

신라의 국호(國號)

신라의 국호는 서라벌(徐羅筏), 사로(斯盧), 사라(斯羅), 신라(新羅) 등의 별칭이 있었다. 이는 모두 같은 국호를 한자로 표기하는 과정에서 생겨난 별칭이다. 탈해(脫解) 이사금 시기에는 계림(鷄林)을 국호로 정하기도 하였다. 504년에 지증왕은 신라를 공식 국호로 정하였다. 신라 라는 뜻은 "왕의 덕업이 날로 새로워져서(新) 사방을 망라(羅)한다"는 의미이다.

가르치게 하였다. 진흥왕은 신라 최대의 사찰인 황룡사를 건립하고, 장륙상을 주조하여 안치하였다. 황룡사 장륙상은 황룡사 구층탑, 진평왕의 옥대와 함께 신라 삼보의 하나로 꼽힌다.

진흥왕은 영토를 최대로 확장하여 정복 군주다운 면모를 과시하였다. 진흥왕은 고구려가 점령하고 있던 한강 유역 공략에 나섰다. 먼저 그는 죽령을 넘어 남한강 유역을 점령하고(단양 적성비 건립, 551), 이어 서진하여 충주를 확보한 후 백제 성왕과 연합하여 북한강 유역을 점령하였다. 그러나 한강 유역을 둘러싸고 신라와 백제의 대립이 격화되어 결국 120여 년간 이어온 동맹 관계가 깨졌다. 진흥왕은 백제 성왕의 군사를 격퇴하고, 관산성(지금의 옥천) 전투에서 성왕을 사로잡아 죽였다(554).

이듬해(555) 진흥왕은 한강 하류 일대에 신주(지금의 광주)를 설치한 다음 북한산비를 세워 이 지역의 보호와 북진을 맹세하였다. 561년에는 이사부에 명하여 대가야를 정복하게 하였다. 진흥왕은 개척한 땅에 순수비를 잇달아 건립하는데, 창녕비·북한산비·황초령비(함주)·마운령비(이원) 등의 비가 지금까지 전해오고 있다.

신라는 남양만의 당(항)성을 차지하여 백제로부터 중국으로 통하는 교통로를 빼앗고 이 항로를 통해 중국과 직접 외교 관계를 맺게 되었다. 신라가 한강 유역을 확보함으로써 이후 삼국 경쟁의 주도권을 장악하게 되었을 뿐만 아니라, 나아가 삼국 통일의 기반을 마련하는 계기가 되었다. 이어 진평왕은 관제를 정비하면서 수

진흥왕의 연호

연호	사용 기간
개국(開國)	551~567
대창(大昌)	568~571
홍제(鴻濟)	572~576

순수의 의미
왕은 정기·비정기적으로 지방에 출장을 떠나 민심을 살피고 유공자를 표창한다. 진흥왕은 정복 기념으로 순수비를 세웠고 특히 북한산 순수비는 이 지역 안녕을 하늘에 비는 의미도 있었다.

신라의 영토 확장(진흥왕, 6세기)

창녕 신라 진흥왕 척경비(경남 창녕)

단양 신라 적성비(충북 단양) 신라가 551년에 고구려 지역이었던 적성(단양)을 차지한 후 세운 비석이다.

북한산 진흥왕 순수(巡狩)비 555년(진흥왕 16)에 세운 북한산 진흥왕 순수비는 보호를 위해 국립중앙박물관으로 옮겨졌으며 그 자리에 유지비를 세웠다. 이 비석은 영토확장의 의미보다 북진(통일)을 위해 하늘에 서약하는 뜻을 갖고 있다.

황초령 진흥왕 순수비(함경남도 함흥)

황룡사지 목탑 터

황룡사지 목탑 심초석

황룡사터(모형) 황룡사는 진흥왕 14년(553)에 시작하여 선덕여왕 14년(645)에 완성하였다.(절터 크기 동서 51m, 남북 26m) 그안에는 장육존상, 9층탑(자장 건의·백제 아비지 축조)이 있었는데, 고려 고종 25년(1238)에 몽골에 의해 불타 버렸다.

나라, 당나라와 친선을 유지하여 국력을 축적해 나갔다.

진평왕에 이어 선덕 여왕(632~647, 덕만)이 우리나라 최초로 여성으로 왕위에 올랐다. 선덕 여왕은 연호를 '인평'(仁平)으로 고쳤고, 분황사와 영묘사를 창건하고 동양에서 가장 오래된 첨성대를 건립하여 천문을 관측하였다. 또한, 자장 법사의 건의에 따라 백제 아비지를 데려와 황룡사 구층탑을 세웠다(645).

한편, 백제 의자왕은 신라의 미후성 등 40여 개 성에 이어 서부 접경 지역의 전략 요충지인 대야성마저 빼앗았을 뿐만 아니라, 고구려와 모의하여 중국과의 통로인 당(항)성을 차지하였다(642). 이에 선덕 여왕은 김춘추(뒤의 무열왕)와 김유신을 전면에 내세워 각각 외교와 군사를 맡기고, 당나라와의 외교를 통해 백제와 고구려를 견제하고자 하였다. 특히, 김춘추는 백제군에 피살된 대야성(합천) 성주인 사위(품석)와 그 딸의 원한을 갚기 위해 직접 고구려와 왜(일본)에 사신으로 가서 구원을 요청했으나 실패하였다. 그러나 그는 당으로 건너가 태종을 설득하여 마침내 나당 연합군을 결성하는데 성공하였다.

645년에 당 태종이 고구려 원정을 단행하자, 선덕 여왕은 군사 3만을 동원하여 당나라를 후방에서 지원하였다. 그러나 여왕이 정치를 잘못한다는 구실로 상대등 비담과 염종 등이 반란을 일으키는 등 말년에 큰 위기를 맞기도 하였다(647). 그 해 8월에 선덕 여왕이 죽자, 유언에 따라 낭산에 장사지냈다.

김춘추와 김유신이 비담의 반란을 진압하는 와중에 갑자기 선덕 여왕이 죽자, 사촌 동생인 승만(勝曼)이 뒤를 이어 즉위하니, 진덕 여왕이다. 그는 비담을 비롯한 반란 가담자 30여 명을 처형하였다. 집사부(원래의 이름은 품주)를 두어 정치 제도를 재정비

선덕 여왕과 진덕 여왕의 계보

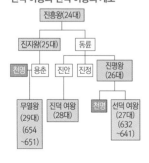

신라에만 여왕이 있었던 이유
신라의 골품 제도 때문에 신분을 갖추지 못한 아들보다는 신분을 갖춘 딸이 왕위에 오를 수 있었다. 또한 최고의 신분은 남녀의 차별이 없었다. 따라서 아들이 없는 진평왕의 큰딸(선덕여왕)이 왕위에 오르게 된 것이다. 신라말에도 정강왕에게 아들이 없어서 동생인 진성여왕이 왕위를 이어받았다.

하고 김춘추(정치 · 외교) · 김유신(군사)의 후원에 힘입어 권력을 강화하였다.

고구려와 백제의 침략이 계속되자, 진덕 여왕은 김유신을 중심으로 백제에 대적하게 하는 한편, 당과의 외교 관계를 강화 해나갔다. 그는 김춘추를 당에 보내어 원군을 요청하여 나 · 당 동맹을 맺었다(648). 이어 김춘추 첫째 아들 김법민(뒤의 문무왕)을 당나라에 파견하여 자신이 지은 '태평송'(太平頌)을 바치게 하였다. 동시에 당나라 연호인 '영휘'(永徽)를 사용하고, 신라의 전통 의상을 당의 복제를 본떠 고쳤다. 또 다시 그는 김춘추의 둘째 아들 김인문을 당에 보내어 두 나라의 친교를 더욱 돈독하게 하였다.

진덕 여왕이 후사 없이 죽자, 화백 회의에서 진골 출신인 김춘추를 섭정으로 추대하였다. 이어 52세의 김춘추는 처음 왕위 계승자로 지명됐던 상대등 알천(閼川)의 양보와 김유신 등의 후원을 받아 왕위에 오르니, 신라 29대 임금인 태종 무열왕(654~661)이다. 그는 일찍이 언변에 능하고 외교적 수완이 뛰어나 고구려, 일본, 당에 사신으로 갔다. 특히 당에는 여러 차례 왕래하여 군사 원조의 약속을 받아내는 등의 외교적 성과를 거둠으로써 장차 삼국 통일의 토대를 닦았다.

태종 무열왕은 당에서 귀국한 첫째 아들 법민(法民)을 태자에 책봉하고, 둘째 아들 인문(仁問)을 군주에, 셋째 아들 문왕(文王)을 집사부 중시에 각각 임명하여 직계 자손에 의한 왕권의 안정을 꾀하였다. 그리고 자신의 즉위에 결정적으로 기여한 처남 김유신을 화백 회의 의장으로 왕권을 견제하던 상대등에 임명하여 권력 기반을 굳건히 하였다. 아울러 당의 율령 제도를 수용하여 관료 체계를 정비하고 이어 9서당을 설치하여 군사 조직을 강화하는 등 왕권의 전제화를 확립해나갔다.

일찍이 뛰어난 외교력을 발휘한 태종 무열왕은 당을 후원 세력으로 삼아 본격적으로 삼국 통일의 과업을 추진하였다. 660년에 당나라가 신라의 요청에 따라 소정방이 지휘하는 대군을 파견함으로써 마침내 나당 연합군이 백제 정벌에 나섰다. 무열왕은 태자 법민(문무왕)과 김유신 등에게 5만의 군사를 주어 백제를 공격하게 하였다. 신라군은 계백이 이끄는 5천의 백제군을 황산벌에서 극적으로 물리치고 사비성을 함락시켜 백제 의자왕의 항복을 받았다. 태종 무열왕은 백제 부흥 운동을 진압하였으나, 고구려 정벌을 남겨둔 채 그만 사망하고 말았다(661).

(2) 가야 연맹의 성립과 발전

가야 연맹의 성립

낙동강 유역에는 발달된 철기 문화를 배경으로 변한 12개국 외에도 크고 작은 읍락 국가들이 독립된 정치 집단을 이루고 있었다. 1세기 무렵에 이들 국가들은 점차 세력을 통합하여 '가라', 또는 '가락'으로도 불리던 가야 연맹체를 형성하였다.

가야 연맹은 금관가야, 아라가야, 대가야, 소가야, 고령가야, 성산가야의 6가야로 이루어졌다. 처음에는 금관가야가 전기 가야 연맹의 주도권을 행사하다가 5세기

태평송

당을 칭송하며 머리를 숙여 당에 충성하겠다는 내용이다. "대당(大唐)의 왕업을 개창하니 높고 높은 황제의 포부가 빛나도다…"

태종무열왕의 가계도

김춘추(金春秋, 603~661)

성은 김씨. 이름은 춘추. 진지왕의 손자로 이찬 용춘(또는 용수)의 아들이다. 어머니는 천명부인(天明夫人)으로 진평왕의 딸이다. 비는 문명부인(文明夫人)으로, 각찬 김서현(金舒玄)의 딸이자 김유신의 누이동생 문희(文姬)이다.

에 이르러 대가야(본가야)가 후기 가야 연맹의 맹주국으로 되어 인접한 백제와 신라의 압력에 대처하였다.

가야 연맹의 발전과 멸망

6가야 중 가장 먼저 건국한 금관가야는 42년에 김수로왕이 지금의 김해 지역에 세운 나라였다. 낙동강 하류의 해안 지대에 위치한 금관가야는 4세기 초까지 전기 가야 연맹의 맹주국으로 되었다. 그러나 신라의 위협을 받던 금관가야의 김구해는 아들 3인(노종·무덕·무력)을 이끌고 신라에 투항하였다. 이로써 수로왕 이래 491년간 지속되었던 금관가야는 신라에게 멸망하고 말았다(법흥왕 19, 532).

김해 수로왕릉(경남 김해)

가야는 4세기 말~5세기 초에는 신라를 후원하는 고구려 광개토대왕의 공격을 받아 백제·가야 지방은 큰 타격을 입게 되었다. 여기에 신라까지 낙동강 하류 지역으로 영토를 넓혀옴에 따라 가야 연맹의 세력은 크게 약화되었고, 영토마저 낙동강 서쪽 연안으로 축소되었다.

이후, 고령 지방의 대가야를 새로운 맹주로 하는 후기 가야 연맹이 성립하였다. 6세기 초에 대가야(이뇌왕)는 신라(법흥왕)와 결혼 동맹은 맺어 국제적 고립에서 벗어나고자 하였다. 6세기 전반까지 상당한 발전을 보였던 대가야도 백제와 신라라는 강대국 사이에서 발전에 큰 제약을 받았다. 554년에 대가야는 백제와 연합하여 신라를 공격하였으나 도리어 크게 패하였다. 결국 후기 가야 연맹의 맹주국인 대가야는 562년에 진흥왕에 보낸 이사부·사다함 군대의 공격으로 멸망함으로써 가야 연맹은 신라에 완전히 흡수되고 말았다.

자료 스페셜 삼한의 변화와 가야의 건국 신화

○ **삼한의 변화**

한반도 북방에서 고조선·부여·고구려 등 예맥족의 연맹 왕국이 건설되고 있을 때 한강 이남의 한족(韓族) 사회에서도 진국(辰國)이 설립되었는데 그 중 대표적인 천안 일대의 목지국이 가장 큰 세력이었다. 그러나 기원전 2세기 고조선(기자조선)의 준왕이 남쪽으로 내려왔고 이어 위만조선(기원전 194~108)이 내려와 삼한 사회가 형성되면서 경기도 광주 일대의 백제국이 마한의 중심 세력으로 성장하여 백제로 발전하였다. 한편, 낙동강 유역의 진한은 사로(경주)를 중심으로 성장하였고, 낙동강 하류 일대의 변한은 구야(김해)를 중심으로 발달하여 사로국은 신라로 구야국은 가야로 발전하였다. 가야 연맹은 6가야로 출발했으며, 북방의 대가야와 남방의 금관가야가 주도 세력이었다. 그러나 신라와의 싸움에서 패하여 금관가야는 532년(법흥왕 19), 대가야는 562년(진흥왕 23)에 신라로 흡수되었다.

○ **가야의 건국 신화**

중국 후한 광무제(光武帝) 때에 가락 지방의 아도간(我刀干)·여도간(汝刀干) 등 9명의 간(干)이 무리를 이끌고 구지봉(龜旨峰)에 올라가 구가(거북노래)를 부르니, 하늘에서 6개의 알이 든 금궤가 내려왔다. 이것을 아도간의 집에 안치해 두었더니, 다음날 알에서 6명의 아이가 나왔다. 열흘이 지나자 어른이 되었는데, 그 중 가장 먼저 나와 '수로'(首露)라는 이름으로 불린 김수로왕은 금관가야의 시조가 되었고, 나머지 다섯 명의 아이들도 각각 5가야의 임금이 되었다고 한다.

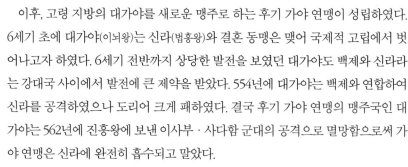

『삼국유사』권2, 가락국기

그러나 가야 연맹은 우수한 철기 문화와 발달된 농업 경제를 토대로 중국과 일본(왜) 지역과의 활발한 교역을 통해 경제적 문화적으로 앞선 발전상을 보였다. 금관가야 멸망 후, 그 왕족 후예였던 김무력은 신라로 투항한 뒤에 큰 공을 세워 신라의 신흥 귀족으로 두각을 나타냈다. 무력의 아들인 김서현에 이어 손자인 김유신이 삼국 통일에 중추적인 역할을 하였다.

금관가야 출신 우륵은 가야금을 전하는 등 신라 발전에 크게 이바지하였다. 또한, 가야는 백제뿐만 아니라 수많은 가야 출신 사람들이 바다를 건너가 왜에 철기와 토기 등의 기술을 전해줌으로써 일본 고대 문화 발전에 기여하기도 하였다.

가야와 신라의 결혼 동맹

결혼 동맹 체결		
대가야	신라	기간
이뇌왕	법흥왕	522~529

가야의 중계 무역
김해의 금관가야는 해상과 내륙을 연결하는 교통의 중심지였다. 낙동강을 이용하여 내륙 지방과 교류하였고, 바다를 이용하여 낙랑, 왜의 규슈지방과 무역을 활발히 전개하였다. 이러한 중계 무역의 이익으로 가야 연맹의 중심 세력이 될 수 있었다.

가야 연맹의 멸망

대가야 고분군(경북 고령)

가야의 판갑옷과 투구 풍부한 철로 철갑옷과 투구를 만들어 전쟁에 대비했다.

가야 문화의 일본전파 가야의 단단한 토기는 일본 스에키 토기에 영향을 주었고, 가야의 철은 일본에 전해져 일본 문화 발달에 기여했다.

자료 스페셜 김유신(金庾信, 595~673) 가문

김유신 가문은 금관가야 왕손으로 신라에 귀화하여 진골로 편입된 집안이다. 금관가야 마지막 왕인 김구해(金仇亥 또는 仇衡)는 법흥왕 19년(532)에 신라에 투항하였으며, 아들인 김무력(김유신의 조부)은 진흥왕을 도와 550년에 단양을 점령한 후, 553년(진흥왕 14)에는 새로 점령한 한강 유역(신주)의 군주가 되었다. 이어 554년에는 관산성(옥천) 전투에서 성왕을 살해하는데 결정적인 역할을 하였다. 김무력의 아들인 김서현은 진평왕 때 용춘(김춘추 부친)과 함께 백제, 고구려 정벌에 큰 공을 세우면서 신흥 세력으로 등장하였다.

김유신은 김서현의 장남(차남은 欽純)으로 김춘추와 함께 선덕여왕 이후 신흥 세력으로 활약한 후 김춘추를 태종무열왕으로 등장시킨 후 상대등이 되었으며 백제 정벌의 주역이 되었다. 김유신의 장남인 김삼광은 고구려 정벌에 공을 세웠으며 손자인 김윤중도 장군으로 활약하였다. 그러나 후손인 김암은 당과 일본에 사절로 파견되었으나, 이 때에 6두품으로 전락되어 김유신 가문은 기록에 나타나지 않는다. 김유신은 흥덕왕 때 흥무대왕으로 추증되었다.

(1) 삼국의 대외 관계

삼국의 대외 관계

어느 시대이던 한 나라는 부근 여러 나라와의 교섭과 전쟁 속에서 발전한다. 그러므로 삼국도 안으로 삼국과의 교섭, 밖으로는 중국과 왜(일본)와의 관계 속에서 성장하였다. 삼국의 대내 관계는 4세기까지는 자기 나라의 발전에 치중하였지만, 그 이후는 중국 세력과 싸우면서 한강 유역을 차지하려는 경쟁이 치열하였다.

삼국 중 가장 먼저 국가 체제를 갖춘 백제의 근초고왕(346~375)은 고구려를 쳐들어가 고국원왕을 패사시켜 두 나라가 원수지간이 되었고, 후에 장수왕(413~491)은 475년에 백제 개로왕을 살해하였다. 또 고구려의 남하에 대항하려고 신라(눌지왕)와 백제(비유왕)는 나·제동맹(433~554)을 맺었으나 두 나라의 이해 관계가 맞지 않아 큰 도움은 되지 못하였다.

신라는 처음 고구려에 의지(내물왕 37년에 실성과 실성왕 11년에 복호를 인질로 보냄)하였으나 지증왕 이후 국력이 강화되어 진흥왕대에 이르러서는 한강 유역(서울 부근)을 확보한 후 북진하였다. 이어 대가야를 정복하여(562) 한반도의 중심 국가가 되었다.

삼국의 대외 관계는 중국과의 관계가 큰 비중을 갖는다. 고구려는 대무신왕 15년(32) 후한에 사신을 보낸 이후 역대 중국 왕조와 조공 관계를 맺었다. 그러나 이러한 관계는 중국과 상하 관계를 갖는 것이 아니라 선진 문물을 받아들이려는 외교였고, 장수왕은 북위와 46회의 사절을 보낼 정도로 중국과 친선을 유지하기도 했다.

백제는 근초고왕 27년(372)에 동진과 교섭이 있은 이후 서해를 통해 고구려에 대항하려고 중국에 접근하였다. 웅진 천도 이후는 남조와 관계를 맺었다. 아신왕 6년(397) 왜국과 교섭이 시작된 이래 국

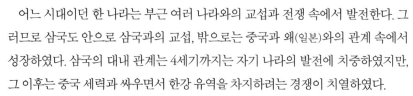

서해 항로 초기의 서해항로는 고구려 해안을 따라서 비사성에서 등주로 향하는 ❶노철산항로[북방로]였다. 4세기 이후는 백제가 개척한 ❷적산항로[직항로]가 있었으나 신라가 장악하였다. 후기는 흑산도를 거쳐 ❸명주(현재의 영파)로 가는 남방항로가 이용되었다.

삼국의 대외 관계

3국	연대	상대국
고구려	대무신왕 15년(32)	후한 광무제(첫 교섭)
	동천왕 20년(246)	관구검 침입
	고국원왕 12년(342)	모용황 침입(환도성 함락)
	장수왕 27년(439)	북위와 교섭
	평원왕 23년(581)	수와 교섭 시작
	영류왕 2년(619)	당과 교섭 시작
백제	근초고왕 27년(372)	동진과 교섭
	아신왕 6년(397)	왜(일본)과 교섭(권지를 인질)
	비유왕 3년(429)	송과 교섭
	무령왕 12년(512)	양과 교섭
	위덕왕 28년(581)	수와 교섭 시작
	무왕 22년(621)	당과 교섭 시작
신라	내물왕 26년(381)	전진과 교섭
	실성왕 1년(402)	왜국과 교섭(미사흔을 인질)
	법흥왕 8년(521)	양과 교섭
	진평왕 16년(594)	수나라와 교섭
	진평왕 43년(621)	당나라와 교섭 시작

당(항)성(경기 화성)
당(항)성은 백제가 중국으로 가는 출항지로 이곳을 통해 백제가 요서로 진출한 것이 아닌가 한다. 그러나 신라의 진흥왕이 이곳을 차지한 이후 신라의 해양 진출 기지가 되었다. 이후 통일신라시대에는 당으로 보낸 유학생(숙위학생), 구법승들이 이곳을 이용하였을 것이다.

조공이란 중국 주변 국가가 중국과 맺는 외교 관계로 조(朝)는 중국 황제를 찾아가 만나는 절차이며, 공(貢)은 이때 자기 나라의 특산물을 예로 바치는 것이다. 중국 측에서는 답례로 책봉(형식적인 왕의 승인 절차)과 회사라 하여 일부 중국의 특산물(책·비단·예물)을 보낸다. 특히 조공 파견 시기가 중국 황제의 즉위·사망시나 국왕의 등장 시기가 많았다. 이것은 주종(상하) 관계가 아닌 고대 중국과 주변 국가의 외교 형식이었다.

가 보존 차원에서 그들과 우호 관계를 유지하였다. 특히, 백제는 일본에 선진 문화를 전수하여 백제 문화의 우수성을 보여주었다.

신라는 내물왕 26년(381)에 전진에 조공한 이래 바다(백제)와 육지(고구려)에 막혀 중국 관계는 어려웠다. 그러나 신라가 진흥왕 14년에 한강 유역을 차지하면서 백제가 지배하던 대중국 관문인 당(항)성을 확보하였고, 이후 중국과의 교섭이 가능해졌다. 이에 북제·진과 교섭이 시작된 후 수·당과 긴밀한 관계를 유지하였다.

백암성(중국 요녕성)

백제의 해외 진출

삼국의 대외 관계에서 주목할 사항은 백제의 해외 진출이다. 특히, 백제의 요서 진출은 우리 역사상 최초의 국제화 사건으로 큰 의미가 있다. 이러한 사실은 중국 문헌(『송서』·『양서』·『남제서』)에 보인다. 『송서』에는 "백제는 본래 고(구)려와 더불어 요동의 동쪽 천여리 밖에 있었다. 이후 고려가 요동을 침략하여 점령하니, 백제는 요서를 침략하여 차지하였다. 백제가 통치한 곳은 진평군 진평현이다."(『송서』 권 97, 열전 57 동이 〈백제〉)라 하였다. 이러한 기록은 우리나라의 기록(『삼국사기』 권 46, 최치원전)에도 백제가 전성기에 오월을 침략해서 중국의 두통거리였다는 내용과 비슷하다. 이러한 정황으로 볼 때 백제가 근초고왕 이후 국력이 커져서 고구려에 맞서 바다로 진출한 것은 사실이다.

따라서 백제는 한반도에서는 고구려·신라와 경쟁 관계였지만 서해로 진출하여 해상 왕국을 이루었다. 다만 그 지역(진평)을 구체적으로 확인할 수 없지만 아마도 진평군은 요서(요녕성, 하북성의 해안 지대) 지방이었음은 확실한 것으로 여겨진다.

백제는 대내적으로 고구려와 신라의 위협으로 시련을 겪었지만 활발한 해외 진출을 하였다. 현재 일본의 교토와 나라 지방 외에 큐슈 지방의 미야자키에 '남향촌'이라는 백제 마을이 남아 있으며 중국 광서 장족 자치주에도 '백제향'이라는 마을이 남아 있다.

을지문덕 동상 (어린이 대공원, 서울 광진)

고구려의 수·당과의 싸움

중국에서 남북조의 분열을 통일한 수는 동북아시아의 강자인 고구려와 대립하게 되었다. 고구려는 영양왕 9년(598)에 요서 지방을 먼저 공격하였다. 이에 수나라 황제인 문제는 30만 대군을 보내 고구려를 공격하였으나, 고구려는 청야 정책으로 수의 대군을 격파하였다. 청야 정책이란 전쟁시 모든 백성을 성안으로 들여보낸 후 밖에는 적이 이용할 식량과 가축, 우물 등 모든 시설을 없애는 작전이다.

이어 양제는 영양왕 23년에 100만 대군을 이끌고 침입하였다. 우문술·우중문이 거느린 수의 육군은 청천강에서 고구려 을지문덕 부대에게 전멸당했다(살수대첩). 한편, 수나라의 내호아가 이끈 수군도 건무(뒤에 영류왕)에게 패수(대동강) 입구에서 격퇴되었다. 그 뒤에도 고구려는 수나라의 공격을 몇 차례 더 물리쳐 나라의 위기

고구려 을지문덕 장군이 수나라 장수 우중문에게 준 시(與隋將于仲文詩)

神策究天文(신책구천문)
妙算窮地理(묘산궁지리)
戰勝功旣高(전승공기고)
知足願云止(지족원운지)

신기한 책략은 하늘의 이치를 꿰뚫었고,
기묘한 계략은 땅의 이치를 통달하였도다.
전쟁에서 이겨 공이 이미 높으니,
만족함을 알고 그만 멈춤이 어떠한고.

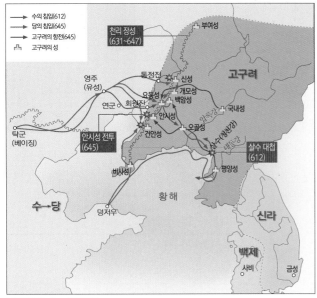

고구려와 수 · 당 전쟁

를 극복하였다. 수나라는 고구려와의 무리한 전쟁 등으로 국력이 소모되었고, 잇따른 토목 공사와 내란으로 결국 멸망하고 말았다(618).

수를 이은 당은 고구려를 정벌할 전쟁을 준비하였다. 이에 고구려는 당의 침략에 대비하여 천리장성을 쌓기 시작하여 16년만에 완성하였다. 그 사이에 연개소문(淵蓋蘇文, ?~666)이 영류왕 25년(642)에 정변을 일으켜 보장왕을 세우고 권력을 장악하여 대당 강경책을 펼쳤다. 반면에 신라는 적극적인 친당 정책을 쓰고 있었다.

당은 보장왕 4년(645)에 이세적 등을 앞세워 육군은 개모성(개주)을, 수군(정명진)은 비사성(대련)을 공격해왔으나 안시성에서 패퇴

하였다. 이후 2 · 3차의 공격을 시도하였으나 모두 실패하였다. 이와 같이 고구려가 수 · 당과 싸워 그 침략을 막아 낸 사실은 고구려 자신을 보호한 것만 아니라 한반도 전체를 중국의 침략으로부터 지켜냈다는 점에서도 그 의의가 컸다.

계백 장군 묘(충남 논산) 백제의 계백 장군 묘로 추정된다.

낙화암(충남 부여)

자료 스페셜 천리장성 축조(千里長城, 631~646)

천리장성은 영류왕 14년(631)부터 16년간에 걸쳐 요하를 따라 완성된 장성으로 당나라의 침입을 저지하려는 것이다. 북쪽으로 부여성(농안고성)에서 남쪽으로 바다에 다았다고 되어있어 그 위치가 불투명하여 종래에는 발해 연안의 건안성(영구)으로 생각하였다. 그러나 당나라와 대항하는데는 해군의 침투도 막아야 하기 때문에 그 남쪽 끝은 요동 반도의 끝자락(대련)인 비사성으로 확인되었다. 비사성 남쪽의 오호도(현재는 북황성도)에는 당나라의 병참기지가 있었기 때문에 그에 대한 방비도 필수적이었다. 최근에 중국은 만리장성(원래는 가욕관〈서〉에서 산해관〈동〉)까지 6,350Km의 길이를 배로 늘려 합밀(서)에서 목단강시까지 21,196Km의 길이를 천리장성을 넘어 압록강, 목단강 유역까지 확장하고 있으나, 만리장성(북방 민족 방어성)은 요하에서 끝나고 결코 천리장성은 넘을 수 없다는 견해가 우세하다.

---

(2) 신라의 삼국 통일

백제 멸망

고구려가 중국의 수·당 군과 치열한 전쟁을 계속하고 있는 동안 백제는 신라를 자주 공격하였다. 백제는 의자왕이 즉위하면서부터 싸움이 보다 격렬해져 신라는 40여 개의 성을 빼앗기고 대야성마저 함락되었다. 이에 신라에서 당으로 가는 교통로를 끊기 위해 고구려와 함께 당(항)성을 공격하였다. 위기에 처한 신라는 앞서 고구려의 힘을 빌리고자 하였으나 실패하고, 당에 구원을 청하였다. 김춘추는 당으로 건너가 나·당 간의 동맹을 맺었다.

이에 신라는 대장군 김유신을 위시하여 품일과 흠춘 장군이 5만의 대군을 이끌고 탄현을 넘어 백제로 진군하였다. 당군도 소정방이 거느린 13만 대군이 산둥 반도를 출발하여 백강(금강)으로 들어와 진군하고 있었다. 다급해진 백제의 의자왕은 대책을 논의하여 귀양 간 흥수에게 문의한 결과 백강 하구와 탄현을 지키라는 의견을 받았으나 이미 나·당 연합군이 그곳을 지난 뒤였다. 결국 백제는 계백 장군의 5천 결사대로 저항하였다. 그러나 김유신이 이끈 5만의 신라군과 계백의 5천 결사대와의 싸움은 결국 신라의 승리로 끝났다. 이로서 백제는 건국한 지 31대 678년 만에 멸망하였다(660).

금강 하구(기벌포) 백제군을 도우기 위해 온 일본군이 패배한 곳이다.

백제의 부흥 운동

백제가 660년에 멸망한 뒤에 왕족 복신과 승려 도침 등은 일본에 있던 왕자 풍을 받들어 백제 부흥 운동을 전개하였다. 그러자 임존성(지금의 대흥)을 근거지로 부흥 운동을 펼치고 있던 흑치상지도 이에 호응하였을 뿐만 아니라, 일본도 군대를 파견하여 백제 부흥군을 도왔다.

그러나 백제 부흥군의 지도층 내에서 분열이 일어났다. 부흥 운동의 주역인 복신이 도침을 죽이고, 다시 왕

임존성(충남 예산) 백제 부흥운동의 근거지였다.

자료 스페셜 의자왕의 두 아들 부여 융과 부여 풍

『삼국사기』기록에 의하면 의자왕은 41명의 서자가 있었다고 한다. 그러나 백제가 멸망하고 당나라에 끌려간 아들은 효(태자)·태·융·연 등과 일본에 가 있던 풍(풍장) 등 5명이 없다. 이 중에 풍은 661년 왜군과 함께 귀국하여 복신, 도침이 중심이 된 백제부흥군의 왕이 되었다. 그러나 이들이 서로 죽이면서 부흥 운동은 시련을 겪었다. 한편, 당에 끌려갔던 융은 당군의 일원이 되어 663년 백강전투에서 당군과 왜군이 대결할 때 서로 반대편이 된 비극의 주인공이 되었다. 풍은 백강전투에서 패전한 후 고구려로 망명하였으나 고구려 멸망 당시 당나라에 압송되었다. 융은 그 후 신라에 와서 문무왕과 취리산에서 맹약한 후 다시 당나라에 머물다가 682년 사망하여 망산(북망산)에 묻혔으나 정확한 위치는 아직까지 찾지 못하고 있다.

자 풍이 복신을 죽이는 사태가 발생하였다. 여기에 일본군마저 백촌강 전투(백강 전투 또는 백강구 전투)에서 나·당 연합군에 패배함으로써 백제 부흥 운동은 실패로 끝났다(668).

한편, 임존성에 주둔하고 있던 흑치상지는 당의 회유에 넘어가 부흥 운동을 포기하고 당으로 건너가 토번, 돌궐 등을 정벌하는데 공을 세웠다. 또 다른 부흥 운동의 주역이었던 왕자 풍과 백제 멸망 후 의자왕과 함께 당으로 끌려갔다 돌아온 왕자 융은 백강 전투에서 서로 다른 편이 되어 싸웠다. 이 전투에서 패배한 융은 고구려로 망명하였다가 고구려가 나·당 연합군에 멸망하자(668), 당으로 끌려가 영남으로 귀양가 생애를 마쳤다. 왕자 융도 당 군대에 가담하여 참전하였으나, 신라 문무왕과 화해를 맹세한 뒤에 홀로 여생을 보내다가 망산(북망산)에 묻혔다(682).

신라의 삼국 통일과 백제·고구려의 부흥 운동

고구려 멸망

신라와 당은 백제를 멸망시킨 후 예정한대로 고구려에 대한 공격을 시작하였다. 보장왕 20년(661) 김유신이 이끄는 신라군과 소정방이 이끄는 당나라 군대는 남북으로 고구려를 협공하였다. 이 때 마침 신라군은 백제 부흥군과의 전투를 위해 병력을 옮겼다. 결국 당나라 군대는 평양성을 공격하였으나 고구려는 7개월 동안 이를 잘 방어하여 당군을 물리쳤다.

그러나 고구려는 계속된 전쟁으로 국력이 약해졌고, 또한 연개소문의 독재 정치로 민심이 이반되어 있었다. 더욱이 절대 권력자였던 연개소문이 갑자기 죽자 지도층 안에서 권력 다툼이 벌어졌다. 연개소문의 동생과 아들들이 벌인 권력 쟁탈전은 고구려를 더욱 약하게 하였다.

나·당연합군은 이 기회를 틈타 평양성을 공격하

자료 스페셜　계백과 김유신

660년 계백은 백제와 신라와의 마지막 결전에서 16세 어린 나이로 전쟁에 참여한 신라의 화랑 관창을 포로로 잡았으나 되돌려 보냈다. 그러나 관창은 전투에 참여하여 다시 포로가 되었다. 이에 계백은 그의 목을 베어 말 안장에 달아매어 적진에 보냈다. 이미 계백은 처와 자식을 죽이고 전쟁에 참가하였다. 그는 5천의 결사대와 함께 여러 번 신라와의 전투에서 승리하였으나 결국 마지막에 패하여 죽었다.

김유신은 계백과의 전투에서 시간이 걸려 소정방과의 약속 기일을 어기게 되었다. 이에 소정방이 연락관인 김문영을 참형하려 할 때 김유신이 말하기를, "내가 늦은 것은 황산벌 싸움 때문이므로 죄 없이 욕을 받을 수 없다"고 하였다. 이어 머리털이 일어서고 허리에 찬 칼이 저절로 움직여 칼집에서 튀어나올 것 같은 형국이 되자, 소정방은 기세가 꺾여 더 이상 김문영의 죄를 묻지 않았다. 김유신은 항상 "전쟁의 승패는 숫자에 있는 것이 아니라 정신에 있다"고 강조하였다.

였다. 668년 6월 김인문이 거느린 신라군과 이세적이 거느린 당군은 평양을 다시 공격하였고, 평양성은 1개월 만에 함락되어 보장왕이 항복하였다. 결국 고구려는 건국한 지 28대 705년 만에 멸망하고 말았다(668).

고구려의 부흥 운동

당은 고구려 옛땅을 지배하기 위해 평양에 안동도호부를 두고 많은 고구려인을 강제로 당나라로 이주시켰다. 이에 검모잠은 사야도(덕적도 부근의 소야도)에서 기병하여 안승을 받들고 한성(재령)에서 부흥 운동을 일으켰다. 그러나 안승이 검모잠을 죽이고 신라로 도망가자 신라는 그를 금마저(익산)에서 소고구려왕으로 봉하였다. 결국 고구려의 부흥 운동은 실패로 끝났다. 이후 신라는 고구려 유민을 회유하여 대당 항쟁에 참여시켰으며 민족의식을 강조함으로써 고구려 부흥 운동을 대당 항쟁으로 유도하여 당군을 한반도에서 몰아내는데 이용하였다.

나·당 전쟁

신라는 나·당 연합군을 결성하여 백제에 이어 고구려를 멸망시켰다. 그러나 당나라는 백제 옛땅에 웅진도독부, 고구려 옛땅에 안동도호부를 두었으며, 문무왕 3년에는 경주에 계림도독부(문무왕을 계림대도독)를 두면서 노골적으로 한반도를 지배하려는 영토 야욕을 드러냈다. 이에 신라는 백제 부흥 운동을 진압하면서 당군을 몰아내고 고구려 부흥 운동에 가담한 고구려 유민을 대당 항쟁에 끌어들였다.

문무왕 15년(675)에 육전은 매소성(연천) 전투, 해전은 기벌포(장항) 전투에서 당군을 각각 격퇴하고서 마침내 삼국 통일을 달성하게 되었다(676). 또한 당의 안동도호부를 요동지방으로 밀어내고 신라는 드디어 대동강 이남 땅에서 당나라 군대를 완전히 몰아냄으로써 민족 통일을 이룩하였다(676).

삼국 통일의 의의

신라는 당의 도움을 받으면서 백제의 부흥 운동을 저지하였으나 고구려가 멸망한 후에는 당의 영토 야욕에 대항하여 고구려의 부흥 운동을 대당 항쟁으로 이용하여 한반도 내의 당군 축출에 전력을 다하였다. 이로써 당나라는 676년에 안동도호부를 평양에서 요동성(요양)으로 옮겨 신라는 통일을 완성하였다.

신라의 삼국 통일은 중국 세력인 당의 도움을 얻었다는 점과 광활한 고구려의 영토를 상실하고 대동강 이남 지역에 한정되었다는 점에서 한계가 있으나, 우리 역사상 커다란 의미를 지니는 중요한 사건이었다. 그것은 비록 불완전하지만 우리 민족이 이룬 최초의 통일로 새로운 민족 문화를 이루는 중요한 계기가 되었다. 특히, 신라가 당의 야욕을 물리치고 통일을 완수하였다는 사실은 신라인의 자주적 성격을 보여 주는 것이다.

취리산 회맹
당나라는 665년(문무왕 5)에 당나라 장수 유인원의 주선으로 부여 융(의자왕의 왕자로 후에 웅진도독으로 임명)은 문무왕과 함께 취리산(공주 취미산)에서 화친을 다짐했다. 그러나 백제 유민의 무마가 아니라 백제의 옛 땅을 차지하려는 당의 의도였다.

김유신 묘(경북 경주) 삼국 통일의 명장 김유신의 묘로 왕릉과 같은 형식을 취하고 있다.

문무 대왕릉(경북 경주) 삼국 통일을 완수한 문무왕의 수중릉으로 '대왕암'이라고도 불린다.

3 통일 신라의 정치 변화

(1) 통일 신라의 발전

전제 왕권의 확립

신라 전제 왕권의 성격

통일신라에만 전제 왕권이 있는 것은 아니며 고려, 조선 등에도 있었던 우리나라 전통 사회의 일반적인 현상이다. 동시에 왕의 일반적인 독재정치는 아니었으며 이는 발달된 관료제와 귀족 사회의 협조로 이루어진 것이다. 따라서 국민의 견제(화백), 관료제 및 율령의 규제, 각 기관의 상호 견제, 그리고 고위직의 겸직제 등이 정치적 영향력을 행사하였다.

통일 신라의 민족 융합 정책

통일 후 신라는 백제와 고구려의 유민을 포섭하였고 고구려 왕족 안승을 금마저(익산)에 소고구려왕으로 임명하였다. 이어 그의 아버지인 연정토가 귀화한 후에 그를 당나라에 외교관으로 보내기까지 하였다. 특히, 중앙 군대인 9서당에 고구려인, 백제인, 심지어 말갈인까지도 모두 등용하여 민족 융합에 노력하였다.

태종 무열왕은 백제 정벌에 이어 백제 부흥 운동을 진압하는 도중에 사망하였다. 그뒤를 이어 즉위한 문무왕은 고구려 정벌과 당군 축출을 이룩하여 통일을 완성하였다. 이 때부터 혜공왕까지 중대 왕권이 강화되어 전제 왕권이 이룩되었다.

이러한 과정에서 신라와 당은 극도로 대립 관계가 지속되었다. 효소왕 8년(699)에 외교 관계가 회복된 후 성덕왕 2년(703)에 양국의 친선 관계가 성립되었다. 이후 당나라 문화를 받아들이고, 이를 신라 문화로 재창조하여 동아시아 문화권을 이룩하였다.

신문왕(681~692)은, 김유신계의 도움으로 전제 왕권을 마련하였다. 신문왕 5년(685)에는 지방 제도(9주 5소경)를, 신문왕 6년에는 14관부를 완비시켜 통일신라의 지배 체제가 확립되었다.

성덕왕은 전왕(효소왕) 때에 이룩된 나 · 당 관계를 더욱 굳건히 하면서 재위 36년간에 43회의 사절을 당에 보내면서 선진 문물을 수용하였다. 다음에 즉위한 경덕왕 역시 적극적인 친당 정책과 왕권 강화를 추진하면서 오만한 일본 사절을 거부하기도 하였다. 동시에 태종무열왕 이후 중국과 같이 시호제(왕의 사망이후 붙히는 이름)를 실시하였으며, 762년에는 황해도 북방에 6성을 쌓고 북방 진출의 거점으로 이용하였다.

이리하여 통일신라는 8세기에 전성기를 누릴 수 있었다. 나 · 당 간의 친선으로 무열왕(김춘추) 이후 많은 인물들이 외교 사절로 당에 왕래하였다. 김법민(문무왕), 김준옹(소성왕), 김언승(헌덕왕) 등이 대표적인 인물이었다.

중앙 제도의 정비

통일 후 확대된 영토와 인구를 통치하고 강력한 왕권을 유지하기 위해 정치 제도의 개편이 잇달았다. 우선 중앙 관제는 법흥왕 3년(516) 이후 진평왕 · 문무왕을 거쳐 신문왕 6년(686)에 14관부가 완성되었다. 이러한 관제는 당의 3성 6부와는 다른 독자적인 성격을 띠어 집사부의 시중이 국정을 총괄하였다. 그러나 기존의 상

신라사(B.C. 57~A.D. 935)의 시대 구분

문헌	왕통	1박혁거세-22지증왕	23법흥왕-28진덕여왕	29무열왕-36혜공왕	37선덕왕-56경순왕
삼국사기		상대(上代) (B.C. 37~A.D. 645)		중대(中代)(654~780)	하대(下代)(780~935)
		성골 출신		진골 출신(무열계)	진골 출신(내물계)
삼국유사		상고(上古)(B.C. 37~A.D. 514)	중고(中古)(514~654)	하고(654~935)	
		고유 왕명	불교식 왕명	중국식 시호	

대등(화백의 의장)도 폐지되지 않고 있어 상호 견제의 의미가 컸다.

중앙 부처는 4부(병부·창부·예부·집사부)와 10부처가 왕의 직속으로 되어 있었고, 장관과 차관은 복수로 귀족의 배려 속에서 운영되었다.

수상에 해당하는 집사부의 시중(본래 중시였으나 경덕왕 때 시중으로 바뀌었다.)과 사정부(감찰)·선부(선박)·예작부(토목)의 경우 장관이 1명이었고 병부와 인사 담당의 위화부는 장관(령)이 3명이었고 그 외의 모든 관부는 2명씩이었다. 장관을 복수제로 만든 것은 귀족 세력의 타협이나 상호 견제의 의미가 있었기 때문이다. 이러한 14부에는 장관 아래 차관격인 경(병부는 대감)을 두었고 그 아래 대사·사지·사(史) 등이 있어 대체로 각 부에 20여 명(집사부와 병부는 27명)이 있었다.

이러한 행정 제도 외에 왕실의 비서실인 내성, 왕의 지방순찰(시종)을 맡는 어룡성, 그리고 왕자의 행정을 도와주는 동궁관도 있으며, 왕의 호위를 맡는 시위부가 있었다. 그밖에 승려직을 관장하는 정관부, 수도 행정을 위한 경성주작전, 사천왕사·감은사 등 왕실사원을 관리·감독하는 7사성전 등이 있어 상호 견제·협조를 하였다. 그러나 실제로 병부가 최고의 권력을 갖고 있었고, 14관부는 중앙 행정 관원이 300여 명, 왕실·수도행정·왕실사원(7사성전)도 300여 명으로 균형을 이루고 있었다.

신라의 9주 5소경

통일 신라 14관부

관부 (관요)	별칭	직능	령(令)	경(卿)	대사(大舍)	사지(舍知)	사(史)	소사령(小司兵)	합	설치 연대
병부		내외병마사	3	3	2	1	17	1	27	516(법흥왕 3)
사정부	숙정대(肅正臺)	감찰	1	3	2	2	15		23	544(진흥왕 5)
위화부	사위부(司位府)	인사	3	3	2		8		16	581(진평왕 3)
조부	대부(大府)	공부	2	3	2	1	10		18	584(진평왕 6)
승부	사어부(司馭府)	거마·교통	2	3	2	1	12		20	584(진평왕 6)
예부		예의·교육	2	3	2	1	11		19	586(진평왕 8)
영객부	사빈부(司賓府)	외교	2	3	2	1	8		16	591(진평왕 13)
집사부	집사성(執事省)	기밀사무	1	2	2	2	20		27	651(진덕왕 5)
창부		재정	2	3	2	1	30		38	651(진덕왕 5)
좌이방부	의방부(議方府)	형사	2	3	2	2	15		24	651(진덕왕 5)
우이방부		형사	2	2	2	2	10		18	667(문무왕 7)
선부	이제부(利濟府)	선박·수군	1	3	2	1	10	2	19	678(문무왕 18)
공장부	전사성(典祀省)	공장·제사		1	2		4		7	682(신문왕 2)
예작부	예작전(例作典)	토목·건설	1	2	6	2	8		19	686(신문왕 6)
합계			24	37	32	17	178	3	291	

통일 신라의 중앙 관제

통일 신라는 전제 왕권의 유지를 위해 14부의 중앙 행정 조직(44개), 왕실 전담 기구인 내정관부로서 내성(왕 비서실)·어룡성(시종 기관)·동궁관(태자궁) 등 115개의 관부가 있었다. 이 외에도 사찰기관(7사성전), 수도 행정 기관인 경성주작전, 그리고 왕실 호위 기관인 시위부가 있었다.

통일 신라의 지방 행정 조직

	9주	개정명칭	주치(현재 지명)	군	현	5소경(현재 지명)	책임자
신라 지역	사벌주	상주	상주	10	31		
	삽양주	양주	양산	12	40	금관경(김해)	
	청주	강주	진주	11	30		
고구려 지역	한산주	한주	광주(廣州)	28	49	중원경(충주)	사신 (사대등)
	수약주	삭주	춘천	12	26	북원경(원주)	
	하서주	명주	강릉	9	26		
백제 지역	웅천주	웅주	공주	13	29	서원경(청주)	사대사 (소윤)
	완산주	전주	전주	10	31	남원경(남원)	
	무진주	무주	광주(光州)	15	43		
계		9		120	305	5	

통일 신라의 최고 실력자들
통일 신라의 최고 관직은 화백회의 의장인 상대등과 내각 책임자인 집사부 시중으로 알려져 있다. 그러나 상대등은 공식 관직을 지휘하는 권한이 없었고 시중도 14관부를 통솔하는 권한이 없었다. 또한 14관부(장관인 령(令))는 왕과 직결되어 있었고 실제로는 병부령이 최고 실력자가 되었다.

지방 제도의 정비

통일 신라의 지방 제도는 신문왕 5년에 9주 5소경제로 하였다. 9주는 삼국의 옛 땅에 3주씩 두었다. 각주에는 군주(총관–도독으로 개칭) 아래 군(태수)·현(현령)이 있으며, 감찰 임무의 외사정을 두었다. 군·현 아래는 촌(촌주)이 있으나 현령의 통제를 받았다.

5소경은 정복된 백제·고구려의 귀족이나 신라의 일부 귀족을 이주시키는 정치적 의미와 동시에 경상도 동남부에 편재한 수도의 기능을 보완하는 의미가 있었다. 또한, 지방 세력을 통제하기 위해서 신분이 낮은 사람들이 거주하는 특수 지역인 부곡을 두고 토착 세력(촌주)의 자제를 서울로 보내서 관부의 일을 맡는 상수리 제도가 있었다.

사민 정책
통일신라는 정복과 회유 정책으로 집단 이주 정책(사민 정책)을 통해 그들의 본거지에서 멀리 추방, 이주시키는 정책을 썼다. 신문왕 4년에는 고구려 왕족인 안승이 반란을 일으키자 남쪽 지역으로 이주시켰다. 또 문성왕 13년(851)애도 장보고가 일으킨 반란을 제압하고 그 무리를 벽골군으로 옮겼다.

지방 제도의 특성

신라에는 지방의 하급 행정 구획으로 향·부곡 등 특수 지역이 있었다. 향과 부곡은 주로 반역죄 등이 원인이 되어 형성되었다. 토착 향리 세력들을 억압하기 위하여 그들을 서울에 살게 하는 상수리 제도가 있었고, 특히, 반란민을 옮겨 살게 하는 사민 정책도 있었다.

9서당의 구성

서당명	옷깃색	구성민	설치 연대
녹금서당	녹색	신라인	583년(진평왕 5)
자금서당	자주색	신라인	625년(진평왕 47)
비금서당	붉은색	신라인	672년(문무왕 12)
백금서당	흰색	백제인	672년(문무왕 12)
청금서당	파란색	백제인	687년(신문왕 7)
황금서당	노랑색	고구려인	683년(신문왕 3)
벽금서당	푸른색	고구려인(보덕성민)	686년(신문왕 6)
적금서당	빨강색	고구려인(보덕성민)	686년(신문왕 6)
흑금서당	검은색	말갈인	683년(신문왕 3)

군사 제도

군사 제도는 중앙 군사로서 3서당(녹·자·비)이 있었으나 통일 후 궁중 수비대인 시위부와 백제·고구려인을 포함하여 진평왕 때 9서당(誓幢)을 두어 민족 융합에 노력하였다. 지방군으로는 10정(전국 9주에 1, 한산주에 2)을 두고 치안을 맡게 하였다. 통일 신라는 중국(당)과 친선 관계가 유지되어 국방상 큰 문제는 없었다.

대외 관계

통일신라의 대외 관계는 당나라의 관계가 중심이었다. 진평왕 때 처음으로 관계 (조공)을 맺은 이후 나·당 간의 군사 동맹으로 백제와, 고구려를 정복할 수 있었다. 그러나 고구려 멸망 이후 당의 영토 야욕 때문에 당나라와 정면 충돌한 후 676년에 당군을 한반도에서 밀어냈다. 이후 당나라와는 국교가 단절되었다가 699년에 국교가 재개되 신라 멸망까지 친선이 유지되었다.

이러한 외교 관계 속에서 양국의 문물이 교류되었고, 김춘추(무열왕) 이후 외교사절이 3명이나 왕(김법민=문무왕, 김준옹=소성왕, 김언승=헌덕왕)으로 등장하는 등 외교사절은 발전하는 신라의 정치와 문화에 큰 영향을 주었다. 특히, 관비 유학생인 숙위학생(김운경, 최치원, 최신지)은 신라 유학 발전에 기여하였으며, 실력 위주(과거제도)의 풍토 조성에 큰 영향을 주었다. 이에 비해 일본과는 거의 연결이 없이 대립적 관계가 유지되었다.

최치원 초상 대표적인 유학생(숙위학생)으로 빈공과에 합격한 후 당나라 관직(표수현위)을 한 후 귀국하여 진성여왕에게 시무10여조를 올렸으며 낭혜 화상 등 유명한 스님의 비문을 썼다. 그 속에서 불교와 유교가 지향하는 뜻은 같다고 했으며 고려 건국을 예언하였다.

(2) 신라 하대 왕위 쟁탈전과 호족 세력의 대두

귀족들의 분열과 왕위 쟁탈전

통일신라는 8세기말 혜공왕을 끝으로 무열왕계가 단절되고 선덕왕부터는 내물왕 계통이 왕위를 이어 나가면서 이른바 하대가 시작되었다. 이후, 하대는 원성왕의 후손으로 왕위가 세습되었으며 원성왕 4년(788)에는 독서삼품과를 정하고, 원성왕 6년에는 사신을 발해로 파견하는 등 왕권 강화에 노력하였다. 그러나 원성왕 7년 체공의 반란 이후 헌덕왕 14년(822) 김헌창의 반란, 민애왕 1년(838) 김양의 반란, 그리고 문성왕 8년(846) 장보고의 난 등 150년 간 권력 투쟁(왕위쟁탈전)이 계속되었다. 그리하여 여러 왕이 교체되면서 귀족의 분열·갈등으로 사회가 혼란에 빠졌다.

하대 귀족 갈등이 심해진 이유는 하대의 실질적인 시조인 원성왕의 두 아들인 김인겸과 김예영에서 비롯되었다. 이후 이는 귀족들의 분열과 혼란으로 이어졌는데 다음 표에서 보듯이 복잡하게 얽혀있어 왕위 계승의 원칙이 무너졌고 단지 권력에 의해 왕위가 좌우되었다.

김헌창의 반란

김헌창은 무열왕계인 김주원의 아들이다. 김주원은 선덕왕(김양상으로 왕통은 내물

장보고의 난

장보고는 가까운 친구인 정년과 함께 중국에 건너가 고구려 유민인 이사도 (이정기의 손자) 반란에 공을 세워 무녕군소장이 되었다. 법화원을 세워 신라인들의 숙식·안내를 맡았으며 해상무역으로 큰 세력을 이루었다. 흥덕왕 3년(828)에 청해진을 설치하여 해적을 소탕하고 무역왕이 되었다. 그후 김양과 더불어 민애왕을 죽이고 신무왕을 세웠다. 신무왕을 계승한 문성왕에게 딸을 왕비로 추천하였으나 실패하여 문성왕때 반란을 일으켰으나 염장에게 피살되었다.

신라 하대 왕위 계승표

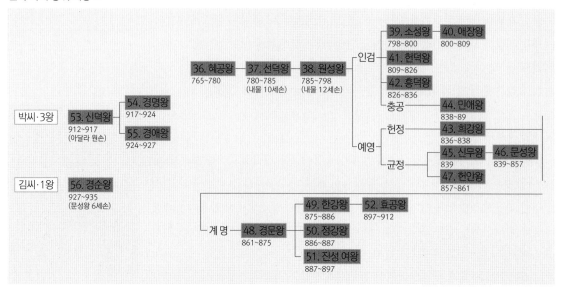

계이지만 어머니는 성덕왕의 딸)을 이어 왕위 계승의 유력자였으나 선덕왕을 계승한 사람은 원성왕(김경신)이었다. 선덕왕이 죽은 후 왕위 계승을 싸고 김주원과 김경신이 경쟁하다가 결국 김경신이 왕이 되자 헌덕왕 14년(822)에 김헌창은 반란을 일으켰으며(국호는 장안, 연호는 경운) 그 아들 김범문도 헌덕왕 17년에 반란을 일으켰으나 모두 실패하였다.

이러한 왕위 쟁탈전은 결국 진골 귀족 내부의 분열을 가져와 골품제는 붕괴되어 갔다. 이에 따라 능력 위주의 사회를 갈망하던 6두품의 반발은 물론이고 경제력(농장)과 군사력(사병)에 따른 변화도 이어졌다. 이러한 사회 변화로 골품 위주의 신라 사회가 근본적으로 바뀌게 되었으며, 일부 6두품 계열은 숙위학생으로 중국에 건너가 신라 사회에 대한 비판을 하게 되었다.

호족의 대두

신라말의 정치적 변화에서 가장 큰 세력으로 등장한 계층은 호족이다. 지금까지 신라 정치의 중심 세력은 중앙의 진골귀족들이었으나, 이들이 자기 항쟁으로 지방 통제력이 약화되자 지방의 토착 세력으로서 호족이 되었다. 이들 호족에는 중앙 귀족으로서 또는 외관으로 지방으로 내려가 중앙 정부 세력의 약화를 틈타 지방 세력으로 자립한 경우와 각 지방의 토착 세력으로 성장한 부류가 있다. 그외 특정 지역에 존재한 군진 세력도 지방 세력으로 성장된 곳도 있었는데, 패

신라 말의 지방 세력의 대두

강진(평산)과 청해진(완도)의 경우가 그것이다.

　이들 지방 세력은 넓은 토지와 많은 사병을 거느리고 독자적인 세력을 형성하여 스스로를 장군·성주로 칭하면서 지방의 조세와 부역을 징수하는 경우가 많았다. 이에 따라 신라는 혼란에 빠지게 되었다. 이러한 혼란은 진성여왕(887~897)때 극에 달해 진성여왕 3년에 전국적인 농민 반란[民亂]으로 이어졌다. 농민 반란을 일으킨 이들이 스스로 초적(草賊)이라 하여 조세를 거부하고 정부에 반항하면서 지방 관아를 습격하여 신라를 무정부 상태로 만들었다.

장보고의 활약

　지방 세력 가운데 신라의 대외 관계에서 장보고의 활동이 주목할 만 하다. 당시 신라의 대외 관계는 나당 관계가 밀접하게 전개되면서 외교 사절이나 유학생(숙위 학생)뿐 아니라 상인의 왕래가 빈번하였으나 9세기 이후 신라 사회가 혼란에 빠지자 당나라의 해적들이 신라인들을 납치하면서 피해가 커졌다.

　이에 장보고는 흥덕왕 3년(828)에 완도에 청해진을 세워 해적 소탕을 하면서 법화원(산동반도 적산촌)을 설치하는 한편, 해상 무역을 독점하게 되었다. 장보고가 거느린 상인은 견당매물사(회역사)로서 교관선(무역선)을 통해 신라·일본 사신의 왕래를 도와주고 당나라와 일본간의 무역을 통해 해상 왕국을 형성하였다. 이에 따라 중국의 해안 일대에는 신라방(신라인 집단 거주지), 신라원(신라 사찰), 신라소(신라인의 자치 기관)가 설치되기까지 하였다. 그러나 그가 정치에 관여하는 등(신무왕 등장 이후 반란) 무모한 행동으로 염장에 의해 피살되었다.

　한편, 8세기 성덕왕 이후 신라와 당나라 간의 교류로 외교 사절이나 구법승, 상인 등 신라인의 중국 왕래가 빈번하여 산동 반도 일대에는 신라인 거주지인 신라소·신라관·신라원이 나타났다. 봉래(등주)·성산영성(적산촌 법화원)·노산유산 등이 대표적인 도시이다. 9세기 장보고의 활동 이후 강소와 절강성에는 많은 신라 유적지가 남아있다.

신라인의 해외 활동

신라방	신라인 거류지
신라관	신라인 숙식소
신라소	신라인 자치 기관
신라원	신라인의 사원

법화원의 모습

법화원은 현재 산동성 영성시 석도진 (당시는 등주 적산촌)의 적산 남쪽 기슭에 있는 사찰로 일본 승려 엔닌이 지은 『입당구법순례행기』에 의하면 장보고가 세운 것으로 나타나 있다. 이곳에는 법당과 강당, 장경각, 식당, 승방, 창고가 있으며 20여 명의 승려가 겨울에는 법화경을 여름에는 금광명경을 강의하고 있다. 또한 법화원은 장전이 있어 1년에 500석의 곡식을 수확하였으며 신라인과 일본들의 기숙과 안내 역할까지 맡아서 하고 있었다. 장보고는 법화원을 설치하여 일본과의 해상무역으로 큰 세력을 형성하였고 재당신라인의 교화와 결합의 장소로 신라 교민 결속의 중심에 있었고 신라와 일본인의 항해를 도왔다.

중국 산동성 법화원

청해진(전남 완도)

(1) 발해의 건국과 발전

발해의 건국

고구려 멸망후, 고구려 유민이었던 대조영(大祚榮)은 요하 서쪽의 영주 지방으로 이주하여 세력을 키워나갔다. 때마침 거란인 이진충이 당나라에 반란을 일으키자, 대조영은 아버지 대중상(혹은 대걸걸중상)과 말갈족 추장 걸사비우와 함께 반란에 가담하여 당나라 군사들과 맞서 싸웠으나 걸사비우가 전사하였다. 고구려 유민과 말갈족을 규합한 대조영은 천문령(만주 지린)에서 추격하는 당나라 군사들을 크게 무찔렀다.

동모산

이후, 대조영은 고구려 유민과 말갈족의 세력을 모아 698년에 동모산(지금의 지린성 돈화현) 지역에 도읍을 정하고 나라를 세워 나라의 이름을 '진'(震)이라 하였다. 이후 국력이 융성하고 영토를 크게 넓힌 진은 나라 이름을 다시 '발해'(渤海)로 고쳐 불렀다(713).

발해의 발전

지방 행정 조직

대조영(고왕)이 발해를 세웠을 때는 당나라와의 관계가 원만치 못하였고 토착족인 말갈인과의 관계도 복잡하여 국가 발전에 어려움이 컸다. 대조영을 이은 무왕은 연호를 인안(仁安)이라 하고 당과 대립하였다. 이때 당이 흑수말갈·돌궐과 연결하여 발해를 위협하자 고인의 등을 일본에 사절을 보내 이를 견제하였고, 다른 한편으로는 장문휴로 하여금 732년에 당의 등주(산동 반도)를 공격하기도 하였다.

무왕을 이은 문왕은 대흥(大興)이라는 연호를 썼고 서울을 중경(서고성)에서 상경(흑룡강성의 동경성)으로 옮기고(742), 당나라와 친선 관계를 이룩하면서 문치주의 정치를 실시하였다. 특히, 일본에 보낸 사신을 통해 발해가 고구려의 계승자임을 강조하였다. 문왕은 주자감을 설치하여 유교 정치를 강화하고 천손 민족의 후손임을 강조하였는데, 이는 정효 공주 묘비문에 잘 나타나 있다.

발해의 전성시기는 선왕(818~830) 때였다. 연호를 건흥(建興)이라 하였으며 당과 친선을 통해 영토를 확장하였다. 전국을 5경 15부 62주로 완비하여 '해동성국'으로서 정치적 안정을 유지하였다. 그러나 선왕 이후 발해는 안으로 정치적 불안에다 거란의 위협으로 위기를 맞다가 거란군의 상경 함락으로 멸망하고 말았다(926).

발해는 고구려의 계승국이어서 통일신라 초기에는 양국 관계가 나쁠 수 밖에 없었다. 이러한 사실은 최치원이 당의 소종(888~904)에게 보낸 글에서 발해가 신라보다 위에 앉는 것을 허락하지 않았음을 감사하는 내용이 있는 데서도 알 수 있다. 또한 732년에 장문휴가 당(등주)을 공격하였을 때 신라는 당의 요구로 발해 남쪽 국경 지역에 군대를 보내 공격하기도 하였다.

이후, 발해와 신라와의 관계는 790년과 812년에 신라가 발해(기록에는 북국)에 사신을 보냈다는 기록만 전하고 있다. 그외 당에 유학한 신라의 숙위학생들은 발해의 유학생들과 개별적인 접촉은 가능했을 것이지만 구체적인 교류 관계는 알 수가 없다. 다만 발해 5도에 신라도(상경-남경)가 있었던 것으로 보아 비공식적인 신라·발해 관계는 있었다고 보인다.

발해의 연호

왕대	연호	시기
고왕(대조영)	천통(天統)	699~719
문왕	대흥(大興)	737~774
	보력(寶歷)	774~777
	대흥(大興)	777~793
성왕	중흥(中興)	793~794
강왕	정력(正曆)	794~809
정왕	영덕(永德)	809~812
희왕	주작(朱雀)	812~817
간왕	태시(太始)	817~818
선왕	건흥(建興)	818~830
대이진	함화(咸和)	831~857

(2) 통치 체제 확립과 대외 관계

통치 체제의 확립

발해는 고구려 유민을 지배층으로 하였음으로 727년에 일본에 보낸 국서에도 '고구려 옛땅을 수복한다'는 문서를 보냈다. 그리고 역대 왕들도 독자적인 연호를 사용한 것으로 보아 발해는 중국의 지방 정권은 아니었다.

중앙 정치 제도에서도 당의 제도를 모방하여 3성 6부제를 실시하였지만, 그 명칭은 당나라와 달리 정당성(중국은 상서성), 선조성(중국은 문하성), 중대성(중서성)이었고, 6부(장관은 경)도 당나라와 다르게 충·인·의·지·예·신으로 유교적 이념을 나타내었다.

최고 관부인 정당성은 정령의 집행 기관으로 대내상이 수상이 되어 그 아래 좌사정·우사정이 6부(장관 경, 차관 소경)를 관장하였다. 선조성(장관은 좌상)은 정령의 심의를 맡고 중대성(장관은 우상)은 정령의 작성을 맡지만 대내상의 통제하에 있었다. 그외 중정대(감찰)·주자감(교육)·사빈시(외교) 등 특수 기관이 있었다.

발해의 지방 제도는 5경 15부 62주로 되어 있으며 정치적 필요성에서 서울을 자주 옮겼으나, 중심 서울은 상경(흑룡강성에 있는 동경성)이었다. 상경을 중심으로 5도의 교통망을 통해 당·신라·일본과 연결되고 있었다. 이처럼 발해는 중앙 지방 제도가 독자적인 체제를 갖추고 있었다.

3성과 6부

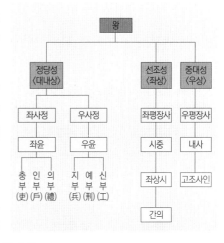

대외 관계

발해의 건국으로 우리 역사는 통일 신라와 발해가 양립하는 남북국의 형세를 이루게 되었다. 이를 '남북국 시대'라고 부르기도 한다. 발해가 건국하자 8세기 초에

발해와 당의 3성 비교

	명칭	장관	기능	당과 비교
3성	정당성	대내상	정치 집행 (6부 관할)	상서성
	선조성	좌상	정책교서 심의	문하성
	중대성	우상	정책교서의 작성	중서성

발해의 수도 변천

수도명	현재 위치	천도 시기	기간
동모산(東牟山)	돈화시 성산자촌	698(발해 건국)	10여년
구국(舊國)	돈화시 영승유적	? ~ 문왕 6년(742)	30여년
중경(中京)	화룡현 서고성	742 ~ 문왕 14년(755)	13년
상경(上京)	흑룡강성 동경성	755 ~ 문왕 49년(785)	30년
동경(東京)	훈춘시 팔련성	785 ~ 선왕 1년(794)	9년
상경(上京)	흑룡강성 동경성	794 ~ 애왕 26년(926)	132년

발해 24개 주춧돌

발해의 등주 공격

대조영의 둘째 아들 대문예(큰 아들은 대무예=무왕)는 형이 왕이 되자 불만을 품고 당으로 망명하였다. 당은 그를 이용하여 흑수말갈을 공격케 하고 무왕의 송환을 요구하였으나 발해는 이를 거절하였다. 동시에 등주는 신라·당의 해로상 교류 중심지여서 발해는 신라의 대당항로를 차단하기 위해서 이곳을 공격하였다.

발해와 일본과의 관계

신라가 발해에 사신을 보낸 것은 단 2회뿐이지만, 발해는 무왕 9년(727) 이후 무려 34회에 걸쳐 사신을 보냈으며 일본도 14회에 걸쳐 사신을 보냈다. 일본은 나·당 관계의 친선을 반대하고 발해는 오히려 일본과의 친선을 통해 발달된 대륙 문화와 온돌·음식 문화를 일본에 전해 주었다.

당은 정책을 바꾸어 발해를 인정하고 회유하고자 하였다. 곧 발해의 자립을 인정하고 713년 발해 군왕의 칭호를 정식으로 주었다. 이는 당시 요서 지역을 교란하고 있던 거란·돌궐 등에 대처하기 위해서였다. 건국 초기였던 발해 또한 당과의 충돌을 피하는 것이 필요하였던 만큼, 당에 조공사를 파견하는 등 우호적인 조처를 취하였다. 그러나 발해는 당과 거란·돌궐 간의 분쟁에는 개입하지 않고, 고구려 유민과 말갈족의 통합에 주력하였다.

이후, 신라와 발해는 당과의 관계는 빈번하였으나 양국 관계는 소원하였다. 특히, 발해가 당나라(동주)를 습격한 733년에 신라는 당의 요구로 발해 남변을 공격하기도 하였다. 759년에는 발해가 일본과 함께 신라를 공격할 계획까지 세우기도 하였다. 신라와 발해는 거의 관계가 없어서 남북국 시대는 각기 독립된 국가를 유지해 나갔다. 다만 신라도를 통한 부분적 교류만 있었을 뿐이었다. 이는 790년(원성왕 6)과 812년(헌덕왕 4)에 신라가 발해에 사신을 보낸 사실에서 알 수 있다.

처음 발해의 지배층은 고구려를 계승한 국가였기에 고구려를 멸망시킨 신라에 대해 나쁜 인식을 가지고 있었고 신라 지배층의 보수적 자세와 당의 이간과 분열 정책으로 인해 대립관계를 유지하였다. 그리하여 발해가 당의 등주를 습격한 733년에는 당의 요청으로 발해의 남족 국경을 공격하기도 하였다. 한편 759년에는 일본과 함께 신라를 공격할 계획을 세우기도 하였다.

그러나 한편, 친선관계도 유지하여 발해가 건국한 700년경 신라는 대조영에게 대아찬을 제수하고, 사신을 교환(원성왕, 헌덕왕)하였으며 문물 교류와 무역(신라도·역설치)을 하였고, 거란의 공격을 받은 발해가 신라에 지원을 요청하자 수락하기도 하였다. 이렇듯 당과 발해, 신라는 우여곡절이 있었으나 8세기 후반에 이르면 상호 견제 속에서 세력 균형을 이루며 평화로운 문화 교류를 하였다. 신라는 발해를 북국이라 부르면서 사신을 파견하였고, 대당 외교에서 발해와 선의의 경쟁을 벌이기도 하였다.

발해의 멸망과 부흥운동

10세기에 접어들면서 발해를 둘러싼 정세가 급속히 바뀌었다. 당은 멸망하고(907) 대신 5대10국이라는 대분열 시대를 맞이하였다. 이에 거란이 흥기하여 발해의 안위에 중대한 위협이 되었다. 거란의 야율아보기가 요나라를 세우고 황제로 즉위하고 중원 정복의 꿈을 실현하기 위해 배후에 있는 발해를 공격하였다. 927년 거란의 야율아보기는 부여성을 뚫고 발해군 3만을 격파하고 수도인 상경용천부를 포위하였다. 이에 발해의 마지막 15대왕 대인선이 항복하였다. 이로써 발해는 건국 이후 15대 220여 년 동안 존속하였다 멸망하였다.

발해가 거란에게 이처럼 한 달이 채 되지 않아 멸망한 것은 기습을 감행한 거란 기병대의 신속한 작전 능력과 전투력 때문이었다. 그리고 "발해의 내분을 틈타 군사를 움직여서 싸우지 않고 이겼다"라는 거란측의 표현처럼 당시 발해 내정의 혼란이 결정적인 원인이었다. 거란은 발해를 멸망시킨 뒤 야율아보기 장자를 왕으로 한 동단국(東丹國)을 세웠다. 발해 멸망 후 그 유민들에 대해서는 확실하지는 않지만 왕세자였던 대광현이 수만의 무리를 거느리고 고려에 귀부한 것으로 보아 고려가 나름대로 많은 수의 발해 유민을 흡수한 것으로 보인다.

한편, 발해의 옛땅에 남아 있던 유민들은 틈만 있으면 발해를 부흥하고자 노력하였다. 그리하여 동단국이 927년 서쪽으로 도읍을 옮기자 그곳에 후발해를 세우기도 하였으나 곧 붕괴되었다. 한편 서경압록부가 있던 압록강 중류 지역에서 발해 유민들이 정안국(定安國)을 세워 935년부터 970년까지 지속적으로 있었으나 요의 공격으로 멸망하였고, 많은 수의 발해 유민들이 다시 고려로 넘어갔다.

발해가 일찍 멸망한 이유
발해는 15대 228년만에 멸망한 최단명의 나라였다. 한 때 해동성국이라 불리던 발해는 지배층을 이룬 고구려인과 지배를 받던 말갈인 사이에 갈등이 근복적인 약점이었다. 더구나 신라와의 교류가 거의 없었고 지나친 불교의 성행은 많은 문제점을 가져왔다. 또한 평지에 수도를 두어 방어가 어려웠던 사실과 빈번한 수도의 이전은 국력 상실의 원인이 되었다.

발해사의 역사적 의의

발해는 그 첫 출발부터 고구려 사람들이 주축이 되어 말갈인을 포섭하고 고구려의 계승자로서 독자적인 국가를 형성하였다. 그러나 신라와는 거의 교섭이 없었고 단지 당나라와 일본과 교류가 있었을 뿐이다. 발해는 정치 제도와 독자적인 연호를 통해 우리 민족의 정체성을 지켰다. 또한, 발해 멸망 후 그 유민들에 대해서는 확실하지는 않지만 왕세자였던 대광현이 수만의 무리를 거느리고 고려에 귀부한 것으로 보아 고려가 나름대로 많은 수의 발해 유민을 흡수한 것으로 보인다. 태조 왕건 자체도 발해 유민의 수용에 적극적이었다.

자료 스페셜 **동북공정(東北工程)**

중국은 2000년부터 2007년까지 동북공정(동북변강역사와 현상계열 공정의 약칭)이라는 국책 사업을 수행하였다. 이는 서북공정(위구르족), 서남공정(티베트족)과 같이 중국 주변의 소수 민족의 정체성을 말살하고 중화민족의 '통일적 다민족 국가론'을 소수 민족에 적용하려는 역사 왜곡의 모습이었다. 이를 위해 중국은 기존이 중국 문화의 기원인 황하 문명(앙소 문화)만이 아니라 북방의 요하 문화(홍산 문화)와 남방의 장강 문화(하모도 문화)를 하나로 묶어 중국적 세계 질서(Chinese World Order)라는 고대의 역사 인식을 현대사에까지 끌어들인 것이다.

무엇보다도 고구려사를 중국사로 편입시켜 '고구려는 중국 소수 민족이 세운 나라이며, 중국에 신하를 자칭하고 조공(朝貢)을 바쳤다. 수·당 전쟁을 고구려가 유도한 국내 전쟁이며 고구려인 대부분이 중국에 동화되었고, 고려는 왕씨(王氏)가 세웠음으로 고구려와 관계가 없다'는 것이다. 그러나 고구려는 신라·백제·왜와 같이 동방의 나라였으며, 고구려가 현재 중국 영토에서 출발하였다고 그것을 자기 영토라 주장한다면 그것은 프랑스·독일도 이탈리아(로마) 영토가 되는 것과 같은 논리이다. 수·당 전쟁이 국내 전쟁이라면 당 태종이 100만 대군을 이끌고 쳐들어 온 것이 국내 전쟁일 수는 없는 것이다.

결국, 동북공정은 만주의 조선족을 의식해서 현대를 과거로 착각해서 나타난 역사 왜곡이다. 더구나 만리장성의 시발점을 압록강유역까지 확대한 모순 속에서 중화주의에 입각한 시대 역행의 망상에 불과한 것이다.

2 고대의 사회

1. 삼국의 사회 제도와 사회 생활
2. 남북국의 사회 제도와 사회 생활

신라 화랑도(花郎徒) 모습 화랑도는 신라 진흥왕때 국가 조직으로 확대되었고, 원광법사가 마련해 준 세속 5계를 행동 규범으로 삼아 수련 활동을 하였다.

화랑도의 세속 5계 (世俗五戒)

임금을 충성으로 섬긴다. (事君以忠)

부모를 효도로 섬긴다. (事親以孝)

벗을 믿음으로 사귄다. (交友以信)

전쟁에는 물러서지 않는다. (臨戰無退)

생명을 함부로 죽이지 않고 가려서 한다. (殺生有擇)

– 『삼국사기』 진흥왕 –

삼국의 사신 모습 왼쪽부터 백제, 고구려, 신라 사신. 옛 사마르칸트국 아프라시압 도성터 벽화에는 여러 나라에서 파견된 사신들 모습이 그려져 있다. 이 사신 행렬에서 황색 예복과 바지를 입고 조우관을 쓴 고구려 사신을 비롯해 백제와 신라의 사신 모습도 보인다. 대만 국립 고궁 박물관에 있는 '당영립본왕회도'(唐閻立本王會圖)

삼국 시대 사람들, 어떻게 살았나?

고구려 귀족 부부의 나들이 모습(중국 길림성 집안 각저총)

고구려 귀족 저택의 주방 모습(황해도 안악군 안악 3호분)

1 삼국의 사회 제도와 사회 생활

(1) 고구려의 사회 제도와 사회 생활

사회 제도

고구려는 계루부의 고씨가 왕위를 계승하고 5부의 족장들이 중앙 귀족으로 편입되어 고위 관직을 독점하였다. 왕족인 계루부와 절로부가 이전의 왕족인 소노부(연노부)와 더불어 최고 권력층을 형성하였다. 초기에는 왕족의 우두머리인 고추가와 부족장(대가)의 대표인 상가, 대로·패자 등이 지배층을 이루었다. 왕이나 대가는 선인·사자·조의 등 가신을 거느렸다.

5세기 이후 중앙 관제가 정비되면서 대대로·태대형 이하 선인까지 12관등제를 갖추었다. 고구려 관등에서 가장 많이 등장하는 것은 형과 사자이다. 전자는 족장(또는 연장자)의 기반을 가진 뜻이며, 후자는 세금을 거두는 관리의 성격을 띠고 있다. 평시에는 대대로가 수상격이었으나 후기에는 행정권과 군사권을 행사하는 대막리지가 설치되었는데, 연개소문이 대막리지로서 국가의 모든 권력을 장악하였다. 연개소문이 군국 권리를 행사하는 대막리지가 이를 맡았다.

지방 행정 조직은 2세기의 고국천왕 때에 5부로 나누고 각 부에는 욕살이 있었다. 각 부의 여러 성에는 처려근지(또는 도사)를 두어 군대를 지휘하게 하였다. 이밖에도 서울인 평양성 외에 남평양(황해남도 신원), 북평양(봉성)을 두어 각기 영토 확장의 거점으로 삼았다. 군사 제도는 각지의 성을 중심으로 대모달·말객 등의 지휘관을 두었다.

사회 생활

고구려의 사회 구조는 왕족인 5부 출신 귀족들의 지배 하에서 합좌 제도가 운영되어 귀족들은 정치·군사권을 행사하였다. 제가 회의에서는 대외 전쟁이나 국정의 중대사를 결정하여 당시 취약한 통치 조직을 보완하며 국가 전체의 동원력과 통합력을 최대한으로 발휘하는 기능을 하였다. 또 대외 정복 활동에서는 제가의 군사력이 동원되었으므로, 정복의 성과물의 분배나 공납물의 수취 사안들은 제가회의에서 결정되었다.

법 체계도 엄격하여 반역자·살인자는 사형에 처하고 도둑질한 자는 12배로 배상하게 하고 소·말을 죽인자는 노비로 삼았다.

백성의 대다수는 농민으로 집단 경작이나 자영으로 생계를 유지하였다. 조는 가호를 기준으로 차등있게 부과하고, 세는 인구를 기준으로 곡식(5석)과 포(5필) 등을 징수하였다. 고국천왕은 을파소의 건의로 빈민 구제 제도인 진대법을 실시하였다(194).

고구려인들은 오랜 전쟁과 추위를 극복하기 위해 집집마다 부경이란 이층의 창고(윗층은 식량 창고, 아래층은 외양간)를 두었다. 또, 서옥이라는 사윗집을 따로 두어

고구려의 관등 조직(중국 사서의 기록)

관등	위지	주서	수서
1	상가	대대로	태대형
2	대로	태대형	대형
3	패자	대형	소형
4	고추가	소형	대로
5	주부	의후사	의후사
6	우태	오졸	오졸
7	승	태대사자	태대사자
8	사자	대사자	대사자
9	조의	소사자	소사자
10	선인	욕사	욕사
11		예속	예속
12		선인	선인

중국 사서에 나타난 고구려

• 고구려 사람들은 노래와 춤을 좋아해서 밤이 되면 남녀가 모여 노래하며 유희를 즐긴다. 공식 모임에는 비단 옷을 입고 금과 은으로 장식한다. 『삼국지』

• 남녀가 서로 사랑하면 바로 혼례를 치르는데 결혼 시 남자 집에서 재물을 보내지 않는다. 『수서』

자식이 태어날 때까지 함께 살게 하였다. 많은 전쟁 결과, 이리저리 옮겨다니며 고용농민으로 살던 유민과 미망인인 유녀(遊女)가 존재하였다.

인구는 원래 69만호(1호당 5명이면 350만)였으나 70년 전쟁(598~668)으로 멸망기에는 200여 만(1호당 3인)으로 감소되었으나 이들도 강제이주, 포로, 귀순 등으로 140만 정도로 줄었다. 고구려 유민들은 신라의 대당 항쟁에 협조하면서 같은 민족임을 보여 주었다. 무엇보다도 고구려 유민들은 일부가 발해 건국에 참여 하였으며, 산동 지방에서의 이정기(아들이 납, 손자 이사도) 집단은 제나라를 세워 당과 맞섰다. 고선지는 안록산난(755~763)을 진압하고 서역을 원정하여 동서 문화 교류의 길을 텄다.

(2) 백제의 사회 제도와 사회 생활

사회 제도

백제는 왕족인 부여씨와 사씨·연씨·해씨·진씨 등 8대 귀족이 정치의 중심 세력이 되었다. 한성 시대(기원전 18~475)와 웅진 시대(475~538)는 주로 북방에서 이주한 부여씨(왕족)와 진씨·해씨(왕비족)가 중심이 된 귀족 정치가 유지되었다. 그러나 천도 이후에는 토착 세력이 강화되어 사비 시대(538~660)는 사씨·백씨·연씨도 정치에 영향을 주게 되었다.

백제는 삼국 중에 가장 먼저 정치 조직을 정비하여 고이왕 27년(260)에 6좌평과 16관등제가 마련되어 최고위층(① 좌평~⑥ 나솔)은 자색 옷을 입었다. 6좌평에서 최고위층인 내신좌평에 왕의 동생인 우수가 임명되었다. 이후 전지왕 4년(408)에 6좌평위에 최고관직자로 상좌평을 두고 여신을 임명하였다. 그러나 사비 천도 이후에는 왕실 사무를 맡는 내관과 중앙 행정 기관인 외관(22부)으로 구분하였다.

백제의 지방 제도는 전국을 5방으로 하고 각각 성을 두고 각 방에는 700~1,200명의 군대를 갖고 있는 방령을 두었다. 방 아래는 3군이 있어 군장이 있었다. 이러한 5방이 설치되기 전에는 22개의 담로가 있어 왕족이나 귀족이 파견되었다. 서울(왕경)도 5부로 나누고 그 아래 항(巷:坊)을 두었다.

백제의 16관등

등급	명칭	본색
1	좌평(佐平)	자색 (紫色)
2	달솔(達率)	
3	은솔(恩率)	
4	덕솔(德率)	
5	한솔(扞率)	
6	나솔(奈率)	
7	장덕(將德)	비색 (緋色)
8	시덕(施德)	
9	고덕(固德)	
10	계덕(季德)	
11	대덕(對德)	
12	문독(文督)	청색 (靑色)
13	무독(武督)	
14	좌군(佐軍)	
15	진무(振武)	
16	극우(剋虞)	

자료 스페셜 **고구려 유민의 활동**

이정기는 고구려 유민이 모여 살던 평로(영주, 현재 조양시)에서 군사적 활동을 통해 평로(치청)절도사가 된 후 산동 지방에서 세력을 장악하였다. 그후 765년에 그는 압신라발해양번사로 임명되어 신라·발해와의 외교·무역을 감독하였다(뒤에는 해운압신라발해양번사).

그 아들 이납은 781년 아버지가 죽었으나, 당나라는 그를 후계자로 인정하지 않았음으로 당나라에 맞서기 시작하였다. 그는 제나라를 세워 스스로 왕이라 칭하였으나 당이 784년에 평로·치청절도사로 임명하였으며 대육해운압신라발해양번사로 활동하였다. 이납의 아들인 이사고는 아버지가 죽자 스스로 치청절도사로서 이납의 벼슬을 계승하였다. 그러나 이사고는 당의 절도사 폐지책이 강화되자 805년에 반발하였고, 당은 그에게 검교시중을 주었다. 그후 이사고의 동생인 이사도는 산동 지방의 지배자로 군림한 후 816년에 반란을 일으켜 낙양을 공격하였으나 819년에 진압되어 4대 55년간(765~819)의 이정기 가문은 붕괴되었다.

사회 생활

백제 사람들은 언어, 풍속, 의복 등에서도 고구려와 큰 차이가 없었다. 상무적인 기풍이 있어 말타기와 활쏘기 등을 좋아하였다. 형법이 중시되어 모반ㆍ전쟁에서의 후퇴 및 살인자는 참하고, 도둑은 유형(귀양)에 처하며 훔친 물건의 2배를 징수하였다. 결혼한 부인이 간통하면 그 신분을 박탈하여 천류로 내려 남편집의 종으로 삼았다고 한다. 또 백제 사람들은 중국 기록에 키가 크고 의복이 깔끔하여 세련된 모습이라고 되어 있다. 사회 풍습은 반역한 자나 전쟁터에서 패배한 군사들이나 살인자는 사형에 처하였다.

백제의 농민들도 고구려와 같이 포와 곡으로 받았으며 조세는 두락제로 징수하였다. 백제 후기 궁내부의 내관 12부에 곡부ㆍ육부ㆍ마부ㆍ도부ㆍ목부ㆍ약부 등이 존재했던 것으로 보아 왕궁 소속에는 다양한 부처가 있었음을 알 수 있다.

백제는 호암사(부여)에 정사암이라는 바위가 있었는데, 이 바위에서 재상 후보 3~4명의 이름을 쓴 상자를 얼마 후에 열고 도장이 찍힌 사람을 재상으로 삼았다. 이는 국가의 큰 일이 있을 때 여러 사람과 함께 논의하는 전통으로 신라의 화백 제도와 같은 모습이다.

(3) 신라의 사회 제도와 사회 생활

골품 제도

신라는 처음에는 박씨ㆍ석씨 왕이 존재하였다. 내물왕 이후 김씨 왕족이 독점하고 박씨 왕비 체제로 왕권이 강화되었으나 태종 무열왕(654~661) 이후 왕비도 김씨가 차지하면서 무열계의 전제 왕권이 확립되었다. 신라는 고대 국가로 발전되면서 기존의 신분과 혈통의 존비(고저)에 따라 골품제가 나타났다. 골품제는 골제와 두

6좌평

명칭	임무
내신좌평(內臣佐平)	왕명 출납
내두좌평(內頭佐平)	재정(庫藏)
내법좌평(內法佐平)	의례ㆍ교육
위사좌평(衛士佐平)	형옥
조정좌평(朝廷佐平)	숙위병
병관좌평(兵官佐平)	외병마사

정사암(충남 부여)

골품제의 특징

골품제도는 엄격한 신분적 차이를 갖고 있어 각 신분간의 상한선이 있었다. 또한 최고 신분인 진골에는 김유신 가문(가야 계통)처럼 편입 진골이 있었지만 통일 후 어느 시기에는 6두품으로 강등되었다. 따라서 가장 불만이 많은 6두품의 경우 한계가 아찬(6위)이었으므로 여기에는 1~4중 아찬제(重位制)가 있었다. 이러한 골품제는 집 크기, 생활 용구까지 생활 전반에 걸쳐 차이가 있었다. 집 크기의 경우 진골은 24척, 6두품은 21척, 5두품은 18척, 4두품은 15척을 넘지 못하였다.

신라의 관등과 옷색깔[服色]

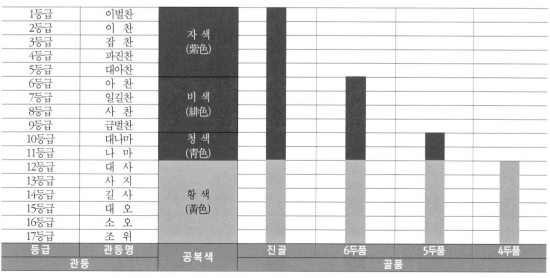

등급	관등명	공복색	진골	6두품	5두품	4두품
1등급	이벌찬	자 색 (紫色)				
2등급	이 찬	자 색 (紫色)				
3등급	잡 찬	자 색 (紫色)				
4등급	파진찬	자 색 (紫色)				
5등급	대아찬	자 색 (紫色)				
6등급	아 찬	비 색 (緋色)				
7등급	일길찬	비 색 (緋色)				
8등급	사 찬	비 색 (緋色)				
9등급	급벌찬	비 색 (緋色)				
10등급	대나마	청 색 (靑色)				
11등급	나 마	청 색 (靑色)				
12등급	대 사	황 색 (黃色)				
13등급	사 지	황 색 (黃色)				
14등급	길 사	황 색 (黃色)				
15등급	대 오	황 색 (黃色)				
16등급	소 오	황 색 (黃色)				
17등급	조 위	황 색 (黃色)				
등급	관등명	공복색	진골	6두품	5두품	4두품
관등			골품			

신라 지방(주) 제도의 성립과정
신라는 영토 확장에 따라 처음으로 실직주(삼척 : 지증왕 5년, 505), 법흥왕 12년(525)에 사벌주(상주), 진흥왕 14년(553)에 신주(광주), 555년에는 완산주(창녕), 556년에는 비열홀주(안벽)를 설치하였다. 그후 557년에는 사벌주를 폐하고 감문주로, 신주를 북한산주로 바꾸었다. 568년에는 비열주를 폐하고 달홀주(고성)를 두었다.

품제로 나뉘고 양쪽(왕·왕비)이 왕족이면 성골, 한쪽만 왕족인 경우는 진골이라 하였다. 태종 무열왕 이전은 성골만이 왕족이 되었다가 그 이후는 진골왕이 등장하였다.

두품제(6·5·4두품)는 일반 귀족이다. 이들 간에는 관등·관직 진급에 차이를 두고 있다. 진골은 최고직(이벌찬)까지 올라갈 수 있지만 6두품은 최고가 6위인 아찬까지만 진출할 수 있어 신라 후기에는 그 극복책(불만)으로 중국에 유학(숙위학생) 또는 승려로 진출하는 경우가 많았다.

화백 회의와 화랑 제도

화백 회의는 귀족 대표자(대등)이 왕의 선출·폐위 등 국가의 중대사를 만장일치로 결정하는 기구였다. 상대등이 화백 회의 주재자로서 왕권을 견제하는 역할도 할 수 있었으며, 회의는 4영지(청송, 오지산, 금강산 (경주), 피전) 등 4영지에서 열렸다.

화랑 제도는 청소년 집단으로 귀족 출신의 화랑과 그를 따르는 낭도, 자문 역할을 하는 승려로 구성되었다. 진흥왕 때 풍월도(풍류도, 국선도)의 후신으로 여성 지도자인 원화 제도를 남성 위주의 화랑 제도로 정식 공인받았다. 이들은 원광 법사의 세속 5계를 지도이념으로 충·효·신의 유교 사상과 살행을 금하는 불교 사상에다 정복 국가의 지도 이념까지 포함된 사상을 실천하였다.

김유신, 사다함, 관창 등 삼국통일의 주역들은 화랑 출신이었다. 화랑도는 살신성인, 위국충절의 호국정신뿐 아니라 각 계층 간의 갈등을 융합하는 역할을 담당하기도 하였다.

천전리 각석(울산) 신라 화랑에 대한 기록이 적혀 있다.

자료 스페셜 **화랑도(花郞徒)의 세속 5계(世俗五戒)**

화랑의 기본 정신인 세속 5계는 원광법사가 진평왕 11년(584)에 불법을 공부하기 위해 진(陳)나라를 거쳐 수나라에 있다가 이후 귀국하여 가실사에 머물고 있으면서 화랑의 실천덕목으로 만든 것이다. 기록에 의하면 당시 귀산, 추항이 원광법사를 찾아가 교훈이 되는 가르침을 요구하자 그들에게 원광이 준 청년들의 행동 지표였다. 내용은 ① 왕에게 충성(君臣以忠), ② 부모에 효도(事親以孝), ③ 친구 간의 신의(交友以信), ④ 전쟁에서 후퇴불가(臨戰無退), ⑤ 살생금지(殺生有擇) 등이다. 이는 신라 삼국통일의 정신적 바탕이 되었다.

(1) 통일 신라의 사회 제도와 사회 생활

사회 제도

신라의 삼국 통일은 삼국이 가진 혈연적 동질성과 문화적 공통성을 기반으로 하나의 통일된 사회로 발전해 나가는 계기가 되었다. 신라는 치열한 전쟁을 치르는 과정에서 민족 융합 정책을 추진하였다. 백제와 고구려의 옛 지배층에게 신라의 관등을 주어 포용하였으며, 통일 후 군사조직의 정비 과정에서 백제와 고구려의 유민을 9서당에 편입하기도 하였다. 또한 지방 조직을 재편하여 9주를 설치할 때는 신라, 고구려, 백제의 옛 땅에 각각 3주씩을 배정하여 균형을 맞추었다. 이를 통해 삼한(삼국)이 하나로 통일되었다는 일통삼한(一統三韓) 의식이 차차 자리 잡게 되었다.

통일 신라는 넓어진 영토와 인구를 포괄하여 통치함으로써 경제력이 증가하였으며, 이를 바탕으로 안정된 사회를 유지할 수 있었다. 통일을 주도한 국왕의 권한이 강화되었으며, 전쟁 과정에서 귀족뿐 아니라 평민들도 상당한 역할을 하게 됨으로써 사회적 변화의 가능성도 엿보였다.

폐쇄적 신분제인 골품제에서도 변화가 나타났다. 하급 신분인 1~3두품의 구분은 사실상 소멸되었으며, 4두품은 평민과 동등하게 간주되었다. 그러나 사회가 안정되면서 신라 사회는 보수화되었다. 골품제의 상층 신분의 폐쇄성이 그대로 유지되었고, 최고 신분층인 진골 귀족은 자신들의 특권을 지속적으로 강화하였다. 진골 귀족은 여전히 중앙 관청의 장관직을 독점하였으며, 합의를 통하여 국가 중대사를 결정하는 전통도 유지하였다. 일상 생활에서의 신분에 따른 차별도 여전하였다.

진골 귀족 아래의 신분인 6두품은 능력과 상관 없이 중앙 관청과 지방의 장관직에 오를 수 없는 신분적 제약이 여전하였다. 그러나 6두품은 통일 이후 왕권이 강화되는 과정에서 자신들의 학문적 지식과 실무 능력을 바탕으로 국왕의 측근이 되어 정치적 능력을 발휘하기도 하였다. 그렇지만 6두품은 진골 귀족에 대한 불만에서 더 나아가 골품제 자체를 부정하지는 않았다.

자료 스페셜 효녀 지은(知恩)

효녀 지은은 … 천성이 지극히 효성스러워 어려서 아버지를 여의고 혼자서 그 어머니를 봉양하면서, 나이 32세가 되도록 시집을 가지 않고 아침저녁으로 보살피며 곁을 떠나지 아니하였다. 그런데 봉양할 거리가 없어, 혹은 품팔이도 하고 혹은 구걸도 하여 얻어다 봉양하기를 오래하니 피곤함을 이길 수가 없었다. 부잣집에 가서 자청하여 몸을 팔아 비자(婢子)가 되고 쌀 10여 석을 받았다. 종일토록 그 집에서 일을 하고 날이 저물어야 밥을 지어가지고 돌아와 봉양하였는데, 이렇게 하기를 3, 4일 동안 하였다. 그 어머니가 딸에게 이르기를, "전에는 밥이 거칠어도 맛이 좋았는데 지금은 밥이 좋아도 맛은 전과 같지 않고 속을 칼로 에는 것 같으니, 웬일이냐" 하였다. 딸이 사실대로 고하니 어머니가 "나 때문에 네가 종이 되었다니 죽느니만 같지 못하다"고 하면서 소리를 내어 크게 울고, 딸 또한 울어서 그 슬픈 정상이 길 가는 사람을 감동케 하였다. … 정강왕이 듣고 벼 500석과 집 한 채를 주고 부역을 면제하였다.

『삼국사기』 권48 열전 8

사회 생활

신라가 통일한 이후 경제의 급속한 발전과 무역량의 증가로 사회 생활에도 큰 변화가 일어났다. 사회가 안정되고 생산력이 커지면서 인구가 증가하게 되었고, 이에 따라 상업이 더욱 발달하게 되었다. 신라의 수도인 경주에는 기존의 시장만으로 교역의 규모를 감당할 수 없었기 때문에 시장을 더 만들어져 사람들의 삶은 한층 윤택하게 되었다.

특히, 통일 신라의 수도인 경주(금성)은 정치와 문화의 중심지로서, 귀족들이 모여 사는 대도시로 번성하였다. 통일 신라의 전성기 때 경주에는 많은 사람들이 호사스러운 생활을 누렸다. 귀족들은 금을 입힌 저택[金入宅]에서 많은 노비와 사병을 거느리고 살았다. 경주에 거주하는 귀족들의 저택에서 흘러나오는 노랫소리가 밤낮으로 그치지 않았다. 지금도 남아있는 안압지, 포석정의 유적들 그 안에서 나온 놀잇배와 신라 귀족들이 사용하던 주사위 등 각종 놀이 도구들은 당시 신라 귀족들의 호사스러운 생활을 잘 보여준다.

안압지(임해전지)

포석정(경북 경주)

신라 하대의 사회 변화

신라 말기 진골 귀족들의 정권 쟁탈전이 벌어지고 중앙 권력의 지방에 대한 통제력이 약화되면서 유력한 귀족과 지방 호족, 사원 세력들의 대토지 소유가 확대되었다. 지방의 농민들은 토지를 잃고 몰락하였으며, 빚을 갚지 못하여 노비가 되는 사례도 늘어났다. 9세기 이후에 자주 일어난 자연 재해는 이러한 농민들의 처지를 더욱 악화시켰다.

토지를 잃은 농민은 소작농이 되거나 고향을 떠나 떠돌게 되었다. 산에 들어가 화전을 일구기도 하였으며, 귀족에게 들어가 노비로 전락하는 경우도 많았다.

귀족들은 대토지 소유자로서 자신들의 토지와 부를 경쟁적으로 확대하였으며, 비단길과 바닷길을 통해 중국에서 들어오는 화려한 사치품과 공예품들을 사들여 자신들의 사회적 지위를 과시하였다.

이러한 빈부 격차와 사회 혼란은 9세기 말 진성여왕 때에 폭발하였다. 중앙 정부의 기강이 문란해졌으며, 지방 여러 지역의 납세 거부로 조세 수입이 줄어들면서 재정이 악화되었다. 이에 따라 중앙 정부의 강압적인 조세 징수가 이어지자, 마침내 각지에서 농민들이 봉기하였다.

주령구(안압지) 안압지에서 출토된 유물로 14면체 주사위이다. 각 면에는 다양한 벌칙이 적혀 있어 신라인들의 풍류를 보여주고 있다.

자료 스페셜　귀족의 호사스러운 생활

○ **귀족 생활**

　재상가(宰相家)에는 녹(祿)이 끊이지 않으며, 노예(奴僮)가 3천인이고, 이와 비슷한 수의 갑병(甲兵)과 소·말·돼지가 있었다. 바다 가운데 섬에서 길러 필요한 때에 활로 쏘아서 잡아먹었다. 곡식을 남에게 꾸어주고 갚지 못하면 노비로 삼았다

『신당서』 권220, 동이 열전145, 신라

○ **금입택(金入宅)**

　신라 전성 시대에는 경주(금성)에는 178,936호, 1,360방, 5리(동), 35채의 금입택[부유한 대저택]이 있었다.

『삼국유사』

상주에서 일어난 원종과 애노의 난을 시작으로 전국적인 농민 봉기가 일어나자, 중앙 정부의 지방에 대한 통제력이 거의 상실되었다. 한편, 이러한 농민 봉기를 배경으로 지방에서는 중앙 정부의 영향력에서 벗어난 독자적인 세력이 형성되고 있었다.

원종과 애노의 난
889년에 사벌주(상주)에서 일어난 농민 봉기. 신라 하대의 선구적인 농민 봉기였으며, 신라 국가체제를 붕괴시키는 기폭제가 되었다.

6두품 계층의 동향

6두품 계층은 최고 6위인 아찬까지만 승진할 수 있었고 관직도 중앙은 시랑(차관), 지방은 주조(부도독)와 태수까지에만 오를 수 있었다. 이에 불만을 가진 6두품 계층은 유학(숙위학생)이나 구법승(불교 연구)를 택하였으며 호족과 연결되기도 하였다. 특히, 최치원을 대표로 하는 6두품은 골품제를 반대하면서 실력 위주의 관료 선발인 과거제도의 실시와 왕권 강화 및 유교 · 불교 · 선교 등의 종교적 결합을 주장하는 등 고려 건국의 방향을 제시하였다.

(2) 발해의 사회 제도와 사회 생활

사회 제도

발해는 고구려의 유민들이 중심이 되어 건국하였으나, 발해 주민의 다수를 차지한 것은 말갈인이었다. 고구려인은 발해의 지배층을 형성하며 중앙의 주요 관직을 독점하였고, 다수의 노비와 예속민을 거느렸다. 특히, 왕족인 대씨와 귀족인 고씨 등이 발해의 최상류층을 형성하였다.

말갈인은 고구려 전성기 때부터 고구려에 편입된 종족이었다. 이들 중 일부는 발해 건국 후에 지배층이 되었고, 일부는 자기가 속한 촌락의 수령이 되어 토착 세력가로 군림하였다. 주민의 다수를 차지하는 말갈인의 협조 없이 국가를 유지하기는 어려웠으므로, 지배층인 고구려인은 말갈인의 전통을 인정하고 고구려인과 말갈인의 조화를 이루고자 하였다.

발해는 당의 제도와 문화를 수용하였으며, 수도를 중심으로 한 거점 도시들은 고구려와 당 문화의 영향으로 강건하면서도 세련된 성격을 띠었다. 발해의 지식인들 중 일부는 당에 유학하여 빈공과에 합격하고 관료로 활동하는 경우도 있었다. 그러나 지방에서는 이러한 중앙 문화의 영향이 제한적이었으며, 고구려와 말갈 사회의 전통적인 생활 모습이 그대로 유지되었다.

자료 스페셜 신라 말의 사회 혼란과 농민 봉기

당나라 19대 왕 소종이 중흥을 이룰 때에 전쟁과 흉년의 두 재앙이 서쪽(중국)에서 멈추어 동쪽(신라)에 와서, 나쁜 중에 더욱 나쁜 것이 없는 곳이 없었고, 굶어죽고 싸우다 죽은 시체가 들판에 즐비하였다. 해인사의 별대덕(別大德)인 승훈이 이를 애통해하였다. 이에 도사의 힘을 베풀고 미혹한 무리들의 마음을 이끌어 각자 벼 한 줌을 내게 하여 함께 옥돌로 삼층을 쌓았다. … 건녕(894~897) 연간에 해인사에서 난리가 일어나 나라와 삼보를 지키고자 싸우다 돌아간 승려와 속인들의 아름다운 이름을 좌우에 쓴다.

해인사 묘길상탑지(895)

사회 생활

발해의 전체 인구 구성은 알 수 없다. 그렇지만 왕족을 제외한 관료들의 구성에서는 고구려 왕족이었던 고씨가 제일 많은 수를 차지하고 있다. 발해왕이 일본에 보낸 국서에서도 "일본에 사신을 파견하는 것은 고구려가 하던 관행을 이어받은 것"이라고 하였다. 다른 관리도 대부분 고구려계 성씨를 가지고 있었다. 그에 따라 발해의 국가적 성격과 대외 정책은 대부분 고구려를 이어받은 것이다.

발해는 고구려 유민이 세운 나라이지만 말갈족의 풍습도 많이 있었다. 또 농업·목축업·어업이 발달하였고, 베(布)·명주·비단 등을 일본에 수출하였으며, 범·담비·고양이·토끼의 가죽으로 털옷을 만들어 입었다. 그리고 된장·온돌·직조물(명주) 등을 사용한 것으로 보아 우리 민족의 전통이 많았음을 나타내 준다.

발해 여성의 지위는 동시대의 다른 나라에 비해 높았다. 주변의 민족과는 달리 발해에서는 남자가 첩이나 몸종을 두는 일이 없었고 부인을 그리는 애틋한 문학 작품이나 여성의 활약을 나타낸 기록이 다수 남아 있다.

발해는 9세기에 이르러 사회가 안정되면서 경제도 발달하였다. 귀족의 경우 대토지 소유는 물론이고 무역을 통해 당으로부터 비단·서적 등을 수입하였다. 또한 중국과 일본, 그리고 신라의 중간점에 있었던 발해는 그 지정학적 위치를 최대로 활용하여 국제적인 중심지로서 위상을 세워나갔다.

자료 스페셜 발해의 사회

○ **발해인의 구성**

발해국은 고구려의 옛 땅이다. …그 넓이가 2천 리이고 주현에 관역(館驛)이 없고 곳곳에 마을이 있는데 모두 말갈의 부락이다. 그 백성은 말갈이 많고 토인(土人)이 적다. 모두 토인으로서 촌장(村長)을 삼는데, 촌장은 도독(都督)이라 하고, 다음(촌장)은 자사라 하고, 그 아래(촌장)는 백성들이 모두 수령(首領)이라 한다

『유취국사』 권193.

○ **발해의 일부일처제**

부인은 모두 사납고 투기하였다. 대씨와 다른 성이 결합하여 10자매가 되었는데 번갈아 그 남편을 살피고 측실을 허용하지 않았다. 남편이 다른 여자와 교제하는 것을 들으면 음모를 꾸며 독으로 총애하는 여인을 죽이려 하였다. 한 남편이 잘못을 범하였으나 부인이 이를 발견하지 못한 경우가 있으면 나머지 9인이 함께 모여 꾸짖었다. 질투와 시기로 서로 다툼이 심하였다. 그러므로 거란, 여진 등 여러 나라에는 모두 여창(女倡)이 있고, 그 나라의 良人들이 모두 소부(小婦)·시비(侍婢)를 거느렸으나 오직 발해만이 이와 같은 것이 없었다

『송막기문』 상, 발해국

3 고대의 경제

1. 삼국의 경제 정책과 경제 생활
2. 남북국의 경제 정책과 경제 생활

장보고, 청해진(淸海鎭)에 해상 왕국을 건설하다.

장보고가 귀국하여 대왕(흥덕왕)을 뵙고 말하길,
"중국의 어디를 가나, 우리나라 사람들을 노비로 삼고 있습니다. 청해에 진영을 설치하고, 해적들이 사람을 남치하여 서쪽으로 잡아가지 못하게 하기 바랍니다."고 하였다. 청해는 신라 해로의 요지로 지금의 완도(莞島)라고 하는 곳이다. 대왕은 장보고에게 만 명의 군사를 주어 (청해에 진을 설치하게 하니), 그 뒤로는 해상에서 우리나라 사람을 파는 자가 없었다.

後保皐還國 謁大王曰
遍中國以吾人爲奴婢 願得鎭淸海 使賊不得掠人西去
淸海 新羅海路之要 今謂之莞島 大王與保皐萬人
此後海上無　鄕人者

－『삼국사기』권44 장보고전(張保皐傳)－

장보고

동로마의 수도 콘스탄티노플에서 시작된 동서 교역로인 실크 로드의 동쪽 끝은 중국이 아닌 '신라'였다.

서역인의 풍모를 한 문인상 토용(경주 용강동 고분 출토)**과 신라 괘릉 무인석**(경북 경주시 괘릉리)
이 두 유물은 신라가 8세기 전후 실크로드를 통해 페르시아와 교류를 하였음을 보여주고 있다.

유리 제품 이들 유리 제품은 신라의 황남대총, 천마총, 서봉총 등에서 나온 것으로 지중해 유역에서 제작된 로만글라스로 서역과의 교역을 통해 유입되었을 것으로 짐작되고 있다.

(1) 삼국의 경제 정책

농업 정책

삼국은 영토를 확장하고 고대 국가로 성장하는 과정에서 정복한 지역의 지배자를 통해 공물을 수취하였다. 영토 확장 과정에서 생긴 전쟁 포로를 귀족들에게 노비로 나누어주기도 하고, 일정 지역의 토지와 농민을 전공으로 주기도 하였다.

그러나 안정적인 영역을 확보하고 체제를 정비하는 과정에서 일정한 원칙에 따라 수취 체제를 마련하였다. 조세는 대체로 재산의 정도에 따라 호를 나누어 곡물과 포를 거두었으며, 지역 특산물은 공물 형태로 거두었다. 왕궁, 성, 저수지를 만드는데 노동력이 필요할 경우에는 15세 이상의 남자들을 부역에 동원하였다. 대개 토지제도는 국유제였으나 농민들이 스스로 토지 소유와 경작이 가능하였다.

농업이 중시되면서 농민 생활 안정을 위해 농사철에는 부역을 징발하지 못하도록 하였고, 생산력 증대를 위해 철제 농기구를 보급하였다. 국가 차원에서 소를 이용한 우경을 장려하고, 황무지를 개간하여 경작지를 확대하기도 하였다. 저수지도 곳곳에 만들어졌는데, 경북 영천 청제비의 사례를 통해 이미 5~6세기에 저수지가 많이 만들어지고 있음을 알 수 있다.

상공업 정책

삼국시대에는 수공업과 상업 활동도 일부 이루어졌다. 수공업은 주로 왕실과 귀족들의 수요를 충당하는 수준에서 이루어졌다. 수공업 제품을 생산하는 관청을 두고 수공업자를 배정하여 무기와 장신구 등 필요한 물품을 생산하였다.

상업 활동은 주로 수도와 대도시를 중심으로 제한적으로 이루어졌다. 5세기 말 신라는 경주에 시장을 열었고, 6세기 초에는 감독 관청인 동시전을 설치하였다.

삼국의 국제 무역은 4세기 이후 크게 발달하였으며, 주로 공무역의 형태로 전개되었다. 고구려는 중국의 남북조 및 북방 유목 민족과 무역을 하였으며, 백제는 남조 및 왜와 활발하게 교역하였다. 신라는 초기에는 고구려와 백제를 통하여 중국과 무역하다가 한강 하류 유역을 확보한 이후에는 당항성을 통하여 직접 중국과 교역하였다.

사회 구조

귀족
· 국가의 주요 관직 독점
· 많은 토지와 노비 소유

평민
· 국가에 세금을 내고 역의 의무를 짐
· 주로 자영 농민

노비
· 소나 말과 대치될 수 있는 소유물로 취급
· 주인의 시중을 들거나 귀족의 토지를 경작

노비가 되는 경우
1. 전쟁에서 포로가 된 경우
2. 빚을 갚지 못한 경우
3. 범죄자 혹은 범죄자의 가족인 경우

인구 조사
남·녀의 연령을 기준으로 6등급 구분

연령	남자	여자
1~9세	소자	소녀
10~14세	추자	추녀
15~19세	조자	조녀
20~59세	정자	정녀
60~69세	제공	제모
70세 이상	노공	노모

자료 스페셜 영천 청제비

영천 청제비는 법흥왕 23년(536)에 건립된 것으로 추정되는 병진명과 원성왕 14년(798)에 수리한 것으로 보이는 정원명 두 개의 비석이 있다. 병진명에는 비를 세운 연월일, 공사의 명칭, 공사의 규모, 동원된 인원 수, 청못의 면적과 청못으로 인해 혜택 받는 농지 면적, 공사를 담당한 인물의 이름 등이 기록되어 있다.

(2) 삼국의 경제 생활

귀족 생활

삼국의 귀족은 스스로가 본래 소유하였던 토지와 노비 이외에 국가에서 따로 지급한 토지와 노비가 있었다. 영토 확장 과정에서 전쟁에 참여하여 승리를 거두면 새롭게 확보한 영토 내의 토지와 주민들을 더 많이 가질 수 있었다.

귀족은 녹읍과 식읍 등의 토지를 소유하며 노비와 농민을 동원하여 자신의 땅을 경작하게 하였고, 수확물의 대부분을 가져갔다. 고리대를 이용하여 농민의 토지를 빼앗거나 농민을 노비로 만들기도 하였다. 따라서 삼국의 귀족들은 기와집과 창고, 마구간 등을 갖춘 넓은 집에서 살며, 중국에서 수입된 비단으로 옷을 만들어 입었고, 무역을 통해 들어오는 화려한 사치품들로 몸을 장식하는 등 풍족하고 호화로운 생활을 하였다.

농민 생활

삼국의 농민은 자기의 토지에서 농사를 짓거나 귀족이나 부유한 자들의 토지를 빌려 농사를 지었다. 4~5세기 이후 철제 농기구가 본격적으로 보급되었고, 6세기 이후에는 쟁기, 호미, 괭이 등의 철제 농기구가 널리 사용되어 농업 생산량이 크게 늘어났다. 그러나 시비법이 발달하지 못하여 대부분의 토지에서 매년 농사를 짓지 못하고 1년 혹은 수년 동안 휴경지로 묵혀 두는 경우가 많았다.

농민은 농업 기술을 개발하고 새로운 토지를 개간하여 농경지로 바꾸는 등 농업 생산력을 향상시켰다. 하지만 생산한 곡물과 과일 등을 국가와 귀족에 내야 했으며, 각종 부역에 동원되기도 하고 전쟁이 일어나면 군사로 참여하기도 하였다. 이에 따라 자연 재해를 당하거나 고리대를 갚지 못하면 몰락하여 노비, 유랑민이 되는 사례도 많았다.

삼국의 경제 활동

신라인의 옷 색깔과 집 크기(척)

신분	옷 색깔	집 크기
진골	자주색	24×24이하
6두품	붉은색	21×21이하
5두품	파란색	18×18이하
4두품	누런색	15×15이하

각저총 고분 벽화 고구려 귀족들이 실내 생활 공간에서 노비의 시중을 받고 있다.

고구려 수산리 고분 벽화 귀족은 화려한 옷을 입었고, 우산을 든 노비는 작게 그려져 있다.

(1) 통일 신라의 경제 정책

경제 정책

통일 이후 신라는 이전보다 넓은 토지와 많은 농민을 지배하게 되었다. 이에 따라 경제정책과 조세제도에 변화가 나타났다.

신라는 토지제도를 바꾸어 귀족들에게 지급하는 식읍을 제한하고, 관료들에게 관료전을 지급하면서 녹읍을 폐지하였다. 또 백성들에게는 정전을 지급하여 농민들에 대한 국가의 영향력을 강화시켜 나갔다. 아울러 농민에 대한 구휼정책을 적극적으로 실시하면서 국왕의 권한을 한층 강화하고 농민 경제를 안정시키고자 하였다. 이러한 정책들은 귀족의 세력을 약화시키고 중대 전제왕권의 강화에 기여하였으나, 귀족들의 배타적 특권과 영향력은 여전히 유지되었다. 귀족들의 반발로 경덕왕 대에 녹읍이 부활되었다는 사실이 한 예이다.

국가가 백성에게 걷는 수취제도에는 조세, 역, 공물의 세 종류가 있었다. 조세는 농민이 농경지에서 수확한 생산량의 약 10분의 1 정도를 거두었다. 역은 요역과 군역이 있었으며, 16세에서 60세까지의 남자를 대상으로 하였다. 공물은 촌락 단위로 해당 지역의 특산물을 거두었다.

한편, 신라는 효율적으로 세금을 거두기 위해 촌락(민정)문서를 만들었다. 이 문서는 촌락의 토지 크기, 인구 수, 가축의 수, 각종 나무의 수, 토산물 등의 변동 사항을 해당 지역의 촌주가 3년마다 다시 작성한 것으로, 조세 징수의 기준이 되었다.

신라 촌락 문서 1933년 일본 도다이사(東大寺) 쇼소인(정창원)에서 발견된 통일신라 때의 문서이다. 이 문서는 서원경(청주) 일대 4개 촌락의 토지, 인구, 가축, 나무 등의 수가 다 나타나 있다. 모든 자료가 촌락을 기준으로 작성되어 있어 촌락 단위로 조세를 부과했음을 알 수 있다. 신라 민정문서라고도 한다.

신라 촌락(민정) 문서(장적)의 내용
[( ) 속은 노비수]

내용		촌 명	사해점촌	살하지촌	○○촌	서원경 ○○촌
호구수			11	15	8	10
인구수		남	66(2)명	51(4)명	37명	53(6)명
		녀	81(7)명	81(3)명	32명	71(11)명
		합계	147명	132명	69명	141명
		노비합계	9명	7명	?	17명
토지	논	연수답	62결	119결	58결	76결
		관모답	4결	3.7결	3.7결	4.2결
		내시령답	4결			
		촌주위답	20결			
	밭	연수전	74결	60결	69결	26결
		마전	1결			
가축		소	22두	12두	11두	8두
		말	25두	18두	8두	10두
수목		뽕나무	1,004	1,280	730	1,235
		잣나무	120		42	68
		오동나무	122	71	107	48

이는 지방에 대한 중앙의 통제력이 삼국시대보다 강화되었음을 의미한다.

토지 제도

통일신라는 관료제의 발달에 따라 신문왕 7년(687)에 관료들에게 차등있게 관료전을 지급하였다. 그후 689년 관직자에게 주던 녹읍을 폐지하고 봉급과 같은 세조(稅租)를 주었으나 귀족들의 반발로 인해 결국 경덕왕 16년(757) 녹읍이 부활되었다. 그리고 일반 백성인 농민들에게는 정전(丁田)이 지급되었으며 촌의 촌민들은 연수유전을 받고 일부 부유한 농민들은 자영을 기본으로 노비를 부릴 수 있었다.

(2) 통일 신라의 경제 생활

귀족 생활

귀족들은 공을 세웠을 때 식읍이라는 토지를 받았으며, 관료들은 일정한 토지에 대한 징세권을 행사하였다. 따라서 신문왕 7년(687)에는 관료전을 지급(수조권 인정)하고 곧 이어 녹읍(토지에 대한 징세와 노동력 행사)을 폐지하였으나 귀족의 특권은 유지되었다. 이외 귀족들은 신분에 따라 옷 색깔이나 집의 크기도 달리 하였다.

농민 생활

농민들의 경제 생활에 대한 구체적인 실상을 알 수 없으나, 촌락문서(민정 문서)를 통해 그 단면을 엿볼 수 있다. 이 촌락문서에 의하면 일개 촌(서원경, 현 청주지방)에는 평균 11호에 120명(남자 55, 여자 66, 노비 2) 정도가 되어 1호당 10여 명이 살고 있었던 것으로 보인다.

농민들은 국가로부터 지급받은 연수전답(정전) 외에 정부 토지(관모답), 촌주토지(촌주위답), 지방관리 토지(내시령답)를 경작하였다. 또한 가호마다 소와 말(1-2마리를 기르고), 뽕나무(100여 그루), 잣나무(8그루), 오동나무(8그루)를 경작하였다. 이러한 사실은 서원경 일대의 통계이므로 이를 전국적으로 동일하다고 볼 수는 없지만 당시 농민들의 생활의 단면을 엿볼 수 있다.

해외 무역의 발달

신라의 외교 사절은 떠날 때 신라의 특산물을 가지고 갔으며 귀국 시에는 중국의 회사물을 가지고 오는 등 양국 간의 문물 교류가 빈번하였다. 이때 당에 보낸 물품으로는 금은 제품을 비롯하여 해표피 · 과하마 · 우황 · 인삼 등이었다.

이 가운데 금 · 은 제품은 당시 왕족을 포함 귀족의 장식품이었고 인삼은 약제로 사용되었다. 당에서 건너 온 물품으로는 역법 · 불경 · 유교 경전 · 비단 · 도덕경 · 차(茶) 종자 등이 있었는데, 이는 신라의 문화와 종교 발전에 도움을 주었다.

녹읍
국가에서 관료들에게 지급한 일정 지역의 토지로서, 조세를 수취하고 노동력을 동원할 수 있었다.

식읍
국가에서 왕족, 공신들에게 지급한 일정 지역의 토지로서, 조세를 수취하고 노동력을 동원할 수 있었다.

국제 교류의 확대

신라는 고구려 멸망 후 당나라와의 영토 확보 문제로 국교가 단절되었으나 성덕왕 2년(703)에 국교가 재개되어 양국의 교류가 활발해졌다. 그리하여 외교사절로 조공사 · 하정사 · 사은사 · 고애사 · 진하사 · 진위사 등을 보냈으며, 당나라측도 지절사와 고애사를 신라에 보냈다. 외교사절로 다녀온 후 왕이 된 인물은 김춘추(무열왕) · 김법민(문무왕) · 김준옹(소성왕) · 김언승(헌덕왕) 등이다.

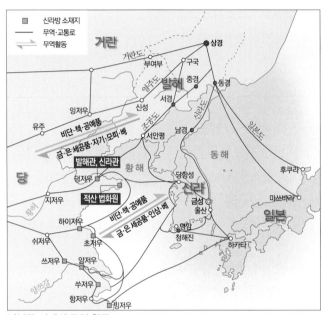

남북국 시대의 무역 활동

신라는 당, 일본뿐만 아니라 서역과의 교섭을 통해 국제화의 길로 나갈 수 있게 되었다. 김춘추는 고구려와 당, 일본을 왕래하면서 국제 교류의 폭을 넓혔으며 그의 손자인 김윤중은 당 유학에 이어 일본으로 건너가 문물을 전해 주었다. 김유신의 후손인 김암은 당에 숙위학생으로 다녀온 후 다시 원효의 손자 설중업(설총의 아들)과 일본으로 건너가 일본의 나라 시대 대학자인 오미노 미후네(淡海三船)와 교류하면서 일본에 유교와 불교 보급에 이바지하였다.

신라는 당시 서역의 문화가 당의 수도인 장안(長安)을 통해 전해진 양탄자 · 비파 · 낙타 · 포도주 · 보석 등이 들어와 사치 풍조가 일어나기도 하였다. 경주 괘릉의 무인석상과 구 정동 고분의 네모서리에 부조된 무인상 등에서 볼 수 있듯이 서역의 무인상은 유리 제품과 함께 신라 귀족 사회에 새로운 변화를 가져왔다.

(2) 발해의 경제 생활

9세기에 이르러 발해는 정치 · 사회가 안정되면서 경제적으로 발전하였다. 농업은 밭농사가 중심이었으며, 일부 지역에서는 벼농사도 이루어졌다. 특히, 목축업이 발달하였는데, 말은 주요 수출품이었다. 수렵을 통해 획득한 모피, 녹용, 사향 등도 수출되었다. 수공업은 금, 은, 구리 등 금속 가공업과 명주, 비단, 삼베 등 직물업, 도자기업 등 여러 분야에서 발달하였다. 또한, 수도 상경과 대도시에서는 상업이 크게 발달하였다.

발해는 당, 신라, 거란, 일본 등과 무역을 하였다. 당과는 육로와 해로 양쪽을 통해 모피, 인삼, 말 등을 수출하고, 귀족들의 수요품인 비단, 책 등을 수입하였다. 또 당은 산둥반도 덩저우에 발해관을 설치하여 발해인이 이용하도록 하였다. 일본과의 무역도 한 번에 수백 명이 오갈 정도로 활발하였다.

4 고대의 문화

1. 삼국 시대의 문화
2. 남북국 시대의 문화

불국사(佛國寺)와 석굴암(石窟庵)의 창건 설화

신라 재상 김대성(金大城)은 현세의 부모를 위해 불국사를, 전생의 부모를 위해 석불사(석굴암)를 각각 세웠다.

> 모량에 봄이 지나 세고랑 밭을 시주하니
> 향령에 가을이 와서 만금을 거두었네.
> 어머님 한 평생에 가난과 부귀를 보셨고
> 한바탕 꿈속에서 영화는 가고 오도다.

> 讚曰 牟梁春後施三畝 香嶺秋來獲萬金
> 萱室百年貧富貴 槐庭一夢去來今

> – 『삼국유사』효선 제9, 대성이 두 세상 부모에게 효도하다.
> (孝善 第九 大城孝二世父母) –

불국사(경북 경주)

[고구려 고분 벽화의 비밀] 지하 세계에서 천상의 세계를 노래하다.

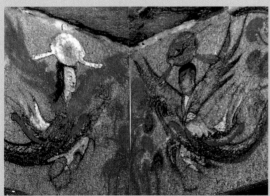

복희와 여와 고구려 벽화를 대표하는 복희·여와도는 해(남)·달(여)를 상징하며 그 속에 3족 오와 두꺼비가 있다. 하늘을 날으는 옷(仙衣)을 입고 뱀[용]을 타고 하늘로 올라간다.

신선도

(1) 학문과 종교의 발달

유학의 발달

　　삼국 시대는 중국과 활발하게 교류하면서 한문화를 자연스럽게 받아들였다. 한자 사용은 왕실, 귀족의 교양 수단으로 인식되었으며, 광개토대왕비문과 중원 고구려 비문에 쓰여진 글자를 통해 알 수 있다. 또 국초의『유기』100권을 영양왕 11년(600)에 이문진이『신집』5권으로 편찬하였다. 소수림왕 2년(372)에는 태학이 설치되었으며, 후기에는 경당(扃堂)이라는 사립 학교에서 경전(한문)과 궁술을 가르쳤다.

　　백제는 중국과 교류하는 과정에서 한자가 사용되었고, 근초고왕 30년(375)에는 고흥이 국사인『서기』를 편찬하였다. 백제가 한자를 널리 활용하고 있었음은 사택지적비나 무령왕릉의 지석에서도 알 수 있으며,『일본서기』에는 백제기 · 백제신찬 등 역사책 이름이 나타나기도 한다. 백제 한학의 발전상은 아직기 · 왕인 등이 일본에 건너가 한학을 가르친 사실에도 분명하게 알 수 있다.

　　신라는 고구려와 백제 보다 늦었으나, 지증왕부터 중국식 왕호와 '신라'라는 국호를 사용하기 시작하였다. 법흥왕 7년(520)에는 율령이 반포되면서 한자 사용이 일반화되었다. 현재 남아 있는 금석문과 진흥왕의 단양적성비 및 4개의 순수비,『국사』편찬(거칠부, 545)에서 한학의 발전상을 엿볼 수 있다. 아울러 한자의 음과 훈을 빌어 이두로 노래한 서동이 지은 「서동요」와 융천사가 지은 「혜성가」에서도 한자 이해가 나타나 있다.

불교의 수용

　　고구려는 소수림왕 때에 전진의 사절단의 일행으로 온 순도에 대해 처음으로 불교가 전해졌다. 고구려는 초기에 초문사와 이불란사를 지어 아도와 순도로 하여금 그곳에 살며 불교를 보급하게 하였다. 이후 역대왕들이 불교를 장려하여 고구려에는 공(空) 사상을 중시하는 삼론종이 주류를 이루게 되었다. 승랑은 중국에 들어가 삼론종의 3대조가 되었으며, 혜관은 일본에 건너가 삼론종의 시조가 되었다.

　　영류왕 7년(624)에 당 고조가 도교 승려(도사)를 보낸 이후 보장왕 2년(643)에는 불교를 탄압한 연개소문의 요청으로 숙달이 도교를 전해주었다. 이로써 불교가 잠

봉평 신라비(경북 울진)

냉수리 신라비(경북 포항)

자료 스페셜　삼국의 전통 신앙

　　삼국 시대는 선사 이래 유행된 천신·지신·일월신 등 샤머니즘이 있었으나, 국가가 발전함에 따라 시조 신앙이 유행되었다. 고구려는 주몽신(고등신), 부여신(하백신), 유화신(국모신)이 있었고, 백제는 동명신(주몽신)과 구태신(고이왕), 국모신(유화)을 믿었다. 신라는 시조신(혁거세)과 신궁(나을신-김씨 시조신), 5묘(김씨 직계 조상)가 있었다. 특히, 신라는 3신(나력, 골화, 혈례)을 제사하는 대사와 5악(토함산 · 지리산 · 계룡산 · 택백산 · 부악)을 제사하는 중사가 있으며, 그외 소사(小祀 : 19개의 산)가 있었다.

시 위축되기도 하였다.

백제에는 침류왕 1년(384)에 동진으로부터 마라난타에 의해 불교가 전해졌다. 이후 불교가 발전하여 성왕 때 겸익이 인도에 가서 불교를 연구하고 경전을 번역하였다. 성왕 30년(552)에는 노리사치계가 일본에 불교를 전하였고, 담혜(554)와 관륵(무왕 3년, 602)은 일본에 건너가 불교발전에 이바지하였다.

위덕왕 35년(588)에 혜총은 고구려 승려인 혜자와 함께 일본에 건너가 쇼토쿠 태자의 스승이 되었다. 백제에서는 고구려(삼론종)와 달리 계율을 강조하는 율종이 크게 유행되었다. 백제의 도교는 기록은 없으나 사택지적비에 그 내용이 일부 전해진다.

신라는 눌지왕 때에 고구려로부터 묵호자가 일선군(현재의 선산)의 모례의 집에서 포교하였으며 소지왕 때 아도가 전도하였다는 기록이 있다. 신라는 이후 법흥왕 14년(527)에 이차돈의 순교를 계기로 마침내 불교를 공인하게 되었다. 곧 법흥왕은 중앙집권적 국가를 확립하기 위해 불교를 이용하려하였다. 부처님의 위력을 왕의 위력으로 삼아 강력한 왕권을 확립하고자 하였다. 흥륜사(법흥왕), 황룡사(진흥왕), 분황사(선덕여왕)가 지어졌으며, 특히 황룡사는 김용수(김춘추의 부친)가 백제의 기술자 아비지를 초빙하여 건립한 통일 기원의 대사찰이었다.

신라에서는 불교가 번창하여 국가의 태평을 기원하는 백좌강회와 외적 퇴치를 기원하는 팔관회가 유행하였고 최고의 지위인 국통(승통)과, 그 아래 주통·군통을 두었으며, 고구려 귀화승인 혜량을 국통으로 삼기도 하였다. 대표적인 승려에는 수나라에 걸사표(군대 지원 요청서)를 바친 원광, 계율종을 개창한 자장 등이 있다. 고구려에서 귀화한 보덕은 누구나 불성을 지녀 열반에 들 수 있다는 열반종을 개창하였다.

금동 미륵보살 반가사유상(국보 제83호)

이차돈 순교비(경주 박물관)

(2) 예술의 발달

고구려의 예술

고구려 예술을 대표하는 것은 고분 벽화이다. 고구려의 고분은 초기에는 돌무덤이 유행하였으며, 후기에는 토총이 발달하였다. 돌무덤은 피라미드식으로 돌을 쌓은 장군총이 대표적이다. 한국의 피라미드인 이 돌무덤은 사다리꼴로 13m의 높이

고구려 고분 벽화의 주제

종류	내용	벽화의 주제 내용
사회 풍속 도계	연회, 가무, 백희, 씨름, 행열, 초상, 예불, 디딜방아, 집, 사냥, 전쟁
장식 도안계	문자, 꽃무늬, 연꽃무늬, 환문, 동삼원, 귀갑문, 인동당초문, 운문
사신 도계	청룡(동), 백호(서), 주작(남), 현무(북), 복희, 여와, 우두, 인신, 야철, 제륜, 선인, 비어, 우인(羽人), 학을 탄 사람

고구려 벽화의 멋과 의미

고구려 고분 벽화는 고구려 문화의 상징으로 전기·중기는 돌 벽면에 석회를 바르고 그 위에 그림을 그린 프레스코 수법을 이용하였으나, 후기에는 돌 위에 직접 그림을 그렸다. 전기의 사회 풍속 계통의 그림은 연화, 씨름, 전쟁 등이 주제였고, 중기에는 불교의 내세관이 반영된 연꽃, 인동 장초 무늬 등의 장식(도안) 그림이 많았다. 그러나 후기에는 불로장생의 사신도·복희와 여와 등 신화의 세계를 나타내었다. 사신도에서 청룡(동)은 긴 혀를 내밀고, 백호(서)는 앞발을 길게 뻗었으며, 주작(남)은 중국신화에 나오는 복희(남신 : 세발 까마귀)와 여와(여신 : 두꺼비)가 등장하는데, 이 세발 까마귀(삼족오)는 고구려의 상징이 되었다. 까마귀는 하늘의 사자로서 하늘(태양)속에 사는 까마귀와 달속에 사는 두꺼비로서 3다리는 천지인을 상징하여 우리 역사에 단군신화(3위 태백, 천부인 3개) 이후 많이 등장하는 3인과 연결된다.

장군총의 비밀

장군총은 집안시 동쪽 5km의 용산 기슭에 세워져 있는 고구려 돌무덤의 대표적 유적으로 한국식 피라미드이다. 저변(기단)이 32m나 되는 사다리꼴의 7층 돌무덤으로 높이는 12.4m이다. 각 변에는 무너짐을 막으려고 3m가 되는 호분석을 3개씩 두고 있다. 각 층마다 위로 올라갈수록 안으로 들여쌓는 '퇴물려쌓기'로 안정을 꾀하였으며 매 층마다 받침돌을 총총이 박아 그랭이 공법을 활용하였다. 5층 계단 안에는 무덤칸(한 변의 길이가 9m, 높이 4.6m)이 있으며, 그 안에는 두 개의 관상대(棺床臺)가 있어 이것이 주인공 부부의 것임을 알 수 있다. 이 능의 주인공을 이곳에서 장수왕으로 추정하고 있다. 맨 꼭대기에는 잔디밭이 있는데 건물의 기초석과 난간을 끼운 주공(柱孔)의 흔적이 있어 여기에 향당이라는 사당이 있었을 것으로 추정하고 있다.

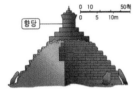

장군총(중국 집안) 위는 실제 모습이고, 아래는 상상 모습이다.

장군총

를 가진 7층 무덤으로 전체 22단계(제1층은 4단계, 그외는 3단계) 1100개의 돌로 되어 있다. 제1층에는 한변에 3개씩 호분석(높이 3m의 무덤 보호석)이 있고 제 5층에는 무덤칸(두개의 관 받침대)이 있고 꼭대기에는 잔디밭에 난간이 있으며 제사 지내는 향당이 있었다.

토총은 돌로 널방을 만들고 그 위에 흙으로 봉토를 덮은 구조로 대체로 출입구인 널길-앞방(전실)-이음길-뒷방(주실·현실)으로 되어 있다. 이러한 무덤에는 벽화가 있어 고구려 예술의 멋을 보여준다. 집안 일대의 무용총(춤무덤), 각저총(씨름무덤), 5회분 4·5호묘, 장천 1호분 등과 평양 일대의 쌍영총, 덕흥리 고분, 강서대·중묘, 그리고 안악군(재령강유역)의 안악 3호분이 대표적이다.

벽화의 주제는 시대에 따라 달랐다. 초기에는 생활 모습(사냥·전쟁)이 중심이었고, 중기에는 장식문양(꽃무늬·연꽃무늬), 그리고 후기에는 4신도가 상대적으로 많다. 이러한 벽화 속에는 고구려인의 내세관, 종교, 오행 사상, 그리고 예술적 감각이 어우러져있어 세계 문화 유산으로 등재되고 있다. 무엇보다도 고구려 벽화에는 실제동물(개·소·말·호랑이)과 사신도, 날개달린 고기, 날개달린 사람, 학을 탄 사람, 그리고 복희 등 다양한 모습이 보이고 있다. 씨름은 하늘 나라에 들어가는 진혼 의식이었고, 기린은 영혼의 세계를 안내하는 천마의 뜻으로 장천 1호분(집안:기린)과 천마총(경주:천마)을 통해서 고구려와 신라가 한민족임을 나타내고 있다

그 외 고구려 불교 미술품은 '연가 7년명 금동 여래 입상'이 있으나, 고구려의 사찰과 탑이 거의 나타나지 않고 있다. 그리고 시가(황조가와 을지문덕의 오언시 형태의 여수장우중문시)와 음악(거문고)의 존재를 알수 있으며, 귀족들은 깃털이 달린 절풍(소골)을 썼다는 기록이 전한다.

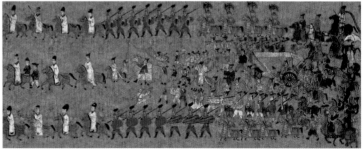

무용총 수렵도(중국 길림성 집안)

안악 3회분 행렬도 복원 모형(황해남도 안악)

고구려인들은(백제, 신라인도 마찬가지) 노래와 춤을 좋아했기 때문에 탄쟁·공후·
비파·생·횡적·소·요고·도피필률(풀피리)등의 악기가 있었으며, 이들 악기는 고
려·조선으로 이어졌다.

백제의 예술

백제의 예술은 불교 미술을 중심으로 발달하였다. 건축물로는 익산의 미륵사지
석탑, 부여의 정림사지 5층 석탑 등이 가장 유명하다. 전자는 목조탑의 양식을 모
방한 석탑이고, 후자 역시 목조탑의 형식을 갖추면서도 균형이 잘 잡힌 단출한 석
탑이다. 불상으로는 서산 마애 삼존석불, 공주 출토의 금동보살 입상이 있는데, 이
들은 온화한 얼굴에 엷은 미소를 띠고 있어 '백제의 미소'라고도 불린다.

1993년 부여에서 발견된 금동 대향로는 백제 예술을 대표하는 공예품이다. 이
향로는 봉황장식 뚜껑 부분, 3산 모양의 연꽃을 새긴 그 아래 부분, 그리고 화려한
받침으로 이루어졌는데, 불교와 도교사상을 반영하는 백제인의 뛰어난 조형예술
적 솜씨를 보여준다.

백제 고분은 도읍지였던 원령(서울), 웅진(공주), 부여 등지에 남아 있는데, 석촌동
의 고분으로 대표되는 초기의 양식은 고구려의 영향을 많이 받고 있다. 웅진 시대
에는 고구려 계통의 굴식 돌방무덤이 만들어졌다. 또한, 중국 남조(양나라)의 영향
을 받아 무령왕릉과 같은 벽돌무덤이 만들어지기도 하였다.

백제 금동 대향로(부여박물관)

거문고를 타는 모습(백제 금동 대향로 부분)

미륵사지 석탑(전북 익산)

정림사지 5층 석탑(충남 부여)

서산 마애 삼존 석불(충남 서산)

신라의 예술

신라는 원시 사회의 소박한 전통에 고구려와 백제의 영향을 받으면서 보다 세련된 미가 나타나게 되었다.

천마총(경북 경주)

건축물로는 경주의 분황사 모전석탑과 첨성대 등이 유명하다. 분황사 모전석탑은 현재 3층만 남아 있지만 아랫층에 인왕상·석사자 등의 세련된 조각품이 새겨져 있으며, 동양에서 가장 오래된 천문대인 첨성대는 균형잡힌 곡선미가 뛰어났다. 또한 거대한 사찰인 황룡사를 건립하였는데 지금은 그 절터만 남아있다. 백제의 아비지가 건축하였다는 황룡사 9층 목탑은 민족 융합의 의미가 깃들여 있다.

분황사 모전석탑(경북 경주)

신라의 고분은 초기에는 거대한 돌무지 덧널 무덤이 중심을 이루었다. 고구려와 백제의 굴식 무덤과는 달리 신라의 돌무지 덧널 무덤은 도굴하기 어려워 금관을 비롯하여 금띠·금팔찌·금귀고리 및 서역 지방의 여러 가지 유리제품 등 많은 부장품이 출토되고 있다. 이들 고분에서 출토된 부장품에 따라 금관총·금령총·서봉총·천마총등의 이름이 붙여졌다.

신라 금속 공예를 대표하는 것은 금관이다. 신라 왕이나 귀족들은 금관 또는 금동관을 착용하였는데 금관은 외관과 내관으로 되어 있고 외관은 '출(出)'자 모양이다. 이런 수목형의 장식은 알타이(Altai)어족이나 시베리아 또는 서역(로마)과 연결시키기도 한다. 경주의 여러 무덤에서 출토되었으며, 고령 출토 금관도 있다. 신라 고분에서 출토된 각종 유리 제품(Roman glass)은 일찍부터 중동 지방과 초원길 등을 통해 교류가 되었음을 알 수 있게 해준다.

시가에는 이두문으로 된 향가 14수가 『삼국유사』에 남아 있으며, 그 중에서 「처

첨성대(경북 경주)

괘릉의 서역인 상(무신) 통일신라는 서역의 영향으로 유리가 등장하였고 괘릉의 무인상은 서역인상이다.

임신서기석(경북 경주)

용가」·「서동요」등이 유명하다. 처용가는 동해 용왕의 아들인 처용과 그 부인과의 복잡한 애정 행각을 읊은 것이며, 서동요는 무왕(백제)과 선화 공주(진평왕 딸)와의 사랑 이야기를 담고 있다. 이외 신라에는 옥보고(거문고)와 우륵(가야금) 등의 음악가가 있었고, 부녀자들의 길쌈 대회에서 부른 노래가 전한다.

(3) 삼국 문화의 일본 전파

백제 문화의 일본 전파

삼국의 문화는 일본에 전파되어 그들의 고대 문화(아스카 문화) 발전에 큰 영향을 주었다. 삼국은 대륙으로부터 중국 문화를 받아들여 이를 소화·정리한 후 차원이 다른 문화를 창출한 다음 이것을 다시 일본에 전수하는 역할을 하였다. 이 때의 문화 전수는 단순한 중국 문화의 전달이 아니라 삼국의 독자적인 문화를 전해주는 동시에 삼국인의 직접적 진출에 따른 것이었다.

삼국 문화의 일본 전수에서 가장 큰 역할을 한 것은 백제였다. 백제는 신라와 달리 삼국 가운데 가장 일본과 친선 관계가 유지되었기 때문이었다. 일찍이 4세기 중엽 근초고왕 때 아직기가 일본에 사신으로 가서 일본의 태자에게 한자를 가르쳤고, 박사 왕인이 『논어』와 『천자문』을 전하고 경사를 가르쳐 일본 유학의 원조가 되었다. 백제에서는 유학뿐 아니라 도자기·직조·도화 등의 기술까지도 전수하였다고 한다.

백제의 웅진 천도 후에는 문화의 전수가 보다 활발해지자 무령왕은 5경박사 단양이와 고안무를 일본에 보냈고, 성왕도 5경박사·역박사·의박사 등을 보내 일본인들에게 유학 및 여러 학술과 기술을 가르치도록 하였다. 백제는 이처럼 유교·불교를 비롯하여 의약·천문지리·음양오행 및 공예미술 등 여러 가지 학문과 기술을 일본에 전하여 고대 문화 형성에 큰 영향을 주었다.

고구려·신라 문화의 일본 전파

고구려는 일본과의 지리적·정치적 관계가 소원하여 백제만큼 교류가 빈번하지 못하였다. 영양왕 때 혜자는 일본에 건너가 성덕 태자의 스승이 되었고, 담징은 5경과 회화를 비롯하여 지묵·맷돌의 제조 방법까지 가르쳤다. 호류지의 금당 벽화도 담징 작품으로 전해지고 있다. 영류왕 때 혜관은 일본 삼론종의 시조가 되었고, 역시 이때 도징도 일본에 가서 일본 불교(삼론종)에 크게 기여하였다.

신라는 일본과 지리상으로 가장 가까웠으나 국초 이래 군사적 대립이 잦아 문화 전수는 그리 활발한 편은 아니었다. 신라에서는 조선술과 축제술을 일본에 전하였으며, 도자기 제조술과 의약·불상 등을 전하여 일본의 문화 발달에 적지 않은 영향을 주었다. 특히, 통일 신라 이후 양국의 활발한 교류로 신라의 정치·문화가 전래되어 하쿠호 문화 발달에 기여하였다.

왕인 신사(일본 신기시)

삼국 문화의 일본 전파

국명	전파자	연대	내용
고구려	혜자	영양왕 6년(595)	쇼토쿠 태자의 스승
	승융	영양왕 13년(602)	역·천문지리
	담징	영양왕 21년(610)	먹, 붓, 맷돌
	혜관	영류왕 7년(624)	삼론종의 시조
	도현	보장왕 때	일본서기 저술
백제	아직기	아신왕 13년(404)	도도 태자의 스승
	왕인	아신왕 14년(405)	논어, 천자문
	단양이	무령왕 13년(513)	유학
	고안무	무령왕 16년(516)	유학
	유귀	성왕 때	유학
	노리사치계	성왕 30년(552)	불상, 경론의 전달
	혜총	위덕왕 35년(588)	계율종 전파
	관륵	무왕 3년(602)	천문, 지리
신라	심상	성덕왕 23년(724)	화엄종 개창

왕인(王仁)의 도일 연대

『일본서기』의 웅신천황 84년(284)이면 백제 고이왕 51년에 해당하는데 그 때 백제가 유학이 발전된 시기가 아니었다. 따라서 『일본서기』의 기록을 120년 내린 아신왕 13년(404)이 된다. 402년에 일본에 사신을 보냈으며, 403년에는 일본 사신이 백제를 찾아왔다는 기록으로 보아 바로 전에 아직기의 도일에 이어 404년에 왕인도 일본에 건너갔을 것이다.

호류사 금당 벽화(복원)

(1) 통일 신라의 문화와 사상

유학의 발달

독서삼품과의 내용
독서삼품과의 선발기준은 국학의 필수 과목인 논어·효경과 기타 유교 경전(주역·예기·곡예·춘추좌씨전·모시)의 능력에 따른 것이다.
상품은 논어·효경에 능통하되 춘추·예기·문선, 중품은 논어·효경·곡예, 하품은 논어·효경을 읽을 수 있는 자이다. 그리고 5경(역경·시경·서경·춘추·예기)·3사(사기·한서·후한서), 백가제자서에 능통한 자는 특채의 권리를 주었다.

통일 신라는 정치·사회적 안정을 토대로 당나라 문화를 받아들이면서 유학이 발달하게 되었다. 국학은 유교 경전을 가르치는 교육기관으로 신문왕 2년(682)에 설치되었고, 여기에 박사와 조교를 두어 교육을 담당하게 하였다. 이어 원성왕 4년(788)에는 독서삼품과를 두고 실력에 따라 3등급으로 인재를 등용하는 제도를 마련하였다. 그러나 골품제도 하의 신라 사회에서는 제대로 그 기능을 발휘하지 못하였다.

유학의 발달에 따라 강수, 설총(원효의 아들 : 화왕계), 김대문(화랑세기 · 계림잡전 · 고승전) 등 유명한 학자가 나타났다. 특히, 김유신의 후손인 김암은 숙위학생으로 당에서 유학한 후 혜공왕 5년(779)에 일본에 건너가 유학을 전파하였으며, 설중업(설총의 아들)은 불교와 유교 지식을 일본에 전해주기도 하였다.

김운경 이후 당에 건너간 유학생(숙위학생)들의 활동이 두드러졌다. 대체로 6두품 출신인 이들은 당에 건너가 빈공과(외국인 과거시험)에 합격한 이후 그곳에서 활동하거나 귀국하여 골품제를 비판하고 실력 위주의 사회 건설 방향을 제시하였다.

최치원의 사상
최치원은 나말여초 혼란기에 있어서 소수의 지적 집단(Creative minority)의 대표적인 인물로 단순한 사회 변모(Transfiguration)가 아니라 새로운 사회로의 초탈(Detachment)로 인정과 덕치로 고려 사회로의 전환을 강조하였다. 그러므로 실력에 따른 인재 선발과 과거 제도의 필요성을 제시하였고, 유교와 불교를 결합시키고 풍수사상과의 융합을 주장하였다. 그는 구례 쌍계사에 있는 「진감선사비」에서 유교와 불교의 결합을, 보령 성주사지의 「낭혜화상비」에서는 왕도의 실천을 불심(佛心)에 부합하는 것이라고 하였다.

대표적인 인물인 최치원은 당에서 황소의 난을 진압한 글(「격황소서」·「하살황소표」)을 쓴 후 귀국하여 시무10여 조를 비롯한 『계원필경』·「낭혜화상비」 등을 통해 골품제를 비판하고 과거제 시행 등의 사회 건설과 유·불·선의 융합론을 제시하였다. 그는 무엇보다도 인정과 덕치를 바탕으로한 현실 극복 사상으로 사회 개혁 의지로서 고려 건국의 사상적 기반을 마련하였다.

불교 사상의 발달

통일 신라는 유학과 더불어 불교가 크게 번성하여 다양한 종파의 성검과 더불어 많은 명승들이 활약하였으며, 자장·원측·의상·원효·혜초 등이 그 대표적인 승려였다.

원효 초상

원효의 불성 이해
옷을 기울 때는 짧은 바늘이 필요하고 긴창이 있어도 그것은 소용이 없다.
비를 피할 때는 작은 우산이 필요하고 온 하늘을 덮는 것이 있다한들 소용이 없다.
그러므로 작다고 가벼이 볼 것이 아니라,
그 근성을 따라서는 크고 작은 것이 다 보배다.
– 미륵상생경종요

통일 신라의 전기에는 교종 계열의 5교가 번창하였다. 그 중에서 화엄종과 법상종이 크게 유행되었다. 화엄종은 지배층(귀족)과 피지배층(평민) 간의 조화, 지배층 간의 대립을 극복하려는 원융의 이념과 통일적인 사상 체계로 전제 왕권의 정신적 기반이 될 수 있었다. 화엄 사상은 중국 지엄(智儼)의 개창과 법장(法藏)의 노력 이후 신라 의상(625~702)에 의해 크게 발전을 하였다. 의상은 「화엄일승법계도」를 통해 우주 만물이 대립적 존재가 아니라 상호 간의 조화를 내세운 '일즉다 다즉일'(一即多 多即一)의 논리를 폈다. 법상종은 원측을 거쳐 진표가 이를 완성시켰다.

통일 신라 불교는 원효(617~686)의 화쟁 사상(통불교)으로 꽃을 피웠다. 그는 특정

종파에 구애되지 않고 화엄경·열반경·무량수경 등을 두루 섭렵한 후에 「대승기신논소」와 「십문화쟁론」을 통해 일심과 무애를 강조하였고, 불교의 통합과 대중화를 위한 정토 신앙과 일심 사상을 내세웠다.

혜초(704~?)는 당을 거쳐 인도·아라비아 등 서역을 순례하면서 「왕오천축국전」(727)을 썼다. 신라 왕족인 김교각은 구화산(화성사)에서 포교와 사회 개혁을 주도하여 지장보살로 칭송되었다.

5교의 내용		
교명	창시자	중심 사찰(위치)
열반종	보덕	경복사(전주)
계율종	자장	통도사(양산)
법성종	원효	분황사(경주)
화엄종	의상	부석사(영주)
법상종	진표	금산사(김제)

선종과 풍수지리설의 유행

신라하대의 사회 혼란과 6두품 세력의 활약은 기존의 사상계에도 큰 변화를 일으켰다. 중대 사회에서 큰 비중을 갖고 있던 5교 위주의 불교인 화엄종·법상종 등의 법맥은 유지되었으나 하대에는 선종이 주류를 이루게 되었다. 선종은 혜공왕때 신행이 북선종을, 헌덕왕때 도의가 남선종을 각각 중국으로부터 전해왔다. 이후 도의가 가지산파를 개창한 후 9산 선문이 성립되었다.

종래의 교종이 귀족 중심의 학문적 경향과 경전 위주의 성격을 띠었다면, 선종(9산)은 보다 민중적이며 혁신적인 입장에서 '문자를 통하지 않는'(不立文字) 선사상으로 일반 백성들에게 다가갔다. 교종은 지나치게 권위와 불경을 강조하였지만, 선종은 보다 백성의 편에서 개혁적인 면에서 일반 백성들에 접근할 수 있었다. 더구나 몰락 귀족·6두품 계열과 연결된 호족 출신으로 선종의 승려가 된 무염(성주산파), 수철(실상산파), 도윤(사자산파) 등이 있었는데, 이들에 의한 선종의 개조는 호족의 후원을 받을 수 있었다.

신라말에는 도선의 풍수지리설을 비롯하여 노장 사상도 상당한 발전이 있었다. 그러나 가장 중요한 사상적 변화는 유·불·풍수지리·도교 등의 사상적 결합이다. 특히, 대표적인 유학자인 최치원의 유·불·선의 3교 융합론은 신라 사회의 모순을 극복하고 고려 왕조 개창(훈요 10조)의 바탕이 되었으며 불교와 유교에 대한 이해가 깊어지는 계기를 마련해 주었다. 동시에 풍수지리설은 음양오행설과 연결되어 민간 사상(풍류 사상)으로 크게 뿌리내리면서 널리 유행하였다.

전 흥법사 염거화상탑(서울 국립 중앙 박물관)

5교 9산

조형 예술의 발달

통일 신라의 사회 안정과 불교의 번창은 미술, 건축, 공예 등 예술의 전반적인 발전을 가져왔다. 불교 미술의 번영은 생동감 넘치는 표현과 조화와 균형을 통한

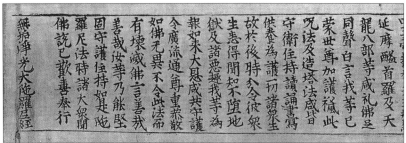

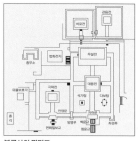

무구정광대다라니경 751년(경덕왕 10), 620×6.7cm, 불국사 석가탑 금동사리함에서 발견(1966)된 가장 오래된 목판인쇄물

불국사의 평면도

불국사의 의미

불국사는 대웅전(석가모니, 법화경)을 중심으로 서쪽의 극락전(아미타불, 무량수경)이 있으며 대웅전 뒤에는 무설전이 있다. 무설전 뒤에는 비로전(비로자나불, 화엄경)과 관음전이 있어 현재(대웅전), 미래(극락전), 과거(비로전)를 나타내 주고 있다. 대웅전 앞에는 불국사 3층 석탑(석가탑)과 다보탑이 있다.

석가탑의 비밀

석가탑을 보수 공사하던 1966년 세계에서 가장 오래된 목판 인쇄물인 다라니경이 발견되었다. 그후 2013년 전면 보수 공사 당시 금제불상이 발견되어 신라인의 불교 예술이 지닌 의미를 엿볼 수 있다.

정제미로서 민족 예술의 근간이 될 수 있었다. 불국사의 화려한 형태미와 조화된 균형 감각은 석굴암과 더불어 신라 불교 미술의 상징이 된다. 그외 석가탑 속에서 나온 무구정광대다라니경과 성덕대왕 신종(봉덕사종)은 신라 예술의 극치를 보여준다.

무엇보다도 불국사의 석가탑과 다보탑으로 이룩된 조화와 균형 감각은 신라 불교 예술의 상징이 되었다. 백운교·청운교를 지나 자하문을 통해 이룩된 대웅전의 미, 연화교·칠보교를 지나 안양문을 통해 나타나는 극락전, 그리고 대웅전 뒤로의 비로전과 관음전은 불교세계를 상징하고 있다.

특히, 대웅전은 사바 세계(법화경-석가모니불), 서쪽의 극락 세계(무량수경-아미타불), 북쪽의 진리 세계(화엄경-비로자나불)가 깃들어 있다. 대웅전 앞의 석가탑·다보탑의 존재는 통합과 융합의 불국토 이상을 통해 국가 번영과 왕실 안녕의 꿈을 보여주고 있다.

석굴암은 동해의 첫 햇살이 비쳐지는 동굴 안에 장방형의 전실(금강역사, 인왕상)과 둥근(원형) 후실에 본존불상이 앉아 있는 형태이다. 둘레의 벽에는 11면관음상·4보살·10나한상 등이 배치되어 있다.

그 외에도 법주사의 쌍사자 석등, 성덕대왕 신종(에밀레종), 상원사 동종, 문무왕의 대왕암, 만불산(경덕왕 때 당에 선물한 인조 가산), 감은사지 석탑과 충주 탑평리 7층 석탑 등이 대표적인 문화 유산이다.

한편, 신라 말기에는 석탑에서 다양한 변화가 나타나 양양의 진전사지 3층 석탑과 같은 예술품이 만들어졌다. 또, 선종

상원사 동종(강원 평창)

성덕대왕 신종(경주박물관)

석굴암(石窟庵, 경북 경주) 인공으로 축조한 석굴암은 전실과 둥근 돔 천장으로 꾸민 주실을 갖추고 있는 세계적인 걸작으로 세계 문화 유산으로 등록되어 있다.

감은사지 3층 석탑 (경북 경주)

불국사 석가탑 (경북 경주)

불국사 다보탑 (경북 경주)

진전사지 3층 석탑 (강원 양양)

이 널리 퍼지면서 화순의 철감선사 승탑과 전 흥법사 염거화상 승탑처럼 승려의 승탑(부도)과 탑비 제작이 유행하였다. 이러한 승탑과 탑비의 제작은 지방 호족의 성장과 관련이 있다.

향가의 유행

귀족층에는 유학이 널리 보급되었으나, 민간과 승려 등 사이에는 향가가 유행하였다. 현재 『삼국유사』에 14수, 『균여전』에 11수 등 향가 25수가 전해지고 있다. 그 중에 월명사의 「도솔가」, 충담사의 「찬기파랑가」, 득오의 「모죽지랑가」 등이 대표적이다.

향가는 한자를 빌어서 우리말로 표기한 노래이다. 진성 여왕때 대구 화상과 각간 위홍이 『삼대목』(三代目)이라는 향가집을 편찬했는데, 현재는 전하지 않는다.

충주 탑평리 7층 석탑 (충북 충주) 중앙 탑이라고도 한다

(2) 발해의 문화

불교 문화의 발달

발해는 고구려 유민이 주축이 되어 건국한 나라였음으로 우리 민족의 전통을 끝까지 유지하였다. 특히 당나라의 문화를 받아들여 이를 변형시켜 유학과 불교에 많은 발전이 있었다. 정효공주묘 비문이나 일본에 건너간 사신들의 시 속에서 발해 유학의 수준을 알 수 있으며, 발해 석등·영광탑에서 보여진 불교 미술은 한국 고대 예술의 큰 의미가 있다.

발해 석등은 상경성터에 남아있는 6m 높이로 현무암(화산석)으로 된 석등이다. 그중 기단부위에 복련(아래로 향한 연꽃) 위에 둥근 돌기둥이 있고, 그 위에는 앙련(위로 향한 연꽃) 받침 위에 8각형의 탑실(8개의 창문)이 있으며 다시 그 위에 지붕이 있다. 발해 영광탑(길림성 장백현 조선족 자치현 : 12.86m)은 낮은 기단부 위에 거대한 제1층(큰 문이 있음) 위에 4층의 상층부가 있는 5층 석탑으로 지하에 무덤 시설이 있다.

화순 쌍봉사 철감선사탑 (전남 화순)

법주사 쌍사자 석등 (충북 보은)

발해 상경성

발해 상경성은 궁성, 내성, 외성으로 되어 있다. 둘레는 16.3km이다. 궁성은 남문(오봉루)에서 약 200m 떨어진 곳에 있으며 내성은 3성6부가 있었던 곳으로 정원(금원)이 남아 있다. 외성은 수도를 둘러싼 성곽으로 지금은 우거진 숲으로 되어 있다.

발해 상경성(제1궁궐지)

발해 상경성

건축의 발달

발해는 불교 문화 외에 24돌 유지와 온돌 유적이 있다. 24돌 유지(24괴석)는 교통 요지에 둔 건물지로 흑룡강성(흑룡강성연안)에 2곳, 길림성(돈화·도문)에 7곳, 북한(경성)에 3 곳에 각각 남아있다. 온돌 유지는 만주뿐 아니라 연해주 일대까지 발굴되고 있다. 그외 상경지에 남아있는 팔보유리정(우물지), 연해주 일대(크라스키노)에서 발굴된 막새기와, 정효공주묘에 남아있는 벽화가 유명하다.

특히, 발해의 대표적인 유적은 상경성터(흑룡강성 발해진)이다. 외성은 둘레 16,296m로 그 안에 내성과 궁성이 있다. 궁성 안에는 4,400m 둘레의 내성(3성 6부터)과 1~5궁전이 있었다. 궁성의 정문인 오봉루에서 200m 북쪽에 있는 제1궁전지는 3m 높이의 기단부 위에 있으며 동서 5줄로 54개의 주춧돌이 남아있다. 그 뒤에 2-3-4-5궁전이 4m 높이의 오봉루(현재 목조계단 설치) 앞에는 주작대로로 제1궁전지와 연결되고 있다.

정효공주 묘실

돌사자상(정효 공주 무덤 앞)

이불병좌상

정효공주묘 벽화

발해 석등

영광탑(중국 길림성, 장백현)

정효공주묘(용두안)

더 알아보기

고구려 벽화

고구려 문화를 대표하는 것은 석조 문화(장군총, 천리장성)와 고분 벽화이다. 무엇보다도 고분 벽화는 5세기 이후 토총이 발달하면서 그 내부 무덤칸(석실)이 출입구와 널길(연도), 현실의 벽면과 천정에 그려져 있다. 현재 알려진 벽화는 만주 집안 일대와 북한의 평양 일대, 황해도 안악 지방에 집중되고 있다.

고구려 고분 벽화(제1기 각저총)

고구려 벽화는 대체로 3시기로 구분되고 있다. 제1기(4세기 중엽-5세기 중엽)는 주로 생활 풍속도 (가무·씨름·사냥·전쟁·생활)가 중심이며 무용총, 쌍영총, 안악3

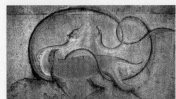

고구려 고분 벽화(제3기 강서대묘)

고구려 고분 벽화(제2기 장천1호분)

호분, 각저총 등이 이에 속한다. 대개 벽에 석회를 바르고 그 위에 그림을 그렸다. 제2기(5세기 중엽-6세기 중엽)는 대개 꽃무늬, 귀갑문, 연꽃무늬 등 장식이 많은데, 장천1호분과 귀갑총이 이에 속한다. 제3기(6세기 중엽 이후)는 사신도(청룡·백호·현무·주작)와 복희와 여와, 야철, 동물(용·학)을 탄 사람 그림이 중심인데, 이 때에는 벽에다 안료를 사용하여 직접 그렸다. 이 시기 대표적인 고분은 5회분, 강서대묘, 사신총 등이다. 이러한 고분 벽화에는 고구려인의 예술성과 정신 세계가 반영되어 있다.

함께 생각해 봅시다.

『삼국사기』는 어떤 성격의 책인가?

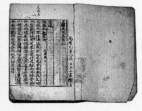

『삼국사기』(50권)는 우리나라 최고의 문헌으로 삼국 시대 역사 이해의 기준이 되는 책이다. 그러나 우리는 대표적인 사대주의자인 김부식이 쓴 관계로 그 내용이 지나치게 중국책을 모방했으며 신라 위주로 편찬된 사대적인 약점을 갖고 있다고 하였다. 그러나 『삼국사기』가 만들어진 1145년(고려 인종 23년)에는 우리나라가 독자적인 역사 편찬의 기준이 없었기 때문에 사마천의 『사기』를 모방할 수 밖에 없었다.

그러나 『삼국사기』의 내용은 중국책과 달리 왕의 업적 설명인 본기에 28권(56% : 『사기』는 12권 9.2%)을, 열전에 10권 (26% : 『사기』는 70권, 56.9%)을 두어 왕의 위상을 크게 높였으며 특히 황제가 쓰는 본기(『고려사』에는 낮추어 세가)를 써 우리나라의 권위를 높이고 있었다. 특히 열전에 등장하는 50명의 인물 중(부수적인 29명 제외)에 대부분 개인보다 사회, 나라를 위해 거룩한 죽음을 앞세워 강렬한 종가 의식을 높이고 있다. 그러므로 『삼국사기』는 단순한 사대적인 문헌이 아니라 우리 나라 전통 역사학의 바탕을 마련한 사서로 그 역사적 가치는 매우 크다.

III

고려의 건국과
발전

1. 고려의 정치
2. 고려의 사회
3. 고려의 경제
4. 고려의 문화

송악의 호족이었던 왕건은 민심을 잃은 태봉(후고구려)의 궁예를 몰아내고 신하들의 추대를 받아 고려를 건국하였다(918). 이후 고구려 계승을 표방한 태조 왕건은 신라 경순왕의 투항과 후백제의 항복을 이끌어내 후삼국을 통일하는 한편, 요에 멸망당한 발해의 유민까지 포섭하여 민족 통합을 이룩하였다.

건국 초에 왕위 계승 분쟁도 있었으나, 광종과 성종 대의 개혁을 거쳐 문종 대에 이르러 문벌 귀족 중심의 중앙 집권적 유교 통치 체제가 확립되었다. 그러나 고려 사회는 12세기에 들어 이자겸의 난과 묘청의 서경 천도 운동이 일어나 문벌 귀족 사회의 모순이 드러나면서 급기야 무신 정변(1170)으로 전환기를 맞게 되었다.

고려는 건국 직후부터 거란(요), 여진(금) 등 북방 이민족과 항쟁을 벌여 고려인의 자주 의식을 드높였다. 그러나 세계 대제국을 건설한 몽골(원)과의 40년에 걸친 항쟁을 벌였으나 강화 조약을 맺고, 원의 간섭을 받기도 하였다. 원 · 명 교체의 국제 정세를 이용하여 공민왕은 신진 사대부 세력을 등용하여 왕권 강화 정책을 실시하는 한편, 반원 자주 정책을 펼쳐 고려의 자주성을 회복하려 하였으나 권문세족과 원의 반발로 실패로 끝났다.

홍건적과 왜구의 격퇴 과정에서 큰 공을 세운 이성계는 위화도 회군(1388)을 단행하여 권력을 장악하였다. 신흥 무장 출신인 이성계와 정도전 등 급진적 신진 사대부 세력은 과전법 등 개혁을 추진하여 역성혁명의 기초를 닦았다. 결국, 1392년에 고려는 건국한 지 475년 만에 멸망하고 말았다.

한편, 고려는 골품 제도가 지배하던 이전의 고대 사회 보다 활기에 넘치는 개방된 사회였다. 과거제의 도입, 관학과 사학의 발달 등으로 개인의 능력이 중시되었으며, 자녀 균분 상속, 남귀여가혼, 여성의 재혼 허용, 모계 가문의 존중 등 고려 특유의 사회 모습도 보였다. 또한, 태조 왕건의 숭불 정책 등에 힘입어 불교 국가로 성장하였으나, 국가 통치 이념이 된 유교를 비롯하여 성리학, 도교, 풍수지리 등 다양한 사상과 신앙도 널리 신봉되었다. 이러한 사회 분위기 속에서 과학과 기술 등이 발달하게 되어 세계 최고 수준의 도자기 문화와 금속 활자 기술 등을 꽃피웠다.

그때 우리는		그때 세계는	
연대	주요 사건	연대	주요 사건
901	궁예, 후고구려 건국	907	당 멸망
918	고려 건국	916	거란 건국
926	발해 멸망	960	송 건국
936	고려, 후삼국 통일	1037	셀주크 튀르크 제국 건설(~1157)
958	과거제 실시	1077	카노사의 굴욕
		1096	십자군 전쟁(~1270)
1019	귀주 대첩	1125	금 건국
1135	서경 천도 운동	1192	일본, 가마쿠라막부 성립
1170	무신정변	1215	영국, 대헌장 제정
1270	삼별초 항쟁(~1273)	1271	원 제국 성립
1388	위화도 회군	1338	영·프, 백년 전쟁(~1453)
1391	과전법 제정		
1392	고려 멸망		

1 고려의 정치

1. 고려의 건국과 통치 체제의 정비

2. 고려의 대외 관계

3. 고려 후기의 정치적 변화

고려 태조(太祖) 즉위 교서

내가 여러 신하들의 추대를 받아 왕위에 올라, (망한 왕의 전철을 경계하고) 풍속을 개혁하여 모두 새롭게 하고자 하니 마땅히 새 법규를 세우고 이전 것을 심각한 교훈으로 삼아야 할 것이다. 임금과 신하는 물과 고기처럼 서로 화합하여 이 나라 강산이 평화롭게 되는 경사가 있을 것이니 내외의 모든 신하와 백성들에게 마땅히 나의 뜻을 알게 하라.

－『고려사』태조 원년(918) 6월 정사 －

◀ **평양에서 온 '국보' – 태조 왕건상〈국립중앙박물관 특별전〉** 1992년 10월 고려 태조릉인 현릉(顯陵)을 보수 공사하던 중에 봉분 북쪽 약 5m 지점에서 출토되었다. 발견 초기에는 '청동 불상'으로 알려져 있었으나, 연구 결과 고려의 태조 왕건의 동상으로 밝혀졌다. 머리에 왕관을 쓰고 있고, 동상과 함께 발견된 옥띠 장식 등이 왕건의 관에 있던 옥띠 장식품과 재질 및 형태가 같으며, 결정적으로는 태조 왕건의 주상(鑄像)을 능 옆에 묻었다는 조선 시대의 기록과도 일치하기 때문이다. 태조 왕건상은 봉은사에 모셔졌던 것으로, 양식상 10~11세기에 만들어진 것으로 추정된다.

고려인들의 대외 항쟁

강감찬 동상(서울시 동작구 낙성대)

삼별초군 호국 항몽 유적비(인천, 강화)

(1) 고려의 건국과 후삼국 통일

후삼국 성립

'전주성'이 쓰여져 있는 기와(국립 전주 박물관)
후백제의 궁성 터로 추정되는 전주 동고산성에서 출토 되었다.

9세기 말, 신라의 혼란을 틈타 세력을 크게 모으고 나라를 세우는 데 성공한 인물은 견훤과 궁예였다. 견훤은 상주 출신으로 서남 해안을 지키던 군인이었다. 그는 황해안의 해상 세력과 도적떼 등을 자신의 군사 기반으로 흡수하여 자립하였다. 견훤은 나주를 거쳐 무진주(광주)를 점령한 후 북상하여 완산주(전주)에 도읍을 정하고, 백제의 부흥과 신라의 타도를 표방하며 후백제를 세웠다(900).

견훤은 차령 산맥 이남의 충청도와 전라도지역 대부분을 차지하였다. 특히, 957년 공산성(대구 팔공산) 전투에서 고려군을 무찔러 주도권을 장악하는 한편 중국과도 교류하였다. 반면, 그는 신라에 대해 너무 적대적이었고 지나친 세금을 거두었으며 호족 세력과의 원만한 관계를 맺지 못한 한계를 지니고 있었다.

궁예는 신라 왕족 출신으로, 중앙의 권력다툼에서 희생되어 신라에 대한 적개심이 강하였다고 전하고 있다. 궁예는 죽주의 호족 기원 아래로 들어갔으나 인정을 받지 못하고, 다시 북원(원주) 호족 양길의 부하로 활동하였다. 그는 양길의 신임을 얻어 점차 세력을 키워 강원도와 경기도 일대에 독자적인 세력을 형성하였다. 이후 그는 송악 지방의 왕융(원래 이름은 용건), 왕건 부자를 포함한 중부 지역의 일부 호족들의 도움을 받아 송악을 근거지로 후고구려를 세웠다(901).

영토를 확장하고 국가 기반을 다진 궁예는 국호를 마진(摩震)으로 고치고 이듬해 도읍을 철원으로 옮겼다(904). 911년에는 다시 국호를 태봉(泰封)으로 바꾸고 전제 왕권을 추구

후삼국 시대 정세

○ (892) 신라 진성왕 6년이다. … 이에 견훤은 은근히 반심을 품고 무리를 모아 서울 서남주현(西南州縣)들을 진격하니 가는 곳마다 호응하여 그 무리가 한 달만에 5천 인에 달하였다. 드디어 무진주를 습격하여 스스로 왕이라 하였지만, 아직 감히 공공연하게 왕이라고 칭하지 못하고 다만 '신라서면도통지휘병마제치특절도독전무공등주행전주자사겸어사중승상주국한남군개국공식읍이천호(新羅西面都統指揮兵馬制置持節都督全武公等州行全州刺史兼禦史中丞 上柱國漢南郡開國公食邑二千戶)'라고 자서(自署)하였다.

『삼국사기』 권50, 「열전」 10, 견훤

○ 진성왕 6년(892) 완산주의 도적 견훤이 완산주에 웅거하여 스스로 후백제라 칭했는데 무주의 동남쪽 군현이 항복했다.

『삼국사기』 권11, 「신라본기」 11, 진성왕 6년

안성 국사암 석조여래입상(경기 안성) 이 불상을 궁예 미륵이라고도 한다.

하였다. 당시 그는 스스로를 '미륵불'이라 하고 두 아들을 청광보살과 신광보살로 삼았다. 아울러 '미륵관심법'이라 하여 남의 마음을 꿰뚫어 보는 권능을 과시하기도 하였다.

태봉국은 신라 관제를 본받음은 물론이고, 신분보다는 능력을 중시하는 관제를 마련하였다. 태봉국의 관제인 국정 최고기관인 광평성, 내봉성, 순군부와 병부 같은 관서는 고려의 2성 6부 체제로 이어졌다.

고려의 후삼국 통일

고려 태조 왕건은 송악(현 개성) 출신으로 후고구려를 세운 궁예의 신하였다. 그는 후삼국 시기에 후백제의 배후 지역인 금성(나주)을 점령하는 등 큰 공을 세워 높은 지위에 올랐다. 반면, 궁예는 미륵불을 자처하면서 주변 사람들을 의심하고 실정을 거듭하여 민심을 잃어 갔다. 이에 홍유, 배현경, 신숭겸, 복지겸 등의 신하들이 궁예를 내쫓고 왕건을 국왕으로 추대하였다. 이에 왕건은 나라 이름을 '고려'로 고치고(918), 연호를 '천수(天授)'로 정하면서 고구려 부흥과 계승을 표방하였다. 이어 도읍을 자신의 세력 근거지였던 송악으로 옮겼다.

고려는 후삼국을 통일하고자 후백제를 공격하는 한편, 신라와는 화친 정책을 썼다. 결국 후백제의 공격으로 쇠약해진 신라의 경순왕은 스스로 나라를 고려에 넘겨주었다(935).

후백제는 930년 왕위를 둘러싼 내분이 일어나 견훤의 아들 신검과 양검이 견훤을 금산사에 가두고 왕위를 빼앗는 등 내분이 일어났다(935). 감금에서 탈출한 견훤은 왕건에게 귀순하여 신검의 토벌을 요청하였다. 이에 고려 태조 왕건은 견훤을 앞세워 후백제 정벌에 나서 일리천(선산) 전투에서 신검의 군대를 격파함으로써 마침내 후삼국을 통일하였다(936).

고려의 후삼국 통일은 옛 삼국 출신의 다양한 세력과 거란에 멸망하여 내려온 발해인까지 포용한 실질적인 민족 통일

민족의 재통일

자료 스페셜 궁예(弓裔, ?~918, 재위 : 901~918)의 후고구려 건국

궁예는 신라인으로 성은 김씨이다. 아버지는 제47대 헌안왕 의정이며 어머니는 헌안왕의 빈으로 그의 성명은 전하지 않는다. …… 머리를 깎고 중이 되어 선종(善宗)이라고 스스로 이름을 붙였다. 효공왕 15년에는 '성책' 연호를 고쳐서 '수덕만세' 원년이라 하고, 국호를 또 고쳐 '태봉(泰封)'이라 하였다. 그리고 태조(왕건)를 보내어 군사를 거느리고 금성(지금의 나주) 등지를 쳐서 금성을 나주라 개칭하였다. 공을 논하여 태조로 대아찬 장군을 삼았다. 선종이 미륵불을 자칭하며, 머리에 금색 모자를 쓰고 몸에 승복를 입었으며, 장자를 청광보살, 막내를 신광보살이라 하였다. 외출할 때에는 항상 백마를 타고 채색 비단으로 말갈기와 꼬리를 장식하고, 어린 남녀로 일산과 향화를 받들게 하여 앞에서 인도하고, 비구 200여 명으로 범패(불덕을 찬양하는 노래)를 부르면서 뒤를 따르게 하였다. 경문 20여 권을 지었는데 그 말이 요망스럽고 모두 정도에 맞지 않는 것이었다.

『삼국사기』 권50, 「열전」10, 궁예

의 완성이었다. 고려는 고구려, 백제, 신라의 다양한 문화를 융합하여 개방성과 다양성을 특징으로 하는 민족 문화의 토대를 마련하였다.

고려의 건국과 후삼국의 통일은 단순한 왕조 교체에 그치는 것이 아니라, 고대 사회에서 중세 사회로의 전환을 의미하는 것이었다. 고려는 우선 사회를 이끌어 가는 지배 세력이 교체되어 폐쇄적인 사회가 보다 개방적으로 변화하였다. 이로써 정치와 사회를 이끌어 가는 이념도 변화하게 되었으며, 문화의 폭과 질이 크게 높아져 중세 문화를 성립시켰다.

고려의 발해 유민 포섭
발해가 926년 거란에게 멸망한 후 발해 유민 중 관리, 장군, 학자, 승려 등 상당수가 고려로 왔다. 태조는 이들을 적재적소에 임명하여 후삼국 통일에 활용하였다. 특히, 발해의 왕자 대광현을 우대하여 동족 의식을 분명히 하였다.

태조의 정책

태조는 왕위에 오르자 호족이 지나치게 세금을 거두지 못하도록 하고, 조세 제도를 합리적으로 조정하여 세율을 10분의 1로 낮추어 농민의 생활을 안정시키려 하였다. 그것이 이른바 취민유도(取民有度)였다.

특히, 왕건은 각 지방의 유력한 호족의 딸과의 결혼으로 그들과의 결합을 굳건히 하였다. 그는 많은 후비를 맞아들임으로써 미약한 자신의 가문을 보완하려 하였다. 이 결과 왕건은 왕후 6명, 부인인 비 23명을 맞아들여 왕자 25명과 공주 9명을 얻었다. 이를 혼인(결혼) 정책이라 하는데 이러한 정책은 호족들의 입장에서도 왕의 외척으로서의 지위를 누릴 수 있게 하는 장점이 있어 긍정적으로 작용하였다. 왕건은 자녀들의 결혼에도 이복남매 사이의 근친혼을 행함으로써 왕실의 권력 분산을 막았다. 이 외에도 태조는 지방의 유력한 호족들에게 왕씨의 성을 하사하여(사성정책) 그들과의 연합을 돈독히 하였다.

고려 전기 왕실의 혼인 양상을 살펴보면, 호족의 협조하에 국가를 이끌어 갈 시기에는 호족과 혼인 정책을 추진하였고(1대 태조-3대 정종), 왕실의 정체성 확보를 위해서는 근친혼을 중심적으로 시행하였다(4대 광종-7대 목종) 이후에는 왕실의 번영을 위해 왕실 혼인을 개방하였는데, 이는 왕실의 권위를 유지할 수 있다는 자심감이 반영되기도 한 것이다(8대 현종 이후).

이어 태조는 태봉의 관제를 중심으로 신라와 중국의 제도를 참고하여 정치 제도를 마련하고, 개국 공신과 지방의 호족을 관리로 등용하였다. 유력한 호족과는 혼

왕건 초상

혼인(결혼) 정책
왕건은 호족 세력에 대해서는 유력한 호족들의 딸과 정략적으로 혼인하는 등으로 새 왕조의 왕권을 안정시켰다. 유력 가문의 딸과 결혼을 하여 부인은 총 29명이다. 그러나 이 정책은 왕건 사후 후계자의 왕위 계승에 있어 많은 문제를 가져오게 된다.

자료 스페셜 태조의 훈요 10조

① 국가의 대업이 제불(諸佛)의 호위와 지덕(地德)에 힘입었으니 불교를 잘 위할 것, ② 사사(寺社)의 쟁탈·남조(濫造)를 금할 것, ③ 왕위 계승은 적자적손(嫡者嫡孫)을 원칙으로 하되 장자가 불초(不肖)할 때에는 인망 있는 자가 대통을 이을 것, ④ 거란과 같은 야만국의 풍속을 배격할 것, ⑤ 서경을 중시할 것, ⑥ 연등회·팔관회 등의 중요한 행사를 소홀히 다루지 말 것, ⑦ 왕이 된 자는 공평하게 일을 처리하여 민심을 얻을 것, ⑧ 차현(車峴) 이남의 금강 밖은 산형지세(山形地勢)가 배역하니 그 지방의 사람을 등용하지 말 것, ⑨ 백관의 기록을 공평히 정해줄 것, ⑩ 경사(經史)를 널리 읽어 오늘의 일을 경계할 것 등이다.

『고려사』

인을 통하여 관계를 깊게 다져 갔다. 또, 지방 호족을 견제하고 지방 통치를 보완하기 위하여 사심관 제도와 기인 제도를 활용하였다. 사심관 제도는 태조 18년(935) 신라의 경순왕이 항복해 오자 그를 경주의 사심관으로 삼아 부호장 이하 향직 등에 관한 사무를 관장하게 한 데서 비롯되었다. 임무는 향직의 감독 외에 신분의 구별, 부역의 공정, 풍속의 교정 등 건국 직후 호족을 중심으로 민심을 안정시키는 데 있었다.

사심관 제도는 건국 초기 중앙 집권 체제의 확립을 위한 특수 관직이었으나, 한편으로는 관리로서 보다 높은 자리에 오를 수 있는 정치적·경제적 기반도 될 수 있었다. 따라서 중앙의 관원은 서로 출신지의 사심관을 겸임하려고 경쟁하였다. 한편, 기인 제도는 호족의 자제들을 서울로 불러들여 숙위하게 하는 제도로 호족의 견제와 협조를 구하는 것이었다.

이러한 호족 연합 정책을 펼침에도 불구하고 태조는 호족들이 장차 우려의 대상이 될 것으로 생각했다. 그리하여 「정계」와 「계백료서」를 지어 관리가 지켜야 할 규범을 제시하였다. 또한 후대 왕들이 지켜야 할 정책 방향을 제시한 훈요 10조를 남기기도 하였다.

한편, 태조는 고구려의 옛 땅을 되찾고자 하는 의욕으로 강력한 북진 정책을 추진하여 평양을 서경으로 삼고, 북진 정책의 전진 기지로 적극 개발하였다. 그 결과, 청천강에서 영흥에 이르는 국경선을 확보할 수 있었다.

정계(政誡)와 계백료서(誡百寮書)
태조가 임금에 대한 신하들의 도리를 강조하기 위하여 지은 책으로, 현재 전하지 않는다.

(2) 통치 체제의 정비

광종의 왕권 강화 정책

태조의 뒤를 이은 혜종과 정종 때에는 왕권이 불안정하여 왕자들과 외척들 사이에 왕위 계승 다툼이 일어났다. 태조의 맏아들인 왕무가 혜종(재위 943~945)으로 즉위하였다. 그는 921년에 박술희를 후견인으로 하여 태자에 책봉되고, 943년 왕위에 올랐다. 그러나 왕위를 노리는 강력한 호족 출신이며 왕실의 외척으로서 권력

용두사지 철당간(충북 청주) 광종 때 만들어졌다.

숭의전지(경기 연천) 고려 태조를 비롯한 7왕의 위패를 모시고 제사를 지낸 곳이다.

태평2년명 마애 약사여래 좌상(경기 하남)

을 쥐고 있던 왕규의 노골적인 암살음모를 가까스로 모면한 뒤에는 항상 신변의 위협을 느끼며 정치에 뜻을 두지 못하였다.

한편, 혜종의 이복동생인 왕요(뒤의 정종)는 서경의 왕식렴 세력과 결탁해 왕위를 엿보았으므로 혜종대의 정치 정세는 더욱 불안한 상태에 있었다. 혜종이 병석에 눕게 되자 왕위쟁탈 음모는 더욱 노골화되었다. 곧 서경의 왕식렴은 군대를 거느리고 수도에 들어와 왕규와 그 무리 3백여 명을 죽였다. 혜종이 죽자 태조의 셋째 아들인 왕요가 왕위를 계승하여 정종(재위 945~949)이 되었다. 그 역시 호족들의 발호를 억제하는 데 주력하였으나 개경의 호족들이 호응하지 않는 등 여전히 왕권이 확립되지는 않았다.

이런 정치적 상황에서 즉위한 광종(925~975, 재위 949~975)은 역시 태조의 아들이었다. 그는 우선 즉위 초에 온건한 방법을 동원하여 호족세력을 무마하면서 왕권강화를 도모하였다. 그리고 독자적인 연호인 광덕(光德)을 사용하여 자주적인 일면을 보였고, 중국 후주(後周)와도 외교를 하여 자신의 지위와 정치적 위상을 높이려하였다.

이후 광종은 노비안검법을 실시하여 호족의 세력을 약화시키고 국가의 수입 기반을 확대하였다. 노비안검법이란 광종 7년(956)에 실시한 법으로 후삼국 시대의 혼란기에 불법으로 노비가 된 자를 조사하여 양인으로 해방시켜 주기 위한 것이다. 이로써 공신이나 호족의 경제적, 군사적 기반은 약화되었다.

이어 광종은 후주에서 귀화한 쌍기의 건의를 받아들여 과거 제도를 시행하였다(958). 과거제의 시행은 관료군의 대부분이었던 공신 세력을 대신하여 유학을 익힌 신진 인사를 등용하고 신·구 세력의 교체를 통해 새로운 관료체제를 만듦으로써 왕권을 강화하려는 것이다. 그는 백관의 공복을 제정하였고(960) 국왕의 권위를 과시하기 위해 다시 독자적인 연호인 준풍(埈豊)를 사용하였으며 수도인 개경을 '황도(皇都)'로, 서경을 '서도(西都)'로 부르게 하였다.

일련의 개혁을 통하여 자신감을 갖게 된 광종은 본격적으로 공신과 호족 세력을 제거하여 왕권을 강화하였다. 만약 이러한 개혁에 불만을 가진 공신과 호족 세력이 있으면 무자비하게 숙청하는 한편, 왕실 시위군을 강화하였다. 그는 아버지와 연결된 호족까지도 왕권에 거슬리면 모조리 제거하였다. 그 결과 광종의 사후 옛 신하로 살아남은 자가 40여 명에 불과하였다고 한다. 이로써 왕조 성립 초기의 공신과 호족 세력이 크게 약화되고 왕권이 강화될 수 있었다.

성종의 유교통치 체제의 확립

광종의 뒤를 이어 즉위한 경종 때에 이르자 개국 공신 계열의 인물들이 다시 등장하였다. 이어 이들에 의해 광종대에 개혁 정치를 추진하였던 관료들은 큰 타격을 입었다. 이어 성종 때에는 신라 6두품 출신의 유학자들이 국정을 주도하면서 유

광종(925~975)의 개혁과 그 의미
- **주현공부법(州縣貢賦法)** : 국가 수입 증대
- **노비안검법 실시** : 공신 세력의 경제적, 군사적 기반의 약화
- **과거제 실시** : 신진 관료를 등용해 신·구 세력 교체
- **백관의 공복제도 실시** : 관료의 기강 확립
- **공신과 호족 세력 숙청** : 전제 왕권 확립
- **칭제 건원** : 광덕·준풍의 독자적 연호
- **불교 통합** : 균여 등용, 귀법사 창건, 교·선 통합을 통한 왕권 강화 모색

성종(960~997)의 정책
- **중앙 관제 정비** : 2성 6부제 마련(당의 제도 수용, 태봉과 신라 제도 참작), 도병마사·식목도감 설치, 중추원·삼사 설치(송의 관제 수용)
- **유학 교육 진흥** : 국자감 정비, 지방에 경학·의학 박사 파견
- **지방 세력 견제** : 12목에 지방관 파견, 향리 제도 마련

최승로(927~989)
신라 6두품인 최은함의 아들로 일찍부터 유교 경전에 밝았다. 성종이 경관 5품 이상에게 시정의 득실을 논하게 하자, 장문의 개혁안을 올렸다. 이 상서문은 「오조정적평(五朝政績評)」과 「시무 28조」의 2부분으로 되어있다. 태조·혜종·정종·광종·경종 조에 이르는 5조의 치적을 평가하고 이를 경계로 삼을 것을 논술하였다. 그는 먼저 「시무 28조」는 유교정치 이념의 실천을 강조하였는데, 현재 28조 중 22조가 전해지고 있다.

교 정치를 실현하고자 하였다. 성종은 즉위 후 국가의 오랜 폐단을 없애고 국정을 쇄신하기 위하여 중앙의 5품 이상의 관리들로 하여금 그 동안의 정치에 대한 비판과 정책을 건의하는 글을 올리게 하였다.

이에 최승로는 시무 28조를 올려 유교의 진흥과 과도한 재정 낭비를 가져오는 불교 행사의 억제를 요구하고, 태조로부터 경종에 이르는 5대 왕의 치적에 대한 잘 잘못을 평가하여 교훈으로 삼도록 하였다. 성종은 최승로의 건의를 수용하여 통치 체제도 정비하였다.

성종은 주요 지역인 12목에 상주하는 지방관을 파견함과 동시에 향리 제도를 마련하여 지방 세력을 통제하였다. 또, 국자감을 정비하고, 지방에 경학 박사와 의학 박사를 파견하여 유학 교육의 진흥에 노력하였다. 아울러 과거 제도를 정비하고 과거 출신자들을 우대하여 유학에 조예가 깊은 인재들의 적극적인 정치 참여를 유도하였으며, 2성 6부제를 중심으로 하는 중앙 관제도 새로 마련하였다.

중앙 정치 체제의 확립

초기의 정치 제도는 태봉의 옛 제도를 답습한 광평성 체제였다. 즉 건국 후 성종 이전까지는 광평성을 비롯하여 내봉성·순군부·병부의 4관부가 정치·군사의 실권을 장악하고, 여기에 국왕의 측근에서 문한을 담당한 고문기관으로 내의성이 또한 큰 비중을 차지하고 있었다.

초기 권력 구조는 호족이 독자적으로 일정한 영역을 지배하였다. 고려는 호족의 협조를 얻어 통일을 이룩하였기 때문에 성종대에 이르기까지 중앙 정부의 지배는 호족을 매개로 한 간접적인 지배에 머물렀다. 그리하여 지방에 민사적인 지방관을

최승로의 시무 28조 중 22조의 내용

조항	내 용
1조	- 서북 변경의 수비 강화
5조	- 중국에 대한 사신의 감축
7조	- 주요 지역에 대한 외관 파견
10조	- 승려들의 객관(客館)·역사(驛舍)에의 유숙 금지
11조	- 고려 고유의 풍속 준수
12조	- 섬 주민들에 대한 공역(貢役)의 균등화
13조	- 연등회·팔관회와 우인(偶人:사람의 형체처럼 만든 것)의 조성에 따른 백성들의 고충 해결
14조	- 군주의 신하 예우
15조	- 궁중의 노비와 말[馬]의 수 감소
16조	- 불우(佛宇)의 지나친 설립 비판
18조	- 금·은·동·철을 사용한 불상 제작과 사경의 금지
19조	- 삼한공신과 세가의 자손들에 대한 관직 제수
20조	- 불교에 대한 맹목적인 믿음을 버리고 유교 사상에 입각한 국가 통치
21조	- 번잡한 제사를 감하고 군왕의 유교적 몸가짐 강조
22조	- 양인과 천인의 법 확립을 통한 엄격한 사회 신분 제도 유지

파견하지 못하고, 중앙 정치기구 조차도 왕명을 시행
하는 관부와 호족들의 협의체 또는 그들을 대변하는
관부가 이원적으로 존재하였다.

고려는 당의 3성 6부 체제를 도입하였지만, 이를 고
려의 실정에 맞게 재편하였다. 중서성과 문하성을 합
쳐 중서문하성으로 하고, 상서성과 함께 2성을 두었다.
상서성에는 이부·병부·호부·형부·예부·공부가 있
었고, 이부에는 고공사, 형부에는 도관이 속사로 있었
다. 하지만 6부가 독립된 행정 조직을 갖추고 있었기
때문에 상서성은 6부의 실질적인 지휘 기관은 되지 못
했다.

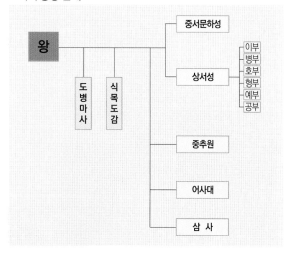

고려의 중앙 관제

6부는 형식적으로 3성의 하부 기관이었지만 실질적
으로는 중서문하성과 상서성을 거치지 않고 직접 국왕과 연결되는 기관이었다. 6
부의 서열은 당나라와는 달리 이·병·호·형·예·공부의 순서였는데, 이것은 고려
가 병부를 중시했다는 점을 보여주는 것이다.

고려의 독자성을 가장 잘 보여주는 관제는 도병마사와 식목도감이다. 도병마사
는 고려 초기 성종 때 병파판사제도에서 비롯되어 이후 설치된 것으로 군사 기밀
과 국방상 중요한 일을 의정하던 합의기관이었다. 최고 정무기관인 중서문하성의
재신이 판사를 겸하고, 군기를 관장하는 중추원의 추신이 사를 겸하여 중대한 일
이 있을 때 회동하여 국방 문제를 결정하였다. 도병마사는 무신정변 이후 그 기능
이 마비되었다가, 원 간섭기에 도평의사사로 개편되어 국사를 합의·시행하는 최
고 정무기관으로 상설되었다.

식목도감은 고려 시대 국가의 중요한 제도와 격식을 의정하던 기관으로 성종 말
과 현종 초에 걸쳐 설치되었다. 비록 담당 관청에서 격식이나 제도를 직접 취급한
다 하여도 이를 전반적으로 총괄하였으며 주요 안건들은 합좌 회의로 결정하였다.

이처럼 고려의 독자성을 보여 주는 관청인 도병마사와 식목도감은 중서문하성
의 재신과 중추원의 추신이 국가의 중요한 일을 결정하는 곳이다. 이러한 회의 기
구의 존재는 고려 귀족 정치의 특징을 잘 나타내 준다.

중추원은 군사 기밀과 왕명의 출납을 담당하였고, 삼사는 단순히 화폐와 곡식의
출납에 대한 회계만 맡고 재정에 대한 모든 권한을 가지고 있지는 못했다. 오히려
재정에 대한 권한은 호부에 더 많이 주어져 있었다. 삼사의 기능은 주로 국가의 수
입과 세무, 녹봉 관리 등에 한정되어 있었다.

어사대는 정치의 잘잘못을 논하고 관리의 비리 감찰, 정상적인 범주를 벗어난 풍
속의 교정 업무를 맡았다. 어사대의 관원은 중서문하성의 낭사와 함께 대간(臺諫)
으로 불렸다. 대간은 같은 언관으로서 시정의 득실을 논하고, 간관도 관료의 비행

식목도감(式目都監)
법제(法制)와 격식(格式)의 제정 등에
관한 안건을 논의한 재신과 추신의 회
의기관.

재신(宰臣)과 추밀(樞密)
재신과 추밀은 6부를 비롯한 주요 관부
의 최고직을 겸하여 중앙의 정치 운영
에서 가장 핵심적인 위치를 차지하고
있었다.

대관에 관한 기록
간관과 어사는 비록 모두 언책(言責)의
신(臣)이지만 그 직은 각기 다르다. 간
관은 헌체(獻替)를 관장하여 인주(人
主)를 바르게 하였는데 대하여 어사는
규찰을 관장하여 백료(百僚)를 바로 잡
는다. 그러므로 군주에 과오가 있으면
간관이 주독(奏牘)하고 신하에 위법이
있으면 어사가 봉장(封章)한다.
－ 정도전, 『삼봉집』, 권6, 경제문감 하, 대관

이나 탐학을 논죄하며, 대관들도 군주에 대한 간쟁을 하기도 한다. 대간은 비록 직위는 낮았지만, 왕이나 고위 관리의 활동을 지원하거나 제약하여 정치 운영에 견제와 균형을 이루었다. 이처럼 대간은 업무와 지위가 중요하였으므로 엄격한 심사를 통해 임명되었다.

고려의 지방 행정 조직

고려는 이외에도 한림원과 사관 등 몇 개의 문한기구가 설치되어 있었다. 한림원(예문관)은 왕족을 책봉하는 책문과 신하와 백성에게 내리는 교서, 장수와 재상을 임명하는 제고, 국왕의 회답인 비답 등의 왕명과 표·전 등의 외교 문서를 작성하였다. 과거 급제자들이 대부분인 한림원 소속이 관리들은 국왕을 시종하는 최측근으로 대부분 재상까지 올랐다.

지방 제도의 정비

중앙에서 처음으로 지방에 외관이 파견된 것은 성종 2년(983) 12목의 설치이다. 처음 최승로의 건의로 이루어진 12목(양주, 광주, 충주, 청주, 공주, 진주, 상주, 전주, 나주, 승주, 해주, 황주)에만 수령이 파견되었지만 점차 다른 주·현에도 파견되어 지방에 대한 중앙 집권화가 진전되었다. 이후 지방 관제는 12목에서 12절도사제로 개편되는 등 몇 차례의 정비 과정을 거쳤다. 결국 현종 9년(1018)에는 전국을 5도와 양계, 경기로 크게 나누고

고려의 지방 제도의 정비

○ 안찰사
전조의 감사는 혹은 안찰이라 칭하기도 하고 한편으로는 안렴이라 칭하기도 했는데, 모두 시종·낭관으로써 이를 삼았다. 그 관직은 낮으나 권한은 무거워, 스스로 능히 격앙하여 할 만함이 있게 하였다. 이 역시 한의 부자사, 송의 전운사의 남긴 뜻이었다. 말기에 이르자 법이 오래 되어 폐단이 생기므로 때의 손익에 따라 안렴을 고쳐서 도관찰사로 삼았다.

정도전, 『삼봉집』, 권10, 「경제문감」 하, 감사

○ 3유수·8목·4도호부
전조[고려]에 3유수·8목·4도호부를 두었고 후에 혹 늘여 설치하여 그 주민을 각각 다스리게 하였는데, 또 안찰사·안렴사를 별도로 파견하여 관리를 규찰하고 소송을 다스리게 하였다. 또 고쳐서 도관찰사로 하였으니 이것이 감사로 되었고 주목의 임무는 군현과 더불어 같다.

정도전, 『삼봉집』, 권 10, 「경제군감」 하, 주목(州牧)

○ 군·현제
삼한이 처음 평정되어 아직 행정 구역을 정리할 여가가 없었다가 태조 23년(940)에야 비로소 전국의 주·부·군·현의 명칭을 고쳤고, 성종이 다시 주·부·군·현과 관방, 역참, 강하, 포구의 명칭을 고쳐 마침내 전국을 10도로 나누고 12주에 각각 절도사를 두었다. …… 그 관하의 주와 군 총수는 580여 개였다. 우리나라 지리가 이 시기에 가장 발전되었다. 현종 초에 절도사를 폐지하고 전국에 5도호와 75도 안무사를 두었다. 얼마 후 안무사를 없애고 4도호와 8목을 두었다. 이후로 전국을 5도 양계로 정하여 양광·경상·전라·교주·서해도와 동계·북계라 하였다. 모두 경 4, 목 8, 부 15, 군 129, 현 335, 진 29이다.

『고려사』, 권56, 「지」10, 지리 1, 서문

그 안에 3경과 4도호부·8목을 비롯하여 56주군, 28진, 20현을 설치하였다.

고려 초기의 5도는 서해도, 교주도, 양광도, 전라도, 경상도로 이루어졌고, 북방의 특수 구역으로 북계(서계)와 동계가 있었다. 도에는 주와 군·현이 설치되고 지방관인 안찰사가 파견되어 도내의 지방을 순찰하였다. 5도의 안찰사는 지방 행정을 담당하는 중간적인 행정관이 아니라, 중앙관으로 지방을 순시하고 감찰하는 관리였다. 안찰사는 전임직이 아니라 5~6품의 경관이 6개월 동안 한시적으로 파견되었다.

북방의 국경 지대에는 동계·북계의 양계를 설치하여 병마사를 파견하고, 국방상의 요충지에는 진을 설치하였는데, 이것은 군사적인 특수 지역이었다. 병마사는 그 아래의 진들도 통치하였다.

한편, 경의 경우 처음에는 개경, 서경(평양), 동경(경주)이었으나 후에 동경을 대신하여 남경(서울)이 들어갔다. 도호부의 경우는 군사적 요충지에 두었다. 목의 경우 지방에서 일반 행정의 중심지 역할을 하였다.

고려의 지방 제도는 군현제를 기본으로 하지만 신라에 비해 불완전한 이원적 조직이었다. 즉 외형상 신라의 9주나 조선의 8도와는 달리 일원적인 조직을 갖추지 못하였고, 민정 기능의 5도와 군정 기능의 양계의 이원적 조직으로 편제되어 있었다. 또한, 중앙의 통제력이 지방에까지 미치지 못하는 취약성이 있었다. 이처럼 고려 시대에는 모든 군현에 지방관을 파견하지 못하여 중앙에서 지방관을 파견하지 않은 속주·속현이 광범하게 존재하였다. 이러한 속주·속현은 지방관이 파견된 주·현의 지방관을 통해 지방 호족이나 향리들의 실질적 지배하에 있었으며, 그 수도 주·현보다 훨씬 많았다.

중앙에서 지방관이 직접 파견되는 것은 군·현과 진까지였다. 지방관의 경우 자신의 출신지에 임명될 수 없었고, 근무 기간도 제한되어 있었다.

속현과 향·부곡·소 등 특수 행정 구역은 주·현을 통하여 간접적으로 중앙 정부의 통제를 받고 있었다. 조세나 공물의 징수와 노역 징발 등 실제적인 행정 사무는 향리가 담당하였다. 고려의 지방 행정 실무 담당자는 호장, 부호장 이하의 향리들로 이들은 조세와 공물의 징수 및 노역 징발 등 실제적인 행정 업무를 맡았다. 또, 군과 현, 진은 여러 촌으로 구성되어 있는데, 여기에서는 토착 출신인 촌장 등이 촌민의 지배에 대한 중간 역할을 하였다.

군역과 군사 제도

고려는 개경에 경군이라 불리는 중앙군을, 지방에는 주현군을 두었다. 왕건의 경우 처음 송악 지방의 군사들을 중심으로 사병적 성격을 띤 직속 부대를 거느리고 있었다. 이후 이들을 근간으로 2군 6위로 구성된 중앙군을 조직하였다. 2군은 왕궁을 지키는 임무를 맡았고, 6위는 개경과 국경의 방어 임무를 맡았다. 한편, 지

양계(兩界)
고려 중기 이래 5도 양계가 생겨 지방 수령을 감독하고 중앙의 정령을 군현에 전달하는 감독관으로서 안찰사나 안렴사를 보냈다. 그러나 이들은 전임관이 아닌 임시 파견관의 성격이 강해 아직 실질적인 행정 장관이 되지 못하였다. 대읍(大邑)을 중심으로 설치한 계수관이 지방 행정에서 실질적인 중심 역할을 했다. 각 군현은 계수관에 영속되어 간접적으로 중앙 정부와 연결되었다. 이 계수관은 행정과 군정 직능을 겸했으나, 조선 초기에 각 도 관찰사와 각 군현의 행정적 기능이 강화되면서 순수한 군사 조직으로 탈바꿈해 갔다.

망선루(충북 청주) 고려시대 청주 관천의 누각으로 전한다. 현재의 건물은 조선시대에 지어졌다.

방의 주현군은 치안 업무와 잡역을 맡았고, 양계의 상비군은 변경 지역의 방비를 맡았다.

중앙군인 2군과 6위는 무반 관료의 장교와 일반 군인들로 편성되어 있었다. 이 가운데 군인은 45령(領)으로 45,000명 정도였는데, 이들은 흔히 군반(軍班)씨족이라는 이름의 출신자들로 구성되어 있다고 이해되고 있다. 이들은 군호(軍戶)를 형성하고 별도의 군적(軍籍)에 등록되었다. 국가는 이들에게 군인전을 지급하여 그들에게 필요한 장비와 생활비를 충족하게 하였다. 만약 결원이 생길 경우 따로 군인을 선발하여 보충하고 군호에 편입시켜 군인전을 지급하였다.

중앙군인 2군은 왕의 의장과 경호 및 궁성 숙위를 담당하는 친위군으로, 현종 무렵에 성립된 것으로 추정된다. 2군은 응양군과 용호군으로 구성되었고 병력은 총 3천명이었으며 6위보다는 우위에 있었다. 한편, 6위는 전투 및 수도 개경의 치안과 경비를 맡은 부대로서 성종14년(955) 무렵에 성립되었다.

6위는 좌우위, 신호위, 흥위위, 금오위, 천우위, 감문위로 구성되었다. 이 가운데 주력 부대는 좌우위와 신호위, 흥위위의 3위로 이들은 수도 개경의 수비와 함께 국경 지대의 방어 임무도 맡고 있었다.

2군 6위에는 각각 정·부 지휘관으로 상장군(정3품)과 대장군(종3품)이 있었다. 16명의 상장군이 무관의 최고위직으로 자신들의 회의 기관인 중방을 두고 있었으며 중방의 의장은 응양군의 상장군이 맡았다. 중방은 문신들이 합좌기구인 도병마사(후에 도당)와 대비되었으나 문치주의를 중시했던 고려에서는 비교가 되지 못하였다.

지방군에는 주현군과 주진군이 있었다. 처음 호족들의 사병적 성격을 가진 군대를 연합하여 중앙에서 통제하던 광군이 정비 과정을 거치면서 주현군으로 개편되었다. 주현군은 5도 및 경기에 배치된 부대로 지방 행정 제도가 정비되는 현종 9년(1018) 무렵에 완비되었다. 이들의 구성은 군적에 오르지 못한 일반 농민인 백정(白丁)으로 16세 이상의 장정들로 구성되었다.

고려의 북부 지역은 북방 민족과 접경지역으로 늘 적에게 노출되어 있었다. 그래서 이미 태조 대에 이 지역에 중앙에서 군이 파견된 적이 있다. 이후 고려는 북방 민족의 침입으로부터 국토를 지키기 위해 군사 요충지인 양계에 주진군을 배치하였던 것이다.

주진군을 구성한 사람들은 대부분 해당 지역의 농민이며, 여기에 사민 정책으로 들어온 이주민이나 귀화한 여진인도 있었다. 양계에는 국방의 중요성을 감안하여 주진군 이외에 방수군이 더 배치되었다.

이 외에도 별무반이 조직되어 있었다. 별무반은 숙종 때 여진족을 격퇴하기 위해 편성되었다가 여진과의 관계가 좋아지면서 해체된 부대이다. 기병 중심의 신기군과 보병 중심의 신보군, 승려로 구성된 항마군이 있었다. 별무반은 보병보다는 기

군반 씨족

군역 담당 방식과 신분을 어떻게 보느냐에 따라 고려 시대의 군역 제도를 부병제로 파악하는 입장과 군반제로 이해하는 입장이 서로 엇갈려 왔다. 군반씨족은 양인 농민 가운데 젊고 힘이 있는 사람들로 충원하기도 하였으나 천민도 뽑았기 때문에 군인의 사회적 신분을 하락시키는 원인이 되기도 하였다.

2군 6위

명칭	병종	편제	병력수/명
2군	응양군	1령	1,000
	용호군	2령	2,000
6위	좌우위	보승 10령 정용 3령	13,000
	신호위	보승 5령 정용 2령	7,000
	흥위위	보승 7령 정용 5령	12,000
	금오위	정용 6령 역령 1령	7,000
	천우위	상령 1령 해령 1령	2,000
	감문위	1령	1,000
계		45령	45,000

병이 필요하였으므로 신기군에 중점을 두었다. 곧 말을 소유한 자는 신기군에 편성하고, 20세 이상 남자로서 과거 공부를 하지 않는 자는 신보 및 도탕, 경궁, 정노, 발화 등의 병종에 편성시켰던 것이다.

별무반의 징발 대상은 문무산관, 서리, 상고(商賈), 노복, 주·부·군·현민(州府郡縣民)과 승도로, 실직을 가진 문무관과 과거 응시자, 승려를 제외한 거의 모든 장정이 포함되었다. 그러므로 별무반은 광범위한 모든 계층에서 동원된 군사 조직이었다.

신기군이 되기 위해서는 말의 소유와 같은 재력이 뒷받침되어야만 했으므로 처음 윤관이 주장했던 것과는 달리 별무반 병력의 대부분은 신보군과 항마군이었다. 즉 별무반은 기병 확보를 주된 과제로 내세워서 조직되었지만 실제로는 당시의 6위가 대규모 전쟁을 감당하기에는 병력이 부족했으므로 이 문제를 해결하기 위해 일반 농민을 대대적으로 동원하여 만든 특별 부대이다.

(3) 문벌 귀족 사회의 형성과 동요

문벌 귀족 사회의 형성과 동요

11세기 이래 대표적인 문벌 귀족인 경원 이씨(인주 이씨) 가문은 이자연의 딸이 문종의 왕비가 되면서 정치 권력을 장악하기 시작하였다. 이자연의 손자인 이자겸도 예종과 인종의 외척이 되어 집권하였다. 경원 이씨는 왕실과 중복되는 혼인 관

이자연(1003~1061) 묘지석(국립중앙박물관)

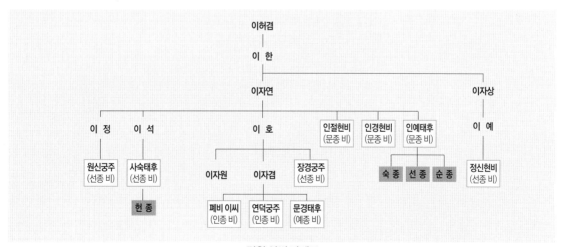

경원 이씨 가계도

자료 스페셜 이자겸(李資謙, ?~1126)의 난

내시지후 김찬·내시녹사 안보린이 동지추밀원사 지록연, 상장군 최탁·오탁, 대장군 권수, 장군 고석 등과 더불어 이자겸과 척준경의 제거를 시도하였으나 이를 행하지 못하였고 오히려 자겸과 준경이 병사를 거느리고 궁궐을 침입하였다. 임술일에 궁궐은 불타고, 계해일에 왕을 위협하여 남궁으로 옮기고 안보린·최탁·권수·고석 및 숙위하던 좌복야 홍관 등 17인을 죽였으며, 나머지 군사들도 죽은 자가 헤아릴 수 없이 많았다.

『고려사』 권15, 「세가」 15, 인종 4년 2월 신유

계를 맺어 후비·귀인 등을 거의 독점적으로 차지하였다. 따라서 당시의 왕자나 왕녀도 대부분 그들의 외손이었다.

이자겸은 14세의 어린 인종이 왕위를 계승하는데 결정적인 공을 세워 정권을 독단하였다. 정권은 이자겸 일족과 일당 등에 의해 장악되었고 그에 반대하는 세력은 조정에서 밀려났다. 이자겸의 전횡이 날로 심해지자 인종도 그를 멀리하기 시작하였다. 이를 알아차린 관료들이 이자겸 일파를 제거하고자 하였으나 이자겸 일파의 반격으로 실패하고, 오히려 이자겸은 척준경과 난을 일으켜 권력을 장악하였다. 이를 이자겸의 난이라 부른다(1126).

그러나 이자겸은 동료였던 척준경에 의해 제거되었다. 척준경 역시 잠시 권력을 장악하였지만, 정지상 등의 탄핵을 받고 축출됨으로써 이자겸의 세력은 완전히 몰락하였다. 이자겸의 난은 중앙 지배층 사이의 분열을 드러냄으로써 문벌 귀족 사회의 붕괴를 촉진하는 계기가 되었다.

이자겸의 난 이후, 인종은 실추된 왕권을 회복하고 민생을 안정시키며 국방력을 강화하기 위한 정치 개혁을 추진하였다. 이 과정에서 신구 세력 사이에 충돌이 일어났다.

묘청의 서경 천도 운동

이자겸 난 이후 여진이 금(金)을 건국하고(1115) 고려에 압박을 가해왔다. 이에 고려는 국방력을 강화하기 위한 개혁을 추진하였다. 이 개혁 과정에서 김부식을 위시한 개경의 귀족들과 묘청, 정지상, 백수한 등을 중심으로 하는 서경 출신 관료들 사이에 대립이 일어났다.

서경 출신의 관료와 승려 묘청 등은 풍수지리설을 내세워 서경(평양)으로 도읍을 옮겨, 보수적인 개경의 문벌 귀족 세력을 누르고 왕권을 강화하면서 자주적인 혁신 정치를 시행하려 하였다. 그들은 아무리 명당이라고 하더라도 시간이 지나면 기운이 쇠퇴한다는 '지기쇠왕설(地氣衰旺說)'을 내세웠다. 묘청 일파는 이자겸의 난과 그로 인한 궁궐의 피해를 개경의 지덕이 쇠퇴하였다고 하여 생기가 돋는 서경으로 도읍을 옮겨야 한다고 하였다. 서경으로 천도를 하면 고려에 36개국이 조공을 바칠 것이라고 주장하였다.

그리하여 묘청 일파는 서경에 대화궁이라는 궁궐을 짓고, 황제를 칭하며 독자적인 연호를 사용하자는 '칭제건원'과 나아가

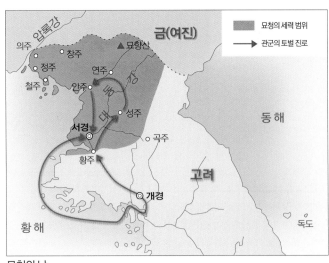

묘청의 난

금을 정벌할 것을 주장하였다. 이는 개경의 귀족 세력을 약화시키고 대신 서경 세력이 정권을 잡으려는 의도였다. 인종도 자기의 집권에 많은 방해가 되는 귀족들에 혐오감도 있어 찬성하는 분위기였다.

그러나 개경의 문벌 귀족 정치 세력이 서경 천도에 반대하였다. 김부식이 중심이 된 개경 귀족 세력은 유교 이념에 충실함으로써 사회 질서를 확립하자고 하였다. 이에 묘청 세력은 서경 천도를 통한 정권 장악이 어렵게 되자 결국 서경에서 난을 일으켰다(1135).

묘청 일파는 조광 등과 군사를 일으키고 여러 성의 군병을 징발하였다. 국호를 '대위', 연호를 '천개'라 하고 그 군대를 하늘에서 보낸 충의군이란 의미로 '천견충의군'라 하였다. 이 반란은 결국 김부식이 이끈 관군의 공격으로 약 1년 만에 진압되고 말았다.

이후 자신들의 기득권을 지키는데 급급했던 문벌 귀족은 물론이고 이미 권위를 잃은 국왕도 제 역할을 하지 못하였다. 결국 문벌 귀족과 같은 지배층에 속해 있으면서도 열악한 처지에 놓여서 소외받던 무신들에 의한 정변이 일어남으로써 문벌 귀족의 집권은 막을 내리게 되었다.

정지상의 시 송인(送人)

비 개인 언덕에는 풀빛이 푸른데
남포에서 님을 보내며 슬픈 노래를 부르네
대동강 강물은 언제쯤 다할 것인가
해마다 이별의 눈물이 푸른 물결에 더해지는 것을

인종 시책 인종에게 그의 아들인 의종이 공효대왕이란 시호를 올리면서 지은 글을 새긴 것으로 묘청의 난을 진압한 사실 등이 기록되어 있다.

자료 스페셜 묘청의 서경 천도 운동

○ 서경 천도

서경으로 행차하였다. 승 묘청(妙淸)과 분사검교소감 백수한(白壽翰)이 스스로 음양의 술법을 안다 하고 허황하고 이치에 맞지 않는 말로 여러 사람을 현혹시켰다. 정지상은 서경 사람이라 그 말을 깊이 믿고 말하기를 "상경은 터의 힘이 이미 쇠하여 궁궐이 다 타서 남은 것이 없고, 서경에는 왕의 기운이 있으니 마땅히 임금이 옮겨 앉아 상경으로 삼아야 합니다."하였다. 마침내 근신 김안(金安)과 모의하기를 "우리가 만약 왕을 모시고 서도로 옮겨 앉아 상경으로 삼는다면 마땅히 중흥공신이 될 것이니, 다만 일신만이 부귀할 뿐 아니라 자손에게도 무궁한 복이 될 것이다."하였다. …… 묘청 등이 아뢰기를 "신 등이 서경의 임원역 지세를 관찰하니 이것이 곧 풍수들이 말하는 큰 꽃 모양의 터입니다. 만약 궁궐을 지어서 거처하면 천하를 병합할 수 있으며, 금나라가 폐백을 가지고 스스로 항복할 것이며, 36나라가 모두 신하가 될 것입니다." 하므로 이번 왕의 행차가 있었다.

『고려사절요』 권9, 인종 6년 8월

○ 조선 역사상 일천년래 제일대사건

고려 인종 13년(1135) …… 묘청의 천도 운동에 대하여 역사가들은 단지 왕사(王師)가 반란한 적을 친 것으로 알았을 뿐인데, 이는 근시안적인 관찰이다. 그 실상은 낭가(郎家)와 불교 양가 대 유교의 싸움이며, 국풍파(國風派) 대 한학파(漢學派)의 싸움이며, 독립당 대 사대당의 싸움이며, 진취 사상 대 보수 사상의 싸움이니, 묘청은 전자의 대표요 김부식은 후자의 대표였던 것이다. 묘청의 천도 운동에서 묘청 등이 패하고 김부식이 이겼으므로 조선사가 사대적, 보수적, 속박적 사상인 유교 사상에 정복되고 말았다. 만약 김부식이 패하고 묘청이 이겼더라면 조선사가 독립적, 진취적으로 전진하였을 것이니, 이것이 어찌 조선 역사상 일천년래 제일대사건(朝鮮歷史上 一千年來 第一大事件)이라 하지 아니하랴.

신채호, 『조선사연구초』

(1) 북진 정책과 송과의 관계

북진 정책

5대 10국
중국에서 당나라가 멸망한 907년부터, 960년에 나라를 세운 송이 중국을 통일하게 되는 979년까지의 약 70년에 걸쳐 흥망한 여러 나라. 이 시대 중원을 중심으로 흥망성쇠를 거듭한 5왕조와 중원 이외의 여러 지방에 할거, 흥망한 10개의 나라가 있었다.

고려가 건국한 즈음 동아시아를 주도하는 중국은 당이 멸망 한 후 5대 10국의 혼란기로 들어갔다. 고려는 정치적 지원이나 물자의 교역 그리고 선진 문화를 받아들이기 위해 5대의 여러 나라와 교류했으며, 중국의 정치적 상황을 적절히 이용하였다.

태조 왕건은 후삼국을 통일한 뒤 고구려의 계승을 기본적인 대외 정책으로 내세우면서 나라 이름도 '고려'라 하였다. 또한, 고구려의 수도였던 평양을 '서경'이라 하고, 수도였던 개경에 버금가는 도시로 개발하여 북진 정책의 기지로 활용하고자 하였다. 이러한 태조의 북진 정책에 힘입어 영토를 청천강 유역까지 넓혔다.

고려 외교의 기본 정책은 이처럼 북진 정책을 기반으로 하는 친송 정책이었다. 대개 송은 고려와 동맹하여 북방 민족 견제 의도가 있었고, 반면 고려는 문화적·경제적 실리를 추구할 수 있었다. 그러나 군사적으로 고려는 중립 정책을 지켜 전쟁을 피하였다.

송과의 관계

10세기 들어 중국 동북방에 거란이 대두하는 가운데 중국 대륙에서는 5대 10국의 혼란을 수습하고 송(宋)이 건국하였다(960). 송은 거란을 견제하기 위해 배후 나라인 고려와 통교하였고, 고려는 송의 선진 문물을 수용하기 위해 이에 응하였다.

고려는 광종대에 이르러 후주의 뒤를 이은 송과 외교를 맺기 시작하였다(962). 고려는 송을 문화 선진국으로 인식하고 사신, 학자, 승려들을 보내 발달한 문물을 적극적으로 받아들여 각종 제도를 완비하였다. 이와 아울러 사신이나 무역을 통해 활발한 무역 활동도 전개하였다. 고려는 송 이외에도 거란, 여진, 일본 등 외국인의 출입을 자유롭게 허용하는 등 개방적인 대외 정책을 폈다.

송과의 국교는 거란의 1차 침입 이후 일시적으로 중단되었다가 11세기 후반인 문종 때 재개되었다. 이후 다시 12세기 초 여진족이 금을 건국하자 다시 변화하였다. 고려는 북방 민족인 거란의 요나라, 여진의 금나라와 송과의 분쟁에 휘말리는 것을 원하지 않았고, 이용당하지도 않았다. 송은 고려와 연합하여 그들을 견제하고자 하였다. 고려 역시 그러한 필요성에는 공감했으나 일방적으로 송의 지시를 따르지는 않았으며 송

고려의 대외 관계

과 북방 민족 사이에서 현명하게 대처하였다. 송은 고려와 정치적으로 불편한 관계가 되기도 했지만 문화적, 경제적 교류가 가장 활발하게 이루어진 나라였다.

(2) 거란·여진과의 관계

거란과의 관계

고려 시기에는 북방 유목민들과의 대립과 항쟁이 많았다. 10세기 동아시아에는 중국에는 송, 한반도에는 고려가 건국되었다. 같은 시기 북방에서는 거란족이 세력을 강화하여 만주와 황하 유역을 차지하는 커다란 제국으로 발전하였다. 이 세 나라는 동북아시아 세계를 주도하는 다원적인 국제 질서를 형성하였다. 거란은 세력을 확장하면서 나라 이름을 요(遼)라 칭하고 송나라와의 전쟁을 위해서는 배후에 있으면서 송과 친교가 있는 고려를 공격해야만 했다. 또 고려는 거란이 발해를 멸망시켰을 뿐만 아니라 문화적으로도 야만족이라고 여겨 적대시하는 형편이었다.

거란은 송을 견제하기 위해 그 배후에 있는 고려를 침입하여 왔다. 거란의 고려 침략은 3차례 걸쳐 이루어졌다. 처음에는 소손녕 장군이 80만 대군을 이끌고 침략해왔다(993). 거란의 소손녕은 "신라의 땅에서 일어난 고려가 고구려의 땅을 차지하고 송나라를 섬긴다고"하여 비난하면서 고구려의 땅을 내놓고 송과의 단교를 요구하였다.

이 때 서희는 거란의 장수 소손녕과 담판하였다. 서희는 "고려는 고구려를 계승한 나라로 압록강 안팎이 고려의 영토이니, 만약 여진을 내쫓고 우리의 옛 땅을 되찾게 해주면 당신네 나라와 통교할 것이다."라고 주장하였다. 이에 소손녕은 서희의 요구를 받아들이고 군대를 되돌렸다. 이처럼 서희는 창과 활 대신 '세 치의 혀'로 싸우지 않고 거란을 물리친 것이다. 고려는 송과의 관계를 끊는 조건으로 고구려의 후계자임을 인정받아 오히려 압록강 동쪽 280리 지역을 돌려받아 압록강 동쪽의 6개 고을(강동 6주)을 획득하였으며 영토를 압록강까지 확대하였다.

그러나 고려는 송과의 관계를 계속해서 유지하였다. 고려가 이처럼 관계를 개선하지 않자 거란은 고려와 송의 관계를 구실로 다시 고려를 침략하였다.

당시 고려의 정세는 목종의 어머니인 헌애왕후가 김치양과 내통하여 사생아를 낳고 이를 목종의 후사로 만들려고 하자 대량군을 후사로 지목하던 목종과 불화가 생기게 되었다. 이에 목종은 서북면 도순찰사로 있던 강조에게 지원을 요청하였는 데 강조는 오히려 개경으로 들어와서 목종을 폐위시키고 대량군 왕순을 맞아 현종으로 즉위시켰다(강조의 난). 이러한 상황에서 거란의 성종은 강조에게 책임을 묻겠다는 구실로 고려를 침입

만부교 사건
태조 때 거란에서 보내온 낙타 50필을 개경의 만부교에 매어 놓고 굶어 죽게 한 사건이다. 고려는 거란이 발해를 멸망시킨 나라라 하여 사신도 섬에 유배시켰다. 이로써 거란과 고려와의 외교 관계가 단절되었다.

서희(942~998) 묘(경기 이천)

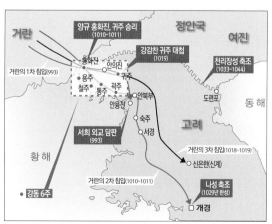

거란의 침입과 천리장성

낙성대 안국사(위)와 강감찬 영정(서울 관악) 강감찬을 모신 사당으로 그 안에 강감찬 영정이 있다. 강감찬이 태어났다고 전하는 낙성대에 있다.

강민첨(?~1021) 초상

천리장성(평안북도 운산, 『조선고적도보』)

하였다. 이것이 거란의 2차 침입이다(1010).

거란의 2차 침입 때에는 거란의 왕이 직접 30만 대군을 이끌고 침략하여 강조를 잡아 처형하고 개경이 함락되기도 하였다. 이에 고려는 거란에게 친조(親朝)한다는 조건을 약속하였다. 거란군이 물러나는 과정에서 양규가 귀주에서 거란군을 크게 격파하였다.

그 뒤 거란은 친조와 강동 6주의 반환을 요구하며 소규모의 전쟁을 하였다. 그러다가 현종 9년(1018) 소배압이 10만 병력을 이끌고 쳐들어왔다. 이것이 거란의 3차 침입이었다. 거란군은 고려의 저항을 받으면서 개경 근처에 이르렀으나 고려의 방비가 철통같음을 알고 철수하기 시작하였다. 철수하는 과정에서 강감찬이 지휘하는 고려군이 귀주(지금의 평북 구성)에서 싸워 적군을 거의 전멸시키는 등 압도적인 승리를 거두게 되었다(귀주대첩). 또한 강민첨 역시 군대를 이끌고 나가 거란을 막아내는데 공을 세웠다. 3차례에 걸친 전투의 결과로 거란은 다시는 고려에 쳐들어오지 못했으며 동아시아에서 송·거란·고려 사이에 세력 균형이 이루어졌다.

고려는 3차례에 걸친 거란의 침입을 막아낸 뒤 국경 방어에 더욱 힘을 쏟았다. 당시 국방상 가장 필요했던 시설의 하나는 성곽이었다. 개성에는 원래 궁성(내성) 뿐이어서 방어가 매우 허술한 편이었다. 현종은 강감찬의 건의를 받아들여 나성 축조 공사에 착수하여 기존의 성채를 수리하는 한편 새로운 성채를 쌓으면서 장성을 축조하고자 하였다. 장성 축조는 덕종 때부터 본격적으로 시작되어 현종 때에 쌓은 성채를 연결하였다(1029). 이 장성은 12년 만인 정종 10년(1044)에 완성되었다. 이 후 문종 9년(1055)에 선덕진을 구축하여 북변 장성의 경계를 도련포까지 연장하였다.

이후 여진이 세운 금나라의 지배를 받던 거란이 나라를 세우고 몽고의 공격을 받아 고종 3년(1216)과 1217년 압록강을 건너 고려에 침입하였다. 이에 김취려는 이들을 제천의 박달령에서 크게 격파하였다.

여진과의 관계

고려의 동북 지역에는 여진족이 부족 단위로 흩어져 살고 있었다. 그들은 처음 반독립적인 생활을 하면서 발해에 지배하에 있다가 발해가 거란에 망하자 다시 거란과 고려를 '상국(上國)'으로 인식하며 받들고 살았다. 이처럼 여진족(현재의 만주

자료 스페셜 흥국사 석탑기(興國寺 石塔記)

강감찬이 거란과 국교를 맺은 2년 후인 현종 12년(1021) 건립한 탑으로 강감찬의 우국충정이 들어 있다. 거란과 조공을 통한 외교 관계임에도 이 석탑에서 송나라 연호를 사용하고 있다. 그 내용은 "보살계제자(菩薩戒弟子)인 평장사 강감찬은 삼가 받들어 우리나라가 영원히 태평하며 먼 곳과 가까운 곳이 항상 평안토록 하기 위하여 공손히 이 탑을 조성하여 영원토록 공양하고자 한다. 이 때는 천희(天禧) 5년(현종 12년, 1021) 5월 일이다."

족)은 우리 민족과 일찍부터 이웃하여 살아온 민족으로 원래 고려를 '부모의 나라'라 하여 말과 화살 등을 바쳤다. 이에 고려는 식량, 철제 농기구, 포목 등 생활 필수품을 주어 경제적으로 도와주며 회유하였다. 여진인 중에는 고려에 직접 이주해 사는 투화인(投化人)과 원주지에 살면서 고려에 의탁해서 사는 향화인(向化人)들이 적지 않았다. 고려는 이들에게 토지와 가옥 등을 지급하여 생활 근거를 마련해 주는 등 이들에게 경제적 혜택을 베풀면서 회유 정책을 쓰고 있었다.

그러나 여진족이 점차 강성하기 시작하였다. 완엔부의 여진족은 고려에 복속해 있던 여진족을 통합하면서 고려의 천리장성 부근까지 내려와 충돌하게 되었다. 당시 벌어진 충돌에서 고려는 기병 중심의 여진족을 보병만으로는 상대하기 어려웠기 때문에 정주에서 패배하였다.

윤관 척경입비도(『북관유적도첩』, 고려대 박물관) 윤관과 오연총이 함경도 일대의 여진족을 정벌한 후 선춘령에 '고려의 땅'이란 비를 새우고 있다.

고려 숙종은 윤관의 건의를 받아들여 신기군, 신보군, 항마군으로 구성된 별무반을 조직하였다. 예종은 윤관을 원수로, 오연총을 부원수로 삼아 17만 명의 별무반을 이끌고 여진 정벌에 나섰다. 그 결과 윤관은 정주관을 지나 기습적으로 여진족을 소탕하고 국경 바깥의 여진 지역을 장악하고 있던 곳에 9개의 성(동북 9성)을 설치한 후 이듬 해 4월 귀국하였다.

이후, 여진족이 9성을 돌려 달라는 조건으로 화친을 요구하였다. 고려는 오랫동안의 전쟁으로 막대한 물자와 인명의 피해가 있고, 수도인 개성과 9성 사이에 거리가 멀다는 방비의 어려움을 들어 1년 만에 이 지역을 여진족에게 돌려주고 주둔했던 군사와 주민들을 철수시켰다(1109).

고려의 위협으로부터 벗어나 여진은 아골타라는 인물이 등장하여 부족을 통합한 후에 더욱 세력을 키워 금을 건국하였다(1115). 금은 거란족이 세운 요를 멸망시키고 송을 공격하여 수도를 함락시켰다. 이어 금은 예종 12년(1177) 고려에 사신을 보내 형제 관계를 맺고 화친을 제의해 왔으나 고려는 이에 응하지 않았다.

그러나 금이 인종 3년(1125)에 이르러서는 오히려 고려에게 신하가 될 것을 요구하였다. 이에 당시 권력을 장악하고 있던 이자겸과 척준경 등은 자신들의 정권 유지를 위해서는 그들과의 관계 개선이 필요하다고 생각하여 금의 요구를 승낙하였다(1126). 이에 따라 고려는 '상표(上表)', '칭신(稱臣)'하였고, 이후 두 나라는 평화가 유지되었다. 그러나 이로 말미암아 고려 건국 초기부터 계속되던 북진 정책은 중단될 수밖에 없었다.

동북 9성
위치가 함흥이라는 설과 두만강 일대라는 설이 있다. 9성 설치 이후 여진족의 침입이 이어지자, 해마다 조공을 바치겠다는 약속을 받고 돌려주었다.

(3) 일본과 남방 국가와의 관계

일본과의 관계

고려 시대의 일본과의 관계는 정치·경제·외교·군사 등 모든 면에서 가장 침체되고 부진했던 시기였다. 이 시대에 양국 간의 관계가 다른 시대에 비해 소원할 수밖에 없었던 것은 당시의 시대적 상황과 밀접한 관계가 있다. 고려가 건국되던 918년경의 국제 정세는 중국에 있어서는 5대의 혼란기였고, 일본에서는 중국과의 국교가 단절된 상태였다.

한편, 고려는 후삼국의 대립기를 거쳐 통일 왕조를 이루었다고는 하지만 신라하대에서부터 나타났던 사회적 혼란상과 고려 초기까지 여전히 독자적 정치 세력을 형성하고 있는 호족 세력들을 정리하지 못하는 등 정치적 안정을 이루지 못하였다. 이처럼 10세기 초 동아시아의 국제 관계는 각국의 국내사정 등으로 상당히 위축될 수밖에 없었다. 당시 고려와 일본의 관계가 침체되었던 것은 사실이지만 전기에는 통교 무역을 중심으로 전개되었고, 후기에는 왜구로 대표되는 무력 행사로 이어졌다.

서역과 남방 국가와의 관계

서역은 당시 대식(大食)국이라 불렸는데, 이 나라는 당대 이래로 남중국의 광주(광동)를 중심으로 무역을 해왔으며 송대에 이르러 송의 해외 무역 장려책에 힘입어 활기를 띠었다. 그들은 남중국 연안에 출입하면서 송나라 상인의 고려 무역에 자극되어 마침내 고려까지 진출하였다.

벽란도

서역 상인은 고려와 지속적인 무역 활동을 행하지 않았다. 그 이유는 당시 송의 상인은 고려와 서역 상인 사이에서 중계 무역을 하고 있었기 때문이었다. 고려와 서역과의 관계는 정치적 관계 같은 것은 전혀 보이지 않으나 상인의 규모가 매번 일시에 100여 명씩 출입한 것을 볼 때 그들의 무역이 매우 대규모였음을 알 수 있다. 뿐만 아니라 고려는 송을 통하여 다른 나라에 매우 부유한 나라, 문물이 발달하고 풍성한 나라로 소개되어 있었으므로 서역 상인들에게는 매우 흥미로운 나라였다.

고려 시대의 남양 여러 나라와의 관계는 예성강의 벽란도를 중심으로 활발히 움직이던 선박의 활동을 통해 짐작할 수 있다. 문종 당시 고려는 문화와 예락이 융성하고 상선들이 끊임 없이 출입하여 귀중한 보배들이 들어오고 있어 고려의 해상 무역은 중국뿐만 아니라 남양의 여러 나라와도 활발했음을 충분히 짐작할 수 있다.

고려 시대의 남양 여러 나라와의 관계는 중국을 통한 간접적인 인식이 대부분이었고, 또 중국을 통한 중계 무역으로 희귀한 남양산 물품들이 고려에 수입되었다. 따라서 남양과의 직접적인 무역은 조선에 들어가서야 활발하였다.

3 고려 후기의 정치적 변화

(1) 무신 정변과 최씨 무신 정권

무신 정변의 발발

고려는 문치주의에 입각하여 무신보다는 문신을 우대하는 사회였다. 전통적으로 문을 숭상하고 무를 천시하는 풍조가 만연하였고 과거에서도 무과가 없고 군 통수권은 문신이 장악하고 있었다. 이에 무신들은 오랫동안 계속되어 온 차별 대우와 문신 위주의 정치에 불만을 품게 되었다. 특히, 품계상으로는 형식적으로 문반과 무반이 있었지만 2품 이상의 재신은 문관에게만 제수되었다. 무반의 최고 관직인 상장군은 3품에 지나지 않았다.

여기에 낮은 대우와 각종 잡역에 시달린 하급 군인들의 불만은 더욱 컸다. 하급 군인들은 전쟁은 말할 것도 없고 평소에도 각종 공역에 시달렸다. 그들의 경제적 기반인 군인전도 제대로 지급되지 않았고, 지급받은 군인전조차도 관리들의 녹봉 지급을 위해 빼앗기기 일쑤였다. 이런 연유로 군인들의 불평불만은 더욱 커져갔다. 게다가 임금이 연희를 즐길 때도 무신들은 경비를 서야만 했다. 이런 불만은 결국 놀이와 향락에 빠져 있던 의종 때에 폭발하였다.

곧 정중부, 이의방 등 무신들은 의종이 개경 부근 보현원에서 놀이를 즐길 때를 이용하여 다수의 문신들을 제거하고 정변을 일으켜 무신정권을 세웠다(1170). 이어 의종을 폐위하여 거제도에 귀양을 보내고 그의 아우였던 명종을 추대하였다.

무신들이 정권을 잡자 이에 반대한 동북면 병마사 김보당은 1173년 의종의 복위를 명분으로 군대를 일으켰으나 실패하였다. 이어 이듬해에는 서경 유수 조위총이 군사를 일으켰으나 실패하였다.

초기 무신 정권의 핵심이었던 정중부, 이의방, 이고 등은 중방을 중심으로 권력을 행사하면서 주요 관직을 독점하였다. 국왕이 있었으나 유명무실하였다. 처음 무신들은 정변을 일으키는 데는 합심을 하였으나 이후 정권을 잡기 위해 저마다 개인적으로 병사를 길러 권력 쟁탈전을 벌였다. 그리하여 처음에는 이의방이 이고를 죽이고 자기의 딸을 태자비로 삼는 등 국정을 장악하였지만, 결국 정중부에 의해

무신 집권자의 변화
권력 쟁탈전 : 정중부 → 경대승(도방 설치) → 이의민(천민 출신) → 최씨 정권(정권의 안정)

군 최고 지휘관도 문신
전쟁에서의 최고의 우두머리는 당연히 형식적이라도 무신이 맡아야 했다. 그러나 고려는 허락되지 않고 강감찬, 윤관, 김부식 등의 문신이 맡았다. 전쟁터에서 무신은 단지 문신의 하수인에 지나지 않는 존재였다.

무인석(공민왕릉)

자료 스페셜 무신란의 원인

정중부는 해주 사람으로 용모가 우람하고 눈동자가 모지고 이마가 넓으며 얼굴 빛이 백옥 같고 수염이 아름다우며 키가 7척이 넘어서 보매 위풍이 늠름하였다. …… 내시 김돈중이 나이는 젊고 기운은 세어서 촛불을 가지고 정중부의 수염을 태웠으므로 정중부가 그를 틀어잡고 곤욕을 보였다. 그런데 김돈중의 부친인 김부식이 노해서 왕에게 말하여 정중부에게 매질을 하려 하였으므로 왕이 비록 허락은 했으나 정중부의 위인을 비범하게 여겨 은밀히 도망시켜서 화를 면하게 하였다. 이때부터 정중부는 김돈중을 싫어하였다. …… 정중부가 날카로운 목소리로 한뢰를 힐난하여 말하기를 "이소응은 무관이나 벼슬이 3품인데 어째서 이처럼 심한 모욕을 하는가."라고 하니 왕은 정중부의 손을 잡고 달래서 말렸다. 이때 이고가 칼을 뽑고 정중부에게 눈짓하였으나 정중부가 그것을 중지시켰다. …… 부하를 시켜 큰 도로에서 외치기를 "문관의 관(冠)을 쓴 놈은 비록 서리(胥吏)라도 모조리 죽이고 씨도 남겨 두지 말라."라고 하였다.

『고려사』, 권128, 「열전」, 제41, 반역 2, 정중부

살해되었다(1174). 이어 정권을 잡은 정중부 역시 벼슬이 문하시중에 오르고 자기의 아들을 공주에게 장가들이려 하는 등 물의를 빚다가 경대승에게 살해되었다(1179).

경대승은 15세 때 음서로 관직에 진출한 후 정변을 일으킨 무신들과는 다른 성향을 보였다. 이런 그가 무신정변의 핵심 인물이었던 정중부를 살해하자 당시 무신들은 그를 적대시하였다. 이에 그는 도방(都房)을 만들어 자신의 신변을 보호하였으나 결국 병사하고 말았다(1183).

경대승의 뒤를 이은 무신은 이의민이었다. 그는 본래 천민 출신이었으나 군인으로 선발된 뒤 하급 장교로 있다가 무신란에 적극 가담하였다. 더욱이 김보당의 난 때 의종을 살해하였으며, 조위총의 난 때에도 많은 공을 세웠다. 그는 경대승이 집권하였을 당시에는 지방에서 은신하였다가 그가 죽자 명종의 부름으로 정권을 장악하였다. 그러나 이의민은 그의 아들인 장군 이지영이 최충수와의 알력이 있다가, 결국 이의민 부자는 최충헌과 최충수에게 살해당하였다(1196).

이처럼 무신에 의한 독재정치는 문신 중심의 정치 조직 기능이 상실되고 중방을 중심으로 한 무단 정치의 실시로 귀결되었다. 또 무신들은 주요 관직을 독점하고 토지와 노비 소유를 늘렸으며 자신들의 안위를 위해 저마다 사병을 보유하였다. 무신들의 정쟁에 따른 정부의 통제력 약화는 농민과 천민의 대규모 봉기가 발생하는 계기를 마련해 주기도 하였다.

최씨 무신 정권의 성립과 변천

초기 무신정권은 정중부, 경대승, 이의민으로 이어졌다. 이들은 대개 중방 중심으로 정치를 운용하였으나 경대승만은 도방을 만들어 권력을 유지해 나갔다. 이처럼 무신 간 권력 투쟁이 이어지는 가운데 최종적으로 승리한 무인은 최충헌이었다. 최충헌 등장 이후 4대 60여 년간 최씨 정권이 지속되었다. 최씨 정권은 다른 무신 정권에 비해 비교적 안정적으로 운영되었다.

최충헌은 왕에게 시무 10조의 개혁안을 올려 토지 겸병, 승려의 고리대업 금지, 조세제도 개혁 등을 실시하였으나 실질적 개혁은 없었다. 최충헌은 왕으로부터 '진강후(晉康侯)'라는 봉함을 받고 도방 등을 설치하였고, 여기에 소속된 관료들로 하여금 국왕 측근의 관직을 겸하게 하였다. 국가의 각종 업무들을 지휘, 명령하는 교정도감(教定都監)을 설치하여 반대 세력을 억압하고 그들의 비위를 감찰하였을 뿐

최충헌(1149~1219) 묘지석(일본, 동경박물관 소장)

자료 스페셜　최충헌(崔忠獻, 1149~1219)의 도방 설치

(최)충헌은 스스로 방자하게 행동한 것을 알고 어느 사이에 변고가 생길까 두려워하였다. 대소 문무 관리, 한량 그리고 군졸 가운데 강한 자를 모두 불러 6번으로 나누어 날을 바꾸어 그 집을 밤에 지키도록 하고 도방(都房)이라 불렀다. 출입할 때에 모두 합쳐 둘러싸 호위하니 전투에 나가는 것 같았다.

『고려사절요』, 권14, 신종 3년 12월

만 아니라 별공과 선세 등 각종 특별세를 징수하였다.

최충헌의 뒤를 이은 아들 최우는 교정도감을 통해 권력을 행사하는 동시에 더 나아가 자기 집에 정방(政房)을 설치하여 문·무 인사권을 장악하였으며, 서방(書房)을 설치하여 당시 문신을 등용하여 정치를 하였다.

그러나 최씨 정권도 최의가 문신 유경과 무신 김준 등에 의해 살해되면서(1258) 막을 내리고 이후 유경과 김준이 뒤를 이었다. 그러나 이들도 임연과 임유무에 제거되면서 결국 무신정권은 끝이 났다.

무신 정권의 권력 기구

무신집권기의 최고 기관 역할은 중방(重房)이 수행하였다. 중방은 2군 6위의 지휘관인 상장군·대장군으로 구성된 회의기구로 정확한 설치 연대는 알 수 없다. 다만 전체 구성원은 16인으로 반주(班主)라고 불리는 응양군의 상장군이 중방회의의 장을 담당했으며, 궁궐·도성의 수비와 치안 등 2군 6위의 임무와 관련된 주요 안건을 다루었다. 중방은 의종 24년(1170) 정중부·이고·이의방 등이 정변을 일으켜 무신들이 정권을 장악하자, 막강한 정치 권력 기관이 되었다. 문반과 무반의 고위관직을 차지한 무신들은 중방에 모여 국가의 크고 작은 모든 문제를 공동으로 처리하면서 그 기능과 권한이 확대, 강화되었던 것이다.

희종의능, 석릉(인천 강화) 희종은 고려 제21대 왕(재위1204~1211)으로 즉위의 공으로 최충헌을 문하시중진강군개국후에 봉했으나 횡포가 심하자 그를 죽이려다 실패, 폐위되어 강화로 쫓겨났다.

도방은 무신정권의 사병 집단이며 숙위 기관으로 경대승에 의해 처음으로 설치되었다. 그가 명종 9년(1179) 정중부 일파를 제거하고 정권을 차지하자, 일부 무신들은 적의를 품게 되었다. 이에 경대승은 신변에 큰 위협을 느끼게 되어 스스로를 보호할 목적으로 결사대 100여 명을 자기 집에 머무르게 하고 그 이름을 도방이라 하였다. 도방의 구성원들은 침식과 행동을 공동으로 하면서 만일의 사태에 대비하였다. 그러나 뒤에는 비밀 탐지, 반대 세력의 숙청 등 많은 폐단을 낳았다.

교정도감은 최충헌이 설치한 무신 정권의 최고 정치 기구로 교정소라고도 한다. 1209년 최충헌 제거 사건이 일어나자 이를 계기로 임시로 교정도감을 설치하고 관련자를 색출하였다. 그러나 사건이 마무리된 뒤에도 최씨 정권의 반대 세력을 제거하는 데 이용되었고, 이후 국정을 총괄하는 최고의 정치 기구가 되었다.

자료 스페셜   최이(최우)의 정방과 서방 설치

12년에 백관이 최이(崔怡)의 집으로 가서 정부(政簿)를 올리니 최이는 대청에 앉아서 그것을 받았으며 6품관 이하는 재배하고 집 아래 엎드려 감히 쳐다보지도 못했다. 최이는 이때부터 정방(政房)을 자기 집에 두고 문사(文士)를 선발해서 소속시켰는데 그들을 '필도치(必闍赤)'라 불렀다. 백관의 전주(銓注)를 하고 비목(批目)을 써서 바치면 왕은 단지 그것을 내려 보낼 뿐이었다. …… 14년에 최이는 교정도감(教定都監)에게 지시해서 금내(禁內) 6관(官)에게 통첩을 보내 이미 과거에 급제하고도 아직 관직에 임명되지 못한 사람으로서 재능과 덕행이 있는 사람을 천거하게 하였다. 전에 최충헌이 교정도감을 두고 일반 서무를 장악하게 했는데 최이가 그대로 답습했다. 최이의 문객에는 당대 유명한 유학자들이 많아서 그들을 3개조로 나누어 교대로 서방(書房)에서 숙직하게 했다.

「고려사」, 권129, 「열전」 42, 반역 3, 최충헌 부 최이

교정도감의 최고 책임자인 교정 별감은 무신 정권의 최고 집권자가 겸임하면서 국정을 독단하였다. 교정도감은 최씨 정권이 무너진 이후에도 존속되다가 원종 11년(1270) 임유무가 피살되면서 무신 정권이 끝나자 폐지되었다.

정방은 고종 12년(1225) 당시 최고 집권자인 최우가 자기 집에 설치하고 문무 백관의 인사 행정을 담당하던 정치 기구이다. 정방에서는 인사 행정을 직접 관장하여 국왕의 결재를 받았다. 국왕은 인사 행정에서 정방의 결정을 승인하는 존재에 지나지 않았다. 최우는 인사 행정을 정방에서 전담케 함으로써 관인 및 그 후보군들에 대한 사적 충성을 유도해 나갔다. 그리하여 최우(나중에 최이로 이름을 바꾸었다) 때에 많은 문인이 배출되었다. 정방은 문신들이 대두할 수 있는 토대를 마련해 주었으므로 무신정권 몰락 뒤에도 국가 기관으로 존속하였다.

청자 동화 연화문 표주박 모양 주전자(리움미술관) 무신정권 때 강화도에 있는 최항의 묘지석과 함께 출토되었다고 전한다.

서방은 무신 정권의 특수한 호위기관이다. 서방도 최씨 정권에서 이루어진 권력 기구의 하나로서 최우에 의하여 시작되어 임유무 때까지 계속되었던 숙위 기관이었다. 최우가 서방을 설치하고 문사들로 하여금 교대로 숙위케 한 것은 그들의 식견을 듣고 정치를 행하고자 한 데에 있었다. 문사들은 무신 정권 수립 이래 불우한 입장에 있다가 최우 때에 이르러 서방의 설치로 비로소 안식처를 얻었고 정계에 진출할 수 있었다.

한편 삼별초는 원래 최우가 수도의 치안 유지를 위해 창설한 야별초로부터 시작하였다. 도방과 함께 최씨 정권을 유지하는 군사적 기반이 되었다. 야별초는 지방에도 파견되면서 점차 그 수가 늘어나 좌별초와 우별초로 나뉘었고, 몽골군에 포로로 잡혔다가 탈출한 장정들로 신의군을 조직하면서 삼별초가 되었다.

삼별초는 표면적으로 치안 부재를 이유로 하여 설립된 부대였지만 실제로는 정

무신정권의 변천과 지배 기구

1170	1179	1183	1196	1219	1249	1257	1258	1268	1270	1271
정중부	경대승	이의민	최충헌	최우	최항	최의	김준	임연	임유무	
중방		교정도감		교정도감·정방						

삼별초(三別抄)

원종 11년 5월에 삼별초를 해산시켰다. 이전에 최우가 국내에 도적이 많음을 근심하여 용사들을 모아서 밤마다 순행시켜 폭행을 금지하였는데 이것을 '야별초(夜別抄)'라 불렀다. 그 후에 도적이 각 도에서 일어나자 별초군(別抄軍)을 각지에 나누어 보내 이를 잡게 하였는데 이 별초군의 수가 매우 많아져서 나중에는 좌우 별초로 나누게 되었다. 또 고려 사람으로서 몽골에서 도망해 돌아온 사람들을 모아 한 개 부대를 조직하여 신의군(神義軍)이라 하였는데 이것을 삼별초라고 하였다. …… 김준(金俊)이 최의를 죽인 것과 임연이 김준을 죽인 것이거나 (송) 송례(宋松禮)가 임유무(林惟茂)를 죽인 것들이 모두 이 삼별초의 힘을 빌려서 한 것이다. 그런데 왕이 옛 서울에 도읍을 다시 옮기게 되자 삼별초가 도리어 딴 마음을 품고 있으므로 그것을 해산시켰다.

『고려사』, 권81, 「지」 35, 삼별초

권에 반기를 드는 시도를 차단하는 목적으로 만들어진 사병 성격의 부대였다. 즉 국가의 상비군이면서 동시에 무신 집권자에게 이용되어 무신정권을 유지하는 무력 장치가 되었다. 삼별초는 관군의 성격을 가졌으므로 국가 재정으로 양성하였고, 부대원들은 국가에서 지급하는 녹봉을 받았다. 삼별초는 2군 6위와는 별도의 체계를 가지고 있었으며, 지휘관은 중랑장 이하 하급 장교들이었다. 단위 부대의 지휘관들은 복잡한 지휘 계통을 거치지 않고 집권자와 곧바로 연결되었다는 점에서 이들의 특수한 위상을 파악할 수 있다.

무신 정권의 변천 과정

	시기	집권자	최고권력기관
초기	- 의종 24년(1170) - 명종 9년(1179) - 명종 13년(1184)	- 정중부 - 경대승 - 이의민	- 중방 - 도방
최씨 정권	- 명종 13년(1184)	- 최충헌 - 최우(최이) - 최항 - 최의	- 교정도감
후기	- 고종 45년(1258) - 원종 9년(1268) - 원종 11년(1270)	- 김준 - 임연 - 임유무	- 교정도감

삼별초는 백성들이 농성 중인 산성이나 섬에 수십 명 또는 수백 명이 파견되어 함께 싸우기도 하고, 때로 유격전을 벌이기도 하였다. 이렇게 몽골군에 대항해 함께 싸운 경험은 훗날 삼별초의 항쟁에 농민들이 적극 호응하게 되는 배경이 되었다.

1270년 무신 정권이 종식되자 원종은 개경으로의 환도를 결정하였다. 그러나 배중손이 이끄는 삼별초는 개경 환도를 몽골에 대한 항복과 종속으로 받아들이고 강력히 반발하였다. 이들은 원종의 해산 명령에도 불구하고 휴전에 반대하며 강화도에서 계속해서 주둔함으로써 몽골에 항거하였다.

배중손 동상(전남 진도)

무신 집권기의 국왕과 문신

무신들에 의해 명종이 국왕으로 추대되었다는 사실은 제한된 범위에서나마 국왕의 통치 영역을 그들도 인정하지 않을 수 없었음을 뜻한다. 무신 집권과 중방의 견제 속에서도 국왕은 정치의 구심점으로서 정무의 수행이 가능하였고 문신에 대한 인사권 행사와 과거제 운용 등에 영향력을 발휘함으로써 문신 세력을 기반으로 한 국왕 자신의 통치 영역을 어느 정도 유지할 수 있었다.

무신 집권기에도 문신들의 벼슬길인 과거는 계속되어 시험관인 지공거와 급제자는 좌주와 문생의 관계를 맺어 일생을 통하여 긴밀하게 연결되었다. 이를 중심으로 하나의 사회적 집단이 형성되어 갔으며 그 정점에는 국왕이 존재하고 있었다.

무신정권 성립 후 새로 등용된 문신층은 왕의 측근으로 신임을 받거나 무신 정권에 협력한 이들을 비롯하여 과거를 통하여 진출한 신진 문신이 주류를 이루었다. 무신정권 성립 후에도 문신 관료들이 국정에 꾸준히 참여할 수 있었던 것은 그들이 무신정권 아래에서 행정 실무를 담당한다는 중요한 직책에 있었기 때문이었다. 그리하여 문신을 양성하기 위한 유학 교육이 여전히 행해졌다.

명종 말기에 오면 무신란에 가담했던 세대가 거의 물러났다. 물론 최씨정권 설립자격인 최충헌도 무신란에 참여하지 않았던 인물이다. 그는 단순한 무장이라기보다는 정치가로서의 역량을 구비했던 인물이다. 그는 집권 과정에서 무신들을 다수 살해하거나 유배보냈으나 문신들은 소수의 숙청으로 그쳤다. 그는 문신들을 포섭하고 탄력성 있는 정치 운영을 도모하면서 새로운 정권의 안정적 기반을 구축해 나갔던 것이다. 이와 같은 정국의 전환은 명종조 무신정권과는 대조를 이루는 것으로, 지난날 정권으로부터 냉대 받던 문신들로부터 크게 환영을 받았다. 따라서 이 시기에는 문신을 견제하기보다는 오히려 문신을 우대하는 반대 현상이 나타났다.

무신 정권기를 대표하는 문신은 이규보(1168~1241)였다. 그는 22세에 사마시에 수석으로 합격하고 23세에는 예부시에 합격한 후 최씨 정권기에 이르러 최충헌에게 발탁되어 성공할 수 있었다.

이규보(1168~1241) 묘(인천 강화)

무신 집권기의 반란과 신분 해방 운동

무신 정변으로 하극상이 만연하고 무신들 사이의 대립으로 지배층은 혼란을 겪고 백성에 대한 통제력은 급속히 약화되어 갔다. 또 무신들의 농장 확대로 인하여 수탈이 강화되었다. 이를 견디지 못한 백성은 종래의 소극적 저항에서 벗어나 대규모의 봉기를 일으키기 시작하였다. 서경 유수 조위총이 무신정권에 반발하여 서경에서 반란을 일으켰을 때에 많은 농민이 가세하였으며, 난이 진압된 뒤에도 농민 항쟁이 여러 해 동안 계속되었다.

하층민들은 이의민 등 천민 출신이 최고 권력자가 되는 것을 보면서 신분 상승을 기대하게 되어 농민 항쟁을 이어갔다. 명종 때 공주 명학소에서는 망이·망소이

망이·망소이 기념탑(대전 서구) 1177년(명종 11) 망이 등이 난을 일으켜 천안의 홍경원이라는 절을 불태우고 승려를 살해하였다.

가 산행병마사를 자칭하면서 봉기하여(1176) 공주를 함락시키고 개경을 향해 북진하여 청주와 아산일 때까지 점령했으나 이듬해에 결국 관군에 의해 진압당하였다.

이들은 소(所)의 주민들로 농민 반란이라기보다는 자신들의 신분을 해방시키려는 성격을 가지고 있었다. 고려 정부가 이들을 회유하기 위해 명학소를 충순(忠順)현으로 승격시킨 것은 이를 증명해 준다. 이 외에도 민란이 일어났으나 규모가 작고 분산적이어서 성공하지 못하였다. 초기 민란의 대부분은 지방관이나 향리들의 수탈에 항거한 것이 대부분이었다.

자료 스페셜   **조위총의 난**

(조위총은) 의종조 말기에 병부상서로서 서경 유수가 되었다. 정중부·이의방 등이 의종을 죽이고 명종을 세웠으므로, 명종 4년에 조위총이 병사를 일으켜 정중부 등을 토벌하기를 모의하여 드디어 동북 양계의 여러 성의 군대에 격문을 보내어 호소하기를, "듣건대 상경의 중방이 의논하기를, 북계의 여러 성에는 대개 사납고 교만한 자가 많으므로 토벌하려고 하여 이미 대병력을 출동시켰다고 한다. 어찌 가만히 앉아서 스스로 죽음에 나아가리오. 마땅히 각자의 병마를 규합하여 빨리 서경에 집결하도록 하라." 하였다. 이에 절령이북의 40여 성이 모두 호응하였으나, 오직 연주만은 성문을 닫고 굳게 지켰다.

『고려사』, 권100, 「열전」 13, 조위총

그러나 이후 민란의 양상이 바뀌어 그들간의 상호 연합 형태로 관군에 대항하였다. 김사미는 운문(청도)에서, 효심은 초전(울산)에서 봉기하였다(1193). 김사미와 효심은 지방관의 탐학을 국가에 호소하고 이의 시정을 요구하였다. 그러나 다음해 김사미는 관군에 의해 살해되었고 밀양에 있던 7천여명도 역시 죽임을 당하였다. 효심도 그해 사로잡히면서 민란은 실패하고 말았다.

이후 명주(강릉)의 반란군이 삼척과 울진을 함락하고 동경(경주)의 반란군과 합세하였고, 진주에서도 노비 반란군이 일어나 합천의 부곡민과 연합 전선을 폈다. 특히, 1202년에는 동경(경주)에서 신라의 부흥을 목표로 운문, 울진, 초전 등의 반란군과 합세하여 고려 정부에 대항하였으나 모두 실패하고 말았다. 이들의 반란은 단순한 민란 차원이 아니라 고려 왕조 질서를 부정하는 것이었다. 그러한 경향은 전(前)왕조의 부흥 운동 형태로 나타났다. 1217년 서경의 군졸이었던 최광수가 고구려의 부흥 운동을, 1237년에는 담양의 이연년이 중심이 되어 백제의 부흥을 내세운 것이 대표적인 사례이다.

흥국사(개성) 만적이 이 곳에서 최충헌을 죽이고 노비문적을 불사르려고 계획하였다.

이러한 봉기는 최충헌이 정권을 잡자 그들의 회유와 탄압으로 조금 줄어들었다. 그러나 1198년 최충헌의 노비였던 만적이 개경에서 신분 해방 운동을 시도하였다. 그는 다른 노비들을 모아 놓고 "왕후장상이 어찌 원래부터 씨가 따로 있는냐"란 말을 하고 같이 봉기하자고 선동하였다. 그는 일단 난을 일으키면 왕궁에 있는 노비들도 합세할 것이고 자신들이 정권을 잡을 수 있으리라 기대하였다. 그러나 실제로 거사하기로 한 날에 참여한 노비들은 그리 많지 않았다. 그래서 부득이 거사일을 연기하였는데 그러는 사이에 참여했던 노비 가운데 한 명이 자신의 주인에게 이 일을 누설하여 거사도 하지 못한 채 수포로 돌아갔다.

그러나 이 봉기의 영향으로 그들의 요구가 정부 정책에 반영되었다. 그 결과 지방의 감무가 많이 설치되었고 부곡이나 소가 폐지되기도 하였다.

운문사(경북 청도)

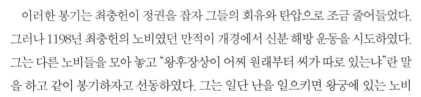

만적(萬積)의 난

사노비 만적·미조이·연복·소삼·효삼 등 6명이 북산(北山)에서 나무를 하다가 공노비와 사노비를 불러 모아 모의하기를, "나라에서는 경인(1170년)·계사년 이후로 높은 벼슬이 천한 노예에게서 많이 나왔다. 공경장상(公卿將相)의 씨가 어찌 따로 있으랴. 시기가 오면 누구나 할 수 있는 것이다. 우리들만 어찌 육체를 괴롭히면서 채찍 밑에서 곤욕을 당할 수 있겠는가."하니, 여러 노예들이 그렇게 여기었다. 이에 누른 빛깔의 종이 수 천장을 오려서 정자(丁字)를 만들어 표식으로 삼고 약속하기를, "갑인일에 흥국사에 모여 일제히 북을 치고 소리지르며 구정(毬庭)으로 몰려가 난을 일으켜, 안과 밖에서 서로 호응하여 최충헌 등을 먼저 죽이고, 나아가 각기 그 주인을 쳐서 죽여 천인의 문적을 불살라 삼한에 천인을 없애 버리면, 공경 장상을 모두 우리가 할 수 있을 것이다."하였다.

『고려사절요』 권14, 신종 원년 5월

(2) 대몽 항쟁과 원의 간섭

13세기 초 동아시아의 정세

13세기 초엽에 이르러 동아시아의 정세는 커다란 파란이 일기 시작하였다. 요·금 시대에 그 지배를 받던 몽골족이 새로이 흥기하여 거대한 세력을 형성했기 때문이다. 13세기 초에 칭기즈칸(본명 테무친)은 몽골 부족을 통일하고, 마침내 몽골제국을 건설하였다(1206). 당시 중국 대륙의 남부에는 남송이 자리잡고, 북부인 만주 지방은 금이 지배하고 있었으며, 몽골의 서쪽에는 탕구트 족의 서하가 있었다. 칭기즈칸은 먼저 서하를 굴복시킨 후, 이어 금국을 정벌하기 시작하였고, 금국 지배하에 있던 요를 공격하였다. 이에 형세가 불리해진 요의 군대가 몽골병에 쫓겨 압록강을 건너 고려의 영내로 들어와 평양 북쪽의 강동성에 웅거하기도 하였다.

또 이 무렵 만주에 있던 금의 장군 포선만노(蒲鮮滿奴)는 금을 배반한 후 간도 지방으로 옮겨 동진국을 세웠다. 몽골군은 이 동진국을 정벌하는 한편, 고려 내에 들어와 있는 거란족을 토벌하기 위해 고려의 강동성을 향하였다. 이제 칭기즈칸의 대륙 정벌에 고려도 마침내 휩쓸리게 된 것이다.

강화산성 동문 고려가 몽골의 침입에 대비하기 위해 쌓은 성의 문이다.

몽골의 침입과 대몽 항쟁

강동성 안의 거란족을 함락시킨 몽골은(1219) 고려에게 지나친 공물을 요구하였으므로 두 나라 사이의 관계가 악화되기 시작하였다. 이러던 중 1231년 고려에 왔다가 귀국하던 몽골 사신인 저고여가 피살되는 사건이 발생하였다. 이에 몽골은 즉시 고려를 침략하기 시작하였고 이로부터 국교는 단절되고 고려는 몽골과 40여 년 동안 전쟁을 벌였다.

몽골의 1차 침입(1231)은 살리타이[撒禮塔]가 주도하였다. 그는 의주를 점령하였으나 박서의 분전으로 귀주 점령에는 실패하였다. 그러나 살리타이가 개경을 포위하자 최씨 정권은 강화를 요청했고 이에 몽골은 공납과 인질, 다루가치의 설치를 요구하고 철수하였다.

몽골의 1차 침입 당시 마산(평북 귀주)이나 관악산의 초적들이 관군과 함께 전투

다루가치(達魯花赤)
우두머리라는 뜻의 몽골말로 식민지를 통치하기 위해 두었던 관리

자료 스페셜 **박서(朴犀)의 귀주 전투**

몽골병이 위주부사 박문창을 사로잡아 성에 들어가 항복을 권유케 하므로 박서가 이를 목베었다. 몽골이 정예기병 300명을 뽑아 북문을 공격하므로 박서가 이를 쳐 물리쳤다. 몽골이 루차(樓車)와 대상(臺床)을 만들어 소가죽으로 덮어씌우고 그 안에 군사를 감추어 성 밑으로 육박, 터널을 뚫자 박서가 성에 구멍을 내어 쇠 녹인 물을 부어 루차를 불태웠다. 여기에 땅까지 꺼져 몽골군 압사자가 30여 명이나 되었으며 썩은 이엉을 불질러 목상(木床)을 불 지르니 적이 놀라 흩어졌다. 몽골이 또 대포차 15대로 성 남쪽을 급히 공격하므로 박서가 성 위에 대를 쌓고 포차로 돌을 날려 물리쳤다. 몽골이 기름으로 섶을 적셔 두텁게 쌓아놓고 불을 질러 성을 공격하므로 박서가 물을 뿌리니 불이 더 치열해졌다. 이에 진흙을 가져 오라 하여 물을 섞어 던져 불을 껐다. 몽골군이 또 차에 풀을 싣고 이를 태우면서 초루(譙樓)를 공격하므로 박서는 미리 누 위에에 물을 모았다가 쏟으니 불이 꺼졌다. 몽골이 성을 포위하기를 30일, 100개의 계획으로 이를 쳤으나 박서가 임기응변하여 굳게 지켰으므로 몽골군이 이기지 못하고 물러났다.

『고려사』 권103, 「열전」16, 박서

에 참여하여 공을 세웠다. 몽골군은 고려 서북부 지역을 유린한 후 12월에는 충주성을 포위하고 공격하였다. 이때 충주성 전투에서 방어 책임을 맡은 장수들은 먼저 도망치고, 주력 부대인 양반 별초 역시 달아났다. 그러나 지광수의 지휘 아래 노군과 잡류 별초를 중심으로 하여 주민들이 힘을 합쳐 결사적으로 항전함으로써 몽골군을 격퇴하는 데 성공하였다.

몽골은 고려에게 항복하라고 압박을 하자 고종 19년(1232) 최씨 정권은 수도를 개경에서 강화도로 옮겨 항전하기로 하였다. 고려의 강화 천도는 원종 11년(1270) 개경으로 환도하기까지 38년 간 피란 임시 수도가 되었다. 최우가 강화로 천도하게 된 원인은 몽골에서 개경으로 파견된 다루가치의 오만무례한 행동과 과중한 공물 요구 때문이었다. 이에 최우는 몽골 군대가 수전에 익숙하지 못한 것을 이용하여 각지의 주민들을 산성과 바닷가 섬으로 들어가게 하는 등 몽골에 대한 항전 태세를 분명히 하였다.

고려의 항전 움직임에 자극을 받은 몽골은 다시 고려를 침략하였다. 이것이 몽골의 2차 침입(1232)이다. 2차 침입 때의 지휘관도 살리타이였으나 승려 김윤후가 이끄는 처인성(용인) 전투에서 사살되고 이어 몽골군은 퇴각하였다. 또 이 당시 경기도 광주에서도 이세화를 중심으로 주민들이 적극적으로 나서서 남한산성에서 몽골군의 공격을 막았다. 이처럼 지방의 지휘관들과 일반 백성, 심지어는 관악산 산적이나 노비들까지도 몽골의 침략에 죽음으로 맞서 싸웠다.

고려에서 물러난 직후 몽골은 주위의 동진국과 금을 정벌하고 1238년 다시 고려를 침략하였는데, 이것이 몽골의 3차 침입으로 무려 5년이라는 장기간에 걸쳐 계속되었다. 당구[唐古]를 주장(主將)으로 한 몽골군은 화의를 요구하지 않고 경상·전라도까지 침공하여 전 국토를 유린하였다. 이에 고려에서는 개주·온수(온양)·죽주(안성)·대흥(예산) 등지에서 몽골군의 공격을 막아내는 성과를 거두었다. 특히, 죽주산성에서 방호별감이었던 송문주는 몽골의 군대를 격퇴시켰다. 부처님의 힘을 빌어 몽골군을 격퇴하고자 『팔만대장경』을 조판하기 시작한 것도 이때의 일이

충주 노군들의 반란
몽골군이 퇴각하자 도망했던 관료와 양반별초가 돌아와서 노군들의 승전을 치하하지 않을 뿐 아니라, 오히려 관청과 민가의 은기(銀器)가 없어진 것을 빌미로 이를 노군의 소행으로 치부하며 벌을 주려 하였다. 그동안 노군이 관가와 민가의 은기를 절취했다는 호장 광립의 무고로 노군 대장을 죽이려 했다. 노군은 이듬해인 1232년 1월 "적이 침입하였을 때는 달아난 자들이 이제 와서 적이 약탈해 간 것을 우리에게 죄를 뒤집어씌워 죽이려 하니 어찌 참을 수 있겠느냐"고 하면서, 호족과 관리들을 수색하여 죽이는 등 난을 일으켰다. 이에 최우는 난을 무마했다.

살리타이(撤禮塔, ?~1232)의 사살
종래 대개의 개설서에는 살리타이가 김윤후가 쏜 화살에 맞아 죽었다고 하였다. 그러나 당시의 자료를 살펴보면 살리타이는 전쟁 중 누가 쏜 지 모르는 '흐르는 화살'에 맞아 죽었다고 한다.

홍릉(인천 강화) 고종의 릉이다. 이 외에 강화에는 희종의 릉(석릉)도 있다.

자료 스페셜 김윤후(金允侯)와 처인 부곡민의 대몽 항쟁(처인성 전투)

김윤후는 고종 때 사람으로서 일찍이 승려로 되어 백현원에 있었는데 몽골의 병사가 오자 처인성(용인)으로 피난 가서 있었다. 몽골 원수 살리타이가 그곳을 공격하여 왔을 때에 김윤후가 그를 격살하였다. 왕이 그의 공을 기특히 여겨 상장군의 직을 수여하였더니 김윤후가 그 공을 다른 사람에게 사양하면서 말하기를 "전투할 때에 나는 활이나 화살도 갖지 않았는데 어찌 감히 귀중한 상만 받겠느냐?"라고 하며 굳이 받지 않으므로 다시 섭낭장 벼슬로 고쳐 주었다. 후에 충주산성 방호별감으로 임명되었는데 몽골 병이 침입하여 성을 포위 공격한 지 무려 70여 일이 되어 성내에는 식량도 거의 다 떨어졌을 때였다. 김윤후가 병사들을 격려하여 말하기를 "누구든지 힘을 다 바쳐 싸우는 사람이라면 귀천의 차별이 없이 모두 벼슬과 작위를 주겠다. 너희들은 내 말을 의심하지 말라."고 하고 드디어 관청에 있는 노비를 등록한 장부를 불에 태워 버렸으며 또 노획한 소와 말을 나누어 주었다. 그리하여 사람들이 모두 있는 힘을 다하여 적을 공격하였으므로 몽골군의 기세가 적이 좌절되어 드디어 남으로 향하지 못하였다. 이런 공으로 김윤후는 감문위 상장군으로 승진되고 기타 군공이 있는 사람들에게는 관노비와 백정에 이르기까지 모두 공에 따라서 차등 있게 관직을 주었다.

『고려사』 권103, 「열전」 16, 김윤후

처인성(경기 용인)

죽주산성(경기 안성)

충주산성(충북 충주) 몽골과의 전투에서 승리한 곳이라고 전해지나 확실치 않다.

었다.

　몽골군과의 전쟁이 장기화됨에 따라 고려의 국토는 황폐화되고, 백성들은 극심한 피해를 입었다. 특히, 황룡사탑 등 많은 문화재가 불에 탔다. 이에 고려는 강화를 제의하고 철군을 요청하자 몽골은 고려 국왕의 친조(親朝)를 조건으로 다음해 모두 철수하였다. 그런데 고려는 국왕 대신 왕족 신안공 전(佺)을 왕의 동생이라 칭하고 대신 입조하였다.

　1247년과 1248년 아모간의 침입에 이어 1253년에 몽골은 고려에 다시 침입하여 국왕의 출륙을 촉구하였다. 고려에서도 이를 긍정적으로 검토하였지만 최항의 반대로 교섭이 결렬되어 전쟁이 일어나게 되었다. 이때 고려는 각지의 민호(民戶)를 다시 바닷가 섬과 산성으로 들어가는 등 항전의 결의를 굳게 하였다.

　방호별감 김윤후가 지휘한 충주민은 70여 일간 성을 사수함으로써 몽골군의 남진을 저지하기도 하였다. 이 전투에서 김윤후는 신분의 귀천을 막론하고 벼슬과 상을 모두에게 준다고 하고, 이어 노비문서마저 불태움으로써 천민들의 항전 의식을 높여 승리할 수 있었다.

　1254년 7월에 몽골은 또 다시 사신을 보내와 최항을 비롯한 고려 정부가 완전히 개경으로 환도할 것을 요구하였다. 이와 동시에 자랄타이[車羅大]가 이끄는 몽골군이 고려에 침입하여 전 국토를 유린하였다.

　고종 45년(1258)에 강화도에서 무신 집정자인 최의가 유경 · 김준 등에게 살해당함으로써 최씨정권이 붕괴되자 몽골과 강화하자는 의견이 강력하게 대두되었다. 이로부터 몽골과의 화의 교섭이 급속하게 진전되어, 이 해 5월에 고종이 강화에서 나와 승천부에서 몽골의 사신을 맞이하였다. 이어 다시 우여곡절 끝에 태

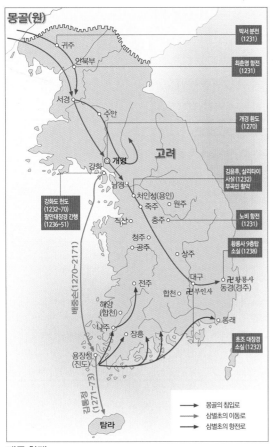

대몽 항쟁

용장산성(전남 진도) 삼별초는 강화도를 출발하여 전라도 서남해안의 진도를 새로운 거점으로 정하고 반몽골 항전을 지속하였다.

항몽순의 비(제주) 삼별초가 제주에서 항전한 것을 기념하기 위해 세웠다.

항파두리성(제주) 여·몽 연합군에 의해 진도가 함락되고 삼별초의 일부는 제주도의 항파두리로 가 1273년까지 반몽 항전을 지속하였다.

자의 친조 약속에 따라 이듬해 3월 태자 전(원종)을 몽골에 파견하였다.

그러나 고려는 태자 입조의 대가로 고려의 풍속을 바꾸지 않을 것, 몽골 사신의 빈번한 왕래를 자제할 것, 개경 환도를 재촉하지 말 것, 몽골군을 모두 철수시킬 것, 다루가치를 두지 말 것 등을 몽골에 요구하여 관철시켰다.

한편, 고려에서도 이 해 원종이 즉위하여 몽골과의 화의를 그대로 유지하면서 원종 2년(1261) 태자 심(뒤의 충렬왕)이 입조하였고, 1264년에는 역사상 처음으로 국왕이 친조하게 되었다. 그러나 강화도의 김준 정권은 계속 출륙환도를 지연시키고 있었다.

1268년에 몽골은 사신을 보내와 출륙환도를 재촉하면서 강압적인 자세를 보였다. 이에 무신 정권 내부에서 의견 대립이 일어나자 불만을 품은 임연이 김준을 제거하고 다음해 원종마저 폐위한 다음 권력을 장악하고 강력한 무신정권을 재건하려 하였다.

이후 임연의 뒤를 이어 무신집정이 된 임유무는 각지에 야별초를 보내 주민들을 산성과 섬으로 들어가 대항하려 하였으나 그가 죽임을 당함으로써 무신정권은 완전히 종식되고 출륙환도가 실행되었다. 이 과정에서 몽골이 고려의 정치에 간섭할 수 있는 계기가 마련되었다. 실제로 1270년에 다루가치가 다시 파견되어 고려에 주둔하게 되었다.

고려가 몽골에 환도를 결정하고 항복하자 몽골은 고려를 완전 복속하겠다는 처음의 계획을 포기하고, 고려의 주권과 고유한 풍속을 인정하는 선에서 전쟁을 마무리지었다. 이것은 고려의 끈질긴 저항이 안겨준 결과였다. 고려 정부가 몽골에 항복하였음에도 불구하고, 무신 정권의 군사 기반이었던 삼별초는 몽골에 대한 항전을 계속하였다.

삼별초의 항전은 개경으로 환도하는 과정에서 몽골에 반발하였던 배중손에 의해 이루어졌다. 그는 강화도에서 멀리 떨어진 진도로 내려가 고려와 몽골의 연합군과 싸웠다. 삼별초는 장기 항전을 계획하고 진도에 용장산성을 쌓고 궁궐과 관청을 지었으며 새 국왕인 승화후 온(溫)을 새 국왕으로 세웠다.

삼별초가 항쟁하는 동안 진도 부근의 섬들과 남해안의 백성들도 전쟁 물자를 제

승화후 온 묘(전남 진도) 고려 삼별초군의 왕으로 추대된 왕온의 무덤으로 전한다.

공하며 이들을 지원하였다. 삼별초는 진도에서 3년 동안 싸웠으나 고려와 몽골의 연합군에 패하고, 그 일부가 다시 김통정을 중심으로 제주도 항파두리에 성을 쌓고 항쟁을 계속하다가 몽골군과 김방경이 이끄는 고려 토벌군에 의해 최후를 맞이하였다(1273).

원의 간섭

원은 고려의 내정에 간섭하였을 뿐만 아니라 고려 영토의 일부를 직접 관할지로 편입시켰다. 원은 원종 11년(1270)에 서경에 동녕부를 두고 북계와 서해도의 60여 성을 관할하게 하였다. 그러나 원은 충렬왕 16년(1290)에 고려의 끈질긴 요구를 받아들여 그 지역을 돌려주었다. 또 원은 화주에 쌍성총관부를 두어 화주 이북의 15주를 그 관할 아래 두어 대략 1세기 동안 그 지역 주민을 지배하였다.

원은 심양과 요양에서 유망해 온 고려인들을 지배하기 위하여 심양로를 설치하고 고려의 왕족을 심양왕(심왕)으로 삼았다. 원나라는 의도적으로 심왕과 고려왕을 대립시켜 고려를 견제하였기 때문에 고려 정국이 불안에 휩싸이는 일이 많았다.

원은 고려의 관제도 격화시켜 도병마사가 도평의사사로, 6부가 4사로 개편되었다. 중서문하성과 상서성의 2성은 첨의부로 통합 격하되었고, 중추원은 밀직사로 되었다. 뿐만 아니라 6부 가운데 공부는 폐지되었고, 형부는 전법사로, 병부는 군부사로, 호부는 판도사로 명칭이 바뀌었으며 이부와 예부는 전리사로 통합 운영되었다. 부마국으로 왕실의 칭호도 격하되어 국왕은 '조(祖)'나 '종(宗)'의 묘호 대신 '충(忠)' 또는 '왕(王)'을 사용하여 원에 대한 충성심을 나타내야만 했다. 이어 '짐(朕)'을 '고(孤)'로, '폐하'를 '전하'로, '태자'를 '세자'로 각각 낮추어서 사용하였다.

원 간섭기의 고려 국왕은 볼모로 원나라에서 자랐기 때문에 국내의 정치적 기반이 없었다. 그리하여 즉위 후에는 원에서 자신을 보필했던 측근들을 관리로 임명하는 정치를 폈다. 이에 따라 원의 세력을 등에 업은 인물과 왕의 측근 세력이 새로운 지배 세력으로 등장하였는데 이들을 '권문세족'이라 한다.

원과 교류가 활발해지면서 고려 지식인들은 새로운 유학인 성리학을 받아들였다. 이들은 과거를 통해 관리가 되어 새로운 정치 세력으로 형성하였다. 그리고 개혁 정치에 동참하면서 고려의 사회 현실에 눈을 뜨고 비판 의식을 가지게 되었다. 이러한 세력을 신진사대부라 한다. 이들은 권문세족의 불법성을 비판하고, 새로운 정치 질서와 사회 건설을 주장하였다.

원 간섭기 이후 전공을 세우거나 몽골 귀족과의 혼인을 통해서 또는 몽골어에 능숙하여 출세하는 사람들이 많았다. 이들 가운데에는 친원 세력이 권문세족으로 성장하는 경우가 적지 않았다. 곧 역관으로 성장한 조인규의 평양 조씨와 응방을 통해 출세한 윤수, 원 황실과 자기 누이가 혼인하여 갑자기 등장한 기철, 그리고 원나라 공주의 사속인으로 고려에 와서 신분을 상승시킨 인물들이 그들이었다. 이들은

원 간섭 전후의 관제 변화

이전		이후	
2성		첨의부	
6부	이부	4사	전리사
	예부		
	호부		판도사
	병부		군부사
	형부		전부사
	공부		폐 지
중추원		밀직사	
어사대		감찰사	
국자감		국학(성균관 변경)	

고려의 전통적인 문벌과 함께 고려후기의 문벌세력을 형성하였다.

원과 강화를 맺은 이후 두 나라 사이에는 사람과 물자의 왕래가 많아졌고, 문물 교류도 활발하였다. 이후 80여 년 동안 원나라의 간섭을 받으면서 '몽골풍(蒙古風)' 이 유행하여 변발, 몽골식 복장, 몽골어가 궁중과 지배층을 중심으로 널리 퍼졌다.

고려에서 몽골로 건너간 이들도 적지 않았다. 이들 대부분은 전란 중에 포로 또는 유이민으로 들어갔거나 몽골의 강요에 따라 어쩔 수 없이 끌려간 사람이었다. 이들에 의해 고려의 의복, 그릇, 음식 등의 풍습이 몽골에 전해졌는데, 이를 '고려양(高麗樣)'이라 한다.

몽골풍이 우리나라에 남긴 옷고름에 차는 작은 칼 장도. 이 외에도 연지와 곤지, 소줏고리. 태평소, 족두리 등이 있었다.

고려는 강화 이후 몽골의 부마국으로 혈연 관계를 맺게 되었는데, 몽골은 화평조 건으로 많은 공물과 공녀를 요구하였다. 충렬왕 1년(1275) 10인을 보낸 것을 시초로, 공민왕 초기까지 80여 년 동안 수많은 여자를 원나라로 보냈다.

공녀의 폐단은 고려와 원 사이에 풀어야 할 가장 시급한 문제로 대두되었고, 고려에서는 끊임 없이 이 문제 해결을 위하여 노력하였다. 공녀에 따른 폐단으로 충렬왕은 나라 안의 혼인을 금하기도 하였다. 공녀는 주로 13세에서 16세까지의 처녀를 대상으로 하였다. 공녀로 뽑혀가는 불행을 피하기 위해서 10살이 되면 혼인을 서두르는 조혼 풍습이 생기게 되었다. 또 공녀로 선발된 경우에는 승려가 되거나, 다급한 나머지 스스로 목숨을 끊기도 하였다.

태평소, 족두리

원나라에 간 공녀들 가운데는 노비로 전락해서 시장에서 매매되기도 하였다. 그러나 몽골 사회의 상층부에서 황제·황후 및 귀족들의 궁인 또는 시녀로 상당한 지위에 오르는 이들도 있었다. 특히, 황후 자리까지 오른 경우도 있었는데, 순제의 황후가 된, 기자오의 딸 기황후가 있었다.

원 간섭기 고려는 원의 부마국이었기 때문에 관제나 의전 등이 모두 제후국으로 격하되었고, 만호부나 홀치[忽赤] 등 몽골식 관제가 들어왔다. 몽골과의 전쟁 중에 동북면과 서북면에 쌍성총관부와 동녕부가 각각 설치되었다. 삼별초가 진압 이후 제주도에 탐라총관부가 설치되어 원의 지배 하에 직접 편제됨으로써 고려의 영역이 축소되기도 하였다.

기황후(奇皇后, 대만, 고궁박물관 소장)

부원배 윤수(尹秀)와 기철(奇轍)

○ 윤수는 칠원현 사람이다. 그의 아비 윤양은 무뢰한으로 강도에서 시장에 버려지는 형벌을 당하였는바 이로 인하여 그곳을 양삼기(養三岐)라고 한다. …… 나라를 배반하고 몽골로 들어갔다. 충렬왕이 몽골에 있을 때 다루가치였는데 윤수는 매와 사냥개로써 총애를 얻게 되었으며 즉위하자 윤수는 심양으로부터 가족을 데리고 귀국하여 응방을 관리하면서 권세를 믿고 제멋대로 행악하였으므로 사람들이 그를 짐승으로 여겼다.

『고려사』, 권124, 「열전」 37, 윤수

○ 기철은 몽골 이름으로 백안불화(伯顔不花)이며 행주 사람이었다. …… (기철의 부친)의 막내딸이 원나라 순제의 후궁으로 뽑혀 가서 제2황후로 되었는데 그가 황태자를 낳았다. …… 기철, 기원, 기주, 기륜은 기황후의 세를 믿고 욕심을 부리고 방자했으며 그의 친척들도 그를 믿고 교만하고 횡포했다. 기원이 어느 때 일가 친척들을 모아서 자기 어머니를 위한 연회를 베풀었는데 그릇이며 요리가 지극히 사치하고 화려해서 보는 사람들이 나라가 생긴 이래 드문 일이라고 하였다.

『고려사』, 권131, 「열전」, 44, 기철

원의 고려에 대한 내정 간섭은 주로 일본 원정을 준비하기 위해 설치했던 정동행성을 통해서였다. 정동행성의 기구·역할·성격 등은 한결 같지 않았는데, 그것이 고려의 내정에 간섭하는 내용이나 정도도 시대의 변화에 따라서 달랐기 때문이다.

원은 군사적으로 만호부를 설치하여 고려의 군사 조직에 영향력을 행사하고 아울러 다루가치라는 감찰관을 파견하여 내정 간섭을 하였다. 이러한 내정간섭으로 고려는 자주성에 심한 상처를 입었다.

고려와 원 사이에도 경제적 교류가 이루어졌지만, 서로가 이익이 되는 무역 거래는 아니었다. 문화적인 교류는 활발하여 고려가 원으로부터 성리학을 적극적으로 도입하는 한편, 학문, 종교, 과학기술 등이 전래되었다. 라마교·도교·강남 불교 등을 수용하였다. 이외에도 원으로부터 화약·수시력 등을 받아들여 과학을 발전시킬 수 있었다. 특히, 원의 농서인『농상집요』와 목면을 받아들이고 이앙법을 도입하여 농업 발전에 활용하였다.

여·원 연합군의 일본 정벌

원은 고려와의 전쟁이 끝나고 강화가 성립됨에 따라 일본 정벌에 나섰다. 당시 원 세조는 일본에게 항복할 것을 권하기 위해 모두 6차에 걸쳐 고려와 원의 사신을 일본에 파견했으나 일본이 이를 거부하자 무력을 동원해 일본을 굴복시키기로 하고 대규모의 원정군을 파견하였다.

1274년 1차 원정에서 원나라는 홍다구 등을, 고려는 김방경 등을 합포(마산)에서 출발시켰다. 당시 군세는 병력이 2만 5천여 명, 함선이 9백 척이었다. 이 가운데 원나라의 병력이 2만명, 고려의 병력은 약 5,300명이었으나 함선과 군량은 모두 고려가 부담하였다. 연합군은 먼저 쓰시마를 공격하여 정벌한 후 그 아래 섬인 이키섬을 쳐서 성을 함락하였다. 다시 북큐슈의 다자이부를 공략하기 위해 마쓰우라(松浦)를 짓밟고, 하카타(博多)만에 도착하였다.

일본군은 군세를 규합해 여·원 연합군에 대항했으나 전투에 능숙하고 우수한 화기를 사용하는 연합군의 적수가 되지 못하였다. 그러나 일본군의 강력한 저항과 마침때 태풍이 불어 여·원 연합군은 많은 함선과 병사를 잃어 막대한 손실을 입은 채 합포로 돌아왔다.

여몽 연합군의 일본 원정을 그린 그림이다.

합포성지(경남 마산) 여·원 연합군이 일본 정벌을 위해 떠난 곳이다.

원나라는 1차 일본 정벌에 큰 손실을 입었음에도 불구하고 야욕을 버리지 않았다. 그리하여 탐라에 목마장을 두고 일본을 정벌하기 위해 정동행성이라는 관부를 고려에 설치하였다. 이와 아울러 일본에 2회에 걸쳐 사신을 보내 국서를 전했으나 사신들이 모두 살해되었다.

남송을 멸망시킨 원나라는 충렬왕 7년(1281) 2차 일본 정벌을 단행하였다. 그동안 일본 원정에 소극적이던 고려는 적극적으로 원정 계획에 참여했다. 충렬왕은 일본 원정에 적극 협력함으로써 고려에 파견되어 있던 홍다구 등의 부원세력을 축출하고 자신의 측근 세력을 육성해 왕권을 강화하고자 했다.

일본 원정군은 동로군과 강남군의 양군으로 편성되어 동로군은 1차 때와 같이 김방경과 원의 장수 흘돈의 지휘하에 합포를 출발하고, 강남군은 범문호의 지휘하에 중국의 명주·정해 등 강남에서 출발하였다. 동로군은 여·원 연합으로 편성되어 총병력 4만 명에 함선 9백 척이었다. 그 중 원나라가 3만 명, 고려가 1만 명이었으며 함선 9백 척은 역시 고려의 부담이었다. 그리고 중국 강남 지역에서 차출된 강남군은 총병력 약 10만 명에 함선 약 3,500척이었다.

김방경 묘(경북, 안동)

강남군은 동로군과 합세하고, 다자이부를 향해 공격하였다. 그러나 이번에도 또다시 태풍을 만나 인명·함선에 막대한 손실을 입어 2차 정벌도 결국 실패로 끝나고 말았다.

원나라의 세조는 끝내 일본 정벌의 꿈을 버리지 않고 금주(경상남도 김해)에 진변만호부를 설치하고, 고려에 함선·군량을 준비하게 하며 일본에 사신을 보내어 동태를 살피는 등 3차 정벌을 준비하였다. 그러나 원나라에서 반란이 일어나고 세조가 죽음으로써 원나라는 일본 정벌을 포기하게 되었다. 이후 일본 정벌을 위해 설치되었던 정동행성은 원나라에서 고려의 정치에 간섭하는 기관으로 변모하였다.

(3) 반원 자주 정책의 전개
충선왕·충목왕의 개혁정치

충선왕과 충목왕 때에 오래 전부터 누적되어 온 정치·사회·경제의 폐단들을 시정하려는 개혁을 시도하였다. 충선왕대의 개혁 정치는 사림원 등의 기구를 통해 뒷받침되었다. 충선왕은 유교 이념에 따라 왕권을 강화하고 관료 정치를 회복하려는 방향에서 관제를 바꾸었다. 그는 권세가들의 농장 확대로 인한 토지 제도의 문란을 시정하여 국가 수입을 확대하고 민생을 안정시키려고 하였으며, 각종 농민 부담을 탕감하고 억지로 노비가 된 사람을 양민으로 환원시키려 하였다. 그러나 이러한 충선왕의 개혁 정치는 지지 세력의 미비와 원의 방해로 실패하였다.

이어 충목왕(1344~1348)은 충혜왕 대의 실정을 수습하면서 개혁을 추진하였다. 그는 이제현의 건의에 따라 폐정을 개혁하고 백성들을 위로하고 달래며 구휼하는 한편, 선왕 때 아첨하던 신하들을 귀양보내고 백성들에게 고통을 주었던 응방 등을

응방(鷹坊)
매의 사육과 사냥을 맡은 관청으로 충렬왕 때 처음 설치되었다. 매 사냥은 특히 몽골인들이 좋아하였다.

폐지하였다.

충목왕의 개혁은 1347년에 설치된 정치도감을 통해 본격화되었다. 정치도감에서는 권세가들이 빼앗은 토지와 노비를 원래 주인에게 돌려주고, 권세가들의 사급전을 혁파하여 일반 관리와 국역 부담자들에게 녹과전으로 지급하였다. 그러나 원의 간섭을 받아 제대로 시행되지 못하였다.

공민왕의 반원 자주 정책

원나라가 점차 쇠퇴하기 시작하던 14세기 중반에 이르러 고려 사회에는 개혁의 기운이 크게 일어났다. 원·명 교체기에 즉위한 공민왕은 이러한 때를 놓치지 않고 원의 간섭에서 벗어나고자 적극적인 반원 개혁정치를 추진하였다. 그의 개혁 목적은 대외적으로는 원나라에서 탈피하여 자주적인 국가를 만들고, 대내적으로는 당시 권문세족을 누르고 왕권을 강화하려는데 있었다.

공민왕은 고려 정치를 간섭하던 기관인 정동행성을 혁파하고 기철을 비롯한 친원 세력을 숙청하였다. 이어 원에 의해 강제로 바뀌었던 관제를 복구하고 원의 연호와 변발, 호복 등 몽골 풍속을 금지시켰다. 무력으로 쌍성총관부를 공격하여 철령 이북의 빼앗겼던 영토를 회복하고, 나아가 그 이북 지역에 있던 동녕부를 공격하여 고려의 영토로 편입시켰다. 이러한 공민왕의 반원 정책에 원은 일방적으로 공민왕의 폐위를 선언하였다. 그러나 공민왕은 이에 개의치 않고 강경 정책을 고수하여 정방을 혁파하여 인사권을 군부사와 전리사로 돌렸으며 동시에 친명 정책을 추진하였다.

이와 아울러 공민왕은 왕권을 강화하고 권문세족을 억누르면서 왕권과 백성의 생활을 안정시키는 정책을 꾸준히 추진했다. 그는 정치권과는 아무 연관이 없는 승려 신돈을 등용하였다. 신돈은 전민변정도감을 설치하여(1366) 권문세족이 부당하게 탈점한 토지와 농장의 노비들을 원래 주인에게 돌려주거나 양인으로 해방시켰다. 이러한 개혁 조처는 권문세족의 경제적 기반을 약화시키고 국가의 재정을 확대시키

공민왕대의 영토 수복

자료 스페셜 전민변정도감(田民辨整都監) 설치

신돈은 왕에게 전민변정도감을 설치할 것을 청원하고 스스로 판사가 되어 각처에 유고문을 붙여 이르기를 "근래에 기강이 몽땅 파괴되어 탐오가 떳떳한 관습이 되어 종묘, 학교, 창고, 사사(寺社), 녹전군(祿轉軍) 등의 공수전(公須田)과 국내 사람들의 세업(世業) 전민(田民)은 거의 다 호부하고 세력이 있는 집들이 강탈 점령하였다. …… 이제 도감을 설치하고 그 시정 사업을 담당케 하였으니 서울에서는 15일 이내로, 지방에서는 40일 이내로 자기 잘못을 알고 스스로 시정하는 자는 과거를 묻지 않는다. 그러나 기한이 경과한 후에 일이 발각된 자는 처벌할 것이며 무고한 자는 그 벌을 도로 받을 것이다."라고 하였다. 이 영이 발포되니 세도 있는 많은 집들이 강점했던 백성들을 그 주인에게 반환하였으므로 일국이 모두 기뻐하였다.

『고려사』, 권132, 「열전」 45, 신돈

공민왕과 노국공주 릉(개성) 능의 형태는 쌍릉 형식으로 서쪽에는 공민왕의 현릉이, 동쪽에는 노국공주(왕비)의 정릉이 있다.

공민왕(1330~1374, 재위 : 1351~1374)과 **노국대장공주**(?~1365) 초상

려는 노력의 일환이었다.

　공민왕의 이러한 개혁 조치는 백성의 환영을 받았다. 그러나 권문세족의 반발로 신돈이 제거되고 개혁 추진의 핵심인 공민왕마저 시해되면서 고려 사회는 스스로 개혁할 수 있는 마지막 기회를 잃고 말았다.

(4) 신흥 세력의 성장과 고려의 멸망

신흥 무인 세력의 등장

　고려 후기에 들어 홍건적과 왜구가 자주 침입하여 더욱 고려를 어렵게 만들었다. 홍건적은 중국 원나라 말기에 허베이 성 영평에서 발기한 한족 반란군으로 머리에 붉은 수건을 둘러서 홍건적이라 했다. 이들은 원나라 말기에 혼란을 틈타 순식간에 큰 세력으로 성장하였다. 홍건적은 백련교를 기반으로 세력을 넓혀 원나라에 대항하는 농민군으로 확대되었다. 이들 중 일부가 원나라에 대항하다 패배하여 도망치다가 고려에 침입하였다.

　홍건적이 압록강을 건너 고려로 처음 쳐들어 온 것은 1359년이었다. 홍건적은 의주를 함락시키고 개경을 향해 남하했지만 이방실, 안우, 김득배의 공격을 받고 도망갔다. 그러나 1361년 10만 명에 이르는 홍건적이 다시 침입하여 개경을 점령하고 공민왕은 복주(안동)로 피란하였다. 이듬해 정세운의 지휘 아래 안우, 이방실, 김득배, 이성계, 최영이 거느리는 20만 명의 고려군이 반격하자 홍건적은 수많은

공민왕과 노국대장공주
공민왕 역시 볼모로 잡혀가 청소년기를 원나라에 가서 지냈다. 그는 어릴 적부터 문장이 뛰어날 뿐 아니라 글씨와 그림에 조예가 깊었다. 그는 황제 동생의 딸 노국대장공주와 결혼하게 되었다. 처음 공민왕은 이런 정략적인 결혼을 좋아하지 않았으나, 공주가 아름다울 뿐만 아니라 지혜로우며 성품도 고와 공주와 사랑에 빠졌다. 공주는 공민왕이 고려의 왕족이며 고려를 잊지 말라고 환기시켜 주었다. 따라서 공민왕이 원나라에 반대하는 정책을 펼치며 친원 세력을 제거할 때도 노국공주는 지지하여 주었다. 하지만 노국공주는 임신을 하여 아기를 낳다가 죽게 되고 슬픔에 빠진 공민왕은 이후 정치에도 신경을 쓰지 않고 방황하였을 정도로 그를 사랑하였다.

전민변정도감
고려 후기 권세가에게 점탈된 토지·농민을 되찾기 위해 설치된 임시 관서로. 1269년(원종 10) 최초로 설치되었는데, 그 뒤 1288·1301(충렬왕 27)·1352(공민왕 1)·1366·1381(우왕 7)·1388년에 각각 설치되었다가 소기의 목적을 달성했거나, 또는 유명무실화되어 폐지되었다.

자료 스페셜　**홍건적의 침입**

　공민왕 10년(1361) 겨울에 홍건적 위평장반성·사유·관선생·주원수·파두번 등 20만 군사가 압록강을 건너 서북 변방에 함부로 들어와서 우리에게 글을 보내기를, "군사 110만을 거느리고 동쪽 땅으로 가니 속히 맞아 항복하라"고 하였다. 태조(이성계)가 적의 왕원수(王元帥) 이하 100여 명의 목을 베고 한 명을 사로잡아서 왕에게 바쳤다. 11월에 공민왕이 남쪽으로 피난하자, 홍건적이 서울을 점령하였다.

『태조실록』, 총서, 공민왕 10년

사상자를 남긴 채 압록강 이북으로 물러났다. 이처럼 고려는 두 차례에 걸친 홍건적의 침입으로 큰 피해를 입었다.

한편, 홍건적의 침입과 비슷한 시기에 일본 해적들인 왜구가 창궐하여 고려를 괴롭혔다. 왜구는 고려와 원나라의 연합군이 일본 열도 침략에 실패한 이후인 13세기부터 16세기에 걸쳐 한반도와 중국 대륙의 연안부나 일부 내륙 및 동아시아 지역을 침탈하고 사람들을 납치하며 밀무역을 행하던 일본인들로 구성된 해적을 말한다. 당시 일본은 가마쿠라 막부가 멸망하고 새로이 무로마치 막부가 들어섬과 동시에 왕실이 남북으로 갈라져 싸우는 남북조 시대의 혼란기여서 몰락 군인과 농민들이 적극적인 약탈에 나선 것이다.

정지 장군 환삼(갑옷)

왜구는 이미 13세기 초부터 출몰하기 시작하였으나 본격적인 침구는 1350년부터였다. 원의 간섭기에 있었던 고려는 국방력이 약화되었기에 이들을 효과적으로 격파할 수 없었다.

처음에는 일본과 가까운 경상도 해안에 출몰하기 시작한 왜구는 점차 전라도 지역으로 활동 범위를 넓혔고, 심지어 개경 부근에도 나타났다. 많을 때에는 한 해에 수십 번 침략해 왔기 때문에, 해안에서 가까운 수십 리의 땅에는 사람이 살 수 없을 정도였다. 특히, 왜구의 창궐로 인해 바다나 강의 교통이 두절되어 조운을 통한 개경으로의 조세 운반이 불가능하기도 하였다.

또한 잦은 왜구의 침입에 따른 사회의 불안정은 시급히 해결해야 할 국가적 과제였다. 왜구를 격퇴하고 이 문제를 해결하는 과정에서 신흥 무인 세력이 성장하

황산 대첩비(전북 남원)

진포 대첩비(전북 군산)

○ 왜선이 대거 침입해 오니, 김휘남이 병사가 적어 대적하지 못하고, 서강까지 후퇴하여 구원병을 청하였다. 그러므로 모든 영병(領兵)들과 홀치(忽赤)를 동원하여 서강·갑산 및 교동에 나누어 보내어 방비케 하였다. 부녀자들이 길에 몰려나와 통곡하고 도성이 크게 놀랐다. 또 백관과 민호(民戶)에서 군량과 화살을 차등있게 거두었다.

『고려사』, 권38, 「세가」, 38, 공민왕 원년 3월 기미

○ 경인년(1350)부터 해적들이 나타나서 우리나라 섬 백성을 침요하기 시작하여 백성들이 모두 손상을 입고 있는 것은 매우 민망한 일이다. 이 까닭에 병오년에 만호 김룡 등을 보내어 사태를 통보하였으며 그 때 해적을 금지하겠다는 정이대장군의 약속을 받아온 후 한동안 편안하였다.

『고려사』, 권133, 「열전」, 46, 신우 3년 6월 을묘

였다.

고려 정부는 왜구의 근절을 위해 일본과 여러 차례 교섭을 했으나 일본 정부는 당시 이들을 통제할 능력을 가지고 있지 못하였다. 따라서 고려는 원의 간섭에서 벗어나 군비를 강화하고 무력 토벌에 나섰다. 이에 최영은 홍산에서, 이성계는 황산에서, 최무선은 화약과 대포를 만들어 진포앞바다에서 각각 왜구를 격파하였다.

이성계와 같은 무인 세력이 외적을 격퇴하는 과정에서 백성들의 신망을 얻어 자연스럽게 국민적인 영웅으로 부각되었다. 이들은 기존의 권문 세력을 대신하는 신흥 정치 세력으로 성장하였다.

이색(1328~1396)

신진 사대부 세력의 성장

신진사대부는 지방에 중소 지주적 기반을 가지면서 향리 신분에 있었던 부류였다. 이들이 중앙 관료로 진출한 것은 무신정권 아래에서 시작되었으나, 정치 세력으로의 역할은 무신정권이 무너진 13세기 말엽까지는 뚜렷하지 않았다. 13세기 말 충선왕의 개혁 정치를 통해 중앙 정계에 진출하기 시작하였고, 공민왕의 개혁 정치를 계기로 본격적으로 중앙 정계에 등장하였다.

신진 사대부들은 권문세족에 비해 그 가문이 한미하였고, 지방의 향리 출신이 많았다. 지방에서 중소 지주적 기반을 가지고 있던 향리의 자제들이 고려 후기에 새로이 성리학을 수용하고 학문적 실력을 쌓아 과거를 통하여 중앙 정계로 진출하였다. 이들은 학문적 교양을 갖추고 정치적 실무에도 능한 학자적 관료로서, 친원적이고 친불교적인 권문 세족과 정치적으로 대립하였다. 이들의 개혁 의지는 피지배층의 처지를 수렴하는 것이었다.

정몽주(1337~1392)

신진 사대부의 개혁은 공민왕 때에 이르러 본격화되었다. 공민왕이 개혁을 추진하는 과정에서 이색, 정몽주, 정도전, 권근 등의 신진 사대부들이 중앙 정계에 진출하여 개혁을 추진하였던 것이다. 이들은 성리학을 적극 수용하여 학문적 기반으로 삼고 불교의 폐단을 시정하고자 하였다.

신진 사대부들은 권문세족이 계속해서 농장을 확대해 나가는 폐단을 국가의 힘을 빌려 시정하고자 하였다. 그러나 공민왕 때의 개혁도 이를 뒷받침하는 신진사대부의 세력이 권문세족에 대항하기에는 역부족이었다. 당시는 권문세족이 인사권을 쥐고 있었을 뿐만 아니라 신진 사대부의 관직 진출도 제한하였으며, 그들이 받아야 할 과전과 녹봉 자체도 받지 못하는 경우가 많았다. 신진 사대부의 왕권과 연결된 개혁 조처는 실패로 끝나고 말았다.

위화도 회군과 고려 멸망

공민왕의 개혁이 실패한 뒤 우왕 때에는 친원파 권문세가의 횡포로 토지 겸병은 극에 달하였다. 또한 대외적으로는 명에 의해 몽골 지방으로 쫓겨간 북원과 교섭하였으며, 홍건적과 왜구의 침입이 끊이지 않았다.

이러한 때에 국민적 영웅으로 부각된 인물이 최영과 이성계였다. 최영은 온건 개혁파의 지지를 받고 있었고, 이성계는 급진 개혁파의 지지를 받고 있었다. 최영은 유서 깊은 가문 출신으로 그 딸이 우왕의 왕비였다. 이에 반해 이성계의 조상은 본디 전주에서 살다가 함경도 지방으로 옮겨가 그 지역의 유력자로 성장했다. 원이 그 지역에 쌍성총관부를 설치하자, 이성계의 아버지 이자춘은 다루가치가 되었다. 공민왕이 쌍성총관부를 공격할 때 이에 동조하여 공을 세움으로써 왕의 신임을 얻었다.

이성계를 따르던 자 가운데 가문이 빈약한 처지에 있던 북방의 무인들과 남방의 지략있는 문인들이 많았다. 이들은 홍건적과 왜구의 침입을 격퇴하는 과정에서 크게 공을 세웠고, 이를 토대로 고려 조정에 벼슬하기 시작하면서 서서히 권력을 잡아갔다.

고려는 새로 건국한 명나라가 지나치게 공물을 요구해 오자 점차 강경책을 펼쳤다. 그러던 가운데 1388년에는 명나라가 철령위를 설치하고 철령 이북의 땅을 요동 도사의 관할 아래 두겠다고 통고해 왔다. 이에 고려가 크게 반발하여 요동 정벌로 이어졌다. 고려는 8도의 군사를 징집하는 한편, 세자와 여러 왕비들을 한양산성으로 옮기고 찬성사 우현보로 하여금 개경을 지키게 하였다. 이어 우왕과 최영은 서해도로 가 요동 정벌의 태세를 갖추었다.

1388년 4월 우왕은 최영을 8도도통사로 임명하고, 조민수를 좌군도통사로, 이성계를 우군도통사로 삼아 좌·우군을 편성하였다. 조민수와 이성계가 이끄는 좌·우군은 평양을 출발해 다음 달에 위화도에 주둔하였다.

그러나 큰비를 만나 압록강을 건너기가 어렵게 되자, 이성계는 이러한 실정을 보고하면서 요동 정벌을 포기할 것을 우왕에게 요청하였다. 그러나 우왕과 최영이 이를 받아들이지 않고 계속해서 요동정벌을 독촉하자, 이성계는 조민수와 상의한 뒤 회군을 단행하였다. 이를 '위화도 회군'이라고 한다(1388). 개경으로 돌아온 이성계 등은 최영의 군대와 일전을 벌인 끝에 최영을 고봉현으로 유배하고 우왕을 폐위해 강화도로 귀양보냈다.

위화도 회군으로 정권을 장악한 이성계 일파는 전제 개혁(과전법)을 단행, 조선 건국의 기초를 다지게 되었다. 1392년 이성계를 중심으로 모인 급진 개혁파(혁명파) 신진 사대부 세력은 새로운 지배 세력이 되어 마침내 고려 왕조를 무너뜨리고 조선을 건국하였다(1392년).

최영(1316~1388) 장군 묘(경기 고양)

현재의 위화도

4대 불가론
이성계는 당시 요동정벌에 대해 4대 불가론을 주장하였다. 그는 ① 작은 나라가 큰 나라를 거스르는 일은 옳지 않으며, ② 여름철에 군대를 동원하는 것은 적절하지 않고, ③ 요동을 공격하는 틈을 노려 왜구가 침범할 우려가 있으며, ④ 무더운 우기(雨期)에는 활의 아교가 녹아 무기로 쓸 수 없는 데다 전염병의 우려가 있다고 요동정벌을 반대하였다.

2

고려의 사회

1. 사회 구조와 신분 제도
2. 사회 시책과 사회 제도

백성의 염원을 땅에 묻다

천인결계 매향 원왕문(千人結契埋香願王文)

우리는 그동안 미륵여래님이 이 세상 낮은 곳으로 내려와 아름다운
이상세계를 이룩신다는 용화법회를 세 번이나 개최하였고, 지금 그러
한 세계를 간절하게 기다리면서 이 향을 묻어 미륵여래님에게 봉헌하
여 공양하고자 합니다. …… 무궁하도록 임금님의 만세와 나라의 태평
성대, 그리고 백성의 편안함을 비옵니다.

홍무 20년(고려 우왕 13년, 1387) 정묘 8월 28일에 묻다.
달공(達空) 글짓고,
수안(守安) 을 쓰고, 김용(金用) 글 새기다.
기혼 미혼 남녀 불자 도합 4,100인
대표 대화주 각선(覺禪)
천지신명(불법승)에 올림

– 사천 매향비문 중에서 –

매향비(경남 사천)

고려 관리의 생활 모습

불공드리는 고려 여인들

(1) 귀족 사회의 성립

문벌 귀족

성종 이후 중앙 집권적인 국가 체제가 확립됨에 따라 중앙에서 새로운 지배층이 형성되어 갔다. 이들은 지방 호족 출신으로 중앙 관료가 된 계열과 신라 6두품 계통의 유학자이었다. 이들 중에서 여러 세대에 걸쳐 중앙에서 고위 관직자를 배출한 가문을 문벌 귀족이라 부른다.

문벌귀족은 과거와 음서 등을 통하여 관직을 독점하고, 중서문하성과 중추원의 재상이 되어 정국을 주도해 나갔다. 이들은 관직에 따라 과전을 받고, 또 자손에게 세습이 허용되는 공음전의 혜택을 받았다. 또한, 권력을 이용하여 불법적으로 개인이나 국가의 토지를 차지하여 정치 권력과 함께 경제력까지 거의 독점하였다. 이들은 비슷한 부류끼리 혼인 관계를 맺어 권력을 더욱 단단하게 쌓아 나갔다.

이처럼 성종(981~997) 때 중앙 집권적인 정치 체제의 기틀을 다진 고려는 문종(1046~1083) 때를 거치면서 문벌 귀족 중심의 사회로 자리 잡았다. 문벌 귀족들은 혼인을 통하여 자기 가문의 세력을 확장시키고자 하였다. 이는 혼인의 대상이 되는 가문의 정치·사회적 지위가 높을수록 자신의 가문을 높일 수 있고, 정치적인 출세도 손쉽게 이룩할 수 있었기 때문이었다. 그러므로 왕실과의 혼인은 문벌 귀족들에게는 최고의 영예일 뿐만 아니라 정권을 장악하는 지름길일 수 밖에 없었다. 따라서 왕실의 외척으로서 정권을 독점하는 명문세족(名門世族)들이 등장하였는데, 그 대표적인 가문이 바로 인주(仁州 또는 경원 : 지금의 인천) 이씨였다.

고려 시대에 신분 제도는 관직 진출을 위한 과거 제도라는 장치를 통해서 개인의 능력을 중요시하였다. 이런 점은 분명 신라보다 신분제의 폐쇄성이 완화되었다는 것을 보여준다.

한안인(?~1122)
문벌귀족을 비판하면서 정계에 진출한 신진 관리 중에서 왕의 측근 세력으로 성장한 대표적인 인물은 예종 때의 한안인이다.

권문 세족

고려 후기의 사회를 주도한 세력은 권문세족이었다. 무신 정변에 의해 문벌 귀족이 몰락하고 무신이 집권층이 되었다가 무신 정권이 붕괴한 이후에는 권문세족이 새로운 지배 세력으로 대두하였다. 이들은 무신 정권 이후 정국 변동과 관련되면서 성장하여 출신 성분이 매우 다양하였다.

이들 권문 세족은 도평의사사를 통해 높은 관직을 독점하고 자신들의 지위를 세습시켜 나갔다. 뿐만 아니라 이들은 사전(賜田), 개간, 겸병 등을 통해 막대한 농장과 노비를 소유하였다. 심지어 농장의 규모가 산과 내를 경계로 하거나 주와 군에 걸치는 것도 적지 않았다. 특히, 충선왕은 즉위하자마자 왕실 종친과 혼인할 수 있는 15개의 성씨를 지명하여 '재상지종(宰相之宗)'이라 하였다.

권문세족의 출신 성분
권문세족의 출신 성분은 ① 전기 이래의 문벌 귀족 가문인 경주 김씨, 정안 임씨, 경원 이씨, 안산 김씨, 철원 최씨, 해주 최씨, 공암 허씨, 청주 이씨, 파평 윤씨. ② 무신 정권 시대에 무신으로 득세한 가문인 언양 김씨, 평강 채씨 ③ 무신정변 이후 능문능리의 신관인층으로 성장한 가문인 당성 홍씨, 황려 민씨, 횡천 조씨 ④ 원나라와의 관계 속에서 신흥 세력으로 성장한 가문인 평양 조씨 등이다.

권문 세족은 수도인 개경에 거주하면서 자신들의 가신이나 노비를 파견하여 농장의 조(租)를 징수하였다. 그들의 농장에는 자기의 역을 피하기 위해 자진해서 노비가 된 자들이거나 권력자가 억지로 노비로 만든 자들도 많았다. 권문 세족들은 자신의 토지와 인구에 대한 면세와 면역 특권을 이용하여 그들의 경제력을 더욱 키워 나갔다.

또, 권문 세족들의 경제력 확대는 국가의 재정을 궁핍하게 하였다. 이들이 공전(公田)을 침식함으로써 전시과 체제를 붕괴시키는 결과를 초래하기도 하였다. 이처럼 경제 사정이 어려워지자 새로이 관리가 된 자도 부족한 생활을 하게 되고 이에 따라 신진 관료들을 중심으로 개혁의 움직임이 나타나기 시작하였다.

(2) 신분 제도

귀족

고려 지배층의 핵심은 귀족이었다. 귀족 세력은 왕족을 비롯하여 5품 이상의 고위 관료가 주류를 형성하였다. 이들은 음서나 공음전의 혜택을 받는 특권층이었다. 귀족은 대대로 고위 관직을 차지하여 문벌 귀족을 형성하였으며, 고려 사회를 이끌어 갔다. 그들은 대개 개경에 거주하였는데, 죄를 지은 자가 있으면 형벌로 귀향을 시키기도 하였다.

중앙 관직에 진출한 집안은 귀족 가문으로 자리잡기 위하여 관직을 바탕으로 토지 소유를 확대하는 등 재산을 모았고, 유력한 가문과 서로 중첩된 혼인 관계를 맺었다. 물론 귀족이 사돈 맺기를 가장 원하는 집안은 왕실이었다. 왕실의 외척이 된다는 것은 가문의 영광일 뿐만 아니라 권력을 장악할 수 있는 지름길로 여겼으므로, 여러 딸을 왕비로 들이는 경우도 있었다.

이들은 고려 전기 문벌 귀족층을 형성하였는데 이들은 음서와 과거를 통해 관직을 독점하고 과전, 공음전 등을 통해 대농장을 형성하였다. 또 명문세족(名門世族)들 간의 폐쇄적 통혼권을 형성하였는데, 대표적 문벌로는 경원 이씨(이자연, 이자겸) · 해주 최씨(최충) · 경주 김씨(김부식) · 파평 윤씨(윤관) · 강릉 김씨(김인존) · 안산 김씨(김은부) 등을 들 수 있다. 이들의 성격은 보수적이었으며 금나라에 사대적이었으나 무신 정변을 계기로 몰락하였다.

고려의 신분 구조

	문벌귀족	권문세족	신진사대부
출신	호족(개국공신, 6두품)	친원파	향리
형성 과정	음서, 혼인 관계	친원파의 세력 배경, 음서	유교적 지식, 실무 능력
권력기반	중서문화성·중추원(가문)	도평의사사(관직)	관리(실무적)
경제적 기반	과전, 공음전	농장	중소지주
성격	보수적	수구적	개혁적
사상	유교·불교	불교	성리학
지배시기	고려 전기	고려 후기	고려 후기

해주 최씨 가계도

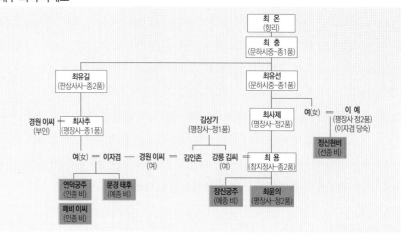

최윤의 묘지명 고려 중기 문신인 최윤의 묘지명이다. 최윤의는 해주 최씨로 해동공자 문헌공 최충 이래 대대로 재상을 배출하여 문벌귀족 가문이 되었다. 또 최윤의는 세계 최초의 금속활자본으로 알려진 『상정고금예문』을 지었다.

이자연 묘지명(국립중앙박물관)

중류층

고려의 지배층과 피지배층 사이에는 중류층이 자리잡고 있었다. 이들은 지배 기구의 말단 행정직으로 존재하였는데, 중앙 관청의 말단 서리인 잡류, 궁중 실무 관리인 남반, 지방 행정의 실무를 담당한 향리, 직업 군인으로 하급 장교인 군반, 지방의 역(驛)을 관리하는 역리 등이 있었다.

중류층에서 가장 핵심적인 신분은 향리였다. 이들은 과거를 통하여 벼슬에 나아가 신진 관료가 됨으로써 귀족의 대열에 들 수 있었으나 중앙 귀족에서 낙향하여 향리로 전락하는 경우도 있었다. 향리는 개국 이래로 중앙 정부에 비견될 만한 행정 조직을 갖추고 있던 호족들이었다. 이들은 성종 2년에 이르러 지방관이 파견되는 것과 때를 같이하여 마련된 향리 직제에 따라 개편되었다. 호족들을 향리로 편제하여 지방 관리의 통제하에 두었다.

향리들은 과거 그 지역을 통치하던 호족의 후예답게 자신의 집무소인 읍사(邑司)를 중심으로 고을 현안을 논의하며 그 지역의 지도자 역할을 하였다. 특히, 수호장(상호장)은 향리의 대표로서 특정 성씨의 특정 가문에서 배출될 정도로 독보적이었다. 이들은 조세·공물·노동력 징발과 같은 공무를 집행하였고 유사시에는 주민을 이끌고 전투에 참여하였다. 또 향리들은 불탑 조성 등 각종 불사를 주도하고 지역 수호신인 성황신이나 산신에 대한 제사도 주관하였다.

향리들의 자제는 과거를 통해 중앙 관료로 진출하기도 하였다. 그들은 직역을 세습적으로 물려받았고, 그에 상응하는 토지를 국가에서 받았다.

자료 스페셜 향리의 신분 변동

엄수안은 영월군의 향리였는데 키가 크고 담력이 있었다. 나라의 제도에 향리에 세 아들이 있으면 한 아들이 벼슬길에 나아가는 것을 허락하였다. 엄수안이 이 예에 따라 중방의 서리에 임명되었다. (그는) 원종 때에 등제하여 도병마녹사가 되었다.

『고려사』 권106, 「열전」19, 엄수안

정도사 5층 석탑 조성 형지기 현종 22년 향리인 부호장이 탑을 만든 이유, 공사 사실 등을 기록하였다.

양민

양민은 일반 주·부·군·현에 거주하면서 농업이나 상공업에 종사하는 사람을 말하는데, 농사에 종사하는 농민층이 주류를 이루었다. 양민의 대다수는 농민으로 서 이들을 백정(白丁)이라고도 한다. 이들에게는 조세·공물(납)·역이 부과되었다.

양민이면서 군·현민과 구별되는 특수 행정 구역인 향, 부곡, 소에 거주한 주민은 더 많은 세금 부담을 지고 있었다. 거주하는 곳도 소속 집단 내로 제한되어 다른 지 역으로 이주하는 것이 원칙적으로 금지되었다. 일반 군현민이 반란을 일으킨 경우 에는 집단적으로 처벌하여 군현을 부곡 등으로 강등하기도 하였다.

향이나 부곡에 거주하는 사람은 농업을, 소에 거주하는 사람은 광업이나 수공업 품의 생산을 주된 생업으로 하였다. 이 밖에 역과 진의 주민은 각각 육로 교통과 수 로 교통에 종사하였다. 또, '신량역천'(身良役賤)이라 해서 화척(禾尺), 진척(津尺), 재 인(才人) 등은 신분은 비록 양인이나 하는 일은 천한 일을 맡았다.

천민

천민의 대다수는 노비였다. 노비는 공공 기관에 속하는 공노비와 개인이나 사원 에 예속된 사노비가 있었다. 공노비에는 궁중과 중앙 관청이나 지방 관아에서 잡 역에 종사하면서 급료를 받고 생활하는 입역 노비와 지방에 거주하면서 농업에 종 사하는 외거노비가 있었다. 외거 노비는 농경을 하여 얻은 수입 중에서 규정된 액 수를 관청에 납부하였다.

사노비는 솔거노비와 외거노비로 구분되었다. 솔거 노비는 귀족이나 사원에서 직접 부리는 노비로서 주인의 집에 살면서 잡일을 돌보았으며, 외거 노비는 주인과

정도사 5층 석탑(국립대구박물관) 이 탑의 기 단부에는 국가가 평안하고 전쟁이 없으며 농사 가 잘되기를 바라는 마음으로 이 탑을 만들었다 고 적고 있다.

권농 정책

나라는 백성으로 근본을 삼고, 백성은 먹는 것으로 하늘을 삼는다. 만약 모든 백성의 마음을 회유하고자 한다면, 오직 삼농(봄 밭갈 이·여름 김매기·가을 추수)의 일할 시기를 빼앗지 않아야 할 것이다. 아, 너희 12목과 여러 주·진의 관리는 이제부터 가을까지 모두 잡 다한 업무를 정지하고 오로지 권농을 일삼을 것이다. 내가 장차 사신을 보내어 조사하여 밭의 황폐하고 개간된 것과 수령의 부지런하 고 태만한 것을 기준으로 해서 포상하기도 하고 폄출하기도 하겠다.

『고려사』, 권79, 「지」, 33, 식화 2, 농상, 성종 5년 5월

따로 사는 노비로서 주로 농업 등의 일에 종사하고 일정량의 신공(身貢)을 바쳤다.

특히, 외거노비는 주인의 토지뿐만 아니라 다른 사람의 토지도 소작할 수 있어서 노력에 따라서는 경제적으로 여유를 얻을 수 있었고, 자신의 토지도 소유할 수 있었다. 이처럼 외거노비는 비록 신분적으로는 주인에게 예속되어 있었으나, 경제적으로는 양민 백정과 비슷하게 독립된 경제생활을 영위할 수 있었다. 그리하여 외거노비 중에는 신분의 제약을 딛고 지위를 높인 사람이나 농업에 종사하면서 재산을 늘린 사람도 있었다.

원래 노비는 재산으로 간주되어 국가에서 엄격히 관리하였다. 매매, 증여, 상속의 방법을 통하여 주인에게 예속되어 인격적 대우를 받지 못하였다. 귀족은 재산으로 간주된 노비를 늘리기 위하여 부모 중의 한쪽이 노비이면 그 자식도 노비로 삼는 '일천즉천'(一賤卽賤)의 원칙으로 하였다.

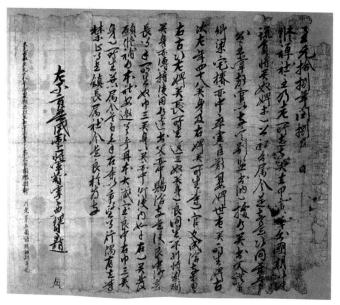

송광사 노비문서 1281년(충렬왕 7) 제작된 문서로 사형 또는 유배형에 처한 관료나 장군가의 노비를 절에 복속시킨다는 내용 등이 있다.

자료 스페셜 노비의 신분 향상

평량은 본래 평장사 김영관의 집 종으로 견주에 살면서 농사에 주력하여 부유하게 되자 권력을 가진 고관에게 뇌물을 먹여 천인의 신분을 면하고 양민으로 되었으며 산원 동정 벼슬까지 얻었었다. 그의 처가 바로 원지의 집 여종이었는데, 원지는 가세가 빈한하여 가족을 데리고 여종에게 가서 의탁하고 있었다. 평량은 후한 대우로써 원지를 위로하면서 서울로 돌아가라고 권유한 다음 비밀히 자기의 처남인 인무, 인비 등과 함께 도중에 기다리고 있다가 원지 부부와 아이들을 살해하였다. 평량은 속으로 기뻐하기를 상전이 없어졌으니 영원히 양민으로 될 수 있다 하여 자기 아들 예규에게 대정 벼슬을 얻어 팔관보 판관 박유진의 딸에게 장가를 보내고 또 처남 인무는 명경 학유 박우석의 딸에 장가를 보냈다. 내막을 아는 사람들은 누구나 다 통분히 여기더니 이때에 이르러 어사대에서 그들을 체포하여 문초한 다음 평량은 귀양을 보내고 유진과 우석의 벼슬을 파면시켰다. 인무, 인비, 예규 등은 모두 도망쳐 숨어 버렸다.

『고려사』 권20, 명종 18년

---

(1) 사회 시책과 법률

사회 시책

고려 시대의 농민은 조세, 잡역 등과 같은 여러 가지 부담을 졌다. 국가에서는 이를 위하여 여러 사회 시책을 펼쳤다. 농번기에 잡역을 면제하여 농업에 전념할 수 있도록 배려하였다. 자연 재해를 입은 농민에게는 그 피해 정도에 따라 조세와 부역을 감면해 주었다. 또, 고리대 때문에 농민이 몰락하는 것을 방지하기 위하여 법으로 이자율을 정하여 이자가 빌린 곡식과 같은 액수가 되면 그 이상의 이자를 받지 못하도록 하였다.

고려의 사회 제도 중에는 평시에 곡물을 비치하였다가 흉년에 빈민을 구제하는 의창이 있었는데, 이는 고구려의 진대법과 유사한 것이었다. 또, 개경과 서경 및 각 12목에는 상평창을 두어 물가의 안정을 꾀하여 백성이 안심하고 생업에 종사할 수 있도록 하였다.

의료 정책으로는 가난한 백성이 의료 혜택을 받도록 개경에 동·서 대비원을 설치하여 환자 진료 및 빈민 구휼을 담당하게 하였으며, 혜민국을 두어 의약을 전담하게 하였다. 또한, 각종 재해가 발생하였을 때 구제도감이나 구급도감을 임시 기관으로 설치하여 백성의 구제에 힘썼다. 그리고 기금을 마련한 뒤 이자로 빈민을 구제하는 제위보를 설치하였다.

상약국에서 사용한 청자상감 그릇(한독의학박물관)

법률

고려 시대 법률은 당나라 법률을 모방한 71조의 법률과 보조 법률이 있었으나

자료 스페셜 　사회 시책과 법률

○ **의창**

내가 듣건대 오직 덕으로 정치를 잘 할 수 있고 정치는 백성을 기르는 데 있으며, 나라는 백성으로 근본을 삼고 사람은 먹는 것으로 하늘을 삼는 것이다. 우리 태조께서 흑창을 설치하여 가난한 백성에게 대여하는 것을 법으로 삼았다. 지금 백성은 점점 늘어나는 데도 저축은 많지 못하니 쌀 1만 석을 더 보태고 이름을 의창이라 고치겠다. 또 여러 주·부에도 각기 의창을 설치하고자 하니 맡은 관원은 그 지역 인구와 호구의 많고 적음과 창고에 있는 곡식의 수량을 조사하여 아뢰어라.

『고려사』 권80, 「지」 34, 식화 3, 상평의창

○ **고려사 형법지**

형벌은 지나간 일을 징계하고 법은 아직 일어나지 않은 일을 예방하는 것이니, 이미 일어난 일을 징벌하여 사람들로 하여금 두려움을 알게 하는 것은 일을 미연에 방지하여 사람들로 하여금 피할 줄 알게 하는 것만 못하다. 그러나 형이 없으면 법이 시행될 수 없다. 이것이 선왕이 병용하면서 어느 한 가지도 없애지 못한 까닭이다. …… 우리나라의 제도는 대개 당나라 제도를 모방하였고, 형법에 이르러서도 당나라 법률을 채록하여 시의(時宜)를 참작하여 사용하였다. …… 그러나 그 폐단은 법망을 펴지 못하고 형벌은 완화되고 사면이 잦아서 간사하고 흉악한의 무리들이 법망을 벗어나서 제멋대로 하여도 제지하지 못하였고, 말기에 이르러서는 그 폐단이 극에 달하였다. 이렇게 되어 원나라의 『의형역람』과 명나라 『대명률』을 섞어서 쓰자는 의견도 나왔고, 또 『지정조격』·『언행사의』를 겸해서 채용하자고 책을 만들어 바친 자도 있었다.

『고려사』 권84, 「지」 38, 형법 1

5형벌

태형	회초리로 볼기를 치는 형벌
장형	곤장으로 볼기를 치는 형벌
도형	징역
유형	귀양
사형	목을 매달아 죽이는 형벌, 베어 죽이는 형벌

일상 생활과 관계되는 관습법을 중심으로 자치 질서를 인정하였다. 지방관은 대부분 관습법을 적용하여 사법권을 행사하였다. 죄의 종류는 모반죄·대역죄·악역죄·불효죄·살인죄·강도죄·절도죄 등이 있었고 형벌은 태(笞)·장(杖)·도(徒)·유(流)·사(死)의 5형으로 나누었다.

반역죄·불효죄는 엄벌하였고 귀양형 중 부모 사망 시에는 7일간 휴가를 주고 노부모 봉양 시에는 형벌 집행을 보류하기도 하였다. 사형의 경우는 신중하여 3심제를 적용, 2심까지는 형부가, 3심은 국왕과 관리의 합의 하에 진행하였다.

(2) 사회 제도와 사회 모습

가족 제도와 여성의 지위

가족 제도는 기본적으로 대가족 제도를 유지하였다. 그러나 남녀 간의 차별은 없었으며 여성도 동등한 자식, 혹은 부부로서 자신의 권한과 책임을 가지고 행동하였다. 재혼도 비교적 자유로웠으며 재산 상속이나 부모 제사에 대한 책임 등이 동등하게 이루어졌다.

고려 시대에는 대략 남자는 20세 전후, 여자는 18세 전후에 혼인을 하였다. 이 시기 대부분의 남자들은 혼인 후 오랫동안 처갓집에서 생활을 하였는데 이를 서류부가혼 또는 남귀여가혼이라 하였다. 이러한 형태의 혼인으로 자녀들은 대부분 외가에서 태어나 어린 시절의 상당 기간을 외가에서 보냈다. 또한, 혼인한 여성이 친정 부모와 함께 사는 경우도 적지 않았다.

남귀여가혼(男歸女家婚)
신랑(사위)가 신부집(처가)에서 사는 결혼 풍습으로 서류부가혼(壻留婦家婚)이라고도 부른다.

고려 초에 왕실에서는 친족 간의 혼인이 성행하였다. 중기 이후 여러 번의 금령에도 불구하고, 이러한 풍습은 사라지지 않았다. 혼인 형태는 일부일처제가 일반적인 현상이었다. 아들이 없을 때에는 양자를 들이지 않고 딸이 제사를 지냈으며, 상복 제도에서도 친가와 외가의 차이가 크지 않았다.

자료 스페셜 고려 사회의 혼인 제도와 재산 상속

○ **혼인 모습**
○ 옛날에는 친영(親迎)에 부인이 남편의 집으로 시집오므로 처가(妻家)에 의뢰하는 일이 거의 없었는데, 지금은 장가듦에 남자가 처가로 가니(男歸于女), 무릇 자기의 필요한 것을 다 처가에 의거하여 장인·장모의 은혜가 자기 부모와 같습니다.

이규보, 『동국이상국집』 권37, 제외구대부경진공문

○ 전의부영 이곡이 원에 있을 때, 원의 어사대에 동녀(童女) 구함을 파할 것을 청하였다. 그 일을 위해 고려 조정을 대신하여 글을 올리기를 "…… 고려의 풍속을 생각컨대 아들과는 함께 살지 않을지언정 딸은 집에서 내보내지 않으니, 진나라 때의 췌서(贅壻)제도와 비슷합니다. 그래서 무릇 부모 봉양하는 것은 딸이 맡아서 주관하는 일입니다."라고 하였다.

『고려사절요』 권25, 충숙왕 후 4년 윤12월

○ **재산 상속과 혼인**
어머니가 일찍이 재산을 나누어 줄 때 나익희에게는 따로 노비 40명을 물려주었다. 나익희는 "제가 6남매 가운데 외아들이라 해서 어찌 사소한 것을 더 차지하여 여러 자녀들로 하여금 화목하게 살게 하려 한 어머니의 거룩한 뜻을 더럽히겠습니까? 라고 하면서 사양하자 어머니가 옳게 여겨 그의 말을 따랐다.

『고려사』 권104, 「열전」17, 제신(諸臣)

이혼은 대부분 남성의 선택이긴 했지만 여성이 이혼을 요구하는 경우도 있었다. 남편을 버린 여성의 재혼에 대한 사회적 인식도 나쁘지만은 않았다.

고려 시대 여성은 사회 진출에 제약이 있으나 가족 내 여성의 지위는 비교적 높았다. 재산의 자녀 균분 상속이 이루어지고 연령순으로 호적에 기록하였으며 딸의 제사상속도 가능하였다. 여성은 자신만의 노비를 소유할 수 있었고, 그들 소유 노비는 남편 소유의 노비와 엄격하게 구별되었다.

뿐만 아니라 처가와 외가에 대한 차별 없어 처가살이가 성행하였으며 사위가 처가의 호적에 입적하여 처가에서 생활하는 경우가 적지 않았다. 사위와 외손자에게까지 음서의 혜택이 있었다. 공을 세운 사람의 부모는 물론 장인과 장모도 함께 상을 받았다. 여성의 재가는 비교적 자유롭게 이루어졌고, 그 소생 자식의 사회적 진출에도 차별을 두지 않았다.

특히, 고종 때 관료인 손변의 기록을 보면 이때 부모의 유

염경애 묘지명 고려 중기 관료이자 효자인 최누백이 죽은 첫 부인 염경애를 위해 지은 묘지명으로 가난한 하급 관료 시절 고생했던 아내를 기억하고 애통해 한 내용이다. 묘지명에 의하면, 아내가 평소에 말하기를 "뒷날 불행하게도 내가 천한 목숨을 거두고 당신은 많은 녹봉을 받아 잘되더라도 나를 살릴 재주가 없다고 하지 마시고 가난을 이겨냈던 일은 잊지 말아 주세요"라고 하였는데 말을 마치고는 크게 탄식을 한 사실 등을 적고 아내와 함께 묻히지 못한 것에 대한 애통함을 나타내고 있다.

고려 사회에서의 여성의 지위와 자녀 균분 상속

○ **여성의 지위**

박유가 왕에게 글을 올려 말하기를 "우리나라는 남자는 적고 여자가 많은데, 지금 신분의 높고 낮음을 막론하고 처를 하나 두는 데 그치고 있으며 아들이 없는 자들까지도 감히 첩을 두려고 생각하지 않고 있습니다. …… 그러므로 청컨대 여러 신하, 관료들로 하여금 여러 처를 두게 하되 품위에 따라 그 수를 점차 줄이도록 하여 보통 사람에 이르러서는 1인 1첩을 둘 수 있도록 하며 여러 처에게 낳은 아들도 역시 본처가 낳은 아들처럼 벼슬을 할 수 있게 하기를 원합니다. 이렇게 한다면 나라 안에 원한을 품고 있는 남자와 여자들이 없어지고 인구도 늘게 될 것입니다."라고 하였다. 부녀자들이 이 소식을 듣고 원망하고 두려워하지 않는 자가 없었다. 때마침 연등회 날 저녁 박유가 왕의 행차를 호위하여 따라갔는데 어떤 노파가 그를 손가락질하면서, "첩을 두고자 요청한 자가 저 놈의 늙은이이다."라고 하니, 듣는 사람들이 서로 전하여 서로 가리키니 거리마다 여자들이 무더기로 손가락질하였다. 당시 재상들 가운데 부인을 무서워하는 자들이 있었기 때문에 그 건의를 정지하고 결국 실행되지 못하였다.

『고려사』, 권106, 「열전」19, 박유전

○ **손변의 재산 상속 재판**

손변이 경상도 안찰사가 되었을 때 남매간에 서로 소송하는 일이 있었다. 그 남동생이 말하기를, "한 딸과 한 아들이 다같이 같은 부모에게서 태어났는데, 어찌하여 누님만이 홀로 부모의 유산을 차지하고, 아들에게는 나누어 주지 않는단 말입니까." 라고 하였다. 이에 누이는, "아버지가 임종하실 때에 전 가산을 나에게 주었다. 네가 얻은 것은 검은 의관 한 벌과 미투리 한 켤레, 종이 한 권뿐이다. 아버지가 쓰신 증서가 모두 여기 있는데, 어찌 어길 수 있겠는가." 라고 반박하여 여러 해 동안 판결을 내리지 못하고 있었다. 이에 공이 두 사람을 불러 묻기를, "너희들의 아버지가 임종할 때 어머니는 어디에 있었느냐?" 하니, 먼저 돌아가셨다고 대답하였다. 또, 공은 "너희들은 그때 나이가 몇이나 되었느냐?" 물으니, 누이는 출가하였고, 아우는 아직 어릴 때였다고 대답하였다. 공이 그들에게 타이르기를, "부모의 마음은 아들이나 딸에게 똑같은 것이다. 어찌 장성하여 출가한 딸에게만 후하고, 어머니도 없는 아들에게 박하였겠느냐. 돌아보건대 어린아이가 의지할 곳은 누이뿐이라. 만약에 유산을 누이와 똑같이 남겨주면 그 사랑이 혹시 지극하지 못할까 양육하는 것이 혹시 완전하지 못할까 염려한 것이다. 그리고 아이가 장성하면 이 종이로 소장(訴狀)을 작성하고 검은 의관에 미투리를 신고 관가에 고발하면 이를 판별할 자가 있을 것이라고 생각한 것이다. 유독 이 네 가지 물건을 준 것은 대체로 이러한 뜻이라고 생각한다." 하였다. 이에 두 사람은 이 말을 듣고 감동하여 서로 마주 보며 울었다. 공은 드디어 재산을 반씩 나누어 주었다.

이제현 『익재집』, 「역옹패설」 전집, 권2

매향

불교 신앙의 하나로, 미륵을 만나 구원을 받고자 향나무를 바닷가에 묻는 활동이다. 매향은 미륵불이 용화세계(龍華世界)에서 성불하여 수많은 중생들을 제도할 때 그 나라에 태어나서 미륵불의 교화를 받아 미륵의 정토에서 살겠다는 소원을 담고 있으며, 이와 같은 소원을 기록한 것이 매향비이다.

사천 매향비(경남 사천) 4,100명이 모여 침향목(沈香木)을 묻고 내세의 행운 등 소원을 빈 내용이 있다.

산으로 야기된 남매간의 재산 상속에 대한 송사(訟事)를 지혜롭게 해결하는 일화를 남기기도 하였다.

생활 모습과 풍속

농민은 일상 의례와 공동 노동 등을 통하여 공동체 의식을 다졌다. 공동체 조직의 대표적인 것이 불교의 신앙 조직이었던 향도였다. 향도는 매향 활동을 하면서 대규모 인력이 동원되는 불상, 석탑의 조성이나 절을 지을 때에도 주도적인 역할을 하였다. 후기에 이르러 점차 신앙적인 향도에서 자신들의 이익을 목적으로 조직되는 향도로 변모되어 마을 노역, 혼례와 상장례, 민속 신앙과 관련된 마을 제사 등 공동체 생활을 주도하는 농민 조직으로 발전해 갔다.

풍속은 부처에게 제사지내는 연등회와 토속신앙과 불교가 융합된 팔관회가 성행하였으며, 명절은 설날·대보름·삼짇날(3월 3일)·석존제·단오절(5월 5일)·유두(6월 15일)·백중(7월 15일)·중추절(가위 : 8월 15일)·중양절(9월 9일)·상달(10월 15일)·동지 등이 있었다. 오락으로는 공치기·씨름·제기·석전·바둑·장기·윷·연·광대놀이·꼭두각시 놀이 등이 있었다.

의복 관계는 4대 광종 때 공복 제도를 마련하였으나 시대에 따라 달랐다. 평민은 대개 흰옷을 입었고, 여자들은 홍색·황색의 옷도 입었다. 남자는 상투·두건을 썼고, 부인은 머리에 쪽을 쪘으며, 귀부인은 외출 때 너울을 썼다. 처녀는 붉은 댕기, 총각은 검은 댕기를 달았고, 귀족은 가죽신, 서민은 짚신을 신었다. 죄인은 관이나 두건을 쓰지 못하였다.

장례 풍속은 불교의 성행으로 화장 풍습이 퍼졌고, 부모상은 100일 동안 복상하였으며, 고려 말에 『주문공가례』가 수입된 뒤에 3년 동안 상복을 입는 풍습이 시작되었다.

개심사지 5층 석탑(경북 예천) 1010년 제작된 탑으로 기단부에 향도 등을 중심으로 만들었다고 기록되어 있다.

3 고려의 경제

1. 경제 구조와 경제 정책

2. 경제 활동과 경제 생활

통도사 국장생 석표(경남 양산) 선종 2년(1085)에 제작된 것으로 사찰이 가지고 있었던 토지의 경계선 역할을 한 것으로 여겨진다.

　백성을 부유하게 하고 국가를 이롭게 하는 것으로 전화(錢貨)만큼 중요한 것이 없다. 서쪽의 송나라와 북쪽의 요나라에서는 이를 유통시킨 지 이미 오래되었는데, 우리나라만 홀로 아직 유통시키지 않고 있다. 지금 비로소 화폐를 주조하는 법을 제정하노니, 이에 따라 주조한 화폐 15,000관(貫)을 재추·문무양반·군인들에게 나누어 주어 유통의 시초로 삼으며 화폐의 이름을 해동통보(海東通寶)라 한다. 처음으로 화폐를 사용하는 사실을 태묘(太廟)에 고할 것이다.

－『고려사』권79, 지33 식화2 화폐, 숙종 7년 12월 －

고려 시대에 유통된 화폐들(위 왼쪽부터 : 건원중보, 동국통보, 해동통보, 삼한통보, 은병)

약초(국립해양유물전시관) 신안침몰선에서 나온 약초로 당시 고려 수입품의 하나였다.

(1) 경제 구조

수취 체제

고려는 신라 말의 문란한 수취 체제를 다시 정비하고 재정 운영에 필요한 관청도 설치하였다. 고려는 재정을 안정적으로 운영하기 위하여 토지와 호구를 조사하여 토지 대장인 양안과 호구 장부인 호적을 작성하였다. 이것을 근거로 조세·공물·부역 등을 부과하였다.

조세는 토지 소유자에게 부과하였는데 논과 밭을 비옥도에 따라 3등급으로 구분하여 부과하였다. 지대 수조율에서 민전은 1/10, 공전은 1/4, 사전은 1/2을 각각 징수하였다. 거둔 조세는 각 군현의 조창까지 옮긴 다음, 조운을 통해 개경으로 집결하여 사용하였다.

공물은 집집마다 토산물을 거두는 제도이다. 중앙 관청에서 필요한 공물의 종류와 액수를 나누어 주현에 부과하면, 주현은 속현과 향, 부곡, 소에 이를 할당하고, 각 고을에서는 향리들이 집집마다 공물을 거두었다. 호별로 부과되는 공납은 포(布)나 토산물을 현물로 납부하였고 마을 단위 부과하였다. 종류로는 매년 지정 품목인 상공과 국가 수요에 따라 비정기적으로 내는 별공 및 왕실을 위해 납부하는 진상이 있었다.

부역은 국가에서 백성의 노동력을 무상으로 동원하는 제도로 16세에서 60세까지의 남자를 정남(丁男)이라 하여 의무를 지게 하였다. 부역은 군역과 요역으로 이루어져 있었다.

이 밖에 어민에게 어염세를 거두거나 상인에게 상세를 거두어 재정에 사용하였다.

이런 수취 제도를 기반으로 고려는 재정 운영의 원칙을 세우고, 국가와 관청에

구분	관련 내용
조세	• 전답에 부과(토지세) • 조세율 　- 민전 : 수확량의 1/10 　- 공전 : 수확량의 1/4 　- 사전 : 수확량의 1/2
공물 (납)	• 고을 할당 • 호구별 수취, 토산물을 현물로 납부 • 상공 : 해마다 정기적인 공물 • 별공 : 수시로 거두는 공물
부역	• 정남 : (16~60세)를 대상으로 한 노동력 수취 • 군역 : 일정 기간 동안 군대에 복무 • 요역 : 토목 공사(성곽, 관아, 제방 등)

자료 스페셜 경제 정책

○ **개간 사업**

진전(황폐해진 경작지)을 개간하여 경작하는 자는 사전(개인 소유지)의 경우 첫해에는 수확의 전부를 가지고, 2년째부터 경작지의 주인과 수확량을 반씩 나눈다. 공전(국가 소유지)의 경우에는 3년까지 수확의 전부를 가지고, 4년째부터 법에 따라 조(租)를 바친다.

『고려사』 권78, 「지」32 식화 1, 조세

○ **공부(貢賦)**

나라의 부세(賦稅)의 법에 조는 모두 전토에서 나오고, 이른바 상요(常徭), 잡공(雜貢)은 그 지역의 소출로써 관에 납부하는 것이니, 대개 당의 조·용·조를 이은 것이다. 전하(태조)께서는 부세가 무거워 우리 백성들이 곤란을 겪을까 염려하여 유사에 명하여 전부(田賦)를 바르게 고치는데 …… 상요·잡공은 다만 관부에 내는 숫자만 정했을 뿐, 호(戶)에 대해 모물(某物)을 내어 '조(調)'라 하고, 몸에 대해 모물을 '용(庸)'이라 하는가를 분명히 하지 않았다. (이에) 세리(稅吏)들이 약점을 이용하여 간계를 써서 함부로 수탈하기 때문에 백성들은 더욱 곤궁해지고 매우 부자인 집들은 갖가지 방법으로 피하니 (국가의) 재용이 도리어 부족해지고 있다. 전하께서 백성을 사랑하여 부세를 정한 뜻을 아래에서 강구하지 않으니 유사의 책임이다. 다행히 무사하고 한가한 때에 강구하여 시행하여야 할 것이다.

『조선경국전』 상, 부전 부세)

종사하는 사람에게 토지에서 조세를 거둘 수 있는 권리인 수조권을 나누어 주었다. 재정은 관리의 녹봉·일반 비용·국방비·왕실 경비 등에 지출하였다. 각 관청은 관청 운영 경비로 사용할 수 있도록 토지를 지급받았으나, 경비가 부족한 경우에는 그 비용을 각 관청에서 스스로 마련하기도 하였다. 그리고 재정을 운영하는 관청으로 호부와 삼사를 두었다.

전시과 체제

고려는 초기 역분전이라 하여 태조 때 개국 공신에게 논공행상적 성격으로 지급한 토지가 있었다. 이어 국가에 봉사하는 대가로 관료에게 토지를 나누어 주는 전시과 제도를 운영하였다.

전시과는 경종 대에 4색 공복 제도와 역분전을 토대로 하고 관품과 인품을 반영한 시정 전시과가 있었다. 목종대에는 문무 전·현직 관리에게 18등급으로 나누어 차등 지급한 개정 전시과가 시행되었다. 개정 전시과는 관품만을 기준으로 지급하여 모호한 기준인 인품을 제거하였고 군인에 대한 수급을 명시했으며 산관(散官: 전직 관리)에게 현직 관리에 비해 몇 과를 낮추어 지급하였다. 또 문신을 우대하여 무관에게 같은 품계의 문관에 비해 적은 토지를 지급하였다. 문종대에는 무관에 대한 대우를 개선하여 현직 관리에게만 전시를 지급함으로써 산관은 탈락하였다. 이를 경정 전시과라 한다.

전시과의 특징은 국가는 문무 관리로부터 군인, 한인에 이르기까지 18등급으로 나누어 곡물을 수취할 수 있는 전지와 땔감을 얻을 수 있는 시지를 주었다는 사실이다. 이 때 지급된 토지는 수조권만 가지는 토지였다. 관직 복무와 직역에 대한 반대급부로 지급되었으므로 토지를 받은 자가 죽거나 관직에서 물러날 때에는 토지를 국가에 반납하도록 하였다. 그러나 공음전은 직역의 세습으로 사실상 세습되었다.

녹봉
고려 시대 관리가 된 귀족은 과전에서 생산량의 1/10을 거두었으며, 녹봉으로 1년에 두 번씩 곡식이나 비단을 받았다. 녹봉은 관료를 47등급으로 나누어 1등급은 400석을 받고 최하 47등급은 10석을 받았다.

고려 토지 제도의 변천

구분	시기	지급 대상	특징
역분전	태조(940)	개국 공신	논공행상 성격
시정 전시과	경종(976)	문무 전현직 관리	관직 등급과 인품 반영
개정 전시과	목종(998)	문무 전현직 관리	관직 기준 (18등급)
경정 전시과	문종(1076)	문무 현직 관리	현직 위주. 무관의 차별

공전과 사전
국가가 수조권을 가지고 있으면 공전, 개인이 수조권을 가지고 있으면 사전이다.

전시과의 전지와 시지 지급 액수

			1	2	3	4	5	6	7	8	9	10	11	12	13	14	15	16	17	18
경종 (976)	시정 전시과	전지	110	105	100	95	90	85	80	75	70	65	60	55	50	45	42	39	36	33
		시지	110	105	100	95	90	85	80	75	70	65	60	55	50	45	40	35	30	25
목종 (998)	개정 전시과	전지	100	95	90	85	80	75	70	65	60	55	50	45	40	35	30	27	23	20
		시지	70	65	60	55	50	45	40	35	33	30	25	22	20	15	10			
문종 (1076)	경정 전시과	전지	100	90	85	80	75	70	65	60	55	50	45	40	35	30	25	22	20	17
		시지	50	45	40	35	30	27	24	21	18	15	12	10	8	5				

(2) 경제 정책

경제 정책

고려는 건국 초부터 농민의 생활 안정과 국가 재정을 확보하기 위해 농업을 중시하는 정책을 추진하였다. 또, 국가 재정의 토대가 토지에 있다고 하여 개간한 땅에 대해서는 일정 기간 면세하여 줌으로써 개간을 장려하고, 농번기에는 잡역 동원을 금지하여 농사에 지장을 주지 않게 하였다. 재해를 당했을 때에는 세금을 감면해 주고, 고리대의 이자를 제한하였으며, 의창제를 실시하는 등 농민 안정책을 더욱 강화하였다.

토지 제도

고려 시대 토지는 관리에게 업무의 대가로 주던 과전이 있었다. 그러나 문벌 귀족의 세습적인 경제적 기반이 되었던 것은 공음전이었다. 공음전은 5품 이상의 관료가 되어야 받을 수 있는데, 자손에게 세습할 수 있었다. 이는 음서제와 함께 귀족의 지위를 유지해 나갈 수 있는 경제적 기반이었다.

한인전은 6품 이하 하급 관료의 자제로서 관직에 오르지 못한 사람에게 지급한 토지인데, 이것은 관인 신분의 세습을 위한 것이다. 군인전은 군역의 대가로 주는 토지로 군인전은 군역이 세습됨에 따라 자손에게 세습되었다. 하급 관료와 군인의 유가족에게는 구분전을 지급하여 생활 대책을 마련해 주었다. 한편, 왕실의 경비를 충당하기 위하여 내장전을 두었다. 중앙과 지방의 각 관청에는 공해전을 지급하여 경비를 충당하게 하였고, 사원에는 사원전을 지급하였다.

민전은 매매·상속·기증·임대 등이 가능한 사유지로서 토지의 근간이었다. 귀족이나 일반 농민의 상속, 매매, 개간을 통하여 형성되었다. 민전은 소유권이 보장되어 함부로 빼앗을 수 없는 토지였으며 민전의 소유자는 국가에 일정한 세금을 내야 했다. 대부분의 경작지는 개인 소유지인 민전이었지만, 왕실이나 관청의 소유지도 있었다.

전시과 제도는 점차 귀족들이 토지를 독점하여 세습하는 경향이 커지면서 원칙대로 운영되지 못하였다. 다시 분배해야 할 토지를 세습하는 것이 용인되면서 조세를 거둘 수 있는 토지도 점차 줄어들었다. 이런 폐단은 무신정변을 거치면서 극도로 악화되었고, 결국 고려 말에는 국가 재정이 파탄 지경에 이르렀다.

사패전(賜牌田)
사패전은 황무지나 진황지를 지배층이나 기구에게 분급해 주는 제도였는데, 고려 후기에는 당시 지배층에게 충성에 대한 대가로 수조지를 분급해 주는 것이 어려워 사패전을 지급하였다. 그런데 사패전을 지급 받은 자는 관료가 아니라 대체로 왕권과 직결된 제왕, 재추, 호종, 신료, 궁원, 공주 등이었다. 사패전은 개간을 전제로 한 것이어서 소유권을 확보하였고, 국가가 지급한 것으로 전조를 면제받았다. 고려 후기에 사패전은 귀족들이 농장을 확대하는 중요한 방법으로 이용하였다.

자료 스페셜   전시과(田柴科) 체제

○ 문종 3년 5월에 양반 공음 전시법(兩班功蔭田柴法)을 정하였다. 1품은 문하시랑 평장사로 전 25결 시지 15결이며, 2품은 참정 이상으로 전 22결 시지 12결이고, 3품은 전 20결 시지 10결이며, 4품은 전 17결 시지 8결이고, 5품은 전 15결 시지 5결이다. 자손에게 전하고 산관은 5결을 감한다. 악공, 천구로서 방량된 원리는 모두 받을 수 없다.

『고려사』, 권78, 「지」32, 식화 1, 전제 공음전시

○ 고려 전제에서 …… 문무백관으로부터 부병·한인에 이르기까지 (토지를) 과에 따라 받았다.

『고려사』, 권78, 「지」32, 식화 1, 전제

○ 20세에 달한 자에게 비로소 주어지며 60세가 된 군인은 군인전을 국가에 반납시키는 것을 원칙으로 한다. 그의 자손 친척이 있는 경우에는 전정(田丁)을 교체시켜 주었다. 아들이 없는 경우에는 감문위(監門衛)에 소속시켰다가 70세가 지난 후에 구분전을 지급하고 나머지 토지는 회수하였으며 자손이 없이 죽은 군인의 처나 전사자의 처에게는 모두 구분전 약간씩을 지급한다.

『고려사』, 권78, 「지」32, 식화 1, 전제 서

(1) 경제 활동

귀족과 농민의 경제 활동

귀족의 경제 기반은 대대로 상속받은 토지와 노비, 관료가 되어 받은 과전과 녹봉 등이 있었다. 관리가 된 귀족은 과전에서 생산량의 1/10을 거두었으며, 녹봉으로 1년에 두 번씩 곡식이나 비단을 받았다.

귀족은 자신의 소유지를 노비에게 경작시키거나 소작을 시켜 생산량의 1/2을 거두었다. 또, 외거 노비에게 신공으로 매년 베나 곡식을 받았다. 이들은 권력이나 고리대를 이용하여 농민의 토지를 빼앗거나, 헐값에 사들이기도 하였다. 또 개간을 통해 토지를 늘렸다. 이렇게 늘어난 토지를 농장이라 하였고, 대리인을 보내 소작인을 관리하고 소작료를 거두어 갔다.

청자 완(청주박물관) 찻잔으로 사용한 그릇이다.

이러한 수입을 기반으로 귀족은 화려한 생활을 할 수 있었다. 문벌 귀족이나 권문세족은 큰 누각을 짓고 사치스러운 생활을 하였을 뿐만 아니라, 지방에 별장도 가지고 있었다. 이들이 외출할 때에는 남녀 모두 시종을 거느리고 말을 타고 다녔으며, 차(茶)를 다점(茶店)에서 즐기기도 하였다. 고려 시대는 차 문화의 전성기로 왕이 신하와 백성들에게 하사하고, 중국과의 교류에 차가 중요 품목이 되었다.

농민의 경우 조상이 물려준 토지인 민전을 경작하거나, 국·공유지나 다른 사람의 소유지를 경작하였다. 또 품팔이를 하거나 부녀자들이 삼베, 모시, 비단 등을 짜는 일을 하여 생계를 유지하였다. 대개 농민은 소득을 늘리려고 황무지를 개간하고 새로운 농업 기술을 배웠다.

시비법(施肥法)의 발달
밭을 묵혀서 그 밭에서 자란 풀을 태우거나 갈아엎어 비료로 사용하던 방식에서 들의 풀이나 갈대를 베어 와 태우거나 갈아엎은 녹비에 동물의 똥오줌을 풀이나 갈대와 함께 사용하는 퇴비가 만들어졌다.

다랑이논(경남 남해) 계단식 논이라고도 한다.「고려도경」에 의하면 고려의 논 대부분이 계단식이었다고 말하고 있다.

혜음원지(경기 파주) 예종 때 국립 숙박 시설로 왕이 남경(서울)으로 행차할 때 행궁 역할도 했다.

자료 스페셜 　문벌 귀족의 사치 생활

김돈중 등이 절의 북쪽 산은 민둥하여 초목이 없으므로 그 인근의 백성을 모아 소나무, 잣나무, 삼나무, 전나무와 기이한 꽃과 이채로운 풀 등을 심고 단을 쌓아 임금의 방을 꾸몄는데, 아름다운 색채로 장식하고 대의 섬돌은 괴이한 돌을 사용하였다. 하루는 왕이 이곳에 행차하니, 김돈중 등이 절의 서쪽 대에서 잔치를 베풀었다. 휘장, 장막과 그릇 등이 몹시 사치스럽고 음식이 진기하여 왕이 재상, 근신들과 더불어 매우 흡족하게 즐겼다.

「고려사」 권98,「열전」11, 김돈중

농민이 진전이나 황무지를 개간하면 국가에서 일정 기간 소작료나 조세를 감면해 주었다. 경작하던 주인이 방치해서 황폐해진 토지인 진전을 개간할 때, 주인이 있으면 소작료를 감면해 주고, 주인이 없으면 개간한 사람의 토지로 인정해 주었다.

(2) 경제 생활

농업의 발달

12세기에 이르러 연해안의 저습지와 간척지도 개간되어 경작지가 확대되어 갔다. 특히 강화도 피난 시기(1231~1270) 이후에는 강화도 지방을 중심으로 한 간척 사업이 추진되었다. 그리고 수리 시설의 발달도 이루어졌다. 김제의 벽골제와 밀양의 수산제가 개축되었으며, 소규모의 저수지도 확충되었다.

강화 간척지 지도

호미와 보습 등 농기구의 개선과 종자 개량도 이루어졌다. 소를 이용한 깊이갈이가 일반화되고 시비법이 발달하면서 휴경지가 점차 줄어 계속해서 경작할 수 있는 토지가 늘었다. 밭농사는 2년 3작 윤작법이 점차 보급되었고, 논농사도 고려 말에는 직파법 대신에 이앙법(모내기)이 남부 지방 일부에 보급될 정도로 발전하였다. 고려 후기에는 이암이 중국의 농서인 『농상집요』를 소개하여 농업 발전에 기여하였다.

자료 스페셜 고려시대의 경제 생활

○ 개간

겸병하는 집안의 조세를 거두는 무리들이 병마사·부사·판관이라 칭하거나, 혹은 별좌라고 관직을 자칭하고 수종하는 사람 수 십인과 말 수 십필을 타고 다니면서 수령을 업신여기고 안렴사의 규찰을 꺾고 음식을 마음대로 먹고 여관의 경비를 낭비하고 있습니다. 가을부터 (다음해) 여름에 이르기까지 무리를 지어 횡행하면서 폭행하고 약탈하는 것이 도적의 갑절이나 되니 각 지방이 이로 말미암아 피폐하게 되었습니다. 이 자들이 전호(佃戶 : 땅 붙이는 자)의 집에 들어가서는 술과 음식을 싫증나도록 먹고 말에게 알곡을 싫도록 먹이고, 햅쌀을 먼저 바치게 하고 무명·삼베·각전(脚錢 : 여비)·개암·밤·대추·말린 고기에 이르기까지 억지로 싸게 사는 수법으로 세의 10배를 거두니 세를 바치기 전에 재산은 이미 없어져 버립니다.

『고려사』 권78, 지 32, 식화1, 전제 녹과전 신우 14년 7월 대사헌 조준 등 상서

○ 수차(水車)의 이용과 이앙

(공민왕) 11년에 밀직제학 백문보가 상소문을 올려 말하기를 "양자강과 회수의 백성들이 농사를 지으면서 수해와 한재를 근심하지 않은 것은 수차(水車)의 힘 때문입니다. 우리나라 사람들은 논을 다루는 자는 반드시 크고 작은 도랑을 파서 물을 댈 뿐이요 수차로 물을 쉽게 댈 수 있다는 것을 알지 못합니다. 그러므로 논 아래에 물웅덩이가 있고 그 깊이가 한 길도 못되는데 그 물을 내려다 볼 뿐 감히 퍼 올리지 못합니다. 그래서 낮은 땅은 물이 항상 괴어 있고 높은 땅은 풀이 무성해 있는 것이 십중팔구나 됩니다. 마땅히 계수관에게 명령하여 수차를 만들게 하고 그 만드는 법을 배우게 한다면 민간에 전해 내려갈 수 있게 될 것입니다. 이것이 가뭄의 해에 대비하고 황무지를 개간하는 데 있어서 제일의 계책입니다. 또 백성들이 하종(下種, 직파)과 삽앙(揷秧, 이앙)을 겸해 쓰면 역시 한재를 막을 수 있고 곡식종자를 잃어버리지 않을 것입니다."라고 하였다.

『고려사』 권79, 「지」33, 식화2, 농상

상업과 수공업의 발달

고려 후기에는 국가가 재정 수입을 늘리기 위하여 소금의 전매제를 시행하였다. 또 관청, 관리, 사원 등은 강제로 농민에게 물건을 판매하거나 구입하도록 하고 조세를 대납하는 등 농민을 강제적으로 유통 경제에 참여시켰다. 이 과정에서 상업을 통해 부를 축적하여 관리가 되는 상인이나 수공업자도 생겨났다.

고려 후기에 이르러 도시와 지방의 상업 활동이 전기보다 활발해져 시전 규모도 확대되고 업종별 전문화가 나타났다. 개경의 상업 활동은 점차 도성 밖으로 확대되었으며, 예성강 하구의 벽란도를 비롯한 항구들이 교통로와 산업의 중심지로 발달하였다.

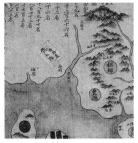
국제 무역항 벽란도(碧瀾渡)

지방 상업에서는 행상의 활동이 두드러졌다. 조운로를 따라 미곡, 생선, 소금, 도자기 등이 교역되었으며, 새로운 육상로가 개척되면서 여관인 원(院)이 발달하여 이곳이 상업 활동의 중심지가 되었다.

원나라가 중국을 지배할 무렵에는 유라시아 대륙을 연결하는 원나라의 교통로를 따라 많은 서역인들이 고려에 들어와 활동하였다. 그들에 의해 다양한 국제적 문화교류가 이루어졌고, 교역도 함께 이루어졌다. 오늘날 간식으로 사랑받는 만두, 순대를 비롯하여 소주, 설렁탕 같은 음식들도 이 때에 이르러 고려에서 유행하기 시작하였다.

문익점(1329~1398)

특히, 문익점이 원으로부터 목화씨를 가져온 것으로 비롯된 목화의 전래는 이후 우리나라 사람들의 의생활에 큰 변화를 가져왔다. 삼베 위주의 의류에서 옷에 솜을 넣은 면화의 등장으로 겨울나기가 보다 쉬워졌기 때문이다.

고려의 상업은 개경에 시전을 설치하여 관청과 귀족이 주로 이용하게 하였고, 경시서를 두어 상행위를 감독하였다. 개경, 서경(평양), 동경(경주) 등 대도시의 수공업장에서 생산한 물품을 판매하는 서적점·약점, 술·차 등을 파는 주점, 다점 등 관영 상점을 두기도 하였다.

한편, 지방에서는 농민, 수공업자, 관리 등이 관아 근처에 모여들어 쌀, 베 등 일

자료 스페셜 고려시대의 경제 활동

○ **상업 활동**

신우(우왕) 7년(1381) 8월에 서울(개성)의 물가가 뛰어올랐는데, 장사하는 자들이 조그마한 이익을 가지고 서로 다투었다. 최영이 이를 미워하여 무릇 시장에 나오는 물건은 모두 경시서로 하여금 물가를 평정(評定)하고 세인(稅印 : 세금을 바쳤다는 도장)을 찍게 하고 난 뒤에 비로소 매매하게 하였고, 도장을 찍지 않은 물건을 매매하는 자는 …… 죽이겠다고 하였다. 이에 경시서에 큰 갈고리를 걸어 두고 사람들에게 보였더니 장사하는 자들이 벌벌 떨었다. 그러나 이 일은 마침내 시행되지 못하였다.

『고려사』, 권78, 「지」 32, 식화 1, 조세

○ **화폐 유통**

동전을 쓰면 운반하는 고통을 면할 수 있는 것이 그 이로움의 첫 번째이며... 간교한 짓을 근절하여 곤궁한 자를 도울 수 있는 것이 그 이로움이 둘째이며, …… 녹봉의 절반을 돈으로 지급하면 (농민에게 녹봉미를 바치라는) 독촉을 줄이고 흉년에 대비할 수 있으며 권세있는 자를 누르고 청렴결백한 관리를 도울 수 있는 것이 그 이로움의 셋째이며…

『조선경국전』, 상, 부전 부세

용품을 서로 바꿀 수 있는 시장을 열었다. 행상들은 이런 지방 시장에서 물품을 팔거나 마을을 돌아다니며 베나 곡식을 받고 소금, 일용품 등을 판매하였다. 사원에서도 소유하고 있는 토지에서 생산한 곡물과 승려나 사원 노비가 만든 수공업품을 민간에 팔았다.

화폐 주조

상업 활동이 활발해지면서 화폐가 발행되었다. 고려 시대의 기본적인 화폐는 쌀과 베 등의 물품 화폐였다. 하지만 화폐 주조의 필요성이 강조되어 최초로 성종 15년(996) 금속 화폐인 건원중보가 주조되었다. 건원중보는 목종 5년(1002) 무렵 그 유통이 중지되었다. 이어 숙종대 은병(활구)이라는 고액의 화폐를 유통시켰는데, 이는 은 1근으로 우리나라 지형을 본떠 만들고 그 가치는 쌀 10석에서 수 십석에 이르렀다. 은병은 주로 무역 결제와 같은 고액 거래에 많이 사용되었다.

숙종은 해동통보도 주조하여 유통시켰는데 이는 그의 동생인 대각국사 의천 (1055~1101)이 주장했던 동전 사용의 이점을 염두에 둔 것이었다. 그러나 이들 동전은 오랫동안 유통되지는 못하였다.

국가는 화폐 발행의 이익금으로 국가 재정을 보완하고, 경제 활동을 장악하기 위해 화폐를 유통시키려 하였다. 그러나 농업 중심의 자급자족 사회였던 고려에서 화폐 유통은 부진하였다. 그리하여 민간의 통상 거래에서는 곡식과 삼베가 주된 교환 수단으로 사용되었다.

화폐 발행

명칭	제작 연대	재료
건원중보	성종 15	철
은병(활구)	숙송 6	은
해동통보	숙종 6	
삼한통보	숙종 7	동
동국통보	숙종 7	
쇄은	충렬왕	은
소은병	충혜왕	
저화	공양왕	종이

건원중보

동국통보

해동중보

삼한통보

은병

조수가 들고 나매, 오고 가는 배는 머리와 꼬리가 잇대었구나.
아침에 이 다락 밑을 떠나면, 한낮이 채 못 되어 돛대는 남만(南蠻) 하늘에 들어가누나.
사람들은 배를 가리켜 물위의 역마라 하지만,
나는 바람 쫓는 좋은 말의 말발굽도 이에 비하면 오히려 더디다 하리 …
어찌 구구히 남만의 지경뿐이랴.
이 목도(배를 말함)를 빌리면 어느 곳이고 가지 못할 곳이 있으랴.

이규보, 『동국이상국집』 권16

대외 무역

국내 상업이 안정적으로 발전하면서 외국과 무역도 활발해졌다. 예성강 어귀의 벽란도는 대외 무역의 발전과 함께 국제 무역항으로 번성하였다. 고려의 대외 무역에서 가장 큰 비중을 차지한 것은 송과의 무역이었다. 고려는 서해안의 해로를 통하여 송에서 왕실과 귀족의 수요품을 수입하는 대신 종이, 인삼 등 수공업품과 토산물을 수출하였다.

거란과 여진은 은을 가지고 와서 농기구, 식량 등과 바꾸어 갔다. 일본은 11세기 후반부터 내왕하면서 수은, 황 등을 가지고 와 식량, 인삼, 서적 등과 바꾸어 갔다.

통일 신라 시대부터 서해안의 호족들을 중심으로 발달했던 사무역은 고려에 들어와서는 국가의 통제를 받아 공무역이 중심이 되었다. 상업이 안정적으로 발전하면서 송, 요 등 외국과 무역도 활발해졌다. 고려 수도 개경에는 송나라 상인을 비롯하여 여러 나라의 상인들이 왕래하였다.

고려는 서해안의 해로를 통하여 송으로부터 왕실과 귀족의 수요품을 수입하는 대신에 종이, 인삼 등 수공업품과 토산물을 수출하였다. 대식국(大食國)인이라 불리던 서역 상인들도 고려에 들어와서 수은, 향료, 산호 등을 팔았다. 이들을 통하여 고려의 이름이 서방 세계에 널리 알려지게 되었다. 우리나라의 이름 '코리아'(Korea)는 이처럼 국제 무역항인 벽란도에 다녀간 서역 상인들이 고려를 서양 세계에 알린 데에서 유래하였다고 한다.

고려 전기 대외 무역

한편, 고려후기 대외 무역은 원과의 관계에서 시작되었는데, 고려는 원에서 약재 · 서적 · 악기 · 자기 등을 수입하였다. 수출품으로는 금 · 은 · 인삼 · 모시 · 종이 등이 있었다. 14세기 초 원에서 일본으로 가다 신안 앞바다에서 침몰한 무역선의 유물로 보아 이와 같은 왕래가 있었을 것이다.

4 고려의 문화

1. 유학과 교육의 발달

2. 불교와 사상의 발달

3. 문학과 예술의 발달

4. 과학기술의 발달

고려청자에 대한 비평

도기의 색이 푸른 것을 고려인들은 이를 비색(翡色)이라고 한다. 근년에 들어와 제작이 공교해 지고 광택이 더욱 아름다워졌다. 술병의 형태는 참외와 같은데 위에는 작은 뚜껑이 있고 연꽃 위에 오리가 엎드려 있는 모양이다. 또한 완·접시·잔·항아리·꽃병·탕잔도 잘 만들었는데 모두 그릇의 일정한 격식을 모방했으므로 생략하고 그리지 않겠으며, 술병만이 다른 그릇과 다르므로 특별히 이를 알려 둔다.

– 서긍(徐兢), 『고려도경』(高麗圖經)에서 인용 –

『삼국사기』(三國史記)와 『삼국유사』(三國遺事)의 편찬

김부식

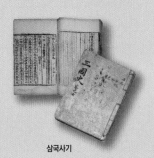

삼국사기

일연

삼국유사

1 유학과 교육의 발달

(1) 유학과 역사학의 발달

유학의 발달

고려 시대에는 유교와 불교가 함께 발전하였다. 유교는 정치와 관련한 치국의 도로서 불교는 신앙 생활과 관련한 수신의 도로서 서로 보완하는 기능을 수행하면서 유교 문화와 불교 문화가 함께 발전할 수 있었다.

태조 때 최언위, 최응, 최지몽 등 유학자는 유교주의에 입각한 국가 경영을 건의하여 서경에 학교를 설립하였다. 광종 때에는 유학을 과목으로 하는 과거제를 실시하였으며 유교적 소양을 지닌 신진 관료를 등용하였다. 성종 때에는 유교 정치 사상이 확고하게 정립되고, 유학 교육 기관이 정비되었다. 이 시기의 대표적 유학자는 최승로로 시무 28조의 개혁안을 올리고, 유교 사상을 치국의 근본으로 삼아 사회 개혁과 새로운 문화의 창조를 추구하였다. 그의 유교 사상은 자주적이고 주체적인 특성을 지녔다.

고려 중기에는 문벌 귀족 사회의 발달과 함께 유교 사상도 점차 보수적인 성격으로 바뀌어 갔다. 이 시기의 대표적 유학자는 최충과 김부식이었다. 문종 때 활약한 최충은 '해동 공자'라는 칭송을 들었으며, 관직에서 물러난 후에 9재 학당을 세워 유학 교육에 힘썼다.

흥녕사지 징효대사 탑비(강원 영월) 혜종 원년(944)에 세워진 것으로 최언위가 글을 지었다.

인종 때 활약한 김부식은 고려 중기의 보수적이면서 현실적인 성격의 유학을 대표하였다. 이 시기의 유학은 시문을 중시하는 귀족 취향의 경향이 강하였고, 유교 경전에 대한 전문적 이해가 깊어져 유교 문화는 한층 성숙해졌다.

성리학의 수용

고려 후기에는 성리학이 전래되어 각 부분에 걸쳐 큰 영향을 주었다. 남송의 주희가 집대성한 성리학은 종래 자구의 해석에 힘쓰던 한·당의 훈고학과는 달리, 인간의 심성과 우주의 원리 문제를 철학적으로 탐구하는 신유학이었다.

안향(1243~1306)

고려 사회는 무인 정권기부터 원 간섭기에 이르기까지 권문 세족에 의한 경제 수탈로 많은 고통을 겪었다. 이러한 문제점은 13세기 원나라에서 들어온 성리학의 사회 개혁 이념을 통해 극복해 나갈 수 있었다. 이에 따라 성리학은 신흥 학자들에 의해 빨리 퍼질 수 있었다.

고려에 성리학을 처음 소개한 사람은 충렬왕 때 안향이었다. 성리학의 수용과 관련하여서 이제현은 원에 설립된 만권당에서 원의 학자들과 교류하면서 성리학에 대한 이해를 심화하였다. 그는 귀국한 후에 이색 등에게 영향을 주어 성리학 전파에 이바지하였다. 공민왕 때 이색은 정몽주, 권근, 정도전 등을 가르쳐 성리학을 더욱 확산시켰다. 성리학은 이색에 이르러 성균관에서 본격적으로 강학되었으며, 충

이제현(1287~1367)

목왕 4년 사서가 과거 과목으로 채택됨으로써 더욱 발전할 수 있었다.

성리학을 수용한 사람은 대부분 신진 사대부였다. 이들은 중앙에 진출하면서 불교의 폐단을 지적하거나 혁파를 주장하였고, 정부가 추진하는 개혁에도 적극 참여하였다. 또 이들은 현실 사회의 모순을 시정하기 위한 개혁 사상으로 성리학을 받아들였으며, 성리학의 형이상학적 측면보다 일상 생활과 관계되는 실천적 기능을 강조하였다. 따라서 이들은 유교적인 생활 관습을 시행하고자 『소학』과 『주자가례』를 중시하고, 권문 세족과 그 입장을 달리하였다. 이후 성리학은 새로운 국가 사회의 지도 이념으로 등장하였다.

역사서의 편찬

고려 시대에는 유학이 발달하고 유교적인 역사 서술 체계가 확립되어 많은 역사서가 편찬되었다. 건국 초기부터 왕조 실록을 편찬하였으나, 거란의 침입으로 불타버렸다. 이에 태조부터 목종에 이르는 7대 실록을 현종 때 편찬하기 시작하여 덕종 때 완성하였다. 그러나 고려 왕조의 실록은 오늘날 전하지 않고 있다.

인종 때에는 김부식 등이 왕명을 받아 『삼국사기』를 편찬하였다(1145). 이 책은 현존하는 우리나라 최고의 역사서로서, 고려 초에 쓰여진 『구삼국사』를 기본으로 유교적 합리주의 사관에 기초하여 기전체로 서술하였다.

고려 후기에는 민족적 자주 의식을 바탕으로 전통 문화를 올바르게 이해하려는 경향이 대두하였다. 이러한 경향을 반영한 역사서로 『해동고승전』, 『동명왕편』, 『삼국유사』, 『제왕운기』 등을 꼽을 수 있다.

자료 스페셜 『삼국사기』와 『삼국유사』의 서문

○ 『삼국사기』 서문

성상 전하께서 …… 삼국사기(三國史記)와 삼국유사(三國遺事) "지금의 학사대부들은 모두 오경과 제자의 책과 진한(秦漢) 역대의 사서에는 혹 널리 통하여 상세히 말하는 이는 있으나, 도리어 우리나라의 사실에 대하여는 망연하고 그 시말을 알지 못하니 심히 통탄할 일이다. 하물며 신라 고구려 백제가 나라를 세우고 정립하여 능히 예의로서 중국과 교통한 까닭으로 한서나 당서에는 모두 열전이 있으나, 국내는 상세하고 국외는 소략하게 써서 자세히 실리지 않은 것이 적지 않고, 또한 고기(古記)에는 문자가 거칠고 잘못되고 사적이 빠져 없어진 것이 많으므로, 군주와 제후의 선악이나 신하의 충사(忠邪)나 국가의 안위나 인민의 이란(理亂) 등을 모두 잘 드러내어 뒷사람들에게 경계를 전할 수 없게 되었으니 마땅히 삼장의 인재를 얻어 한 나라의 역사를 이룩하고 이를 만세에 남겨 주는 교훈으로 하여 명성진과 같이 밝히고 싶다." 하셨습니다.

『삼국사기』 서문

○ 『삼국유사』 서문

대체로 성인은 예악으로써 나라를 일으키고, 인의로써 가르침을 베푸는데, 괴이하고 신비한 것은 말하지 않는 것이었다. 그러나 제왕이 장차 일어날 때에는 천명과 비기록을 받게 되므로, 반드시 남보다 다른 일이 있었다. 그래야만 능히 큰 변화를 타서 대기를 잡고 큰일을 이룰 수 있는 것이다. 그런 까닭으로 하수에서 그림이 나오고 낙수에서 글이 나오고 성인이 일어났던 것이다. 무지개가 산모를 둘러서 북회를 낳았고, 용이 여등에게 교감하여 염제를 낳았으며, 황아가 궁상의 뜰에서 놀 때, 스스로 백제의 아들이라는 신동이 있어, 사귀어 소호를 낳았고 …… 용과 큰못에서 교접하여 패공을 낳았던 것이다. …… 그렇다면 삼국의 시조가 모두 신비스러운 데서 탄생하였다는 것이 무엇이 괴이하랴.

『삼국유사』, 「기이편」 서문

각훈이 쓴 『해동고승전』은 삼국 시대의 승려 30여 명의 전기가 수록되어 있는데, 현재 일부만 남아 있다. 이규보의 『동명왕편』은 고구려 건국의 영웅인 동명왕의 업적을 칭송한 일종의 영웅 서사시로서, 고구려의 계승 의식을 반영하고 고구려의 전통을 노래하였다. 일연의 『삼국유사』는 불교사를 중심으로 고대의 민간 설화나 전래 기록을 수록하는 등 우리의 고유 문화와 전통을 중시하는 동시에 단군을 우리 민족의 시조로 여겨 단군의 건국 이야기를 수록하였다.

제왕운기(帝王韻紀) 충렬왕 때 (1287) 이승휴가 중국과 우리나라 역사를 7언시와 5언시로 쓴 책. 단군 신화를 포함하고 있다.

이승휴의 『제왕운기』도 우리나라의 역사를 단군에서부터 서술하면서 우리 역사를 중국사와 대등하게 파악하는 자주성을 나타내었다. 이 책은 상, 하 2권으로 되어 있는데, 상권은 중국의 역사를, 하권은 우리나라의 역사를 각각 저술하였다. 단군을 우리 민족의 시조로 내세워 단일 민족임을 강조하였다.

또한, 신진 사대부의 성장 및 성리학의 수용과 더불어 정통 의식과 대의명분을 강조하는 성리학적 유교 사관이 대두하였다. 이제현은 성리학적 유교 사관에 입각한 『사략』을 비롯한 여러 권의 사서를 저술하였는데, 지금은 『사략』에 실렸던 사론만 전한다.

『(선화봉사) 고려도경』

한편, 송나라 사신으로 고려를 방문한 서긍은 고려에 와서 보고 느낀 점을 그림과 글로 설명한 『고려도경』을 남겼다. 이 책은 우리나라의 역사적 사실을 잘못 이해하고 서술한 부분도 있으나 고려측 자료에서 볼 수 없는 많은 기사를 수록하고 있어 사료적 가치가 높다.

(2) 교육과 과거 제도

교육 기관

고려 시대에는 관리 양성과 유학 교육을 위하여 많은 학교를 세우고 교육을 장려하였다. 이미 태조 때에 개경과 서경에 학교가 있었지만 성종이 국자감을 설립함으로써 고려 교육의 터전을 마련하였다. 중앙에 설치된 국립 대학격인 국자감은 성종 때 "경치 좋은 곳을 택하여 학교를 크게 세우고 적당한 토지를 주어서 학교의

자료 스페셜 **역사책의 편찬 체제**

○ 편년체(編年體) : 중국 학자 사마천이 기전체를 창출하기 전까지 역사책에 사용되었는데, 연도를 따라 사건을 기록하는 이른바 연대기 형식이다. 『고려사절요』, 『조선왕조실록』 등이 이 체제로 기술되어 있다.

○ 기전체(紀傳體) : 역사를 군주의 정치 관련 기사인 본기(本紀)와 신하들의 개인 전기인 열전(列傳), 제도·문물·경제·자연 현상 등을 내용별로 분류해 쓴 지(志)와 연표(年表) 등으로 기록하는 편찬 체제이다. 하나의 역사적 사실이 내용에 따라 분류, 서술되어 참고하기에는 좋지만 역사를 총체적으로 이해하기에는 불편한 점도 있다. 『삼국사기』, 『고려사』 등이 이 체제를 따르고 있다.

○ 기사본말체(紀事本末體) : 사건의 명칭을 제목으로 내걸고 그에 관련된 기사를 모두 모아 서술하여 사건의 시말을 기술하는 방식이다. 기전체와 편년체의 단점을 보완하기 위해 고안해 낸 편찬 체제이다. 이긍익의 『연려실기술』이 대표적인 기사본말체 역사책이다.

식량을 해결하며 국자감을 창설하라"는 지시에 따라 설치되었다. 이 밖에도 개경에 중등 교육 기관인 동서 학당과 고려말 정비된 10학이 있었다. 지방에는 서경 학교와 향교가 있어 지방 관리와 서민 자제의 교육을 담당하였다.

국자감은 인종 때『효경』과『논어』등을 배우는 국자학, 태학, 사문학과 잡학인 율학, 산학, 서학의 기술 교육 기관으로 정비되었다. 각각의 교육과정은 학생들의 자격에 차별을 두어 국자학에는 문무관 3품 이상의 관료가, 태학에는 5품 이상의 관리 자제가, 사문학에는 7품 이상의 관리 자제가 입학하였으며, 기술학부에는 8품 이하 관리나 서민의 자제가 입학하였다.

성균관(개성)

국자감은 예종 때 전문 강좌인 국학 7재를 두었는데 여기에서 무학(武學) 교육을 실시하기도 하였으나 곧 폐지되었다. 국자감은 충렬왕 때 국학으로 이름을 바꾸었고, 이어 충선왕 때 성균감, 다시 국자감에 이어 다시 성균관으로 고친 후 바뀌지 않았다.

중앙과 달리 지방 교육 기관이 언제 정비되었는지는 확실하지 않다. 다만 성종 때 12목에 경학박사와 의학박사 각 1인씩을 파견하여 교육을 하였다는 기록이 전하는 것으로 보아 지방 통치 체제의 정비와 관련이 있는 것으로 보인다.

사학의 발달

고려 중기 문벌을 중시하는 귀족들이 유교에까지 영향을 미쳐 사학이 발달하게 되었다. 문종 때 '해동공자'로 불리던 최충이 9개의 전문 강좌로 나누어 강의하는 9재 학당을 설립했는데 이는 후에 '문헌공도'라 지칭하였다. 이를 시작으로 하여 사학 12도가 융성하였다. 사학 12도를 연 주인공들은 주로 전직 고관 출신의 대학자였고, 이들은 과거를 주관했던 지공거 출신이 많았다.

원공국사 승묘탑비(강원 원주) 1025년 최충이 글을 지은 비석이다.

사학에서 교육을 받은 학생이 과거에서 좋은 성적을 거두자 국자감의 관학 교육은 위축되었다. 이 곳에서는 9경 3사를 가르쳤으며, 귀족 자제들은 국자감보다는 이곳에 몰려 파벌을 만들기도 하였다.

이에 정부는 관학 진흥을 위한 여러 시책을 추진하였다. 예종은 9재 학당을 본받아 7재와 장학 재단인 양현고를 두어 관학의 경제 기반을 강화하였다. 7재 가운데 하나인 무학재는 나머지 6재가 유학을 가르친 것과는 달리 무학 교육을 담당하였다. 또한, 궁궐 안에 청연각과 보문각을 설치하여 경사를 연구하도록 하였다. 이어 인종도 경사 6학의 제도를 마련하여 관학 진흥에 노력하였다.

학부		학과	입학 자격	수업 연한
국자감 (경사6학)	유학부	국자학	3품 이상 관료의 자제	3~9년
		태학	5품 이상 관료의 자제	
		사문학	7품 이상 관료의 자제	
	잡학부(기술학부)	율학·서학·산학	8품 이하 관료 및 평민 자제	3~6년

무신 정권기에는 교육 활동이 크게 위축되었으나, 충렬왕 때에 국학을 성균관으로 개칭하고, 공자 사당인 문묘를 새로 건립하여 유교 교육의 진흥에 나섰다. 공민왕은 성균관을 순수한 유교 교육 기관으로 개편하고 유교 교육을 강화하였다.

과거 제도

고려는 과거와 음서를 통해 관리를 선발하였다. 광종 때 공신과 호족 세력을 억제하고, 왕권을 강화하기 위하여 도입된 과거 제도는 학교 제도와 함께 유교 정치 이념에 의한 통치 체제 및 문치주의를 뒷받침하는 제도적 기반이 되었다.

과거는 제술업, 명경업, 잡업으로 나뉜다. 제술업은 시·부·송·책·논·경학 등 문학적 재능과 정책 등을 시험하고, 명경업은 주역·상서 등 유교 경전에 대한 이해 능력을 시험하여 문신을 뽑았다. 모두가 문신을 선발하기 위한 것이었지만, 제술업이 보다 중시되었고 그 합격자를 진사(進士)라고 불러 우대하였다.

장양수 과거 합격증인 홍패(안동 한국국학진흥원) 고려 희종 원년 진사시에 합격한 장양수에게 내린 교지이다.

기술관 등용을 위한 잡업은 명법업, 명산업, 의업, 주금업, 지리업으로 구분되었는데 법률, 회계, 지리 등 실용 기술학

관리 등용 제도

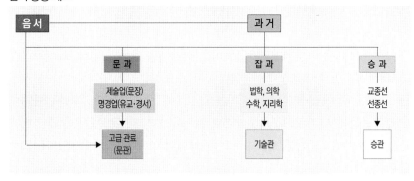

사학(私學)의 융성과 관학(官學)의 침체

○ **사학 12도**

사학은 문종 때 대사 중서령 최충이 후진을 모아 교육하기를 게을리 하지 아니하니 선비와 평민의 자제가 그의 집과 마을에 가득하였다. 마침내 9재로 나누어 (그 명칭을) 악성(樂聖)·대중(大中)·성명(誠明)·경업(敬業)·보도(造道)·율성(率性)·진덕(進德)·대화(大和)·대빙(待聘)이라 하였다. 이를 일컬어 시중 최공도라 하였으며 양반의 자제들로서 무릇 과거에 응시하려는 자는 반드시 이에 속하여 공부하였다. …… 그 후부터는 무릇 과거에 나아가려는 이는 9재에 이름을 올리게 되니 이름하여 문헌공도라 하였다. 세운 이가 11인이 있으니, 홍문공도는 시중 정배걸이 세웠는데 다른 이름으로 웅천도라고 칭하며 …… 이들과 문헌공도(최충)를 합하여 세상에서는 12도라 일컬었는데, 그 중에서 최충의 도가 가장 성황이었다.

『고려사』 권74, 『지』 28, 선거2, 학교 사학

○ **관학의 침체**

국자감 학생들이 근래에 와서 대부분 폐업하니, 이는 학관에게 책임이 있는 것이다. 지금부터 학관들은 성실하게 면려를 더 하도록 하여 연말에 성적(善惡)을 평가하여 떠나고 머무름을 정하도록 하라. 또 유생으로서 국자감에 있은 지 9년이 되고 율생(律生)으로 6년이 되어도 허황되고 우매하여 성취함이 없는 자는 물리쳐 버리도록 하라.

『고려사』 권74, 문종 17년 8월

을 시험하여 뽑았다.

과거 응시 자격은 법제적으로는 양인 이상은 과거에 응시할 수 있었으나, 천인이나 승려의 자식은 응시할 수 없었다. 실제로 제술업이나 명경업에는 부호장 이상의 손(孫)이나 부호정 이상의 자(子)로 한정하는 등 주로 귀족과 향리의 자제가 응시하였으며 일반 농민인 백정은 주로 잡과에 응시하였다. 무관을 뽑는 무과는 시행되지 않았으므로 무예나 신체 조건이 뛰어난 사람을 따로 뽑아 무반으로 충원하였다.

과거 제도는 관리를 채용하기 위해서 실시된 것이지만, 과거에 급제하였다고 해서 모두가 관리로 임명된 것은 아니었다. 합격 인원에 비해서 관직의 숫자가 적었기 때문에 과거의 성적과 출신 문벌이 관직 임용에 크게 작용하였다. 과거에는 좌주와 문생 제도가 있었다. 곧 과거 합격생(문생)과 시험 감독관(좌주)이 결속력을 다져 문제를 야기하기도 하였다.

음서

음서는 공신이나 고위 관리의 자손 중에 과거에 합격하지 못한 사람이라도 그 음덕에 의지하여 관리로 등용하는 제도이다. 음서의 혜택을 받을 수 있는 사람은 공신과 5품 이상 관리의 아들, 손자, 사위, 외손자, 동생, 조카까지 해당되었다.

음서의 혜택은 1인당 한 사람에게만 주어지는 것이 원칙이었지만, 실제로는 여러 사람에게 줄 수 있었다. 또한 음서는 정기적·항례적으로 시행되었으며, 그 때마다 사람을 달리하여 혜택을 받을 수도 있었다. 게다가 특별한 공훈이 있는 관리의 자손에게 관직을 허락해 주는 공음도 있었다.

음서를 통해서 관직에 진출한 자들은 대략 15세를 전후하여 벼슬길에 올랐으나 10세 미만인 경우도 있었다. 이처럼 귀족 가문의 자제들이 어린 나이에 관직에 진출함으로써 그들 대부분이 5품 이상의 관직에 오를 수 있는 기회가 많았다. 따라서 음서는 단순한 하나의 관리 등용법으로서 만이 아니라 귀족의 특권을 세습적으로 유지하려는 데에 보다 큰 의의가 있다.

음서가 제수되는 친족의 범위

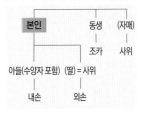

자료 스페셜 **과거(科擧)의 시행**

○ 과거 준비 : 9재(명문 사립 학교의 문헌공 최충(해동공자)이 세운 학교)는 100년 이상의 전통을 가진 사립 학교로 위로는 재상집 자제에서 아래로는 지방 과거 응시자까지 입학함. 관료는 여기 출신이 대부분이어서 과거 고시관인 지공거가 되었으므로 출제 경향을 쉽게 알 수 있을 뿐만 아니라 과거 급제 후에도 '좌주와 문생'이라 하여 연결될 수 있었다.

○ 교과목 : 『주역』, 『상서』, 『모시』, 『예기』, 『주례』, 『의례』, 『춘추좌씨전』, 『춘추공양전』, 『춘추곡량전』의 9가지 경서와 『사기』, 『한서』, 『후한서』의 3가지 역사책.

○ 사마시(예비시, 국자감시) : 소과라고도 한다. 생원시는 유교 경전에 관한 지식을 경서와 사서(四書)로, 진사시는 문예창작에 관한 재능을 시와 부로써 시험했다.

○ 예부시는 대과로 문장 능력을 보는 제술업과 유교 경전의 이해를 시험하는 명경업이 있었다.

○ 합격 후 3~4년 내에 지방관을 가는 것이 보통이었으나 다소 늦은 편임.

(1) 불교 사상의 발달

불교 교단의 정비

교종은 경전에 의거하여 불교의 진리를 터득하는 경향의 불교 교파로 학문적 불교를 말한다. 따라서 교종은 신라 통일기에 들어오면서 여러 고승들에 의하여 경전에 대한 주석이 가해짐으로써 철학적 이해가 심화되었다. 교종의 여러 종파도 이때에 확립되었는데, 보덕에 의해 개종된 열반종, 자장의 계율종, 원효의 법성종, 의상의 화엄종, 진표의 법상종의 5교가 그것이다. 이런 교종은 9세기에 교리나 경전을 통하지 않고 참선과 실천을 통하여 불교 진리를 터득하는 선종이 유입되면서 그와 대비되어 교종으로 자리 잡게 되었다.

선종은 석가가 영산 설법에서 말없이 꽃을 들자 제자인 가섭만이 그 뜻을 알았다는 데서 기원하였다. 중국에서는 달마 대사가 제창하였고, 우리나라에는 9세기 초에 이르러서 크게 유행하였다. 신라의 선종은 '불립문자'(不立文字), 즉 경전에 의하지 않고 자기 내에 존재하는 불성을 깨치는데 주력하였다. 그래서 깊숙한 산간에 파묻혀 인연을 끊고 사색하는 좌선을 수행 방법으로 중시하였다.

이러한 선종 사상은 개인주의적인 성향을 지녀, 신라 말에 중앙 정부의 간섭을 배제하면서 지방에 웅거하여 독자적인 세력을 구축하려는 지방 호족의 의식과 부합하였다. 후삼국 시대에는 선종 사상은 개인주의적인 면보다 밖의 변화에 비중이 두어졌다. 따라서 지방의 대호족이 주위의 군소 지방 세력을 포섭·동화함을 합리화하였다. 이러한 선종 사상은 왕건이 고려 국가를 건설하여 후삼국을 통합하는 과정에서 더욱 강화되었다.

고려는 태조 왕건이 남긴 '훈요10조'에서 나타나는 바와 같이 숭불(崇佛)을 강조하였고 광종 때에는 승과 제도를 실시하여 합격한 자에게는 승계(僧階)를 주고 승려의 지위를 보장하였다. 또 국사와 왕사 제도를 둠으로써 불교의 권위가 상징적으로나마 왕권 위에 존재하게 되어 불교가 국교의 권위를 가지게 되었다. 또한 사원에는 토지를 지급하고, 승려들에게 면역의 혜택을 주었다.

특히, 광종은 체제 정비 일환으로 불교의 통합을 시도하여 균여로 하여금 화엄종을 중심으로 법상종 등 교종을 통합하려 하였다. 또 균여는 어려운 불경을 향가로 풀이하여 「보현십원가」를 지었다. 균여의 불교 통합 시도는 실패했으나 의천에게 영향을 미쳤다.

이렇듯 화엄종과 법상종이 양립하면서 양 종파가 귀족 세력과 연결됨에 따라 사상적 활동은 둔화되었고, 대신 불교 의식 등의 형식적인 면이 강조되었다. 경제적인 면에서도 왕실이나 귀족들의 원찰 형태로 많은 사찰이 건립됨으로써 왕실, 귀족의 조세, 역역의 대상이 된 공전(公田)이나 역정(役丁)은 오히려 감소 추세를 보였다.

고려의 사상
고려는 정치적으로는 유교를 이념으로 하고 정신적으로는 현실의 행복과 내세의 극락왕생을 추구하는 불교 국가였다. 또한 북두칠성이나 다양한 신들을 받들며 나라의 안녕을 기원하는 도교 역시 융성하였다. 곧 고려는 윤리와 도덕의 정치 이념은 유교에서 찾았으나 정신적 지주는 불교에서 구하고, 현세의 소원을 위해서는 도교적인 생활을 하였다. 고려 시대에서 유교와 불교, 도교는 서로 부딪히지 않으며 공존하였다.

균여의 화엄 사상
'성상융회(性相融會)'를 특징으로 한다. 성상융회 사상은 공(空)을 뜻하는 성(性)과 색(色)을 뜻하는 상(相)을 원만하게 융합시키는 이론으로서, 화엄 사상 속에 법상종의 사상을 융합해 교종내의 대립을 해소시키기 위해 주창한 통합 사상이다.

의천과 천태종

광종 때 균여는 화엄 사상을 정비하고 보살의 실천행을 폈다. 이후 개경에 흥왕사나 현화사 같은 왕실과 귀족의 지원을 받는 큰 사원이 세워져 불교가 번창하였다. 그리고 이들의 지원을 받아 화엄종과 법상종이 나란히 융성하였다.

11세기에 이미 종파적 분열상을 보인 고려 불교계는 문종의 왕자로서 승려가 된 의천에 의해 교단 통합 운동이 펼쳐졌다. 그는 흥왕사의 주지가 되었으며 송나라로 건너가 고승들과 교류하였다. 의천은 『신편제종교장총록』을 편찬하였고, 이어 국청사에서 천태교학을 강의하였다. 의천은 교학과 선을 함께 수행하되, 교학의 수련을 중심으로 선을 포용하려는 '교관겸수'(敎觀兼修)를 주장하였다.

그는 흥왕사를 근거지로 삼아 화엄종을 중심으로 교종을 통합하려 노력하는 한편, 선종을 통합하기 위하여 국청사를 창건하여 천태종을 창시하였다. 이러한 그의 노력은 이론의 연마와 실천을 아울러 강조한 것이었다. 그러나 의천이 죽은 후에 교단은 다시 분열되고 귀족 중심의 불교가 지속되었다.

대각 국사 의천(義天, 1055~1101) 문종의 아들로 11세기에 종파적 분열을 보이던 불교계를 통합하려는 교단 통합 운동을 펼쳤다. 의천은 교·선의 통합을 위한 사상적 바탕으로 이론과 실천을 함께 강조하는 '교관겸수(敎觀兼修)'를 제창하였다.

지눌과 조계종

무인 정권이 수립되자 기존의 문벌 귀족과 긴밀한 관계를 유지하

영통사 대각국사(의천) 비 (경기도 개풍) 고려 천태종의 개조 대각국사 의천의 사적을 기록한 것으로 1125년 세워졌다.

대각국사 의천(1055~1101)

보조 국사 지눌(1158~1210)

자료 스페셜 의천의 불교 통합

세상에서 말하는 균여, 범운, 진파, 영윤 등 여러 스님의 책은 잘못된 것이다. 그 말은 문장을 이루지 못하고 뜻은 변통이 없어 스승의 도를 어지럽게 하므로 후생을 미혹시킴이 이보다 심한 것이 없다. 내 비록 못났으나 그것을 배척할 뜻이 실로 있었거늘 하물며 우리의 그윽한 배움이 '화엄경'에서 선재(善財)를 보고자 하여 법을 구하려는 뜻을 가지고 있음을 알고서야 …… 나는 매번 이글을 읽을 때마다 책을 덮고 크게 한탄한다. 가만히 생각하면 성인의 가르침을 얘기함은 이를 실천하게 하는 데 있으므로 다만 입으로만 말할 것이 아니라 실은 몸으로 행동하려는 것이다. 어찌 한쪽에 매달려 있는 박처럼 통함에 쓰임이 없어 되겠는가. (나는) 몸을 잊고 도를 묻는 데 뜻을 두어 다행히 과거의 인연으로 선 지식을 두루 참배하여, "관을 배우지 않고 경(經)만 배우면 비록 5주의 인과를 들었더라도 3중의 성덕에는 통하지 못하며 경을 배우지 않고 관만 배우고 비록 3중의 성덕을 깨쳤으나 5주의 인과를 분별하지 못한다. 그러므로 관도 배우지 않을 수 없고 경도 배우지 않을 수 없다" 하였다. 내가 교관(敎觀)에 마음을 쓰는 까닭은 다 이 말에 깊이 감복하였기 때문이다.

『대각국사문집』

던 불교계는 교종 중심으로 저항하였다. 이에 무신 세력은 교종 계열인 화엄종과 법상종의 교단을 약화시키는 대신 선종에 대해 많은 관심을 보였다. 특히, 최씨 정권은 선종 결사인 수선사를 적극 지원하였다.

무신 집권 이후의 사회 변동기를 지나며 불교계에서도 본연의 자세 확립을 주창하는 새로운 종교 운동인 결사 운동이 일어났다. 지눌은 명리에 집착하는 당시 불교계의 타락상을 비판하였다. 그는 승려 본연의 자세로 돌아가 독경과 선 수행, 노동에 고루 힘쓰자는 개혁 운동으로 수선사 결사를 제창하였다.

송광사에 중심을 둔 수선사 결사 운동은 개혁적인 승려들과 지방민의 적극적인 호응을 얻어 활발하게 전개되었다. 조계종은 지눌이 수선사를 열면서부터 매우 흥성하였다. 그리하여 고려 후기에 이르러서는 불교계의 중심적인 종파가 되어 많은 승려를 배출하였다.

지눌은 선과 교학이 근본에 있어 둘이 아니라는 사상 체계인 '정혜쌍수'를 주장하며 철저한 수행을 선도하였다. 또 지눌은 내가 곧 부처라는 깨달음을 위한 노력과 함께, 꾸준한 수행으로 깨달음의 확인을 아울러 강조한 '돈오점수'를 주장하였다. 선종을 중심으로 교종을 포용하여 교와 선의 대립을 극복하고자 한 지눌의 논리는 고려 불교가 지향하던 선교 일치 사상을 완성한 것이었다.

지눌의 결사운동은 지눌 이후에도 지속적으로 발전하였다. 2대 혜심(慧諶, 1178~1234)은 유·불(儒佛) 일치설을 주장하며 심성의 도야를 강조하여 장차 성리학을 수용할 수 있는 사상적 토대를 마련하기도 하였다.

특히, 그는 최우를 비롯한 무인 세력과 왕실, 유학자 세력들과 연결되면서 교단을 크게 발전시켰다. 최우는 그의 아들 만종과 만전을 출가시켜 혜심으로 하여금 가르침을 받게 하였으며, 승과를 치르지 않은 혜심에게 대선사의 직책을 주었다.

백련사(전남, 강진) 조선시대에는 만덕사로 이름이 바뀌었다.

백련사 사적비(전남 강진)

불교계의 변화

요세는 백성의 신앙적 욕구를 고려하여 강진 만덕사(백련사)에서 백련 결사를 제창하였다. 자신의 행동을 진정으로 참회하는 법화 신앙에 중점을 둔 백련 결사 역시 지방민의 적극적인 호응을 얻었고, 수선사와 양립하며 고려 후기 불교계를 이끌었다.

나옹 화상(경기 여주, 신륵사 조사당)

정혜결사문(定慧結社文)

지금의 불교계를 보면, 아침 저녁으로 행하는 일들이 비록 부처의 법에 의지하였다고 하나, 자신을 내세우고 이익을 구하는 데 열중하며, 세속의 일에 골몰한다. 도덕을 닦지 않고 옷과 밥만 허비하니, 비록 출가하였다고 하나 무슨 덕이 있겠는가? …… 하루는 같이 공부하는 사람 10여 인과 약속하였다. 마땅히 명예와 이익을 버리고 산림에 은둔하여 같은 모임을 맺자. 항상 선을 익히고 지혜를 고르는 데 힘쓰고, 예불하고 경전을 읽으며 힘들여 일하는 것에 이르기까지 각자 맡은 바 임무에 따라 경영한다. 인연에 따라 성품을 수양하고 평생을 호방하게 고귀한 이들의 드높은 행동을 좇아 따른다면 어찌 통쾌하지 않겠는가?

「권수-정혜결사문(勸修定慧結社文)」

이어 고려 말부터 조선 초기까지 불교계에 영향을 끼친 인물로는 지공, 나옹, 무학 등이 있었다. 지공은 인도 출신의 승려로 충숙왕 때 고려로 와서 불법을 가르치다 돌아갔고, 나옹는 지공의 법맥을 이어 공민왕 때 왕사를 지냈다. 한편, 무학은 나옹의 법을 전해 받다가 왕사로서 태조 이성계와 밀접한 관계를 가졌다.

원 간섭기에 이르러 개혁 운동의 의지가 퇴색하고 귀족 세력과 연결되어 불교계는 다시 폐단을 드러내었다. 사원은 막대한 토지를 소유하고 상업에도 관여하여 부패가 심하였다. 이에 교단을 정비하려는 보우 등의 노력이 있었으나, 성과를 거두지 못하였다. 성리학을 사상적 배경으로 대두한 신진 사대부는 이와 같은 불교계의 사회·경제적인 폐단을 크게 비판하였다.

보우(普愚, 1301~1382)
보우는 교단을 통합, 정리하는 것이 불교계의 폐단을 바로잡는 우선 과제라고 생각하였다. 그러나 교단과 정치적 상황이 얽혀 이런 개혁을 지속적으로 추진할 수 없었다. 불교계의 통합과 정계의 혁신을 도모한 보우에 대한 불교 조계종의 종조(宗祖)가 되었다.

(2) 불교 행사와 대장경 조판

연등회와 팔관회

고려 초기부터 불교는 국가의 지원을 받으며 발전하였다. 태조는 불교를 적극 지원하는 한편, 유교 이념과 전통 종교도 함께 존중하였다. 그는 개경에 여러 사원을 세웠고, 훈요 10조에서 불교를 숭상하고 연등회와 팔관회 등 불교 행사를 성대하게 개최할 것을 당부하여 불교에 대한 국가의 지침을 제시하였다.

팔관회는 불교 의식의 하나로 팔관재계(八關齋戒)를 실천하는 것이다. 즉 재가 불자들이 24시간 동안 살생, 도적질, 간음, 헛된 말(망언), 음주를 금지하는 불교의 5대계와 화려한 치장을 하지 말고, 높은 평상에 앉지 않으며, 때가 아니면 먹지 않는 3가지 계율을 지키는 의식이다. 팔관회는 종합적인 종교 행사요, 축제요, 문화제로 송나라 상인이나 여진 사신들이 와서 축하 선물을 바치고 무역을 하는 국제 행사이기도 하였다.

연등회는 등을 달아 불을 밝힘으로써 번뇌와 무지로 가득한 어두운 세계를 밝게 비추어 주는 부처의 공덕을 기리는 행사이다. 이외에도 불교에서 행한 행사로 인왕백고좌회 등이 있는데, 이는 국가의 재난을 없애고 외적의 침입을 막기 위해 인왕반야경에 따라 행하는 법회였다.

고려 시대는 연등회, 팔관회를 비롯한 불교 행사를 통해 현실 사회의 어려움과 즐거움을 다스렸다. 군신과 백성들이 어우러져 행사를 함으로써 고려 사회를 하나

팔관회
팔관회는 고려 시대 유교가 성하던 성종대를 제외하고는 연등회와 함께 국가의 2대 의식의 하나로 중요시되었다. 팔관회는 개경과 서경에서만 행해졌는데 고려 말까지 국가 최고의 의식으로 행해졌다. 강화도에 천도한 시기에도 이 의식이 행해졌으나 조선이 건국되면서 철폐되었다.

자료 스페셜 팔관회와 연등회

현종 원년 윤 2월에 연등회를 다시 열었다. 우리나라 풍속에 왕궁과 수도로부터 향, 읍에 이르기까지 정월 보름에는 이틀 밤에 걸쳐 연등하여 왔다. 그러나 성종이 이것은 분잡하고 상도가 아니라 하여 폐지하였던 것을 이때에 와서 다시 열게 하였던 것이다. 그 해 2년 2월 청주 행궁에서 연등회를 다시 열었다. 그 후부터는 2월 보름에 연등하는 것이 전례로 되었다. 문종 2년 2월 갑신일에 연등하였는데 보름 날 계미일이 한식이었으므로 이날에 연등하였다. 공민왕 23년 정월 임오일에 연등하였다. 처음 태조는 정월에 연등하였고 현종은 2월에 연등하였는데 이번에 해당 기관에서 공주의 기일(忌日)에 해당한다 하여 다시 정월로 고칠 것을 청하였던 것이다.

『고려사』 권69, 「지」23, 예

로 통합되는 계기를 마련하였다.

귀족도 팔관회와 연등회에 큰 관심을 보였는데, 이들은 정치 이념으로 삼았던 유교와 신앙인 불교를 서로 배치되는 것으로 생각하지 않았기 때문이다. 일반인도 현세적인 기복 신앙으로서 불교를 널리 신봉하였다. 지방의 신앙 공동체였던 향도에는 불교와 함께 토속 신앙의 면모도 보이며, 불교와 풍수지리설이 융합된 모습도 보인다.

양산 통도사 입구 연등

대장경 조판

불교 사상에 대한 이해 체계가 정비되면서 불교에 관련된 서적을 모두 모아 체계화하는 대장경이 편찬되었다. 경·율·논의 삼장으로 구성된 대장경은 불교 경전을 집대성한 것이다. 현종 때에 거란의 침입을 받았던 고려는 부처의 힘을 빌려 이를 물리치려고 대장경을 간행하였다. 1011년부터 1087년까지 70여 년의 오랜 기간에 걸쳐 목판에 새겨 간행한 이 초조 대장경은 대구 부인사에 있었으나 몽골 침입 때에 불타 버렸다.

초조 대장경이 만들어진 얼마 후, 의천은 고려는 물론이고 송과 요의 대장경에 대한 주석서를 모아 교장을 편찬하였다. 이를 위하여 목록인『신편제종교장총록』을 만들고, 교장도감을 설치하여 10여 년에 걸쳐 신라인의 저술을 포함한 4,700여 권의 전적을 간행하였다.

고려는 몽골 침략으로 소실된 초조 대장경을 대신하여 고종 때 가서 대장경을 다시 만들었다. 대장도감을 설치하여 1236년부터 1251년까지 대장경을 다시 만들었는데, 이를 재조 대장경이라 하였다. 재조 대장경은 강화도에 보관되어 있다가 조

경(經)·율(律)·논(論)
경은 부처가 설한 근본 교리이고, 율은 교단에서 지켜야 할 윤리 조항과 생활 규범이며, 논은 경과 율에 대한 승려나 학자의 의론과 해석을 일컫는다.

부인사 발굴 현장(경북 대구). 불에 탄 초조 대장경을 찾기 위해 발굴을 하는 모습이다.

자료 스페셜　고려 대장경(高麗大藏經) 조판

○ **대장각판군신기고문(大藏刻板君臣祈告文)**

옛적 현종 2년(1011)에 거란의 임금이 크게 군사를 일으켜 침입해 오자 임금은 남쪽으로 피란하였는데, 거란 군사는 오히려 송악성에 머물러 물러가지 않았다. 그리하여 임금이 여러 신하들과 함께 크게 발원하여 대장경 판본의 판각을 맹서하자 거란군사들이 스스로 물러났다. 그런데 그 대장경은 매한가지이고 전후에 새겨낸 것도 같으며, 군신들이 함께 발원한 것도 또한 동일하니 어찌 그 때에만 거란군이 스스로 물러나고 이번의 달단(몽골군)은 그러하지 않겠는가. 오직 여러 부처와 천인(天人)들이 얼마나 보살펴 주느냐에 달려 있을 뿐이다.

이규보,『동국이상국집』권25,「대장각판군신기고문」

○ **해인사 장경판전과 대장경판**

13세기에 만들어진 세계적 문화 유산인 고려 장경판전은 대장경판 8만여 장을 보존하는 보고로서 해인사(경상남도 합천)의 건물 중 가장 오래된 것이다. 대장경판은 고려 고종 때 대장도감에서 새긴 목판으로 세계에서 유일하다. 장경판전은 조선 초기 전통적인 목조건축 양식을 보이는데 건물 자체의 아름다움은 물론, 건물 내 적당한 환기와 온도·습도 조절 등의 기능을 자연적으로 해결할 수 있도록 설계되었다. 장경판전의 정확한 창건연대는 알려져 있지 않으며 1995년 12월 유네스코 세계문화유산으로 등록되었다. 이 판전에는 81,258장의 대장경판이 보관되어 있다. 글자 수는 무려 5천 2백만자로 추정되는데 모두 오자나 탈자 없이 고르고 정밀하다는 점에서 그 보존가치가 매우 크다. 더욱이 현존 대장경 중에서도 가장 오랜 역사와 내용의 완벽함으로 세계적인 명성을 지닌 문화재로서 2007년 6월 유네스코 세계 기록 유산으로 등록되었다.

선 초기인 1398년에 해인사로 옮겨져 보존되어 있다. 8만 장이 넘는 목판이므로 팔만대장경이라고 부른다. 팔만대장경은 방대한 내용을 담았으면서도 잘못된 글자나 빠진 글자가 거의 없어 그 우수성을 인정받고 있다.

(3) 도교와 풍수지리설

도교

고려 시대는 정부 주도하에 의례 중심의 도교가 성행하였다. 수도 개경에는 도교 사원이 있어 도사들이 제사를 담당하였다. 불로장생과 현세의 구복을 추구하는 것을 특징으로 하는 도교는 여러 신을 모시면서 재앙을 물리치고 복을 빌며 나라의 안녕과 왕실의 번영을 기원하였다. 이에 따라 도교 행사가 자주 베풀어졌고, 궁중에서는 하늘에 제사 지내는 초제가 거행되었다.

초제는 도교 의례의 하나로, 북두칠성을 비롯한 여러 별자리에 제사를 올리는 것을 말한다. 대개의 경우 초제는 각 도관(道觀)에서 행하거나 지방 명산에 제단을 설치하고 지내기도 했다. 도교는 예종 때 도교 사원이 처음 건립된 이래, 개경을 비롯한 전국 여러 곳에서 하늘과 별들에 제사를 지내는 도교 행사가 개최되었다. 도교에는 불교적인 요소와 도참 사상도 수용되어 일관된 체계를 보이지 못하였으며, 교단도 성립하지 못한 채 민간 신앙으로 신봉되고 있었다.

풍수지리설

풍수지리설은 나말여초 중국에 유학하고 돌아 온 선승들에 의해 크게 퍼졌다. 이에 미래의 길흉화복을 예언하는 도참 사상이 더해져 고려 시대에 크게 유행하였다. 산이 많고 하천이 굽어 흐르며, 분지가 발달한 우리나라 지형의 특징상 택지와 관련한 풍수지리설은 오래전부터 발달해 왔다. 풍수지리란 땅에 만물을 화생하게 하는 생활력이 있어 그것이 국가나 인생에 중대한 영향을 준다는 것이다.

풍수지리설의 길지설은 개경 세력과 서경 세력의 정치적 투쟁에 이용되어 묘청의 서경 천도 운동의 이론적 근거가 되기도 하였다. 문종을 전후한 시기에는 북진 정책의 퇴조와 함께 새로이 한양 명당설이 대두하여 이곳을 남경으로 승격시키고 궁궐을 지어 왕이 머무르기도 하였다. 이처럼 풍수지리설은 이궁을 지을 때나 도읍을 정하거나 옮길 때 매우 중요하였다.

청자 사람 모양 주전자 두 손으로 선도(복숭아)를 들고 머리에 쓴 관으로 보아 도교 관련 인물이다.

도선(道詵, 827~898)국사
선종 출신의 승려였던 도선은 우리나라 전역을 답사한 경험을 토대로 각종 비기를 남겼다. 그의 사상은 고려에도 이어져 고려 초기에는 개경과 서경이 명당이라는 설이 유포되어 서경 천도와 북진 정책 추진의 이론적 근거가 되었다.

도선 국사

자료 스페셜 정몽주의 불교 비판(非佛論)

왕이 경연에 나아가니 정몽주가 진언하기를 "유학자의 도는 모두 일상 생활에 대한 일로서 음식과 남녀 관계는 누구나 할 것 없이 동일한 바이며 여기에 지극한 이치가 존재합니다. 요, 순 임금의 도 역시 이에서 벗어나지 않는 것이니, 동작하고 정지하며 말하는 것과 침묵하는 것을 적당하게 하는 것은 그것이 바로 요순의 도이며 그것은 본래 지극히 고상하여 실행하기 어려운 일이 아닙니다. 불교는 이와 같지 않으니 친척을 하직하고 남녀 사이를 끊고 바위 구멍 안에 홀로 앉아 초의목식(草衣木食)하면서 현실 세상을 떠나 공허한 것을 봄으로써 신조를 삼으니 이것을 어찌 평상한 도라고 말할 수 있겠습니까?"라고 하였다.

『고려사』 권117, 정몽주

3 문학과 예술의 발달

(1) 한문학의 발달

문학의 발달

고려 전기의 문학으로는 한문학의 경우 과거와 함께 발달하였고 당의 시와 송의 산문 숭상이 주류를 이루었다. 향가로는 균여가 지은 「보현십원가」 11수가 전한다.

무신 집권기에는 사물을 의인화하여 일대기로 구성한 이규보의 『국선생전』과 이곡의 『죽부인전』 등 가전체 문학이 발달하였다.

유영각(인천, 강화) 이규보(1168~1241)의 영정이 있다.

고려 후기 문학은 신진사대부와 민중이 주축이 되었다. 경기체가는 사대부 문학으로 향가를 계승하여 유교 정신과 자연의 아름다움 표현하였는데, 「한림별곡」 · 「관동별곡」 · 「죽계별곡」 등이 있다. 구전 설화를 고쳐 한문으로 기록한 패관 문학은 이규보의 『백운소설』과 이제현의 『역옹패설』이 있다. 한편, 고려 가요인 장가와 속요는 서민 생활의 감정을 표현한 것으로 「청산별곡」 · 「가시리」 · 「쌍화점」 등이 남아 있다.

(2) 불교 예술의 발달

사원 건축

고려시대의 건축은 궁궐과 사원이 중심이었는데, 남아 있는 것이 거의 없다. 개성 만월대 터를 보면 당시 궁궐 건축을 짐작할 수 있다. 경사진 면에 축대를 높이 쌓고 건물을 계단식으로 배치하였기 때문에 건물이 층층으로 나타나 웅장하게 보였을 것이다. 고려 전기에는 주로 주심포 양식이 유행하였는데, 13세기 이후에 지은 일부 건물이 지금까지 남아 있다.

개성 만월대 터

안동 봉정사 극락전은 가장 오래 된 건물로 알려져 있다. 영주 부석사 무량수전과 예산 수덕사 대웅전은 균형 잡힌 외관과 잘 짜여진 각 부분의 치밀한 배치로 고려 시대 건축의 단아하면서도 세련된 특성을 잘 드러내고 있다. 또 고려 시대에 제작된 건축물로는 강릉 임영관(객사) 삼문이 있다.

고려 후기에는 다포식 건물도 등장하여 조선 시대 건축에 큰 영향을 끼쳤다. 황해도 사리원의 성불사 응진전은 다포식 건물로 유명하다.

주심포식(柱心包式)은 지붕의 무게를 기둥에 전달하면서 건물을 치장하는 장치인

강릉 임영관 삼문 (강릉 객사의 정문이다)

수덕사 대웅전(충남 예산)

부석사 무량수전(경북 영주)

봉정사 극락전(경북 안동)

논산 관촉사 석조 미륵 보살 입상 충남 논산에 위치한 고려 시대의 대형 석불이다.

충주 미륵리 석조 여래 입상 고려 시대 중원 미륵리 사지에 있는 석조 불상이다.

하남 하사창동 철조 석가여래 좌상 통일신라 불상양식을 충실히 계승한 고려 초기의 전형적인 작품이다.

부석사 소조 여래 좌상 통일 신라 양식을 계승한 불상이다.(경북 영주, 국보 45호)

주심포(柱心包)와 다포(多包) 양식

주심포(봉정사 극락전)

다포(봉정사 대웅전)

이천동 마애 여래 입상(경북 안동)

공포가 기둥 위에만 짜여져 있는 건축 양식이고, 다포식(多包式)은 공포가 기둥 위뿐만 아니라 기둥 사이에도 짜여져 있는 건물로 무게를 많이 지탱할 수 있으므로 웅장한 지붕이나 건물을 화려하게 꾸밀 때에 쓰였다.

불상

고려 시대의 불상은 시기와 지역에 따라 독특한 모습을 보여 주었다. 초기에는 하남 하사창동 철조 석가여래좌상(일명 광주 춘궁리 철불, 보물 제332호) 같은 대형 철불이 많이 조성되었다. 논산 관촉사 석조 미륵보살 입상이나 안동 이천동 마애여래입상처럼 사람이 많이 다니는 길목에 지역 특색이 잘 드러난 석불과 영주 부석사 소조여래좌상 같이 신라 시대 양식을 계승한 것도 있다.

조각은 불상이 주류를 이루며 그 중 석조가 가장 많고 동제 또는 철제의 것과 나무로 골격을 만들고 진흙을 붙여 만드는 소조불상도 있다. 석불상은 고려 초기의 것으로 보이는 논산 관촉사 석조 미륵보살입상이 있는데, 거대하기는 하나 전체의 균형이 잘 잡히지 않았다. 이와 유사한 것으로 충주 미륵리 석조 여래입상이 있다.

마애불상 역시 고려 초기의 것으로 보이는 북한산 구기동 마애여래좌상은 거대한 화강암 벽에 우아하고 의장이 아름답게 조각되어 있다.

석탑

고려 석탑은 신라 양식을 일부 계승하면서도 독자적인 조형 감각을 가미하여 다양한 형태로 제작되었다. 다각 다층탑이 많았고, 안정감은 부족하나 자연스러운 모습을 띠었다. 석탑의 몸체를 받치는 받침이 보편화되었다.

석탑으로는 신라의 직선미와는 달리 둥근 맛이 나는 현종 때 세운 개풍의 현화사 7층 석탑과 송나라의 영향을 받은 오대산의 월정사 8각 9층 석탑이 고려 전기의 대표적인 것이다. 백제계 석탑으로는 강진의 월남사지 3층 석탑이 있다.

한편, 고려 후기 만들어진 경천사지 10층 석탑은 원의 석탑을 본뜬 것으로, 조선 시대로 이어졌다. 이 석탑은 대리석 석재로 만들어 목조 건축물의 각 부를 모각하

현화사 7층 석탑 개성에 있는 고려시대의 석탑으로 현화사는 고려 시대 역대 왕실의 법회가 열린 사찰이었다.

강진 월남사지 3층 석탑 월남사는 고려 시대 진각국사 혜심이 세운 사찰이다.

월정사 8각 9층 석탑 다각 다층탑으로 고려 시대에 4각 평면 방식을 벗어난 양식이 특징이다.

경천사지 10층 석탑 원의 영향을 받아 만들어진 탑으로 일제 강점기 일본으로 무단 반출되었다가 다시 돌아왔다.

고, 또 각 부재에 불·보살의 빈틈없이 새겨서 그야말로 건축과 조각의 양면을 다 같이 특이하게 구비하고 있다. 그리하여 이후 조선 초기의 원각사지 10층 석탑(현재 서울 탑골공원 소재)으로 그 양식이 이어지고 있어 역시 토착화한 증거를 보이고 있다.

승탑과 석등

석조 승탑[부도]으로는 경종 때 세운 여주 고달사지의 원종대사 혜진탑과 현종 때 세운 충주 정토사지 홍법대사 실상탑이 걸작으로 꼽히고 있다. 또 지역에 따라서 고대 삼국의 석탑 전통을 계승한 탑이 조성되기도 하였다. 승려의 승탑은 고려 시대에도 조형 예술의 중요한 부분을 차지하였다. 여주 고달사지 승탑처럼 신라 후기 승탑의 전형적인 형태인 팔각원당형을 계승하는 것이 많고, 특이한 형태를 띠면서 조형미가 뛰어난 원주 법천사지 지광국사탑 등도 있다.

석등으로는 고려 초기에 가장 우수한 것으로 꼽히는 여주 고달사지의 쌍사자 석등과 형태가 장엄하고 수법이 웅장한 관촉사 석등 등이 있다.

고달사지 쌍사자 석등(국립 중앙 박물관)

(3) 공예·회화와 음악

고려 자기의 발달

고려 자기는 고려의 미술을 대표한다고 할 수 있다. 고려의 자기는 신라의 전통

고달사지 원종대사 승탑(경기 여주) 고달사터에 남아 있는 고려 초기의 화강석 승탑이다.

법천사지 지광국사 현묘탑(경복궁) 고려 시대의 승려 지광국사 해린의 승탑이다.

법천사지 지광국사 현묘탑비(강원 원주) 국사가 문종 24년 (1070)에 이 절에서 입적하자 그 공적을 추모하고자 비를 세웠다.

관촉사 석등(충남 논산)

을 이어받아 그것을 한층 더 발전시키고 거기에 송나라의 영향을 받아 인종 때에 이르러 매우 발달하였다. 특히 통일 신라 말기 선종 불교와 함께 들어온 차 문화의 영향으로 수요가 확대되었다.

자기 중 대표적인 것은 청자로, 황록색·황갈색의 청자도 있으나 비색의 청자가 가장 아름답다. 자기는 광택이 나고 물을 흡수하지 않는 신소재였다. 11세기 원료 공급과 제품 수송이 편한 강진과 부안이 왕실용 자기를 비롯한 최고의 청자 생산 지였다. 이들 청자는 공물 또는 상품으로서 해안 운송로인 조운로를 따라 개경으로 공급되었다.

12세기에 이르러서는 고려 특유의 비색 청자가 탄생하고 아울러 상감청자도 가마에서 제작되었다. 고려 시대 목간들은 청자의 행선지, 적재 수량, 수결 등이 새겨져 있어 당시 청자의 생산과 유통에 매우 중요한 정보를 제공하고 있다.

청자는 종류도 매우 다양하여 병·항아리·주전자·접시·연적·필통·향로·화병 등이 있다. 그 가운데 국화·연꽃·석류·참외·앵무·원앙·토끼·거북이·용 등 여러 동식물을 본떠 만든 향로·주전자·연적 등은 뛰어난 솜씨를 보여준다. 그리고 무늬도 운학·모란·국화·석류·포도·연꽃·당초 등 매우 다양하여 능숙한 솜씨를 발휘하고 있다.

청자는 처음에는 순청자가 유행하였으나 뒤이어 등장한 것이 세계적으로 유명한 상감청자다. 상감청자는 나전칠기를 제작할 때 사용하던 은입사 기술을 독창적으로 적용한 도자기 무늬 제작 기법이었다. 이 상감 기법은 무늬를 집어넣는 방식이 매우 독특하고 그 빛깔은 지금에도 낼 수 없을 정도라 한다. 상감청자는 강화도에 도읍한 13세기 중엽까지 주류를 이루었으나, 원 간섭기 이후에는 퇴조해 갔다.

상감(象嵌) 기법
태토 표면에 그리고 싶은 문양을 음각으로 파고, 거기에 흰색 진흙 또는 붉은색 진흙을 붓으로 발라서 메운다. 그것이 마른 다음에 그릇 면에 넘쳐 묻은 진흙을 깎아 내거나 닦아내면, 음각한 곳을 메운 것만 분명하게 남는다. 거기에 청자유약을 입혀 구워내면, 흰 흙은 흰색으로, 붉은 흙은 검은색으로 나타나 유약을 통해 비쳐 보인다.

삼보 사찰(三寶寺刹)

삼보는 불보(佛寶)·법보(法寶)·승보(僧寶)를 가리킨다. 불보는 석가모니를 말하고, 법보는 부처가 스스로 깨달은 진리를 중생을 위해 설명한 교법을, 승보는 부처의 교법을 배우고 수행하는 제자 집단을 말한다. 우리나라에서는 통도사·해인사·송광사가 삼보 사찰이라 한다. 양산 통도사는 부처의 법신(法身)을 상징하는 진신사리를 모시고 있어 불보사로 신라의 고승 자장(慈藏 : 590~658)이 당나라에서 문수보살의 계시를 받고 불사리와 부처의 가사 한 벌을 가져와 사리는 3분하여 통도사를 창건하여 금강계단(金剛戒壇 : 국보 290)에 가사와 함께 안치하였다. 해인사는 부처의 가르침을 집대성한 『고려대장경』(국보 32)을 모신 곳이라고 해서 법보사찰, 송광사는 고려 중기의 고승 보조국사 지눌이 당시 타락한 고려 불교를 바로잡아 한국 불교의 새로운 전통을 확립한 정혜결사(定慧結社)의 근본도량으로 조선 초기까지 16명의 국사를 배출했다고 해서 승보사찰이라고 불렸다

송광사 전경(전남 순천)

통도사 금강계단과 대웅전(경남 양산)

해인사 대웅보전(경남 합천)

청자 투각 칠보무늬 향로 자기 표면에 무늬를 새기고 백토나 흑토로 매운 후 다시 구워 만드는 상감기법을 통해 만든 청자로 12세기 중엽의 작품이다.

상감청자 운학모란국화문 매병 자연스럽고 귀족적 멋이 나는 11세기 후반부터 12세기 초의 청자이다.

분청사기 회색 또는 회흑색 흙 위에 흰색 흙을 입힌 다음 유약을 입혀서 구워낸 자기. 14세기후반부터 16세기까지 널리 사용되었다.

이후 청자는 고려 말 왜구의 잦은 침략과 약탈로 그 맥이 끊기고 대신에 등장한 것이 분청사기로서 15세기의 대표적인 도자기가 된다.

공예품

고려의 금속 공예는 불교 도구를 중심으로 크게 발전하였다. 청동기 표면을 파내고 실처럼 만든 은을 채워 넣어 무늬를 장식하는 은입사 기술이 발달하였다. 은입사로 무늬를 새긴 청동 향로와 버드나무와 동물 무늬를 새긴 청동 정병이 대표작이다.

옻칠한 바탕에 자개를 붙여 무늬를 나타내는 나전 칠기 공예도 크게 발달하였다. 특히 불경을 넣는 경함, 화장품갑, 문방구 등이 남아 있다. 나전 칠기 공예는 조선시대를 거쳐 현재까지 전하고 있다.

금속 공예품에는 범종과 불구류·동경·장신구 등이 있다. 범종은 매우 우수한 것이 많은데, 그 가운데 신라의 전통을 이어받아 현종 때 주조된 천안의 천흥사 동종은 고려 범종을 대표할 만한 우수작이다. 그 밖에 고려 초의 것으로 보이는 조계사 종은 신라의 양식과 중국의 양식을 절충한 특이한 범종이며, 고려 범종의 특징을 잘 지닌 부안의 내소사 종이 있다.

청동 은입사 향완

청동 은입사 정병

자료 스페셜 고려 청자

○ **도준(陶樽)** : 도기의 색이 푸른 것을 고려인들은 이를 '비색'이라고 한다. 근년에 들어와 제작이 공교해지고 광택이 더욱 아름다워졌다. 술병의 형태는 참외와 같은데 위에는 작은 뚜껑이 있고 연꽃 위에 오리가 엎드려 있는 모양이다. 또한 완·접시·잔·항아리·꽃병·탕잔도 잘 만들었는데 모두 그릇의 일정한 격식을 모방했으므로 생략하고 그리지 않겠으며, 술병만이 다른 그릇과 다르므로 특별히 이를 알려 둔다.

『고려도경』 권32, 기명

○ **도로(陶爐)** : 사자 모양의 향로 역시 비색이다. 위에는 쭈그리고 있는 짐승이 있고 아래에는 연꽃으로 이를 받치고 있다. 여러 기물 가운데 이 물건만이 가장 정교하고 그 나머지는 월주 고비색이나 여주 신요기와 대개 비슷하다.

『고려도경』 권32, 기명

나전칠기 국당초문 염주합 12세기 초에 제작된 불교 공예품으로 염주를 보관해오던 나전칠기함이다.

불구류로는 먼저 향로를 들 수 있는데, 고려의 향로는 실상화(寶相花) 또는 연화 등을 은입사(銀入絲)한 청동제인 것이 특징이며, 명종 때 만들어진 밀양의 표충사 향로가 지금까지 전하는 가장 오래된 것으로 알려져 있다. 거울은 고려의 창의적인 것보다 중국의 것을 모방한 것이 거의 대부분이며 무늬는 대개 각종의 식물·동물·인물·기물 등이다.

그림과 서예

그림은 신라 이래의 화풍에 송의 영향을 받아 발달하였다. 도화원에 소속된 전문 화원의 그림과 문인이나 승려 등 문인화로 나뉘었다. 이름이 전해오는 화가로는 예성강도를 그린 이령과 그의 아들 이광필이 있었으나, 그들의 그림은 전하지 않는다. 고려 후기에는 사군자 중심의 문인화가 유행하였으나, 역시 전하는 것은 없다. 다만, 공민왕이 그렸다는 천산대렵도가 있어 당시의 그림에 원대 북화가 영향을 끼쳤음을 알려 주고 있다.

고려 후기에는 왕실과 권문세족의 구복적 요구에 따라 불화가 많이 그려졌다. 그 내용은 극락왕생을 기원하는 아미타불도와 지장보살도 및 관음보살도가 많았다. 대표적인 작품으로 수월관음도(보물 1286호), 지장보살삼존도(보물 1287호)와 일본에 전해오고 있는 혜허의 양류관음도가 유명하다.

불교 경전을 필사하거나 인쇄할 때, 맨 앞장에 경전의 내용을 알기 쉽게 그림으로 설명한 사경화도 유행하였다. 이 밖에 사찰과 고분의 벽화가 일부 남아 있는데, 부석사 조사당 벽화의 사천왕상과 보살상도 대표적이다.

서예는 고려 전기에는 구양순체가 주류를 이루었고, 후기에 들어서는 송설체가 유행하였다. 구양순체는 당나라 때 구양순의 군세고 힘찬 글씨체이며, 송설체는 원나라 때 조맹부의 유려한 글씨체이다. 탄연의 글씨가 뛰어났고 후기에는 이암이 송설체를 잘 썼다. 서예가로는 문종 때의 유신, 인종 때의 탄연, 고종 때의 최우가 유명하여 신라의 김생과 함께 신품 4현이라 일컬어졌다.

천흥사 동종(국립 중앙 박물관)

내소사 동종(전북 부안)

부석사 조사당 벽화(경북 영주)

천산대렵도(공민왕 작품, 국립중앙박물관)

혜허의 양류관음도(일본 가가미신사)

수월관음도(일본 사가현 경신사)

음악과 민속

고려 음악은 크게 아악과 향악으로 구분된다. 아악은 송에서 수입된 대성악이 궁중 음악으로 발전된 것으로, 오늘날까지도 격조 높은 전통 음악을 이루고 있다. 속악이라고도 하는 향악은 우리의 고유 음악이 당악의 영향을 받아 발달한 것인데, 당시 유행한 속요와 어울려 많은 곡이 작곡되었다. 「동동」, 「한림별곡」, 「대동강」 등의 곡이 유명하였다. 악기는 전래의 우리 악기에 송의 악기가 수입되어 약 40종이나 되었다.

체육은 격구·투호·축국·수박 등의 경기가 대표적이었다. 격구는 말을 타고 공을 치는 폴로(Polo) 형식의 경기였다. 격구는 마술의 변형된 형태로, 원래 무예 24반의 하나인 마술에 부수하여 실시되었다.

축국은 엄격한 규칙 아래 형식을 갖추어 실시되지는 않았으나 놀이성을 지닌 공을 차는 경기로 오늘날 축구와 비교될 수 있다. 한편, 투호는 항아리에 화살을 던져 넣어 승부를 결정짓는 것인데, 예절이 요구되기도 하였다. 투호가 이미 삼국 시대에 전래되었다는 사실은 『당서』 동이전에서 확인되지만 그 형식은 알 수 없다.

수박은 주로 무사들의 수련을 통하여 맥을 이어오다가 고려 시대에 와서 일반인들의 즐긴 경기로 왕이나 관중들이 즐겼다. 이의민은 수박을 잘하여 의종이 그를 총애하여 벼슬을 대정에서 별장으로 옮겨 주었으며, 최충헌은 연회를 베풀어 중방의 힘센 자들에게 수박을 시켜 승자에게는 곧바로 교위·대정 벼슬을 상으로 주었다는 사실이 전하고 있다.

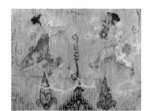
수박(중국 집안, 무용총)

자료 스페셜 수박(手搏)

(의종 24년) 왕이 보현원으로 갈 때 5문 앞에 이르러 신하를 불러 술을 마셨는데 술이 거나해지자 좌우를 돌아보며 말하기를 "장하다. 이곳은 군사를 익힐 만하다"하고 무신에게 오병수박희(五兵手搏戲)를 하도록 하였다. … 대장군 이소응은 비록 무인이기는 하지만 얼굴이 파리하고 힘도 약하여 한 사람과의 수박에서도 이기지 못하고 도망하니 한뢰가 갑자기 나서며 이소응의 뺨을 때리자 바로 계단 아래로 굴러 떨어졌다.

『고려사』 권128, 「열전」41, 반역, 정중부

4 과학기술의 발달

(1) 천문학과 의학, 인쇄술

천문학

고려 시대에는 고대 사회의 전통적 과학 기술을 계승하고 중국과 이슬람의 과학 기술도 수용하여 이 분야에서 많은 중요한 업적을 이룩하였다. 최고 교육 기관인 국자감에서는 과학 기술과 관련된 율학, 서학, 산학 등의 잡학을 교육하였다. 과거 제도에서도 기술관을 등용하기 위한 잡과가 실시되어 과학 기술이 발전할 수 있었다.

천문학은 천문 관측과 역법 계산을 중심으로 발달하였다. 천문과 역법을 맡은 관청으로서 사천대(서운관)가 설치되었고, 이곳의 관리는 첨성대에서 관측 업무를 수행하였다. 일식, 혜성, 태양 흑점 등에 관한 관측 기록이 매우 풍부하게 남아 있다. 역법 연구에서도 착실한 발전이 이루어졌다. 고려 초기에는 신라 때부터 쓰기 시작하였던 당의 선명력을 그대로 사용하였으나, 후기의 충선왕 때에는 원의 수시력을 채용하고 그 이론과 계산법을 충분히 소화하였다.

역서(曆書)

역서를 잘 만들어서 계절을 밝히는 사업은 역대 모든 제왕들이 중시하였다. 이와 같이 백성들의 생활에 필요한 역서를 만들어 계절을 알려주는 것은 지극히 중요한 문제이므로 단 하루도 그만 둘 수가 없었다. 고려 때는 따로 역서를 만들지 않고 당의 선명력을 사용하였다. 이 역서는 만든 지 100년이 넘었기 때문에 이미 낡아서 실제와 차이가 많았다. 당에서는 이미 역법을 22차례나 개정하였지만 고려에서는 그대로 사용하다가 충선왕 때에 비로소 원나라 수시력을 사용하게 되었다.

수시력(授時曆)

1년을 365.2425일로 계산하는 것을 말한다. 이것은 300년 후인 16세기 말 서양에서 개정한 그레고리우스력과 같다.

의학

의학도 상당한 수준으로 발달하였다. 의료 업무를 맡은 태의감에서 의학 교육을 실시하고, 의원을 뽑는 의과를 시행하여 고려 의학이 발전할 수 있는 바탕이 마련되었다. 고려 중기의 의학은 우리나라의 실정에 맞는 의학으로 향약방이라는 고려의 독자적 처방이 이루어지게 되었다.

이리하여 『향약구급방』을 비롯한 많은 의서가 편찬되었다. 이 책에는 각종 질병에 대한 처방과 국산 약재 180여 종이 소개되어 있다.

인쇄술

고려 시대의 기술학에서 가장 뛰어난 것은 인쇄술의 발달이었다. 신라 때부터 발달한 목판 인쇄술은 고려 시대에 이르러 더욱 발달하였다. 고려 대장경의 판목은 고려의 목판 인쇄술이 최고의 수준에 이르렀음을 입증해 주고 있다.

고려 첨성대(개성) 개성 만월대 고려왕궁터에 위치하고 있다.

자료 스페셜 　**향약구급방(鄕藥救急方)**

향약구급방은 효과가 좋고 신기한 효험이 있어 우리나라 백성에게 이로움이 크다. 수록한 약은 모두 우리나라 백성들이 쉽게 알고 얻을 수 있는 것이다. 약을 먹는 방법도 이미 잘 알려져 있다. 만약 서울같은 도시라면 의사라도 있지만 궁벽한 시골에서는 매우 급한 병이 나더라도 의사를 부르기 힘들다. 이때 이 책이 있다면 편작이나 의완(춘추 전국 시대의 명의)을 기다리지 않아도 치료할 수 있을 것이다. 이는 일은 쉽고 공은 배가 되는 것이니 그 혜택이 이것보다는 큰 것이 없다.

『향약구급방』, 서문

목판 인쇄술은 한 가지의 책을 다량으로 인쇄하는 데는 적합하지만, 여러 가지의 책을 소량으로 인쇄하는 데에는 활판 인쇄술보다 못하였다. 따라서 고려에서는 일찍부터 활판 인쇄술의 개발에 힘을 기울였으며, 후기에 이르러서는 금속 활자 인쇄술을 발명하였다.

인쇄술의 발달과 함께 종이를 만드는 제지술도 발달하였다. 전국적으로 닥나무의 재배를 장려하고, 종이 제조의 전담 관서를 설치하여 우수한 종이를 만들었다. 이리하여 고려의 제지 기술은 더욱 발전하였다. 당시 고려에서 만든 종이는 중국에 수출되어 호평을 받았다.

『상정고금예문』(詳定古今禮文)
12세기 인종 때 최윤의 등이 지은 의례서인데, 강화도로 천도할 때 예관이 가지고 오지 못하여 최우가 보관하던 것을 강화도에서 금속활자로 28부를 인쇄하였다. 오늘날 전해지지 않고 있으며, 그 대신 청주 흥덕사에서 간행한 직지심체요절(1377년)이 현존하는 세계 최고의 금속 활자본으로 공인받고 있다.

(2) 의·식·주

고려는 처음 신라의 복식 제도를 그대로 답습하다가 광종 7년(956)에 송의 제도에 따라 공복 제도를 정비하였다. 이후 공민왕 12년(1363) 문익점이 목화씨를 원에서 들여옴으로써 의생활의 개선이 이루어졌다. 그러나 목화가 널리 보급되고, 무명이 기본 옷감으로 되는 것은 문익점 이후, 조선시대에 들어와서부터였다.

고려초 권농 정책으로 미곡생산이 증대되고 재배 채소의 품질이 증진되었다. 이러한 환경에서 전래의 떡 솜씨와 채소의 가공 기술 등이 발전하여 전통을 뿌리내리는 한편 차와 한과류가 선호되어 발달하였다. 이와 아울러 고려 중기 이후에 이르면 북방 민족의 향화, 숭불사조의 동요, 원나라와의 관계 등 초기와는 다른 환경에서 한때 금기 또는 절제하던 고기 음식을 즐겨하는 성

'복'자명 금속 활자 개성 지방에서 출토된 청동 활자이다.

(백운화상 초록 불조) 직지심체요절

자료 스페셜 고려 시대 과학 기술의 발달

○ 활판 인쇄술

고려 시대 과학 기술에서 가장 뛰어난 것은 인쇄술의 발달이었다. 금속 활자를 이용한 인쇄술은 목판에 글자를 새기는 방식에 비해 훨씬 편리하고 신속하게 책을 생산할 수 있다. 직지심체요절은 독일의 구텐베르크보다 앞선 것으로 1972년 '세계 도서의 해'에 출품되어 세계에서 가장 오래된 금속활자본으로 공인되었다. 또한 이 책은 이러한 가치를 인정받아 2001년 9월에 유네스코 기록 유산으로 등록되었다. 이 책은 상·하 2권으로 되어 있으나, 현재 하권만이 유일하게 프랑스 국립도서관에 소장되어 있다.

직지심체요절 복원(충북 청주, 고인쇄박물관)

○ 화약과 화포 제작

왜구를 막는 데에는 화약만한 것이 없다. 그러나 나라 안에서는 만드는 법을 아는 사람이 없었다. 최무선은 늘 중국 강남에서 오는 상인이 있으면 꼭 만나 방법을 물었다. 상인 한 사람이 대략 안다고 하였다. 최무선은 자기 집에 데려다가 옷과 음식을 주고 수십 일 동안 물어서 대강 그 요령을 얻었다. 도평의사사에 말하여 시험해 보고자 하였다. 모두 믿지 않고 오히려 남을 속이는 자라고 험담까지 하였다. 여러 해를 두고 건의하여 나라에서 마침내 그 성의에 감동되어 화약국을 설치하고 최무선을 제조로 임명하였다. …… 1380년(우왕 6) 가을에 왜선 300여 척이 전라도 진포에 침입하였다. 부원수에 임명된 최무선은 도원수 심덕부와 상원수 나세와 함께 배에 화포를 싣고 바로 진포로 갔다. 왜구는 화약이 있으리라고는 생각하지 못하고 배를 한 곳에 집결시켜 힘을 다하여 싸우려고 하였다. 최무선이 화포로 배들을 모두 태워버렸다.

『태조실록』, 태조4년 4월 19일, 최무선졸기

향이 생겨났고, 한편으로 조면·양주업과 같은 식품산업이 사원을 중심으로 확대되었다.

주생활은 고구려의 온돌 구조와 신라의 마루 구조가 점차 보급되었으며 풍수지리설이나 음양론이 주택의 위치와 배치에 강하게 작용하였다. 일반 서민들은 대부분 온돌 바닥에서 눕거나 앉아서 지내는 좌식 생활을 하였으나, 상류층과 왕족들은 중국풍의 의자, 침상 등을 사용한 입식 생활을 하였던 것으로 전해진다. 특히, 귀족 가운데는 청기와로 지붕을 만들고 조선시대의 화초담과 같은 장식적인 담장을 설치하는 등 매우 사치스럽게 지냈다.

(3) 화약 제조와 조선술

화약 제조

과학 기술의 발달은 국방력 강화에 기여하여 최무선은 왜구의 침입을 격퇴하는 데에는 화약 무기를 사용하려 하였다. 중국에서는 화약 제조 기술을 비밀에 붙여서 고려에서는 이를 알 수 없었다. 그러나 최무선은 끈질기게 노력하여 화약 제조법을 터득하였다.

이에 고려는 화통도감을 설치하고 최무선을 중심으로 화약과 화포를 제작하였다. 화포와 같은 화약 무기의 제조가 급속도로 진전되어 얼마 후에는 20종에 가까운 화약 무기가 만들어졌다. 최무선은 이 화포를 이용하여 진포(금강 하구) 싸움에서 왜구를 크게 무찔렀다.

조선술

배를 만드는 기술도 발달하였다. 송과 해상 무역이 활발해짐에 따라 길이가 96척이나 되는 대형 범선이 제조되었다. 각 지방에서 징수한 조세미를 개경으로 운송하는 조운 체계가 확립되면서 1천 석의 곡물을 실을 수 있는 대형 조운선도 등장하였는데, 이는 주로 해안 지방의 조창에 배치되었다.

최무선

고려 동경 속에 보이는 배

더 알아보기

신안 해저 인양 유물

1975년 전라남도 신안 앞바다에서 조업 중이던 어부의 그물에 걸려 인양된 유물이 계기가 되어 조사하게 되었다. 그 결과 침몰선은 14세기 전반 원나라 시대의 중국 무역선으로 추정되었다. 그리하여 모두 아홉 차례에 걸친 탐사와 발굴 결과 22,000여 점의 유물이 인양되었는데, 대개 송·원대 도자기들로 청자와 백자, 흑유자기 등의 도자기가 주를 이루었다. 또한, 청동기를 비롯한 금속제품과 각종 주화와 주형틀, 그리고 동전들도 함께 발견되었다.

이 침몰선에서 인양된 방대한 양의 물품들은 무역을 목적으로 한 상품이었다. 목제 상자 속에서 발견된 도자기들은 10개 또는 20개씩 물품을 끈으로 묶어서 포장되어 있었다. 완전한 상태로 인양된 상자의 하나에는 남방의 특산품인 후추(胡椒) 열매가 가득 담겨져 있었다. 상자의 외면에는 소유주를 쉽게 구분할 수 있도록 부호와 번호 등을 먹으로 기입해 놓았다.

이 무역선은 원에서 일본으로 가는 것으로 추정된다. 출항지는 오늘날 저장성의 닝보를 출발한 것으로 보인다. 배의 침몰 시기는 원나라 화폐인 지원통보의 발견과 함께 1323년이 명기된 묵서명(墨書銘)이 발견된 것으로 보아 1310~1330년대로 추정하고 있다. 현재 목포에 있는 국립해양유물전시관에 침몰선을 포함한 유적들이 전시되어 있다.

침몰선

침몰선에 물건을 넣어 두었던 상자

출토 유물 청자 접시

출토된 동전

후추

IV

조선의 건국과 발전

1. 조선 전기의 정치
2. 조선 전기의 사회
3. 조선 전기의 경제
4. 조선 전기의 문화

14세기 후반에 이르러 고려 왕조는 정치 체제 약화와 이민족의 침입 등으로 국내외 혼란이 거듭되었다. 이러한 과정 속에서 여진족·홍건적·왜구 등을 물리쳐 명성을 드높인 이성계가 중앙 정계에 진출하였다. 그는 조준·정도전 등 신진 사대부와 손을 잡고 최영 일파를 숙청한 후 전제 개혁을 단행하였다. 이성계는 1392년 7월 역성(易姓) 혁명을 통해 개성의 수창궁에서 왕위에 올라 조선을 건국하였다.

태조 이성계는 민심의 혁신을 위하여 국호의 개정과 천도를 단행하였다. 국호는 고조선의 계승자임을 밝히고자 '조선'으로 정하고, 1394년 1월에는 한양으로 도읍을 옮겼다. 이어 새 도읍에 궁궐, 관아, 성곽, 4대문 등을 건설하였다. 이후, 조선 왕조는 왕권의 강화, 제도의 정비, 대외 관계의 변화에 따라 단계적으로 발전해 나갔다. 태조부터 성종에 이르기까지는 왕권의 확립과 국가 체제의 근간이 마련된 시기였다. 당시 제도 정비는 건국에 협조한 신진사대부들에 의해 이루어졌다. 그러면서도 태종과 세조의 왕권 강화책에 힘입어 체제 정비 작업이 일단락되었다.

한편, 조선 왕조는 외교 정책으로서 사대교린, 문화 정책으로서 숭유억불, 경제 정책으로서 농본주의를 국가 이념으로 표방하였다. 이에 따라 중국의 명나라에 대해서는 사대의 예를 행하고, 일본과 여진에 대해서는 우호적인 관계를 유지하려 노력하였다. 또, 유교(성리학)를 국가 통치 이념으로 삼아 교육·과거·의례·사상 등에서 유교적인 체제를 실천해 나갔다.

그때 우리는		그때 세계는	
연대	주요 사건	연대	주요 사건
1392	조선 건국		
1416	4군 설치	1405	명, 정화의 남해 원정
1441	측우기 제작		
1446	훈민정음 반포	1445	구텐베르크, 금속활자 발명
1466	직전법 실시	1453	동로마 제국 멸망
1485	경국대전 완성	1492	콜럼버스, 아메리카 도착
1510	3포 왜란	1498	바스코다가마 인도 항로 발견
1530	『신증동국여지승람』 편찬		
1543	백운동 서원 건립	1517	루터, 종교개혁
1575	동서당론이 일어남		
1592	임진왜란 (~1598)		
		1573	명, 일조편법 실시
1623	인조반정	1603	일본, 에도 막부 개창
1627	정묘호란	1616	여진, 후금 건국
1636	병자호란		

1 조선 전기의 정치

1. 조선의 건국과 성립
2. 통치 체제의 정비
3. 조선 전기 대외 관계와 양난

태조(이성계) 어진

태조(太祖) 즉위 교서(敎書)

천자는 칠묘(七廟)를 세우고 제후(諸侯)는 오묘(五廟)를 세우며, 왼쪽에는 종묘(宗廟)를 세우고 오른쪽에는 사직(社稷)을 세우는 것은 옛날의 제도이다.

天子七廟, 諸侯五廟, 左廟右社, 古之制也

- 『태조실록』권 1,
태조1년 (1392) 7월 정미 -

새 왕조의 기틀을 세우다 – 종묘(宗廟)와 사직(社稷)

종묘제례의

사직단

1 조선의 건국과 성립

(1) 개국 초 왕권의 강화와 국가 체제

건국의 배경

1392년 여름, 고려 변방 출신의 한 무인인 이성계를 새 왕조의 왕으로 추대함으로써 조선이 개국되었다. 새 왕조의 개창은 단순한 역성혁명으로 그치지 않고 사회의 여러 방면에서의 개혁이 수반되었다.

당시 고려 왕조는 백성에 대한 가혹한 착취, 국가 재정의 고갈, 계속되는 전란, 불교계의 세속화 등으로 국가 질서가 파탄 지경에 이르고 있었다. 여기에 원·명 교체기의 혼란은 고려의 국내외 사정을 더욱 어렵게 만들었다.

이러한 와중에 즉위한 공민왕은 반원 자주 정책을 실시하여 부원 정치 세력을 제거하고, 정동행성이문소를 혁파하였다. 이어 원나라 연호 사용 금지와 관제 복구를 단행하는 한편, 동북면과 서북면 방면의 쌍성총관부 회복 운동을 전개하였다. 그러나 공민왕의 개혁은 실패하였고, 영토 회복 과정에서 이자춘과 그의 아들 이성계가 두각을 나타내기 시작하였다.

하지만 당시 이성계는 아직 힘이 미약하였다. 그러한 과정에서 이인임을 중심으로 한 친원 세력과 정몽주, 정도전을 중심으로 한 친명 세력 간에 세력다툼이 일어난다. 더욱이 세공(歲貢) 문제 등에서 명의 강압적 태도는 고려 조정을 자극하여 최영의 요동정벌 계획의 단서를 제공하였다. 최영은 우선 정적인 임견미, 염흥방, 이인임 등을 제거하고, 우왕 14년(1388) 명나라가 고려에 철령위 설치를 통보해 오자 곧바로 요동 정벌을 단행하였다.

이때 이성계는 요동정벌보다 국내의 산적한 문제를 해결하는 것이 선결 과제라 판단하고, 4가지의 불가론을 주장하였으나 받아들여지지 않았다. 결국 이성계와 조민수는 요동정벌에 나섰고, 악천후에 시달리다 압록강의 위화도에서 회군을 단행하였다. 위화도 회군에 당황한 우왕과 최영은 개경에서 저항하였으나, 이성계의 군세에 눌려 패하고 제거되었다. 정권을 잡은 이성계 일파는 곧바로 과전법을 발표하여 전제 개혁을 단행하고(1391), 척불 운동 등을 통해 그들의 입지를 강화해 나갔다.

조선 건국

과전법의 실시는 조선이 개국하기 14개월 전에 이루어진 것으로 새 왕조의 토지 및 조세 제도의 근간이 되었다. 신흥 무인과 신진사대부에 의한 과전법 실시는 그들의 경제적 기반을 확립하는 동시에 권문 세족의 농장 확대에 타격을 가하는 조치였다.

또 신진 사대부들은 척불 운동을 통해 불교와 관련된 폐단을 시정하려 하였다. 고

동녕부

1270년(원종 11) 원나라가 자비령 이북의 지역을 모두 원나라 영토로 만들고 서경에 동녕부를 설치하였다. 그러나 1290년에 고려의 끈질긴 요구를 받아들여 이 지역을 고려에 돌려주고, 동녕부를 요동(遼東)으로 옮겼다.

쌍성총관부

1258년(고종 45) 몽골은 철령 이북의 땅에 쌍성총관부를 두었다. 이후 약 100년간 존속하다가 1356년(공민왕 5) 천호 이자춘(이성계의 아버지)의 협력으로 이를 탈환하여 쌍성총관부를 폐지하였다.

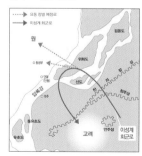

위화도 회군(1388)

려 후기의 불교는 이전과 달리 정치와 사회에서 정신적 지도력이 약화되어 갔다. 이는 사원전과 사원노비의 확대로 인한 국가 조세 수입 감소, 지나친 불교행사에 따른 국가 재정의 어려움, 승려들의 세속화 등이 원인이었다. 이 과정에서 권력과 결부된 승려 신돈이 등장하기도 하였다.

이에 신진 사대부들은 권문 세력과 불교 사원의 밀착된 관계를 비판하였다. 당시 척불 운동은 성리학을 신봉하는 이색, 정몽주, 권근, 정도전 등이 중심이었다. 이것이 새 왕조의 이데올로기인 숭유억불로 이어졌다.

신진 사대부 내부에서도 자신들의 권력을 공고히 해 나가는 과정에서 역성혁명을 주장하는 혁명파 사대부와 고려 왕조의 유지 속에서 개혁을 주장하는 온건파 사대부로 그 입장이 갈려 정치적 이해 관계를 달리하였다. 이러한 정치적 이해 관계의 차이는 신흥 무인인 이성계 일파와 손을 잡은 혁명파 사대부의 승리로 끝이 났고, 공양왕 3년에 이들은 정권과 병권을 장악하는데 성공하였다. 마침내 1392년 7월에 공양왕이 이성계에게 양위를 하고, 이성계는 개경의 수창궁에서 남은, 정도전, 배극렴, 이방원 등의 추대 형식으로 새 왕조의 국왕이 되었다.

조정(임금의 자리인 용상) 임금이 용상에 앉아 국사를 논하고 행하던 장소가 조정이다.

정도전의 정치 사상

혁명파 사대부를 대표하는 정도전은 일찍이 「불씨잡변」을 통해 불교의 폐단을 지적하였다. 그리고 평소 성리학과 『주례』를 기반으로 한 민본 정치의 실현을 강조하였다. 특히 그는 1394년 한양천도 때는 궁궐과 종묘의 위치 및 도성의 터를 결정하고 궁·문의 모든 이름을 손수 지었다. 그는 『조선경국전』· 『경제문감』 등을 통해 조선의 통치 규범을 제시한 것은 물론이고 여기에서 임금과 신하가 서로 조화를 이루는 왕도정치의 표방과 재상의 역할을 강조하기도 하였다. 이후 1395년 「고려국사」37권을 찬진했으며, 지방행정 방법을 기술한 『감사요약』을 만들었다. 1397년에는 동북면도선무순찰사가 되어 성을 수축하고 역참을 신설했고, 요동 정벌도 주장하기도 하였으나, 이후 제1차 왕자의 난 때 이방원에게 피살되었다.

국가 체제의 정비

왕위에 오른 태조 이성계는 즉위 교서에서 종묘와 사직을 정하여 국가와 왕실의 위엄을 갖추었다. 아울러 문과와 무과 실시와 수령 엄선을 통한 인사제도 확립, 관혼상제를 통한 유교 윤리 수립, 피지배층에게 고통과 부담을 주던 각종 제도의 폐지, 대명률 적용을 통한 형률의 일원화, 과전법을 통한 토지·재정 제도의 정립 등을 선언하여 개혁 정치의 방향을 제시하였다.

이어 문무백관의 제도를 마련하여 문반의 경우, 정1품에서 종9품에 이르는 18품계와 그 명칭을 정하고, 정치 기구로 도평의사사, 문하부, 삼사, 중추원 등의 관제를 정하였다. 도평의사사는 합좌 기구로 문하부, 삼사, 중추원의 2품 이상으로 구성하였다. 무반의 경우도 의흥친군좌위와 우위를 비롯한 10위를 두었다. 이 외에 내시부, 액정서, 전악원, 아악서 등도 마련하였다.

국호 문제는 즉위 교서에서 언급한대로 처음에는 '고려'를 그대로 사용하였다.

한양 천도론

임금께서 "내가 장차 도읍을 옮기기로 결정했는데, 만약 가까운 지역에 다시 길지(吉地)가 없다면 삼국 시대의 도읍 또 길지가 됨직하니 의논하여 알리라." 하고, 좌시중(左侍中) 조준(趙浚)·우시중(右侍中) 김사형(金士衡)에게 이르기를, "서운관이 고려 말기에 송도의 지덕이 이미 쇠했다 하였다. 여러 번 글을 올려 한양(漢陽)으로 도읍을 옮기자고 하였다. 근래에는 계룡(雞龍)이 도읍할 만한 곳이라 하기에 백성을 동원하여 공사를 일으키고 백성들을 노역하여 힘들게 하였다. 이제 또 여기가 도읍할 만한 곳이라 하여 와서 보니, 한우 등이 좋지 못하다 하고 도리어 송도 명당이 좋다고 서로 논쟁을 하여 국가를 속이니, 이것은 일찍이 징계하지 않은 까닭이다. 그대들이 서운관 관리로 하여금 각각 도읍될 만한 곳을 진술하여 아뢰게 하라."하였다. 이에 겸판서운관사 최융(崔融)과 윤신달·유한우 등이 "우리나라 안에서는 부소(扶蘇)가 명당의 첫째요, 남경(南京)이 그 다음 입니다." 라고 아뢰었다. 이날 저녁에 임금이 무악 밑에서 유숙하였다.

『태조실록』 권6, 3년 8월 무인

그런데 명나라에 갔던 사절이 국호의 개정 문제를 명나라에서 묻는다고 보고하자 국호를 새롭게 정하였다. 국호는 우선 태조 이성계의 고향으로 영흥의 옛 이름인 '화령(和寧)'과 우리나라의 최초의 국가인 국호인 '조선(朝鮮)'을 가지고 논의하였다. 드디어 국호를 조선으로 정하고 태조 2년부터 국호로 사용하게 되는데, 이는 명나라의 권유가 일정 부분 작용한 결과였다.

국왕의 즉위식(복원 모형)

한편, 태조는 도읍을 정하는 일에도 남다른 관심을 보였다. 그는 예로부터 역성으로 천명을 받은 왕은 도읍을 반드시 옮겼다는 논리를 펴 정도(定都) 작업을 벌였다. 우선 태조 2년에 계룡산 기슭에서 신도의 산수를 살피고 종묘 등의 자리를 측량하면서 신도 역사를 시작하였다. 그러나 경기좌도 도관찰사 하륜이 계룡산은 남쪽에 치우쳐 있고, 풍수지리상 좋지 못하여 천도를 반대한다는 주장을 펴자, 그의 의견에 따라 다시 모악(오늘날 서울 서대문구 일대)을 천도 예정지로 정하고 태조 3년에 이를 살펴보았다. 그러나 이 역시 중지하고 같은 해 9월에 승려인 무학(無學)의 자문을 받아들여 남경(오늘날 서울 종로구 일대)을 도읍으로 확정하였다.

옥새 왕의 도장으로 어보라고 한다. 결혼이나 즉위, 책봉, 장례 등 왕실의 중요한 공식 의례가 있을 때마다 왕과 왕후 등에게 주던 인장이다.

태조는 곧바로 신도궁궐조성도감을 설치하고 도읍을 갖추는 공사를 시작하였다. 그리고 신도의 개편 작업에 착수하여 태조 4년에는 한양부를 한성부로 개칭하고, 태조 5년에는 5부 52방을 구획하여 방(坊)의 명칭을 정하였다. 이후 태조 7년 제1차 왕자의 난을 겪은 후 정종 원년(1399)에 잠시 개성으로 환도하였으나, 태종 5년 10월에 재천도한 이래로 조선 왕조 500년 간 한양(한성)은 도읍으로 정치, 경제, 사회, 문화의 중심지가 되었다.

한양 도성의 옛 모습

한편, 정도전은 태조 3년에 『조선경국전』을 편찬하여 새 왕조의 이상적인 정치 체제를 제시하였고, 태조 6년에는 조준이 『경제육전』을 편찬하여 새 왕조의 틀을 갖추어 나갔다.

태조·태종의 왕권 강화 노력

개국 초에는 정치 권력이 개국공신과 도평의사사에 집중되었다. 그러다가 태조

자료 스페셜 태조의 즉위 교서

중외의 대소 신료와 한량·기로·군민에게 교지를 내렸다. "왕은 이르노라. 하늘이 많은 백성을 낳아서 임금(君長)을 세워 이를 길러 서로 살게 하고, 이를 다스려 서로 편안하게 한다. 그러므로, 군도(君道)가 득실(得失)이 있게 되어 인심(人心)이 복종과 배반함이 있게 되고, 천명(天命)의 떠나가고 머물러 있음이 매였으니, 이것이 이치의 떳떳함이다. 홍무(洪武) 25년(1392) 7월 16일 을미에 도평의사사(都評議使司)와 대소신료들이 말을 합하여 왕위에 오르기를 권고하기를, "왕씨(王氏)는 공민왕이 후사가 없이 세상을 떠남으로부터 신우(辛禑)가 사이를 틈타서 왕위를 도적질했다가 죄가 있어 사양하고 물러갔으나, 아들 창(昌)이 왕위를 물려받았으므로 나라의 운이 다시 끊어졌습니다."라고 하였다. 나는 덕이 적은 사람으로 이 책임을 능히 짊어질 수 없을까 두려워하여 사양하기를 두세 번에 이르렀으나, 여러 사람이 말하기를, "백성의 마음이 이와 같으니 하늘의 뜻도 알 수 있습니다. 여러 사람의 요청도 거절할 수가 없으며, 하늘의 뜻도 거스릴 수가 없습니다." 하면서, 이를 고집하기를 더욱 굳게 하므로 나는 여러 사람의 심정에 굽혀 따라 마지못하여 왕위에 오르고… (중략)

『태조실록』 권1, 1년 7월 정미

개국 원종공신 녹권(1397년, 동아대학교 박물관)

왕자의 난

제1차의 난은 방석의 난 혹은 정도전의 난, 무인정사(戊寅靖社)라고도 하며, 제2차의 난은 방간의 난 혹은 박포의 난이라고도 한다. 제1차의 난은 이방원과 이복 동생과의 싸운 것이라면, 제2차의 난은 태조의 4남인 방간과 별인 형제 간의 왕위 계승 싸움이었다.

사병 혁파

사병은 1393년(태조 2) 이성계의 사병을 의흥삼군부로 대부분 통합하였으나, 직계의 가별초는 각각 그대로 소유하고 있었다. 그러다가 1400년(정종 2) 병권을 장악한 이방원에 의해 혁파되었다. 그후 1411년(태종 11) 사병이 다시 혁파할 때에 이르러 완전히 없어졌다. 이로써 일체의 사병이 없어지고, 이를 삼군부에 귀속시켰다.

가 강력한 왕권 강화 노력을 펼치면서 초창기의 정치를 자신의 이상을 만드려는 장으로 바꿔 나갔다.

우선 태조는 개국공신을 선정하는데 있어서 자신이 단독으로 정함으로써 강력한 왕권을 과시하였다. 이 과정에서 개국공신의 출신 지역, 신분, 직업 등을 고려하였고, 심지어는 여진인, 한인(漢人), 원인(元人)의 귀화인까지 망라하였다. 또 건국 초의 권력 기구인 도평의사사를 문하부, 삼사, 중추원의 2품 이상 관리로 구성된 합좌 기구로 인정하면서도 도당(都堂)의 기능은 당시의 당면 과제 상달 및 왕명 봉행 등의 형식을 취하게 하는 등 국왕이 직접 하명하는 정치 형태를 취하였다.

태조와 정종을 거쳐 왕위에 오른 태종은 군주로서의 명분과 정통성이 취약하였다. 왕위에 오르기 전 태종은 왕자 이방원으로서 이복 동생 이방석이 세자로 책봉되고, 동복 형인 이방간의 견제가 심하여 늘 권력의 핵심에서 소외되어 있었다. 이에 이방원은 제1차 왕자의 난(1398)과 제2차 왕자의 난(1400)을 통해 정권을 장악하였다. 왕위에 오른 태종은 우선 사병을 혁파하였다. 도평의사사를 개혁하여 의정부로 개편하였으며, 중추원을 고쳐 삼군부로 하고 삼군부의 직을 가진 자는 의정부에 합좌하는 것을 금하였다. 이로서 정부와 군부는 분리되었고, 의정부의 기능도 도평의사사 보다 축소하거나 약화시켰다. 태종 1년(1401) 7월에는 신문고(처음에는 등문고)를 설치하여 억울한 민원을 해결하려 하였다.

왕권을 안정시킨 태종은 반대 세력을 제거하고 왕권을 더욱 강화해 나갔다. 조선 건국 이후 책봉된 개국공신, 정사공신, 좌명공신 등이 왕실과 혼인 관계를 통해 외척 세력을 형성하면서 어느 사이인가 커다란 힘을 발휘하고 있었다. 이에 왕권의 강화라는 미명 하에 이들의 권한을 제약해 나갔다. 태종 2년 조사의의 난, 태종 4년 사돈인 이거이와 그의 아들 이저의 유배, 태종 6년과 9년에 처남인 민무구, 민무질 형제의 축출 등이 그것이다. 심지어 자신의 측근이었던 이숙번 등도 제거하였다.

나아가 태종 14년에는 소수의 재신 위주의 국정 운영을 6조가 직계하는 체제로 개편함과 아울러 6조를 정3품 아문에서 정2품 아문으로 승격하여 국정을 운영하였다. 이에 따라 정치 권력의 핵심 기구인 의정부의 정치력이 약화되고 6조가 국정 전반에 걸쳐 활발한 정치 활동을 할 수 있게 되었다.

자료 스페셜 **6조 직계제(直啓制)**

○ 정부(政府)의 모든 일을 나누어서 육조(六曹)에 돌렸다. (중략) "빌건대, 육조로 하여금 각각 직사(職事)를 바로 아뢰게 하고 왕지(王旨)를 받들어 시행하게 하며, 의논할 일이 있으면 육조 장관(六曹長官)이 같이 의논하여 아뢰게 하소서." (중략)

『태종실록』 권27, 14년 4월 경신

○ 의정부에 전지하기를, "상왕(上王)께서 나이가 어리시어 모든 조치를 다 대신에게 위임하여 의논해서 시행하였던 것인데, 이제 내가 명을 받아 통서(統緖)를 이으면서 군국(軍國)의 서무(庶務)를 모두 친히 보고받고 결단하여 다 조종(祖宗)의 옛 제도를 회복하였으니, 이제부터 형조(刑曹)의 사수(死囚)를 제외한 모든 서무(庶務)는 육조(六曹)에서 각기 그 직무(職務)에 따라 직접 계달하라."하였다.

『세조실록』 권2, 1년 8월 경술

이어 태종은 언론을 충분히 수용하여 반대 세력을 제거하는데 대간을 이용하였다. 이에 따라 간쟁, 탄핵, 인사 등을 내용으로 하는 대간(사헌부, 사간원의 양사)의 상소는 왕권 강화에 기여하였다.

(2) 유교 정치의 진전

유교 이념의 채택

고려 말 안향이 원나라에서 성리학(일명 주자학)을 들여와 연구한 이후 백이정, 이제현을 거쳐 이숭인, 이색, 정몽주, 길재, 권근 등의 유학자가 배출되었다. 더욱이 공민왕 때에는 성균관과 과거 제도가 부활되면서 성리학은 관학의 지위를 차지하게 되었다. 이에 정몽주는 향교를 세우고, 처음으로 『주자가례』에 따라 일반 사대부에서 서민에 이르기까지 가묘(家廟)를 세울 것을 권유하였다. 정도전은 성리학을 척불 운동을 전개하는데 이념적 도구로 사용하였다. 당시 성리학을 수용한 세력들은 권문 세족을 비롯한 구세력과 이해 관계를 달리함으로써 구사회, 구질서를 부정하여 새로운 사회로 나아가는데 성리학을 그 발판으로 삼았다.

왕의 하루 국왕은 백성들의 귀감이었기 때문에 백성보다 먼저 일어나고, 늦게 잤다. 특히, 유교 이념 하에서의 국왕은 덕치, 예치를 강조하였기에 그 행실은 아주 철저하고 엄격하였다.

이어 1392년 7월 왕위에 오른 태조는 즉위 교서에서 『주자가례』에 의한 관혼상제의 의례와 제도를 정하였고, 정도전은 『조선경국전』에서 왕도 정치를 강조하였다. 그는 재상이 주도하는 정치를 유교 정치의 이상 체제로 생각하였고, 유교는 왕과 신하가 유교에 깊은 교양을 갖는 것이 선결 과제라 여겼다. 따라서 덕치, 인치, 예치를 근본으로 하는 정치를 강조하였다. 이러한 유교 정치의 실현은 세종 때 와서 본격적으로 전개되었다.

집현전(경복궁 수정전) 집현전은 세종 때 경복궁의 경회루 남쪽, 천추전의 서쪽에 건립되었다.

세종대 집현전의 설치

세종은 즉위 원년(1419)에 좌의정 박은의 건의를 받아들여 집현전에 문신을 뽑아 문풍 진작을 명령하였다. 세종 2년에는 집현전의 신관제와 더불어 관원을 임명하였다. 당시 집현전 직제는 영사(정1품)에서 제학(종2품) 이상은 대신의 겸관이고, 부제학(정3품) 이하는 녹관(전임직)으로 임명하였다. 녹관으로 임명된 자는 경연관

"임금의 학문은 한갓 외우고 설명하는 것만이 아닙니다. 날마다 경연에 나아가 선비를 맞이하여 좋은 말을 채납하는 것은 첫째는 어진 사대부를 접견하는 때가 많음으로써 그 덕성을 훈도하기 위한 것이며, 둘째는, 환관과 궁첩(宮妾)을 가까이 하는 때가 적음으로써 그 나태한 마음을 진작시키기 위한 것입니다.… 전하께서는 날마다 경연에 납시어 『대학』을 강론하게 하여 격물·치지·성의·정심의 학문을 연구하여 수신·제가·치국·평천하의 효과를 이루게 하소서."하니, 임금이 이를 윤허하였다.

『태조실록』 권2, 태조 1년 11월 신묘

을 겸하였다. 세종은 재주와 덕행이 있고, 나이 어린 문신을 택하여 집현전의 녹관으로 임명하고, 오로지 학문 연구에 종사하게 하였다. 따라서 집현전은 학자 양성과 학문 연구를 위한 기관이었다.

일단 집현전 관원에 임명되면 장기 근속이 상례였다. 이들은 경연과 서연의 담당이 가장 중요한 업무였고, 외교 문서의 작성과 명나라 사절의 접대도 담당하였다. 이들은 과거에 시험관으로 참여하기도 하고, 사관 및 왕명을 작성하는 지제교를 겸하기도 하였다. 또 고제(古制) 연구와 편찬 사업 등 학술적인 사업도 주도하였다. 이러한 세종의 노력으로 집현전은 그 정치 비중이 커져 집현전 관원이 대간 또는 다른 기관으로 전출하는 경우가 늘어나게 되었고, 문종대를 거치면서 점차 정치 기구화되어 갔다.

경연(經筵)
경연이란 임금이 학문을 닦기 위해 신하들 중 학식과 덕망이 높은 사람을 궁중에 불러 유교 경전과 역사책을 강론하던 자리였다.

국조오례의 흉례

삼강행실도(三綱行實圖)
군신(君臣)·부자(父子)·부부(夫婦)의 삼강에 모범이 될 만한 충신·효자·열녀를 골라 편집한 책이다. 여기에 실린 효자·충신·열녀는 각각 35명씩이다. 1431년(세종 13)에 집현전 부제학 설순 등이 왕명에 의해 처음으로 편찬된 이후 다양한 형태로 후대에 이르기까지 여러 차례 간행되었다.

삼강행실도 언해본

의례 제도의 정비

유교 정치를 실현하는데 있어서 가장 시급한 현안은 유교적 의례와 제도 마련이었다. 그래서 태종 10년 8월에는 이를 위해 의례상정소가 설치되었으나 태종 때에는 의례상정소의 활동이 활발하지 못하였다. 그러다가 세종이 즉위하면서 고제 연구가 본격적으로 전개되면서 의례상정소는 예조, 집현전 등과 더불어 고제 연구에 중심 기구로 부상하였다. 의례상정소는 세종 17년(1435)에 폐지될 때까지 유교적인 의례나 제도의 틀을 마련하는데 커다란 공헌을 하였다. 이러한 정부의 노력들은 『효행록』, 『삼강행실도』, 『오례의주』 등의 간행으로 이어졌고, 성종 5년(1474) 『국조오례의』의 완성에도 영향을 주었다.

한편, 세종 때에 이르면 유교 정치를 담당할 수 있는 유학자들이 많이 배출되고, 유교적인 의례, 제도도 상당 수준 정비된 상태에 이르렀다. 이러한 분위기는 세종 18년(1436) 4월에 이르러 태종 14년부터 시행하던 6조 직계제를 의정부 서사제로 바꾸는 계기가 되었다. 이로써 국정 운영에서도 유교적 이념을 바탕으로 한 재상 중심 정치 체제로의 전환이 이루어지게 되었다.

(3) 왕권의 재정립과 제도의 완성
세조대 왕권과 국정 운영

자료 스페셜 『국조오례』(國朝五禮儀) 의 서(序)

갑오년(1474) 여름이 지나 비로소 능히 책이 완성되어 본뜨고 인쇄하여 장차 발행하였다. 신이 가만히 살펴보건대, 예를 기술한 것이 3천 3백 가지의 글이 있기는 하나 그 요점은 길·흉·군·빈·가(吉凶軍賓嘉)라고 말하는 다섯 가지에 불과할 뿐이다. 제사로 말미암아 길례가 있고, 사상(死喪)으로 말미암아 흉례가 있으며 대비와 방어로 말미암아 군례가 있고, 교제와 관혼의 중요함으로 말미암아 빈례와 가례가 있다. 예는 다섯 가지에 갖춰져서 사람 도리의 처음과 끝이 구비되었으니, 천하 국가를 다스리고자 하는 자는 이를 버리면 할 수가 없다.… 성화(成化) 10년(1474) 여름, 5월 상한(上澣 : 10일) 추충정난 익대순성 명량좌리공신 숭정대부 행 병조판서 겸 지경연 춘추관사 진산군 신 강희맹은 삼가 서문을 쓴다.

『사숙재집』권8, 「서」(序)

세종 때의 국정 운영은 문종과 단종 때에 이르러 다소의 변화를 겪는다. 문종(1450~1452)이 병으로 일찍 죽고 이어 나이 어린 단종(1452~1455)이 즉위하면서 왕권이 약화되어 갔다. 이에 정치적 영향력이 왕을 대신하여 대신들이나 종친 세력에게 돌아가는 양상으로 변모해 갔다. 이런 정치 양상은 왕권과 신하 그리고 종친 세력 간에 견제와 대립 양상으로 전개되었다. 그런 와중에 확장된 신권의 구도에 대항하여 국왕권 중심으로의 권력 구조 개편이 수양대군에 의해 주도되었다. 수양대군은 단종 1년(1453) 계유정란을 통해 권력을 장악하고 곧이어 왕위에 올라왔다. 세조는 단종 때 확장된 신권(臣權)에 대해 제재를 가하였고, 이를 통해 왕권을 강화해 나갔다. 이 과정에서 세조의 왕위 찬탈에 반대하는 사육신과 생육신 세력이 등장하기도 하였고, 세조의 전제 권력과 강력한 중앙 집권화 정책을 배경으로 이를 지지하는 훈구 세력이 형성하기도 하였다.

세조(1455~1468)는 즉위 직후에 의정부 서사제를 폐지하고 6조 직계제로 환원하였다. 성삼문, 박팽년 등이 단종 복위 사건을 주도하였다는 빌미를 내세워 집현전을 폐지시켰고, 정치 문제를 토론하고 대화하는 경연도 없앴다. 이 때문에 대간의 기능이 약화되었고, 반면에 왕명을 출납하던 비서실인 승정원의 기능은 한층 강화되었다. 여기에 원상제를 고안하여 왕이 지명한 삼중신(한명회, 신숙주, 구치관)이 승정원에 상시 출근해 모든 국정을 상의해서 결정하였다.

이 밖에도 백성들의 동향을 파악하기 위해 호패법을 다시 복원했으며,『동국통감』의 편찬에 착수하여 전대의 역사를 조선 왕조의 입장에서 재조명하려 하였다. 통치 체제의 정비를 위해『국조보감』을 편수해 태조부터 문종에 이르는 시기를 정비하였고,『경제육전』도 정비하였다. 아울러 왕조 일대의 총체적 기본 법전인『경국대전』의 편찬을 시작하였다.

관제도 대폭 개편하여 영의정부사는 영의정으로, 사간대부는 대사간으로, 도관찰출척사는 관찰사로, 병마도절제사는 병마절도사로 명칭을 간소화하였다. 종래에 현직과 휴직 또는 정직 관원에게 나눠 주던 과전을 현직 관원에게만 주는 직전법(職田法)을 실시해 국비를 줄였으며, 지방 관리들의 모반을 방지하기 위해 지방의 병마절도사는 그 지방 출신을 억제하고 중앙의 문신으로 대체하도록 하였다.

이처럼 세조는 관제 개편과 관리들의 기강 확립을 통해 중앙 집권제를 확립하고 민생 안정책과 유화적인 외교 활동을 통해 민간 생활의 편리를 꾀하였다. 그리고 법전 편찬과 문화 사업으로 사회를 일신시켰다. 세조는 친불교 정책을 추진하여 궐내에 사찰을 두었고, 승려를 궁으로 불러들이기도 하였다.

계유정란
어린 나이로 단종이 즉위하자 조정은 황보인, 김종서 등 고명대신이 의정부 서사제 하에서 정치 권력을 장악하게 되었고, 왕권은 상대적으로 허약했다. 하지만 신권의 팽창이 왕권 자체를 위협하지는 않았다. 오히려 왕권을 위협한 것은 왕족들이었다. 특히 수양대군과 안평대군은 야망과 수완이 출중하고 비범한 인물들로서 경쟁적으로 세력 확장을 꾀하였다. 계유정란의 원인에 대해『단종실록』에는 대신들이 안평대군 등 종친뿐 아니라 혜빈 양씨, 환관 등과 모의하여 궁중에까지 세력을 펴는 한편, 황표정사(黃標政事)를 통해 자신의 세력을 요직에 배치하여 붕당을 조성하고 끝내는 종실을 뒤엎고 수양대군에게 위협을 가한 것이 그 원인이라고 기록하고 있다.

광릉(경기 포천) 세조의 릉이다.

사육신 의절사(서울 동작, 노량진)

성종대 국정 운영과 제도의 완성

구성군(1441~1479)
세종의 4자인 임영대군의 아들로 성종
이 즉위하자 정인지 등의 탄핵으로 귀
양간 후 유배지에서 죽었다.

13세의 어린 나이에 왕위에 오른 성종(1470~1494)은 왕권의 불안정한 요소를 제거하기 위해 세조 때 중용되던 종친 중용 정책을 포기하고, 그 중심이던 구성군 이준을 정인지의 탄핵으로 유배 보냈다. 아울러 조정의 서무 결재에 원로 대신들이 참여하던 원상제를 폐지하였다. 세조 때 공신 세력이 중심이 되어 형성된 훈구 세력을 견제하고자 김종직 등 신진 사림세력을 대거 등용하였다.

경연을 통해 학문과 교육을 장려하여 경연도 강화하였고, 홍문관 확충과 독서당 설치 등을 통해 젊은 관료의 학문 연구를 독려하였다. 또 외촌 6촌 이내에는 결혼을 금하고, 사대부와 평민의 제사 이행에 있어서도 차별을 두어 시행하게 하였다. 전국 교생에게는 의무적으로『삼강행실』을 강습케 하였다. 아울러 숭유억불 정책을 강화하여 불교의 화장 풍습을 없애고, 도성 내에 염불소를 폐지하여 승려들의 도성 출입을 금지시켰다. 사대부 집안의 부녀자가 비구니가 되는 것도 금지하였다.

한편, 적극적인 편찬 사업 정책은 많은 서적의 간행으로 이어졌다. 곧 노사신 등의『동국여지승람』편찬, 서거정 등의『동국통감』,『삼국사절요』,『동문선』, 강희맹 등의『오례의』, 성현 등의『악학궤범』이 간행되었다.

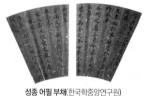

성종 어필 부채(한국학중앙연구원)

국방 대책에도 힘을 기울여 성종 10년(1479) 좌의정 윤필상을 도원수로 삼아 압록강을 건너 건주야인의 본거지를 정벌하였고, 성종 22년(1491)에는 함경도 관찰사 허종을 도원수로 삼아 2만 4천명의 군사로 두만강을 건너 '우디거'의 모든 부락을 정벌하게 하여 국초부터 빈번히 침입하는 야인(여진족)의 소굴을 소탕하였다.

(4) 경국대전의 편찬과 문물 제도의 정비

경국대전의 편찬

『경국대전』은 세조 때부터 시작하여 성종 때 완성되어 반포되었다. 앞서, 성종은 즉위하자마자 이를 수정하여 성종 2년(1471) 1월에 공포하여 시행하도록 했는데, 이것이 '신묘대전'이다.

자료 스페셜 경국대전(經國大典) 서문

옛날부터 임금들이 천하와 국가를 다스림에 있어 새로 나라를 세운(創業) 임금은 초기에는 나라를 다스리기에 바빠서 전적(典籍)과 고사(故事)를 살필 틈이 없고 나라를 이어받은(守成) 임금은 선대왕의 옛 법을 그대로 지켰을 뿐, 다시 법을 만들려 하지 않았다. … 삼가 생각하건대, 세조(世祖)께서는 천명을 받아 임금이 되어 국가를 중흥하였으니, 그 공적이 창업과 수성을 모두 이룬 것과 같았다. 문(文)과 무(武)를 빛내어 정비하시고, 예(禮)와 악(樂)을 갖추어 융성해졌는데도 오히려 게을리 하지 않으시고 제도를 널리 펼치셨다. 일찍이 신하들에게 말씀하시기를, "… 이제 남고 모자람을 짐작하고 서로 통하도록 갈고 다듬어 자손만대의 성법(成法)을 만들고자 한다."라고 하셨다. … 책이 완성되어 여섯 권으로 만들어 바치니,『경국대전』이라는 이름을 내리셨다.「형전(刑典)」과「호전(戶典)」은 이미 반포되어 시행하고 있었으나 나머지 네 법전은 미처 교정을 마치지 못했는데, 갑자기 승하하시니 임금께서 선대왕의 뜻을 받들어 마침내 하던 일을 끝마치게 하시어 나라 안에 반포하셨다. … 성화(成化, 명나라 헌종의 연호) 5년(기축 1469) 9월 하순에 정헌대부 호조판서 겸 예문관 대제학 동지경연사 신 서거정은 머리를 숙여 절하고 삼가 서문을 쓴다.

『경국대전』,「서」(序)

그런데 이 책은 수정할 부문이 많아 다시 개수하여 3년 뒤인 성종 5년(1474) 2월부터 시행하였는데, 이 책이 '갑오대전'이다. 이 대전에 수록되지 않은 법령 중에 시행의 필요성이 있는 72개 조문은 따로 속록을 만들어 함께 시행하였다.

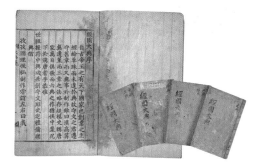

경국대전

1481년에 다시 감교청을 설치하고 대전과 속록을 대대적으로 개수하여 성종 16년(1485) 1월부터 시행하였다. 이것이 '을사대전'이다. 이 '을사대전'이 『경국대전』의 최종본으로 조선의 기본적 규범을 포괄적으로 규제한 종합 법전이었다.

경국대전의 내용

경국대전은 6전 체제를 따라 이전 · 호전 · 예전 · 병전 · 형전 · 공전 등으로 되어 있다. 각 법전마다 필요한 항목으로 분류하여 규정하였다. 조문은 『경제육전』과는 달리 추상화, 일반화되어 있어 유권 해석이 가능하도록 하였다.

각 분야별 내용을 살펴보면, 이전에는 통치의 기본이 되는 중앙과 지방의 관제, 관리의 임명, 사령 등에 관한 사항이 마련되어 있다. 호전에는 재정 경제와 그에 관련되는 사항으로서 호적, 조세 제도를 비롯하여 녹봉, 통화, 부채, 상업과 잠업, 창고와 환곡, 조운, 어장, 염장에 관한 규정과 토지, 가옥, 노비, 우마의 매매, 그리고 등기인 입안에 관한 것, 채무의 변제와 이자율에 관한 규정이 마련되어 있다.

한편, 예전에는 과거 규정과 관리의 의장 및 외교, 제례, 상장, 묘지, 관인, 그 밖에 여러 가지 공문서의 서식에 관한 규정을 비롯하여 상복 제도, 혼인 등 친족법 규범이 마련되어 있다. 병전에는 군제와 군사에 관한 규정이, 형전에는 형벌, 재판, 공노비, 사노비에 관한 규정과 재산 상속법에 관한 규정이, 공전에는 도로, 교량, 도량형에 관한 규정이 마련되어 있다.

품계석(경복궁 근정전)

(1) 통치 기관과 관료 체제의 정비

중앙 정치 구조의 정비

조선왕조는 중앙 정부 최고 의결 기구로 도평의사사를 두고 그 아래 6조와 시·감·서·고·창 등의 관청을 두었다. 이러한 정치 구조는 성종 16년(1485) 『경국대전』이 반포될 때까지 계속되었다. 처음에는 도평의사사와 의정부가 6조 등 모든 관아를 관할하면서 국정을 수행하였다. 그러다가 태종 5년 이후에는 의정부가 6조를 지휘하거나 6조가 속아문을 지휘하면서 국정을 운영하였다. 이러한 과정에서 의정부 서사제가 운영되던 태종 5년에서 태종 13년, 세종 18년에서 단종대에는 왕 아래 의정부, 6조, 속아문 등의 순서로 국정이 운영되었고, 6조 직계제가 운영되던 태종 14년에서 세종 17년, 세조 1년 이후에는 왕 아래 6조, 속아문의 체제로 국정이 운영되었다.

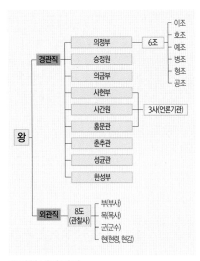

조선의 내외 관직

최고 의결 기관인 도평의사사와 최고 군정 기관인 의흥삼군부가 건국 초에는 권력의 핵심이었다가 태종 이후에는 의정부, 6조가 국정의 중추 기관이 되었다. 이 밖에 왕명 출납의 승정원, 언론 기관인 사헌부·사간원·홍문관의 삼사, 문한을 관장하던 예문관(임금의 말과 명령 관장)·성균관(최고 교육기관)·춘추관(역사 편찬)·승문원(외교 문서 담당), 재판을 담당하던 의금부(특별 사법 기관)·형조·한성부(수도 치안도 담당) 등이 국정을 협조하는 체제로 운영되었다. 군사 관계의 오위·겸사복·내금위·중추부·오위도총부와 종친·외척·공신 등의 업무를 관장하던 종친부·돈녕부·충훈부 등을 두었다.

정치 기구의 운영은 『경국대전』에서 의정부, 6조, 승정원, 사헌부, 사간원 등의 직계아문과 6조에 소속된 속아문으로 구분하여 체계화되었다. 이들 속아문은 6조 판서의 관리 하에 운영되었다.

자료 스페셜 의정부서사제의 실시

"우리 태조(太祖)께서 개국하신 초기에는 도평의사사(都評議使司)를 설치하여 일국의 정치를 도맡게 하고, 뒤에 의정부가 되어서도 그 임무는 다음과 같았다. 지난 갑오년에 예조에서 아뢰기를, '대신은 작은 일까지 친히 간섭할 필요가 없고, 군사에 관계되는 나라의 중대한 일만을 의정부에서 회의하여 아뢰게 하고, 그 외의 일은 6조(六曹)로 하여금, 맡은 자가 직접 아뢰어서 시행하게 하소서.' 하였으므로, 이로부터 일의 경중(輕重)과 대소(大小)가 없이 모두 육조로 돌아가고, 정부에서는 관여하지 않게 되어, 정부에서 참예하여 아뢰는 것은 오직 사형 죄수들의 논결(論決) 뿐이었다. 그러므로 옛날 대신에게 위임하던 일과 어긋남이 있고, (중략) 지금 태조께서 제정하여 놓으신 법에 의하여 육조에서는 각각 맡은 직무를 먼저 의정부에 품의(稟議)하고, 의정부에서는 가부를 의논하여 아뢴 뒤에 분부를 받아서 육조로 돌려보내서 시행하게 하고, 오직 이조와 병조의 관리 제수나, 병조의 군사를 쓰는 것과, 형조의 사형수 이외의 형결은 해당 6조(曹)로 하여금 직접 아뢰어서 시행하게 하고 즉시 정부에 보고하여 만일에 합당하지 못한 일이 있으면 정부에서는 이에 따라 반대하고 다시 계문해서 시행하게 하라. 이렇게 되면 거의 옛날 재상에게 전임하는 본의에 합당할 것이니, 예조에서는 중외에 밝게 알리라." 하였다.

『세종실록』 권72, 18년 4월 무신

관직

건국 초의 중앙 관직은 문반직과 무반직을 두고, 그 외에 환관직·내수직·악공직 등을 두었다. 여기에 문반직과 무반직은 하는 일에 따라 실직인 정직과 겸직으로 나누었고, 허직으로 검교직·첨설직·동정직 등을 두었다. 『경국대전』이 편찬되면서 모든 관직은 크게 문반직·무반직·잡직으로 구분하였고, 이 위에 실직인 정직·겸직·체아직·무록직과 허직인 영직·산직·봉조하·노인직 등으로 구분하여 운영하였다.

문반직은 정1품부터 종9품까지 구분하여 본직과 겸직을 두었다. 본직은 녹봉의 지급 여부 및 녹봉액과 관련되어 정직, 체아직, 무록직으로 구성되었다. 정직은 국왕에게 직접 정무를 보고 지시를 받는 의정부, 6조, 승정원, 사헌부, 사간원 등 직계 아문 관직과 제조의 지휘를 받으면서 업무를 집행하는 시·감·창·고·서 등 6조 속아문의 관직, 환관으로 제수되는 내시부의 관직 등으로 구분되었다. 체아직이 소속된 관아는 대개 기술관이었고, 그 관직은 중인 이하의 신분을 가진 자가 제수되었다. 무록직은 양반이 제수되는 관직이긴 하지만 정직 자가 근무 성적에서 나쁜 점수를 받으면 제수되는 경우가 많아 정직보다 열등하게 여겼다. 겸직은 녹봉이 지급되지 않지만 하는 일에 따라 그 관아의 인사를 주관하기도 하였다.

무반직은 본직과 겸직이 있었고, 본직은 정직과 체아직이 있었다. 당상관직은 모두 정직이었지만, 당하관직은 대개가 체아직이었다. 무반직 가운데 중추부의 관직은 대우가 5위 군직 자보다 우월하였다. 겸사복·선전관·내금위·공신적장 등은 무예와 국왕의 총애를 바탕으로 임명되었기 때문에 비록 체아직이지만 정직과 같이 1년에 4번 녹봉을 받았다.

잡직은 정6품 장악원 전악과 같은 문반과 정7품 파진군 군사 등 무반이 있었다. 잡직은 모두 체아직이었고, 제수된 자가 대개 양인 이하인 까닭에 문반직과 무반직과는 완전히 구별됨으로서 점차로 천역시 되었다.

관직의 제수에는 관품과 관계를 상응시키는 상당직[當品] 제수와 관직이 높고 관계가 낮은 수직(守職) 제수 및 관직은 낮고 관계가 높은 행직(行職) 제수 등이 있었다.

관계(官階)

국초의 관계는 문산계와 무산계를 두었고, 문반·종친·의빈·무반 등의 관계를

정직·겸직·체아직·무록직
1년에 연이어 4차례 녹봉을 받은 것을 정직이라 하고, 겸직은 자신의 관직을 가지고 있으면서 다른 관직의 임무를 겸하는 것이다. 근무 때에만 녹봉을 받은 것을 체아직이라 하였고, 녹봉이 지급되지 않는 관직을 무록직이라 하였다.

허직(虛職)의 변천
조선 초기의 허직은 검교직, 첨설직, 동정직 등이 있었다. 이 가운데 검교직은 태종 14년에 좌참찬에서 공조참의까지 10명으로 축소하였다가 태종 16년에 내시부 검교를 제외한 모든 유록 검교직을 혁파하였으나 무록 검교 등은 관직 진출의 체증 개선과 관련하여 얼마간 더 운영되었다. 첨설직은 태조 때 향리 출신 첨설직 중 과거에 급제하거나 군공을 세운 자가 아닌 경우는 향리로 환원하게 한 이후 세종 19년(1437)까지 명맥을 유지하다가 폐지되었다. 동정직은 태종 때까지 초입사직(初入仕職)으로 제수되다가 세종 이후에 소멸하였다. 이후 세조 때까지 치폐를 거듭하다가 영직, 산관직(직임이 없는 관직)이 두어지면서 정립되었고, 이것이 『경국대전』에서 법제화되었다. 대개 영직은 세조 7년에 근무 연한을 마쳤거나 관직이 부족하여 타직으로 진출할 수 없는 양반·양인인 경아전·조군·수군·정병 등을 대우하기 위하여 이들에게 영직을 제수하였다. 노인직은 세종조 이래로 연로한 노인에게 무급 산직을 수여하면서 비롯되었다. 봉조하는 세조 3년 이래로 퇴직한 유공 공신, 고급 관료를 우대하기 위해 녹봉을 지급하는 봉조청(奉朝請)을 계승하여 정3품 당상관직 이상을 역임한 공신, 공신적장, 일반관인 15인에게 5과 이하의 녹을 차등적으로 지급하면서 정립되었다.
– 한충희, 「조선초기의 정치구조-중앙정치구조」 「한국사」 23, 국사편찬위원회, 1994.

자료 스페셜 대간(臺諫), 간관(諫官)

대간은 마땅히 위엄과 명망이 우선되어야 하고 탄핵은 뒤에 해야 한다. 왜냐 하면 위엄과 명망이 있는 자는 비록 종일토록 말하지 않더라도 사람들이 스스로 두려워 복종할 것이요, 이것이 없는 자는 날마다 수많은 글을 올린다 하더라도 사람들은 더욱 두려워하지 않기 때문이다. …… 천하의 득실과 백성을 이해하고 사직의 모든 일을 간섭하고 일정한 직책에 매이지 않는 것은 홀로 재상만이 행할 수 있으며 간관만이 말할 수 있을 뿐이니, 간관의 지위는 비록 낮지만 직무는 재상과 대등하다.

정도전, 「삼봉집」

품계	문반계 (동반계)	무반계 (서반계)	관
정1품	대광보국숭록대부	대광보국숭록대부	당상관
종1품	보국숭록대부	보국숭록대부	
정2품	숭록대부 숭정대부	숭록대부 숭정대부	
종2품	정헌대부 자헌대부	정헌대부 자헌대부	
정3품	가정대부 가선대부 통정대부	가정대부 가선대부 절충장군	
정3품	통훈대부	어모장군	당하관 참상관
종3품	중직대부 중훈대부	건공장군 보공장군	
정4품	봉정대부 봉렬대부	진위장군 소위장군	
종4품	조산대부 조봉대부	정략장군 선략장군	
정5품	통덕랑 통선랑	과의교위 충의교위	
종5품	봉직랑 봉훈랑	현신교위 창신교위	
정6품	승의랑 승훈랑	돈용교위 진용교위	
종6품	선교랑 선무랑	여절교위 병절교위	
정7품	무공랑	적순부위	참하관
종7품	계공랑	분순부위	
정8품	통사랑	승의부위	
종8품	승사랑	수의부위	
정9품	종사랑	효력부위	
종9품	장사랑	전력부위	

당상관 : 정3품 이상으로 장관을 맡을 자격을 지닌 관료.
당하관 : 정3품 통훈대부 이하 종6품까지
참상관 : 종6품 이상 정3품 이하
참하관 : 정7품 이하로 조회(朝會)에 참여하지 못함.

적용하면서 성립되었다. 세종 때 무산계 9품계가 증치되고, 조예·나장 등 동반 잡직계와 파진군·팽배 등 서반 잡직계, 평안도와 함경도에 토관(土官)계를 제정하면서 제도적으로 확립되었다. 관계의 승진은 산계별로 차이는 있었지만, 대개 과거 급제, 고과 성적, 근무 일수, 군공, 공신 책록, 국왕 즉위, 왕세자 책봉과 탄생, 죽은 왕의 시호를 종묘에 모실 때 등에 이루어졌다.

문산계는 정1품 특진보국숭록대부·보국숭정대부로부터 종9품 장사랑까지 30계를 두었다. 무산계는 문산계와 마찬가지로 30계이다. 정1품으로부터 종2품까지는 문산계와 같았고, 정3품 절충장군부터 종9품 전력부위까지 있었다. 종친계는 정1품 현록대부부터 정6품 종순랑까지 22계가 있었고, 의빈계는 정1품 수록대부부터 종3품 돈신대부까지 12산계가 제정되었다. 잡직계는 건국 초에 잡류로 불리면서 문산계와 무산계의 적용을 받았다. 동반 잡직계는 정6품 공직랑에서 종9품 전근랑까지이고, 서반 잡직계는 정6품 봉임교위부터 종9품 근력부위까지 10계가 있었다.

문산계와 무산계는 외형적으로 대등하게 규정되어 있었으나 문반 중심의 국정 운영으로 문산계가 무산계보다 우월한 지위를 누렸다. 또 양반은 정1품까지 제한 없이 오를 수 있었다. 이에 비해 중인은 원칙적으로 정3품 당하관까지 밖에 오를 수 없었다. 다시 말해 기술관, 서얼은 정3품 당하관까지, 토관과 향리는 정5품까지, 녹사는 종6품까지, 서리는 종7품까지 밖에 오를 수 없었다. 이들은 청요직에도 제수될 수 없었고, 천류는 원칙적으로 잡직의 정6품직 이하에만 제수되었다.

(2) 지방 통치 체제
지방 통치 체제의 특징

조선의 지방 통치 체제는 건국 초부터 고려의 이원적 체계였던 군현제를 하나의 통일된 체계로 묶으려는 경향으로 나아갔다. 전기의 지방 통치는 왕권의 강약, 집권 체제의 강화와 이완, 재지사족과 향촌 사회의 추이, 훈구와 사림 세력의 성향 등에 따라 여러 형태로 전개되었다. 그렇다하더라도 초기의 지방 통치는 군현제의 정비라는 울타리 속에서 이루어졌고, 8도 체제의 정립과 면리제 확립을 전제로 전개되었다.

자료 스페셜 견아상입지(犬牙相入地)

신(臣)이 일찍이 견아상입 하여 토지가 고르지 않으므로 민폐가 아주 심하다는 연유를 아뢰었으나, … 세종조에 신의 아비 안순(安純)이 충청도 진휼사가 되어 견아상입의 폐단을 갖추어 아뢰었는데, 하교에 이르기를, '조각조각으로 넘어 들어간 땅은 각도의 감사(監司)가 순행할 즈음에 심정(審定)하여 아뢰라.' 하니, 그래서 드디어 많이 개정하였습니다.

『문종실록』, 권8.1년 6월 병술

[해설] 군현의 경계가 '개의 이빨이 서로 물려 있는 듯하다.'라고 하여 붙여진 이름이다. 군현의 경계를 정할 때 자연적인 지세를 고려하여 결정한 데서 나타난 현상이다. 15세기 군현 정비에 따라 계속 감소되다가, 20세기 초에 완전히 사라졌다.

여기에 국왕에서 감사(관찰사)로, 감사에서 다시 수령으로 이어지는 행정 계통과 경재소에서 유향소로 연결되는 사족 중심의 자치적 향촌 지배 체제로 구성되어 있었다.

도정과 군현 통치는 행정, 사법, 군사 등 전반을 감사나 수령이 단독으로 처리하는 체제였다. 이를 효과적으로 통치하기 위하여 전국을 8도로 나눈 다음 각 도 안에 다시 부·목·군·현으로 구획하였다. 여기에 월경지와 견아상입지를 존속시킴으로써 군현끼리 서로 견제하고 경쟁 또는 감시하는 체제를 지속시켰다. 이러한 지방 통치는 군현을 단위로 한 총액제 군역 체계의 운용과 연결되었다. 또한 전세의 징수와 공물의 징수에서 군현을 단위로 부담액을 매김으로써 그 책임을 수령에게 떠넘기는데 효과적이었다.

조선 초 군현제 정비는 그 과정에서 향리의 이동을 가져왔고, 그것이 군현 내 지배층의 재편으로 이어졌다. 아울러 군현을 단위로 한 지방 통치는 자영농의 존재를 강화시키는 역할도 하였다. 이로써 자영농이 지주전호제 생산 관계 밖에 놓인 존재로 인식되게 만들기 때문에 농민층을 군현 지배 체제로 끌어들일 수 있었다. 하지만 조선 초의 지방 통치는 수령의 자질과 임기 문제, 군현 통치와 관련된 재지 세력과의 갈등 문제, 부패한 수령에 대한 군현민의 저항 등 문제점을 가지고 있었다.

8도 체제의 확립

고려의 5도 양계 체제는 점차 8도 체제로 바뀌어가기 시작했다. 그러한 방향은 위로는 8도 체제로, 아래로는 면리제 확립의 방향으로 이어졌다. 계수관 읍 이름이 조합되어 만들어진 전라도·경상도의 도(道) 이름은 이미 고려 때 정해졌다. 이어 충청도·풍해도·강원도는 태조 4년(1395)에, 평안도·영길도는 태종 13년에 개정되었다. 여기에 태종 14년 종래의 경기 좌·우도를 합쳐 경기(京畿)라 칭하게 되면서 8도제가 확립되었다.

이 과정에서 태종 3년(1403)에는 부·주·군·현에 대한 행정 구역의 명칭 제정 논의가 있었고, 태종 17년에는 평안도·함길도의 도순문사를 도관찰출척사, 도안무사를 병마도절제사로 풍해도·영길도를 황해도·함경도로 고쳐 불렀다.

이렇듯 8도 체제는 여말선초 계수관제의 치폐 과정과 밀접한 연관성을 가지고 전

고창 읍성(모양성) 읍성이란 지방의 관청과 백성들이 사는 곳을 둘러서 쌓은 성을 말한다.

자료 스페셜 지방 통치 체제의 특징

○ 삼부(三府)에서 주·부·군·현의 토지의 넓고 좁은 것과 인물의 많고 적은 것을 상정하자고 청하였으니, 사간원의 청으로 인한 것이었다.

『태종실록』 권6, 3년 윤11월 병인

○ 드디어 다시 완산을 '전주'라고 칭하고, 계림을 '경주'라고 칭하고, 서북면을 '평안도(平安道)'로 하고, 동북면을 '영길도(永吉道)'로 하였으니, 평양·안주·영흥·길주가 계수관이기 때문이다. 또 각도의 단부(單府) 고을을 도호부(都護府)로 고치고, 감무(監務)를 현감(縣監)으로 고쳤다.

『태종실록』 권26, 13년 10월 신유

개되었다. 따라서 실질적으로 지방 행정의 중심 단위는 계수관이었음을 알 수 있다.

군·현제의 정비

새 왕조를 개창한 조선은 한양 천도를 단행하였고, 이전의 개성부는 개성유후사로 바꾸었다. 양광도는 충청도, 서해도는 풍해도, 강릉교주도는 강원도로 바꾸었다. 경기를 제외한 외방 7도의 도명은 도내의 계수관 읍명의 첫 글자를 따서 붙였다. 이러한 8도 체제의 확립은 조선의 지방 행정 제도의 완비로 이어져 전국 지방민을 동일한 명령으로 지배, 통치할 수 있게 되었다.

종래 속군·속현에 설치했던 감무(監務)를 계속 파견하여 속현을 주현으로 만들어갔다. 태조·정종·태종 대의 감무파견은 국가의 중앙 집권 체제 정비의 일환으로 이루어졌다. 정부는 주읍에 소속된 많은 임내(任內) 가운데 우선 주현으로서 자립할 수 있는 조건을 갖춘 속현이나, 주읍과 멀리 떨어져 있어 관청과 왕래가 불편하고 향리의 횡포가 심한 속현에 대해 수령을 계속 증파함으로써 민폐를 해소하고자 하였다. 많은 작은 현을 병합 또는 통폐합하는 작업도 병행하였다. 이로써 군현의 실력자인 향리의 지위를 격하시켜 나갈 수 있었다.

이러한 속현의 정리는 신분적·계층적인 군현의 구획을 명실상부한 행정 구역으로 개혁하는 과정에서 속현과 향·소·부곡·처·장 등 임내의 정리, 속현의 병합, 군현 명칭의 개정, 직촌화 등을 촉진시키는 계기가 되었다. 특히, 임내 문제는 태종 9년에 전라도 내의 임내를 근처의 군·현으로 옮기면서 혁파하기 시작하였고, 세종 때 이르러 향·소·부곡과 인접한 군·현으로 이속시켜 점진적으로 소멸시켜 나갔다.

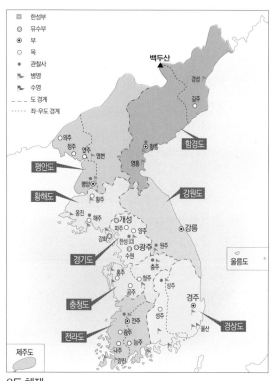

8도 체제

범례:
- ▣ 한성부
- ◎ 유수부
- ◉ 부
- ○ 목
- ● 관찰사
- 🚩 병영
- 🚩 수영
- — 도 경계
- ----- 좌·우도 경계

자료 스페셜 부민고소금지법(部民告訴禁止法)의 시행

사헌부에 전지하기를, "성화(成化) 9년(1473) 8월 일의 전지 가운데, '수령이 죄를 범하면 마땅히 죄를 줄 만하다. 그런데 그 부민(部民)이 수령의 과실을 몰래 기록하여 공갈(恐喝)하여 꼼짝 못하게 하니, 관리도 감히 누구를 어떻게 하지 못하며, 게다가 부렴(賦斂)·요역(徭役)에 모두 참여하지 아니하는데, 혹은 뇌물을 주는 자도 있다. 〈이러한 자들이〉 여러 고을에 각각 몇 사람씩 있지만, 사람들이 이름을 지목하면서도 감히 범해서 말하지 못하는 자가 실로 많으니, 여러 도(道)의 관찰사로 하여금 수색해 내게 하되, 고소를 업(業)으로 삼는 것을 뭇사람이 함께 아는 자는 전 가족을 변방으로 옮기도록 하라. 그리고 그 부민으로서 그 수령을 고소한 자는 자기의 억울한 일만 국문하고 그 나머지 자기에게 관여되지 아니한 일은 아울러 국문하는 것을 허락하지 아니한다.'라고 하였었고, (중략) 부민이 고소하는 것은 본래 아름다운 뜻이 아닌데다가 거짓 꾸며서 고소하여 죄에 빠뜨리기를 기함에 따라 풍속이 점점 야박해지니, 사체(事體)가 온당치 못하다. 이 뒤로는 자기의 억울한 일 외에는 모두 청리하지 말아서 백성의 풍속이 야박해지는 것을 돌이켜 풍후(豊厚)한 데로 돌아가게 하라." 하였다.

『성종실록』 권109, 10년 10월 정미

15세기에 활성화된 향·소·부곡의 정리는 면 또는 리·촌으로의 개편을 통한 면리제의 정착으로 이어졌다. 면리제의 정비는 특수 행정 집단의 소멸과 주현화 및 인구 증가에 따른 자연촌의 성장 등으로 이어져 군현의 하부 구획으로 나아갔다. 아울러 종래의 안렴사와 감무를 2품 이상의 관찰사와 예하 현감으로 배치하였다. 정부의 이러한 노력은 감사와 수령의 직급을 올리고, 지방관에 대한 '외관구임법'과 '부민고소금지법'을 실시하는 등 왕권의 대행자로서의 지방관 권한이 강화해 나가는 방향으로 이루어졌다.

행정 구역

조선의 지방 행정 조직은 도·부·한성부·유수부·대도호부·목·군·현 등으로 구분되며, 군현 아래에는 면·리·통을 두었다. 도는 태종 때 8도 체제로 구획하였는데, 여기에는 관찰사(종2품)를 두었다. 부는 지방 행정 구역 가운데 도와 같은 등급의 고을로 부윤(종2품) 또는 대도호부사(정3품)를 두었고, 경주·전주·함흥·평양·의주의 다섯 고을이 그 대상지였다.

한성부의 경우 한양을 다스리는 행정 기관으로, 판윤(정2품)을 두었다. 유수부는 부 가운데 유수(정2품)가 있는 지역이었다. 유수부는 강화·개성·수원·광주(廣州)에 두었다. 대도호부는 부 가운데 대도호부사(정3품)가 있는 곳을 가리킨다. 안동·강릉·영변·창원·영흥에 두었다. 목은 큰 고을에 두었던 지방 행정 단위로 지방관은 목사(정3품)였으며, 군대 지휘권도 함께 가졌다. 군은 목보다 작고 현보다 큰 고을로 군수(종4품)를 두었다. 현은 지방관을 파견한 가장 작은 행정 단위로서, 큰 현에는 현령(종5품)을, 작은 현에는 현감(종6품)을 두었다. 부사, 목사, 군수, 현령(현감)은 왕에 의하여 임명되어 백성들로부터 조세와 공물을 징수하였다. 이들 지방관은 상피제에 따라 출신 지역에 임명하는데 제한을 두었다.

행정 체제

조선 초에는 중앙 집권 체제의 확립이라는 전제 하에 고려 시대 이래로 중앙 정부의 직접 지배권 밖에 있던 속군·속현이나 향·소·부곡 등을 모두 중앙의 직접 지배를 받는 군현으로 개편해 나갔다. 이전에 다원적이던 지방 통치 조직을 8도 체제로 일원화하고 이를 관찰사의 통제 하에 두었다.

또 주·부·군·현 등 지방 행정 구획의 차등은 취락의 크기, 인구의 많고 적음과 전결(田結)의 면적 등에 따라 정해졌다. 여기에 죄인이 나거나 하면 상벌적인 성격의 지명 변경도 같이 시행하였다. 어떤 지방에서 역적이 나오거나 반란이 일어났을 경우에는 그 해당 지방의 지위가 부에서 군으로, 군에서 현 등으로 격하되었고, 이와 반대로 왕비의 출신 고을 등은 그 읍호가 승격되기도 하였다.

대개 각 도의 관원은 중앙에서 임명하는 중앙 관원과 지방 관청 자체에서 충당하는 지방 관원으로 구성되어 있었다. 중앙에서는 관찰사를 비롯하여 부사·목사·군수·현령·현감 등의 지방 수령과 도사·판관·교수 등의 관원을 파견하였고, 아전·사령·지인(知印) 등 하급 관리들은 지방에서 충원하였다. 관찰사(종2품)는 도내의 각 수령을 감독할 임무를 띠고 행정, 사법뿐만 아니라 병마절도사·수군절도사를 겸하여 군사권까지 장악하고 있었다. 관찰사는 관내의 고을을 순회, 감독하는 일을 맡고 있어 순찰사까지 겸하였다.

지방 수령은 문과와 무과 출신 외에 음서와 천거 등으로 이루어졌다. 상급 수령인 경우에는 문과 출신이 많았고, 국경 근처의 군현이거나 규모가 작은 군현의 수령에는 무과 합격자나 음서 출신자가 많았다. 지방 수령은 국왕의 권한을 위임받은 자로 인식되어 지방의 행정·사법 등 광범한 권한을 행사하였다.

이들의 임기는 관찰사가 1년, 수령이 5년 또는 3년으로 제한되어 있었다. 수령은 그의 본향이나 전장(田莊)을 가지고 있는 지방에는 부임할 수 없었고, 관찰사와 수령 사이에는 상피를 적용하여 같은 도, 같은 관청에 족친(族親)이 동시에 부임하는 것을 법적으로 금지하였다. 이들의 임무 가운데 공세·부역 등을 중앙으로 조달하는 업무는 매우 중요시되었다.

전주 객사(전북 전주) 객사는 객관이라고도 하는데, 관리들을 접대하고 묵게 한 관사이다. 여기에서는 궐패를 두고 임금에 대한 예를 올렸다. 정면에 풍패지관이란 현판이 있다.

낙안읍성 동헌(전남 순천) 조선 시대 지방의 관청에서 일을 처리하는 중심 건물이다.

경재소의 폐해
『태종실록』에 따르면, 유향소를 통제하기 위하여 거경 품관으로 서울에 경재소를 설치하였다. 그런데 훈신·척신 등 세력가들이 자신의 연고지 경재소를 관장하면서 사적 기반을 확대해 나갔다. 이에 따라 지방 관리와의 개별적 연결을 통해 유향소를 장악하여 사화로 비화되는 원인이 되기도 하였다. 임진왜란 이후 수령권이 강화되고 유향소가 격화되면서 1603년(선조 36)에 영구히 폐지되었다.

지방 자치 기구

조선 시대에는 초기부터 각 군현에 수령의 자문기관으로 유향소(후에 향청)가 있었다. 유향소는 수령 보좌, 풍속 교정, 향리 규찰, 전령 전달 등 지방 행정 전반에 참여하였다. 또 유향소는 지방에서 양반 세력의 본거지와 같은 구실을 하여 지방 행정에 미치는 영향이 적지 않았다.

유향소 임원으로 좌수·별감 등을 두었는데, 이들의 임기는 2년 정도였다. 이러한 향임은 중앙에서 관직 경험이 있거나 덕망있고 나이가 많은 자를 선정하였다. 서울에는 각 지방 출신의 중앙 관리로 구성된 경재소가 있어 유향소와 정부 사이의 연락 기능을 맡아 보았다. 유향소는 경재소의 직접 통제를 받으면서 향촌의 여론을 주도하였다. 때문에 이들 유향소와 경재소는 양반 중심의 향촌 사회를 확립하는데 기여하였다.

자료 스페셜 **유향소(留鄕所)의 실태**

첫째, 지방에서 상경 종사한 사람이나 훈구 계열의 재경 관인들 할 것 없이 다 같이 각기 연고지별로 관품에 따라 최고 8향에서 최하 2향의 경재소에 참여하면서 각기 그 읍의 유향소나 경저(리)와 밀접한 관련을 맺고 있었다.

둘째, 각 읍의 유향소 임원(鄕任)의 임면권은 전적으로 경재소에 품신하여 결정되었다. 향임의 선정은 향망(鄕望)을 가장 존중했던 것이며, 향망은 향안에 등재된 향중 인사들의 공론에 의해 좌우되었다. 경재소 임원이나 향임을 맡고자 하는 자도 모두 향망에 의거, 선임되기를 희망하였다.

셋째, 경재소와 유향소 사이에는 임원 선임 문제를 두고 갈등과 분쟁이 야기되었고, 경재소 임원 사이에도 유향소 임원의 임면 문제를 두고 서로 친소나 이해 관계가 얽혀 대립하는 경우가 많았다.

유희춘, 『미암일기(眉巖日記)』

종래 향촌의 실력자였던 향리는 조세와 공물 징수 업무를 수행하는데 역할로 약화되었다. 향리는 중앙의 6조를 모방하여 이방·호방·예방·병방·형방·공방의 6방을 두어 사무를 분담하였다. 6방은 대개 그 지역의 토착 향리로 지방 행정 실무자였다. 양반이 상급 지배 신분층이라면 향리는 하급 지배 신분층에 속하였다.

여기에 중앙과 지방 관청의 연락 사무를 맡아보면서 지방관이 서울에 파견한 향리로 경저리 또는 경주인이 있었다. 경저리의 임무는 공물 상납, 해당 읍의 부세 상납, 공무나 번상으로 상경하는 관리, 군인 등의 신변보호 등 서울과 지방 간에 연락을 담당하였다. 이와 달리 감영에 파견된 향리도 있었는데, 이들을 영저리라고 하였다.

군현 아래에는 면·리·통 등이 있었다. 면의 우두머리를 면장·풍헌·약정·집약 등으로 칭하였고, 리에는 이정 또는 이장, 통에는 통수가 있었다. 통수는 각 호를, 면장은 이정을, 각 고을의 수령은 면장을 각각 통할하였다.

영풍 향청(충북 괴산) 지방민을 대표하는 기구로 군현의 수령을 보좌하고 향리의 악폐를 막기 위해 두었다.

(3) 군사 조직

군사 제도의 정비

건국 초 군사 제도는 고려 말 중앙의 2군 6위를 모방하여 10위로 그 형태를 변경시켰다. 10위의 각위는 중·좌·우·전·후의 5개의 영으로 편성되었다. 10위는 왕실과 중신들의 사병적 기반을 중심으로 이루어졌던 관계로 중앙군에 대한 국가적 통제 체제로의 전환은 계속 시도되었다.

그 결과 태조 3년에 가서 10위제의 명칭을 변경하여 10사로 그 단위를 바꾸었다. 그러나 왕자의 난으로 병권의 중앙화는 실패로 돌아가게 되었다. 이에 태종은 사병을 혁파하고 중앙군을 강화하기 위하여 갑사를 설치하였다. 이후 10사는 태종 18년(1418)에 12사로 개편되었다가 문종 때 다시 5사로 정비되었다. 이러한 5사 제도로의 전환은 5진법과 직결되는 편제로 세조 때에 마무리 되는 5위 제도에 영향을 주었다.

군사 조직도

```
         ┌──────┐
         │의흥위│
         │용양위│
┌────┐ ┌───┐ │호분위│ ┌─┬─┬─┬─┬─┐
│중앙│─│5위 │─│충좌위│─│부│통│여│대│오│
└────┘ │도총부│ │충무위│ └─┴─┴─┴─┴─┘
         └───┘ └──────┘
┌────┐      ┌────┐ ┌─┬─┐
│지방│──────│병영│─│진│보│
└────┘      │수영│ └─┴─┘
            └────┘
```

5위 체제의 확립과 중앙 군제

문종 때 정리된 5사는 세조대에 이르러 5위 체제로 확립되었다. 5사의 영은 각종 군사가 고르게 분속되었으나 5위 체제에서는 인원 수가 같지 않은 각 군사가 병종별로 각위에 속하였다. 중앙군을 이루는 거의 모든 병종이 5위에 편입되어 입직·숙위와 시위 및 수도방어 임무를 수행하였다. 뿐만 아니라 전국의 진관을 망라한 지방 군사까지 위별로 나누어 속하게 하였다.

이들 지방군은 각 지방의 절도사에게 지휘권이 맡겨져 있어 그들이 직접 수도 방위에 대처하는 것은 아니었다. 5위에 속한 각 병종은 행정적인 면에서 병조의 지휘

5위 체제의 부대 편제

단위 명칭	졸(卒)	오(伍)	대(隊)	여(旅)
원수	1	5	25	125
지휘관		오장 (伍長)	대정 (隊正)	여수 (旅帥)

5위의 진(陣)				
지휘관	대장 (大將)	위장 (衛將)	부장 (部將)	통장 (統將)
진단위		위(衛)	부(部)	통(統)
부대별 편성단위	5위 (衛)	5부 (部)	4통 (統)	

를 받았다. 여기에 수도 한성에는 왕권 보호를 직접 담당하는 금군이 있었다.

진관(鎭管) 체제의 확립

진관 체제는 세조 때 동북면·서북면의 군익제 체제가 전국화하면서 성립되었다. 중요한 지역을 중심으로 주요 지역을 거진으로 하고, 나머지 주변 지역의 제진이 그 휘하에 소속되도록 한 조치였다. 이와 같이 종래 중익·좌익·우익의 체제가 지양되고 거진을 중심으로 제진이 이에 속하도록 한 것은 제진 각자에게 독자성을 부여하고 일원적 군사 체제를 갖추기 위한 것이었다. 이것이 『경국대전』 체제에서 법적으로 규정되어 조선 초기 지방 군제의 골격을 이루었다.

진관 체제는 전국을 하나의 군사 조직의 체제 안에 편입되도록 했으나, 모든 지역에 무장한 군사를 상주시킬 수는 없었다. 따라서 전국 각지에 거주하고 있던 군사들은 평시에는 중앙에 번상하거나 특수 국방 지대에 있었고, 각자의 지역에서 비번인 채로 생업에 종사함으로써 잠재적인 군사력을 구축하고 있었다.

진관 체제의 변화와 제승방략(制勝方略) 체제

세조 때 지휘관의 명칭이 개편되면서 완성되었던 진관 체제는 『경국대전』 반포 이후 점차 변화를 가져왔다. 진관 체제의 성립 기반이 지나치게 광범위해 실제 전쟁 때 적에게 거점을 내어주는 약점을 드러내면서 그 기능이 상실되어 갔다. 여기에 행정관인 문관 수령이 군사 지휘권을 겸하게 됨으로써 군대 편제를 잘 모르는 상황까지 벌어졌다. 여기에 군사들의 경제적인 부담도 진관 체제의 큰 문제점으로 등장하였다. 이러한 불합리성을 해결하고자 한때 영이나 진에 복무하던 군인들을 돌려보내는 대신 그 대가로 포를 받는 방군수포(放軍收布)를 시행하였다. 그러나 이 역시 방납의 폐단으로 백성들에게 부담이 되어 오히려 더 힘든 상황으로 나타나게 되었다.

전국적인 방위망인 진관 체제는 여진과의 국지전처럼 소수의 적병을 막은 데에는 효과적이었다. 하지만 16세기가 되면서 진관 체제는 그 체제를 바꾸어야 한다는 목소리가 커지면서 유사시에 군사가 아닌 각 계층까지 총동원할 수 있는 이른바 제승방략 체제로의 전환이 모색되었다.

진관 체제 방어책

제승방략 체제 방어책

제승방략 체제는 각 읍의 군사가 하나의 방어 지역으로 모두 집결하는 방식이었다. 따라서 1차 방어선이 무너지면 그 뒤를 방어할 군사가 없는 상당히 위험한 전법이기도 하였다. 제승방략이 전술로 주목받은 것은 삼포왜란, 을묘왜란 등에서 진관 체제의 보완책으로 시도되면서부터였다. 이는 진관 체제가 거진을 중심으로 자체 방어를 강조한 것에 반해 제승방략 체제는 유사시 남은 병력을 총동원하여 집중적으로 적을 막을 수 있는 장점이 있었기 때문이다. 그런데 임진왜란에서의 패배 등에서 보이듯이 효과면에서 많은 문제점을 노출하기도 하였다.

군정 기관의 정비

건국 초 군령 기관은 태조 2년에 고려의 삼군도총제부를 개편한 의흥삼군부가 새 군령 기관이 되었다. 군정 기관으로는 병조가 있는데, 병조는 무관 인사, 병적 관리, 무과 주관, 우역 등의 임무를 맡아보았다.

군령 기관으로서 의흥삼군부의 설치는 모든 군사를 형식적으로나마 일원화된 체계에 의해 파악하려는 시책이었다. 이 기관은 각 도별 주군을 규제하는 기능도 가지고 있었다. 따라서 의흥삼군부는 10위 체제에서 사병이 혁파될 때까지 감독·지휘권을 발휘하였다. 두 차례 왕자의 난을 겪으면서 사병 혁파가 이루어졌다. 의정부와 삼군부가 분리되면서 유명무실화된 중추원의 군무 기능과 의흥삼군부가 통합하여 삼군부를 확립시켜 군령을 통할하게 하였다.

태종 5년에 이르러 6조 아문의 권한을 정2품 아문으로 승격하고, 6조의 하나인 병조가 군령과 군정을 총괄하는 기관으로 부상하였다. 태종 9년 삼군진무소가 설치되었고 이어 곧 의흥부로 개칭되었다. 의흥부가 군령 기관으로서의 역할을 하면서 군정을 장악하는 병조와 협조 관계를 유지하도록 하였다. 그러다가 태종 12년에 의흥부가 혁파되고 다시 병조가 군사 관계를 총괄하는 단일적 군령 체계로 복구되었다. 하지만 태종 14년을 전후하여 삼군진무소가 복설되어 병조와 삼군진무소는 다시 양립된 채 군령 기관으로서의 기능을 가지게 되었다.

이후 문종 때 10사가 5사로, 다시 세조 3년(1457)에 5사가 5위에 병합되어 부대 편성과 진법 체제가 하나로 되면서 중앙 군제가 확립되는데, 이 때 삼군진무소는 오위진무소로 고쳐 불렀다. 세조 12년에 관제 개혁이 이루어지면서 오위진무소는 오위도총부로 개칭되었다.

5위는 평상시 병종별로 입직(入直)·행순(行巡) 하는 임무를 수행하였으며 오위도총부의 지휘와 감독을 받았다. 군사를 총괄하는 병조와의 관계는 병조가 병정(兵政)을 총괄하고 오위도총부는 군령을 담당하였다. 때문에 오위도총부는 오위의 총사령부와 같은 최고의 군령 기관으로서 병조와 협조하는 사이였다. 그러나 병조는 오위를 속아문으로 하여 인사 문제·국방 정책 등 제반 면에서 강력한 권한을 행사하였다.

조선 시대 군복(서울, 전쟁기념관)

입직·행순
입직은 관아에 들어가 차례로 당직하는 것을, 행순은 살피며 돌아다니는 것을 뜻한다.

군역 제도의 정비

조선 전기에는 16세부터 60세까지의 정남(양인 장정)이 모두 군대에 가야 하는 양인 개병제였다. 그러나 실제 모든 양인 농민들이 군대에 간 것은 아니었다. 농민 3명을 기준으로 1명만 가까운 지방 군대나 멀리 서울까지 올라가서 궁궐과 그 주변을 지키는 일을 하였다. 나머지 2명은 군대 간 사람에게 1년에 2필의 옷감을 주어 그 비용을 부담하였다. 이렇듯 실제 군대에 가는 사람을 정군이라 하고, 비용을 보태주는 사람을 보인(봉족)이라 하였는데, 이러한 군역 제도를 보법(保法)이라 한다.

군적(육군박물관 소장) 호적에 근거하여 병사의 동원 관계를 적었다.

양인 외에 노비·서얼 등은 특별한 부대인 잡색군에 편입되었다. 이들은 군역 의무가 없는 사람들로, 때때로 훈련을 받다가 실제 전쟁이 일어나면 자기 마을을 지키는 향토 예비군의 성격을 가지고 있었다. 이외에 무술 시험으로 선발된 직업 군인인 갑사(甲士)가 있었다.

군량미는 국방상 특수 지역인 평안도와 함경도에서는 수세액 모두가 군수 물자로 충당되었다. 이에 반해 일반 주현, 즉 6도의 전세는 중앙의 재정에 쓰이는 것과 지방 재정에 충당되는 것으로 나뉘어 있었기 때문에 각도의 군대 물자에 관한 전세는 일부가 조운을 통하여 중앙에 상납되고 나머지는 주창(州倉)에 비축되었다. 주창에 비축된 군량미는 그 지역의 군대 물자로 쓰였으며, 둔전의 생산물도 역시 군대 물자에 충당되었다. 여기에 각 도의 환자곡과 의창곡 등도 군자곡으로 활용되었다.

무기의 발달

화약 무기는 조선 건국 이후에도 활발히 이루어졌다. 그런데 조선 초에는 왜구의 소탕이 주목적이었던 고려 말과는 달리 위협적인 존재로 성장하고 있던 여진족도 그 대상이었다. 당시 여진족들은 강력한 화약 무기는 없었지만 잘 숙련된 기마술로 취약한 지역을 신속히 공격하고 도주하는 전술을 써서 조선을 괴롭혔다. 기마병이 지닌 돌파력은 대단히 커서 이들을 막아내기 위해서는 먼 거리에서 이들을 제압할 수 있는 무기가 요구되었다.

화차 신기전을 쏠 수 있다.

신제총통

화약 무기는 이러한 점을 해결해 줄 수 있는 매력적인 것이었다. 태종 때 화약의 개량이 이루어져 성능이 종전보다 배나 좋아졌고, 쇠 화살 수십 개를 구리 통에 넣고 작은 수레에 실어 발사하는 화차가 제조되었다. 발사물도 화살 외 돌멩이, 탄환 등도 넣어 사용하였다. 또 화기를 전문적으로 다루는 화통군이 편성되어 태종 때에는 그 수가 1만여 명으로 증가하였다. 그러다가 세종 때 이르러 대대적인 개량이 이루어져 많은 총통류가 나타나게 되었다. 아울러 로켓형 화기인 다양한 크기의 신기전도 개발되었다. 문종 때에는 화차가 동시에 많은 화살을 사격할 수 있도록 개선되었다. 이후 세조 때에 신제 총통을 제조하기도 하였다.

(4) 교육 제도와 과거 제도

관학

건국 초 관학의 최고학부는 성균관이었다. 성균관에는 선현을 봉사하는 문묘, 유생들에게 강학하는 명륜당, 유생을 기숙시키는 동재·서재 등으로 구성되어 있었다. 따라서 성균관에서는 정기적인 석전제 이외에 대사례와 양로연을 행하였고, 행학·시학이라 하여 국왕과 왕세자의 성균관 행차 사무를 맡아보았다.

성균관 유생의 정원은 200명인데 생원·진사의 자격을 가진 사람을 정규생에 입학시켰다. 그러나 생원·진사만으로는 정원을 채우기 어려워 15세 이상의 사학생도·유음적자(공신이나 고관의 자손)·대소과의 초시 입격자 등을 보결로 수용하였다. 재학 연한은 제한되어 있지 않았으며 원점 300점을 따면 문과에 응시할 수 있는 자격을 주었다. 유생들은 4서 5경과 근사록·성리대전·통감·좌전·송원절요·경국대전·동국통감 등의 과거 과목과 제술을 공부하였다. 성균관 유생 가운데 학문과 행실이 뛰어나고 나이가 많은 자이거나 예조 월강에서 우수한 성적을 받은 자는 공천(公薦)이라 하여 천거에 의해 관직에 나가기도 하였다.

성균관의 수장인 지성균관사는 대제학이 겸하고, 그 아래에 30여 명의 관원이 문묘의 제사와 유생의 교육을 담당하였다. 성균관의 경제적 기반은 성균관 학전의 수취와 성균관 노비의 신공으로 이루어졌으며, 석전 제물과 주미(酒米)는 국가에서 별도로 지원하였다. 또 양현고를 두어 성균관의 소요 물품을 공급하게 하였다.

4부 학당은 원래 동·서·남·북·중의 5부학당이었으나 세종 때 북부학당이 폐지되어 4부 학당만이 남았다. 그뒤 세종 12년(1430)에 동학·서학·남학·중학으로 개칭했다. 4부 학당의 생도들은 8세가 되면 입학할 수 있었고, 15세가 되면 승보시를 거쳐 성균관에 들어가 공부할 수 있었다. 4부 학당에는 양인 이상의 신분이면 누구나 생원시·진사시를 준비하는 교육에 입학할 수 있었다. 각 학당의 정원은 100명씩이었다. 교육 평가는 경서를 배강(背講)케 하는 강경과 논술 시험인 제술로 나누어져 있었다. 특히, 학당의 교육에서는 향교와 마찬가지로 소학이 중시되었다. 4부 학당의 교관은 성균관 학관이 겸임하였다.

조선 시대 종학(宗學)은 세종 10년(1428) 7월에 대군 이하 종실 자제들의 교육을 위하여 처음으로 설립되었다. 종실 자제들에 대한 교육은 매우 중요시하였으나, 종친들은 관직에 나아갈 수 없었고 부귀를 누리는 존재들이어서 종학 입학을 꺼려 점차 유명무실화되어 갔다. 종학 교수관은 성균관의 사성(종3품)·사예(정4품)·직강(정5품)·주부(정6품)가 겸임하였다.

잡학으로 10학이 설치되었는

월강(月講)
예조의 당상관이 매월 1회 성균관 유생 및 4학의 학생들에게 공부한 바를 시험하는것이다.

서울 문묘와 성균관 명륜당(서울 종로) '명륜'이란 인간 사회의 윤리를 밝힌다는 의미로 『맹자』 등문공편에 나오는 말이다. 명륜당은 강학당으로 1398년(태조 7)에 성균관 대성전 북쪽에 건립한 것이 처음이다.

서울 문묘와 성균관 대성전(서울 종로) 문묘는 공자의 사묘로 문묘의 대성전은 다른 사묘처럼 단독으로 건축되는 것이 아니라 성균관과 향교에 명륜당, 재 등 다른 건물과 함께 지어졌다.

자료 스페셜 영흥부 학교기(永興府學校記)

문묘(文廟)를 세워 선성(先聖)에게 제사하고, 학교를 세워 자제들을 교육하는 것을 온 천하가 만세토록 폐하지 않은 것은 대개 사람이 천성(天性)을 지녔으매 진실로 배우지 않으면 안 되고, 학문하는 길은 더욱 성인의 글을 강론하지 않으면 안 되기 때문이다. 나라에서 주·부·군·현에 문묘와 학교를 설치하지 않은 데가 없도록 하여 수령을 보내어 제사를 받들게 하고, 교수(敎授)를 두어 교도를 맡게 한 것은 대개 교화를 펴고 예의를 강론하여 인재를 양성해서 문명한 다스림을 돕게 하려는 것이다.

권근, 『양촌집』, 권14

데, 이는 전문 관리의 채용 목적에서 기인한 것이다. 10학은 역학·의학·음양학·산학·율학 등으로 중앙에서는 해당 관청에서, 지방에서는 지방 관청에서 실시하였다. 잡학 생도들은 중앙의 해당 아문이나 지방 관청에서 전문서와『경국대전』등을 교육받았으며 그 성적을 연말에 종합하여 취재의 자료로 삼았다. 잡학 교관은 종6품인 교수와 정9품인 훈도가 있었다.

나주 향교 대성전(전남 나주)

지방에도 정부에서 세운 학교가 있었는데, 이를 향교 또는 향학이라 하였다. 태조는 즉위하면서 향교 진흥에 힘써, 각 도 감사에게 향교의 진흥을 장려하였다. 나아가 수령의 치적 평가 기준에 향교 진흥을 넣어 점차 하나의 고을에 하나의 향교가 서게 되었다. 향교 안에는 공자의 위패를 모시는 대성전과 동과 서 양쪽에 공자의 제자들과 현인들의 위패를 모시는 동무와 서무가 있었다. 대성전과 동·서 양무를 문묘라 했는데, 문묘의 앞뜰에는 강학을 하는 명륜당이 있고, 명륜당의 좌우에는 유생을 기숙시키는 동서 양재가 있었다. 동재에는 양반, 서재에는 양반 이하를 수용하였다. 주와 부에는 교수(종6품) 1인, 군과 현에는 훈도(종9품) 1인을 두어 교육을 맡아보게 하고, 관찰사로 하여금 이를 감독케 하였다. 교생의 정원은 대도호부·부·목은 각 90인, 도호부는 각 50인, 현은 각 20인이었다.

사학(私學)

소수서원(경북 영주) 소수서원이 들어선 자리는 원래 절이 있던 자리로 서원의 배치가 절과 흡사한 모습을 보이는 것은 여기에서 연유한 것이다.

서원은 중종 38년(1543)에 풍기 군수 주세붕이 주자의 백록동서원을 본따 안향의 관향인 순흥에 백운동서원을 세운 것이 처음이다. 그 뒤 명종 5년(1550)에 풍기 군수로 부임한 이황의 건의로 소수서원이라는 편액을 하사받았다. 이것이 이른바 사액서원의 효시인데 이후 나타난 서원은 소청에 의해 편액·서적·토지 및 노비를 하사하는 것이 상례로 정착되어 갔다. 서원도 조상이나 선현을 봉사하는 사(祠)와 자제를 교육하는 재(齋)로 구성되었다.

국가에서 정한 정원은 사액 서원 20인, 비사액 서원 15인으로 하였으나, 운영에 있어서는 그 인원은 일정치 않았다. 교육 내용은 소학과 가례를 입문으로 삼고, 4서 5경을 근본으로 삼았다. 교육 목적은 국가의 선비를 양성하는데 있었다.

도산서원 전교당(경북 안동) 이 서원은 퇴계 이황이 관직에서 물러난 후 후학을 양성하던 곳이다.

서당은 원래 고려 시대에도 있었으나 조선 시대에 이르러 더욱 발전하여 그 수가 점차 늘어났다. 서당은 전적으로 사설 교육기관이며, 지방 사족이나 향촌민의 자발적 의사에 의해 설립된 경우가 많았기 때문에 운영상 국가의 도움 없이 자치적으로 운영되었다. 서당의 교육은 초등 교육 수준으로 서민에게도 교육의 기회를 제공하는 역할을 하였다. 교육 내용도 강독, 제술, 습자 등을 중심으로 이루어졌고, 강독은 천자문, 동몽선습, 사서 삼경 등을 배웠다.

이 밖에 고려 말 개인 농장에 개설되었던 서재가 있었다. 이 곳의 사학 교육 실시 전통은 조선 초에도 이어져 널리 존재하였다. 점차 정부는 군현마다 향교를 설치하도록 하고 서재의 유생을 강제로 향교에 편입시키는 조치를 취하면서 서재는 쇠퇴해 갔다.

과거제의 정비와 운영

조선은 건국과 함께 새로이 문산계·무산계 제도를 실시하고 과거에서 문과와 아울러 무과도 실시하여 양반 관료 체제를 갖추어 나갔다. 태조는 즉위교서를 통해 과거 제도에 대한 문과와 무과의 실시는 물론이고, 좌주·문생제와 국자감시 폐지, 관학 육성을 통한 과거제와의 유기적 연결 등을 발표하여 조선 시대 과거제의 근간을 마련하였다. 이후 태종 17년(1417)에 새로운 과거법이 제정되어 문과 응시 자격 기준을 구체화하였다. 그리고 세종 때 정비를 거쳐 성종 때 반포된 『경국대전』에서 대부분 법제화되었다.

북새선은도 부분 함경도 함흥에서 열린 과거 급제 의식을 기념하기 위해 그린 그림이다.

과거에서 문과와 무과는 고급 관료를 뽑는 시험인데 반해 잡과는 하급 관료를 뽑는 시험이었다. 이러한 의미에서 과거는 초입사로서 중요한 관문이었다. 때문에 과거와 관직은 양반의 가문과 신분을 지키기 위한 필수적인 요건이었다. 그러므로 양반들은 과거에 온 힘을 기울였다.

과거의 종류

문관 등용 시험인 문과는 크게 소과와 대과로 나누며, 이들 시험은 식년시라 하여 3년에 1차씩 정기적으로 시행되었다. 초급 시험인 소과에는 생원과와 진사과가 있었고 이를 생진과라고 통칭하였다. 이 시험에는 초시와 복시가 있었고 여기에 합격한 자를 생원, 진사라 불렀다. 중급 시험인 대과에는 진사와 생원, 하급 관리, 성균관 유생들이 응시하였으며, 초시와 복시를 실시하여 급제자를 선발한 후에 임금 앞에서 보는 전시에서 그 등급을 결정하였다. 즉, 문과의 경우에는 그 단계가 생진

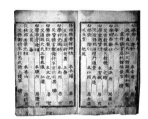

사마방목 생원시와 진사시에 합격한 사람들의 명부이다.

초시-생진복시-문과초시-문과복시-문과전시로 나누어져 시행되었다.

조선 시대 생원시·진사시는 초시와 복시로 구분되는데 초시는 각 지방에서, 복시는 예조에서 실시되었다. 생원시·진사시에는 국왕이 친히 참석하는 전시(殿試)가 없었다. 생원시·진사시의 초시에는 한성시와 향시가 있었는데 한성시는 200인, 각 도의 향시에서 500인을 선발하여 예조가 실시하는 복시에서 생원·진사 각 100인씩을 합격시켰다.

『경국대전』에 의하면, 생원시에서는 5경의 1편과 4서의 1편을 부과하였는데 5경의는 5경 중에서 각각 1문제씩 출제하고 4서의는 4서 중 어느 하나에 국한되는 것이 아니라 통틀어 1문제를 내어 하나의 긴 글을 쓰게 하였다. 한편, 진사시는 부(賦)와 시(詩)의 제목으로 문예 창작의 재능을 시험하였다. 시험에 합격한 생원과 진사는 성균관 상재생(정규 학생)으로 들어가 일정한 기간 동안 공부한 다음 문과에 응시할 자격을 주었다. 그러므로 생원시·진사시는 문과의 예비 시험이었다.

문과 대과는 정규 시험인 식년시와 특별 시험인 각종 별시로 구분되어 있었다. 식년시는 초시·복시(회시)·전시의 3차례 시험을 보아야 했다. 문과 초시에는 향시·한성시·관시가 있었다. 향시는 8도에서, 한성시는 한성부에서, 관시는 성균관에서 실시하였다. 향시에서 240인, 한성시에서 40인, 관시에서 50인을 뽑아 복시에서 33인을 뽑았고, 이후 전시에서 갑과 3인, 을과 7인, 병과 23인 등 그 등급을 결정하였다. 갑과 3인은 우대하여 청요직에 진출하는 경우가 많았다. 또 문과 별시에는 증광시, 알성시, 발영시, 춘당대시 등이 있었는데, 이들 별시는 국가의 경사가 있거나 관리 및 성균관 유생들의 사기를 북돋우어 주기 위하여 실시하였다.

무과는 태조 때 훈련관에서 주관하여 그 대상자를 뽑았다. 이후 태종 2년(1402)에 재정비를 통해 이후 『경국대전』에 그대로 수록되었다. 무과도 문과와 마찬가지로 3년마다 1번씩 실시되는 정기 시험인 식년시와 부정기 시험인 별시가 있었다. 식년 무과에는 식년 문과처럼 초시·복시·전시의 3단계 시험이 있었지만 문과의 생원시·진사시와 같은 예비 시험은 없었다. 무과 초시에는 훈련원에서 실시되는 원시와 각 도별로 실시되는 향시가 있었다. 초시에서 뽑힌 190인은 다시 병조에서 실시하는 복시(회시)에 응시하여 28인을 뽑아 전시에서 등급을 정하여 갑과 3인, 을과 5인, 병과 20인을 정하였다. 식년 무과는 거의 식년 문과와 함께 실시되는 것이 보통이었다. 무과의 경우도 문과와 마찬가지로 식년시 이외에 증광시·춘당대시(관무재라고도 함) 등이 있었고, 지방의 한량과 군관을 대상으로 무예를 시험 보이는 도시 등이 있었다.

잡과가 처음 실시된 것은 태종 2년으로 역과·의과·음양과·율과 등 4 종류가 있었다. 역과는 외교 정책을 수행하는데 필요한 역관 충원을 목적으로 국초부터 실시되었다. 역과는 사역원에서 주관하였고, 시험 분야는 한어(중국어)·몽골어·여진어·왜어(일본어) 등의 4과가 있었다. 그 가운데 대명 외교의 중요성 때문에 한어가

문·무과 급제자의 최초 관직예우 한계

등급	문과		무과	
과별	인원	품계(관직)	인원	품계
장원	1	종6품직		
갑과	2	정7품직	3	종7품계
을과	7	정8품직	5	종8품계
병과	23	정9품계	20	종9품계

잡과 급제자 최초 관직 예우 한계

등급	역과	기타 잡과
1등	종7품계	종8품계
2등	종8품계	정9품계
3등	종9품계	종9품계

가장 중시되었다. 이 밖에 의과는 전의감, 율과는 형조의 고율사, 음양과는 관상감에서 각각 주관하였다.

그런데 같은 잡학이지만 산학(算學)·악학(樂學)·화학(畵學)·도학(道學)은 잡과가 실시되지 않고 취재 시험만 있었다. 잡과는 식년시와 증광시에서만 뽑았고 다른 별시는 없었다. 잡과에는 전시가 없고 초시와 복시만 있었는데 둘다 해당 관청에서, 그 관청의 제조와 예조 당상이 실시하였다. 향시가 있는 것은 중국어인 한어과 뿐으로 역과 초시인 향시는 역학원이 있는 평안도·황해도에서 관찰사가 실시하였다. 잡과는 꼭 필요한 인원만 뽑았기 때문에 정원을 크게 벗어나 선발하지는 않았다. 잡과에 응시하는 사람도 양반 자제들이 기피하여 대체로 7품 이하의 전직·현직 기술관이나 잡학 생도들이 많았다.

취재(取才)
조선시대 특수 임무를 맡아보던 관리, 서리, 기술관 및 군사 등을 채용하기 해 보던 일종의 자격 시험을 일컫는다.

문경새재 과거길(경북 문경) 경상도의 옛 선비들이 청운의 꿈을 품고 과거를 보러 가던 길이다.

과거시험 답안지

자료 스페셜

○ 생원시·진사시의 초시 시취(試取) 인원

(단위 : 인)

종류	한성부	경기	강원도	경상도	충청도	전라도	황해도	평안도	함경도	계
생원 초시	200	60	45	100	90	90	35	45	35	700
진사 초시	200	60	45	100	90	90	35	45	35	700

『경국대전』

○ 식년 문과 초시의 시취(試取) 인원

(단위 : 인)

관시	한성시	향시								소계	총계
		경기	강원도	황해도	충청도	경상도	전라도	평안도	함경도		
50	40	20	15	10	25	30	25	15	10	240	330

『경국대전』

(1) 15세기 동아시아 정세와 주변 국가와의 관계

15세기 동아시아 정세

고려와 조선이 교체된 14세기 후반의 동아시아 정세는 급변하는 형국이었다. 고려는 원과의 관계를 유지하기 위한 재정 지출이 증가하여 백성에 대한 수탈이 강화되고, 이에 따라 떠돌이들이 증가하였다. 유민 증가는 세금 징수의 감소로 나타나 국가의 재정에 어려움을 겪게 됐고 지배 계층 간에는 수조지 점유 분쟁이 격화되었다. 이후 중국에서 명이 건국하자 고려는 공민왕 때 이르러 일시적으로 친명 노선을 선택하였다. 이러한 외교 노선 상의 변화는 고려에 미치는 원나라의 영향력을 차단하고, 내정 개혁을 지속하기 위한 것이었다.

왜구의 모습들(왜구도권, 동경대 사료편찬소)

남쪽 지방에서는 왜구의 발생으로 큰 혼란에 빠졌다. 왜구의 발생은 일본의 국내 사정에 기인한 것이다. 당시 일본은 전국 시대의 혼란기였으므로 따라서 중앙 정치 권력이 지방에까지 제대로 위력을 발휘할 수 없었다. 그 사이에 서부 일본 지방의 연해 백성들이 왜구로 변신하였다. 이들 왜구는 통교 관계의 단절로 생필품인 미곡 등을 얻기 위해 비정상적인 방법으로 약탈 행위를 하였다. 이와 때를 같이하여 조선 정부도 사대교린을 특징으로 하는 새 국가의 대외 정책 채택을 추진하게 되었다.

고명책인(誥命冊印)
중국에서 이웃나라 왕의 즉위를 승인하여 왕위를 승인하는 문서인 고명과 금으로 만든 도장을 보내던 제도이다.

명과의 관계

조선이 건국 직후부터 일관되게 추진한 사대교린 정책은 명과 친선 관계를 유지하여 정권과 국가의 안전을 보장받고, 중국 이외의 주변 민족과는 실리를 추구하자는 것이었다. 명나라와의 관계는 태조 때 정도전이 주도한 요동 정벌 계획과 여진과의 관계를 둘러싸고 불편한 관계가 형성된 적도 있었다. 하지만 태종 때 명으로부터 고명과 책인을 받으면서 외교는 정상화되었다. 태종 이후 양국 간의 관계는 친선을 유지하면서 정치는 물론이고 경제적·사회적·문화적으로도 교류가 활발히 전개되었다.

명나라와 조선은 매년 정기 사절과 부정기 사절이 오가면서 교류가 이루어졌다. 사절 교환의 목적은 기본적으로 정치적인 것이었지만, 이를 통하여 중국의 앞선 문화의 수입과 물품의 교역이 이루어졌다. 이러한 사절을 통한 교류는 조선의 왕권 안정과 국제적 지위 확보를 위한 자주적인 실리 외교였다. 이러한 사대 정책은 명나라에

통신사
·1607~1811년 사이에 12회 파견
·교린 외교 사절
·선진 문화 전달

사신 왕래도
지도는 조선 후기의 상황인데, 조선 전기에서 명나라로 가는 사행로도 별반 다르지 않았다.

대해 조공하는 절차로 이어졌다. 조공은 사대하는 명나라에 예물로 우리나라 토산품을 바치고 조공을 받은 명나라는 답례품을 주었는데, 이것은 일종에 국가 간 관무역 형태였다.

조선은 정기적으로 정조사(신년 축하), 성절사(황제 생일), 천추사(황후 생일), 동지사(연말 축하) 등 1년에 4번 사절을 보냈다. 또 수시로 사은사, 주청사(임시로 청할 일이 있을 때), 진하사(중국에 경사가 있을 때), 진향사(중국 왕실에 흉사가 있을 때), 변무사(중국의 오해를 변명하기 위해) 등을 임시 사절로 보냈으며, 양국 사절로 인해 사무역이 생기도 하였다.

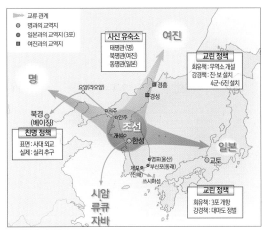

조선 전기 외교

명나라와의 이러한 교역은 발전된 문물의 수입으로 인해 문화가 향상되기도 하였다. 당시 조공품으로는 인삼, 말, 금, 은, 모피, 저포, 화문석, 나전칠기 등 이었고, 답례품으로는 비단, 자기, 약재, 예복, 서적, 악기, 보석, 문방구 등이었다.

여진과의 관계

조선은 국경 지방의 안정과 영토의 확보를 위하여 여진에 대하여 적극적인 외교 정책을 펴 나갔다. 여진은 경제적으로 명과 조선에 의지했다. 여진과는 교린 관계를 맺어 추장에게 명예 관직을 주고 1년이나 수년에 몇 번 입조하는 형식적으로 예속된 관계를 유지하였다. 그들이 가져오는 진상품에 대해 조선은 많은 답례물품을 주었다. 당시 진상품은 주로 말, 모피 등 이었고, 답례품은 금, 은, 저포, 마포, 면포, 농기구, 식기, 종이 등이었다.

태종 때에는 경성과 경원에 무역소를 두고 교역하였다. 서울에는 야인 사신의 유숙소로 북평관이 설치되기도 하였다. 여진은 종종 북쪽의 국경을 자주 침범하여 조선은 한편으로는 정복, 다른 한편으로는 회유를 병행하였다. 태종 이래로 점령 지역에는 삼남 지방의 주민들을 대거 북방으로 이주시켜 개발을 추진했다. 이러한 사민 정책은 그후 세종에서 성종 때까지 이어졌다. 또 조선은 여진족의 귀순을 장려하기 위하여 유력자에게는 관직을 주거나 정착을 위해 토지와 주택을 주어 우리 주민으로 동화시켰다.

일본과의 관계

조선은 일본과 교린의 관계를 맺고 있었는데, 조선 입장에서는 왜구의 침입에 대한 방지 목적이 강하였고, 일본 입장에서는 대마도주와 서부 일본의 토호, 바쿠후 정부의 경제적 이득을 얻기 위함이었다.

조선은 여진과 마찬가지로 강경과 회유를 적절히 행사하였다. 우선 강경책으로

대마도(對馬島)를 표시한 고지도

대마도 정벌을 들 수 있다. 대마도 정벌은 태조 5년(1306)에 김사형, 세종 원년(1419)에 이종무 등에 의해 이루어졌다. 이후 대마도를 경상도에 편입할 것을 도주인 종정성에게 통고하기도 하였다.

『해동제국기』 1471년 신숙주가 일본의 지형과 국정 및 사신 왕래의 내력 등을 기록하여 편찬한 책이다.

대마도 정벌
첫번째 정벌은 고려 창왕 1년(1389)에 박위에 의해 이루어졌다. 이후 태조 5년(1396)에 왜구가 120척으로 경상도를 약탈하자 왜국에 대한 소탕과 변경 방어 차원에서 김사형을 5도병마도통처치사로 임명하여 대마도를 정벌하였다. 그러다가 세종 1년(1419)에 왜선 39척이 명나라에 가던 도중 비인현(충청도 서천)을 약탈하자 이종무를 3군도체찰사에 임명하여 대마도를 정벌하였다. 이때 동원된 병선이 227척, 군사 1만 7천여 명이었다. 정벌 때 1천 9백여 가옥을 불태웠고, 129척의 선박을 노획하였다.

왜에 대한 조선의 회유책도 병행하였다. 왜인 가운데에는 수직왜인(受職倭人)이라 하여 대마도주나 각 토호 가운데 조선의 관직을 받은 자가 나타났고, 향화왜인(向化倭人)이라 하여 귀화한 왜인도 나타났다. 이들에게는 토지, 가옥 등을 주어 우대하였다. 그리고 무역허가증인 도서를 발행하여 도서를 소장한 자에 한해 교역을 허가하였다. 아울러 태종 초에는 동래의 부산포, 웅천의 제포(내이포)에서 상행위를 하는 흥리왜인의 출입을 허가하고 왜관을 두어 숙박이나 무역을 허락하다가 세종 8년에 울산의 염포를 추가하여 3포를 개항하였다. 왜인들은 3포에서만 무역하고 끝나면 돌아가야 하는데 머물고 거주하는 자가 많아서 대마도주에 명하여 이들을 송환하기도 하였다.

이후 세종 25년(1443)에 대마도주 소오(宗)씨와 신숙주가 교섭하여 계해약조를 맺고 대마도주에 대하여 매년 대마도주의 진상 무역선인 세견선을 50척으로 제한하고, 조선에서 대마도주에 하사하는 세사미두는 200석으로 제한하였다. 또 특별한 사정이 있을 때는 특송선을 보내며, 고초도에서 고기잡이 하는 왜인은 우리 관청에서 발급한 허가증을 가지고, 아울러 어세를 내야만 했다. 당시 진상 물품으로는 은, 구리, 유황, 약재 등이었고, 답례물품은 면포, 쌀, 저포, 마포, 인삼, 화문석, 서적 등 이었다. 그리고 왜인의 유숙소로 동평관이 개설되었다.

류큐 왕국 및 동남아시아 국가와의 관계

고려 말 류큐 왕국과의 교류는 왜구에 붙잡힌 포로들을 돌려보내면서 이루어졌다. 이후 조선이 건국되고 류큐 왕국은 조선에 조공을 바쳤다. 류큐 왕국에서 자주

자료 스페셜 조선 초기의 대외관계

○ **대마도 정벌**
　대마도(對馬島)는 경상도 계림(鷄林)에 예속되어 본래 우리 나라 땅으로 문적에 실려 있어 분명하게 상고할 수 있다. 다만 그 땅이 심히 작고 또 바다 가운데에 있어서 왕래가 곤란함으로 인해 백성이 살지 않았다. 이에 제 나라에서 쫓겨나서 돌아갈 곳이 없는 왜놈들이 모두 여기에 모여서 소굴을 만들었다.… 지금 대마도 온 섬사람들도 모두 타고난 착한 성품이 있으니, 어찌 시세를 알고 의리를 깨달을 자가 없겠는가. 병조는 대마도에 공문을 보내어 나의 지극한 소회를 알려 스스로 새롭게 되는 길을 열어 주고 멸망의 화를 면하게 하여 나의 생민(生民)을 아끼는 뜻에 부응하게 하라.
　　　　　　　　　　　　　　　　　　　　　　　　　　　　　　『동문선』 제24권, 교서(敎書) 유대마주서(諭對馬州書)

○ **류큐국 사신의 내왕**
　유구국(琉球國) 중산왕(中山王) 사소(思紹)가 사신을 보내어 내빙하고 자문(咨文)하기를 "이번에 가는 선인편(船人便)에 딸려 보내는 물건을 용납하여 매매하게 해 주시고, 일찍 출발시켜 회국(回國)하게 하시오면 편익하겠습니다. 지금 봉헌 예물의 수목(數目)을 기록하여 보내고 자문하여 알리는 바입니다. 예물은 호초(胡椒) 1백 근, 상아(象牙) 2매, 백반(白磻) 5백 근, 소목(蘇木) 1천 근 입니다."고 하였다.
　　　　　　　　　　　　　　　　　　　　　　　　　　　　　　『태종실록』, 권18, 9년 9월 경인

사람이 표류하여 경상도나 제주도에 불시착하는 사례가 종종 발생하자 조선 정부는 이들을 대부분 인도적으로 돌려보냈다. 그러나 세종 때 류큐 왕국과 조선 사이 뱃길에 왜구가 자주 출몰하고 조선에 와서 류큐 왕국 국사를 사칭하는 일본 상인이 생겨나기도 하였다.

류큐 왕국은 15세기를 거치면서 전성기를 맞이하여 조선을 비롯한 일본, 중국 등 다양한 왕조와 무역하였다. 당시 류큐 왕국은 조선에서 불경, 유교 경전, 범종, 부채 등을 가져갔고, 진상 형식으로 소목과 같은 약재, 상아와 같은 기호품 등 각종 토산품을 바쳤다.

동남아시아의 여러 국가 가운데 섬라곡국(일명 시암)은 오늘날의 태국이다. 조선 초기에는 태국과의 교류가 활발하여 태조에서 세종 연간에 태국에서 수차례에 걸쳐 사신을 보내 소목·속향 등의 토산물을 바쳤다. 이 밖에 조와국(오늘날의 자바)에서 사신이 와 토산물을 바쳤다. 이들 나라들은 조선과 교유하면서 옷감, 문방구 등을 가져갔다.

(2) 북방 개척과 사민 정책

4군 6진의 개척

세종 때 여진족의 침입을 막기 위하여 압록강 방면에 최윤덕을, 두만강 방면에 김종서를 각각 파견하여 그들을 몰아내고 4군과 6진을 설치하였다.

4군은 여연·자성·무창·우예 등 4곳으로, 조선 시대 들어서부터 적극적인 개척이 이루어졌다. 4군의 설치는 태종 16년(1416) 오늘날의 중강진 부근에 여연군을 설치함으로써 시작되었다. 이후 세종 때 이르러 여진족의 침입이 잦아지자, 세종 15년(1433) 최윤덕을 평안도도절제사로 삼아 황해도·평안도의 병사 1만 5,000여 명으로 이를 정벌케 하였고, 강계부와 여연군의 중간 지역에 성을 쌓고 자성군을 설치하였다. 세종 22년(1440) 여연군 동방, 압록강 남안에 무창현을 설치하고 세종 24년에는 군으로 승격시켰다. 이듬해에는 여연·자성의 중간 지점인 우예보에 우예군을 설치함으로써 4군이 완성되었다.

6진은 종성·온성·회령·경원·경흥·부령의 여섯 진으로 원래 이 곳은 고려 말 이성계의 아버지 이자춘이 삭방도만호 겸 병마사로 있었던 곳이다. 따라서 개국 초 조선의 영역은 이미 두만강 하류까지 이르고 있었다. 태조 2년(1393) 동북면 안무사 이지란으로 하여금 갑주(갑산 지방)·공주(孔州 : 경흥 남쪽) 지역에 성을 쌓아 오랑캐 침입에 대비케 했다. 이후 공주의 토성을 석성으로 개축하여 부를 설치, 경원이라 하였다. 태종 때 경원·경성에 무역소를 두어 여진족에게

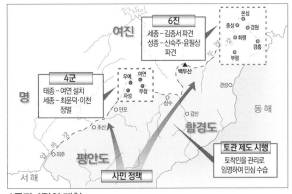

4군과 6진의 개척

교역 편의를 제공하였다. 그러나 태종 9년(1409) 경원부를 중심으로 하여 여진족의 내습이 잦아지자 경원에서 경성으로 부를 옮기고, 경성을 여진족 방어의 요충지로 삼았다. 그뒤 세종 15년(1433) 여진족들 사이에 내분이 일어나자 세종은 김종서를 함길도도절제사로 임명하고, 적극적인 북진 정책에 나섰다. 이듬해 6진의 설치를 시작하여 세종 31년(1449) 부거현을 부령도호부로 승격시켜 진(鎭)을 두면서 6진을 완성하였다.

야연사준도 (고려대 박물관) 김종서가 6진을 개척하고 함경도에 있을 때의 고사를 조선 후기에 그린 기록화이다. 〈북관유적도첩〉 8점 중 두 번째 그림이다.

북방 사민 정책

북방 사민은 고려 때 윤관이 9성을 쌓은 뒤 많은 사람들을 이주시켜 살게 하면서 주목을 받기 시작하였다. 덕종 때에도 정주에 1,000호를 이주시킨 일이 있었다. 그러나 본격적인 사민은 조선 초 4군 6진을 개척하면서부터이다.

함길도 지역의 경우, 태조 7년 새로 편입된 지역의 중심지인 공주에 경원부를 두고 그 관내 지역에 사는 부유한 백성들을 이주시킨 것이 북방 사민 정책의 시작이었다. 태종 10년(1410) 여진족이 경원부에 쳐들어오자, 여진족을 토벌하고 경원부를 경성으로, 다시 부거참으로 옮기고 1,000여 호를 그 곳에 이주시켰다. 세종 15년에는 경원부 자리에 영북진을 설치하고 대규모의 이주를 단행하였는데, 강원도는 물론이고 충청도·전라도·경상도에서까지 백성을 대거 옮겨 살게 하였다.

만일 사민한 자가 양반이면 자품을 높여 주거나 토관직을 주고, 향리나 천인에게는 면역과 관직 진출의 길을 열어 주기도 하였다. 그런데 사민 중에는 초정(抄定) 사민이라 하여 범죄자를 강제로 옮겨 살게 하는 경우도 있었다.

한편, 사민입거라 불린 대규모 이주 정책은 이주를 꺼리는 사람들의 회피·자살·도망과 같은 난관에 부딪쳐 정부의 사민에 대한 공평한 선정과 옮긴 후 안정된 정착 지원 등에 많은 관심을 기울리는 계기가 되었다. 한 사례로 평안도 일대에서는 1437년부터 3년간 8번에 걸쳐 1만 5,000여 명(1,000여 호)이 국경 지대 가까이 이주하였다. 그렇게 하여 평안도 일대에는 황해도를 비롯하여 남도 지방 일대에서 사민 3,000여 호를 모집하여 이주시켜야만 하였다. 이러한 사민정책은 이후에도 계속되어 성종 때까지 지속되었다.

(3) 임진왜란 전개

왜란 전의 정세

임진왜란이 일어나던 16세기 조선은 건국 후 2백여 년 간 평화 시기가 계속되면서 정치 기강의 해이, 세제의 문란 등의 폐단이 나타나기 시작하였다. 정치적으로 4차례의 사화를 겪었고, 이어 선조 8년(1575)에는 기성 관료와 신진 관료 사이에 동서 분당이 생겨났다. 지방에서는 재지사족이 중앙의 붕당과 연계를 가지면서 서원과 향약을 통해 그 기반을 강화해 나갔다. 경제적으로는 양반 관료를 중심으로 토지의 매입·겸병·개간 등이 이루어지면서 면세지가 증가하여 국가는 수입이 줄어

왜군의 규모
당시 육병은 1번대에서 9번대까지 총 15만 8천 7백여 명으로 구성되어 있었다. 이중 선봉대는 고니시(小西行長)를 주장으로 하는 1번대와 가토(加藤淸正)가 주장인 2번대 등이었다. 그리고 별도로 수군을 편성하고 있었다. 고니시의 1번대는 선조 25년(1592) 4월 13일 병선 700여 척에 나누어 타고 부산진 앞바다에 도착하였다. 왜군은 이튿날 아침 부산성을 함락시키고 다음날 동래성을 침공하였다. 그후 고니시는 별다른 저항을 받지 않고 양산·밀양을 거쳐 대구·상주·조령으로 침공하였다. 한편 가토의 2번대는 같은 달 19일 부산에 상륙하여 경주를 거쳐 영천·조령으로 향하였고, 또 구로다(黑田長政)의 3번대는 죽도 부근에 상륙하여 김해에 이르렀다. 이후 이들은 이전에 왜사가 상경하던 길을 따라 중로·좌로·우로의 셋으로 나누어 북상하였다.

들었다. 여기에 농민의 부담은 늘어나 특산물 납부
인 공납의 폐단이 나타났고, 그 대안으로 제시된 방납
도 오히려 부담만 가중시켰다. 더욱이 군역의 요역화와 수포대역의
성행, 환곡의 고리대금화 등으로 농민 생활은 더욱 어렵게 되었다. 그러한 과정
에서 명종 10년(1555)에 을묘왜변이 일어나 국방 전략상 많은 허점을 노출하였다.

조총

16세기 명나라는 점차 쇠퇴기를 걷고 있었다. 안으로는 장거정의 개혁이 무위로
돌아갔고, 국가 재정은 점차 악화되어 갔다. 이에 비해 일본은 약 1백여 년의 전국
시대를 거치면서 영주들이 살아남기 위해 그들의 영주지 경영에 힘썼고, 가신·영
민들에게는 충성 서약을 성문화하였다. 또 항구에는 무역항이 번성하여 국내 상업
뿐만 아니라 포르투갈·스페인 등의 상인과 무역하였다. 이 과정에서 조총[鐵砲]이
전래되었다.

이러한 변화 속에서 전국시대의 통일은 오다 노부나가를 거쳐 토요토미
히데요시에 의해 이루어졌다. 토요토미는 전국의 통일이 마무리되자 대륙
침략을 실행에 옮기려 준비하였다.

왜란의 발발

선조 25년(1592) 4월 13일 왜군의 선단이 부산진 앞바다에 나타나면서 7
년 간의 전쟁이 시작되었다. 왜군은 부산진 앞바다에 도착한 후 부산성과
동래성을 침공하고, 이어 세 갈래로 나누어 서울로 북상하였다.

이에 조선은 제승방략에 의거 경상도 일원의 군사를 소집하였으나 모집
한 대부분이 농민으로 왜군을 당할 수가 없었다. 이후 신립은 충주 탄금대
에 배수진을 쳤으나 패하였고, 선조는 서울을 떠나 피난길에 올랐다.

동래부 순절도(육군박물관)

의병의 봉기

전쟁이 진행되면서 백성들 사이에서 의병이 일어났다. 의병은 신분적으
로 보면 양반에서 천민에 이르기까지 다양하였다. 의병장은 대개가 전직 관
원이 많았고, 덕망이 있어 지방에서 추앙을 받는 유생들도 있었다. 의병을
일으키는 곳은 주로 자기가 자란 고장이나 지방관으로 선정을 베풀었던 근
무지가 많았다. 이는 지방민들을 의병으로 소집하기 유리하고, 전술적으로
도 지형지물을 효과적으로 이용할 수 있었기 때문이었다. 점차 활동 무대를
넓혀간 의병들은 후방에서 왜군들에게 치명적인 전투력 상실감을 주었다.

대표적인 의병장으로는 경상도의 곽재우·정인홍, 전라도의 고경명·김
천일, 충청도의 조헌·영규, 경기의 홍계남·우성전, 황해도의 이정암, 함경
도의 정문부 등이 있다. 이 밖에 승군으로 묘향산의 휴정을 비롯하여 유정,
처영 등이 있었다.

부산진 순절도(육군박물관)

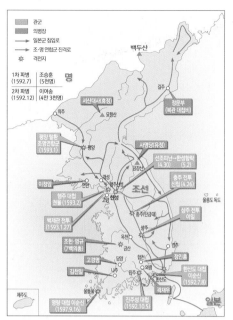

임진왜란 조·명 연합군과 의병

수군의 승리

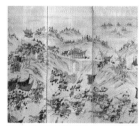

평양성 전투 장면 평양성 전투는 1592년(선조25) 조선이 일본의 고니시 군대를 상대로 4차례 걸쳐 전투를 벌여 승리한 싸움이다.

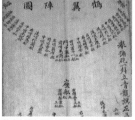

학익진 전법 학이 날개를 펴고 나는 모양으로 적을 둘러싸서 공격하는 것으로 이순신이 이 전법을 이용해 한산도 대첩을 이끌었다.

수군의 승리

해상에서는 전라좌수사 이순신의 활약으로 전세가 역전되었다. 왜란 직전에 조선이 소유한 전함인 판옥선 수는 모두 250여 척 정도였다. 그러나 난이 발발하자 조선 해군은 전멸하다시피 하였다. 이런 실정에서 이순신은 새로 창안된 전함 거북선을 동원하여 많은 전공을 올렸다. 이순신은 1차 옥포, 2차 사천·당포, 3차 한산도 앞바다, 4차 부산 해전 등에서 각각 왜군에게 승리를 거두었다.

특히, 견내량에서 정박 중인 일본의 대선단을 한산도 앞바다로 유인하여 싸움에서 이겼다. 이때 동원한 전술이 학익진 전법이었다. 당시 이순신은 각종 총통을 쏘아 적선 약 100여 척을 격파하여 개전 이래 최대의 성과를 거두었는데, 이 싸움을 한산도 대첩이라 한다. 이 싸움으로 제해권을 완전히 장악하여 적의 통로와 보급로를 차단시켜 버렸다.

조·명 연합군의 반격과 일본의 재침

전쟁 중 선조는 명나라에 구원을 요청하였고, 명나라에서는 송응창·이여송 등 4만 3,000여 명의 군대를 파병하여 조선의 김응서와 함께 평양성을 탈환하였다. 이후 조·명 연합군은 임진강을 끼고 왜군과 대치하고 강화 회담을 시작하였다. 그러나 일본과의 강화 회의는 일본이 명의 황녀로써 일본의 후비로 삼게 할 것과 조선의 8도 중 4도를 할양할 것 등을 요구하여 결렬되었다.

화의의 결렬로 1596년 12월에 왜군이 재차 부산에 침입함으로써 정유재란이 일어났다. 정유재란 때 왜군 총병력은 이전보다 훨씬 강화되었다. 그러나 왜군은 고령에서 정기룡 군대에 패하는 등 몇 차례의 전투

자료 스페셜 한산대첩

왜적들이 과연 총출동하여 추격하기에 한산(閑山) 앞바다로 끌어냈다. 아군이 활짝 학익진(鶴翼陣)을 펼쳐 기(旗)를 휘두르고 북을 치며 떠들면서 일시에 나란히 진격하여 크고 작은 총통(銃筒)들을 연속적으로 쏘아대어 먼저 적선 3척을 처부수었다. 왜적들이 사기가 꺾이어 조금 퇴각하니, 여러 장수와 군졸들이 환호성을 지르면서 발을 구르고 뛰었다. 예기(銳氣)를 이용하여 왜적들을 무찌르고 화살과 탄환을 번갈아 발사하여 적선 63척을 불살라버리니, 잔여 왜적 4백여 명은 배를 버리고 육지로 달아났다.

『선조실록』 27권, 25년 6월 기유

에서 패한 후 북진하지 못하고 남하하여 순천·울산 등지에 진주하게 되었다.

해전에서는 1597년 7월 칠천량 해전에서 왜군의 기습을 받아 원균과 전라수사 이억기, 충청수사 최호의 수군이 패하였다. 이에 다시 이순신이 수군통제사에 임명되어 남은 12척의 병선으로 적함 133척을 맞아 격전 끝에 대승을 거두고 다시 제해권을 회복하였다. 이를 명량대첩이라 한다.

이어 도요토미 히데요시의 죽음을 계기로 왜군은 총퇴각하였다. 이순신은 퇴각하던 왜군을 맞아 노량에서 왜선 200여 척을 격파하였는데, 이 싸움이 노량해전이다.

난중일기(亂中日記)
난중일기는 임진왜란 중에 이순신이 쓴 진중일기로 1592년 5월 1일부터 1598년 10월 7일까지의 기록이다. 여기에 1598년 11월 8일부터 17일까지의 최후 10일 간의 일기가 덧붙여 있다. 친필 초고는 현재 아산 현충사에 보관되어 있으며, 2013년 유네스코 세계기록 유산으로 등재되었다.

왜란 중의 사회상

왜란 중 조선에서의 가장 큰 고통은 식량난이었다. 명나라 원군이 들어온 뒤에는 훈련된 병력의 부족보다도 군량미의 부족이 더 큰 문제로 대두되었다. 그렇게 되자 군량미의 수송을 위해 부녀자 및 각 지역의 의병, 의승군 등을 동원하였다. 또 왜란 전 170만 결이던 전국의 경지 면적이 54만 결로 감소되어 전세가 제대로 거두어지지 않았다.

이런 와중에서 여러 곳에서 크고 작은 반란이 발생하였다. 그 가운데 1594년 송유진의 난과 1596년에 일어난 이몽학의 난이 가장 두드러졌다. 왜란 초기 발생한 소요는 피지배층의 신분 해방과 불만을 느껴온 지배층에 대한 우발적 행동이었다. 그러나 송유진·이몽학의 난을 계기로 소요는 조선 왕조를 부정하고 새 국가를 수립하여 백성을 도탄에서 구제해야 한다는 형태로 바뀌어 갔다. 이들 두 반란은 결국 실패로 끝났지만 조선 왕조에 큰 충격을 주었다.

북관대첩비(모형) 임진왜란 때 정문부가 함경도에서 의병을 일으켜 일본의 가토 기요마사 군대를 무찌른 것을 기념하여 숙종 때 세웠다. 러·일전쟁 때 일본이 강탈해 간 것을 2005년 10월 한국에서 반환받았다.

왜란의 영향

7년간에 걸쳤던 전쟁은 조선·명·일본 3국에 커다란 영향을 주었다. 특히 싸움터였던 조선은 국토가 황폐화되고 백성이 도탄에 빠져 여러 방면에서 심각한 타격을 받았다. 더욱이 정부는 전화로 인한 농촌의 황폐, 은결의 증가, 국가 질서의 문란 등으로 많은 어려움을 겪어야 했다. 이에 정부에서는 그 대안으로 대동법 실시, 면세

칠백의총(충남 금산) 임진왜란 때 조헌과 영규 대사가 이끄는 의병이 왜군과 싸우다 숨진 700 의사의 묘이다.

자료 스페셜 임진왜란 때 사용된 각종 화포들

임진왜란 당시 일본군이 사용하던 조총에 조선군은 고전했으나, 해전에서 거북선과 판옥선에 장착되어 있던 천자총통·지자총통·현자총통·황자총통·별황자총통 등 우수한 화포로 연승을 하였다.

일본 수군은 중·소형선과 조총을 중심으로 하여 배의 현(舷)을 붙이고 백병전을 펼치는 전술을 택했다. 그러나 조선 수군은 대형 선박의 전후좌우에 장착된 각종 화포를 바탕으로 한 포전(砲戰)을 위주로 전투하여 큰 성과를 보였다.

화약통

| 황자총통 | 현자총통 | 천자총통 | 별황자총통 | 대완구 |

비격진천뢰 인마살상용 무기로 내부에 화약과 빙철(憑鐵) 등을 장전하여 완구로 쏘았다

징비록 류성룡(1542~1607)이 임진왜란 때의 상황을 기록한 책이다

전 확대 방지, 균역법 시행 등을 마련하였다. 또 정치·군사면에도 비변사의 기능 강화와 훈련도감을 비롯한 군사 기구의 개편이 이루어졌다. 여기에 각종 무기를 제작하여 이장손은 비격진천뢰를, 변이중은 화차를 각기 발명하였다. 왜군이 사용한 조총과 명군이 사용한 서양식 대포인 불랑기포도 조선에 맞게 개량되어 사용하기 시작하였다. 사회적으로도 공명첩의 발행 등으로 신분 제도의 변화가 나타났다. 아울러 문화적 손상도 상당하여 불국사·경복궁 등의 건물과 사고(史庫)에 보관 중이던 역대 왕조의 실록·서적 등이 불에 탔고, 불교 관련 많은 문화재들이 왜군에 약탈당하였다.

임진왜란은 국제적으로도 많은 영향을 주었다. 우선 전쟁이 끝나자 명나라는 급속히 국력이 약해지기 시작하여 이자성의 반란을 계기로 멸망하였다. 또 일본에서도 도요토미 대신 도쿠가와[德川] 바쿠후가 들어서게 된다. 일본은 조선 침략의 결과로 조선으로부터 금속 활자에 의한 인쇄술을 처음으로 도입하게 되고, 포로로 잡아간 도자기 기술자에 의해 요업이 발달하게 되었다. 그리고 전쟁 때 약탈해 간 많은 서적과 납치해 간 유학자들에 의해 성리학이 발달하게 되었다.

(4) 정묘·병자 호란

호란 전의 정세

여진족은 그들이 세운 금나라가 몽골의 침략을 받아 멸망한 후 만주 일대에 흩어져 살고 있었다. 그러던 중 16세기 말에 이르러 여진의 누르하치가 나타나 그들을 통일하였다. 반면에 명나라는 잦은 군대 동원과 이에 따른 경제적 손실로 국력이 쇠약해졌다.

누르하치가 명나라에 대하여 전쟁을 선포하고 공격하자 명나라는 조선에게 소총수 7,000여 명을 준비해 줄 것을 요구하였다. 그러자 누르하치는 군대를 파견하지 말 것을 조선 정부에 강력히 요구하였다. 그러나 조선 정부는 임진왜란 때 명나라가 원군을 파병해 도운 일 때문에 원병을 파병하지 않을 수 없었다. 이에 광해군은 명나라에 임경업과 이완을 비롯한 군대를 보내되 싸움이 시작될 경우 항복해 조선의 파병이 부득이 했음을 설명하도록 하여 화평을 성립시켰다.

자료 스페셜 　임진왜란의 실상

(중략) 아아! 임진년의 전화는 참혹하였도다. 수십일 동안에 삼도를 지키지 못하였고 팔방이 산산이 무너져서 임금께서 수도를 떠나 피란하였는데, 그리하고서도 우리나라가 오늘날이 있게 된 것은 하늘이 도운 까닭이다. 또한 선대의 여러 임금님들의 어질고 두터운 은덕이 백성들 속에 굳게 결합되어 백성들의 조국을 사모하는 마음이 그치지 않았기 때문이며, 임금께서 중국을 섬기는 정성이 명나라 황제를 감동시켜 우리나라를 구원하는 군대가 여러 차례 출동하였기 때문이다. 이러한 일들이 없었더라면 우리나라는 위태하였을 것이다. 시경에 '내가 지난 일의 잘못을 징계하여 뒤에 환난이 없도록 조심한다'고 하였으니, 이것이 내가 징비록을 저술한 까닭이다.

류성룡, 『징비록』

정묘호란

1616년 만주에서 건국한 후금은 광해군의 적절한 외교 정책으로 큰 마찰 없이 지냈다. 그런데 광해군의 뒤를 이은 인조가 숭명배금(崇明排金) 정책을 표방하고, 요동 지역을 수복하려는 모문룡 휘하의 명나라 군대가 평북 철산 지방의 가도(假島)를 위협하였다. 이에 후금은 조선을 정복하여 후환을 없앨 필요가 있다고 판단하였다. 또 후금은 명나라와의 싸움으로 경제 교류의 길이 끊겨 물자 부족을 타개하기 위해 조선과의 통교를 원했다.

후금은 이괄의 난을 계기로 1627년 1월 3만 명의 군대를 이끌고 의주를 공략하고 이어 용천·선천을 거쳐 청천강을 넘었다. 그들은 "폐위된 전왕 광해군을 위하여 원수를 갚는다."라는 명분을 걸고 진군하여 안주·평산·평양을 점령하고 황주를 순식간에 장악하였다. 조선에서는 장만을 도원수로 삼아 싸웠으나 패하고 후퇴하였다.

이에 인조 이하 조신들은 강화도로, 소현세자는 전주로 피란하였다. 황주에 이른 후금군은 2월 유해를 강화도에 보내 명나라의 연호를 쓰지 말 것, 왕자를 인질로 보낼 것 등의 조건으로 화의를 교섭하게 하였다. 이에 양측은 '서로 형제국으로 지낼 것' 등을 조건으로 조약을 맺었다. 이에 따라 조선 측은 왕자 대신 종실인 원창군을 인질로 보내고 후금군도 철수하였다.

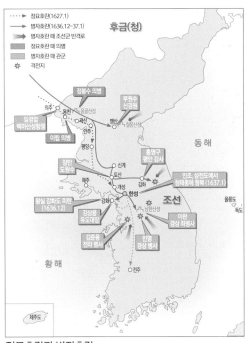

정묘호란과 병자호란

남한산성 동문(경기 광주)

병자호란

인조 14년(1636) 청 태종은 만주·몽골·한인으로 조직된 10만 대군을 친히 거느리고 압록강을 건너 침입하였다. 이때 의주부윤 임경업이 백마산성을 굳게 방비하자 적은 이 길을 피하여 수도로 바로 진격하였다. 청의 기병은 우수한 기동력으로 출발한 지 10여 일 만에 수도 한양을 위협했다.

이에 조선 정부에서는 주화론자인 최명길 등을 적진에 보내 시간을 얻는 한편, 강화도로 피난하려 하였다. 그러나 이미 길이 막혀 조정의 신하들은 인조와 함께 남한산성으로 피하였다. 남한산성에서 인조는 명나라에 사신을 보내어 원군을 청하고 또 격문을 8도에 내려 보냈다. 그러나 이미 청군이 남한산성을 포위하였고, 이듬해인 1637년 1월에는 청 태종이 도착하여 북한강 강가에 진을 치고 전군을 지휘하는 지경에 이르렀다.

남한산성은 완전히 고립 상태에 빠졌고, 성내에는 군사가 1만 2,000여 명, 식량이 1만 4,000여 섬으로 고작 50여 일 간의 보급이 가능할 뿐이었다. 포위된 지 45일

화약 내용

① 청나라에게 군신(君臣)의 예(禮)를 지킬 것, ② 명나라의 연호를 폐하고 관계를 끊으며, 명나라에서 받은 고명(誥命)·책인(册印)을 내놓을 것, ③ 조선 왕의 장자·제2자 및 여러 대신의 자제를 심양에 인질로 보낼 것, ④ 성절(聖節)·정조(正朝)·동지(冬至)·천추(千秋)·경조(慶弔) 등의 사절은 명나라 예에 따를 것, ⑤ 명나라를 칠 때 출병을 요구하면 어기지 말 것, ⑥ 청나라 군이 가도(假島)를 공격할 때 병선 50척을 보낼 것, ⑦ 내외 제신(諸臣)과 혼인을 맺어 화호(和好)를 굳게 할 것, ⑧ 성(城)을 신축하거나 성벽을 수축하지 말 것, ⑨ 기묘년(己卯年 : 1639)부터 일정한 세폐를 보낼 것 ⑩ 일본과의 무역을 허락할 것.

삼전도비(서울 송파) '대청황제 공덕비'라 쓰여 있다. 청나라 태종이 삼전도에서 인조에게 항복 받은 사실을 기록한 것으로 몽골어, 만주어, 한문 3종의 문자로 되어 있다.

이 지나자 산성 내의 식량은 부족하게 되었고, 혹독한 추위로 장병들은 거의 기력을 잃어 갔다. 더욱이 원군은 도중에서 모두 청군에게 격파되었다. 이에 성 안에서는 화전(和戰) 양론의 분쟁이 거듭되더니 척화파 김상헌 등의 주장이 꺾이고, 주화파 최명길 등의 주장이 채택되어 마침내 성문을 열고 항복하였다.

이때 인조는 왕세자와 함께 삼전도(三田渡, 오늘날의 서울 송파)에 설치한 수항단에서 청 태종에게 항복하는 수모를 겪어야 했다. 항복 당시 맺은 화약에는 '청나라에게 군신의 예를 지킬 것'과 '조선 왕의 장자 등을 선양에 인질로 보낼 것' 그리고 '성을 신축하거나 성벽을 수축하지 말 것' 등의 내용을 담고 있었다.

이리하여 소현세자와 봉림대군의 두 왕자가 인질로 끌려갔고, 척화의 강경론자인 홍익한·윤집·오달제의 3학사는 잡혀가 참형을 당하였다. 김상헌도 뒤에 잡혀가서 오랫동안 옥중 생활을 하였다. 그후 이 원한을 씻고자 임경업 등이 명나라와 연락하여 청나라를 치려하였으나 실패하였다.

호란 이후 북벌 운동

2차례의 호란으로 피해를 입은 조선은 청나라에 대한 적대 감정과 복수심을 불러 일으켰다. 이에 청나라를 쳐서 원수를 갚아야 한다는 북벌론이 일어났다. 특히, 청나라에 인질로 억류되었던 효종은 심양에서 겪은 인질로서의 고초와 굴욕을 북벌로 귀결시켜 이를 국가의 가장 중요한 정책 목표로 삼았다. 효종은 송시열, 이완 등과 함께 남한산성 및 북한산성을 개축하고 군대의 양성에 힘을 기울였다. 그러나 북벌을 실천에 옮기지는 못하였다.

북벌이 실패로 돌아간 후 조선으로서는 강대국으로 부상한 청나라와의 관계 개선이 불가피하였고, 관계 개선을 주장하는 북학론이 나타나게 된다. 이에 따라 경제적, 문화적 교류가 형성되었다.

이 무렵, 러시아가 침략해 오자 청나라는 이를 물리치기 위해 조선에 원병을 요청하였다. 이에 조선은 조총 부대를 중심으로 2차례에 걸쳐 나선 정벌을 단행하여 큰 전과를 올리기도 하였다.

1차(1654) 변급부대
2차(1658) 신유부대
청군진로
격전지
러시아군 진로

나선 정벌

자료 스페셜 　나선 정벌

청차(淸差) 한거원(韓巨源)이 서울에 들어왔다. 상이 편전에서 접견할 적에 대신들도 역시 입시하였는데, 거원이 예부의 자문(咨文)을 바쳤다. 그 자문에 이르기를, "조선에서 조창(鳥槍)을 잘 쏘는 사람 1백 명을 선발하여 회령부(會寧府)를 경유하여 앙방장(昂邦章)의 통솔을 받아 가서 나선(羅禪)을 정벌하되, 3월 초10일에 영고탑(寧古塔)에 도착하시오." 하였다. 거원이 자리를 피하여 절을 하자, 상이 위유하고 이어 차를 하사하면서 이르기를, "나선은 어떤 나라이오?" 하니, 거원이 아뢰기를, "영고탑 옆에 별종이 있는데 이것이 바로 나선입니다." 하였다.

『효종실록』 권12, 5년 2월 계해

더 알아보기

요동 정벌

정도전 영정

판의흥삼군부사 정도전이 일찍이 『오진도』(五陣圖)와 『수수도』(蒐狩圖)를 만들어 바쳤다. 임금께서 좋게 여겨 명하여 훈도관(訓導官)을 두어 가르치고, 각 절제사(節制使)·군관(軍官)·서반각품·성중애마(成衆愛馬)에게 명령하여 『진도』(陣圖)를 익히도록 하고, 또 잘 아는 사람을 각 도(道)에 나누어 보내어 가르치게 하였다. 이 때 정도전·남은(南誾)·심효생(沈孝生) 등이 군사를 일으켜 국경에 나가기를 모의하여 임금께 의논을 드렸다. 좌정승 조준(趙浚)의 집에 가서 유시(諭示)하였다. 조준이 때마침 질병에 걸렸다가 즉시 가마를 타고 대궐에 나와 힘써 불가함을 극언하여 말하길, "우리나라는 옛날부터 사대(事大)의 예를 잃지 않았고, 게다가 새로 개국한 나라로 경솔히 명분 없는 군사를 일으키는 것은 매우 옳지 않습니다. 비록 이해관계로 말하더라도 천조(天朝, 명나라)는 당당하여 도모할 만한 틈이 없으니, 신은 거사하여야 성공하지 못하고 뜻밖에 변이 생길까 염려되옵니다." 임금은 이를 듣고 기뻐하였다. 남은이 분하게 여겨 아뢰었다. "두 정승(정도전과 조준)은 몇 말 몇 되를 출납하는 일은 할 수 있지만, 함께 대사를 하기에는 불가합니다." 이로 말미암아 남은 등이 조준과 틈이 생겨 훗날 남은이 조준을 임금께 무고하자, 임금께서 노하여 그를 질책하였다.

『태조실록』, 권11, 태조 6년(1397) 6월 갑오

삼봉집

정도전의 진법(陣法)

정도전 동상

함께 생각해 봅시다.

18세기 경기 감영도에서 모화관과 영은문이 묘사되어 있다.

영은문(迎恩門)과 모화관(慕華館)

태종 7년(1407)에 서대문 밖에 모화루(慕華樓)를 건립하고, 그 앞에 문을 세우고 남쪽에 못을 파 연꽃을 심었다. 처음에는 다락집 형태였으나 세종 12년(1430)에 단층집 형태로 새로 짓고 모화관이라 하였다. 관 앞에 옛적에는 홍목문(紅木門)을 세우고 영송조문(迎送詔門)이라 하였다. 그러다가 중종 31년에 지붕에는 청기와를 덮었고 영조지문(迎詔之門)이라 하였다. 그런데 3년 뒤 명나라 사신이 "맞이하는 것에 조서도 있고 칙어(勅語)도 있는데 영조라는 표현은 옳지 않다."는 건의에 따라 영은문(迎恩門)이라 하였다. 청·일 전쟁 뒤 1896년에 독립 협회에서 영은문 자리에 독립문을 세우고 모화관을 독립관으로 고쳐 독립 정신을 고취하는 회관으로 사용하였다.

2 조선 전기의 사회

1. 신분제의 개편
2. 가족 제도와 구제 제도
3. 사림의 성장과 정계진출
4. 사림 세력의 특징과 활동

하회마을 경북 안동에 있는 조선 시대 전통적인 마을이다.

사림(士林)의 세계를 엿보다 – 향약과 청금록

향약(鄕約)

청금록(靑衿錄)

(1) 호구 조사

호적의 정비

고려 말의 사회 혼란 속에서 새 사회를 지향하는 신진 사대부들이 권력을 장악하여 나갔다. 이들은 새로운 시대에 걸맞은 제도의 개혁을 단행하였고, 이것은 양반 중심의 엄격한 신분제와 명분과 인륜을 강조하는 가부장적인 가족 제도를 통해 구현하려 하였다. 이러한 질서의 개편은 신분 계층과 향촌 구조, 가족 제도와 혼례·상례·제례 등의 변화를 가져왔고, 다른 한편으로는 민생 안정과 권농정책의 적극적인 추진을 불러와 인구 증가와 농지 확대 등에서 많은 성과를 보였다.

건국 직후부터 신진 사대부들의 당면 과제는 국가가 보유하고 있는 인적 자원을 얼마나 효율적으로 관리할 것인가의 문제였다. 그래서 우선적으로 실시한 정책이 호적 제도의 정비였다. 호구의 파악은 3년마다 하는 호적의 정비를 통해서 이루어졌다.

호적에는 주소, 본인의 직역, 이름, 나이, 처의 성씨와 나이, 4대조에 걸친 조상의 이름 및 자녀의 이름과 나이, 기타 노비 및 고공 등이 차례로 기재되었다. 호의 등급은 고려 말의 3등호제 대신 대호·중호·소호·잔호·잔잔호의 5등호제를 채택하였다. 일반 서민들의 경우는 호구당 평균 4~5명인 소가족이었다. 호적 정리와 함께 오가작통법 시행과 호패라는 신분증명의 패용도 아울러 실시하였다. 그러나 호패법이 계속해서 실시되지는 않았다.

각종 호패 호패는 태종 13년(1413) 시행된 지금의 신분증명서와 같은 것으로 호적법의 보조적인 역할을 하였다. 왕실을 포함한 관리로부터 일반인과 천인 등 16세 이상의 모든 남자가 소지하고 다녔다. 호패의 재료나 쓰는 내용은 신분에 따라 달랐다.

(2) 신분의 구분

양인과 천인

조선 초의 신분 제도는 대체로 법제적인 구분과 사회 통념상의 구분으로 이해된다. 법제적으로는 크게 양(良)과 천(賤)으로 나누어져 있었는데, 양인은 과거 응시 자격과 관료로의 진출이 허용된 자유민으로서 조세와 국역 등의 의무를 지니고 있었다. 그리고 천인은 부자유민으로서 개인이나 국가 기관에 소속되어 천한 일에 종사하였다.

그런데 법제적으로는 양천의 규정만 보인다 하더라도 실제적으로는 양인은 다시 직업·가문·거주지 등에 따라 양반·중인·상민으로 나누어져 있었다. 사회 통념 상 사족(士族)이라 불리는 지배 계급이 피지배층인 상민(일반 양인)과는 구분되어 있었고, 그 사족은 점차 양반과 같은 의미로 사용되게 되었다. 이러한 관점에서 조선 시대의 신분은 16세기를 전후한 시기부터 중인층이 사회의 한 신분으로 자리를 잡아가면서 양반·중인·상민·천인의 4계층으로 대별되어 이해되어지고 있다.

양반

양반은 조선 시대의 최고 지배 신분층이었기 때문에 여러 가지 특권을 누리고 있었다. 그러한 특권은 관직 상의 특권, 국역에서의 특권, 토지 소유에서의 특권 등으로 나타나고 있다. 그 가운데 양반이란 명칭이 관직 상 문반과 무반에서 비롯되었기 때문에 양반의 관직에 있어서의 특권은 가장 중요하였다. 그런데 양반은 점차 지배 계층인 사족을 의미하는 말로 변질되어 가면서 대부분이 토지와 노비를 소유한 지주 계층으로 나타나게 되었고, 과거·음서·군공 등을 통하여 국가의 중요 관직을 독점하였다. 또 이들은 국가 권력을 이용하여 그들의 특권을 보장받았다. 이는 양반이 이른바 사·농·공·상 가운데 최상급의 사회 신분으로서, 경제적으로는 지주층이며 정치적으로는 관료층을 의미하는 것이다.

이들은 유학을 업으로 삼았고, 예법(禮法)을 준수하였기 때문에 생산에는 종사하지 않고 오로지 현직 또는 예비 관료로 지내거나 유학자로서의 소양과 자질을 닦던 신분이었다. 따라서 조선 왕조의 양반은 그들의 계급적 이익을 보장하기 위하여 세워진 국가라고 할 수 있으며, 각종 법률과 제도로써 양반의 신분적 특권을 규정하고, 이를 유지해 나갔다.

충효당(경북 안동, 하회마을) 서애 류성룡의 종택으로 후손과 문하생들이 류성룡의 덕을 기리기 위해 1600년대에 건립하였다. 조선 시대 양반 저택의 귀중한 자료이다.

중인

조선 시대에는 지배 계층인 양반에는 미치지 못하고 피지배 계층인 양민(상민)보다는 우위에 있는 중간 신분층으로 중인이라는 신분이 있었다. 좁은 의미에서 중인은 주로 중앙의 여러 기술 관아에 소속되어 있는 역관·의관·천문관·지관·율관·화원·산관(算官)·사자관(寫字官) 등의 기술 관원을 총칭한다. 이들은 잡과 시험을 통해 기술 관원이 되거나 잡학 취재(取才)를 거쳐 기술 관원이 되었다. 그러나 넓은 의미의 중인은 중앙의 기술관을 비롯하여 지방의 기술관, 서얼, 중앙의 서리와 지방의 향리·토관·군교·교생 등 여러 계층을 포괄적으로 포함하는 개념이다. 따라서 중인은 기술관 및 향리·서리·토관·군교·역리 등 서울과 지방의 아전직과 양반에서 격하된 서얼 등을 일컫는다.

중인은 15세기부터 형성되기 시작하여 조선 후기에 이르러 하나의 독립된 신분층을 이루었다. 이들은 서울과 지방에 소속된 관청의 서리와 향리 및 기술관으로 직역을 세습하고 신분 안에서 혼인하였으며 관청에 근접한 곳에서 살았다. 그들의 성향은 이해타산에 능하거나 모나지 않고 세련된 처세 등으로 자신의 사회 신분을 유지해 나갔다. 그러므로 역관으로 사신을 수행하여 무역의 이득을 본다든지, 향리가 토착적 세력으로 수령을 조정하여 세도를 부린다든지 하는 병폐가 나타나기도 하였다.

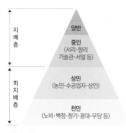

조선의 신분 구조

지배층 / 피지배층

양반
중인 (서리·향리 기술관·서얼 등)
상민 (농민·수공업자·상인)
천민 (노비·백정·창기·광대·무당 등)

이들 가운데에는 중인과 같은 신분적 처우를 받는 '중서(中庶)'라 불리는 서얼도 있었다. 그들은 원칙적으로는 양반의 자손이라도 관직에 나갈 수 없는 '서얼금고법'에 얽매어 있었다. 또 그들은 문과에 응시하지 못하여 문반직에 등용되지 못하였고, 간혹 무반직에 등용되었으나 그것도 한품서용의 규제를 받았다.

이처럼 이들은 양반의 지배를 받고 있었지만, 그들도 넓게는 지배 신분층의 일부로서 전문적인 지식이나 행정 능력을 통하여 양반에 못지않은 지식과 경제력을 가지고 있었다. 그리하여 그들 나름의 독특한 중인 문화를 향유하였다. 이들에 의해 유행한 독특한 위항문학은 대표적인 사례이다.

상민

조선 초기의 상민은 그들이 종사하는 특수한 생업이나 그들이 부담하는 특수한 신역과 관련된 개별 집단을 지칭하였다. 그래서 상민은 평민·양인이라고도 부르며, 백성의 대부분을 차지하는 농민·공장·상인이 이에 속한다. 이들은 법적으로는 관직에 나가는 제한을 받지 않았으나, 교육을 받을 기회가 거의 없었기 때문에 관료로서의 진출은 아주 드물었다.

또 이들은 조세·역·공납 등의 의무를 지고 있었다. 그리고 의복·가옥·일상 거동 등에서 관직이 없는 양반과 비슷한 생활을 할 수도 있었다. 그러나 당시의 경제적·사회적 여건으로 인하여 실제 그들의 생활은 제한되어 있었다.

농민을 제외하고 공장(工匠)은 관영이나 민영의 수공업에 종사하였다. 상인에는 시전상인과 행상인 보부상 등이 있었는데, 초기에는 국가의 통제 아래 상행위를 하였다. 조선 사회에서는 억상 정책의 영향으로 농민은 공장이나 상인보다 우대되었다.

이 외에도 양인으로서 신분은 양인이나 천역을 담당하는 신량역천(身良役賤)인이 있었다. 이들 대부분은 염간, 진척 등과 같이 간(干) 또는 척(尺) 등으로 불리웠다. 이들 가운데에서도 조예·나장·조졸·수군·봉군·역보·일수 등은 '칠반천역'이라 하여 그 일이 고되어 기피하는 자가 많았다.

천인

조선 시대 천인에는 노비와 함께 백정·광대·사당·무격·창기·악공 등이 있었다. 천인 중에서 대부분을 차지한 것은 노비였다. 노비에는 국가에 속해 있는 공노비와 개인에게 속해 있는 사노비가 있었다. 이러한 공·사 노비는 입역노비(솔거노비)와 납공노비(외거노비)로 구분되기도 한다. 관노비든, 사노비든 간에 입역노비는 관청의 노역이나 집주인의 잡역에 종사해야 하며, 납공노비는 관청이나 주인으로부터 독립적으로 생활하면서 일정한 신

노비안 (국립 중앙 박물관) 노비임을 증명하는 문서로 일종에 노비 명부이다.

한품서용(限品敍用)
일정한 품계 이상으로는 임용하지 못하도록 규정한 법이다.

위항 문학(委巷文學)
학계와 문단이 양반들의 전유물처럼 여겨지던 시기에 중인들을 중심으로 한 위항시인들이 등장하게 된 것은 16세기에 와서 이다. 중종 때 홍유손, 선조 때 송익필, 박지화 등은 대표적인 인물이다. 이후 18세기에 이르면 옥계시사를 조직할 정도로 활동이 활발하였고, 문학을 통한 신분 상승 운동도 전개하였다.

공(身貢)을 바칠 의무가 있었다. 사노비는 주인에 의해 재물처럼 취급되어 매매·상속·증여할 수 있었다. 또한 노비가 양인과 결혼하는 것은 원칙적으로 금지되어 있었으나, 양반들이 노비 수를 늘리기 위해 결혼을 허용하기도 하였다. 자식 없는 노비의 재산은 그 주인에게 귀속되며 노비가 개간한 토지는 그 주인의 소유가 되기도 하였다.

한편, 양반이 반역죄를 저질러 노비가 되거나, 몰락하여 중인이나 상민이 되기도 하였다. 반대로 중인이나 상민, 노비가 과거나 군공 등을 통하여 양반이 되기도 하였다.

노비 외에 천인으로 간주되어 온 대표적인 것이 백정이다. 이들은 도살업에 종사하면서 피혁이나 유기 제조업을 겸하였고, 이러한 직업을 세습하면서 집단적으로 모여 특수 촌락을 이루고 살았기 때문에 일반 양인과 동화되지 못하는 경향을 보였다.

줄광대

기녀(妓女)

이 밖에 광대는 고려 시대 재인과 같은 지위의 존재였고, 사당은 생업이 없는 남녀가 사당패가 되어 마을을 돌아다니면서 공연을 해서 먹고사는 자들이었다. 또 무격은 무당으로 그들의 자손들은 공사천·공상(工商)·향리의 자손과 함께 과전의 지급 대상에서 제외되었을뿐만 아니라 벼슬길도 금지되어 사회적으로 천시되어 갔다.

창기는 일반적으로 관습도감(후에 장악원)의 경기(京妓)와 외방 군현의 관기를 지칭한다. 의녀도 신분적으로 창기와 비슷하였다. 『경국대전』에 의하면 이들도 창기와 마찬가지로 지방 각 고을의 관비 중에서 나이 어린 사람을 뽑아 충원하도록 되어 있었다.

노상알현도(김득신) 상민부부가 길을 가다가 나귀를 타고 있는 양반에게 절을 하고 있다.

(1) 가족 제도의 개편

가족 제도와 족보 편찬

조선 초 가족 제도의 정착은『주자가례』와『소학』교육에 바탕을 둔 형태로 전개되었다. 그렇지만 조선 초기에는 소수의 사대부 가정에 한해『주자가례』가 수용되었다. 15세기 말 이후에 가서야 점차 유교적인 상례와 제사 절차가 일반화되어 갔다. 특히 남귀여가혼, 자녀 균분 상속제, 자녀 윤회 봉사 등이 가족 및 상속에 영향을 주면서 성씨, 본관 의식과 족보 편찬에도 영향을 미쳤다.

남귀여가혼은 딸(사위)과 그 소생(외손)을 아들 또는 친손과 같은 자손으로 취급하여 부처(夫妻)·부모·자녀·내외손 등을 각기 대등한 위치에서 간주하려는 친족 체계를 낳았다. 이러한 혼인 풍속과 가족 제도는 다시 자녀들에게 재산을 골고루 나누어 주는 균분 상속제가 되었다. 균분 상속은 부모의 제사를 자녀들로 하여금 돌아가면서 모시게 하는 관행을 가지고 왔다. 그리고 딸이 있으면 아들이 없다 하더라도 입양하지 않는 것이 보편화되어 있었다. 이러한 사실은 15세기 편찬된『안동 권씨성화보』(1476)에서 알 수 있듯이 자녀의 기재를 출생 순서대로 한다든지, 아버지를 중심으로 자손과 사위를 동일한 비중으로 등재하고 있는 데에서도 확인된다.

점차 유교 사회의 진전에 따라 종법적 가족과 친족 제도의 수용이 일반화되어 가면서 보학의 숭상과 족보 편찬이 성행하기 시작하였다. 대개 내외 친척과 종족 내부의 의례를 규제하는 것이 예학이라면, 보학은 종족의 종적인 내력과 횡적인 족파 관계를 확립시켜 주는 기능을 하였다. 따라서 성과 본관, 혈통과 신분을 증빙하는 자료는 양반 사회가 발달하면 할수록 관심이 고조되어 족보의 편찬으로 이어졌다.

(2) 구제 제도

진휼 정책

조선 왕조는 국초부터 유교적인 민본주의와 농본 정책을 내세우면서 여러 가지 교화 사업과 농민 안정 정책을 실시하였다. 양반 지배 체제를 강화하기 위해서는 성리학적 명분론에 입각한 사회 신분 질서의 유지와 농민의 생활 안정이 가장 중요한 과제였기 때문이었다. 따라서 양반 지주들의 토지겸병을 억제하고 농민이 토지로부터 이탈하는 것을 막기 위하여 농번기에는 농민들이 잡역에 동원되지 못하게 하였다. 또 각종 재해와 질병에 걸렸을 때는 조세와 요역을 감면해 주는 등 여러 가지 진휼과 구제 시책을 실시하였다.

특히 자연 재해가 발생하여 가뭄이 들면 진대, 진휼, 시식, 구료 등의 여러 시책을 내놓았다. 그중 진대(賑貸)는 가난한 백성에게 창고의 곡물을 대여하는 것으로 추

족보의 의미
족보란 동족의 시조로부터 족보 편찬 당시의 자손까지 계보를 기록한 것이다. 가계를 이어가고 씨족의 유대를 존중하던 조선 시대에는 족보의 편찬이 조상의 숭배와 동족 의식을 기르는데 매우 중요시 되었다.

안동 권씨 세보

광주 이씨 족보(서울역사박물관)

수 후에 환납하는 것이 원칙이었다. 진휼은 굶주린 백성에게 식량 등을 나누어 주던 제도였고, 시식은 굶주린 백성들을 일정한 장소에 모아 놓고 밥이나 죽을 먹이던 제도였다. 구료는 노약자나 환자를 모아서 치료하는 것이다.

이렇듯 조선 시대 진휼 정책은 각종 재해로 말미암아 발생하는 사망자·이재민·유망자 등에 관한 조치였기 때문에 별도의 특별 대책으로 양곡 절약, 노역 중단, 구황 식물의 비축 등을 함께 내놓기도 하였다.

진휼 기구

조선 시대에는 굶주린 백성들을 위해 그 사안에 따라 진휼청 등 여러 추진 기구가 설치·운영되었다. 당시 진휼 기구는 대개 곡물을 저장 보관하면서 굶주린 백성을 구하는 곳이 있었고, 환자를 치료하거나 병사자를 매장하는 곳도 있었다. 이들 기구들은 사업의 성격에 따라 상설 기구 또는 임시 기구로 설치되어 운영하였는데, 진휼청이 이를 총괄하는 형태였다.

그 가운데 곡물을 저장 보관하면서 굶주린 백성을 구하는 곳으로는 상평창·의창·사창 등이 있다. 상평창은 한성과 일부 시가지에서 운영되었고, 의창은 지방 각 관에 설치된 읍창 성격이었으며, 사창은 각 마을에 설치되어 의창의 기능을 수행하던 민간 자치적 곡물 대여 기관이었다.

진휼 업무를 수행하는 또 다른 기구로 혜민서와 활인서가 있었다. 이들 기구는 환자를 치료하거나 병사자를 매장하는 업무를 전담하던 곳이었다. 이 밖에 진제장은 기민·거지 중에서 구급을 요하는 사람을 먹여 주는 임시 기구였다.

충청수영성 진휼청(충남 보령) 흉년에 백성을 구제하기 위해 설치하였다.

3 사림의 성장과 정계 진출

(1) 사림 세력의 성장과 기반

경제적 기반

사림이라 불리는 부류의 대부분은 조선 건국 초 낙향하여 재지사족으로서의 위치를 확대해 나가면서 자기들이 사는 지역을 본격적으로 개발해 나갔다. 또 인구 증가와 개간, 새 농법 수용 및 이앙법의 보급 등으로 미개척지의 개발도 촉진시켰다. 이 과정에서 일부는 적극적인 권농책과 향촌 안정책을 추진해 나갔다. 이는 천방관개법과 시비법이 발달되는 계기가 되었다.

이후 사족은 점차 상속과 분배, 개간에 의해 가옥과 전답을 확보해 나갔고, 토지의 매매와 노비의 증식 등을 통한 재산의 생산성·수익성 향상에 많은 관심을 보였다. 이들은 선조로부터 물려받은 토지와 노비를 갖고 거기에다 매매·개간·겸병 등의 수단을 통하여 지주로서의 안정된 생활을 누리게 되었다.

> **천방관개(川防灌漑)**
> 갯골변에 진흙, 돌, 나무 등을 재료로 하여 천방을 치고 그 안에 간석지를 간척하는 것으로 규모가 작아 민간 차원에서 할 수 있었다.

사회적 기반

조선 초 사림의 가계는 대부분 군현의 토성이족[향리]에서 유래하였다. 이들이 사족으로서 지위를 확보해 나가는 데는 고려 후기 빈번한 정권 쟁탈과 정권의 불안정, 신분 제도의 문란, 원나라 지배 및 끊임 없는 북로남왜의 침탈 등이 원인으로 작용하였다. 당시 군현의 토성이족들은 주로 과거를 통해 중앙에 진출하였고, 군공으로 첨설직을 얻어 품관이 되었다. 이들은 공민왕의 개혁 정치에 가담함으로써 신진사대부 계층으로 나타나게 되었다.

이들 가운데 건국 초 낙향하여 재지사족으로서의 위치를 확대해 나간 자들은 지방 사회에 영향력을 행사하기 위해 조직체를 구성해 나갔다. 이 조직체는 재지사족들의 공동 집합 장소 역할을 하였는데, 이를 유향소라 하였다.

유향소는 재경 관리들의 조직체인 경재소와 연결되어 명실상부한 재지사족의 조직체로 존재하게 되었다. 특히, 중앙 정계에서 낙향하는 재경 관리들 가운데에는 본가가 있는 근거지 외에도 가족 제도와 자녀 균분 상속 제도에 의거하여 각기 외향과 처향에 가서 정착하는 이도 있었다.

> **북로남왜(北虜南倭)**
> 북쪽에는 오랑캐, 남쪽은 왜구를 말함

> **유향소(후에 향청)**
> 조선 초기 지방관의 자치 기구로 향사당, 향소, 향소청 등으로 불렸다. 1406년 혁파되었다가 세종 10년(1428)에 부활시켰다. 세조 때에도 유향소는 일시 혁파되었으나 성종 19년(1488) 다시 부활되었다. 여기에서는 향사례와 향음주례를 실시하였고, 향안에 그들의 이름을 올려 유대를 강화하였다. 그리고 임원으로 좌수와 별감을 두었다

학문적 기반

조선 왕조의 국가 통치 이념인 성리학은 신진 사대부에 의해 수용되었고, 그들은 성균관과 지방의 향교 교육을 통해서 통치 이념을 보급해 나갔다. 성리학적 소양을 발판으로 향촌 사회의 지배 기반을 구축해 나갔던 사림들은 절의와 명분을 중시하였다. 이들은 지방에서 가학 등을 통해 학문이 성취된 다음에 교유나 학문적인 토론 및 질의 같은 접촉을 통해 사우 관계를 이어갔다.

이들은 개개 토성이족에서 과거·첨설직(添設職)·산직 등을 통해 사족이 될 수 있었고, 자신의 학문적 소양과 문학적 소양을 발판으로 출세하였다. 이들은 한때 중앙에 관리로 종사하였다고 하더라도 마음은 지방 선비적인 취향을 갖추며 생활하였다.

(2) 사림의 중앙 진출과 훈구와의 갈등

훈구 세력의 모순

15세기 말 중앙 권력은 훈척 세력에 의해 장악되었다. 공신 자신이나 그 후손들이 관직과 토지의 분배에 있어서 일방적인 특혜를 누렸고, 그 권력과 부는 후대로 가면서 한층 증대되어 갔다. 15세기 후반에 이르러서는 과전과 공신전을 통해 경제 기반까지 확고히 다져가 권력은 훈구 계열의 중앙 권신들에게 집중되는 형세로 발전하였다.

김종직

사림파 형성

훈구 세력의 모순이 점차 드러나고, 향촌의 사족이 중앙 정계에 진출하면서 사림이라 불리는 자들은 훈구 세력을 비판해 나갔다. 성종 때 김종직이 중용되었고, 그의 문인들도 문과에 급제한 인물이 늘어나면서 그들에 의한 중앙 정계 진출이 활기를 띠었다. 종래 소수의 인원이 홍문관에 포진하고 있었던 데 불과했던 사림 세력이 이 때를 계기로 대거 대간직에 진출하였다.

사림 세력의 언관직 진출은 경연에 나아가 언론을 행사할 수 있는 분위기를 연출하였고, 대간 탄핵권도 확보되어 훈구 세력들의 비리를 들추기 시작하였다. 이는 훈구와 사림 간의 마찰로 이어졌다. 그 밖에도 사림은 사관직과 전랑직으로도 진출하였다. 조선 왕조 때에는 언관과 사관을 거치면 후에 정치적 성장 속도가 빨랐기 때문에 사림들은 이를 선호하였다. 이는 재야 사림이 정계에 진출하여 사림파를 형성하는데 크게 기여하였다.

4차례의 사화

사화는 성종 대 이후 중앙 정계에 정치 세력으로 등장한 사림이 피화를 당한 일련의 정치적 사건을 일컫는다. 발생 원인은 다르지만 연산군대에서 명종대까지 모두 4차례에 걸쳐 사화가 일어났다. 즉 무오사화, 갑자사화, 기묘사화, 을사사화 등이 그것이다.

사화는 16세기 조선 사회에 나타나기 시작한 사회적·경제적 변동에 대해 각기 다른 정치적 견해를 피력하면서 나타났다. 15세기에는 농업 경제의 발전에 힘을 기울여 점차 그 성과가 나타났고, 이것이 배경이 되어 16세기에는 상업과 수공업이 발달하여 새로운 부의 창출이 나타나게 되었다. 그 결과 새로운 재원을 놓고 정

훈구와 사림

구분	훈구 세력	사림 세력
연원	혁명파 사대부	온건파 사대부
집권 시기	15세기 집권 세력	16세기 이후의 집권 세력
성장 배경	세조 때 권력을 독점하며 훈척 세력으로 성장	성종을 전후한 시기에 언관직에 진출
정치 성향	중앙 집권적 통치, 부국강병 추구	향촌 자치 강조, 도학정치 주장
경제 기반	대다수가 지방에 대농장 소유	대부분이 향촌에 기반을 둔 중소 지주
사상 경향	불교, 도교, 풍수사상, 민간신앙에도 관대한 태도	성리학 이외의 학문에 대해 이단시하여 배척
학문 경향	사장 중시	경학 중심

치적인 동요가 일어나게 되었다.

또 이 시기에는 관료 사회에 심한 부패 현상이 나타났고, 그 중심에는 정권을 장악하고 있던 훈구 세력이었다. 이에 대해 사림들은 아주 비판적이었다. 이들은 언관직을 통해 관료 사회의 비리에 대해 비판하면서 한편으로 향촌 사회의 질서 수립에서는 종래의 경재소와 유향소 대신 향약의 시행을 주장하였다. 이러한 과정에서 수세에 처한 훈구 세력들이 사화를 통해 사림에 대한 정치적 보복을 단행하였다.

연산군 일기

조정광조 유허지 추모비(전남 화순)

조광조 묘(경기 용인)

자료 스페셜 4대 사화(士禍) 무오사화(1498) → 갑자사화(1504) → 기묘사화(1519) → 을사사화(1545)

무오사화는 연산군 4년(1498) 이극돈·유자광 등이 『성종실록』을 편찬하기 위해 김일손이 스승 김종직이 지은 조의제문(弔義帝文)을 사초로 제출한 것을 구실로 일어났다. 이때 훈구파의 유자광과 이극돈이 이것을 문제삼아 세조의 왕위찬탈을 비방한 것이라고 연산군에게 말해 김종직 문하의 수 많은 사림파가 화를 당했다.

갑자사화는 연산군 10년(1504)에 사림파를 몰아낸 훈척 계열 내부에서 다시 연산군을 싸고도는 척신과 일반 훈신들이 서로 대립하여 결국 척신들이 연산군의 생모인 윤씨(성종의 비)의 폐비 사사 사건을 구실로 일반 훈신들을 몰아낸 일련의 사건이다. 곧 훈구파인 임사홍 등이 사림파의 잔존 세력을 제거할 목적으로 일으켰다.

이후 중종반정으로 사림의 진출이 재개되었다. 이때 조광조를 중심으로 한 사림들이 훈신들의 비리를 계속해서 비판하는 한편, 도학을 숭상하여 유교적인 도덕 정치 실현에 힘을 기울였다. 결국 사림 관료 측에서 주도한 위훈(僞勳) 삭제 사건을 계기로 훈신들이 일대 반격을 가하여 조광조를 비롯한 사림들을 축출한 사건이 발생하였다. 이를 기묘사화라 한다. 그러나 이때 화를 입은 조광조·김정·김식·김구·기준 등은 '기묘명현'으로 높은 추앙을 받아 16세기 후반에 사림 시대를 여는 정신적 바탕이 되었다.

한편, 사림은 1545년에 명종이 즉위하면서 일어난 소위 을사사화에 의해 또다시 화를 입었다. 이 을사사화는 훈척 계열의 자기 분열에 의한 것이었지만 정치 투쟁 과정에서 사림파가 개입되면서 결과적으로 사림 세력이 타격을 입었다.

사림 세력의 특징과 활동

(1) 사림 세력의 특징

사림 세력의 추이

주자가례(朱子家禮)
『문공가례』라고도 한다. 고려 말 성리학의 전래와 함께 전해졌다. 관혼상제의 4례에 대한 예서로 처음에는 왕실과 중신의 집에서 행해졌으나 점차 사대부·일반 서민에 이르기까지 보편화되었다. 이는 유교 이념의 보급과 관련 있으며, 예학이 발달함에 따라 예와 효를 중요시하는 한국의 가족 제도에 큰 영향을 주었다.

존화양이(尊華攘夷)
중국을 존중하고 오랑캐를 물리친다는 중화 사상의 일부 관념이다.

사림들은 대개 중앙 집권 체제보다는 향촌 자치 제도를 주장하였다. 이들은 중소 지주가 많았고, 양반 신분의 우위성을 유지하기 위해 예학과 보학을 발달시켰다. 그리고 『주자가례』의 대중화와 『소학』 보급에 적극적이었다. 뿐만 아니라 성리학적 명분론으로 존화양이 사상을 내세워 친명 사대 정책에 적극적이었다.

사림이란 원래 조선 초에는 유학을 공부하는 선비들을 가리켜 사류, 사족이라고 지칭하였으나, 16세기에 접어들어 사림이란 용어로 통용되었다. 이들은 과거를 통해 관직에 나가는 기회를 얻었으나 관직으로 모두 수용되지는 못하였다. 일부는 재야의 지식인으로 살면서 유교 교화에 힘쓰는 일을 중시하였다. 이들은 점차 시간이 지날수록 관학인 4부 학당과 향교보다는 사학인 서재·서원 등을 통해 그들의 이상을 실현하려는 경향을 보였다.

사림 세력의 군주관과 정치관

건국 초 중앙 집권적 체제 아래에서 국왕은 어디까지나 천도 실현의 유일한 존재였고, 신하는 그 보조자에 불과하였다. 그런데 16세기를 거치면서 나타난 사림의 성리학적 군주관은 군주가 진정한 정치 주체가 되기 위해서는 신하와 마찬가지로 '치인(治人)'을 위한 '수기(修己)'의 노력이 있어야 한다고 보았다. 이에 따라 사림들은 관리 등용에서도 과거제 보다 천거제를 선호하였다. 그러한 노력은 중종 때 조광조 등이 펼친 현량과의 설치로 재현되기도 하였다.

16세기의 사림은 정치적으로 훈신·척신 세력들과 대립하는 관계 속에서 하나의 정치 세력으로 규합해 나갔다. 16세기 선조의 즉위를 계기로 사림의 관료 진출이 활발해지면서 사림은 학연에 따른 분화 현상이 나타나 붕당(朋黨)을 형성하기에 이른다.

이렇듯 붕당으로 표현되는 정파의 분립은 공도(公道)의 실현을 위해 정파 간 상호 견제가 필요하다

산천재(경남 산청) 남명 조식이 제자들과 강학하던 곳으로 명종16년(1561)에 지어졌다. 산천재에서 '산천(山天)'이란 "군자가 굳세게 독실한 마음으로 공부하여 스스로 빛냄으로써 날로 그 덕을 새롭게 한다"는 뜻으로 『주역』에서 인용한 것이다.

자료 스페셜 현량과(賢良科)의 실시

의정부와 예조가 함께 의논하여 서계(書啓)하기를, "지난번 전교에 이르시기를, '(중략) 옛날의 현량과(賢良科)·효렴과(孝廉科) 등을 본받아 서울과 지방에서 재행(才行)이 쓸 만한 사람을 널리 천거하게 하고, 내가 친히 나아가 책취(策取)하여, 그의 온축(蘊蓄)한 포부를 본다면 거의 대체에 밝은 쓸 만한 실재(實才)를 얻어 나의 다스림에 도움이 될 것이다.(하략)'"

『중종실록』 권33, 13년 6월 계유

는 새로운 붕당관을 정립시켜 나갔다. 이에 따라 붕당은 학파적 성격과 정파적 성격을 아울러 가졌다. 이 과정에서 기성 사림과 새롭게 정계에 등장한 신진 사림들은 정치적 이해 관계로 동인과 서인으로 분화되었다. 당시 동인은 이황과 조식, 서경덕의 학문을 계승한 사람들을 중심으로 이루어진 반면에 서인은 이이, 성혼의 문인들이 가담하는 형세였다.

도학 정치의 추구

중종반정 이후 본격적으로 정계에 진출한 사림은 그들이 추구하는 이상 정치를 실현하기 위해 도학 정치를 주장하였다. 당시 사림은 도학 정치의 근본 이념을 위민·애민에 두었다. 또 이들은 도를 따르는 것이 곧 천명(天命)을 따르는 것으로 인식하여 군주, 백성 모두가 천명에 따라 행동하고 생각하는 사회를 이상 사회로 규정하였다.

사림은 연산군대의 학정에 의한 폐단을 직접 경험하였기 때문에 군주는 현명한 사람이어야 하며 항상 학문에 힘써야 한다고 주장하였다. 그러기 위해서는 군주 자신이 먼저 덕을 배양하고 이를 실천한다면 백성들이 감복하여 스스로 교화될 수 있다는 이른바, 덕치를 강조하였다. 또 사림은 군신 간의 상호 믿음을 바탕으로 왕권과 신권이 상호보완적인 입장에서 균형을 유지할 수 있을 때 비로소 도학 정치를 실현할 수 있다고 보았다. 그러한 도학정치의 실현을 위해 이들은 언로(言路)가 열려 있어야 한다고 주장하였고, 언관의 활동이 활발하게 나타날 때 군주의 왕도 정치와 도학 정치의 실현이 가능하다고 보았다.

(2) 향촌 질서 재편 운동

유향소 복립 운동

성종 즉위 이후 중앙에 진출한 사림은 향촌 사회에서 자행되던 여러 가지 부정 행위를 해결하려 했다. 이들은 향촌 질서를 재확립하기 위해 『주례』에 나오는 향사례·향음주례의 시행을 건의하였다. 그리고 의례 실행을 담당할 기구로 세조 말에 혁파되었던 유향소 제도의 부활을 주장하였다.

그러나 사림에 의해 주도된 유향소 복립은 그들의 기반이 비교적 강한 영남 지방의 몇 고을에 한정되었다. 오히려 유향소 복립 운동은 중앙의 훈구 세력과 연결된 각지의 세력가들이 그들의 세력을 강화하는 수단으로 악용되는 사례가 속출하였다. 이렇게 유향소 복립 운동은 본래 의도와는 다르게 훈구들의 정치적 이해 관계를 강화는 방향으로 이루어지자 사림들은 훈구 대신의 비행을 규탄하는데 힘을 모았다. 이러한 경향은 훈구 세력을 더욱 자극시켜 무오사화를 통한 사림 탄압의 원인이 되었다.

여씨 향약 중국 북송시절 향촌을 교화·선도하기 위해 만든 규약으로 중종 때 정부의 명령으로 각 지에 보내졌다.

향약 보급 운동

사림은 향약 보급을 통해 향촌 사회를 성리학적 이념에 바탕을 둔 새로운 질서 속으로 끌어들이려 하였다. 그래서 훈구 세력, 수령, 유향소가 연결된 수탈 구조를 끊고 스스로 향촌에서의 기반을 보호하려는 의도에서 향약 보급 운동을 전개하였다.

향약의 시행은 중종 때 함양 지방 유생 김인범의 상소에서 논의되기 시작하였다. 여씨 향약의 시행을 주장하는 사람들은 향촌 사회의 혼란을 안정시키기 위해서는 기존의 경재소와 유향소로 이어지는 제도를 먼저 혁파해야 한다고 주장하였다. 그러나 혁파 조치는 쉽지 않았고 두 제도가 그대로 존속하는 가운데 향약 보급 운동이 별도로 추진되었다. 이런 향약 시행은 향촌 질서의 재편 운동에 반발하였던 훈구 세력과 갈등하여 기묘사화의 원인으로 작용하기도 하였다.

서원 건립 운동

서원 성립 이전 사림은 사창제·향사례·향음주례 등을 통해 향촌에서 그들의 사회적 역할을 구체화시켜 나갔다. 그런데 이들의 행위는 중앙의 관료 세력과 마찰을 일으키는 결과를 초래하게 되자, 그 대안으로 서원을 건립하였다. 이는 서원 자체가 교육과 교화를 표방하였으므로 정적으로부터 견제를 덜 받고 사림의 향촌 활동에 유리하였기 때문이었다.

서원이 도입·정착된 까닭에는 관학의 부진도 작용하였다. 당시 관학은 15세기 후반부터 교육 기능이 상실되고 교관의 질적 저하로 인해 관리 등용 기구로서의 한계성이 드러냈다. 더욱이 중종대에는 조광조를 중심으로 교학 진흥책이 주장되면서 도학의 정통인 정몽주 등의 문묘 종사 운동이 전개되었다. 이 운동은 사묘(私廟)의 건립으로 나타나 서원 출현의 동기가 되었다.

이러한 배경 속에서 주세붕은 최초로 풍기에 백운동 서원을 건립하였다. 이후 이황은 도산서원을 만들어 서원을 조선 사회에 보급·정착시키는데 공헌하였다.

이렇게 등장한 서원은 제향 인물을 통해 그들의 정

병산서원 (경북 안동) 고려 말 풍산현에 있던 풍산 류씨의 사학을 류성룡이 옮겨와 제자를 길러냈다. 철종 14년(1863) 병산이란 사액을 받았고, 흥선대원군의 서원철폐에도 사라지지 않았다.

자료 스페셜 사액(賜額)서원의 시작

(중략) "풍기의 백운동 서원(白雲洞書院)은 황해도 관찰사 주세붕(周世鵬)이 창립한 것인데,【주세붕이 풍기 군수로 있을 때 이 서원을 창립하였다.】그 터는 바로 문성공 안유(安裕)가【본래 이름은 향(珦)이었는데, 어휘를 피하여 유라 하였다.】살던 곳이고, 그 제도와 규모는 대개 주 문공이 세운 백록동(白鹿洞)을 모방한 것입니다. (중략) 이황(李滉)이【이황이 풍기군수로 있을 때 주세붕의 뜻을 훌륭히 여기고, 오래 전승되지 못할까 염려하여 병으로 사직하고 돌아가려고 할 때에 사연을 갖추어 계문하였기 때문에 삼공과 해조에게 명하여 의논하도록 한 것이다.】편액과 서적·토지·노비를 하사해 줄 것을 청하였다.

『명종실록』 권10, 5년 2월 병오

치적 입장을 강화하였다. 또한 각자의 서원을 중심으로 여론이 결집하는데 중요한 역할을 하였다. 이러한 여론은 중앙에 진출한 관리를 통해 반영되었다.

(3) 성리학의 연구와 보급

성리학 연구

사림들은 성리학을 장려하고 도학 정치를 구현해 내려고 노력하였다. 이들은 기묘사화의 실패가 성리학에 대한 철저한 이해와 지지 기반의 부족이란 사실을 깨닫고 이 때부터 각 지방에 은거하여 성리학 연구에 몰두하였다. 이들이 바로 서경덕, 성수침, 이황, 조식, 이이 등의 학자들이다. 이황은 성리학이라는 외래 사상을 완벽히 이해하였으며, 이이는 이해의 수준을 넘어 성리학을 조선 성리학이라는 우리 고유의 이념으로 바꾸어 버렸다. 그리고 이 두 학자의 학통을 이은 제자들이 양성되면서 조선은 동서의 붕당에 따른 '붕당정치'라는 새로운 정치 형태를 갖게 된다.

소학의 실천 운동

『소학』은 성리학의 입문서로 가족 관계나 행동 규범에 관한 실천적인 면을 강하게 지니고 있다. 따라서 성리학 보급을 위한 이해 기반의 확보라는 차원에서 소학 교육은 강조될 수밖에 없었다. 조선 초의 역대 군주나 사대부들이 소학의 보급과 교육을 위해 많은 노력을 기울였던 이유가 바로 여기에 있다. 그러나 선초 교화 정책 실현의 중심이었던 학교 교육 자체가 쇠퇴하면서 소학 교육 역시 쇠퇴하게 되었다. 과거에서도 강경(講經)보다 제술이 점차 중요시되어 자연히 소학 교육을 경시하거나 기피하게 되었다.

사림의 중앙 정계 진출이 점차 활성화되면서 소학의 중요성은 새롭게 인식되기 시작했다. 중종대 사림에 있어서 소학 교육 내지 그 실천 운동은 향약 보급 운동을 통한 소학 실천 운동으로 발전하였다. 향약의 보급은 결국 소학에 수록된 〈여씨 향약〉의 보급을 목적으로 하는 것이었으므로 그 과정에서 자연히 소학의 내용도 보급되었다.

> **소학(小學)**
> 송나라 때 주자가 소년들의 유학 교육을 위해 편찬한 유학 입문서이다. 조선 시대에는 천자문을 익힌 후 교육 기관에서 필수 교재로 사용할 정도로 중요시 되었다.

소학

자료 스페셜 소학의 보급

예조에 전교하였다. "(중략) 송대에 주자(朱子)가 『소학』을 저술한 덕택으로 수신하는 큰 법이 모두 그 속에 들어있고, 규모나 절목이 또 갖추어지지 않은 것이 없어, 천만세토록 스승된 자는 여기에 의거하여 가르칠 수 있고 배우는 사람들은 본받아 익힐 수 있게 했다. 일상의 인륜에 절실하고 교학의 본령이 되는 것이 이보다 중요한 것이 없다. 주자가 편찬한 『가례』도 또 제가(齊家)하고 세속을 바로잡는 도리에 절실한 것이기 때문에, (중략) 나의 지극한 이 뜻을 체득하고 중외(中外)에 효유하여 『소학』이 공사간에 널리 퍼지도록 하고, 학습을 권장하는 절목 및 생원·진사 복시 때에 엄격하게 강받기를 거듭 밝히는 절목을 모두 자상하고 극진하게 마련하여 시행하도록 하라."

『중종실록』 권26, 11년 11월 계미

그러나 소학 실천 운동은 기묘사화로 인해 중지되었다. 이는 소학 실천 운동이 정치성을 강하게 지닌 것으로 훈구 세력에게 인식되었기 때문이었다. 기묘사화 이후 향약을 통해 성리학적 향촌 질서를 수립하려는 사림의 노력은 더 이상 표면화되지 못하고 서원 건립 활동에 주력하게 되었다.

(4) 경제 개혁의 추진

권농 정책

조선은 재정 확충과 민생 안정을 위해 농본주의 경제 정책을 내세웠다. 조선 건국을 주도하였던 신진 사대부들은 중농 정책을 표방하며 농업 생산력을 증가시켜 백성을 안정시키려 노력하였다. 그 결과 조선은 새로운 농업 기술을 개발하는 데 노력하였다. 이후 16세기 사림의 정계 진출이 활발해지면서 상대적으로 소농민의 경영 안정과 관련된 농업 장려가 전개되었다. 이는 사림들이 중소 지주층의 성장에 뿌리를 두고 있었기 때문에 자신들의 계급적 안정과 밀접한 관련을 가지고 있었기 때문이었다. 이와 같은 사림의 농업 정책은 국왕의 권농 교서를 통해 강조되었다.

15세기 후반부터 역대 수리 정책으로 중심이 되어왔던 제언(堤堰) 대신에 천방(川防)이 보다 우위인 것으로 공인되었다. 이에 따라 16세기에 이르러 사림 정치는 권농 정책과 함께 천방 관개의 일을 논의하였다. 그리하여 성종대에 일시 설치되었다가 혁파된 제언사를 다시 설치하자는 합의가 이루어지게 되었다.

공납제 개혁론

부세의 하나인 공납은 성종 때 공안을 정비함으로써 제도상 일단락을 짓게 되었다. 그러나 16세기에 이르러 공공연하게 이루어진 방납이 공납 제도의 폐단으로 나타났다. 그리하여 공안 개정과 방납 근절의 두 가지 문제가 중종 때 사림에게서 논의되기 시작하였다.

당시 공납의 폐단은 권간이 부정으로 탐학한 수령을 재생산시켜 지배 질서를 문란하게 하여 힘 없는 소농민 계층에게 과중한 부담으로 떠넘겨지고 있었다. 여기에 공물은 물론이고 전세·요역의 부담 가중도 양민 자작농의 몰락을 부채질했다. 이런 위기 속에서 사림은 16세기 말 정계에서 공납제 개혁을 다시 추진하였다.

이 때의 기본 내용은 각 군현의 물산·전결·민호에 대한 많고 적음을 따져 부담을 균등히 하도록 공안을 개정하고 본읍이 공물을 기관에 직납하도록 하여 방납을 근절하자는 것이었다. 이는 전국 각 지역의 인정 수, 토지 결수, 토산물의 많고 적음을 고려한 조치였다. 그리고 부과되는 해당 지역의 산물을 백성에게 쌀로 거두는 수미법(收米法)의 실시도 주장하였다. 훗날 이러한 논의는 대동법 시행에 배경으로 작용하였다.

더 알아보기

여씨 향약의 보급

주자증손 여씨 향약(朱子增損呂氏鄉約)

정암 조광조 문집

함양(咸陽) 사람 김인범(金仁範)이 상소하기를, "여씨 향약(呂氏鄉約)을 준행(遵行)하여 풍속을 바꾸도록 하소서."하니, 정원에 전교하기를, "내가 함양 유생 김인범의 소(疏)를 보건대, 초야의 한미한 사람으로 인심과 풍속이 날로 경박하게 되는 것을 탄식한 나머지, 천박한 풍속을 바꾸어 당우지치(唐虞之治)를 회복하려는 것이니 그 뜻이 또 가상하다. 근래 인심과 풍속이 달라진 것은 나 역시 걱정스러워 필경 어찌해야 할 것을 모르겠거니와 그 까닭을 따져보건대 어찌 연유가 없겠는가? 내가 박덕한 몸으로 조종(祖宗)의 통서(統緒)를 이어받은 지 12년이나 되건마는, 선정(善政)이 아래에 미친 바 없고 허물만이 내 몸에 가득 쌓여서 민원(民冤)이 사무쳐 재변(災變)이 거듭되니, 박한 풍속을 고쳐 후한 풍속으로 돌리기가 참으로 어렵구나. 이는 비록 나의 교화가 밝지 못한 탓이기도 하지마는, 대신은 보필하는 지위에 있으니 그 책임이 어찌 중차대하지 않겠는가? 본원(本源)이 확립되지 못하면 말류(末流)를 구하기 어려운 것이니, 근본을 바로잡고 밝게 하는 일은 나와 경 등이 다 함께 맡아야 할 책무인 것이다. 어찌 크게 한번 혁신해서 만민의 모범이 될 것을 생각하지 않을 수 있겠는가? 경 등은 한낱 포의(布衣)의 오활한 말이라고만 여기지 말고 풍속을 바꿀 방도를 강론해서 상하가 서로 힘쓰도록 하라. 그리하여 인심과 풍속이 모두 후하고 질박한 데로 돌아가서, 위로는 충후(忠厚)한 풍속이 있고 아래로는 탄식하는 소리가 없게 된다면 이 또 아름답지 않겠는가?"하였다.

『중종실록』 권28 중종 12년 6월 갑술

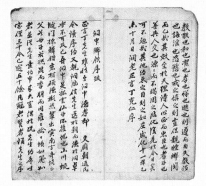

태인 고현동 향약(정극인의 서문)

향음주례 지도(송산사)

향음주례(鄉飮酒禮)의 시행

향음주례란 조선 시대 향촌에서 유생들이 향교나 서원에 모여 예로써 주연(酒宴)을 함께 즐기는 향촌 의례를 말한다. 향음주례는 중국 주대에 향대부가 고을의 인재를 조정에 천거할 때 출향에 앞서 베푼 전송의 의례에서 유래한 것이다. 우리나라에서는 고려 말 성리학이 전래됨에 따라 향사례(鄉射禮)와 함께 향음주례가 소개되었을 것으로 추측되나, 구체적인 규정은 『세종실록』 오례에서 이다. 의례는 해당 고을 관아의 수령이 주관하여 학덕과 연륜이 높은 선비를 큰 손님으로 모시고 그 밖의 유생들도 손님으로 모셔서 행해진다. 향음주례의 목적은 향촌의 질서 유지와 풍속 교화에 있었다.

3 조선 전기의 경제

1. 토지 제도와 농업
2. 국가 재정의 확립
3. 상업과 수공업·생산업의 발달
4. 교통·운수·통신의 정비

어전을 이용한 고기잡이(김홍도 단원 풍속도)

전제상정소(田制詳定所)에 전지하기를, "토지 결복(結卜)의 개정 및 전품(田品)의 등급과 연분(年分)의 고하(高下)를 분간하여 조세(租稅) 받는 법을 정하다."

傳旨田制詳定所 土田結卜改定 及 田品等第 年分高下 分揀收稅之法,

– 전분6등법과 연분9등법의 제정
(『세종실록』권106, 26년(1444) 11월 무자) –

조운선

공세꾳고지(충남 아산) 충청도의 세곡을 수납한 조창터로 처음 명칭은 공진창이다.

1 토지 제도와 농업

(1) 토지 제도

과전법 제정

조선 전기 토지 제도의 근간은 공양왕 3년(1391)에 제정한 과전법이었다. 과전법은 전국의 토지를 국가 수조지로 파악하고 이에 대한 수조권을 국가 기구나 관인 등에게 용도와 관등의 높고 낮음에 따라 나누어 주는 제도이다. 이에 따른 과전법의 실시 목적은 신진 사대부의 경제 기반 확보, 국가 재정 확보, 농민의 생활 개선 등에 있었다.

과전 지급 지역은 경기에 한정되었고, 과전 지급 대상은 전직, 현직 관리 모두에게 주었다. 그러나 과전은 세습이 되지 않았다. 관리는 최고 150결(정1품)에서 15결(종9품)까지 과전을 받았고, 지급받은 토지는 직접 수조권을 행사하였다.

과전법 체제의 변화

세조 때 지급 토지가 부족하게 되자, 지급 대상을 현직 관리에게만 주는 직전법 체제로 바꾸었다. 지급 규모는 최고 110결(정1품)에서 10결(종9품)까지 직전을 지급하고, 수신전·휼양전 지급 등은 폐지하였다.

이후 이마저도 부족하게 되자, 성종 때 관수관급제로 바꾸고 관에서 직접 직전세를 징수하여 관리에게 현물이나 녹봉 등을 지급하였다. 이로써 관리의 수조 권한은 폐지되었다. 그러다가 명종 때 가서 녹봉제가 실시하면서 과전법 체제인 수조권 지급 제도도 완전 붕괴되었다.

(2) 농업과 농업 기술의 발달

농업 기술의 발달

조선 전기 벼농사에 주된 농법은 직파법이었다. 그러나 시간이 지남에 따라 이앙법이 확대되어 갔다. 이앙법은 종전의 직파법에 비해 여러 가지 잇점이 있었는데, 우선 김매기를 비롯한 기타의 노동에서 노동력이 약 절반가량 절약되었다. 지력의 이용에서도 벼의 수확 후 보리를 심어 이모작을 가능하게 되었고, 수확의 증대와

수신전
조선 전기 과전을 지급받은 관리가 죽은 뒤에 재혼하지 않은 그 부인에게 지급한 수조지이다. 자식이 있는 경우는 죽은 남편의 과전 전액을, 자식이 없는 경우는 반액만 지급하였다.

휼양전
조선 시대 과전을 봉록으로 받은 관리 부부가 다 죽고 그 자식이 어릴 경우 이들의 양육을 위해 그 과전을 물려준 토지이다.

녹봉
전근대 사회에서 국가가 관리에게 봉급으로 주는 쌀·보리·명주·베·돈 따위를 가리킨다.

직파법(모형)(농업박물관)

자료 스페셜 사대부의 경제관

○ 검소한 것은 덕(德)이 함께 하는 것이며, 사치는 악(惡)의 큰 것이니, 사치스럽게 사는 것보다는 차라리 검소해야 할 것이다.

○ 농사와 양잠은 의식(衣食)의 근본이니, 왕도 정치에서 우선이 되는 것이다.

○ 우리 나라에는 이전에 공상(工商)에 관한 제도가 없어, 백성 중에서 게으르고 놀기 좋아하는 자들이 수공업과 상업에 종사하였기 때문에 농사를 짓는 백성이 줄어들었으며, 말작(末作: 상업)이 발달하고 본실(本實: 농업)이 피폐하였다. 이것을 염려하지 않을 수 없다.

『조선경국전』

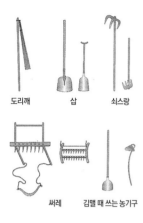

도리깨　　삽　　쇠스랑

써레　　김맬 때 쓰는 농기구

씨앗도 절약되었다. 이리하여 이앙법은 점차 삼남 지방에서 채택되어 갔다. 하지만 농민들은 이앙에 따르는 위험, 즉 가뭄에 대비하야 하는 어려움도 있었다.

시비법의 발달은 휴한농경에서 연작농경으로 갈 수 있는 발판을 마련해 주었다. 시비법이란 비료 만드는 법으로 여태까지는 가축의 분비물인 외양간의 두엄 등을 퇴적 발효시켜 만든 일명 외양간 두엄을 이용하였다. 그러다가 14·15세기 연작 상경농업이 발달하고, 15세기 들어 인분이 퇴비로 사용되기 시작하면서 생산량이 급격히 증가하였다. 이러한 토양 개량이나 시비법 등 농업 기술의 향상은 보리류와 콩류의 돌려짓기와 벼와 보리의 1년 2작이 가능하게 하였고, 2년 3작도 15세기경에 북서 지방에서 보편화되었다. 이 때에는 쟁기·쇠스랑·써레·두레·가래 등의 농기구가 사용되었다.

농서의 편찬

농사직설

조선 시대에 들어 토지 경제의 합리화를 위한 권농 정책의 실시로 인해 농사 기술이 발달하였다. 아울러 우리 실정에 맞는 독자적인 농서인『농사직설』,『금양잡록』 등이 간행되었다. 그리고 측우기가 개발되는 등 기상학도 함께 발달하였다.

『농사직설』은 세종 11년(1429) 정초와 변효문이 경험적인 농사 기술을 집약하여 편찬한 것으로 각도 농부들의 경험담을 토대로 우리 풍토에 적절한 농법을 기술한 것이다. 내용은 10항목으로 분류되어 종자와 토양 다루는 법, 각종 작물의 재배법을 간결하게 다루고 있다.

『금양잡록』은 성종 때 강희맹이 금양(오늘날의 시흥) 지방에서 직접 농사를 지으면서 그 곳의 사정을 중심으로 농사 전반에 대하여 서술한 것이다. 벼·보리·콩 등 여러 곡식의 모양 구별과 파종 시기, 농가의 짤막한 이야기 등을 다루고 있으며, 조선 후기 신속이 편찬한『농가집성』속에 수록되어 있다.

금양잡록

자료 스페셜 『농사직설』(農事直說) 서문

총제(摠制) 정초(鄭招) 등에게 명하여 농사직설(農事直說)을 찬술(撰述)하게 하는데, 그 서문에, "농사는 천하의 대본(大本)이다. 예로부터 성왕(聖王)이 이를 힘쓰지 아니한 사람이 없었다. (중략) 우리 주상 전하께서는 명군(明君)을 계승하여 정사에 힘을 써 더욱 민사(民事)에 마음을 두었다. 오방(五方)의 풍토(風土)가 같지 아니하여 곡식을 심고 가꾸는 법이 각기 적성(適性)이 있어, 옛 글과 다 같을 수 없다 하여, 여러 도의 감사(監司)에게 명하여 주현(州縣)의 노농(老農)들을 방문하게 하여, 농토의 이미 시험한 증험에 따라 갖추어 아뢰게 하시고, 또 신(臣) 변효문(卞孝文)과 더불어 피열(披閱) 참고하여 그 중복된 것을 버리고 그 절실히 필요한 것만 뽑아서 찬집하여 한 편(編)을 만들고 제목을 농사직설이라고 하였다. 농사 외에는 다른 설(說)은 섞지 아니하고 간략하고 바른 것에 힘을 써서, 산야(山野)의 백성들에게도 환히 쉽사리 알도록 하였다. 이미 위에 바쳐 주자소(鑄字所)에 내려서 약간의 책을 인쇄하여 장차 중외(中外)에 반포하여 백성을 인도하여 살림을 넉넉하게 해서, 집집마다 넉넉하고 사람마다 풍족하는 데 이르도록 할 것이다. 신이 주(周) 나라 시(詩)를 보건대, 주가(周家)에서도 농사로써 나라를 다스려 8백여 년의 오랜 세월에 이르렀는데, 지금 우리 전하께서도 이 나라 백성을 잘 기르고 나라를 위하여 길이 염려하시니, 어찌 후직(后稷)과 성왕(成王)과 규범을 같이하지 않으랴. 이 책이 비록 작더라도 그 이익 됨은 이루 말할 수 있겠는가." 하였다.

『세종실록』권44, 11년 5월 신유

(1) 중앙 재정과 지방 재정

중앙 재정

국가 재정의 주요 수입원은 조세·역역·공물 등 이었다. 고려이래 조선 초에는 공안을 작성하여 그 세입을 거두어 들이는데 여러 규정이 있었다. 그러나 세출에는 일정한 방침이 없자 세조 때 일종의 세출 예산표인 횡간(橫看) 제도와 공물의 품목과 수량을 기록하던 공안(貢案)이 재조정되었다. 이로 인해 횡간·공안 제도가 구속력이 있는 국가 기준으로서 운영되게 되었다.

중앙의 세입 재원은 부세를 비롯하여 어염세·광업세·임업세·공상세·선세 등이 중요시되었고, 16세기부터는 환곡도 국가 재원의 일부로 자리잡았다. 어염세·광업세·임업세는 어업·염업·광업·임업에서 발생하는 사항을 정부에서 공안에 작성하여 그 생산물을 공납이나 전매 형태로 부과하였다. 공상세는 농본억상의 정책으로 마련된 세목으로 등급을 매기고, 선세는 선박에 대해 과세하였다.

중앙의 세출 항목은 상공을 비롯하여 녹봉·군자·의창·국용 등이 있었다. 상공은 왕실 비용으로 국가 재정에서 차지하는 비중이 컸다. 녹봉은 녹·봉·과 등으로 구분되었고 원칙적으로 경관록을 위한 제도였다. 군자는 군량과 흉년 등에 대비하는 국가의 예비 재원으로 군자감에서 관장하였다. 의창은 관에서 곡을 비축하였다가 봄·여름 사이에 군현의 가난한 백성에게 대여하여 주고, 추수 후에 회수하는 제도였다. 국용은 위의 것들을 제외한 중앙의 제반 경비였다.

지방 재정

조선의 지방 공공 기관으로는 각 도의 감영과 그 아래 주·부·군·현의 지방 행정 조직을 비롯하여 병영·수영 등 진관 체제의 지방 군사 조직 및 역·원·참·진·도의 교통 기관 등이 있었다. 각종 지방 관아의 수입은 국가로부터 분급된 토지에 의한 수입을 최대의 재원으로 삼았으며, 전세 수입 중에는 중앙 정부가 따로 지방

공납

조선 왕조가 개창된 뒤 1392년 10월에 공부상정도감을 설치하여 각 지방의 토산물을 기준에 따라 공물의 품목과 수량을 정하고, 그 장부인 공안을 마련하게 하였다. 그러다가 태종 8년(1408) 9월에 제주, 태종13년 11월에 함경도·평안도에서 내야 할 공물의 품목과 수량을 정함으로써 전국적으로 실시하게 되었다.

자료 스페셜   부세론(賦稅論)

통치자는 법을 가지고 그들을 다스려서 다투는 자와 싸우는 자를 평화롭게 해 주어야만 민생이 편안해지는 것이다. 그러나 그 일은 농사를 지으면서 병행할 수 없는 것이므로 백성은 10분의 1을 세로 바쳐서 통치자를 봉양하는 것이다. 통치자가 백성으로부터 수취하는 것이 큰 만큼, 자기를 봉양해 주는 백성에 대한 보답도 역시 중한 것이다. 후세 사람은 부세법을 만든 의의가 이러한 것을 모르고, '백성들이 나를 공양하는 것은 직분상 당연한 것이다.'라고 말한다. 그리하여 가렴주구를 자행하면서도 오히려 부족하다고 걱정하는데, 백성들이 또 이를 본받아서 서로 일어나 다투고 싸우니 화란이 일어나게 되었다. 선왕이 법을 만든 것은 천리(天理)이지만, 후세 사람이 부세에 폐단을 일으키는 것은 사람의 욕심 때문이다. 재신(才臣)과 계리(計吏)로 부세를 다스리는 자는 마땅히 사람의 욕심을 억제하고 천리를 간직할 것을 생각해야 옳을 일이다. 우리나라의 부세법은 조(租)는 토지에서 거두어들이고, 이른바 상요(常搖)와 잡공(雜貢)은 지방의 소출에 따라서 관부에 바치게 하고 있는데 이는 당나라의 조(租)·용(庸)·조(調)의 유의인 것이다.

『삼봉집』,「조선경국전」, 부전 부세

재정으로 나누어 주는 것은 없었다.

역에는 요역과 신역이 있었는데 이는 대체로 중앙 재정을 위한 것이었고, 일부 지방 재정을 위한 것도 있었다. 공물 중 지방 관아의 수입이 되는 것은 향공(鄕貢)이라 하였다. 지방 재정의 지출은 지방관이 담당하였으나, 이들에게는 원칙적으로 녹과가 없었다. 다만 관찰사, 도사, 절도사 등은 모두 경관으로 지방에 파견됨에 따라 가족동반 여부를 따져 경관록을 주었다.

(2) 조세와 공물

조세

조세 제도는 전세로 경작자가 국가나 수조권자(관리)에게 납부하는 조(租)와 관리가 경작자로부터 받은 조에서 일정량을 국가에 내는 세(稅)로 구분되어 있었다. 여기에 노동력을 징발하는 부역과 특산물을 징수하는 공납 등이 있었다.

조세의 근간인 과전법은 국유가 원칙이며, 수조권의 귀속 여하에 따라 사전과 공전으로 구분하며, 사전은 경기에 한하여 등급을 따져 제1과 150결에서 제18과 10결까지의 땅을 지급하되, 세습을 금하였다. 공전은 경기를 제외한 전국의 토지로서 수조권이 국가에 소속되었다. 과전법의 성립으로 병작반수제가 금지되고, 수확량의 1/10을 징수하는 원칙이 준수되었다.

과전법의 조세 규정은 세종 26년(1444)에 공법으로 개혁되어 성종 20년(1489)에 전국적으로 실시하게 되었다. 이에 따른 전분6등법과 연분9등법도 시행되었다. 그리하여 세종 26년에 토지의 비옥도에 따라 6개의 등급으로 나누고, 다시 그해 농사의 풍흉에 따라 9개의 등급으로 나누어 세율을 조정하여 1결당 20두에서 4두까지 차등 납부토록 하였다.

공법(貢法)
조선 세종 때 제정된 세금 제도로 중국 하나라의 제도를 본 뜬 것이다. 이 제도는 토지의 세금을 일정하게 고정시키는 정액 세법의 원리가 적용되었다. 하지만 처음의 취지와 달리 해마다 농사 형편을 감안하여 세금을 차등 징수하게 하였다. 그렇게 되자 그 내용이 복잡하여 제대로 적용되지 못하였고, 16세기에 이르러서는 토지 등급과 연분이 거의 무시된 채 저율의 세액이 적용되다가 17세기에 이르러 영정법으로 개편되었다.

수세의 원칙

○ 모든 토지는 매해 9월 보름 전에 수령이 농사 형편의 등급을 심의·결정한다. 읍내와 4면을 각각 나누어 등급을 매긴다. 관찰사가 이를 다시 심의하여 보고하면 의정부와 육조에서 함께 토의하여 다시 임금에게 보고한 다음에 조세를 징수한다. 소출이 10분의 10이면 상상년으로 잡아 매 1결에 20말씩 거두며 9분이면 상중년으로 잡아 18말씩 거두며 8분이면 상하년으로 잡아 16말씩 거두며 7분이면 중상년으로 잡아 14말씩 거두며 6분이면 중중년으로 잡아 12말씩 거두며 5분이면 중하등으로 잡아 10말씩 거두며 4분이면 하상년으로 잡아 8말씩 거두며 3분이면 하중년으로 잡아 6말씩 거두며 2분이면 하하년으로 잡아 4말씩 거두며 1분이면 조세를 면제한다.

○ 새로 더 개간한 토지, 전부 재해를 입은 토지, 절반 이상 재해를 입은 토지, 병으로 농사짓지 못하고 전부 묵힌 토지에 대해서는 농부들이 권농관에게 신고하게 하고 권농관은 그것을 직접 조사하여 8월 보름 전에 수령에게 보고하며(농군 자신이 만약 사정에 의하여 직접 신고하지 못하였을 경우에는 권농관이 신고한다.) 수령은 현지 조사를 해서 보고하며(더 개간한 토지는 주변 토지의 등급에 준하여 계산한다.) 관찰사는 그것이 사실인가를 조사하여 토지 대장에 기록한 뒤 확인서를 수령에게 돌려주고 9월 보름 전에 숫자를 자세히 적어서 임금에게 보고한다. 임금은 조정관리를 파견하여 상기 토지 대장의 기록과 확인서를 참고하여 다시 심의하고 임금에게 보고해 가지고 조세를 정한다. (전부 재해를 입은 토지와 전부 묵힌 토지는 조세를 면제한다. 절반 이상 재해를 입은 토지는 그 재해 정도가 6분이면 6분을 면제해 주고 4분만 받아들이는데 9분에 이르기까지 모두 이 규례대로 조세를 받는다.

『경국대전』 권2, 「호전」, 수세

공물(貢物)

공물은 공납하는 토산(土産)의 현물로서 호를 대상으로 부과하였다. 공물은 군현 단위로 그 지방의 산물과 토지 결수의 많고 적음을 기준으로 정하였다. 또 관아의 경비를 고려하여 액수를 정하고, 주현 단위의 액수는 다시 각 민호에 배정되었다. 공물의 부담은 실제 지방관에 맡겨지고 그것을 또 향리들이 임의로 나누어 정하였다.

공물에는 상공과 별공이 있는데, 매년 항상 정해 있는 공물을 상공이라 하고, 그외 정부에서 필요로 한 것을 불시로 배정하여 공납하게 하는 것을 별공이라 하였다.

대개 공납은 공물의 종류와 수량을 국가에서 소요되는 것을 기준으로 책정하기 때문에 재해를 입었다하더라도 감면되기 어려웠다. 더욱이 그 지방에서 생산되지 않는 토산물까지 부과하여 백성에게는 큰 부담이었다. 이러한 어려움 속에서 상인·관원들은 백성 대신 공물을 대납해 주고 그 대가로 막대한 이자를 붙여 착취하였다.

또 직접 공납하려 하여도 방납자와 악덕 관원이 결탁하여 관청에서 물품을 수납할 때 그 규격을 검사하면서 불합격품이라 하고 되돌려 다시 바치게 하였다. 이를 점퇴라 하는데, 백성은 이 점퇴의 위협 때문에 이후의 막대한 손실을 무릅쓰고 공물을 방납자들이 대납하도록 맡기는 병폐가 나타났다.

방납의 폐단 시정 노력
중종 때 조광조는 "여러 토산물이 고르지 못한 데도 1되 방납에 1말을 받아내고 1필을 방납하면 3필을 받아내고 있다"고 지적하고 공안 개정을 주장하였다. 이후 선조 때 이이는 그의 저서 『동호문답』에서 그 대안으로 대공수미법(代貢收米法)을 건의하기도 하였고, 류성룡도 공물의 세목을 쌀로 통일할 것을 주장하였다. 결국 광해군 즉위년(1608) 영의정 이원익의 건의를 받아들여 그 해결책으로 경기도에 처음 대동법이 실시되기에 이른다.

(3) 진상과 환곡

진상

진상은 본래 세로 바치는 의무라기보다는 국왕에 대한 지방 장관의 예의로 국왕의 어선을 비롯하여 궁중 등에서 쓰일 물품을 감사·병사·수사 등이 월 한 차례 상납하는 것이다. 정기적인 물선 진상은 삭망 진상이라고도 한다. 매월 행해지므로 월선이라고도 불렀다. 물선의 종류는 각 지방의 산과 바다에서 난 좋은 식료품을 위주로 하고, 그 밖에 기구·장식품 등이 첨가되었다.

이 외에도 진상은 왕비 탄신일과 여러 명절이나 국왕이 궁궐 밖으로 거둥할 때 및 국왕의 강무 시 지방관이 문안할 때도 바쳐졌다. 한편 제향 진상이라 하여 지방관이 왕실의 각종 제사에 쓰이는 제수를 바쳤고, 약재 진상이라 하여 관찰사의 책임 하에 왕실 의료 업무를 전담하는 내의원에 상납되는 경우도 있었다.

환곡

조선 시대 환곡은 환자[還上] 또는 공채라고도 했다. 이 제도는 고구려의 진대법과 고려의 의창을 계승한 관곡 대여 제도였다. 수령의 관장 하에 춘궁기에 관곡을 농민에게 대여하였다가 추수 후에 회수하였다. 그러나 대여된 원곡이 회수되지 못하여 의창곡이 감소하자 세종 5년에 군자곡에서 보첨해 주었다.

의창곡의 감소는 쉽게 해결되지 못하였다. 이에 정부는 타개책으로 사창을 장려하기도 하였다. 사창은 대여 곡식에 2할의 이식을 부여하는 것인데 이 또한 원곡의 회수가 보장된 것이 아니었으므로 원곡의 감소는 만회될 수 없었다.

환곡의 원곡 저축을 위하여 부과된 이자는 사창과 군자곡과는 다른 사정에서 부과 징수되었으므로, 그 명칭도 모곡이라 하였다. 모곡은 자연적 감소를 보충한다는 의미이지만 사실 이자와 다를 것이 없었다. 조선 초에는 환곡을 이자 없이 대출하였다가 세종 5년부터는 3승모법이라 하여 1석에 3승의 모곡을 부과하였다. 그러나 폐단이 있어 2년 만에 폐기되고 이후 15두에 1두 5승을 모곡으로 징수하게 되었다. 하지만 징수된 모곡은 실제 국가 재정의 일부가 되지 못하고 지방 관리들이 자유로이 사용할 수 있도록 방임되었으므로 모곡은 수령의 중요한 수입원이 되었다.

환곡 장부(한국 금융사 박물관)

자료 스페셜 환곡(還穀)의 폐단

　의창(義倉)을 설치한 것은 흉년에 대비하여 곤궁함을 구제하려는 까닭이니, 진실로 국가의 아름다운 법입니다. 대체로 수령이 된 자가 출납할 때에 혹은 마음을 쓰지 아니하여 백성에게 해를 끼치므로, 그 환납(還納)하는 날을 당하여 그 바치는 자로 하여금 스스로 되질하고 스스로 평미레질하게 하는 것이 육전(六典)에 실려 있습니다. 그러나 대개 바치는 자가 스스로 되질하지 않고, 또 평미레[概木]도 쓰지 않으니, 말[斗]로 되면 반드시 2, 3되[升]가 더하고, 휘[斛]로 되면 반드시 2, 3말이 더한 뒤에야 바치는데, 즉시 다시 되면 대개 10석이나 9석에 남는 것이 2, 3석이 됩니다. 그 석(石)을 만들 때에 말[斗] 수가 모자라게 하였다가 나누어 줄 때에 이르러 되지 않고 줍니다. 가령 사람에게 5두를 준다면 매양 3인에게 도합 1석을 주는데, 관에서 물러나와서 되질하여 나누면 한 사람이 얻는 것은 겨우 3, 4두뿐이니, 그 폐단의 첫째입니다.

『문종실록』 권4, 즉위년 10월 무인

3 상업과 수공업·생산업의 발달

(1) 도시 상업과 지방 상업

도시 상업

국초 이래로 상업이 발달하지 못한 것은 중농억상 정책과 지방 생산력 빈약, 어용 상인에 대한 상업상 특권 부여 등이 원인이었다. 그렇지만 상업 조직은 어느 정도 갖추어져 있었다. 상업 조직은 국내 상업과 대외 무역으로 구분되고 있었고, 국내 상업은 다시 도시 상업 및 지방 상업으로 나누어져 있었다.

도시 상업은 서울의 시전과 여기에서 발전한 육의전, 그리고 개성·평양·수원 등 지방 도시의 상설 점포를 말한다. 이것들은 주로 관아의 물품 조달을 위한 것이었다. 특히 육의전은 특권 상점으로서 각기 특정 상품의 전매권을 행사하였다. 상인들 역시 국역을 부담하는 대가로 특정 상품에 대해 독점 판매권을 행사하는 금난전권의 특권을 부여받았다.

지방 상업

이에 비해 지방 상업은 주로 장시를 중심으로 한 교환 경제 체제였다. 장시는 성종대에 전라도 지방에서부터 발생하기 시작하였는데, 처음에는 월 2회 개시하던 것이 뒤에는 월 6회(5일장)로 늘었다. 장시에서는 농민이나 수공업자가 서로 필요한 물품을 현물 교환 형태로 이루어졌으나, 점차 전문적 시장 상인으로 보부상도 등장하였다. 그리고 매매 중개, 여객업, 은행업을 전문으로 하는 객주와 여각도 등장하기 시작하였다.

(2) 화폐의 유통

화폐의 주조

건국 초에는 고려의 잔류 화폐인 쇄은, 표은, 은병 등이 유통되었으나, 미곡과 포목 등이 일반적인 교환 수단이었다. 태종 때 발행된 지폐인 저화는 성종 말년에 이르기까지 법화로서 사용되었다. 국가는 저화의 사용 범위 확장과 보급에 힘썼으나, 저화는 관리들의 봉록으로 주로 사용되어 일반에게는 통용되지는 못하였다.

상인들이 부담하는 국역
국역은 대체로 관청의 수요에 따라 부과되는 임시 부담금, 궁중에서 필요로 하는 물품과 경비, 왕실의 관혼상제, 중국에 해마다 파견되는 사신의 소요 물품 등에 관련된 것이었다.

육의전 터(서울 종로) 육주비전이라고도 한다. 국가로부터 독점적인 상업권을 부여 받고 국가의 수요품을 조달하였다.

저화
저화에는 주지와 상지의 2종이 있었으며, 주지화는 길이 1척 6촌, 너비 1척 4촌이었고, 상지화는 길이 1척 1촌, 너비 1척이었다.

조선통보

자료 스페셜 장시의 개설

호조에서 아뢰기를, "전에 전교를 받드니, '폐단을 진술한 사람이 말하기를, 전라도 무안(務安) 등 모든 고을에서 상인들이 장문(場門)이라 일컫고 여러 사람이 모여 폐단을 민간에 끼친다 하니, 장문을 폐해야 하느냐 두어야 하느냐를 의논하여 아뢰라.' 하였으므로, 신 등이 전라도 관찰사 김지경에게 이문(移文)하였더니, 김지경이 보고하여 이르기를, '도내 여러 고을의 인민이 그 고을 길거리에서 장문(場門)이라 일컫고 매월 두 차례씩 여러 사람이 모이는데, 비록 있는 물건을 가지고 없는 것과 바꾼다고 하나, 근본을 버리고 끝을 따르는 것이며, 물가가 올라 이익은 적고 해가 많으므로, 이미 모든 고을로 하여금 금지시켰다.' 하였습니다. 청컨대 다시 관찰사로 하여금 엄중히 금단하게 하소서." 하니 그대로 따랐다.

『성종실록』, 권20, 7월 임술

세종 5년(1423)에는 최초의 주조 화폐인 조선통보(해서체와 팔분서체)가 발행되었다. 이어 세조 10년(1464)에는 국가 비상 시에 무기로 사용될 수 있는 전폐 10만 개가 제조되었다. 전폐는 유엽전으로 전폐 1개의 가치는 저화 3장의 가치를 지니고 있었다. 조선 초에는 국가가 화폐의 발행과 보급을 확대하려 하였으나, 교환 경제의 미발달과 발행량의 부족 및 일반 국민의 인식 부족 등으로 일반적인 유통 수단으로 사용되는 데에는 한계를 가지고 있었다.

조폐 기관의 설치

당시 조폐 기관은 사섬서였다. 태종 1년(1401) 4월에 설치된 사섬서는 저화의 발행 등 주전 업무를 관장하였고, 세조 때 사섬시로 개칭되었다. 화폐 주조는 중앙 관서나 지방 관청에서 임시로 설치된 주전소에서 이루어지는 것이 일반적이었다.

(3) 무역

명과의 무역

건국 초 무역은 관무역을 원칙으로 하였다. 명나라와의 무역도 예외는 아니었다. 조선 정부는 왕조 초기부터 명에 대해 사대 외교를 수행하는 과정에서 매년 몇 차례의 정기 및 임시 사행을 보냈고, 이 과정에서 조공이 이루어졌다. 당시 조공품으로 선호하던 물품으로는 인삼, 종이, 가죽 제품, 금은 세공품 등이었다. 명은 이에 대한 답례품으로 비단, 약재, 자기, 악기, 문방구, 보석 등을 보내왔다. 명의 사행이 가져온 다량의 값비싼 물품을 모두 관청에서 소화하기 어려워 일부는 한성과 개성의 부상들에게 매입케 함으로써 사무역이 형성되었다. 여기에다 조선 상인과 명나라 상인들 사이에 불법적인 상행위인 잠무역까지 이루어졌다.

여진과의 무역

조선과 여진 사이에는 명나라와 마찬가지로 관무역 형태가 일반적이었다. 그러나 이것만으로는 경제적 욕망을 충족하지 못하여 여진인이 유숙하는 북평관을 중심으로 일반 상인이 참여하는 사무역이 이루어졌다.

여진은 국경 무역을 위해 무역소의 설치를 요구하였다. 그리하여 태종 5년(1405)에 공식적으로 경성·경흥 2곳에 무역소를 설치하였다. 당시 조선은 여진으로부터 말, 가죽 제품 등 천연 산물을 수입하였고, 여진은 옷감, 농기구, 식기 등 가공품과 식료품을 가져갔다.

일본과의 무역

한편, 일본에서는 무사, 상인층을 중심으로 고급 비단과 면포에 대한 소비가 확대되고, 16세기경부터 막대한 양의 금, 은, 구리의 생산이 이루어졌다. 당시 일본은

대외 무역의 성격
조선 초의 대외 무역은 사회 생산력과 상품 교환 경제 발전이 둔화된 상태에서 이루어졌기 때문에 고려 때의 대외 무역에 비해 주목할 만한 발전은 없었던 것으로 보인다. 따라서 조선이 건국하면서 새왕조의 체제 정비에 필요한 국제 관계의 안정을 위해 사대교린 외교를 수행하는 과정에서 하나의 외교적 의례로서 대외 무역을 추진하였다.

개성 상인의 거래 장부

고급 비단과 면포의 생산이 전무한 상황이었으므로 조선으로 후추나 은, 유황, 구리 등을 가져와 조선 면포와 중국 비단 등의 물품을 바꾸어 갔다. 그런데 조선에서도 15기 말에 이르면 왜인들이 가져오는 구리나 소목(약재나 염료로 쓰이는 열대 식물)의 수요가 증가하여 계속적으로 이것들을 수입하였다.

이후 중종은 기존의 대일 통교 규정의 엄격한 운영을 하자 항거왜인(조선에 입국하여 거주하던 왜인), 대마도민들의 불만을 야기하였다. 그 결과 중종 5년(1510) 4월에 왜인들의 불만으로 삼포왜란이 일어났다.

제포성지(경남 창원 진해) 부산포 · 제포(진해) · 염포(울산)의 삼포 중 하나로 삼포왜란이 일어났다.

(4) 수공업과 생산업

야철 수공업과 철광업

15세기 전반기 조선 왕조가 새로운 수도 건설과 무기 제조 사업에 착수하면서 철의 생산 조달책이 강구되었다. 초기에는 선공감과 군기감에서 수도 건설과 무기 제조장을 설치, 운영하였는데 여기서 필요로 하는 철은 농민들로부터 경작 면적에 따라 수취하였다. 이를 염철법이라 하였다. 철장의 운영은 관영 철광업장 형태로 철장은 전국에 20여 개 소가 있었다. 각 철장에서는 정부가 파견한 철장관이 200여 인의 취련군을 동원하여 생산하였다. 그리고 지방의 각 영·진과 계수관의 무기 제조장에서 소요되는 철은 생산지의 철읍에 철장을 개설하여 채취하였다.

그런데 이러한 방식은 정부의 재정적 부담과 농민에게 끼치는 폐해가 컸기 때문에 15세기 후반에 이르러서는 철장 도회 읍과 인근 읍의 농민들을 춘추 농한기에만 동원시켜 철을 채납케 한 철장도회제가 채택되었다. 철장도회의 수는 경기·강원도를 제외하고 27개소가 있었는데, 이 수는 시대에 따라 조금씩 변동되었다.

철장도회는 대부분 석철보다는 사철 산지 읍에 설치되었다. 이 과정에서 야장들에 의한 사경영의 야철 수공업이 성장하기도 하였다. 그러나 야철 수공업의 성행과 농민의 심한 피역 저항으로 인해 철장도회제도 15세기 말에 폐지되었다. 이후 철장 소재 읍에만 공철을 부과하고 철물 수공업자들로부터는 장세를 징수하는 제도로 운영되었다.

방직업

우리나라에서 목면이 생산되기 이전에 주로 생산된 옷감은 견직물과 저마직물이었다. 그 밖에 모직물도 일찍부터 생산되었다. 그러나 그 양은 많지 않았다. 그런데 14세기 후반 공민왕 때 문익점이 원으로부터 목화씨를 가져와 목화 재배를 성공함으로써 목면이 일반화되어 갔다.

목면은 비단, 마포, 저포 등의 제품에 비해 화려하면서도 그 견고한 점에 있어서 우수하였다. 더욱이 추위를 막는 보온성과 습기를 흡수하는 점이 뛰어났다. 이러한 실용성 이외에도 기존의 다른 직물에 비해 노동력의 절감 등 그 경제성이 뛰어나

철의 종류
철은 크게 생철과 숙철로 구분된다. 생철(수철, 즉 무쇠)은 주로 농기구 제작에 쓰였고, 숙철은 병기류의 제작에 사용되었다. 생철과 숙철을 제련하는 도구는 모두 풍상(풀무)과 야로(용광로)였지만, 풍상과 야로 간에 연결되어 있는 풍혈수에 따라 제련 과정이 달랐다. 같은 규모의 야로에서 생산되는 숙철량이 생철량에 비해 다소 적었을 것으로 추측되며, 숙철의 초출품을 신철이라 하였다.

면업 장려의 이면
『세종실록지리지』에 의하면, 당시 목면(면화 포함)은 경상·전라·충청도의 51곳에서 생산되었던 것에 반하여 마(麻)는 8도 전역에 걸쳐 217곳에서 생산되었다. 이렇게 되자 정부에서는 면업을 장려하였고, 면업은 마포의 자리를 점차 침식해 갔다. 급기야 세종 27년에는 모든 거래에서 면포를 가치척도의 기준으로 삼게 되어 마포는 그 동안 물품 화폐로 사용되었던 정포(正布)의 자리를 잃게 되었다. 따라서 면포가 상품 교환에 쓰이는 유통 수단이 되어 갔다.

급격히 제조가 확산되었다.

이에 조선 정부는 미곡 생산 증대책과 아울러 면화 재배 장려책도 적극적으로 추진했다. 그리하여 정부는 지방관들로 하여금 면화의 재배를 민간에 적극 권장할 것을 강조하였다. 정부의 면화 재배 정책은 남쪽 지역에만 머물지 않고 세종대에는 북쪽 지역까지 적극 추진되었고, 15세기 후반 성종대에 와서는 상당한 성과를 거두었다.

16세기에 들어오면 면화를 재배하는 산업이 농가의 경제력을 신장시킬 수 있는 주요 부업으로 빠르게 정착되어 갔다. 그 결과 16세기 민간에서는 면화 생산의 확대와 면포 직조의 증대를 가져와 면포의 가격이 점차 낮아지는 현상이 나타났다.

제지업

조선 초 제지업은 각 관청의 사무용, 저화 발행, 서적 간행, 부의용, 군수용 등 정부의 용품은 물론이고 사대교린용 및 민수용 등으로 중요시되었다. 종이를 생산하는 지장은 서울의 경우 조지서, 교서관에 소속되었고, 지방에는 각 도에 배속되어 국가에 필요한 종이를 생산하였다. 종이 제조에 쓰이는 닥나무도 정책적으로 그 재배와 배양이 장려되었다.

조지서 터(서울 종로) 세검정 초등 학교 아래에 있다.

닥나무 산지는 전국적으로 광범위하게 산재되어 있었으나 과중한 공납과 지역(紙役)의 부담으로 그 생산량이 부족한 편이었다. 정부는 이를 타개하기 위해 닥나무 밭에 대해 면세도 해주었다. 이러한 노력으로 세종 때에 이르면 조지서의 기능이 강화되어 질 좋은 종이가 많이 생산되었다. 조지서의 장인들은 잡직으로 임기에 구애받지 않고 오랫동안 재임케 하는 구임제를 적용하였다. 조선 초 종이를 만드는 장인은 양인을 비롯하여 입번인리, 일수, 관노비, 군인, 승려 등이 동원되었다.

한편, 중앙 정부로부터 일정량의 종이를 분정 받은 지방 각 읍은 이를 민호에게 나누어 징수하거나 혹은 도회소를 설정하고 이 곳에서 지장, 농민 등을 사역시켜 제조하였다. 그리고 종이를 상납하는 경우 각 읍의 유식한 향리를 뽑아 납품을 담당하게 하였고, 향리가 상납할 때에는 종이의 명칭, 수량, 납부 관청, 상납 기일, 공리의 성명 등을 기재하여 중앙의 각 관청에 납부하였다.

조선업

선박은 건국 초부터 관청에서 주관하는 것이 일반적이었다. 관선 건조 역시 관청이 그 중심이었다. 태조 때 사수감이 설치되어 선박 관리와 선박 건조를 담당하게 한 이래로 태종 때 사수감을 사재감으로 개칭하여 병선의 건조 기능을 강화하였다가 세조 11년(1466)에 전함사로 개칭하였다. 여기에는 도제조와 제조 각 1인과 별좌 등 5인의 관리를 배속시켜 각종 군선과 조운선 등의 관선 제조를 관장하게 하였다.

판옥선 모형

초기의 선박은 조운 선박이 많이 건조되었고, 세조 때에 이르면 군용과 조운을 겸용할 수 있는 병조선이 개발되었다. 이것이 조선 전기 대표적인 군선인 맹선으로 이어졌다. 이후 명종 때 을묘왜변을 겪으면서 선체의 구조는 노가 꽂혀 있는 자리를 경계로 하여 그 아랫부분인 본체와 그 윗부분인 상장, 그리고 갑판 위의 지휘소인 다락 등으로 구분하는 판옥선이 개발되어 역사상 최초로 전투선이 나타나게 되었다.

선소(전남 여수) 고려 시대부터 배를 만들던 곳으로 이순신 장군이 거북선을 제작하였다고 한다.

염업

조선 초에는 서해안, 남해안을 중심으로 소금 생산이 활발하였다. 당시 소금을 생산하는 방식은 바닷물을 끓여 만드는 자염 방식이었고, 왕실 소유의 전매제가 시행되었다. 소금의 최대 생산지는 평안도에서 전라도에 이르는 서해안의 갯벌로 대표적인 지역이 전라도 부안과 충청도 태안이었다. 연안의 주구마다 염장을 설치하여 관가에서 소금을 구웠으며, 소금의 생산 작업은 염호와 염간이 주관하고 선군과 연해 거주민 및 공천이 동원되었다.

고려 후기 이래로 소금은 전매제가 원칙이었기 때문에 일부 사제염과 사매매도 허용하였지만, 원칙적으로 염업은 국가가 관장하여 소금의 판매와 유통을 정부에서 관장하였다. 따라서 염업은 면업, 광업과 함께 조선 왕조의 3대 기간 산업으로 성장하였다. 그러나 염가, 염세 등의 제도적인 결함뿐만 아니라 세도가의 불법적인 사염 행위 등으로 폐단이 적지 않았다.

수산업

고려 시대의 대표적인 어구였던 어량 또는 어전이 조선 전기에도 여전히 대표적인 어구로 사용되었다. 어량은 사재감에서 보호 육성되었고, 세종 때 지역별로 어량의 수와 그 생산물을 기록, 관리하였다. 당시 어량의 분포 지역은 주로 서해안에 편재되어 있었다. 서해안은 지세·조류 등의 자연적 조건이 어량을 설치하는 데 알맞기 때문에 일찍부터 이를 통한 어업이 발달하였다.

어물은 왕실과 관아의 공물뿐만 아니라 민가에서도 식생활에 유용한 물품이었다. 또 경제적인 이익이 있어 어느 시대를 막론하

어전(漁箭) 물고기를 잡기 위해 물 속에 둘러 꽂는 나무울로 경남 남해에서 멸치를 잡기 위한 시설이다.

고 여러 가지 폐단이 끊이지 않았다. 조선 시대에도 초기부터 다채로운 각종 수산물이 생산되고 있었다. 당시 수록된 어획물의 종류는 어류가 약 50~70여 종, 패류·해조류 및 기타 수산 동물이 각각 10~20여 종으로 나타나 있다. 어류는 담수어 및 회류성 어류가 큰 비중을 차지하였다. 그중 은어는 분포 지역이 광범위하여 각지에서 많이 어획되었다. 패류는 굴 종류와 전복이 주로 포획되었으며, 해조류는 미역 종류와 김·다시마·청각 등이 채취되었다. 기타 수산물로는 새우류가 많았다.

(5) 도량형 제도

국가 단위의 정비

도량형은 길이·양·무게 따위를 재는 기구 및 단위법을 총칭하는 말이다. 여기에서 도(度)란 길이의 길고 짧음을 나타내고, 량(量)은 부피의 크고 작음을 재는 것이며, 형(衡)은 무게의 가볍고 무거움을 나타내는 것이다. 이러한 도량형은 국가가 세워지거나 혼란한 시기를 거친 후 새로 정비되는 것이 일반적이었다.

건국 후 태조 때에는 명나라 영조척을 도입하여 관척으로 사용하였고, 세종 12년(1430)에 이를 다시 정비하였다. 이 과정에서 오례를 정비하는데 필요한 표준으로서 조예기척을 만들었고, 예악을 정돈하기 위해 황종척을 만들었다. 그리고 가례의 주척을 새로이 고쳐 표준 주척을 제정하였다. 관청이나 민간에서 임의적으로 사용되었던 포백척의 표준은 그 지방에서 사용하고 있는 포백척을 대나무로 만들어 경시서로 보내게 하고, 그것을 바탕으로 새로운 포백척을 제정하여 각 관청에 분급하여 통일하였다.

양전법도 개량하여 세종 10년(1428)에는 1결의 넓이를 고려 때 삼등전의 넓이로 환원시키기 위하여 사방 35보를 그 기준으로 삼았다. 그러나 세종 때 공법을 입법하면서 경상도, 전라도, 경기에서 경무법으로 개량전을 삼게 하였다. 이때 기준을 보면, 1보의 길이는 주척 5척이었다.

세종 28년에는 양기의 체제를 바꾸어 미곡 양기 하나만의 단일 체제로 통일하였다. 이로써 새 영조척으로 양 체제를 확립하였다. 아울러 홉[合], 되[升], 말[斗], 섬[石]은 곡물, 간장, 술 등의 부피를 재는 단위로 사용하게 되었다.

한편, 황종관에 물을 채워 그 중량을 표준으로 무게의 기준을 정해 형의 제도도 확립하였다. 『경국대전』에 의하면 황종관에 담을 수 있는 물의 중량은 88푼(分)이었다.

도량형(부여박물관) 각종 추와 자가 있다.

자료 스페셜 **조선 시대 도량형 단위표**

도(度) : 길이		양(量) : 부피			형(衡) : 무게		
1리(釐)	1/10푼	1작(勺)	1/10홉		1푼(分)	10리	
1푼(分)	10리	1홉(合)	10작		1돈(錢)	10푼	
1치(寸)	10푼	1되(升)	10홉		1냥(兩)	10돈	
1자(尺)	10치	1말(斗)	10되		1근(斤)	16냥	
1장(丈)	10자	1석(斛)	소곡(小斛)	15말	1칭(秤)	소칭(小稱)	3근(혹은 1근)
			대곡(大斛)	20말		중칭(中稱)	30근(혹은 7근)
						대칭(大稱)	100근

출전 : 『경국대전』

4 교통·운수·통신의 정비

(1) 도로의 정비

도로망의 정비

태조 3년(1394) 수도를 개성에서 한양으로 옮기고 신도궁궐조성도감을 설치해 종묘·사직·궁궐·관아 등을 세우면서 도성에 도로망을 건설했다. 정부는 많은 인구가 새 수도로 집중될 것에 대비해 우선 도로망부터 정비했다. 이러한 노력으로 한양 도성 내에는 크고 작은 길이 계획적으로 건설되어 사람과 수레의 왕래가 빈번하였다. 그후 정종 때 개경으로 다시 환도하여 한양의 도로는 백성들의 집터로 침범 당해 울타리 때문에 길에 굴곡이 생겼고 심한 경우에는 통행할 수 없는 곳도 생겼다.

이에 따라 태종 6년(1406) 다시 한양으로 도읍을 옮긴 후 도로 재건에 노력해 태종 15년에는 대로·중로·소로로 구분해 관리할 정도로 정비되었다. 『경국대전』에 의하면 대로의 너비는 56척, 중로는 16척, 소로는 11척, 길 양쪽에 있는 배수구의 너비는 2척이었다. 이러한 한양 성내의 도로 구조는 그 후에도 큰 변화 없이 계속 뻗어 나갔다.

새 수도인 한양은 작은 산과 구릉으로 둘러싸여 있고, 그들 산에서 한강으로 흘러가는 개천이 여러 갈래로 뻗어 있었다. 따라서 도로 건설에는 장애가 적지 않았다. 이런 장애를 극복하기 위해 고개에 길을 내고 개천에 광통교·수표교 등 60여 개의 다리를 놓았다.

도로 관리는 한성부가 주관하고, 공조와 병조가 협조했다. 도로를 보수하거나 새로 건설할 때는 주민들을 동원했다. 도로를 관리하는 규칙은 대단히 엄격해 도로와 양쪽의 도랑에 함부로 오물을 버리거나 도랑을 파손하면 범법자로 간주하였고, 해당 관리까지 책임을 물어 처벌했다.

지방 도로망의 정비

전국의 도로망은 도성의 주요 대로·중로들과 연결되었고, 이것들은 숭례문·흥인문·돈의문·소의문·혜화문·광희문·창의문 등 각 성문으로 연결된 형태였다. 조선 시대 도로는 이처럼 거리의 장단으로 도로의 등급을 정하는 것이 일반적이었다. 이 외에도 도로의 등급을 노폭을 고려하여 나누었으나 도로가 노폭의 규정대로 닦여진 것은 아니어서 지형 조건에 따라 차이가 있었다. 이는 한성 내의 도로가 노폭에 따라 대로·중로·소로로 구분된 것과 달리 한양에서 지방으로 뻗은 외방 도로는 멀고 가까움에 따라 대로·중로·소로로 나뉘었음을 의미한다.

도로망이 정비되면서 길목에 이정표가 세워졌다. 조선 전기 도로의 거리 단위는 주척을 활용하였다. 이에 따라 주척 6척이 1보, 360보가 1리, 30리가 1식이었다. 그리고 10리마다 리 수를 표시한 작은 이정표, 30리마다 지명과 리 수를 표시한 큰 이

경국대전에 의한 도로 미터법 환산
대로의 너비는 56척, 중로는 16척, 소로는 11척, 길 양쪽에 있는 배수구의 너비는 2척이었다. 이를 미터법으로 환산하면, 대로는 17.48m, 중로는 5m, 소로는 3.43m이고, 배수구의 너비는 62cm 정도였다고 한다.

광통교(서울 종로) 광교라고도 하며 시전이 모여 있는 곳에 만들어져 규모도 컸고, 사람의 왕래도 많았다.

수표교(서울 중구, 장충단공원) 청계천에서 옮겨 왔다.

광희문(서울 중구) 조선시대 동대문과 남대문 사이에 있는 성문이다.

3. 조선 전기의 경제 **247**

헌릉(서울 서초) 태종의 릉이다.

정표를 세웠다. 또 5리마다 여행자들이 쉬어갈 수 있도록 정자를 세워 5리정이라 불렀고, 길 양쪽에는 버드나무를 심어 여행자들이 여름 땡볕을 피할 수 있도록 했다.

이 밖에 임금이 지방에 갈 때 이용한 행행 도로가 있었는데, 국왕이 건원릉·제릉·헌릉·장릉 등에 있는 선대왕의 묘를 참배하기 위해 가는 길과 국왕이 온천을 하기 위해 온양까지 가는 길 등이 있었다.

(2) 수상 교통과 조운

수상 교통

조선 시대 주요 간선 도로가 통과하는 한강에는 일찍부터 광진·삼전도·서빙고진·동작진·노량진·마포진·서강진·양화도 등이 설치되어 있었다. 진과 도는 고려 시대부터 제도적으로 설치, 이용했는데 한강의 사평도와 양화도 등이 그것이다.

태종 때 호패법 실시로 전국의 인구 동태를 파악하면서 진과 도의 중요성이 대두되었고, 이후 국가는 별감을 파견해 진과 도를 관리하기 시작하였다. 세종 때에는 도의 책임자를 별감에서 도승으로 지위를 올렸다. 그리고 도승에게는 복무의 대가로 위전을 녹봉으로 주었고, 운영 비용으로 진척위전을 지급하였다.

이와 별도로 나루에는 나룻배를 모는 진부 또는 진척이라 부르는 뱃사공들이 있었다. 이들은 강제로 동원되어 좋은 대우를 받지 못했다. 진부는 강을 건너는 일뿐만 아니라 생선을 잡아 궁궐에 바치는 일까지 맡는 등 그 업무가 가중하여 도망하는 자가 많았다. 한강의 진·도 제도는 곧 전국으로 퍼져나가 대동강, 임진강, 금강, 영산강, 낙동강 등 내륙의 큰 강들에도 설치되었다.

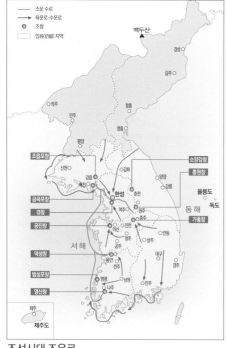
조선시대 조운로

조운

한양은 수상 교통의 요충지였다. 한강 하류와 서해안을 통해 충청도·전라도의 서남부 지방과 황해도·평안도 서북부 지방의 물자가 한양으로 운송되었고, 한강의 상류인 남한강·북한강을 통해 충청도와 강원도의 물자가 들어왔다. 이에 따라 한양에는 경창(京倉)이 만들어졌다. 전국의 세곡이 수납되는 경창은 모두 태조 원년(1392)에 설치되어 국가 재정을 맡아 왔는데, 광흥창 세곡은 정부 관료의 녹봉으로, 풍저창 세곡은 왕실의 비용으로, 그리고 군자감 세곡은 군량미로 각각 충당되었다. 또 조운로를 따라 한강 상류 유역에는 광주·여주·충주·원주·춘천 등 도시들이 발달하였다.

조운은 고려 이래로 세곡 회수 목적으로 체계화되었다. 특히 고려 말 왜구의 노략질로 황폐한 조창을 조선에 들어와 복구하면서 새로운 조창을 설치하기 시작했다. 이후 여러 단계를 거쳐 조창은『경국대전』체제 하에서 충주의 하홍창, 나주의 영산창 등 9개 조창으로 정리되었다.

조운이 확립되면서 배를 움직이는 선원인 조군을 조졸이라고도 불렀다. 조졸은 사공과 격군으로 나뉘는데, 이들은 원래 양민 신분이었으나 배를 젓는 천역에 종사해 천민 대우를 받았다. 조선 초에는 수군이 조운 업무를 담당했는데, 이른바 조전선군이 그들이었다. 이들은 파선의 수리와 개조, 소금 굽기 등 과중한 노역을 감당하여야만 했다. 게다가 조운 도중에 발생하는 비용도 스스로 부담해야 하는 등 이들에 대한 사회적 대우는 열악했다. 그리하여 이를 해결하기 위해 성종 때 조운을 전담하는 기선군을 조직하기도 하였다.

(3) 마정

역

역과 원의 제도는 고려 때 크게 정비되어 전국을 연결하였고, 조선 건국과 더불어 한양을 중심으로 재편하였다. 그리하여 지방과의 공문 전달, 관물·세공의 수송, 관료 사행의 마필 급여와 숙식 제공, 변경 군정의 보고와 민정 관찰 등을 담당하였다.

조선 시대 역은 중앙의 병조에서 관할하였고, 그 안에서 우역 사무를 맡은 승여사를 두었다. 승여사는 태종 5년(1405)에 공역서를 폐지하는 대신에 설치하였다. 그리고 지방 각 도에도 종6품인 찰방 또는 종9품의 역승을 파견하였다. 그리고 그 밑에 역장을 두어 역리·역졸을 지휘, 감독하게 하였다.

역은 중앙으로부터 각 지방에 이르는 30리마다 도로에 설치하는 것을 원칙으로 하여 주로 대로변의 각 읍에 설치되었다. 이런 역에는 마필과 역전 및 마필의 사육을 위해 급여한 토지 등과 관리 접대비에 충당키 위한 공수전 등이 지급되었다. 그리고 각 역의 역마를 사용하려면 '마패'라는 증명이 있어야만 했다. 마패는 사용자의 관등 품위에 따라 각 역에서 제공되는 마필 수를 달리 규정하였다.

마패 역에서 말을 빌리는 데 사용된 것으로 이미 고려 때부터 있었다.

원

교통에 편의를 주던 시설로는 원(院)·관의 제도가 있었다. 즉 공용 여행자의 숙식을 위해서 각 길목에 원을 두고, 빈객을 접대하기 위해 각 주현에 객사인 관을 두었다. 원은 역과 마찬가지로 고려 때부터 많이 시설되고 정부에서도 경비를 충당하기 위해 원위전을 설치하기도 하였다. 원은 역과 동일한 장소에 많이 있음으로 해서 역과 원을 합하여 '역원'으로도 불리어 왔다.

세종 27년(1445)에는 원을 정비하여 부근 주민 중 유능한 사람에게 원주(院主)의 책임을 맡기고 원주전을 주었다. 공용 여행자는 초료라 하여 여행 중에 관으로부터 하인과 말의 숙식까지 지원을 받았다. 이러한 증명은 병조·감사·병사·수사 등이 내어주었다. 그러나 원은 그 사용자가 국한되어 있는 까닭에 점차로 쇠퇴되어 갔다.

더 알아보기

과전법, 직접법, 관수관급제의 이해

이성계가 1388년 위화도 회군을 단행한 후 조준의 건의를 받아들여 1391년에 새롭게 시행한 토지 제도가 과전법이다. 당시 과전법은 전국의 토지를 국가 수조지로 편성한 후 수조권을 정부 각 처와 양반 직역자에게 나누어 주게 한 조처였다. 그리고 그 귀속에 따라 사전과 공전으로 구분하였다. 사전은 경기에 한하여 전직과 현직 관리에게 직역을 따져 18등급으로 나누어 제1과 150결에서 제18과 10결까지의 땅을 지급하였다. 공전은 경기를 제외한 전국의 토지로서 수조권이 국가에 소속되었다. 사전의 경우는 수조권이 개인이나 관아에 속해 있었다. 그러나 고려의 전시과와 달리 시지를 지급하지 않았다. 그런데 수조권을 나누어 주는 과정에서 토지 소유의 불균등이 발생하고 토지의 세습화가 초래되기도 하였다. 더욱이 수신전 · 휼양전 등은 점차 세습되었고, 공신 · 관리의 증가로 사전의 부족을 초래하였다.

이와 같은 폐단을 시정하기 위해 세조 12년(1466) 과전법을 폐지하고 직전법을 실시하였다. 이 법에서는 현직 관료에 한하여 110결에서 10결까지 과전을 지급하였다. 이 제도는 관료의 퇴직 후 또는 사후(死後)에 대해 아무 보장이 없었기 때문에 재직 중의 수탈이 심해지는 결과를 낳았다.

그렇게 되자, 1470년(성종 원년)에 직전법의 수조, 즉 직전세를 관에서 대행하는 제도로 바꾸는 관수관급제를 시행하게 되었다. 이렇듯 관수관급제는 직전법에서 수조 체제를 변경함으로써 관료들이 자신의 몫으로 할당된 과전의 토지 지배를 사실상 금지시켰던 것이다. 그래서 관리에 대한 과전의 분급이란 문서 상의 행위에 불과하게 되었고, 국가에서 징수하는 직전세를 관료들에게 지급하게 되었다. 이러한 조치는 명종에 이르러 직전법 체제 자체가 해체되는 결과를 낳았다.

조선 시대 과전법의 과전 분급 액수

(단위 : 결)

동급	1과	2과	3과	4과	5과	6과	7과	8과	9과	10과	11과	12과	13과	14과	15과	16과	17과	18과
지급 결수	150	130	125	115	106	97	89	81	73	65	57	50	43	35	25	20	15	10

함께 생각해 봅시다.

공납제의 폐단

강원도 감사 황희(黃喜)가 계하기를, "도내 영서(嶺西)의 각 고을에 옛부터 내려오고 있는 민호(民戶)의 원수(元數)는 9천 5백 9호인데, 근래에 기근으로 인하여 유리(流離)하여 없어진 호수가 2천 5백 67호이고, 현재에 거주 호수가 6천 9백 43호입니다. 이로 인하여 원전(元田) 6만 1천 7백 90결 내에서 황폐된 것이 3만 4천 4백 30결이니, 전에 인물(人物)이 번성할 때에 정하였던 공물(貢物) 수량으로 지금까지 내려오게 되었으니, 기근(飢饉)으로 겨우 살아가는 호구들은 제 집의 공물(貢物)도 능히 견디어내지 못하거늘, 유망(流亡)한 호구의 공물까지 덧붙여 받아들이게 되니, 이 폐를 어찌 다 말할 수 있겠나이까. 일찍이 이 뜻으로 사연을 갖추어 올려서 이미 감면을 받기는 하였으나, 그 감한 것이 겨우 10분의 1이고, 또 감한 것은 모두 갖추기 쉬운 물건들이고 그중 가장 갖추기 어려운 것은 다 그대로 있으므로, 한갓 감공(減貢)되었다는 이름뿐이고 혜택이 백성에게 미치지 못하였나이었다. 청컨대 회양부(淮陽府)와 관내 칠현(七縣)에서 금성(金城) · 김화(金化) · 낭천(狼川) · 평강(平康)을 우선으로 하여 타도에서 생산되지 않는 부득이한 국용에 쓰일 물건 외의 잡색 공물(貢物)은 다시 마감(磨勘)하여 감면하여 주시어 백성들의 살길을 두텁게 하소서." 하니, 호조에 명하여 다시 각사(各司)에서 바칠 포수(脯脩) · 유밀(油蜜) 등 20여 종류를 제감하도록 하였다.

『세종실록』 권23, 6년 3월 갑진

4 조선 전기의 문화

세종

훈민정음 어제문(訓民正音御製文)

나랏 말쓰미 듕귁에 달아 문쭝와로 서르 스뭇디 아니홀쎄
이런 젼ᄎ로 어린 빅셩이 니르고져 홇배 이셔도
ᄆᆞᄎᆞᆷ내 제 ᄠᅳ들 시러펴디 몯홇 노미 하니라.
내 이ᄅᆞᆯ 윙ᄒᆞ야 어엿비 너겨 새로 스믈여듧 쭝ᄅᆞᆯ 밍ᄀᆞ노니
사ᄅᆞᆷ마다 ᄒᆡᄧᅺᅡ 수ᄫᅵ 니겨 날로 ᄡᅮ메 뼌한킈 홇고져 ᄒᆞᇙ ᄯᆞᄅᆞ미니라.

이황(李滉)와 성학십도(聖學十圖)

이이(李珥)와 성학집요(聖學輯要)

(1) 성리학의 보급

성리학의 보급과 역할

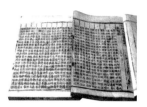

성리대전 명나라 영락제에 의해 송나라의 성리학설을 집대성한 책으로 우리나라에는 세종1년(1419)에 처음 전해졌다.

신진 사대부는 불교를 대신할 수 있는 이념으로 성리학을 수용하였다. 성리학은 안향, 백이정 등이 원나라에 유학했던 것이 계기가 되어 도입, 보급되었다. 이후 정도전을 비롯한 건국 초의 집권층은 현실의 정치·경제 제도를 성리학적 틀로 정착시키려 하였다. 그리하여 세종 때 이르러 관학으로서의 성리학이 중요시되었다. 이때의 성리학은 문물 정비의 필요성 때문에 실용성을 중시하여 사서(史書)와 교훈이 될만한 서류 등에 대한 관심이 두어졌다. 아울러 『성리대전』 등의 성리학 서적이 간행되어 경연에서 성리학이 강의되었다.

이후 세조가 즉위하는 과정에서 정변을 거치면서 유교적 명분을 잃어가는 경향을 보였다. 그러나 지배 세력에서 소외된 김시습·남효온·서경덕 같은 재야의 학자들과 영남 사림들은 『주자가례』의 실시 등을 통해 나름대로 향촌에서 성리학적 질서를 확립해 나갔다. 이들을 사림이라 불렀는데, 성종 때를 전후하여 중앙에 진출하기 시작하였다.

사림들은 훈구에 의해 주도되던 현실 정치에 비판적이었고, 오로지 성리학을 통해서만 보편적 가치의 세계에 눈뜰 수 있다고 강조하였다. 16세기에 이르러서는 전기 성리학의 비판 속에서 나타난 심성론이 유행하였고, 퇴계 이황과 율곡 이이는 조선 성리학을 완성하였다.

오례·사례의 정비

조선의 통치 이념과 통치 방법은 덕치와 예치였다. 따라서 조선의 건국 이후 왕실과 사대부들은 그들의 정치적 이념을 성리학에 기초하고 있었다. 이에 정부에서도 유교적인 의례를 확립하기 위해 예조, 의례상정소, 집현전 등을 설치하여 오례와 관혼상제에 관한 사례 등을 연구하였다.

국조오례의 이 책은 세종 때 시작하여 성종 5년에 신숙주 등이 완성하였다. 8권 8책으로 조선 시대 각종 의례를 연구하는데 기초 자료로 활용되고 있다.

특히, 세종 때에 이르면 삼강과 오륜을 비롯한 인간 사회의 질서 체계를 오례와 사례의 구조 속에서 이해하고 이를 통해 사회를 교화해 나가고자 하였다. 또 왕실과 사대부 및 민간에까지 심화, 확대된 유교의 정치 이념과 사회 윤리는 예와 악의 정리를 통해 구현해 나갔다. 예라는 것은 인의에서 나오는 것으로 인식하여 예제가 행하여지면 이와 더불어 악(樂:음악)이 흥한다고 인식하였다. 더욱이 유교 이념을 기초로 한 정치와 사회 개혁을 주장하는 사대부와 새 왕실은 조선의 왕권을 오례를 통하여 기초할 수 있다고 확신하였다.

이후 성종 15년(1474)에 이르러 『국조오례의』가 편찬되었다. 여기에 규정된 오례는 길례·가례·빈례·군례·흉례 등 이었는데, 길례에는 종묘·사직·문묘 등 국가에서 지내는 제사 의식이 편재되어 있었다. 가례에는 중국에 대한 사대와 세자·왕녀·종친·과거·사신·외관 등에 관한 가례 절차와 의식을 기술하였고, 빈례에는 중국과 일본, 류큐 등의 외국 사신을 접대하는 사대교린의 의식을 기술하였다. 군례는 군사 의식이었고, 흉례는 국왕 이하 궁중의 상장례의 절차에 관한 것이었다. 그런데 오례에는 「향음주의」, 「문무과영친의」, 「대부사서인상의」(大夫士庶人喪儀) 등도 있다. 이러한 사실은 오례의 의식 절차가 대부분 왕실을 중심으로 하는 예제이지만, 오례 운영에 그 행례 범위가 왕실, 양반 관료에서 서민에 이르기까지 포괄하고 있었음 보여주는 것이다.

한편, 사례의 일반적인 예의범절의 준수는 『주자가례』에 의거하여 이루어졌다. 여기에는 주로 관혼상제의 사례에 관한 사항을 담았다. 조선 시대 사대부는 사회 교화의 차원에서 이 책의 보급에 힘썼으며, 이에 따라 일상에서 효 사상을 표현하는 관례, 혼례, 제례, 상례의 실천을 중요하게 여겼다.

문묘 제도의 정비

문묘는 중국 당나라 때 공자가 문선왕으로 추봉됨에 따라 문선왕묘라고 부르다 원나라 이후로 문묘라고 하였다. 송나라 때 주희가 의리와 명분에 입각한 정통의 확립을 강조함에 따라 문묘의 향사 제도가 정비되었다.

이러한 중국의 문묘 제도는 고려 시대에도 운영되었으며 이후 성리학이 전래됨에 따라 대성전 건립이나 배향자 정비가 이루어졌다. 그러다가 조선 시대에 들어와 제도와 운영이 더욱 정비되었다. 중앙에는 성균관, 지방에는 각 군현의 향교에 문묘가 세워졌고, 태종 때 많은 문묘를 중건하고 문묘 제도를 정비하였다. 또 묘제, 혼례, 장제, 조관복제도 차례로 정비하였다. 당시 문묘에는 공자를 비롯하여 안자·증자·자사·맹자 등을 배향함으로써 유학의 큰 도통(道通)을 정리하기에 이르렀다. 한편, 이러한 전통이 심화되자, 유학자들 사이에서는 시기

종묘제례악 종묘제례악은 조선의 역대 임금의 신위를 모신 종묘에서 제사를 모실 때 쓰이던 음악이다. 이에 비해 문묘제례악이란 공자의 신위를 모신 사당에서 제사를 지낼 때 연주하는 음악으로 석전악, 응안지악, 문묘악 등으로 불린다.

사직단의 설치

예조에서 아뢰기를, "신도(新都) 성황신(城隍神)을 예전 터에 옮겨 사당을 세우고서 제사하기를 빕니다." 하니, 그대로 따랐다. 한양부는 성황당의 옛 터였다. 또 아뢰기를, "『홍무예제』를 상고하건대, '부·주·군·현에 모두 사직단(社稷壇)을 세워서 봄·가을에 제사를 행하고, 서민에 이르기까지도 또 이사(里社)에 제사를 지낸다.'고 하였습니다. 원하건대, 이 제도에 의하여 개성 유후사 이하 각도 각 고을에 모두 사직단을 세워 제사를 행하게 하소서." 하니, 윤허하였다.

『태종실록』, 권11, 6년 6월 계해

사직단(서울 종로) 태조 때 단이 완성되자 그 안에 신실과 신문을 세웠다.

에 따라 문묘에 모시는 사안을 둘러싸고 논쟁을 벌이기도 하였다.

(2) 불교와 도교

국가 제사

조선 왕조의 제사관은 신명의 능력보다 인간의 행위를 중요시 하였다. 인간 행위에 따라 신명이 결정되므로 좋은 일, 즉 복을 받기 위해서는 음사(淫祀) 등을 금지하였다. 따라서 전체적으로 제사의 종류가 감소하였다. 하지만 국가 제사는 고려와 마찬가지로 비중에 따라 대사·중사·소사로 나누어졌고, 제사는 유교적 명칭과 성격으로 변화하여 갔다.

국가 제사는 우선 종묘를 중시하는 데에서 출발한다. 종묘란 선왕의 신위를 봉안하는 왕실의 가묘이었기 때문에 사직과 더불어 국가 제사의 대종으로 간주되었다. 국가의 중요한 일은 반드시 종묘에 먼저 고하는 의례 절차를 거친 다음에야 의결되고 시행되었다. 한발·홍수 등과 같은 국가적인 천재지변이 발생할 경우에도 선조 영령의 음덕을 기원하는 제사가 빈번히 행해졌다.

또 국가 제사는 사직단의 설치로 이어졌다. 사직단은 토지신인 사(祀)와 곡물신인 직(稷)에게 제사하는 단을 말한다. 여기에는 사단과 직단이 있었는데, 사단은 동쪽, 직단은 서쪽에 설치하였다. 사직단에서는 봄·가을의 첫 번째 '무'(戊) 자가 든 날과 납일(섣달)에 제향을 받들어 국가와 민생의 안전을 기원하였다. 정월에는 기곡제를, 그리고 가뭄·한발 등 천재지변이 일어날 때마다 기우제를 행하였다.

한편, 조선 시대에는 국가 제사의 대상으로 하늘과 땅을 포함한 바람·구름·번개·비·명산·대천 등의 여러 자연신을 비중 있게 인식하였다. 농업을 주업으로 하고 있는 지역에서는 각별한 관심을 기울였다. 이에 따라 조선 왕조에서는 사직단·성황단·여단에 대해 중앙은 물론이고 지방의 각 군과 현에서도 이른바 삼단(三壇)이라 하여 정기적으로 치제하도록 제도화 하였다.

또 하나의 숭앙 대상이 되었던 것이 역대 시조에 대한 제사 의식이었다. 고려 시대에는 역대의 시조 가운데 기자와 동명성왕만을 소사, 그것도 잡사로 설정되어 있었다. 그러나 조선 왕조에서는 기자 이전의 단군으로부터 고구려·백제·신라의 시조는 물론이고 고려 태조 이하 소위 공덕이 있는 4왕에 이르기까지 제사의 대상으로 삼았다.

월인천강지곡 수양대군이 지은 「석보상절」을 보고 세종이 훈민정음으로 지은 찬불가이다. 「용비어천가」와 함께 조선 시대 최고의 국문시가이다.

불교

조선 왕조는 건국과 함께 불교를 배척하고 유교를 숭상하게 하였다. 태조 자신도 개인적으로는 불교를 신봉하였으나 정치적으로는 불교의 폐단을 없애고 유교적 정책을 채택하였다. 이어 즉위한 태종도 232개의 사찰만 그 사격(寺格)을 인정하고 나머지 사사(寺社)는 폐지하였다.

세종 역시 불교의 7종파를 선종과 교종의 양종으로 정리하고, 사찰도 36본산에 만 그 사격을 인정하였다. 이때 고려 시대부터 줄곧 불교 교단의 최고 통제 기구의 역할을 해왔던 승록사를 폐지하였다. 그러나 세종은 자신이 창제한 훈민정음으로 『월인천강지곡』을 짓고, 『월인석보』를 간행하게 하기도 하였다. 말년에는 궁궐 안에 내불당을 짓고 법회를 행하는 등 불교를 독신하였다.

월인석보(1459, 호암미술관 소장)

세조는 왕자 시절 불경의 간행에 간여한 인연으로 왕위에 오른 후 건국 이래 추진한 불교 억압책을 완화하였다. 그래서 원각사(圓覺寺)를 짓고, 간경도감을 두어 많은 불경을 번역, 간행하였다.

성종·연산군·중종은 잇달아 다시 불교 억압책을 펼쳤는데, 성종은 도첩제까지 폐지하고, 연산군은 양종과 승과를 사실 상 없애버렸다. 이후 명종 때 문정왕후가 보우(普雨)를 중용하고 불교를 비호함으로써 일시 활기를 띠었으나 그가 죽자 불교는 다시 탄압을 받게 되었다.

소격서 터(서울 종로) 태조 때 오늘날 종로구삼청동에 소격전을 건립한 이래로 세조 12년(1466) 소격서로 개칭하였다. 연산군과 중종 때일시 폐지되었으나 초제는 계속하여 시행하다가 임진왜란을 거치면서 완전히 혁파되었다.

도교

도교는 고려 때 번성하다가 조선 왕조에 들어와 주관 부서가 소격서로 일원화 되었고, 의례 규모도 대폭 축소되었다. 소격서는 본래 소격전이라 하여 태종 때부터 역대 왕조의 제천 의식과 권력 강화의 장으로서 이용되었다. 그러나 성리학적 이념과 의례가 점차 절대시되면서 쇠퇴의 길을 걷게 되었다. 대표적인 사례가 중종 13년(1518)에 조광조 등 신진 사림의 요구에 따라 소격서가 혁파된 사건이다.

조선 시대 도교는 민간 신앙이나 의학 및 민간 풍습에 많은 영향을 주었다. 도교가 민간 신앙에 미친 가장 큰 영향은 성수 신앙 형태였다. 이 신앙은 북극성을 중심으로 한 신앙으로 고려 시대 팔성당에서 보듯이 고유한 산악 숭배가 결합된 우리나라 특유의 신앙 형태였다. 또 민간에서 가신(家神)의 하나로 숭배되는 칠성은 바로 도교의 성수 신앙의 직접적인 영향으로 이루어진 것이다.

한편 수련적 도교는 본디 예방 의학적인 양생법에서 기인한 것으로 조선 시대 성리학자들도 지대한 관심을 기울였던 분야였다.

칠성도 칠성을 수용하여 의인화한 그림이다.

전교하기를, "소격서는 좌도(左道)임을 모르는 것이 아니지만, 그 유래가 오래되었으므로 혁파할 수 없다고 여겼다. 지금 여정(輿情)을 보면 모두 혁파하고자 하니 여정을 따라야겠다. 단 혁파를 명하면 그 제사는 절로 지낼 수 없게 된다. 진설한 기구는 반드시 처치할 것이니, 위판(位版) 같은 물건도 꼭 묻어버릴 것은 없다. 경성 안의 사찰(寺刹)도 처음에는 모두 처치하게 하지 않았으나 지금은 다 절로 폐지되었다. 또 방금 공청(公廳)을 짓고 있으니, 버려두고 구처하지 않으면 반드시 걷어다가 쓸 것이다."

『중종실록』 권34, 9월 경자

(1) 훈민정음의 창제

훈민정음의 창제

세종대왕 동상(서울 광화문 앞 광장)

훈민정음은 세종 25년(1443) 12월에 완성하고, 세종 28년 9월에 반포되었다. 이 글자를 만드는 데는 성삼문·신숙주·최항 등 집현전 학자들의 협조가 많이 작용하였다. 글자는 발음 기관을 본떠 만들었는데, 모두 28자로 초성이 17자이며, 중성이 11자였다. 세종의 한글 창제는 비로소 문학어로서의 국어 정립이 이루어진 것을 의미한다. 아울러 한글 창제는 민족의 문자가 있어야겠다는 민족 의식과 일반 국민들이 누구나 쉽게 배워서 쓰게 해야겠다는 애민 사상에 의해 이루어진 것이다.

한글 창제 이후 조선은 왕실의 성덕을 찬양하기 위한 「용비어천가」을 짓고, 불덕을 찬양하기 위한 「월인천강지곡」·「석보상절」 등을 번역, 출판하였다. 그리하여 한글의 제정을 계기로 이두 표기나 전승 문학으로 내려오던 단가·악장·가사 등이 정착되는 계기가 되었다.

그런데 연산군 때 갑자사화가 일어나자 연산군의 폐정이 한글 격문으로 나돌자 이것이 계기가 되어 민간의 한글 가르침이 금지되기도 하였다. 연산군이 물러난 뒤에도 한글은 사대부들의 외면으로 궁중이나 규중의 아낙네들에 의해 겨우 그 명맥을 유지하였다. 이후 임진왜란과 병자호란을 겪은 뒤에 평민문학이 대두되면서 한글은 차츰 문학의 표기 수단으로 그 가치를 발휘하게 되었다.

훈민정음

모두 28자로 초성이 17자(ㄱㅋㆁㄷㅌ ㄴㅂㅍㅁㅈㅊㅅㆆㅎㅇㄹ△)이며, 중성이 11자(·ㅣㅡㅗㅏㅜㅓㅛㅑㅠㅕ)인데, 그 중에서 'ㆁㆆㅿ·'의 4글자는 지금은 쓰이지 않는다. 훈민정음의 체계에서 볼 때 없어진 글자는 'ㆁㆆ·ㅿ' 등 이나, 이밖에 'ㅸ'도 없어졌다. ① '·' : [ㅅ]와 비슷한 소리로 18세기 말에 없어졌다. ② 'ㆆ' : 『동국정운』에 '음(音)', '안(安)' 등과 같이 이 소리가 첫소리로 쓰였으나 실은 국어에는 없던 소리며, 'ㅭ' 받침의 경우와 사잇소리 'ㆆ'은 모두 성대 폐쇄음의 표기였다. ③ 'ㆁ' : 'ㅇ'의 옛 표기로 16~17세기에 모두 'ㅇ'자로 바뀌었다. ④ 'ㅿ' : [z]에 해당되는 소리로 16세기경에 없어졌다. ⑤ 'ㅸ' : 가벼운 입술 소리로 [β]에 해당되나 세조 이후 없어졌다.

(2) 문학의 발달

한문학

조선 초의 문학관은 도학을 근본으로 삼고 도에 뜻을 둠으로써 문(文)은 교화의 구실을 해야 한다고 인식하였다. 이에 따라 조선 전기의 한문학은 그 담당자들인 사대부들의 사회적 처지와 생활적 자세에 따라 그 성격도 서로 차이를 보인다. 당

자료 스페셜 한글의 창제

○ 훈민정음의 창제

이달에 임금이 친히 언문(諺文) 28자를 지었는데, 그 글자가 옛 전자(篆字)를 모방하고, 초성·중성·종성으로 나누어 합한 연후에야 글자를 이루었다. 무릇 문자(文字)에 관한 것과 이어(俚語)에 관한 것을 모두 쓸 수 있고, 글자는 비록 간단하고 요약하지마는 전환하는 것이 무궁하니, 이것을 훈민정음(訓民正音)이라고 일렀다.

『세종실록』 권102, 25년 12월 경술

○ 용비어천가

[원문]　불휘 기픈 남간 바라매 아니 뮐쌔 곶 됴코 여름 하나니

　　　　새미 기픈 므른 가마래 아니 그츨쌔 내히 이러 바라래 가나니

[번역]　뿌리가 깊은 나무는 바람에도 움직이지 않으니 꽃이 좋고 열매도 많으니

　　　　샘이 깊은 물은 가뭄에도 그치지 않으니 시내가 되어서 바다에 이르니

「용비어천가」 제2장

시 사대부 문학은 크게 관인 문학, 사림 문학, 방외인 문학으로 나뉘어 진다.

중앙 관료들이 이끌어간 관인 문학(일명 사장파 문학)은 나라를 빛내고 질서를 유지하는 것이 문학의 역할이라는 인식에서 출발한다. 정도전의 「불씨잡변」과 권근의 「입학도설」이 그 사상적 기틀을 마련했다. 점차 성균관·4부 학당의 학교 제도와 과거제가 정비되면서 세종 이후에는 변계량·정인지·성삼문·박팽년·김수온·신숙주 등 새로운 문학인들이 배출되기에 이른다. 이후 서거정에 의해 『동문선』과 『동인시화』가 편찬되면서 관료적 기상이 깃든 작품들이 높이 평가받게 되었다.

15세기 말 관직 진출을 계기로 성장한 사림 문학(일명 도학파 문학)은 시를 성정(性情)의 수단으로 삼았다. 서거정의 「산거」, 이황의 「한거이십영」, 조식의 「유감」 등은 자연미를 예찬하고 물아일체의 내면적 자기 완성을 이루려는 경향을 보였다. 또 김시습·남효온·임제는 체제 밖에서 비판 의식을 담은 방외인문학을 전개했다. 김시습은 「기농부어」를, 임제는 「패강가」를 지었다.

김시습(1435~1493, 충남 부여 무량사) 생육신의 한사람으로 『매월당집』을 남겼다. 전하는 말에 의하면 사육신의 시신을 수습하여 노량진에 임시 매장한 이가 바로 김시습이라 한다.

한편, 승려·여류 시인 등도 등장하였는데, 불교시에는 휴정의 작품이 유명하고, 여류 시인으로는 황진이와 허난설헌이 있다. 이 밖에 전기 소설인 김시습의 「금오신화」는 한국 설화 소설의 효시가 되었고, 시화와 수필이 섞인 필기류로 성현의 『용재총화』와 기행문인 최부의 『표해록』 등이 있다.

국문학

조선 전기의 국문학은 훈민정음 창제를 계기로 하여 진정한 의미에서의 국문학의 출발을 가져왔다. 형식면에서는 운문 문학이 주류를 이루어 시조, 악장, 가사 등이 지어졌고, 내용면에서는 유교적인 이념과 상류 사회의 생활이 중심이 되었다. 여기에 훈민정음 창제에 힘입은 번역 사업의 전개는 지식의 대중화에 크게 기여하였다.

이를 바탕으로 3.4조 또는 4.4조로 연속되는 가사가 발생하게 되었다. 성종 때 지어진 정극인의 「상춘곡」에서 시작하여 정철의 작품에 이르러 절정을 이루는데, 그의 작품으로는 「관동별곡」, 「사미인곡」, 「속미인곡」 등이 있다. 또, 『악학궤범』, 『악장가사』와 같은 책이 편찬되어 구전되어 내려오던 작품을 정착시켰다. 가사는 자연에서의 삶을 노래한 작품이 많았다.

송강정(전남 담양) 정철이 벼슬에서 물러난 후 사미인곡을 지은 곳이다.

이에 반해 시조는 간결한 형식, 절제된 언어로 유교적 이념과 강호의 모습을 표현하였다. 시조는 유학자들의 검소하고 담백한 정서 표현에 맞추어 발전하였다. 조선 초에는 회고가, 절의가 등이 지어졌고, 그 뒤로는 도덕가, 강호가 등이 지어졌다. 16세기에 들어와 송순, 황진이 등에 의하여 문학성이 심화되었고, 정철도 뛰어난 시조 작품을 창작하였다.

조선 전기 수필은 더욱 폭이 넓어져 설화, 전기, 야담, 시화, 견문, 기행, 일기, 신변잡기 등 다양한 내용을 서술하게 되었다. 조선 전기의 수필은 주로 패관 문학집, 시

석보상절 세종 때 수양대군 등이 석가모니의 일대기를 엮은 책이다.

화집, 개인 문집에 수록되어 전한다.

훈민정음이 차차 보급되자, 수많은 문헌을 다투어 한글로 번역하게 되어 『내훈』, 『삼강행실도』를 비롯한 유교 경전과 『석보상절』, 『월인석보』의 불교 경전, 『두시언해』와 같은 문학서 등이 간행되었다.

(3) 예술의 발달
음악

조선 왕조에서의 음악은 국가의 의례와 관련하여 발전하였으며, 백성의 교화 수단으로 사용되었다. 국가에서는 제례, 경축 행사, 과거장, 임금이 참석한 활쏘기 대회, 갖가지 궁중 연회, 외국에 파견되는 사신의 송별연, 외국에서 오는 외교 사절의 환영 등 크고 작은 행사에서 각각 규모와 격에 맞는 음악을 연주하였다. 이 밖에도 회례연, 임금의 행차, 관리의 행차, 지방 관아에서의 연회 등에서도 음악이 쓰였다.

따라서 음악은 국가의 주요 사업 가운데 하나였다. 초기의 음악 사업은 세종 때 아악을 중심으로 이루어졌다. 세종은 아악 정비의 책임자로 맹사성, 박연 등을 등용하였다. 그 결과 「정대업」, 「보태평」 등 조선 시대를 대표하는 음악들이 창제되었다. 이에 따른 음높이와 음길이를 동시에 나타낼 수 있는 「정간보」 창안도 이루어졌다.

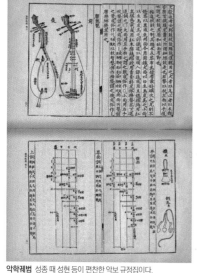
악학궤범 성종 때 성현 등이 편찬한 악보 규정집이다.

이후 세조 때 가서 세종 때 향악과 고취악으로 고안된 「정대업」, 「보태평」을 종묘제례악으로 채택하였다. 또 세조는 세종 때 악보인 1행 32정간을 오늘날과 같은 1행 16정간 악보로 변형, 정착시켰다.

한편, 성종 24년에는 성현이 『악학궤범』 9권을 완성하였는데, 여기에서는 당시 연주된 향악, 아악, 당악을 기능과 그 내용까지 상세하게 기록하였다. 게다가 악기와 연주에 필요한 도구들의 무양새와 제작법까지 곁들여 놓았다. 성현이 이 외에도 「합자보」를 창안하여 음의 높이와 길이, 박자뿐만 아니라 연주법까지 표시할 수 있는 악보 체제를 확립하였다.

성현의 이러한 노력은 선조 5년에 가서 안상의 「금합자보」 창안으로 이어졌다. 「금합자보」는 거문고, 젓대, 비파, 장구, 박, 북 등 여러 가지 악기를 위한 총보로서 「만대엽」, 「한림별곡」 등 조선 전기에 유행했던 향악곡이 수록되어 있다.

16세기 중엽 이후 음악의 주체가 궁중에서 서민 사회로 퍼져 나갔다. 궁중에서는 나례춤, 처용무가 유행하였고 서민층에서는 농악무, 무당춤, 승무, 산대놀이, 꼭두각시놀이, 굿 등이 유행하였다.

건축

조선 왕조에서는 유교 이념에 따라 사치를 금하고 검소한 생활의 실천을 요구받

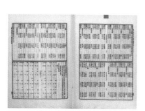
악보(세종실록)

해인사 장경판전(경남 합천)

보통문(평양)

옥산 서원(경북 경주)

았다. 때문에 건축에 있어서도 필요하지 않은 장식과 사치를 배격하고 소박한 자연미를 최대한으로 나타내는 건물을 세웠다.

조선 초에는 도시의 궁궐과 성곽·성문, 그리고 학교 건축이 중심을 이루었다. 건물의 특색은 건물의 규모가 법적으로 규제되어 있어서 그 크기는 거주하는 사람의 신분에 따라 차등이 있었다. 그리하여 건축은 대개 규모가 작고 검소하면서도 주위의 환경과 조화를 이루는 아름다움을 지녔다. 한양 천도와 더불어 태조 3년(1394)에 경복궁과 태종 5년(1405) 창덕궁이 건립되었다.

조선 전기 현존하는 대표적인 건축물로는 불교 건물로 무위사 극락보전, 해인사 장경판전과 고려 시대 건축을 계승 발전한 개성의 남대문, 평양의 보통문 등이 있다.

16세기에는 서원 건축이 중심을 이루었는데, 경주의 옥산 서원, 안동의 도산 서원 등은 당시 서원 건축의 대표적인 것이다. 서원 건축은 주택 건축 양식과 사원 건축 양식이 배합되어 독특한 아름다움을 지녔다.

조선 시대에는 다포 양식이 더 선호되면서 주심포 양식의 건물은 규모가 작아지는 추세를 보인다. 다포 양식은 기둥 위에만 공포를 설치하던 주심포와는 달리 기둥과 기둥 사이에도 공포를 만들어 건물을 보다 화려하고 크게 만든 양식이다.

조선 시대 건축 규정

조선 시대의 건물은 국왕의 권위와 신분 질서를 유지하기 위하여 건물의 규모를 제한하는 가사규제를 실시했다. 대궐은 무제한(보통100칸), 대군(임금의 적자)은 60칸, 군(임금의 서자)과 공주는 50칸, 옹주나 종친 및 2품 이상 관리는 40칸으로 주택 규모가 제한됐다. 3품 이하는 30칸, 그리고 일반 백성은 10칸으로 정했다.

무위사 극락보전(전남 강진)

원각사지 10층석탑(서울 종로)

석조 건축으로는 석탑·승탑(부도)·석교(石橋) 등을 들 수 있다. 석탑은 고려의 양식을 계승한 원각사지 10층 석탑이 대표적이다. 승탑의 조성은 조선 시대를 통해 더욱 보편화되었고, 양식에 있어서도 고려 말부터 유행했던 종형 형식이 주류를 이루었다.

도자기

조선 시대 도자기는 국가의 관리 아래 이루어졌다. 『세종실록』 지리지에 나타난

분청사기 병   순백자 병

대표적인 도기소는 광주·상주·고령 등 3곳이었다. 특히 광주 관요는 왕실용 자기를 만드는 곳으로 공장(工匠)들은 특별한 대우를 받았다. 이에 따라 다른 지방 관요는 점차 중앙에 공상하는 임무보다는 지방 관아의 수요와 지방 수요에 응하는 가마로 변모하게 되었다. 『경국대전』에 의하면, 사용원 사기장은 380인, 내수사 사기장은 6인, 외공장은 99인으로 되어 있다.

15세기의 도자기 형태는 고려 말부터 유행하던 회청색의 분청사기가 유행하여 소박함을 강조하였다. 그러다가 16세기에 이르러 분청사기가 사라지고 백자가 유행하면서 사대부들의 깨끗함, 담백함, 고상함 등을 대변하였다. 이 가운데 분청사기는 유약 색이 청자보다 훨씬 엷으나 태토가 청자와 같이 회색이며, 질도 청자와 흡사하므로 분청사기는 청자로 분류한다. 이에 비해 백자는 청자와 달리 표면과 내부가 모두 백색이다.

임진왜란의 성격
일본에서는 조선인 사기 장인에 의해 도자기 기술이 전래되었다고 하여 임진왜란을 가리켜 도자기 전쟁 또는 다완 전쟁이라고도 한다.

이후 임진왜란은 조선 왕조 도자기 발전에 커다란 타격을 가하여 전국적으로 가마가 파괴되고 많은 사기 장인이 일본으로 끌려갔다.

몽유도원도(비단에 수묵 담채) 1447년 작, 안견(1418~?)

몽유도원도에 쓰여진 안평대군 글씨

회화와 서예

조선 시대 회화는 고려 때까지 큰 비중을 차지하던 불화가 쇠퇴하면서 일반 회화 중심으로 전개되었다. 이 시대의 회화는 왕조 통치를 효과적으로 수행하기 위한 시각 매체로서 적극 활용되었다. 국가에서는 개국 초부터 도화서를 설치하고 화원들을 양성하였다. 아울러 사대부들도 그림을 시와 함께 상호 간의 감흥 교환과 심의 표출 및 심성 수양의 매체로 삼음으로써 당시 회화 발전에 계도적인 역할을 하였다.

이에 따라 회화는 사대부 계층의 요구에 부응하는 산수화가 발달하였다. 당시 회화의 화풍 정립은 안견에 의해 이루어졌으며, 그는 「몽유도원도」를 남겼다. 이 밖에 사대부 출신으로 명나라 절파 화풍을 수용한 강희안과 안평대군, 천민 출신으

강희안의 고사관수도(국립 중앙 박물관)

이상좌의 박주수어도(국립 중앙 박물관)

김명국의 달마도(국립 중앙 박물관)

로 남송원체 화풍을 받아들여 뛰어난 회화적 경지를 이룬 이상좌, 왕실 출신으로
영모화에 능했던 이암 등이 있다. 이후 왜란과 호란을 겪으면서 안견 화풍과 강희
안에 의해 시험된 절파 화풍은 더욱 확산되었다. 즉, 이상좌의 아들 이숭효는 절파
화풍의 인물화와 영모화에, 손자 이정은 산수화에 뛰어났다. 한편, 김명국은 선화
(禪畵)를 남겼는데, 「달마도」는 그의 대표적인 작품이다.

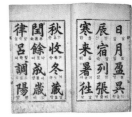

천자문(한호의 글씨)

　조선 시대 서예는 회화와 함께 사대부들의 교양 미술로서 쌍벽을 이루며 크게 성
행하였다. 초기에는 고려 말기에 수용된 균정미 넘치는 송설체가 국서체로서 크게
풍미했는데, 이는 안평대군 이용에 의해 주도되었다. 이후 한호에 의해 새로운 글
씨의 변화가 이루어졌는데, 그는 왕희지체에 조선화된 송설체를 가미하여 단정하
고 정려한 석봉체를 이룩하였다.

공예

　조선의 공예는 양반들의 의식주 생활에 요구되는 필수품이나 문방구 등과 관련
하여 특색 있게 발달하였다. 당시 양반들은 고려 시대 귀족처럼 섬세한 미적 감정
이나 미에 대한 욕구보다는 자연의 아름다움과 일반 서민들의 순수하고 잠재적인
미의식을 강조하였다. 이러한 새로운 배경에서 탄생한 것이 조선 전기의 공예품(도
자기, 목공, 금속)이었다. 조선 전기 공예품은 실용과 검소를 중시하고 나무, 대[竹],
흙, 왕골 같은 흔한 재료를 이용하였다.

나전칠기

　목공예 또한 실용성과 예술성의 조화와 자연미를 강조한 화각 공예, 죽공예, 나
전칠기 등이 발달하였다. 장롱·궤·문갑 등 목공예 분야도 자연미를 최대로 살리
면서 고상하고 기품 있는 작품을 만들었다. 그 밖에 철제 은입사 공예와 백통에 구
리를 입사하는 백통 입사 공예도 발전하였고, 엽전 제조나 열쇠패와 관련된 금속
공예도 발달하였다.

조각

　조각은 불교·능묘·민속 조각으로 크게 나뉘어 전개되었다. 불교 조각은 수명장
수나 극락왕생과 관련된 아미타불상·관음보살상·지장보살상이 주로 조성되었
다. 초기에는 고려의 불상 양식이 계승되었으며, 이후 명나라의 불상 양식이 가미
되어 표현되었다.

　능묘 조각은 왕릉 등에 설치되어 있는 문무인석과
각종의 동물상들로 불상과 유사한 특징을 보이며 전
개되었다.

　민속 조각으로는 동자상·장승·목가면 등이 있는
데, 동시대의 계층적·지역적 미의식을 반영하면서
제작되었고, 이 밖에 공자와 관우상 등이 만들어졌다.

왕릉 문인석

왕릉 무인석

(1) 역사학의 발전

역사학의 특징

조선 전기 역사학은 다음과 같은 3가지 특징을 갖는다. 첫째, 설화적이고 전통적인 역사 이해를 배격하고 명분론, 정통론, 왕도주의 등의 성리학에 입각한 역사 서술이 이루어졌다.

둘째, 조선이라는 새로운 왕조의 통치 이념 정비 작업에 하나로 역사서를 편찬하였다. 특히 조선이 건국된 이후 고려 시대와는 차별되는 새로운 질서를 확립하기 위해 고려 멸망의 필연성과 조선 건국의 정당성을 뒷받침하는 역사 서술이 이루어졌다. 또 고려의 역사 정리뿐만 아니라 고조선부터 이어지는 왕조의 기원과 왕권의 정통성을 확인하려는 명분에서 역사 서술이 이루어졌다. 대표적인 사서로는 고조선에서 고려에 이르는 최초의 통사인『동국통감』이 있다.

셋째, 집단적 저술에 의한 관찬 사서가 주류를 이뤘다. 성리학적 역사 인식이 사회 전반에 걸쳐 폭넓은 영향을 미치면서 국가의 통치 철학이 담긴 사서의 편찬이 많았기 때문에 관찬 사서가 많이 편찬되었다. 따라서 고대를 정리한『동국사략』과『삼국사절요』, 고려사를 정리한『고려사』와『고려사절요』, 그리고 기록 문화의 진수를 보여주는『조선왕조실록』등의 역사서가 국가 주도 하에 이루어졌다.

조선왕조실록 태조부터 철종까지 472년 간의 역사를 기록한 편년체 사서로 1997년에 세계 기록 유산에 등재되었다.

동국사략 강목법에 따라 서술한 역사책으로『삼국사략』이라고도 불린다. 태종 2년(1402) 권근 · 하륜 등이 편찬하였다.

(2) 지리지와 지도의 편찬

지리지 편찬

조선 초의 지리학은 새 왕조의 건국이라는 정치적 · 사회적 배경과 함께 그 경제적 요인과 직결되어 발전하였다. 거기에는 풍수지리 사상과 인문지리적인 요소가 얽혀있다. 풍수지리 사상은 세종 때 발전된 지지(地誌)의 편찬 사업과 명당 선택의 방법으로 활용되었다.

조선의 지리학은 개인보다는 국가 통치의 필요성 때문에 발달하였다. 지리지의 편찬은 각 지방 행정 조직을 통해 풍속과 경제, 국방 등의 기초 자료를 삼는데 중요하였다. 이러한 지리학은 시대에 따라서 다소의 차이를 보이기도 한다. 예를 들면

고려사절요 문종 2년(1452) 김종서 등이 편찬한 편년체 사서로 기전체 사서인『고려사』와 더불어 고려 시대 연구에 귀중한 자료이다.

자료 스페셜　『통국통감』의 편찬

달성군 서거정(徐居正) 등이『동국통감』을 편찬하여 올렸는데, 임금이 보고 전교하기를, "이 책은 진실로 만세에 남길 만한 것이다. 권근의 논한 것이 혹시 자기 개인의 소견으로써 논한 곳이 있는가? 그리고 저론자는 오직 김부식(金富軾)과 권근뿐인가?" 하니, 서거정 등이 아뢰기를, "사마천(司馬遷)이 논한 것을 반고(班固)가 비난하였고, 사마광(司馬光)이 논한 것을 뒷사람이 또 비난한 자가 있었으며, 삼국 때 김부식이 논한 것을 권근이 또 비난하였는데, 신 등이 권근의 논한 것을 보니, 혹 잘못된 곳이 있었습니다. 김부식·권근 두어 사람 외에 나머지는 논평을 쓴 자가 없고, 단지 이첨(李詹)이 찬(贊) 두 편을 지었을 뿐입니다. 그리고 논(論)을 쓰면서 범연히 '사신왈(史臣曰)'이라고 일컬은 것이 하나만이 아닌데, 누구인지 알지 못하겠습니다. 고려 때에 논평을 쓴 이는 오직 이제현(李齊賢)뿐이었습니다." 하였다.

『성종실록』권172, 15년 11월 병신

세종 때 지리지는 호구·전결·군정·공물 등 경제, 군사, 행정적 측면이 반영된 반면에, 성종 때의 지리지는 인물·예속·시문 등 문화적 성격이 강하게 반영되었다.

조선 최초의 지리지는 세종 14년(1432)에 맹사성, 윤회 등이 편찬한 『신찬팔도지리지』로, 여기에는 각 도별 연혁은 물론이고 명산과 강, 토산물, 인구와 기후, 민속 등을 체계적으로 적고 있다. 이후 폐합한 군현을 수정하여 『세종실록지리지』(1454)를 편찬하였다. 이후 성종 때 노사신 등이 처음으로 편찬한 『동국여지승람』은 3차례에 걸친 보수를 하였고, 마침내 중종 25년(1530)에 『신증 동국여지승람』으로 완성되었다. 『신증 동국여지승람』은 한성, 개성으로부터 시작하여 경기, 충청 등 8도가 차례로 소개되어 있는 인문지리서로, 55권 25책으로 되어 있다. 여기에는 그 지역의 연혁과 학교, 중요한 씨족, 중요한 건물과 유적, 유명한 역대의 인물과 관련된 문장이나 시문 등이 소개되어 있다.

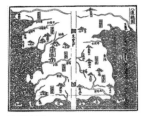

동국여지승람

이 외에도 세종 7년(1425)에 완성된 『경상도지리지』, 세조 1년(1455)에 편찬하기 시작하여 성종 8년(1477)에 완성된 『팔도지리지』, 예종 1년(1469)에 편찬된 『경상도속찬지리지』 등이 있다.

경상도 지리지
세종 7년(1425)에 편찬한 경상도지리지로 당시 군사관계, 조세, 공물 납부 등이 자세히 기록되어 있다. 고려 시대 편찬된 『삼국사기』 지리지 다음으로 오래된 것으로 사료적 가치가 높다.

지도 편찬

태조 때 전국의 행정 구역을 개편하면서 지도의 제작이 추진되었다. 이러한 노력은 태종 2년(1402)에 편찬된 「본국지도」와 「혼일강리역대국도지도」로 이어졌다. 세종 때부터는 지속적인 토지 측량 사업의 성과가 축적됨에 따라 지리지와 함께 지도가 제작되었다. 이 때의 지리 편찬은 전국의 지방 수령에게 각 고을의 지도를 그려 올리도록 하여 그간의 잘못된 점을 고치는 방법으로 이루어졌고, 함길도와 평안도에 대한 산천 형세를 자세히 살펴 압록강, 두만강 유역의 북쪽 변방 지역의 경계를 명확하게 표현하였다.

혼일강리역대국도지도(混一疆理歷代國都之圖) 태종 때 김사형·이회 등이 만든 세계 지도로 일명 역대제왕혼일강리도라고도 한다. 지도 하단에는 권근의 발문이 있다. 크기는 가로163×세로150cm로 사본이 일본 류코쿠대학에 보관되어 있다.

문종 때에는 동서남북의 방위 표시를 4방위법에서 12방위법으로 바꾸어 제작하였다. 이후 세조는 진관 체제라고 불리는 새로운 전국적 방위 체제를 구축하면서 세조 9년(1463)에 양성지 등에 의해 「동국지도」를 완성하였다. 이 지도는 동서 간의 비율이나 해안선의 표현 등에서 그 정확도를 높였다. 이 외에 정척이 평안도와 함경도를 그린 「양계대도」와 「양계소도」가 있으며, 양성지가 4군 지역을 그린 「삼읍도」와 국경 지역의 방어 시설을 그린 「연변성자도」 등이 있다.

한편, 「동국지도」를 기본으로 하여 「조선 방역도」가 제작되었다. 이 지도는 명종 12년(1557) 경에 제용감에서 전국의 공물 진상 내용을 파악하기 위해 제작된 것으로 8도와 주현 및 우리나라 전역의 산천 형세 등을 정확히 파악하고 있다. 또 두만강 유역의 북방 경계 지역이 현재에 가깝게 표현되었고 만주와 대마도도 표기하고 있다.

(1) 천문 기상학과 의학

천문대의 설치와 농업 기상학의 발달

혼천의 복원(경기 여주, 영릉)

조선은 고려의 제도를 계승하여 중앙 천문 기상 기구로 서운관을 두어 천체 관측 기기를 제작하였다. 태조 4년(1395)에는 천문도를 돌에 새겨 완성시켰는데, 이를 「천상열차분야지도」라고 한다. 이것은 고대로부터 전해 내려온 천문 사상을 나타낸 것으로 천(天)의 정치를 표방하는 조선 왕조의 권위를 보이기 위해 만들었다. 이는 국왕이 천체 운동을 예견함으로써 스스로 권위를 백성에게 과시할 수 있다는 정치적인 의도가 내포되어 있다.

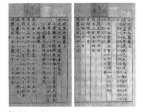

칠정산 내편(서울대, 규장각 한국학연구원)

세종 때 완성된 경복궁의 천문대는 천문학이 새 왕조의 밝은 앞날을 위한 '제왕의 학'으로서의 위치를 보인 것으로 조선 천문학 발전의 기틀을 마련했다. 세종은 이 사업을 위하여 장영실과 이순지를 등용하여 연구하게 하였고, 결실로 세종 15년(1433)에는 혼천의가 완성되었다. 경복궁 천문대에는 간의·일성정시의·규표와 자동 물시계인 자격루 및 각종 해시계 등의 관측기들이 설치되었다.

이와 아울러 세종은 이순지와 김담에게 『칠정산 내편』과 『칠정산 외편』의 두 천문표를 비롯한 9종의 역학 저서를 저술하게 하였다. 특히 『칠정산 내편』은 수시력을 바탕으로 했으나, 위도를 37도 41분 76초를 기준으로 하여 현재의 서울 위도에 따라 작성되었다. 그리고 1년의 길이를 365일, 1달의 길이를 29일로 규정했다.

수표(서울 동대문, 세종대왕기념사업회)

장영실의 첨단 물시계 '자격루' 복원(고궁 박물관)

한편 농업 기상학도 발달하여 세종 23년(1441) 8월에는 측우기가 발명되어 자연 현상을 계량적으로 측정하였고, 수표도 설치하였다. 수표는 청계천과 한강에 세웠는데, 일종의 하천 수위계였다. 수표는 도시의 중심부를 흐르는 하천의 물과 근교의 큰 강의 수위를 측정함으로써 하천의 범람에 따른 위험 수위와 갈수기의 수위 등을 파악하였다.

자료 스페셜 칠정산 내외편의 편찬

예조에서 서운관의 첩정(牒呈)에 의거하여 아뢰기를, "금후에는 일·월식에 내·외편법(內外篇法)과 수시(授時)·원사법(元史法)과 입성법(立成法)과 대명력(大明曆)으로 추산하는데, 내편법에 식분(食分)이 있으면, 내편법으로 경·외관에게 알려 주고, 기타의 역법은 곧 아뢰게 하며, 만약 내편법에 식분이 없는데, 다른 역법 중에 비록 한 역법에라도 식분이 있으면, 외관은 제외하고 경중 각 아문에만 알려 주게 하였다.

『세종실록』권101, 25년 7월 기미

의학과 약학

건국 초 김희선 등에 의해『향약제생집성방』이 편찬된 이래로 세종 15년(1433)에는 유효통과 노중례 등이 조선에서 생산되는 약재를 바탕으로 우리 실정에 적합한 의약 처방들을 집대성하여『향약집성방』을 저술하였다.

이와 더불어 의학 백과 사전으로『의방유취』도 편찬되었다. 1442년경부터 시작된『의방유취』의 편찬은 세종 27년(1445)에 완성되었다. 이 책의 분량은 365권이나 될 정도로 방대하며 당시 동양 의약학 성과를 집대성한 것이다. 이 책의 간행은 이후 조선 의학 발전의 근간이 되었고 중국을 비롯한 동양 의약학 발전에 크게 기여했다.

향약제생집성방(한독의학박물관)

의방유취(한독의학박물관)

(2) 화약·화기의 제조와 인쇄 기술
화약 제조

고려 말 최무선의 지휘 하에 20여 종의 각종 화기가 개발되고, 우왕 3년(1377)에 화기 전문 부대인 화통방사군이 편성된 이래로, 화약과 화기 개발은 조선 태종 때 이르러 최무선의 아들 최해산을 등용하는 적극성을 보였다. 뿐만 아니라 화통군을 400명에서 1만 명으로 대폭 보강하였다.

이어 정부는 군기감본감과 화약감초창을 신축했으며 성곽 공격용 포인 완구를 만들어 시험 발사하기도 하였다. 이 밖에도 태종 때에는 신종 화기의 개발에도 적극적으로 이루어져 화통, 화차, 화포, 질여포 등이 개발되었다. 세종 때 가서는 그 제조 기술이 비약적으로 발전하였다.

세종은 즉위하자마자 서북 변경 개척을 위해 화약과 화기 기술 개발에 박차를 가했다. 또 수요가 늘어남에 따라 염초의 증산 체제를 갖추었으며 새로운 염초 제조법을 중국에서 도입했다. 또 화약의 성능이 대폭 개선되어 명나라의 사신이 세종 11년 찾아와 화약과 화기를 구해갈 정도로 그 성능이 화약의 본산인 중국을 능가하였다.

천자 총통(전쟁기념관)

화기 개발

화기 개발 분야에서도 천자총통, 화초, 신기전 등 같은 신화기가 개발되었다. 특히 세종 때 개발한 화초(火䃂)는 현대의 수류탄과 용도가 같았다. 곧 화초는 대나무에 구멍을 뚫어 그 속에 쇠로 만든 촉과 화약 등을 넣은 후 헝겊으로 만든 심지에 불을 붙여 근접한 적군에 던지는 무기이다.

세종 말기에 들어서면서 우리나라의 화약 기술은 그간의 축적된 기술을 바탕으로 세종 30년(1448)에 화약과 화기의 제조법을 표준화

완구(전쟁기념관)

하고 그 내용을 『총통등록』에 수록하였다.

인쇄술

건국 초에는 『대명률직해』 등을 나무 활자로 찍어냈다. 그러다가 나무 활자를 바탕으로 해감 모래 거푸집을 써서 놋쇠를 부어 금속 활자로의 전환이 모색되었다. 태종 3년(1403)에는 조선 시대 최초의 금속활자인 계미자로 책을 찍었다.

세종은 왕위에 오르자 민본 정치를 하려는 뜻으로 많은 책을 찍었는데, 활자로 찍어낸 책만도 음악·아악·의례·문학·농사·의약·역사·유학·불교·교육·법전·병법·천문·수학·지리 등 100가지가 넘었고, 나무판으로 찍은 것도 이보다 더 많았다. 세종은 인쇄에 큰 관심을 보여 활자 부어내기, 판짜기, 종이 만들기 등의 기술에 대해 연구하였다.

계미자의 불편함을 해소하기 위해 세종 2년(1420) 경자자를 만들었고, 이후 활자의 모습을 네모나게 고치고, 사이에 대나무 쪽과 종이를 끼워 넣는 방법을 고안해 내기도 했다. 아울러 납활자를 만들어 책을 찍어내게 했으며, 좋은 종이를 만들기 위해 일본의 닥나무를 기르도록 권장하기도 하였다.

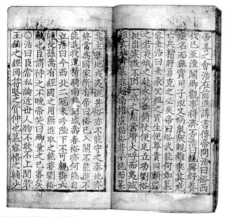
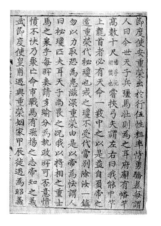

계미자와 갑인자로 펴낸 책

세종 16년(1434)에는 갑인자를 고안하여 활자를 여러 번 고쳐 부어내게 하였다. 대개 활자는 놋쇠가 가장 많이 쓰였는데, 이 놋쇠는 유기·엽전·무기를 만드는 데도 쓰였기 때문에 임진왜란 이후에는 부족할 때가 많았다.

자료 스페셜 활자 인쇄술의 발달

태종께서 영락 원년(1403)에 좌우 신하에게 이르기를 "무릇 정치는 반드시 전적을 널리 보아야 하거늘, 우리나라에는 해외에 있어 중국의 책이 드물게 건너오고, 판각은 또 쉽게 깎여 없어질 뿐 아니라, 천하의 책을 다 새기기 어렵다. 내가 구리를 부어 활자를 만들어 놓고 필요한 때에 서적을 찍어 내고자 한다. 그것을 널리 전파하면 진실로 무궁한 이익이 될 것이다"라고 하였다. 드디어 고주시서(古註詩書) 좌씨전의 글자를 써서 이를 주조하니, 이것이 주자(鑄字)를 만들게 된 연유이며 이를 정해자라 하였다. 또 세종께서 주조한 글자가 크고 바르지 못하므로 경자년(1420)에 다시 주조하니 그 모양이 작고 바르게 되었다. 이로 말미암아 인쇄하지 않은 책이 없었다. 이것을 경자자라 했다. 갑인년(1434)에도 또 위선음즐자(爲善陰騭字)를 써서 주조하니 경자자에 비하면 조금 크고 자체가 아주 좋았다. … 대개 주자하는 법은 먼저 황양목을 써서 글자를 새기고, 바닷가 갯벌의 부드러운 진흙을 평평하게 인판에다 폈다가 목각(木刻)자를 진흙 속에 인착하면 찍힌 곳이 움푹 들어가서 활자가 되니, 이때에 두 인판을 합하고 녹은 구리를 한 구멍으로 쏟아 부어 글자가 되면 이를 깎고 또 깎아서 정제한다. 나무에 새기는 사람을 각자(刻字)라 하고, 주조하는 사람을 주장(鑄匠)이라 한다.

『대동야승』권2, 『용재총화』7

더 알아보기

천문도지

관천대(창경궁)

위의 천문도 석본(石本)은 옛날 평양성에 있었는데, 병난으로 말미암아 강에 잠겨 없어졌다. 세월이 이미 오래되어, 그 인본(印本) 또 남아 있는 것이 없다. 오직 우리 전하(殿下)께서 천명을 받은 처음에, 어떤 이가 한 권을 올리는 자가 있거늘, 전하께서 보배로 귀중하게 여겨서, 서운관(書雲觀)에 명하여 분명하게 돌에 새기게 하니, 서운관이 아뢰기를, "이 그림은 세월이 오래되어, 별의 도수(度數)가 차이가 나니, 마땅히 다시 도수를 측량하여 사시 중월(四仲 음력 2, 5, 6, 11월)의 초저녁과 새벽 적당한 시간을 정하여서, 새 그림을 만들어 후인에게 보이게 하소서."하거늘, 임금께서 그렇게 여기었으므로, 지난 을해년 6월에 서운관에서 새로 중성기(中星記) 한 편을 만들어 올렸다. 옛 그림에는 입춘에 묘성(昴星 별 이름)이 혼(昏)에 맞는데 지금은 위성(胃星)이 되므로, 24기(氣)가 차례로 어긋나는지라. 이에 옛 그림에 의하여 중성(中星)을 고쳐서 돌에 새겨 마침내 끝마치고는 신 근(近)에게 명하여 그 뒤에 기록하라 하시었다.

신 근은 그윽히 생각하니, 예로부터 제왕이 하늘을 받드는 정사는 역상(歷象)으로써 시각을 보이는 것을 급선무로 삼지 않은 이가 없다. 요임금은 희화(羲和)에게 명하여 사시의 차례를 조절하고 순임금은 기형(璣衡)을 살피어 칠정(七政)을 고르게 하시니, 진실로 하늘을 공경하고 백성을 부지런하게 함은 늦출 수 없어서였다. 삼가 생각하건대, 전하께서는 성무인명(聖武仁明)하셔서, 선양(禪讓)으로 나라를 세웠다. 내외가 안연하여 태평하게 된 것은, 즉 요·순의 덕이시며, 먼저 천문을 살피어 중성(中星)을 바르게 하신 것은, 즉 요·순의 정치였다. 그러나 요·순이 상(象)을 보고 그릇을 만드는 마음을 구하면, 그 근본은 다만 공경하는 데 있을 뿐이었으니, 전하께서는 또 공경으로 마음을 가지시고 위로는 천시(天時)를 받들며, 아래로는 민사(民事)를 부지런히 하시면, 신성한 공렬(功烈)이 또 요·순과 같이 높아질 것인즉, 하물며 이 그림을 옥돌에 새기어 주시니 길이 자손 만세의 보배로 삼으실 것임이 분명하다.

『동문선』 권제105 천문도지

천상열차분야지도 각석
(고궁박물관)

조선 선조 때의
'천상열차분야지도' 목판본

〈조선방역지도〉

조선 전기를 대표하는 우리나라 지도로 크기는 가로 61㎝, 세로 132㎝이다. 3단 형식으로 되어 있다. 맨 위에는 '조선방역지도'라는 제목이 적혀 있고, 중간에는 지도가 그려져 있으며, 맨 아래에는 지도 제작에 관련된 사람들의 관직·성명 등을 기록하였다. 지도에는 조선 8도의 주현(州縣)과 수영(水營) 및 병영(兵營)이 표시되었다. 지도의 형태는 북쪽으로는 만주와 남쪽으로는 제주도, 대마도까지 표시하여 만주와 대마도를 우리 영토로 표기한 것에서 조선 전기 영토의식을 엿볼 수 있다. 현재 국보 제248호로 지정되어 있으며 국사편찬위원회에 소장되어 있다.

조선방역지도(국사편찬위원회)

V

조선 후기
사회의 변동

1. 조선 후기의 정치
2. 조선 후기의 사회
3. 조선 후기의 경제
4. 조선 후기의 문화

양난 이후 조선은 전세, 공납, 군역 등에서 제도 개혁을 요구받았다. 이에 정부는 영정법, 대동법, 균역법을 내놓으며 그 폐단을 시정하려 하였고, 일부 학자들은 농업 개혁과 상공업 진흥 등을 내세우는 실학을 주장하기도 하였다. 하지만 정치 현실은 여러 붕당으로 갈려 상호 비판과 견제는 격화되었고, 예송과 환국을 통해 그들의 입장을 관철시켜 나갔다. 이에 영조와 정조는 탕평책을 통해 정국을 타개하려 하였다. 특히 정조는 새로운 세력을 등용하여 규장각과 장용영을 운영하였고, 화성을 건설하였다. 그런데 정조의 사후, 왕권은 다시 약해져 외척 세력에 의한 세도 정치가 전개되었다.

이러한 상황에서도 모내기의 일반화, 상품 작물의 재배 등 영농 기술 발달에 따른 경제 활동의 진전은 전통적인 신분 질서에 변화를 가져왔다. 우선 양반층들은 집권 양반층, 향반, 잔반으로 구분되어 갔고, 광작과 같은 농법의 등장은 서민 지주를 등장시켜 농민 분화도 촉진되었다. 여기에 노비 계층에서도 노비 세습 관행의 변화가 나타났고, 심지어 서얼, 중인층도 소청과 상소를 통해 신분 상승 운동을 펼쳤다. 더욱이 상업의 발달로 전국에 시장이 크게 형성되어 객주, 도고와 같은 계층이 등장하고 상품 화폐 경제도 발달하였다. 이는 수공업 발달과 대외 무역의 발달에도 영향을 미쳤다.

이렇게 되자 서민들은 넉넉해진 삶을 바탕으로 그들의 문화를 발달시켜 갔다. 더욱이 서민 의식의 향상은 사회 비판을 표출하는 판소리, 탈춤, 산대놀이 등을 유행시켰고, 민화와 같은 작품도 제작되었다. 이와 더불어 실제 풍경과 서민의 생활상을 묘사한 진경산수화와 풍속화도 유행하였다. 또 일부 학자들은 농업 개혁과 상공업 진흥뿐만 아니라 과학 기술 연구, 지리·역사·국어 연구 등에도 눈을 돌리기 시작하였다.

그때 우리는			그때 세계는		
연 대	**주요 사건**		**연 대**	**주요 사건**	
1645	서양 서적 전래		1644	명나라 멸망, 청나라 중국 통일	
1678	상평통보 주조		1689	영국, 권리장전	
1708	대동법 전국 실시		1776	미국, 독립 선언	
1725	탕평책 실시		1789	프랑스 혁명, 인권 선언	
1750	균역법 실시		1830	프랑스, 7월 혁명	
1785	대전통편 완성		1840	아편 전쟁	
1811	홍경래의 난		1850	중국, 태평천국 운동	
1860	동학창시(최제우)		1860	베이징 조약	
1862	임술 농민 봉기		1861	미국, 남북 전쟁	

1 조선 후기의 정치

1. 통치 체제의 개편
2. 붕당 정치의 전개와 탕평 정치
3. 대외 관계의 변화

탕평비 (蕩平碑)

신의가 있고 아첨하지 않음은
군자의 공정한 마음(公心)이요,
아첨하고 신의가 없음은
소인의 사사로운 뜻(私意)이다.

周而弗比乃君子之公心
比而弗周寔小人之私意

– 성균관 입구에 세우다(영조 18년, 1742) –

정조(1752 ~ 1800)의 화성 나들이

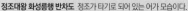

정조대왕 화성릉행 반차도 정조가 타기로 되어 있는 어가 모습이다.

시흥환어행렬도(호암미술관)

(1) 통치 구조의 변화

비변사의 강화

조선 후기에 들어서서 비변사의 기능이 강화되고 3사의 기능이 바뀌는 등 정치 구조에 변화가 나타났다. 비변사는 16세기 초 국방 문제에 대처하기 위한 임시 회의 기구로 설치되었다. 이후 명종 10년(1555) 을묘왜변을 겪으며 상설 군사 기구로 자리 잡아 갔다. 그러나 초기에 3정승 중심으로 운영된 비변사는 시간이 흐르면서 조직이 확대되고 강화되었다. 특히, 임진왜란을 겪으면서 군사적 기능뿐 아니라 정치적 기능이 더욱 확대되었다.

임진왜란 당시 전쟁 수행이 우선 과제로 등장한 상황에서 비변사가 최고 관부의 기능을 하며 여러 행정 부서의 직무를 통합하였고, 정치적 기능도 수행하였다. 그리하여 재상과 주요 고관들이 비변사에 모여 국가의 중요 정책과 6조의 업무를 협의하게 되었다.

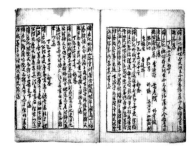

비변사등록 비변사에서 논의, 결정한 사항을 기록한 책으로, 1617년부터 1892년까지의 등록이 남아 있으며, 전부 273책의 필사본으로 되어 있다. 조선 후기 국방, 외교, 재정에 대한 중요한 기록들이 많아 사료적 가치가 높다.

광해군 때에는 점차 증가하는 북방의 위협에 대비하기 위하여 비변사의 기능이 유지되었다. 인조반정(1623) 후 반정공신들이 비변사를 중심으로 인사, 군사, 재정을 장악함으로써 비변사의 위상이 확고해졌다. 전쟁이 없었던 조선 후기에도 다수의 논의를 통해 국가 정책을 결정하는 사림 정치의 특징이 반영되어 비변사의 회의 체제가 유지될 수 있었다.

비변사 조직은 도제조, 제조, 부제조, 낭청 등으로 구성되는데, 부제조 이상은 당상관이 임명되므로 이들을 비변사 당상이라 한다. 비변사 당상의 수는 비변사의 기능 확대와 더불어 증가하였으며, 비변사의 회의에서 정책 결정을 주도하였다. 낭청은 당상의 의견 수합, 문서 작성, 문서 보관 등 실무 행정을 담당하였다.

비변사 터 비변사는 창덕궁 정면에 있었다.

이러한 비변사는 세도 정치 시기에 인사, 외교, 지방 행정, 군사, 재정 등 주요 내정을 모두 총괄하는 권력 기관이 되었으며, 국왕은 비변사의 결정을 형식적으로 따르는 존재로 전락하였다. 이에 따라 왕권이 약화되었으며, 국왕을 중심으로 한 의정부와 6조 중심의 행정 체계도 유명무실해졌다.

중앙 군영 제도의 변화

5위를 중심으로 운영되던 조선 초기의 중앙군은 16세기 이후 수포대립제(收布代立制)와 농민이 국가에 군포를 납부하고 군역을 면제 받는 방군수포제(放軍收布制)가 성행하면서 점차 그 기능을 잃었다. 중앙군의 중심이었던 갑사(甲士)는 유명무실해지고, 양인의 의무 군역이었던 기병은 보병으로, 보병은 수포군으로 성격이 바뀌었고, 조선은 임진왜란을 맞이하였다. 임진왜란 초기에 우수한 무기와 전술로 무장한 왜군에게 참패를 겪은 조선은 전반적인 군사 제도의 개편을 절감하였다.

먼저 훈련도감(訓鍊都監)이 설치되었다. 훈련도감은 조총을 다루는 포수(砲手)를 중심으로 창검을 사용하는 살수(殺手), 활을 쏘는 사수(射手)로 구성된 삼수병(三水兵)으로 이루어졌다. 훈련도감의 군병은 가족을 거느리고 서울에 살면서 임무를 수행하는 상비병으로, 직업 군인의 성격을 가진 군인들이었다. 이들은 국왕의 시위, 서울의 방어에 중점을 둔 부대였으며, 이들에게는 의복, 식량, 조총, 화약 등이 지급되었다. 또, 훈련도감은 각종 무기를 생산하기 위해 둔전, 광산 등을 확보하고 무기 제조장까지 설치하였다.

훈련도감을 설치한 뒤 정부는 이어지는 정치·군사적 위기 속에서 중앙의 군영들을 잇달아 설치하였다. 인조 2년(1624)에는 이괄의 난을 계기로 서울과 경기 지방의 경비를 강화하기 위해 총융청(摠戎廳)을 설치하였다. 2년 뒤에는 남한산성에 수어청(守禦廳)을 두고 광주와 그 주변의 여러 진을 정비하였다. 이어 효종대에는 북벌 계획에 따라 각 도의 정군들이 교대로 올라와 근무하는 어영청(御營廳)이 설치되고, 숙종대에는 도성 수비를 목적으로 금위영(禁衛營)이 설치되었다. 이로써 훈련도감을 중심으로 한 5군영 체제가 완성되었다.

이처럼 5군영은 체계적인 계획에 따라 편성된 것이 아니었으므로, 처음에는 상비군과 지방 정군의 번상병이 섞여 있었다. 그러나 양란 이후 신분제 동요와 수취 체제의 개편, 부역제 해이 등이 나타나면서 번상병제의 유지가 어려워져 상비병제가 중심을 이루었다.

번상병
각 지방의 정병을 징발하여 서울에 올라와 교대로 근무하게 하는 제도가 번상병제로, 이렇게 올라오는 병사를 번상병이라 하였다.

남한산성 동문(경기 광주)

남한산성 수어장대(경기 광주) 수어장대는 5군영의 하나인 수어청의 지휘 본부였다.

자료 스페셜 　속오군의 변질

　지금 속오군이란 것은 사노(私奴) 등 천인들로 구차하게 숫자만을 채웠으며, 어린아이와 늙은이들을 섞어 대오를 편성하였다. 전립(戰笠)은 깨지고 전복(戰服)은 다 찢어졌으며, 100년 묵은 칼은 녹슬어 자루만 남아 있고 날은 없으며, 3대를 내려오도록 정비하지 않은 총은 화약을 넣어도 소리가 나지 않는다. 대오도 오래 비었으므로 장부에는 산 사람과 죽은 사람의 이름이 서로 섞여 기록되어 있어 훈련시에는 임시로 사람을 사서 하루의 병역에 응하도록 하니 설립한 시초부터 어그러진 것이 이와 같았다.

『목민심서』, 「병전」 6조, 제2조 연졸(練卒)

지방 군제의 개편

지방군의 방어 체제도 변화하였다. 조선 초기에 실시된 진관 체제는 제승방략 체제로 바뀌었으나, 임진왜란 중에 별다른 효과를 거두지 못하자, 다시 진관 체제가 복구되었다. 이와 함께 속오군이 성립되었다. 속오군은 선조 27년(1594) 류성룡의 건의를 계기로 처음에는 황해도 지역에 설치하였고, 진관 체제가 재정비되면서 전국적으로 편성되어 갔다.

충청도 속오군적(경기 성남, 토지주택박물관) 충청도 속오군의 명단이다.

속오군은 지방의 양인과 천인을 모두 편성하여 평상시에는 생업에 종사하다가 유사시에 전투에 동원되는 군대로, 전담 영장제를 실시하여 군사 훈련을 영장이 전담하도록 하였다. 전담 영장제의 실시로 그전까지 지방 수령이 장악하던 행정권과 군사권이 분리되었다. 그러나 재정 문제와 지방 수령의 반발 등으로 효종대 이후 전담 영장제가 없어지고, 수령이 병력 관리와 훈련을 모두 담당하면서 차츰 훈련이 형식화되었다. 더구나 속오군에서 점차 양인이 제외되고 대부분 천인으로 채워지면서 사실상 지방군으로서의 기능을 잃게 되었다. 이에 따라 『속대전』에는 천예군(賤隷軍)으로 기록되기에 이르렀다.

(2) 수취 제도의 개혁

농촌 사회의 동요와 전세의 정액화

양난을 거치면서 농촌 사회는 심각하게 파괴되었다. 많은 농민이 전쟁 중에 사망하거나 피난을 가면서 인구는 줄어들었고 농토는 황폐화되었다. 자연 재해도 자주 일어나 기근과 전염병이 전국을 휩쓸기도 하였다. 그러나 이어진 전쟁으로 경제적 여건이 악화되었음에도 불구하고 농민의 조세 부담은 줄어들지 않았다.

이러한 상황에서 정부는 민생 문제의 해결에 적극적으로 대처하지 못하였으며, 양반 지배층은 붕당 정치의 변질로 인한 정치적 다툼에 몰두하였다. 그러나 이 과정에서도 한편으로 황무지에 대한 개간을 장려하고 개간지에 대해서는 면세의 혜택을 주는 등 정책을 실시하였다. 다른 한편으로는 양전 사업을 적극적으로 실시, 농민들의 토지 결수를 파악하여 조세를 합리적으로 거두기 위한 노력을 펼쳤다.

그러나 농민들의 불만은 계속되었으며 농민 일부가 도적이 되는 등 사회 질서의 혼란이 이어졌다. 이에 국가는 수취 체제를 개편하여 농촌 사회를 안정시키고 재정 기반을 강화하려 하였다. 이는 각각 전세 제도, 공납 제도, 군역 제도의 개편으로 나타났다.

우선 정부는 황폐화된 농경지 개간을 장려하고 전국적인 양전 사업을 통해 전세 수입원을 증대시키고자 하였다. 이를 통해 농민들의 조세 부담을 줄이는 효과도 기대할 수 있었다. 이에 따라 광해군 때에는 54만 결, 인조 때에는 120만 결, 숙종 때에는 140만 결, 영조와 정조 때에는 최고 145만 결까지 증가하였다. 그러나 이러한 정책으로는 전쟁 이후의 복구 과정에서 힘겹게 살아가던 대다수 농민의 삶을 안정시킬 수 없었다. 이에 정부는 전세 제도의 개편을 추진하였다.

조선 세종대부터 실시된 전분6등법, 연분9등법은 과세 기준이 복잡하고 국가가 해마다 토지의 작황을 조사해야 하는 번거로움이 뒤따랐다. 따라서 15세기 이후에는 최저 세율인 4~6두를 거두는 것이 일반화되었다. 양난 이후 정부는 이 같은 관례에서 더 나아가 풍년이건 흉년이건 관계없이 전세를 토지 1결당 미곡 4두로 고정시키는 영정법을 제정하였다(1635).

영정법의 실시로 전세의 비율이 다소 낮아져 농민의 부담은 줄어들었다. 그러나 토지를 소유하지 못한 소작농들이 다수인 상황에서 이는 농민 생활의 안정에 실질적인 효과를 거두지 못하였다. 오히려 정부가 부족한 세금 수입을 보충하기 위해 전세를 납부할 때 여러 명목의 수수료, 운송비, 자연 소모 충당비 등을 추가로 징수함으로써 농민의 부담이 더 늘어났다.

이원익(李元翼, 1547~1634)

대동법의 실시

당시 농민에게 가장 큰 부담을 준 것은 공납이었다. 공납은 각 고을에서 현물로 납부하는 것이 원칙이었으나, 방납이 유행하면서 농민들의 부담이 무거워져 농민의 유망과 국가 수입의 감소를 가져왔다. 이에 이이 등이 공물을 쌀로 거두자는 주장을 제기하였으나, 지주들과 방납업자들의 반대로 실현되지는 못하였다. 임진왜란이 끝난 뒤에야 본격적인 논의가 이루어져 대동법의 시행으로 이어졌다.

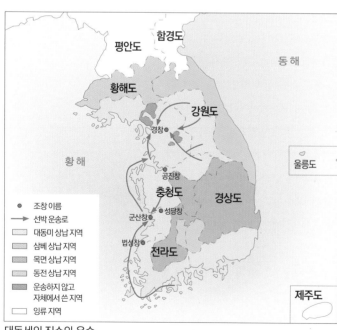

대동세의 징수와 운송

대동법 시행비(경기 평택) 1651년(효종 2) 영의정 김육이 호서 지방에 대동법이 시행되도록 상소하여 효종 10년 이를 시행한 것을 기념한 비이다.

대동법은 광해군 즉위년(1608) 이원익의 주장에 따라 먼저 경기도에서 실시되었고, 인조대에는 강원도, 17세기 중엽에는 충청도, 전라도, 경상도 순으로 확대되었다. 이어 숙종 34년(1708)에 황해도까지 실시함으로써 전국적으로 실시되기에 이르렀다.

대동법 아래에서는 공물을 현물 대신 쌀로 통일하여 징수하였으며, 쌀 대신 포와 동전으로도 납부할 수 있었다. 세금은 소유한 토지의 결수에 따라 거두었다. 이에 따라 토지 소유자는 1결당 쌀 12두를 납부하면 되었으므로, 토지가 없는 소작농이나 영세 농민들은 일단 공납의 부담에서 벗어났다.

농민들에게 거둔 대동미는 공물의 마련을 위한 상납미와 지방 관청의 경비 마련을 위한 유치미로 나누어 사용되었으며, 상납미를 관리하는 기관으로 선혜청이 설치되었다. 선혜청에서는 징수된 대동미를 지정된 공인(貢人)들에게 공가로 지급하고, 공인들은 필요한 특산물을 각 관청에 공급하였다. 이러한 대동법 시행으로 등장한 공인들은 관청에서 필요로 하는 각 지방의 특산물을 대량으로 공급함으로써 유통 경제의 발달과 상품 화폐 경제의 발달을 촉진시켰다. 심지어 일부의 공인들은 막대한 자본을 축적한 부상(富商)이 되었다. 또 공인의 주문을 받아 물품을 생산하는 민간 수공업도 점차 발달하였다. 아울러 경상도의 삼랑진, 충청도의 강경, 함경도의 원산 등지가 쌀 집산지로 각광을 받아 상업 도시로 성장하기도 하였다.

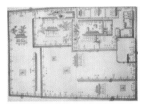

선혜청(미국 하버드대학 도서관) 선혜청은 1608년 대동법을 경기도에 처음 실시하면서 관리와 운영을 위해 설치한 관청이다.

그러나 18세기 후반에 이르면서 상납미가 증가하여 지방의 유치미가 부족해졌다. 지방 수령들은 부족한 경비를 점차 농민에게 부담시키게 되었다. 운영 과정에서의 폐단은 농민들에게 다시 부담으로 돌아왔다. 또한 매년 정기적으로 바치는 상

자료 스페셜   수취제도의 개편

○ 대동법 시행

태종 때 비로소 공부(貢賦)를 제정하고, 세종 때 공안을 제정하여 그 읍의 생산되는 바에 따라 그곳 백성으로 하여금 서울에 있는 관청에 직접 납부하게 하였다. 용도가 점점 넓어지고 복정한 것이 어떤 일정한 규칙이 없어 밖으로는 아전들이 사사로운 곳에 보관하여 물종(物種)이 부패하고, 안으로는 세력 있는 지방 사족들이 방납하고 하급 관리들 또한 백성을 약탈하므로 온갖 폐단이 번다하게 일어나 백성이 견딜 수 없었다. 중종 때 조광조가 공안을 개정하자고 주장하였고, 선조 때 이이가 수미법(收米法)을 시행하기를 청하였으며, 임진왜란 이후에는 우의정 류성룡이 역시 미곡을 거두는 것이 편리하다고 주장하였으나, 일이 모두 성취되지 못하였다. 선조 41년(1608)에 이르러 좌의정 이원익(李元翼)의 건의로 대동법을 비로소 시행하여, 민결에서 미곡을 거두어 서울로 옮기게 했는데, 먼저 경기에서 시작하고 드디어 선혜청을 설치하였다. …   그 방법은 경기삼남(三南)에는 밭과 논을 통틀어 1결에 쌀 12말을 거두고, 관동도 이와 같게 하되 토지조사가 되지 않은 읍에는 4말을 더하며, 영동에는 2말을 더하고, 해서에는 상정법(詳定法)을 시행하여 15말을 거두니, 통틀어 명칭하기를 '대동(大同)'이라 하였다.

『만기요람』, 재용편3, 대동작공, 대동법

○ 선혜청(宣惠廳) 실시

선혜청을 설치하였다. 처음에 영의정 이원익이 아뢰기를, "각 고을의 진상과 공물이 각 관청 방납인에게 막혀, 한 물건의 값이 서너 배나 수십 수백 배로 징수되어 그 폐해가 이미 고질이 되었는데, 특히 경기도가 심합니다. 지금 별도의 담당 관청을 설치하여 매년 봄, 가을에 백성들에게 쌀을 거두는데, 토지 1결마다 두 번에 걸쳐 각각 8두씩 거두어들이게 하고, 담당 관청은 수시로 물가 시세를 보아 쌀을 방납인에게 지급하여 물건을 조달하도록 해야겠습니다.……"라고 아뢰었다. …… 왕이 이를 받아들였다. 왕의 교지 가운데 선혜라는 말이 있어 담당 관청의 이름으로 삼았다.

『광해군일기』, 권4, 광해군 즉위년 5월 임진

공(常貢)은 사라졌으나, 왕실에서 쓰는 진상(進上)이나 별공(別貢)은 그대로 남아 현물 징수가 완전히 없어지지 않았다.

균역법의 실시

양난 이후 모병제가 제도화되자 군역의 경비를 마련하기 위하여 포를 내는 것으로 군역을 대신하는 수포군이 증가하였다. 그런데 이때 군포 징수가 단일 관청에 의해 징수되는 것이 아니라 중앙 정부는 물론 지방의 감영이나 병영도 군포를 거두어들이면서 한 사람의 장정이 이중 삼중으로 수탈당하는 경우가 많았다. 게다가 그들이 바치는 군포의 양도 소속 기관에 따라 2필이나 3필 등으로 달랐다.

이러한 상황에서 경제적으로 형편이 나은 사람들은 양반으로 신분을 바꾸어 군역을 피하는 경향이 나타났다. 이 때문에 군역 부담은 가난한 농민들에게 더욱 집중되어 농민들의 유망이나 파산을 촉진시켰다. 이에 인조대 이후 군역의 폐단을 시정하려는 개혁 논의가 일어났다. 그러나 이러한 양역변통론(良役變通論)은 양반층의 이해 관계가 얽혀 정부 내에서 대립이 계속되어 결론이 나지 않다가 결국 영조 26년(1750) 양인의 군포 부담을 줄이는 내용을 골자로 한 균역법이 제정, 실시되었다.

균역청 터(서울 중구)

균역법의 시행으로 농민들이 매년 1인당 2필씩 바치던 군포는 1필로 줄었다. 이로 인하여 줄어든 군포 수입은 결작(結作)이라 하여 지주들에게 토지 1결당 쌀 2두를 부담시키고, 일부 상류층에게는 선무군관포라 하여 선무군관이라는 장교의 칭호를 주는 대신 군포 1필을 납부하게 하였다. 또 종래 각 아문이나 궁방(宮房)에서 받아들이던 어세, 염세, 선박세를 균역청에서 관할하게 하였다.

균역법 실시 직후 농민의 부담은 이전에 비해 가벼워졌고, 농민의 불만도 다소 줄어들었다. 종전에 군포를 면제받던 상층 양인의 일부와 지주들은 군포와 결작에 대한 부담을 지게 되었으므로 군역도 어느 정도는 평준화가 이루어졌다. 그러나 토지에 부과되는 결작미의 부담이 소작 농민에게 돌아가고, 정부의 군액 책정이 많아지면서 농민 부담이 다시 무거워졌다. 이후 세도정치기에 군정의 문란이 삼정 문란의 하나로 지목되면서 전국적인 농민 봉기가 일어나는 주요 원인이 되었다.

자료 스페셜 **균역법의 시행**

양역(良役)의 절반을 감하라고 명령하였다. 임금이 명정전에 나아가 전직·현직 대신과 비국 당상 및 육조 당상, 양사 제신을 불러 두루 양역의 변통에 대한 대책을 물었다. 임금이 말하기를, "구전(口錢)은 한 집안에서 거두는 것이니 주인과 노비의 명분이 문란하며, 결포(結布)는 이미 정해진 세율이 있으니 결코 더 부과하기 어렵다. … 백성의 뜻을 알고 싶어 재차 대궐문에 나아갔더니, 몇 사람의 유생이 '전하께서는 백성을 해친 일이 없는데 지금 이 일을 하는 것을 신은 실로 마음 아프게 여깁니다'라고 말하고, 방민(坊民)들은 입술을 삐쭉거리면서 불평하고 있다고 말하니, 비록 강구에 노닌들 어찌 이보다 더하겠는가. 군포는 나라의 반쪽이 원망하고 호포는 한 나라가 원망할 것이다. 그러나 민심은 진정을 시켜야지 선동을 해서는 안 된다. 지금 내가 어탑에 앉지 않는 것은 마음에 겸연한 바가 있어서 그러한 것이다. 경 등은 알겠는가? 호포나 결포나 모두 문제점이 있기 마련이다. 이제 1필은 감하는 정사로 온전히 돌아가야 할 것이니, 1필을 감한 대체를 경 등은 잘 강구하라" 하였다.

『영조실록』, 권71, 26년 7월 9일(기유)

(1) 붕당 정치의 전개

붕당 정치의 성립

붕당론은 사림 세력이 권력을 장악한 선조 이후 본격적으로 등장하였다. 사림들은 사리사욕을 탐하는 무리를 소인(小人)당, 공적인 도리를 실현하려는 무리를 군자(君子)당이라 규정하고 군자당이 우세하면 바른 정치가 실현된다는 붕당긍정론을 제기하였다. 특히 율곡 이이는 적극적인 붕당론을 주장하였으며, 왕이었던 선조도 율곡의 당에 들고 싶다고 할 정도로 초기 붕당에 대한 견해는 긍정적이었다. 이러한 변화를 배경으로 붕당 정치가 시작되었다.

선조 때 사림이 집권하면서 기성 사림과 신진 사림의 분화가 촉진되었다. 붕당의 발생은 사림 내부의 분열로부터 시작되었다. 선조 8년(1575) 이조 전랑의 자리를 둘러싸고 김효원과 심의겸의 동생이 서로 다투는 과정에서 심의겸을 따르는 기성 사림을 서인, 김효원을 영수로 하는 신진 사림을 동인이라 불렀다.

동인은 이황과 조식의 문인들이 주류를 이루었고, 서인은 이이와 성혼의 문인이 주류를 형성하였다. 동인과 서인은 기성 사림과 신진 사림의 차이만이 아니라 퇴계학파와 율곡학파라는 학설 상의 차이를 띠었다. 퇴계학파의 바탕이 된 이황의 학문은 '리(理)'를 강조하며 원칙과 심성론을 중시하였고, 율곡학파의 바탕이 된 이이의 학문은 상대적으로 '기(氣)'를 강조하며 현실 문제 해결에 많은 관심을 가졌다.

동인과 서인의 분당 이후 선조 22년(1589) 정여립 모반 사건이 일어나 많은 동인

이조 전랑

전랑은 정5품인 정랑과 정6품인 좌랑을 말한다. 이조 전랑은 후임자를 추천할 수 있는 자대권(自代權)과 삼사 등 중요 관직에 당하관을 추천할 수 있는 통청권(通淸權)이 있었다. 따라서 붕당 정치 시기에 이 자리를 놓고 각 붕당이 치열한 다툼을 벌였다.

율곡 이이(1536~1584)

붕당 정치의 전개

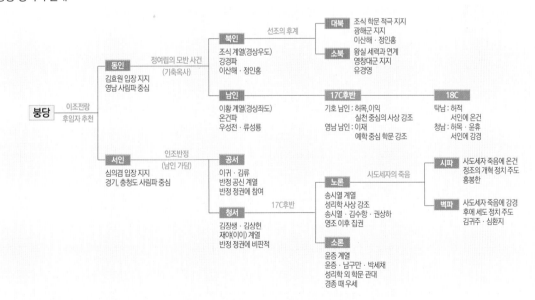

들이 처형당했으며, 선조 24년에는 서인 정철이 세자 책봉에 문제를 제기하면서 이에 대한 책임론이 일어나, 서인 처벌을 둘러싼 동인 내부에 강경파와 온건파의 대립이 생겨났다. 이후 조식 계통의 학자들이 강경파의 주류를 이루면서 북인이 되었고, 온건파로서 이황 계통의 학자들이 남인을 이루었다. 이로부터 서인, 남인, 북인이 서로 붕당의 존재를 긍정하며 붕당 간 비판과 견제를 전제로 하는 붕당 정치가 시작되었다.

붕당은 학파적 성격과 정파적 성격을 동시에 가진다. 그러나 초기의 붕당은 이후에 보이는 세습성이 잘 나타나지 않고 있으며, 학문적 특성도 확실하게 구분되지는 않았다. 지역적인 면에서 동인의 주축이 영남과 호남 등 지방 출신이라는 점, 상대적으로 서인이 서울과 경기도 일원에 기반을 둔 집안 출신들이 많았다는 점에서 구별되기는 하였으나, 초창기에는 내부적 결속이 군건한 세습적 당파의 성격을 띠지는 않았다.

붕당 정치의 전개와 예송

인목대비 폐비 사건
광해군 때 인목대비의 아버지인 김제남이 영창대군을 추대하여 모반하려 한다는 무고로 김제남 부자와 영창대군이 죽음을 당하고, 인목대비는 서궁인 덕수궁으로 쫓겨나 폐비가 된 사건이다. 이는 인조반정의 중요 명분이 되었다.

인조반정(광해군 15년, 1623)은 서인이 주도하고 남인이 동조하는 양상으로 전개되었다. 광해군과 북인의 영창대군 살해, 인목대비 폐비 사건을 명분으로 일어난 인조반정이 성공함으로써 북인은 붕당으로서의 기반을 상실하였다.

인조반정 이후 서인이 정국을 주도하였으며, 남인 일부에서는 붕당의 폐해를 지적하기도 하였으나, 일반적으로 서인과 남인이 공존하는 양상을 띠게 되었다. 이 시기에 이르러 학연에 토대를 둔 붕당의 존재가 대세를 이루었고, 주자성리학적 질서와 사상 체계도 더욱 군어졌다.

인조대의 붕당 정치는 반대당의 존재와 상호 비판을 인정하는 연합 정치의 성격을 띠었다. 주자가 제시한 '군자당과 소인당'의 구별을 뛰어 넘어 상대 당을 소인 당으로 배척하기보다 공존의 대상으로 삼은 것이다.

이 시기 서인은 재상 중심의 권력 구조를 지향하며 재정과 국방력 강화에 주력한 반면, 남인은 왕권 강화와 삼사의 기능 강화, 자영농을 중심으로 한 농촌 경제의 안정에 관심을 두었다. 인조 대의 집권 세력인 서인은 청과의 항쟁 과정에서 국방력 강화에 주력하여 총융청, 수어청 등 새로운 군대를 설치하였는데, 이것이 서인 정권의 정치·군사적 기반이 되었다.

송시열(서인) 『주자가례』 입장에 따라 효종을 차남으로 인식하였다.

허목(남인) 효종이 왕위를 계승하였기 때문에 장자 대우를 주장하였다.

인조의 뒤를 이어 왕위에 오른 효종대에도 이러한 붕당 연합 정치의 구조는 지켜졌다. 효종은 북벌을 추진하면서 송시열, 송준길 등 재야 산림 출신의 저명한 서인들을 적극 등용하였고, 허적·허목·윤선도 등 남인들도 등용하여 세력 균형과 붕당 연합의 조화를 이루었다. 그러나 성리학적 사회 질서가 확립되고 예학이 발달하면서 예(禮)를 둘러싼 시비가 발생하였다. 이에 2차례에 걸친 예송(禮訟)이 정치권을 흔들면서 서인과 남인의 대립을 격화시켰다.

예송은 효종의 죽음으로 시작되었다. 효종의 상에 인조의 후비인 조대비(자의대비:죽은 후 장렬왕후로 추종되어 휘릉에 묻힘)가 갖출 복제를 어떻게 정할 것이냐의 문제가 제기된 것이다. 실권을 잡고 있던 서인은 효종이 비록 왕위에 있었으나 차남이기 때문에 1년 기한의 상복을 입어야 한다고 주장하였다. 이에 대하여 남인은 효종이 차남이어도 대통을 이었기 때문에 종통(宗統)으로 인정, 3년복을 입어야 한다고 주장하였다. 이때는 서인의 세력이 우세하여 서인의 주장이 받아들여지고 남인의 주장은 거부되었다(기해예송).

그후 현종 때 효종비의 상을 당하여 다시 한번 조대비의 복제 문제가 제기되었다. 서인은 같은 논리로 조대비가 9개월의 상복을 입어야 한다고 주장하였으며, 남인은 종통의 논리에 의해 1년 기한의 상복을 입어야 한다고 주장하였다. 이 때에는 현종이 남인의 입장을 받아들임으로써 남인이 승리하고 서인 정권이 몰락하였다(갑인예송). 예송이 단순한 의례적 절차에 관한 논쟁이 아니라 권력 교체에까지 큰 영향을 준 것이다. 이제 성리학적 이념에 기반을 둔 예치(禮治)에 대한 논쟁이 현실 정치까지 규정하면서 붕당 정치는 새로운 양상을 띠게 되었다.

환국의 흐름

환국	연대	사유	결과
경신환국	숙종 6년(1680)	유악 사건	서인 집권
기사환국	숙종 15년(1689)	원자(장희빈 아들) 책봉	남인 집권
갑술환국	숙종 20년(1694)	폐비 민씨 복위	서인 재집권

붕당 정치의 변질과 환국

숙종대에 접어들면서 경신환국, 기사환국, 갑술환국 등 환국으로 불리는 정권 교체가 일어나면서 기존의 붕당 질서가 차츰 무너졌다. 이로 인하여 각 붕당의 견제와 균형의 원리가 무너지고, 특정 붕당이 정권을 독점하며 상대 당의 존재를 인정하지 않는 일당 전제화의 추세가 나타났다.

숙종 즉위 초에는 왕권 강화를 주장했던 남인이 집권하였다. 이때 남인은 허적·윤휴 등 온건한 탁남(濁南)이 주도하였으며, 이들이 북벌론을 제기하여 군비 확장을 주도하였다. 그러나 서인은 숙종 6년(1680) 남인 영수 허적의 역모 사건을 빌미로 남인 세력을 몰아내고 정권을 장악하였다(경신환국). 이 무렵 서인이 분열하여 송시열을 영수로 하는 노론과 윤증을 중심으로 하는 소론으로 나누어졌다. 노론은 명분을 중시하고 민생 안정을 주로 내세운데 비하여 소론은 실리를 중시하고 북방 개척을 주장하였다. 숙종은 노론과 소론을 모두 등용하였으나, 실제 정치는 노론이

탁남과 청남
숙종때 남인에게서 나누어진 당파이다. 서인 송시열의 처벌을 둘러싸고 극형을 주장한 당파가 강경파 청남, 이에 반대한 당파가 온건파 탁남이다. 청남에는 윤휴, 허목, 탁남에는 허적, 권대운 등이 있었다.

윤증 초상

붕당(朋黨) 정치의 폐단

붕당은 싸움에서 생기고 싸움은 이해 관계에서 생긴다. 이해 관계가 절실하면 붕당이 깊어지고, 이해 관계가 오래될수록 붕당이 견고해지는 것은 당연한 형세다. 그렇게 되는 이유는 무엇인가? 지금 열 사람이 함께 굶주리는데, 한 그릇의 밥을 같이 먹게 되면, 그 밥을 다 먹기도 전에 싸움이 일어날 것이다. … 조정의 붕당도 어찌 이와 다르겠는가. … 대개 과거제도가 번잡하여 인재를 너무 많이 뽑으며, 애증이 치우쳐서 진퇴가 일정하지 못하였기 때문이다. … 이 밖에도 벼슬길이 분분하게 많으니, 이것이 이른바 관직은 적은데 과거에 응시한 사람은 많아서 모두 조처할 수 없다는 것이다. … 하물며 당파가 생긴 뒤로는 구름과 비가 뒤집히듯 하여 아무리 총명하여도 제대로 판단하기 어렵다. 중립을 지켜 시비를 가리는 자를 용렬하다 하고 붕당을 위해 죽어도 굽히지 않는 자를 절개가 뛰어나다고 한다. 또 영욕이 갑자기 뒤바뀌니 사람들이 어찌 붕당을 만들어 싸우지 않겠는가.

이익, 『성호집』권25, 「잡저」 하, 논붕당

주도하였다.

노론 세력은 숙종 15년(1689) 후궁 장희빈이 낳은 왕자(뒤의 경종)가 세자로 책봉되면서 몰락하고 남인이 다시 집권하였다. 이 과정에서 노론의 핵심 인물이었던 송시열, 김수항 등이 처형당하였다(기사환국). 그러나 숙종 20년(1694) 폐위된 인현왕후가 복위되고 장희빈이 사사되면서 남인이 몰락하고 노론과 소론이 다시 집권하였다(갑술환국). 이 과정에서 남인은 정권에서 재기 불능의 상태로 소외당하였다. 이후의 정권은 소론과 노론이 번갈아가며 담당하였고, 숙종 말년에는 노론이 중용되었다. 그러나 경종 즉위 후 경종의 왕위 계승을 주장했던 소론이 집권하면서 노론이 배제되었다. 이러한 일련의 권력 교체 과정에서 당파 간 대립과 갈등이 증폭되었고, 상대 당을 철저히 숙청하는 보복이 반복되면서 붕당 정치는 크게 변질되었다.

환국은 복수의 붕당이 공존하며 서로 대립하고 견제하는 가운데 균형을 이루고 있는 붕당 정치의 역학 구도를 바탕으로 발생하였다. 그러나 계속되는 환국으로 붕당 간 균형이 깨지고 상대에 대한 대규모의 숙청이 이루어지면서 공존이 불가능해졌다. 더욱이 숙종 말년 이후에는 왕위 계승 문제를 둘러싸고 양보할 수 없는 다툼으로 발전하면서 왕권 자체가 약화되는 현상이 나타났다. 이러한 극단적인 대립을 해소할 수 있는 하나의 방법론으로 탕평론이 제기되었다.

희빈 장씨묘(경기 고양, 서오릉)

덕봉 서원 사우(경기 안성) 기사환국으로 죽은 오두인(1624~1689)을 기리기 위한 서원이다. 오두인은 경기관찰사와 공조판서를 지낸 인물로 인현왕후가 폐위되자 이에 반대하는 상소를 올렸다 유배되어 떠나는 도중에 죽었다.

(2) 탕평책의 실시

실시 배경

현종과 숙종 대를 거쳐 붕당 정치가 변질되면서 정치 집단 간 세력 균형이 무너지고 왕권 자체도 불안해졌다. 이에 강력한 왕권을 바탕으로 국왕이 정치의 중심에 서서 세력의 균형을 유지하려는 탕평론이 등장하였다.

탕평론을 주창한 대표적인 인물은 숙종 초의 박세채였다. 그는 훈척 세력과 일부 서인들의 강경론에 맞서 남인 수용을 적극 주장하였으며, 훈척 세력의 정치 관여를 억제하고 당쟁으로 인한 분열과 반목을 해소함으로써 사림 중심의 정치 질서를 회복하자고 주장하였다. 이 과정에서 국왕권의 중요성과 국왕의 정치적 조정 능력을 중요시하였다.

탕평(蕩平)의 의미
탕평은 『서경』에서 나온 말로, 임금의 정치가 한쪽을 편들지 않고 사심이 없으며, 당을 이루지도 않는 상태에 이르는 것을 의미한다.

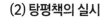

자료 스페셜 영조(英祖, 1694~1776, 재위 : 1724~1776)의 탕평책

붕당의 폐해가 요즘보다 심각한 적이 없었다. 처음에는 예절 문제로 분쟁이 일어나더니, 이제는 한쪽이 다른 쪽을 역적으로 몰아붙이고 있다. … 우리나라는 땅이 좁고 인재도 그리 많은 것이 아닌데, 근래에 들어 인재를 등용할 때 같은 붕당의 인사들만 등용하고자 한다. 조정의 대신들이 서로 상대 당을 공격하면서 반역자가 아닌가로 문제를 집중하니 모두가 동의할 수 있는 정책이 나오지 못하고, 정책의 옳고 그름을 판단하기 어렵게 되었다. …

이제 유배된 사람들의 잘잘못을 다시 살피도록 하고, 관리의 임용을 담당하는 관리들은 탕평의 정신을 잘 받들어 직무를 수행하도록 하라.

「영조의 탕평 교서 가운데 일부」

이러한 탕평론을 바탕으로 하여 탕평책을 본격적으로 제기한 사람은 숙종이었다. 숙종은 당론의 폐단을 지적하고 능력 중심으로 인재를 등용하는 인사 관리를 통하여 붕당 사이의 화합을 꾀하고 세력 균형을 유지하려는 탕평론을 제시하였다. 그러나 실제로는 상황에 따라 한 당파를 일시에 내몰고 상대 당파에게 모든 권력을 위임함으로써 환국이 일어나는 빌미를 제공하기도 하였다.

영조 어진

영조의 탕평 정책

탕평 정치는 영조 때 자리 잡았다. 숙종에서 경종으로 이어지는 붕당 간 다툼으로 생명의 위협까지 겪어야 했던 영조는 붕당의 타파라는 정국 운영의 원칙을 전면에 표방하였다. 영조는 왕권 강화를 통하여 붕당 간의 균형 관계를 인위적으로 조정하는 것이 정국을 수습하는 길이라고 보아 붕당을 없애자는 자신의 논리에 동의하는 탕평파를 육성하고, 그들로 하여금 정국을 주도하게 하였다. 왕권을 어느 정도 확보한 영조가 노론과 소론을 조정, 정국을 수습하면서 치열한 붕당 간 다툼은 어느 정도 억제되었다.

영조는 국왕은 백성의 부모와 같다는 군부일체론(君父一體論)을 내세워 왕에 대한 효를 강조하였고, 이를 바탕으로 초월적 군주상을 수립하여 국왕을 중심으로 한 탕평책을 실시하였다. 특히, 당파의 시비를 가리지 않고 온건하고 타협적인 인물을 등용하여 왕권을 따르도록 하는 완론탕평(緩論蕩平)을 실시하였다.

박세채(경기도박물관)

이와 아울러 영조는 붕당의 뿌리를 제거하기 위하여 재야 산림의 '공론(公論)'을 인정하지 않았고, 그들의 본거지인 서원을 대폭 정리하였다. 또 이조 전랑의 권한을 약화시키기 위해 그들이 자신의 후임을 천거하고 3사의 관리를 선발할 수 있게 해 주던 관행을 없앴다. 일반민의 여론을 직접 정치에 반영하기 위해 신문고 제도를 부활하고 궁 밖에 자주 나가 직접 민의를 청취하였다.

강화된 왕권을 바탕으로 영조는 민생 안정과 산업 진흥을 위한 여러 시책을 단행하였다. 백성들의 군역 부담을 완화하기 위하여 영조 26년(1750)균역법을 실시하였고, 당인들이 장악한 병권을 병조에 귀속시켰다.『무원록』을 편찬하여 형벌 제도를 완화하였고, 사형수에 대한 삼심제를 엄격하게 시행하였다. 또 이 시기에 많은 편찬 사업이 이룩되었는데,『속대전』,『속오례의』,『동국문헌비고』 등이 대표적 성과물이다.

그러나 영조의 탕평책은 붕당 정치의 폐단을 근본적으로 해결한 것은 아니었다. 강력한 왕권으로 붕당 간의 치열한 다툼을 일시적으로 억누른 것에 불과하였다. 따라서 소론 강경파에 의해 주도된 이인좌의 난(영조 4년, 1728), 귀양 간 소론의 윤지 등이 주도한 나주 벽서 사건(영조 31년, 1755) 등에 의해 소론의 입지가 점차 약화되고 노론이 정국을 주도하게 되었다.

사도세자의 묘 융릉(경기 화성) 영조 38년(1762) 뒤주 속에서 죽은 사도세자의 묘는 수은묘라 불렸으나 정조 즉위 후 영우원, 현융원으로 바꾸어 불렸다. 그러다가 1899년 장조로 추존되면서 무덤도 융릉이 되었다.

정조 어진(군복을 입고 있다).

정조의 탕평 정책

영조의 뒤를 이어 즉위한 정조는 비명에 간 사도 세자의 아들로, 영조의 탕평 정책을 계승하였다. 그러나 정조는 영조의 완론 탕평과 달리 각 붕당의 주장이 옳은지 그른지를 명백히 가리는 준론 탕평(峻論蕩平)을 추진하였다. 이런 준론 탕평의 전개는 아버지 사도세자를 죽음으로 내몬 노론 벽파를 견제함으로써 왕권을 강화시키고자 하는 의도였다.

정조는 영조 때 세력을 키워 온 척신과 환관 세력을 제거하였으며, 당파를 가리지 않고 인재를 등용할 뜻을 천명하여 그동안 권력에서 소외된 소론과 남인 계열도 중용하였다. 고른 인사 정책을 통해 붕당의 비대화를 막고 탕평책을 꾸준히 시행하기 위해 신진 인물이나 중·하급 관료들 중 유능한 인사를 재교육하는 초계문신 제도를 실시하였다.

정조는 즉위 직후 궁중에 규장각을 설치하여 정책 자문 기구로 삼았다. 규장각의 제학, 직각, 시교 등의 관원은 승정원, 홍문관의 관원보다 중시되었고, 사관(史官), 시관(試官)도 겸하여 당시 문화 활동을 주도하였으며, 국왕과 정치를 논의하면서 일정한 정치적 역할을 수행하였다. 특히, 품계가 낮고 정규직이 아닌 잡직의 검서관에는 유능한 서얼 출신들을 등용하기도 하였다. 이로 인하여 규장각은 강력한 정치 기구로 육성되었다.

또한 정조는 붕당의 세력 기반이었던 군영에 대항하여 왕에게 충성하는 군대를 육성, 확고한 군사적 기반을 구축하

규장각(奎章閣)
규장각은 본래 역대 왕의 글과 책을 수집, 보관하기 위한 왕실 도서관의 기능을 가진 기구로 설치되었다. 그러나 정조는 여기에다 비서실 기능과 문한 기능을 추가하였고, 과거 시험의 주관과 문신 교육 임무도 부여하였다.

주합루(宙合樓) 2층이 규장각으로 사용되었다.

려 하였다. 이에 왕권을 뒷받침하기 위한 친위부대로서 장용영(壯勇營)이 설치되었다. 구성은 내영과 외영으로 나누어, 내영은 병참을, 외영은 군사 지휘를 맡도록 하였는데, 지휘관으로는 대장, 영장 등이 있었다.

장용영대절목(한국학중앙연구원) 장용영의 재원을 기록한 책이다.

나아가 정조는 수원으로 사도세자의 묘를 옮겨 현륭원이라 하고, 현륭원 북쪽 팔달산 아래에 새로운 성곽 도시로 화성을 건설하였다(정조 20년, 1796). 정조는 서양과 중국의 건축 기법을 도입한 최신 공법으로 화성을 건설한 이후 화성에 정치적·군사적 기능을 부여함과 동시에 상공인을 유치하여 상업 도시로 키움으로써 자신의 혁신 정치를 실현하는 자급 도시로 육성하고자 하였다. 그리고 아버지 묘소를 참배한다는 명목으로 화성에 자주 행차하였는데, 이 과정에서 지방 유생들 및 일반 백성들의 의견을 청취하기도 하였다. 한편, 재야 사림이 주관하던 군현 단위의 향약을 수령에게 맡겨 지방 사림의 영향력을 줄이고 수령의 권한을 강화하였다.

정조는 강화된 왕권을 배경으로 민생 안정과 문화 부흥을 위한 다양한 정책을 펼쳤다. 통공정책(1791)을 통해 육의전을 제외한 시전 상인들의 금난전권을 폐지하여 자유로운 상업 활동을 보장하였고, 전국 각지의 광산 개발을 장려하여 상공업이 발달하였다. 문화적으로는 대대적인 편찬 사업을 주도하였는데, 『속대전』을 증보한 『대전통편』, 외교 문서를 정리한 『동문휘고』, 호조의 기능을 정리한 『탁지지』, 병법서인 『무예도보통지』, 영조 때 편찬한 『동국문헌비고』를 증보, 수정한 『증정문헌비고』 등을 국가 사업으로 간행하였다.

정조의 탕평책은 왕권 강화와 정국의 안정을 가져와 민생 안정과 문화 부흥에 상당한 성과를 거두었다. 그러나 이 역시 붕당의 폐단을 완전히 극복한 것은 아니었다. 회복된 왕권을 바탕으로 균형 있는 인사 정책을 통해 붕당 간 세력 균형을 이루기는 하였으나, 정권 전반에서 노론이 차지하는 비중은 여전히 높았다. 불안한 세력 균형은 정조의 개인적 역량에 의해 유지되고 있었으나, 결국 이는 정조 사후에 무너지고 말았다.

화성 화서문과 서북공심돈(경기 수원)

(3) 세도 정치의 전개

성립과 전개

정조의 탕평 정치로 왕에게 집중된 권력은 결과적으로 세도 정치의 한 원인이 되었다. 정조가 죽은 후 순조, 헌종, 철종의 3대 60여 년 간 왕의 외척 가문에 의해 국정이 독점되는 세도 정치가 계속되면서 탕평책에 의해 유지되어 온 지배 체제는 파탄을 맞게 되었다.

세도 정치란 종래 붕당정치의 변질 형태인 일당 전제화마저 거부되고 특정 가문이 권력을 독점하는 정치 형태로, 정권의 사회적 기반도 결여되었을 뿐 아니라 붕

수렴청정(垂簾聽政)
나이 어린 왕이 즉위하여 성인이 될 때까지 왕대비, 대왕대비 등이 정사를 돌보는 것을 말한다.

김조순(1765~1832)

수렴청정
나이 어린 왕이 즉위하여 성인이 될 때까지 왕대비, 대왕대비 등이 정사를 돌보는 것을 말한다.

당 정치 자체의 부정을 의미하는 것이었다. 이 시기에 정권은 안동 김씨나 풍양 조씨 등 외척 세력과 극소수 가문의 차지가 되었다.

1800년 6월 정조가 죽고 이어 순조가 11세의 어린 나이로 즉위하자, 정순 왕후 김씨가 정치적 후견인으로 수렴청정을 하였다. 이어 김조순이 곧 자기 딸을 순조와 결혼시켜 외척으로서 권력을 장악하였다. 이후 헌종 때에는 외척이었던 풍양 조씨가 정권을 장악하였으나, 철종이 즉위하면서 김문근, 김좌근, 김병국, 김병학 등 안동 김씨가 다시 정권을 독차지하였다.

이러한 상황에서 고위직 소수 관료들만 정치적 기능을 발휘하고, 그 아래의 관리는 언론 활동 같은 정치적 기능을 상실한 채 행정 실무만 담당하게 되었다. 비변사가 핵심 정치 기구로 자리 잡았으며, 유력한 가문 출신의 몇몇 인물이 실제 권력을 행사하였다.

세도 정치의 폐단

19세기의 세도 정권은 변화하는 사회에 대응하여 새로운 정치 질서를 만들어가려는 능력을 갖지 못한 채 재야 세력인 남인과 소론, 지방 선비들을 권력에서 배제하여 사회 통합에 실패하였다. 견제 세력이 사라짐으로써 과거 제도는 문란해졌고, 매관매직이 성행하였으며, 부정부패가 만연하였다. 또한 지방 사회에서 성장하던 상인, 부농 등을 통치 질서 속에 포섭하지 못하고 그들을 수탈의 대상으로 삼았다.

향촌 사회는 지방 수령이 절대권을 갖고 있었으므로 수령을 견제할 세력이 없었다. 이에 따라 지방 수령은 향리를 이용하여 지방민들에게 무거운 세금을 거두어들였고, 정부는 정부대로 각 면·리 단위로 세금의 총액을 정해 놓고 거두는 총액제를 실시하였으므로 삼정이 문란해지고 농민들의 불만이 크게 쌓여갔다. 더욱이 자연 재해가 이어져 기근과 질병이 널리 퍼지면서 많은 사람이 고통 받았다.

세도 정치 하에서 가장 크게 고통을 받았던 것은 가난한 농민들이었다. 농민들은 고향을 버리고 떠돌아다니거나 산속에 숨어 화전민이 되었고, 광산에 모여들어 임노동자가 되기도 하였다. 일부에서는 횃불을 들고 다니는 명화적(明火賊)이라는 조직된 무장 집단의 활동에 참여하는 등 조세 부담과 부당한 수탈에 견디지 못한 농민들의 저항도 급격하게 늘어났다.

삼정(三政)의 문란
삼정이란 전정·군정·환곡을 뜻한다. 그런데 세도 정치기에 관리들의 부정부패로 삼정의 질서는 흔들리게 된다. 전정의 문란은 더 많은 양의 토지를 장부에 올려 세금을 착복하는 백지징세, 실제 세액의 몇 배를 징수하는 도결, 방곡 등이 있었고, 군정의 문란은 이웃에게 군포를 징수하는 인징, 가족에게 징수하는 족징, 어린 아이에게 징수하는 황구첨정, 죽은 자에게 징수하는 백골징포 등이 있었다. 환곡 또한 아전의 횡포로 갖은 편법이 동원되었다. 삼정의 문란이 극심해지자 되자 정부는 삼정이정청을 설치하여 이를 바로 잡으려 하였으나 실효성은 없었다.

3 대외 관계의 변화

(1) 청과의 관계

백두산 정계비 건립

조선 후기 효종과 현종 대를 거치면서 전국에 걸친 개간 사업이 본격화되었다. 이에 따라 평안도, 함경도 북부 지역에 대한 관심이 높아졌다. 특히, 청나라가 수도를 북경으로 옮기고 중원으로 들어가면서 만주 지역을 비우게 되자 백두산 지역에 대한 관심이 더해지면서 백두산 일대가 개발되기 시작하였다.

17세기 말부터 두만강·압록강 중·상류 지역이 개발되고 주민의 숫자가 늘면서 조선인과 청인이 충돌하는 사건이 늘어났다. 청은 심양(瀋陽) 동쪽에 광범위한 봉금(封禁) 지대를 설정하고 자국민의 이주를 금지하고 있었으며, 매년 일정한 인원만 이 지역에 들여보내 동물 가죽이나 인삼 등을 채취하도록 하고 있었다. 그러나 조선에서 강을 넘어 인삼을 채취하는 사례가 많아지고 조선인과 청인들의 충돌이 잦아지자, 청에서는 양국의 경계를 좀더 명확히 규정할 필요를 느끼게 되었다. 이에 청은 압록강, 토문강 일대를 조사하여 경계를 정하자고 요구하였고, 조선이 이를 받아들였다.

숙종 8년(1712) 청 황제가 파견한 오라총관 목극등(穆克登)은 조선 측에서 파견한 박권, 이의복 등과 백두산 일대를 답사하여 '조선과 청은 서쪽은 압록강, 동쪽은 토문강을 경계로 한다'는 내용의 정계비를 백두산에 세웠다. 조선과 청 사이에 국경에 대한 규정이 처음으로 명문화된 것이다.

백두산 천지

백두산 정계비문

烏喇總管穆克登	오라총관 목극등이
奉旨査邊	국경을 조사하라는 교지를 받들어
至此審視	이곳에 이르러 살펴보고
西爲鴨綠	서쪽은 압록강으로 하고
東爲土門	동쪽은 토문강으로 정하여
故於分水嶺上	강이 갈라지는 고개 위에
勒石爲記	비석을 세워 기록하노라

백두산 정계비

정계비 설립 이후 조선은 북방 지역에 주민 거주와 경제 활동을 보장하고 행정 구역을 신설하는 등 적극적인 북방정책을 추진하였다. 한편, 백두산 일대의 정보가 축적되면서 토문강(土門江)과 두만강(豆滿江)이 서로 다른 강임을 알게 되었으며, 이에 따라 두만강 너머 토문강 이남까지 관심의 폭이 넓어지고 주민들의 활동 영역이 확대되는 결과를 낳았다.

이 같은 역사적 배경 아래에서 19세기 중엽 이후 두만강변에 거주하던 주민들이 두만강 건너 간도 지역에 이주하고 토지를 개간하였다. 이는 19세기 후반부터 간도 귀속 분쟁이 본격화하는 계기가 되었다.

(2) 일본과의 관계

국교 재개

임진왜란으로 조선과 일본의 외교 관계는 한동안 단절되었다. 전쟁을 일으킨 도요토미를 대신하여 들어선 도쿠가와 바쿠후[幕府]가 조선과의 국교 재개를 요청해 오자, 조선은 바쿠후의 사정도 알아보고 왜란 때 끌려간 포로들을 돌려받기 위해 일본의 요청을 받아들였다.

그리하여 사명당 유정을 파견하여 일본과 강화하고 조선인 포로 7,000여 명을 되돌려 받은 뒤 국교를 재개하였다(선조 40년, 1607). 광해군 1년(1609)에는 대마도주와 기유약조(己酉約條)를 체결하여 일본 및 쓰시마 섬과의 통교 무역에 관한 틀을 마련하였다. 이로써 동래부의 부산포에 다시 왜관이 설치되고 제한된 범위 내에서 교섭이 허용되었으며 통신사 파견이 이루어졌다.

임진왜란 이후 재개된 조·일 국교는 조선이 한 단계 높은 위치에서 진행되었다. 일본 사신의 서울 입경은 허락되지 않고 동래의 왜관에서 실무를 보고 돌아가게 하

기유약조
주요 내용은 다음과 같다. ① 대마도주에게 내린 세사미두(歲賜米豆)는 모두 100석으로 한다. ② 대마도주의 세견선은 20척으로 제한하고 특송선은 3척으로 하되, 세견선에 포함시켜 계산한다. ③ 수직인(受職人)은 1년에 한 차례씩 내조해야 한다 ④ 모든 입국왜선은 대마도주의 문인(文引 : 여행이나 통행을 허가하는 증명서)을 소지해야 한다. ⑤ 대마도주에게는 전례에 따라 도서를 만들어준다. ⑥ 문인이 없는 자와 부산포 외에 선박을 정박하는자는 적으로 한다. ⑦ 왜관의 체류 시일은 대마도주 특송선은 110일, 세견선은 85일, 그밖에는 55일로 한다.

통신사 행렬도(국사편찬위원회) 1711년(숙종 37)에 파견된 통신사 행렬도 가운데 정사의 행렬 부분이다.

통신사 행로 일본에 간 조선의 통신사가 지나간 경로이다. 일본에는 이 길을 중심으로 통신사 관련 유물과 유적들이 많이 남아 있다.

였다. 일본은 조선의 예조참판이나 참의에게 일본 국왕의 친서를 보내 사신 파견을 요청하는 것이 관례였다. 이에 따라 일본은 총 60여 차례에 걸쳐 사신을 보냈으며, 조선은 1607년부터 1811년에 이르기까지 총 12회에 걸쳐 통신사를 파견하여 약 250여 년 간 평화를 유지하였다.

통신사 파견

일본은 바쿠후의 쇼군(將軍)이 바뀔 때마다 그 권위를 국제적으로 보장받기를 원하였으며, 통신사는 이러한 일본 측 요청에 따라 축하 사절의 이름으로 파견되었다. 대략 400~500명의 통신사 일행이 파견되면 일본에서는 보통 배 1,400여 척, 1만여 명의 인원이 동원되고 접대비가 한 주(州)의 1년 경비를 소비할 정도로 성대하였다.

한양에서 일본의 에도로 가는 길은 처음에 배로 부산에서 오사카에 이르고, 그 다음에는 육로를 이용하는데, 대략 왕복 5~8개월이 걸렸다. 통신사는 국왕의 외교문서인 서계(書契)를 지니고, 인삼, 호피, 모시, 붓, 먹, 청심원 등을 예물로 가지고 갔다.

일본은 국민적 축제 분위기 속에서 통신사를 맞이하였다. 통신사 숙소에는 수행원에게 글이나 글씨를 받기 위해 몰려든 군중들로 가득하였으며, 일본 화가들이 통신사의 활동을 병풍, 두루마리, 그림 등으로 그려 수많은 작품들이 지금도 전해진다.

통신사가 오갈 때마다 일어나는 조선 열기와 유행에 대해 아라이 하쿠세키(新井白石) 같은 지식인은 통신사에 대한 환대가 중국 사신보다 더 높다며 이의 시정을 바쿠후에 요구하기도 하였다. 19세기 후반 이후 일본에서 국수주의가 일어나 『일본서기』를 새롭게 연구하는 국학 운동이 일어난 것도 일본 지식인의 조선 견제 심리가 작용한 것이었다.

일본은 19세기에 들어와 반조선적인 국학 운동이 한층 발달하여 순조 11년(1811)

서계(국사편찬위원회) 조선시대 일본과 내왕한 공식 외교문서이다.

마상휘호도 통신사 행렬 중 말 위에서 휘호를 써주고 있다.

안용복 동상과 사당(부산 동래)

의 통신사는 쓰시마섬에서 일을 보고 돌아가게 하였으며, 일본 국민들이 통신사와 접촉하는 것을 막았다. 그리하여 이 해를 마지막으로 우호적이었던 조·일 관계와 문화 교류는 중단되었다.

한편, 일본에 다녀온 통신사는 일본에서 겪은 견문을 기록하여 신유한의『해유록』, 강홍중의『동사록』등 많은 견문록을 전하고 있다. 이들 견문록은 일본이 문화 수준은 낮으나 군사 강국이며 다시 침략할 우려가 있다는 것을 지적하여 조선 지식인들에게 일본에 대한 경각심을 높여 주었다.

한편, 울릉도와 독도는 삼국 시대 이래 우리의 영토였으나, 일본 어민이 자주 이곳을 침범하여 충돌이 빚어지기도 하였다. 숙종 때 안용복은 울릉도에 출몰하는 일본 어민들을 몰아내고 일본에 건너가 울릉도와 독도가 조선의 영토임을 확인받고 돌아왔다. 그 후에도 일본 어민의 침범이 계속되자 19세기 말에 조선 정부에서는 적극적으로 울릉도 경영에 나서 주민의 이주를 장려하였고, 울릉도에 군을 설치하여 관리를 파견하고 독도까지 관할하게 하였다.

독도의 명칭
『조선왕조실록』과 『동국여지승람』에 독도는 우산도·삼봉도 등으로 표기되어 울릉도와 함께 강원도 울진현에 소속되어 있다. 독도가 유럽에 알려진 것은 1849년 프랑스에 의해 리앙쿠르 암초로 불린 것이 처음이며, 일본은 1905년 시마네현 고시를 통해 독도를 다케시마(竹島)로 개정하고 불법적으로 그들의 영토로 편입시켰다.

대한민국 국토, 독도(경상북도 울릉군 울릉읍 독도리 1~96, 우편번호 : 799~805)

2 조선 후기의 사회

1. 신분제의 동요
2. 가족 제도의 변화와 향촌 질서의 변동
3. 민중 의식의 성장과 사회 변동

윤증 고택(충남 논산) 조선 후기 유학자인 윤증의 양반 가옥이다

하늘이 백성을 낳았는데 그 백성이 넷이다. 그 중에 으뜸은 사(士)이다. 양반이라고도 일컬으며 이익이 이보다 큰 것이 없다. 밭을 갈지 않고 장사를 하지 않으며, 글과 역사를 조금만 공부하면 크게는 문과에 합격하고 적어도 진사가 된다.

– 박지원, 『양반전』 –

조선 후기 사회의 변화

자리짜기(김홍도)

신행(초례를 치르러 신부집으로 향하는 신랑 행렬)

(1) 양반의 증가와 분화

양반의 분화

양천제(良賤制)
모든 백성을 양인과 천인의 둘로 구분한 신분 제도를 말한다. 양인은 자유민으로 기본권을 보장받고 벼슬길에 나갈 수 있었던데 반해, 천인은 비자유민으로 각종 구속을 받았고, 재산으로 취급되며 기본권을 보장받지 못하였다.

조선의 신분제는 법제적으로 양천제(良賤制)를 표방하였지만, 실제로는 양반·중인·상민·천민의 네 신분으로 나뉘었다. 이러한 신분 질서는 성리학에 의해 더욱 합리화되었다. 그러나 조선 후기에 이르러 정치, 사회, 경제적 변화와 그 속에서 이루어진 농민들의 끊임없는 신분 상승 운동으로 신분 질서가 차츰 해체되어 갔다.

조선 후기에는 양반의 개념이 초기와 달라졌다. 본래 양반은 문무의 관직을 가진 사람을 칭하는 말이었지만, 조선 후기에는 뚜렷한 기준이 없이 학문과 벼슬의 유무를 기준으로 척도를 삼는 것이 일반적 관행이었다. 따라서 학자나 서원의 유생, 생원, 진사, 관리의 친족들이 양반을 자처하였으며, 이들은 족보를 만들어 자신들의 배타적 특권을 지키려 하였다.

그러나 조선 후기의 사회·경제적 변화 속에서 일어난 양반 상호 간의 치열한 정치적 대립과 갈등은 양반층의 자기 도태를 가져왔다. 중앙에서 권력을 장악한 일부 양반을 제외하고 많은 양반들이 몰락하였다. 정권에서 밀려난 양반은 관직에 등용될 기회를 얻지 못한 채 향촌에서만 위세를 유지하는 향반(鄕班)이 되거나 더욱 몰락하여 잔반(殘班)이 되기도 하였다.

이들은 자영농의 처지가 되거나 심하면 소작 전호(佃戶)가 되기도 하였으며, 상업과 수공업에 종사하는 경우도 있었다. 이러한 몰락 양반들은 양반 관료나 지주들과 이해 관계를 달리하였고, 농민층의 입장에 설 수밖에 없었다.

양반의 증가

조선 후기에는 양반의 숫자가 급격하게 증가하였다. 이는 농민들의 합법적, 불법적 신분 상승으로 인한 양반의 증가가 가장 큰 원인이었다. 농민들이 신분 상승을 꾀하였다는 것은 그만큼 양반 신분이 가져다주는 혜택과 특권이 있었기 때문이다. 이는 농민들이 아직 신분제와 봉건적 질서 자체에 도전하지는 않았음을 의미한다. 그러나 양반의 증가는 그만큼 신분 상승이 활발해졌음을 의미하며, 신분제 해체의 전 단계에 접어들었음을 뜻하기도 하였다.

합법적으로 양반이 된 사례는 주로 납속과 공명첩에 의해서였다. 임진왜란 때 군

자료 스페셜 신분제의 동요와 양반의 증가

근래 세상의 도리가 점점 썩어가서 돈 있고 힘 있는 모든 백성이 군역을 피하고자 간사한 아전, 임장과 한통속이 되어 뇌물을 쓰고 호적을 위조하여 유학이라고 거짓으로 올리고 면역하거나, 다른 고을로 옮겨가서 스스로 양반 행세를 한다. 호적이 밝지 못하고 명분이 문란함이 지금보다 심한 적이 없었다.

『일성록』 권194, 정조 10년 1월 정묘.

량을 모으기 위해 임시로 실시했던 납속이나 공명첩은 전쟁이 끝난 뒤에도 재정이 악화될 때마다 수시로 시행되어 양반 수의 증가에 큰 역할을 하였다. 군공에 의한 신분 상승도 가능하였다. 임진왜란 이후에도 이괄의 난, 정묘·병자의 두 차례 호란 등을 통해 신분 상승이 이루어졌다.

합법적 수단 이외에도 농민들은 불법적 수단으로 신분 상승을 시도하였다. 광작 경영이나 상업적 농업을 통해 부를 축적한 농민들이 관가에 뇌물을 바쳐 호적을 고치거나 족보를 구입하고 홍패를 위조하는 등 다양한 수단을 동원하여 양반이 되었다.

농민들이 양반이 되고자 한 것은 경제적 능력에 걸맞는 사회적 지위를 원한 것이기도 하지만, 더 큰 이유는 1년에 면포 1필을 내야 하는 군역세 등 각종 조세 부담을 면할 수 있기 때문이었다. 양반이 되어 조세 부담에서 벗어나는 사람들이 많아질수록 일반 농민에게 전가되는 조세는 더욱 늘었으므로, 농민들은 온갖 수단을 동원하여 양반이 되고자 하였다.

그러나 양반이 되었다고 하여 모든 양반이 똑같은 대우를 받은 것은 아니었다. 과거에 합격했다 하더라도 실제 관직을 받을 때에는 가문의 차별과 지방의 차별이 있었다. 중앙의 요직은 '경화사족(京華士族)'이라 불리는 서울 양반들이 독차지하였고, 지방 출신은 그보다 못한 성균관과 기타 행정 관료에 임명되는 것이 보통이었다. 하지만 여러 신분 이동의 기회를 통해 양산된 양반의 수적인 증가는 양반 신분의 사회적 권위 자체를 추락시키는데 커다란 작용을 하였다. 이는 전통적인 조선의 신분제적 구조가 새로운 변화를 맞이하고 있음을 예고하는 것이었다.

홍패 과거에 급제하면 주는 문서로 자료는 순조 14년(1814) 조기영의 장원 급제 내용이다.

납속책
양난 이후 국가가 부족한 재정 보충 및 빈민 구제를 목적으로, 돈이나 곡물을 납부한 사람에게 특혜를 준 정책이다. 역을 면제하거나 관직을 주는 경우들이 있었다.

(2) 중간층의 성장과 노비의 신분 상승
서얼과 중인의 성장

조선 후기 신분제의 변동은 서얼과 중인에게서도 나타났다. 본래 중인은 양반 중심의 반상제(班常制) 질서가 강화되는 과정에서 중간 계층으로 자리 잡은 사람들이었다. 따라서 대체로 하급 지배 신분층으로서, 양반이 입안한 정책을 실제로 수행하는 실무 행정 담당자들이었다. 이들은 조선 후기 봉건 질서가 동요하는 가운데에서 자신들의 지위를 보다 공고히 하기 위해 보수화하는 양반 사회에 점차 불만을 가지면서 나름대로 신분 상승의 길을 모색하였다.

공명첩 국가의 재정을 보충하기 위해 부유층으로부터 돈이나 곡식을 받고 팔았던 명예직 임명장으로 임진왜란 이후 생겼다.

양반 사회에서 차별 대우를 받았던 서얼은 임진왜란 이후 정부가 납속책을 실시하고 공명첩을 발급하자, 이를 이용하여 관직에 나아갈 수 있었다. 영조와 정조 때에 서얼을 어느 정도 등용하자, 이들은 더욱 적극적으로 신분 상승을 시도하였다. 이들은 수 차례에 걸쳐 집단으로 상소하여 관직 진출의 제한을 없애 줄 것을 요구하였다. 특히 정조 때에는 이덕무, 유득공, 박제가 등 서얼 출신이 규장각 검서관으로 기용되어 능력을 발휘할 수 있었다. 이후에도 서얼들의 통청운동은 계속되어 철종 2년(1851)에는 서얼을 허통하여 벼슬에 채용하도록 하는 조치가 내려졌다(신해통청).

이러한 서얼 허통에 자극을 받은 기술직 중인들은 1850년대에 집단적인 신분 상승을 도모하였다. 중인들은 자신들의 관직 채용이 막힌 것은 제도가 아닌 관습에 의한 것으로, 그 시기는 인조반정 이후 직업이 세습되면서 중인의 칭호를 얻고 사대부와 다르게 차별 대우를 받았다고 주장하였다. 결국 중인의 관직 진출을 시도한 통청운동은 실패하였으나, 시도만으로도 효과가 있었다. 이후 중인들이 결속하는 계기가 마련되었다.

중인들 중에서도 역관들은 청과의 외교 업무에 종사하면서 서학을 비롯한 외래 문화의 수용에서 선구적 역할을 하였으며, 성리학적 가치 체계에 도전하는 새로운 사회의 수립을 추구하였다. 중인의 위치가 뚜렷하게 높아진 것은 개항 이후로, 서양의 근대 문물을 받아들이는 과정에서 이들의 전문적 교양이 큰 도움을 주었다. 그들은 양반에 비해 국제 정세나 근대 문명에 민감하여 초기 개화 운동과 근대적 개혁 운동에 적극 참여하기도 하였다.

노비의 신분 상승과 공노비 해방

조선 후기에는 상민의 신분 상승 운동과 더불어 노비의 신분 상승 운동도 활발하게 전개되었다. 이들의 신분 상승 운동은 합법적 방법과 불법적 수단, 양쪽으로 이루어졌다. 재력이 있는 노비들은 국가 재정난을 타개하기 위해 실시한 납속책을 이용하여 자신의 재산을 바치고 천역을 면제받았다.

한편, 임진왜란 때 대대적으로 실시된 군공면천(軍功免賤)은 전쟁에서 군공을 세울 경우 천역을 면제받고 노비의 신분에서 벗어나는 정책이었다. 이는 이후의 크고 작은 반란 사건과 전쟁에서 지속적으로 이용되었다.

합법적인 방법이 어려울 경우 노비들은 불법적 방법을 통해 신분을 상승시키기도 하였다. 가장 대표적인 방법이 도망이었다. 조선 후기에는 도망 노비가 급증하여 사실상 노비제 붕괴의 가장 큰 요인이 되었다. 도망 노비들은 섬이나 광산, 목장, 또는 상업 도시 등에 숨어들어 신분을 감추고 생활해 나갔다. 이들은 주로 임노동자로 일하거나 장시 등에서 상업에 종사하며 생계를 유지하였다.

국가에서도 군역 대상자의 확대와 재정 보충을 위해 노비를 단계적으로 해방시키는 조치를 취하였다. 영조 7년(1731)에는 어머니가 노비인 경우에만 자식을 노비로 만들고 나머지는 양인이 되게 하는 노비종모법을 실시하였다. 당시에는 양인과 노비 사이의 혼인이 활발하여 이 제도를 통해 양인이 되는 노비가 많았다.

국가에 소속된 공노비도 도망자가 속출하고 합법적인 신분 상승 등으로 이름만 있고 신공을 받을 수 없게 되자, 마침내 순조 1

돈을 받고 노비를 양인으로 풀어 준 문서

년(1801) 일부 공노비를 제외한 66,000여 명의 공노비를 양인으로 해방시켜 주었다. 나머지 공노비도 1894년 갑오개혁 때 해방되었으며, 이 때에 사노비도 모두 해방되어 노비제는 역사 속으로 사라지게 되었다.

단성 향교 향안실(경남 산청) 단성호적이 보존되어 있었다.

단성호적에 나타난 노비호 추이

연도	전체 인구	노비 인구	%	전체 호	노비 호	%	외거 호	솔거 호	%
1678	8251	5102	62	2118	1164	55	3701	1401	73
1717	11999	5874	49	2512	834	33	3165	2709	54
1720	12042	5690	47	2563	845	33	3160	2530	56
1729	13386	6233	47	2912	979	34	3559	2674	57
1732	13124	5832	44	2921	935	32	3385	2447	58
1735	8547	3732	44	1857	573	31	2020	1712	54
1759	11331	4040	36	2487	575	23	2267	1773	56
1762	11585	3826	33	2485	538	22	2104	1722	55
1780	13342	3418	26	2979	354	12	1298	2120	38
1783	13565	3337	25	3003	334	11	1212	2125	36
1786	13403	3247	24	3042	332	11	1142	2105	35
1789	11792	2832	24	2569	258	10	883	1949	31
1820	11000	2145	20	3083	84	3	176	1969	8
1860	9795	2408	25	2632	36	1	70	2338	3

울산의 호적

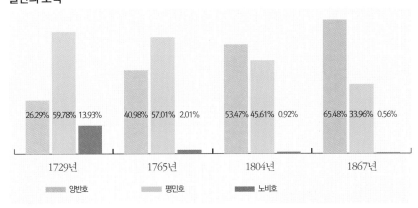

26.29% 59.78% 13.93% 40.98% 57.01% 2.01% 53.47% 45.61% 0.92% 65.48% 33.96% 0.56%

1729년   1765년   1804년   1867년

■ 양반호   ■ 평민호   ■ 노비호

자료 스페셜　공노비 해방

　왕이 윤음을 내렸다. "우리나라의 내수사와 중앙 각 관청이 노비를 소유하고 전해 내려오는 것을 기자(箕子)에서 비롯되었다고 하나, 나는 그렇게 보지 않는다. … 임금이 백성을 볼 때는 귀천이 없고 남녀 구별 없이 하나같이 적자다. '노(奴)'다 '비(婢)'다 하여 구분하는 것이 어찌 같은 동포로 하는 뜻이겠는가. 내노비 36,974명과 시노비 29,093명을 양민이 되도록 허락하고 승정원에 명을 내려 노비 문서를 모아 돈화문 밖에서 불태우도록 하라."

『순조실록』 권2, 원년 1월 을미

(1) 가족 제도의 변화

부계 중심 가족 제도의 보급

조선의 가족 제도는 초기에는 부계와 모계가 모두 영향을 주는 형태에서 부계 위주의 형태로 점차 변화하였다. 조선 중기까지도 혼인 후 남자가 여자의 집에서 생활하는 사례가 많았으며, 남녀 구별 없이 자녀에게 재산을 똑같이 상속하는 경우가 많았다. 또한 사위가 제사를 받들기도 하였다. 재산 상속을 나누어 받는 만큼 그 의무인 제사도 형제가 돌아가면서 지내거나 역할 분담을 하기도 하였다.

조선 후기에 사족들의 성리학 이해가 심화되고 『주자가례』가 적극적으로 보급되면서 부계 중심의 가족 제도가 강화되었다. 양난 이후 체제 유지를 위하여 집권 사족들이 예론을 중시하게 되면서 이러한 변화가 더욱 촉진시켰다. 17세기 중엽을 분기점으로 부계 친족 중심의 문중 결속과 이를 통한 친족 결합의 모습이 일반화되기 시작하였다.

이러한 모습은 제사와 재산 상속에서 나타났다. 적장자를 중심으로 하는 친족 체계가 확립되면서 장자 우대, 남녀 차등이라는 재산 분배 경향이 일반화되었다. 이를 통해 자녀 균분 상속제가 차츰 무너졌다. 딸은 출가외인이라 하여 도외시되고 아들이 없으면 양자를 들였다. 제사나 재산 상속에서도 처음에는 딸이, 다음에는 장자 이외의 아들이 권리를 잃어갔다.

그리고 부계 위주의 족보를 적극적으로 편찬하였다. 장자 중심의 가부장제에 입각한 종법 질서가 강화되면서 부계 친족 중심의 문중이 형성되었고, 한두 개의 문중이 동성 마을 혹은 동족 마을을 형성하였다. 이 동족 마을은 문중을 중심으로 서원과 사우를 세워 향촌 사회에서의 영향력을 유지하고자 하였다.

문중 활동의 강화와 동족 마을의 형성

가부장적 종법 질서와 가족 제도가 발달하면서 친족 중심의 문중 활동이 활발해졌다. 이러한 문중 활동의 기본적 모체는 족계(族契)의 마련과 동족 마을의 형성이었다. 족계는 선영의 수호와 제사를 원활하게 수행하기 위한 목적으로 조직되어 문중 결속력의 강화, 문중 재산의 형성 등의 경제적 기반을 마련하는 구심체 기능을 하였다. 이것이 가능했던 기반이 지연과 혈연으로 얽힌 동족 마을이었다.

동족 마을은 장자 위주의 차등 상속 아래에서 형성된 종가를 중심으로 결속을 도모하였고, 이

양동마을(경북 경주) 월성 손씨와 여주 이씨의 양대 가문으로 이어져 내려오는 동족 마을이다.

를 통한 사회·경제적 특권의 유지와 존속을 꾀하였다. 이 과정에서 이해 관계를 같이 하던 방계 친족이나 이성 친족의 지위가 약화되었고, 이들이 점차 마을 조직에서 이탈함으로써 보다 완전한 동성, 동족 마을의 위상을 갖추게 되었다. 이러한 특정 성씨 중심의 동족 마을 형성은 조선 후기 신분제의 동요와 사회 경제적 변화 가운데에서 문중 중심으로 결속하여 향촌 사회 내의 주도권을 유지하고 사회 경제적 특권을 지키고자 한 노력의 일환이었다.

경주 향인과 좌목

(2) 향촌 지배 질서의 변동

양반의 향촌 지배 약화

신분제의 동요 속에서 양반 중심의 향촌 질서도 변화하였다. 평민과 천민 중에 재산을 모아 부농층으로 성장하는 사람도 있었으며, 양반 중에는 토지를 잃고 몰락하여 소작농이나 임노동자로 전락하는 경우도 있었다. 이에 따라 향촌 사회 내부에서 양반의 권위가 점차 약화되는 현상이 나타났다. 양반은 기존의 권위로 농민을 지배하기 어렵게 되자, 과거와 같은 향약, 향규, 향안 등을 통한 지배보다는 촌락 단위의 동약을 실시하거나 내부의 족적 결합을 강화함으로써 자신들의 지위를 유지하고자 하였다.

향촌 사회에서 종래까지 영향력을 행사하였던 양반은 새로 성장한 부농층의 도전을 받았다. 경제력을 갖춘 부농층은 수령을 중심으로 한 관권과 결합하여 향안에 이름을 올리거나 향회를 장악하여 향촌 사회에서 영향력을 키우려 하였다. 부농층은 종래 사족들이 담당하였던 정부의 부세 제도 운영에 적극 참여하였으며, 향임직에 진출하거나 기존 향촌 세력과 타협하면서 상당한 지위를 확보하였다. 이들은 부세 운영권을 장악하고 사족으로부터 독립을 시도하였으며, 대체로 수령의 힘을 배경으로 세력을 확대하였다.

이에 따라 기존의 사족들과 부농층의 마찰이 생겨났는데, 이를 향전(鄕戰)이라 한다. 향전은 향촌 사회 내부의 향임을 차지하기 위한 분란을 의미하는 것이었으나, 근본적으로는 기존의 향권을 장악하고 있었던 구세력[舊鄕]과 새로이 향권에 도전하였던 세력[新鄕] 간 대립이라는 성격을 갖는다.

그러나 새로운 사회 지배 세력으로 성장한 신향이 기존 세력인 구향과 다른 기반을 갖고 새로운 지배 체제를 마련하거나 지향한 것은 아니었다. 오히려 기존 질서와 체제에 편승하여 지배 세력이 됨으로써 경제적 이해와 신분적 특권을 유지하고자 한 것이었다.

관권의 강화

18세기 전후로 향촌 사회에서 일반민이 성장하는 가운데 상대적으로 양반의 지위가 하락하고 양반 내부의 분열이 심화되면서 향촌에서 양반의 통제 하에 있던 계층들의 도전이 활발해졌다. 이러한 상황에서 국가도 더 이상 양반들을 지배의 동반자로 삼을 수 없었다. 국가의 각종 통제책은 양반의 지위를 더욱 위협하게 되어 양반 중심의 향촌 자치 체계는 붕괴되어 갔다.

향촌에서 양반 중심의 자치 체계가 붕괴되고 그 자리를 차지한 것은 수령 중심의 관권이었다. 중앙 정부 및 그 대행자로서의 수령은 종래와 같은 국가-수령-사족의 연결 구조 속에 새롭게 성장한 부농층, 신향 세력을 끌어들여 궁극적으로 관 주도의 통제 방식을 강화하고자 하였다. 그리하여 조선 후기 향촌 사회의 권력 구조는 수령과 향리, 그리고 여기에 부수적으로 기생하는 신향과 부농층이 연결된 구조로 변모하였다. 이에 따라 기존의 향회는 수령의 부세 정책의 자문 기구로 전락하는 현상까지 나타나게 되었다.

이와 같이 향회의 권위가 추락하고 수령 중심의 관권이 강화됨에 따라 관권을 맡

동헌에서 업무를 보는 수령의 모습(충남 서산, 해미읍성)

아보고 있던 향리의 역할이 커졌다. 더욱이 정부의 부세 정책이 고을 단위의 총액제, 공동납 형태로 향촌 사회에 그 수취의 책임이 주어지면서 복잡한 양상을 띠게 되었다. 즉 양반 사족들의 견제가 약화된 상태에서 수령에게 조세수취에 대한 책임과 권한이 주어짐으로써 수령 아래의 향리들이 실무 행정을 담당하게 되었고, 이들 향리에 의한 자의적인 농민 수탈이 강화되는 결과를 가져왔다.

자료 스페셜   신향(新鄕)의 등장과 향전(鄕戰)

○ 정조 11년 계축, 양서 암행어사 이곤수가 별단을 올렸다. "매향(향직을 돈 받고 파는 것)에는 여러 방법이 있습니다. 돈 받고 향임이나 군임, 면임에 임명하는가 하면, 향안, 교안(향교 교생 명부)에 올려줍니다. 여기에 응하는 자는 모두 국가의 군역을 진 상민입니다. 이 때 한 사람이 내는 액수가 많게는 백여 냥을 넘고 적어도 수십 냥 아래로 내려가지는 않습니다. 그래도 대개 스스로 원해서 하기 때문에 원망하지 않습니다. 이 때문에 이웃 고을이나 감영에서도 알지 못합니다. 수령이 그렇게 모은 돈을 가득 싣고 돌아가도 사람들은 이상하게 여기지 않습니다. 한번 향임이나 군임을 지낸 자나 향안, 교안에 오른 자는 대개 군역과 요역에서 벗어납니다. 따라서 군역을 진 장정이 모자라게 되어 군정을 채우는 걱정이 생깁니다."

『정조실록』

○ 지방 고을의 향전은 마땅히 금지해야 할 것이다. 금지할 겨를도 없이 수령이란 자가 일에 따라 한쪽을 올리고 내리는 일이 없지 않은데, 어찌 한심한 일이 아니겠는가. … 반드시 가볍고 무거움에 따라 양쪽의 주동자를 먼저 다스려 진정시키고 향전을 없애는 것을 위주로 하는 것이 옳다. 일부 아전들이 한쪽으로 쏠리는 일이 있으니, 또한 반드시 아전의 우두머리에게 엄하게 타일러야 한다. 향임을 임명할 때 한쪽 사람을 치우치게 쓰지 않는 것이 좋다.

『거관대요』

(1) 민중 의식과 평등 의식의 성장

사회 불안의 심화와 예언 사상의 유행

신분제의 동요는 양반 중심의 지배 체제에 큰 위기를 가져왔다. 지배층과 농민들의 갈등은 심해지고, 지배층의 수탈이 강화되면서 농민들의 생활은 어렵게 되었다. 이러한 분위기 속에서 농민의 사회 의식이 높아져 적극적인 저항 운동이 일어났다.

지방 수령의 횡포와 탐학은 나날이 심해졌고, 재난과 질병도 거듭되었다. 특히, 19세기 세도정치 시기에는 이런 현상이 더욱 심해져 농민들의 생활이 어려워져 갔다. 이에 따라 백성들 사이에는 비기, 도참설이 널리 퍼지고, 서양의 이양선이 연근해 바다에 출몰하자 민심이 흉흉해졌다. 사회 불안이 심화되면서 각지에서는 도적이 크게 일어났다. 심지어 각지에서 살략계, 검계, 살주계 등의 비밀 결사도 조직되어 활동하였다.

이 시기 농민과 노비들은 도망하여 화전민이 되거나 유민이 되기도 하였으나, 일부는 적극적으로 저항하였다. 사람들이 많이 다니는 거리나 도성 출입문, 혹은 관가의 문에 괘서(掛書)가 붙는 괘서 사건이 자주 일어났고, 화적이 각지에 출몰하여 지방 토호나 부유한 상인들을 공격하기도 하였다. 관리들의 비리를 폭로하는 와언, 왕의 행차길에 직접 나서 탐관오리들의 횡포를 호소하는 상언 등도 자주 일어났다.

또 조선 후기에는 사회·경제적 변동이 심화되면서 성리학적 명분론이 설득력을 잃어가자, 비기, 도참 등의 예언 사상이 유행하였다. 민중들은 유교 이외의 민간 신앙에 많은 관심을 기울였다. 특히, 『정감록』은 이 당시에 크게 유행하였던 비기였다. 『정감록』은 전통 유교에서 벗어나 왕조의 멸망을 예언하는 참위서로, 미래의 전란을 예언했을 뿐만 아니라 말세론을 내세워 정치 기강의 문란, 봉건적 수탈의 심화, 도탄에 빠진 민생에 대한 비판 의식을 담고 있었다.

한편, 미륵 신앙은 석가의 시대가 끝나고 미륵이 세상을 구제한다는 것으로, 기존의 봉건 질서를 부정하는 성격을 띠고 있었다. 숙종대 일어난 미륵 신앙 사건이 그 한 예이다. 숙종 14년(1688) 승려 여환이 하층 평민, 노비 등 11명과 함께 "7월에 큰 비가 와서 도성이 무너질 것이다."라고 하며 신봉자들을 이끌고 한성에 쳐들어가 점령하려다 비가 오지 않아 실패하였고, 그들은 모반죄로 처형당하였다. 이처럼 조선 후기의 비기와 미륵 신앙은 새로운 이상 사회를 염원하는 민중의 변혁 의식을 담고 있었다.

선운사 도솔암 마애불(전북 고창) 고려 때 조성된 거대한 마애불이다. 19세기에 명치 부위 감실에 비결이 들어 있어 이것이 세상에 나오는 날 조선이 망한다는 전설이 퍼져 있었다.

천주교의 전파

천주교가 처음 소개된 것은 16세기 말에서 17세기 초에 걸쳐 명에 다녀온 사신들이 서양의 과학 기술 서적과 함께 천주교 관련 서적을 들여오면서부터였다. 처음 천주교는 종교로서가 아닌 서양 학문의 하나로 인식되어 서학이라 불렀다.

천주교가 신앙으로 받아들여진 것은 18세기 후반이었다. 정조 때 이익의 문인들을 중심으로 한 남인 학자들이 천주교의 천주를 옛 유교 경전의 하늘과 결합시켜 신앙으로 받아들이기 시작하였다. 정조 8년(1784)에 이승훈이 베이징에 갔다가 서양인 신부로부터 세례를 받고 귀국하면서 천주교회를 창설하였다. 남인들은 서울과 충청도, 전라도 일대에 신앙 조직을 만들고 포교에 들어갔으며, 불우한 처지의 양반과 중인, 일부 상민들이 종교로 받아들여 교세가 확장되었다.

천진암 성조 5위묘(경기 광주) 권철신을 중심으로 한 학자들이 공부를 하던 곳이다. 순교자인 이벽 · 정약종 · 권철신 · 권일신 · 이승훈의 묘가 있다.

황사영 백서 사건
신유사옥 당시 천주교 신도 황사영이 북경의 프랑스인 주교 구베아에게 보낸 밀서가 발단이 되었다. 군대를 동원하여 조선에서 신앙과 포교의 자유를 보장받게 해 달라는 내용이었다. 옥천희와 황심이 청나라 사신 일행에 섞여 편지를 가지고 가려 했으나, 발각되어 체포됨으로써 계획이 실패하였다.

당시 유학자들은 천주교가 성리학적 신분 질서에 기반을 둔 조선 사회에 위협이 된다고 인식하였고, 조선 정부는 조상에 대한 제사를 금지하고 국왕에 대한 충성을 저버린다는 이유로 천주교를 사교로 규정하고 탄압을 가하였다. 남인에 우호적이었던 정조대에는 교화를 강조하여 천주교에 대하여 비교적 관대하게 처리하였으나, 순조가 즉위한 이후 대탄압이 가해졌다(신유사옥, 1801). 이때 이승훈, 이가환, 정약종, 권철신 등 300여 명의 신도와 청나라 신부 주문모가 처형되고 다수의 남인들이 유배되었다.

김대건(1821~1846)

특히, 황사영이 중국 북경의 구베아 주교에게 보낸 밀서가 발각되면서 천주교에 대한 박해는 더욱 가혹해졌다(황사영 백서 사건). 그러나 정부의 탄압에도 불구하고 천주교의 교세는 더욱 확산되었다. 순조 31년(1831)에는 조선 교구가 독립되고, 헌종 대에는 프랑스인 신부들이 들어와 포교하였다. 그러나 이 과정에서 계속된 탄압이 이루어졌으며, 최초의 조선인 신부 김대건은 충청도 당진을 근거로 포교하다가 붙잡혀 처형당하기도 하였다.

철종 대 이후에는 탄압이 완화되면서 교세가 팽창하여 중인과 평민들, 부녀자들에게 널리 신앙으로 침투하였다. 이와 같이 천주교의 교세가 커진 것은 세도정치

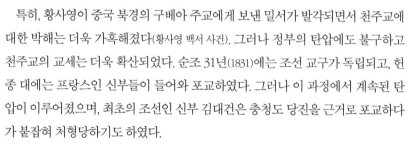

자료 스페셜 천주교의 전파와 동학의 발생

○ 황사영 백서 사건

위에는 뛰어난 임금이 없고, 아래로는 어진 신하가 없어서 자칫 불행한 일이 있기만 하면 와르르 무너져 버릴 것이 틀림없습니다. … 서양은 곧 성교(聖敎)의 근본 되는 땅으로서, 2000년 이래 모든 나라에 성교가 전해져서 귀화하지 않은 곳이 없습니다. 그런데 홀로 이 탄알만한 나라만이 다만 명에 순종하지 않을 뿐 아니라 도리어 강경하게 버티어 성교를 잔혹하게 해치고 성직자를 마구 학살하였습니다. 이러한 짓은 동양에서 200년 이래 없었던 일이니 군사를 일으켜 죄를 묻는 것이 어찌 옳지 않겠습니까.

『황사영 백서』

○ 동학의 등장

나는 역시 동쪽에서 나서 도를 받았으니 도는 비록 천도이지만 학은 동학이다. 더욱이 땅이 동쪽과 서쪽으로 갈려 있으니 어찌 서쪽을 동이라 하고 동쪽을 서라고 하겠는가. 공자는 노(魯)나라에서 태어나 추(鄒)나라에서 교화를 이룩하였다. 이리하여 추노의 학풍이 이 세상에 전해 내려왔다. 우리 도는 이 땅에서 받았으며, 이 땅에서 펼 것이니 어찌 서학이라 부르겠는가.

『동경대전』, 논학문(論學文)

로 말미암은 사회 불안과 어려운 현실에 대한 불만, 천주 앞에 모든 사람이 평등하다는 논리 등이 일부 백성들에게 공감을 얻었기 때문이었다.

동학의 발생

천주교가 서울과 서해안 일대를 중심으로 퍼져 나가던 19세기 중엽 내륙의 농촌을 중심으로 동학이라는 새로운 종교가 등장하였다. 동학은 1860년 경주 지방의 몰락 양반인 최제우가 창도하였다.

동학은 유·불·선 3교의 장점을 취하고 천주교 교리의 일부도 받아들였으며, 샤머니즘의 부적과 주술도 수용하였다. 모든 사람이 마음으로 '천주를 모실 때'(侍天主) '사람이 곧 하늘'(人乃天)이라는 평등 사상을 내세웠고, 머지 않아 천지개벽에 의해 새로운 시대가 온다고 주장하였다(후천개벽). 이러한 평등 사상과 개벽 사상은 이미 민중들 사이에 유포되어 있었으므로 어려운 현실에 놓인 농민들에게 큰 호소력을 가졌다. 이에 따라 동학은 주로 삼남 일대의 농촌에 널리 확산되었으며, 포(包)·접(接) 등의 교단 조직도 만들어졌다.

정부는 동학이 기존의 성리학적 질서를 무너뜨린다고 보아 세상을 어지럽히고 백성을 현혹한다(혹세무민)는 죄목으로 교조 최제우를 처형하였다(1864). 이로 인해 한때 교세가 약화되기도 하였다. 그러나 2대 교주 최시형은 교단을 정비하고 동학의 교리를 정리한 『동경대전』과 『용담유사』를 펴내었다. 이로 인해 다시 교세를 회복한 동학은 경상도, 충청도, 전라도는 물론, 강원도와 경기도 일대로 퍼져 나갔다.

한편, 동학은 나랏일을 돕고 백성들을 편안하게 한다는 '보국안민'(輔國安民)과 폭도를 없애고 백성들을 구한다는 '제폭구민'(除暴救民)을 내세워 사회 개혁과 외세의 배척을 주장하였다. 이에 따라 개인적 신앙의 차원을 넘어서 현실을 적극적으로 개혁하려는 사람들의 참여도 두드러졌다. 이는 후에 교단 조직을 이용하여 현실 변혁을 추구하는 농민 운동의 흐름으로 나타나기도 하였다.

최제우 초상(계룡산 귀암문중 소장)

『동경대전』과 『용담유사』
동경대전은 한문체 형식의 경전으로 포덕문·논학문 등 4편으로 되어 있다. 1880년 최시형이 간행하였다. 용담유사는 가사체 형식의 포교집으로 용담가·안심가 등 9편으로 이루어져 있다. 1881년 최시형에 의해 처음 간행되었다.

(2) 농민 봉기의 전개
홍경래의 난

19세기 세도정치 하에서 국가 기강이 해이해지고 탐관오리의 부정부패는 끝없이 이어졌다. 삼정의 문란으로 극에 달한 수령의 부정은 중앙 권력과도 연계되어 있어 암행어사의 파견만으로 막을 수 있는 것이 아니었다. 농촌 사회가 피폐해져 가는 가운데 농민의 사회 의식은 더욱 강해졌다. 이에 따라 종래의 소극적 저항은 차츰 규모가 큰 농민 봉기로 나타나게 되었다. 이런 가운데 1811년 홍경래의 난이 일어났다.

평안도 지역은 조선 후기 이래 청과의 무역이 활발하고 상공업이 발달하면서 거상이 등장하고 신흥 상공업 세력이 성장한 곳이었다. 그러나 정부의 차별 정책으로 중앙 관직에 진출할 수 있는 기회는 극히 제한되었다. 또 순조 때에는 세도 정권

신미(辛未) 정주성(定州成) 공위도(功圍圖)(국사편찬위원회) 홍경래의 군대를 정주성에서 공격하는 모습을 그렸다.

이 서울 특권 상인들의 이익을 보호하기 위해 평안도 지역의 상공업 활동을 억압하여 불만이 높아졌다. 이러한 상황에서 몰락 양반인 홍경래가 봉기하였다.

홍경래의 난은 몰락 양반과 신흥 상공업 세력이 주도하고 광산 노동자들과 빈농들이 대거 참여하였다. 홍경래 등의 몰락 양반들은 혁신 이념을 제공하고 난을 지도하였으며, 상공업 세력은 정부의 상공업 억압에 반발하여 난의 전개 과정에서 군자금을 제공하였다.

이들은 처음 가산에서 난을 일으켜 불과 10일 만에 정주, 곽산, 선천 등을 별다른 저항 없이 신속하게 점령하였다. 이에 따라 평안도의 청천강 북쪽이 모두 반란군의 수중에 들어왔다. 그러나 안주성 공격을 둘러싸고 지도부에서 내분이 일어나자, 관군이 이 틈을 이용하여 전열을 정비한 후 봉기군을 압박하였다. 결국 봉기군은 박천 송림 전투에서 패배하여 정주성으로 퇴각하였고, 관군의 초토화 전술에 맞서 많은 농민들이 정주성에 들어와 봉기군에 합류하였다.

그러나 지도부는 농민들의 자발적 참여를 유도하거나 다른 지역 백성들의 호응을 이끌어낼 만한 이념이나 강령을 제시하지 못하였다. 결국 봉기군은 정주성에서 100여 일에 걸쳐 관군에 대항해 싸웠으나, 관군의 유혈 진압으로 정주성이 함락됨으로써 처음 봉기를 일으킨 지 5개월 만에 진압되었다.

홍경래의 난은 조선 봉건사회의 붕괴에 박차를 가하는 분수령이 되었고, 일반 농민들은 중앙 권력에 저항할 수 있는 자신들의 힘을 인식하게 되었다. 이러한 하층 농민들의 자각과 성장은 19세기 중후반에 전국적인 규모의 봉기가 일어나는데 원동력이 되었다.

임술 농민 봉기의 전개

홍경래의 난 이후에도 사회 불안은 줄어들지 않아 각지에서 농민 봉기가 일어났다. 그렇지만 관리들의 부정부패와 탐학은 시정되지 않았다. 삼정의 문란은 여전하였으며, 특히 환곡의 폐단이 극심하였다. 대지주와 빈농의 토지 소유 규모의 격차가 날로 심해졌으며, 조세 부담이 빈농이나 소작농에게 집중되는 현상이 나타났다. 이에 농민들은 처음에는 문서를 통해 수십 차례에 걸쳐 관청에 환곡 등의 삼정

자료 스페셜 홍경래의 난(1881)

평서대원수는 급히 격문을 띄우노니 우리 관서의 부로자제(父老子弟)와 공사천민(公私賤民)은 모두 이 격문을 들으시라. 무릇 관서는 기자의 옛 터요, 단군 시조의 옛 근거지로 훌륭한 인물이 넘치고 문물이 번창한 곳이다. … 그러나 조정에서는 서토(西土)를 버림이 분토나 다름없다. 심지어 권세 있는 집의 노비들도 서로(西路)의 인사를 보면 반드시 평한(平漢)이라 일컫는다. 서토에 있는 자 어찌 억울하고 원통하지 않을 자 있겠는가. 막상 급한 일에 당해서는 반드시 서로의 힘에 의지하고 과거에는 반드시 서토의 문을 빌었으니 400년 동안 서로의 사람이 조정을 버린 일이 있는가. … 이제 격문을 띄워 여러 고을 원님에게 알리노니 절대로 동요하지 말고 성문을 활짝 열어 우리 군대를 맞으라. 만약 어리석게도 항거하는 자가 있으면 철기 5,000으로 밟아 무찔러 남기지 않으리라. 마땅히 속히 청명하여 거행함이 좋으리라.

『순조기사』, 신미 12월 21일

문제를 해결해 줄 것을 호소하다가 시정되지 않자 실력 행사로 나아갔다. 1862년 수많은 농민들은 농기구와 무기를 들고 관청을 습격하여 수령이나 아전을 공격하고 관아를 불태웠다. 진주에서는 농민들이 향임 유계춘의 지휘 아래 머리에 흰 두건을 쓰고 스스로 초군(나무꾼)이라 부르면서 죽창과 곤봉을 들고 일어나 관아를 부수고 부민을 습격한 다음 해산하였다(진주 농민 봉기, 1862). 처음 단성과 진주를 중심으로 시작된 농민 봉기는 급속하게 주변 지역으로 퍼져 북쪽의 함흥으로부터 남쪽의 제주도에 이르기까지 전국적으로 확산되었다.

정부는 초기에 사태의 심각성을 제대로 인식하지 못하고 단지 수령과 아전의 처벌에만 그쳐 삼정 문란에 대한 대책을 마련하지 않았다. 오히려 봉기의 주동자들을 체포하고 처벌하기도 하였다. 이에 따라 농민 봉기는 더욱 극심해져 다른 지역으로 확산되었으며 봉기 양상도 치열해졌다.

봉기가 전국으로 확산되자, 정부는 박규수의 건의를 받아들여 삼정 폐해의 해결을 강구하기 위해 특별 기구인 삼정이정청을 설치하였다. 그리고 중앙과 지방에 거주하는 모든 이들에게 평소 가지고 있던 개혁안을 제시하여 올려 보내도록 하였다. 이때 각계의 인사들이 제기한 방안을 응지삼정소(應旨三政疏)라 한다. 이를 통하여 다양한 의견을 접수한 정부는 삼정 운영의 개선에 초점을 두고 개선책을 마련하였다.

그러나 정부는 일부 세도 관료들의 반발과 지주, 양반층의 이해 관계 때문에 실시를 유보하다가 잠시 소강상태에 접어든 봉기에 편승하여 삼정 해결의 시도를 포기하였다. 그러나 전국적인 농민의 저항 속에 농민의 사회 의식이 크게 성장하였고, 농민들의 항쟁으로 말미암아 양반 중심의 통치 체제도 점차 무너져 갔다.

19세기 농민 봉기

자료 스페셜 진주 농민 봉기(1862년)

임술년(1862) 2월 19일, 진주민 수만 명이 머리에 흰 수건을 두르고 손에는 나무 몽둥이를 들고 무리를 지어 진주 읍내에 모여 서리들의 가옥 수십 호를 불사르고 부셔서, 그 움직임이 결코 가볍지 않았다. 병사가 해산시키고자 하여 장시에 나가니 흰 수건을 두른 백성들이 그를 빙 둘러싸더니 백성의 재물을 횡령한 조목, 아전들이 세금을 포탈하고 강제로 징수한 일들을 눈 앞에서 여러 번 문책했는데, 그 능멸하고 핍박함이 조금도 거리낌이 없었다. 그리고 그 분을 풀고자 병영으로 병사를 잡아 들어가서는 이방 김준범과 포리 김희순을 곤장으로 수십 대 힘껏 때리니 여러 백성들이 두 아전을 그대로 불 속에 던져 넣어 태워버렸다.

『임술록』, 「영호민변일기(嶺湖民變日記)」, 영남(嶺南)

3 조선 후기의 경제

1. 서민 경제의 발전
2. 상품 화폐 경제의 발달
3. 대외 무역의 전개

모내기 1780년대 김홍도가 그린 풍속화 속 모내기 풍경이다.

이앙법의 성행

이앙을 하는 것은 세 가지 이유가 있다.
김매기의 노력을 더는 것이 첫째요.
두 땅(묘판과 본래의 논)의 힘으로
하나의 모를 서로 기르는 것이 둘째며,
좋지 않은 것을 솎아 내고 싱싱하고
튼튼한 것을 골라낼 수 있으니 셋째이다.
어떤 사람들은 큰 가뭄을 만나면
모든 노력이 헛되니 이를 위험하다고 하나
그렇지 않다.

– 서유구, 『임원경제지』 –

조선 후기 사회와 경제 변화

대장간(김득신)

맑은 강에서 뱃놀이를 하다(주유청강 舟遊淸江)(신윤복)

1 서민 경제의 발전

(1) 농민 경제의 변화

이앙법과 견종법의 확대

양난 이후 점차 사회가 안정되면서 농업 생산력이 크게 발전하였다. 농민들은 황폐한 농토를 다시 개간하고 수리 시설을 복구하였으며, 생산력을 높이기 위해 농기구와 시비법을 개량하고 새로운 영농 방법을 시도하였다.

농민들은 논농사에서 직파법 대신 이앙법(모내기법)을 실시하였다. 고려 때부터 이미 등장한 이앙법은 가뭄에 대한 위험 때문에 경상도와 남해안 일대에서 부분적으로 이용되었을 뿐 정부 차원에서 금지되고 있었다. 그러나 김매기를 비롯한 작업에서 노동력 절감의 효과를 거둘 수 있다는 점, 벼를 거두어들인 뒤 보리를 심어 이모작이 가능하다는 점 등의 이점 때문에 점차 확산되었다.

누숙경직도 삽앙은 모내기를 뜻한다.

이앙법은 그 자체만으로도 수확량을 늘릴 수 있어 생산력이 크게 증대되었으며, 가뭄에 대비한 수리 사업이 적극적으로 모색되면서 정부에서도 관심을 보이기 시작하였다. 그리하여 이앙법은 16세기에 삼남 지방 전역으로, 18세기 경에는 거의 전국적으로 확대되었다. 더욱이 이모작으로 보리 재배가 확대되었고, 논에서의 보리 농사는 소작료의 수취 대상이 되지 않았기 때문에 소작농들은 보리 농사를 선호하기도 하였다.

이앙법의 보급은 당시의 사회·경제에도 큰 영향을 끼쳤다. 노동력의 절감으로 1인당 경작 능력의 규모가 확대되면서 광작이 나타났고, 농촌 사회의 계층 분화를 한층 더 촉진시켰다. 수확량의 증대는 농업 생산력 증대를 초래하여 빈부 격차가 심화되고 쌀의 상품화가 진행되었다.

한편, 밭농사에서는 새로운 농법으로 견종법이 보급되었다. 종자를 밭고랑에 파종하는 견종법은 종자를 밭이랑에 파종하는 농종법보다 약 2배의 노동력이 절감되고 수확은 2배 이상 증가하였다.

자료 스페셜 | **영농 기술의 변화**

○ **이앙법의 보급**

이앙을 하는 것은 세 가지 이유이다. 김매기 노력을 더는 것이 첫째요, 두 땅의 힘으로 모 하나를 서로 기르는 것이 둘째며, 좋지 않은 것은 솎아내고 싱싱하고 튼튼한 것을 고를 수 있는 것이 셋째이다. 어떤 사람은 큰 가뭄을 만나면 모든 노력이 헛되니 이를 위험하다고 하나 그렇지 않다. 벼를 심는 논은 반드시 하천이 있어야 물을 끌어들일 수 있으며, 하천이 없다면 논이 아니다. 논이 아니라도 가뭄을 우려하는데, 어찌 이앙만 그렇다고 하는가?

『임원경제지』, 「본리지」, 5

○ **이모작의 실시**

보리가 사람에게 도움이 됨은 벼에 뒤지지 않는다. 백성들은 보리를 밭에 뿌리는 것만 좋아할 뿐 논에 뿌리는 것은 알지 못하고 좋아하지도 않는다. 논에서 가을에 거두어들인 뒤에 빈 땅을 갈아 보리를 심는다. 보리를 베어낸 뒤에 모내기를 하면 가을에 풍년이 아니더라도 보리로 충분히 굶주림을 벗어날 수 있다.

『일성록』, 정조 22년 12월 13일

조선 후기에는 조선 전기보다 시비법이 발달하였다. 토지를 계속 이용하여 곡물을 재배하기 위해서는 지력의 유지가 필수적이며, 지력 유지를 위해서는 시비법이 반드시 필요하였다. 조선 후기에는 인분을 매개로 비료를 조합하는 기술이 발전함으로써 비료의 종류가 다양해지고 비료의 양도 풍부해지면서 시비법이 더 발달하였다. 이로 인해 생산력이 더 높아졌다.

조선 후기에는 이앙법의 확대와 함께 가뭄의 피해를 줄이기 위한 수리 시설이 널리 보급되었다. 저수지는 노력과 경비가 많이 들어 주로 정부 주도 하에 축조되었고, 보(洑)의 경우는 주로 향촌에서 지주가 중심이 되어 축조하였다. 수리 시설이 증가하고 농민들이 쌀을 선호하면서 수전(논)이 확대되었다. 그리하여 조선 후기에는 밭을 논으로 바꾸는 사례가 늘어났다.

이러한 농업 분야의 변화는 농업 생산력을 발전시키고 사회의 계층 분화를 촉진시켜 조선의 봉건 질서를 해체시키는데 이바지하였다. 또 영세 농민이 생계를 유지할 수 있게 하고 부유한 농민의 소득을 늘려 곡물의 상품화를 촉진시켰다.

시비법
토양이나 작물에 비료 성분을 공급하여 작물의 성장을 촉진시키는 농사법이다. 파종 전후 시기에 비료를 주는 기비법(밑거름)과 파종 후 작물이 자라는 동안에 비료를 주는 추비법(웃거름)의 두 종류가 있다.

축만제(경기 수원) 정조 때 만들어진 것으로서 호라고도 한다.

광작 경영과 상품 작물의 재배

이앙법과 견종법이 널리 보급됨으로써 노동력이 절감되어 한 사람이 경작할 수 있는 경지 면적이 늘어나게 되었다. 지주들도 직접 경작하는 토지를 넓혔지만, 자영농은 물론 소작농도 더 많은 농토를 경작하여 재산을 모을 수 있었다. 이에 따라 한 집에서 넓은 토지를 경작하는 광작(廣作)이 나타났다. 농민들 중 일부는 이러한 광작에 의해 소득이 늘어나 부농이 될 수 있었다.

그러나 일부 농민이 소득을 늘려 부자가 되는 경우도 있었지만, 토지를 잃고 몰락해 가는 농민도 증가하였다. 조세 부담, 고리채 이용 등으로 견딜 수 없게 된 가난한 농민은 싼 값에 토지를 내놓았고, 양반 관료, 지주, 부농들은 이 기회를 놓치지 않고 토지를 매입하였다.

지주들은 다수의 농지를 소작농에게 빌려주고 일부의 농지만 노비 등을 이용한 직영을 하였다. 점차 광작을 행하면서 빌려준 토지를 회수하여 집안 노비와 머슴을 이용한 직영 체제로 전환하였다. 특히, 부농층은 광작을 하면서 부족한 노동력을 임노동자들의 고용으로 채웠고, 시장 판매를 염두에 두면서 상업적 농업을 행하여 부를 축적해 갔다. 한편, 토비를 빌릴 수 없게 된 소작농들은 더 이상 농사일을 통해 생계를 유지할 수 없게 되었다.

자료 스페셜 상품 작물의 재배

농민이 밭에 심는 것은 곡물만이 아니다. 모시, 오이, 배추, 도라지 등의 농사도 잘 지으면 그 이익이 헤아릴 수 없이 많다. 도회지 주변에는 파밭, 마늘밭, 배추밭, 오이밭 등이 많다. 특히, 서도 지방의 담배밭, 북도 지방의 삼밭, 한산의 모시밭, 전주의 생강밭, 강진의 고구마밭, 황주의 지황밭에서의 수확은 모두 상상등전(上上等田)의 논에서 나는 수확보다 그 이익이 10배에 이른다. 요즘은 인삼도 모두 밭에 재배하는데, 이익이 천만 전이나 된다고 하니 토지의 질로써 말할 수 없다.

『경세유표』, 「진제」 11, 정전의 3

논갈이(김홍도, 단원풍속도)

대장간(김홍도, 단원풍속도) 대장간에서 공동 노동으로 작업하는 모습을 그렸다.

인삼밭 19세기 조선 주재 외교관이었던 칼스(W.R.Carles)의 한국 소개 책자에 수록된 김준근의 풍속화이다.

그리하여 농촌을 떠난 농민은 도시로 옮겨가 상공업에 종사하거나 임노동자가 되었으며, 광산이나 포구를 찾아가 임노동자가 되기도 하였다. 이러한 광작과 농민의 이동에 의하여 농민층의 분화가 촉진되었다.

18세기 경부터 상품 유통이 활발해지면서 농업 분야에서도 상품화를 전제로 한 상업적 농업이 발달하기 시작하였다. 이러한 현상은 인삼, 담배, 쌀, 면화, 과일, 채소, 약초 등의 재배에서 두드러졌다. 이들 작물들은 일반 곡물들보다 수익성이 높았으므로 재배가 확대되었으며, 이 가운데 인삼과 담배가 가장 인기 있는 작물이었다.

수출 상품으로 인기가 높았던 인삼은 개성을 중심으로 경기도, 전라도, 충청도, 경상도 각지에서 널리 재배되었고, 담배도 17세기에 일본에서 전래된 후 전라도 지방을 중심으로 전국에서 재배되었다. 서울 근교의 왕십리, 송파 등에서는 한양을 상대로 한 채소 재배가 활발하였다. 이 시기는 무엇보다 쌀의 상품화가 활발하여 장시에서 가장 많이 거래되었다.

전쟁을 겪으면서 기근에 대비한 구황 작물들의 필요성이 높아졌으며, 이에 고구마, 감자, 고추, 호박, 토마토 등 새로운 작물이 널리 재배되어 이전에 비해 먹거리가 많아졌다. 영조 39년(1763) 일본에 통신사로 간 조엄이 고구마를 들여왔으며, 감자는 청에서 전래되었다.

조엄 묘(강원 원주) 통신상 일행으로 일본으로 가 고구마를 들여왔다.

지주제의 변화와 지대의 변화

조선 후기에는 농업 생산력 발전에 따른 농민층의 분화 현상과 함께 토지를 둘러싼 소유와 경영 관계에도 변화가 나타났다. 18세기 말에 이르면 토지를 소작 농민에게 빌려주고 소작료를 받는 지주전호제가 일반화되었다. 양반 지주는 소작료를 거두어 생활하거나 소작료로 받은 쌀을 시장에 팔아 수익을 올렸다. 또, 토지에서 생기는 수입으로 토지 매입에 더욱 열중하였다. 이리하여 천석꾼, 만석꾼 등의 이름으로 불리는 지주도 나타났다.

양반 지주는 양반이면서 지주라는 신분적·경제적 지위를 이용하여 소작료와 그 밖의 부담을 소작농에게 강제하였다. 그러나 점차 소작농의 저항이 심해지자 소작 농의 소작권을 인정하고 소작료도 낮추거나 일정액으로 정하는 추세가 나타났다. 이렇게 지주와 소작농과의 관계에서 경제외적 강제가 약화되면서 신분적 관계보 다 경제적 관계가 강화되었다. 이는 소작농의 부담이 가벼워지면서 부농인 경우 농 업 경영을 통해 성장할 수 있는 가능성이 있음을 의미하였다.

조선 후기 지주전호제가 일반화되는 과정에서 직접 생산자인 소작농의 지주에 대한 부담이 점차 감소하는 형태로 진행되었다. 당시 지주제 하에서 소작농의 지 대는 타조법(打租法)이 일반적이었다. 타조법은 소작농이 일정한 비율, 즉 수확량의 1/2을 지주에게 지대로 내는 방식이었다. 타조법은 각종 토지세와 부가세를 일반 적으로 지주가 부담하여 생산 경비의 지주 부담률이 달랐으며, 해마다 농사 작황 에 따라 지주의 이윤이 달라졌으므로 지주가 농업 경영에 많이 관여하였다.

18세기에 들어와 농업 생산력이 발달하면서 도조법(睹租法)이 점차 확대되었다. 도조법은 지주와 소작농 사이에 일정한 지대액을 미리 정하여 농사의 풍작, 흉작 에 관계 없이 해마다 일정한 액수의 지대를 바치는 정액제였다. 도조법은 소작농 의 총 생산량 중에서 계약한 지대액을 뺀 나머지 분량을 자기 소유로 할 수 있게 됨 으로써 소작농들의 생산 의욕이 그만큼 높아졌다. 지주는 계약한 지대만을 수취하 면 되므로 소작농의 생산 과정을 간섭할 필요가 없어졌다.

도조법은 삼남 지방에서 가장 많이 적용되었고, 평안도, 함경도 지방에서는 압록 강, 대동강 등 주로 하천 유역의 관개 수로를 이용할 수 있는 지역에서 적용되었다. 이러한 도조법을 시행하던 일부 지역에서는 상품 화폐 경제의 발달에 힘입어 화폐 지대제로 바뀌는 현상이 나타났다.

타조법에서 도조법으로의 변화는 지주와 소작농의 관계가 전통적·신분적 관계 에서 순수한 경제적 관계로 바뀌어 감을 의미하며, 소작농이 이윤을 증대시킬 기 반을 마련하였다. 또, 이 과정에서 새로운 부농들이 등장할 수 있는 여건이 마련되 었다. 그러나 부농층의 등장으로 다수의 가난한 소작농들은 토지에서 밀려나 임노 동자로 전락하는 현상도 나타났다.

(2) 수공업과 광업의 발달

민영 수공업의 발달

조선 후기에는 농업의 변화 발전, 상품 화폐 경제의 발달과 함께 수공업도 발달 하였다. 이 때의 수공업은 기존의 관영 수공업이 쇠퇴하고, 민영 수공업이 성장하 는 추세로 나아갔다.

관영 수공업은 이미 16세기부터 무너지고 있었다. 관영 수공업은 공장안에 따라 장인을 등록하고, 이 장인들이 관영 수공업장에서 근무하는 형식으로 운영하였다. 그러나 16세기 이후 국역 체제가 해이해지고 국가 재정이 부족해지면서 장인이 관영 수공업장에서 이탈하는 현상이 나타났다. 이 현상은 임진왜란과 병자호란을 겪고 난 17세기 이후 더욱 확대되었다.

이와 같이 국가 기관에 속한 장인이 줄어든 대신, 국가에 장인세를 바치는 납포장(納布匠)이 늘어나 18세기 중엽에는 10만여 명을 헤아리게 되었다. 이들은 독자적인 수공업장 경영자로, 민영 수공업장의 기술 노동자로 포섭되어 갔다. 이들의 작업장은 흔히 점(店)으로 불리어 철기 수공업체는 철점, 사기 수공업체는 사기점 등으로 불리었다. 민영 수공업자들의 제품은 품질과 가격 면에서 관영 수공업자들의 것보다 우수하여 결국 정부도 몇몇 물품을 제외하고는 모두 민영 수공업자들을 임용하는 고용제를 채택하게 되었다. 이런 현상은 대동법 실시 이후 두드러졌다.

대동법과 민영 수공업은 서로 밀접한 관련을 가지면서 진행되었다. 국가는 공인(貢人)으로부터 관수품을 사들이고, 공인은 수공업자에게 주문하여 관수품을 제조,

동그릇 만들기(김준근, 조선풍속도 대장간) 대장간에서 쇳물을 이용하여 동그릇을 만들고 있다.

광산 모형도(울산박물관)

황해도 관찰사의 보고에 의하면, 수안에는 본래 금광이 다섯 곳이 있었다. 두 곳은 금맥이 다하였고, 세 곳만 금맥이 풍성하였다. 그런데 지난 해 장마가 심해 작업이 중지되어 광꾼들 대부분이 흩어졌다. 금년(1799) 여름에 새로이 39개소의 금혈을 팠는데, 550여 명의 광꾼이 모여들었다. 이들은 일부가 도내의 무뢰배들이지만, 대부분은 사방에서 이득을 쫓아 몰려온 무리이다. 그리하여 금점 앞에는 700여 채의 초막이 세워졌고, 광꾼과 그 가족, 좌고, 행상, 객주 등 인구도 1500여 명에 이른다. 갑자기 많은 사람들이 모여들어 그곳에서는 생필품의 값이 폭등하는 사태가 종종 일어나고 있다고 한다.
『비변사등록』

구입하였다. 때로 국가는 대규모 사업이 있을 때 장인을 임노동자로 고용하여 물품을 제조하게도 하였다.

　민영 수공업은 상인과도 연결되었다. 조선 후기 도시 경제가 발달하면서 수공업품의 수요가 늘자 상인들은 수공업품을 확보하려 하였다. 이때 대상인들은 수공업자에게 원료와 대금을 선대(先貸)해 주고 이를 상품으로 만들게 한 뒤 이들을 전부 인수하였다. 이를 선대제 수공업이라 하며, 대상인들을 물주(物主)라 하였다.

　18세기 후반에 이르면 수공업자 가운데서도 독자적으로 제품을 생산하고 이를 직접 판매하는 사람들이 생겨났다. 이러한 장인의 독립 현상은 철기와 유기 제조업에서 두드러졌다. 제조 규모가 컸던 것은 유기로서, 경기도 안성이 유명하였으며, '안성맞춤'이라는 말이 등장할 정도로 사람들에게 잘 알려졌다. 이 곳의 수공업자들은 자기 자본으로 공장을 설립하고 원료를 구입하였으며, 임노동자를 고용하여 분업에 의해 물품을 생산하였다.

유기전(농업박물관)

　수공업 발달은 주로 도시를 중심으로 나타났지만, 점차 농촌에서도 이루어졌다. 농촌 수공업은 일부가 자영 수공업으로 성장해 갔고, 농가 부업으로 하던 수공업도 전업화하였다. 농촌의 부업 수공업은 면직, 견직, 모시, 마직업 등 직물을 중심으로 발전하였다. 가내 수공업은 종전의 자가 수요와 조세 납부를 위한 생산에서 벗어나 점차 상품 생산의 단계로 접어들었고, 이를 전업으로 하는 농가도 나타났다.

민영 광산의 증가

　광산은 본래 정부가 독점하여 농민을 부역에 동원, 필요한 광물을 채굴하였으므로 개인의 채굴은 법으로 금지되었다. 그러나 17세기 중엽부터는 개인의 광산 개발을 허용하면서 세금을 받아내는 정책으로 바뀌어갔다. 이를 설점수세제(設店收稅制)라 한다. 이에 따라 민간에서의 광산 개발이 촉진되었다.

　청과의 무역에서 은의 수요가 늘어남에 따라 은광의 개발이 활기를 띠었다. 17세기 말에는 거의 70여 개소의 은광이 개발되었고, 18세기 말에는 상업 자본이 채굴과 제련이 용이한 사금 채굴에 몰리면서 금광의 개발도 활발해졌다.

　그러나 정부는 농민들이 광산에 몰려들어 농업에 지장을 주는 것을 원치 않았으므로 공개적인 채취를 금지하고 높은 세금을 부과하였다. 그러나 광산 개발은 이득이 많았기 때문에 금광과 은광을 몰래 개발하는 잠채(潛採)가 성행하였으며, 큰 자본을 모은 사람도 나왔다.

　조선 후기의 광산 경영은 경영 전문가인 덕대(德大)가 대개 상인 물주에게 자본을 받아 채굴업자(혈주)와 채굴 노동자, 제련 노동자(광군) 등을 고용하여 광물을 채굴하는 것이 일반적이었다. 이 작업은 분업에 토대를 둔 협업으로 진행되었다.

(1) 사상의 대두

난전의 등장과 금난전권

조선 후기에는 농업 생산력이 증대되고 수공업 생산이 활발해지면서 상품의 유통도 활성화되었다. 조세 및 소작료의 금납화, 인구의 증가와 인구의 도시 유입도 상품 화폐 경제의 발달을 촉진시켰다. 이 과정에서 등장한 조선 후기의 대표 상인이 공인과 사상(私商)이었다.

사상의 등장은 난전(亂廛)의 등장으로 거슬러 올라간다. 난전은 16세기 경에 생겨난 것으로 추정되는데, 시전 상인이 아닌 영세 소상인이 시전 외곽에서 여러 가지 교환 활동을 한 것을 말한다. 여기에 서울에 사는 도성민들, 훈련도감의 군인들, 각 관청의 관리, 노비들까지 적극적으로 참여하여 생계를 유지하였다.

난전이 임진왜란 이후 시전 상인들의 상권을 위협할 정도로 성장하자, 시전 상인들과 상권을 둘러싼 분쟁이 자주 일어났다. 시전 상인끼리도 취급 물품을 두고 다투었고, 시전 상인과 수공업자도 판매권을 놓고 다투었다. 이 가운데 차츰 대상인으로 자라나는 난전이 생겨났다. 한강을 무대로 매점 활동을 통해 부유한 상업 자본가로 성장한 경강상인(京江商人)이 대표적이다.

도성 안에서는 중소 신흥 상인들이 경제력이 강해지면서 시전 상인들의 상권을 침범하였고, 지방 일부 상인들은 세력가 양반과 결탁하여 시전 상권을 위협하였다. 특히 도성 일대에서는 서소문 밖 칠패와 동대문 밖 이현에 난전들이 자리 잡아 상거래의 새로운 중심지로 떠올랐다.

정부는 난전의 성행을 막고 시전을 보호 육성하기 위해 난전을 금하는 권리인 금난전권을 행사하였다. 난전의 관할 기관을 한성부로 이전하여 단속을 강화하였으며, 난전인 체포의 주체를 평시서와 한성부에서 시전 상인으로 바꾸었다. 이에 따라 가난한 영세 상인들은 시전의 독점 판매권과 금난전권에 걸려 생업이 위협받게 되었다.

시전 상인을 보호하여 국가 수요에 필요한 물자를 원활하게 공급받기 위해 정부가 행사한 금난전권은 난전의 반발에 부딪혔다. 시전 상인들은 금난전권에 굴하지 않고 대결하였고, 이미 상당한 자본력과 판매력을 가진 난전들이 조직적으로 저항하거나 세력가들과 결탁하기도 하였다.

난전
조선시대 시전(市廛) 대장에 들어 있지 않은 상인의 상행위나 상업 시설을 가리킨다. 국역을 지지 않으며 시전 상인들이 취급하는 물품을 매매하였다.

금난전권(禁亂廛權)
난전인을 잡아들일 수 있는 착납권과 난전물을 관에서 압수할 수 있는 속공권으로 이루어져 있는데, 착납권을 시전상인들이 행사할 수 있었다.

사상의 발전

난전이 성장하여 통제가 어려워지자 마침내 정조 15년(1791)에 신해통공을 발표하여 육의전을 제외한 시전 상인들의 금난전권을 철폐하였다. 이로써 사상은 육의전의 상품이 아닌 경우 자유롭게 시전 상인들과 경쟁

칠패 시장터(서울 중구)

하면서 판매할 수 있게 되었다.

　이들은 도성에서는 이현과 칠패, 종로 근방의 종루 등 3대 상가 지역에서 다양한 물품으로 일반 백성들을 상대로 상행위를 하였으며, 이들 덕분에 한양은 번화한 상업 도시로 변모하기 시작하였다. 상인들이 백성들을 상대로 호객 행위를 하는 현상까지도 나타났다.

　사상들은 한양에서 뿐만 아니라 전국의 지방 장시를 연결하며 물화를 교역하기도 하고, 전국 각지에 지점을 설치하여 판매를 확장하기도 하였다. 일부 사상들은 대외 무역에 참여하여 부를 축적하기도 하였다. 이러한 사상들 중 서울의 경강상인, 개성의 송상(松商), 동래의 내상(萊商), 의주의 만상(灣商), 평양의 유상(柳商) 등이 대표적인 거상이었다.

　경강상인은 한강을 이용하여 주로 서남 연해안을 오가며 미곡과, 소금, 어물 등을 거래하여 이익을 취하였고, 운수와 조선을 통해서 큰 돈을 벌기도 하였다. 경강상인의 활동으로 한양으로 통하는 한강 일대의 뚝섬에서 양화진까지 상 행위를 하는 많은 나루터가 생겨났으며, 도성 밖에 많은 새로운 촌락이 건설되었다.

　개성의 송상은 전국에 송방(松房)이라는 지점을 설치하여 활동 기반을 강화하였는데, 주로 인삼을 재배, 판매하였다. 또 청·일간 중개 무역에 깊이 관여하여 부를 축적하기도 하였다.

한양 남대문 밖 칠패 시장의 모습

　전반적인 상업의 발달로 도고(都賈)라는 독점적 도매상인이 출현하였다. 도고는 시전 상인, 서울의 사상, 공인들 가운데서 등장하였고, 지방 상업 도시에서도 나타났다. 도고 상인들은 그들의 우세한 자본력과 정부와의 관계를 바탕으로 조직적이고 대규모적인 방법을 통하여 막대한 자본을 축적해 갔다. 이들은 이익이 된다면 상품을 매점매석하는 일이 자주 있었다. 그 중에서도 쌀의 매점매석은 쌀값 폭등을 가져와 도시 빈민들의 폭동을 야기하기도 하였다.

자료 스페셜　난전에서 사상으로

○ 국가가 백성을 부리는 방법은 외방에서는 농민을 중시하고 서울에서는 시전 상인을 중시하여 마땅히 일에 따라 두둔하였다. 그러나 요즘 난전의 폐단이 날로 늘어나고 달로 성행하니 장차 교정할 수 없다. 군문 소속과 세력가 노자(奴子)들을 잡아 심문을 하면 해당 아문에서 오히려 잡아들인 사람을 심문하는 일이 있다. 또한 잡혔을 때 놓칠 것을 번거롭게 여겨 찾아서 내어줄 때 침책(侵責)이 매우 많다. 따라서 시전 상인들이 장차 파시(罷市)의 지경에 이른다.　　『비변사등록』, 영조 17년 6월 10일

○ 요즘 재해로 지방 쌀값이 계속 오른다. 강가 모리배들이 앞 다투어 쌓아둔 쌀을 남쪽으로 내려 보낸다. … 부유한 상인 가운데 몰래 곡식을 쌓아둔 자들은 연이은 풍년 속에 약간만 재해가 있어도 잇속을 차릴 수 있는 좋은 기회라고 파악하였다. 배와 말에 곡식을 실어 다른 도, 다른 지역까지 수송하고 때를 타 물가 폭등의 계책으로 삼는다. … 쌀값이 크게 오른 곳에 며칠에 걸쳐 쌀을 나누어 보내는데, 그것이 몇천 포인지 알 수 없다. 만약 이를 내버려두고 금지하지 않는다면 강상에 쌓아둔 곡식이 계속 흘러나와 서울의 백성들이 굶게 될 것이다.　　『비변사등록』, 영조 38년 6월 27일

(2) 장시의 발달과 포구의 상업 활동

장시의 발달

장시는 15세기 말에 전라도 지방에서 발생하여 16세기에는 전국적으로 확대되었으며, 18세기 중엽에는 전국에 1,000여개 소의 장시가 생겨났다. 한 군현에 평균 3~4개의 장시가 형성됨을 의미한다. 이렇듯 장시가 형성된 기반은 토지에 대한 농민의 소유권이 안정, 강화된 데에서 비롯되었고, 농민들의 잉여 물자가 늘고 유통이 활발해지면서 상거래가 활발하게 일어났기 때문이다.

장시는 보통 5일마다 열리는 5일장이 주류를 이루었으며, 인근 주민들이 농산물과 수공업 제품 등을 교환하였고, 보부상들이 먼 지방의 특산물을 가져와 팔기도 하였다. 보부상들은 장시를 중심으로 생산자와 소비자를 이어주는 역할을 한 행상으로, 장날의 차이를 이용하여 일정 지역 안이나 전국의 장시를 무대로 활동하였다. 이러한 장시는 장날에 인근 주민들을 모음으로써 시장의 기능뿐만 아니라 농민들의 정보 교환과 각종 놀이와 축제의 장이 되기도 하였다.

장시는 대부분 정기 시장이었으나, 대도시나 주변 교통의 요지, 지방 행정과 상업의 중심지 등의 일부가 상설 시장으로 발전하였다. 서울의 3대시(종루, 이현, 칠패)를 비롯하여 광주(廣州) 송파장, 은진 강경장, 평창 대화장, 봉산 은파장, 박천 진두장, 창원 마산장 등이 대표적인 상설 시장이었다.

서울의 3대 장시에서는 각 지방의 토산품은 물론 외국 상품까지도 거래되었으며, 이에 힘입어 교역의 중심이 육의전에서 장시로 옮겨졌다. 서울 주변의 장시도 크게 발달하였다. 송파, 누원 등은 지방 상품이 서울에 들어오는 길목으로, 송파는 관동과 삼남 지방에서 상품이 들어왔으며, 누원은 동북 지역인 원산을 통해 어물과 포물이 들어왔다. 이 곳들은 상설 시장으로 성장하여 이를 근거로 활동하던 사상들은 도성 내 시전 상인을 위협할 정도로 커졌다. 이들 시장을 거점으로 활동하는 중간 도매 상인 중도아(中都兒)도 등장하였다.

문헌에 따른 각 도별 장시 현황

문헌\n도	동국문헌비고	만기요람	임원경제지	도로고
경기도	102	102	92	102
충청도	157	157	157	158
전라도	215	214	187	215
경상도	276	276	269	278
강원도	68	68	51	68
황해도	82	82	109	82
평안도	134	134	143	142
함경도	28	28	43	28
합계	1,062	1,061	1,052	1,073

보부상(김준근, 조선풍속도)

조선 후기 장시 모습(한국상업사박물관)

만금을 손쉽게 얻은 허생이 집에도 가지 않고, '안성은 경기도와 호남의 갈림길이고 삼남의 요충이렷다' 하면서 그 길로 내려가 안성에 거처를 마련하였다. 다음날부터 그는 시장에 나가 대추, 밤, 감, 배, 석류, 귤, 유자 따위 과일이란 과일을 모두 거두어 샀다. … 그리고 사는 대로 한정없이 곳간에 쌓아 두었다. 이렇게되자 오래지않아 나라안의 고일이란 과일은 모두 바닥이 났다. … 과일 장수들은 허생에게 달려와서 과일을 겨우 얻을 형편이 되었고 허생은 저장해 둔 과일들을 10배 이상으로 팔았다.

박지원, 「허생전」

포구의 상업 활동

조선 후기에는 포구에서의 상업 활동이 활발하여 새로운 상업 중심지로 성장하였다. 포구의 상거래는 장시보다 규모가 훨씬 컸다. 종래 포구는 세곡이나 소작료를 운송하는 기지의 기능을 하였으나, 18세기에 이르러 강경포, 원산포, 마산포 등의 포구들이 상업의 중심지가 되었다. 이들 포구를 거점으로 선상(船商), 객주(客主), 여각(旅閣) 등이 활발한 상행위를 하였다.

선상은 선박을 이용해 각 지방의 물품을 구입해 와 포구에서 처분하였는데, 운송업에 종사하다가 대상인으로 성장한 경강상인이 대표적인 선상이었다. 선상의 성장은 배의 수송 능력이 커지고 해로가 개척된 데다 수상 운수가 발달한 당시의 상황에서 가능하였다.

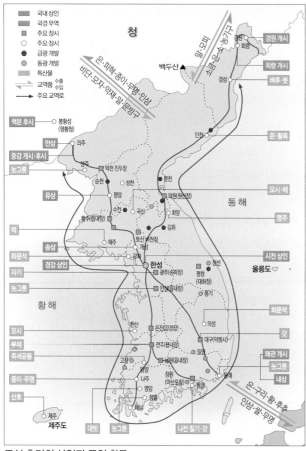

조선 후기의 상업과 무역 활동

객주와 여각

포구에서 활동하던 객주와 여각은 각 지방의 선상이 물화를 싣고 포구에 들어오면 그 상품의 매매를 중개하고, 부수적으로 운송, 보관, 숙박, 금융 등의 영업도 하였다. 객주와 여각은 지방의 큰 장시에도 있었으며, 일부의 객주는 거부로 성장하였다.

한편, 18세기 말 19세기 초에는 한강 포구, 칠성포, 강경포 같은 큰 포구와 아울러 작은 포구들도 상품 유통의 거점으로 변해 갔다. 19세기에 신설된 포구는 상업적 이윤 추구를 위하여 포구주인층(浦口主人層, 객주와 여각)에 의해 적극적으로 설치되었다. 상품 유통의 기생적 존재인 객주와 여각은 점차 상품 유통을 직접 장악하고 선상을 지배 하에 두며 도고 상인으로까지 활동하기도 하였다.

자료 스페셜 **포구의 상업 활동**

우리는 경강민인데, 김포 선척이 서울에 도착하면, 그들을 접대하고 대가를 받는 여객 주인업으로 살아간다. 여객 주인권을 400냥으로 매입한 지 몇 년이 되었다. 이른바 접객의 도는 어떤 물종을 막론하고 경강에 싣고 온 것은 여객 주인의 이해에 따라 간검(검사)하는 것이 팔강민(한강변 백성)의 통행 규칙이다. 그런데 북부 자내의 망원, 합정 양계인과 서강 농암민들이 어선을 자기 쪽으로 정박할 계책을 세워 서로 송사로 다투고 있다. 빙어선은 여러 강에서 원래 정한 주인에 따라 정박케 하고, 경성의 무뢰 중도아배가 중간에서 억지로 모아 강민의 생업을 강제로 빼앗지 않도록 해야 한다.

규장각 고문서, 『한성부처분』

(3) 화폐 경제의 발달

화폐의 보급과 확대

조선 후기 상공업의 발달은 교환의 매개로서 금속 화폐, 즉 동전의 유통이 활성화되는 결과를 가져 왔다. 정부도 화폐의 유통에 힘써 인조 때 동전을 만들어 개성을 중심으로 통용시킨 다음 효종 때는 이를 널리 유통시켰다.

숙종 4년(1678)에는 상평통보라는 동전을 주조하였는데, 18세기 후반에는 전국적으로 유통되기에 이르렀다. 그러나 동전 주조 당시에는 여전히 금속 화폐의 대종을 이룬 것은 은자(銀子)였으며, 미(米)·포(布)가 현물 화폐로서 민간에 광범위하게 사용되었다. 따라서 동전은 보조적 기능을 하는데 그쳤다.

18세기 후반이 되면 대동미와 기타 조세, 소작료가 금납화되고, 지대도 화폐로 지불되면서 동전은 중요한 유통 수단이 되었다. 이 때가 되면 누구나 상평통보만 가지면 물건을 살 수 있게 되었다. 그리하여 종래 현물 화폐로 통용되던 면포도 이제는 교환 수단이 아니라 품질과 길이에 따라 가격이 결정되는 상품으로서 매매 대상이 되었다.

국가의 재정 운영도 동전을 기반으로 하였다. 교환 경제의 발전으로 동전 수요량이 공급량을 넘어서게 되었고, 이 과정에서 동전의 구매력이 상승하였다. 이제 동전은 유일한 화폐로 기능하게 되었다.

조선 후기 동전의 유통은 상거래를 활성화시켰고, 결과적으로 시장권의 확대에 크게 기여하였다. 그러나 동전을 매개로 한 상업 활동이 활기를 띠었음에도 불구하고 당시의 지배층은 농업 중심의 경제 체제를 지키고자 하였으므로 조선 후기 경제 변동은 일정한 한계를 넘어서지 못하였다.

상평통보 숙종 4년(1678) 정부가 동전 유통을 결정한 뒤 호조, 상평청, 진휼청 등 각 관청과 훈련도감, 어영청, 금위영 등 군영에서 주조하도록 하여 전국에 유통시켰다.

동전꾸러미(국립중앙박물관)

전황의 발생

동전이 전국적으로 유통되면서 동전은 교환 수단일 뿐 아니라 재산 축적의 수단으로 이용되었다. 화폐의 보급은 상품 유

자료 스페셜 화폐의 보급

○ **동전의 유통**

전화(錢貨)가 유통된 뒤부터 풍속이 날로 경박해지고 물가는 날로 오른다. 심지어 나물 캐는 할미와 소금을 굽는 아이들까지도 모두 곡식을 버리고 돈을 구하려 합니다. 농민들은 곡물을 가지고도 필요한 물품으로 바꿀 수 없어서 부득이 곡물을 헐값에 팔아서 돈을 가진다.

『숙종실록』, 권62, 숙종 44년 윤 8월 무신

○ **전황**

호조판서 이성원이 아뢰되 "종전에 허다하게 주전한 전화는 결코 그 해에 한꺼번에 쓸 리가 없으며, 경외(京外) 각 아문의 예비 재정도 어제 오늘 일이 아닌데 최근 전황이 더욱 심하니, 신의 생각에 이것은 부상대고가 때를 타서 화폐를 숨겨 반드시 이익을 노리고자 한 것으로 보입니다."

『비변사등록』 정조 6년 11월 7일

통과 교환 경제를 활성화시키는데 크게 기여하였으나, 한편으로는 심각한 사회 문제를 불러일으키기도 하였다. 일부 양반, 상인이나 지주들은 화폐의 구매력이 높아지면서 많은 화폐를 감추어두고 고리대의 방식으로 부를 늘려갔으며, 사사로이 화폐를 주조하여 사용하는 사례가 많았다.

국가가 동전을 대량으로 발행했는 데도 시중에서 제대로 유통되지 않아 동전 부족 현상이 나타났는데, 이를 전황(錢荒)이라 한다. 이는 18세기 초부터 19세기 초에 걸쳐 지속적으로 나타났다.

정부는 전황을 수습하기 위해 현물 화폐와 동전을 병용하도록 했으나, 전황은 오히려 더 악화되었다. 전황의 수습은 현물 화폐인 면포의 사용을 포기하고 동전을 유일한 통화로 인정하면서 시작되었다. 대규모 주전이 이루어져 필요 통화량의 부족이 해소되었고, 국가가 주전량을 관리하는 대책도 마련되었다.

그러나 18세기 후반에 전황이 다시 발생하였다. 교환 경제의 주도권이 공인과 시전 상인으로부터 사상으로 넘어가는 과정에서 나타났다. 사상의 상업 자본이 공인과 시전 상인의 자본을 압도하면서 공시인(貢市人)의 자금이 부족해졌는데, 이른바 공시전황(貢市錢荒)이다.

정부는 공시전황을 해소하기 위해 자금을 대여하여 공시인을 직접 지원하기도 하였으나, 일시적인 효과에 그쳤다. 사상이 시전 상인을 앞서 상업 활동을 주도하는 한 동전의 불균등한 편제는 여전하였다. 결국 정부는 금난전권을 폐지하고, 상인들 간의 자유 경쟁을 유도하여 화폐의 원활한 유통을 꾀하는 정책을 실시하기도 하였으나 문제가 완전히 해결되지는 않았다.

화폐 유통이 가져온 부에 대한 욕구와 전황, 그리고 가속화된 빈부격차 등은 18세기 중엽 이후 심각한 사회 문제로 인식되어 이익을 비롯한 많은 사람들이 화폐의 공로를 인정하면서도 그 부정적 기능에 대하여 상당한 우려를 나타냈다. 일부에서는 화폐 폐지론도 등장하였다.

화폐 주조량

연대	화폐 주조량
영조 48~50년 (1772~4)	850,000냥
정조 9~13년 (1785~9)	850,000냥
순조 7년(1807)	300,000냥
순조 13년(1813)	65,000냥
순조 14년(1814)	326,400냥
순조 16~17년 (1816~7)	520,000여냥
순조 25년(1825)	367,500냥
순조 30년(1830)	733,600냥
순조 32년(1832)	784,300냥
철종 6년(1855)	1,571,500냥
철종 8년(1857)	916,000냥
합계	7,284,300 여냥

실학자 이익(李瀷, 1681~1763)의 폐전론(廢錢論)

지금 돈을 사용한 지가 40년 밖에 되지 않았다. 사용하기 이전의 손해는 어느 정도였고, 사용한 이후의 이득은 어느 정도였는가? 백성들의 재산은 날마다 없어지고, 백성들의 풍습은 날로 각박해지며, 나라의 저축은 날마다 줄어들어드니, 이익이 되고 해가 되는 바를 대강 알 수 있다. 다만 세금을 징수하는데 편리하기 때문에 유익한 점이 많다고 한다. 그러나 백성들에게 손해가 되는데, 국가에게 어찌 이익이 될 수 있겠는가. …… 백성들은 1년 내내 부지런히 곡식을 생산한다 하더라도 수확량은 한정되어 있고 남들과 상대할 때에는 돈을 사용하는 데가 많으니, 돈과 바꾸지 않으면 쓸 수가 없다. 풍년과 흉년이 있고 봄과 가을이 있어, 한 번 비싸지고 싸지는 동안에 이익을 쫓는 장사꾼들이 교묘히 농간을 부릴 수 있다. 그리하여 저 상인들은 더욱 부자가 되고 이 농민들은 더욱 가난하게 되는 것이다.

– 이익, 『성호사설』(星湖僿說) –

(1) 청과의 무역

개시무역과 후시무역

국내 상업의 발달과 함께 대외 무역도 활기를 띠었다. 17세기 중엽부터 청과의 무역이 활발해지면서 국경 지대를 중심으로 공적으로 허용된 무역인 개시(開市)와 사적인 무역인 후시(後市)가 이루어졌다. 중강 개시, 북관 개시, 중강 후시, 책문 후시 등이 대표적이다.

중강 개시는 선조때 류성룡의 건의에 따라 요동 지방에서 군량과 마필을 조달하기 위해 개설되었다. 인조 24년(1646) 청나라가 소금, 종이와 농우를 교역해 달라고 요청하면서 활기를 띠게 되었다.

북관 개시는 인조 때 개설되어 250여 년간 존속되었다. 병자호란 후, 청이 필요한 물자를 공급받으려는 현실적 필요에 따라 조선에 개시를 요구하였고, 조선이 이를 받아들였다. 18세기 후반 이후에는 양국 상인 사이에 물자를 원활하게 매매할 수 있는 계기가 되어 경제적 성격을 띠었다.

청과의 교역에서는 양국 물가의 차이에 따라 무역 상인들이 높은 이윤을 얻을 수 있었다. 면포, 은, 구리, 주철 등 거래에 따라 10배의 이익을 낼 수 있는 상품들이 주로 무역 상품이 되었다.

무역의 확대와 상품 화폐 경제의 발달로 후시도 나타났다. 기본적으로 정부가 사무역을 금지하였으나, 교역의 이익이 컸기 때문에 사상 중심의 사무역이 활발하게 전개되었다. 중강 후시, 책문 후시 등이 대표적인 후시였다. 책문 후시의 경우, 개성 상인과 의주 상인들이 사신 일행이 되돌아올 때 책문(봉황성 부근) 밖까지 마중 가서 짐을 실어오는 일을 했기 때문에 압록강을 건너다니며 무역을 하였다.

17세기 말이 되면 책문 후시가 급속하게 확대되어 숙종 14년(1688)에는 조선 정부에서 오가는 사람들에게 세금을 징수하면서 사실상 묵인하였다. 책문 후시가 공식적으로 인정된 것이다. 조선의 수출품은 금, 은, 인삼, 종이, 명주 등이었고, 수입품은 비단, 약재, 문방구, 모자, 신발류 등이었다. 특히, 은의 수출이

북관개시
처음에는 회령개시가 인조 때 해마다 열렸으나 뒤에 경원개시도 열리게 되었다. 회령에서 단독으로 열리면 단개시, 두 곳에서 동시에 열리면 쌍시라 불렀다. 그리고 이를 통칭하여 북관개시 또는 북도개시라 했다.

봉황성(중국 요녕) 책문후시 근처에 있다.

개성상인 거래 장부(국립중앙박물관)

자료 스페셜 대청 무역과 책문 후시

숙종 26년 (청국) 예부에 청하여 중강 후시를 혁파하였으나, 책문후시는 지금까지 행한다. …… 사행이 책문을 출입할 때는 의주상인과 개성상인 등이 은, 인삼을 몰래 가지고 인부나 마필 속에 섞여들어 물종을 팔아 이익을 취하였다. 되돌아올 때는 걸음을 일부러 늦추어 사신을 먼저 책문으로 나아가게 하여 거리낄 것이 없게 한 후에 저희 마음대로 매매하고 돌아오는데, 이것을 책문 후시라 한다.

『만기요람』, 「재용편」 5, 책문후시

활발하였다. 은의 경우 공무역, 사무역을 합하면 연간 청과의 거래량이 50만~60만 냥에 이르렀다. 정부가 후시 무역을 정식으로 인정한 것은 무역을 독점하기 위해 사무역을 억압하던 방식에서 벗어나 오히려 사무역을 활성화하여 조세 수입의 확대를 꾀하였기 때문이다.

사상들은 이러한 무역 활동을 통해 부를 축적하였다. 특히, 개성 상인(송상)과 의주 상인(만상)은 은광 등의 광산업과 인삼업에 투자하여 국내 상품 생산과 유통에 큰 영향을 끼쳤다. 은과 인삼은 무역 결제 수단이었으므로 개성 상인들이 이들 부문을 적극 개발하였기 때문이다.

개시와 후시는 17세기 이후 국내 상품 화폐 경제의 발달을 배경으로 조공 무역에서 상품 경제로 전환하는 동시에 국내 산업과 유통에도 촉진제가 되었다. 그러므로 조선 후기 상품 화폐 경제의 발달에 큰 영향을 끼쳤다.

(2) 일본과의 무역

일본과의 무역 재개와 중개 무역의 발달

임진왜란 이후 단절된 일본과의 관계는 기유약조(1609)를 계기로 정상화되었다. 쓰시마 섬을 매개로 조선이 일본과 무역을 재개하면서 처음에는 왜관 개시를 통한 대일 무역이 활발하게 이루어졌다. 조선은 인삼, 쌀, 무명 등을 팔고, 청에서 수입한 물품들을 넘겨주는 중개 무역을 하였다. 반면 일본에서는 은, 구리, 유황, 후추 등을 수입하였다.

17세기 이후 중국에서 명·청 세력 교체가 일어났지만, 중개 무역의 중심지로서 조선의 위치는 변하지 않았다. 특히, 17세기 후반 청이 중국 대륙 전체를 장악하여 안정기에 접어들면서 일본과의 중개 무역은 임진왜란 이전과 달리 사무역이 주도하였다.

일본은 중국산 비단과 원사, 조선의 인삼을 수입하면서 은을 수출하였는데, 그 양은 숙종 12년(1686)의 10여 톤을 정점으로 매년 7~8톤 가량의 은이 조선에 유입되었다. 중개 무역을 통한 은의 유입은 조선에 여러 가지 영향을 끼쳤다. 중개 무역을 통한 경제적 이득이 높아지자 17세기 초 수많은 상인들과 잠상들이 대거 동래로 몰려들기도 하였다. 이로 인하여 왜관의 잠상 무역이 공공연하게 이루어졌다.

중국과 일본 사이에서 중개 무역을 독점한 조선은 18세기 중반까지 막대한 경제적 이익을 보았다. 그러나 일본에서 점차 은의 대량 유출에 대한 우려가 나타나고, 은화의 순도를 낮춘 악화를 발행하는 등 통제 정책을 실시하자 상황이 달라졌다. 더욱이 1730년대 도쿠가와 바쿠후가 나가사키로부터 중국 남경에 이르는 직접 무역로를 개설하면서 쓰시마 섬과 동래를 연결하는 중개 무역이 크게 위축되었다. 결국 왜란 이후 100여 년 동안 조선에 막대한 이익을 안겨 주었던 중개 무역은 쇠퇴의 길로 접어들게 되었다.

잠상(潛商)
조선 시대 법령으로 금지하는 물건을 몰래 매매하는 장사 행위 혹은 상인을 가리킴. 조선 시대의 잠상율에 의하면 왜관에서 인삼을 밀무역한 잠상은 모두 왜관 앞에서 참형에 처했다고 한다.

4 조선 후기의 문화

1. 성리학의 절대화와 양명학의 수용
2. 실학의 발달과 국학연구
3. 과학 기술의 발달
4. 문학과 예술의 새 경향

허준

택리지(이중환) 우리나라 각 지방의 자연환경, 물산, 풍속, 인심 등을 서술하였다.

『동의보감(東醫寶鑑)』의 반포

전교하기를, "양평군 허준은 일찍이 선조(先朝) 때 의방(醫方)을 찬집하라는 명을 특별히 받들고 몇 년 동안 자료를 수집하였는데, 심지어는 유배되어 옮겨 다니고 유리(流離)하는 가운데서도 그 일을 쉬지 않고 하여 이제 비로소 책으로 엮어 올렸다. … 이 방서를 내의원으로 하여금 국을 설치해 속히 인출케 한 다음 중외에 널리 배포토록 하라." 하였다.

– 『광해군일기』 권32, 2년(1609) 8월 6일 무인 –

실학(實學), 새로운 학문이 꽃피우다.

정약용   박지원

(1) 성리학의 절대화 경향

성리학의 절대화

사문난적(斯文亂賊)
유교에서 교리를 어지럽히고 사상에 어긋나는 행동을 하는 사람을 일컫는 용어이다.

인조반정 이후 서인은 당시 조선 사회가 안고 있던 모순을 해결하기 위해 명분론을 강화하고 성리학을 절대화하였다. 특히, 붕당 정치의 진행 과정에서 '폐모살제(廢母殺弟)'를 내세워 광해군과 북인을 몰아내고 집권에 성공한 서인들은 명·청 교체기의 대외 정책에서도 '복수설치(復讐雪恥)'의 대의명분을 내세워 주자의 존화양이적 명분론을 강화시켰다.

반면, 17세기 후반부터는 성리학을 상대화하고 6경과 제자백가 등에서 사회적 모순 해결의 단서를 찾으려는 사상적 경향도 나타났다. 윤휴는 주자의 경전 해석을 그대로 따르지 않고 한나라 시기의 주석과 해설을 참조하여 독자적인 주장을 펼쳤으며, 박세당은 『사변록』을 통해 주자의 경전 해석을 비판하고 주자의 『사서집주』와는 다른 자기만의 『대학』, 『중용』에 대한 해석을 내놓았다. 윤휴와 박세당은 주자의 학문 체계와 다른 주장을 했기 때문에 당시 서인 노론의 공격을 받아 사문난적으로 몰리기도 하였다. 특히 이들의 탈주자적 경전 해석은 서인 노론의 영수 송시열의 격렬한 비판을 받았다.

박세당(1629~1703)

자료 스페셜 성리학의 두 라이벌 – 송시열과 윤휴

○ **송시열**

박세당(朴世堂)은 윤증(尹拯)의 당여(黨與)이다. 자기보다 나은 사람을 시기하고 괴벽한 행동을 하는 자로 항상 남의 뒤에 있는 것을 부끄러워하더니, 청환(淸宦)에서 탈락된 뒤에는 분한 마음을 품고 물러나서 감히 한 권의 책을 지어 『사변록』(思辨錄)'이라 하였다. 주자(朱子)의 『사서집주』(四書集註)를 공격하고, 심지어 『중용』에서는 제멋대로 장구(章句)를 고쳤으니, 한 결같이 윤휴의 투식(套式)을 그대로 이어받았다. 그리고 이경석의 비문을 짓고 선생을 모욕함이 매우 도리에 어긋났으므로 관학 유생 홍계적(洪啓迪)이 많은 선비를 거느리고 상소하여 그 글을 거두어다가 불 속에 넣고 성현과 선정(先正)을 모독한 죄를 다스리고자 청하였다. 임금(숙종)께서 "박세당이 성현을 모독하고 선정을 헐뜯음이 이런 지경까지 이르렀으니 사문(斯文)에 관계되므로 결코 내버려두기 어려운 일이다"라고 비답하고, 해당 부서에 명하여 처리하라고 하였다.

– 송시열, 『송자대전』(宋子大全) 권11 –

○ **윤휴**

나의 저술 의도는 주자와 해석과 다른 이설(異說)을 제기하려는 것보다 의문점을 몇 가지 기록했을 뿐이다. 만약 내가 주자 당시에 태어나 제자의 예를 갖추었더라도 감히 구차하게 부화뇌동하여 전혀 의문점을 해소하기를 구하지 못하고 찬탄만 하고 앉아 있지는 못했으리라. 반드시 반복하여 질문하고 생각해서 분명하게 이해하기를 기대했을 것이다. 만약 전혀 의심하지 않고 애매한 점을 놓아둔 채 뇌동한다면 존신(尊信)하는 점은 허위에 귀착될 뿐이니, 주자가 어찌 이와 같았겠는가? 나는 단지 친구들과 더불어 강론하여 뒷날의 이해가 점차 나아지기를 기다렸을 뿐이다. 그런데 근래에 송시열이 이단이라고 배척하였다. 송시열의 학문은 전혀 의심을 내지 않고, 주자의 가르침이라면 덮어놓고 의론(議論)을 용납하지 않으니, 비록 존신하다 하더라도 이 어찌 실제로 체득하였다고 할 수 있겠는가?

– 윤휴, 『도학원류속』(道學原流續) –

이와 같이 양난 이후 조선 후기의 위기를 극복해 가는 동안 성리학은 절대적인 사상 체계로 자리 잡았고, 다른 사상에 대해서는 독선적이고 배타적 성향을 나타냈다. 성리학 자체는 이기론, 심성론 등의 이론적 연구가 깊어지면서 사단칠정론을 비롯한 주리론과 주기론을 둘러싼 학파 간 논쟁이 펼쳐졌다. 논쟁이 이어질수록 성리학은 철학적으로 수준 높은 경지에 올라 학문적으로 발달하였으나, 현실적, 실증적 측면보다 사변적, 형이상학적 경향을 강하게 띠었다.

만동묘(충북 괴산) 송시열의 유명으로 명나라의 신종, 의종을 위해 세운 사당이다.

이기론의 전개와 호락 논쟁

16세기 성리학 사상과 이념에 철저한 사림이 집권하고, 성리학에 대한 이해가 깊어지면서 학자들은 인간 본성에 대한 깊이 있는 연구와 철학적인 논쟁을 벌였다. 16세기 후반에는 이황 학파와 이이 학파 사이에 이기론(理氣論)에 대한 논쟁이 일어났다. 이것이 17세기에 이르면 이황을 정점으로 삼는 영남학파와 이이를 정점으로 삼는 기호학파의 학파적 성격이 선명하게 대립되었다.

17세기 후반에서 18세기 전반에 걸쳐 영남학파와 기호학파의 테두리 안에서 각각 인성(人性)과 물성(物性)이 같은 지 다른 지에 따르는 인물성동이론(人物性同異論)이 학설상의 중요한 쟁점으로 대두하였다. 이 쟁점은 영남학파에서 먼저 발생하였으나, 제한된 범위에서의 토론에 머물고 말았다. 그러나 기호학파에서는 이 논쟁이 지속적으로 심화되고 확산되어 호서지역(湖論)과 서울지역(洛論)로 분열되면서 이 시기 성리학의 가장 큰 특징으로 주목되었다.

한원진(1682~1751)

영조 때 한원진과 윤봉구를 대표로 하는 충청도 노론은 인성과 물성을 다르다고 보는 인물성이론(人物性異論)을 주장하였고(湖論), 이간, 김창협, 박필주, 김원행 등이 중심인 서울 노론(낙론)은 인성과 물성이 같다는 인물성동론(人物性同論)을 내세웠다(洛論). 이에 따라 호론은 인성과 물성을 구별하면서 중화와 오랑캐를 분리시켜 청을 오랑캐, 조선을 중화의 전통을 이은 정통으로 간주하는 의리론과 명분론의 입장에 있었다. 낙론은 보다 권력에 근접한 현실 정치인들의 입장으로, 오랑캐인 청을 인정할 수 밖에 없는 현실적 입장에서 차별성보다는 동일성을 본질적인 것으로 보고 개방적 문화를 열어 주었다.

한편, 소론은 절충적 성격을 지닌 성혼의 사상을 계승하고 양명학과 노장 사상 등을 수용하는 등 성리학의 이해에 탄력성을 보였다.

(2) 새로운 학문의 등장

18세기 이후 성리학의 학문적 전개

17세기 이후 성리학의 교조화는 일부 진보적 학자들에 의해 도전을 받았다. 주자의 경전 해석을 비판하며 유교 경전을 독자적으로 해석한 윤휴, 박세당은 정권에서 물러났고, 송시열을 추종하는 서인 노론 계열이 정권을 유지하며 성리학의 절대성이 더욱 강화되었다.

그러나 18세기 호락 논쟁이 전개된 이후 학문적 탐구의 대상이 인간에서 자연계에까지 확산되었으며, 마침내 유기론(唯氣論)과 유리론(唯理論)까지 나와 철학적 깊이가 더해졌다. 유기론은 우주 만물의 구성 요소로 기(氣)의 절대성을 내세운 기일원론(氣一元論)이며, 유리론은 이에 대하여 이(理)의 절대성을 내세운 이일원론(理一元論)이다.

유기론은 임성주에 의해 발전하였는데, 자연의 본질은 물질적인 기(氣)로서, 자연계의 형성과 운동 변화는 모두 기의 작용이라고 보았다. 사람의 성품 역시 기의 작용이며, 그것이 곧 기질이라는 것이다. 이어 최한기는 유기론에 토대를 두고 독특한 운기화(運氣化)의 경험 철학을 내세웠는데, 그의 철학은 후에 개화파 사상가들의 사상 형성에 영향을 주었다.

한편, 유리론은 이(理)의 절대성을 내세운 이일원론(理一元論)으로서, 기(氣)는 이(理) 앞에서만 활동하고 이(理)를 떠날 수 없기 때문에 기(氣)의 독자성을 인정할 수 없다는 것이다. 대표적 학자는 기정진으로서, 리(理)의 입장에 호락 논쟁을 종합해 보고자 하였다. 대개 유리론은 근대의 위정 척사 사상으로 연결되었다.

양명학의 수용

양명학은 명나라의 왕양명(왕수인)이 주창한 새로운 유학 사상이다. '심즉리(心卽理)'를 내세워 인간의 마음에 우주의 보편적 원리인 천리(天理)가 내재해 있다고 여기고, 이러한 심(心)의 이상적 가치를 실현시키는 것을 '치양지(致良知)'라 하였다. 누구에게나 있는 마음의 가치를 중요시한 양명학은 실천을 중요시하며 이를 '지행합일(知行合一)'로 표현하였다.

성리학에 대한 비판 속에서 등장한 양명학은 중종 때에 조선에 전래되었다. 그러나 이황이 양명학을 이단으로 비판하면서 조선 중기 이후의 양명학은 독자성을 지닌 학문으로 발전하지 못하였다. 17세기 초 최명길과 장유 등에 의해 서서히 관심의 대상이 되었지만, 성리학 일변도의 학문하는 자세와 방법, 무비판적 맹종에 대한 문제 제기 수준에서 그쳤다.

17세기 말 최석정을 비롯한 소론계 학자들 사이에서 양명학이 논의되면서 학문적 논의가 시작되었으며, 18세기 초 정제두에 이르러 조선의 양명학이 집대성되었다. 그는 양명학을 체계적으로 연구하여 학파로 발전시켰지만, 소론이 정치적으로

윤휴(1617~1680)

최한기 (1803~1877)
조선 후기 실학자로 이규경, 김정호 등과 교류하였다. 유교 경전의 이론적 성향보다 인간의 경험과 인식을 중요시하였다. 그의 경험론적 성향은 서양의 과학 기술 도입에 적극적이었고, 『해국도지』·『영환지략』을 참조하여 1857년에 『지구전요』를 편찬하기도 하였다.

강화 학파

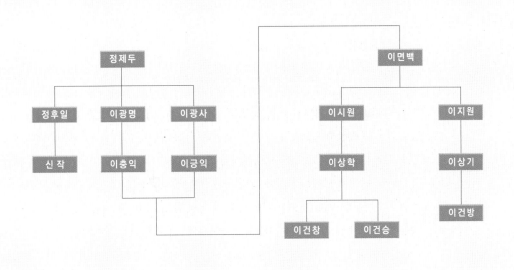

몰락하면서 '강화학파'로서의 명맥을 유지하며 소론의 가학(家學)으로 전승되었다.

정제두와 그 문인들이 강화학파를 이룬 것은 숙종 35년(1709) 8월에 강화도로 이주하면서부터였다. 그는 강화도에서 자기만의 학문적 경지를 개척하였다. 일반 민을 도덕 실천의 주체로 인정하였으며, 양반 신분제를 폐지하자고 주장하기도 하였다.

이후 강화학파는 양명학을 바탕으로 역사학, 국어학, 서화, 문학 등에서 새로운 경지를 개척해 갔으며, 실학자들과도 영향을 주고받았다. 정제두의 문하에서 이광

정제두 묘(인천 강화)

신, 이광사, 이광려, 이긍익, 정동유 등이 배출되었으며, 조선 말기에 이르러 이건방, 이건창, 박은식, 정인보까지 학풍이 이어졌다. 특히, 박은식은 양명학과 대동사상을 토대로 『유교구신론』을 저술하여 개신 유학을 주장하기도 하였다.

자료 스페셜   양명학(陽明學)

지(知)는 심(心)의 본체이다. 심은 자연히 지를 모이게 한다. 아버지를 보면 자연히 효(孝)를 안다. 형을 보면 자연히 제(悌, 형제 간 우애)를 안다. 어린 아이가 우물에 들어가려는 것을 보면 자연히 측은함을 안다. 이것이 양지(良知)이다. 마음 바깥에서 미루어 알 수 있는 것이 아니다. … 양지라는 것은 맹자가 이른바 '시비(是非)의 마음은 모든 사람이 지니고 있다.'고 한 것이다. 시비의 마음은 생각을 기다려서 아는 것이 아니고, 배워서 알 수 있는 것이 아니다. 그러므로 양지라 한다.

『하곡집』, 존언

(1) 실학의 등장

배경

조선 후기 학문과 사상에서 나타난 새로운 경향 중에 대표적인 것은 실학의 발달이었다. 실학은 17~18세기 사회 · 경제적 변동에 따른 사회 모순의 해결책을 구상하는 과정에서 대두한 학문과 사회 개혁론이었다. 그러므로 실학자들은 체제 유지를 위한 임시변통의 정책보다 정치 · 경제 제도의 근본적인 개혁을 주장하였다. 여기에는 토지 제도를 비롯하여 수취 체제, 행정 체계, 군사 조직 등 사회 전반에 걸친 내용이 포함되어 있었다.

이러한 새로운 운동은 이수광, 한백겸 등에 의해 선구적으로 제기되었다. 17세기 초 몇몇 지식인들은 6경을 중심으로 한 유학을 바탕으로 이단을 포용하며 수기치인(修己治人)의 실천적 성리학을 세우고 이를 실학이라 불렀다. 이 시기 실학을 처음으로 이론화한 인물이 이수광이었다.

이수광은 『지봉유설』을 저술하여 중국과 우리나라의 문화적 전통을 폭 넓게 정리함으로써 우리가 중국과 대등한 선진국임을 자랑하였다. 그가 자부하는 민족 문화는 유교의 전통뿐만 아니라 경제, 사회, 종교, 과학 기술을 모두 포괄하는 것이었다. 그는 인조 초 12조의 상소를 올려 실학에 의한 여러 개혁안을 제시하였다.

한백겸은 주자의 주석에 구애되지 않고 독자적으로 6경을 해석하여 당시 학문 사회에 신선한 충격을 주었으며, 『동국지리지』를 저술하여 역사지리 연구의 단서를 열어 놓았다. 그 외에 유몽인은 화폐의 유통, 은광의 개발, 선박 · 수레 · 벽돌의 사용 등을 주장하여 유통 경제 활성화를 통한 부국강병을 주장하기도 하였다. 당대의 지식인들 사이에 유몽인과 유사한 주장들이 등장하였는데, 이것이 후에 북학론으로 발전하게 되었다.

17세기 후반 성리학의 교조화에 따라 학문 분야도 경직되면서 실학의 논의는 침체되었다. 그러나 성리학 일변도의 분위기에서도 서인과의 경쟁에서 밀려나 서울과 가까운 경기도 일대에 흩어져 살던 남인들이 초기 실학자들의 사상을 꾸준히 계승, 발전시키면서 실학의 학풍을 계승하였다.

(2) 농업 중심의 개혁론

유형원과 이익의 개혁론

18세기 전반 집권 세력이 성리학 위주의 정책과 체제를 유지하고 있는 가운데에서 농촌과 농업 중심의 개혁을 들고 나와 농민의 입장에서 토지 제도의 개혁을 비롯한 각종 제도 개혁을 추구한 학자들이 등장하였다. 이들을 '경세치용(經世致用) 학파'라고 한다. 이들은 정치, 경제, 사회 전면에서 개혁이 이루어져야 함을 역설하면

『지봉유설(芝峰類說)』
광해군 6년(1614) 이수광이 편찬한 백과 사전류의 저서이다. 서양 문물에 대한 견문과 세계 여러 나라 문화에 대한 관심이 들어나 있다. 내용은 천문, 지리, 관직, 경서, 인물, 인사, 동식물 등 다양한 분야를 다루고 있다.

지봉유설

서도 농촌 경제의 안정을 위한 토지제도 개혁을 중요시하였다.

이 개혁론의 선구자는 17세기 후반에 활동한 유형원이었다. 그는 일생을 농촌에 묻혀 살면서 학문 연구에 몰두하고 『반계수록』을 저술하였다. 그는 학문 연구를 통해 당시 사회의 모순을 해결하고자 하였으며, 이러한 관점에서 성리학에 기반을 둔 통치 원리를 비판하였다. 그리고 신분제 유지의 기반인 노비제를 폐지할 것을 주장하였고, 양반 문벌 제도, 과거 제도의 모순을 비판하기도 하였다. 그러나 한편으로 양반층의 존재를 인정하여 노비제를 한꺼번에 혁파하지 않는 가운데 고공(雇工) 제도로 대체할 것을 주장하였다.

반계수록 유형원의 저서로 전제·교선·임관·직관·녹제·병제 등으로 나누어 서술하였다. 전체 구성은 26권 13책이다.

유형원의 토지 제도 개혁론은 균전론이었다. 조선 후기 지주나 부농에 의한 토지 소유의 편중, 자영농의 몰락으로 인한 농촌의 빈곤과 빈부 격차의 심화 등의 농촌 문제를 해결하기 위한 방안이었다. 균전론의 핵심은 토지 재분배를 통한 자영농의 육성으로, 유형원은 토지 공유의 실현, 결부제 폐지, 경무법(頃畝法) 실시를 대전제로 하고, 그 위에서 토지 재분배를 구상하였다.

그는 농가 1호당 1경의 토지를 분배하고, 4경에서 1명의 군인과 3명의 보인을 나오게 하여 병농을 일치시킬 것을 주장하였으며, 토지는 사망시에 국가에 회수하는 것을 원칙으로 하였다. 한편, 토지의 지급에 있어서 선비에게는 2~4경을, 관리는 품계에 따라 더 지급하도록 하고 수공업자와 상인에게는 농민의 절반에 해당하는 토지를 줄 것을 주장하였다. 이는 신분과 직역에 따라 차등이 있는 토지 재분배의 주장이었다.

유형원 유적지(전북 부안) 유형원은 벼슬길에 오르지 않고 부안으로 내려가 그곳에 살면서 농촌 사회의 현실을 체험하였다.

유형원의 뒤를 이어 토지 제도 개혁론을 한층 발전시킨 사람은 18세기 전반에 주로 활동한 이익이었다. 그는 유형원의 실학 사상을 계승, 발전시키면서 많은 제자를 길러내 '성호학파'를 형성하였으며, 『성호사설』, 『곽우록』 등의 저서를 통해

자료 스페셜   중농학파의 농업 중심의 개혁론

○ **유형원의 균전론(均田論)**

옛날의 정전법은 아주 이상적인 제도이다. 토지의 경리가 한번 바로잡히면 만사가 모두 제대로 되어 백성은 일정한 직업을 갖게 되고, 군사 행정에는 도피자를 찾는 폐단이 없어지며, 귀천 상하가 모두 자기 직책을 갖게 될 것이므로 민심이 안정되고 풍속이 도타워질 것이다. … 토지제도는 결부법을 폐지하고 경무법을 쓴다. 면적은 사방 백보를 1무로 하여 100무를 1경으로 하고, 4경을 1전으로 한다. 농부 한 사람이 1경의 토지를 받으며 법에 따라 조세를 내고, 매 4경마다 군인 1인을 내게 한다. 사(士)로서 처음 학교에 입학한 자는 2경의 토지를 받고 내사에 들어간 자는 4경을 받되 병역 의무는 면제한다. 현직 관료는 9품~7품까지는 6경, 정 2품의 12경까지 조금씩 더 준다. … 토지를 받은 자가 사망하면 토지를 국가에 반납하되, 대부, 사(士)는 사후 3년 뒤 반납하고, 군(軍), 민(民)은 사후 100일 뒤에 반환하며, 자손이 물려받을 수 있는 자는 당연히 그 토지를 받고, 남은 토지는 다른 사람이 받게 한다.

『반계수록』 전제(田制)

○ **이익의 한전론(限田論)**

국가는 마땅히 한 집의 생활에 맞추어 재산을 계산해서 한전(限田) 몇 부(負)를 1호의 영업전으로 하여 당나라의 제도처럼 한다. 그러나 땅이 많은 자는 빼앗아 줄이지 않고 미치지 못하는 자도 더 주지 않으며, 돈이 있어 사고자 하는 자는 비록 천백 결이라도 허락해 주고, 땅이 많아 팔고자 하는 자는 다만 영업전 몇 부 이외에는 허락하여 준다.

『곽우록』 균전론

이익(경기 남양주, 실학박물관)

성호사설
천지, 만물, 인사, 경사. 시문 등 5개 부문으로 나누어 우리나라 및 중국의 문화를 백과사전식으로 소개하고 비판하고 있다.

성호사설

목민심서와 경세유표

목민심서
정약용의 대표적인 저서로 지방관이 지켜야 할 지침과 지방관리들의 폐해를 지적하고 있다. 조선 후기 지방 실정과 농민의 실태를 연구하는데 중요한 자료가 되고 있다.

자신의 개혁 사상을 표출하였다.

그는 유형원보다 한 단계 더 나아가 노비제 폐지뿐만 아니라 노비의 관직 참여도 허용할 것을 주장하였다. 양반들의 횡포와 사회 문제를 지적하고 양반에 대한 신분적 비판을 가하여 특권이나 체면 유지의 비합리적, 비인간적인 면을 지적하였다. 그리고 노비 제도, 과거 제도, 양반 문벌 제도, 사치와 미신, 승려, 게으름 등 나라를 좀 먹는 여섯 가지의 폐단을 언급하기도 하였다.

이익은 토지의 사유를 인정하되 소유 면적의 제한을 설정하자는 한전론(限田論)을 제기하였다. 토지 몇 부(負)를 정하여 1호의 영업전(永業田)으로 삼고, 이 영업전은 법으로 매매를 금지하자고 하였다. 영업전 이외의 토지가 많아 팔고자 하는 자는 영업전 외의 토지에 대하여 매매를 인정하였으며, 영업전의 기준량에 미달하면 토지를 팔지 못하도록 하였다. 그러나 이는 현실적인 토지 소유를 인정한 바탕 위에서 제시된 타협적 방안이었으므로, 당시 토지 소유 관계의 문제점을 완벽하게 해결하는 방안은 아니었다.

정약용의 개혁론

이익의 실학사상을 계승하여 실학을 집대성한 학자는 정약용이다. 그는 정조의 총애를 받은 남인 학자였지만, 순조가 즉위하자 1801년 신유사옥 때 전라도 강진으로 유배를 당하여 학문에 전념하였다. 그후 말년에 이르기까지 지방 행정의 개혁에 대하여 저술한『목민심서』와 중앙 행정의 개혁에 대하여 저술한『경세유표』등을 비롯하여 약 500여 권의 저서를 남겼다.

정약용은『주례』에 나타난 주나라 제도를 모범으로 하여 중앙과 지방의 정치 제도를 개혁할 것을 주장하였다. 그에 의하면 정치적 실권은 군주가 가지되, 군주가 수령을 매개로 백성을 직접 다스리고, 백성의 자주권을 최대로 보장하여 아랫사람이 통치자를 추대하는 형식에 의해 권력이 구성되어야 한다고 하였다. 통치자의 권력이 하늘에서 내려온 것이 아니라 백성들의 합의에 의해 위임된 것이라는 인식이 나온 것이다.

토지 제도 개혁론으로 그는 여전론(閭田論)과 정전론(井田論)을 제시하였다. 그는 토지 분배의 원칙은 농업에 종사하는 자만이 토지를 소유해야 한다는 것이라며 그러기 위해서 여전제를 실시해야 한다고 주장하였다. 그는 여전론을 실시하여 자연촌을 단위로 하나의 여(閭)를 만들어 여장(閭長)을 두고, 여장의 관리 하에 지역 내 농민이 토지를 공동으로 소유하고 공동으로 경작하며 수확을 노동량에 따라 공동 분배하자고 주장하였다. 이렇게 해야 토지의 생산성이 최대한 개발되며 자연히 백성들의 생활이 넉넉해지고 풍속도 좋아진다고 하였다.

여전론은 기존의 지주제를 폐지해야 한다는 전제 하에 이루어진 것이며 동시에 능력과 노동력에 따른 소득 분배의 원칙까지 제시되어 있다. 따라서 당시 현실에

정약용(1762~1863)

정약용 생가 (경기 남양주) 뒷편에 정약용의 묘가 있다.

다산초당 강진에 유배당한 정약용이 거주하면서 학문을 연구했던 곳이다.

서는 당장 실현이 불가능한 이상적 개혁안이었음을 그 자신도 알고 있었다.

정약용은 여전론의 실행이 어렵다면 현실적으로 가능한 방안으로서 정전제을 시행하자고 하였다. 본래 정전제는 중국의 고대 국가에서 실시하였다고 전해지는 토지 제도로서, 토지의 한 구역을 정(井)자로 9등분하여 8구획을 8개의 농가에게 하나씩 지급하여 농사짓게 하고, 가운데 한 구획은 공동 경작하여 국가에 조세로 바치게 한 제도로 알려져 있다.

그는 이를 조선의 현실에 맞게 적용하자고 한 것이었다. 즉, 일정한 지역 안에서 8개의 사전을 두고 1개의 공전을 두어 정전제의 '경자유전(耕者有田)' 원칙을 반영하자는 것이다. 그는 여전히 농토는 농사짓는 자에게만 주어져야 한다는 원칙을 천명하고, 분배는 경작 능력에 따를 것을 주장하였다. 즉 가족 노동력을 기준으로 하여 노동력이 많은 가족에게 토지를 더 많이 분배하도록 한 것이다. 그리고 이 정전제를 실현하기 위해 장기적으로 국가가 토지 국유화를 추진할 것을 구상하였다.

조선 후기 주로 남인 계통의 실학자들에 의해 제기된 토지제도 개혁론은 단순한 이상론이 아니라 구체적 현실 문제를 해결하기 위해 제시된 사회개혁론이었다. 궁극적으로 지주제를 해체하고 농민들에게 토지를 나누어주어 농민경제를 안정시키고자 한 이 개혁안들은 정치적으로 소외된 남인 중심으로 제시된 것들이었으므로 실제 정책에 반영되지는 못하였으나, 근대 지향적인 개혁안으로 평가할 수 있다.

자료 스페셜 정약용의 여전론(閭田論)

이제 농사짓는 사람은 토지를 가지게 하고, 농사짓지 않는 사람은 토지를 가지지 못하게 하려면 여전제를 실시해야 한다. 산골짜기와 냇물의 지세를 기준으로 구역을 획정하여 경계를 삼고, 그 경계선 안에 포괄되어 있는 지역을 1여(閭)로 한다. … 1여마다 여장(閭長)을 두며 무릇 1여의 인민이 공동으로 경작하도록 하고, 내 땅 네 땅의 구별을 없이 하며 여장의 명령에만 따른다. 여민들이 농경하는 경우 여장은 매일 개개인의 노동량을 장부에 기록해 두었다가 가을이 되면 오곡의 수확물을 모두 여장의 집에 가져온 다음 분배한다. 이때 먼저 국가에 바치는 세를 제하고, 다음에는 여장의 봉급을 제하며, 나머지를 가지고 노동 일수에 따라 여민에게 분배한다.

『여유당전서』, 「전론」3

(2) 상공업 중심의 개혁론

상공업 중심의 개혁론의 등장

조선은 농업을 기반으로 운영된 왕조였으므로 조선 시대 전반에 걸쳐 농업을 본업이라 하여 중시한 반면 상공업은 말업이라 하여 경시하였다. 그러나 조선 후기 사회 경제 체제의 변동과 상품 화폐 경제의 발달로 인하여 유학자들의 상공업에 대한 생각이 변하면서 상공업 진흥을 통한 부국강병을 주장하는 학자들이 등장하였다. 이에 따라 토지 문제를 중심으로 사회 개혁을 추구하던 실학자들의 일부는 토지 제도 개혁과 병행하여 상업을 일으키고 공업을 발전시켜야 하며, 외부로부터의 기술 개발과 도입에도 적극 노력해야 한다는 주장도 나왔다. 특히, 청나라 문물의 수용을 주장하였으므로 이들을 '북학파'라고 부르며, '이용후생(利用厚生) 학파'라고도 한다.

농업 중심의 토지 제도 개혁을 주장했던 유형원은 상공업을 농업의 부차적 부문으로 생각했으나, 상설 점포의 설치와 화폐의 유통을 주장하는 등의 발전적 인식을 보여 주었다. 이익은 동전 폐지론을 주장하였으나, 이는 화폐 유통이 소농 경제를 파괴하는 것을 우려한 주장으로 상공업 발전 자체를 반대하지는 않았다.

적극적으로 상공업 진흥을 주장했던 선구적인 학자는 18세기 전반의 유수원이었다. 그는 『우서』를 저술하여 상업의 진흥과 화폐의 유통을 강조하였으며, 사농공상의 사민(四民)이 신분과 상관 없이 직업에 따라 구분되어야 하며 평등화와 전문화가 이루어져야 한다고 주장하였다. 상점 개설, 우마차 이용, 광업, 수산업, 과수업, 목축업 등을 통한 증산과 소상인의 합자에 의한 자본 확대 방안도 내세웠다. 농업 분야에서는 무리한 토지개혁보다 상업적 경영과 기술 혁신을 통하여 생산성을 높여야 한다고 보았다. 그러나 상공업 발달로 야기될 수 있는 물자의 낭비와 가격 조작을 방지하기 위해 상업 활동을 국가가 통제해야 한다고 생각하였다.

상공업 중심의 개혁론의 전개

유수원의 선구적인 주장 이후 18세기 중엽에 이르면 중앙의 학계를 주도하고 있던 노론의 일각에서 성리학을 계승하면서도 시대 변화를 능동적으로 수용하려는 움직임이 일어났다. 청나라 문물의 수용을 통해 부국강병을 추구하자는 북학파가 본격적으로 등장한 것이다. 그리하여 북학파의 실학 사상은 18세기 후반 홍대용, 박지원, 박제가 등에 의하여 크게 발전하였다.

홍대용은 청에 왕래하면서 얻은 경험을 토대로 『임하경륜』, 『의산문답』, 『연의산문답기』 등의 저술을 남겼는데, 놀고먹는 선비들이 생산 활동에 종사할 것을 역설하였고, 성인 남자들에게 토지를 나누어 줄 것, 병농일치의 군대 조직을 만들자는 것 등을 주장하였다. 그리고 중국이 세계의 중심이라는 당시 지식인의 세계관을 거부하고, 만약 공자가 중국에서 태어나지 않았다면 그 곳의 역사를 중심으로 『춘추』

홍대용(1731~1783) 청나라 엄성이 그렸다.

의산문답(醫山問答)
홍대용이 청나라의 베이징을 다녀온 뒤 저술한 자연과학서이다. 가상 인물인 실옹(實翁)과 허자(虛子)가 펼치는 대담 형식으로 되어 있는데, 홍대용 자신을 대변하는 실옹과 전통에 매몰되어 진리를 보지 못하는 당시의 조선 지식인을 모델로 한 허자가 나누는 대화가 이어진다.

박지원(1737~1805)

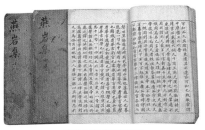
연암집 가운데 열하일기 부분

박제가(1750~1805) 중국 청나라 화가 라빙이 북경에서 박제가와의 헤어짐을 아쉬워서 그린 초상화이다.

를 썼을 것이라고 말하였다. 더 나아가 기술 혁신과 문벌 제도의 철폐, 그리고 성리학의 극복이 부국강병의 근본이라고 강조하였다.

박지원은 청에 다녀와『열하일기』를 저술하여 청의 문물을 소개하고 자신의 사회, 문화, 역사에 대한 소신을 전개하였으며,『과농소초』등 농업 관계 저서도 편찬하였다. 그는 농업 분야에서는 한전론을 내세우며 토지 제도 개혁을 인정하면서도 상업적 농업의 장려, 영농 방법의 혁신, 농기구의 개량 등 기술적 측면의 개선을 통한 농업 생산력 증대에 더 많은 관심을 보였다.

북학의 조선 사회에 대한 분석과 대안 제시가 엿보인다. 당시 조선에 비해 선진적인 것으로 평가되는 청나라의 문물을 배우자는 주장을 피력하였다.

또 상공업 진흥을 강조하면서 수레와 선박의 이용, 화폐 유통의 필요성 등을 주장하고, 양반 문벌 제도의 비생산성을 비판하였다. 아울러 상공업의 진흥을 위한 기술을 청나라에서 적극적으로 도입해야 한다고 하였으며, 국내 무역과 대외 무역을 함께 진흥해야 한다고 주장하였다.

박지원의 실학사상은 그의 제자 박제가에 의하여 더욱 확충되었다. 박제가는 청나라에 다녀온 후『북학의』를 저술하여 청의 문물을 적극적으로 수용할 것을 제창하였다. 더 나아가 그는 청에 무역선을 파견하여 바다로 통상의 길을 열고, 중국에서 행하는 세계 무역에 참여해야 한다고 하였다. 그 외에 상공업의 발달, 수레와 선박의 이용, 벽돌의 이용 등을 역설하였다. 특히, 그는 생산과 소비의 관계를 우물의

자료 스페셜 중상 학파의 상공업 중심의 개혁론

○ **유수원의 상공업 진흥론**

지금 양반이 명분상으로는 상공업에 종사하는 것을 부끄러워하지만 그들의 비루한 행동은 상공업자보다 심하다. 학문이 없어도 세력만 있으면 부정하게 과거에 합격하고, 그렇지 않으면 음직을 바라거나 공물의 방납과 고리대를 하거나 뇌물을 빼앗기 위한 소송이나 벌이면서 생활을 영위하거나, 그렇지 않으면 억지로 수령 자리를 얻어 토색질을 하고 전지와 노비를 많이 가져 가계를 이룰 수 있으니 이것이 모두 비리가 아닐 수 없다. … 상공업은 말업이라 하지만 본래 부정하거나 비루한 일은 아니다. 상공업은 재간 없고 덕망 없음을 안 사람이 관직에 나가지 않고 스스로의 노력으로 물품 교역에 종사하며 남에게서 얻지 않고 자기 힘으로 먹고 사는 것인데, 어찌 천하거나 더러운 일이겠는가.

『우서』권7, 논선혜대동(論宣惠大同)

○ **박제가의 소비론**

대체로 재물은 비유하건대 샘과 같다. 퍼내면 차고 버려두면 말라버린다. 그러므로 비단옷을 입지 않아서 나라에 비단 짜는 사람이 없게 되면 여공이 쇠퇴하고, 쭈그러진 그릇을 싫어하지 않고 기교를 숭상하지 않아서 나라에 공장(工匠)의 도야(陶冶)하는 사람이 없게 되면 기예가 망하게 되며, 농사가 황폐해져서 법을 잃게 되므로 사농공상의 서민이 모두 곤궁하여 서로 구제할 수 없게 된다.

『북학의』,「내편」, 시정

물에 비유하면서 생산을 자극하기 위해서는 절약보다 소비를 권장해야 한다고 주장하였다.

농업 중심의 개혁론자였던 정약용도 농본주의를 극복한 새로운 농업관과 상공업관을 제시하였다. 전통적인 논농사 이외에 상품 작물의 재배를 포함한 상업적 농업을 강조하였으며, 상공업을 도시에 집중해 발전시키되 특권과 독점이 아닌 자유경쟁의 원리에 맡겨야 한다고 주장하였다. 또 화폐 제조와 유통을 건의하고 금, 은의 해외 유출을 금지하자는 주장도 하였다.

조선 후기 상공업 중심의 개혁론은 당시 진행된 상공업의 발달에 주목하여 상공업 진흥과 토지 제도 개혁을 함께 추진하면서 전체 산업의 균형적 발전을 도모하려는 실용적인 방안이었다. 그리고 당시 신분제 변화 현상과 맞물리면서 유교적 직업관과 신분관을 타파해 가는 교두보 역할을 하였으며, 이러한 북학파의 개혁사상은 정조의 정책에 반영되기도 하였다.

19세기를 전후하여 크게 융성하였던 실학 사상은 실증적, 민족적, 근대 지향적 성격을 지닌 학문이었다. 특히, 북학파 실학 사상은 19세기 후반에 개화 사상으로 이어졌다.

(3) 국학 연구의 확대

역사 연구의 확대

실학의 발달과 함께 민족의 전통과 현실에 대한 관심이 심화되면서 우리의 역사, 지리, 국어 등을 연구하는 국학이 발달하였다. 청의 중국 지배와 함께 중국 중심의 세계관이 흔들리면서 중국 의존도에서 탈피, 자주적, 주체적 흐름이 나타난 결과였다.

17세기에는 이수광의 『지봉유설』, 조정이 지은 『동사보유』 등이 주체적 역사 의식을 강조하는 내용을 담았다. 이수광은 우리 역사의 유구성을 강조하고 문화 수준도 중국과 대등하다고 하였으며, 한반도에 비정해 온 고대의 여러 지명이 사실은 만주에 있었다고 하였다. 조정은 『삼국유사』의 신화, 전설 등을 대폭 수용하여 단군에서 고려 말에 이르는 역사에 대한 자부심을 일깨워 주었다.

18세기에 이르면 우리 역사의 주체성을 내세우는 많은 역사서들이 편찬되었으며, 역사 서술에서도 철저한 문헌 고증을 통해 역사학의 수준을 한 단계 높인 서적들도 나타났다. 홍만종의 『동국역대총목』은 단군을 정통 국가의 시발로 하여 기자

자료 스페셜 조선 후기의 역사서

삼국사에서 신라를 으뜸으로 한 것은 신라가 가장 먼저 건국되었고, 뒤에 고구려와 백제를 통합하였으며, 고려는 신라를 계승하였으므로 편찬한 것이 모두 신라의 남은 문적(文籍)을 근거로 하였기 때문이다. 그러므로 편찬한 내용이 신라에 대하여는 약간 자세히 갖추어져 있고, 백제에 대하여는 겨우 세대만을 기록했을 뿐 없는 것이 많다. … 고구려의 강대하고 현저함은 백제에 비할 바가 아니며, 신라가 차처한 땅의 일부는 남쪽에 불과할 뿐이다. 그러므로 김씨(김부식)는 신라사에 쓰여진 고구려 땅을 근거로 했을 뿐이다.

『동사강목』

-마한-통일신라로 이어진다고 보았는데, 이러한 단군 정통론은 이익과 안정복에 계승되었다.

이익은 실증적, 비판적 역사 서술을 제시하고 중국 중심의 역사를 벗어나 우리 역사를 체계화할 것을 주장하였으며, 이익의 제자 안정복은 조선 후기 실증적 역사 연구를 집대성한 『동사강목』을 편찬하였다. 『동사강목』은 고조선부터 고려말까지의 역사를 서술한 것으로 우리 역사의 독자적 정통론을 세워 이를 체계화한 조선 후기의 대표적인 역사서이다.

이긍익의 『연려실기술』은 400여 종의 야사를 참고하여 조선 왕조의 정치사를 객관적으로 서술하고 우리 역대의 문화를 백과사전식으로 정리하였다. 한치윤은 500여 종의 중국 및 일본 자료를 참고한 후, 『해동역사』를 편찬하여 민족사 인식의 폭을 넓히는데 기여하였다.

한편, 이종휘는 『동사』에서 고구려의 전통을 강조하였고, 유득공은 『발해고』에서 발해를 신라와 대등한 국가로 인정하여 남북국사로 체계화하였다. 이들의 저서는 고대사 연구의 시야를 만주까지 확대시킴으로써 한반도 중심의 좁은 사관을 극복하는데 힘썼다.

역사에 대한 관심은 금석문에 대한 관심도 유발하여 영조 때 홍양호는 진흥왕 순수비와 능비, 묘비 등을 연구하였다. 이어 김정희는 『금석과안록』을 지어 북한산비를 비롯한 진흥왕 순수비를 소개하였다.

지리, 국어 연구의 확대

실학의 발달과 함께 우리 것에 대한 관심이 높아지면서 우리 국토 지리와 국어 연구가 확대되었다. 특히, 국토에 대한 연구가 활발하여 우수한 지리서가 편찬되고 정밀한 지도가 제작되었다.

국가 차원에서 만들어진 관찬 지리지로, 영조 때 『동국여지승람』을 보완하여 『여지도서』라는 방대한 지리지가 완성되었다. 군·현별로 읍지도가 첨부되었다는 점에서 발전적 면모를 보여준다.

관찬 지리지가 국방이나 재정 등 주로 행정적 편의를 위해 만들어진 것이라면, 개인이 편찬한 민간 지리지는 각 지방의 자연과 풍속, 인심, 물산 등 인문 지리적 지식을 얻기 위해 편찬되었다. 한백겸의 『동국지리지』, 정약용의 『아방강역고』 등의 역사 지리서가 나왔고, 인문지리서로는 이중환의 『택리지』가 편찬되었다. 『택리지』는 풍수지리를 바탕으로 우리 국토를 작은 구역으로 나누고 각 지역의 인심, 산천, 풍속, 인물 등을 소개하고 있으며, 자연과 인간의 관계를 인과론적으로 이해하려 하였다. 이 책은 우리 국토에 관한 종합적 인문 지리서로 가치가 높으며, 이후 근대 지리학과 사회학에 큰 영향을 주었다.

한편 중국에서 서양식 지도가 전래되고 상공업의 발달과 서민 문화의 향상에 힘

동사강목(東史綱目)
편년체 역사서이나 『자치통감강목』의 형식을 빌어 강과 목으로 구분하여 서술하였다. 한국사의 정통이 고조선 → 마한 → 고려로 이어지는 것으로 파악하였다.

동사강목

발해고(실학박물관) 통일신라와 발해를 남북국으로 나눈 최초의 사서이다.

김정희(1786~1856)

택리지(擇里志)
이중환이 만든 인문지리서로, 책의 내용은 팔도총론과 복거총론 2편으로 나누어져 있다. 「팔도총론」에서는 전국을 8도로 나누어 그 지리를 논하고 그 지방의 지역성을 출신 인물과 결부시켜 서술하였으며, 「복거총론」에서는 살기 좋은 곳을 택하고 그 입지조건을 들어 타당성을 설명하였다.

입어 각 지방의 산업과 문화에 대한 관심이 높아지면서 정밀하고 과학적인 지도가 많이 제작되었다. 정상기의 『동국지도』는 최초로 100리척을 사용하여 정확하고 과학적인 지도 제작에 공헌하였다. 김정호의 『대동여지도』는 산맥, 하천, 포구, 도로망의 표시가 정밀하고, 거리를 알 수 있도록 10리마다 눈금으로 표시하였으며, 목판으로 인쇄되었다.

우리나라 지도뿐만 아니라 서양에서 전래된 세계 지도도 수입되어 세계에 대한 지식을 한층 정확하게 가질 수 있었다. 1603년 명나라로 간 사신이 마테오 리치가 제작한 『곤여만국전도』를 가져온 이후 페르비스트의 『곤여전도』 등 다양한 세계 지도가 들어와 중국 중심의 세계관을 벗어나는데 큰 영향을 주었다.

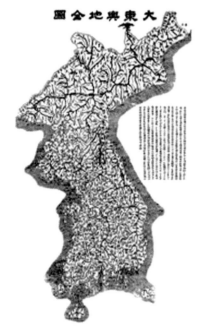

김정호의 대동여지전도

국어 연구도 활발하였다. 신경준의 『훈민정음운해』, 유희의 『언문지』 등이 나왔고, 우리의 방언과 몽골어, 만주어, 타이어, 베트남어, 거란어 등 해외의 언어를 정리한 이의봉의 『고금석림』도 편찬되었다. 한자의 음운서로는 이서구와 이덕무가 엮은 『규장전운』이 뛰어났다.

조선 후기에는 실학이 발달하고 문화 인식의 폭이 넓어짐에 따라 우리의 전통 문화를 널리 정리하여 중국에 뒤지지 않는 문화 국가임을 자부하려는 욕구와 방대한 자료 수집 능력이 결합되어 백과 사전류의 저서가 많이 편찬되었다. 이 계통의 선구적 저서는 이수광의 『지봉유설』이며, 뒤를 이어 18, 19세기에 이익의 『성호사설』, 이덕무의 『청장관전서』, 서유구의 『임원경제지』, 이규경의 『오주연문장전산고』 등이 나왔다.

영 · 정조 때에는 국가적 사업으로 『동국문헌비고』가 편찬되었는데, 250권의 방대한 분량을 차지하고 있으며, 우리나라 역대 문물 제도를 총망라한 최초의 한국학 백과 사전이다.

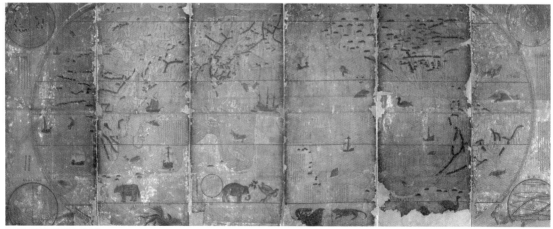

곤여만국전도(서울대학교 박물관)

(1) 서양 문물의 수용과 과학의 발달

서양 문물의 수용

조선 후기에는 전통적 과학 기술을 계승, 발전시키면서 중국을 통하여 전래된 서양의 과학 기술을 수용하여 과학 기술면에서도 큰 진전이 있었다.

서양 문물은 17세기경부터 중국을 왕래하던 사신을 통하여 들어왔다. 선조 때 이광정은 세계 지도를 전하고, 인조 때 정두원은 화포, 천리경, 자명종 등을 전하였다. 당시, 명·청의 수도 베이징에는 서양의 선교사가 들어와 있었는데, 조선의 사신들은 이곳에서 이들과 접촉하며 서양 문물을 소개받았다. 이수광은 천주교 교리를 설명한 『천주실의』를 들어왔으며, 인조 때 김육은 서양 신부 아담 샬이 중국 전통 역법 체제를 바탕으로 서양 역법을 받아들여 편찬한 시헌력을 들어왔다.

서양 문물에 관심을 가진 사람들은 이익과 그 제자들 및 북학파 실학자들이었다. 일부의 학자들은 서양의 종교인 천주교까지도 신앙으로 수용하였으나, 대부분의 학자들은 서양의 과학 기술은 받아들이면서도 종교는 배척하였다.

17세기에는 벨테브레와 하멜 일행이 우리나라 제주도에 표류해 왔다. 벨테브레는 훈련도감에 소속되어 서양식 대포의 제조법과 조종법을 가르쳐 주었으며, 하멜 일행은 갖은 고생을 하다가 몰래 일본을 통해 네덜란드로 돌아가 『하멜표류기』를 지어 조선의 사정을 서양에 전하였다.

과학 기술의 발달

조선 후기에는 그동안 축적된 전통 과학 기술을 계승하면서 중국에서 들여온 서양 과학과 기술을 수용하여 한 단계 높은 이론과 기술을 발전시켰다. 아울러 백성의 생활 개선을 중요시하여 과학과 기술 분야에 관심을 가진 학자들도 많아졌다.

천문학은 서양 과학의 영향을 받아 크게 발전하였다. 천리경(망원경)을 비롯한 천문 기구가 들어오고 서양 역법이 전래되면서 우리나라 천문학 발달에 큰 자극이 되었다. 김석문은 지전설을 처음으로 주장하여 우주관을 크게 전환시켰으며, 홍대용은 김석문과 함께 지전설을 주장하며 성리학적 세계관을 비판하는 근거로 삼았다. 또 지구가 우주의 중심이 아니라는 당시로서는 대담한 무한 우주론을 주장하였다.

천주실의
마테오리치가 간행한 천주교의 교리를 소개한 책으로 이수광 등 조선 지식인들의 세계관을 바꾸는데 영향을 주었다.

하멜표류기 제주도 연안에서 표류한 네덜란드 상선의 난파 기록이다. 1653년 1월 10일 하멜의 출항 기록과 13년 동안의 체류기를 적었는데 여기에 조선의 풍속도 실려 있다.

혼천의(渾天儀) 홍대용이 제작한 천문 관측 기구(숭실대학교 소장)

벨테브레(Jan J. Weltevree)
네덜란드 사람으로 본명은 얀 얀스 벨테브레이다. 홀란디아호 선원으로 1627년에 일본 나가사키로 향해하던 중 표류하여 제주도에 상륙하였다가 동료들과 관헌에게 붙잡혀 서울로 호송되었다. 조선에 귀화하여 조선 여성과 혼인하여 1남 1녀를 두었다고 전하며, 효종 4년(1653) 하멜 일행이 표류해 도착했을 때는 제주도에 가서 통역을 맡기도 하였다. 박연(朴淵)이라는 한국 이름을 사용하였다.

자료 스페셜 홍대용의 지전설(地轉說)

실용이 말하였다. '대체로 땅덩이는 하루에 한 바퀴를 돈다. 지구 둘레는 9만리이고 하루는 12시간이다. 9만리 넓은 땅이 12시간에 도니 그 속도는 번개나 포탄보다 빠르다. 땅이 이처럼 빠른 속도로 돌기 때문에 하늘의 기(氣)가 세차게 부딪혀 허공에 쌓이고 땅에 모이게 된다. 이리하여 위 아래에 세력이 있게 되니 이것이 지면의 세력이다. … 또 자석은 쇠를 당기고 호박은 티끌을 당긴다. 근본이 같은 것끼리 서로 작용함은 만물의 이치이다. 불꽃이 위로 올라감은 해에 근본을 두고 있기 때문이며, 조수가 위로 솟는 것은 달에 근본을 두고 있기 때문이다. 만물이 아래로 떨어지는 것은 땅에 근본을 두고 있기 때문이다.'

홍대용 『의산문답』

거중기 모형(경기도 박물관)

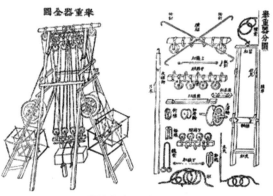

거중기 전도와 분해도(화성성역의궤)

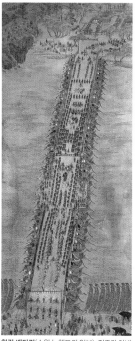

한강 배다리(수원 능행도의 일부) 정조가 아버지 묘인 현륭원을 다녀오면서 건널 때 설치한 다리이다. 1795년 윤 2월 16일 노량진쪽에서 한양으로 들어오는 행렬 모습이다.

이리하여 조선 후기의 천문학은 전통적 우주관에서 벗어나 근대적 우주관으로 접근해 갔다.

정약용은 서양의 과학 기술을 배워오기 위해 이용감(利用監)이라는 관청을 두자고 제안하였다. 그는 인간이 다른 동물보다 뛰어난 것은 기술 때문이라고 보고, 기술의 진보가 인간 생활을 풍요롭게 한다고 믿었다. 그리하여 스스로 많은 기계를 제작하거나 설계하였다. 그는 서양 선교사가 중국에서 펴낸 『기기도설』을 참고하여 거중기를 제작하였는데, 이 거중기는 수원 화성을 쌓을 때에 사용되어 공사비를 줄이고 공사 기간을 단축하는데 공헌하였다. 정약용은 한강에 가설할 배다리(舟橋)도 설계하여 정조가 수원에 행차하는데 도움을 주었다.

조선 후기에는 수학도 상당히 발전하였다. 서양의 수학책을 중국어로 번역한 『기하원본』이 중국에서 전래되어 서양 수학에 관심을 가진 학자들이 나타났다. 17세기 말 최석정은 『구수략』이라는 수학책을 써서 무한대와 무한소의 수학적 개념을 해명하였다.

조선 후기 과학 기술의 발전은 서양 과학 기술의 수용과 관련이 깊은데, 18세기까지는 비교적 순조롭게 수용되다가 19세기 이후 천주교 억압과 함께 사회가 급격히 폐쇄적인 방향으로 나아가면서 정체되었다.

의학, 농학의 발달

조선 후기에 의학이 크게 발달하였다. 17세기 초 허준은 『동의보감』을 저술하여 의학 발전에 큰 공헌을 하였다. 이 책은 전통 한의학을 체계적으로 정리한 것으로 중국과 일본에서도 간행되어 큰 영향을 주었다. 예방 의학에 중점을 두고 값싼 약재를 사용한 치료 방법 개발이 특징이었다.

허준과 같은 시기에 허임은 『침구경험방』을 저술하여 침구술을 집대성하였다. 정약용은 마진(홍역)에 관한 연구를 발전시켜 『마과회통』을 편찬하였다. 그는 박제가 등과 함께 종두법을 처음으로 연구, 실험하기도 하였다.

허준(1539~1615)

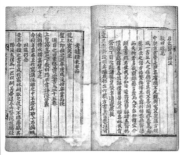
동의보감 내경편, 외형편, 잡병편, 탕액편, 침구편 등 5개 강목으로 이루어졌다. 오늘날 동양의학의 백과 전서로 간주되어 중국·일본에서도 널리 읽히고 있다.

『동의수세보원』(이제마)

19세기에 이제마는 『동의수세보원』을 저술하여 사상 의학을 확립하였다. 인체를 태양, 태음, 소양, 소음으로 나누어 체질에 따라 치료를 달리하는 사상 의학은 오늘날까지도 한의학계에서 통용되고 있다.

조선 후기에는 농업 경영 및 농사 기술에 대한 관심이 커지면서 다수의 저서가 편찬되었다. 17세기 중엽 신속의 『농가집성』은 벼농사 중심의 농법을 소개하였고, 이앙법을 언급함으로써 이앙법의 보급에 기여하였다.

그후 상업적 농업이 발달하고 농업의 영역이 확대됨에 따라 곡물 재배법 뿐만 아니라 채소, 과수, 원예, 축산 등을 소개하는 새로운 농서의 출현이 요청되었다. 이에 따라 과수, 축산, 기후 등에 중점을 둔 박세당의 『색경』, 농업, 임업, 축산, 식품 가공 등에 대하여 저술한 홍만선의 『산림경제』, 우리 농학의 새로운 체계화를 시도한 서호수의 『해동농서』 등이 편찬되었다. 19세기에 서유구는 농촌 생활 백과 사전의 성격을 띤 『임원경제지』를 펴내기도 하였다.

축산, 어업과 관련하여 동식물학에 대한 관심도 커졌는데, 『색경』과 『산림경제』에도 이에 관한 설명이 있다. 정약전은 흑산도에서 귀양 생활을 하는 중 근해 해산물을 직접 조사, 연구하여 155종의 해산물에 대한 명칭, 습성, 형태 등의 사실을 『자산어보』로 집대성하였다.

이제마(1837~1899)

임원경제지
서유구가 저술한 농업 위주의 백과 전서로, 모두 16개 부분으로 나누어 농업 기술을 포함한 농사 일반에 대한 내용을 다루고 있으나, 그 외에도 동식물, 어업, 건축, 생활과학 등의 내용까지도 폭 넓게 다루고 있다.

『농가집성』(신속)

『산림경제』(홍만선)

(1) 문학의 새 경향과 공연 문화의 발달

서민 문화의 발달

서당도(김홍도)

조선 후기에는 농업 생산력의 증대와 상공업의 발달을 배경으로 문화면에서 새 기운이 나타났다. 엄격한 차별적 신분제가 동요, 해체되고 있는 가운데 특정 신분이 전통적으로 향유했던 문화의 영역들에 큰 변화가 일어났다. 이에 따라 서당 교육이 보급되고 서민의 사회적, 경제적 지위가 향상됨에 따라 서민 문화가 대두하였다. 양반을 중심으로 이루어지던 문예 활동에 변화가 나타나 중인층과 서민층의 참여가 두드러졌다. 특히, 역관이나 서리 등의 중인층 및 상공업 계층과 부농층의 문예 활동이 활발해졌고, 상민이나 광대들의 활동도 활기를 띠었다.

조선 전기에는 사대부들의 교양이나 심성 수련의 하나로 간주되었던 문예가 조선 후기에 들어서면서 감정을 적나라하게 표현하려는 경향이 강해졌다. 이런 경향으로 양반의 위선적 모습을 비판하고 사회의 부정과 비리를 풍자하거나 고발하는 사회적 성격이 강한 작품들이 등장하여 서민들의 인기를 끌었다.

이 시기 서민 문화의 발달로 가장 주목할 부분은 한글소설의 보급이었다. 누구나 쉽게 읽을 수 있는 한글소설은 평범한 인물이 주인공인 경우가 많았고, 대부분 현실적인 세계가 배경이 되었다. 춤과 노래 및 사설로 서민 감정을 드러낸 판소리와 탈춤은 서민 문화의 확대에 기여하였다. 회화에서는 저변이 확대되어 풍속화와 민화가 유행하였다. 음악과 무용에서는 감정을 대담하게 표현하는 경우가 많아졌다.

한글 소설과 사설 시조

조선 후기의 사회 변동을 구체적으로 반영한 것은 문학이었다. 문학에 있어서도 문장에 도덕이 담겨야 한다는 양반 사대부 위주의 문학론이 후퇴하고 인간의 꾸밈 없고 자연스런 마음을 강조하는 문학이 유행하였다. 이러한 흐름을 주도한 것은 한

판소리 공연 모습(기산풍속도)

광대(기산풍속도) 머리에 고깔을 쓴 줄광대가 아래에 있는 광대와 재담을 하면서 줄을 타고 있다.

글소설과 사설시조였는데, 이는 문학의 저변이 서민층에까지 확대되면서 나타난 현상이었다.

한글 소설인 허균의 『홍길동전』은 서자 출신의 홍길동이라는 인물을 내세워 정치의 부패상과 서얼 차별의 현실을 비판하고 있다. 일종의 도술 소설이라 할 수 있는 『전우치전』, 『곽재우전』 등도 이러한 성격을 갖는 한글소설의 하나이다.

대표적인 한글 소설로 꼽히는 『춘향전』은 애정 문제와 사회 문제를 동시에 다루면서 양반과 상민이 모두 부담 없이 공감할 수 있는 보편적 가치를 담고 있다. 못된 용왕을 골려 주는 토끼(『별주부전』), 부모에 대한 지극한 효성으로 왕비가 된 심청(『심청전』), 불합리한 가족 관계에서 희생된 장화와 홍련(『장화홍련전』) 등의 이야기들은 소설적 재미와 권선징악이라는 교훈을 동시에 추구하는 서민 문학의 특징을 잘 보여주었다.

시조에서도 새로운 움직임이 나타났다. 주로 양반 선비들의 자연관과 절의를 담고 있던 기존의 시조와는 달리, 서민의 감정을 솔직하게 표현하는 경향이 나타났다. 형식에 구애받지 않고 감정을 잘 표현할 수 있는 사설 시조를 통해 남녀 간 사랑이나 현실 비판을 거리낌 없이 나타냈다.

한편, 18세기 후반에 이르러 중인과 서얼층 중에서 많은 재산을 모아 신분을 상승시키는 추세가 나타나면서 중인들 위주의 문학이 태동하였다. 이들은 시사(詩社)를 조직하여 활발한 문학 창작 활동을 벌였고, 역대 시인들의 시를 모아 시집을 간행하기도 하였다. 김천택의 『청구영언』, 김수장의 『해동가요』 등이 그러한 작품들이었다.

양반층이 중심이 된 한문학도 실학의 유행과 함께 사회의 부조리한 현실을 예리하게 비판하였다. 특히, 박지원은 『양반전』, 『허생전』, 『호질』 등의 한문 소설을 써

허균의 홍길동전 당시 현실에 실재했던 사회적인 문제점을 그대로 보여주고 있다.

신재효(1812~1884)

○ **양반전**

그의 아내가 비난하였다. "평생 독서만 좋아했으나, 현청의 환곡에는 아무 소용이 없구려." "흥, 양반이라고? 양반이란 한 푼 어치도 못 되다오." 하고 화를 내었다.

그 마을의 한 부자가 이 소문을 듣고 가족들과 상의하였다. "양반이 비록 가난하여도 언제나 존경스럽고 영광스럽다. 나는 비록 부자이지만 늘 비천하여 감히 말을 탈 수 없고, 양반을 보기만 하면 몸을 구부려 어찌할 줄을 모른다. 또 포복하면서 뜰에서 절을 할 때는 코를 땅에 끌고 무릎으로 기어야 하니, 나는 언제나 죽을 모욕을 받아왔다. 지금 양반이 가난하여 환곡을 갚지 못한다 하니, 앞으로 크게 군색해져서 그 형편이 실로 양반 신분을 보전할 수 없을 것이다. 우리가 그걸 사서 가지도록 하자."라고 하였다.

『양반전』

○ **춘향전**

어사는 짐짓 춘향 어미가 어떻게 하나 볼까 하고,

"시장하여 나 죽겠네. 내게 밥이나 한 술 주소."

춘향 어미 밥 달라는 말을 듣고,

"밥 없네!"

어찌 밥이 없을까마는 홧김에 하는 말이었다.

『완판본 열녀춘향수절가』

서 양반 시회의 허구성을 비판히였고, 현실을 올바로 표현할 수 있는 문체로 혁신할 것을 주장하였다.

판소리와 탈놀이

조선 후기 문화의 내용 중 가장 두드러지고 인기 있는 분야는 판소리와 탈놀이였다. 판소리는 광대들이 소설의 줄거리를 아니리와 타령을 섞어가며 전달하는 것인데, 구체적인 이야기를 창과 사설로 엮기 때문에 감정 표현이 직접적이고 솔직하였다. 더구나 광대의 역량에 따라 이야기가 더 재미있어지기도 하는 데다 관중이 추임새로 함께 어울릴 수 있었기 때문에 서민을 포함한 넓은 계층에서 호응을 받을 수 있었다.

판소리 「김준근, 조선풍속도」

당시 「춘향가」, 「적벽가」, 「심청가」, 「흥부가」 등은 가장 인기 있는 판소리 사설이었다. 19세기 후반 신재효는 판소리 사설을 창작하고 정리하는 데 큰 공헌을 하였으며, 그가 정리했다는 판소리 12마당은 현재 11마당으로 전하고 있다. 판소리는 지방마다 창법이 달라 서편제, 동편제의 구별이 있었다.

탈놀이와 산대놀이도 조선 후기 사회 변화와 함께 성행하였다. 탈놀이는 향촌에서 마을굿의 일부로 공연되어 인기를 끌었고, 산대놀이는 산대라는 무대에서 공연되던 가면극이 민중의 오락으로 정착되어 도시 상인이나 중인층의 지원으로 성행하였다. 황해도의 봉산탈춤, 안동의 하회탈춤, 양주의 별산대놀이, 고성과 통영의 오광대놀이, 함경도의 북청사자춤 등이 유명하였으며, 내용은 주로 양반 사회를 풍자하는 것들이 주를 이루었다. 나아가 하층 서민인 말뚝이와 취발이를 등장시켜 양반의 허구를 폭로하고 욕보이기까지 하였다.

정선의 목멱산도 서울의 남산을 그린 것이다.

이 밖에 꼭두각시극과 같은 인형극이 유행하기도 하였으며, 사당패로 불리는 천민 음악가들이 엄격한 조직체를 유지하면서 각종 묘기와 사물놀이의 음악 활동을

정선의 금강전도(국립 중앙 박물관)

정선의 인왕제색도(리움 미술관)

벌인 것도 이 시기의 특징이다. 판소리와 가면극은 상품 유통 경제의 활성화와 함께 성장하여 당시 사회의 모순을 예리하게 드러내며 서민 자신들의 존재를 자각하는데 공헌하였다.

(2) 예술의 새 경향

진경산수화와 풍속화

17세기부터 우리 문화에 대한 자부심이 높아지면서 우리의 고유한 정서와 자연을 표현하려는 예술 운동이 나타났다. 그 가운데 가장 두드러진 변화는 진경산수화와 풍속화의 유행이었고, 서예에서는 우리의 정서를 담은 글씨의 등장이었다. 진경산수화는 우리 자연을 사실적으로 그려 회화의 토착화를 이룩하였다. 풍속화는 당시 사람들의 일상 생활과 생활 모습을 생동감 있게 나타내 회화 표현의 폭을 확대하였다.

미인도(신윤복, 간송미술관)

진경산수화는 18세기 중국 남종 문인화를 우리 고유한 자연과 풍속에 맞추어 토착화하는 과정에서 생겨났다. 양반 사대부들의 국토 순례와 의궤, 국방 지도 제작 등에 전문 화원들이 참여하여 우리의 산수를 그려 넣는 과정에서 개성 있는 화풍으로 발전하게 된 것이다.

진경산수화의 대가는 양반 출신으로 화원이 된 정선이었다. 그는 서울 근교와 강원도의 명승지를 두루 답사하여 자기가 본 것들을 사실적으로 그려냈다. 대표작인 목멱산도 · 인왕제색도 · 금강전도 등에서 바위산은 선으로 그리고, 흙산은 묵으로 표현하는 기법을 이용하여 산수화의 새로운 경지를 이룩하였다.

정선의 뒤를 이어 산수화와 풍속화의 새로운 경지를 개척한 화가는 김홍도였다. 그는 산수화, 기록화 등을 많이 그렸지만, 정감 넘치는 풍속화가로서 대단히 유명

민화(작자 미상, 조선민화박물관)

씨름도(김홍도)

단오풍경(신윤복, 간송미술관)

세한도(김정희, 국립중앙박물관)

하다. 서당, 씨름, 추수, 밭갈이, 대장간, 타작 등 서민들이 자신의 일에 몰두하여 일하는 모습을 소탈하고 간결하게 묘사하였다. 이 그림들을 통해 18세기 후반 사람들의 일상과 활기찬 사회 모습을 생생하게 엿볼 수 있다. 김홍도와 비슷한 화풍을 지닌 풍속화가로서 김득신, 김석신 형제가 있었다.

김홍도와 같은 시기에 활약한 신윤복은 김홍도와 대조적으로 주로 도시인의 풍류와 부녀자의 풍속을 감각적이고 해학적인 필치로 묘사하여 풍속화의 또 다른 정형을 세웠다. 이 밖에 새로운 서양 화법을 수용한 강세황을 비롯하여 심사정 등 개성 있는 화가들이 배출되어 18세기 화단을 풍성하게 만들었다.

한편, 일반 민중의 미적 감각을 잘 표현한 민화도 유행하였다. 민화는 서민들의 생활 공간을 장식한 실용적 그림으로, 해, 달, 꽃, 나무, 동물, 물고기 등을 소재로 삼아 소박한 정서를 표현하였다.

서예에서는 이광사가 우리의 정서와 개성을 추구하는 단정한 동국진체를 완성시켰다. 김정희는 고금의 필법을 두루 연구하여 굳센 기운과 다양한 조형성을 가진 추사체를 창안하여 서예의 새로운 경지를 개척하였다. 그는 문인화가로서 「세한도」라는 작품을 남기기도 하였다.

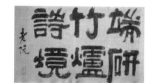
추사체(김정희)

이광사(1705~1777)

내소사(전북 부안) 대웅보전(大雄寶殿)의 현판으로 동국진체의 대가였던 이광사가 썼다.

무량수각(無量壽閣, 추사체)

건축의 변화

조선 후기에 정치, 경제, 문화 각 방면에서 변화가 나타나면서 건축에도 새로운 변화가 생겼다. 새롭게 등장한 부농층과 상공업 계층의 지원 아래 많은 사찰이 생겼고, 정치적 필요에 따라 국가적 차원에서 대규모 건축물이 세워지기도 하였다.

국가에 의해 이루어진 궁궐 건축으로는 창덕궁과 경복궁을 들 수 있다. 흥선 대원군이 국왕의 권위를 높일 목적으로 재건한 경복궁의 근정전과 경회루가 장중한 건축물로 유명하고, 창덕궁과 창경궁의 후원과 연결된 규장각으로 이용된 주합루, 창덕궁의 인정전과 인정문 등이 위엄 있는 건축물로 잘 알려져 있다.

조선 후기를 대표하는 국가적 건축물은 수원 화성이다. 정조 때의 문화적 역량을 총집결하여 만들어진 화성은 공격과 방어를 겸한 성곽시설이자, 그 자체가 하나의 거대한 신도시였다. 정조는 화성 남쪽에 사도세자의 묘를 옮기고 현륭원이라 칭한 다음 화성을 한양과 충청도를 연결하는 교통의 요지이자 상업 도시 겸 군사 도시

법주사 팔상전(충북 보은)

금산사 미륵전(전북 김제)

화엄사 각황전(전남 구례)

로 육성하고자 하였다.

지방 건축물로는 대개 사원 건축물이 유명하다. 금산사 미륵전, 화엄사 각황전, 법주사 팔상전 등은 규모가 큰 다층 건물로, 내부가 하나로 통하는 구조로 되어 있는데, 불교의 사회적 지위 향상과 양반 지주층의 경제적 성장을 반영하고 있다. 논산 쌍계사, 안성 석남사, 부안 개암사 등은 부농과 부유한 상인의 지원을 받은 사찰들로서, 장식성이 강하다는 특성을 갖고 있다. 그 외에 동래 읍성, 대구 읍성 등 각 지역의 읍성과 관청 건물로 객사 등이 많이 만들어졌다.

백자와 생활 공예, 음악

조선 후기에는 경제의 발달에 따라 공예가 크게 발전하였다. 자기 공예에서는 백자가 민간에까지 널리 사용되면서 본격적으로 발전하였다. 18세기에는 청화백자가 유행하면서 다양한 형태의 백자가 만들어졌는데, 둥근 달항아리, 다면의 각항아리를 비롯한 다양한 항아리, 각종 제기, 병, 접시 등이 제작되었다. 안료도 청화, 철화, 진사 등으로 다채로웠다.

18세기 후반 영·정조 때에는 경기도 광주 분원리의 요를 중심으로 유백색의 백자와 간결한 청화백자의 호, 병, 제기 등의 제작이 활발하였다. 특히, 청백색의 백자 제작이 18세기 말에 시작되어 깔끔하고 청초한 조선 후기 백자가 만들어졌다.

일반 백성들의 생활 수준이 높아짐에 따라 공예 수준도 높아졌다. 문갑, 탁자, 책장, 장롱, 책상 등 나무의 재질을 살리면서 제 기능을 잘 갖춘 작품들이 만들어졌다.

칠기는 간결하고 검소한 목공예품과 달리 정교하고 화려한 면을 지니고 있었다. 조선 중기에는 당초문을 전면에 시문하여 도안적 효과를 그린 작품들이 많았으나, 후기에는 십장생 문양 등의 회화적 분위기를 보여주는 문양을 자주 사용하였다.

음악에서도 새로운 움직임이 나타났다. 음악의 향유층이 확대됨에 따라 성격이 다른 음악이 다양하게 나타나 발전하였다. 양반층은 종래의 가곡, 시조를 애창하였고, 서민은 민요를 즐겨 불렀다. 상업의 성황으로 직업적인 광대나 기생이 판소리, 산조와 잡가 등을 창작하여 발전시켰다. 이 시기 음악은 전반적으로 개인의 감정을 솔직하게 표현하는 경향이 강하였다.

청화 백자 진사 운용문 항아리

백자 대호(달항아리)

산조(散調)
느린 장단으로부터 빠른 장단으로 연주하는 기악 독주의 민속 음악으로, 장구 반주가 따르며, 무속 음악과 시나위에 기교가 확대되어 19세기경에 탄생하였다.

VI
근대 사회의 전개

1. 근대 사회로의 이행
2. 근대 국가 수립 운동의 전개
3. 국권 수호 운동의 전개
4. 근대의 사회와 경제
5. 근대 문화의 형성

조선 사회는 내부에서 싹튼 근대적인 맹아를 살리지 못한 채, 제국주의 열강에 문호를 개방함에 따라 새로운 국제 질서 체제에 편입되어 갔다. 이에 따라 조선 사회는 자주권을 지키면서 근대화를 이룩해야 하는 이중의 과제에 직면하게 되었다.

개항을 계기로 정부와 개화 세력은 개화 정책을 추진하였다. 갑신정변에 이어 갑오·을미개혁을 통해 근대 사회의 제도적 기틀을 마련하였다. 그리고 독립 협회 활동과 애국 계몽 운동 등을 펼쳐 자유 민권 사상을 확산해 나갔다. 아울러 동학 농민 운동과 항일 의병 전쟁의 반침략 구국 민족 운동을 전개하는 한편, 대한 제국을 수립하여 자주 독립 국가임을 내외에 선포하였다. 이 과정에서 수구 세력의 반발과 외세의 간섭이나 침탈을 받기도 하였다.

한반도의 지배권을 둘러싸고 제국주의 열강의 각축이 격화되는 가운데, 러·일 전쟁에서 승리한 일본은 미국·영국·러시아 등의 승인 하에 을사늑약을 맺어 대한 제국의 외교권을 빼앗았다. 결국, 1910년에 우리 민족은 일제에 국권을 상실하고 말았다.

한편, 문호 개방 후 조선 사회는 신분 제도와 각종 폐습 등을 없애 평등 사회의 기반을 다졌다. 나아가 자본주의 열강의 경제 침탈에 맞서 경제 구국 운동도 전개하였다. 서양의 근대 사상과 과학 기술을 받아들이고, 교육 활동과 국학 운동, 문예·종교 활동 등을 전개하여 근대 문화를 형성해 나갔다.

그때 우리는		그때 세계는	
연대	주요 사건	연대	주요 사건
1860	동학 창시	1861	미국, 남북 전쟁(~1865)
1863	고종 즉위, 흥선 대원군 집권		
1866	병인박해, 제너럴 셔먼호 사건, 병인양요		
		1868	일본, 메이지 유신
1871	신미양요	1871	독일 제국 성립
1876	강화도 조약	1877	영국, 인도 제국 성립
1884	갑신정변		
1894	동학 농민 운동, 갑오 개혁	1894	청·일 전쟁
1896	아관 파천, 독립 협회 활동		
1897	대한 제국 선포	1898	청, 변법 자강 운동
1905	을사늑약	1904	러·일 전쟁(~1905)
1907	국채 보상 운동, 헤이그 특사 사건		
1910	국권 상실	1911	중국, 신해혁명

1

근대 사회로의 이행

1. 흥선 대원군의 개혁과 양요
2. 근대 조약의 체결과 문호 개방

척화비 (斥和碑) 건립 (1871)

서양 오랑캐가 침범함에
싸우지 않음은 곧 화의하는 것이요,
화의를 주장함은
나라를 파는 것 (賣國)이다.

우리 만년 자손에게 경계한다.
병인년에 만들고, 신미년에 세우다.

洋夷侵犯非戰則和主和賣國
戒我萬年子孫
丙寅作辛未立

[한·미 교섭 150년사] 한국과 미국의 역사적 만남 – 전쟁과 평화, 그리고 ……

전쟁 – 미국 해병대의 조선 침공(1871) 미국은 아시아함대를 파견하여 포함 외교로 조선을 개항시키고자 하였다. 그러나 조선군의 완강한 저항으로 뜻을 이루지 못하고 철수하였다(신미양요).

평화 – 조선 외교 사절단의 미국 방문(1883) 조·미 수호 통상 조약 체결 후, 조선 정부는 미국의 조선 주재 미국 공사 파견에 대한 답례로 외교 사절단인 보빙사를 미국에 파견하였다.

1 흥선 대원군의 개혁과 양요

(1) 통치 체제의 재정비

흥선 대원군의 집권

19세기 중엽, 조선 사회는 대내외적인 위기에 직면하게 되었다. 대내적으로는 안동 김씨, 풍양 조씨 등 외척의 세도 정치가 지속되면서 국가 기강은 무너지고, 탐관오리의 탐학과 부정부패는 극심해졌다. 더욱이 삼정 문란이 심화되는 가운데 가뭄과 홍수, 전염병 등 천재지변이 잇따라 발생하여 백성들은 심한 고통을 겪고 있었다. 급기야 전국 각지에서 농민 봉기가 일어나 지배층의 수탈과 경제 파탄 등에 항거하기에 이르렀다.

대외적으로는 19세기로 접어들어 서세동점의 의한 서양 열강의 침략이 격화되는 가운데, 서양 이양선이 우리나라 해안에 나타나 통상을 강요해 왔다. 여기에 천주교(서학)는 사교로 몰려 탄압을 받으면서도 영생과 평등 사상 등을 내세워 교세를 넓혀갔다.

흥선군 이하응(1820~1898) 조선 주재 미국 공사 호레이스 알렌이 소장했던 사진(1885년 경 인화)

이와 같이 위기감이 고조되는 가운데, 1863년 12월 8일, 제25대 철종(哲宗, 1831~1863)이 재위 14년 만에 후사 없이 승하하였다. 이에 흥선군 이하응의 둘째 아들(재황, 아명 : 명복)이 즉위하니, 이가 고종(高宗, 1852~1919)이다. 그 때 고종은 12살 어린 나이였기에 생부인 흥선군이 '대원군' 자격으로 정사를 돌보게 되었다.

흥선군 이하응은 종친이면서도 외척인 안동 김씨의 세도 하에서 행세하는 집의 자손으로 '파락호'(破落戶) 신세로 시정잡배들과 어울려 지내는 등 불우한 처지였다. 그러나 흥선군은 정치적 야망을 숨긴 채, 안동 김씨에 의해 밀려나 있던 신정왕후 조대비와 은밀히 제휴하여 후일을 도모하고 있었다. 그런데 갑자기 철종이 승하하자, 궁중의 최고 어른이던 조대비는 고종을 익종(翼宗, 1809~1830)의 뒤를 잇게 하여 왕위를 계승하라는 교지를 내렸다. 조대비는 잠시 수렴청정을 하다가 흥선군으로 하여금 어린 국왕을 보필하게 함으로써 마침내 흥선 대원군이 정권을 장악하였다. 이로써 순조 이후 3대 60여 년(1880~1863)의 세도 정치가 막을 내리게 되었다.

대원군(大院君)
국왕이 후사 없이 죽었을 때 종친 중에서 왕위를 계승하는데, 이 때 왕의 생부(生父)에 대한 호칭이 대원군이다. 조선 시대에는 덕흥 대원군(선조의 부), 전계 대원군(철종의 부), 흥선 대원군(고종의 부) 등이 있었다. 흥선 대원군을 제외한 나머지는 죽은 뒤에 추존된 것이다.

신정왕후 조대비(神貞王后 趙大妃, 1820~1890)
풍은 부원군 조만영의 딸로 1819년(순조 19) 효명 세자(익종 추존)의 빈에 책봉됐으나, 세자가 도중에 죽자 아들 헌종이 즉위하여 대비가 되었다.

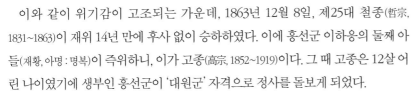

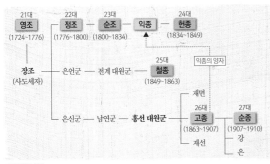

조선 왕실 계보

운현궁 노안당(서울 종로) 흥선 대원군의 집으로 고종이 왕이 된 후 확장하여 궁이라 불렀다.

『대전회통』 1865년(고종 2)에 편찬한 조선 시대 마지막 법령집. 6권 5책, 목판본.

선원계보기략(璿源系譜紀略)
조선 왕실 족보의 하나로 선원보략(璿源譜略) 또는 선원록(璿源錄)이라고도 한다. 숙종 7년(1681)에 처음 간행된 이후 각 왕대에서 변경이나 새로운 기재 사항이 생기면 부정기적으로 보완하여 왕실과 조정의 신하들에게 반포하였다. 특정 왕의 내외 후손을 6대까지 수록하였다. 원래 왕실 족보는 남계(男系) 후손을 수록한 『종친록』(宗親錄)과 여계(女系) 후손을 수록한 『유부록』(類附錄)으로 구별하였으나, 숙종 이후에는 이를 종합하여 『선원계보기략록』이라 하였다.

호포제 실시 전후의 납세층 변화

납부층 양인 15%
면제층 노비 36%
총 3,100호
면제층 양반 49%

호포제 실시 전(1792)

면제층 노비 7%
면제층 관리 19%
총 3,137호
납부층 양반·양인 74%

호포제 실시 후(1872)

사창제(社倉制)
사창제는 각 면에서 인구가 많은 큰 동리에 설치된 사창을 중심으로 운영되었는데, 이를 관리하는 사수는 주민 중에서 뽑았다. 면민들의 자치적인 운영·관리를 통해 진휼 기능과 정부의 재정 확보 목적을 동시에 수행하면서 환곡제를 문란하게 만든 아전들의 간여를 배제시켰다.

통치 체제 개편과 국방력 강화

흥선 대원군은 다방면에 걸친 개혁을 과감히 추진하여 세도 정치로 문란해진 국가의 기강을 바로잡아 민심을 수습하고, 왕실의 권위를 회복하고자 하였다. 그는 먼저 인사 혁신을 단행하여 세도 가문의 횡포를 일삼던 김좌근, 김병기 등 안동 김씨 척족을 몰아냈다. 그 대신 당파나 신분을 가리지 않고 능력에 따라 인재를 등용하여 그동안 노론 정권에서 소외됐던 남인, 소론, 북인 인사들도 발탁하는 탕평책을 실시하였다. 아울러 종친과를 신설하여 왕실 세력을 강화하였을 뿐 아니라, 무신들을 등용하여 지나친 문치주의 폐단을 시정하려 하였다.

흥선 대원군은 통치 기구도 재정비하였다. 세도 가문의 권력 기구로 변질된 비변사를 폐지하였다. 그 대신에 유명무실하던 의정부의 기능을 부활하고, 삼군부를 신설하여 정치와 군사의 최고 기구로 삼았다. 또한, 『대전회통』, 『육전조례』 등의 법전을 비롯하여 『선원계보기략』, 『오례편고』 등 왕실 족보와 국가 전례서를 간행하였다.

흥선 대원군은 국방력 강화에도 많은 노력을 기울였다. 삼군부를 신설·독립시켜 국방 관련 업무를 통괄하게 하였다. 그리고 삼도 수군통제사의 지위를 격상하고 통제중군을 설치하여 수군을 강화하였다. 아울러 서양식 대포, 방탄복, 목탄 증기함, 수뢰포 등 신무기 제작에 힘을 쏟았고, 강화도와 한강 일대에 포대 시설을 신축하고 정비하는 등 수도 방위 강화에도 애썼다.

삼정 개혁

흥선 대원군은 민란의 원인이 된 삼정의 폐단을 개혁하였다. 1867년(고종 4) 7월에 전정 개혁의 일환으로 양전 사업을 실시하여 토지 대장에서 누락된 은결을 찾아내 과세하고, 토호나 관리의 토지 겸병을 금지시켰다.

이어 군정 개혁에 착수하여 호포제를 시행하였다. 일종의 병역세로 양인에게만 징수하던 군포를 처음에는 동포라 하였다가, 1871년 3월부터는 호포로 고쳐 양반층에게도 부과하였다. 양반들이 호포 징수에 거세게 반발하자, 그들의 위신을 고려하여 노비 이름으로 매호 마다 2냥씩 납부하게 하여 양반층의 면역 특권을 없앴다.

삼정 가운데 폐단이 가장 심했던 환곡제를 사창제로 바꿨다. 새로 제정된 사창절목에 따라 인구가 많은 고을에 사창을 설치하여 주민들이 자치적으로 운영하게 하였다. 사창제는 함경도·평안도·강원도를 제외한 남쪽 5도에서 실시되어 종래의 환곡의 폐단이 많이 없어졌다.

이처럼 흥선 대원군은 삼정 개혁을 통해 농민의 과중한 부담을 경감하여 민생을 안정시키고, 국가 재정을 확충하여 각종 개혁 사업에 필요한 재원을 마련하였던 것이다.

서원 철폐와 풍속 개량

흥선 대원군은 양반 유림의 세력 근거지인 서원 철폐를 과감하게 밀고 나갔다. 서원 철폐는 1865년에 당시 노론 세력의 본거지로 원성의 대상이 된 만동묘와 화양 서원의 철거를 시작으로 전국 600여 개의 서원 중 47개의 사액 서원만 남기고 모두 허물게 하였다. 이에 전국 각지의 유생들이 광화문 앞에 몰려와 서원 철폐에 항의하는 집단 시위를 벌였다. 그러자 흥선 대원군은 "진실로 백성에게 해되는 것이 있으면 비록 공자가 다시 살아난다고 해도 나는 용서하지 않겠다."라며 유생들을 강제로 해산시켜 쫓아냈다.

서원 철폐를 통해 서원의 토지와 노비를 몰수하여 국가 재정을 확충하고, 백성에 대한 양반 유생의 횡포를 차단하여 국가의 통치력을 강화하고자 하였다. 그러나 서원 철폐에 대한 양반 유생의 반발은 뒷날 흥선 대원군이 퇴진하는 배경의 하나가 되기도 하였다.

한편, 흥선 대원군은 허례허식과 사치 방지, 풍속 개량 등 사회 개혁에도 힘썼다. 의복을 개량하여 테두리가 작은 갓에 소매가 좁은 두루마기나 도포를 입도록 하였고, 흰 신발이나 비단 신발 대신에 검정 신발을 신게 하는 등 검소한 생활을 장려하였다.

경복궁 중건

흥선 대원군은 1865년 4월에 영건도감을 설치하여 임진왜란 때(선조 25년, 1592) 방화로 불타버린 경복궁 중건에 착수하였다. 경복궁 공사에 많은 농민들을 징발하였고, 양반의 묘지림까지 벌목하여 건축 자재로 충당하였다. 경복궁 중건에 소요되는 자금을 조달하기 위해 '원납전'과 4대문 통행세까지 강제로 징수하였다. 아울러 상평통보에 비해 액면 가치가 100배에 달하는 당백전의 발행을 남발하였을 뿐 아니

만동묘 터(충북 괴산)
만동묘(萬東廟)는 임진 왜란 때 조선을 도와준 명나라 신종(神宗, 만력제)을 기리기 위해 화양동 서원((華陽洞書院)에 세운 사당이다. 노론의 영수 송시열의 유언에 따라 그의 제자 권상하 등이 1704년(숙종 30)에 창건하고 신종과 의종(毅宗)의 신위를 봉안하여 제사지냈다. 만동묘는 노론의 소굴이 되어 여론을 좌우하고 양민을 수탈하는 등 그 폐단이 화양동 서원보다 심하였고, 일찍이 흥선군도 이곳에서 수모를 당한 적이 있었다. 집권한 흥선 대원군은 만동묘와 화양동 서원을 가장 먼저 철폐하여 그 본보기로 삼았다. 최익현의 탄핵으로 흥선 대원군이 물러나자(1873), 이듬해 민씨 일파는 유림의 환심을 사기 위해 만동묘를 복원하였다.

원납전(顧納錢)
백성들이 경복궁 중건 비용으로 자진해서 납부하는 돈이라 하여 붙여진 명칭이다. 그러나 실제로는 각 고을에 할당되어 강제로 부과되어 원성을 샀기에 '원납전(怨納錢)'이라고도 불렸다.

당백전(當百錢) 흥선 대원군이 1866년에 발행한 고액 화폐로, 뒷면에 '호대당백(戶大當百)'이라는 글자가 새겨져 있다. 상평통보 1문의 100개와 맞먹는다 하여 당백전이라 불렸지만, 실질 가치는 5~6배에 지나지 않았다.

흥선 대원군의 개혁 정치

○ 호포제(戶布制) 시행

나라 제도로 인정(人丁)에 대한 세를 신포(身布)라 하였는데, 충신과 공신 자손에게는 모두 신포가 면제되었다. 흥선 대원군은 이를 동포(洞布)라고 고쳤다. 이 때문에 종전에 면제받던 자들도 신포를 바쳐야만 되었다. 조정 관리들이 "만약 이와 같이 하면 국가에서 충신과 공신을 포상하고 장려하는 후한 뜻이 자연히 사라지게 됩니다."라며 반대하였다. 그러나 대원군은 "충신과 공신이 이룩한 사업도 종사와 백성을 위한 것이다. 지금 그 후손이 면세를 받기 때문에 일반 백성들이 정해진 세금보다 무거운 부담을 지게 되니, 이는 충신의 본뜻이 아니다."하여 기어이 그 법을 시행하였다.

○ 서원(書院) 철폐

흥선 대원군이 명령을 내려 나라 안 서원을 모두 허물고 서원 유생들을 쫓아 버리도록 하였다. 감히 항거하는 자가 있으면 반드시 죽이라 하였다. 사족(士族)들이 크게 놀라서 온 나라 안이 들끓었고 궐문에 와서 울부짖는 자도 수 십만이나 되었다. 조정에서는 어떤 변고라도 있을까 염려하여 대원군에게, "선현의 제사를 받드는 것은 선비의 기풍을 기르는 것이니, 이 명령만은 거두기를 청합니다."라고 하였다. 이에 대원군이 크게 화를 내며, "진실로 백성에게 해되는 것이 있으면 비록 공자가 다시 살아난다 하더라도 나는 용서하지 않겠다. 하물며 서원은 우리나라 선유를 제사하는 곳인데, 지금은 도둑의 소굴이 됨에 있어서야."라며 서원 철폐를 강행하였다.

박제형, 『근세조선정감』 상

[상] **경회루**(慶會樓) , [하] **향원정**(香遠亭)

경복궁 근정전(景福宮 勤政殿)

경복궁 타령
남문을 열고 파루를 치니 계명산천이
밝아 온다.
(후렴) 에헤야 어허야 얼널널거리고
방아로다
을축 사월 갑자일에 경복궁을 이룩하
세.
도편수의 거동을 봐라 먹통을 들고서
갈팡질팡 한다.
(중략)
조선 여덟도 유명한 돌은 경복궁 짓는
데 주춧돌감이로다.
우리나라 좋은 나무는 경복궁 중건에
다 들어간다.
근정전을 드높게 짓고 만조백관이 조
회를 드리네.
(후략)

라, 청나라 화폐(가경통보)를 수입하여 시중에 유통시켰다.

1867년 경복궁이 2년의 대역사 끝에 마침내 완공되었다. 소실된 지 270여 년 만에 새로 건립된 경복궁에는 근정전, 사정전, 강녕전, 교태전, 경회루, 향원정을 비롯하여 광화문, 건춘문, 영추문, 건무문의 4대문 등이 중건되어 처음 건립되었던 당시(태조 4년, 1395)의 규모를 능가하였다. 경복궁이 완공된 이듬해에 왕실은 창덕궁에서 경복궁으로 거처를 옮겼다.

흥선 대원군은 경복궁 중건 외에도 종묘, 종친부, 의정부와 6조 관아, 도성, 북한산성 등을 수축하였다. 이러한 대규모의 토목 공사로 수도 한양의 면모를 일신하고, 실추된 왕실의 위엄을 어느 정도 회복할 수 있었다. 그러나 부역 동원과 함께 물가 폭등과 통화 혼란을 가중시켜 양반 지배층과 백성들의 반발을 초래하였으며, 결국 이는 흥선 대원군이 물러나는 또 하나의 원인이 되기도 하였다.

이와 같은 흥선 대원군의 개혁 정책은 문란해진 통치 체제를 재정비하여 국가 기강을 바로잡고, 양반 지배층의 횡포와 수탈을 막아 민생을 안정시키는데 기여하였다. 그러나 그것은 조선 왕조의 전통적인 통치 체제 내에서의 개혁 정책이라는 한계를 지니기도 하였다.

(2) 통상 수교 거부 정책과 양요

병인박해와 병인양요

1860년대에 들어와서도 서양 이양선이 우리나라 연해에 자주 나타나 통상을 요구해 왔다. 1860년 영국과 프랑스 등 서양 열강에 의해 중국 베이징이 함락되었고, 베이징 조약의 중재 대가로 연해주를 얻게 된 러시아와는 두만강을 경계로 국경을 맞닿게 되었다. 이에 따라 조선 사회에서는 서양 세력과 러시아에 대한 경계심이 높아져갔다.

흥선 대원군 집권기 대외 관계

사건	연대
병인박해	1866.1.
제너럴 셔먼호 사건	1866.7.
병인양요	1866.8~9.
오페르트 도굴 사건	1868.4.
신미양요	1871.4.
척화비 건립	1871.4.

1860년대 중엽에 조선인 천주교도는 2만 3천여 명에 이르고, 12명의 외국 선교사들이 몰래 국내에 들어와 활동하고 있었다. 집권 초기에 흥선 대원군의 천주교에 대한 반감은 크지 않았다. 오히려 대원군은 프랑스 선교사의 주선을 통해 프랑스 정부를 이용하여 러시아를 견제하려고도 하였다.

그러나 프랑스 정부와의 교섭이 실패로 끝나고, 청나라에서 천주교 탄압 소식도 전해졌다. 여기에 천주교(서학)에 대한 양반 유생들의 척사 여론이 거세지자, 천주교에 대한 강경책으로 돌아섰다.

흥선 대원군은 1866년 1월에 천주교를 대대적으로 탄압하였다. 베르누(Berneux) 주교를 비롯하여 프랑스 신부 9명과 남종삼·홍봉주 등 많은 천주교 신도들을 처형하였다(병인박해). 천주교 탄압은 1872년까지 7년 동안 계속되었는데, 이때 천주교도 8천여 명이 희생되었다. 병인박해 때 화를 면한 3명의 프랑스 신부 가운데 리델(Felex Clau Ridel) 신부는 중국으로 탈출하여 때마침 톈진(天津)에 있던 프랑스 극동 함대 사령관 로즈(Pierre G. Roze) 제독에게 조선 정부의 천주교 탄압 소식을 전하고, 보복 원정을 촉구하였다.

이에 프랑스는 자국 선교사의 처형을 구실로 2차에 걸쳐 조선을 침공하였다(병인양요). 1866년 8월, 로즈 제독은 군함 3척을 이끌고 강화 해협을 통과하여 한강의 양화진, 서강까지 올라와서 수로와 지세 등을 탐사하고 침공을 위한 사전 정찰을 하다가 돌아갔다(제1차 침입).

또 다시 그해 9월, 로즈 제독은 군함 7척과 600여 명의 프랑스군을 이끌고 갑곶진에 상륙한 뒤 강화부를 침공하여 점령하였다. 이에 한성근 부대는 문수산성에서, 양헌수 부대는 정족산성에서 각각 프랑스군과 전투를 벌였다. 프랑스군은 정족산성 전투에서 양헌수 부대에 패배하여 강화도에서 철수하였다. 이 때 프랑스군은 강화도 외규장각에 보관되어 있던 서적을 비롯한 각종 문화재와 금·은괴 등을 약탈해 갔다(제2차 침입).

천주교(로마 가톨릭) 탄압
1784년 이승훈이 중국 베이징에서 프랑스 그라몽 신부에게 세례를 받고 돌아오면서 천주교 포교가 본격화되었다. 이에 조선 정부는 천주교를 탄압하기 시작하였다. 탄압은 신유박해(1801) → 기해박해(1839) → 병오박해(1846) → 병인박해(1866)로 이어져 수많은 희생자가 생겨났다.

잠두봉(절두산) **유적지**(서울 마포) 1860~70년대에 수많은 천주교 신자들이 이곳에서 목이 잘려 산을 이루었다 하여 '절두산'이라 불렸다. 천주교 측에서는 이 자리에 성당을 지어 순교자를 기리고 있다.

외규장각 도서
외규장각은 1782년 2월, 정조가 왕실 관련 서적의 안전한 보관을 목적으로 강화도에 설치한 도서관으로 왕립 도서관인 창덕궁 내 규장각의 부속 도서관 역할을 하였다. 외규장각에는 왕실이나 국가 주요 행사의 내용을 정리한 의궤를 비롯해 총 1천여 권의 서적을 보관해왔다. 1866년 병인양요 때 프랑스군이 강화도 외규장각의 일부 서적을 약탈해갔고, 나머지는 불타 없어졌다.

양헌수 승전비(인천 강화)

강화부 궁전도(가운데 건물이 외규장각)

복원된 강화도 외규장각 건물(인천 강화)

자료 스페셜 조선 정부의 천주교 탄압

요사이 서양 오랑캐의 일은 일대 변괴가 아닐 수 없다. 수만리 밖에서 온 프랑스 선교사들이 함부로 출입하면서 사교(邪敎)인 천주교를 퍼뜨리고 있다. 이리하여 나라를 원망하고 희망을 잃은 무리들이 함께 모여 우리의 인륜(人倫)을 무너뜨리고 풍속과 교화를 어지럽히고 있다. 이는 하늘의 도리로도 용서받지 못하고, 임금으로서도 용서할 수 없는 소행이다. 이들을 차례로 잡아들여 남김 없이 없애도록 하라.

『승정원일기』, 고종 3년(1866년) 1월 24일

오페르트 도굴 사건과 신미양요

남연군 묘(충남 예산)

중국 상하이에서 활동하던 독일 상인 오페르트(Ernst Oppert)는 조선의 지방관에게 통상을 요구하다 거부당하였다. 이에 1868년 4월 그는 흥선 대원군 아버지인 남연군 무덤을 도굴해 그 유해를 통상 요구에 이용하려다가, 실패하여 달아났다. 이 오페르트의 야만적인 도굴 사건에 격분한 양반 유생과 백성들은 서양인을 오랑캐로 간주하며 대원군의 통상 수교 거부 정책을 적극 지지하고 나섰다.

미국 상선 제너럴 셔먼(General Sherman)호

한편, 병인양요 직전인 1866년 7월 미국 상선 제너럴 셔먼호가 대동강을 거슬러 평양 만경대 부근까지 올라와 통상을 요구하며 약탈 행위를 자행하였다. 이에 평안 감사 박규수의 지휘 하에 평양 군민들이 화공을 써서 제너럴 셔먼호를 불태우고, 미국 상인 프레스턴(W. B. Peston) 이하 19명 선원 전부를 살해하였다.

미국은 아시아 함대 사령관 로저스(J.Rodgers)가 지휘하는 해군을 조선에 파견하였다. 1871년(고종 8) 4월 3일, 로저스 제독이 이끄는 군함 5척과 1,200여 명의 미국군이 강화도를 침공하였다. 조선군은 수도 한양의 관문인 강화 해협 손돌목에서 미국군과 교전을 벌였으나, 화력이 월등히 우세한 미국 군함의 함포 사격으로 초지진이 초토화되고 덕진진을 점령당하였다.

광성보 손돌목 돈대(인천 강화)

이어 미국군은 강화도 광성보를 침공하였다. 광성보 전투에서 어재연이 지휘하는 600여 명이 결사 항전하여 매키(McKee) 중위 등 3명을 사살하고 10여 명에게 부상을 입혔다. 그러나 조선군은 어재연 장군 이하 350여 명이 전사하고 20여 명이 부상하는 큰 피해를 입었다. 미국군은 수륙 양면에서 포격을 가하여 광성보를 함락하고, 어재연의 '수자기'(帥字旗)를 노획하였다.

광성보 전투
"조선 군대의 용기는 놀랄 만 하였다. 그들은 무기가 떨어진 뒤에도 죽기를 각오하고 맨손으로 대항하였다. 결코 생포되지 않으려고 물에 떨어져 죽거나 자결하는가 하면, 부상자는 우리에게 흙을 뿌리며 저항하였다. 우리가 승리를 거두었지만 그다지 자랑스러운 일이 아니며 오히려 장렬한 죽음을 택한 조선 군사에게 경의를 표한다."
— 엘버트 가스텔

미국은 제너럴 셔먼호 사건을 구실로 포함 외교를 통해 조선을 개항시키려 하였다. 그러나 조선의 저항에 부딪쳐 조선과의 수교를 단념하고 물러갔다(신미양요, 1871).

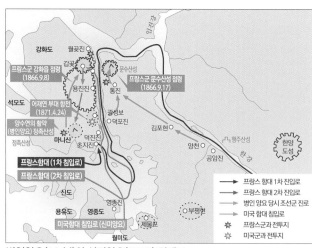

병인양요(1866)와 신미양요(1871) 전개도

프랑스와 미국의 침략이 있자 이를 경계한 흥선 대원군은 전국에 척화비를 세웠다(1871.4). 척화비에 "서양 오랑캐가 침범함에 싸우지 않음은 곧 화의하는 것이요, 화의를 주장함은 나라를 파는 것이다."라는 내용을 새겨 통상 수교 거부 의지를 내외에 과시하였다.

이처럼 흥선 대원군은 통상 수교 거부 정책을 통해 제국주의 열강의 침략으로부터 국가를 지키고자 하였다. 그러나 국제 정세의 변화를 제대로 파악하지 못하고 외세 배척의 일변도로 나감으로써 근대화가 늦어지는 결과를 초래하기도 하였다.

더 알아보기

145년 만의 귀환 - 프랑스에서 돌아온 외규장각 의궤

프랑스군은 1866년 병인양요 때 강화도에서 외규장각 도서를 약탈해갔다. 당시 강화도 외규장각에는 왕실 및 국가 주요 행사의 내용을 정리한 의궤(儀軌)를 비롯해 총 1천여 권의 서적이 있었는데, 프랑스군은 의궤 등 349점을 약탈하고 나머지는 불태웠다.

외규장각 약탈 도서는 재불 서지학자 박병선(朴炳善)씨가 1978년 파리 국립도서관에서 그 목록을 발견하면서 세상에 알려졌다. 반환키로 합의한 의궤 191종 297권은 프랑스 파리국립도서관에 소장되어 있던 문화재로, 나머지 다른 자료들은 어디에 있는지 파악되고 있지 않다.

1993년에 프랑수아 미테랑 프랑스 대통령이 방한하여 『수빈휘경원원소도감의궤』 상 1권을 영구 임대 형식으로 반환한 적이 있다. 그리고 2012년 5월 12일에 3차분이 인천 국제공

항에 도착함에 따라 프랑스군이 1866년에 약탈해간 도서 297권이 145년 만에 모두 돌아왔다.

강화부 외규장각을 약탈하는 프랑스군(르몽드 일류스트레, 1866.3.16)

136년 만의 귀환 - 미국에서 돌아온 어재연 장군기

2007년 10월 22일, 강화도 조선군 지휘관 어재연(1823~1871) 장군의 군기가 136년 만에 고국의 품으로 돌아왔다. 당시 국기(國旗)가 없던 조선에서 이 장군기는 국기이자 주권의 상징이기도 하였다. 가로 4.15m, 세로 4.35m의 누런 삼베천에 '帥'(수)라는 글자가 쓰여 있어 일명 '수자기'(帥字旗, 진중이나 영문의 뜰에 세워진 대장의 군기)라고도 불린다.

이 '수자기'는 강화도 광성진 주둔 조선군 지휘관 어재연 장군이 사용하던 깃발로, 1871년 신미양요(미국

에서는 '48시간 전쟁' 혹은 '사라진 전쟁'이라 부른다.) 때 미국군이 전리품으로 가져가 그동안 미국 해군 사관 학교 박물관에 보관하여 왔었다.

어재연 장군의 군기는 전리품을 반환하지 않는다는 미국 국내법에 따라 일단 장기(최장 10년) 대여 형식으로 국내로 들어와 현재 강화 박물관에 전시되어 있다.

광성보를 점령한 미국 해병대와 이들에 의해 살해된 조선인 시신(1871.4)

콜로라도호에 전리품으로 게양된 '수자기'를 배경으로 기념 촬영하는 미국 병사

어재연 장군기 일명 수자기로 2007년 136년만에 돌아왔다

함께 생각해 봅시다.

'쇄국 정책'과 '통상 수교 거부 정책'

'쇄국 정책'은 침략자가 그들의 국가 이익 차원에서 상대방을 폄하하는 의미가 있는 용어이다. 반면에 '통상 수교 거부 정책'은 우리나라의 국익에 입각한 자주적인 의미가 반영된 용어이다. 일본은 자신들의 강요로 맺어진 강화도 조약과 그로 인해 이루어진 개항이 한국의 근대화에 도움이 됐다고 주장하였다. 따라서 한국 근대화에 대한 일본의 기여를 더욱 과장하기 위해서도 흥선대원군의 외교 정책은 비판받아야 하는 대상이었다.

'쇄국'은 국가의 문호를 닫아 잠갔다는 의미이다. 그러나 실제로는 외세 침략을 막기 위한 정책이었음이 역사적 사실이라면 '쇄국 정책'에 대한 비판은 도리어 주권 수호 정책을 비판하는 결과로 볼 수 있다. 따라서 '쇄국 정책'이라는 표현은 주체적인 역사 이해 측면에서 적절하지 않은 용어인 것이다.

(1) 통상 개항론의 대두와 일본의 포함 외교

고종의 친정과 대외 정책 변화

고종(미국인 화가 휴버트 보스(Hubert Vos)가 1898년에 그린 초상화)

서계(書契) 문제
1869년 일본의 국서에 '황'(皇)과 '칙'(勅)이라는 자국을 우위에 두는 문자가 있어, 조선은 이 서계의 접수를 거부했다.

1873년(고종 10) 11월, 고종은 최익현의 흥선 대원군 탄핵 상소를 계기로 친정을 선포하였다. 이로써 흥선군 이하응은 어린 국왕의 생부(대원군)라는 명분으로 10년 동안 권력을 행사하다 권좌에서 물러났다. 그 대신 왕비(명성 황후)와 그녀의 일가인 민태호, 민승호, 민영목 등 외척 민씨 일파가 집권하게 되었다.

고종은 친정 체제를 구축하면서 대외 정책에도 변화를 모색하였다. 당시에는 문호 개방에 반대하는 여론이 우세했으나, 문호 개방의 필요성을 주장하는 세력도 성장하고 있었다. 박규수, 오경석, 유홍기, 이동인 등 통상 개화론자들이 그 대표적인 세력이었다. 이들은 아직 조선 사회가 문호를 개방할 준비가 되어 있지 않지만, 열강의 군사적 침략을 피하기 위해서는 개항이 불가피하다고 역설하였다.

1874년 2월 일본이 청나라 영토인 타이완을 점령하는 사태가 일어났다. 이에 중국은 조선 정부에 일본 침략에 대비하여 프랑스, 미국 등 서양 국가와 수교할 것을 권고하였다. 이러한 정세 변화 속에서 고종은 서계(書契) 문제로 교착 상태에 있었던 일본과 관계 개선을 모색하였다.

일본의 메이지 유신과 운요호 사건

일본 메이지(明治) 천황(1852~1912, 재위 1867~1912) 프랑스 나폴레옹을 모방하여 유럽 군주풍의 제복을 입고 있다.

일본 에도 바쿠후(江戸幕府)는 아편 전쟁에서 청의 패배에 큰 충격을 받았으나, 여전히 쇄국 정책을 고수하였다. 그러나 1853년 미국 동인도 함대 사령관 페리(M. C. Perry)의 포함 외교에 굴복하고, 이듬해 일·미 화친 조약을 맺어 문호를 열었다. 이어 1858년에는 일왕의 반대에도 불구하고 치외법권과 무역 자유화 등을 규정한 일·미 수호 통상 조약을 맺었다. 이에 바쿠후에 반대하는 존왕양이파가 정변을 일으켜 바쿠후를 폐지하고 왕정 복고를 선언하였다. 이를 '메이지 유신'이라 한다(1868).

메이지 정부의 지도자들은 근대화를 이룩하려면 서양의 과학 기술뿐만 아니라 제도와 사상, 문화까지 과감히 받아들여야 한다는 이른바 '문명개화론'을 내세웠다. 이에 입각하여 메이지 정부는 폐번치현, 신분제 폐지, 징병제 시행, 의무 교육 실시, 근대 산업 육성, 유학생 파견 등 혁신적인 개혁을 단행하였다. 이 과정에서 무

자료 스페셜 문명개화론(文明開化論)

지금 나라의 문명화를 꾀함에 있어 모두 유럽을 목표로 삼는 것은 적합하지 않고, 모름지기 그쪽의 문명을 채택할 때에는 우리의 인심과 풍속을 살펴 우리에게 적합한 것을 취사 선택해야 비로소 적절한 조화를 얻게 될 것이다. 그러나 문명에는 밖으로 드러나는 사물과 그 안에 담겨있는 정신의 구별이 있는데, 밖으로 드러나는 문명은 취하기 쉽고, 그 안에 담겨있는 문명은 찾아내기 어렵다. 나라의 문명화를 꾀함에 있어서는 어려운 쪽을 먼저하고 쉬운 쪽을 나중에 해야 한다.

「문명론지개략」(文明論之概略)

후쿠자와 유키치(福澤諭吉), 「문명론지개략」, 1875.

사들이 반발하자, 일본 조야에서는 이들의 불평을 외부로 돌리기 위한 한반도를 정벌하자는 이른바 '정한론'이 일어나 치열한 논쟁이 벌어지기도 하였다(1873).

1875년 9월 일본은 군함 운요호 등을 동원하여 조선을 침공하였다. 운요호는 강화 해역에 들어와 함포를 발사하며 조선군의 발포를 유도하였다. 조선군이 운요호에 발포하자, 일본군은 초지진을 파괴하고 영종도에 상륙하여 민간인들을 살해하는 만행을 저지르다 물러갔다(운요호 사건).

일본 정부는 운요호 사건을 이용하여 조선의 문호를 개방하려 하였다. 구로다 기요다카(黑田淸隆)를 특명 전권대신으로 임명하여 군함 8척과 대규모 병력을 이끌고 조선으로 건너가 수교 교섭 문제를 매듭짓게 하였다. 일본 군함은 부산을 거쳐 인천 앞바다에 정박한 뒤, 연일 함포를 쏘며 무력 시위를 벌이면서 조선 정부에 협상을 강요해왔다.

일본 메이지 정부의 정한의논 그림(1873)

운요호 사건(일본인이 그린 상상도) 1875년 일본 군함 운요(雲揚) 호가 통상 조약 체결을 위해 강화도에 불법으로 들어와 측량을 구실로 정부 동태를 살피다 조선의 수비대와 전투를 벌인 사건을 말한다.

(2) 근대적 조약의 체결과 문호 개방

조·일 수호 조규(강화도 조약)

운요호 사건에 이어 일본 함대의 무력 시위에 큰 위기감을 느낀 조선 정부는 대응책 마련에 고심하였다. 고종은 통상 개항론자인 박규수의 건의에 따라 판중추부사 신헌(申櫶)을 접견대관에 임명하여 일본 전권대표 구로다와 교섭하게 하였다. 최익현은 도끼를 지고 경복궁 앞에 엎드려 개항을 반대하는 상소를 올리는 등 양반 유생뿐만 아니라 일반 백성들도 일본과의 조약 체결에 격렬히 반대하였다.

1876년 일본군이 함포 사격으로 위협하는 가운데, 강화도에서 조선 정부는 일본 측이 미리 작성해 온 조약 문안에 일부 수정을 요구했으나, 원안 그대로 타결되었다. 이것이 조·일 수호 조규(강화도 조약)이다.

조·일 수호 조규는 전문과 12개 조관으로 되어 있다. 조약 제1관에서 '조선국은 자주국으로 일본국과 평등한 권리를 갖는다.'고 명시하였다. 이는 조선에 대한 청국의 간섭을 배제하여 일본의 침략을 쉽게 하려는 의도가 반영된 것이었다.

제4관, 제5관은 통상의 근거지인 개항장에 관한 조항이다. 이에 따라 일본은 부산에 이어 원산, 인천을 개항장으로 확보하여 경제·군사·정치적 침략의 거점을 확보할 수 있었다. 제7관에서 연안 측량권을 허용받아 조선 연안에서 일본의 군사

원산과 인천(제물포) 개항
일본이 부산 이외에 20개월 이내로 개항을 요구한 항구는 인천(제물포)과 원산이었다. 조선 정부는 강화도 조약이 체결된 1876년에 부산을 개항하였으나, 원산과 인천 개항에는 크게 반발하였다. 그 결과 원산은 1880년, 인천은 1883년에 각각 개항이 이루어졌다.

자료 스페셜 **조·일 수호 조규(일명 : 강화도 조약, 병자 수호 조약, 1876.2.27)**

제1관 조선은 자주국이며, 일본과 평등한 권리를 가진다.
제4관 조선 정부는 부산 외에 2개 항구를 개항하고 일본인이 통상하는 것을 허가한다.
제7관 조선국 연해의 섬과 암초는 극히 위험하므로 일본국의 항해자가 자유롭게 해안을 측량하도록 허가한다.
제10관 일본국 인민이 조선국 항구에서 죄를 지었거나 조선국 인민에게 관계되는 사건은 모두 일본국 관원이 심판한다.

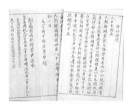

조·일 수호 조규 비준서

조선과 일본 대표의 회담 장면 (강화부 진무영)

강화도 조약 체결 축하연(1876.2.27)

연무당 터(인천 강화) 강화도 조약이 체결된 곳이다.

조·일 수호 조규 부록(1876.8.24)

제4관 부산 항구에서 일본인이 다닐 수 있는 거리는 동서남북으로 각각 10리로 정하며 동래부 한 곳만은 특별히 오갈 수 있다. 이 거리 안에서는 일본국 사람들이 마음대로 다니면서 조선국 토산물과 일본국 물품들을 사고팔 수 있다.

제7관 일본인은 일본국 화폐로 조선인과 교환할 수 있고 …… 일본인은 조선국의 동전을 사용 운반할 수 있다. 양국 인민이 화폐를 마음대로 주조하면 각기 그 국가의 법률에 따라 처단한다.

조·일 무역 규칙(1876.8.24)

제6칙 조선국 항구에 머무르는 일본인은 쌀과 잡곡을 수출할 수 있다.

제7칙 일본국 선박은 선박세를 납부하지 않으며, 수출입 상품에도 관세를 부과하지 않는다.

활동이 합법화되었다.

제8관, 제9관, 제10관은 개항장에서 일본 상인의 경제 활동에 관한 규정이다. 이는 일본의 경제적 침략을 뒷받침해 주는 근거가 되었다. 특히, 제10관에서 일본 영사의 재판권(치외법권)을 인정하여 일본인의 불법 행위에 대한 조선 정부의 사법권 행사를 사실상 불가능하게 만들었다.

조선 정부는 조·일 수호 조규에 이어 조·일 수호 조규 부록과 조·일 무역 규칙을 맺었다. 부록에는 개항장 내에서 일본인 거주지 설정과 일본 화폐 유통 등을, 무역 규칙에는 양곡의 무제한 유출과 수출입 상품의 무관세 등을 각각 허용하는 내용이 들어 있다. 이러한 불평등한 규정은 이후 조·일 통상 장정(1883)에서 방곡령 선포 조항(제37관) 등으로 일부 개선되었으나, 일본의 조선에 대한 상권 침탈을 규제하는 데에는 한계가 있었다.

조·일 수호 조규는 우리나라가 외국과 맺은 최초의 근대적 국제조약이었다. 그러나 일본 측의 요구를 그대로 수용한 불평등 조약이기도 하였다. 이 조약을 계기로 조선 사회는 문호를 개방하여 근대 사회로의 발전을 도모하게 되었다.

청과의 조약 체결

조·청 상민 수륙 무역 장정

조선과 청 상인의 통상에 관한 규정으로 1882년 8월 20일에 체결되었다. 중국과 조선은 종주국과 속방이라는 명분으로 대등한 국가 간의 '조약'이 아닌 '장정'이라는 용어를 사용하였다.

조선 정부는 조·일 수호 조규(1876.2)와 조·미 수호 통상 조약(1882.5)을 체결한 데 이어, 청나라와 조·청 상민 수륙 무역 장정을 맺었다(1882.8). 당시 조선 정부는 종속적인 사대 관계를 폐지하고, 만국 공법의 국제 질서로 전환하여 조·청 양국 관계를 새로이 정립하고자 하였다. 반면에 청나라는 종래의 형식적인 종주권을 명문화

자료 스페셜 조·청 상민 수륙 무역 장정(1882.8.23)

제1조 청의 상무위원을 서울에 파견하고 조선국 고위 관리를 톈진(天津)에 파견한다. 청의 북양 대신과 조선 국왕은 대등한 지위를 가진다.

제2조 조선에서 청의 상무위원의 치외법권을 인정한다.

제4조 베이징(北京)과 한성의 양화진에서 개잔(開棧) 무역을 허락하되 양국 상민의 내지 행상을 금한다. 다만 내지 행상이 필요할 경우 지방관의 허가서를 받아야 한다.

제6조 조선 상인이 청에 가지고 간 홍삼은 관세를 100분의 15로 한다.

제7조 청 선박의 항로 개설권, 청국 병선의 조선 연해 내왕권 및 조선 국방 담당권을 허용한다.

하여 조선 정부에 대한 내정 간섭을 강화하는 동시에 청나라 상인의 특권을 보장받으려 하였다.

이 조약에는 치외법권, 내지(한성·양화진) 통상권·연안 무역권·연안 해운권 등을 허용하는 규정이 있었다. 이 조약에 따라 청 상인은 제한적인 거류지에서 벗어나 한양이나 전국 내지까지 진출하여 통상할 수 있게 되었다. 다른 나라 상인들도 최혜국 대우 규정을 내세워 경제 활동 범위를 넓혀나갔다. 그러나 이 조약은 경제적 불평등 체제의 계기가 되어 반청 감정이 확산되는 결과를 불러왔다.

서양 여러 나라와의 조약 체결

문호 개방을 계기로 조선은 청과 일본, 서양 국가에 대한 세력 균형 정책을 도모하였다. 만국 공법하의 국제 질서에 편입된 조선 정부는 열강이 상호 견제하는 것이 조선의 독립을 도모하는데 유리하다고 판단하였다. 그리하여 서양 국가와 수교 조약을 맺고자 하였는데, 영국이나 프랑스보다는 상대적으로 덜 위협적인 미국이 우선적으로 고려되었다. 여기에 1880년 제2차 수신사 김홍집이 일본에서 가져온 황쭌셴(황준헌)이 쓴 『조선책략』의 영향도 크게 작용하였다.

일찍이 포함 외교로 조선과 수교하려다 실패한 미국도 조선 정부가 일본에 문호를 개방하자 다시 교섭에 나섰다. 미국은 처음에는 일본 정부에 중재를 의뢰했으나 별다른 호응이 없자, 청나라에 알선을 요청하였다. 청나라는 국제 사회에서 조선에 대한 종주권을 확인받는 동시에 일본과 러시아를 견제하고자 미국의 교섭 요청에 적극 나섰다. 이리하여 1882년 5월에 조선은 청나라 리훙장의 주선으로 제물포에서 신헌과 슈펠트(Robert W. Shufeldt)를 양국 대표로 하여 조·미 수호 통상 조약을 체결하였다.

조·미 수호 통상 조약은 전문 14개조로 되어있다. 조약의 제1조에서 '제3국이 체약국을 부당하게 대하면 서로 돕고 조처한다.'는 이른바 '거중 조정'을 약속하였다.

리훙장(李鴻章, 1823~1901) 증국번(曾國藩)의 추천으로 강소(江蘇) 순무사가 되어 태평천국의 난 진압에 공을 세웠다. 북양 대신(北洋大臣)으로 청의 군권을 장악하는 한편, 병기창 창설, 육해군 편성, 유학생 파견 등 중국의 양무 운동에 기여하였다. 그는 조선 문제에도 관여하여 조·미 수호 통상 조약 체결을 중재하였고, 임오군란과 갑신정변 때에는 군대를 파견하여 민씨 정권을 원조하기도 하였다.

화도진(인천) 조·미 수호 통상 조약이 체결된 곳이다.

거중 조정(居中調整, good offices)
조선 정부는 조·미 수호 통상 조약에서 거중 조정을 동맹 조약(공수 동맹 또는 군사 동맹)으로 해석하여 을사늑약(1905)으로 일제에 국권이 침해당하자, 미국에 도움을 요청하였다. 그러나 미국은 외교적 우의 표시에 불과하다며 이를 끝내 외면하였다.

자료 스페셜 조·미 수호 통상 조약(1882.5.22)

제1조 조선과 미합중국 및 그 인민은 영원히 평화 우호를 지키되, 만약 어느 한 나라가 제3국으로부터 어려움을 겪을 경우 원만한 타결을 하도록 주선을 다함으로써 그 우의를 표한다.

제2조 조선과 미합중국은 외교 대표를 상호 교환하여 두 나라의 수도에 주재시키고, 통상 항구에 영사관을 설치하되 이는 자국의 편의에 따른다.

제4조 미합중국 인민이 조선에서 조선 인민의 재산을 훼손하면 미합중국 영사나 그 권한을 가진 관리만이 미합중국 법률에 따라 처벌한다.

제5조 무역을 목적으로 조선에 오는 미합중국 상인 및 상선은 수출입 상품에 대해 관세를 지불한다.

제11조 양국 학생으로 언어, 문자, 법률 또는 기술을 학습하기 위해 왕래하는 자는 돈독한 친목의 우의로서 가능한 모든 보호와 원조를 하여야 한다.

제14조 조약을 체결한 뒤 조약에 부여되지 않은 어떠한 권리나 특혜를 다른 나라에 허가할 때에는 자동적으로 미합중국 관민에게도 똑같이 주어진다.

조·미 수호 통상 조약 원본

최혜국 대우(最惠國待遇, most-fa-vored-nation treatment)
통상이나 항해 조약 등에서 한 나라가 제3국에 부여한 가장 유리한 조건을 조약 상대국에게도 부여함을 말한다.

조선 주재 각국 외교관 미국 공사 알렌은 서울 정동에 있는 미국 공사관으로 청, 독일, 프랑스, 영국, 벨기에, 러시아 등 각국 외교관들을 초청하여 외교단 회의를 열었다. 이 단체 기념 사진은 그때 찍은 것이다.

조·영 수호 통상 조약(1883)
조·영 수호 통상 조약은 내지 통상권과 저율 협정 관세를 주요 내용으로 하였다. 이 조약이 체결됨에 따라 외국인들은 개항장에서 100리 이내는 여행증명서 없이 자유로이 다닐 수 있고, 여행 증명서를 가진 사람은 국내 모든 지역을 여행할 수 있게 되었다.

조·프 수호 통상 조약(1886)
프랑스와의 수교는 천주교 전례 문제로 지연되었다가 1886년에야 성사되었다. 프랑스와의 수교를 계기로 천주교 신앙의 자유가 허용되었다.

이 외에도 치외법권과 최혜국 대우의 인정, 관세 주권 회복, 외교 사절과 유학생 파견 등이 있었다. 특히, 최혜국 대우 규정은 미국에게 최초로 허용한 것으로, 이후 조약을 맺는 다른 나라에게도 자동적으로 부여하게 되어 조선에서 경제적 특권을 공유하는 근거로 작용하였다.

1883년 5월 19일자로 비준서가 교환된 조·미 수호 통상 조약은 서양 국가와 맺은 최초의 조약이었다. 그러나 이 조약은 치외법권과 최혜국 대우 등을 인정하는 불평등 조약으로 서양의 다른 나라들과 조약을 체결하는 계기가 되었다.

조선과 미국이 수교한 이듬해(1883년) 4월에 미국 정부는 푸트(L. H. Foote)를 초대 조선 주재 미국 특명 전권 공사로 임명하여 서울에 파견하였다. 이에 대한 답례의 뜻과 함께 임오군란 이후 더욱 강화된 청나라의 간섭을 견제하기 위해 조선 정부도 민영익을 대표로 11명으로 구성된 보빙사 일행을 미국에 보냈다.

1883년 7월 26일에 인천을 출발한 조선 외교 사절단 보빙사는 일본을 걸쳐 9월 18일에 미국 대통령 아서(C. A. Arthur, 제24대 대통령)를 예방하여 조선 국왕의 한글 친서를 제정하였다. 우리나라 최초의 구미 사절단이기도 한 보빙사는 40여 일간 미국의 여러 곳을 순방하였고, 일행 중 일부는 유럽 여러 나라도 시찰하고 귀국하였다. 서광범·홍영식·유길준·변수 등 개화파 인물이 포함된 보빙사는 서양의 선진 문물을 도입하는데 기여하였다. 유길준은 서양 각국 방문을 기록한 『서유견문』을 저술하여 서양의 근대화된 모습 소개와 더불어 개화의 필요성을 역설하기도 하였다.

조선 정부는 미국에 이어 서양의 여러 나라들과도 잇따라 수교하였다. 청의 중재로 1882년 6월 영국과 수교하고, 이어 독일, 이탈리아, 러시아, 프랑스, 오스트리아·헝가리 제국, 벨기에, 덴마크 등과도 조약을 맺고 수교하였다. 그러나 이들 국가와 맺은 조약 역시 치외법권, 최혜국 대우 등을 허용한 불평등 조약이었다.

조선은 서양의 여러 나라와 조약을 체결함에 따라 바야흐로 중국 중심의 전통적 사대 관계에서 벗어나 만국 공법 상의 국제 질서 체제로 편입되어 갔다.

조선 정부의 각국과 조약 체결

조약명	체결국	조선 대표	해당국 대표	체결 일시	체결 장소	체결 과정
조·일(朝日) 수호 조규	일본	신헌	구로다	1876. 2. 26.	강화도	독자적 체결
조·미(朝美) 수호 통상 조약	미국	신헌	슈펠트	1882. 5. 22.	인천	청 중재
조·청(朝淸) 상민 수륙 무역 장정	청	조영하	이홍장	1882. 8. 23.	톈진(중국)	임오군란 계기
조·영(朝英) 수호 통상 조약	영국	조영하	윌스	1882. 6. 6.	인천	청 중재
조·영(朝英) 수호 통상 조약(개정)		민영목	파크스	1883. 11. 26.	인천	독자적 체결
조·독(朝獨) 수호 통상 조약	독일	민영목	자페	1883. 10. 27.	인천	청 중재
조·이(朝伊) 수호 통상 조약	이탈리아	김병시	루카	1884. 6. 26.	인천	독자적 체결
조·로(朝露) 수호 통상 조약	러시아	김윤식	베베르	1884. 7. 7.	서울	독자적 체결
조·불(朝佛) 수호 통상 조약	프랑스	김만식	코고르당	1886. 6. 4.	서울	독자적 체결
조·오(朝奧) 수호 통상 조약	오스트리아·헝가리 제국	권재형	비겔레번	1892. 6. 23.	도쿄(일본)	독자적 체결
조·백(朝白) 수호 통상 조약	벨기에	박제순	뱅카르트	1901. 3.	서울	독자적 체결
조·정(朝丁) 수호 통상 조약	덴마크	유기환	파블로프	1902. 7.	서울	독자적 체결

더 알아보기

조선 외교 사절단 보빙사, 갓 쓰고 도포 입고 태평양 건너 아메리카(美國)에 가다.

○ 조선 국왕이 미국 대통령에게 전한 친서

조선 외교 사절단 보빙사 일행(1883. 9)
[앞줄 왼쪽부터] 부사 홍영식·정사 민영익·종사관 서광범·미국인 로웰
[뒷줄 왼쪽부터] 무관 현흥택·최경석·수행원 유길준·고영철·변수

대조선국 대군주는 대미국대통령에게 글월을 올니오 이스이 두나라이 됴약을 박구고 화의가 돗타우미 전권되신 민녕익과 부되신 홍영식을 흠차ᄒ여 귀국의 보녀서 폐빅 갑는 녜을 닥긔노니 이 되신들이 공변되며 충셩ᄒ며 주밀ᄒ며 자셔ᄒ여 능히 니의 속마음을 몸바더 고달헐 터이며 범사의 변리허미 적당허리니 다힝히 ᄇ라노니 졍셩을 미루어 서루 미더서 더욱 화목케ᄒ며 한가지 틱평을 누리게ᄒ시읍 싱각허건되 쏘한 귀빅 니시 뎐덕도 깃거허실빅 리이로소이다

긔국 ᄉ빅 구십이년 뉴월 십이일

– New York Herald, September 19, 1883

(『구한국외교문서』권10, 21쪽)

○ 아서 미국 대통령이 조선 외교 사절단에 전한 답사

우리는 주위에 수많은 도서로 둘러싸인 아름다운 한반도와 그 산물, 그리고 조선 백성의 근면성을 잘 알고 있습니다. 사실 귀국 인구는 우리나라가 독립할 당시의 인구의 두 배나 됩니다. 우리 양국의 영역 사이에 가로놓여 있는 대양도 이제는 증기기선 항해의 도입과 완비로 편리하고도 안전한 교역의 대공로(大公路)가 된 것입니다. 우리 공화국은 과거 역사에서 보듯이 다른 나라 영토를 점령 지배할 의도는 없으며 오로지 상호 우호적 관계와 호혜적 교역을 통해 이익을 같이 나누고자 합니다.

– Notes From the Korean Legation, Draft ; FRUS, President Arthur Address to the Representatives of Tah Chosun Corea, 1883, pp. 249~250.

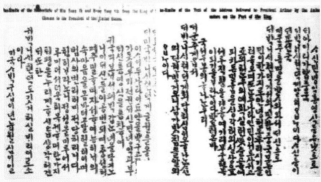

뉴욕 헤럴드지에 실린 보빙사 민영익의 부임사(1883.9.29)

조선 외교 사절단 보빙사 일행과 아서 미국 대통령의 접견 모습을 그린 삽화(뉴욕에서 발행되는 주간지 뉴스 페이퍼, 1883.9.29)

보빙사의 일원이었던 유길준은 일본을 거쳐 목적지인 미국에서 외교 사절단의 임무를 수행하였다. 이후 대서양을 건너 유럽 여러 나라를 살펴보고 수에즈운하-싱가포르-홍콩을 거쳐 귀국하였다(1883.7~1885.12).

2 근대 국가 수립 운동의 전개

1. 개화 정책의 추진과 반발
2. 개화 세력의 성장과 갑신정변
3. 근대적 개혁의 추진
4. 대한 제국과 독립 협회

갑신정변 주역들 – 박영효, 서광범, 서재필, 김옥균(왼쪽부터)

개화당, 조선의 변혁을 꿈꾸다

- . 홍영식이 총판으로 있는 우정국 낙성식 날을 거사일로 한다.
- . 일이 일어나 혼잡하게 되면 자기편끼리 또는 일본인과 서로 충돌한 염려가 있으므로, 암호로 '천'(天)자와 일본어 '요로시'(좋소)를 모든 장사들에게 알린다.
- . 정변 성공 즉시 국왕을 경우궁으로 모시고 삼중으로 호위하되, 내위는 개화당 장사(충의계)와 사관생도가, 중위는 일본군이, 외위는 조선군이 각각 맡는다.

– 김옥균, 『갑신일록』(甲申日錄), 1884년 10월 14일(양력 12월 1일) –

[역사 현장에 서다]   그 때 그 곳에서는 – 대한 제국(大韓帝國)과 독립 협회(獨立協會)

서울 정동 – 대한 제국 자주 독립국임을 내외에 선포하다(고종 황제의 덕수궁 행차 모습, 1897)

서울 현저동 – 독립 협회 강연회를 개최하여 국권 수호 운동을 전개하다(독립관 앞에 모인 시민들, 1898)

1 개화 정책의 추진과 반발

(1) 정부의 개화 정책

관제 개혁과 신식 군대 창설

1880년(고종 17) 정부는 일본에 파견한 제2차 수신사 김홍집 일행의 귀국 보고를 계기로 개화 정책을 본격적으로 추진하였다. 그해 12월 정부 기구를 개편하여 군국 기무를 총괄하는 통리기무아문을 신설하고, 그 밑에 12사를 두어 외교, 군사, 통상, 산업 등의 업무를 전담하게 하였다.

1881년 4월에는 신식 군대인 별기군(일명 교련병대)을 창설하였다. 군무사 소속의 별기군은 신식 소총으로 무장하고 일본 육군 공병 소위 호리모토 레이조(堀本禮造)를 초빙하여 신식 군사 훈련을 받았다. 별기군 창설에 이어 종전의 훈련도감·어영청·금위영·총융청·수어청의 5군영을 무위·장어영의 2영 체제로 축소·통합하였다.

해외 시찰단 파견과 근대 시설 도입

강화도 조약 체결 직후인 1876년 6월에 정부는 제1차 수신사 김기수 일행을 일본에 파견하였다. 김기수는 귀국하여 고종에게 일본의 신문물을 소개한 『일동기유』를 올렸다. 이어 1880년에 제2차 수신사 김홍집 일행을 파견하여 원산과 인천 개항, 곡물 유출 방지, 관세 협정 체결 등 현안 문제를 협의하는 한편, 일본의 근대 시설을 살펴보게 하였다.

수신사와는 별도로 1881년 4월에 정부는 박정양·어윤중·홍영식 등 62명으로 구성된 조사 사찰단을 극비리에 일본에 파견하였다. 조사 시찰단 일행은 일본 정부의 환대 속에서 정부 기관과 산업 및 군사 시설, 세관 업무 등을 살펴보았다. 고종의 강한 의지에 따라 파견된 조사 시찰단의 보고서는 메이지 유신 이후 일본의 근대화된 모습을 자세히 소개하여 개화의 여론을 확대하는 데 크게 기여하였다.

1881년 9월에는 김윤식을 사절 대표로 하여 수행원과 기술을 습득할 유학생(공도 38명) 등 69명으로 구성된 영선사를 청에 파견하였다. 영선사 일행은 톈진 기기창에서 무기 제조법과 군사 훈련법 등을 배우는 한편, 미국과의 사전 수교 활동을 벌렸다. 그러나 이듬해(1882) 임오군란 발발과 재정 지원 부족 등으로 반년 남짓 만에 중도에 돌아왔다. 그러나 영선사는 최초의 신식 무기 제조 공장인 기기창을 삼청동에 설립하는 데 주도적 역할을 하였다.

정부는 개화 사업의 일환으로 세관

청나라가 양무 운동의 일환으로 서양의 군사 기술을 받아들여 금릉 제조소에서 제작한 대포 조선 정부가 청에 영선사를 파견하여 습득하고자 한 것도 무기 제조 기술이었다.

개화(開化) 용어

開物成務 化民成俗(개물성무 화민성속) : '사물의 이치를 밝혀 일을 성취하고, 인민을 교화하여 좋은 풍속을 이룬다.'는 의미로, 『주역』과 『예기』에 나오는 구절이다. 유학의 입장에서 '개화'를 '교화'의 의미로 이해한 것이다.

12사(司)와 주요 담당 업무

사대사	중국과 외교 업무
교린사	일본 및 주변국 외교 업무
군무사	군사 업무
변정사	국경 사무 및 대외 교섭 업무
통상사	외국과의 통상 업무
군물사	병기 제조 업무
기계사	기계 제조 업무
선함사	선박·군함 제조 업무
기연사	연안 입출입 선박 관리 업무
어학사	통역 및 문학 번역 업무
전선사	관리 선발과 관수품 조달 업무
이용사	재정 업무

제1차 수신사로 파견된 김기수 일행의 일본 요코하마 도착 장면(1876)

최초의 수신사 김기수(1832~?) 탁자 위에 '신사인신(信使印信)'이라 쓴 상자함이 놓여있다.

일동기유(日東記遊)

1876년 일본에 수신사로 다녀온 김기수가 일본 문물을 시찰한 내용을 기록한 책이다. 근대 일본에 관한 조선인 최초의 기록으로 메이지 유신 직후의 일본을 연구하는데 귀중한 자료로 평가되고 있다.

업무를 담당하는 해관을 설치하였다. 인쇄 출판과 우편 업무를 취급하는 박문국과 우정국을 비롯하여 광업, 제지, 직조, 잠상 업무를 각각 담당할 전문 기관을 설립하였다.

(2) 개화 정책에 대한 반발

임오군란의 발발

1881년 정부는 군제 개혁을 단행하여 별기군이라는 신식 군대를 창설하고, 종래의 5군영을 무위영과 장어영의 2영으로 축소하였다. 이에 따라 5군영 소속의 군인 상당수가 실직하고, 2영에 통합된 구식 군인들의 처우도 열악해졌을 뿐만 아니라 급료를 13개월이나 받지 못하였다. 반면에 구식 군인들에 비해 급료나 장비 지급 등에서 대우가 훨씬 좋은 별기군을 '왜별기'(倭別技)라 하여 반감을 품게 되었다.

별기군 훈련 모습 앞의 지휘관이 일본인 교관 호리모토 레이조(掘本禮造) 공병 소위이다.

1882년 6월 초, 전라도에서 세곡미가 도착하자, 선혜청 도봉소에서는 우선 무위영 소속의 군인들에게 밀린 급료 중 1개월분을 지급하였다. 그러나 선혜청 관리들의 부정으로 급료로 받은 쌀에 겨와 모래가 섞여 있었고, 그 양도 많이 부족하였다. 이에 포수 김춘영·유복만 등 구식 군인들이 선혜청 도봉소 관리들에게 항의하다가 폭력 사태가 일어났다. 이것이 임오군란의 도화선이 되었던 '도봉소 사건'이다.

도봉소 사건을 보고받은 선혜청 당상관 민겸호는 주동자 체포령을 내려 김춘영, 유복만 등을 잡아들이게 하였다. 포도청에서 이들을 가혹하게 고문하고, 그들을 곧 처형한다는 소문이 있자 구식 군인들이 격분하였다.

6월 8일에 김장손(김춘영의 아버지), 유춘만(유복만의 동생) 등은 군민을 이끌고 직접 민겸호에게 호소하기 위해 그의 집으로 몰려갔다. 때마침 그곳에서 농간을 부리던 도봉소 관리를 발견하고 민겸호 집안으로 난입하다가 가옥 등이 파손되었다.

뜻밖에 사태가 악화되자, 민씨 정권의 보복을 두려워한 김장손, 유춘만 등 군민들은 운현궁의 흥선 대원군을 찾아가 도움을 요청하였다. 이에 대원군은 군란을 민씨 일파에게 빼앗긴 권력을 되찾기 위한 호기로 삼았다. 그는 군란의 주동자인 김장손, 유춘만 등에게 밀명을 내리고, 자신의 심복인 허욱을 군인으로 변장시켜 군민을 이끌게 하였다. 대원군의 지령을 받은 군민들은 동별영의 무기고를 부수고 무기를 탈취한 뒤 포도청에 난입하여 김춘영, 유복민 등을 구출하고, 뒤이어 의금부를 습격하여 척사론자 백낙관 등 죄수를 풀어주었다.

군민의 공격을 받고 도주하는 일본 공사관 일행(상상도)

이날 저녁 군인들과 왕십리·이태원 일대의 도시 빈민들은 일본 공사관(서대문 밖 청수관)을 공격하여 외무성 순사 등 일본인 13명을 살해하였다. 불타는 공사관을 간신히 탈출한 하나부사 요시모토(花房義質) 일본 공사 등 공관원들은 가까스로 제물포로 피신하여 영국 선박을 타고 본국으로 돌아갔다. 또 다른 무리의 난민들은 별기군 병영을 습격하여 별기군 일본인 교관 호리모

임오군란(1882) 진행도

토 레이조를 처단하였다. 이처럼 군민의 불만이 민씨 정권 타도에 이어 조선에 대한 정치·경제적 침탈을 강화하던 일본 세력의 배격 운동으로 확대되었던 것이다.

다음날(6월 9일), 더욱 과격해진 난민들은 돈녕부영사 흥인군 이최응(흥선 대원군 형)과 호군 민창식을 살해하였다. 곧이어 왕비(명성 황후)와 민씨 척신들을 제거하고자 궁궐에 난입하여 궐내를 뒤지다가, 선혜청 당상관 민겸호와 경기 관찰사 김보현을 발견하여 살해하였다. 이와 같은 위급한 상황에서 명성 황후는 궁녀옷으로 변장하고 무예별감 홍재희의 도움으로 장호원에 있는 충주목사 민응식 집으로 피신하여 간신히 목숨을 건졌다.

난민들이 궐내로 난입하여 약탈과 살인을 저지르자, 고종은 사태 수습을 위해 대원군의 입궐을 명하였다. 곧이어 "지금부터 대소 사무는 대원군 전에 품결하라."는 전교에 따라, 흥선 대원군이 다시 정권을 장악하게 되었다. 대원군은 국왕에게 자책 교서를 반포하게 하여 군란에 정당성을 부여하는 한편, 생사를 알 수 없는 왕비의 국상을 공포하였다.

군란으로 다시 집권한 흥선 대원군은 군란의 원인이 된 별기군과 2영을 혁파하고 5군영 체제를 복구하였다. 아울러 통리기무아문을 폐지하는 등 고종과 민씨 정권이 추진한 개화 정책을 백지로 돌렸다. 이어 민씨 세력을 축출하고, 중앙과 지방의 요직에 자신의 세력으로 교체하는 인사 조치를 단행하였다.

한편, 군란의 화를 모면한 명성 황후는 때마침 중국 톈진에 있던 영선사 김윤식 일행을 통해 청에 도움을 요청하였다. 1882년 6월 18일, 청은 속국 보호와 일본 세력 확대 저지 등을 명분으로 딩유창(丁汝昌: 정여창)·우창칭(吳長慶: 오장경) 등에게 4,500여 명의 군대를 이끌고 조선에 들어가 군란을 진압하게 하였다. 청군은 군영

청의 톈진 보정부 구금 시절의 흥선 대원군 모습(당시 63세) 그는 임오군란 때 납치되어 청에서 3년(1882.7~1885.8) 동안 구금 생활을 하였다.

묄렌도르프(Möllendorff, Paul George von, 1848~1901, 한국이름 : 목인덕) 청 주재 독일 영사관에 근무하다 리훙장의 추천으로 통리기 문아문에서 참의와 협판이 되어 외교와 세관 업무를 담당하였다. 그는 개화 방법을 둘러싸고 김 옥균 등 급진 개화파와 대립하기도 하였다.

을 찾아온 흥선 대원군을 군란의 책임자로 지목하여 톈진으로 납치해 갔다. 이로 써 흥선 대원군의 재집권은 불과 33일 만에 막을 내렸고, 군란도 종식되었다 (1882.7.13).

군란 진압에 성공한 청나라는 조선 정부에 대한 간섭을 더욱 강화하였다. 진수당 (陳樹棠 : 진수당)을 재정 고문에, 마젠창(馬建常 : 마건상)을 정치 고문에, 독일인 묄렌도 르프를 외교 고문에 각각 임명하여 국정 전반에 대해 간섭하였다. 조선의 병권을 장악한 우창칭과 위안 스카이(袁世凱 : 원세개)는 조선 국왕을 면전에서 협박까지 할 정도였다. 1882년 8월에는 조·청 상민 수륙 무역 장정을 체결하여 청나라 상인의 특권 확보와 함께 군대 주둔을 보장받았다.

일본 정부는 본국으로 피신해 온 하나부사 요시모토 공사로 하여금 군함 4척과 보병 1개 대대를 이끌고 건너가 조선 정부와의 교섭하도록 하였다. 조선 정부는 일 본 교섭 대표 하나부사 공사와 제물포 조약을 맺었다. 이 조약에 따라 일본은 공사 관 경비 명목으로 서울에 군대를 주둔하고, 청과 정면 대립을 피하면서도 조선에 서 일본의 기득권을 유지할 수 있게 되었다.

구식 군인의 차별에 대한 항의로 촉발된 임오군란은 대내외적으로 큰 영향을 미 쳤다. 대내적으로는 개화 세력이 급진파와 온건파로 분열하여 갑신정변의 일어나 는 배경이 되었다. 대외적으로는 청과 일본 양국이 조선에 대한 지배권을 둘러싸 고 처음으로 충돌하는 국제 사건으로 비화되었던 것이다.

자료 스페셜 제물포 조약 체결과 태극기(太極旗) 제작

○ **제물포 조약**(濟物浦條約, 1883.8.30)

제1조 범인 체포는 20일로 한정하고 기한 내에 체포하지 못할 경우 일본 측이 맡아서 처리한다.
제2조 일본 관리로서 조난을 당한 자를 후하게 장사지낸다.
제3조 일본인 조난자 및 그 유족에게 5만원의 보상금을 지급한다.
제4조 일본군의 출농비 및 손해에 대한 보상비로 50만원을 조선 측이 지불한다.
제5조 일본 공사관에 군대를 상주시키고 병영의 설치·수선 비용을 조선 측이 부담한다.
제6조 조선에서 고위 관리를 파견하여 일본에 사과한다.

○ **우리나라 국기(國旗)인 태극기는 누가 언제 만들었나?**

박영효가 제작한 것으로 추정되는 태극기(1882)

우리나라 국기인 태극기는 일반적으로 박영효가 임오군란(1882)을 수습하기 위해 일 본에 수신사로 갈 때 만든 것으로 전해진다. 그러나 국기의 필요성은 앞서 1876년 강화도 조약 때 논의된 적이 있다. 1880년 일본에 수신사로 다녀온 김홍집이 국제 교섭에서 국기 가 필수적임을 역설하여 국기 제작에 대한 논의가 있었다. 당시 청나라 사신으로 조선에 들어와 조·미 수호 통상 조약 체결(1882)을 주도한 마젠창과 김홍집의 필담을 기록한 〈청 국문답〉에는 마젠창이 조선의 국기 제작을 처음 제안한 것으로 되어있다. 즉, 1882년 4월 11일 마젠창은 김홍집과의 회담에서 사견임을 전제로 조선의 국기를 흰 바탕에 태극 문양 으로 하고 그 주위에 팔괘를 그려 넣는 것이 어떻겠냐고 제안하였다. 이 회담 뒤에 임오군 란이 일어났고, 조선 정부는 제물포 조약에 따라 수신사 박영효를 일본에 파견하였다. 이 때 수신사 박영효는 메이지마루호를 타고 갔 는데, 그는 선장 영국인 제임스의 조언에 따라 8괘 중 건곤감리 4괘만 남겨 상하좌우 4방에 배치하고 이를 다시 45도로 기울려 마침내 태극기를 만들었다. 이렇게 탄생한 태극기가 처음 게양된 곳은 일본 고베의 박영효 일행의 숙소였다.

한홍구, 『역사이야기』

위정척사 운동의 전개

1860년대에 들어 프랑스, 미국 등 서양 제국주의 열강이 통상을 구실로 조선을 침략해 왔다. 또한 서양 선교사들이 선교 활동을 벌여 천주교도가 2만 3천여 명에 이를 정도로 교세는 빠르게 확산되었고, 서양 상품과 문물 등도 들어와 전통 사회에 변화를 가져왔다.

이와 같은 정세 변화로 위기 의식이 점차 고조되면서 보수적 양반 유생들을 중심으로 이른바 위정척사 운동이 일어났다. 위정척사(衛正斥邪) 운동은 정학(正學)인 성리학을 지키고, 사학(邪學)인 서학(천주교·서양 문물) 및 외세(서양 열강과 일본)의 배격을 목표로 하였다.

1860년대에 위정척사 운동은 서양과의 통상 반대를 기치로 삼았다. 병인양요(1866), 오페르트 도굴 사건(1868)에 이어 신미양요(1871) 당시에는 척화 주전론을 내세워 흥선 대원군의 통상 수교 거부 정책을 적극 지지하였다. 이항로, 기정진 등은 이 시기의 대표적인 위정척사 사상가였다.

이항로는 전통적인 화이론에 입각하여 서양과의 통상을 반대하고 서양 상품을 배척하였다. 그의 위정척사 사상은 김평묵, 유중교, 최익현, 유인석 등에게 계승되어 화서(華西) 학파를 이루었다. 기정진은 유리론(唯理論)에 근거하여 위정척사 운동의 사상적 기초를 세우고 방향을 제시하였다. 그의 사상은 김석귀, 정재규, 정의림, 기우만, 송병선 등으로 이어져 노사(蘆沙) 학파를 형성하였다.

1870년대에 위정척사 운동은 개항 반대를 목표로 전개되었다. 최익현, 김평묵 등

위정 척사 운동의 전개

1860년대 병인양요기 (1866)	통상 반대 운동 (양화 배척론)	기정진 이항로
1870년대 강화도 조약 체결기 (1876)	개항 반대 운동 (왜양 일체론)	최익현 김평묵
1880년대 조선 책략 유포기 (1881)	개화 정책 반대 운동 (신사 척사론)	이만손 홍재학

1890년대
항일 의병 운동으로 계승

기정진(1798~1879) 친필

자료 스페셜 1860~70년대 위정척사(衛正斥邪) 운동의 전개

이항로(1792~1868)

○ **이항로의 척화 주전론(斥和主戰論)**

지금 국론이 수교하자는 입장과 싸우자는 입장 두 가지로 갈리어 있습니다. 서양 오랑캐를 공격하자는 것은 우리 쪽 사람 주장이고, 서양 오랑캐와 화친하자는 것은 적 쪽 사람의 주장입니다. 전자를 따르면 우리 전통을 지킬 수 있지만, 후자를 따르면 금수 상태가 되는 것입니다. 이것이 바로 서양 오랑캐와 싸우지 않으면 안 되는 까닭입니다.

이항로, 『화서집』

최익현(1833~1906)

○ **최익현의 개항 반대 상소(요약)**

첫째, 강화는 일본의 강요에 의해서 이루어지는 것이므로 이는 눈앞의 고식일 뿐 그들의 탐욕을 당해 낼 수 없을 것이다.

둘째, 일단 강화를 맺으면 물자를 교역하게 되는데, 저들의 상품은 손으로 만든 수공업품이므로 무한한 것이나, 우리의 물화는 모두 필수품이며 땅에서 생산되는 유한한 것이므로 이내 우리는 황폐해 질 것이다.

셋째, 그들이 비록 왜인이나 기술은 바로 서양 도적이므로 강화가 한번 이루어지면 사교의 서적들이 교역을 타고 끼어들어와 온 나라에 퍼지고 인륜이 쇠퇴할 것이다.

넷째, 일본인이 왕래하여 우리의 재산을 탈취하고 부녀자를 능욕하는 등 인간의 도리가 땅에 떨어지고 백성이 안주할 수 없을 것이다.

다섯째, 왜적들은 물욕만 높을 뿐 조금도 사람 된 도리가 없는 금수와 마찬가지이니 인류가 금수와 더불어 같이 살 수는 없는 것이다.

최익현, 『면암집』, 「지부상소」(持斧上訴), 병자년(1876년) 1월 23일.

황쭌셴(黃遵憲, 1848~1905) 청나라 외교관 겸 작가이다. 당시 러시아의 남하 정책에 대한 대책으로는 한·중·일 3국이 협력하고 미국과 연합 세력을 구축하는 것이 최선책이라고 주장하였다. 문학인으로서 그는 개화파 문학을 이끌었는데, 문학의 진화와 의식의 근대화 등에 기초한 신시를 주장하기도 하였다(한국식명 : 황준헌).

은 이 시기의 위정척사 운동을 주도하였다. 최익현은 일본이 서양 오랑캐의 문물을 수용하여 서양화한 나라이기에 '일본과 서양은 한 통속으로 같다.'라는 '왜양일체론'(倭洋一體論)을 내세워 일본과의 통상 수교에 격렬히 반대하였다. 김평묵은 강화도 조약이 체결되자, 유인석, 홍재구 등 46명과 연명으로 상소하여 개항 반대 운동을 이끌었다.

그러나 고종은 "왜와 서양은 같지 않다."는 '왜양분리론'을 내세워 일본과의 우호를 회복한다는 방침을 세워 일본과 강화도 조약을 맺고 문호를 개방하였다(1876).

1880년대에 위정척사 운동은 정부의 개화 정책에 대한 반대 운동으로 전개되었다. 특히, 1880년 제2차 수신사 김홍집이 일본에서 가져와 국왕에게 올린 『조선책략』의 내용이 조야에 널리 알려지면서 위정척사 운동이 더욱 격렬하게 일어났다.

『조선책략』은 일본 주재 청국 공사관 참사관이던 황쭌셴이 지은 책자였다. 이 책에서 그는 러시아를 견제하는 조선의 외교 책략으로 '친중국·결일본·연미국'의 방안을 제시하였다. 아울러 천주교는 정치에 관여하지 않음을 교리로 삼고 있어 포교를 허용해도 조선 사회에 크게 해가 되지 않는다고 주장하였다.

고종은 이와 같은 주장이 들어있는 『조선책략』을 조정에 회람시키고 재야 유생

자료 스페셜 신사(辛巳) 척사 운동(1881)의 전개

○ 황쭌셴의 『조선책략』(朝鮮策略)

조선(朝鮮)의 땅은 실로 아시아의 요충을 차지하고 있어 형세가 반드시 다투게 마련이며, 조선이 위태로우면 청도 위급해질 것이다. 러시아가 영토를 넓히려고 한다면 반드시 조선으로부터 시작할 것이다. …… 그렇다면 오늘날 조선의 책략(策略)은 러시아를 막는 일보다 더 급할 것이 없다. 러시아를 막는 책략은 무엇인가? 청과 친하고(親中國), 일본과 맺고(結日本), 미국과 이어져(聯美國) 자강을 도모해야 한다. …… 미국을 끌어들여 우방으로 삼으면 도움을 얻고 화를 풀 수 있을 것이다. 이것이 바로 미국과 이어져야 하는 까닭이다.

『조선책략』

○ 영남 만인소(嶺南萬人疏, 1881)

수신사 김홍집이 가져와 유포한 황쭌셴(黃遵憲)의 사사로운 책자를 보건대, 어느새 털끝이 일어서고 울음이 복받쳐 눈물이 흐릅니다. 중국은 우리가 신하로서 섬기어 속방의 직분에 충실한 지가 벌써 2백 년이 되었는데, 이제 무엇을 더 친할 것이 있겠습니까? 일본은 우리에게 매여 있는 나라입니다. 임진왜란의 숙원이 가시지 않았는데, 저들은 우리의 수륙 요충을 점령하였습니다. 만일 방비하지 않았다가 저들이 산돼지처럼 돌진해 온다면 전하께서는 장차 어떻게 제어하시겠습니까? 미국은 우리가 모르던 나라입니다. 갑자기 황쭌셴의 종용을 받고 우리 스스로가 끌어들였다가 저들이 우리의 빈약함을 업신여겨 들어주기 어려운 청을 강요한다면 전하께서는 장차 어떻게 이에 대응하시겠습니까? 러시아는 본래 우리와는 혐의(嫌疑)가 없는 나라입니다. 공연히 남의 이간을 듣고 원교(遠交)를 핑계로 가까운 이웃(近隣)을 배척하였다가 만일 이것을 구실삼아 분쟁을 일으킨다면 전하께서는 장차 어떻게 구제하시겠습니까? 하물며 러시아, 미국, 일본은 같은 오랑캐입니다. 그들 가운데 누구는 후하게 대하고 누구는 박하게 대하기는 어려운 것입니다.

『일성록』, 고종 18년(1881년) 2월 16일.

○ 홍재학의 만언소(洪在鶴 萬言疏, 1881)

위정 척사는 정조(正祖) 임금 이래로 내려온 조정의 기본 정책으로서 아직도 그 의리가 빛나고 있습니다. 그러나 전하께서 친정한 이래로 일본과 서양이 똑같이 해가 됨을 모르고 일본과 통상을 주장하여 그 결과 사설(邪說)과 이의가 횡행하여 나라 일이 위급하기 비길 데가 없게 되었습니다. 또한, 공맹정주(孔孟程朱, 유학)의 도리는 날로 사라져 가정에는 윤리가 무너지고 사람에게는 예의가 허물어져 결국에는 종묘사직이 무너질 위기에 놓였습니다. 이에 전하께서는 더욱 위정척사의 대의를 밝혀 주화매국(主和賣國)하는 신료들을 처단해야 합니다.

『일성록』, 고종 18년(1881년) 7월.

들에게도 배포하도록 하였다. 그러하자 유생뿐만 아니라 조정의 관리들도 잇따라 상소를 올려 『조선책략』을 불태우고 이를 가져온 김홍집을 처단할 것을 주장하였으며, 나아가 정부의 개화 정책까지 전면적으로 규탄하고 나섰다.

1880년 유원식의 상소를 필두로 정부의 개화 정책을 비판하는 상소 운동이 줄을 이었다. 특히, 1881년 3월 경상도 유생들은 이황의 후손인 이만손을 대표로 하여 영남 만인소를 올려 『조선책략』 내용을 조목조목 비판하는 동시에 이 책자를 국내로 가져온 김홍집의 처단을 주장하였다. 영남 만인소는 위정척사 운동(1881)이 전국적으로 확대되는 선도적 역할을 하였다.

이에 정부는 척사 상소를 엄금하는 한편, 척사 윤음을 발표하여 유생들을 회유하고자 하였다. 그러나 영남 만인소에 이어 관동·경기·호서·호남 지역의 유생들도 상소문을 올려 정부의 개화 정책을 신랄하게 비판하고 나섰다. 그 중에서도 관동 대표로 상소한 홍재학이 매우 강경하였다. 1881년 7월, 홍재학은 개화 정책에 앞장서는 김홍집·이유원 등 정부 대신의 처벌을 요구하고, 국왕까지 노골적으로 비난하다가 서소문 밖 형장에서 능지처참되는 사태까지 일어났다.

때마침 흥선 대원군 측근인 안기영, 권정호 등이 고종을 폐하고 이재선(대원군의 서자)을 왕으로 추대하려는 역모 사건이 일어났다(1881.8). 고종은 이 역모 사건을 대원군 세력에 대한 제거뿐만 아니라 위정척사 운동을 탄압하는데 이용하였다. 이에 따라 위정척사 운동의 기세가 크게 위축되고 말았다.

이후 1890년대에 이르러 위정척사 운동은 명성 황후 시해 사건(을미사변)과 단발령(1895)을 계기로 일본의 침략에 저항하는 항일 의병 운동으로 계승되었다.

위정척사 운동은 유림 세력이 당론과 지역을 초월하여 당시의 외세의 침략에 맞서 반침략·반외세의 주권 수호 운동을 추구하였다는 점에 그 의의가 크다. 그러나 위정척사 운동은 봉건적 지배 체제를 지키려 하였고, 개화 정책을 반대하여 근대화를 지연시켰다는 비판을 받았다. 즉, 전제 군주제의 정치 체제, 지주 전호제의 농업 경제 체제, 반상제의 차별적 신분 체제, 성리학 중심의 사상 체제 등을 고수하고자 하는 한계가 있었다.

정(正)	사(邪)
정학(正學)=성리학	사학(邪學)=서학
화(華)= (소)중화[조선]	이(夷)= 오랑캐[서양, 일본]
전통 문화	외래 문명
조선의 전통 질서	서양·일본의 침략 세력

위정척사의 개념

위정 척사(衛正斥邪): 정(正)을 지키고 사(邪)를 물리친다.

의열사(강원 춘천) 유인석 영정, 의열사는 유인석을 모시는 사당이다.

(1) 개화 사상과 개화 세력

개화 사상의 형성

박지원(1737~1805)

1860년대 무렵 통상 수교 거부 정책이 추진되는 가운데, 문호를 개방하여 서양의 문물과 제도를 받아들여 근대적 개혁을 이룩해야 한다고 주장하는 이들이 있었다. 박지원, 박제가 등 북학파 실학 사상을 계승한 이들 개화 사상가들은 중국과 일본 등을 왕래하면서 세계 정세에 대한 새로운 인식을 갖게 되었다.

개화 사상가에는 박규수, 유홍기(劉鴻基, 1831~? : 일명 유대치), 오경석, 이동인(李東仁, ?~1881) 등 일부 양반과 중인 출신이 중심을 이루었다. 실학자 박지원의 손자로 현직 관리인 박규수는 청나라를 여러 차례 방문하여 국제 정세의 변화를 목격하고, 중인 출신인 유홍기, 오경석 등과 교류하면서 개화에 뜻을 같이 하였다.

박제가(1750~1805)

역관 오경석과 한의사 유홍기, 개화승 이동인 등은 신분적 한계로 인하여 정치적 영향력을 발휘하는 데 한계가 있었다. 그들은 양반 중에서 동지를 구해 조선 사회의 낡은 체제를 혁신할 포부를 품고, 박규수 등과 교류하였다. 이들 개화 사상가들은 청의 양무 운동과 일본의 문명개화론, 그리고 서양의 근대 사상에도 큰 영향을 받았다.

개화 세력의 성장

박규수(1807~1877)

박규수, 유홍기, 오경석 등 개화 사상가들은 양반 자제들을 규합하여 지도하였다. 이들은 김옥균, 박영효, 서광범, 홍영식, 김윤식, 김홍집 등 개명적인 양반 자제들을 북촌 박규수의 사랑방에 불러 모아 북학 사상을 설파한 『연암집』, 『북학의』를 비롯하여 역관 오경석이 청과 일본 등지에서 가져온 『해국도지』, 『영환지략』 등 세계 정세와 근대 사상을 소개한 책들을 함께 읽으며 개화의 필요성을 일깨웠다.

1870년대에 들어 박규수, 유홍기, 오경석 등의 영향을 받은 이들 양반 자제들은 새로운 정치 세력으로 개화파를 형성하였다. 이들 개화파 인물 가운데 박규수가 1877년에 죽은 뒤 유홍기, 오경석, 이동인 등의 계도를 받은 김옥균, 서광범, 홍영식, 서재필 등은 더욱 혁신적인 사상을 갖게 되었다.

오경석(1831~1879)

1876년 문호 개방 이후 개화파 인사들은 다른 신진 관료와 청년들에게 개화 사

자료 스페셜 개화파의 뿌리를 찾아서

어느 날 대치(유홍기) 어른께서 "우리나라의 개혁은 어떻게 하면 성취할 수 있겠는가?"라고 묻자, 나의 아버님(오경석)은 "양반 자제들 중에 동지를 구해 혁신의 기운을 일으켜야 한다."고 대답하였다. 아버지께서 돌아가신 뒤, 유홍기는 우연히 청년 김옥균을 만나 세상 이야기를 하는 가운데 이 청년이 사상, 인격, 학문적 재질이 빼어나 장차 큰일을 함께 도모할 수 있다고 생각하였다. 그리하여 아버지로부터 얻은 세계 여러 나라의 지리, 역사 등 많은 책을 주어 공부하도록 하는 한편 다른 나라의 움직임을 설명하고 우리나라는 근본적 개혁이 필요함을 역설하곤 하였다. …… 김옥균은 일본에 다녀올 기회가 있었는데, 이때에도 우리나라의 개혁 방향과 방법을 살피는 것이 그 목적이었다. 그에게 일본을 다녀오도록 권유한 이도 유홍기임이 분명하다.

고균기념회편, 『김옥균전』 상, 경응출판사, 1944.

상을 전파하며 적극적으로 개화 세력을 확대하여 나갔다. 김옥균은 중심 인물로 왕족, 관리, 군인, 중인, 승려, 궁녀에 이르는 각계 각층의 사람들을 규합하였다. 그리하여 1870년대 말에 이르러 개화파는 하나의 확고한 정치 세력으로 성장하였다.

정부는 강화도 조약 체결 직후 일본에 파견한 수신사를 통해 일본의 근대적 발전상과 세계 정세의 변화를 알고 개화의 필요성을 절감하였다. 이에 개화파 인물들을 정계에 등용하여 개화 정책을 추진해 나갔다. 1880년대에 들어 개화파 인사들은 신설된 기구의 요직에 임명되어 개화 정책을 적극적으로 뒷받침하였다. 나아가 이들은 수신사·영선사·조사 시찰단·보빙사 등 사절단을 수행하거나 해외 파견 유학생이 되어 직접 외국 문물을 시찰하여 견문을 넓혀 나갔다.

조사 시찰단의 일원

엄세영(1831~1900)

엄석주

이헌영

동도서기론의 대두

문호 개방을 계기로 고종과 개화파 관료들은 부국강병을 목표로 개화 정책을 추진하였다. 그러나 보수적 관료들과 재야 유생들은 위정척사 사상에 입각하여 개화 정책에 대해 격렬히 반대하였다.

반면에 일부 개명적인 관료와 유생들은 '동도서기론'(東道西器論)에 입각하여 정부의 개화 정책을 지지하고 나섰다. 동도서기론은 개항 이후 서양과 일본의 침략이 본격화되는 상황에서 우리의 전통적인 체제와 사상은 그대로 지켜 나가되, 서양의 선진 과학과 기술을 받아들여 부국강병을 이룩하자는 논리였다.

1881년 신사 척사 운동이 격렬히 전개되는 가운데, 지배층 내부에서 동도서기론의 입장에서 정부의 개화 정책을 지지하는 상소가 잇따라 올라왔다. 특히, 조·미 수호 통상 조약 체결(1882.5)을 계기로 유생 윤선학 등의 동도서기적인 상소 운동은 더욱 확산되었다. 상소에 참여한 이들도 현직 관료를 비롯하여 전직 관리, 재야 유생, 무과 합격자 등 다양한 계층으로 확대되었다. 이들은 서양의 기술뿐만 아니라 법과 제도까지 받아들이자는 주장으로까지 발전하기에 이르렀다.

1882년 정부는 국왕의 개화 교서를 통해 동도서기론을 개화 정책의 기본 노선으로 선포하였다. 이에 따라 정부는 우리보다 근대화에 앞선 나라들의 실정을 살펴보고 나아가 제도와 기술을 도입하고자 수신사, 조사 시찰단, 영선사, 보빙사 등을 각각 일본, 청나라, 미국에 파견하는 동시에 외국 기술자도 초빙하여 선진 기술을 전수받았다. 통신, 교통, 전기, 의료, 건축 분야의 근대 시설도 도입하였다. 이를 토

개화 정책에 대한 입장

문명개화론
서양 제도 도입
(신분제 폐지·입헌 군주제 채택 등)

서양의 과학 기술 수용

동도서기론

우리 제도 고수
(신분제 고수·전제 군주제 유지 등)

서양의 과학 기술 배척

위정척사론

자료 스페셜 유생 윤선학(尹善學)의 동도서기론(1882)

군신·부자·부부·붕우·장유의 윤리는 하늘이 만들어 성품에 부여한 것으로 온 천지에 영원히 변할 수 없는 이치로 위에 있어서 '도(道)'가 됩니다. 백성을 편하게 하고 국가를 이롭게 하는 배, 수레, 병기, 농기는 밖으로 나타나 '기(器)'가 됩니다. 신이 변혁을 꾀하는 것은 기이지, 도가 아닙니다. …… 전하께서는 인재를 널리 선발하여 기계 제조의 관리를 두시고, 그들로 하여금 해외에 출입케 해서 제조법을 배워 오게 하여 급속히 그 효용을 보게 하면, 재주와 지략과 정교한 기술이 어찌 다른 나라에 뒤떨어지겠습니까?

『승정원일기』, 고종 19년(1882년) 12월 22일.

대로 정부는 개화파 인물들을 등용하여 본격적으로 개화 정책을 추진하였다.

개화 세력의 분열

개화 세력은 개화의 방법과 속도, 외교 정책 등을 둘러싸고 대립하였다. 결국 1882년 임오군란을 계기로 개화 세력은 온건 개화파와 급진 개화파로 분열하고 말았다.

개화파의 형성과 분열

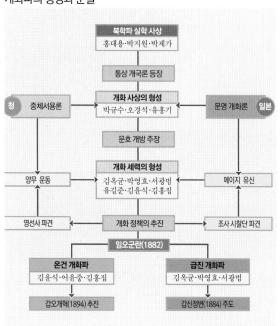

온건 개화파(수구당·사대당)는 김윤식, 어윤중, 김홍집 등이 중심을 이루었다. 이들 온건 개화파는 민씨 정권에 우호적이고, 청과의 전통적 관계를 중시하면서 청의 양무 운동을 개혁 모델로 삼았다. 유교적 전통 문화를 유지하고 서양의 종교(천주교) 허용에 반대하되, 서양 과학 기술을 수용하여 근대화를 이룩하는 점진적 개혁을 주장하였다. 급진 개화파의 갑신정변이 실패한 후, 이들은 갑오개혁(1894)에 참여하여 개화 운동을 계속 이어 나갔다.

이와는 달리, 급진 개화파(개화당·독립당)는 초기 개화 사상가인 박규수가 죽은 뒤 유홍기, 오경석 등 중인층의 지도를 받는 김옥균, 박영효, 서광범, 홍영식, 서재필 등이 주축을 이루었다.

이들 급진 개화파는 민씨 정권의 친청 사대 정책에 비판적이며, 청의 간섭을 배제하는 대신에 일본의 메이지 유신을 개혁의 모델로 삼고자 하였다. 이들은 일본의 문명개화론에 영향을 받아 서양 과학 기술뿐만 아니라 사상과 제도까지 수용하고, 서양 종교(천주교) 허용에 찬성하였다. 김옥균, 박영효 등 급진 개혁파는 갑신정변(1884)을 주도하였다.

(2) 갑신정변(1884)

급진 개화당과 정변 모색

임오군란(1882)이 수습되자, 정부는 다시 개화 정책을 추진하였다. 이 무렵 정부 요직의 대부분은 민태호, 민영익, 민응식 등 민씨 일파가 장악하고, 일부 개화파 인사들이 이에 참여하는 정도였다.

정부는 먼저 통리군국사무아문(내아문)과 통리교섭통상사무아문(외아문)을 새로 설치하여 각각 내정과 외교를 관장하게 하였다. 이로써 정부 조직은 의정부-6조와 내아문-외아문의 이원적 체제로 운영되었다.

이어 임오군란으로 흐트러진 군제를 바로잡기 위한 개편이 이루어졌다. 군병 1천명으로 구성된 친군영을 창설하고, 1884년 7월에 다시 이를 친군 4영 체제로 편제하여 청나라 군대식으로 훈련시켰다. 이처럼 중앙의 군제 개편은 청나라 영향 하에 진행되었고, 군권은 친청 사대적인 민씨 정권에 의해 장악되었다.

임오군란 이후 개화 세력 내에서 김옥균, 박영효, 서광범, 홍영식 등 급진 개화파가 대두하였다. 이들은 자신들을 '개화당' 혹은 '독립당'이라 부른 반면에, 당시 친청 노선을 추구하던 집권 민씨 일파와 온건 개화파 등을 '수구당' 또는 '사대당'이라 비난하며 자신들과 차별화하였다.

조선 정부는 1882년 임오군란의 사태 수습을 위해 일본에 제3차 수신사를 파견하였다. 수신사 일행에는 박영효(정사), 서광범(종사관)을 비롯하여 김옥균과 민영익이 고문으로 참가했고, 이후 갑신정변에 참여하게 되는 유혁로, 박제경, 변수 등이 수행하였다. 약 4개월간 일본 도쿄에 머무는 동안 김옥균, 박영효, 서광범 등 급진 개화파 인사들은 조선을 속국으로 여기는 청나라의 내정 간섭을 물리치고, 일본의 메이지 유신을 본받아 조선을 근대적 국민 국가로 만들려는 생각을 갖게 되었다.

임오군란 이후 김옥균, 박영효 등 개화당 인사들은 고종의 신임을 얻어 개화 정책에 적극 참여하였다. 군란이 일어나기 전인 1881년에 고종의 밀명을 받고 일본의 근대화된 모습을 직접 시찰한 김옥균은 신식 군대 양성을 비롯하여 개화파인 유길준 등을 일본 유학생으로 파견하고, 수도 한양을 근대적 도시로 육성하는 등의 개혁 구상을 추진하였다. 이와 함께 1883년 8월에 김옥균, 서광범, 박영효 등은 박문국을 설치하여 한성순보를 발행하였다. 1884년에는 병조참판 홍영식이 우정총국의 총판에 임명되어 근대적 우편 사무도 시작하기에 이르렀다.

한편, 민씨 정권은 청나라의 도움으로 재집권하였기에 더욱 친청 사대 정책으로 기울었다. 이에 따라 그동안 고종의 개혁 의지에 의해 추진되었던 개화 정책이 점차 후퇴하게 되었다. 여기에 개화 사업 등을 추진하는데 소요되는 재정 조달 문제를 놓고도 대립하였다. 민씨 일파는 묄렌도르프의 건의에 따라 당오전을 발행하여 재정 문제를 해결하고자 한 반면, 김옥균은 일본에서 차관을 도입하여 해결할 것을 주장하였다.

대일 차관 교섭이 실패로 돌아가자, 김옥균 등 개화당의 정치적 입지는 위축되었다. 게다가 민씨 일파와 청나라의 견제로 개화당 주요 인사들이 지방으로 밀려나자 그들은 국면 전환을 모색하게 되었다.

이러한 가운데 1884년 8월에 베트남 문제를 둘러싸고 청과 프랑스 사이에 전쟁이 일어났다. 이에 청나라는 조선에 주둔하고 있던 병력의 절반인 1,500여 명을 철수시켰다.

한편, 김옥균, 박영효, 서광범 등 급진 개혁파들은 근대적 개혁을 단행하기 위한 최후 수단을 강구하였다. 처음에는 미국 측에 원조를 요청하여 실패하자, 독자적인 계획 하에 정변을 단행하기로 결정하고 이에 대한 준비를 하였다.

그런데 1884년 10월 3일 서울로 돌아온 다케조에 신이치로(竹添進一郎) 일본 공사

후쿠자와 유키치(福澤諭吉)와 김옥균의 만남

후쿠자와 유키치는 근대 일본의 계몽 사상가이자 메이지 정부의 민간 대변자 역할을 자임한 국권론자였다. 그는 임오군란 이후 조선에서 청 세력이 확대되자, 조선의 급진 개화파를 지원하여 개혁을 추진해야 한다고 생각하여 김옥균 등을 적극 지원하였다. 조선에서 갑신정변이 실패로 끝나자, 1885년에 후쿠자와는 '근대화할 수 없는 주변 국가를 버리고 일본은 근대화를 더욱 추진하여 구미 열강의 일원으로 참가해야 한다는 이른바 '탈아입구론(脫亞入歐論)'을 제창하였다. 한편, 김옥균은 1882년 2월 일본에 건너가 후쿠자와를 처음 만나 그로부터 큰 영향을 받아 조선을 일본처럼 근대화하려는 포부를 갖게 되었던 것이다.

후쿠자와 유키치(1835~1901)와 게이오 대학

당오전(當五錢)
1883년 2월에 주조되어 1894년 7월까지 유통되었던 화폐이다. 명목 가치는 1문전(文錢)이 상평통보 5매와 같았으나, 실질 가치는 상평통보의 2배 정도에 지나지 않았다.

갑신정변의 주역들

김옥균(1851~1894)

박영효(1861~1936)

서광범(1859~1897)

홍영식(1855~1884)

서재필(1864~1951)

복원된 우정국 건물(서울 종로) 갑신정변이 일
어난 장소이다

는 종전의 미온적 태도에서 벗어나 개화당에 적극적인 호의를 보였다. 이에 김옥
균 등 개화당은 청군의 견제 수단으로 일본군의 힘을 빌려 정변을 일으키는 계획
으로 바꿨다. 김옥균은 다케조에 일본 공사로부터 일본 공사관 병력 150명과 일화
300만 엔을 빌려주겠다는 약속을 받아냈다. 아울러 이번 거사에서 개화당이 국내
수구파의 제거와 내정 개혁을 전담하고, 일본군은 왕궁 호위와 청군에 대한 방비
만을 맡는 조건으로 일본을 정변에 끌어들였던 것이다.

갑신정변의 발발

1884년(고종 21) 10월 17일(양력 12월 4일), 마침내 김옥균 등 급진 개화파는 우정총
국 낙성식 축하연을 이용하여 별궁 방화를 거사 신호로 정변을 일으켰다. 김옥균
은 창덕궁에 있던 고종에게 우정총국에서 변란이 일어나 청나라 군대가 궁궐을 공
격하고 있으니, 방어에 유리한 경우궁으로 거처를 옮기고 일본군 동원을 거듭해서
주청하였다. 그러나 고종이 반신반의하며 주저하자, 김옥균 등은 국왕의 인신(印信)
도 없이 종이에 '일사내위'(日使來衛 : 일본 공사는 와서 나를 지키라)를 써서 일본 공사에
게 전하게 하였다.

김옥균 일행이 국왕과 왕비를 모시고 경우궁에 도착하자, 박영효와 다케조에 일
본 공사가 일본군 150여 명을 이끌고 왔다. 경우궁으로 고종을 찾아온 친군영의
전·후·좌의 3영사인 한규직·이조연·윤태준을 비롯하여 민씨 일파인 민영목·민
태호 등을 처단하였다. 개화당에 참여했다가 배신하여 사대당으로 돌아선 환관 유
재현도 경우궁 정전에서 목을 베었다.

거사 이틀째인 10월 18일(양력 12월 5일), 개화당은 새 정부 수립에 착수하였다. 새
정부 구성은 개화당과 왕실 종친(특히 대원군 계열)의 연립 내각 형태로 이루어졌다.
개화당은 새 정부의 임무를 분담하여 개화당 대표에 홍영식(좌의정)이 추대되고, 재
정은 김옥균(호조 참판), 군사는 박영효와 서재필, 외교는 서광범, 국왕 시위는 박영
교가 각각 맡았다.

개화당은 새로운 개혁 정부가 수립되었음을 내외에 선포하였다. 동시에 조선국

개화당 정부 각료 명단(일부)
영의정 : 이재원(고종의 종형)
좌의정 : 홍영식
전후영사겸좌포장 : 박영효
　　　　　(철종의 사위)
좌우영사 겸 대리외무독판·우포장 :
　　　　　서광범
좌찬성 겸 우참찬 : 이재면
　　　　　(대원군의 큰 아들)
이조판서 겸 홍문관제학 : 신기선
예조판서 : 김윤식
병조판서 : 이재완(종친)
형조판서 : 윤응렬
공조판서 : 홍순형(왕대비의 조카)
한성판윤 : 김홍집
예문관제학 : 이건창
호조참판 : 김옥균
병조참판 겸 정령관 : 서재필
도승지 : 박영교
병조참의 : 김문현(순화궁의 아우)
평안감사 : 이재순(대원군의 지친)
　　　　　　　 - 「갑신일록」

국왕의 이름으로 미국, 영국, 독일 등 각국 외교 사절들을 불러 새 정부의 수립과 개혁 정치 실시를 알려 개화당 정권에 대한 국제 사회의 승인을 유도하였다.

　개화당의 정변에 놀란 청군은 개화당 지지자로 위장해 있던 경기 관찰사 심상훈을 경우궁으로 들여보냈다. 심상훈은 은밀히 밥사발 밑에 감춰 반입한 서찰을 왕비에게 전달하여 청군의 계획을 알렸다. 심상훈을 통해 새 정부가 자신을 적으로 삼고 있음을 눈치 챈 왕비는 청군의 진입을 돕기 위해 경우궁이 좁아 불편하다는 핑계를 대며 창덕궁으로 환궁할 것을 고집하였고, 고종도 왕비 뜻에 동조하고 나섰다.

　그런데 김옥균이 잠시 외청에 나간 사이에 일본 공사 다케조에는 고종의 환궁 요청을 받아들였다. 환궁 소식에 놀라 급히 달려온 김옥균은 다케조에를 비난하자, 그는 오히려 일본군 병력으로 청군을 물리칠 수 있다고 큰 소리쳤다. 김옥균의 완강히 반대 속에서 국왕과 왕비는 10월 18일 오후 5시 무렵에 창덕궁으로 환궁하였다. 결국 개화당은 소수 병력으로 창덕궁의 넓은 지역에서 청군의 대병력과 대결해야 하는 처지에 놓이게 되었다.

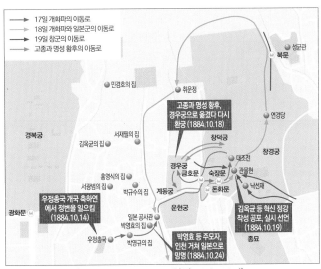

갑신정변 진행도(1844.10.17~10.19, 양력 12.4~12.6)

　이와 같이 상황이 불리하게 돌아가는 가운데, 개화당 정부는 10월 19일(양력 12월 6일) 오전 9시 무렵에 국왕의 전교 형식을 빌려 '혁신 정강'을 공포하고, 서울 시내 몇 곳에 이를 게시하였다. 개화당 정부의 혁신 정강은 상당히 많아 80여 개 조목에 이른다는 기록도 있으나, 김옥균의 수기인 『갑신일록』에는 14개 조항이 전해오고 있다.

자료 스페셜　개화당 정부의 14개조 혁신 정강(1884.10.19)

1. 청에 잡혀간 흥선 대원군을 빠른 시일 안에 돌아오게 하고, 청에 대한 조공의 허례를 폐지한다.
2. 문벌을 폐지하여 인민 평등권을 제정하고, 능력에 따라 관리를 등용한다.
3. 지조법을 개혁하여 관리의 부정을 막고 백성을 보호하며, 국가 재정을 넉넉하게 한다.
4. 내시부를 없애고, 그 중에 우수한 인재를 등용한다.
5. 부정한 관리 중 그 죄가 심한 자는 처벌한다.
6. 각 도의 환상미(환곡)는 영구히 받지 않는다.
7. 규장각을 폐지한다.
8. 급히 순사를 두어 도둑을 방지한다.
9. 혜상공국을 혁파한다.
10. 귀양살이하거나 옥에 갇혀 있는 자는 그 정상을 참작하여 적당히 형을 감한다.
11. 4영을 합해 1영으로 하되, 영에서 장정을 뽑아 근위대를 급히 설치한다.
12. 모든 국가 재정은 호조에서 통할한다.
13. 대신과 참찬은 의정부에 모여 정령을 의결하고 반포한다.
14. 의정부, 6조 외의 불필요한 기관은 없앤다.

갑신정변 때 발표된 14개조 혁신 정강

김옥균, 『갑신일록』

갑신일록(甲申日錄) 김옥균이 일기체 형식으로 쓴 갑신정변에 관한 수기로 1885년 무렵에 집필한 것으로 보인다. 갑신정변 실패로 일본에 망명한 김옥균은 정변의 주역으로서 사실을 후세에 전하겠다는 사명감으로 이 일기를 남겼다. 이 책은 김옥균의 제1차 일본 방문(1881.12.)에서부터 갑신정변이 실패했을 때까지의 약 3년간에 걸친 시기의 조선을 둘러싼 대내외의 정치 상황을 기록하고 있다.

위안 스카이(袁世凱, 1859~1916) 군인 출신의 정치가로 임오군란 때(1882) 군대를 이끌고 조선에 들어와 흥선 대원군을 톈진으로 납치하였고, 갑신정변 때에는 개화당 세력과 일본군을 물리치고 고종을 구출해 주었다. 1885년에 흥선 대원군과 함께 다시 조선으로 들어와 총리 교섭 통상대신에 취임하여 조선의 국정을 간섭하고, 일본과 러시아를 견제하여 리훙장으로부터 공로를 인정받았다. 그는 북양군벌을 배경으로 변법 자강 운동과 의화단 운동을 탄압하였으며, 신해혁명(1911) 때에는 임시 총통으로 취임한 뒤 스스로 황제라 칭하다가 병사하였다. (한국 식명: 원세개)

개화당 정부의 14개조 혁신 정강에는 먼저 청에 대한 조공의 허례를 폐지하여 조선이 자주 독립국임을 선포하였다. 정치적으로는 입헌 군주제와 내각 제도의 수립, 사관 학교 창설과 군제 개혁, 경찰 제도와 형사 정책 수립 등을 추구하였다. 사회적으로는 신분 제도의 폐지와 인민 평등권을 제정하였다. 경제적으로는 조세 제도와 지조법의 개혁, 국가 재정의 호조로의 일원화와 예산·결산 제도의 도입, 특권 상업 제도(혜상공국) 폐지와 근대 자본주의적 기업 육성 등의 방향을 제시하였다. 문화적으로는 양반 귀족 문화의 폐지와 민중의 신교육에 의거한 근대 문화의 수립 등을 밝혔다.

고종이 혁신 정강을 재결하여 조서를 내린 10월 19일 오후 3시 무렵, 마침내 청나라 위안 스카이는 행동을 개시하였다. 그는 청군 1,500여 명의 병력을 둘로 나누어 창덕궁 돈화문과 선인문으로 진입하여 궁궐로 쳐들어 갔다. 청군의 공격에 맞서 외위를 담당한 친군영과 전후영의 개화당 병력은 분전했으나, 수십 명의 사상자를 내고 패퇴하여 흩어졌다. 청군이 몰려오자, 중위를 지키고 있던 150여 명의 일본군은 제대로 대응도 하지 않고 창경궁 북문을 통해 도망하였다.

이에 김옥균 등 개화당 요인들은 정변의 실패를 자인하고, 다케조에를 따라 일본 공사관으로 피신하였다. 고종이 청군 진영에 도착하자, 청군은 국왕을 호위하던 홍영식, 박영교와 사관생도 등을 그 자리에서 처단하였다. 일본 공사관에 피신해 있던 김옥균·박영효·서광범·서재필과 유혁로·변수·이규완·정난교·신응희 등 개화당 9명은 그해 10월 24일(양력 12월 23일), 다케조에 공사 일행과 함께 일본 우편선 센사이마루(千歲丸) 호를 타고 일본으로 망명하여 목숨을 건졌다. 그러나 미처 피신하지 못한 개화당 요인들은 본인뿐만 아니라 일가 친척까지 숙청·살해되어 희생자 수가 100여 명이 넘었다.

1884년 10월 17일(양력 12월 4일)에 김옥균 등 급진 개화당이 일으킨 갑신정변은 청군의 간섭과 일본군의 배신으로 10월 19일(양력 12월 6일) 밤에 붕괴되었다. 결국 개화당의 집권(갑신정변)은 '3일 천하'로 끝나고 말았다.

갑신정변의 영향과 의의

김옥균 등 개화당은 정변을 통해 청으로부터 독립을 이루고, 위로부터의 개혁에 의한 근대적 국민 국가의 수립을 목표로 하였다. 그러나 정변의 실패는 오히려 그와 반대되는 결과를 초래하였다.

대내적으로는 개화파의 입지가 크게 위축된 반면에, 수구적인 민씨 일파는 권력 기반을 공고히 하는 계기가 되었다. 결과적으로 급진 개화당의 정변 실패로 개화 정책의 중단과 개화파에 대한 민심 이반을 가져와 그동안 축적해 온 개화에 대한 인식을 부정적인 것으로 만들었다.

대외적으로는 청나라는 임오군란(1882)에 이어 갑신정변(1884)을 개입하여 조선에 대한 종주권을 더욱 강화하였다. 1885년에 조선 정부의 감독관으로 파견된 청나라 위안 스카이는 군권을 장악했을 뿐 아니라 조선 주재 '총리 교섭 통상대신'이라는 직책으로 내정 간섭을 더욱 노골화하였다.

한편, 일본 공사와 군대가 갑신정변에 관련된 사실을 보고받은 일본 정부는 조선에서 실추된 이미지를 만회하기 위해 강경책으로 나왔다. 전권대신 이노우에 가오루(井上馨)는 군대를 이끌고 서울에 들어와 조선 정부를 위협하여 배상금 지불과 공사관 신축비 부담 등을 내용으로 하는 한성 조약을 체결하였다.

1885년 청과 일본은 톈진 조약(일명 톈진 협정)을 체결하여 조선을 둘러싸고 야기된 양국의 외교 문제를 해결하였다. 이 조약에는 청과 일본 양국은 군대를 동시 철수하고, 향후 조선에 파병할 때에는 사전에 상대국에 통고한다는 규정이 들어 있었다. 이러한 규정은 동학 농민 운동이 일어나자, 일본 정부가 조선에 파병하는 구실로 삼아 청·일 전쟁(1894)을 일으키는 원인이 되기도 하였다.

김옥균 등 급진 개화당이 일으킨 갑신정변은 실패로 끝났다. 그 실패 요인으로는 청군의 무력 개입, 개화당의 일본 의존과 일본군의 철병, 청군과 민씨 정권의 연계 차단 실패, 개화당에 대한 민중의 지지 결여, 개화당의 준비 부족 등을 들 수 있을 것이다.

그럼에도 불구하고 갑신정변은 근대 국민 국가 건설을 목표로 한 최초의 위로부터의 정치 개혁 운동이자, 근대화 운동의 선구적 역할을 하였다. 그 뿐만 아니라 우리나라의 근대 민족주의 형성과 발전에 하나의 이정표를 세운 운동이었다는 점에서 그 의의는 매우 크다.

외국으로 망명한 갑신정변 주역들 김옥균은 일본으로 망명했으나 일본 정부의 냉대를 받자, 1894년 상하이로 리훙장을 만나러 갔다가 명성왕후가 보낸 자객 홍종우에게 암살되었다. 일본으로 망명한 박영효, 서광범, 서재필은 1885년 미국으로 건너갔다. 그 중 박영효는 다시 일본으로 돌아왔다. 1894년 박영효는 귀국하여 미국에서 돌아온 서광범과 함께 갑오개혁에 참여하였다. 미국 철도 우편 사업의 창설자인 암스트롱의 딸과 결혼한 서재필은 미국을 방문한 박영효의 권유를 받고 1895년 12월에 귀국하여 중추원 고문에 임명되었다. 서재필은 1896년 4월 정부 지원을 받아 독립 신문을 창간하고, 이상재, 윤치호 등과 독립 협회를 결성하여 활동하였다. 그러나 그는 수구 세력과 러시아, 일본의 추방 운동으로 다시 미국으로 돌아갔다(1898).

'대역부도'(大逆不道)의 죄목으로 능지처참된 김옥균의 시신 일본 정부의 박해를 피해 1894년 3월 중국으로 망명한 김옥균은 자객 홍종우에게 상하이 동화양행(東和洋行) 객실에서 암살당하였다. 민씨 정부는 김옥균의 시체를 중국에서 가져와 서울 양화진에서 능지처참하였다.

자료 스페셜 갑신정변(1884)을 계기로 삼국(조선·중국·일본) 사이에 체결된 조약

○ **한성 조약(漢城條約, 1884)**
1. 조선은 국서로써 일본에 변란의 사죄 의사를 표명할 것.
2. 조선은 일본 거류민 피해자에게 11만원의 위로금을 지불할 것.
3. 일본인 이소바야시(磯林) 대위 살해범을 체포하여 처단할 것.
4. 일본 공사관 신축지 및 신축비 2만원을 지불할 것.

○ **톈진 조약(天津條約, 1885)**
1. 청·일 양국 군대는 4개월 이내에 조선에서 동시 철병할 것.
2. 청·일 양국은 조선 국왕의 군대를 교련하여 자위할 수 있게 하되 외국 무관 1인 내지 여러 명을 채용하고 두 나라의 무관은 조선에 파견하지 않을 것.
3. 장차 조선에서 변란이나 중대사로 두 나라 중 한 나라가 출병할 필요가 있을 때는 먼저 문서로 조회하고 사건이 진정된 뒤에는 즉시 병력을 전부 철수하여 잔류시키지 않을 것.

(3) 갑신정변 이후 국제 정세

청과 일본의 세력 균형

카를 베베르(Karl Ivanovich Veber , 1841~1910)
러시아 외교관으로 한자명은 위패(韋貝)이다. 중국 톈진 주재 영사로 있을 때 전권대사로 조선에 부임하여 조·러 수호 통상 조약을 체결하고, 1885년 조선 주재 대리공사 겸 총영사 자격으로 다시 서울에 와서 조·러 수호 통상 조약의 비준을 교환하였다. 그는 갑신정변(1884) 이후, 영국과 일본의 세력을 견제하여 러시아의 세력 확대를 도모하였다. 1894년 동학 농민 운동 때 다시 조선에 들어와 삼국 간섭을 주도하고, 1896년에 아관 파천을 성공시켜 친러 내각을 출범하는데 주도적 역할을 하였다.

갑신정변이 실패로 끝나자, 개화 세력은 정계에서 축출되었고 민씨 일파가 다시 집권하게 되었다. 고종은 심순택, 김홍집 등을 중심으로 하는 새 정부를 구성하였다. 이어 개화당의 개혁 조치를 무효화시키고, 우정총국도 혁파하였다. 나아가 일본에 관리를 보내 김옥균 등 개화당 인사의 송환을 요구하였다.

갑신정변을 진압한 청나라는 조선에 대한 정치·경제적 영향력을 더욱 강화하였다. 반면에 일본은 갑신정변에 개입했다가 청군에게 패배하여 조선에 대한 정치적 영향력이 약화되자, 경제적 침투를 강화하여 세력을 만회하고자 하였다. 그리하여 조선에 대한 지배를 둘러싸고 청·일 양국의 대립은 더욱 격화되어 갔다. 청과 일본은 톈진조약을 체결하여 일단 조선에서 청·일 양국의 세력 균형을 유지하게 되었다.

조·러 밀약의 추진

조·러 밀약설(1885)
갑신정변 이후 조선에서 청과 일본의 대립이 더욱 격화되었다. 이에 고종과 민씨 정권은 청·일이 아닌 제3 세력을 끌어들여 청·일 양국의 조선 침투를 견제하고자 하였고, 그 대상으로 러시아를 지목하였다. 그리하여 고종의 밀명을 받은 민영환·권동수·묄렌도르프가 직접 러시아 관리와 비밀리에 접촉한 사건이 조·러 밀약설이다.

임오군란 이후 청의 내정 간섭이 강화되자, 1884년 초에 고종은 러시아 세력을 이용하여 청의 간섭을 견제하고자 하였다. 러시아도 중국 톈진 주재 러시아 영사 베베르에게 청나라를 통하지 않고, 직접 조선 정부와 수교 조약을 체결하도록 지시하였다. 이에 베베르는 서울에 들어와 임오군란 때 리훙장의 추천으로 외교 고문에 임명된 독일인 묄렌도르프에게 조선 정부와의 교섭을 주선해 주도록 요청하였다.

그리하여 1884년 조선 정부 외무독판 김병시와 러시아 전권대사 베베르는 수교 회담을 진행시켜 조·러 수호 통상조약을 맺었다. 1885년 7월 7일에 조·러 수호 통상 조약의 비준서를 교환함으로써 조선과 러시아는 정식으로 국교를 맺게 되었다. 조·러 국교 수립 결과, 러시아는 청·일본과 대등한 지위를 누렸을 뿐만 아니라 미국·영국과 나란히 조선의 정치 무대에 등장하게 되었다.

임오군란에 이어 갑신정변을 계기로 청과 일본의 대립이 더욱 격화되어 양국 간의 충돌이 우려되는 상황으로 번졌다. 이에 1884년 12월 고종은 러시아 황제에게 밀사를 보내 러시아의 보호를 요청하는 친서를 전달하였다. 나아가 조선 정부는

갑신정변(1884) 이후 열강의 각축

묄렌도르프의 중재로 베베르 등과 접촉하여 조선에 대한 러시아의 영향력 확대를 받아들이는 대신에, 러시아 군사 고문 파견 및 청·일 간에 전쟁이 발발할 경우, 조선의 독립을 보장하는 내용의 비밀 교섭을 벌였다(제1차 조·러 밀약설, 1885.4).

그러나 이와 같은 조·러 양국의 밀약을 알게 된 청의 방해로 실패하였다. 1885년 8월에 조선 주재 총리 교섭 통상대신 위안 스카이는 임오군란 때 톈진으로 납치한 흥선 대원군을 대동하고 다시 조선으로 들어와 조·러 밀약 추진의 책임을 물어 고종의 폐위를 주장하기에 이르렀다.

거문도 사건

세계 도처에 식민지를 확보하고 있던 해양 강국 영국은 발틱 해역, 크림 반도, 흑해, 중앙아시아(이란), 중국 등지에서 남하 정책을 펼치던 러시아와 대치하고 있었다. 게다가 러시아는 베이징 조약(1860)을 중재한 대가로 획득한 연해주의 블라디보스토크를 극동에서 남진 정책의 전초 기지로 만들었다. 아울러 한반도 동해에 근접해 있는 블라디보스토크 항구가 겨울에 얼어 군사 기지로서 활용 가치가 떨어지자, 이를 대체할 부동항을 물색 중이었다. 그 대상지로 영흥만, 제주도, 쓰시마 등이 거론되었는데, 함남 영흥만이 가장 유력하게 거론되었다.

이와 달리 영국은 1882년 조·영 수교 교섭을 시작하기 전부터 이미 조선 정부에 거문도 조차를 요구해 왔다. 그런데 아프가니스탄 문제로 영국과 러시아의 대립이 격화될 무렵에 조선 정부가 러시아에 접근하여 조·러 밀약을 체결하고자 한다는 소문까지 나돌았다.

이에 영국은 1885년 4월 15일에 러시아의 선점을 막아 남하 정책을 저지한다는 구실로 동양 함대 소속 군함 6척과 상선 2척을 동원하여 거문도를 점령하였다(거문도 사건). 일찍이 거문도를 탐사하여 '해밀턴 항'(Port Hamilton)이라 명명한 영국은 자국의 국기를 게양하고 병영과 포대를 쌓는 등 섬 전체를 요새화 하였다.

조선 정부는 영국에 거문도 불법 점령에 대해 항의하는 동시에 미국, 독일, 일본 등에 중재를 요청하였다. 러시아도 청나라에 거문도 사건의 조속한 중재를 촉구하였다. 아프가니스탄 문제를 둘러싼 영국과 러시아의 무력 충돌 위기가 협상을 통해 해결되자, 청나라 리훙장은 이를 거문도 사건을 해결할 호기로 보고 적극적으

영국함대 선장 일행과 거문도 주민의 기념 촬영

영국 해병의 거문도 주민 방문

거문도에 있는 영국군 묘지(전남 여수)

로 중재에 나섰다.

리홍장은 러시아로부터 조선의 어느 영토도 점령할 의사가 없다는 약속을 받아내 영국 정부에 이를 통보하였다. 청의 중재를 받아들인 영국은 1887년 2월 27일에 함대를 거문도에서 철수시켰다. 이로써 거문도 사건은 영국이 거문도를 불법 점령한지 2년 만에 일단락되었다.

한반도(조선) 중립화론의 대두

갑신정변은 강화도 조약과 임오군란에 이어 조선을 둘러싸고 청과 일본의 대립을 격화시키는 계가가 되었다. 여기에 러시아와 영국이 충돌하여 거문도 사건이 일어나는 등 한반도 지배를 둘러싸고 열강의 대립이 더욱 격화되었다.

이러한 국제 정세 하에서 한반도(조선) 중립화론이 제기되었다. 1884년 갑신정변 직후 조선 주재 독일 공사관 부영사 부들러(H. Budle)는 조선 정부에 영세 중립화를 권고하였다. 이어 1885년 거문도 사건 직후 개화파 소장 관료인 유길준은 청나라를 비롯하여 서양 열강 및 러시아와 일본 등이 보장하는 중립화론을 구상하였다. 부들러는 스위스를 모델로, 유길준은 벨기에와 불가리아를 모델로 하는 한반도(조선) 영세 중립화 방안을 제기한 것이었다.

그러나 이러한 한반도(조선) 중립화론은 조선 정부의 이해 부족과 청국과 일본의 방해 등으로 실현되지 못하였다. 그러나 이는 당시 조선을 둘러싸고 전개된 국제 정세의 긴박한 사정을 반증하는 것이기도 하였다.

유길준(1856~1914) 그는 개화 사상가인 박규수의 문하생으로 김옥균 등과 교류하였다. 조사 시찰단의 일원으로 일본에 건너가 후쿠자와 유키치의 게이오의숙(慶應義塾)에 입학하여 개화 사상을 습득하였으며 박영효와 함께 한성 순보 발간을 주도하였다. 1883년 보빙사의 수행원으로 미국을 방문한 그는 미국 유학생이 되었다. 갑신정변이 일어나 고종의 귀국 명령을 받고 영국, 포르투갈 등 유럽 여러 나라를 시찰하고 싱가포르, 홍콩, 일본을 거쳐 귀국한 뒤 개화당으로 몰려 구금되었는데, 이때 『서유견문』을 집필하였다. 이후 갑오 개혁과 을미 개혁에 참여하고, 독립 신문의 창간을 주도하였으나, 1896년 아관파천으로 김홍집 내각의 붕괴로 일본으로 망명하였다. 1907년 순종 황제의 특사로 귀국하고, 국권 피탈 후에는 교육과 계몽 사업에 헌신하였다.

한반도(조선) 중립화론의 대두

○ 서양인의 한반도(조선) 중립화론

한반도(조선)의 중립화론은 조선 주재 독일 공사관 부영사인 부들러(Hermann Budler)가 1885년 3월 영세 중립 정책을 조선 정부에 제안하면서 시작되었다. 부들러는 해양 세력인 일본과 대륙 세력인 청 사이의 충돌을 방지하기 위해 조선 정부에게 중립을 택하도록 권유하였다. 그러나 조선 정부는 "중국이 이유 없이 군대를 늘리거나 분쟁을 일으키지는 않을 것이며, 일본도 평화 위주의 정책을 써서 경거망동을 하지 않을 것"이라고 하면서 이 제안에 관심을 보이지 않았다. 이후, 조선 정부는 조선의 관세 업무 보좌관인 체스니 던켄(Chesney Duncan), 궁내부 고문인 윌리엄 샌드(William F. Sands) 등으로부터 "조선이 중국의 내정 간섭에서 벗어날 수 있고, 일본과 러시아의 침략을 방지하면서 자주 독립을 유지하기 위해서는 영세 중립 정책을 추구해야 한다."는 영세 중립 정책의 중요성을 수차례 건의를 받았다. 그러나 당시 고종과 대신들은 영세 중립 정책을 이해하지 못했기 때문에 관심을 가질 수 없었다.

한편, 갑신정변으로 미국에 유학 중 소환되어 귀국한 유길준에 의해 1885년 6월에 '조선 중립론'이 다시 제기되었다.

○ 유길준의 조선 중립화론(1885.6)

우리나라가 아시아의 인후(咽喉, 목구멍)에 처해 있는 지리적 위치는 유럽의 벨기에와 같고 중국에 조공(朝貢)하던 처지는 터키에 조공하던 불가리아와 같다. 그런데 불가리아가 중립 조약을 체결한 것은 유럽 여러 대국들이 러시아를 막으려는 계책에서 나온 것이었고, 벨기에가 중립 조약을 체결한 것은 유럽의 여러 대국들이 자국을 보전하려는 계책에서 나온 것이었다. 대저 우리나라가 중립국이 된다면 러시아를 방어하는 큰 기틀이 될 것이고, 또한 아시아의 여러 대국들이 서로 보전하는 정략도 될 것이다.

『유길준 전서』

---

3 근대적 개혁의 추진

(1) 갑오 개혁

제1차 갑오 개혁

1894년(고종 31) 5월, 조선 정부는 동학 농민군을 진압하기 위해 청에 파병을 요청하였다. 그러자 일본은 톈진 조약을 구실로 군대를 인천으로 급파하여 아산만에 집결한 청군과 대치하였다. 동학 농민군이 전주 화약을 맺고 해산하자, 조선 정부는 청·일 양국 군대의 동시 철수를 요구하였다.

그러나 일본은 조선 정부의 철군 요구를 거부하고, 청나라에 조선의 내정 개혁을 공동으로 수행할 것을 제안하였다. 이는 일본군의 조선 주둔과 청에 대한 전쟁 도발의 구실을 찾기 위한 의도였다. 청나라가 이에 불응하자, 일본 공사 오토리(大鳥圭介)는 조선 정부에 내정 개혁안을 제시하며 이행을 강요하였다. 그러나 조선 정부는 일본군의 철수를 선결 조건으로 내세워 개혁안 심의를 거부하였다. 그 대신 조선 정부는 교정청을 설치하여 동학 농민군이 요구한 부세 제도와 문벌 타파 등 개혁 사업을 독자적으로 추진하고자 하였다.

이와 같이 조선과 일본이 내정 개혁을 둘러싸고 대립하게 되었다. 그런데 일본군은 6월 21일 경복궁을 점령하여 민씨 정권을 타도하고 흥선 대원군을 섭정으로 하는 내각 수립을 요구하였다(제1차 김홍집 내각). 6월 24일에는 입법권을 갖는 초정부적인 개혁 기구인 군국기무처를 신설하여 개혁을 추진해 나갔다. 이를 제1차 갑오 개혁이라 한다(1894.6.24~12.17).

그러나 제1차 갑오 개혁은 군국기무처 회의 총재인 김홍집을 비롯하여 박정양·김윤식·유길준 등 조선 정부의 개화파 관료들에 의해 주도되었다. 이들은 청에 대한 전통적인 사대 정책에 반대하고, 서양과 일본을 개혁의 모델로 하여 개혁안을 입안하여 시행하고자 하였다.

김홍집 내각의 제1차 개혁의 주요 목표는 제도 개편이었다. 먼저 왕실과 국정 관제를 궁내부와 의정부로 분리하여 왕권을 제한하고 내각 권한을 강화하였다. 종래 유명무실하던 의정부를 국정의 중추 기관으로 만들고, 그 예하의 6조를 8아문으로 개편하였다. 이어 삼사(사헌부·사간원·홍문관)의 대간 제도를 폐지하고, 내무아문 소속의 경찰 기구로 경무청을 신설하여 치안을 전담하는 제도적 장치를 마련하였다.

정부 기구의 개편에 이어 관료 제도를 개혁하였다. 종래 18등급의 관등 품계를 12등급으로 축소하여 칙임관(정종1~2품)·주임관(정종3~6품)·판임관(정종7~9품)으로 나누었다. 또한, 과거 제도를 폐지하는 대신에 주임관과 판임관의 임용권을 의정부의 총리대신과 각 아문의 대신에게 부여하였다. 그리고 모든 공사 문서에는 '개국'(開國) 기년의 사용을 명시했는데, 이는 청나라와의 종속 관계에서 벗어났음을 보여 주는 상징적 조처이기도 하였다.

교정청
1894년 6월 6일 내정 개혁에 관한 정책 입안을 위하여 설치한 기구이다. 영의정 심순택·중추부영사 신응조·중추부판사 김홍집 등이 총재관으로 임명되었다. 교정청은 조선 정부가 일본이 강요한 5개조의 내정 개혁안을 물리치고 자주적으로 내정 개혁을 추진하기 위해 설치하였다.

군국기무처
군국기무처는 영의정 김홍집을 총재로, 박정양·김윤식·조희연·김가진·안경수·김학우·유길준 등 17명을 의원으로 구성되었다. 입법권을 갖고 있는 초정부적인 성격의 기구인 군국기무처는 1894년 6월 24일부터 12월 17일까지 총 41회의 회의를 열어 약 210건의 개혁안을 제정하여 실시하였다.

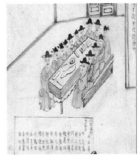

군국기무처 회의 모습 고종의 초상을 그려 정3품에 오른 화가 조석진(趙錫晉)이 그린 그림이다.

중앙 관제 개편

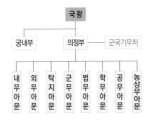

김홍집(1842~1896) 1868년 과거에 급제한 그는 1881년에 수신사로 일본에 다녀오면서 황쭌셴의 「조선책략」을 가져와 조야에 큰 반향을 일으켰다. 갑오 개혁과 을미 개혁 때에는 내각(1차~4차 김홍집 내각)의 총리대신이 되어 개혁을 주도하였다. 일본의 압력으로 단발령의 강행 등 과격한 개혁을 시행하다가 의병의 반발을 초래하기도 하였다. 아관 파천(1896)으로 내각이 붕괴되고, 김홍집은 성난 군중에 의해 광화문에서 살해되었다.

김홍집 내각은 사회 제도에 대한 전반적인 개혁을 단행하였다. 즉, 문벌과 반상의 신분 제도를 폐지하고, 공·사 노비법과 연좌법도 혁파하였다. 양자 제도의 개선 및 조혼 금지와 과부 재가의 허용 등의 조치도 이루어졌다.

경제 제도에 대한 개혁도 추진하였다. 왕실과 국가의 재정을 분리하고, 국가 재정을 탁지아문에서 관리하게 하여 재정의 일원화를 꾀하였다. 그리고 신식 화폐 장정을 의결하여 은본위제를 채택하고, 세금은 현물 납부에서 화폐로 납부하는 조세의 금납화 방식으로 바꿨다. 10월에는 전국적으로 도량형을 통일하였으나, 양전 사업에 관한 입안은 미처 마련하지 못하였다.

그러나 군국기무처의 주요 인사들은 경복궁을 점령한 일본의 후원을 배경으로 집권한 세력이었기에 이들이 추진한 개혁에는 타율적인 면도 있었다. 일본인 고문관과 군사 교관 초빙, 일본 화폐의 국내 유통 허용, 방곡령 반포 금지 조처 등이 그 대표적인 것이었다. 게다가 이들은 일본의 침략에 맞서 투쟁하는 동학 농민군을 '비도'(匪徒)라 비난하며, 일본군의 동학 농민군 토벌에 합세하는 친일적인 태도를 보이기도 하였다.

제2차 갑오 개혁

1894년 무렵 주요 정치 세력

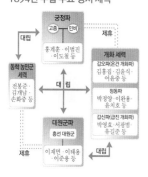

흥선 대원군·김홍집·박영효의 관계

청·일 전쟁에서 승기를 잡게 되자, 일본 정부는 이노우에 고와시(井上馨) 일본 내무대신을 특명 전권 공사로 파견하여 조선을 보호국으로 삼고자 하였다. 서울에 부임한 이노우에 일본 공사는 먼저 흥선 대원군을 내각에서 퇴진시켰다. 당시 흥선 대원군은 군국기무처의 개혁 조치에 반발하였을 뿐만 아니라, 고종을 폐하고 대신에 손자인 이준용(李埈鎔, 완흥군 이재면의 아들로 고종의 조카)을 왕위에 앉히려는 음모를 꾸몄다. 아울러 흥선대원군은 동학 농민군 및 청군과 내통하여 일본군을 몰아내려는 계획을 은밀히 추진하고 있었다.

그러한 상황 속에서 이노우에 일본 공사는 군국기무처를 폐지하였다. 그 대신 갑신정변에 가담했다가 일본으로 망명한 박영효와 서광범을 조선으로 불러 각각 내부 대신과 법부 대신으로 입각시켜 김홍집·박영효 연립 내각을 수립하였다. 이러한 권력 개편을 배경으로 고종은 1895년 1월 7일(양력), 왕세자와 대원군을 비롯한 종친들과 문무 백관을 거느리고 종묘에 나아가 자주 독립의 의지를 담은 '독립 서고문'을 낭독하였다. 아울러 우리나라 최초의 헌법이라 할 수 있는 '홍범 14조'를 반포하여 개혁을 이어나갔다. 이를 제2차 갑오 개혁이라 한다(1894.12.17~1895.7.7).

제2차 개혁도 조선의 내각 대신들이 주도적으로 추진하였다. 특히, 삼국 간섭 이후 내부 대신 박영효는 이노우에 일본 공사의 권고를 무시하고, 김홍집 일파를 내각에서 퇴진시키고 독자적으로 개혁을 추진해 나갔다. 이 때 총 213건의 개혁안이 제정되었는데, 상당수는 앞서 군국기무처에서 의결된 개혁안을 수정·보완한 것이었다.

정치 개혁에서 의정부와 각 아문의 명칭은 내각과 부로 각각 바뀌고, 농상무아문과 공무아문을 농상공부로 통합하여 종전의 8아문을 7부로 변경하였다. 아울러 지방 제도에 대한 일대 개혁을 단행하여 종래의 도·부·목·군·현 등의 행정 구역을 통폐합하여 전국을 23부 337군으로 개편하였다. 이어 내부 대신의 지휘·감독 하에 각 부에는 관찰사 1명, 참서관·경무관 각 1명, 군에는 군수 1명을 각각 파견하여 일원적인 행정 체계로 바꿨다.

법관 양성소와 재판소를 설치하여 사법권을 행정관 기관으로부터 분리 독립시키고, 경찰권을 일원화하여 치안을 담당하게 하였다. 그리고 1895년에 '교육 입국 조서'를 발표하여 한성 사범 학교와 외국어 학교 등의 관제를 제정·실시하고, 100여 명의 유학생을 일본에 파견하였다.

그러나 제2차 개혁 추진 과정에서 박영효가 지나치게 독주함에 따라 그의 귀국과 입각을 주선했던 일본뿐만 아니라 고종마저 반발하게 만들었다. 결국 박영효는 반역 혐의를 받게 되자, 다시 일본으로 망명해 갔다. 이로써 제2차 김홍집·박영효 연립 내각은 붕괴되고 말았다.

(2) 을미 사변과 을미 개혁

삼국 간섭

청·일 전쟁(1894)에서 승리한 일본은 1895년 4월에 청과 시모노세키 조약을 맺었다. 이 조약에 따라 일본은 청으로부터 조선 지배를 인정받는 동시에 막대한 배상금과 함께 요동 반도를 할양받아 만주로 진출할 수 있는 발판을 마련하였다.

일찍이 남하 정책을 추진하던 러시아는 청·일 전쟁 초기에는 전세를 관망하고 있었다. 그런데 일본이 전선을 만주로 넓혀 러시아의 시베리아 횡단 철도까지 위

중앙 관제의 변천

명칭	해당 부서	시기
6조 (六曹)	이조·호조·예조·병조·형조·공조	건국~갑오개혁 이전까지 (1392~1894)
8아문 (八衙門)	내무아문·외무아문·탁지아문·군무아문·법무아문·학무아문·공무아문·농상무아무	갑오개혁(1차) (1894. 6)
7부 (七部)	내부·외부·탁지부·군부·법부·학부·농상공부	갑오개혁(2차) (1894. 12)

갑오 개혁 때 발표된 홍범 14조(1895.1.17)

1. 청에 의존하려는 생각을 버리고 자주 독립의 기초를 확고히 할 것.
2. 왕실 전범을 제정하여 왕실의 계승과 종실, 외척의 구별을 밝힐 것.
3. 대군주는 대신과 의논하여 정사를 행하고, 종실·외척의 간섭을 금할 것.
4. 왕실 사무와 국정 사무를 분리하여 서로 혼동하지 아니할 것.
5. 의정부와 각 아문의 직무와 권한을 명확히 할 것.
6. 납세는 법으로 정하고 함부로 세금을 징수하지 않을 것.
7. 조세의 징수와 경비 지출은 모두 탁지아문이 관할할 것.
8. 왕실 경비를 솔선 절약하여 각 아문과 지방관의 모범이 되게 할 것.
9. 왕실과 관부 비용은 1년 예산을 세워 재정의 기초를 세울 것.
10. 지방 관제를 속히 개정하여 지방 관리의 직권을 제한할 것.
11. 총명한 자제를 널리 파견하여 외국의 학술과 기예를 보고 익히게 할 것.
12. 장교를 교육하고 징병제를 실행하여 군제의 근본을 확정할 것.
13. 민법과 형법을 명확하게 제정하고, 인민의 생명과 재산을 보전할 것.
14. 문벌에 구애받지 않고 인재 등용의 길을 넓힐 것.

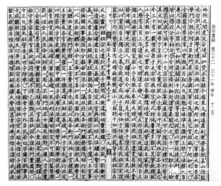

홍범 14조의 개혁안을 수록한 『고종실록』

『고종실록』, 고종 31년(1894) 12월 12일.

협하는 상황이 되었다. 이에 대한 대응책 마련에 고심하던 러시아는 시모노세키 조약에 요동 반도 할양이 명시되었음을 알게 되었다. 그리하여 일본을 견제하기위해 러시아는 프랑스와 독일을 끌어들여 청나라에게 요동 반도를 돌려주도록 공동으로 일본에 압력을 행사하였다. 이를 '삼국 간섭'이라 한다(1895.4.23). 러시아는 삼국 간섭을 이용하여 일본군을 만주 지역에서 몰아내려 했던 것이다.

이와 같은 국제 정세 변화는 조선 국내에도 중대한 영향을 미쳐 친러·반일적인 움직임이 나타났다. 이러한 친러·반일 정책의 배후에는 조선 주재 러시아 공사 베베르가 있었으나, 조선 측의 핵심 인물은 다름 아닌 명성 황후였다. 이는 조선에 대한 일본의 독점적 지배를 견제하려는 러시아 정부의 정책과 일본의 '조선 보호국화 기도'를 저지하여 고종의 권력을 회복하려는 조선의 의도와 일치한 결과이기도 하였다. 이러한 가운데 이범진, 이완용, 박정양, 윤치호 등이 주축으로 된 친러 내각이 수립되었고(제3차 김홍집 내각), 친일 내각을 이끌던 박영효는 일본으로 망명하게 되었다.

청·일 전쟁(1894) 무렵 각국의 이해 관계

명성 황후 시해 사건(을미 사변)

일본 국내에서는 요동 반도 반환과 조선 문제의 처리를 놓고 여러 차례 내각회의가 소집되었다. 1895년(고종 32) 9월, 일본 정부는 이노우에 공사의 후임으로 외교에 문외한인 육군 중장 출신 미우라 고로(三浦梧樓)를 임명하였다. 전임 이노우에 일본 공사가 서울을 떠나기 전에 이미 왕비 제거설이 나돌았다.

미우라 일본 공사는 일본의 한반도 침략 정책에 정면으로 맞서려는 조선국 왕비와 친러 세력을 제거하고자 하였다. 10월 3일 일본 공사관 밀실에서 미우라 공사를 중심으로 스기무라 후카시(서기관), 구스노세 유키히코(공사관 무관), 오카모토 류노스케(육군 소좌), 이노우에 가오루(낭인 우두머리) 등이 조선국 왕비 시해에 관한 행동 지침을 확정하였다.

10월 8일 새벽, 마침내 한 무리의 일본 낭인들과 군인들이 '여우 사냥'이라 이름 붙여진 작전에 돌입하였다. 일본인들은 사후에 책임을 전가하기 위해 왕비와 대립

명성 황후 생가지(경기 여주) 명성 황후는 조선 제26대 고종의 비로, 흔히 민중전(閔中殿) 또는 민비(閔妃)로 불린다. 본관은 여흥, 민치록의 딸로 본명은 민자영(閔玆英)이다. 흥선 대원군의 부인인 부대부인 민씨의 천거로 16세에 한살 아래인 고종과 혼인하였다(고종 3년, 1866). 시아버지인 흥선 대원군이 퇴진한(1873) 이후, 정국을 주도하다가 일본 낭인들에 의해 1895년에 시해되었다(을미 사변).

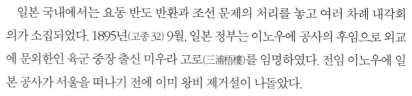

시모노세키 조약(下關條約, 1895.4)

청·일 전쟁의 강화 조약으로 정식 명칭은 '청·일 양국 강화 조약'이다. 청국 리홍장과 일본 이토 히로부미가 시모노세키에서 체결하였다. 본문은 14개조로 되어 있는데, 그 주요 내용은 다음과 같다.

1. 청국은 조선국이 완전한 자주 독립국임을 인정한다.
2. 청국은 요동 반도와 대만(臺灣) 및 팽호도(膨胡島)를 일본에 할양한다.
3. 청국은 일본에 배상금 2억 냥을 지불한다.

이 중 요동 반도는 러시아·프랑스·독일의 삼국 간섭에 일본이 굴복하여 청국으로부터 3000만 량을 받고 청에 반환되었다. 후에 러시아가 요동 반도를 차지하였다.

시모노세키 조약 체결 모습(1895.4.17)

하고 있던 흥선 대원군과 왕손 이재면을 납치하여 궁궐 침공에 앞장 세웠다.

야간 훈련을 실시한다는 거짓 정보로 우범선·이두황 등이 지휘하는 조선 훈련대를 합류시킨 일본인 자객들은 경복궁 담을 넘어가 광화문을 열고 궁궐을 기습 공격하였다. 이 과정에서 궁궐 시위대 병사 8~9명과 훈련대 연대장 홍계훈이 전사하였다. 경복궁에서는 숙위하던 시위대 교관 다이(William McEntyre Dye)와 연대장 현흥택이 비상 소집한 300~400명의 시대위가 저항했으나, 무기의 열세로 패퇴하였다. 일본 자객들은 궁내부 대신 이경직을 살해한 다음, 곧장 건청궁으로 진격하여 왕비의 침실인 옥호루에 있던 명성 황후를 시해하였다(1895. 10. 8.). 이어 명성 황후의 시신에 석유를 뿌려 불사른 뒤 뒷산에 묻어 버렸다.

명성 황후 시해에 가담한 일본 낭인들(한성신보 사 건물 앞에서의 기념 촬영)

'여우 사냥' 작전을 성공적으로 끝낸 일본인 낭인들은 시해 현장을 빠져나가 일본 공사관으로 숨었다. 미우라 일본 공사는 명성 황후 제거 작전이 성공하자, 일본인의 만행을 은폐하기 위해 고종의 부름에 응하는 형식으로 입궐하였다. 그는 고종을 핍박하여 그 즉시 새로 내각(제4차 김홍집 내각)을 구성하도록 한 다음, 명성 황후가 궁궐을 탈출한 것으로 꾸며 왕비를 폐한다는 조칙을 내리게 하였다.

옥호루(서울 경복궁) 명성 황후가 시해된 장소

그러나 사건의 진상은 곧바로 서양 외교관들에 의해 폭로되었다. 명성 황후 시해 현장에는 궁인을 비롯하여 서양 외교관 등이 일본인들의 만행을 목격하였다. 이와 함께 알렌(미국 공사관 서기), 힐리어(영국 영사), 베베르(러시아 공사) 등 조선 주재 외교관들의 본국 보고와 뉴욕 헤럴드 특파원 코커릴의 보도 등에 의해 세계 각국에 명성 황후 시해 사건이 알려지게 되었다.

명성 황후 국장(1897.3) 1895년 고종은 정식으로 왕비의 승하를 공포하고, 일본 자객들에게 시해된 지 2년 2개월 만에 국장을 거행하여 동구릉 내 숙릉(肅陵)에 안장하였다. 1897년(광무 1) '명성'(明成)이라는 시호가 내려졌고, 그해 11월 청량리 밖 홍릉(洪陵)에 이장했다가 1919년 고종이 승하하자 양주군 금곡리에 홍릉(洪陵)을 새로 조성하고 그곳에 안치하였다. 고종의 황제 즉위를 계기로 '명성 황후'(明成皇后)라 칭하였다.

을미 사변(1895년 10월 8일〈음력 8월 20일〉) – "여우 사냥, 조선국 왕비를 제거하라."

○이것(러시아와 조선이 손을 잡는 것)에 대처할 길이 과연 무엇이겠는가? 오직 비상수단으로써 조·러 관계를 차단하는 것 외에는 방법이 없다. 즉, 러시아와 조선 궁중이 견고히 손을 잡고 서로 호응하여 온갖 음모를 꾀하는 데 대하여 일도양단, 한편의 손을 절단하여 양자가 손을 잡지 못하게 하는 것 외에는 길이 없다. 다시 말해 궁중의 중심이요 대표적 인물인 명성 황후를 제거하여 러시아에게 결탁할 당사자를 상실케 하는 이외에 다른 좋은 방법이 없다. …… 당시 궁중이 시행하는 바는 전부 명성 황후의 방략이었으며 국왕 폐하는 허수아비에 지나지 않았다. 그리고 조선의 정치가 중 그 지모와 수완에서 명성 황후보다 나은 자가 없었으니 민비는 실로 당대 최고의 준걸이었다. …… 이 점에 착안하여 근본적으로 화근을 제거코자 도모한 것이다. 우리 동지들도 역시 이와 같은 신념을 가졌기 때문에 단연 궐기하여 공의 쾌거에 찬성하였던 것이다.

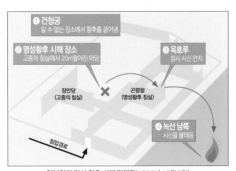

일본인의 명성 황후 시해 진행도(1895년 10월 8일)

「민비조락사건」(고바야카와 히데오(한성신보의 편집장으로 을미사변에 관여한 일본인)의 수기)

○러시아 세력이 도도히 조선 반도에 침입하는 근원은 실로 이 궁정의 한 여성, 민비. 그 사람의 한번 찡그리고 한번 웃는(一頻一笑) 사이에 동아시아의 무서운 화의 근원이 그곳에 배양되고 있는 것도 모르고, 그는 일본의 세력을 제거하려고 하는 한 마음(一心)에 치달아 장래의 화에는 마음 쓰지 않는 것이었다. 동아시아를 구하고 조선을 구할 수 있는 눈앞의 유일하고 가까운 방법은 민비를 죽이는 데 있다. 민비를 죽여라! 민비를 죽여라! 이러한 것이 당시 경성에 머물러 있던 지사(志士)의 절규였다.

구즈우 요시히사(葛生能久), 『동아선각지사기전』(東亞先覺志士記傳) 상(上)

일본 정부는 처음에는 일본인이 이 사건과 전혀 관련이 없으며, 단지 대원군과 왕비의 권력 다툼에서 비롯된 사건이라 변명하였다. 그러나 세계 각국의 비난 여론이 거세지자, 을미 사변을 계획하여 실행한 미우라 공사를 해임하고 그 후임에 고무라 쥬타로(小村壽太郎)를 판리공사로 임명한 뒤, 사건의 철저한 조사를 천명하여 비난 여론을 무마하려 하였다. 그리고 일본 정부는 미우라 등 사건 관련자 48명을 히로시마 감옥에 구금하고 형식적인 취조 끝에, 증거가 불충분하다는 이유를 들어 전원 무죄 석방하여 사건을 종결시켜 버렸다.

을미 사변은 최초의 항일 의병이 일어나는 원인이 되었다. 나아가 신변 위협을 느낀 고종이 이듬해(1896) 2월에 러시아 공사관으로 피신하는 아관 파천을 초래하였다. 이로써 러시아는 조선 정부를 보호국처럼 지배하게 되었고, 반면에 일본은 조선을 식민지화하려는 계획에 차질을 빚게 되었다.

을미 개혁

을미 사변 직후, 일본은 유길준·서광범·정병하 등을 중심으로 새로운 친일 내각(제4차 김홍집 내각)을 수립하여 개혁을 이어나갔다. 이 개혁은 고종이 러시아 공사관으로 피신한 아관 파천이 일어날 때까지 추진되었다. 이를 을미 개혁, 또는 제3차 갑오 개혁이라고도 한다(1895년 8월 하순~1896년 2월 초순).

김홍집 내각은 삼국 간섭과 을미 사변으로 중단된 개혁을 재개하였다. 국호를 '대조선국'으로, 군호를 '대군주'로 개칭하였다. 아울러 지금까지 사용하던 음력을 양력으로 바꿔, 음력 1895년 11월 17일을 양력 1896년 1월 1일로 변경하였다. 그리고 양력을 사용한다는 의미로 '건양'(建陽)을 연호로 채택하였다.

교육 제도 개혁에는 소학교령을 제정하여 서울과 지방에 관·공립 소학교를 설립하였다. 군제 개혁에는 명성 황후 시해 사건에 연루된 훈련대와 시위대를 해산하고, 서울에는 친위대 2개 중대를, 지방(평양과 전주)에는 진위대 각 1개 대대를 신설하였다. 또한, 국내의 통신망 확장을 위해 개성·수원·충주·안동·대구·동래 등지에 우체사를 두었다.

이어 단발령을 공포하여 상투를 자르게 하고 망건 착용을 금지하며, 서양 의복 착용을 권장하였다. 이때 고종으로 하여금 먼저 단발을 하고 양복을 입어 신민(臣民)에게 솔선수범하게 하였다.

단발령 시행은 당시 유교적 가치관을 중시하던 조선 사회에서는 매우 충격적인 사건이었다. 명성 황후 시해 사건에 이어 친일 내각이 단발령을 발표하자, "내 목을 자를지언정 내 두발은 자를 수 없다."고 반발하는 양반 유생들을 중심으로 전국 각지에서 반일·반개화 의병 운동이 일어났다(을미 의병, 1895).

김홍집 내각은 내정 개혁을 추진하여 140여 건에 달하는 법령을 공포하였다. 그러나 을미 사변의 사후 처리에 대한 김홍집 내각의 친일적 행태와 단발령 시행은

연호(年號) 제정

연호		
명(明) 연호 차용		1392.7 ~1639.1
청(淸) 연호 차용		1636.1 ~1894.6
개국 (開國)	갑오개혁 (1차)	1894.6 ~1895.11
건양 (建陽)	을미개혁	1895.11 ~1897.8
광무 (光武)	고종 황제	대한제국	1897.8 ~1907.8
융희 (隆熙)	순종 황제		1907.8 ~1910.8

서양 복장에 단발한 고종

거센 반발을 불러왔다. 결국 1896년 2월, 신변 위협을 느낀 고종이 러시아 공사관으로 피신하는 아관 파천이 전격적으로 단행됨으로써 김홍집 내각은 붕괴되었다. 그리하여 19개월 동안 추진된 근대적 개혁(1·2차 갑오 개혁 및 을미 개혁)은 소기의 성과를 거두지 못한 채 중단되고 말았다.

단발령(한국기독박물관) 고종이 단발령을 실시하기에 앞서 국왕이 솔선수범하여 머리를 잘랐음을 알리고 군대에 단발 시행을 명한 것이다.

갑오 개혁과 을미 개혁의 성격과 의의

갑오 개혁과 을미 개혁은 상반된 평가를 받고 있다. 이들 개혁은 정치·경제·사회적 측면에서 근대 지향적인 개혁이었다. 급진 개화파가 주도한 갑신정변의 개혁 방침을 계승하였고, 동학 농민 운동에서 제기한 폐정 개혁안을 부분적으로 수용한 자주적 개혁이었다는 면에서 긍정적으로 평가되고 있다.

그러나 갑오 개혁과 을미 개혁은 일본의 조선 침략 발판을 마련하기 위한 타율적 개혁이기도 하였다. 나아가 민중의 지지 없이 일본과 소수의 개화파 관료들이 일방적으로 추진한 개혁이었다는 점에서 부정적인 평가를 받고 있다. 더욱이 당시 농민들이 절실하게 요구했던 토지 제도 개혁을 시행하지 못하였다는 한계가 있었다. 아울러 일본군의 지휘를 받는 훈련대와 시위대를 설치하는데 그쳐 무엇보다 시급한 국방력 강화를 위한 군사 개혁에 소홀했다는 점도 개혁의 한계로 지적되고 있다.

갑오 개혁과 을미 개혁은 조선 사회의 근대적 제도가 마련되는 결정적인 계기가 되었다. 그러나 정치적 기반이나 재정적 뒷받침이 미약한 상황에서 추진된 위로부터 개혁이었기에 부분적인 개혁으로 끝나고 말았다. 뿐만 아니라 그 시의성과 당위성에도 불구하고 추진 세력이 일본에 의존하였다는 제약성으로 인해 반일·반침략을 우선시한 백성들의 반발을 초래하기도 하였다.

단발하는 모습

갑오 개혁의 성격
갑오 개혁에 대한 평가는 일본에 의한 타율적 개혁으로 보는 견해와 일본 세력이 배후에서 작용하였으나 조선의 개화파 관료들이 주도한 제한된 의미에서 자율적 개혁으로 보는 두 견해가 있다. 갑오 개혁은 실학에서부터 갑신정변과 동학 농민 운동에 이르는 조선 사회의 여러 가지 개혁 요구 내지 운동을 배경으로 하였다. 곧 반청·독립 정신을 가진 친일 개화파 관료들이 추진한 개혁으로 보아야 할 것이다. 따라서 개혁은 비록 실패하였으나, 조선 사회에 있어서 근대적 개혁에 대한 내재적 지향을 반영한 획기적인 개혁으로, 우리나라 근대화의 중요한 기점이 되었다는 평가도 있다.

단발령 시행(1895.1)

1895년 1월 15일(음력 1894년 12월 30일) …… 10월 중 왜놈 사신(倭使)이 국왕을 협박하여 머리를 자르라고 하자, 임금은 명성 황후 인산(因山) 이후로 미루었다. 이때에 이르러 (유)길준·(조)희연 등이 왜를 이끌어 궁성을 포위하고 대포를 설치하여 머리를 자르지 않는 자는 죽인다고 위협하였다. 이에 임금이 길게 탄식하며 (정)병하에게 "네가 내 머리를 자르라."고 하였다. 병하가 가위를 들고 임금의 머리를 자르고, (유)길준이 세자의 머리를 잘랐다.

단발 명령이 내려지니, 곡성이 하늘을 진동하고 사람마다 분노하여 죽음을 무릅쓰고자 하여 장차 큰 변이 날 형세였다. 왜인이 군대를 배치하여 엄히 지키고, 경무사 허진은 순검을 인솔하여 칼을 차고 길을 막아 만나는 사람마다 이내 머리를 잘랐다. 또, 민가에 들어가 수색하여 찾아내니 깊이 숨지 않은 자는 면할 수가 없었다. 서울에 온 길손들도 나가자마자 모두 상투를 잘려 이를 주머니에 넣고 통곡하며 도성을 나갔다. 머리를 깎인 자들은 가지런히 잘리지 않아 상투만 잘리고 머리칼은 늘어져 장발의 승려와 같았다.

황현, 『매천야록』

4 대한 제국과 독립 협회

(1) 대한 제국의 수립과 광무 개혁

아관 파천 이후 국내외 정세

러시아 공사관(서울 중구) 공사관 건물은 조·러 수호 조약이 체결된 1885년에 착공하여 1890년 준공되었다. 경복궁과 경운궁 등 서울 4대문 안과 미국·영국 등 서양 국가의 공관 등이 몰려 있는 정동을 내려다 볼 수 있는 언덕 위에 자리 잡고 있었다. 이 자리는 원래 덕수궁의 영역이었으며, 탑의 동북쪽 지하실이 덕수궁으로 연결되었다고 한다.

궁궐에서 명성 황후가 일본인에게 무참히 시해되자, 고종은 신변에 크게 불안을 느꼈다. 이에 의병을 진압하러 군대가 지방으로 내려가 경비가 소홀해진 틈을 타서, 1896년 2월 11일 새벽에 고종은 경복궁을 빠져 나와 러시아 공사관으로 피신하였다. 이를 '아관 파천'이라 한다. 아관 파천은 러시아 공사 베베르를 비롯하여 스페에르(러시아)·알렌(미국) 등 구미 외교관들의 협조와 이범진·이완용 등 친러 성향의 정동 구락부 세력의 공조로 이루어졌다. 이후 국내외 정세에 커다란 변화가 일어났다.

러시아는 아관 파천을 주도하여 조선에서 유리한 지위를 차지하게 되었다. 그러나 조선에 대한 내정 간섭이나 영향력을 최대한 자제하여 일본과 전면적인 충돌이나 서양 열강의 견제에서 벗어나고자 하였다.

반면에 일본은 조선 국왕(고종)이 러시아 공사관에 있는 상황에서 러시아와 타협을 모색하지 않을 수 없는 처지가 되었다. 이에 러시아와 일본은 베베르-고무라 각서(1896.5.14)에 이어 로바노프-야마가타 의정서(1896.6.9)를 체결하였다. 이 의정서에는 한반도에서 러시아의 우위를 인정하는 가운데, 조선을 러·일의 공동 보호령으로 하는 타협안이 들어 있었다.

러시아는 아관 파천을 계기로 일본으로부터 한국에 대한 정치적 우위를 인정받았다. 그 결과 러시아는 일본과 동일한 인원의 군대 주둔을 보장받고, 일본인 고문 대신에 러시아인을 군사·재정 고문으로 임명하였다. 일본도 서울·부산 간의 전신선과 서울 및 개항장의 일본 거류민을 보호한다는 명목으로 군대를 계속 주둔할 수 있게 되었다.

러시아 공사관 앞에 대포를 포진하고 고종의 환궁을 강요하는 일본군

한편, 고종은 러시아 공사관에 도착하자, 조희연, 권형진, 이두황 등 왕비 시해(을미 사변) 관련자를 참수하라는 조칙을 내렸다. 동시에 김홍집, 어윤중, 김윤식, 유길준, 이재면 등 친일 내각의 대신들을 파면하였다. 그 대신 박정양, 이범진, 윤치호 등 친러·친미 성향의 인물들을 중심으로 새로운 내각을 구성하였다. 이어 갑오 개혁과 을미 개혁에서 단행되었던 단발령 등 개혁 조치를 중단시키는 한편, 각종 잡세의 탕감과 함께 의병 해산 조칙을 발표하여 민심을 수습하고자 하였다.

아관 파천 후 러시아와 일본 양국이 세력 균형을 유지함에 따라 고종은 외세의 간섭으로부터 어느 정도 자유로워졌다. 게다가 당시는 일본을 배경으로 국왕의 권한을 제약하던 친일 세력이 살해되거나 망명한 상황이었다. 이에 따라 고종은 근왕 세력에 의지하여 여러 정치 세력을 조정하면서 정국을 주도하고자 하였다.

1896년 9월 고종은 내각을 폐지하고 의정부를 복구하였다. 이어 의정부 회의에서 부결된 의안도 칙령으로 반포할 수 있게 하여 군주권의 우위를 확고히 하였다. 이에 앞서 고종은 1896년 5월 러시아 니콜라이 2세의 대관식에 민영환을 특사로 파견하여 자신의 신변 보호, 친위대 양성, 군사 및 재정 고문의 파견, 차관 제공 등을 요청하였다. 그러나 러시아는 일본과 맺은 협정을 고려하여 조선 정부의 요청에 소극적으로 대응하였다. 즉, 그 해 10월에 러시아 정부는 민영환이 귀국할 때 러시아 군사 고문단을 파견하여 800여 명의 친위대를 훈련시켜 궁궐 경비 임무를 맡게 하는 조치를 취하는데 그치고 말았다.

대한 제국 특명 전권 공사 민영환(앞줄 가운데) 일행 을미 사변(1885.10.8) 이후 신변에 위협을 느낀 고종은 러시아 공사관으로 피신하였다. 아관 파천(1896.2) 후 고종은 러시아와 우호 관계를 공고히 하고 경제·군사적 원조를 요청할 목적으로 1896년 5월 상트페테르부르크에서 거행된 러시아 짜르 니콜라이 2세의 대관식에 민영환을 대표로 하는 축하 사절단을 보냈다.

황제 즉위와 대한 제국 선포

조선 국왕이 자국의 궁궐을 떠나 외국 공사관에 머물면서 신변 보호를 받는 행위는 국가의 자주성을 손상시키는 동시에 외세의 간섭을 불러왔다. 이에 고종의 환궁을 요구하는 국내외 여론이 높아졌다. 환궁 후 신변 불안이 염려되어 환궁을 주저하던 고종도 러시아 군사 고문단의 도움으로 궁궐 경비를 담당할 친위대가 양성되자, 마침내 1897년 2월 20일 경운궁(지금의 덕수궁)으로 돌아왔다. 1896년 2월 11일에 러시아 공사관으로 피신한 지 1년여 만이었다.

환궁 직후인 3월에 고종은 교전소를 설치하여 통치 체제를 정비하고 국가 면모를 일신하여 정국을 국왕 중심으로 운영하고자 하였다. 이 무렵 근왕 세력들에 의해 황제 즉위에 대한 논의가 본격화되었다. 이들의 명분은 황제의 존호를 사용하여 자주 독립국임을 내외에 선포하자는 것이었다. 그러나 최익현, 유인석 등 재야 유생들은 망령되이 존호를 바꾸고 황제로 즉위하는 것은 불가하다고 반대하였다.

그러나 칭제건원(稱帝建元)을 지지하는 여론이 높아지자, 고종은 외국 공사관에 측근을 보내 각국의 여론을 살피는 한편, 그해 8월에는 연호를 '광무'(光武)로 확정하여 반포하였다. 이어 황제 즉위식을 거행할 환구단 축조 공사를 명하였다.

환구단(圜丘壇) 환구단은 '하늘의 아들(天子)'인 천자가 하늘에 제사를 지내는 단으로, 근대 이전에는 중국 황제만이 세울 수 있는 제단이었다. 고종은 환구단을 세우고 황제 즉위식을 거행하여 대한 제국이 중국과 동등한 국가임을 국내외에 선언하였다.

1897년(고종 34) 10월 12일, 마침내 고종은 환(圜)구단에서 황제 즉위식을 거행하였다. 이에 따라 조선 국왕은 '황제'로, 전하는 '폐하'로 높여서 불리게 되었다. 아울러 국왕 자신의 호칭을 '짐'(朕), 명령을 '칙'(勅)이라 하여 황제 국가의 격식에 맞게 고쳤다. 다음날 조칙을 내려 국호를 조선(朝鮮)에서 삼한(三韓) 정통론의 역사 계승 의식을 반영하여 '대한'(大韓)으로 바꾸어 새로 수립한 대한 제국(大韓帝國)이 자주 독립 국가임을 내외에 선포하였다. 이는 중국과의 사대 관계를 공식적으로 청산하는 동시에 세계 열강으로부터 자주 독립 국가의 지위를 보장받으려는 열망이기도 하였다. 고종 황제는 대원수로서 복장은 프러시아 군주 복장을 착용하고, 국가(에하게르트 작곡)와 어가, 황제기·군기도 제정하였다.

국호 '대한(大韓)' 제정
국호 변경의 이유는 "나라는 옛 나라이나 천명을 새로 받았으니 이제 이름을 새로 정하는 것이 합당하다. 삼대 이래로 황제의 나라에서 이전의 나라 이름을 그대로 쓴 적이 없다. 조선은 기자(箕子)가 봉해졌을 때의 이름이니 당당한 제국의 이름으로는 합당하지 않다. '대한(大韓)'이란 이름을 살펴보면 황제의 정통을 이은 나라에서 이런 이름을 쓴 적이 없다. '한(韓)'이란 이름은 우리의 고유한 나라 이름이며, 우리나라는 마한·진한·변한 등 원래의 삼한을 아우른 것"이라 하였다. 대한 제국은 외국 세력이 서로 경쟁하는 정세를 이용하여 나라의 자주성을 확보하려고 노력하였다.

황제권의 강화와 광무 개혁

1897년 10월, 고종은 황제로 즉위하고 대한 제국을 선포한 직후부터 각종의 개

황제의 복장을 착용한 고종

혁을 추진하였다. 당시 고종 황제의 연호가 광무이기에 이를 '광무 개혁'이라 한다. 광무 개혁은 1896년 2월 11일 아관 파천부터 1904년 러·일 전쟁이 일어나기 직전까지 이루어졌다. 이 개혁은 윤용선, 심순택 등 고종 측근과 박정양, 신기선 등 일부 개화파 인사들을 중심으로 추진되었다.

광무 개혁은 '구본신참'(舊本新參 : 구식을 근본으로 삼고 신식을 참고한다.)을 개혁 원칙으로 삼았다. 이는 아관 파천 이후 신구 법규의 혼란과 모순을 없애 지속적으로 개혁을 추진하되, 옛 제도를 근본으로 삼고 새로운 서양의 법과 제도를 널리 수용하여 점진적인 개혁을 이루려는 의도였다.

정부는 광무 개혁을 통해 무엇보다도 대한 제국의 자주 독립을 내외에 천명함과 동시에 황제권 강화를 목표로 삼았다. 이는 1899년에 제정·반포된 일종의 헌법인 '대한국 국제'(大韓國國制)에서 대한 제국은 세계 만국이 공인한 자주 독립 국가이며, 황제는 무한한 군권(君權)을 향유하고 입법·행정·사법·임면·선전·강화 등에 관한 권한을 모두 황제의 대권으로 규정한 데에서 확인할 수 있다.

또, 군사 제도 개혁에서 원수부를 설치하여 황제가 육·해군을 통솔하게 하였다. 서울의 친위대과 지방의 진위대의 인원을 증강하는 동시에 서울에 시위대를 새로 창설하였다. 이와 함께 장교 육성을 위한 무관 학교를 설립하고, 1903년에는 징병제 실시에 관한 조칙도 발표하였다.

대한 제국 내각(1900)

외교에서 자주적 외교 정책을 실시하여 러·일 전쟁 때에는 중립을 선언하기도 하였다. 그리고 간도와 블라디보스토크에 관리를 파견하여 교민들을 보호하였다. 아울러 이범윤을 간도 관리사로 파견하고, 간도를 함경도에 편입하여 관리하게 하였다.

경제 개혁으로 정부는 양지아문을 신설하여 갑오 개혁 당시부터 중요한 과제였던 양전 사업을 추진하였다. 전후 2차례에 걸쳐 전국 토지의 약 3분의 2에 달하는 군의 토지 측량을 실시하였다. 이 양전 사업을 토대로

자료 스페셜 대한 제국의 국제 9조(1899)

제1조 대한국은 세계 만국이 공인한 자주 독립 제국이다.
제2조 대한국의 정치는 만세 불변의 전제 정치이다.
제3조 대한국 대황제는 무한한 군권을 누린다.
제4조 대한국의 신민은 대황제의 군권을 침해할 수 없다.
제5조 대한국 대황제는 육해군을 통솔한다.
제6조 대한국 대황제는 법률을 제정하여 그 반포와 집행을 명하고, 대사·특사·감형·복권 등을 명한다.
제7조 대한국 대황제는 행정 각 부의 관제를 정하고 행정상 필요한 칙령을 발한다.
제8조 대한국 대황제는 문무관의 임면을 행하고, 작위 훈장 및 기타 영전을 수여 혹은 박탈한다.
제9조 대한국 대황제는 각 조약 체결 국가에 사신을 파견하고 선전, 강화 및 제반 조규를 체결한다.

지계아문에서 우리나라 최초의 근대적 토지 소유권 제도인 지계(토지 문서)를 발급함으로써 근대적 토지 소유권 제도의 토대를 마련하였다.

정부는 근대 산업을 육성하기 위한 식산 흥업 정책도 적극 추진하였다. 황실 주도로 섬유, 제지, 제지, 금·은 세공, 유리, 목공예, 무기 제조 공장 등을 설립하고, 잠업 시험장과 연초 회사를 운영하였다. 민간인의 회사 설립도 지원하여 근대적 기업들이 생겨났다. 아울러 세금 징수 업무를 전담하는 상무사를 세웠으며, 금본위제를 시행하고 백동화를 발행하였다.

교육 개혁으로 1897년 10월에 신 교육령을 반포하여 소학교, 중학교, 사범 학교 등을 세웠다. 그리고 기예 학교, 의학교, 상공 학교, 외국어 학교, 공업 전습소 등을 설립하여 근대 과학 기술 교육을 진흥하였으며, 국비 유학생을 파견하여 전문 경영인과 기술자 등을 육성하였다.

사회 개혁으로 호적 제도를 시행하고 순회 재판소도 설치하였다. 관리는 관복으로 양복을 입었고, 1902년에 다시 단발령을 시행하여 관리·군인·경찰의 상투를 자르게 하였다.

정부는 교통·통신 시설도 개선하였다. 서울에 발전소를 건설하여 전등을 가설하고, 서대문과 청량리(홍릉) 간의 전차를 운행하였다. 경인선 개통(1899)에 이어 경부선·경원선·경의선 등의 철도도 개통하였다. 우편·전보망을 전국으로 확충하였고, 서울·인천·평양·개성 등지에 전화도 개설하였다. 의료 분야의 근대 시설도 도입하여 종합 병원인 제중원, 구휼 기관인 혜민원 등을 설립하였다.

대한 제국은 국가의 자주 독립과 근대화를 지향하는 한편, 외세의 간섭을 배제하는 가운데 개혁을 자주적으로 시행하여 적지 않은 성과를 거두었다. 그러나 전제 군주권을 강화하는 방향으로 개혁이 추진되어 독립 협회의 민권 운동을 탄압하는 등 보수적 성향을 보이는 한계를 드러내기도 하였다.

(2) 독립 협회의 창립과 활동

독립 신문 발간과 독립 협회 창립

아관 파천(1896)을 계기로 조선에 대한 지배권을 둘러싸고 러시아와 일본의 대립이 더욱 격화되었다. 게다가 조선은 국왕이 궁궐을 떠나 외국 공사관에 신변 보호를 의탁함에 따라 국가의 자주성이 크게 훼손되었을 뿐 아니라 열강의 이권 다툼의 각축장이 되어 갔다.

이와 같은 정세 하에서 갑신정변(1884) 실패로 일본을 거쳐 미국으로 망명하여 미국 시민이 된 서재필이 개화파 정부와 박영효 등의 귀국 요청에 따라 1895년 12월에 돌아왔다. 대한 제국 정부의 고문에 임명된 서재필은 유길준과 신문 발간에 합의했으나 일본의 방해로 지체되었다가, 박정양 내각의 지원을 받아 1896년 4월 7일에 독립 신문을 창간하였다.

대한 제국의 양전 사업

대한 제국은 1899년에 토지 소유권자, 토지, 가옥, 인구 등에 관한 전반적인 양전 사업을 실시하여 국가 지세 수입을 늘리고, 이를 재정 기반으로 삼아 광무 개혁을 추진함으로써 근대 국가 수립을 도모하고자 하였다. 그러나 양전 사업을 실시한 지 2년 만인 1901년에 큰 흉년이 들어 양지아문은 양전 사업을 중단시켰다. 그 때까지 양전 사업이 완료된 곳은 경기 15군, 충북 17군, 충남 22군, 전북 14군, 전남 16군, 경북 27군, 경남 10군, 황해 3군 이다. 그러나 양전 사업이 완료되어 지계를 발행되기도 전에 러·일 전쟁이 일어나 일본의 압력으로 양지아문이 해체되어 결국 양전·지계 사업은 중단되고 말았다.

지계 광무 개혁 때 지계아문(地契衙門)에서 토지 소유권을 증명하기 위해 발행한 문서이다.

서재필(미국이름 : 필립 제이슨 1864~1951) 서재필은 정동 구락부를 통해 국내 인사와 연결되어 1895년 12월 미국에서 돌아왔다. 정부는 근대적 개혁에 필요한 식견을 얻고자 그에게 중추원 고문관의 직위와 후한 월급을 주었다. 서재필은 정부의 자금으로 1896년 4월 7일 독립 신문을 창간하였다. 서재필은 배재 학당에서 특별 강좌를 열었고, 1896년 12월 우리나라 최초의 학생 토론 서클이라 할 수 있는 협상회를 조직하고, 정치단체로 건양 협회와 독립 협회를 결성하였다. 독립 협회가 정부 탄압으로 해산되자 1898년 5월 인천을 거쳐 미국으로 돌아갔다.

[상] **영은문(迎恩門)**, [해] **독립문(獨立門)** 철거된 영은문 자리에 독립문을 세웠다. 독립문은 프랑스의 에투알 개선문을 본떠서 서재필이 스케치한 것을 근거로 독일공사관의 스위스인 기사가 설계를 하였다. 공사비는 주로 기부금으로 충당하였는데, 당시 화폐로 3,825원이 소요되었고, 1897년 11월 20일에 준공되었다. 높이 14.28m, 폭 11.48m, 화강암 1,850개로 구성되어 있으며 한자로 된 현판(獨立門)은 이완용이 썼고, 아치 상단 중앙에는 대한 제국 황실의 문양인 오얏꽃이 장식되어 있다.

이어 서재필은 윤치호·이상재·남궁 억 등 개화파 지식인들과 협력하여 1896년 7월에 '충군·애국'과 '자주 독립'을 강령으로 하는 독립 협회를 창립하였다. 독립 협회는 고문 서재필, 회장 안경수, 위원장 이완용 외에 김가진, 이상재 등 8명의 위원과 송헌빈, 남궁 억, 오세창 등 10명의 간사원으로 구성되었다.

독립 협회 창립 초기에는 정부 고관들이 회원으로 가입하기도 하였으나, 점차 각계 각층의 민간인들이 주축을 이루었다. 서양의 근대 사상을 받아들인 신지식인, 개혁적인 사상을 가진 유학자층이 주도적으로 활동하였다. 독립 협회는 회원 자격에 제한을 두지 않고, 독립문 건립 보조금을 내는 이들을 회원으로 받아들였다. 그리하여 도시 상인과 농민을 비롯하여 광산이나 부두 노동자, 백정 출신도 참여하였고, 지방에도 지회가 조직되어 4,000여 명의 회원이 활동하는 전국적인 단체로 발전해 나갔다.

독립 협회는 첫 사업으로 국민 모금으로 독립문을 세워 자주 독립 정신의 상징으로 삼고자 하였다. 이에 따라 사대의 상징으로 중국(청) 사신을 영접하던 영은문이 철거된 위치에 우리나라의 전통 건축 양식에다 프랑스의 에투알 개선문을 본떠서 만든 독립문을 세웠다. 아울러 중국 사신 영접 장소인 모화관을 독립관으로 고쳐 집회 장소로 사용하였다.

독립관 독립 공원 안에 있는 독립 협회의 건물이다. 중국 사신을 맞이하는 옛 모화관 건물을 1897년 5월에 독립 협회에서 독립관으로 개축하였다. 현재의 건물은 1997년에 다시 지었다.

만민 공동회·관민 공동회 개최와 의회 설립 운동

1898년 3월 10일, 독립 협회는 종로 네거리에서 제1차 만민 공동회를 개최하였다. 우리나라 최초의 근대적 민중 대회 또는 정치 집회로 평가되는 만민 공동회에는 1만여 명의 시민들이 참여하여 자주 국권 운동과 자유 민권 운동 등을 전개하였다.

서재필, 이상재 등이 중심이 되어 개최한 만민 공동회에서 시전 상인 현덕호가 만민 공동회 회장으로 선출되었다. 이 집회에서 이승만 등 배재 학당과 경성 학당

자료 스페셜 독립협회(獨立協會)의 활동

○ 독립 신문 창간(1896.4.7)

우리 신문이 한문을 쓰지 않고 한글로만 쓰는 이유는 모든 국민이 다 보게 함이라. 또 국문을 이렇게 구절을 띄어 쓰는 것은 누구라도 이 신문을 보기 쉽고 신문 속에 있는 말을 자세하게 알아보게 함이다. …… 우리 신문은 빈부귀천에 관계없이 이 신문을 보고 외국의 물정과 국내의 사정을 알게 하자는 뜻이니 남녀노소, 상하귀천 간에 우리 신문을 하루 걸러 몇 달간 보면 새로운 지각과 새 학문이 새길 것을 미리 알 것이다.

독립 신문, 제1권 1호 건양 1년 4월 7일, 논설

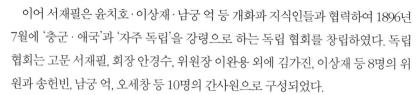

독닙 신문(한글판과 영문판으로 발행. 영자신문 제목 : THE INDEPENDENT)

○ 독립문 건립(1897.11.20)

그 문 이름은 독립문(獨立門)이라 하고, 새로 문을 그 자리에다 세우는 뜻은 세계 만국에 조선이 자주 독립국이란 표를 보이자는 뜻이요. …… 남의 나라에서는 승전을 한다든지 국가에 큰 경사가 있다든지 하면 그 자리에 높은 문을 짓는다든지 비를 세우는 풍속이라. 그 문과 그 비를 보고 인민이 자기 나라의 권리와 명예와 영광과 위엄을 생각하고 더 튼튼히 길러 후생들이 이것을 잊지 않게 하자는 뜻이요, 또 외국 사람들에게 그 나라 인민의 애국하는 마음을 보이자는 표라.

독립 신문, 제 22호,1896년 6월 20일, 논설

의 학생들이 러시아의 내정 간섭 행위를 규탄하고, 러시아의 군사 교관단과 재정 고문의 철수 결의안을 채택하여 이를 정부에 건의하였다. 고종 황제는 만민 공동회에서 드러난 민의에 따라 보수적 내각을 퇴진시키고 진보적인 박정양 내각을 출범시켰다. 러시아도 독립 협회의 압력에 굴복하여 군사 교관과 재정 고문 철수, 절영도 조차 요구 철회, 한·러 은행 폐쇄 등의 조치를 취하지 않을 수 없었다.

독립 협회 회원들과 서재필(앞쪽 왼쪽에서 네 번째)

1898년 10월 13일에는 윤치호, 남궁 억, 정교 등이 중심이 되어 관민 공동회를 열었다. 광무 정부와 협조하여 전제 황권을 바탕으로 개혁과 자주 국권을 도모하기 위한 만민 공동회에 참정 대신 박정양을 비롯한 정부 대신들도 합석하여 관민 공동회로 발전시킨 것이다. 관민 공동회에서 '헌의 6조'를 채택하였다.

또한, 독립 협회는 의회 설립 운동을 전개하였다. 독립 협회는 정부와 협상을 벌여 의회식 중추원 관제를 반포하게 하고, 중추원 의원의 절반을 민선 의원으로 하여 독립 협회에서 추천한 인사를 선출하였다. 관선 의원 25명, 민선 의원 25명으로 구성된 중추원 신관제(상원 설립법)를 1898년 11월 3일 황제의 재가를 얻어 다음날 공포하게 하여 우리나라 역사상 처음으로 의회가 설립될 단계에 이르렀다.

그러나 박정양 내각은 그날 밤에 해산되었고, 의회 설립 운동도 좌절되고 말았다. 수구 세력이 독립 협회가 의회를 설립하여 입헌 군주제로 개혁하는 것이 아니라, 공화정으로 국체를 바꾸려 한다고 중상 모략하였기 때문이었다. 이들은 박정양을 대통령, 윤치호를 부통령으로 하는 공화정으로 국체를 바꾸려 한다는 익명서를 시내 요소에 붙여 일부러 발각되게 하였다. 이러한 보고를 받은 고종 황제는 의회 설립을 전격 취소하고 독립 협회 간부들의 체포를 명령하였다. 뒷날 이 익명서는 조병식의 무고로 판명되었다.

독립 협회의 집회 개최

집회	기간
1차 만민 공동회	1898.3.10
2차 만민 공동회	1898.4.25~10.12
관민 공동회	1898.10.28~11.3
3차 만민 공동회	1898.11.5~12.26

관민 공동회의 헌의 6조
제1조 외국인에게 의지하지 말고 관민이 협력하여 전제 황권을 공고히 할 것.
제2조 외국과의 이권에 관한 계약과 조약은 각 대신과 중추원 의장이 합동 날인하여 시행할 것.
제3조 국가 재정은 탁지부가 전담 하고, 예산과 결산을 인민에게 공포할 것.
제4조 중대 범죄를 공판하되, 피고의 인권을 존중할 것.
제5조 칙임관을 임명할 때에는 정부에 그 뜻을 물어 과반수를 얻은 다음에 임명할 것.
제6조 정해진 규정을 시행할 것.

독립 협회와 만민 공동회의 해산

정부는 군대를 동원하여 독립 협회와 만민 공동회를 강제 해산시키려 하였다. 그러나 민중들의 50여 일간 계속된 시위 농성에 굴복하여 독립 협회 간부들을 석방하였다. 독립 협회 해산이 어렵게 되자, 정부는 황국 협회인 보부상들을 사주하여 만민 공동회를 습격하게 하였다.

보부상들의 습격은 독립 협회 활동에 미온적이던 서울 시민들이 오히려 만민 공동회를 적극적으로 지원하는 결과를 불러왔다. 만민 공동회 회원들과 시민들은 보부상들을 공격하고, 보수파 대신들의 집을 습격하는 등 양측의 갈등이 격화되어 갔다. 이에 고종은 만민 공동회와 박영효를 비롯한 국외 망명자들이 연계되는 사태

투옥된 독립 협회 간부들

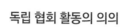
황국 협회(1898.6) 독립 협회에 대항하기 위해 조직된 어용 단체로, 회원 대부분은 보부상이었다.

를 우려한 나머지, 급기야 군대를 동원하여 독립 협회를 강제로 해산시켜 버렸다 (1898.12).

독립 협회 활동의 의의

독립 협회는 1896년 7월 창립부터 강제 해산되는 1898년 12월까지 활동하였다. 이들은 당시에 누구나 공감할 수 있는 '충군·애국'과 '자주 독립'의 강령을 내걸고, 민중을 계몽하는 데 주력하여 민권 의식과 평등 의식이 일깨우는 데 크게 이바지하였다.

독립 협회는 참여 계층의 폭이 넓어지고, 특히 도시의 지식인과 시민 계층이 개혁 운동을 전개하였다는 점에 그 특징이 있다. 이는 일부 급진적 개화파 관료 출신이 주도한 위로부터의 개혁 운동인 갑신정변이나, 농민층이 주도한 아래로부터의 개혁 운동인 동학 농민 운동과 큰 차이를 보여주고 있다.

독립 협회는 자주 국권 사상, 자유 민권 사상, 자강 개혁 사상을 바탕으로 입헌 군주제의 근대 국민 국가를 수립하려는 정치 개혁 운동을 전개하였다. 동시에 독립 협회는 민중의 힘을 배경으로 열강의 내정 간섭과 이권 침탈을 배격하는 자주 국권 운동을 벌였다. 또한, 의회 설립을 통해 국민의 기본적 자유권과 정치적 참정권을 확보하려는 자유 민권 운동을 펼쳤다. 그리고 민중을 개화 운동과 결합시켜 민중에 의한 자주적인 근대화를 이룩하려는 자강 개혁 운동을 추진하였다.

독립 협회 배지(위) 황국 협회 배지(아래)
독립협회 배지에는 '독립협회 충군애국'이라는 글씨가, 황국 협회 배지에는 '대한황국협회(大韓皇國協會)·충군(忠君)·애국(愛國)'의 글씨가 각각 쓰여있다.

이러한 의미에서 독립 협회의 활동은 우리 민족의 힘으로 국권을 지켜 자주 독립 국가를 이루려는 근대적 민족주의 운동이고, 민중들에게 민권 의식을 고취시켜 국민의 자유와 평등 및 국민 주권을 확보하려는 민주주의 정치 운동이며, 개혁을 통해 국력을 배양하여 부강한 나라를 이루려는 자주적 근대화 운동이라는 데 역사적 의의가 크다.

그러나 독립 협회는 외세 배격 운동에서 주로 러시아에 국한되었고, 미국과 일본에 대해서는 우호적이었다. 게다가 항일 의병 운동을 근대 국가 수립 위한 동반자로 받아들이지 않고, 단지 나라의 질서를 어지럽히는 존재로 인식함으로써 항일 독립 운동에 비판적 입장을 견지하였던 데에서 그 한계를 보이기도 하였다.

독립 협회는 보수적 집권 세력의 탄압과 독립 협회 내부의 지도력 부족, 시민 세력의 미성숙 등으로 인해 일정한 한계가 있었으나, 대한 제국 말기의 애국 계몽 운동과 일제 강점기의 민족 독립 운동 등에 큰 영향을 주었다.

독립 협회가 주최한 강연회에 모여든 군중

3

국권 수호 운동의 전개

1. 동학 농민 운동의 전개

2. 항일 의병 전쟁의 전개

3. 애국 계몽 운동의 전개

4. 국권 상실과 영토 주권

안중근 의사(1910.3.26, 순국 직전 촬영)와 손도장, '大韓國人'(대한국인)

안중근(安重根) 의사 재판 법정

판　사 : 범행 동기가 무엇인가?

안중근 : 나는 일본 재판소에서 재판받아야 할 의무가 없다. 나는 독립 전쟁을 수행하고 있다. 따라서 나는 형사범이 아니라, 전쟁 포로다.

판　사 : 이토(伊藤)를 죽인다고 통감부가 폐지되겠는가?

안중근 : 그렇지 않다는 것을 나도 잘 안다. 다만 우리의 뜻을 일본과 세계만방에 알리고자 함이었다.

– 중국 뤼순, 1909년 10월 12일 –

'반역(反逆)의 시대'에 맞서 일어선 민초(民草)

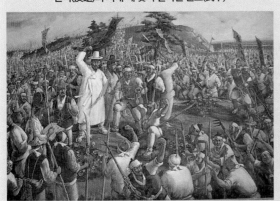

동학 농민 전쟁(1894) – 동학 농민군은 '제폭구민'과 '보국안민'의 기치로 반봉건 사회 개혁 운동과 반외세 구국 민족 운동을 전개하였다(민족기록화).

외세의 침략에 나라를 구하기 위해 전선에 나선 의병들

항일 의병 전쟁(1907) 유생·군인·농민·상인·포수 등 각계 각층이 참여하여 대일 항전을 전개하였다(영국 종군기자 맥켄지 촬영).

(1) 동학 농민 운동의 배경

열강의 경제 침탈과 민중의 사회 의식 성장

강화도 조약 체결(1876)로 문호가 개방되자, 자본주의 열강의 경제적 침탈이 본격화되었다. 특히, 일본의 경제 침탈이 심해져 영국산 면직물과 서양의 생활용품 등을 수입하여 판매하고, 그 대신 곡물 등을 무제한으로 반출해갔다.

이에 따라 조선의 농촌 가내 수공업 기반은 붕괴되어 갔고, 곡물과 토지 가격의 급등으로 이어졌다. 곡물의 상품화로 양반 지주·관료·대상인 계층은 이익을 본 반면에, 소농민·소상인·빈민층의 몰락을 촉진시키는 결과를 낳았다. 곡창 지대인 전라도 지역은 개항 이후에 다량의 곡물이 일본으로 유출됨에 따라 농민들의 피해는 더욱 심각하였다.

한편, 문호 개방 이후 각종 개화 사업으로 재정 지출이 크게 늘어났다. 게다가 왕실 경비의 급증과 외국에 대한 배상금 지불 등으로 국가 재정은 파탄 지경에 이르렀다. 여기에 자본주의 열강의 경제적 침탈로 농촌 사회까지 확대되면서 농민들이 대거 몰락하였다.

이와 같은 대내외적인 위기 속에서 농촌 지식인과 농민층의 정치·사회적 비판 의식은 고조되었다. 또, 1890년대에 들어 삼남(충청·전라·경상도) 일대를 중심으로 농민 봉기가 잇따라 일어났다.

동학의 전파와 교단 조직의 형성

19세기에 들어 조선 사회는 세도 정치가 오랫동안 지속되면서 국가 기강의 해이, 탐관오리의 수탈, 삼정의 문란 등으로 심각한 위기에 놓였다. 여기에 서양 이양선이 출몰하여 통상을 강요하고, 서양 선교사의 활동으로 천주교 교세가 급속히 확산되면서 위기 의식이 더욱 높아져갔다.

동학 교조 최제우(1824~1864) 동상 (경북 경주) 최제우가 도를 깨우친 용담정에 있다.

이와 같은 대내외적 위기 상황에서 경주의 몰락 양반 출신인 최제우는 1860년 '동학'(東學)을 창시하였다. 최제우는 "한울님을 내 마음 속에 모신다."는 '시천주'(侍天主)와 "사람이 곧 하늘이다."라는 '인내천'(人乃天), 그리고 태평성세의 새로운 세상의 도래를 염원하는 '후천개벽'(後天開闢) 등의 교리와 함께 부적과 주문 등의 대중친화적 방법을 앞세워 포교 활동을 벌였다. 이에 호응하여 사회 변혁을 추구하는 농촌 지식인들과 농민들이 대거 동학에 입교하였다.

이후, 동학은 경상도뿐만 아니라 전라도, 충청도, 경기도에까지 교세가 확대되었다. 동학은 교도들이 많은 지역에는 접소를 설치하고, 그 곳의 책임자를 접주로 임명하는 접주제 등의 교단 조직도 만들었다. 이와 같이 동학의 교세가 빠르게 확장되자, 정부는 동학 교조 최제우에게 '혹세무민'(惑世誣民)의 죄목을 씌워 1864년 1월에 대구 감영에서 처형하였다.

동학 교세의 확장과 교조 신원 운동

동학은 교조 최제우 처형 이후에도 정부로부터 탄압을 받았다. 이후, 제2대 교주 최시형을 중심으로 정부의 탄압을 피해 비밀리에 포교 활동을 이어갔다. 1880년대에 들어 최시형은 최제우가 지은 동학의 한문체 경전인 『동경대전』과 가사집인 『용담유사』를 간행하여 교세 확장에 활용하였다.

최시형은 1885년 교단 본부를 보은(충북)으로 옮기고, 종래의 접주제를 포접제로 개편하여 동학의 교단 조직을 강화해 나갔다. 일종의 교구 조직과 같은 포접제는 각 처에 접소를 설치하고 대접주를 두어 그 밑의 접주를 통솔하게 하였다. 각 지역의 포에는 6가지 행정 사무를 분장하는 부서로 6임제를 두었다. 그리고 교단을 총괄하는 중앙기관으로 법소를 두었다. 동학 조직의 기본인 포(包)와 접(接)은 교단 조직이자 교도를 동원하는 지휘 계통이기도 하였다.

제2대 교주 최시형 강원도 원주에서 체포되어 처형 되기 직전 모습(1898). 최시형은 고종의 특명으로 1907년 신원되었다.

1890년대 들어 동학 교도들은 혹세무민의 죄명으로 처형된 교조 최제우의 억울함을 풀어 달라는 '교조 신원 운동'에 본격적으로 나섰다. 교조 신원 운동이라는 합법적인 청원 운동을 통해 동학을 공인받고 포교의 자유를 획득하고자 함이었다. 그리하여 1892년 11월, 동학 교도들은 삼례에서 교조 신원을 청원하는 집회를 열었다(삼례 집회). 이듬해 2월에는 손병희 등 동학 교단의 지도자 40여 명이 경복궁 광화문 앞에 엎드려 교조 신원과 동학 공인을 호소하는 상소문을 올렸다(복합 상소 운동, 1893.2.11~2.13).

『동경대전』(東經大全)과 『용담유사』(龍潭遺詞)

정부의 탄압으로 종교적 신원 운동이 좌절되자, 1893년 3월 11일에 최시형, 손병희 등 동학 교단 지도부는 다시 보은 장내리에서 대규모 집회를 열었다(보은 집회). 이 보은 집회에는 3만 여 명이 참석하였는데, 일부 동학 교도들은 교조 신원 운동 외에 탐관오리 숙청 등을 주장하기도 하였다. 그러나 국왕의 해산 명령이 내려지고, 조정에서 파견한 경군이 곧 도착한다는 소식에 교단 지도부는 동학 교도와 농민들을 해산시켰다.

한편, 보은 집회가 열리던 무렵에 전라도 금구 원평에서도 1만여 명의 동학 교도와 농민들이 집회를 열었다(금구 집회). 전봉준, 손화중, 서장옥 등 전라도 지역의 동학 지도자들이 이 집회를 주도하였다. 금구 집회에서는 일본과 서양 세력을 축출을 요구하는 '척왜양'(斥倭洋)의 반외세 주장까지 나오기도 하였다. 그러나 보은 집회의 해산 소식이 전해지자, 금구 집회 지도부도 동학 교도와 농민들을 해산하지 않을 수 없었다. 이들은 동학 교단 내에서 충청도를 중심으로 한 최시형의 북접과 구별되는 전라도 중심의 전봉준의 남접의 지도부를 형성하여 이후 동학 농민 전쟁을 이끌었다.

(2) 동학 농민 운동의 전개

고부 농민 봉기

만석보 유지비(전북 정읍) 고부군수 조병갑(趙
秉甲)이 농민을 강제로 동원하여 만석보를 쌓아
배들녘(이평)에서 농사짓던 농민들에게 과도한
물세를 징수하고 재산을 수탈하였다.

전라도 곡창 지대인 고부에서 군수 조병갑이 강제로 농민들을 동원하여 만석보를 쌓게 하고, 수세를 징수하여 착복하는 등 가렴주구를 일삼았다. 이에 1894년 1월 10일, 1천여 명의 농민들은 동학 접주 전봉준의 지도 하에 고부 관아를 습격하여 탐관오리를 응징하는 한편, 억울하게 감옥에 갇힌 이들을 풀어주고 관아의 곡식을 백성들에게 나누어 주었다. 아울러 원성의 대상이 된 만석보를 파괴하였다. 이것이 고부 봉기로, 동학 농민 운동의 시작을 알리는 신호탄이었다.

전봉준이 지휘하는 동학 농민군은 고부 군수 조병갑을 몰아낸 뒤에도 해산하지 않고 본부를 백산으로 옮겼다. 이 곳에서 조정에 고부 군수 조병갑 처벌, 외국 상인의 침투 금지 등 13개 조의 요구 사항을 제시하였다. 고부 봉기에 참가한 농민들은 새로 고부 군수로 부임한 박명원의 회유에 따라 3월 3일 무렵에 해산하였다.

제1차 봉기와 집강소 활동

고부 봉기가 일단락되자, 전봉준은 무장 지역의 대접인 손화중을 만나 다시 농민 봉기를 일으킬 것을 모의하였다. 이 무렵, 중앙에서 내려온 안핵사 이용태가 고부 봉기 가담자들을 색출하여 보복하자, 해산했던 농민들이 다시 일어났다(제1차 봉기).

1894년 3월 16일, 무장에서 봉기한 동학 농민군은 고부를 점령한 뒤, 진영을 백산으로 옮겨 이곳에 호남 창의 대장소를 세웠다. 전봉준을 총대장으로, 김개남과 손화중을 총관령으로 각각 추대하였다. 이어 동학 농민군은 '4대 강령'을 비롯하여 행동 지침인 '12개조 기율' 등을 잇달아 발표하였다.

전봉준을 총대장으로 하는 동학 농민군은 8,000여 명으로 늘어났다. 이들은 '동도대장'(東徒大將)과 '제폭구민'(除暴救民) 등의 기를 앞세우고 전주성을 향해 출발하여 태인현을 거쳐 부안을 지나 고부를 점령하였다. 추격해 온 전라도 감영군을 황토현에서 격파한 동학 농민군은 곧장 전주성으로 향하지 않고 남하하여 정읍, 고창, 무장, 영광, 함평 등 전라도 서남부 지역을 잇달아 점령하여 세력을 확장해 나갔다.

사발통문(沙鉢通文)
1893년 11월 고부의 동학 교도들이 작성한 결의문이다. 고부와 전주성을 함락하고 서울로 진격하자는 내용을 담고 참가자 이름을 둥글게 적었다. 이는 주동자가 누구인지 모르게 하고, 함께 책임진다는 단결의 의미도 있었다.

동학 농민군의 4대 명의(四大名義, 일명 : 백산 맹약, 1894.3)
1. 사람을 죽이지 않고 물건을 파괴하지 않는다(不殺人不殺物).
2. 충효를 온전히 하며 세상을 구제하고 백성을 편안하게 한다(忠孝雙全 濟世安民).
3. 일본 오랑캐를 몰아내 없애고 나라의 정치를 깨끗이 한다(逐滅倭夷 澄淸聖道).
4. 군대를 몰고 서울로 들어가 권세가와 귀족을 다 없앤다(驅兵入京 盡滅權貴).
　　　　　　　- 정교, 『대한계년사』

자료 스페셜　백산 대회 격문(1894.3)

동학 혁명 백산 창의비(전북 부안)

우리가 의(義)를 들어 여기에 이름은 결코 다른 데에 있지 아니하고 창생을 도탄에서 건지고 나라를 반석 위에 두자 함이라. 안으로는 못된 관리의 머리를 베고, 밖으로는 횡포한 강적의 무리를 몰아내고자 함이라. 양반과 부호의 앞에 고통을 받는 민중들과 방백과 수령의 밑에 굴욕을 받는 힘없는 관리들은 우리와 같이 원한이 깊은 자라. 조금도 주저치 말고 이 시각으로 일어서라. 만일 기회를 잃으면 후회하여도 미치지 못하리라.

갑오(甲午)　月　日
호남창의대장소(湖南倡義大將所) 재백산(在白山)

오지영, 『동학사』, 1940.

동학 농민 운동 지도자

남접(南接) 지도자	북접(北接) 지도자

전봉준(1855~1895)   김개남(1853~1895)   손화중(1861~1895)   최시형(1827~1898)   손병희(1861~1922)

특히, 4월 23일 장성의 황룡촌 전투에서 동학 농민군은 중앙에서 파견한 초토사 홍계훈의 경군을 크게 무찔렀다. 이때 새로 만든 '장태'라는 무기가 사용되었다. 동학 농민군은 황룡 전투의 승리 여세를 몰아 4월 27일에 마침내 전주성을 점령하였다. 이후, 동학 농민군은 전주성에서 가까운 완주에 주둔한 홍계훈의 경군과 치열한 공방전을 벌이면서 계속해서 전주성을 장악하였다.

뜻밖에 조선 왕실의 성도(聖都)인 전주성이 동학 농민군에 의해 점령되자, 다급해진 조선 정부는 청에 원병을 요청하였다. 이에 청군이 아산만으로 들어오자(5월 5일), 일본군도 톈진 조약을 구실로 한양에서 가까운 인천으로 진입하였다(5월 6일).

일본군 출동에 위기감을 느낀 조선 정부는 조속히 동학 농민군을 해산시켜 청·일 양국의 군사 개입으로 자칫 주권이 침해되는 사태를 막고자 하였다. 동학 농민군도 해산의 전제 조건으로 제시한 폐정 개혁안을 국왕에게 보고하여 시행되도록 한다는 초토사 홍계훈의 약속을 받아들였다. 그 결과 정부와 동학 농민군 사이에 '전주 화약'이 성립하였다(1894.5.8). 그리하여 동학 농민군은 청과 일본의 군사 개입의 빌미를 주지 않기 위해 자진 해산하였다.

전주 화약을 맺은 동학 농민군은 전주성에서 철수하여 자신들의 근거지로 돌아가 사태 추이를 주시하였다. 그런데 정부가 동학 농민군과 약속한 폐정 개혁을 시행하지 않자, 5월 중순 무렵부터 일부 지역의 동학 농민군은 각 고을에 농민 자치 기구인 도소를 설치하여 폐정 개혁에 나섰다.

7월 6일 전주에서 동학 농민군 총대장 전봉준과 신임 전라감사 김학진 사이에

동학 농민군의 12개조 기율
1. 항복한 자는 사랑으로 대한다(降者愛待).
2. 곤궁한 자는 구제한다(困者救濟).
3. 탐학한 자는 추방한다(貪者逐之).
4. 따르는 자는 복종하게 한다(順者敬服).
5. 도주하는 자는 쫓지 않는다(走者勿追).
6. 굶주린 자는 먹인다(飢者饋之).
7. 간사하고 교활한 자는 그만두게 한다(奸猾息之).
8. 가난한 자는 진휼한다(貧者賑恤).
9. 불충한 자는 제거한다(不忠除之).
10. 거역하는 자는 타이른다(逆者曉諭).
11. 병든 자는 진료하여 약을 준다(病者診藥).
12. 불효한 자는 형벌을 가한다(不孝刑之).

장태(將台) 청죽(靑竹)으로 얽어 닭장 같이 만든 것으로 그 밑에 차바퀴를 달고 군사가 그 속에는 앉아 사격을 할 수 있게 하였다. 이 장태를 만든 사람은 장흥 접주인 이방언이기에 그 별호를 이장태라고 불렀다. 장성 황룡촌 전투에서 이를 처음 사용하여 관군을 물리쳤다.

자료 스페셜 동학 농민군의 폐정 개혁 12개조

1. 동학도는 정부와의 원한을 씻고 모든 행정에 협력한다.
2. 탐관오리는 그 죄상을 조사하여 엄히 처벌한다.
3. 횡포한 부호를 엄히 다스린다.
4. 불량한 유림과 양반의 무리를 징벌한다.
5. 노비 문서는 불태워 버린다.
6. 7종의 천인 차별을 개선하고, 백정이 쓰는 평량갓을 없앤다.
7. 청상과부의 재가를 허용한다.
8. 무명의 잡세는 모두 폐지한다.
9. 관리 채용에는 지벌을 타파하고 인재를 등용한다.
10. 왜와 몰래 내통하는 자는 엄히 다스린다.
11. 공사채를 막론하고 기왕의 것은 모두 무효로 한다.
12. 토지는 균등하게 나누어 경작한다.

오지영, 『동학사』, 1940.

동학 농민 혁명 황룡 전적비(전남 장성)

회담을 열어 집강소 설치에 합의하였다. 이에 따라 전라도 지역의 각 고을에 설치된 집강소에서 본격적으로 폐정 개혁 사업을 시행하기에 이르렀다.

집강소는 기존의 행정 체계와 이원적으로 병립되었으나, 동학 농민군의 자치 기구의 역할을 하였다. 동학 농민군의 세력이 우세한 지역에서는 집강소가 사실상 일원적인 민정 자치 기구가 되면서 폐정 개혁 시행이 좀 더 수월해졌다. 그러나 그러하지 않은 일부 지역에서는 고을의 유생과 향리가 집강소 설치를 거부하고, 민보군 등을 조직하여 동학 농민군과 전투를 벌이기도 하였다.

제2차 봉기와 우금치 전투

동학 농민군과 전주 화약을 체결한 조선 정부는 이들의 요구 사항을 실행하고자 교정청을 설치하여 자주적 개혁에 착수하였다. 아울러 청군과 일본군의 동시 철수를 요구하였다. 그러나 군대 철수 요구를 거부한 일본군은 6월 21일에 경복궁을 점령한 후, 친일 내각을 수립하여 조선 정부에 내정 개혁을 강요하였다.

이어 6월 23일에 일본군은 아산만 풍도에 정박 중인 청 함대를 기습 공격하여 청·일 전쟁을 일으켰다. 8월 17일 평양 전투에서 청군에 승리한 일본은 조선을 보호국으로 만들기 위한 내정 개혁을 강화하면서 이에 대한 반발을 사전에 봉쇄하고자 동학 농민군 진압을 서둘렀다.

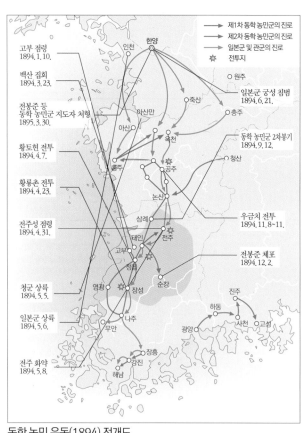

동학 농민 운동(1894) 전개도

고부 점령
1894. 1. 10.

백산 집회
1894. 3. 23.

전봉준 등
동학 농민군 지도자 처형
1895. 3. 30.

황토현 전투
1894. 4. 7.

황룡촌 전투
1894. 4. 23.

전주성 점령
1894. 4. 31.

청군 상륙
1894. 5. 5.

일본군 상륙
1894. 5. 6.

전주 화약
1894. 5. 8.

제1차 동학 농민군의 진로
제2차 동학 농민군의 진로
일본군 및 관군의 진로
전투지

일본군 궁성 침범
1894. 6. 21.

동학 농민군 2차봉기
1894. 9. 12.

우금치 전투
1894. 11. 8~11.

전봉준 체포
1894. 12. 2.

한편, 전주 화약 체결 후 동학 농민군의 지도부는 일본군과의 일전에 대비하여 무장을 강화하였다. 일본군의 경복궁 점령 시에 이용되었다가 밀려난 흥선 대원군은 동학 농민군의 지도부에 밀사를 보내 봉기를 촉구하였다. 전봉준도 대원군이 보낸 밀사를 통해 정국 동향, 청·일 전쟁 상황, 일본군의 농민군 진압 계획 등에 관한 중요 정보를 제공받고 있었다.

삼례에 대도소를 설치한 전봉준은 1894년 9월 12일, 마침내 격문을 발표하여 동학 농민군의 재봉기를 결행하였다. 이것이 제2차 봉기이다. '제폭구민'(除暴救民)의 폐정 개혁 시행에 역점을 두었던 1차 봉기 때와는 달리, 2차 봉기에서는 일본군 축출과 친일 관리 처단 등 '보국안민'(輔國安民)의 기치를 전면으로 내걸었다. 전봉준의 남접 세력은 최시형 중심의 북접 세력과도 남북 연합 전선을 구축한 것도 1차 봉기와는 달라졌다.

전봉준이 이끄는 4,000여 명의 동학 농민군은

삼례를 출발하여 논산에 도착하였다. 이 때는 이미 일본군과 조선 관군의 무력 진압이 시작된 뒤였다. 논산에서 남접과 북접의 합류로 수만 명으로 증강된 동학 농민군은 10월 24일에 전봉준의 지휘 하에 서울로 통하는 길목이자 정치·군사적 요충지인 공주를 점령하기 위해 일본군과 관군의 연합군과 치열하게 공방전을 벌였다. 11월 8일부터 11일까지 동학 농민군은 공주 우금치 일대에서 50여 차례의 전투를 벌여 수많은 사상자를 냈으나, 결국 막강한 무기와 전투력을 앞세운 일본군과 관군의 연합 작전에 패배하고 말았다.

동학 혁명 위령탑(충남 공주) 동학 농민군이 공주 우금치에서 일본군과 관군을 상대로 치열한 전투를 벌였지만 패배하였다.

우금치 전투를 고비로 동학 농민군은 논산, 금구, 태인 등지에서 패배하여 전라도 남단으로 밀려났다가 사방으로 흩어졌다. 전봉준은 순창에 은신하여 재기를 도모하였으나, 부하의 배신으로 12월 2일에 생포되어 일본군에 인도되었다.

전봉준은 서울로 압송되어 심문을 받았다. 이어 1895년(고종 32) 3월 30일, 녹두 장군 전봉준은 동학 농민군의 지도자인 손화중, 최경선, 김덕명과 함께 '운명'이란 절명시를 남기고 처형되었다. 전봉준 등의 처형을 전후하여 다른 동학 농민군 지도자들도 대부분 체포되어 처형됨으로써 결국 동학 농민 운동은 막을 내리게 되었다.

잡혀가는 전봉준(한양의 일본 영사관에서 재판을 받기 위해 법부아문으로 압송되는 장면, 1895년 2월 28일)

동학 농민 운동의 의의

동학 농민 운동은 집권 세력과 일본군의 탄압 등으로 실패하였으나, 그 역사적 의의는 매우 컸다. 동학 농민 운동은 종래의 산발적인 민란 형태에서 조직적인 농민 전쟁으로 발전해 나갔다. 동학 농민군은 몰락 양반·서얼·요호부민층 등 체제 변혁을 추구하던 유교 지식인들이 지도부를 형성하고, 영세 농민·소작 농민·영세 상공인층, 노비와 천민층 등이 무장대의 주력을 이루었다.

동학 농민 운동은 민중이 주체가 되어 아래로부터의 반봉건적 사회 개혁 운동인 동시에, 반침략적 구국 민족 운동이었다. 동학 농민군의 요구는 갑오 개혁 등에 부분적으로나마 반영되어 양반 중심의 전통적 신분제 사회의 붕괴를 촉진시켰다. 그리고 동학 농민군의 잔여 세력이 활빈당 등에 가담하여 투쟁하거나, 의병에 합류하여 항일 의병 전쟁을 활성화하는 데도 크게 기여하였다.

반면, 동학 농민 운동은 신분 제도의 타파 의식을 분명히 드러내지 못하였다. 동학 농민군은 2차 봉기 단계에서 민씨 척족 세력의 제거와 흥선 대원군의 재집권을 기대하였을 뿐이다. 게다가 봉건 체제 자체를 거부하는 근대적 사회 의식이 부족하였다. 동학 농민군의 국가 구상도 종래의 유교 국가 체제 이데올로기인 보국안민의 의식에 머물려 있었다. 또한, 각 지역 농민군이 보다 긴밀한 연대를 형성하지 못하였으며, 농민층 이외의 보다 넓은 지지 기반을 확보하지 못하였다는 한계도 있었다.

동학 농민 운동 용어
동학 농민 운동의 용어 문제는 1950년대 이래로 논란이 계속되고 있다. 이는 동학 농민 운동의 성격에 대한 인식을 달리하는 데에서 비롯되는 것이다. 일반적으로 동학 농민 운동 이외에 '동학란'(東學亂), '동비'(東匪), '동학 운동', '동학 혁명', '동학 농민 혁명 운동', '갑오 농민 전쟁' 등이 사용되고 있다. 이는 동학 사상과 동학 농민 운동의 주체 및 당시 정치·사회적 상황에 의해 복합적으로 그 성격을 규명하는 데서 기인하는 것이다. 특히, 동학 사상이 내포하고 있는 혁명적 측면과 사회 체제에 대한 반항을 강조하는 이들은 '동학 혁명'이라고 주장하고, 그 주체가 농민이었다는 데서는 '동학 농민 혁명'이라고 하여 전통 사회에 대한 하부 계층의 혁명 운동으로 파악하고 있다.

더 알아보기

집강소(執綱所) 활동

동학도(東學徒)들은 각 읍에 할거하여 공해(公廨)에 집강소를 세우고, 서기(書記)와 성찰(省察), 집사(執事), 동몽(童蒙) 등을 두니, 완연히 하나의 관청으로 되었다. …… 이른바 고을 군수는 단지 이름이 있을 뿐 행정을 맡아 할 수 없었다. 심지어 고을원들을 추방하니, 이서(吏胥)들은 모두 동학당에 들어 성명(成命)을 보존하고자 하였다.

전봉준(全琫準)은 수천 명의 군중을 끼고 금구 원평에 틀고 앉아 (전라) 우도에 호령하였고, 김개남(金開男)은 수만 명의 군중을 거느리고 남원성을 타고 앉아 (전라) 좌도를 통솔했으며, 그 밖에 김덕명(金德明), 손화중(孫華仲), 최경선(崔景善) 등은 각기 한 지방씩 할거하여 탐학 불법을 일삼으니, 김개남이 가장 심하였다. 전봉준과 같은 이는 동학도들에 의거하여 혁명을 꾀하고 있었다.

집강소(執綱所) 모습(민족 기록화)

정석모, 『갑오약력』(甲午略歷)

전봉준 공초(全琫準 供招) - 동학 농민군의 지도자 전봉준, 심문을 받다

문 : 난을 일으킬 때, 그대가 어찌 주모자가 되었나?
답 : 사람들이 모두 나를 추대하여 주모하라 하기에 그들의 말을 따른 때문이다.
문 : 그대가 고부 접주로 있을 때, 동학을 가르치지 아니하였나?
답 : 나는 어린 아이들은 훈도했으나, 동학을 가르친 적은 없다.
문 : 고부 땅에 동학은 없었는가?
답 : 동학도 있다.
문 : 고부에서 난을 일으킬 때, 동학이 많았나, 억울한 사람이 많았나?
답 : 의거할 때에 억울한 사람과 동학이 합세했는데, 동학은 적고 억울한 사람이 더 많았다.
문 : 난 후에 무슨 일을 하였는가?
답 : 난 후에 진황지에서 빼앗은 세금을 되돌려주고 쌓은 보를 부숴버렸다.

「전봉준 공초」(『동학난 기록』 하)

동요, '파랑새'

새야 새야 녹두새야
전주 고부 녹두새야
새야 새야 녹두새야
녹두꽃이 떨어지면
새야 새야 팔왕 새야
솔잎 댓잎이 푸릇푸릇
백설이 펄펄 흩날리니

웃녘 새야 아랫녘 새야
함박 쪽박 열나무 딱딱 후여
녹두밭에 앉지 마라
청포 장수 울고 간다
네 무엇 하러 나왔느냐
하절인가 하였더니
저 강 건너 청송녹죽이 날 속인다.

오지영, 역사 소설 『동학사』 중에서

※ 이 동요는 동학 농민 운동의 실패를 애석하게 여기는 조선 민중들의 염원을 담아 불리게 되었다. 전봉준(1855~1895)은 5척 단신의 작은 체구 때문에 '녹두'라는 별명을 얻어 '녹두 장군'으로 널리 알려지게 되었다.

녹두 장군 전봉준의 절명시, '운명'(殞命)

때를 만나서는 천하도 내 뜻과 같더니
운이 다하니 영웅도 스스로 어쩔 수 없구나
백성을 사랑하고 정의를 위한 길이 무슨 허물이랴
나라를 위한 일편단심 그 누가 알리

時來天下皆同力
運去英雄不自謀
愛民正義我無失
愛國丹心誰有知

2 항일 의병 전쟁의 전개

(1) 을미 의병

항일 의병 운동의 시작

청·일 전쟁(1894)에서 승리한 일본의 침략이 본격화되자, 각계 각층에서 다양한 저항이 일어났다. 이 중 가장 치열한 저항은 항일 의병 운동이었다. 1895년 명성 황후 시해(을미사변)와 단발령 등에 반발하여 최초로 항일 의병 운동이 일어났다. 이를 '을미 의병'이라 한다.

의병 운동은 을미사변 직후 유성에서 문석봉이 의병을 일으킨 것을 시작으로 을미 개혁의 단발령에 반발하여 전국 각지로 확산되었다. 유인석, 이소응, 허위, 곽종석, 이강년, 기우만, 서상렬, 박준영, 민용호, 김복한, 이춘영 등이 그 대표적인 의병 부대였다. 특히, 한 때 3,000명이 넘었던 유인석 의병 부대는 제천·충주·단양·원주 등지를 중심으로 중부 지역 일대를 장악하여 기세를 크게 떨치기도 하였다.

을미 의병은 일본군과 일본 거류민을 공격하였고, 단발을 강요하는 친일 관리의 처단을 주요 목표로 삼아 전국 각지에서 일어났다. 그러나 1896년 2월 아관 파천으로 친일 내각(제4차 김홍집 내각)이 붕괴하고, 단발령이 철회되었을 뿐만 아니라 국왕의 해산 권고 조칙이 내려지자 대부분 의병 부대는 스스로 해산하였다. 그러나 고종의 해산 조칙을 거부한 일부 의병 부대는 만주로 건너가 독립 전쟁을 준비하였다. 해산한 의병과 농민은 화적이나 활빈당, 영학당 등을 조직하여 반침략·반외세 투쟁을 이어나갔다.

을미 의병은 주로 위정 척사 사상을 가진 양반 유생들이 주도하고, 일반 농민과 동학 농민군의 잔여 세력이 가세하여 일어났다. 자신의 노비나 전호, 거주 지역의 농민 등을 규합하여 의병을 일으킨 양반 유생들은 화이론과 성리학적 가치관, 국모 시해에 대한 복수 의식, 단발령으로 상징되는 '개화'를 야만시하는 반개화 의식 등으로 무장하였다.

그리하여 양반 유생들의 위정 척사적인 투쟁 이념은 농민층의 자발적 참여를 이끌어내기 힘들었다. 더욱이 소수의 부대를 제외하고 의병 부대 대부분은 무기도 제대로 갖추지 못해 애초부터 전투를 할 수 없는 경우도 많았다. 여기에 보수적 유생과 민중들 사이에 계급적 대립도 드러냈는데, 유인석 부대 경우처럼 포수 출신의 선봉장 김백선(金百先, ?~1896)이 양반을 욕되게 했다는 불경죄를 들어 처형한 불상사도 일어나기도 하였다.

(2) 을사 의병

항일 의병 운동의 확대

청·일 전쟁에 이어 삼국 간섭을 계기로 한반도의 주도권 장악을 둘러싸고 일본

항일 의병 전개 과정
① 을미 의병(1895) → ② 을사 의병(1905)·병오 의병(1906) → ③ 정미 의병(1907) → ④ 서울 진공 작전(13도 창의군 연합 작전, 1908) → ⑤ 일제의 남한 대토벌(1909) → ⑥ 독립군으로 계승

항일 의병에 가담하는 농민들

유인석(1842~1915)

'불원복' 태극기 의병장 고광순(高光洵, 1848~1907)이 전남 구례에서 의병을 일으킬 때 제작한 태극기이다. 불원복(不遠復)은 머지않아 국권(國權)을 회복한다는 의미이다.

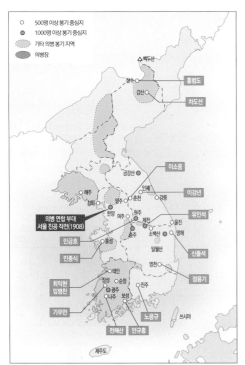

항일 의병 전쟁의 전개

○ 500명 이상 봉기 중심지
● 1000명 이상 봉기 중심지
　기타 의병 봉기 지역
　의병장

백두산
장수
갑산
홍범도
차도선
금강산
이소응
해주
강화
인제
강릉
영주
춘천
이강년
한양
여주
원주
제천
유인석
충주
울진
홍성
소백산
영해
일월산
신돌석
영천
민긍호
민종식
태인
정용기
장성
순창
진주
최익현
임병찬
광주
나주
보성
쓰시마
기우만
노응규
전해산
안규홍
제주도

의병 연합 부대
서울 진공 작전(1908)

임병찬(1851~1916)

의병장 신돌석(申乭石, 1878~1908)
신돌석 장군 유작시
누(樓)에 오른 나그네 갈 길을 잊고
낙목이 가로놓인 조국을 탄식하네
남아 27세에 이룬 일이 무엇인가
문득 가을바람이 부니 감개만 이는 구나
－ 평해 월송정에 올라 읊은 시(1905)

과 러시아의 대립이 격화되다가, 결국 러·일 전쟁이 일어났다 (1904).

러·일 전쟁에서 승리한 일본은 대한 제국을 식민지화하기 위한 침략 정책을 구체화하였다. 1905년 일제는 이토 히로부미(伊藤博文)를 서울에 파견하여 을사늑약을 체결하였다. 그 결과 대한 제국은 외교권을 빼앗기고, 일본 통감부의 보호 정치를 받게 되었다.

이에 의병이 다시 일어나 을사늑약 체결에 반대하는 무장 투쟁을 전개하였다. 이를 '을사 의병'(1905)이라 한다. 을사 의병은 을사늑약 폐기와 국권 회복을 목표로 하여 일본 세력 축출과 친일 관료의 처단에 앞장섰다. 이들은 전국 각지에서 무장 투쟁을 전개하였는데, 최익현, 임병찬, 고광순, 신돌석, 원용팔, 이문호, 양한규, 백낙구, 양회일, 정용기, 이현규, 유시연, 이진룡 등이 대표적인 인물이었다.

1906년 3월에 홍주에서 의병을 일으킨 민종식은 안병찬·이세영과 합세하여 홍주성을 점령하고 일본군과 맞서 싸웠다. 정용기는 경상도 영천에서 600여 명의 의병을 이끌고 청하, 청송 지역에서 활약하였다.

일찍이 위정척사 운동을 주도했던 최익현은 1906년 4월 전북 태인 무성 서원에서 '포고팔도사민 격문'을 발표하고 의병을 일으켰다. 그는 제자 임병찬과 함께 태인 관아를 점령하고 순창에 입성하여 관군과 대치하다 의병 부대를 해산시키고 체포되어, 일본군에 의해 쓰시마로 끌려가 그곳에서도 투쟁하다 순국하였다(1907.1).

한편, 을사 의병 투쟁이 본격화되면서 평민 출신의 의병장들이 등장하였다. 평민 의병장이 이끄는 부대는 동학 농민 운동과 활빈당 등의 투쟁 경험을 토대로 포수와 포군을 중심으로 한 소규모 부대를 편성하여 산악 지대를 근거지로 삼아 유격전을 펼쳤다. 이들 의병 부대는 일본군 주둔지와 일본인 거류지 등을 공격하고, 침략 수단인 철도·통신 시설을 파괴하기도 하였다.

평민 출신 의병장 중에 가장 눈부신 활동을 벌인 인물은 신돌석이었다. 그는 3,000여 명이 넘는 의병을 지휘하여 경상도와 강원도 접경이 있는 일월산을 거점으로 영해, 평해 등지에서 유격전을 펼치며 맹활약하였다. 이에 그를 '태백산 호랑이'라고 칭송하였다. 1907년 12월에 서울 진공 작전에 따라 13도 창의군이 양주에 집결하자, 신돌석도 경상도 의병을 대표하여 의병 1,000여 명을 모아 참여했으나 평민 출신이라는 이유로 제외되었다. 이후 그는 안동, 울진, 삼척, 강릉 등지의 의병과 연합하여 춘양, 황지, 소봉동 등지에서 일본군을 격파하는 등 전과를 올렸다. 그러나 1908년 11월 신돌석은 부하에게 살해되었다.

(3) 정미 의병과 서울 진공 작전

항일 의병 전쟁의 확대

1907년 헤이그 특사 사건을 구실로 일제는 고종 황제를 협박하여 황태자(순종)에게 양위하게 하였다. 이어 정미 7조약(한·일 신협약)을 체결하여 군대마저 해산시키고 차관 정치를 실시하였다.

일제의 고종 황제 강제 퇴위와 군대 해산에 저항하여 전국 각지에서 의병이 일어나 항일 전쟁을 전개하였다. 이를 '정미 의병'(1907)이라고 한다. 시위대 대대장 박승환은 일제의 군대 강제 해산에 항의하여 자결하였다. 이에 시위대 소속 군인 1,600여 명이 봉기하여 일본군과 시가전을 펼쳤다. 원주 진위대(민긍호·김덕제), 강화 분견대(지홍윤·유명규)를 비롯하여 홍천, 진주, 안동 등 각 지방의 군인들도 봉기하여 일본군과 전투를 벌였다.

해산 군인들이 의병에 합류하여 의병의 전술과 화력이 강화됨에 따라 일본군과 전면전으로 확대되어 갔다. 항일 의병 전쟁은 전국 각지로 확산되었을 뿐만 아니라, 국외의 간도, 연해주 지역으로 그 활동 범위가 크게 확장되었다.

정미 의병(1907)

직업별 의병 비율

광부 5%
기타 24%
무직, 화적 14%
군인 14%
농민 19%
일반 유생 24%

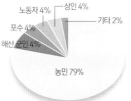
의병장 출신 비율

상인 4%
노동자 4%
기타 2%
포수 4%
해산 군인 4%
농민 79%

서울 진공 작전의 전개

의병 부대가 전국 각지에서 개별적으로 일본군과 전투를 벌이는 가운데, 일본군을 서울에서 몰아내야 한다는 주장이 일어났다. 이에 따라 1907년 12월 전국 각지에서 경기도 양주에 집결한 1만여 명의 의병들은 '13도 창의군'이라는 의병 연합 부대를 결성하고 이인영을 총대장, 허위를 군사장으로 추대하였다. 이어 13도 창의군은 서울 주재 각국 영사관에 서신을 보내 대한 제국의 의병을 국제법상 교전 단체로 승인해 줄 것을 정식 요청하였다.

13도 창의군 탑(서울 노원)

자료 스페셜　항일 의병 전쟁의 전개

○ 을미 의병(1895)

아! 왜놈들의 소위 신의나 법리는 말할 것도 없거니와 저 왜적 놈들의 몸뚱이는 누구를 힘입어 살아왔던가. 원통함을 어찌하리오. 국모(명성 황후)의 원수를 생각하며 이를 갈았는데, 참혹함이 더욱 심해져 임금께서 또 머리를 깎으시는 지경에 이르렀다. …… 무릇 우리 각도 충의(忠義)의 인사들은 모두가 임금의 보살핌을 받은 몸이니 환란을 회피하기가 죽음보다 더 괴로우며 멸망을 기다릴진대 싸워 보는 것만 같지 못하다.
　　　　　　　　　　　　　　　　　　　　　　　　　　　　　　유인석, 「창의문」

○ 을사 의병(1905)

작년 10월 저들이 한 행위는 오랜 옛날에도 일찍이 없던 일로, 억압으로써 한 조작의 종이에 조인하여 500년 전해 오던 종묘사직이 드디어 하룻밤에 망하였으니, 천지신명도 놀라고 조종(祖宗)의 영혼도 슬퍼하였다. …… 자기 나라 임금을 죽이고 다른 나라 임금까지 침범한 이토 히로부미(伊藤博文)는 마땅히 세계 여러 나라가 함께 토벌해야 할 역적이다. …… 우리 의병은 올바름을 믿고 적의 강대함을 두려워 말자. 이 격문을 돌리니 도와 일어나라.
　　　　　　　　　　　　　　　　　　　　　　　　　　　　　　최익현, 「격문」

○ 정미 의병(1907)

군대를 움직이는 데 가장 중요한 것은 개별 부대의 고립을 피하고 일치단결하는 데 있다. 따라서 각도 의병을 통일하여 둑을 무너뜨리는 형세로 서울로 쳐들어간다면 온 천하는 우리의 손안에 들어오고, 우리 문제를 해결하는데 유리할 것이다.
　　　　　　　　　　　　　　　　　　　　　　　　　　　　　　이인영, 「격문」

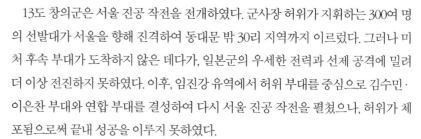

13도 창의군은 서울 진공 작전을 전개하였다. 군사장 허위가 지휘하는 300여 명의 선발대가 서울을 향해 진격하여 동대문 밖 30리 지역까지 이르렀다. 그러나 미처 후속 부대가 도착하지 않은 데다가, 일본군의 우세한 전력과 선제 공격에 밀려 더 이상 전진하지 못하였다. 이후, 임진강 유역에서 허위 부대를 중심으로 김수민·이은찬 부대와 연합 부대를 결성하여 다시 서울 진공 작전을 펼쳤으나, 허위가 체포됨으로써 끝내 성공을 이루지 못하였다.

이때 13도 창의군 총대장인 이인영이 부친상을 당하자, "불효는 불충이다."라며 낙향해 버림으로써 결국 서울 진공 작전은 좌절되고 말았다. 이후, 13도 창의군은 독자적인 활동을 펼쳤으나, 민긍호는 전사하고, 이인영과 이강년은 체포되어 사형당하였으며, 허위는 옥사함으로써 세력이 크게 약화되었다.

서울 진공 작전이 실패한 이후에도 각지의 의병은 연합 부대를 결성하여 항일 전쟁을 이어나갔다. 1909년 전라도 지역의 전해산 부대와 심남일 부대, 함경도 지역의 홍범도 부대, 평안도 지역의 채응언 부대 등이 그 대표적인 연합 부대였다. 1908년 초반부터 활동한 홍범도 부대는 산수, 갑산, 단천, 함흥 등지를 무대로 1909년 무렵까지 활약하다 만주, 연해주 지역으로 이동하였고, 채응언 부대는 1915년까지 항일 의병 투쟁을 이어나갔다.

1908년~1909년은 항일 의병 전쟁이 전국적으로 치열했던 시기로, 특히 전라도 지역에서 가장 격렬하게 전개되었다. 그러나 1909년 일본군의 이른바 '남한 토벌 작전'이라는 무자비한 초토화 작전으로 인해 의병 투쟁은 크게 위축되었다. 국내 잔류 의병들은 산발적으로 투쟁을 펼치다가, 1915년에 의병장 채응언의 체포에 이어 독립 의군부의 검거 등으로 국내 의병 투쟁은 그만 동력을 잃고 말았다.

한편, 1908년 무렵에 장기적인 항전에 대비하여 의병 기지 건설 운동이 추진되었다. 중부 이북 지역의 의병들은 북계책을 세워 국외인 간도와 연해주 지역에 의병 기지를 건설하였고, 남부 지역의 의병들은 지리산과 해안 도서 지역을 의병 기지로 삼았다. 1908년 8월에 홍범도, 이범윤 등은 연해주 의병을 이끌고 국내 진공 작전을 전개하기도 하였다.

항일 의병 전쟁의 의의

항일 의병 전쟁은 외세의 침략으로 나라와 민족이 위기에 처하자, 민중들이 자발적으로 전개된 가장 대표적인 구국 민족 운동의 한 형태였다. 항일 의병 부대는 각계 각층이 참여하여 전국 도처에서 항일 전쟁을 벌였으나, 막강한 화력과 전술을 구사하는 일본 정규군을 제압할 수 없었다. 그 뿐만 아니라 을사늑약(1905) 이후에는 외교권마저 상실하여 국제적 지원도 기대할 수 없는 처지였다.

그러나 항일 의병 전쟁은 집권층의 무능과 부패, 외세의 침략에 대항하여 우리 민족의 강인한 주권 수호 의지와 투쟁 정신을 남김없이 과시했다는 점에서 중요한

일제의 남한 대토벌 작전
일본군의 이른바 '남한 대토벌'을 위한 새로운 전법은 교반적 방법(攪拌的 方法)이라 하는데, 이는 토벌군을 세분하여 일정한 지역 내에서 전후좌우로 수차례 왕복하면서 의병뿐만 아니라 모든 주민을 토벌 대상으로 하는 잔인무도한 토벌 방법이었다.

체포된 의병장 채응언(1879~1915) 대한제국 군인으로 복무하다가 1907년 군대가 해산되자 의병을 일으켜 경기·강원·황해·평안·함경도 등지에서 일본군과 무력 항쟁을 전개하여 명성을 떨쳤다. 최후의 의병장으로 불리던 채응언은 항일 유격전을 벌이다가 일본 경찰에게 체포되어 평양 형무소에서 순국하였다(1915.10.).

체포된 의병장들 일제는 호남 지방 의병들의 끈질긴 저항을 없애기 위해 1909년 9월부터 2개월 동안 이른바 '남한 대토벌 작전'을 벌여 수많은 의병들을 살해하거나 체포하였다.

의의를 지닌다. 항일 의병 전쟁은 일제의 침략이 본격화되는 시기에는 의병의 국권 회복 투쟁으로, 일제의 국권 강탈(1910) 이후에는 독립군의 독립 전쟁으로 이어짐으로써 민족 독립 운동사의 큰 줄기가 되었던 것이다.

(4) 애국 지사의 활약

국내에서의 활약

일본 세력과 친일 인사 등을 처단하여 일제의 침탈을 저지하고 국권을 회복하기 위한 애국지사의 활약이 국내외에서 활발히 펼쳐졌다.

국내에서는 을사늑약의 불법성이 조야에 알려지자, 일제의 침략을 규탄하고 을사늑약 폐기와 을사 5적 처단 등을 주장하는 저항이 거세게 일어났다. 이상설, 조병세, 안병찬 등은 고종 황제에게 상소를 올려 을사늑약에 서명한 대신의 처벌과 조약 폐기를 요구하였다. 시종무관 민영환을 비롯하여 조병세, 이한응, 송병찬, 홍만식, 이상철 등 전·현직 관리와 지사들이 자결로써 이에 항거하기도 하였다.

장지연은 황성 신문에 '시일야방성대곡'이라는 논설을 발표하여 일제의 국권 침탈을 폭로하고 대신들의 친일 매국 행위를 규탄하였다. 서울 상인들은 철시하고, 학생들은 동맹 휴학하는 방법으로 일제의 국권 침탈에 항거하였다.

나철(나인영), 오기호 등은 5적 암살단을 조직하였다(1907). 5적 암살단원들은 을사늑약 체결에 앞장선 이완용, 박제순, 이지용, 이근택, 권중현 등 을사 5적과 친일 매국 단체인 일진회 간부 송병준, 이용구 등을 처단하고자 하였다. 이토 히로부미의 암살 계획을 세웠다가 안창호의 만류로 중단한 이재명은 친일 매국노 처단에 나서 명동 성당에서 이완용을 찔러 중상을 입히고 이듬해 사형되었다(1910).

을사 5적 암살단원들(왼쪽부터 이철, 나철, 홍필주, 오기호, 1907)

이재명(1890~1910) 1909년 12월 22일 명동 성당에서 거행된 벨기에 국왕 레오폴드2세의 추도식에 참석한 이완용을 칼로 찔러 복부와 어깨에 중상을 입히고, 사형 당하였다. 이재명 의사는 1962년에 건국훈장 대통령장이 추서되었다.

국외에서의 활약

국외에서도 애국 지사들이 항일 투쟁을 전개하였다. 미국에서 1908년 3월 장인환과 전명운은 대한 제국의 외교 고문으로 고용되어 일제의 침략을 옹호하던 친일 미국인 스티븐스를 샌프란시스코 오클랜드 역에서 사살하는 의거를 일으켰다.

의병장으로 국내외에서 활약하던 안중근은 1909년 10월 26일 한국 침략의 원흉인 이토 히로부미를 만주 하얼빈 역에서 사살하였다. 안중근은 의거를 통해 한국 국권을 침탈하고 동양 평화를 파괴하는 일제의 침략 행위를 응징하였던 것이다.

장인환(1876~1930)

전명운(1888~1947)

장인환 의사의 석방 축하 기념 사진 장인환·전명운 의사(앞줄 7·8번째, 신한 민보, 1924.6.24)

일제에 의해 외교 고문에 임명된 미국인 스티븐스(D.W. Stevens) 덕수궁 수옥헌(중명전) 앞에서 이토 히로부미(우측)와 밀담을 나누고 있다.

더 알아보기

외국인의 눈에 비친 항일 의병

해질 무렵, 심부름 아이가 저녁을 짓던 그릇을 떨어뜨리며 달려와 소리쳤다. "선생님, 의병들이 나타났어요. 군인들이 와요." 순간 의병 5~6명이 뜰로 들어섰다. 나이는 18세에서 26세 사이였고 그 중 얼굴이 준수하고 훤칠한 한 청년은 구식 군대의 제복을 입고 있었다. 나머지는 낡은 한복 차림이었다. 그들은

맥컨지가 충북 제천에서 만나 촬영한 항일 의병 부대(정미 의병)

각기 다른 종류의 총을 들고 있었는데, 성한 것이 하나도 없었다. 그 중 인솔자로 보이는 한 사람에게 말을 걸었다.

"당신들은 언제 전투를 했습니까?", "오늘 아침에 저 아랫마을에서 전투가 있었습니다. 일본군 4명을 사살하고, 우리 측도 2명이 전사하고, 3명이 부상을 입었습니다.", "일본을 이길 수 있다고 생각합니까?", "이기기 힘들다는 것을 알고 있습니다. 우리는 어차피 싸우다 죽겠지요. 그러나 좋습니다. 일본의 노예가 되어 사느니, 자유민으로 죽는 것이 더 낫습니다."

내가 갖고 있던 비상 의약품으로 부상당한 의병들을 응급 처치를 해주었다. 다음날 의병들은 마을을 떠났다. 한 아낙네가 나에게 다가와 "우리는 서양인이 직접 우리의 참상을 보기 위해 이곳에 온 것을 기쁘게 생각합니다. 당신이 본 것을 세계에 전하여 우리 현실을 알려 주세요."라고 말하였다.

나는 솔직히 한국에 오기 전에는 한국보다는 일본에 더 호감을 가지고 있었다. 그러나 직접 한국을 돌아본 결과 내 생각이 잘못되었음을 깨달았다. 일본군은 양민을 무차별 학살하고 부녀자를 겁탈하는 비인도적 만행을 서슴지 않았다. 반면에 한국인들은 비겁하지도 않고 자기 운명에 대해 무관심하지도 않았다. 한국인들은 애국심이 무엇인가를 몸으로 보여주고 있었다.

맥컨지(F. A. Mckenzie), 『자유를 위한 한국의 투쟁』(Korea's Fight for Freedom)

안중근 의거 - 세계를 놀라게 한 하얼빈 역의 총성 (1909.10.26)

1909년 10월 26일, 안중근은 하얼빈에서 초대 통감 이토 히로부미를 침략의 원흉으로 지목하여 사살하고, '대한 독립 만세'를 외치고 현장에서 체포되었다. 안중근은 "나는 의병 부대 참모 중장으로서 독립 전쟁을 수행했고, 참모 중장으로서 이토를 사살했으니, 이 법정에서 취조 받을 의무가 없다."라고 재판을 거부하며 자신을 전쟁 포로로 대우해 줄 것을 당당히 요구하였다.

○ 안중근 의사가 밝힌 이토 히로부미의 죄악 15개조 요약(일부)

　一. 명성 황후를 시해한 죄.
　一. 을사 보호 조약을 체결하여 한국에 대하여 매우 물리하게 한 죄.
　一. 한국의 황제를 폐위시킨 죄.
　一. 정미 7개조 조약을 체결하여 한국 군대를 해산시킨 죄.
　一. 한국인 의병 등 양민을 살해한 죄.
　一. 한국의 정치, 기타의 권리를 약탈한 죄.
　一. 학교에서 사용하는 교과서를 압수하여 불태워 버린 죄.
　一. 한국 인민에게 신문 구독을 금한 죄.
　一. 화폐 개혁과 제일 은행권을 발행하여 경제를 문란하게 한 죄.
　一. 한국민에게 알리지 않고 3백만 원의 국채를 모집하고 토지를 수탈하기 위하여 사용한 죄.
　一. 동양 평화를 교란시킨 죄.
　一. 일본 효명 선제(孝明 先帝)를 살해한 죄.
　一. 한국민이 분개하고 있음에도 일본 황제나 기타 세계 각국에 대하여 한국은 무사하다고 속이고 기만한 죄.

○ 동포에게 고함

내가 한국 독립을 회복하고 동양 평화를 유지하기 위하여 삼년 동안 해외에서 풍찬노숙 하다가 마침내 그 목적에 도달하지 못하고 이곳에서 죽노니, 우리 이천만 형제자매는 각각 스스로 분발하여 학문에 힘쓰고 실업을 진흥하며 나의 뜻을 이어 자유 독립을 회복하면 죽는 자 유한이 없겠노라.

○ 안중근 의사의 유언

내가 죽은 뒤에 나의 뼈를 하얼빈 공원 곁에 묻어두었다가 우리 국권이 회복되거든 고국으로 반장해다오. 나는 천국에 가서도 마땅히 우리나라의 회복을 위해 힘쓸 것이다. 너희들은 돌아가서 동포들에게 각각 모두 나라의 책임을 지고 국민 된 의무를 다하며 마음을 같이 하고 힘을 합하여 공로를 세우고 업을 이루도록 일러다오. 대한 독립의 소리가 천국에 들려오면 나는 마땅히 춤추며 만세를 부를 것이다.

안중근(安重根)
(1879~1910.3.26)

이토히로부미를 저격하는 장면

이토 히로부미(伊藤博文)
(1841~1909.10.26)

안중근 의사 친필

애국 계몽 운동의 전개

(1) 애국 계몽 운동의 대두

애국 계몽 운동의 배경

러·일 전쟁에서 승리한 일본은 끝내 1905년 11월에 을사늑약을 맺어 외교권 박탈과 통감부 설치 등을 통해 대한 제국을 보호국으로 만들었다. 이에 일제의 국권 침탈을 전후하여 개화 자강파 등 여러 세력이 중심이 되어 국권 회복을 위한 다양한 운동을 전개하였는데, 이를 '애국 계몽 운동'이라 한다.

1904년부터 한·일 합병이 이루어지는 1910년 사이에 전개된 애국 계몽 운동은 실력 양성 운동 노선과 무장 독립 전쟁 노선 등을 국권 회복을 위한 기본 방략으로 삼았다. 즉, 국내에서는 민족 독립 역량을 강화하기 위한 실력 양성 운동을 전개하는 것이었고, 국외에서는 독립군을 양성하기 위한 독립 운동 기지를 건설하여 무장 독립 전쟁을 준비하는 것이었다.

한편, 애국 계몽 운동가 중에는 당시 국제 관계를 약육 강식과 적자 생존의 원리가 지배하는 냉엄한 힘의 각축장으로 인식하여 사회 진화론을 내세우기도 하였다.

애국 계몽 운동의 주체와 단체

애국 계몽 운동의 주체는 애국 계몽 운동가와 애국 계몽 운동 단체, 그리고 일반 민중들이었다. 애국 계몽 운동가는 개화·독립 협회·만민 공동회의 인사들을 비롯하여 종래의 동도서기파·위정척사파 중에서 일제의 국권 침탈을 계기로 개화 자강 독립의 노선으로 전환한 이들도 있었다. 특히, 일반 민중들은 나라를 근대화하려는 개화 사상을 받아들이지 않다가 결국 일제에 국권을 침탈당한 사실을 반성하면서 스스로 계발하고 분발하려는 자발성을 갖게 되었다.

애국 계몽 운동 단체에는 보안회, 헌정 연구회, 대한 자강회, 대한 협회, 신민회 등의 정치·사회 단체들이 활동하였다. 또한, 국민 교육회, 서북 학회, 호남 학회, 기호 흥학회 등 많은 교육 단체와 지역 학회 등이 창립되어 애국 계몽 운동을 전개해 나갔다.

(2) 애국 계몽 운동의 전개

계몽 단체의 활동

을사늑약(1905)을 전후하여 개화 지식인, 관료 출신 가운데 무장 투쟁보다는 점진적인 실력 양성을 통해 일본에게 빼앗긴 국권을 회복할 것을 주장하는 이들이 생겨났다. 이들은 인재 교육과 민중 계몽을 위한 민족 교육 운동과 민족 자본 육성과 근대 산업 진흥을 위한 식산 흥업 운동 등을 그 실천 방안으로 제시하였다. 이러한 '선 실력 양성, 후 독립' 주장이 애국 계몽 운동으로 이어졌으며, 이에 따라 많은 계

> **사회 진화론(social Darwinism)**
> 다윈(Darwin, Charles, 1809~1882)의 진화 과정을 설명하기 위해 '생존 경쟁', '적자 생존', '자연 도태' 등의 개념을 사용하였다. 생존 경쟁 법칙에 따라 열등한 인간은 도태되고 생존 조건에 적합한 자만이 살아남게 된다. 이러한 주장은 우수한 사회가 열등한 사회를 지배하는 것을 자연 법칙으로 받아들이고, 인종 차별과 제국주의 국가의 약소국 지배를 정당화시키는 이론으로 이용되기도 하였다. 계몽 운동가들은 민중을 '우민(愚民, 어리석은 사람)'이라 하여 계몽되어야 할 존재로 파악하였다.

대한 자강회 월보 대한 자강회의 기관지로 근대 학문과 국내외 소식을 전하고, 강연회 등을 실어 민중 계몽에 힘썼다. 월간으로 판매 가격은 15전. 1907년 일제가 제정한 보안법에 의해 대한 자강회가 해산되면서 제13호로 종간되었다.

대한 협회 창립 제1주년 기념 사진(1909)

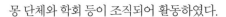

몽 단체와 학회 등이 조직되어 활동하였다.

보안회는 1904년에 대한 제국 정부에 황무지와 미경작지의 개척권을 요구한 일제의 토지 약탈 계획에 반대하는 운동을 전개하였다. '보국안민'(輔國安民)에서 단체명을 취한 보안회는 서울 종로에서 연설회를 열어 일제의 황무지 개척권 요구 반대 운동에 나섰다. 보안회의 호소에 일반 민중들이 적극으로 참여하여 일제의 황무지 개척권 요구를 저지하는데 성공하였다. 이후, 보안회는 협동회로 개칭하여 활동하다 일제의 탄압을 받아 해산되었다.

헌정 연구회는 1905년 5월에 헌정 체제 연구를 목표로 창립되었다. 독립 협회를 계승한 헌정 연구회의 회원들은 입헌 정체의 국가 수립을 주장하였다. 국민의 정치 의식 고취와 민권 확대를 추구하는 한편, 친일 단체인 일진회의 반민족 행위를 규탄하는 정치 활동도 전개하였다. 헌정 연구회는 친일 단체인 일진회에 대항하다 통감부에 의해 강제 해산되었으나, 대한 자강회로 계승되었다.

대한 자강회는 1906년 4월에 장지연·윤효정·심의성·김상범 등이 조직한 계몽 단체로 교육 진흥과 식산 흥업 등의 자립 자강을 표방하였다. 대한 자강회는 전국에 25개 지회를 두고, 「대한 자강회 월보」를 발행하였으며 정기적으로 연설회, 강연회 등을 열어 대중적인 기반을 넓혀나갔다. 대한 자강회는 의무 교육 실시, 봉건적 폐습 금지, 단발과 유색 복장(색깔 있는 의복) 착용 등을 정부에 건의하기도 하였다.

일제가 1907년 헤이그 특사 사건을 빌미로 고종 황제의 강제 퇴위를 추진하자, 대한 자강회는 황제의 강제 퇴위와 정미 조약 체결을 반대하는 등 현실 정치에 적극 참여하였다. 그러자 일제는 집회와 결사·언론의 자유를 탄압하는 보안법을 제정하여(1907) 대한 자강회를 강제로 해산시켰다. 그러나 이 단체의 주도층은 대한 협회를 조직하여 국민 계몽 활동을 이어갔다.

대한 협회는 1907년 11월에 대한 자강회의 조직을 주도한 윤효정·장지연 등이 천도교 계열의 권동진·오세창 등과 제휴하여 설립한 단체였다. 대한 협회는 「대한 협회 회보」·대한 민보 등을 발행하는 한편, 교육 보급, 산업 개발, 민권 신장, 행정 개선 등의 실력 양성 운동을 전개하였다. 그러나 이 단체의 회장 윤효정은 이토 히로부미를 '조선의 행복을 증진할 인물'이라 찬양할 정도로 친일 색채를 드러냈다. 이후 대한 협회는 한·일 병합 때(1910. 8)에는 일진회와 공로를 다투기까지 하다가, 그해 9월 일제에 의해 해산되었다.

신민회의 활동

을사늑약 체결 이후 일제 통감부의 탄압으로 합법적인 계몽 운동을 하기가 어렵게 되었다. 이에 계몽 운동가들은 1907년 비밀리에 단체를 조직하였는데, 최대 비밀결사 조직인 신민회였다.

'새로운 시대, 새로운 국민을 지향한다.'(新民)는 의미의 신민회는 양기탁·전덕기·이동휘·이동녕·안창호·이승훈·이시영·이회영·이상재·윤치호·김구·신채호·박은식 등이 지도부를 구성하고, 서울과 서북 지방의 신흥 상공인, 교사, 학생 등 각계 각층에서 회원으로 참여하였다.

신민회의 창립 목표는 '대한 신민회 취지서'와 '대한 신민회 통용 장정' 등에 잘 나타나 있다. 즉, 첫째, 국권을 회복하여 자유 독립국을 세우고, 정치 체제는 공화정체로 할 것, 둘째, 이 목표를 달성하기 위해 국권을 회복할 수 있는 실력 양성에 온 힘을 쏟을 것, 셋째, 실력 양성을 위해 국민을 새롭게 할 것, 넷째, 신민은 반드시 자기 스스로의 힘으로 하는 자신(自新)이어야 할 것 등을 주요 목표로 삼았다.

신민회는 국권 회복과 민주 공화정체의 국가 건설을 목표로 내세웠다. 그리고 이 목표를 달성하기 위한 합법적인 문화적·경제적 실력 양성 운동과 함께 군사적 실력 양성 운동을 병행하여 추진하였다. 또한, 신민회는 대내적으로는 국민들의 자주 독립 정신의 고취를 비롯하여 민족 교육 진흥, 민족 산업 육성, 민족 문화 계발 등 문화·경제적 실력 양성에 힘썼다.

민족 교육 진흥에서 신민회는 오산 학교(이승훈, 정주), 대성 학교(안창호, 평양) 등을 세우고, 청년 학우회, 대동 청년단을 조직하여 민족 교육 활동을 전개하였다. 또한, 신민회는 대한 매일 신보를 사실상 기관지로 활용하여 일제의 침략 야욕을 규탄하는 한편, 대중들에게 민족 의식과 독립 의식을 고취하고자 하였다. 신민회 간부인 안창호는 미국으로 건너가 샌프란시스코에서 흥사단을 설립하여(1913) 민족 부흥을 위한 인재 양성과 재미 한인 동포들의 독립 정신을 일깨웠다.

민족 산업 육성에서 신민회는 자기회사(평양)와 태극서관(서울·평양·대구) 등을 설립하여 민족 자본을 육성하고자 하였다. 특히, 전국에 지점을 설치하여 계몽 서적과 잡지 등을 발행·판매하려던 태극서관은 조선 광문회의 간행 서적과 잡지『소년』, 그리고 대한 매일 신보 등의 판매망으로 활용하였다. 뿐만 아니라 신민회 회원들의 연락 장소나 집회 장소로도 활용되었다. 나아가 협성동사, 상무동사를 운영하고, 방직 공장·연초 공장을 설립하는 한편, 모범 농촌 건설 운동을 계획하기도 하였다.

한·일 병합의 방침을 확정한 일제는 1907년에 보안법, 신문지법 등을 잇달아 제정하여 계몽 운동 단체를 강력히 탄압하였다. 이에 신민회는 합법적인 활동이 어렵게 되자 다른 방안을 모색하였는데, 바로 무장 독립 전쟁론이었다. 이동휘, 신채호 등은 '선 실력 양성·후 독립' 노선을 비판하는 한편, 독립이 실력 양성의 전제 조건이라 주장하며 국외에 독립군 양성 기지를 건설하여 군사력 양성에 의한 독립 전쟁을 준비할 것을 역설하였다.

이와 같은 무장 독립 전쟁 노선에 따라 신민회는 만주 지역에 한흥동과 삼원보를, 연해주 지역에 신한촌 등을 각각 독립군 양성 기지로 건설하였다. 아울러 만주 지역에 신흥 무관 학교, 동림 무관 학교, 밀산 무관 학교 등을 세워 독립군을 양성하

신민회의 대내외 활동

신민회(新民會)의 4대 강령
- 국민에게 민족 의식과 독립 사상을 고취한다.
- 동지를 발견·단합하고 국민 운동의 역량을 축적한다.
- 각종의 상공업 기관을 만들어 단체의 재정과 국민의 부력을 증진한다.
- 교육 기관을 각지에 설치하여 청소년 교육을 진흥한다.

흥사단(興士團)
1913년 5월 13일 도산 안창호가 미국 샌프란시스코에서 창립한 민족 운동 단체이다. 흥사단은 민족 부흥을 위한 민족의 힘을 기르는 것을 목표로 삼았다. 그리고 힘을 기르기 위해서는 덕(德)·체(體)·지(知)의 3육(三育)을 동맹 수련해야 하며, 국민 모두가 민족 사회에 대한 주인 의식을 가져야 한다고 역설하였다. 흥사단은 힘의 3대 원칙, 즉 첫째, 자력주의(自力主義, 우리가 믿고 의지한다), 둘째, 양력주의(養力主義 : 힘은 기르면 자라고 기르지 않으면 자라지 않는다), 셋째, 대력주의(大力主義 : 큰 힘이 있으면 큰일을 이룰 수 있고, 힘이 적으면 작은 일밖에 이루지 못한다)로 삼았다.

안창호 (安昌浩, 호 : 도산島山, 1878~1938)

105인 사건으로 체포되어 재판정으로 끌려가는 신민회 회원들(1911)

「호남 학보」(1907)

西北學會月報
「서북 학회 월보」(1908)

기도 하였다. 신민회의 무장 독립 전쟁론과 국외 독립군 기지 건설 운동은 1920년대 만주와 연해주에서 전개된 독립군 활동의 밑거름이 되었다.

한편, 1910년 8월 대한 제국을 강제 병합한 일제는 조선 총독부를 설치하여 무단 통치를 자행하였다. 평안도와 황해도 등 서북 지역은 신민회와 기독교도들을 중심으로 하는 민족 독립 운동 세력이 유달리 강하였다. 1910년 12월 안중근 의사의 사촌 동생으로 황해도 출신인 안명근(安明根)이 군자금을 모금하다가 체포된 이른바 '안명근 사건'이 일어났다(1910. 12). 당시 안명근은 신민회 회원이 아니었다. 그런데 일제는 안명근 사건을 신민회 황해도 지회가 지시한 것으로 날조하여 이 지역의 민족 독립 운동 세력을 제거하는데 이용하였다. 이에 따라 일제는 황해도 일대의 지식층과 재산가 등 유력 인사 수백 명을 검거하였다. 이를 '안악 사건'이라 한다.

1910년 12월에 일제는 압록강 철교 준공 축하식을 이용해 조선 총독 데라우치 총독 등을 암살하려는 음모가 있었다고 거짓으로 꾸며냈다. 이러한 음모 각본에 따라 일제는 1911년 9월 윤치호·이승훈·양기탁·유동열·안태국 등 600여 명의 민족 지도자들을 검거·투옥하였다. 일제는 온갖 고문으로 허위 자백을 강요하여 이들 중 105인을 기소하였다. 이것이 '105인 사건'이다.

일제는 신민회 간부 및 회원들과 독립 운동을 일으킬 가능성이 있는 민족 지도자들을 사전에 일망타진하기 위해 105인 사건을 조작하였던 것이다. 결국 신민회는 105인 사건으로 와해되고 말았다(1911).

학회 설립과 교육 운동

애국 계몽 단체들은 교육 운동도 활발하게 전개하였다. 이러한 교육 운동은 국내외에서 설립된 학회를 중심으로 이루어졌다. 평안·황해도의 서북 학회(관서 지방의 서우 학회와 관북 지방의 한북 학회의 통합), 경기·충청 지역의 기호 흥학회, 전라도의 호남 학회, 경상도의 교남 학회 등을 비롯하여 일본 지역에서 설립된 태극 학회, 대한 학회 등이 대표적인 학회였다. 이들 학회는 사립 학교를 비롯하여 야학·강습소 등을 설립하여 민족 교육을 실시하고, 기관지를 발행하여 민중 계몽을 통한 민족 의식을 고취하고자 하였다.

1905년 이후 전국에는 수많은 사립 학교가 설립되어 1910년 무렵에는 사립 학교 수가 3천여 개에 이르렀다. 이들 사립 학교는 서양의 근대 학문과 애국심을 고취하기 위한 교육 활동을 펼쳐 수 많은 민족 운동가를 길러냈다.

애국 계몽 운동가들은 전국 각지의 주요 도시에 중학교와 전문 학교를 세웠다. 이들 학교에서는 소학교 출신의 청년들에게 고등 교육을 실시하여 교사와 민족 지도자로 양성하였다. 이 곳에서 양성된 교사들은 전국 각지의 학교로 진출하여 청소년들에게 국권 회복의 이념을 구현하는 신교육 구국 운동에 앞장섰다.

여성 계몽 운동가들도 여자 교육회와 진명 부인회 등을 조직하여 여성 교육을 지원하였다. 1908년에는 '고등여학교령'이 제정되어 보통 학교 이후 관립·공립·사립의 고등 여학교에 대한 규정이 마련되었다.

이와 같은 한국인의 신교육 구국 운동의 교육 열기에 당황한 일제 통감부는 1908년 8월에 '사립 학교령'을 제정하여 이를 탄압하였다.

언론 활동

애국 계몽 운동가들은 언론 활동을 통한 실력 양성 운동도 전개하였다. 대한 매일 신보·황성 신문·제국 신문·만세보·대한 민보·공립 신보·대동 공보 등이 계몽 운동기에 발간된 대표적인 신문이었다.

이 가운데 황성 신문은 을사늑약이 체결되자, 장지연이 '시일야방성대곡'이라는 논설을 게재하여 정간당하기도 하였다. 순 한글로 발행된 제국 신문은 한문을 잘 모르는 주로 일반 민중과 부녀자 층을 구독층으로 삼아 국권 회복 의지와 자주 독립 사상을 고취하는데 크게 기여하였다.

그러나 계몽 운동기의 신문·잡지들은 일제가 1907년에 제정한 신문지법과 일본 헌병대의 사전 검열 등의 탄압을 받았다. 그럼에도 불구하고 가장 과감하게 일제의 침략 정책을 규탄하고 국권 회복 운동을 전개한 것은 대한 매일 신보였다. 이 신문은 공식적으로 사주가 영국인 베델이었기에 일제 통감부의 신문지법에 의한 검열을 피해 신문을 발행할 수 있었다. 대한 매일 신보는 비밀 결사 단체인 신민회의 기관지 역할도 하여 각 부문의 애국 계몽 운동을 적극 지원하였다.

애국 계몽 운동의 의의와 한계

1905년부터 한·일 강제 병합이 이루어진 1910년 사이에 국권 회복 운동으로 애국 계몽 운동과 항일 의병 전쟁이라는 두 가지 노선이 있었다. 이 가운데 애국 계몽 운동은 국내에서는 실력 양성 운동을 전개하고, 국외에서는 무장 독립 전쟁을 통한 국권 회복을 기본 목표로 삼았다.

애국 계몽 운동가들은 일제 침략에 대항하고자 민중 계몽을 통한 실력 양성 운동을 전개하였다. 그러나 일부 계몽 운동가들은 사회 진화론에 매몰되어 힘의 논리에서 벗어나지 못하고 패배주의에 빠짐으로써 반제·반일 민족 운동에 상당한 한계를 드러내기도 하였다. 이들은 개혁의 주체를 지배층에 한정하여 일부 지식인 및 유생층만을 포함하였을 뿐 농민층과는 별다른 연계를 이루어내지 못하였다.

일부 계몽 운동가들은 우민관에 입각하여 민중이나 민중 운동을 인식하였다. 항일 의병 전쟁을 완고하고 세상 물정을 모르는 사람들의 비문명적 폭력으로 비난하고, 의병들에게 국가의 정치는 자신들에게 맡기고 돌아가 생업에 힘쓸 것을 당부하는 한계를 드러내기도 하였다.

공립 신보(公立新報) 1905년 11월 미국 샌프란시스코의 교포 단체인 공립협회의 기관지로 창간되었고, 사장은 안창호였다.

대동 공보(大同公報) 1908년 6월 러시아 블라디보스토크의 교포 단체인 한국 국민회의 기관지로 발행되었다.

대한 매일 신보에 대한 반응
신문으로는 대한 매일 신보, 황성 신문, 기타 여러 가지 신문이 있었으나, 제일 환영을 받기는 영국인 베델이 경영하는 대한 매일 신보였다. 당시 정부의 잘못과 식구 변동을 여지없이 폭로하였다. 관 쓴 노인도 사랑방에 앉아서 신문을 보면서 혀를 톡톡 차고 각 학교 학생들은 주먹을 치며 통렬히 토론하였다.
　　　　　– 유광렬, 『별건곤』, 1929년 1월호

(1) 일제의 국권 침탈

러·일 전쟁

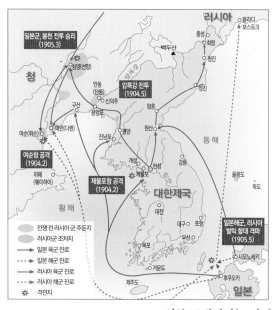

청·일 전쟁(1894)에서 승리한 일본은 청과 시모노세키 조약을 체결하여 러시아가 차지하려던 요동 반도를 선점하였다. 이에 러시아는 독일과 프랑스를 끌어들여 삼국 간섭을 이끌어내 일본에 의한 요동 점령을 막았다. 나아가 러시아는 일본에 대항하기 위한 러·청 비밀 동맹을 체결하고, 동청 철도 부설권까지 차지하였다. 뿐만 아니라 조선에서 명성 황후 시해 사건(을미사변)이 일어나자, 그 혼란을 틈타 아관 파천을 결행하여 친러 정권을 세우는데 성공하였다.

1900년 중국에서 의화단 운동이 일어나 만주 지역으로 파급되자, 동청 철도 보호를 구실로 군대를 파견하여 요동 반도를 점령한 러시아는 난이 진압된 뒤에도 철수를 거부하였다.

일본 국내에서는 이에 대한 대응 방안을 둘러싸고 영·일 동맹론과 러·일 협상론으로 갈렸으나, 결국 1902년 1월 영·일 동맹을 체결하여 러시아에 맞섰다. 러시아는 러·불 동맹의 적용 범위를 아시아로 확대시켜 대응하려 했으나 실패하였다. 이리하여 일본과 러시아 양국 간에 전운이 짙어졌다.

1904년 2월 8일, 일본군이 요동 반도 여순(뤼순)에 정박해 있던 러시아 함대를 기습 공격함으로써 러·일 전쟁이 시작되었다. 일본은 제물포항에 있던 2척의 러시아 순양함마저 격침시킨 다음에야 비로소 러시아에 정식 선전 포고를 하였다. 일본군은 양동 작전을 펼쳐 주력 부대를 요동 반도로 진격시키고, 일부는 대한 제국의 서울을 통과해 압록강을 건너 만주로 진공시켰다. 일본군은 요양(랴오양)과 여순을 함락하고, 이어 봉천 전투에서 대승하여 사실상 전쟁을 종결지었다.

러·일 전쟁 당시의 시사 만화 한반도를 무대로 격전을 벌이는 유럽 대표 러시아와 아시아 대표 일본의 한판 싸움을 풍자하였다.

포츠머스 조약(Treaty of Portsmouth)
미국 포츠머스에서 체결된 러·일 전쟁 강화 조약으로 정식 명칭은 '러·일 양국 강화 조약'이다. 1905년 9월 5일 조인되고 10월 16일 발효되었다.

이러한 상황에서 1905년 1월 9일, 러시아에서 혁명(제1차 러시아 혁명, 피의 일요일 사건)이 일어나 정세가 극도로 혼란에 빠져들었다. 게다가 유럽에서 출동한 사령관 로제스트벤스키(Rozhestvensky, Z.P.)의 러시아 발틱 함대가 대한 해협을 지나 독도 부근에 이르렀을 때, 연합 함대 사령관 도고 헤이하치로(東鄕平八郞)가 지휘하는 일본 해군의 기습 공격을 받아 전멸하고 말았다(1905.5.27~28).

결국, 러·일 전쟁 패배를 인정한 러시아는 미국 루즈벨트 대통령의 중재를 받아들여 일본과 포츠머스 조약을 맺었다(1905. 9. 5). 포츠머스 조약에 따라 일본은 한반도는 물론이고, 남만주에 대한 지배권을 차지하게 되었다.

을사늑약 체결

1905년 러·일 전쟁에서 승리한 일본은 마침내 대한 제국을 보호국으로 만들려는 계획을 구체화하였다. 일본은 미국과는 가쓰라·태프트 밀약(1905.7)을, 영국과는 영·일 동맹(1905.8)을, 러시아와는 포츠머스 조약(1905.9)을 각각 체결하여 미국·영국·러시아 등 제국주의 열강으로부터 한반도에 대한 독점적 지배권을 인정받았다.

곧이어 일본은 이토 히로부미를 한국에 파견하여 한·일 협약안을 대한 제국 정부에 제출하도록 하였다. 일본군이 궁궐 주변과 서울 시내 요소에서 무력 시위를 벌이고, 본회의장인 궁궐 안에도 중무장한 일본 헌병과 경찰을 배치하여 극도의 공포 분위기를 조성하였다. 고종 황제가 조약안을 끝까지 거부하여 재가를 받을 수 없게 되자, 이토 히로부미는 일부 대신들과 회의를 열어 이른바 '을사 5조약'(을사늑약, 일명 제2차 한·일 협약)을 처리하였다(1905.11.17). 이때 박제순·이지용·이완용·이근택·권중현 등 5명은 조약 체결에 찬성하였는데, 이들을 '을사 오적'이라 한다.

일본은 을사늑약에 따라 대한 제국의 외교권을 박탈하고, 통감부를 설치하여 보호 정치를 실시하였다.

1905년 11월 17일에서 19일 새벽까지 무력을 동원해 을사늑약을 강요한 상황을 풍자한 코리안 뉴스페이퍼의 삽화

을사늑약(공식 명칭 : 한·일 협상 조약, 일명 : 제2차 한·일 협약, (1905.11.17)
제1조 대 일본 제국 정부는 도쿄에 있는 외무성을 경유하여 이후에 대한 제국이 외국에 갖는 관계 및 사무를 감리·지휘하며, 대 일본 제국의 외교 대표자 및 영사는 외국에 있어서 한국의 관리, 국민 및 이익을 보호한다.
제2조 대 일본 제국 정부는 대한 제국과 타국 간에 현존하는 조약의 실행을 완수하는 임무를 맡고 대한 제국 정부는 이후에 대 일본 제국 정부의 중개를 경위하지 않고서 국제적 성질을 가진 어떠한 조약이나 약속을 하지 않기로 약정한다.
제3조 대 일본 제국 정부는 그 대표자로 하여금 대한 제국 황제의 밑에 1명의 통감을 두되, 통감은 오직 외교에 관한 사항을 관리하기 위해 경성에 주재하고 친히 대한 제국 황제 폐하를 알현하는 권리를 갖는다.

을사 5적(乙巳五賊)

외부 대신 **박제순**
(1858~1916)

내부 대신 **이지용**
(1870~1928)

학부 대신 **이완용**
(1858~1926)

법부 대신 **이근택**
(1865~1919)

농상공부 대신 **권중현**
(1854~1934)

자료 스페셜　일제의 한국 지배에 대한 국제적 승인

○ **가쓰라 테프트 밀약(The Katsura-Taft Agreement, 1905.7.29) – 미국의 승인**

제1조 미합중국은 필리핀을 통치하며, 일본은 필리핀을 침공할 의도가 없음을 밝힌다.

제3조 한국은 러·일 전쟁의 원인이므로 전쟁의 결과로 한반도 문제의 완전한 해결은 매우 중요하다. 전후 한국을 그대로 두면 한국은 그 관습대로 앞일을 생각하지 않고 타국과 조약을 체결하여 국제적 분쟁을 재현시킬 것이다. 이와 같은 상황에서 일본은 조선에 대해 확고한 입장을 취해야 한다.

○ **제2차 영·일 동맹(Anglo-Japanese Alliance, 1905.8.12) – 영국의 승인**

제3조 일본국은 한국에서 정치, 군사, 경제적으로 우월한 이익을 가지고 있다. 대브리튼 제국은 일본의 이익을 옹호·증진시키기 위해 정당하다고 인정되는 지도 감리 및 보호 조치를 한국에서 집행하는 권리를 승인한다.

제4조 대브리튼 제국은 인도 국경의 안전에 관계되는 일체의 사항에 관하여 특수 이익을 가지고 있다. 일본국은 대브리튼 제국이 인도 영토를 옹호하기 위하여 필요하다고 인정하는 조치를 취할 권리를 승인한다.

○ **포츠머스 조약((Treaty of Portsmouth, 1905.9.5)**

1. 한국에 대한 일본의 지도·보호·감리권을 승인한다.
2. 뤼순·다롄의 조차권, 창춘 이남의 철도 부설권을 러시아로부터 할양 받는다.
3. 배상금의 청구를 하지 않는다는 조건으로 북위 50도 이남의 사할린을 할양 받는다.
4. 동해·오호츠크 해·베링 해에 있는 러시아령 연안의 어업권을 일본에 양도한다.

헤이그 특사 (왼쪽부터) 이준(1859~1907), 이상설(1870~1917), 이위종(1887~?)

헤이그 특사 일행의 일정 – 헤이그 행 64일 여정(1907년 4월 22일~6월 25일)

헤이그 특사 파견

고종 황제가 이준 열사에게 수여한 헤이그 특사 위임장(1907.4.20)

고종 황제는 네덜란드 헤이그에서 만국 평화 회의가 열리자, 특사를 파견하여 을사늑약의 부당성과 국제법상 무효임을 국제 사회에 알리고자 하였다. 1907년 4월 22일, 대한 제국 황제의 특사로 임명된 이준은 일제의 삼엄한 감시망을 뚫고 서울을 탈출하여 블라디보스토크에서 이상설을, 상트페테르부르크에서 전 러시아 공사관 서기 이위종을 만나 함께 특사 임무를 수행하였다.

6월 25일 헤이그에 도착한 대한 제국 특사 일행은 만국 평화 회의 의장인 러시아 대표 넬리도프를 만났다. 이들 특사는 대한 제국 황제의 신임장을 제시하고 한국의 전권위원으로서 회의 참석 보장과 일본의 의해 강제로 체결된 보호 조약(을사늑약)의 파기를 회의 의제로 상정할 것을 정식으로 요청하였다.

이 사실을 알게 된 일본은 대한 제국 특사의 회의 참석을 막기 위한 방해 공작을 다각도로 펼쳤다. 일본의 압력에 굴복한 넬리도프 의장은 그 책임을 초청국인 네덜란드에 미루었다. 이에 네덜란드는 각국 정부가 이미 을사늑약을 승인하였기에 대한 제국의 외교권을 인정할 수 없다는 이유를 내세워 특사의 회의 참석과 발언을 허락하지 않았다. 이에 앞서 대한 제국의 독립을 후원하던 미국인 헐버트는 특사 일행보다 헤이그에 먼저 도착하여 대한 제국 특사의 회의 참석을 주선하는 한편, 한국 독립의 정당성을 국제 여론에 호소하였으나, 끝내 뜻을 이루지 못하였다.

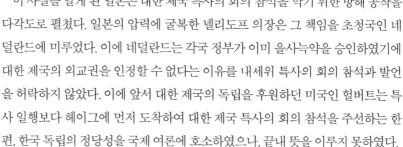

대한 제국의 헤이그 특사 활동을 보도한 네덜란드 현지 신문

그러나 대한 제국 특사는 네덜란드 신문사의 주선으로 국제 협회에서 호소할 기회를 얻었다. 영어 · 프랑스어 · 러시아어에 능통한 이위종은 세계 언론인들을 상대로 '코리아의 호소'(A Plea for Korea)라는 주제로 연설을 하여 세계 각국의 주목을 받기도 하였으나, 구체적인 성과를 얻지는 못하였다. 이에 이준은 울분 끝에 네덜란드 헤이그에서 그만 순국하고 말았다(음력 1907.7.14).

헤이그 특사 사건은 국내에도 큰 파문을 일으켰다. 7월 17일 일본 통감 이토 히로부미는 외무대신 하야시를 대동하고 고종 황제의 침실까지로 들어가 헤이그 특사 파견의 책임을 추궁하며 퇴위를 강요하였다. 밤새 협박에 시달린 고종 황제는 결국 '대사를 황태자에게 대리시킨다.'는 황태자 섭정의 조칙에 승인하고 말았다.

그러나 일제와 친일 각료들은 이 조칙을 '양위'로 왜곡 발표하고, 7월 20일에 양위식을 강행하여 고종 황제의 뒤를 이어 순종을 즉위시켰다. 흥분한 군중은 친일 매국 단체인 일진회의 기관지인 국민 신보사 건물 및 경찰관서 등을 습격 파괴하고, 이완용 등 을사 5적을 규탄하는 등 온 나라 안은 울분으로 가득찼다.

이어 일제는 1907년 7월 24일에 정미 7조약(한·일 신협약) 체결을 강요하여 대한 제국의 군대마저 해산시켰다. 해산당한 군인들은 의병 투쟁에 합류하여 일제의 침략에 맞서 싸웠다.

(2) 영토 주권

간도

조선과 청 사이에 국경 분쟁이 일어났다. 그리하여 숙종 38년(1712) 조선 정부 대표는 청나라 대표와 백두산 일대를 답사한 뒤, 양국의 국경선 위치를 기록한 정계비를 세워 양국의 국경선을 확정하였다.

이후, 1883년 조선과 청나라는 백두산 정계비에 기록된 동쪽 경계인 '토문'(土門)강에 대한 해석을 둘러싸고 의견이 엇갈렸다. 조선은 만주 쑹허(송화) 강의 한 분류인 '토문'(土門)강으로, 청나라는 '두만'(豆滿)강으로 각기 달리 해석하여 끝내 합의를 보지못하였다.

백두산 정계비의 해석 차이는 '간도 영유권' 문제로 이어졌다. 청나라는 간도 개간 사업을 구실로 우리 민족의 간도 철수를 요구하였다. 그러나 대한 제국은 백두산 정계비의 토문강이 청나라의 주장처럼 두만강이 아니라, 송화강 상류이므로 간도는 우리 영토임이 명백하다고 주장하였다. 더욱이 백두산 북쪽 지역에는 오래전부터 우리 민족이 많이 거주하여 현실적으로도 우리나라 영토로 인정되어 왔다. 그리하여 대한 제국도 간도를 함경도에 편입하여 관리사를 파견하여 감독하였다.

그러나 을사늑약(1905)으로 대한 제국의 외교권을 강탈한 일제는 1909년 청나라와 간도 협약을 맺었다. 이 조약에 따라 일제는 남만주의 안동-봉천 간 철도 부설권을 갖는 댓가로 간도를 청나라에 넘겨주었다. 이로 인해 간도는 우리나라 영토 주권에서 멀어져갔다. 백두산 정계비도 만주 사변(1931) 당시 일제에 의해 철거되어 사라져 버렸다.

조선 정부의 간도 관리

어윤중 (1883)	서북 경략사로 임명
이중하 (1885)	토계 감계사로 파견
이범윤 (1903)	간도 관리사로 현지에 파견
간도파출소 설치(1907)	통감부에 의해 용정촌에 설치하여 간도 관리
간도 협약 (1909)	청·일 간에 간도 협약 체결로 간도 영유권 상실

자료 스페셜 | 간도 협약(間島協約, 1909)

제1조 일본과 청 두 나라 정부는 토문강을 청국과 한국의 국경으로 하고 강 원천지에 있는 정계비를 기점으로 하여 석을수(石乙水)를 두 나라의 경계로 한다.

제3조 청 정부는 이전과 같이 토문강 이북의 개간지에 한국 국민이 거주하는 것을 승인한다. 그 지역의 경계는 별도로 표시한다.

제5조 토문강 이북의 한국인과 청나라 사람들이 함께 살고 있는 구역 안에 있는 한국 소유의 토지와 가옥은 청나라 정부가 청 국민들의 재산과 똑같이 보호하여야 한다.

독도

독도(獨島)는 삼국 시대인 512년에 신라 지증왕(智證王, 500~514)이 이사부(異斯夫)를 보내 우산국(울릉도)과 함께 독도를 병합한 이래로 우리나라 고유의 국토로 관리되어 왔다.

고려에 이어 조선 시대에도 독도는 우리의 국토로 경영하였다. 그러나 왜란(1592~1598)으로 조선 정부의 통치력이 약화된 틈을 타서 일본인들이 울릉도를 송도(松島, 마쓰시마)로, 독도를 죽도(竹島, 다케시마), 혹은 기죽도(磯竹島, 이소다케시마)로 각각 부르며 이곳에 들어와 불법적으로 고기를 잡거나 나무를 베어갔다. 이에 1613년 조선 정부는 쓰시마 도주(對馬島主)에게 공문을 보내 일본인의 울릉도와 독도 왕래 단속을 요구했으나, 일본인의 침탈은 그치지 않았다.

일본 쓰시마 도주(對馬島主)는 울릉도를 죽도라 칭하고 마치 독도가 별개의 섬인 것처럼 하여 이를 점령하려는 계략을 꾸몄다. 쓰시마 도주의 계략을 간파한 조선 정부는 강력하게 대응하여, "앞으로 다시는 울릉도와 독도에 왕래하지 않겠다."는 일본 바쿠후의 약속을 받아내어 논쟁을 종결시켰다.

1693년(숙종 19), 동래 출신 어부로 일본말을 잘 하는 안용복(安龍福)은 울릉도에 침입한 일본 어민을 꾸짖다가 일본으로 잡혀갔다. 이때 안용복은 바쿠후로부터 독도가 조선의 영토임을 확인하는 서계를 받아냈다. 이 서계를 가지고 돌아오다가 쓰시마 도주가 이를 빼앗아 '죽도가 일본 땅이므로 고기 잡는 일을 금지시켜 달라.'는 내용으로 변조시켜 조선 정부에 전달하였다.

이에 조선 정부는 독도는 조선의 땅임이 명백함을 밝히고, 일본의 무례함을 힐책하는 예조의 서계를 보냈다. 1696년 안용복은 울산 출신 어부 박어둔(朴於屯)과 함께 울릉도에서 고기잡이를 하다 일본 어선의 불법 어획을 발견하여 이를 발견하였다. 나아기 이들은 호키주(伯耆州)까지 가서 번주에게 국경 침범 사실을 항의하여 사과를 받고 돌아왔다.

1900년 10월 25일 대한 제국은 칙령(제41호)을 발표하여 독도의 영유권을 명백히 하였다. 즉, 울릉도는 울도로 개칭하는 동시에, 강원도 울진현에 속해 있던 울릉도와 독도를 묶어 하나의 독립된 군으로 개편하고, 군청 관할 구역을 울릉도 전역과 죽도 및 석도로 확정한 것이다.

그러나 1904년 러·일 전쟁 직후 일제는 군대를 동원하여 대한 제국을 위협하여 독도를 불법 점령하였다. 곧이어 1905년 2월에 일본 시마네 현 고시로 독도를 일방적으로 자신들의 영토로 편입해 버렸다. 1906년 대한 제국 정부는 시마네 현 사무관이 독도를 조사하고 이를 울릉도 군수에게 통고함으로써 독도가 시마네 현에 편입된 사실을 알게 되었다. 일본은 대한 제국의 외교권을 강탈한 뒤에야 이 사실을 드러내 대한 제국 정부의 항의를 차단하였던 것이다.

1945년 8월 15일, 우리나라는 광복하자마자 바로 독도에 대한 영토 주권을 되찾

울릉도와 독도를 조선의 영토로 표시한 8도총도 이 지도에는 쓰시마 섬도 조선의 영토로 표시되어 있다.

대한 제국 칙령 제41호
제1조 울릉도(鬱陵島)를 울도(鬱島)로 개칭하여 강원도에 부속하고, 도감(島監)을 군수로 개정하여 관제 중에 편입하고 군의 등급은 5등으로 할 것.
제2조 군청 위치는 태하동(太霞洞)으로 정하고 구역은 울릉 전체 섬과 죽도(竹島), 석도(石島)를 관할할 것.
– 「관보」, 1900년(광무 4년) 10월 25일

일본 정부의 독도 영유권 주장 근거
북위 37도 9분 30초, 동경 131도 55분, 오키시마(隱崎島)에서 서북으로 85해리 거리에 있는 섬을 다케시마(竹島)라고 칭하고 지금 이후부터는 본현 소속의 오키도사(隱崎島司)의 소관으로 정한다.
– 일본 시마네현(島根縣) 고시 제40호 (1905년 2월)

아왔다. 그런데 1950년 6·25 전쟁의 혼란을 틈타, 일본인의 독도에 대한 침탈 행위가 잦아졌다. 심지어 그해 8월에는 일본인이 불법으로 독도에 상륙하여 '시마네 현 오키군 다케시마'라고 쓴 표지목을 독도에 세우는 등 불법 행위를 저질렀다. 이에 울릉도 주민들은 독도 의용 수비대를 조직하여 일본의 독도 침범을 막아냈다.

1952년 이승만 정부는 '인접 해양 주권에 대한 대통령 선언'을 공포하였다. 이는 국제 사회에 대한민국이 독도를 실효적 지배를 통한 고유 영토임을 명백히 선언한 것이다.

독도는 국제적으로도 한국의 영토로 인정하고 있다. 세계 여러 나라에서 제작된 지도에서 독도를 한국의 고유 영토로 표기한 사실에서도 확인되고 있다. 제국주의 시기에 일본이 일시(1904~1945) 독도를 점유한 것은 국제법상 영토 편입을 공시한 것이 아니었으며, 다만 일방적으로 탈취한 불법 행위에 불과한 것이었다.

독도에 대한 대한민국 정부의 입장
독도는 명백한 우리 고유의 영토입니다. 독도에 대한 영유권 분쟁은 존재하지 않으며, 독도는 외교 교섭에 사법적 해결의 대상이 될 수 없습니다. 우리 정부는 독도에 대한 확고한 영토 주권을 행사하고 있습니다. 우리 정부는 독도에 대한 어떠한 도발에도 단호하고 엄중하게 대응하고 있으며, 앞으로도 지속적으로 독도에 대한 우리의 주권을 수호해 나가겠습니다.
– 대한민국 정부

독도 홈페이지
대한민국 외교통상부(http://docdo.moat.go.kr)

독도(경상북도 울릉군 울릉읍 독도리 1-96, 우편 번호 : 799-805)

독도의 '한국령(韓國領)' 표식

한국해(Sea of Korea)로 표시된 서양 지도

자료 스페셜 **독도는 우리 땅**

울릉도 동남쪽 뱃길 따라 이 백리
외로운 섬 하나 새들의 고향
그 누가 아무리 자기네 땅이라고 우겨도
독도는 우리 땅

경상북도 울릉군 남면도동 일번지
동경백 삼십이 북위 삼십칠 평균 기온 십이도
강수량은 천 삼백
독도는 우리 땅

오징어 꼴뚜기 대구 명태 거북이
연어알 물새알 해녀 대합실
섬 칠만평방미터 우물 하나 분화구
독도는 우리 땅

지증왕 십 삼년 섬나라
우산국 세종실록지리지 오십 페이지 셋째 줄
하와이는 미국 땅 대마도는 일본 땅
독도는 우리 땅

러일 전쟁 직후에 임자 없는 섬이라고
억지로 우기면 정말 곤란해
신라장군 이사부 지하에서 웃는다
독도는 우리 땅

작사 · 작곡 박인호, 노래 정광태

4

근대의 사회와 경제

1. 개항 이후의 사회 변화

2. 열강의 경제 침탈

3. 경제적 구국 운동의 전개

국채 보상 운동을 노래하다.

애국심이여, 애국심이여, 대구 서공 상돈일세

1천 3백만 원 국채 갚자고 보상동맹단연회 설립했다네

면실 하는 마음 발양하니, 대한 국민 분명하도다

지금 우리 국가 간난(艱難)한데 누가 이런 열성 가질 건가

대한 2천만 민중에 서상돈만 사람인가

단천군 이곳 우리들도 한국 백성 아닐런가

외인 부채 해마다 이식 불어나니 많은 그 액수 어이 감당하리

적의 공격 없어도 나라 자연 소멸되면

아아, 우리 백성들 어디 가서 사나

이 나라 강토 없게 되면 가옥, 전토는 뉘 것인고

여러분, 여러분, 때를 잃지 말고 보상하오

국채 다 갚는 날 오면 기쁘고 즐겁지 않을 손가

힘씁시다, 힘씁시다, 우리 단천의 여러분이여

국채 보상 운동 여성기념비(대구광역시)

- 단천 국채보상소의 발기인 이병덕임인화 등이 작사하여 부른 노래 -

파란 눈의 서양인에 비친 조선 사회 모습

서양식 사교
외국 공관에서 서양인과 조선인이 서양식 의자에 앉아 프랑스산 포도주와 서양 담배 등을 즐기고 있다.

조선을 소개하는 독일 엽서
"조선인들은 신체 단련과 활쏘기, 사냥에 많은 취미를 가지고 있다."(달레, 『조선 교회사』, 1874년)

(1) 사회 구조와 의식의 변화

사회 제도의 변화

조선 후기에 평등 사상이 확산되면서 양반 중심의 신분 사회에도 적지 않은 변화가 나타났다. 문호 개방 이후에는 여러 방면에서 새로운 평등 사회를 건설하려는 움직임이 더욱 구체화되었다.

신분 제도 변화에서 이미 공노비의 일부가 순조 1년(1801)에 해방되었다. 개화 정책 시행 이후에는 그 변화 속도가 더욱 빨라졌다. 1882년에 서얼과 중인을 비롯한 모든 계층의 관직 진출이 허용되었고, 1886년에는 노비세습제마저 폐지되었다. 1894년 갑오개혁에 이르러 마침내 신분 제도가 법적으로 혁파되었다. 1896년에는 호적 제도(호구 조사 규칙)를 고쳐 신분 대신에 직업을 기록하였다.

광무 호적(光武戶籍)

일부 양반과 중인 출신의 인사들은 개화 세력을 형성하여 사회 개혁을 도모하였다. 급진 개화파는 1884년 갑신정변을 일으켜 인민 평등권 확립 등을 통한 평등 사회를 수립하려 하였다. 급진 개화파의 개혁은 외세의 간섭과 민중 이해 부족 등으로 좌절되었으나, 이는 조선 사회 스스로 평등 사회로 나아가고 있음을 의미하는 것이기도 하였다.

1860년에 창시된 동학은 "사람이 곧 하늘이다.", "사람 섬기기를 하늘같이 하라."는 인간 존엄성과 평등 사상 등을 앞세워 민중 속으로 빠르게 퍼져나갔다. 1890년대에 이르러 동학 농민 운동이 일어나 신분 제도 폐지, 토지 분배 등을 실현하기 위해 투쟁하였다.

갑신정변과 동학 농민 운동에서 추구했던 신분 제도 폐지는 마침내 1894년 갑오개혁을 통해 실현되었다. 반상(班常) 차별이 폐지되고 공·사노비 제도가 철폐되었으며, 조혼과 과부의 재가 금지, 인신 매매, 고문과 연좌제 등의 폐습도 없앴다. 문벌 중심의 과거제를 폐지하는 대신에 능력 위주의 관리 임용 제도를 도입하였고, 사법권을 행정권에서 분리시켜 새로운 사법 제도의 기틀도 마련하였다. 그러나 이러한 제도는 곧 바로 시행되지 않았다.

신분제의 변화

연도	변화 내용
1801	공노비 일부 해방
1882	모든 계층의 관직 진출 허용
1886	노비 세습제 폐지
1894	신분제 폐지
1896	호적에 신분 대신 직업을 기록

사회 의식의 변화

갑오 개혁으로 신분 제도는 폐지되었으나, 전통적 계급 의식은 뿌리 깊게 남아 있었다. 민중들은 적극적인 사회 활동을 통해 차별적 사회 의식을 극복해 나갔다.

독립 협회는 계몽 운동을 전개하여 민중의 민권 의식과 평등 의식이 성장하는 데 이바지하였다. 민중들은 독립 협회가 개최하는 각종 강연회나 토론회에 참석하거나 독립 신문 등을 통해 국내외 소식과 정보를 접하게 되었다. 만민 공동회에서 시전 상인이 회장에 선출되어 열강의 이권 침탈을 규탄하는가 하면, 관민 공동회에

관민 공동회 개최(서울 종로, 1898.10, 민족 기록화)

서 백정 출신이 개막식 연사로 나와 정부와 국민의 합심을 호소하기도 하였다.

을사늑약(1905) 이후 일제의 식민지화 정책이 구체화되자, 항일 의병 전쟁이 펼쳐졌다. 이때 평민 출신의 의병장이나 활빈당의 활약과 철도 부설 공사장에서 노역자의 투쟁 등을 통해 반외세 민족 의식이 과시되었다. 경제적 구국 운동의 일환으로 전개된 국채 보상 운동(1907)에 남녀노소, 지역, 신분을 가리지 않고 각계 각층의 사람들이 자발적으로 동참하여 민족적 일체감을 높이기도 하였다.

한편, 전통적 유교 사회에서 여성들은 가부장적 제도와 인습 등으로 인해 사회 활동에 크게 제약을 받았다. 그러나 개항 이후 사회 변화에 따라 여성들도 사회 활동과 지위를 넓혀나갔다. 남녀 평등 의식의 확산과 함께 여학교, 여성 단체 등이 생겨나 여성의 교육과 사회 진출의 기회가 확대되었다. 여성들이 보다 다양한 직종과 영역에서 활동함에 따라 남성과 등등한 사회 구성원이라 자각하게 되었을 뿐만 아니라 사회 문제와 민족 문제 등에도 적극적으로 나섰다.

여성 교육의 확대 이화 학당 구내의 선교사 주택에서 기념 촬영한 모습으로 체코 출신의 여행가이자 작가인 엔리케 스탄코 브라즈(Enrique Stanko Vraz, 1860~1932)가 1901년 우리나라에 머물면서 한국인들의 모습과 경관을 카메라에 담았다.

종래의 신분이나 성별에 의한 차별적 직업관에도 변화가 나타났다. 전통적인 유교(성리학)적 문벌 사회에서 양반 유생들이 농·공·상업 등에 종사하거나 천민 출신이 사업가로 변신하는가 하면, 여성들이 생산직 여공으로 취직하는 일이 흔해졌다. 이는 체면이나 명예 보다는 실리와 능력을 중시하는 사회 인식의 전환이 있었기에 가능한 일이었다. 이와 같이 조선 사회는 사회 제도와 의식의 변화에 조응하면서 점차 근대적 민주 사회로 나아가게 되었던 것이다.

자료 스페셜 개항 이후의 전통 사회 모습의 변화

○ 사회 제도의 변화 – 갑오 개혁 개혁 법령(1894)
- 문벌에 따른 차별과 양반, 상민 등의 계급을 타파하고 귀천의 구별 없이 인재를 뽑아 등용한다.
- 지금까지 내려온 문존무비(文尊武卑)의 차별을 폐지한다.
- 공·사 노비 제도를 모두 폐지하고 인신매매를 금지한다.
- 연좌법을 모두 폐지하여 죄인 본인 외에는 처벌하지 않는다.
- 남녀의 조혼을 엄금하여 남자는 20세, 여자는 16세가 되어야 결혼을 허락한다.
- 과부의 재혼은 귀천을 막론하고 그 자유에 맡긴다.

『일성록』, 1894년 6월 28일조.

○ 사회 의식의 변화 – 백정 출신 박성춘, 관민 공동회에서 연설하다.
나는 대한의 가장 천한 사람이고 배운 것도 없습니다. 그러나 충군애국(忠君愛國)의 뜻은 대강 알고 있습니다. 나라를 이롭게 하고 국민을 편안하게 하려면 관민이 합심해야 한다고 생각합니다. 저 차일에 비유하건대, 한 개의 장대를 받치면 역부족이나, 많은 장대를 합하면 그 힘이 공고합니다. 원컨대, 관민이 합심하여 우리 황제의 성덕에 보답하고, 국운이 만만세 이어지게 합시다.

독립 신문, 1898년 10월.

○ 여권 운동의 시작 – 여권 통문(女權通文), 우리나라 최초의 여권 선언문을 발표하다.
첫째, 여성은 장애인이 아닌 남성과 평등한 권리를 갖는 온전한 인간이어야 한다. 여성은 먼저 의식의 장애로부터 해방되어야 한다.
둘째, 여성도 남성이 벌어다 주는 것에만 의지하여 사는 경제적으로 무능력한 장애에서 벗어나 경제적 능력을 가져야만 평등한 인간 권리를 누릴 수 있다.
셋째, 여성 의식을 깨우치고 사회 진출 능력을 갖기 위해서는 무엇보다 여성들이 남성과 동등한 교육을 받아야 한다.

황성 신문, 1898년 9월 1일.

---

(2) 생활 모습의 변화

일상 생활의 변화

문호 개방을 계기로 서양 상품이 본격적으로 들어오면서 전통적인 생활 문화에 커다란 변화가 생겨났다. 양복, 양말, 양화, 양동이, 양철, 양은, 양식처럼 서양의 신식 물건에는 바다를 건너왔다는 뜻의 '양'(洋)이라는 말이 붙은 물품들이 들어와 사람들의 이목을 끌었다. 19세기 말 우리나라에 들어오는 수입 품목은 200여 개가 넘었는데, 주로 일본, 청, 미국, 영국, 러시아 등을 통해 들어왔다.

여기에는 모피, 카펫 등과 같은 고급 상품도 있었으나, 가정에서 사용하는 석유, 성냥, 구리무(크림) 등 생활용품이 주종을 이루었다. 등짐장수와 봇짐장수들은 외국 상인들로부터 이들 서양 상품을 떼다가 산간벽촌까지 찾아다니며 팔았다. 이제 석유는 생활필수품이 되었고, 외국 상인들은 신형 남포등을 개발하여 가정에 보급하기도 하였다.

개항 후 들어온 서양 물건들 당시 성냥, 석유통, 남포등의 모습이다.

의 생활의 변화

개항 이후 서양의 문물과 제도 등이 수용되면서 우리의 전통적인 생활 풍습에 큰 변화가 일어났다. 특히, 의식주 생활 모습이 많이 달라졌다.

의생활에서 흥선 대원군 집권 시기에 의복을 검소하게 고쳐 입은 일도 있었으나, 큰 변화는 양복이 보급되면서 일어났다. 갑오개혁(1894)을 계기로 관복이 간소화되었고, 문관 복장 규칙 반포로 문관 예복이 양복으로 대체되었다. 서양식 복제의 도입으로 관리와 민간인의 복장에 차별이 점차 없어졌고, 서양식 복장을 하는 사람이 늘어났다.

일부 상류층과 개화 인사들은 신분과 계급의 한 상징이던 한복 대신 양복 차림에 안경과 서양식 모자를 착용하고 개화 지팡이를 짚고 거리를 활보하기도 하였다. 그러나 일반 남성들은 종전대로 바지와 저고리의 한복을 주로 입었는데, 새로 등장한 마고자와 조끼를 저고리 위에 걸쳐 입기도 하였다. 마고자는 우리 한복에는 없던 양복의 조끼를 본떠 만든 장식용 옷이었다.

을미 개혁 때(고종 32년, 1895), 위생에 이롭고 활동에 편하다는 명분을 내세워 단발령을 강행하여 상투를 자르는 등 남성의 머리 모양이 달라졌다.

성인 남성의 전통적인 머리인 상투

새로 고안된 남성 복장인 마고자와 조끼

남성의 두루마기와 여성의 장옷

개항 이후 학생 복장

복제 개혁 후 관료 복장

개화기에 대부분 여성들은 전통적 복장인 저고리와 치마 등 한복을 즐겨 입었다. 일부 여성은 서양 여선교사의 양장 원피스를 본떠 만든 상하 같은 색의 한복을 입거나, 저고리를 길게 하고 치마를 약간 짧게 만든 개량 한복을 평상복으로 입고 다녔다. 이러한 개량 한복은 여학생의 교복이나 신여성의 옷차림으로 자리를 잡아갔다. 여성의 외출과 사회 진출이 활발해지면서 두루마기가 여성복으로 애용되었다. 또한 여성의 얼굴을 가리던 장옷(쓰개치마)도 점차 사라지고 그 대신 양산으로 내외를 하기도 하였다. 여성의 머리 모양으로 중머리, 하이칼라 등이 유행하였다.

개량 한복 모습(이화 학당의 학생들)

식 생활의 변화

우리나라 전통적인 식생활은 지역이나 계절에 따라 주식 종류와 횟수 등에 차이가 났다. 즉, 남부 지방은 쌀밥이나 보리와 잡곡, 북부 지방은 조밥이나 쌀이 주식이었다. 형편에 따라서 보리나 콩 등 잡곡 등을 섞어 먹거나 밀가루로 만든 국수와 떡을 먹기도 하였다. 식사는 대개 2월부터 8월까지는 세 끼, 9월부터 정월까지는 두 끼 정도가 일반적이었다. 반찬은 18세기 말에 배추에 젓갈과 고춧가루를 넣어 담근 배추김치가 선보였고, 20세기에 이르러 배추김치가 반찬 음식품의 중심으로 자리 잡았다. 이 밖에도 간장, 된장 등의 염장 식품을 부식으로 즐겨 먹었다.

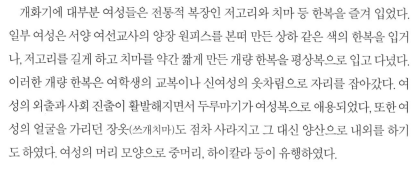

개항 이후 식 생활 문화도 변하여 전통 음식 문화와 예절도 서양식으로 따라갔다. 크리스트 교가 전래되고 선교사를 통해 서양 문화가 들어오면서 서양식 음식과 식사 예절 등이 소개되었다. 우리나라 전통적 식생활의 특색 중 하나는 독상 차림이었다. 성인 남자는 독상으로 식사하는 것이 관습화하여 집안 식구와 식사할 때에도 흔히 독상을 받았다. 그러나 서양 식사 문화의 영향으로 겸상을 하거나 여럿이 한 상에 둘러앉아 함께 식사하는 두레상 방식으로 변해갔다. 특히, 상류층 가정에서는 남녀 나이를 가리지 않고 두레상에서 모여 앉아 식사를 하는 모습이 많아졌다.

독상에서 식사하는 모습

커피와 홍차, 양과자와 빵 등 기호 식품도 새로이 각광을 받았다. 우유와 설탕, 서양의 조미료 등도 들어왔고, 최초의 국산 양약인 활명수도 애용되었다. 술, 두부, 떡 등을 만드는 식품 가공 공장이 세워졌고, 고급 요정이나 서양식 설비를 갖춘 음식점, 술집, 커피숍 등이 생겨나기 시작하였다.

임오군란(1882) 이후 청나라 상인 중 일부는 음식점을 차려 호떡, 만두, 찐빵, 국수 등을 만들어 팔았고, 중화 요릿집도 생겨났다. 청·일 전쟁(1894) 이후에 본격적으로 영업을 시작한 일본인들은 우동, 어묵, 유부, 초밥, 단팥죽, 다꾸앙(단무지), 일본과자, 청주 등과 같은 일본 음식을 팔았다.

서양식 오찬 모습

주거 생활의 변화

신분제를 토대로 하던 주거생활에도 변화가 생겼다. 조선 사회에서는 신분에 따라 주택의 규모와 형태, 건축 재료 등을 규제하였다. 그러나 갑오 개혁(1894) 때 신

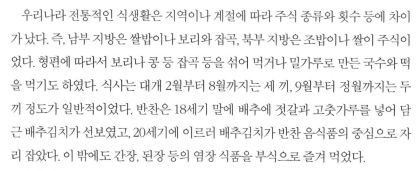

남산에서 바라본 서울 모습(1890년대)

개항 이후 제물포에 들어선 서양식 건축물(1904)

길가에 늘어선 서양식 2층 건축물

분 제도가 폐지되면서 가옥 규제도 없어졌다.

　일반 민중들은 전통적인 초가집에서 살았고, 일부 상류층은 새로 양옥을 짓고 살았는데, 온돌은 예전 그대로였다. 각국의 관공소나 숙소 등이 서울을 비롯한 부산, 인천 등 개항장에 서양식 건물로 세워졌다. 그 주변에 서양인과 일본인, 중국인 등이 서양식 건물이나 일본식 주택을 짓고 살았다. 1890년대에 들어와 민간에서도 서양식 건축물의 편리함이 반영된 한옥과 양옥을 절충한 건물이 생겨났다.

　서양식 건축물은 처음에는 외교관이나 종교인, 상인을 위한 외교 시설, 교회, 상가 등이 주축을 이루었다. 이후 관공서, 학교 등 공공건물도 많이 세워졌고, 다층 건축물도 등장하였다. 우리나라 최초의 서양식 건축물인 세창 양행 사택(인천 송학동)을 비롯하여 배재 학당, 독립문, 서울 전환국, 러시아 공사관, 약현 성당, 정동 제일 교회, 종현 성당(지금의 명동 성당), 덕수궁 석조전 등이 그 대표적인 건축물이다.

　이 밖에도 외국인들을 위한 숙박 시설이나 사교 시설 등이 건립되었다. 그 중에서 열강의 외교와 로비의 무대로도 이용된 러시아풍의 2층 건물로 지어진 손탁 호텔이 가장 유명하였다.

건물 규모 제한 폐지

조선 시대에는 신분 차이에 따라 대지 넓이와 가옥 규모, 장식 등에 차별이 있었다. 일반 민가는 99칸을 넘을 수 없도록 규정되었다. 그러나 문호 개방 이후 개화에 눈을 뜨고 재력을 지닌 중인층은 신분에 따른 가옥 제한 규정을 무시하고 큰 집을 지었다. 갑오 개혁으로 신분 제도가 폐지되면서 가옥에 대한 규제도 사라졌다.

서양식 건축물 건립

건축물	건립 연대
세창 양행 사택	1884
배재 학당	1887
러시아 공사관	1890
약현 성당	1892
정동 제일 교회	1897
독립문	1897
종현(명동) 성당	1898
손탁 호텔	1902
덕수궁 석조전	1910

러시아 공사관

약현 성당

덕수궁 석조전

자료 스페셜　외교와 사교의 무대, 손탁 호텔(Sontag Hotel)

손탁 호텔(Sontag Hotel, 1902년 건립, 서울 중구)

　손탁(Sontag : 한자명 孫鐸)은 독일 여성으로 러시아 공사 베베르의 친척이었다. 이 여인이 경영하던 호텔을 '손탁 호텔'이라 불렀다. 1902년에 개업한 손탁 호텔은 당시 고종 황제의 거처였던 덕수궁과 가깝고 주한 외교관들이 자주 드나들던 정동에 있었다. 러시아풍의 2층 건물로, 실내 장식은 모두 서양식으로 꾸몄다. 호텔 커피숍은 바로 이 호텔에 처음 생긴 것으로 알려졌다. 커피숍은 1층에 있었는데, 커피맛과 분위기가 일품이어서 고객들이 많았는데, 커피를 무척 좋아한 고종 황제도 이 호텔의 커피를 즐겨 마셨다고 한다. 손탁 호텔 커피숍은 나라의 운명을 놓고 열강들이 각축전을 벌인 외교의 현장이기도 하였다. 한·일 병합 조약이 체결되기 전까지 손탁 호텔 커피숍은 미국이나 러시아 등 열강 등에게는 사교와 함께 이권 청탁, 각종 정보를 수집하는 무대였고, 일본에게는 경계의 장소이기도 하였다.

(3) 해외 이주 동포들의 생활

만주 이주 동포들의 생활

19세기 후반 우리 동포들이 가장 많이 이주한 지역은 만주와 연해주였다. 만주 지역은 압록강과 두만강만 건너면 되었고, 개척할 만한 농경지도 적지 않았으며 수렵이나 벌목으로도 생계가 가능하기 때문이었다.

만주 지역에는 이미 1860년대에 한인 마을이 생겨났다. 두만강 건너편 북간도 지역인 연길현과 화룡현, 해란강 유역, 목단강의 하얼빈 일대까지 한인 마을이 들

한국인의 해외 이주 현황(1890~1930년대)

어섰다. 서간도 지역인 백두산 서쪽, 압록강 너머 훈강 일대를 중심으로 집안현, 통화현, 유화현, 장백현 등 넓은 지역에 한인 동포 사회가 형성되었다. 1910년 무렵, 만주 지역에는 20만 명이 넘는 한인들이 살고 있었다.

만주 지역으로 이주해 간 한인들은 그 곳의 황무지 등을 개간하여 농사를 지었다. 이 지역에서 본격적인 벼농사도 이때 한인들에 의해 이루어졌다. 그러나 한인들은 청나라 정부의 토지 소유 금지 조처로 황무지를 개간하여 논밭으로 일구어도 고율의 소작료를 지불해야 했고, 각종의 세금도 더 많이 내야만 하였다.

한편, 의병과 계몽 운동가들은 일제의 탄압을 피해 만주로 이주하여 독립 운동을 이어나갔다. 학교와 독립 단체를 세워 민족 의식을 고취하는 한편, 독립 운동 기지를 건설하여 독립군을 양성하거나, 국내와 연결하여 독립 활동을 전개해 나갔다.

명동촌 윤동주 생가(중국 지린) 1899년 김약연 등 4가문이 이주하여 형성한 마을이다. 윤동주가 이 곳에서 태어났다.

연해주 이주 동포들의 생활

러시아는 베이징 조약(1860)을 중재한 대가로 청나라로부터 연해주 지역을 획득하자, 새 영토인 이 곳을 개척할 목적으로 한인들의 이주를 허가하였다. 그리하여 한인들은 두만강을 건너가 러시아 정부로부터 제공받은 토지를 경작하거나 황무지 등을 일구었다.

그러나 1880년대에 들어 러시아 정부는 유럽인의 극동 이주를 장려하면서 한인들에게도 러시아 귀화를 종용하였다. 귀화한 한인들은 토지 소유권을 인정받았으나, 귀화를 거부한 다수의 한인들은 토지 소유권을 인정받지 못한 채, 과중한 세금을 내야 했고, 어업이나 벌목, 광산 노동자로 힘들게 살았다.

러시아 연해주 블라디보스토크에 조성된 한인 정착지 마을

블라디보스토크, 하바롭스크, 아무르주 등 연해주 곳곳으로 많은 한인들이 이주해 왔다. 20세기 초, 연해주에는 약 8만~10만여 명의 한인 동포들이 100여 개에 이르는 신한촌을 세웠다. 이들은 신한촌을 중심으로 학교와 자치 단체를 세우고, 해

조 신문, 권업 신문, 대동 공보 등의 신문을 발행하여 민족의식을 고취하기도 하였다. 을사늑약 이후 연해주 지역은 점차 국권 회복을 위한 무장 투쟁의 중심지가 되어 갔다.

권업 신문 러시아 블라디보스토크에서 1912년 권업회의 기관지로 창간된 한인 신문이다. 주필은 신채호, 발행인은 러시아인 주코프(Jukov)가 맡았고, 러시아어에 능통한 한동권이 번역을 맡았다.

일본 이주 동포들의 생활

19세기 말, 메이지 유신(1868)으로 근대화한 일본 현지에서 선진 학문을 배우고 견문을 넓히려는 한인 유학생들이 있었다. 이후 가난과 외세의 침탈 등으로 생활 터전을 잃은 이들이 일본으로 건너갔고, 그 수도 꾸준히 늘어났다. 가족 단위의 만주나 연해주의 이주자와는 달리 일본 지역에는 개별 이주자가 더 많았다.

일본에 사는 한국인들은 일본인의 민족적 차별과 멸시를 받았다. 열악한 환경과 최저 임금에 중노동에 시달렸으며, 집세조차 내기 어려운 처지가 대부분이었다. 이러한 어려움 환경 속에서도 한인들은 점차 재일 조선인 마을을 이루어 동포로서의 유대감을 강화해 나갔다.

미주 이주 동포들의 생활

1883년 보빙사의 미국 방문을 계기로 외교관, 유학생, 정치 망명객 등이 미주에 거주하기 시작하였다. 1902년에 하와이 이민이 시작되면서 한인들의 미주 이주가 꾸준히 늘어났다. 미국은 하와이 사탕수수 농장에서 일할 노동자를 구하기가 어렵게 되자, 하와이 사탕수수 재배자 협회 비숍 회장이 직접 방한하여 대한 제국 정부에 노동자 이민을 요청해 왔다. 정부는 때마침 흉작으로 생활이 어려워진 농민들의 해외 이주 취업을 알선하였다.

하와이 이주자 여권

1902년 12월 22일, 미국 상선 갤릭호를 타고 제물포항을 떠나 일본 나가사키항을 거쳐, 103명의 한인 노동자들이 1903년 1월 13일에 마침내 하와이에 첫발을 내딛었다. 이후 3년 동안 7,000여 명이 넘는 동포들이 하와이로 이주하였다. 하와이로 이주한 한인 동포들은 사탕수수 농장 뿐만 아니라 토목, 개간, 철도 공사 등 힘든 일을 하며, 심한 인종적 차별까지 견뎌내야만 하였다.

하와이 이민선 갤릭호

하와이에 이어 멕시코 이주도 이루어졌다. 1905년 4월 4일 한인 1,033명이 영국 상선 일포드 호를 타고 제물포항을 떠나, 5월 12일 멕시코 도착하여 유카탄에 있는 에네켄 농장에서 고달픈 이민자의 삶을 시작하였다.

미주 한인들은 어려운 환경에서도 민족 의식을 잊지 않고 학교와 교회 등을 세우고, 자치 단체를 만들어 한인 사회를 발전시켜 나갔다. 1908년 의거를 계기로 한인 동포들은 대한인 국민회 등을 조직하고, 신한 민보를 발행하는 등 해외 독립 운동을 주도해 나갔다.

하와이 이민 1세와 2세

2 열강의 경제 침탈

(1) 일본과 청의 경제 침탈

일본의 경제 침탈

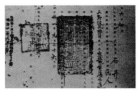

내륙 통행 허가서(1898) 인천 감리사에서 일본 상인에게 발행한 것으로 되어 있으나, 일본 영사가 발행하고 인천 감리서는 형식적으로 승인한 것이다.

개항 이전에 조선은 청과 활발히 교역하였다. 그러나 강화도 조약 체결(1876)을 계기로 일본 상인들이 대거 조선으로 몰려오면서 상황이 달라졌다. 일본 상인들은 개항장(인천·부산·원산) 설정·치외법권 등을 규정한 강화도 조약을 비롯하여 일본 화폐의 국내 유통, 수출입 상품의 무관세, 양곡의 무제한 유출 등을 허용한 부속 조약(조·일 무역 규칙, 조·일 통상 장정) 등을 배경으로 조선 시장을 빠르게 잠식해 나갔다.

개항 초기에 일본 상인들은 외국인의 거주와 활동 범위를 제한한 규정(간행이정, 개항장 10리 이내)에 따라 거류지 안에서만 교역할 수 있었다. 이에 따라 일본 상인들은 내륙 시장에는 객주·여각·보부상 등 조선 상인을 중개 상인으로 앞세워 위탁 판매하였다. 조선 정부도 1882년에 감리서를 설치하여 개항장과 육상의 통상 사무를 관리하였다.

청·일 조계지 경계 계단(인천 중구) 1883년 일본 지계(地界)를 시작으로 다음 해 청국 지계가 설정되는 경계 지역이다.

일본 상인들은 서양 상품을 수입하여 판매하였다. 이들은 주로 홍콩과 상하이 등지에서 값싸게 구입한 영국산 면제품을 가져와 팔고, 그 결제 대금으로 초기에는 주로 콩과 소가죽 등을, 1890년대에는 쌀과 금 등을 받았다. 개항 초기 조선에서 40전에 사들인 쌀 1섬을 일본으로 가져가 6원에 되팔아 15배 이상의 이윤을 남길 수 있어 일본 상인들이 앞다투어 조선으로 몰려왔다. 그 결과 조선 거주 일본인이 1875년에 수십 명에 지나지 않았으나, 15년 만에 2,700여 명으로 크게 늘어났다.

일본 상인들이 조선에 판매한 면제품은 청·일 전쟁(1894) 이전에는 주로 영국산 제품이었다. 그러나 일본에서 산업의 진전에 따라 자본주의의 중간 단계에 도달한 러·일 전쟁(1904) 이후에는 일본산 제품으로 바뀌었다. 그로 인해 조선의 전통적 면직물 산업 기반이 붕괴되어 갔다.

한편, 일본은 조선을 식민지화하기 위한 기초 작업으로 토지 약탈에 혈안이 되었

일제의 황무지 개간권 요구

조선 정부는 대한 제국 8도에 흩어져 있는 토지 임야 및 기타 황무지 개간과 정리, 개량과 척식 등 모든 경영을 일본 측의 나가모리에게 위임한다. 단, 현재 왕실이나 관청이 소유한 개간된 땅이나 소유 관계가 명백한 민유지는 제외한다.

- 「황무지 개척권 위안 계약안」(1904년)

면제품의 수입 경로

곡물의 수출 경로

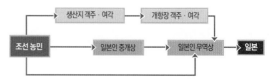

다. 개항 직후에는 개항장 내의 토지를 빌려 쓰거나, 일부는 고리대 등을 이용하여 토지를 약탈하기도 하였다. 청·일 전쟁 이후에는 일본 자본가들이 대거 몰려와 군산, 전주, 나주, 목포 등 곡창 지대인 호남 지역에서 대규모 농장을 경영하였다. 러·일 전쟁 이후에는 철도 부지나 군용지 등의 구실로 대규모의 토지를 점탈하였다. 특히, 일본은 경부선·경의선 등을 부설하면서 국유지를 비롯하여 황무지와 역둔토 등을 강제로 수용하고, 사유지는 대한 제국 정부로 하여금 구매하여 무상으로 제공하도록 강요하기도 하였다.

일제는 1908년에 일본의 동인도 회사에 해당하는 동양 척식 주식 회사를 설립하여 전국의 미개간 국유지, 역둔토 등을 약탈하였다. 약탈한 토지는 다시 한국 농민들에게 소작을 주거나, 한국으로 이주해 온 일본인에게 헐값에 불하하였다. 그 결과 1910년 국권 피탈 무렵에 일본인이 소유한 토지는 1억 5천만 평(약 8억 6,000만㎡)에 이르렀다.

일제는 토지 약탈 외에도 대한 제국의 재정과 금융 등을 장악하였다. 일제는 재정 정리 사업이라는 미명 하에 궁내부에 속해 있던 많은 세목을 탁지부로 돌려 황실 재정을 크게 축소시켰다. 아울러 지방관이 담당하던 징세 업무를 일제가 임명한 세무관이 담당하게 하여 재무 업무도 장악해 나갔다.

1905년(광무 9)에 일제는 재정고문 메가타 다네타로(目賀田種太郎)를 내세워 화폐 정리 사업에도 착수하였다. 메가타는 대한 제국의 화폐를 일본의 화폐 제도에 흡수·통합하고, 전환국을 폐지하는 대신에 일본 제일은행 한성지점을 대한 제국의 중앙 은행으로 삼았다. 그는 화폐 정리 사업을 실시하여 옛 백동화를 교환하게 하였다. 이 과정에서 수많은 조선인들이 피해를 입었으며, 조선인이 설립한 은행들도 파산하거나 일본 은행으로 흡수되고 말았다. 일제는 재정 정리와 화폐 정리 사업 외에 시설 개선 명목으로 조세 징수권과 관세권 등을 담보로 일본으로부터 차관 도입을 강요하여 대한 제국의 재정을 예속시켜 나갔다.

청의 경제 침탈

강화도 조약 체결(1876)로, 조선 시장에서 일본 상인에게 밀렸던 청 상인들은 임오군란(1882)을 계기로 차츰 열세를 만회하였다. 특히, 1882년 8월에 조·청 상민 수륙 무역 장정이 체결됨으로써 조선의 내륙 시장 상권을 둘러싸고 일본 상인들과 치

일본 제일 은행권 화폐(10원) 화폐 정리 사업으로 발행된 새 화폐(1908)이다.

구 백동화(白銅貨) **무효에 관한 고시**(1909. 11.1) 일본이 탁지부에 압력을 넣어 대한 제국에서 발행한 백동화를 무효로 하고 일본 제일 은행에서 만든 화폐를 사용하라는 고시를 발표하였다.

엽전 조선 후기부터 발행된 화폐로 정식 이름은 상평통보이다.

백동화(5전) 갑오 개혁 때부터 사용되었고, 대한 제국 때 대량으로 주조되었다. 가치는 엽전 25개에 해당한다.

은화(10전) 1880년 중반 이후 주로 일본과의 무역에서 사용되었다.

열하게 경쟁을 벌였다.

청 상인들은 조·청 상민 수륙 무역 장정에 따라 개항장을 넘어 내륙으로 진출하였다. 다른 나라 상인들도 최혜국 규정을 내세워 내륙까지 활동범위를 넓혀 나갔다. 이제 일본과 청 양국 상인들이 직접 한양으로 들어와 막대한 이익을 차지하였다. 반면, 거류지 무역에 한정되어 외국 상인을 대신하여 수출입 상품을 중개하던 객주, 여각 등 개항장 상인들은 대거 몰락하였고, 한양의 시전 상인들도 큰 피해를 입게 되었다.

한양에서 청 상인들은 주로 남대문과 수표교 일대를, 일본 상인들은 충무로 지역을 각각 거주지로 삼아 상권을 장악하였다. 지방에서는 청 상인들은 함경도와 평안도 지역을, 일본 상인들은 충청·전라·경상도의 삼남 지역을 중심으로 상권을 확대하였다. 그리하여 대청 무역 규모도 점차 늘어나 1890년대 초에는 조선의 청 수입액이 일본 수입액과 비슷하게 되었다. 그러나 청·일 전쟁(1894)의 패배로 청의 조선에 대한 정치적 영향력이 크게 줄자, 청 상인들은 조선 시장을 일본 상인들에게 내주게 되었다.

일본과 청 양국 조선 거류민 수
(1890년, 단위: 명)

거주 지역	일본	청
한성	770	1,480
인천	2,650	967
부산	4,644	164
원산	1,387	86
계	9,451	2,697

(2) 제국주의 열강의 경제 침탈

경제적 이권 침탈

청·일 전쟁 이후, 제국주의 열강의 경제적 이권 침탈이 심화되었다. 1896년 아관파천을 계기로 러시아가 조선에서 경제적 이권 침탈을 강화하자, 다른 제국주의 열강들도 최혜국 대우 규정을 내세워 조선 정부에 이권을 요구하였다.

제국주의 열강의 이권 침탈은 철도, 전화 등 교통·통신을 비롯하여 광산, 산림 등 자원에 집중되었다. 이 밖에 은행 금융권, 관세 협정권, 해관 운영권, 해관 수세권, 연안 해운권, 어업권 등도 열강들의 이권 침탈의 표적이 되었다.

한성 내에서 청 상인과 일본 상인의 거류지

청과 일본으로부터 수입액 비율 비교

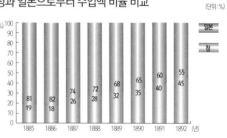

대일 수출 품목과 구성 비율

– 오이시, 「일본 산업 혁명 연구」

철도 부설권은 일본이 독점하였다. 일본은 1899년에 최초로 개통된 경인선을 비롯하여 경부선, 경원선, 경의선 등에 대한 부설권을 독차지하였다.

광산 채굴권은 미국(운산·갑산), 영국(은산), 러시아(종성·경성), 일본(직산·송화), 독일(당현), 프랑스(창성) 등 여러 나라가 앞다투어 약탈해 갔다. 특히, '노다지'라는 신조어가 유래된 운산(평북) 금광에서 미국이 1897년부터 1915년까지 채굴한 금액은 4,950만 원에 이르렀다. 대한 제국이 일제에 진 국채가 1907년에 1,300만 원이었다는 점을 상기할 때 이는 실로 우리 민족의 운명을 바꿀 수도 있었던 민족 자산이기도 하였다.

산림 채벌권의 경우 러시아가 압록강, 두만강, 울릉도 등지의 산림 채벌권을 차지하였다. 그러나 러·일 전쟁 후, 일제는 1908년에 산림법을 제정하여 한·일 합병 2년 만에 총 임야 면적의 7분의 1에 해당하는 220만 정보의 산림을 빼앗아 갔다.

연안 어업권은 1880년대에는 청이 황해도와 평안도 연안의 어업권을, 일본은 남해와 동해 연안의 어업권을 침탈하였다. 이후 1900년대에 일본 어민들은 일본 정부의 지원 하에 한국 어장뿐만 아니라 소금 제조업까지 약탈해갔다.

운산 금광 채굴과 '노다지'

알렌 공사의 주선으로 1896년 대한 제국 정부로부터 국내 최대인 운산 금광 채굴권을 얻은 미국의 모스(Morse.J.R.)는 동양 합동 광업 개발 주식 회사를 설립하여 25만 주(株)에 대한 일시금 25만 원과 매년 2만 5,000원을 황실에 헌납하기로 하고 25년 간의 특허권을 얻었다. 1939년까지 경영하다가 이후에는 일본 회사가 8·15 광복(1945) 전까지 채굴하였다. 이 운산 금광은 1896년부터 40년 간 순금 80여 톤을 채굴한 세계적 광산이다. 한편, 미국의 운산 금광 채굴 과정에서 '노다지'라는 광산 용어가 생겨났다. 조선인 인부들이 채굴한 금덩어리에 접근을 금지하기 위해 미국인들이 '노터치'(no touch) 라고 외친 데에서 유래하였다.

운산 금광(평북 운산군 북진읍)에서 사금을 채취하는 조선인 광산 노동자들

열강의 경제적 이권 침탈

연대	침탈 당한 이권	침탈 국가	연대	침탈 당한 이권	침탈 국가
1876	무관세 무역권	일본	1897	당현(강원) 금광 채굴권	독일
1886	부산 절영도 저탄소 조차권	일본	1897	부산 절영도 저탄소 조차권	러시아
1886	창원(경남) 금광 채굴권	일본	1897	서울 전기·수도 시설권	미국
1887	제주도 연해 어업권	일본	1898	서울 전차 부설권	미국
1888	한·러 은행 개설권	러시아	1898	경부 철도 부설권	일본
1891	원산(함남) 저탄소 설치권	러시아	1898	은산(평남) 금광 채굴권	영국
1895	운산(평북) 금광 채굴권	미국	1900	직산(충남) 금광 채굴권	일본
1896	경인 철도 부설권	미국(일본에 양도)	1901	경기도 연해 어업권	일본
1896	경원·종성(함북) 광산 채굴권	러시아	1904	충청·황해·평안도 어업권	일본
1896	압록강·울릉도 삼림 채벌권	러시아	1905	통신 관리권, 하천 운행권	일본
1896	경의 철도 부설권	프랑스(일본에 양도)	1905	화폐 주조권	일본

(1) 경제 수호 운동의 전개

방곡령 선포

개항 이후, 일본 상인들은 농촌까지 들어와 영국산 면직물을 비롯하여 성냥, 석유, 화장품 등 생활용품을 팔고, 그 대신 쌀, 콩, 쇠가죽 등 농축산물을 가져갔다. 특히, 쌀이 헐값에 다량으로 일본으로 유출되어 국내 쌀값이 폭등하고, 식량 부족 사태마저 일어났다.

이에 백성들의 원성이 높아지자, 함경도·황해도·충청도 등지의 지방관들은 이를 수습하기 위해 방곡령을 선포하였다. 1889년 함경도 관찰사 조병식은 개정된 조·일 통상 장정에 따라 1개월 전에 일본 통상 담당자에게 통고하고 방곡령을 시행하였다.

그러나 일본은 통고를 늦게 받았다는 억지를 부려 조선 정부에 방곡령 철회를 요구하였다. 이에 조선 정부는 지역 간 곡물의 원활한 이동을 고려하면서도, 일본 정부의 항의에 굴복하여 오히려 배상금을 지불하고 방곡령을 철회하였다.

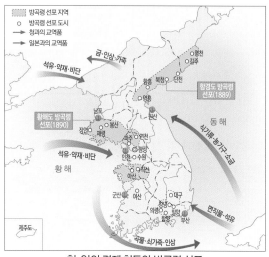

청·일의 경제 침투와 방곡령 선포

방곡령(防穀令) 선포의 근거
제37조 만약 조선국에 가뭄·수해·병란 등이 있어 국내 양곡의 부족을 우려하여 조선 정부가 잠정적으로 양곡의 수출을 금지하고자 할 때에는 반드시 1개월 전에 지방관이 일본 영사관에 통고해야 한다. 그러한 때는 그 시기를 미리 항구의 일본 상인에게 두루 알려 그대로 지키게 해야 한다.
— 조·일 통상 장정(개정, 1883)

상권 수호 운동의 전개

개항 초기에 외국 상인들이 거류지 무역에 한정되었다가 조·청 상민 수륙 무역 장정 체결(1882)을 계기로 내륙까지 진출할 수 있게 되었다. 특히, 일본과 청 양국 상인들은 서울에 상점을 개설하여 상권을 확대해 나갔다. 이에 개항장과 내륙을 연결하여 영업하던 객주, 여각, 보부상 등 중개 상인들이 대거 몰락하였고, 시전 상인과 육의전 등 서울 상인들의 상권도 크게 위협받게 되었다.

서울 상인들은 외국 상점 폐쇄를 요구하며 철시하거나 시위 운동을 벌여 외국 상인들에 맞섰다. 외국 상점의 폐쇄가 거부되자, 시전 상인들은 1898년에 황국 중앙 총상회를 결성하여 상권 수호 운동을 전개하였다. 지방의 상인들도 상의소, 객주회, 선상 협회 등의 경제 단체를 조직하여 대항하는 한편, 정부에 외국 상인의 불법적인 내륙 상업 활동에 대한 단속을 요구하기도 하였다.

황국 중앙 총상회
1898년 서울에서 창립된 시전 상인 단체이다. 일본·청 등 외국 상인의 침투에 대항하여 시전 상인의 독점적 이익을 수호할 목적으로 설립되었다. 황국 중앙 총상회는 상권 수호 운동에 그치지 않고 독립 협회와 더불어 자주 국권·자유 민권을 위한 운동에도 적극 참여하였다. 그러나 1898년 12월에 독립 협회와 함께 수구파 정부에 의해 해산되었다.

독립 협회도 황국 중앙 총상회의 상권 수호 운동을 지지하고 나섰다. 이에 정부는 전국 각지에서 조약 규정을 위반한 외국 상인의 활동을 금지하는 조치를 내렸다. 그러나 열강의 간섭과 외세 의존적인 관료들의 미온적 태도로 실효를 거두지는 못하였다. 이에 황국 중앙 총상회는 정부의 무능을 비판하고, 독립 협회가 개최하는 관민 공동회에 적극 참여하여 상권 수호 운동을 이어 나갔다.

독립 협회의 이권 수호 운동

아관 파천(1896) 이후, 러시아는 친러 관료들을 앞세워 조선 정부로부터 경제적 이권을 차지하였다. 그러자 일본, 미국, 영국, 프랑스 등 다른 나라들도 최혜국 대우 규정을 내세워 철도 부설권, 광산 채굴권, 삼림 채벌권 등 각종 이권을 침탈해갔다.

이에 독립 협회는 만민공동회를 개최하여 이권 수호 운동을 전개하였다. 그 결과 독립 협회는 러시아의 부산 절영도(석탄 저장 기지 설치용) 조차 요구, 목포와 진남포 부근 섬(군사 기지 건설용) 매도 요구 등을 저지하였고, 한·러 은행 폐쇄도 관철시켰다.

이처럼 독립 협회는 러시아의 이권 침탈에는 적극적으로 반대하였다. 반면에 미국, 일본, 영국 등의 철도 부설과 광산 채굴 요구는 근대화를 위한 개발이라 하며 찬성하는 등 이중적인 태도를 보이기도 하였다.

조차(租借)
특별한 합의에 따라 특정 국가가 다른 나라의 영토 일부를 일정 기간 빌려 자신의 통치 하에 둔 지역.

민족 자본의 육성

개항 이후 정부는 청과 일본에 산업 시찰단 파견을 계기로 기기창(무기), 박문국(인쇄), 권연국(담배), 양춘국(양조), 주일소(주물) 등 근대식 공장을 세웠다. 아울러 공장과 회사 제도를 도입하고, 방직업 분야의 근대화, 광공업 개발, 도로·항만 시설 확충 등을 추진하고자 하였다.

상인들은 외국 상회사의 국내 진출에 맞서 상업 자본 육성에 힘을 모았다. 시전 상인은 황국 중앙 총상회를 조직하여 상권 수호 운동을 전개하였고, 일부 상인들은 상회사를 설립하기도 하였다. 경강 상인들은 세곡을 운반하는 증기선을 구매하여 외국 상인과 경쟁하였으며, 개성 상인은 종삼(種蔘) 회사를 설립하여 인삼의 재배와 판매 등을 주도하였다.

제조 분야에서는 정부와 민간인들은 근대식 공장을 세워 산업 자본을 육성하고자 하였다. 정부는 1885년에 직조국을 설립하고 면제품 생산 기계를 도입하였다. 민간 자본가들은 한성 직조 회사, 대한 직조 공장, 대조선 저포 제사, 종로 직조사, 평양 자기 회사 등을 설립하였다. 특히, 한성 직조 회사는 외국에서 들어온 동력기를 이용하여 제품을 생산하였을 뿐만 아니라, 기숙사 시설까지 갖추는 등 근대적 공장으로 발전을 도모하였다.

개항 직후부터 일본 금융 기관이 침투하였고, 일본인의 고리대금업이 성행하였다. 이에 맞서 조선인들은 은행 설립 운동을 전개하였다. 1896년 우리나라 최초의

민족 자본으로 설립된 회사

분야	회사
금융	조선 은행, 한성 은행 대한 천일 은행, 한일 은행
직물	대한 직조 공장, 대조선 저포 제사, 종로 직조사, 한성 직조 회사
철도	부하 철도 회사, 대한 철도 회사
육운	이운사, 통운사
해운	대한 협동 우선 회사 인천 윤선 주식 회사
광업	해서 철광 회사 수안 금광 합작 회사

자료 스페셜 **독립 협회의 상권 수호 운동**

근일에 외국인이 내지의 각 부 각 군 요지에 점포 가옥을 사서 장사를 하고 또 전답을 구입한다고 하니, 이는 외국과 통상에도 없는 것이요. 외국인들이 내지에 와서 점포를 열어 장사를 하고 전답을 사들이면 대한 인민의 상권이 외국인에게 모두 넘어가고 …… 우리나라 각 부·각 군 지방에 잠거하는 외국 상인을 모두 철거하게 하고 가옥과 전답 구매를 일체 엄금하여 대한 인민의 상업을 흥왕케 하여 달라.

독립 신문, 1898년 10월 18일

조선 은행 전현직 관료가 주식을 공모하여 설립한 우리나라 최초의 은행(1896.6)이다. 자본금은 20만 원이며, 1주당 50원으로 총 4,000주를 발행하였다. 1900년 한흥 은행으로 개칭했다가 1901년에 폐점하였다.

은행인 조선 은행의 설립을 시작으로 한성 은행, 대한 천일 은행, 한일 은행 등이 설립되었다. 이 가운데 조선 은행은 관료 자본이 중심이 된 민간 은행으로 국고 출납 업무를 대행하고 지방에 지점을 두었다. 그러나 조선인들이 설립한 은행 대부분은 자금 부족과 운영 미숙, 일제의 화폐 정리 사업 등으로 말미암아 몰락하거나 일본인 손에 넘어갔다.

1880년대 후반에 조선 정부는 우정사를 설립하여 우리 힘으로 철도를 건설하려 하였다. 1894년에는 공무아문에 철도국을 설치하여 철도 체계의 통일을 시도하였다. 그러나 자본과 기술 부족 등으로 철도 사업은 일본, 미국, 프랑스 등 외국 자본가에게 넘어갔다.

국채 보상 운동의 전개

1905년 일제는 을사늑약을 체결하여 대한 제국의 외교권을 장악한 데 이어 차관 도입을 강요하여 재정권을 강탈하려 하였다. 통감부는 대한 제국이 빌린 차관 대부분을 경찰 기구 확대, 철도와 전선 부설 등 한국 침략을 위한 투자와 일본 거류민의 시설 개선 사업 등에 사용하였다. 그러나 차관 원금과 이자가 1,300만원으로 늘어나는 등 급기야는 대한 제국 정부가 상환하기 어려운 상황에 이르렀다.

이에 1907년 일본에서 빌린 차관을 갚아 국권을 회복하자는 국채 보상 운동이 일어났다. 그해 2월 대구에서 서상돈(출판사 광문사 부사장), 김광제(광문사 사장) 등 10여 명의 지역 유지들이 국채 보상 기성회를 조직하였다.

국채 보상 기성회에서 일본으로부터 빌린 국채를 모금으로 갚자는 격문을 돌리자, 전국 각지에서 호응하면서 국채 보상 운동이 본격적으로 시작되었다. 서울에서도 국채 보상 기성회를 조직하고, 국채 보상 국민 대표 취지문도 발표하여 본격적으로 모금 운동을 전개하였다. 대한 매일 신보, 황성 신문, 제국 신문 등 언론 기관과 대한 자강회 등 애국 계몽 단체에서 국채 보상 운동을 적극적으로 후원하였다. 대한 매일 신보는 국채 보상 운동에 성금을 낸 사람들의 명단을 신문에 싣고, 광고를 내어 홍보하는 등 참여 열기를 높여 나갔다.

국채 보상 운동에는 각계 각층에서 자발적으로 참여하여 부녀자, 기생, 어린이뿐만 아니라, 해외 동포와 외국인들도 모금 대열에 동참하였다. 남성들은 금주와 금연 등으로 모은 돈을, 여성들은 반찬값을 절약하여 모은 돈이나, 비녀, 가락지 등을 기부하였다. 일본 유학생, 미주와 연해주의 교포들도 의연금을 보내왔고, 일부 외국인도 동조했으며, 고종 황제와 정부 관료도 성금을 냈다. 이처럼 국민들의 적극적인 호응에 힘입어 모금 운동을 시작한 지 3개월 만에 모금액이 20만원에 달하였다.

그러나 일제 통감부는 국채 보상 운동을 배일 운동으로 간주하여 탄압하였다. 이 국채 보상 운동을 주도하던 대한 매일 신보 발행인 베델(영국인)을 추방하기 위한

국채 보상 운동 의연금 내역

모금처	모금액
대한 매일 신보	36,000여 원
신보사내 총합소	42,308원 10전
황성 신문	82,000여 원
제국 신문	8,420원 6전
만세보, 대한 신문	469원
국채 보상 기성회	18,700원 22전 7리
총 계	187,787여원 38전 7리

국채 담보금 영수증(대구 민의소에서 1907년 2월 21일 발행)

국채 보상 운동의 주역들

서상돈(1850~1913)

김광제(1866~1920)

양기탁(1871~1938)

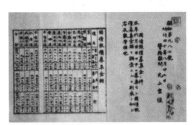
국채 보상 모집 금액표

공작을 벌이는 한편, 모금 책임자인 양기탁에게 모금 횡령 혐의를 씌어 구속하였다(1908). 양기탁은 무죄를 선고받고 풀려났으나, 이 사건의 여파로 국채 보상 운동은 점차 그 열기가 식어갔다. 결국, 국채 보상 운동은 일제의 방해와 함께 상층민, 부호, 명문가의 외면 등으로 중단되고 말았다.

자료 스페셜 국채보상운동의 전개(1907)

○ **국채 보상 탈환회 취지서(國債報償運動脫環會旨書)**

대저 하나님께서 내신 바 사람은 남녀가 일반이라. 우리는 한국의 여자로 학문에 종사치 못하고 다만 방적(방적)에 골몰하고 반찬에 분주하여 사람의 의무를 알지 못하옵더니, 근일에 들리는 말이 국채 1,300만 원에 국가 흥망이 갚고 못 갚는 데 있다고 떠드는 말을 듣고 …… 대저 2,000만 중 여자가 1,000만이요, 1,000만 중에 지환(손가락지) 있는 이가 반은 넘을 터이오니 지환 매 쌍에 2,000원씩만 셈하고 보면 1,000만 원이 여인 수중에 있다 할 수 있습니다. …… 이렇듯 국채를 갚고 보면 국권만 회복할 뿐 아니라 우리 여자의 힘이 세상에 전파하여 남녀 평등권을 찾을 터이니 ……

대한매일신보에 게재된 국채 보상 운동 관련 기사

대한 매일 신보, 1907년 4월 22일.

○ **대한 독립사 제1권 제1장에 대서특필하여 해와 달같이 게재할 일이다.**

꿈인가 생시인가, 하늘이 준 것인가 때가 온 것인가. 대한 광무 11년(1907년) 새봄의 제일 좋은 소식, 하늘에서 온 복음을 소리쳐 전하도다. 두 손 들어 재배하며 한소리 크게 불러 대한제국 만세, 대한제국 동포 만세를 선창하고, 삼백 번을 뛰며 삼백 번을 춤추며 이 만고의 호소식을 우리 이천만 형제에게 봉헌하노니, 이 소식은 다름이 아니라 대구광문사 부회장 서상돈씨 등이 단연동맹한 호소식이로다. 서상돈씨의 단연동맹서를 읽으매 그 문장이 한자 한자 열혈하여 우리의 마음을 감복시켰으니, 이제 들은 즉 며칠 되지 않아 응하는 자 구름 같아서 시정의 상인들은 머리와 힘으로 번 돈을 바치고, 노동자 일꾼들은 다리힘으로 번 돈을 바쳐 벌떼가 날리고 물살이 솟구쳐 흐르듯 하여 오히려 남보다 뒤질세라 두려워한다니, …… 뒷날 대한 독립사 제1권 제1장에 대서특필하여 해와 달같이 게재할 일이 단연동맹회의 서상돈 등 제씨가 아니겠는가. 우리 국민된 의무를 잃지 말지어다.

황성 신문 사설, 1907년 2월 25일

○ **단연 동맹가(斷煙同盟歌)**

아화우리 동포님네 이내말삼 들어보소　　　전국동포 이천만에 담배먹는 이식구들
세상억조 이창생에 제가절로 산다하나　　　일천만에 가량하고 절장보단 타산할제
나라실력 아니며난 한시반때 건딜손가　　　하로먹는 담배갑을 동전두푼 분배하야
백성모여 나라되고 나라힘에 백성사니　　　일년소비 회계하니 칠원이각 되어잇소
……　　　　　　　　　　　　　　　　　　　……

「대한 자강회 월보」(大韓自强會月報) 제10호. 1907년 4월.

5 근대 문화의 형성

1. 근대 시설과 문물의 수용
2. 근대 교육과 국학 운동
3. 문예와 종교의 새 경향

주시경(周時經, 1876~1914)

나라의 말과 글을 존중하여 쓰자

나라를 빼앗고자 하는 자는
그 나라의 글과 말을 먼저 없애고
자기 나라의 글과 말을 전파한다.
자기 나라를 흥성케 하고자 하거나 나라를 보존하고자 하는 자는
자국의 글과 말을 먼저 닦고
백성의 지혜로움을 발달케 하고 단합을 공고히 한다.

– 『주시경 선생 유고』 –

근대 문화의 수용

근대 교육 서양인 교사의 수업 장면. 우리나라 최초의 근대식 학교인 원산학사가 설립되면서 근대 교육이 시작되었다(1883).

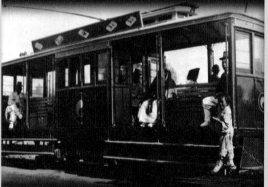

근대 전차 서대문과 청량리를 왕복하던 전차 모습. 서울은 동양에서 일본 도쿄 다음으로 전차가 운행하는 도시가 되었다.

1 근대 시설과 문물의 수용

(1) 근대 시설의 수용

서양의 과학 기술의 수용

개항 이후 일부 개화파 인사들은 '동도서기론'을 내세워 서양의 과학 기술의 수용을 역설하였다. 정부도 개화 정책을 추진하면서 서양의 과학 기술 도입에 적극성을 보였다. 1881년 일본에 조사 사찰단을 파견하여 메이지 유신 이후의 근대화 실상을 살펴보도록 하였다. 이어 청나라에 영선사를 보내 무기 제조 기술과 기계, 전기, 화학 등의 근대 기술을 배우게 하였다.

기기국 번사창(서울 종로) 구한말 기기국의 무기고로 사용한 건물이다.

정부는 군사 기술 도입과 함께 산업 기술의 수용에도 큰 관심을 갖게 되었다. 이에 따라 기기창(무기), 박문국(인쇄), 전환국(화폐), 권연국(담배), 양춘국(양조), 주일소(주물) 등의 공장이 세워졌다. 농업과 양잠에 관한 새로운 농법과 기술을 소개한 서적이 출간되기도 하였다.

갑오 개혁 시기에 정부는 교육 입국 조서 반포(1895)와 함께 각종 근대 문물과 시설을 도입에 적극적이었다. 광무 학교, 경성 의학교, 철도 학교 등 각종 기술 학교를 설립하여 과학 기술 인력을 양성하였다. 나아가 해외에 유학생을 파견하거나, 외국인 기술자를 초빙하여 서양의 과학 기술을 습득하였다. 방직·양잠·제지·광산 등에 관한 기계를 도입하고, 농무 목축 시험장을 설치하기도 하였다.

근대 시설과 문물의 도입

서양 과학 기술에 대한 관심이 높아지면서 각종 근대 시설이 도입되었다. 근대 우편 업무는 1884년 3월 우정총국이 설립되면서 시작되었다. 일본·영국·홍콩 등과 우편물 교환 협정을 맺어 외국과도 서신 교환이 가능해졌다. 그러나 우정총국 청사 개국 축하연에서 일어난 갑신정변으로 폐쇄되었다가(1884.10), 을미 개혁 때 우체사의 설치로 재개되었다. 1900년에 정부는 만국 우편 연합에 가입하여 세계 여러 나라와 우편물을 교환하였다.

통신 시설인 전신은 조·일 해저 전선 부설 조약 체결(1883)을 시작으로 1885년 청나라에 의해 서울과 인천 사이의 가설되었다. 이어 서울과 의주, 서울과 부산 사이의 전신이 각각 개통되었다. 전신 업무는 한성 전보총국에서 관리했는데, 요금은 서울에서 춘천은 8푼, 서울에서 원산은 9푼이었다. 이후, 우리 기술로 전선을 가설하여 중국, 일본 등 외국과 연결되는 국제 통신망까지 갖추게 되었다.

다리풍·어화통·전어통 등의 이름으로 불리던 전화는 미국에서 처음 발명된 지 6년 뒤인 1882년 우리나라에 처음 소개되었다. 1896년에 최초의 시외 전화가 서울과 인천 간에 개통되었다. 1902년에 서울과 인천 간에 공중용 시외 전화의 개통에 이어 서울과 수원 간, 개성과 평양 간의 전화 개설로 확대되었다.

근대 시설의 수용

통신	우편 : 우정총국 설립(1884) 　　　 우체사 설립(1895) 　　　 만국 우편 연합 가입(1900) 전선 : 서울-인천(청, 1885) 서울-의주(청, 1885) 일본-부산(일본, 1887) 전화 : 경운궁 개통(미국, 1896)
교통	전차 : 서대문-청량리 운행 　　　 (한성 전기 회사, 1898) 기차 : 경인선(노량진-제물포, 1899)
의료	광혜원(미국인 알렌, 1885) 광제원(1900) 세브란스 병원(1904) 대한 의원(1907) 자혜 의원(1909)
기타	기기창(무기 제조, 1883) 박문국(한성 순보 발간, 1883) 전환국(화폐 발행, 1883) 전등(경복궁 설치, 1887)

전선과 전화

1885년 서울과 인천 사이에 전선이 가설되고 한성 전보총국이 문을 열면서 전신 업무가 시작되었다. 이후 우리 손으로 전선을 개통함으로써 중국, 일본과 연결하는 국제 통신망까지 갖추었다. 전화는 처음에는 궁궐 안에 개통되었고(1896), 이어 점차 서울 시내의 민간에까지 확대되었다.

전차

1898년 12월 서대문에서 청량리까지 1단계가 완공된 후 1899년 5월 17일에 서울에서 전차 개통식이 열렸다. 전차 운영을 맡은 한성 전기 회사에 거금을 투자한 고종은 자주 황실 전용 전차를 타고 청량리에서 내려 명성 황후가 잠들어 있는 홍릉에 가서 슬픔을 달랬다. 그러나 개통된 지 1주일 만에 탑골 공원 앞에서 5살 어린이가 전차에 치여 사망하자, 성난 군중들이 전차를 공격해 불태워 버렸다. 이처럼 전차는 근대화의 상징으로 환영을 받기도 하였으나, 사고를 일으키는 위험한 존재로 인식되기도 하였다.

경인선과 경의선

경인선은 미국인 모스가 부설권을 얻어 공사에 착수하였으나, 자금난으로 일본이 인수하여 1899년 9월에 제물포(인천)와 노량진 사이의 33.2km를 개통하였다. 1900년 한강 철교 준공으로 노량진~서울역(당시의 서울역은 서대문으로 지금의 이화여고 자리) 사이가 개통되어 서울~인천이 완전 연결되었다. 경의선은 1896년 프랑스가 부설권을 얻었으나, 자금난으로 일본에게 넘어가 군용 철도 목적으로 1906년에 용산과 의주 간의 철도가 개통되었다. 길이는 518.5km. 1908년에는 부산과 신의주 간 직통 급행 열차인 융희호가 운행되었다.

철도 개통

철 도	개통 연도
경인선(노량진-인천)	1899
경부선(서울-부산)	1904
마산포선(마산-삼랑진)	1905
경의선(용산-의주)	1906
평남선(평양-진남포)	1910
호남선(대전-목포)	1914
경원선(서울-원산)	1914
함경선(원산-상삼봉)	1928
전라선(이리-여수)	1936
중앙선(청량리-경주)	1942

대한 의원

1899년에 최초로 국립 병원으로서 내부 병원(內部病院)이 설치되고, 1900년에는 광제원(廣濟院)으로 바꿨으며, 1907년 대한 의원으로 개칭되었다. 서양 의학에 의한 의료·의학 교육 제도를 확충할 목적으로 치료부·위생부·교육부의 3부를 두었다. 서울대학교 병원의 전신이다.

경인선 개통식(1899)

경인 철도(경성 정거장)

기차

전기 사업은 1898년 1월 미국인 콜브란과 보스트윅이 한성 전기 회사를 설립하면서 시작되었다. 한성 전기 회사는 1899년 5월 17일에 서울 서대문과 청량리(홍릉) 간의 전차 개통식을 가졌다. 서울은 동양에서 일본 도쿄 다음으로 전차가 운행하는 도시가 되었다. 전등은 이보다 앞서 1887년 초 경복궁 건청궁에 처음으로 가설되었는데, 에디슨이 전등을 발명한 지 불과 8년 만이었다.

철도는 수신사로 일본에 다녀온 김기수의 『일동기유』를 통해 처음 알려졌다. 1896년 미국인 모스는 경인선 철도 부설 특허권을, 프랑스인 그릴은 경의선 철도 부설 특허권을 각각 조선 정부로부터 얻어냈다. 그러나 대륙 진출의 야망을 가진 일본은 집요한 배후 공작을 벌려 경인선과 경의선 철도 부설권을 인수하였다.

1899년 9월에 노량진과 제물포 간 33.2km의 경인선이 최초로 개통되어 승객을 실어 날랐다. 이는 세계 최초로 철도를 개통한 영국보다 74년, 일본보다 27년 뒤였다. 일본·미국·프랑스·러시아 등 열강이 철도 부설의 이권을 둘러싸고 각축을 벌였으나, 결국 일본이 철도 부설권을 독점하였다. 경인선에 이어 경부선·마산포선·경의선 등이 잇따라 개통되었다.

이와 같은 서양 문물과 시설의 도입은 국민의 일상 생활을 편리하게 해 주었고, 사회·경제적 여건을 개선하는 이점도 있었다. 그러나 기술 도입과 관리 등이 외국인 손에 의존하였기에 국가 재정에 큰 부담이 되었다. 더욱이 외세의 이권 침탈 또는 침략의 수단으로 악용됨으로써 한국인들의 반발을 사기도 하였다.

개항 이후 정부는 서양 선교사들의 의료 시설 건립을 적극적으로 지원하였고, 선교사들도 의료 사업을 선교 활동에 널리 활용하였다. 1885년에 우리나라 최초의 근대식 병원인 광혜원이 설립되었다. 광혜원은 우정총국 낙성식 축하연에서 개화당의 습격으로 중상을 입은 민영익을 구한 인연으로 왕실 시의관에 임명된 선교사이자 의사였던 미국인 알렌(H. N. Allen, 한국 이름 安連)의 건의로 세워진 왕립 병원이었다. 광혜원은 개원 12일만에 제중원으로 이름을 바꾸어 서양 의료진이 왕실뿐만 아니라 일반 서민까지 진료하였다.

국립 병원인 광제원도 설립되어 종두법을 실시하였다(1900). 관립 의학교로 광제원과 적십자 병원이 통합된 대한 의원, 근대식 지방 도립 병원인 자혜 의원 등도 설립되었다. 1904년 미국 선교부는 서울역 앞에 제중원을 새로 짓고 병원 이름을 '세브란스 병원'이라 고쳐 불렀다.

광혜원의 복원된 모습(서울 연세대학교 구내)

대한 의원(서울 종로)

지석영(1855~1935) 일찍이 서양 의학서를 읽고 영국인 제너가 고안한 우두 접종법에 관심을 가졌다. 그는 1880년에는 제2차 수신사 일원으로 일본에 가서 직접 종두법을 익혀 귀국한 뒤, 본격적인 보급에 나섰다. 임오군란 때는 친일파로 몰려 체포령이 내려지고 종두장이 파괴되기도 하였다. 한편, 지석영은 독립 협회에 가담하여 적극 활동하는 등 개화 운동에도 힘쓰는 한편 국문 연구에도 이바지 하였다.

정부는 경성 의학교를 세워 근대 의학 교육 실시와 함께 근대 의료인을 양성하였다. 이어 위생국을 신설하고 의료·위생 사업을 실시하여 국민의 보건 향상에도 힘썼다. 서양 의학서를 번역하여 소개하거나 서양 의료 기술을 배우기 위해 유학을 가는 이들도 생겨났다. 서양 의술을 배운 의료인들은 의사 단체를 결성하여 의학 발전을 도모하기도 하였다.

그러나 통감부 설치(1905) 이후 일제는 한방 의료를 공식적인 의료 제도에서 철저히 배제하였다. 이로 인해 전통 의학은 급격히 위축된 반면에, 서양 의학이 그 자리를 차지하기에 이르렀다.

(2) 언론의 발달과 신문 발행

초창기의 신문

1883년에 정부는 박문국을 설립하여 최초의 신문인 한성 순보를 발간하였다. 10일마다 발간된 한성 순보는 국내 소식과 함께 해외 사건 등을 번역하여 실었다. 관보였던 이 신문은 관청과 개인에 배포되어 정부 정책의 홍보와 함께 지지를 이끌어내고자 하였다. 그러나 갑신정변이 일어나 박문국의 인쇄 시설이 모두 불타버려 신문 발간도 중단되었다.

이후, 1886년에 한성 주보가 한성 순보의 복간 형식으로 다시 간행되었다. 주간 신문이었던 한성 주보는 처음으로 국한문 혼용체로 발행되었고, 우리나라 신문 최초로 세창 양행의 상업 광고를 싣기도 하였다.

한성 순보(漢城旬報, 1883.9~1884.10)

대한 제국 시기의 신문

대한 제국 수립을 전후하여 민중 계몽과 애국심 고취를 위한 언론 활동이 더욱 활발해졌다. 서재필 등은 정부로부터 자금을 지원받아 1896년 4월 7일에 독립 신문을 창간하였다. 최초의 민영 일간지인 독립 신문은 독립 협회의 기관지로 처음에는 주 3회 발행되다 일간지로 자리를 잡았다.

독립 신문은 읽기 쉬운 한글과 띄어쓰기 등의 문체를 사용하여 많은 독자층을 확보하였다. 또 한글판과 더불어 외국인에게 국내 사정을 홍보하기 위해 영문판(THE INDEPENDENT)으로도 발행되었다. 이 밖에도 가판 제도와 함께 전국 주요 도시에 지사도 설치하였을 뿐만 아니라 해외 통신원을 두기도 하였다. 그러나 독립 협회가

한성 주보(1886~1888)의 세창 양행 상업 광고
독일인 상인 에드바르트 마이어는 최초의 국한문 신문인 한성 주보 1886년 2월 22일자에 한문만으로 구성된 세창 양행의 상업 광고를 실었다. 이는 우리나라 신문 최초의 광고이었다.

제국 신문(1898.8~1910.8)

황성 신문(1898.9~1910.8)

정부의 탄압으로 해산되자, 독립 신문도 1899년 12월 4일자 제4권 제278호의 종간호를 내고 발행을 중단하였다.

1898년 8월 이종일이 제국 신문을 창간하였다. 처음에는 제호까지 '뎨국 신문'으로 한글을 사용하여 한자에 익숙하지 않은 일반 서민층과 특히 부녀자들 간에 구독층이 많아 '암글 신문'이라고도 불리웠다. 이 신문에는 이해조의 「고목화」 등 신소설이 연재되기도 하였다. 제국 신문은 1910년 8월 폐간되기까지 문명 개화와 자주 독립 의식을 고취하였을 뿐 아니라, 한글의 보급과 대중화에도 기여하였다.

1898년 9월 개신 유학자인 남궁억은 황성 신문을 발행하였다. 황성 신문은 주로 유림층을 대상으로 하여 국한문 혼용체로 발간되었다. 또한 영국 로이터 통신사와 계약을 체결하고 외신을 공급받아 서양 소식을 보도하기도 하였다. 황성신문은 을사늑약이 체결되자 '시일야방성대곡'(是日也放聲大哭)이라는 논설을 실어 일제 침략을 규탄하면서도 항일 의병 운동을 신랄히 비난하는 등 이중적 태도를 보이기도 하였다. 한·일 합병(1910) 이후에는 친일적인 성향을 보여 이름도 '한성 일보'로 바꿨다.

애국 계몽 운동 시기의 신문

을사늑약 체결 직후에 국권 회복을 목표로 애국 계몽 운동이 전개되었다. 이에 부응하여 계몽 운동가들은 여러 신문을 발간하여 국권 회복 운동을 확산시키고 민족 의식을 고취하고자 하였다.

1904년 7월에 영국인 베델(E. T. Bethel)은 양기탁 등과 한·영 합작 형식으로 대한 매일 신보를 창간하였다. 대한 매일 신보는 베델이 발행인을, 양기탁이 주필을 맡고, 박은식과 신채호 등이 논설을 담당하였다. 일반 대중과 외국인을 위해 한글판과 영문판으로 발행했으며, 처음에는 한글과 영어를 겸용했으나, 뒤에는 국한문 혼용으로 바꿨다. 대한 매일 신보는 국채 보상 운동을 홍보하고, 비밀 결사 단체인 신

○ 독립 신문(1896.4.7~1899.12.4)

우리 독립 신문이 생긴 이후로 한 가지 개명된 것은 인민들이 차차 신문이 긴요한 물건인 줄을 알아 이전에는 신문이 무엇인지도 몰라 덮어 놓고 시비하는 자도 있고 비웃는 자도 있고 당초에 볼 생각을 아니하는 자가 많이 있더니, 근일에는 그런 사람들도 차차 신문이 없어서는 세상이 컴컴하여 견딜 수 없다고 하는 이가 많이 있으니, 이걸 보면 다른 것을 그만두고 우선 그만큼 사람들이 열리어 신문 없으면 못쓰겠다는 생각이 나게 되었으니, 이것은 우리가 우리를 칭찬하는 것이 동양 풍속으로 말하면 도저히 우스운 일이나 실상을 말하거니와 인민이 이만큼 열린 것은 독립 신문의 효험이라 할 수 있겠다.

독립 신문, 1898년 4월 12일

○ 대한 매일 신보(1904.7~1910.8)

대저 독립을 이룸에 실력이 일부 큰 요소라 함은 가할지언정 부강한 후에야 독립을 이룬다 함은 불가한 바라. 시험 삼아 생각해 보라. 옛날부터 독립을 이룬 자가 과연 모두 실력의 부강을 의뢰하였는가. 실력이 전혀 없다 함은 불가할지언정 실력의 부강을 요한다 함은 또 불가하니 미국, 이집트, 이탈리아 등 독립사를 시험 삼아 읽어보라. 부강이 독립의 전제를 만든다 함보다 오히려 독립이 부강의 전제 조건이 된다.

대한 매일 신보, 1909년 6월 18일

민회의 기관지 역할도 하였다. 이 신문은 사주(베델)가 영국인 신분이었기에 일본 통감부의 통제와 검열에서 어느 정도 벗어날 수 있으며, 일제의 침략성을 비판하여 가장 많은 독자층을 확보하였다. 신문사 정문에 '일본인 출입 금지'라고 써 붙여 일제의 침략 행위를 규탄하기도 하였다.

양기탁과 배설(베델)동상(서울 종로, 프레스센터)

1900년대에 들어 종교계에서도 신문을 발행하였다. 천도교는 1906년에 만세보를 발행하였다. 이 신문은 국한문을 혼용하면서 한자 옆에 한글로 음을 달아 한문을 잘 모르는 독자들도 쉽게 읽을 수 있었다. 만세보는 친일 매국 단체인 일진회의 국민 신보에 대항하여 민족 의식을 고취하는 데도 앞장섰다.

천주교에서는 1906년 10월에 순 한글판 주간 신문인 경향 신문을 발행하였다. 이 신문의 발행인 겸 주필로 프랑스인 신부 안세화(安世華, Florian Demange)로 등록했는데, 이는 외국인의 치외법권적 지위를 이용하여 통감부의 언론 탄압을 피하려는 방편이었다.

이처럼 다양한 신문이 발행되어 민중 계몽과 민족 의식을 고취하였다. 이에 일제는 1907년에 신문지법을 제정하여 이들 신문을 탄압하였다. 1910년 한·일 병합을 전후하여 대부분의 신문이 폐간되고 말았다.

만세보(1906~1907.6)

신문의 성향
- 저항 신문 : 제국 신문, 황성 신문, 대한 매일 신보, 만세보, 대한 민보, 경향 신문 등
- 친일 신문 : 한성 신보, 매일 신보, 국민 신보, 대한 신문, 경성 일보

한말 5대 민족 신문
제국 신문, 황성 신문, 대한 매일 신보, 만세보, 경향 신문

국내외에서 발행된 신문

신문명	발행인	발행 연도	관련 내용
한성 순보	정부	1883~1884	정부 기관지(박문국 발행), 순한문, 우리나라 최초의 신문
한성 주보	정부	1886~1888	정부 기관지, 국한문, 최초로 광고 게재
독립 신문	서재필	1896~1899	한글/영문, 독립 협회 기관지, 최초의 민간 일간지
제국 신문	이종일	1898~1910	한글, 서민과 부녀자 구독(암글 신문), 국채 보상 운동 후원
황성 신문	남궁 억	1898~1910	국한문, 유림층 구독, 을사늑약 반대 논설 게재, 국채 보상 운동 후원
대한 매일 신보	베델(영국인)	1904~1910	영·한 합작, 국한문/한글(영문판 별도 발행), 국채 보상 운동 후원
국민 신보	이용구	1906~1910	친일 매국 단체인 일진회 기관지
대한 신문	이인직	1907~1910	국한문/한글, 이완용·내각 기관지
만세보	오세창	1906~1907	국한문, 천도교 기관지
경향 신문	안세화(드망즈, 프랑스인)	1906~1910	한글(주간지), 천주교 기관지
대한 민보	오세창	1909~1910	국한문, 대한 협회 기관지
해조 신문	최봉준	1908.2~1908.5	한글, 최초의 해외 신문(연해주)
신한 민보	최정익	1909~1922	한글/영문, 국민회(미국 샌프란시스코 교민 단체) 기관지

자료 스페셜 ┃ 신문지법(新聞紙法, 1907)

제10조 신문지는 매회 발행에 앞서 먼저 내부 및 그 관할 관청에 각 2부를 납부해야 한다.

제11조 황실의 존엄을 모독하거나 국헌을 문란 혹은 국제 교의를 저해하는 사항을 기재할 수 없다.

제21조 내부대신은 신문지로서 안녕 질서를 방해하거나 풍속을 괴란케 한다고 인정될 때는 그 발매, 배포를 금지하고 이를 압수하며 그 발행을 정지 혹은 금지할 수 있다.

제36조 본 법의 규정은 정기 발행의 잡지류에도 준용한다.

더 알아보기

근대 시설의 도입

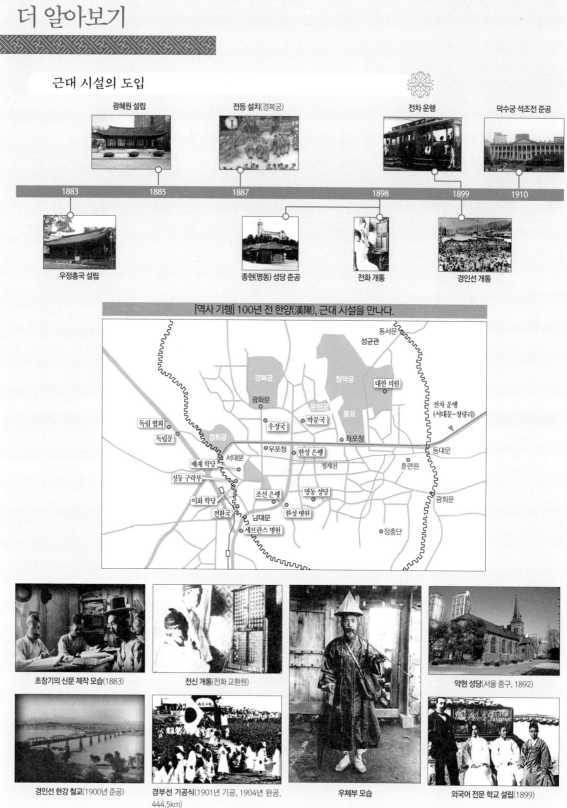

광혜원 설립

전등 설치(경복궁)

전차 운행

덕수궁 석조전 준공

1883　1885　1887　1898　1899　1910

우정총국 설립

종현(명동) 성당 준공

전화 개통

경인선 개통

[역사 기행] 100년 전 한양(漢陽), 근대 시설을 만나다.

동서문

성균관

경복궁　창덕궁

광화문　대한 의원

운현궁

독립 협회　우정국　박문국

독립문　종묘

경희궁　전차 운행

서대문　(서대문~청량리)

우포청　한성 은행

배재 학당　동대문

청계천

정동 구락부　훈련원

이화 학당　조선 은행　명동 성당　광희문

전환국　한성 병원

남대문

세브란스 병원　장충단

초창기의 신문 제작 모습(1883)

전신 개통(전화 교환원)

약현 성당(서울 중구, 1892)

경인선 한강 철교(1900년 준공)

경부선 기공식(1901년 기공, 1904년 완공, 444.5km)

우체부 모습

외국어 전문 학교 설립(1899)

436 Ⅵ 근대 사회의 전개

(1) 근대 교육의 수용

근대식 학교의 설립

개항 이후, 정부와 개화 지식인들은 근대식 학교를 세워 인재를 육성하였다. 1883년에 개화파 관리와 덕원(원산의 옛 지명)의 상인들은 우리나라 최초의 근대식 학교인 원산 학사를 세워 근대 학문과 무술을 가르쳤다. 이어 1883년 8월에 정부는 관립 외국어 교육 기관으로 '통변 학교'라고도 불린 동문학사를 세워 영어를 강습하고 통역관을 양성하였다.

1886년에 최초의 근대식 관립 학교인 육영 공원이 설립되었다. 학교 이름이 '젊은 영재를 기르는 공립 학교'라는 뜻의 육영 공원은 미국인 헐버트(H. B. Hulbert)·길모어(G. W. Gilmore)·번커(D. A. Bunker)를 교사로 초빙하여 현직 관료와 양반 자제를 선발하여 영어, 수학, 자연 과학, 정치학 등 근대 학문을 가르쳤다.

공사 중인 배재 학당(1885)

이 밖에도 기독교 단체들이 선교를 목적으로 많은 학교를 세웠다. 최초로 설립된 배재 학당(1885)과 여성 교육의 선구가 된 이화 학당(1886)을 비롯하여 경신 학교, 경신 여학교, 숭실 학교, 숭의 여학교 등이 기독교 계통의 학교였다.

갑오 개혁 시기에 정부는 교육 입국 조서 발표와 함께 종래의 예조를 대신하여 교육 행정을 전담하는 학무아문을 설치하였다. 이어 소학교, 사범 학교, 외국어 학교 등 각종 관공립 학교를 설립하였다. 1895년 4월에는 소학교 교사를 양성하기 위해 우리나라 최초의 한성 사범 학교를 세웠다. 그해 7월에 소학교령을 반포하여 국민 의무 교육 제도를 추진하였으며, 근대 교육에 적합한 각종 교과서도 편찬하였다.

이화 학당 학생과 설립자 스크랜턴

한편, 정부는 유교를 국민 교육의 근간으로 하는 교육 정책을 실시하였다. 이를 위해 부실해진 성균관을 정비하고, 종전의 서당을 초등 교육 기관으로 개편하였다.

대한 제국의 교육 입국 정책

대한 제국 수립(1897) 이후에도 정부는 학교 설립에 큰 관심을 기울였다. 소학교령 제정에 이어 소학교 운영비 조달에 관한 세부 규칙을 마련하였다. 이어 『국민소학독본』, 『조선역사』, 『조선역대사략』, 『조선약사』, 『사민필지』 등의 각종 근대적 교과서를 펴냈다. 1895년에는 200여 명의 국비 유학생을 선발하여 일본의 경응의숙(지금의 게이오 대학) 등에 유학을 보내 근대 학문을 배우게 하였다.

> **소학교령(1895.7)**
> 제1조 소학교는 아동의 신체 발달에 비추어 국민 교육의 기초와 그 생활상 필요한 보통 지식과 기능을 가르침을 본지로 한다.
> 제2조 소학교를 나누어 관립 소학교·공립 소학교·사립 소학교의 3종으로 함. 관립 소학교는 정부 설립이요. 공립 소학교는 부(府) 또는 군(郡) 설립이요. 사립 소학교는 사립 설립에 관계한 자를 말한다.
> 제4조 사립 소학교는 각 해당 관찰사의 인가를 거쳐 설치함. 사립 소학교 인가에 관한 규정은 학부대신이 정한다.

자료 스페셜 교육 입국 조서(1895.2)

세계의 정세를 보면 부강하고 독립하여 사는 모든 나라는 다 국민의 지식이 밝기 때문이다. 이제 짐은 정부에 명하여 널리 학교를 세우고 인재를 길러 새로운 국민의 학식으로써 국가 중흥의 큰 공을 세우고자 하니, 국민들은 나라를 위하는 마음으로 덕(德)과 체(體)와 지(智)를 기를지어다. 왕실의 안전이 국민들의 교육에 있고 국가의 부강도 국민의 교육에 있도다.

사립 학교령(1908.8.26)
일제가 식민지 교육 체제를 구축하기 위해 제정한 교육 관련 법령이다. 일제는 1900년대에 들어 한국인들이 4,000~5,000개 교에 달하는 사립 학교를 설립하여 민족 의식을 고취하는 민족 교육을 실시하자 이를 규제하기 위해 사립 학교령을 제정하였다. 외국인 선교사들이 세운 종교 학교도 규제 대상이었으나, 선교사들의 반발이 심해 한국인이 설립한 학교에만 적용되었다.

오산 학교(이승훈 건립, 정주, 1907) 사진은 제1회 졸업식 장면(1910)이다.

대성 학교(안창호 건립, 평양, 1908)

성균관의 교육 과정도 재정비하여 전통 교육의 맥을 잇게 하였다. 이는 당시 교육이 유교 경전 중심의 전통 교육에 바탕을 두면서도 서양의 근대 학문과 과학 기술을 적극 수용하여 국가 발전에 이바지하려는 교육 정책에 따른 조치였다.

1900년대에 들어와 애국 계몽 운동가들에 의해 수많은 민족주의 계열의 학교가 국내외에 설립되었다. 국내의 보성 학교, 중동 학교, 대성 학교, 오산 학교를 비롯하여 국외의 서전서숙, 명동 학교 등이 그 대표적인 학교였다.

이어 1900년에는 최초의 중등 교육 기관인 한성 중학교가 개교하였다. 전문 교육과 고등 교육을 위한 학교 설립도 추진되어 한성 법어 학교(1895) 등이 문을 열었다. 그 밖에 각종 외국어 학교가 늘어났고, 상공 학교도 설립되었다. 왕실, 전현직 관리 및 일반인들도 학교 설립에 참여하여 흥화 학교를 비롯하여 수많은 사립 학교가 설립되었다.

그러나 1908년 일제 통감부는 '사립 학교령'을 제정하여 사립 학교 설립을 엄격히 규제하고, 교과서에 대한 검정 규정도 마련하여 학교 교재까지 통제하였다.

(2) 국학 연구의 진전

국사 연구

조선 후기 실학자들에 의해 관심이 높아진 국학 연구는 개항 이후 더욱 활발하게 연구되었다. 특히, 1905년 을사늑약을 전후하여 국권이 상실될 위기에 놓이자, 애국 계몽 운동가들은 민족 의식을 높이고 외세의 침략으로부터 민족 문화를 지키기 위한 방편으로 국사와 국어에 관한 연구 활동을 전개하였다. 이들은 애국심과 독립 정신을 불러일으키는 데는 국사와 국어가 무엇보다 중요하다고 인식하였기 때문이었다.

국사 분야에서는 신채호, 박은식 등이 근대 역사학의 토대를 닦았다. 특히, 신채호는 대한 매일 신보에 연재한 「독사신론」에서 일본의 식민 사관을 비판하고, 민족주의 역사학의 연구 방향을 제시하였다. 그는 우리 민족이 단군의 후예이고, 중심 종족은 부여족이라는 사실을 규명하는 동시에 발해가 우리 민족사에서 제외된 원인을 자신의 역사관에 입각하여 규명하였다.

근대 학교·교육 기관의 설립

학교명	설립자	설립 연도	비고	학교명	설립자	설립 연도	비고
원산학사	덕원(원산) 주민	1883	최초의 근대 학교	광성 의숙(휘문 의숙)	민영휘	1904	서울
동문학	정부	1883	통변 학교로 불림	양정 의숙	엄주익	1905	서울
육영 공원	정부	1886	최초의 관립 학교	보성 학교	이용익	1905	서울
배재 학당	아펜젤러	1885	최초의 기독교 학교	서전서숙	이상설	1906	만주 용정, 최초 국외 학교
이화 학당	스크랜튼	1886	최초의 여학교	진명 여학교	엄준원	1906	서울
경신 학교	언더우드	1886	서울	명신여학교(숙명 여학교)	엄비	1906	1909
숭실 학교	베어드	1897	평양	중동 학교	신규식	1906	서울
정신 여학교	엘레스	1887	서울	오산 학교	이승훈	1907	정주
흥화 학교	민영환	1895	서울	대성 학교	안창호	1907	평양
숭의 여학교	모펫	1903	서울	명동학교	김약연	1908	만주 용정

황현은 1864년부터 1910년까지 47년 간 조선 왕조의 흥망을 일기 형식으로 기록한 『매천야록』(梅泉野錄)을 저술하였다. 그는 일제의 합방으로 나라가 망했다는 소식에 독약을 마시고 자결하여 조선 선비의 절의를 드러냈다.

양명학을 집대성한 강화학파의 가학을 이은 이건창은 조선 사회의 당쟁사를 기록한 『당의통략』(黨議通略)을 지었다. 그는 가장 공정한 안목과 비평으로 당색이나 가문의 계통에 제약받지 않고 당쟁사를 정리한 학자로 평가받고 있다.

황현(1855~1910)

김택영은 『한사경』(韓史綮)을 저술하여 우리나라 역사를 중국인들에게 소개하였다. 또한, 그는 『여한구가문초』(麗韓九家文抄)를 지어 우리나라 한문학의 전통과 맥락을 체계화는 데 이바지하였다.

현채는 학교 교과서로 초등용인 『유년필독』과 중등용인 『동국사략』을 편찬하여 민족의 자주성과 애국심 함양에 기여하였다.

국사 연구 외에도 신채호, 박은식, 장지연 등은 『을지문덕전』, 『강감찬전』, 『최영전』, 『이충무공전』 등 외적의 침략으로 위기에 처한 국가를 구한 민족영웅들의 전기를 편찬하여 애국심을 고취하였다. 또한, 『미국 독립사』, 『월남 망국사』, 『나폴레옹 전기』, 『워싱턴 전기』 등 다른 나라의 흥망사와 위인전 등도 번역되어 널리 읽혔다.

복원된 이건창(1852~1898) 생가(인천 강화)

박은식과 최남선 등은 1910년에 조선 광문회를 설립하여 『동국통감』, 『해동역사』, 『경세유표』 등의 민족 고전을 정리하여 간행하는 한편, 민족 문화와 사상의 기원에 관한 연구에 힘썼다.

국어 연구

국학 연구가 활발해지면서 중국 글자인 한자 중심에서 벗어나 우리의 말과 글을 중시하려는 노력으로 한글의 중요성이 크게 부각되었다. 구미 유학생이었던 유길준은 『서유견문』에서 처음으로 국한문 혼용체를 사용하였다. 갑오 개혁 이후에는 각종 공문서, 교과서, 신문 등에서 국한문 혼용체 사용이 일반화되었다. 독립 신문, 제국 신문, 대한 매일 신보 등의 한글 신문이 발행되어 한글 보급과 대중화에 크게 기여하기도 하였다.

유길준의 『서유견문』(1889년 완성, 1895년 출간)과 지석영의 『자전석요』(상하 2권, 1906)

정부는 1907년 학부에 국문 연구소를 설립하여 우리말의 체계화에 앞장섰다. 주시경, 지석영, 유길준은 국어 문법 체계를 연구하여 각각 『국어문법』, 『자전석요』, 『대한문전』을 편찬하였다. 주시경은 "국가의 성쇠와 존망은 국어에 달려 있다."고 하여 민족주의 입장에서 국어에 대한 근대적 연구의 기초를 마련하고, 우리글을 '한글'이라 칭하여 한글의 우수성과 함께 그 소중함을 일깨웠다.

이와 같이 국사·국어를 중심으로 한 국학 연구는 민중을 계몽하고, 민족 의식과 독립 의지를 고취하는데 크게 기여하였다. 그러나 일제의 통제 하에서 국권 회복 운동의 일환으로 전개됨으로써 학문적 깊이에는 일정한 한계를 드러내기도 하였다.

한글의 의미

옛날 한학을 숭상하는 선비들은 우리글을 '언문', '암글' 등으로 부르며 무시하는 경향이 있었다. 주시경은 이러한 사대주의적 태도를 부끄럽게 생각하였다. 그는 우리말과 우리글을 아끼고 소중하게 여김으로써 국민들이 민족 문화에 대한 자부심을 느끼고 나라를 사랑하는 마음을 가질 수 있도록 노력하였다. 그리하여 우리글에 '한민족의 크고 바르고 으뜸가는 글'이라는 뜻의 '한글'이라는 이름을 붙였다.

더 알아보기

국사 연구 - "정신이 없는 역사는 정신이 없는 민족을 낳는다."

신채호(1880~1936)

신채호의 편지(1901)

국가의 역사는 민족의 소장성쇠(消長盛衰)의 상태를 가려서 기록한 것이다. 민족을 버리면 역사가 없을 것이며, 역사를 버리면 민족의 그 국가에 대한 관념이 크지 않을 것이니, 아아! 역사가의 책임이 그 또한 무거운 것이다. …… 우리나라의 중심 종족인 단군의 후예로 발달된 참된 자취가 명백하거늘 무슨 까닭으로 우리 조상을 그릇 기록함이 이에 이르렀는가. 오늘날에 있어서 민족주의로써 전 국민의 어리석음을 깨우치며, 국가 관념으로써 청년들의 머리를 도와하여 우세한 자는 살아남고 열등한 자는 멸망한다는 기로에 처하여 한 가닥 아직 남아 있는 국가의 명맥을 지키고자 하려면 역

사를 버리고는 다른 방책이 없다고 할 것이나, 이런 역사를 역사라고 할진대 역사가 없는 것만 같지 못하다.

역사를 쓰는 자는 반드시 그 국가의 주인 되는 한 종족을 먼저 드러내어, 이것으로 주제를 삼은 후에 그 정치는 어떻게 흥하고 쇠하였으며, 그 산업은 어떻게 번창하고 몰락하였으며, 그 무공(武功)은 어떻게 나아가고 물러났으며, 그 생활 관습과 풍속은 어떻게 변하여 왔으며, 그 밖으로부터 들어온 각각의 종족을 어떻게 받아들였으며, 그 다른 지역의 나라들과 어떻게 교섭하였는가를 서술하여야 이것을 역사라고 말할 수 있다. 만일 그렇지 않다면, 이것은 정신이 없는 역사이다. 정신이 없는 역사는 정신이 없는 민족을 낳을 것이며, 정신이 없는 국가를 만드니 어찌 두려워하지 않겠는가.

신채호, 『독사신론』, 서론(대한매일신보 연재)

국어 연구 - "한글을 업신여기지 말라."

주시경(1876~1914)

주시경의 국어학 연구서인 『국어문법』(1910)

우리 반도에 태고 적부터 우리 반도 인종이 따로 있고 말이 따로 있으나 글을 없더니 지나와 통한 후로 한문을 일삼다가 우리 왕조의 세종 대왕께서 지극히 밝으시어 각국이 다 그 나라 글이 있어 그 말을 기록하여 쓰되 홀로 우리나라는 글이 완전치 못함을 개탄하시고 국문을 교정하사 중외에 반포하셨으니 참으로 거룩하신 일이로다.

그러나 후생들이 그 뜻을 본받지 못하고 오히려 한문만 숭상하며 어릴 때부터 이삼십까지 아무 일도 아니하고 한문만 공부로 삼았으되 능히 글을 알아보고 능히 글로 그 뜻을 짓는 자가 백에 하나도 못되니 이는 다름이 아니라 한문은 형상을 표하는 글일 뿐더러 본래 다른 나라

글인 고로 이같이 어려운지라. ……

전국 인민의 사상을 돌리며 지식을 다 넓혀 주려면 불가불 국문으로 각색 한문을 번역하여 남녀를 물론하고 다 쉽게 알도록 가르쳐 주어야 될지라. 영국, 미국, 프랑스, 독일 같은 나라들은 한문을 구경도 못하였지만 저렇듯 부강함을 보시오. 우리 동방도 사천여년 전부터 개국한 이천만 민중 사회에 날로 때로 통용하는 말을 입으로만 서로 전하던 것도 큰 흠절이거늘 국문이 생겨난 후 기백 년에 사전 한 권도 만들지 않고 한문만 숭상한 것이 어찌 부끄럽지 아니하리오.

지금 이후부터는 우리 국어와 국문을 업신여기지 말고 힘써 그 문법과 이치를 탐구하며, 사전과 문법과 독본들을 잘 만들어 더 좋고 더 편리한 말과 글이 되게 할 뿐 아니라, 우리 온 나라 사람이 다 국어와 국문을 우리나라 근본의 주장 글로 숭상하고 사랑하여 쓰기를 바라노라.

주시경, 『서우』 제2호, 1907년 1월

(1) 문예 활동

근대 문학의 태동

개항 이후 서양의 근대 문화가 본격적으로 들어오면서 문학, 음악, 연극, 미술 등 문학과 예술 분야에도 새로운 변화가 나타났다.

개화기 소설이라고도 불리는 신소설은 주로 계몽적인 주제에다 언문일치의 문장으로 쓰여졌다. 신소설에는 봉건적 윤리관을 비판하고, 문명 개화를 찬미하거나, 계급 타파, 남녀평등, 자유 결혼, 미신 타파 등의 주제를 다루었고, 민족의 자주독립 정신을 고취하는데도 기여하였다. 천도교 기관지인 만세보에 연재된 이인직의『혈의 누』(1906)를 시작으로『자유종』·『귀의 성』(이해조),『금수회의록』(안국선),『추월색』(최찬식),『설중매』(구연학) 등이 그 대표적인 신소설 작품이었다.

시사 문학은 최남선이 1908년에「해에게서 소년에게」를 발표하여 근대시의 새로운 형식을 개척하였는데, 이 작품은 '신체시'의 효시로 평가받고 있다. 신체시는 현대시로 넘어가는 중간 단계로 전통적인 시조나 가사의 고정된 운율에서 벗어나 구어체의 자유로운 형식으로 주로 개화 사상, 신교육, 남녀 평등, 자주 독립 등 계몽적 내용을 다루었다.

또한,『성경』,『천로역정』,『이솝 이야기』,『로빈슨 표류기』등 많은 외국 문학 작품이 번역되어 널리 소개되었다.

예술의 새 경향

서양 근대 문화의 영향으로 예술 분야에도 많은 변화가 일어났다. 음악에서는 서양 음악의 영향으로 창가가 널리 유행하였다. 창가는 서양식 악곡에 우리말 노래 가사를 붙여 부르는 노래이다. 1896년 새문안 교회에서 부른 '황제 탄신 경축가'는 영국 국가의 곡조에 맞춰 부른 곡이고, 독립문 기공식 때 배재 학당 학생들이 부른 '애국가'는 스코틀랜드 민요 올드랭사인(Auld Lang Syne)의 곡조에 맞춰 불린 노래였다. 권학가, 학도가, 독립가, 한양가, 경부 철도가 등과 같은 창가도 널리 애창되었다. 이들 창가는 단순히 즐기기보다는 주로 민족 의식을 고취하고, 청소년에게 학문을 권장하는 계몽적인 성향을 보였다.

판소리에서는 신재효가 동편제와 서편제를 융합하여 판소리를 민족 예술로 성장하는 기반을 마련하였다. 한 사람이 부르던 전통적인 판소리를 여러 사람이 1인 1역을 맡아 부르는 형

금수회의록(1908)
동물들의 입을 빌려 개화기 당시의 인간 사회를 신랄히 비판하고 인간의 위선적인 행위를 규탄하는 내용으로 되어 있었는데, 이 책은 당시 금서 목록에 올랐다.

자유종(1910)
반식민지 상태에 빠진 나라의 독립을 이루기 위한 방안으로 여성의 자유, 신교육, 신분 차별 반대 등을 제시하면서 자유로운 국민들만이 국권 회복을 이룰 수 있는 원동력이라고 파악하는 등 근대적 역사 의식과 사회 의식을 드러냈다.

신재효(申在孝, 1812~1884) 춘향가, 심청가, 박타령(흥부가), 가루지기타령(변강쇠타령) 등 판소리 여섯 마당을 정리하였다.

복원된 신재효 생가(전북 고창)

원각사 우리나라 최초의 서양식 극장. 한국 신극 운동의 요람으로 1908년에 서울 종로구 새문안 교회 자리에 건립되었다.

이도영의 만평(「대한 민보」 창간호 게재, 1909.6.2)

태인 창극이 새로이 등장하여 대중의 인기를 끌었다. 이후 창극은 신파극으로 이어져 대중적 연극으로 발전하였다.

연극에서는 민속 가면극이 서민층 사이에 유행하였다. 그 내용은 양반이나 파계승에 대한 풍자와 익살로 꾸며졌는데, 봉산탈춤 · 오광대 놀이 · 양주 별산대 놀이가 대표적이었다. 이 밖에도 신극 운동이 일어나 1908년 최초의 서양식 사설 극장인 원각사가 세워졌다. 신극 운동의 요람이던 원각사에서는 이인직의 『은세계』가 최초로 신극으로 각색되어 상연되었다.

미술에서는 서양화풍이 소개되고, 학교 교육을 통해 서양화가 보급되었다. 화가에는 장승업, 안중식, 고희동, 이도영 등이 유명하였다. 장승업은 전통적 회화 바탕 위에 입체적인 음영법 등 새로운 화풍을 수용하여 사실적이고 생동감이 넘치는 작품을 그렸다. 안중식은 조선 후기의 전통 회화를 근대 회화로 발전시키는 데 큰 역할을 하였다. 최초의 서양화가로 알려진 고희동은 일본 유학에서 익힌 서양화법을 처음으로 국내에 소개하였다. 우리나라 최초의 시사 만평가로 평가받는 이도영은 대한 민보에 일제의 침략성과 친일파를 풍자 비판하고, 국민을 계몽하는 시사 만평을 전통적 목판화 형식으로 게재하여 큰 호응을 받았다.

당시 문학과 예술은 새로운 발전이 이루어졌고, 근대 의식과 민족 의식을 고취하는데 기여하였다. 그러나 일부 외국 문화의 무분별한 수입과 소개로 인해 외국 문화에 대한 막연한 동경심을 불러일으킴으로써 우리의 전통 문화에 대한 의식을 약화시키기도 하였다.

(2) 종교 활동
유교와 불교

서양의 문화와 종교 유입으로 전통적인 종교계에도 많은 변화를 겪게 되었다. 유교에서는 진보적 유학자였던 박은식, 신채호 등을 중심으로 유교 혁신 운동이 일어났다. 박은식은 1909년 『유교구신론』을 지어 지배층 중심의 유교를 민중 중심의 유교로 전환하고, 유교 본래의 실천 정신을 회복해야 한다고 주장하였다. 그는 지행합일의 양명학과 사회 진화론의 원리를 조화시킨 대동 사상을 체계화하였다. 이후, 박은식은 장지연 등과 함께 '대동교'(大同敎)를 창건하여 유교계를 친일화하려는 일제의 공작에 대항하는 한편, 유림과 유교문화를 국권회복운동에 앞장서게 하려고 애썼다.

신채호는 유교 혁신 운동을 전개하였으며, 실학과 대동 사상을 강조하였다. 그는 국권 회복 운동에 적극 가담하였고, 1910년 국권 상실 이후에는 중국으로 건너가 독립 운동을 이어 나갔다.

불교는 갑오 개혁(1894) 이후 조선 왕조의 억불 정책의 그늘에서 벗어나 종교 활동의 자유를 얻었다. 그러나 개항을 계기로 일본 불교가 조선 민중 사회에 침투하

박은식(朴殷植, 1859~1925) 황해도 해주 출생. 성리학에 정통하였을 뿐만 아니라 지행합일의 양명학과 실사구시의 실학 등의 학문을 중시한 박은식은 독립협회 활동을 계기로 개화 사상으로 전환하였다. 이후 황성 신문, 대한매일 신보 등의 주필과 신민회, 서북학회 등의 회원으로 애국 계몽 운동에 앞장섰으며, 서북협성학교 교장이 되자 민족 교육에도 힘썼다. 일제에 의해 국권이 상실되자, 중국과 연해주로 망명하여 신한혁명당, 대동보국단, 대한국민노인 동맹단 등을 조직하여 독립 운동을 펼쳤다. 1925년 대한민국 임시정부의 제2대 대통령에 취임한 박은식은 병에 걸려 임종 직전에 "독립 쟁취의 최후 목적 달성을 위해 반드시 단결하라."는 유언을 남겼다.

한용운의 복원된 생가(충남 홍성)

한용운(韓龍雲, 1879~1944) 일찍이 동학 농민 운동에 가담했으나 실패하자 설악산 오세암에 들어가 수양하다가 백담사(百潭寺)에서 승려가 되었다. 그는 불교 혁신 운동과 민족 독립 운동에 앞장섰고, 시인으로 저항 문학 작품을 많이 발표하였다. 서울 성북동에서 중풍으로 죽었다. 호 만해(萬海·卍海), 시집으로 『님의 침묵』이 있다.

기 시작하였다. 을사늑약(1905) 이후에는 통감부의 종교 정책에 따라 조선 불교는 일본 불교에 예속되어 갔다.

이에 한용운은 1910년 『조선불교유신론』을 지어 일본 불교에 예속된 조선 불교의 자주성 회복을 역설하였다. 그는 불교의 근대화 운동과 승려에 대한 체계적인 교육 등을 통한 불교계의 철저한 혁신을 주장하였다.

천도교와 대종교

1860년 최제우에 의해 창시된 동학은 1890년대에는 동학 농민 운동의 사상적 원동력이 되어 반봉건 사회 개혁 운동과 반침략 구국 민족 운동에 앞장섰다. 그러나 동학 간부 이용구는 송병준 등 일진회 간부와 친일 행위에 앞장섰고, 일부 동학 세력과 야합하여 시천교를 창립하였다. 이에 1905년 제3대 교주 손병희는 이용구 등 친일 세력에 맞서 동학을 '천도교(天道敎)'로 개칭하여 민족 종교로 발전시켜 나갔다.

이후, 천도교는 포교 활동을 적극적으로 펼쳐 교세를 확장하는 한편, 보성 학교를 인수하고 출판사인 보성사를 운영하는 등 교육·문화 사업에도 힘썼다. 또한, 일간 신문인 만세보를 발간하여(1906) 친일 단체인 일진회의 반민족적인 행태 등을 규탄하는 등 민족 의식을 고취하는데도 이바지하였다.

을사늑약 직후 5적 암살단을 만들어 활동하던 나철과 오기호는 1909년에 민족 시조인 단군을 신앙의 근본으로 하는 '대종교'를 창시하였다. 일제의 탄압이 심해지자, 대종교는 본부를 만주로 옮겨 포교 활동과 함께 독립 운동을 전개하였다. 이에 많은 애국지사들이 대종교에 입교하여 독립 운동을 이어 나갔다. 그리하여 대종교는 만주와 연해주 지역에서 활동하던 독립 운동가와 단체의 정신적 기반이 되었다.

손병희(孫秉熙, 1861~1922)
그는 22살 때(1882) 동학에 입교하여 제2대 교주 최시형의 수제자가 되었으며, 동학 농민 운동 때(1894) 북접의 통령으로 남접 전봉준과 합세하였으나 공주 우금치 전투에서 일본군에 패배하여 일본과 중국에서 망명 생활을 하다가 1903년에 귀국하였다. 1905년 이용구가 시천교(侍天敎)를 만들어 동학을 배신하는 한편, 친일 단체인 유신회와 합하여 일진회(一進會)를 만들어 을사늑약 지지 성명을 발표하자, 동학을 '천도교'(天道敎)로 개칭하고 제3대 교주에 취임하여 교세 확장 운동을 벌였다. 그는 출판사 보성사를 창립하고 보성·동덕 등의 학교를 인수하여 교육·문화 사업에도 힘썼다. 1919년 민족 대표 33인의 대표로 3·1 운동을 주도하여 3년형을 선고받고 서대문 형무소에서 복역하다가 이듬해 10월 병보석으로 출감하여 치료 중 사망하였다.

손병희(孫秉熙, 1861~1922) 생가(충북 청원)

나철(羅喆, 1863~1916)과 대종교(大倧敎)
본명은 나두영(羅斗永)·나인영(羅寅永), 호는
홍암(弘巖), 전남 보성 출신. 그는 1909년 오기
호(吳基鎬, 1863~1916)와 함께 환인·환
웅·환단(단군)의 삼신 일체를 받드는 '단군
교'(檀君敎)를 공표하고. 이 날(음력 1월 15일)
을 '중광절'(重光節, 다시 일으켜 세운 날)이라
기념하였다. 1908년에 '대종교'로 고쳐 불렀
다. 대종교는 민족적 입장을 강조하는 종교 활
동을 벌였고, 1909년 항일 투쟁의 근거지인 간
도에 본부를 세웠다. 청산리 전투의 주역인 북
로군정서 소속 독립군의 대부분은 대종교 신자
였다. 일제가 대종교를 불법화하여 교단이 큰
위기를 맞게 되자, 나철은 1916년에 자결하여
저항하였다.

천주교와 개신교

천주교는 18세기 후반에 서학의 일부로 우리나라에 들어와 민중 사회에 전파되
었다. 그러나 사교로 몰려 심한 탄압을 받아 서양 선교사와 수많은 천주교도들이
처형되기도 하였다. 그러다가 프랑스와의 수교(1886)를 계기로 천주교는 비로소 선
교 자유를 얻게 되었다.

개신교는 조·미 통상 수교 조약 체결(1882) 이후 여러 교파의 선교사들이 들어와
활동하면서 교세가 확장되었다. 특히, 1880년대 서북(평안도, 황해도) 지역을 중심으
로 기독교 교세가 크게 확장되었고, 이 지역 출신의 목회자도 나왔다.

천주교와 기독교는 선교 과정에서 조선 정부로부터 탄압을 받거나, 보수적 양반
유생층 등과 마찰을 빚기도 하였다. 그러나 종교 본래의 선교 활동 외에도 학교와
병원 등을 세워 근대 교육 발전과 남녀 평등 사상 전파, 서양 의술 보급 등에 크게
기여하였다. 아울러 고아원과 양로원 등을 세워 소외된 계층을 돌보는 사회 사업
에도 적극 앞장섰다. 개신교 신자들도 교회와 학교 등을 세워 인재 육성과 민족 정
신을 일깨우는데 기여하였다.

더 알아보기

[한국 은인 열전] 한국인보다 더 한국을 사랑한 푸른 눈의 외국인들

○ 헐버트(Homer Bezaleel Hulbert, 한국명 : 할보〈轄甫〉, 1863~1949)

웨스트민스터 사원보다 한국에 묻히고 싶다.

출생
미국 버어몬트주 뉴헤븐(1863.1.26)
한국 활동
선교(감리교) 활동 및 한국 독립 운동
지원(1886~1891, 1893~1909)
사망 : 서울(1949.8.5)
서훈 : 대한민국 건국공로훈장
태극장(1950)

헐버트는 미국인으로 태어났지만 한국인 보다 더 한국을 사랑한 외국인으로 칭송받고 있다. 그는 육영공원 영어 교사로 1886년 7월 4일에 우리나라에 왔다. 5년 만에 학교가 문을 닫자 일시 미국으로 돌아갔던 헐버트는 1893년 9월에 선교사로 다시 한국을 찾아왔다.

헐버트는 1903년에 창설된 한국 YMCA의 초대 회장을 맡았고, 을사늑약으로 일제에 한국의 외교권과 재정권을 빼앗기기 직전 고종 황제는 시어도어 루즈벨트 미국 대통령에게 도움을 요청하기 위해 헐버트를 특사로 파견하였다. 헐버트는 네덜란드 헤이그에서 만국 평화 회의가 열린다는 사실을 한국 정부에 알리고, 이를 한국 독립의 정당성을 알리는 외교 무대로 활용하기를 권고하였다. 이에 고종 황제는 1907년 헤이그 만국 평화 회의에 이준, 이상설, 이위종을 특사로 파견하였다.

헐버트 자신도 대한 제국의 특사보다 먼저 네덜란드 헤이그에 도착하여 유럽 언론과의 인터뷰를 통해 한국 독립의 정당성을 호소하였다.

1945년 광복 후 헐버트는 이승만 대통령의 초청으로 한국에 돌아왔으나, 노쇠한 육신으로 오랜 여독을 견디지 못하고 쓰러져, 결국 1949년 8월 5일, 86세의 일기로 세상을 떠나고 말았다. 헐버트는 "웨스트민스터 사원보다 한국에 묻히고 싶다."는 유언에 따라 양화진에 있는 외국인 선교사 묘지에 잠들어 있다.

저서로는 『한국사』(The History of Korea), 『대동기년』(大東紀年), 『대한 제국 멸망사』(The Passing of Korea), 그리고 세계 지리서인 『사민필지』(士民必知) 등이 있다. 1950년에 대한민국 건국공로훈장 태극장에 추서되었다.

헐버트 묘지(서울 마포, 양화진 외국인 선교사 묘역)

○ 베델(Ernest Thomas Bethell, 한국명 : 배설〈裵說〉, 1872~1909)

한국의 독립을 위해 일제와 투쟁한 언론인

출생
영국 브리스톨(1872.11.3)
한국 활동
대한 매일 신보 창간 및 항일 언론 활동
(1904.4.10~1909.5.1)
사망 : 서울(1909. 5.1)
서훈 : 대한민국 건국훈장
대통령장(1968)

베델은 영국인으로 1904년 7월 18일 대한 매일 신보를 발행하여 한국의 독립을 도왔다. 그는 러·일 전쟁 당시 런던 데일리 뉴스 특파원으로 한국을 방문했다가 그해 양기탁과 대한 매일 신보를 발행하여 항일 언론 활동을 활발히 펼쳐나갔다. 일본은 베델이 영국인이라 차마 제지하지 못한 채 계속 꼬투리 잡을 만한 일이 있는지 철저히 감시하였다. 영국 정부도 일본의 불만이 커지자, 베델에게 조심하라고 경고하는 일도 있었다.

대한 매일 신보(1904~1910)

1908년 마침내 일제는 대한 매일 신보의 논설이 일본인을 배척하고 한국인을 선동한다는 구실로 영국 법원에 베델을 고발하였다. 베델은 유죄를 선고받고 수감되었다. 이후에도 그는 한국에 머물며 항일 언론 활동을 계속해 나갔다.

베델은 1909년 5월 1일 심장병으로 숨진 뒤 서울 양화진 외국인 묘지에 묻혔다. 1995년 영국 대사관은 한국 프레스 센터와 공동으로 '베델 언론인 장학금'을 제정하여 베델의 한국의 독립과 언론 자유를 위해 싸운 공적을 기리고 있다. 1968년에 대한민국 건국훈장 대통령장에 추서되었다.

VII
일제 강점과
독립 운동의 전개

1. 일제의 식민 통치와 민족의 수난
2. 민족 독립 운동의 전개
3. 사회·경제적 민족 운동의 전개
4. 민족 문화 수호 운동의 전개

우리 민족은 일본 제국주의에 1910년 국권을 빼앗겨 식민 지배를 받게 되었다. 일제는 야만적인 무단 통치, 민족 분열의 문화 통치, 황국 신민화의 민족 말살 통치 등 온갖 수단을 동원하여 35년 동안 한국인을 억압하였다.

그러나 우리 민족은 거족적 민족 독립 운동인 3·1 운동을 일으켜 민족의 독립 의지를 온 세계에 널리 알렸으며, 대한민국 임시 정부를 수립하여 광복의 그날까지 독립 운동을 꾸준히 펼쳐 나갔다. 특히, 만주, 연해주, 중국 본토 등지에 무장 독립군과 한국 광복군 및 조선 의용군 등이 일본군과 싸워 큰 성과를 거두었다.

6·10 만세 운동, 광주 학생 항일 운동, 신간회 활동 등을 통한 항일 민족 운동을 벌였으며, 노동자와 농민들도 항일 운동의 성격을 띤 노동 운동과 농민 운동을 전개하였다. 조선어학회와 민족주의 사학자들도 민족 문화 수호 운동을 벌여 우리의 언어와 역사를 보존하고 발전시키기 위하여 노력하였다.

이와 같이 국내외에서 다양하고도 줄기차게 민족 독립 운동을 전개하던 우리 민족은 마침내 1945년 8월 15일에 광복을 맞게 되었다.

그때 우리는

연 대	주요 사건
1914	대한 광복군 정부 수립
1919	3·1 운동, 대한민국 임시 정부 수립
1920	봉오동 전투·청산리 대첩
1926	6·10 만세 운동
1927	신간회 조직
1929	광주 학생 항일 운동
1932	이봉창·윤봉길 의거
1940	한국 광복군 창설
1945	8·15 광복

그때 세계는

연 대	주요 사건
1914	제1차 세계 대전(~1918)
1917	러시아 혁명
1920	국제 연맹 성립
1921	중국 공산당 결성
1924	중국, 제1차 국·공 합작
1929	세계 경제 공황
1931	만주사변
1939	제2차 세계 대전(~1945)
1941	태평양 전쟁(~1945)
1945	얄타 회담

1

일제의 식민 통치와 민족의 수난

1. 일제의 식민지 지배 정책과 민족의 수난
2. 일제의 경제 수탈

조선 총독 사이토 마코토의 시정 방침 (1919)

제3대 조선총독
사이토 마코토(齋藤實)
(1858~1936)

광화문에 있었던 조선 총독부 건물(1926~1945)

먼저 조선 사람들이 자신의 일, 역사, 전통을 알지 못하게 만듦으로써 민족혼, 민족문화를 상실하게 하고, 그들의 조상과 선인들의 무위, 무능, 악행을 들춰내어 그것을 과장하여 조선인 후손들에게 가르침으로써 조선인 청소년들이 그 부조들을 경시하고 멸시하는 감정을 일으키게 하여, 그것을 하나의 기풍으로 만든다. 그 결과 조선의 청소년들이 자국의 모든 인물과 사적에 관하여 부정적인 지식을 얻어, 반드시 실망과 허무감에 빠지게 될 것이니, 그 때에 일본사적, 일본 인물, 일본 문화를 소개하면 그 동화의 효과가 지대할 것이다. 이것이 제국 일본이 조선인을 반일본인으로 만드는 요결인 것이다.

일제 식민 통치와 민족 수난

일제의 만행

조선 여자 근로 정신대

(1) 조선 총독부 설치와 무단 통치

조선 총독부 설치

1910년 8월 일제는 한국을 합병하자 대한제국을 조선으로 개칭하고 통치 기관으로 조선 총독부를 설치하였다. 총독에는 통감이었던 데라우치 마사타케(寺內正毅) 육군 대장을 임명하였다.

조선 총독은 일본 천황에 직속되어 일본 내각의 통제를 받지 않고 조선에 대한 행정권, 입법권, 사법권뿐만 아니라 군대 통수권까지 장악하여 절대 군주처럼 막강한 권력을 행사하였다. 총독부는 총독 관방과 총무부, 내무부, 탁지부, 농상공부의 행정 부처와 사법 기구인 재판소, 치안 기구인 경무 총감부, 자문 기구인 중추원과 취조국 등의 편제를 갖추었다. 또한 지방은 도, 부, 군, 면의 행정 체계를 갖추었다. 그 밖에도 전매소, 철도국, 통신국, 영림창, 세관, 임시 토지 조사국 등의 경제 침탈 기구를 두었다.

총독부의 2인자로 최고 보좌관인 정무 총감은 총독을 보좌하며 행정을 통괄하고 각 부서의 사무를 감독하였다. 총독 직속으로 설치된 경무 총감부는 경무 총장이 관장하였으며, 헌병 사령관이 총장을 겸임하고 헌병 경찰 통치를 주도하였다.

한편, 총독에게 예속된 중추원은 이완용, 송병준 등 친일파와 매국노들을 우대하여 이들을 의관으로 임명한 형식적인 자문 기구였다. 중추원 의장은 총독부의 정무 총감이 맡았으며, 자문 사항은 주로 관습 조사와 같은 하찮은 것들에 지나지 않았다.

남산에 있었던 조선 총독부(1910~1926)

총독부의 관제 격하
총독부의 행정부처인 내무부, 탁지부, 농상공부 등은 1919년에 국(局)으로 격하되었다.

중추원의 불소집
중추원은 1919년에 3·1 운동이 일어날 때까지 한 번도 소집되지 않았다.

헌병 경찰제 실시와 무단 통치

1910년대 일제 식민 통치의 핵심은 헌병 경찰제의 실시에 따른 무단 통치였다. 헌병 경찰 제도는 1910년 6월에 일제가 한국의 경찰권을 강탈하고 헌병 조직을 경찰 조직과 통합하여 확립되었다. 이때 공포된 '통감부 경찰관서 관제'로 한국 주차 헌병 사령관이 통감부 경무 총장(경무 총감)이 되어 경찰 업무를 지휘·감독하였고, 지방에서는 각 도의 헌병 대장이 도경무부장을 맡아 지방의 경찰권을 장악하였다. 합방 이후에는 이러한 헌병 경찰 제도가 그대로 이어져 더욱 강화된 상태로 시행되었다.

일제는 헌병 경찰뿐만 아니라 한반도의 요소마다 많은 일본군을 배치하여 무단 통치를 뒷받침하였다. 조선 주차 일본군은 통감부 시기에 이미 1개 사단 규모의 병력이었으나, 합방 이후 1910년대에는 2개의 정규 사단으로 늘어났다. 일본군의 사단 본부는 서울 용산과 함북 나남에 설치되었고, 전국의 주요 도시에 연대 병력이나 대대 병력이 배치되었다. 여기에다 경남 진해와 함남 영흥만에는 해군 기지를 두었다.

헌병 경찰은 합방 이전에는 주로 도시에 집중 배치되었으나, 합방 이후에는 헌병 분견소와 헌병 파출소 등이 농촌 지역까지 설치되었다. 또한, 순사 주재소와 순사 파출소 등도 지방 곳곳에 설치되었다. 이와 같이 일제는 전국 방방곡곡에 헌병과 순사들을 배치하여 포악한 무단 통치를 자행하였다. 헌병 경찰은 의병 토벌, 첩보 수집, 독립 운동가 색출 등의 업무뿐만 아니라 검찰 사무의 대리, 민사 소송의 조정, 호적 정리, 삼림 감시, 납세 독촉, 일본어 보급 등의 다양한 업무를 담당하였다. 이들은 범죄 즉결 처분권을 가져 재판 없이 3개월 이하의 징역, 구류 처분, 100원 이하의 벌금 등을 부과할 수 있었다.

한편, 일제는 일반 문관 관리와 각급 학교의 교원까지도 금테를 두른 제복과 제모를 착용하고 칼을 찬 채로 근무하게 하여 주민과 학생들에게 일본인에 대한 공포감을 심어주었다.

(2) 1920년대의 기만적인 문화 통치

문화 통치의 본질

1919년에 거족적 독립 운동인 3·1 운동이 일어나자, 일제는 무단 통치를 더 이상 계속할 수 없었다. 1919년 8월에 조선 총독 하세가와 요시미치는 면직되고, 해군 대장 사이토 마코토(齋藤實)가 새로 총독이 되었다. 노련하고 음험한 사이토 총독은 부임하자 조선인의 '문화 창달과 민력의 충실'을 슬로건으로 내세우고 이른바 '문화 통치'를 실시한다고 하였다.

유화적인 문화 통치의 표방으로 몇 가지 변화가 나타났다. 먼저 일제는 총독부 관제를 개정하여(1919. 8) 총독의 임용 자격을 바꿔 "육해군 대장으로 이에 충당한다"를 삭제하고 문관도 임명할 수 있도록 고쳤다. 이어 헌병 경찰제를 폐지하고 보통 경찰제로 전환하였으며 일반 관리 및 교원들의 제복 착용과 칼차기도 폐지하였다.

지방 제도도 개정하여 자문 기관인 부협의회, 면협의회, 학교평의회, 도평의회 등을 설치하였다. 이것은 '민의의 창달'이란 명분으로 장차 지방 자치에 대비하기 위한 것이라고 하였으나 실제로는 친일파들을 참여시키기 위한 것이었다. 반면에 일제는 언론, 출판, 집회, 결사를 아주 제한적으로 허용하였다. 일제는 동아일보, 조선일보, 시대일보 등의 우리말 신문이 창간을 허용하였으나, 일제는 검열을 철저히 하여 언론을 심하게 통제하였다.

일제가 내세운 문화 통치는 조선 식민 통치의 기본 방침을 근본적으로 바꾼 것은 아니었다. 단지 3·1 운동에서 표출된 한국인의 민족 독립 운동의 강렬한 움직임에 대응하여 종래의 무단 통치의 겉모습만 바꿔 그것을 문화 통치로 위장한 것에 지나지 않았다. 헌병 경찰제가 폐지되었으나 오히려 경찰관서와 경찰관을 크게 증가시켜 우리 민족을 강력하게 탄압하였으며, 문관 출신의 조선 총독은 한 사람도 임용되지 않았다.

문화 통치의 기만성
문화 통치는 우리 민족을 기만하면서 그들의 동화 정책을 심화시키고, 친일파를 양성하여 민족 분열을 유도하려는 보다 교활하고 세련된 통치 방식에 지나지 않았다.

경찰력의 대폭 강화

일제는 문화 통치를 시행한다면서 오히려 군사력과 경찰력을 대폭 강화하려고 하였다. 사이토 총독은 '조선에 육군 병력 증강을 요한 건'을 일본 정부에 건의하여 일본 내지에서 약간의 사단을 조선으로 이전할 것을 주장하였다. 사단은 증설되지 않았으나 군비 예산을 크게 늘어났으며 군대도 1920년과 1921년에 각각 2,400명 이상 증강되었다.

경찰비의 대폭 증가
경찰비는 1918년에 800만원에서 1920년에는 2,394만원으로 약 3배 증가하였다.

또한, 일제는 전국의 경찰관서와 경찰관을 3배 이상 늘리고, 부·군마다 한 개의 경찰서와 면마다 한 개의 주재소를 설치하였다. 이리하여 순사가 대폭 충원되고 경찰의 파출소·주재소가 확장되었으며, 특히 특고형사(일명 고등계 형사)에 의한 한국인 감시가 심해졌고 사복 형사와 밀정들이 날뛰면서 한국인의 생활을 속박하였다. 뿐만 아니라 기마 경찰대를 편성하여 위용을 과시하면서 한국인들의 탄압에 앞장섰다.

보통 경찰 제도를 운영하는 경찰비는 총독부 예산 중에서 가장 큰 비중을 차지하여 연간 2천여 만 원이나 되었다. 밀정들에게 지급하는 기밀비도 수십만 원에 이르렀다.

친일 분자의 육성

일제의 문화 통치는 친일분자를 육성하여 우리 민족을 이간·분열시키고 그들의 식민 통치를 더욱 효과적으로 추진하려는 의도에서 추진되었다. 따라서 기만적인 문화 통치는 민족 분열 정책으로 시행된 것이었다.

1919년 3·1 운동이 일어나자, 일제는 친일파들을 앞장세워 사태를 수습하려고 하였으나 그들의 활동은 전혀 성과를

서대문 형무소(서울 서대문)

자료 스페셜 사이토 총독의 시정 방침 훈시(1919. 9)

관제 개정의 취지는 금상 폐하의 은혜로운 조칙이 밝힌 바와 같이 한일 병합의 본뜻에 기초하여 일시동인(一視同仁)으로 누구나가 적당한 자리를 찾아 생을 영위하고 밝고 즐거운 혜택을 누리도록 시세에 맞게 제도를 정하여 편리하게 이용하려는 데에 있다. 이 뜻에 따라 총독은 문·무관 어느 쪽이라도 임용될 수 있는 길을 열고, 나아가 헌병에 의한 경찰 제도를 폐지하고 보통경찰관에 의한 경찰 제도를 채택한 것이다. 그리고 복제를 개정하여 일반 관리 및 교원의 금테 제복과 대검을 폐지하고, 조선인의 임용과 대우에 더 많은 고려를 하고자 한다. 요컨대 문화의 발달과 민력의 충실에 따라 정치상·사회상의 대우에 있어서도 내지인과 똑같은 취급을 해야 한다는 것이 궁극의 목적이며 이것이 달성되기를 간절히 바란다.

거둘 수 없었다. 그렇게 되자 일제는 새로운 친일분자들을 육성하기 위한 여러 방책을 마련하였다.

부임할 때 서울에서 폭탄 세례를 받은 사이토 총독은 '조선 민족 운동에 대한 대책'을 수립하였다. 그는 이 대책에서 '친일파'와 '배일파'를 구분하되 전자에 대해서만 사정이 허용하는 한 편의와 원조를 제공할 것을 주장하였다. 그리고 친일파 양성책으로 6개 항목을 작성하였으며 그것은 대부분 그대로 실행되었다.

총독부는 각종 친일 단체들을 조직하고 친일분자들을 육성하여 친일 여론의 조성, 대외 선전, 독립 운동 탄압, 독립운동가의 적발과 포섭 및 매수 활동 등에 광범위하게 이용하였다. 대표적인 친일 단체로는 민원식이 설립한 국민협회, 윤치호가 회장인 교풍회, 민영기가 회장인 대정친목회 등을 꼽을 수 있다. 친일 여론 조성에 앞장선 국민협회는 기관지로 시사 신문을 발행하면서 이른바 참정권 청원 운동을 벌였다.

일제는 민족 분열 정책을 더욱 효과적으로 추진하기 위하여 한국인에게도 참정권을 허용할 것처럼 선전하고 지방의 자문기관 설치도 '지방 자치에 대한 훈련'이라고 선전하였다. 이것은 친일 세력을 육성하고 완전 독립과 절대 독립을 고수하는 독립 운동 전선을 약화시키기 위한 방책에서 나온 것이었다. 자문기관인 부협의회, 면협의회, 도평의회, 학교평의회 등의 회원들은 대부분 친일분자들로 임명되었다. 따라서 이들 자문기관 운영도 지방자치의 훈련이라기보다 친일 분자 육성을 위한 방책이었다고 할 것이다.

(3) 병참 기지화 정책과 민족 말살 정책

일본 대륙 침략의 추진 배경

제1차 세계 대전 때 일본의 자본주의는 경제적 번영을 누리면서 대자본의 집적과 집중, 산업 자본과 금융 자본의 결합에 의한 금융 독점 체제가 미쓰이(三井)·미쓰비시(三菱) 등의 재벌을 중심으로 본격적으로 확립되었다. 그러나 1920년에는 전후 공황이 일어나고, 1923년에는 도쿄와 요코하마 일대를 폐허로 만든 관동 대지진이 일어나 일본 경제는 만성적인 불황의 상태로 빠져들었다.

일본 자본주의의 최대 시장이었던 중국에서 일본 경제력의 진출은 한계에 부딪쳐 대중국 수출액이 크게 감소하였다. 더구나 1927년에 발생한 일본의 금융 공황과 이어서 1929년에 휘몰아친 세계 경제 공황으로 일본 경제는 큰 위기에 직면하였다.

이러한 상황에서 일본 지배층의 핵심 세력인 대재벌, 군부, 관료들은 국가 독점 자본주의와 군국주의를 선택하고, 중국 침략 전쟁을 일으켜 위기를 극복하려고 하였다. 이리하여 1930년대로 접어들면서 일본에서는 군국주의적 전체주의 체제가 확립되어 갔으며, 만주사변과 중·일 전쟁의 도발로 중국 침략 전쟁이 계속되었다.

또한 우리나라에서는 식민지 파시즘 체제가 강화되었으며 대륙 침략 전쟁을 위한 병참 기지화 정책이 추진되었다.

병참 기지화 정책

일제는 1930년대 초부터 한반도를 대륙 침략의 병참기지로 만들려는 정책을 추진하였다. 사이토 총독의 후임으로 1931년 6월에 조선 총독으로 우가키 잇세이(宇垣一成)가 부임하였다.

그는 농촌 경제의 재건을 위한 '농촌 진흥 운동'과 '자력 갱생 운동'을 전개하였다. 1932년에 시작된 농촌 진흥 운동은 식량의 충실, 춘궁의 근절, 현금 수지의 균형, 부채의 정리 등을 명목으로 삼았고, 그 실현 방법으로 자력 갱생을 강조하였다. 그러나 이 운동은 '일선 융합'(日鮮融合)과 '내선 일체'(內鮮一體)를 추진하면서 농촌의 궁핍화로 치열해진 농민의 저항 운동을 통제하고, 침략 전쟁을 뒷바라지하기 위해 농촌을 전체주의적 통제 체제로 재편성하기 위한 것이었다.

이 시기에 일제는 침략 전쟁이 계속되면서 한국의 공업화가 필요하게 되자 농업 위주의 정책에서 벗어나 농공 병진 정책을 추진하였다. 그리고 군수품과 관련된 공업 원료로 양모와 면화가 부족하게 되자 남한에서는 면화를 재배하고, 북한에서는 면양을 키우자는 이른바 남면북양 정책을 강압적으로 추진하였다.

1930년대 초에 일제는 금을 비롯한 철, 석탄, 흑연 등 각종 지하 자원을 한국에서 약탈하려고 힘썼다. 이러한 지하자원의 약탈은 병참 기지화 정책의 일환으로 실시되었다. 특히, 금의 수요가 증가하자 산금 증산 5개년 계획(1931~36)을 수립하고 이를 강행하면서 일본의 대기업 진출을 장려하고, 미쓰이·미쓰비시 등의 기업에 금광 장려금도 제공하였다.

1937년에 중·일 전쟁이 본격화되자 정화(正貨) 준비의 확보를 위하여 금의 증산이 더욱 필요하였다. 이에 따라 일제는 조선산금령을 공포하고(1937. 9), 이어서 산금 증산 5개년 계획(1938~42)을 더욱 적극적으로 강행하였다. 또한 흑연, 운모, 코발트, 텅스텐은 그 수요량의 거의 대부분을 한국에서 조달하였으며, 철광과 석탄의 채굴도 박차를 가하였다.

병참 기지화를 위한 군수 공업과 중공업의 육성에는 먼저 전력 개발이 촉구되었다. 일제는 전력 개발을 위하여 1932년에 조선전기사업령을 제정하고, 발전 사업과 송전 사업의 건설에 일본 독점자본을 끌어들였다. 이보다 조금 앞서 노구치 신흥 재벌이 흥남 질소 비료공장을 건설하고 부전강 수력 발전소의 전기를 이용하여 조업을 시작하였다(1930). 일제의 전력 개발로 북한 지역에서 여러 발전소들이 건설되고 전력 생산이 증가하면서 점차 전기 화학 공업을 중심으로 군수 공업화의 기초가 확립되었다.

특히, 1937년에 중·일 전쟁이 본격화됨과 동시에 일제의 공업 육성 정책, 군수

일본 경제의 위기
경제 공황의 여파로 재벌에 의한 금융 독점 체제는 더욱 견고하게 확립되었으며, 반면에 일본의 국민 경제는 쌀값 하락, 임금 인하, 물가 하락 등으로 미증유의 위기에 빠지게 되었다.

우가키 잇세이 총독(宇垣一成)
육군 대장으로 육군대신을 역임한 우가키는 일찍부터 일본이 만주와 몽골로 적극 진출할 것을 주장한 인물이었다. 그가 총독이 된 3개월 후에 관동군의 만주 침략으로 만주 사변이 일어났다.

남면 북양(南棉北羊) 정책에 따른 수탈
일제는 농가에서 생산한 면화를 생산비보다 낮은 염가로 강제 수매하였으며, 주로 군수용으로 충당된 면양 사육을 위해 백두산 부근의 삼림을 벌채하고 개마고원 지대의 초원을 이용하면서 농민들의 노동력을 착취하였다.

1930년대 이후 경찰 경비의 급증
경찰이 사용하는 경비도 계속 늘어나 1932년에 2천만 원의 비용이 1944년에는 2배 이상 증가하여 4천 3백만 원을 초과하였다.

공업화 정책이 적극적으로 추진되었다. 이에 일제 말기에는 흥남을 중심으로 한 북조선 공업 지대, 평양·신의주를 중심으로 한 서조선 공업 지대, 서울·인천을 중심으로 한 경인 공업 지대가 형성되었다. 그러나 일제가 추진한 공업화는 일본의 침략 전쟁을 위하여 일본독점 자본이 총독부의 비호 아래 저임금과 장시간 노동으로 한국 노동자들을 수탈하면서 이룩한 것이었다.

일제 말기 공업화의 실상
일제 말기의 공업화는 한국과 한민족을 위한 개발이 아니었으며 우리나라에는 개발의 성과도 없는 '개발 없는 개발'에 지나지 않았다.

일제의 민족 말살 정책

1936년 8월에 미나미 지로(南次郞)가 제7대 조선 총독으로 부임하였다. 그는 황도파 파시스트와 군부 세력의 지원을 받아 총독이 된 인물로 민족 말살 정책과 파쇼 체제 강화 정책을 강력하게 추진하여 침략 전쟁 수행을 뒷받침하려고 하였다. 이른바 '내선일체'를 표방한 미나미 총독은 한민족을 말살시켜 일본인으로 만들려는 황국 신민화 정책을 강력하게 추진하였다. 이것은 민족 말살 정책임과 동시에 종전의 식민 정책보다 훨씬 철저한 일본인으로의 동화 정책이었다.

일본은 메이지 유신 이후에 일본의 조상신인 천조대신(天照大神, 아마데라스 오오미카미)을 신앙하는 신토[神道]를 국교로 승격시켰는데, 1930년대 후반에 일제는 '내선일체'와 '동조동근론'(同祖同根論)을 강조하면서 일본 천황의 조상신을 한국인의 조상신으로 섬길 것을 강요하였다. 이를 위해 일제는 1937년에 서울 남산의 조선 신궁 이외에 새로이 호국신궁, 부여신궁 등의 신궁과 수많은 신사를 전국 각지에 설립하고, 매월 1일을 '애국일'로 정해서 우리 민족에게 신사 참배를 강요하였다.

서울 남산의 조선 신궁

신사 참배 강요

이어 일제는 황국 신민의 서사를 제정하고 이를 낭송하게 하였으며, 일본 천황이 있는 동쪽 궁성을 향해 매일 절을 하는 '동방요배'(궁성 요배)도 강요하였다. 이듬해에는 조선 교육령을 개정하여 학교 교육에서 한국어 사용을 금지하고 일본어만 사용하게 하였다. 더욱이 1940년 일제는 '창씨개명'을 실시하여 우리 민족의 성명을 일본식 성명으로 고치도록 강요하였다. 이러한 일제의 식민 정책으로 한국 민족은 사라질 위기에 직면하게 되었다.

침략 전쟁이 확대됨에 따라 전체주의적 파쇼 체제가 강화되었다. 전쟁 수행을 위한 인적·물적 자원 수탈과 전쟁 동원 체제가 구축되면서 1937년 7월에는 이른바 '국민 정신 총동원 조선 연맹'이 발족되고, 1940년에는 '국민 총력 조선 연맹'이 결성되었다. 전시 체제가 날로 강화되면서 국민 생활 전반에 대한 통제도 더욱 심해졌다. 이리하여 일제 말기에 우리 민족은 포악한 식민 통치를 받으며 암흑기를 생활하게 되었다.

(1) 1910년대의 경제 수탈

토지와 임야의 약탈

1906년에 통감부가 설치된 후 일본인 지주·자본가에 의한 토지 매수가 진척되어 군산 지역의 대창 농장, 수원 지역의 동산 농장 등을 비롯한 일본인 농장들이 여러 지역에서 생겼다.

1908년에 동양 척식 주식 회사(약칭은 '동척')가 설립되어 일제의 토지 약탈은 더욱 심해져 갔다. 동척은 '조선 농업의 개발'이라는 미명 하에 막대한 국가 자본으로 조선의 국유지와 민유지를 매수·약탈하고 일본인 농업 이민도 추진하여 한국 침략과 토지 약탈의 첨병이 되었다. 또한 역둔토, 궁장토 등의 국유지가 통감부의 관리로 넘어가 이것도 결국에는 일본에 의해 약탈되었다.

동양 척식 주식 회사

1910년에 국권을 강탈한 일제는 임시 토지 조사국 관제를 마련하고, 이어서 1912년에 토지조사령을 공포하여 토지 조사 사업을 실시하였다. 총독부는 토지 조사의 목적을 '지세 부담의 공평', '소유권의 보호', '생산력의 증진' 등이라고 하였으나 실제로는 한국인 소유의 토지를 총독부의 소유로 만들어 식민지 통치에 필요한 재정을 확보하고 식민 통치의 경제적 기반을 확고히 하려는 것이었다. 그리고 일본인 및 일본 자본의 토지 소유를 확대하려는 것이었다. 일제는 1910년부터 1918년 11월까지 거액을 투입하여 토지 조사 사업을 완료하였다.

토지 조사 사업은 소유권 조사, 토지 가격 조사, 지형·지목 조사 등으로 이루어졌다. "토지의 소유자는 조선 총독이 정하는 기간 내에 그 주소·성명 또는 명칭 및 소유지의 소재·지목·등급·지적·결수를 임시 토지 조사국장에게 신고해야 한다."라고 하여 기한부 신고주의 제도를 채택하였다. 그러나 농민들은 신고주의에 익숙하지 않아 까다로운 신고 절차를 밟지 않아 토지를 빼앗긴 경우도 있었다. 또한 역둔토·궁장토 등을 비롯한 국유지, 문중이나 동중(洞中) 등의 공유지는 신고자가 없어 총독부 소유가 되었고 일부는 유력자들에게 넘어갔다.

토지 측량 사업(1912)

일제는 토지 조사 사업으로 지주의 소유권만을 인정하고 전통적으로 농민들이 누려왔던 관습상의 경작권, 도지권 등을 부정하였다. 이로써 대다수의 한국 농민들은 지주권이 대폭 강화된 상태에서 기한부 계약에 의한 소작농으로 전락하였다. 소작료도 종전보다 크게 높아져 농민들의 궁핍화가 촉진되었다.

또한, 토지 조사 사업의 결과 일제가 파악한 과세지 면적은 10년 사이에 52% 증가하였고, 지세 수입도 1911년에서 1920년 사이에 약 2배로 늘어나 총독부의 재정 수입이 확대되었다. 총독부는 약탈한 토지 가운데 일부를 동척을 비롯한 식민 회사나 일본인에게 헐값으로 불하하여 대토지를 소유한 일본인 대지주들이 늘어났다. 그러나 몰락한 한국 농민들은 만주, 연해주 등으로 이주하거나 산속으로 들어

식민지적 지주제의 확립
토지 조사 사업이 끝난 1918년에 지주는 3%, 자작농은 20%, 자소작농은 39%, 소작농은 38%에 달하였다. 이에 소작농과 자소작농이 전체 농민의 77%나 되었으며, 3%의 지주가 전체 경작지의 50% 이상을 소유하는 식민지적 지주제가 확립되었다.

농가 경영별 지주와 농민 구성 비율 (단위 : %)

연도	지주	자작농	자작 겸 소작농	소작농
1916	2.5	20.1	40.6	36.8
1919	3.4	19.7	39.2	37.6
1922	3.7	19.7	35.8	40.8
1925	3.8	19.9	33.2	42.2
1928	3.7	18.3	32.0	44.9
1932	3.6	16.3	25.3	52.8

– 조선 총독부, 「통계 연보」1931, 1941

가 화전민이 되기도 하였다.

일제는 1911년에 삼림법을 제정하고 토지 조사 사업이 끝나갈 무렵에 임야조사령(1918)을 공포하여 임야의 수탈에 나섰다. 임야 조사 사업도 신고주의 방식을 채택하여 소유권을 결정하였다. 1920년대 중엽까지 계속된 임야 조사 사업으로 연고자가 없는 대규모의 임야가 국유로 편입되었다. 또한 소유권의 국유와 민유의 인정표준을 달리하여 민유림의 대부분이 국유림으로 편입되었다. 이로써 일제는 전체 임야의 58%에 해당하는 955만 9천여 정보의 국유림을 약탈하였으며 일부는 일본인 자본가와 지주들에게 불하하였다. 민유림은 674만 1천여 정보에 지나지 않았다.

산업과 자원의 침탈

일제의 식민지 경제 정책은 한국을 식량 공급지, 원료 공급지, 상품 판매 시장으로 만들어, 한국에서 미곡과 각종 원료를 헐값으로 사가고, 일본에서 만든 제품을 한국에 비싸게 팔아 이중으로 경제 수탈을 자행하는 것이었다.

이에 일제는 한국인의 기업 설립과 발전을 억제하기 위하여 1910년에 회사령을 공포하였다. 회사령은 회사의 설립을 총독의 허가제로 하고, 허가 조건을 어겼을 경우에는 총독이 그 회사를 해산시키도록 하였다. 그 결과 전기, 철도, 금융, 광산 등과 관련된 산업은 일본의 미쓰이·미쓰비시 등에게 넘어갔고 인삼·소금·아편 등은 총독부가 전매하여 막대한 이익을 취하였다. 1919년에 전체 공장의 자본금에서 일본인은 91%를 차지하였으나 한국인은 겨우 6% 정도에 지나지 않았다.

일제는 광산·어장 등 자원에 대해서도 수탈을 강화하였다. 지하 자원의 약탈을 위하여 한국의 광산 조사를 진행한 일제는 1915년에 조선 광업령을 제정하여 한국인의 광산 경영을 억제하고 경제성이 높은 광산은 일본 자본가에게 넘겨주었다. 이와 동시에 1918년에 일제는 총독부 지질 조사소를 설치하여 한국의 지하 자원을 전면적으로 조사하여 광공업 약탈의 기초를 다졌다. 특히 제1차 세계 대전으로 군수광물의 수요가 급증하자 일본 자본의 한국 광산 진출이 계속 증가하였다.

1911년에 일제는 조선 어업령을 제정하여 왕실 소유의 어장과 한국인 개인 소유의 어장을 약탈하여 새로운 어업 구역을 재편성하였다. 트롤어업·저인망어업 등

자료 스페셜 | **회사령의 주요 내용**

제1조 회사의 설립은 조선총독의 허가를 받아야 한다.

제2조 회사가 본령 혹은 본령에 근거하여 발한 명령·허가의 조건에 위반하거나 공공질서 혹은 선량한 풍속에 반하는 행위를 했을 때는 조선총독은 사업의 정지·금지, 지점의 폐쇄 또는 회사의 해산을 명할 수 있다.

제12조 제1조의 허가를 받지 않고 회사의 설립행위를 한 자는 5년 이하의 징역 또는 금고, 5천원 이하의 벌금에 처하고, 부실신고를 하여 허가받은 자도 이와 같다.

의 근대적 기계어업은 일본인에게만 허용하였고, 일본 어민의 이주를 장려하며 이들의 성장을 후원하여 한국 어장을 독점하였다.

일제는 한국 침략을 개시하자마자 철도를 비롯한 교통·운수 시설을 독점적으로 지배하였다. 1910년 한·일 합방 직후에 총독부에 철도국을 설치하고 기존 철도 노선의 개량과 동시에 새로운 철도의 건설을 급속도로 추진하였다. 이에 호남선, 경원선 등의 철도가 1914년에 개통되었다. 이어서 함경도 지역의 자원 수탈과 대륙으로의 진출을 위하여 함경선 공사도 1914년에 착공하여 1928년에 이를 완공하였다.

일제는 1911년에 조선 은행법을 공포하여 1909년에 설립되었던 한국 은행을 조선 은행으로 개칭하고 조선 은행권 발행과 금융 통제 등 중앙 은행의 역할을 맡게 하였다. 그리고 1912년에 은행령을 공포하여 보통은행의 설립 기준을 정하였으나 한국인의 은행 설립은 극력 저지하였다. 이리하여 금융 부문도 일본이 장악하였으며 조선 은행, 조선 식산 은행(1918년 설립), 동양 척식 주식 회사 등이 금융계를 장악하였다. 지방에는 중소 농민을 대상으로 서민 금융을 담당하는 금융 조합이 침투하여 고리대업 방식으로 농민 착취를 자행하였다.

한국 어민의 영세화
대다수의 한국 어민은 영세 어민이었다. 1918년의 어업 상황을 보면 한국 어민 1인당 평균 어획고가 일본인 어획고의 22%에 불과하였다.

한국은행(서울 중구)

(2) 1920년대의 경제 수탈

산미 증식 계획과 미곡의 수탈

제1차 세계 대전을 계기로 일본의 자본주의는 급속히 발전하면서 도시 인구와 노동자 수가 크게 늘어났다. 이와 동시에 농경지가 감소하고 공장이 늘어나면서 쌀 부족이 심각해지고 쌀값이 폭등하였다. 1918년 8월에는 대규모의 쌀 폭동이 일어나 전국적으로 확산되었다. 이에 일본 정부는 쌀 부족 현상을 타개하기 위하여 식민지 조선에서 미곡을 증산하여 일본으로 대량 유출하려는 정책을 추진하게 되었다.

일제는 토지 조사 사업으로 식민지 지주제와 소작 제도를 강화하여 식량 수탈을 위한 기반을 마련한 후, 일본의 식량 문제를 해결하기 위한 약탈 정책으로 1920년부터 산미 증식 계획을 실시하였다. 이 계획은 15년 동안에 관개 개선, 지목 변경, 개간·간척 등의 토지 개량 사업으로 논 42만 7천여 정보를 조성하고 농사 개량을 실시하여, 연간 920만 석의 쌀을 증산하고 그 중 700만 석은 일본으로 유출한다는 것이었다.

산미 증식 계획은 추진 실적이 한동안 부진하여 예정된 성과를 이루지 못하자 1926년에 그 계획을 수정하여 추진하였다. 이에 산미 증식 계획은 1920~1925년의 1차 계획과 1926~1934년의 2차 계획으로 구분되어 실시되었으며 1934년에 중단되었다. 산미 증식 계획이 예정대로 추진되지 못한 이유는 조선 총독부가 토지의 개량 및 개간이나 농사 개량보다 토지의 매입 경영에서 고율의 소작료를 징수하여 더 높은 이윤을 획득할 수 있었기 때문이었다. 일본인 자본과 지주들은 토지 겸병에 적극 나서서 소작농으로부터 고율의 소작료를 수탈하는 데 더욱 힘썼다.

산미 증식 계획의 중심이 된 토지 개량 사업은 수리사업 위주로 추진되었다. 수리조합이 일본인 대지주 중심으로 설립되고 그들 중심으로 운영되면서 한국 농민과 중소 지주들은 과도한 수리 조합비 부담에서 많은 불이익을 당해야만 했다. 이에 한국 농민들의 수리 조합 반대 운동이 빈번하게 일어났으며 이것도 산미 증식 계획이 제대로 추진되지 못한 원인이 되었다.

산미 증식 계획으로 쌀의 증산량은 계획에 훨씬 미달하였지만 일본으로의 쌀 수출량은 크게 증가하였다. 이 계획이 중단된 직후인 1936년의 쌀 생산량은 1920년보다 약 30%가 증가한 데 불과하였으나 일본으로의 수출량은 약 8배로 급증하였다. 1932~1936년의 평균 쌀 생산량은 1,700만 석이었는데, 일본으로의 수출량은 그 절반이 넘는 876만 석이나 되었다. 이와 같이 미곡 수탈에 따른 쌀의 일본 유출로 말미암아 한국인의 1인당 쌀 소비량은 1920년의 6.3두(斗)에서 1930년에는 4.5두로 줄어들었다. 국내 식량의 부족으로 한국인들은 만주에서 들어오는 조, 수수, 콩 등의 잡곡으로 연명해야만 하였다.

산미 증식 계획 기간 동안 지주들의 소작농에 대한 수탈은 심화되어 지세와 수리 조합비를 지주가 소작농에게 전가시키는 경우가 많았다. 총독부 권력의 비호를 받는 식민지 지주들은 소작농으로부터 고율의 소작료를 수탈하여 쌀을 일본으로 수출함으로써 이익을 증대시켰다. 소작농의 증가로 한국 농민의 빈궁화는 계속 진전되었고, 일본인 지주는 계속 증가하였으며 과도한 수리 조합비로 한국인 자영농과 자작 겸 소작농도 토지를 상실하여 몰락하는 경우도 많았다. 몰락하여 절대 빈곤에 빠진 농민들은 일본이나 만주로 이주하였고, 일부는 산속으로 들어가 화전민이 되거나 대도시로 흘러들어가 토막민이 되기도 하였다.

(구)익옥 수리조합 사무소 및 창고(현 익산문화재단, 등록문화재 제181호) 1930년 토지 개량과 수리 사업을 명분으로 설립되어 과다한 공사비와 물세를 지역 농민에게 부담시켰다.

일본 자본의 한국 침투

일제는 1920년 4월에 일본 자본의 한국 침투를 촉진시키기 위하여 회사령을 철폐하고 신고제를 채택하여 회사의 설립을 자유롭게 허용하였다. 또, 같은 해 8월에는 한·일 합방 이후 존속되어 온 관세를 철폐하고 일본 자본의 조선 침투를 촉진시켰다. 회사령 철폐와 관세 철폐는 제1차 세계 대전을 계기로 확립된 일본 독점 자본이 한국을 투자 시장으로 삼아 더욱 많은 초과 이윤을 획득하기 위한 조치였다. 이로써 1920년대부터 일본 독점 자본의 한국 투자가 크게 늘어났다.

1920년대에 한국에 침투하여 설립한 일본 독점 자

본의 회사는 미쓰이, 미쓰비시, 노구찌(野口) 계통이 압도적으로 많았다. 이들 일본 독점 자본의 회사들은 한국의 자원과 노동력을 헐값으로 수탈하여 높은 수익을 올렸다. 미쓰이 계통의 회사는 삼성 광업 주식 회사, 동양 제사 주식 회사 등이었고, 미쓰비시 계통은 조선 무연탄 주식 회사였다.

신흥 재벌인 노구찌는 조선 수력 전기 회사를 설립하여 부전강 수력 발전소를 건설하였다(1926). 또한 노구찌는 흥남에 거대한 질소 비료 공장을 건설하고 부전강 발전소의 전기를 이용하여 비료공장을 가동하였다. 이리하여 노구찌는 산미 증식 계획으로 장려하고 있던 비료의 공급을 독점하고 극단적인 저임금으로 노동자를 수탈하여 대재벌로 성장하였다.

일본인 지주의 증가와 한국 농민의 빈궁화

1920년대에 산미 증식 계획의 추진과 함께 식민지 지주제는 더욱 강화되었으며, 지주와 그들이 소유한 소작지는 계속 증가하였다. 일본인 지주는 1920년대에 급격히 증가하였다. 1922년에 30정보 이상을 소유한 일본인 지주는 143호였으나 1925년에 478호, 1930년에 870호로 크게 증가하였다. 30정보 이상을 소유한 일본인 지주의 경작지도 1922년에 86,780 정보에서 1925년에 117,654 정보, 1929년에 133,721 정보로 계속 증가하였다.

특히 100 정보 이상의 대토지를 소유한 대지주는 1921년에 한국인 426명, 일본인 490명이었으나 1924년에는 한국인 357명, 일본인 521명이었으며 1927년에는 한국인 335명, 일본인 553명이었다. 이와 같이 1920년대에 일본인 대지주는 계속 증가하였으나 한국인 대지주는 감소하였다. 이러한 현상은 일본인 지주들이 총독부나 동척, 조선 식산 은행 등의 후원을 받으며 계속 성장하고 경작지를 겸병하였기 때문에 일어난 것이었다.

반면에 한국 농민의 빈궁화는 계속되었다. 자작농과 자소작농은 몰락하여 순전한 소작농으로 전락하였고, 소작농은 더욱 몰락하여 화전민·세궁민(細窮民)·걸인이 되거나 국외 이주민이 되었다.

노구찌 재벌의 수력발전소 건설
1920년대에 부전강 발전소를 건설한 노구찌 재벌은 1930년대 이후에도 북한 지역에서 장진강 발전소, 허천강 발전소 등의 많은 수력 발전소를 건설하였다.

조선 질소 비료 주식 회사(함경남도 흥남)

(3) 1930년대 이후의 경제 수탈

전시 파쇼 체제의 강화와 식량 강제 공출

1930년대에 일제는 한반도의 병참 기지화 정책을 추진하여 침략 전쟁을 뒷받침하였다. 이에 미쓰이, 미쓰비시, 노구찌 등의 일본 독점 자본이 대거 투입되어 군수 공업을 위주로 하는 공업화 정책이 추진되었다. 이와 동시에 일제는 한국에서 군사력과 경찰력을 증강시켜 파쇼 체제를 강화하였다. 한국에 일본군은 종전에 2개 사단 병력이 주둔하였으나 만주사변(1931) 이후에 3개 사단 병력으로 늘어났다. 그 후에도 일본군은 계속 증파하여 일제 말기에는 약 23만 명에 이르렀다. 정규 경찰력도 증강되어 1920년에 2,746개 경찰관서와 20,134명의 경찰관이 1941년에는 3,212개 경찰관서와 35,239명의 경찰관으로 늘어났다.

일제는 침략 전쟁의 확대로 군량 등 식량의 수요가 증대하자 다시 미곡 증산 계획을 추진하여 식량 증산에 나섰으며, 쌀의 공출 제도와 배급 제도를 시행하였다. 그러나 태평양 전쟁이 시작되면서 식량 사정이 점점 악화됨에 따라 일제는 조선식량 관리령을 제정하여(1943) 전체 농민을 대상으로 농가의 자택 소비량을 제외한 전량을 강제로 공출하였으며 잡곡까지 공출 제도를 확대하여 식량 수탈을 더욱 강화하였다 .

강제 동원과 인력 수탈

중국 대륙으로 침략전쟁을 확대시킨 후 일제는 국가 총동원법을 1938년에 한국에도 시행하였다. 이에 전쟁 수행에 필요한 인적 자원을 강제로 동원하고 군수물자를 비롯한 각종 물자를 대거 수탈하였다.

한국 청년들을 지원병 형태로 침략 전쟁에 동원하기 위하여 일제는 육군 특별 지원병령을 공포하였다(1938. 2). 육군 지원병 훈련소가 나남, 함흥, 평양, 대구에 설치되고 이들 훈련소에서 강제 동원된 청년들의 훈련이 실시되었다. 태평양 전쟁이 시작된 이후에는 해군 특별 지원병령을 공포하여(1943. 7) 지원병 제도를 해군에도 실시하였다. 육군 지원자는 1938년에는 2,946명이었으나, 1941년에는 14만 4천여 명, 1942년에는 25만 4천여 명, 1943년에는 30만 3천여 명으로 크게 증가하였다. 해군 지원자도 1943년에 9만 명에 이르렀다.

이와 같이 지원자가 급증한 것은 총독부 관리와 경찰에 의한 황민화 운동과 강제 동원 때문이었다. 그리고 전문 학교와 대학 재학생의 '학도 지원병' 제도가 강행되어(1943) 많은 학생들이 전쟁터로 끌려갔다. 육군과 해군의 지원자는 많았지만 실제로 일본군에 채용된 지원병은 징병령이 실시되기 이전인 1943년까지 약 2만 3천여 명이었다.

일제는 한국 청년들을 의무적으로 동원하기 위하여 징병제 시행 준비 위원회를 설치하고(1942) 징병제 실시를 준비하였다. 동시에 조선 청년 특별 훈련령을 공포

학살 당한 징용자들
평양의 미림 비행장과 사할린, 쿠릴 열도, 오키나와(류큐)로 끌려간 징용자 7천여 명이 무참하게 학살을 당하였다.

징용된 한국인이 노역에 강제 동원된 모습

하고(1942) 17~21세의 청년들을 의무적으로 특별 훈련소에 입소시켜 훈육, 학과, 교련, 근로 작업 등을 통해 심신을 단련시켜 징병제 실시에 대비하였다. 마침내 1944년부터 징병제를 실시한 일제는 1945년까지 20만 9천여 명의 청년들을 강제로 동원하여 전선으로 끌어갔다.

학도병 일장기

침략 전쟁 시기에 일제는 국민 징용령을 제정하여(1939) 징용제를 실시하고 한국인을 강제 동원하여 노동력을 수탈하였다. 징용제는 한국인의 저항을 고려하여 처음에는 모집 형식의 강제 동원이 실시되었다. 그러나 징용제는 점차 강화되어 1941년에는 조선 노무 협회가 구성되고 국민 근로 보국 협력령이 시행되어 노동력 동원이 더욱 강력하게 진행되었다.

특히, 태평양 전쟁이 시작되면서 더욱 많은 노동력 동원이 필요하게 되자 일제는 대규모의 국민 동원 계획을 수립하고 강제력이 더욱 강화된 방식으로 한국인을 근로보국대라는 이름으로 끌어갔다. 징용으로 강제 동원된 1백만 명 이상의 한국인은 탄광, 금속광산, 토건공사장, 군수공장, 군사기지공사장 등에서 노예처럼 혹사를 당하였고, 이들 공사장에서 군대식으로 편성되어 엄격한 군대식 규율로 통제되었다. 이들 가운데 많은 사람들이 공사가 끝난 후에 군대 기밀을 지킨다는 이유로 무더기로 학살당하기도 하였다.

또한 일제 말기에는 여자 정신대 근무령을 만들어 (1944. 8) 12세부터 40세까지의 여성 수십만 명을 강제 동원하였다. 이들은 일본과 한반도의 군수공장에서 혹사당하기도 하였으나 일부는 중국과 동남 아시아의 전쟁터로 끌려가 일본군 상대의 위안부가 되어 비참한 생활을 하였다. 또한 일부의 청년들은 포로 감시의 군사 요원으로 동남아시아로 끌려갔다가 종전 후에 연합군에 의해 포로 학대의 전범으로 몰려 처형되거나 징역살이를 한 희생자들도 있었다.

일본군 위안부로 희생된 여성들

자료 스페셜 국가 총동원법(1938)의 주요 내용

제1조 국가 총동원이란 전시에 국방 목적을 달성하기 위하여 국가의 전력을 가장 유효하게 발휘하도록 인적 및 물적 자원을 운영하는 것이다.

제4조 정부는 전시에 국가 총동원상 필요한 때에는 칙령이 정하는 바에 따라 제국 신민을 징용하여 총동원 업무에 종사할 수 있게 할 수 있다.

제7조 정부는 전시에 국가 총동원상 필요한 때에는 칙령이 정하는 바에 따라 노동쟁의의 예방 혹은 해결에 관하여 필요한 명령을 내리거나 작업소의 폐쇄, 작업 혹은 노무의 중지, 기타의 노동쟁의에 관한 행위의 제한 혹은 금지를 행할 수 있다.

제14조 정부는 전시에 국가 총동원상 필요한 때에는 칙령이 정하는 바에 따라 물자의 생산·수리·배급·양도 및 기타의 처분, 사용·소비·소지 및 이동에 관하여 필요한 명령을 내릴 수 있다.

제20조 정부는 전시에 국가 총동원상 필요한 때에는 칙령이 정하는 바에 따라 신문지, 기타 출판물의 게재에 대하여 제한 또는 금지를 행할 수 있다.

더 알아보기

황금광 시대

1930년대에 한반도에는 일제의 산금 증산책으로 일종의 골드 러시의 현상이 나타났다. 황금에 몸이 달아오른 사람들이 너도나도 금광 채굴에 뛰어들어 황금광 시대가 출현하였던 것이다. 금광 채굴로 막대한 재산을 모은 부자들도 생겼는데 최창학, 방응모 등이 그 대표자들이다. 최창학은 서울에 경교장을 지었으며, 8·15 광복 후에 환국한 임시정부의 주석 김구에게 이를 기증하였다. 방응모는 1930년대 초에 재정난으로 위기에 빠진 조선일보사를 인수하여 언론인, 기업인으로 활약하였다. 그러나 이와 달리 금광 채굴에 실패한 사람들도 많았다.

일제의 산금 정책과 조선산 금 생산의 급증

1931년에 만주 침략을 본격화한 일제는 준전시체제 상태에서 국제수지 개선의 수단으로 금의 수요가 급증하자 한반도에서 금 생산 증가를 적극 추진하였다. 조선 총독으로 부임한 우가키는 "아무리 수입 초과가 계속되어도 일본에 금만 많이 가지고 있으면 걱정은 없다. 제국 영토 내에 금을 많이 산출할 수만 있으면 국제 차관이 불균형이라고 해서 크게 걱정할 것까지는 없다."라고 말하면서 산금 증산 5개년 계획(1931~36)을 수립하여 이를 강행하였다. 이어서 일제는 '조선산금령'을 공포하고(1937.9) 산금 정책을 더욱 적극적으로 추진하였다. 이에 한반도에서의 금 생산량은 계속 증가하여 1932년 9,699kg, 1934년에 12,427kg, 1936년에 17,489kg에 이르렀다. 마침내 1939년에는 25,759kg를 생산하여 최고 산출량을 기록하였다.

일제의 친일파 논공행상

1910년에 일제는 합방조약 체결 발표와 동시에 '조선귀족령'을 공포하고 매국노와 친일파들 76명에 대한 논공행상을 실시하였다. 여기에는 대한제국 정부의 고관을 지낸 사람들, 왕실의 종친들, 합방에 공로가 있는 사람들이 선정되어 귀족의 작위를 받았다. 이에 박영효와 윤덕영 등 6명은 후작, 이완용과 이지용 등 3명은 백작, 박제순과 송병준 등 22명은 자작, 민영기와 이윤용 등 45명은 남작이 되었다. 이들 가운데 친일 활동이 뚜렷한 사람들에게는 훈 1등, 훈 2등의 서훈을 추가하였다. 한규설, 김석진, 조정구 등은 작위 수여를 거부하였고, 조희연은 일단 받았던 남작의 작위를 반납하였다. 윤치호는 아버지 윤웅렬이 받았던 남작의 작위를 승계하였으나 105인 사건의 주모자로 복역하여 작위를 박탈당하였다. 백작 이완용은 3·1 운동 후에 후작으로 승급하였다.

일제의 상치은사금 강제 지급

합방 직후에 일제는 망국의 비운에 분격한 유생들을 회유하기 위하여 60세 이상의 노유(老儒) 9천 7백여 명에게는 상치은사금을 강압적으로 지급하였다. 지급액은 대부분 15원이었으며, 특수자는 120원 이내였다. 그러나 많은 노유들이 상치(경로의 뜻으로 사용됨) 은사금 수령을 거부하여 이른바 은사금 소동이 벌어졌다. 헌병이 은사금 수령을 강요하자 이에 항거하여 자결하거나, 투옥된 유생들도 있었다. 결국 상치은사금을 수령한 노유들은 고작 3천 1백여 명에 지나지 않았다고 한다.

황금광 시대를 풍자한 만화 1930년대에 금광 열풍이 산, 논밭 등을 거쳐 급기야 해저에까지 휘몰아 쳤음을 풍자하였다. 금광 채굴의 출원이 1932년에 2700건이나 되었음을 보여주고 있다.

2 민족 독립 운동의 전개

3.1 운동 공약 3장

一. 오늘 우리의 이 거사는 정의, 인도, 생존, 번영을 위한 민족 전체의 요구이니, 오직 자유의 정신을 나타낼 것이며, 남을 배척하는 감정으로 그릇되게 달려 나가지 말라.

一. 마지막 한 사람까지, 마지막 한 순간까지 민족의 정당한 뜻을 시원스럽게 발표하라.

一. 모든 행동은 질서를 존중하여, 우리의 주장과 태도를 어디까지든지 밝고 정당하게 하라.

손병희 동상(종로 탑골 공원)

청산리 항일대첩 기념비(중국 화룡)

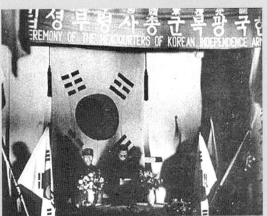

대한 광복군 결성(1940)

(1) 비밀 결사의 조직과 활동

의병 항쟁의 지속과 독립 의군부의 활동

한·일 합방 이전 일제 침략에 가장 적극적으로 저항한 민족 운동은 항일 의병 투쟁이었다. 의병 투쟁이 고조되면서 의병 전쟁으로 발전하였으나 일본군의 가혹한 탄압으로 세력이 약화되었고, 1909년 일본군의 이른바 남한 대토벌 작전으로 의병 부대들은 큰 타격을 받았다. 이에 국권 피탈을 전후한 시기에 일부 의병들은 근거지를 만주와 연해주 등지로 옮겨 독립군으로 활약하기 시작하였다. 유인석 부대, 이진룡 부대, 홍범도 부대는 이들 지역에서 활동한 대표적인 의병 계통의 독립군들이었다.

국내에서도 소규모의 의병들이 산발적으로 의병 투쟁을 계속하였다. 황해도와 평안도 지방에서 활약한 채응언은 1백여 명의 의병을 규합하여 1915년까지 유격전을 벌여 성과를 거두었다. 일제의 헌병 경찰은 거액의 현상금을 내걸고 채응언의 체포에 나섰는데, 그는 평남 성천에서 군자금 모금 활동 중 일본군에 체포되었다. 국내에서 활동한 마지막 의병장으로 불리는 채응언은 그 해 11월에 평양 형무소에서 사형을 당해 순국하였다.

이에 민족 독립 운동 단체들은 비밀 결사의 형태로 투쟁 방법을 바꾸어 항일 운동을 계속할 수밖에 없었다. 의병 투쟁을 계승한 독립 의군부는 그러한 비밀 결사의 단체였다.

최익현과 함께 전북 태인과 순창 지역에서 의병 투쟁을 벌였던 임병찬은 1912년에 고종의 비밀 지령을 받아 의병들과 유생들을 규합하여 독립 의군부를 결성하였다. 이 단체는 처음에 호남 지방을 중심으로 조직을 확대하다가 점차 전국적 조직망을 갖추었다.

독립 의군부는 일본의 내각 총리대신과 조선 총독 및 총독부의 관리들에게 국권 반환 요구서를 보내 한·일 합방의 부당성을 밝혔다. 또한 한국민이 일제 통치에 계속 항거하면서 국권 회복 투쟁을 벌이고 있다는 것을 외국에 널리 알리기 위하여 의병 운동을 전개할 것을 준비하였다. 그러나 1913년 5월 일본 경찰에 그 조직이 드러나, 독립 의군부의 국권 회복 운동은 실패로 끝나고 말았다.

임병찬의 순국
임병찬은 거문도로 유배되었다가 그곳에서 순국하였다.

임병찬(1851~1916)

대한 광복회의 활동

1910년대에 활약한 민족 독립 운동의 비밀 결사 중에서 가장 활발한 활동을 벌인 단체는 대한 광복회였다. 이 단체는 1913년에 경북 풍기에서 채기중, 유창순 등이 조직한 대한 광복단에서 비롯되었으며 1915년에 박상진 등이 가담한 후 대한 광복회로 개편되었다.

대한 광복회는 군대식 조직을 갖추어 중앙에는 총사령 박상진, 부사령 이석대(나중에는 김좌진), 지휘장에 권영만을 두었고, 그 밑에 재무부와 선전부를 설치하였다. 이 단체는 독립 전쟁을 통한 국권 회복과 공화국 건설을 최종 목표로 삼았다. 이를 위하여 만주에 사관 학교를 설립하고 독립군을 양성하여 무장 투쟁을 전개하려고 하였다. 이러한 계획을 실현하기 위하여 대한 광복회는 먼저 군자금 모금과 친일파 처단에 나섰다.

이들의 활동 중에서 대표적인 것은 경북 칠곡의 부호인 장승원과 충남 아산의 도고 면장 박용하 암살 사건이었다. 그러나 1918년 1월에 일제 경찰에 적발되어 박상진을 비롯한 37명의 동지들이 체포되었고, 대한 광복회의 활동은 중단되고 말았다.

대한 광복단 추모탑(경북 영주)

그 밖의 비밀 결사들

1910년대에 활약한 항일 비밀 결사 중에서 3·1 운동까지 일제 경찰에 발각되지 않은 극소수의 단체로는 조선 국권 회복단을 꼽을 수 있다. 이 단체는 1915년에 경상도 지방의 유생들로 대종교에 귀의한 윤상태, 서상일, 이시영 등이 경북 달성에서 결성하였다. 단군을 받들고 신명을 바쳐 국권 회복 운동을 전개할 것과 만주와 연해주의 독립 운동과 연계하여 항일 독립 운동을 전개하려고 하였다. 이 단체는 3·1 운동이 일어나자 각지의 만세 시위를 주도하였으며, 대한민국 임시 정부가 중국 상하이에서 수립되자 독립군 양성을 위한 군자금 1만원을 모금하였다.

105인 사건으로 많은 민족 지도자들이 체포되어 한동안 민족 독립 운동이 침체되었던 평안도 지방에서도 공화주의 비밀 결사로 1915년에 조선 국민회가 결성되었다. 이 단체는 하와이의 재외 동포 및 간도 지방의 독립 운동 단체와 연계하여 독립 운동을 추진하였고, 군자금 모금과 무기 구입을 위해 힘썼다. 그리고 3·1 운동 때는 만세 시위 운동에 적극 참여하였다.

평양의 숭실 여학교 교사들이 1913년에 조직한 송죽회는 1910년대에 여성들이

박상진(1884~1921)
박상진은 울산 지방의 유학자 집안 출신으로 한말의 대표적 의병장인 허위의 제자였으며 양정의숙을 다녀 신학문도 익혔다. 그는 1921년 8월에 대구형무소에서 사형이 집행되어 순국하였다.

조선 국민회(朝鮮國民會, 1915)
평양의 숭실학교 학생들과 기독교 청년들이 중심이 되었으며, 숭실학교 졸업생인 장일환이 회장으로 선임되었다.

자료 스페셜 대한 광복회 회원의 서약문

우리는 대한의 독립 광복을 위하여 우리의 생명을 희생에 바침은 물론 우리들이 일생의 목적을 달성하지 못할 때에는 자자손손이 계승하여 원수 일본을 완전히 구축하고 국권을 광복하기까지 절대로 변하지 않고 한마음으로 힘을 다할 것을 천지신명에게 맹세함.

대한 광복회의 투쟁 방법 결정
• 무력 준비 : 일반 부호의 의연(義捐)과 일본인이 불법 징수하는 세금을 압수하여 이로써 무장을 준비함.
• 무관 양성 : 남북 만주에 사관학교를 설치하고 인재를 양성하여 사관을 채용함.
• 군인 양성 : 대한의 의병, 해산군인 및 남북 만주 이주민을 소집하여 훈련 채용함.
• 무기 구입 : 중국과 러시아에 의뢰 구입함.

만든 유일한 항일 민족 운동의 비밀 결사였다. 송죽회는 철저한 점조직의 형태로 운영되었으며, 여성 계몽 운동과 민족 의식 및 독립 정신의 함양에 노력하였다.

(2) 독립 운동 기지의 건설

독립 전쟁론의 대두

20세기 초에 일제 침략이 심해지는 가운데 국내에서의 항일 의병 투쟁이 점차 어려워져 갔다. 이에 유인석을 비롯한 일부 의병 세력은 만주와 연해주의 중요성을 인식하고 의병의 근거지를 그 지역으로 옮겨 항일 투쟁을 계속하자고 주장하였다. 이들 지역은 고조선, 부여, 고구려, 발해가 지배했던 지역으로 고대에는 우리 민족의 중요한 생활 터전이었다.

뿐만 아니라 19세기 후반부터 우리 민족은 압록강과 두만강을 건너 북간도, 서간도, 연해주 등지로 이주하여 이들 지역을 개척하며 정착하였다. 따라서 간도와 연해주의 동포 사회는 항일 독립 운동의 터전으로서 좋은 조건을 갖추었으며 당시에는 일제의 세력 침투도 미약한 곳이었다.

안중근 동상(서울 중구, 남산 안중근 기념관)

애국 계몽 운동의 대표적 단체인 신민회는 한국 군대의 강제 해산 직후부터 국외 독립군 기지 건설과 독립군의 창건 문제를 검토하였다. 의병 투쟁이 퇴조기에 접어든 1909년부터 본격적으로 이 문제를 논의하였다. 신민회 지도자들은 국외에 적당한 후보지를 선정하여 독립운동 기지를 만들고 그 곳에 무관 학교를 건립하여 독립군 사관을 양성한 후 일본과의 전쟁에서 승리할 수 있는 강력한 독립군을 창건하기로 결정하였다.

그러나 안중근의 이토 히로부미 암살 의거가 일어나 안창호, 이동휘 등의 간부들이 안중근과의 관련 혐의

자료 스페셜   신민회의 '독립전쟁 전략' 골자

1. 독립군 기지는 일제의 통치력이 미치지 않는 청국령 만주 일대에 설치하되, 후일 독립군의 국내 진공에 가장 편리한 지대를 최적지라고 결정하였다.
2. 최적지가 선정되면 자금을 모아 일정 면적의 토지를 구입하되, 이에 소요되는 자금은 국내에서 신민회의 조직을 통하여 비밀리에 모금하고, 이주민에게도 어느 정도의 자금을 휴대하도록 하였다.
3. 토지가 매입되면 국내에서 애국적 인사들과 애국 청년들을 중심으로 하여 계획적으로 단체 이주를 시켜서 신영토로서의 '신한민촌'을 건설하도록 하였다.
4. 새로이 건설된 신한민촌에는 민단을 조직하고, 학교와 교회와 기타 교육 문화 시설을 세우는 한편, 특히 무관학교를 설립하여 문무쌍전 교육을 실시하고 사관을 양성하기로 하였다.
5. 무관학교를 근거로 그 졸업생과 이주 애국 청년들을 중핵으로 하여 강력한 독립군을 창건하기로 하였다. 철저한 현대 군사 훈련과 현대 무기로 무장시켜 일본 정규군과의 현대전에서 승리할 수 있는 강력한 현대적 군대를 만들기로 하였다.

신용하, 「한국현대사와 민족문제」 174쪽

로 일제 헌병대에 구속되어 이 사업의 실천은 한동안 중단되었다. 1910년 3월에 신민회는 긴급 간부회의를 개최하고 '독립전쟁 전략'을 채택하고 독립운동 기지의 창건을 본격적으로 추진하였다. 이에 같은 해 가을에 이동녕·주진수 등이 만주 일대를 답사하고 기지 창건의 후보지를 선정하였다.

이로써 만주와 연해주 일대에 독립 운동 기지가 건설되고 독립군 양성을 통한 독립 전쟁론이 확산되기 시작하였다. 또한 의병 투쟁 계열의 흐름과 애국 계몽 운동 계열이 합류하여 독립 전쟁을 함께 추진하는 계기도 마련되었다.

이회영(1867~1932)

만주와 연해주의 독립 운동 기지

만주의 간도 지역에서 가장 먼저 독립 운동 기지로 떠오른 지역은 용정(龍井)이었다. 이상설, 이동녕, 정순만 등은 1906년 8월에 용정에서 민족주의 교육 기관의 요람인 서전서숙을 설립하였다. 이 학교는 신학문을 교육함과 동시에 항일 애국 정신과 독립 사상의 고취에 힘썼다. 1907년에 일제 통감부의 임시 파출소가 설치되고 이상설이 헤이그 특사로 파견된 후 일제 탄압으로 용정으로 돌아오지 못하고 연해주로 피신함에 따라 서전서숙은 1908년에 문을 닫고 말았다.

그러나 서전서숙의 졸업생인 김학연이 4촌 형 김약연과 함께 용정 부근의 명동촌에서 명동서숙을 1908년에 설립하고 서전서숙의 전통을 계승한 민족 교육 활동을 계속하였다. 명동서숙은 1909년에 명동 학교로 발전하였다. 이때 김약연이 교장이 되어 간도 지역의 대표적인 항일 민족 교육기관으로 만들었다. 또한, 김약연은 간도 민족 독립 운동의 지도자로 크게 활약하였다.

용정 다음에 독립 운동 기지로 건설된 곳은 밀산부 한흥동이었다. 연해주의 블라디보스토크에서 활동하던 이상설, 이승희, 김학만 등은 1909년부터 만주와 연해주의 접경 지대에 위치한 흥개호 주변인 중국령 밀산부의 봉밀산 부근 지역을 매입하고, 1백여 가호의 주민을 이주시켜 그 곳을 한국을 부흥시킨다는 뜻으로 '한흥동'이라고 이름을 지었다. 이들은 한흥동에 한민학교를 설립하고 민족 교육과 독립 사상 고취에 노력하였다.

한편, 신민회 인사들이 독립 운동 기지로 건설한 대표적인 곳은 남만주(서간도) 지역의 유하현 삼원보였다. 이회영, 이시영 등 6형제와 이동녕, 이상룡, 주진수 등의 선발대는 각각 그들의 가족을 거느리고 1911년 초까지 삼원보에 도착하여 독립 운동 기지의 건설을 시작하였다. 그들은 경학사(耕學社)라는 자치 기관을 설치하고 이상룡을 경학사 사장으로 선임하였다. 나중에 경학사는 흉년으로 해체되고 부민단이 자치기관으로 설치되었다.

삼원보의 추가가에는 경학사의 부속 기관으로 신흥강

이상룡(1858~1932)

김약연(1868~1942) 1899년 만주로 가 명동 학교와 간민교육회를 설립하였다.

명동 학교의 졸업생
명동 학교 졸업생으로는 문재린, 나운규, 윤동주 등이 유명하였다.

이승희(1847~1916)의 활동
이승희는 영남의 유학자로 이름난 이진상의 아들로 한흥동 기지 건설에 앞장을 섰으며, 4년 동안 여기에 머물면서『동국사략』을 지어 한민 학교에서 우리 민족의 역사를 가르쳤다.

신흥 무관 학교 터(중국 유하현)

2. 민족 독립 운동의 전개 **467**

용정 서전서숙 옛터(중국 지린)

신한촌 기념탑(러시아 블라디보스토크)

습소를 설치하고 국내에서 모여드는 애국 청년들의 교육과 훈련을 실시하였다. 그후 이 학교를 통화현 합니하로 옮기어 신흥학교로 개편하고 중학반과 군사반을 설치하였다. 각지에서 많은 청년들이 입교하여 모두 수용하기 어려워지자 고산자가에 교사를 신축하고 합니하에는 초등 군사반을, 고산자가에는 고등 군사반을 설치하였다. 1919년에는 신흥 학교를 신흥 무관 학교라 개칭하고 명실공히 독립군 사관과 기간 요원들을 양성하였다.

러시아의 연해주에도 한인촌이 곳곳에 많이 건설되어 독립 운동의 기지가 되었다. 그 중에서도 블라디보스토크의 신한촌은 독립 운동의 중요한 중심지 가운데 하나로 떠올랐다. 1905년에 한국인 자치 기관인 한민회가 설치되었고, 1908년에는 해조신문이 간행되어 한국인의 애국심과 독립 사상을 고취하였다. 이어서 1909년에는 블라디보스토크 신한촌의 3개 학교가 한민 학교로 통합되어 민족 교육 활동이 활발해졌다.

1910년 8월에 한·일 합병의 기운이 점차 짙어져가자 이상설, 유인석 등의 독립 운동가와 이 지역의 한국인들은 이곳 신한촌의 한민 학교에서 한인대회를 개최하고 성명회를 조직하였다. 마침내 합병의 비보가 전해지자 성명회는 합병 반대 선언문을 발표하였다.

신흥 무관 학교 군사 훈련 모습

1911년 5월에 블라디보스토크의 신한촌에서 연해주의 항일 민족 운동 단체를 망라한 권업회가 결성되어 초대 회장에 최재형, 부회장에 홍범도가 선임되었다. 권업회는 기관지로 권업신문을 발간하였는데 이 신문은 연해주 동포의 대변지 역할을 하였다. 권업회 신문부의 부장 겸 주필은 신채호가 담당하여 언론 활동에 앞장섰다.

(3) 1910년대 국외 여러 지역의 독립 운동

만주의 민족 독립 운동

간도 지방의 용정, 왕청, 연길과 그 부근 일대에는 한국인의 집단촌이 건설되고 수많은 사립 학교에서 민족 교육과 군사 훈련이 실시되어 독립 운동의 중심지가 되었다. 특히, 한인이 1천호 이상 거주하는 왕청현 나자구에는 대전 학교라는 이름의 무관 학교가 건립되고, 밀산부 한흥동 지역에는 밀산 무관 학교 등이 설치되어 독립군 양성에도 기여하였다.

용정 부근의 명동 학교가 민족 교육 기관으로 뚜렷하게 자리를 잡자 간도 지방의 한인 사회를 이끌면서 한인의 자치와 경제적 향상을 도모함과 동시에 민족 독립 운동을 효과적으로 전개하기 위하여 간민교육회가 결성되었다. 이 간민교육회를 기반으로 하여 한인 사회의 자치 기구인 간민회가 1913년 연길(이전 명칭은 국자가)에서 조직되고 명동 학교의 교장인 김약연이 회장으로 선출되었다. 간민회는 본부를 연길에 두고, 민족 자치 운동과 문화 계몽 운동을 전개하였다.

간도 지역에서는 이동휘, 김약연 등의 활약으로 기독교 선교 활동이 활발히 전개되어 그 교세가 크게 확장되었다. 또한, 나철, 서일, 박찬익 등의 활약으로 대종교의 교세도 강하였다. 만주와 연해주 및 중국에서 활약한 독립 운동가들은 대종교의 신자들이 아주 많았다. 왕청현에서 대종교인들은 항일 독립 운동 단체로 중광단을 조직하였으며, 단장으로는 서일이 선임되었다.

압록강 건너편의 남만주 서간도 지역의 유하, 통화, 환인, 관전과 그 부근 일대에도 수많은 한인 사회가 결성되고 이들을 기반으로 하는 민족 운동 단체와 독립군의 활약이 활발하였다. 유인석의 의병 부대가 맨 처음에 서간도의 통화현과 집안현에서 활동하다 연해주로 옮겼는데, 그 후에 이진룡·조맹선·박장호 등의 의병 부대도 서간도 지역에서 활동하였다. 신민회 인사들이 삼원보 독립 운동 기지를 건설하면서 이들 지역은 중요한 항일 독립 운동의 중심지 가운데 하나로 떠올랐다.

통화현 합니하는 삼원보에서 남쪽으로 90리 정도 떨어진 곳으로 부민단 본부와 신흥 학교가 소재한 중요한 기지가 되었다. 신흥 학교 졸업생들은 신흥학우단(처음 명칭은 다물단)을 결성하고 서간도 한인 사회에서 실질적으로 자치 운동을 주도하면서 항일 독립 운동에 공헌하였다.

중광단의 변천
중광단은 의병과 무관 학교 출신의 군사 간부를 규합하고 청년들에 대한 정신 교육과 계몽 사업에 힘썼다. 3·1 운동 직후에 중광단은 정의단을 거쳐 북로군정서로 계승·발전하였다.

부민단의 변천
부민단은 곧 개편되어 자치 정부의 기능을 가진 부민회가 되었으며, 회장에는 이상룡이 선임되어 한인 자치 행정을 담당하였다. 이 부민단은 3·1 운동 직후에 자치 기관인 한족회로 개편되었다.

자료 스페셜 신흥학우단의 강령

첫째, 다물의 원동력인 모교의 정신을 후인에게 전수하자.
둘째, 겨레의 활역소인 모교의 정신을 올바르게 만대에 전하자.
셋째, 선열 단우의 최후 유촉을 정중히 받들어 힘써 실행하자.

연해주의 민족 독립 운동

만주의 간도 지역과 연해주에서 여러 독립 운동 단체들이 결성되어 은밀하게 독립군을 양성하자 독립 전쟁을 직접 추진할 정부 수립을 바라게 되었다. 이에 권업회가 중심이 되어 1914년에 연해주의 블라디보스토크에서 대한 광복군 정부를 수립하였다. 이상설과 이동휘를 정·부통령으로 각각 선출한 대한 광복군 정부는 국내외의 모든 독립 운동을 주도하면서 독립 전쟁을 실행하려고 하였다.

그러나 1914년 7월에 제1차 세계 대전이 발발하여 국제 정세가 크게 변화하였다. 러시아와 일본이 제1차 세계 대전에 참전하면서 공동 방위 체제를 확립하고, 러시아는 자기 나라 안에서 한인의 정치·사회 활동을 모두 금지시켰다. 이에 따라 권업회도 해산되고, 권업신문도 정간되었다. 동시에 대한 광복군 정부도 제대로 활동하기도 전에 러시아 당국의 탄압으로 큰 타격을 받고 해체되고 말았다.

1917년에 러시아 혁명이 일어나고 정세가 변하자 같은 해 6월에 러시아에 귀화한 한인들을 중심으로 각 지방 대표자 96명이 니콜스크에서 모여 한족 대표회를 조직하였고, 이 회가 12월에 전 러시아 재류 한인을 모두 입회시켜 전로(全露) 한족회 중앙총회로 개편되었다. 전로한족회는 본부를 니콜스크에 두었으며, 회장에는 문창범, 부회장에는 김립 등이 선출되었다. 그리고 연추·하바로프스크 등지에 한족 연합회를 설치하고 그 밑에 지방회를 구성하였다. 이 회는 기관지로 한족회보를 간행하여 국권 회복을 부르짖으며 항일 민족 운동의 기사를 게재하였다. 이 전로한족회는 1919년 대한 국민 의회로 개편되기까지 시베리아와 연해주에 재류하는 한인들의 대표적인 핵심 단체였다.

1918년 6월에 하바로프스크에서 이동휘, 박진순 등이 러시아 혁명의 영향을 받아 한인사회당을 조직하고 사회주의를 표방하는 민족 운동을 시작하였다. 그리고 연해주, 이르쿠츠크 등지에 수많은 공산주의 단체들이 결성되어 한인 사회에 영향을 끼치기 시작하였다.

중국 본토의 민족 독립 운동

상하이를 비롯한 중국 본토 지역도 1910년대의 중요한 독립 운동의 중심지 가운데 하나로 떠올랐다. 1911년에 중국 상하이로 망명한 신규식은 쑨원이 이끄는 중국 동맹회에 가입하고 신해 혁명에도 참가하였다. 그는 중국 국민당 정부의 요인들과 교류하여 상하이에서 한국 독립 운동이 활성화를 이루는 데 기여하였다.

1912년에 독립 운동과 교민들의 상부상조를 위해 동제사를 결성하였다. 동제사의 본부는 상하이에 두었으며 베이징과 톈진 등지에 지사를 설치하였다. 본부의 이사장과 총재는 신규식과 박은식이 맡았다. 또한 동제사는 박달학원을 설립하여 교육 활동에 이바지하였고, 한국 청년들을 중

신규식 묘(서울 국립 현충원)

국의 군사 학교에 입교시켜 군사 훈련을 받게 하였다. 이리하여 동제사는 상하이 독립 운동의 핵심 단체로서 대한민국 임시 정부가 수립될 때까지 중요한 역할을 수행하였다.

1918년에 여운형, 서병호, 장덕수, 김철, 선우혁 등 청년 독립 운동가들은 상하이에서 신한 청년당을 결성하고 보다 적극적인 독립 운동을 모색하였다. 제1차 세계 대전이 1918년 11월에 연합국의 승리로 끝나자, 신한 청년당은 1919년의 파리 강화 회의에 민족 대표로 김규식을 파견하여 한국의 독립을 위한 외교 활동을 전개하였다.

대한인국민회
처음에는 안창호와 박용만 등이 대한인국민회를 이끌었으며, 나중에는 이승만이 이 단체를 주도하였다.

미국에서 전개된 민족 독립 운동

우리 동포들의 미주 지역 집단 거주는 20세기 초에 하와이로 노동 이민을 떠난 것에서 비롯되었다. 이 때의 이주민은 주로 농민 출신의 남자로 하와이의 사탕수수 농장에 고용되어 일하였다. 값싼 임금을 받으며 열악한 노동 환경 속에서도 고생하며 일한 동포들은 생활터전을 마련한 후 고국의 처녀들을 맞이하여 가정을 꾸린 사람도 많았다. 일부 동포들은 돈을 모아 미국 본토로 이주하는 사람도 늘어났다.

이에 하와이와 캘리포니아 주에는 한인 사회가 만들어졌으며 이들 지역에서 미주 동포들의 민족 독립 운동이 20세기 초부터 시작되었다. 먼저 하와이의 호놀룰루에서 신민회가 조직되었고, 미주 본토에서도 안창호의 지도로 1905년에 샌프란시스코에서 독립 운동 단체로 공립협회가 결성되었다. 1909년에는 하와이의 한인합성협회와 본토의 공립협회가 연합하여 국민회를 조직하였고, 그 뒤에 국민회는 대한인 국민회로 개명되었다.

한편, 안창호는 대한인 국민회와는 별개의 단체로 1913년에 샌프란시스코에서 흥사단을 결성하여, 무실 역행(務實力行)과 충의 용감을 강조하는 민족 부흥 운동을 전개하였다. 흥사단은 나중에 국내에서도 조직되었으며, 오늘날까지 그 활동이 계속 이어지고 있다.

샌프란시스코에서 개최된 흥사단 회의

사진 신부 하와이 초기 이민자 중 노총각들은 1910년 부터 1924년까지 사진만 보고 결혼을 하였다.

(1) 3·1 운동의 태동

국제 정세의 변화

1914년에 시작된 제1차 세계 대전은 1917년에 이르러 전환점을 마련하였다. 개전 이래 중립을 지키던 미국이 독일의 무제한 잠수함 작전으로 피해를 입자, 1917년 4월에 독일에 대하여 선전 포고를 하고 연합국의 일원으로 참전하였다. 이에 미국은 많은 군대와 군수품을 유럽 전선에 보내어 연합군 측의 전력을 크게 강화시켰다.

또한, 러시아에서는 1917년에 2월 혁명(서방측 달력으로는 3월 혁명)과 이어서 10월 혁명(서방측 달력으로는 11월 혁명)이 연속적으로 일어났다. 미국의 참전과 러시아 혁명은 제1차 세계 대전의 양상을 크게 변화시켰다.

미국 대통령 윌슨은 1918년 1월에 전후 처리의 기본 원칙으로 '14개 조항'을 제시하였다. 그 주요 내용은 비밀 외교의 배척, 공해에서의 항해의 자유, 군비 축소, 식민지 문제의 공정한 조정, 동유럽과 터키 제국의 민족 문제 해결로 민족 자결주의 원칙의 적용, 그리고 국제 연맹의 창설 등이었다. 그 중에서 민족 자결주의 원칙은 세계 각 지역의 약소 민족들에게 고무적인 영향을 주었다.

마침내 1918년 11월 11일에 제1차 세계대전이 끝났다. 1919년 1월 18일에 전승국 27개국 대표가 참가한 가운데 역사적인 파리 강화 회의가 개최되었다. 일본과 중국은 전승국의 일원으로 이 회의에 대표를 파견하였다. 파리 강화 회의는 제1차 세계 대전의 뒤처리를 매듭짓고 영구적인 세계 평화를 수립할 목적으로 열렸기 때문에 전 세계의 수많은 사람들로부터 큰 기대를 모으며 시작되었다.

신한 청년당의 활동

제1차 세계 대전이 끝난 직후에 미국은 대통령 특사 크레인을 중국에 파견하여 전후 평화 회담에 대한 미국의 입장을 설명하고 중국 대표의 파견을 권고하려고 하였다. 신한 청년당의 여운형은 크레인 특사가 상하이에 오자 그를 만나서 한국 민족도 파리 강화 회의에 대표를 파견할 생각이니 협조해 달라고 요청하였다. 크레인은 미국 정부의 정책은 알 수 없으나 개인적으로는 협조하겠다고 응답하였다. 이에 신한 청년당은 '한국 독립에 관한 진정서' 2통을 작성하여 파리 강화 회의 의장과 미국 대통령 윌슨에게 전달해 주도록 그에게 의뢰하였다.

이어서 신한 청년당은 김규식을 한국 대표 겸 신한 청년당 대표로 선출하여 한국이 독립해야 하는 이유를 설명하고 한국인의 능력을 과시할 것, 한국 해방에 대한 정식 청원서를 제출할 것 등의 임무를 부여하였다.

김규식은 1919년 2월 1일에 상하이에서 파리를 향하여 출발하였고, 신한 청년당은 민족 대표 김규식의 파리행 출발을 국내외의 독립 운동가와 민족 지도자들에게 널리 알렸다. 그리고 국제 여론을 환기시킬 독립 운동을 대대적으로 일으키기 위하여 여러 당원들을 각지에 파견하였다.

신한 청년당은 일본에 조용은(조소앙), 장덕수 등을 파견하여 민족 대표 김규식의 파리 파견 사실을 알려 한국 유학생들의 활동에 영향을 주었다. 그리고 여운형은 만주의 간도와 러시아의 연해주로 파견되어 그 지역의 독립 운동가들에게 독립 운동을 고양시킬 기회가 왔음을 널리 알렸다.

미국과 만주에서의 독립 운동

미국의 대표적인 민족 운동 단체인 대한인 국민회는 안창호가 중심이 되어 1918년 12월 1일에 전체 간부 회의를 열고 정한경, 이승만, 민찬호를 대표로 선정하고, 파리 강화 회의에 독립 청원서를 발송할 것을 결의하였다. 정한경 등은 12월 20일경부터 파리 강화 회의에 참석하기 위한 여권 수속을 시작하였다. 그러나 미국 정부는 전승국인 일본의 항의로 여권을 발급해 주지 않아 이들은 파리에 파견되지 못하였다.

대한 독립 선언서 일명 무오 독립 선언서로 1918년 만주에서 발표한 최초의 독립 선언서로 알려져 있다.

1918년 12월 중순부터 미국 뉴욕에서 약소 민족 동맹 회의 총회가 개최되었다. 이 회의에 참가한 한인 대표들은 다른 약소 민족 대표들과 함께 파리 강화 회의에서 민족 자결주의 원칙에 따라 "모든 약소 민족들을 해방시켜야한다."고 결의하였다.

한편, 만주 지역에서 활약하던 여준, 김교헌, 조소앙, 김좌진 등의 독립 운동가들은 1918년 연말(음력)에 길림에서 회합하고 군정서의 전신인 대한 독립 의군부를 조직하면서, 만주에서 활약하던 여러 지도자들과 함께 39명의 공동 명의로 '대한 독립 선언서'(일명 무오 독립 선언서)를 발표하여 한국의 독립과 무력 항쟁에 대한 강렬한 의지를 밝혔다.

재일 유학생들의 2·8 독립선언

일본에 거류하는 한국 유학생들은 국제 정세의 변화를 더 빨리 파악할 수 있었다. 이들은 윌슨 미국 대통령이 주장한 민족 자결주의 원칙이 패전국의 식민지에만 적용되고 전승국의 식민지에는 적용되지 않는 것임을 알았다. 따라서 이들은 전승국인 일본이 지배하는 한국이 민족 자결주의 원칙의 적용에서 제외된다고 생각하여, 민족 자결주의와 파리 강화 회의에 별로 기대하지 않았다. 그러나 외신 보도를 통해 대한인 국민회가 파리 강화 회의에 한국 대표단을 파견하기로 결의했다는 소식을 듣고 본격적인 독립 운동을 추진하려는 움직임이 나타났다.

1918년 12월 29일에 유학생 학우회가 주최한 망년회와 다음날 조선 기독교 청년회관에서 개최된 웅변 대회에서는 한국 독립 문제가 논의되어 격렬한 토론이 벌

일본 거류 한국 유학생들에게 영향을 준 사건
대한인 국민회의 활동과 약소 민족 동맹회의의 소식은 일본에 있는 한국 유학생들에게도 알려져 고무적인 영향을 주기도 하였다.

여겼다. 그리고 생명을 바쳐서 조국 독립을 위한 실천 운동을 전개하기로 합의하였다. 1919년 1월 6일에 조선 기독교 청년 회관에서 다시 웅변 대회가 열려 구체적 방안이 마련되었다. 임시 실행 위원으로 최팔용, 서춘, 백관수, 송계백, 최근우 등 10명이 선출되었으며, 실행 위원들은 독립 선언을 하고 그 선언서를 일본 정부와 각국의 대사·공사에게 보내기로 결정하였다.

2·8 독립선언의 주역인 도쿄 유학생들

상하이의 신한 청년당이 보낸 조용은과 장덕수는 재일 한국 유학생들을 만나 민족대표 김규식의 파리 파견을 알리고 이들의 독립 운동 궐기를 촉구하였으며, 뒤이어 도쿄에 온 이광수는 이들이 만들 2·8 독립선언서를 기초하였다. 실행 위원들은 독립 선언서를 준비하면서 비밀리에 조선 청년 독립단을 조직하고 이 단체의 이름으로 독립 선언을 발표하려고 하였다. 마침내 재일 한국 유학생들은 1919년 2월 8일 오전에 독립 선언서, 결의문, 민족 대회 소집 청원서 등을 일본 정부와 조선 총독부 및 각 기관에 우송하고, 오후 2시에 조선 기독교 청년 회관에서 약 600명이 모인 가운데 최팔용의 사회로 대회를 개최하고 백관수가 독립 선언서를, 김도연이 결의문을 각각 낭독하였다. 이것이 2·8 독립 선언으로 다음에 국내에서 일어날 3·1 운동의 전주곡과 같은 구실을 하였다.

(2) 3·1 운동의 전개와 의의

종교계와 학생들의 독립 운동 준비

국내의 민족 지도자들도 종교계를 중심으로 국제 정세의 변화에 주목하면서 대규모의 독립 운동 준비에 나섰다. 천도교와 기독교의 지도자들이 적극적으로 앞장서서 활동하였다. 1919년 1월에 천도교의 권동진, 오세창, 최린 등은 신한 청년당의 활동과 재일 한국 유학생들의 독립 선언의 움직임에 고무되어 국내에서도 대규모의 독립 운동을 일으킬 것을 논의하였다. 7들은 1월 20일 경에 천도교 교주 손병희를 방문하고 독립 운동을 제의하여 교주의 적극적인 찬동을 받아냈다. 이들은 독립 운동을 대중화, 일원화, 비폭력의 3대 원칙에 따라 전개할 것을 방침으로 결정하였다.

이 무렵 고종이 승하하였는데(1919. 1. 22), 일부에서는 일제가 고종을 독살하였다는 소문이 나돌아 일반 민중들의 일제에 대한 적개심도 높아져 갔다. 한편 장로교와 감리교의 기독교 지도자들도 이승훈, 함태영, 박희도 등을 중심으로 독립 운동

자료 스페셜 조선 청년 독립단의 독립선언서(2·8 독립선언서) 결의문

1. 본단(本團, 조선 청년 독립단)은 한일합병이 우리민족의 자유의사에 의하지 않고 우리민족의 생존 발전을 위협하고 동양의 평화를 요란케 하는 원인이 된다는 이유로 독립을 주장함.
2. 본단은 일본 의회 및 정부에 조선민족대회를 소집하여 대회의 결의로 우리민족의 운명을 결정할 기회를 주기를 요구함.
3. 본단은 만국 평화회의의 민족자결주의를 우리민족에게 적용하기를 요구함.
4. 전항의 요구가 실패할 때에는 일본에 대하여 영원히 혈전을 선언함.

김성식, 「일제하 한국 학생독립운동사」

을 준비하였고, 이어서 천도교 측과 기독교 측의 연합 전선도 형성되고 독립 선언을 고종의 장례일인 3월 3일의 이틀전인 3월 1일 오후 2시에 서울 탑골 공원에서 하기로 합의하였다. 천도교 측에서는 불교계와의 연합 전선도 추진하여 한용운, 백용성 등이 참가하게 되었다. 이리하여 거족적인 독립 운동을 위한 천도교, 기독교, 불교 3대 종교 단체의 연합 전선이 1919년 2월 하순에 형성되었다.

현재의 승동 교회(서울 종로) 19세기 말에 설립된 승동 교회에는 초창기에 백정 출신들이 많이 다녀 백정 교회라는 말을 듣기도 하였다.

전문 학교 학생 대표들도 비밀리에 모여 독립 운동을 준비하였다. 보성 전문 학교의 강기덕, 연희 전문 학교의 김원벽, 경성 의학 전문 학교의 김형기, 세브란스 의학 전문 학교의 김문진 등은 2월 20일 경에 승동 교회에서 학생 간부회의를 개최하고 각 학교의 학생들을 규합하여 독립 운동을 추진하기로 결정하였다. 학생 대표들은 2월 25일 밤에 정동 교회에서 모여 종교계의 연합 전선에 동참하여 함께 독립 운동을 추진하기로 합의하였다.

독립 선언서의 작성과 인쇄는 천도교 측이 담당하였다. 최남선은 천도교 측의 요청을 받아 온건하고 평화주의적인 논조로 독립 선언서의 원고를 작성하였다.

3·1 운동의 전개

독립 선언서에 서명할 민족 대표의 선정은 각 종교 단체별로 이루어졌다. 천도교 측은 손병희, 권동진, 오세창 등 15명, 기독교 측은 이승훈, 박희도, 이갑성 등 16명, 불교 측은 한용운, 백용성 2명이 각각 선정되어 모두 33명으로 확정되었다. 독립 선언서의 인쇄는 천도교 측의 오세창이 총책임을 담당하고 천도교 직영의 인쇄소인 보성사에서 하였다.

보성사 터(서울 종로)

1919년 3월 1일에 민족 대표들은 원래 서울의 탑골 공원에서 독립 선언서를 낭독할 예정이었으나, 폭력 사태가 발생할 것을 우려하여 갑자기 장소를 음식점인 태화관으로 변경하였다. 손병희를 비롯한 민족 대표 29명은 오후 2시에 태화관에 모여 독립 선언식을 거행하고 만세 삼창을 한 후에 일제 관헌에게 이 사실을 알려주어 자진해서 모두 끌려가 투옥되었다.

학생과 시민들 수천 명은 탑골 공원에 모여 민족 대표들이 오기를 기다렸으나 그들이 오지 않자 2시 30분 무렵에 경신 학교 졸업생 정재용이 팔각정 단상에 등단하여 독립 선언서를 감격에 넘치는 목소리로 낭독하였다. 낭독이 끝나자 학생과 시민들은 독립 만세를 외치면서 시가 행진을 벌였다.

서울의 독립 만세 시위와 때를 같이하여 3월 1일에 평양, 안주, 선천, 의주, 원산 등 북한의 여러 지역에서도 만세 운동이 일어났다. 3월 10일을 전후한 시기에는 점차 남한 지역의 중소 도시와 농촌 지역으로 퍼져갔다. 만세 시위는 전국 방방곡곡으로 파급되어 3월 20일 경부터 4월 10일 경까지 절정에 달하였다. 5월 말까지 계속된 이 만세 시위 운동에는 전국 218개 군에서 200여 만명의 국민이 1,500여 회의 시위에 참가하여 거국적·거족적인 독립 의지와 열망을 보여 주었다.

탑골 공원 팔각정(서울 종로)

3·1 운동 초기의 시위 양상은 비폭력·평화 만세 운동이 중심이었다. 그러나 일제 군경의 무자비한 탄압에 맞서 나중에는 시위 군중들이 군청, 면사무소, 헌병 경찰 주재소 등의 식민 통치 기관을 습격하여 파괴하거나 일본인을 살상하기도 하여 점차 폭력적인 형태로 변하여 갔다.

만세 시위가 전국으로 확산되자 놀란 일제는 군대, 헌병, 경찰을 동원하여 시위자들을 폭도로 규정하고 발포, 살육, 방화, 고문 등의 무자비한 방법으로 탄압하였다. 그리고 일본에서 보병 6개 대대의 병력과 헌병들을 새로 파견하여 탄압에 나섰다. 일제는 시위 군중에게 무차별 사격을 가하여 평북 정주에서는 30여 명, 평남 맹산에서는 54명, 황해도 수안에서는 9명을 학살하였다.

뿐만 아니라 제암리(현재는 화성시 제암리)에서는 4월 15일 일본군이 마을 사람들을 교회당에 모이게 하고, 밖으로 문을 잠근 후 방화하고 사격을 가하여 23명을 학살하였다. 유관순이 활약한 병천(충남 천안)에서는 4월 1일에 장날에 평화적 시위를 벌인 군중에게 철도경비대가 일제 사격을 가하여 20여 명을 학살하였다. 이 밖에도 남원, 밀양, 합천 등지에서 많은 사상자들이 발생하였다.

3·1 운동의 국외 확산

한민족의 3·1 운동은 한국인이 많이 거주하는 국외의 만주, 연해주, 미국 등지에서도 확산되어 일어났다. 만주 지역에서는 3월 12일에 서간도의 유하현 삼원보와 통화현 금두에서 수천 명의 한인들이 모여 독립 선언 축하회를 개최하고 독립 만세 시위 운동을 벌였다. 3월 13일에 간도의 용정에서는 1만여 명의 한인이 서전 대야에 모여 교회 종소리를 신호로 김영학이 독립 선언 선포문을 낭독하고, 이어서 명동 학교 학생들을 선두로 하여 태극기를 들고 용정 시가를 누비며 독립 만세 시위운동을 전개하였다.

이때 중국 군대가 시가행진을 벌이는 시위 군중에게 발포하여 18명이 죽고 30여 명이 부상하는 참극이 벌어졌다. 3월 17일에도 용정에서 5천여 명의 한인들이 모여 만세 시위를 벌였다. 이어서 간도의 독립 만세 시위 운동은 훈춘, 연길 등 간도의 여러 지역으로 확산되었다.

제암리 3·1운동 순국기념관(경기 화성)

유관순 봉화탑(충남 천안)

용정 3·13반일 의사릉(중국 용정) 3·1만세 시위에 죽음을 당한 의사들의 무덤이다.

연해주에서는 블라디보스토크에서 3월 17일에 대한 국민 의회의 주관으로 대대적인 독립 만세 시위 운동이 벌어졌다. 이날 신한촌에는 대형 태극기가 높이 걸렸으며, 수많은 한국인들이 시가행진을 하면서 대한 독립 만세를 크게 불렀다. 이러한 독립 만세 시위는 3월 17일에 니콜리스크에서, 3월 18일에 스파스코예에서, 3월 21일에 라즈도리니예에서도 일어났다.

미국의 샌프란시스코와 하와이에서는 3월 15일에 대한인 국민회의 주관으로 독립 시위 대회를 개최하였다. 대한인 국민회의 의장인 안창호는 포고문을 발표하여 끝까지 독립 운동을 지원하고 참여할 것을 다짐하였다. 이어서 4월 14일부터 16일까지 3일간 서재필이 중심이 되어 필라델피아의 독립관에서 한인 자유 대회가 개최되었다. 이 대회에서 미주 동포들은 독립 선언서를 낭독하고 한국의 독립을 선언한 후, 악대를 선두로 태극기를 흔들며 시가행진을 벌였다.

필라델피아 시가 행진(미국)

3·1 운동의 역사적 의의

3·1 운동은 우리 민족이 일제의 폭압적인 무단 통치에서 벗어나 독립을 위해 일으킨 거족적·거국적 민족 운동이었다. 한민족은 3·1 운동을 통하여 독립에 대한 열망과 독립 의지를 전 세계에 널리 알렸으며, 우리도 독립을 쟁취할 수 있다는 희망과 자신감을 민족 전체에 불어넣어 주었다. 그 결과 많은 청년들이 만주 지역으로 건너가 독립 운동 단체에 가담하여 무장 독립 투쟁이 활발하게 전개될 수 있었다. 또한 3·1 운동은 세계 여러 나라에 우리 민족의 독립 문제를 올바르게 인식시키는 중요한 계기도 되었다.

비록 일제의 무자비한 야만적 탄압으로 3·1 운동이 민족 독립이라는 지상 목표를 달성하지는 못하였지만, 그 후의 민족 독립 운동에 3·1 운동은 큰 영향을 주어 이후의 항일 독립 운동이 한층 더 체계화, 조직화, 활성화시키는 데 이바지하였다. 또한 일제의 가혹한 무단 통치라는 식민 통치 정책이 결국 폐기되고 이른바 '문화 통치'로 바뀌는 계기가 되기도 하였다.

특히, 3·1 운동을 계기로 우리 민족은 대한민국 임시 정부를 수립함으로써 경술국치 이후에 일시 단절되었던 역사적 정통성을 회복하였을 뿐만 아니라, 군주정이 아닌 민주 공화정의 정부 형태를 갖추어 한국 민족사에서 획기적인 새로운 전기를 마련하였다. 또한 3·1 운동은 세계 여러 나라의 민족 운동에도 많은 영향을 미쳤다. 중국에서는 1919년에 반제국주의 항일 민족 운동인 5·4 운동이 전개되었는데,

---

자료 스페셜 중국 5·4 운동의 '전체 학생 천안문 선언' 일부(1919. 5. 4)

조선은 독립을 꾀하여 "독립하지 못하면 차라리 죽겠다."라고 하였다. 모름지기 국가가 망하고 영토를 넘겨주어야 하는 문제가 눈앞에 닥쳐도 국민이 큰 결심을 하여 끝내 떨쳐 일어서지 않는다면, 이는 20세기의 열등 민족이며, 인류의 대열에 서있다고 말할 수도 없다. …… 중국이 살아남느냐 망하느냐 하는 것이 오직 이번 일에 달려 있다.

법문사, 『한국근현대사』, 168쪽

타고르(R.TAGORE, 1861~1941)
인도의 대표적 시인인 라빈드라나드 타고르는 3·1 운동 10주년째인 1929년에도 그 감격을 떠올리며 한국을 칭송하는 시를 지었다.(동방의 등불)
"일찍이 아시아의 황금 시대에
빛나는 등불의 하나였던 한국
그 등불 다시 한번 켜지는 날에
너는 동방의 밝은 빛이 되리라."

명목 상의 전단 정부
서울에서 수립된 조선민국 임시 정부와 평안도에서 수립된 신한 민국 정부는 정부 수립을 전단으로만 남긴 일종의 전단 정부에 지나지 않았다.

한성 임시 정부 터(서울 종로)

당시 이 운동의 중심 인물들은 한국의 3·1 운동을 찬양하며 이를 본받자고 역설하기도 하였다. 인도에서도 3·1 운동과 연관하여 국민 회의파의 비폭력 독립 운동이 고조되었다.

(3) 대한민국 임시 정부의 수립
여러 임시 정부의 수립

1919년 3월부터 4월 사이에 국내외에서 민주 공화국의 건설을 목표로 하는 5개의 임시 정부가 생겨났다. 여러 임시 정부 중에서도 정부 형태를 갖추고 활동한 것은 국내에서 수립된 한성 정부, 연해주에서 수립되어 정부 형태를 갖춘 대한 국민 의회, 상하이에서 수립된 대한민국 임시 정부 등 3개의 정부였다.

이중에서 가장 먼저 수립된 것은 블라디보스토크에서 1919년 2월에 전로 한족 중앙회가 개편된 대한 국민 의회였으며, 3·1 운동이 일어나자 이 대한 국민 의회는 3월 27일에 손병희를 대통령으로 하는 정부 수립을 공포하였다.

상하이에서는 대한민국 임시 정부가 이동녕을 의정원 의장으로, 이승만을 국무총리로 하여 1919년 4월 13일에 수립되었다. 민족 지도자들은 4월 10일에 임시 정부 수립을 논의하기 위하여 상하이의 프랑스 조계에서 모여 임시 의정원 회의를 개최하고, 이동녕을 의장으로 선출하였다. 이들은 먼저 국호를 대한민국으로 결정하고, 연호는 1919년을 대한민국 원년으로 정하였다. 그리고 헌법에 해당하는 임시 헌장 10개조를 마련하고 국무원 선출에 들어가 이승만을 국무총리로 하는 내각을 구성하였다. 이어서 민주 공화정의 대한민국 임시 정부를 정식으로 출범시켰다.

국내에서도 3·1 운동 직후에 임시 정부를 수립하려는 움직임이 일어났다. 3월 중순 경에 한남수, 이규갑 등이 전국 대회를 소집하여 임시 정부를 수립하기로 합의하였고, 4월 23일에 서울 중국 음식점에서 13도 대표 24명이 모여 국민 대회를 개최하고 이승만을 집정관 총재로 하는 한성 정부의 수립을 발표하였다. 그러나 어느 정도의 정부다운 실체를 갖추고 활동한 임시 정부는 상하이의 대한민국 임시 정부와 연해주 블라디보스토크에서 수립된 대한 국민 의회의 정부였다.

자료 스페셜 인도의 네루(P.J, Nehru, 1861~1931)가 감옥에서 딸 인디라 간디에게 보낸 편지

상쾌한 아침의 나라라는 뜻을 지닌 조선은 일본의 총칼 아래 민족 정신을 무참하게 유린당하였다. 일본은 처음 얼마간 근대적인 개혁을 실시하였으나 곧이어 마각을 드러냈고 조선 민족은 독립의 항쟁을 줄기차게 계속하였다. 그 중에서도 중요한 것은 1919년의 독립 만세 운동이었다. 조선의 청년들은 맨주먹으로 적에 항거하여 용감하게 투쟁하였다.

3·1 운동은 조선 민족이 단결하여 자유와 독립을 찾으려고 수없이 죽어가고, 일본 경찰에 잡혀가서 모진 고문을 당하면서도 굴하지 않았던 숭고한 독립 운동이었다. 그들은 그러한 이상을 위해 희생하고 순국하였다. 일본인에 억압당한 조선 민족의 역사는 실로 쓰라린 암흑의 시대였다. 조선에서 학생의 신분으로 곧장 대학을 나온 젊은 여성과 소녀가 투쟁에 중요한 역할을 했다는 것을 듣는다면 너도 틀림없이 깊은 감동을 받을 것이다.

자와할랄 네루, 『세계사 편력』

대한민국 임시 정부로의 통합

임시 정부가 분립하는 가운데 이를 하나로 통합하고 보다 강력하고 효과적인 독립 운동을 추진하자는 움직임이 대두하였다. 제일 먼저 통합 운동에 나선 대한 국민 의회는 1919년 4월 중순에 원세훈을 상하이로 파견하여 대한민국 임시 정부와 통합 협상에 나섰다. 대한 국민 의회와 대한민국 임시 정부의 통합 협상이 추진되는 과정에서, 한성 정부도 법통성을 주장하면서 다른 임시 정부를 흡수하는 형태로 통합할 것을 주장하였다.

이 무렵 5월 하순에 미국에 있던 안창호가 상하이에 도착하여 대한민국 임시 정부의 수석 국무 위원의 자격으로 활동하면서, 각 계열의 임시 정부 대표들과 협의를 거듭한 끝에 상하이와 연해주의 임시 정부가 한성 정부로 통합한다는 원칙을 이끌어내었다.

이리하여 임시 정부의 통합 운동은 순조롭게 추진되어, 통합된 임시 정부의 명칭은 대한민국 임시 정부로 하고 그 소재지는 상하이에 두기로 합의하였다. 또한 통합 정부는 한성 정부의 법통과 인맥을 계승하여 행정부를 구성하고, 입법부는 대한 국민 의회의 의원들이 대한민국 임시 정부의 의정원으로 통합하기로 결정하였다. 이러한 합의를 바탕으로 임시 의정원 제6차 회의에서 임시 헌법 개정안과 정부 개조안을 통과시켰으며 대통령으로 이승만을 선출하였다. 그리하여 새 헌법과 국무위원 명단이 1919년 9월 11일에 선포되어 통합된 대한민국 임시 정부가 출범하였다.

대한민국 임시 정부는 전문 58조의 임시 헌장인 민주 헌법을 갖추었으며, 우리 역사상 최초의 3권 분립에 기초한 민주 공화제의 정부로, 입법 기관인 임시 의정원, 행정 기관인 국무원, 사법 기관인 법원으로 구성되었다.

한성 정부
3개의 임시 정부 중에서 한성 정부는 가장 늦게 세워졌지만 국내에서 13도 대표가 모인 국민대회의 명의로 수립되었다는 법통성이 있다.

대한민국 임시 정부 청사(중국 상하이)

(4) 대한민국 임시 정부의 초기 활동
국내외 연락 기관의 설치

자료 스페셜 상하이 대한민국 임시 정부의 임시 헌장

제1조 대한민국은 민주공화제로 함.
제2조 대한민국은 임시정부가 임시의정원의 결의에 의하여 차(此)를 통치함.
제3조 대한민국의 인민은 남녀 귀천 및 빈부의 계급 없이 일체 평등으로 함.
제4조 대한민국의 인민은 신교, 언론, 저작, 출판, 결사, 집회, 주소이전, 신체 및 소유의 자유를 향유함.
제5조 대한민국의 인민으로 공민 자격이 있는 자는 선거권과 피선거권이 있음.
제6조 대한민국의 인민은 교육·납세 및 병역의 의무가 있음.

제7조 대한민국은 신(神)의 의사에 의하야 건국한 정신을 세계에 발휘하며 나아가 인류 문화 및 평화에 공헌하기 위하여 국제연맹에 가입함.
제8조 대한민국은 구황실을 우대함.
제9조 생명형, 신체형 및 공창제를 전폐함.
제10조 임시정부는 국토회복 후 만 일개년 내에 국회를 소집함.

대한민국 원년(1919) 4월   일
임시의정원 의장   이 동 녕
임시정부 국무총리   이 승 만

대한민국 임시 정부는 국내외에서 전개되고 있는 민족 독립 운동을 보다 조직적이고 효과적으로 추진하는 중추 기관의 역할을 담당하였다. 임시 정부는 수립 초기부터 지상 목표인 국권 회복과 민족 독립을 달성하기 위하여 군사와 외교의 업무를 주요 활동 목표로 설정하였다. 이러한 활동 목표를 이룩하기 위하여는 막대한 군자금의 마련과 국내외를 연결하는 비밀 조직이 필수적으로 요구되었다. 이에 임시 정부는 연통제와 교통국 조직을 마련하여 이를 국내외를 연결하는 비밀 행정 조직망으로 운영하였다.

연통제는 임시 정부 내무부 소관의 지방 행정 조직으로 1919년 7월에 국무원령 제1호로 '임시 연통제'가 공포되면서 시작되었다. 그 실시 목적은 "국민 간의 기맥을 상통하고 복국 사업의 완성을 기하여 내외의 활동을 일치시키는" 것이었다. 담당할 주요 업무는 국내와의 연락, 군자금의 조달, 정부의 명령 전달, 독립 투쟁의 지휘 감독, 정보 보고 등이었다. 연통제 조직은 연통부를 나누어 국내의 각 도에 감독부(감독 1인), 각 군에 총감부(총감 1인), 각 면에 사감부(사감 1인)를 두었다.

임시 정부와 국내와의 교통·통신을 담당하고 있는 교통부의 핵심 조직체는 만주 안동(지금의 단둥)에 설치된 안동 교통지부를 중심으로 하는 교통국이었다. 이 안동 교통 지부는 조지 쇼가 경영하는 이륭 양행 2층에 설치되었다. 국내의 교통국 조직은 각 군에 교통국, 각 면에 교통소를 설치하여 자금 모금, 정보 수집 보고, 정부의 지령 및 문서 전달, 독립 운동자 소개와 연락 등의 업무를 담당하게 하였다.

이들 연통제와 교통국 조직은 국내의 일부 지역에 설치되어 한동안 비밀리에 운영되었다. 교통국 조직은 만주의 안동과 가까운 평안북도 지방을 중심으로 설치되어 운영되었다. 그러나 1922년을 전후로 하여 일제 군경에게 이들 조직이 발각되어 관계자들이 체포됨으로써 사실상 소멸되고 말았다.

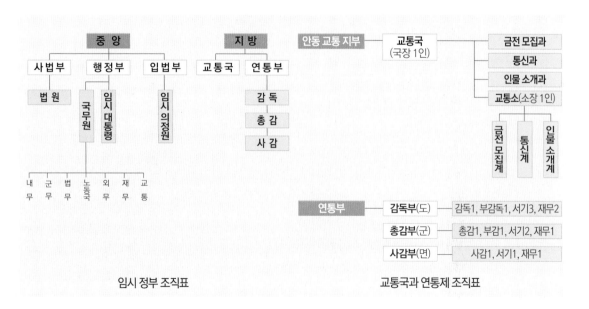

임시 정부 조직표

교통국과 연통제 조직표

대한민국 임시 정부 요인들(1921) 1921년 1월 1일에 임시 정부와 임시 의정원의 요인들이 신년 축하로 기념 촬영을 하였다. 임시 정부의 중요 인물들은 둘째 줄에 앉아 있다. 왼쪽에서 여섯 번째가 이동휘, 일곱 번째가 이승만, 열한 번째가 안창호이다. 앞줄 왼쪽에서 세 번째 앉아 있는 사람이 김구이다.

파리 강화 회의에 참석한 임시 정부 대표단

군사 활동과 외교 활동

대한민국 임시 정부의 지도자들은 민족 독립을 위한 활동으로 군사 활동과 외교 활동을 매우 중시하였다. 이승만과 김규식 등은 외교 활동 중심의 독립 운동을 추구하였고, 이동휘와 박용만 등은 군사 활동 중심의 독립 전쟁론을 대표하였다. 임시 정부는 정부 조직에 군무부를 설치하여 군사에 관한 업무를 관장하게 하였으며, 그 아래에 참모부를 두어 군사 지휘 체계를 확립하였다.

그리고 당장의 대일 항전보다 군사력 배양에 우선을 두어 장차 국제 정세가 한국에 유리하게 변하면 독립 전쟁을 전개할 수 있도록 그 준비 작업에 착수하였다. 한국의 청년들을 중국의 정규 군사 학교에 입학시켜 군사 학습을 받게 하거나, 임시정부 군무총장 노백린이 1920년 2월에 미국 캘리포니아 주에 한인 비행사 양성소를 설치한 것은 모두 그러한 준비 작업의 일환이었다.

1920년에 임시 정부는 군무부 직할로 남만주의 관전현에 조맹선을 사령장으로 하는 광복군 사령부를 설치하였다. 이후 광복군 사령부는 1920년 6월에 광복군 총영으로 개편되었다. 총영장 오동진이 이끈 광복군 총영은 본거지를 유하현에 두고, 국내 진입 작전을 자주 벌여 일제 군경과의 전투에서 큰 전과를 거두었다. 1923년에 임시 정부는 남만주 독립군을 통합하여 군무부 직할로 육군 주만 참의부를 편성하여 독립 전쟁에 나서기도 하였다.

3·1 운동이 일어나기 직전에 신한 청년당이 민족 대표로 파리에 파견한 김규식은 1919년 3월 13일에 파리에 도착하여 외교 활동을 전개하였다. 4월 13일에 상하이에서 수립된 대한민국 임시 정부는 김규식을 외무총장 겸 대한민국 주파리 위원으로 임명하고 임시 정부의 대표로서 외교 활동을 펼치게 하였다.

김규식은 주파리위원부를 구성하여 이관용을 부위원장, 황기환을 서기장에 임용하였다. 주파리위원부는 임시 정부에서 송부해 온 신임장을 프랑스 정부와 각국 원수에게 발송하고, 국내외에 거주하는 전체 한국인의 명의로 된 독립 공고서를

조지 쇼우(George L. Show)와 이륭양행(怡隆洋行)
조지 쇼는 아일랜드 출신의 무역 상인으로 상하이와 안동 사이를 왕래하는 선박회사의 대리점을 경영하면서 한국의 독립 운동을 적극적으로 후원하였다. 한국 독립운동가들은 이 선박 회사의 배를 이용하여 상하이·안동 사이를 오가며 활동할 수 있었다.

대한민국 임시 정부 서울연통부 터(서울 종로)

강화 회의 의장 클레망소에게 제출하였다. 그리고 각국 대표에게 한국의 실상과 독립의 필요성을 설명하고 일제의 불법성을 성토하였다. 그러나 파리 강화 회의는 한국인의 의사를 완전히 무시하고 한국 문제에 대한 한 마디의 토의도 없이 끝나고 말았다.

파리 강화 회의가 끝난 후 주파리위원부는 1919년 8월에 스위스의 루체른에서 개최된 제2차 인터내셔널 회의에 조소앙, 이관용을 참석시켰다. 이 회의에서 조소앙은 한국 사회당의 명의로 한국 독립 요구서를 제출하였는데 21개국 참가국들은 만장일치로 '한국 민족 독립 결정서'를 통과시켰다.

임시 정부의 대통령 이승만은 주로 미국에 있으면서 전적으로 미국에 대한 외교 활동에만 주력하였다. 그는 워싱턴에 구미위원부를 설치하고 대통령 자신이 구미 외교 업무를 직접 관장하겠다고 상하이에 있는 임시 정부의 국무총리에게 통보하고, 국무총리는 대소련 외교와 대중국 외교만을 맡으라고 하였다. 구미위원부는 위원부의 경비와 독립 운동 자금을 모으기 위하여 공채 발행 규정도 제정하였다.

1921년 11월에 미국에서 군비 축소와 태평양 및 극동 문제를 논의하기 위한 국제회의가 워싱턴에서 개최되었다. 임시 정부는 이 워싱턴 회의(일명 태평양 회의)에 한국 독립 문제를 상정시키기 위하여 대통령 이승만을 대표로 임명하였다. 그러나 한국 대표들은 미국을 비롯한 열강의 외면으로 회의에 참가하지도 못한 채 끝났고, 한국 문제는 의제로 상정되지 못하였다.

임시 정부 독립공채

김규식의 재미 활동
이승만의 권유로 프랑스에서 미국으로 온 김규식은 구미위원부 위원장을 맡았고 이대위와 임병직이 위원장을 보좌하며 외교 업무를 수행하였다.

독립신문의 발간과 문화 활동

대한민국 임시 정부는 기관지로 독립신문을 간행하여 주로 독립 운동에 관한 사실을 보도하였다. 이 신문은 안창호의 발의로 1919년 8월 21일에 상하이 프랑스 조계에서 창간되었고, 사장 겸 주필은 이광수가 맡았으며, 주요한과 조동호 등이 편집진으로 활약하였다. 처음에는 신문 제호를 '독립'이라고 하였다가 나중에 독립신문으로 바꾸었다.

임시 정부는 교육·문화 사업도 추진하였다. 중국에 거주하는 우리 민족의 교육을 위하여 상하이에 초등 과정의 인성 학교와 중등 과정의 삼일 중학을 설립하여 운영하였다. 그리고 임시 정부에서는 사료 편찬소를 설치하고 『한일 관계 사료집』을 간행하여 일제의 한국 침략의 부당성, 한국 독립 요구의 정당성 등을 밝히는 데 힘썼다.

자료 스페셜 제2차 인터내셔널의 한국 민족 독립에 관한 결정

자유로운 민족발전과 지속적인 세계평화의 달성을 목적으로 피압박민족과 예속된 민족의 권리와 이해를 보호하기로 한 인터내셔널의 결정에 따라 루체른의 국제사회주의자회의는 민족자결의 견지에서 의논할 여지가 없는 한국민족의 권리에도 불구하고 한국에서의 한국민족의 권리에 대한 일본 정부의 야만적인 폭력과 압제에 대하여 항의한다. 동(同) 회의는 궁극적으로 이민족의 멍에로부터 해방되기를 원하고 자유스러운 독립국가로서 인정되기를 바라는 한국의 요구를 만장일치로 가결한다. 아울러 동 회의는 연맹에 한국을 회원으로 받아들이도록 요구한다.

독립신문(1919년 10월 28일자)

국민 대표 회의 개최

대한민국 임시 정부는 1920년대 초반을 지나면서 그 활동에 많은 어려움을 겪게 되었다. 일제의 철저한 감시와 탄압으로 연통제와 교통국의 조직이 대부분 파괴되었고, 이로 인하여 국내로부터의 지원이 줄어들어 자금난과 인력난을 초래하였다. 게다가 임시 정부가 적극적으로 추진한 파리 강화 회의와 워싱턴 회의 등에서 외교 활동의 성과를 거두지 못하자 독립 운동가들 사이에서 독립 운동의 노선과 방략을 둘러싸고 무장 독립 투쟁론, 외교 독립론, 실력 양성론 등의 대립도 일어났다. 또한 민족주의 계열과 사회주의 계열 사이의 대립과 갈등도 커져 갔다.

이러한 상황을 타개하고 새로운 활로를 모색하기 위하여 민족 독립 운동가들이 대거 참석하는 국민 대표 회의가 1923년 1월에 상하이에서 개최되었다. 국민 대표 회의는 약 5개월 동안 계속되었으나 임시 정부를 개조하자는 안창호·여운형·김동삼 등의 개조파, 임시정부를 해산하고 새로 정부를 조직하자는 문창범·윤해·신숙 등의 창조파, 임시 정부를 그대로 유지하자는 이동녕·김구·이시영 등의 임정 옹호파로 나뉘어 혼란을 거듭하였다. 창조파와 개조파의 주장이 팽팽하게 맞선 가운데 결국 국민 대표 회의는 아무런 성과를 거두지 못한 채 결렬되고 말았다.

1925년에 임시 정부의 의정원은 대통령 이승만을 탄핵, 해임시키고 박은식을 대통령으로 추대하였다. 그리고 헌법을 개정하여 대통령제를 폐지하고 국무령 중심의 내각 책임제를 채택하였다. 이어서 2년 후에는 다시 헌법을 개정하여 주석이 국무위원의 합의로 정부를 운영하는 집단 지도 체제를 실시하였다(1927).

1920년대 후반은 임시 정부로서 고난의 시기였다. 이동녕과 김구 등의 노력으로 정부 조직이 유지되었으나 임시 정부의 활동은 침체에서 벗어나지 못하였다. 김구는 이러한 난국을 타개하고 독립 운동의 활로를 모색하기 위하여 항일 의거 단체인 한인 애국단을 조직하게 되었다. 이 한인 애국단의 활약으로 1930년대 초부터 임시 정부는 침체기에서 벗어날 수 있게 되었다.

인성 학교와 삼일 중학
여운형이 운영한 인성 학교와 김규식이 운영한 삼일 중학에서는 국어와 국사 교육에 중점을 두어 민족 정신과 항일 의식의 함양에 노력하였다.

김동삼(1878~1937)

국민 대표 회의 결렬 후유증
국민 대표 회의가 실패로 끝난 후에 많은 독립 운동가들은 임시 정부에서 떠나갔다. 이에 임시정부는 그 세력이 약화되고 권위도 떨어졌으며, 계속해서 자금난과 인력 부족으로 많은 어려움을 겪었다.

대한민국 임시 정부 요인(독립기념관, 모형)

(1) 국내 항일 민족 운동과 의열 투쟁

6·10 만세 운동

3·1 운동 이후 국내에서 사회주의 사상이 유입되면서 항일 민족 운동은 민족주의 계열과 사회주의 계열 사이에 갈등이 빚어지게 되었다. 이러한 상황에서 1926년 6·10 만세 운동이 일어나, 한동안 침체되었던 국내의 민족 독립 운동에 새로운 활기를 불어넣었다.

조선 왕조의 마지막 황제였던 순종이 1926년 4월 26일에 승하하자, 사회주의 계열의 인사들과 학생들은 각각 대대적인 독립 만세 시위 운동을 준비하였다. 조선 공산당의 간부인 권오설 등의 사회주의 세력은 천도교 박내원 등의 민족주의 계열과 연합하여 독립 운동을 추진하였다. 권오설 등은 격문 작성과 노동자들 중심의 시민 동원을, 박내원 등은 격문의 인쇄와 천도교도들의 동원을 각각 담당하기로 하였다.

사회주의계 학생들이 주축이 되어 결성한 조선 학생 사회과학 연구회 중심의 사직동계는 박두종(YMCA 영어과 중등생), 이천진(경성제대 예과 1년), 이병립(연전 문과 2년) 등을 준비 위원으로 뽑아 만세 시위 운동을 추진하였다. 이와는 별도로 고등 보통학교 학생 중심의 통동계도 독립 만세 시위를 벌이기로 결의하고 그 실행을 준비하였다.

한편, 일제는 3·1 운동과 같은 독립 만세 시위가 발생할 것을 우려하여 서울에 비상 경계령을 내리고 지방에 주둔하고 있던 일본군과 지방의 경찰들을 서울에 집결시켜 삼엄한 경계를 펼쳤다. 나아가 일제는 주요 인사들에 대한 광범위한 예비 검속을 단행하여 수많은 한국인들을 검거하고 투옥시켰으며, 장례식날인 6월 10일이 가까워 오자 각종 사회 단체들을 철저하게 수색하였다. 이 과정에서 일제는 6·10 만세 운동을 준비하던 권오설 등의 사회주의계 인사들과 박내원 등 천도교 간부들을 모두 구속하고, 천도교당 내부를 수색하여 인쇄된 격고문을 압수하였다. 이에 사회주의계가 민족주의계와 손잡고 일으키려던 독립 만세 운동은 좌절되고 말았다.

그러나 일제는 학생들 중심의 독립 만세 운동은 사전에 적발하지 못하였다. 1926년 6월 10일에 순종의 장례 행렬이 서울 시가를 지나갈 때, 일제 군경의 삼엄한 경

학생들의 6·10 만세 운동 격문
- "이천만 동포여! 원수를 구축하라. 피의 값은 자유이다. 대한독립만세"
- "조선민족아! 우리의 철천의 원수는 자본 제국주의 일본이다. 이천만 동포아! 죽음을 결단코 싸우자. 만세. 만세. 만세. 조선독립 만세!"

6.10 만세 운동 기념비(서울 중앙고등학교) 중앙고보(중앙고등학교의 전신) 학생들이 6.10 만세 운동에 많이 참가하였다.

권오설(1897~1930)

자료 스페셜 6·10 만세 운동의 격고문

우리는 벌써 민족과 국제 평화를 위하여 1919년 3월 1일 우리의 독립을 선언하였다.
우리는 역사적 국수주의를 반복하려는 것은 아니다. 우리의 항구적 국권과 자유를 회복하려 함에 있다.
우리는 결코 일본 전민족에 대한 적대가 아니요 다만 강도(強盜) 일본 제국주의의 야만적 통치로부터 탈퇴코자 함에 있다.
우리의 독립 요구는 실로 정의의 결정으로 평화의 실현인 것이다.
형제여, 자매여! 속히 나와서 일본 제국주의와 싸우자! 그리하여 완전한 독립을 회복하자!

계 속에서도 학생들의 독립 만세 시위 운동이 관수교 부근, 단성사 앞 등 9개소에서 벌어졌다. 학생들의 만세 시위에 시민들도 합세하였으며, 이날 현장에서 구속된 주동 학생은 210명이나 되었다. 6·10 만세 운동은 일부 지방에도 번져 고창, 순창, 통영, 원산, 평양 등지에서도 한국 학생들과 일제 경찰 사이에 충돌이 일어났다.

이 운동은 민족주의계와 사회주의계가 함께 추진하여 항일 민족 운동을 펼쳐나가는 계기를 마련하였고, 1920년대 후반의 민족 운동에 새로운 활력소를 제공하였다는 점에서 역사적 의의가 컸다.

광주 학생 항일 운동

3·1 운동에 앞장섰던 학생들이 6·10 만세 운동에서는 항일 민족 운동의 주체로 성장하였다. 이후 전국 각지에서 학생들은 각종 비밀 결사를 조직하여 일제 식민 통치의 구조적 모순을 지적하고 적극적으로 항일 운동을 전개하였다. 이에 학생들의 동맹 휴학도 점차 전국적 규모로 확대될 수 있었다. 이 시기에 민족 유일당 운동으로 비타협적 민족주의계와 사회주의계가 합작한 신간회의 활동이 활발해지면서 학생들의 자각과 항일 의식도 높아져 갔다.

특히, 광주 지역의 학생들은 1926년 11월에 성진회라는 독서회를 조직하였고, 이 단체가 1927년 11월에 독서회 중앙 본부로 확대 발전하였다. 독서회 중앙본부는 광주 지역의 남학교, 여학교뿐만 아니라 목포의 학생들도 연합한 단체로 광주 학생 항일 운동의 기간 조직이 되었다.

1929년 10월 30일에 나주~광주 간의 열차 통학생들 사이에서 광주 여고보생 박기옥 등이 일본인 광주 중학생들에게 희롱당한 사건이 일어났다. 이때 박기옥의 4촌 동생으로 광주 고보생인 박준채가 이를 목격하고 일본인 학생들을 나무라자 한·일 학생 간에 편싸움이 벌어졌다. 11월 3일에 억눌려 왔던 한국 학생들이 총궐기하여 대규모의 시위를 전개하면서 '조선 독립 만세', '일본 제국주의 타도', '광주 중학 타도', '식민지 교육 철폐' 등의 구호를 외쳤다.

일제는 경찰력을 총동원하여 비상 경계를 하며 광주 시내의 모든 중등 학교에 휴교령을 내렸다. 그리고 한국 학생 75명을 주모자로 구속하였고, 일본인 학생은 7명만을 구속했다가 곧바로 모두 풀어주었다. 이러한 일제 경찰의 편파적인 조치에 광주의 학생과 시민들은 분노하였고, 신간회는 허헌·김병로 등을 파견하여 실태를 조사케 하고 당국의 편파적 처리에 항의하였다.

광주 학생들의 항일 운동은 11월 12일 광주 장날에 다시 2차 봉기하였다. 이날 학생들은 "학생 대중아, 궐기하자."라는 제목의

일제의 편파적 태도와 보도
나주역전 파출소의 일본인 순경들이 일방적으로 일본 학생들을 편들고, 일본인 신문 광주일보도 이 편싸움을 보도하면서 일본 학생들을 편들고 한국 학생들을 비난하였다.

광주 학생 항일 운동 기념탑

선언문을 발표하고, 9개 항목으로 "검거자를 즉시 우리들이 탈환하자", "검거자를 즉시 석방하라", "조선인 본위의 교육 제도를 확립시켜라" 등을 내세웠다.

이어 광주 학생 항일 운동의 소식은 전남 지역과 서울로 전해졌고, 곧 전국 각지에도 알려졌다. 이에 학생들의 항일 운동은 목포, 나주 등지로 확산되었고, 신간회의 광주 학생 사건 조사단의 보고가 있은 후에 12월 초에는 서울에서도 학생들의 항일 운동이 벌어졌다. 이와 같은 학생 시위와 동맹 휴학은 이듬해 3월까지 전국적으로 전개되어 194개교의 학생 54,000명이 참가하였다.

의열단의 활동

일제의 국권 강탈 이전부터 의사·열사들의 의거 활동인 의열 투쟁이 있었다. 그러나 의열 투쟁이 본격적으로 실시된 것은 3·1 운동 직후부터였다.

의열단은 1919년 11월 9일에 만주 길림(지린)시에서 김원봉, 윤세주 등 13명이 조직하였다. 단장은 22세인 김원봉이 선출되었으며, 천하의 정의를 맹렬히 실천한다는 뜻으로 단체의 이름을 의열단이라고 하였다.

처음에 의열단은 성문화된 강령을 갖추지 못하였으나, 단원들은 구축왜노(駒逐倭奴), 광복조국, 타파계급, 평균지권(平均地權) 등을 항상 그들의 최고 이상으로 생각하였다. 의열단은 1920년 전반에 본부를 베이징으로 옮기고 대대적인 암살과 파괴의 의거 활동에 들어갔다.

1920년 9월에 의열단의 박재혁은 책장사로 변장하고 부산 경찰서에 들어가 서장실에서 폭탄을 터트렸다. 박재혁의 의거가 있은 지 3개월 후에 의열단원인 최수봉이 밀양 경찰서에 폭탄을 투척하였다.

1921년 9월에 의열단원 김익상(본명은 김봉남)은 서울 남산 왜성대의 조선 총독부 청사에 전기 기술자로 변장하고 들어가 폭탄을 던져 파괴하였다. 일제 경찰과 헌병은 총동원하여 범인 체포에 혈안이 되었으나 아무런 단서도 찾지 못하여 실패하였으며, 결국 이 사건은 한동안 미궁에 빠지고 말았다.

1922년 3월 하순에 상하이의 황포탄에서 일본 육군대장 다나카(田中義一)를 암살하려던 의열단의 의거 활동이 일어났다. 다나카가 배를 타고 와서 황포탄 부두에 상륙하였을 때 제1선에서 대기하고 있던 오성륜은 재빨리 권총을 꺼내어 다나카의 가슴을 겨누고 발사하였다. 그러나 그 순간에 한 영국 부인이 급하게 뛰어들어

김익상 의거 터(서울 중구)

광주 학생 항일 운동(1929. 11. 3) 당시 구호

검거자를 즉시 우리들이 탈환하자.   검거자를 즉시 석방하라.
교내 경찰권의 침입을 절대 반대하자.   교우회 자치권을 획득하자.
직원회에 생도 대표를 참석시켜라.   조선인 본위의 교육제도를 확립시켜라.
식민지 노예 교육제도를 철폐하라.   민족문화와 사회과학 연구의 자유를 획득하자.
전국학생 대표회의를 개최하라.

총알을 맞고 쓰러지고, 다나카는 허리를 굽히고 자동차가 있는 곳으로 달려갔다. 이 때 제2선에서 대기 중이던 김익상이 다나카의 뒤통수를 향해 권총을 발사하였으나 실패하였다. 오성륜과 김익상은 체포되어 일본 영사관으로 넘겨졌으며, 취조 과정에서 김익상의 조선총독부 폭탄 투척 사건이 비로소 밝혀지게 되었다.

이무렵 의열단 단장 김원봉은 신채호를 만나 의열단의 혁명선언을 기초해 달라고 부탁하였다. 신채호는 이를 수락하고 1923년 1월에 '조선 혁명 선언'(일명 의열단 선언)을 작성하였다. 그는 조선 혁명 선언에서 일제 식민 통치로 시달리는 민중의 고통을 날카롭게 지적하였으며, 일부 독립 운동가들이 주장하는 외교론과 준비론 및 실력 양성론 등을 부정하고, 참정권론과 자치론 및 문화 운동론 등을 우리의 적이라고 규정하였다.

같은 시기에 의열단의 의거 활동은 계속해서 전개되었다. 김상옥은 1923년 1월에 종로 경찰서에 폭탄을 투척하고, 서울 한복판에서 혼자 일제 경찰 수백 명과 며칠간 싸우다가 많은 경찰을 사상시킨 후 자결하였다. 이어서 김지섭은 1924년 1월에 일본 황궁에 침입하기 위하여 황궁 정문 앞의 이중교에 폭탄을 투척하였다. 김지섭은 체포되어 복역하다가 일본 지바 형무소에서 1928년에 옥사하였다.

1926년 12월에 의열단원 나석주는 일제의 경제적 착취와 약탈 기관인 동양 척식 주식 회사와 식산 은행에 폭탄을 투척하고 7명의 일본인을 사살한 후 스스로 자기 가슴에 권총을 쏘아 자결하였다.

한편, 김원봉과 의열단원들은 광저우에서 1926년 1월에 총회를 개최하고 의열단이 지난날처럼 암살과 파괴에만 치중하지는 말고, 정치 단체로 탈바꿈하여 독립 투쟁을 이끌 간부들을 훈련하자는 데 합의하였다. 이리하여 김원봉을 비롯한 의열단 단원들은 1926년 1월에 황포 군관 학교 제4기생으로 입학하여 지도자로서의 체계적인 군사 교육과 정치 교육을 받았다.

한인 애국단의 활동

대한민국 임시 정부의 중심 인물인 김구는 안공근·엄항섭·안경근 등과 함께 1931년 10월에 임시 정부 산하의 비밀 조직으로 강력한 항일 의거 단체인 한인 애국단을 결성하였다. 이 단체의 활동으로 임시 정부는 침체기 활동에서 벗어나 다시 독립 운동의 중심 기관으로 활발하게 활동할 수 있는 계기를 마련하였다.

한인 애국단의 활동으로 첫 번째 중요한 의거는 이봉창의 일본 천왕 폭살 기도 사건이었다. 이봉창은 1931년 6월에 임시 정부를 찾아 상하이로 와서 프랑스 조계에 있는 한국인 거류민단에서 김구를 만나 한인 애국단에 가입하고 독립 운동 대열에 합류하였다. 같은 해 12월에 이봉창은 김구 앞에서 수류탄을 양손에 들고 선서문을 낭독하였다 이어서 도쿄에 도착한 이봉창은 1932년 1월 8일에 도쿄의 사쿠라다문(櫻田門) 앞에서 도열하고 있다가 관병식을 끝낸 뒤 마차를 타고 돌아가는 일

김익상(1895~?)의 의거
일본어에 능통한 김익상은 의거 현장을 바로 태연하게 빠져나온 후 경의선 열차를 타고 일본인 행세를 하며 국경을 넘어 중국으로 귀환하였다.

오성륜(1900~1947)
오성륜은 상하이에서 탈옥하여 그 후에도 독립운동에 헌신하였다.

김상옥 열사 동상(서울 종로)

중국의 황포 군관 학교(黃埔軍官學校, 1924)
황포군관학교의 교장은 국민당의 장제스, 정치부 부주임은 공산당의 저우언라이었다. 이 군관학교는 광저우 근교의 황포 섬에 위치하였으며 이 곳에서 김원봉은 중국의 지도자인 장제스 및 저우언라이와 밀접한 인간 관계를 맺게 되었다.

본 천황을 향하여 수류탄을 던졌다.

이 의거는 전 세계를 경악시켰으며, 한민족의 항일 의지를 뚜렷하게 보여주었다. 또한 일제의 만주 침략에 분노하는 중국인들에게 감동을 주었으며, 중국 신문 국민일보는 이 사건을 보도하면서 "일황이 불행히도 명중되지 않았다"라고 표현하여 중국인들의 애석함을 나타내었다.

한인 애국단의 두 번째 중요한 의거는 윤봉길의 상하이 홍커우 공원 의거였다. 당시 일본군은 상하이 사변을 일으켜 승전하고 4월 29일 천장절(일본 천황의 생일)에 상하이 홍커우 공원에서 전승 축하 기념식을 거행할 예정이었다. 김구는 윤봉길의 의거를 위하여 중국군 장교로 복무하는 김홍일(중국명은 왕웅)에게 부탁하여 상하이병공창에서 강력한 폭탄을 마련하였다. 마침내 윤봉길은 기념식장에 물통과 도시락에 장착된 폭탄을 던져, 상하이 파견군 시라카와(白川義則) 대장과 상하이 일본거류민단장 가와바타(河端貞次) 등을 즉사시키고, 제3함대 사령관 노무라(野村吉三郎)와 주중공사 시게미스(重光葵) 등에게 중상을 입혔다.

윤봉길의 상하이 홍커우 공원 의거는 국내외의 한민족에게 큰 감동을 주었으며, 중국인들에게도 한국 독립 운동을 재인식하는 중요한 계기가 되었다. 중국의 지도자 장제스는 "중국의 1억 인구가 해내지 못한 일을 한국의 한 청년이 해내었다"라고 감탄하였다. 이로써 중국 국민당 정부는 대한민국 임시 정부를 지원하면서 한국의 독립 운동을 후원하게 되었다.

이밖에도 여러 의사들이 의열단이나 한인 애국단에 소속되지 않고 개별적으로 의거 활동을 벌였다. 60대 노인으로 블라디보스토크에서 조직된 노인단의 일원인 강우규는 1919년 9월 2일에 서울역에서 새로 부임하던 사이토 총독에게 수류탄을 던져 사이토는 무사했지만 수행자 37명에게 중경상을 입혔다.

양근환은 친일 단체 국민협회의 회장 민원식이 참정권 청원 운동을 벌이자 1921년 2월에 일본 도쿄의 호텔에서 그를 단도로 찔러 처단하였다. 그리고 조명하는 타이완의 타이중 시에서 1928년 5월에 일본 천황의 장인인 구니노미야 육군 대장을 칼로 찔러 중상을 입혔는데 그는 온 몸에 독이 퍼져 죽었다.

(2) 1920년대 초의 무장 독립 전쟁

간도 지방 독립군의 편성

3·1 운동 직후에 고국에서 독립 운동에 참여하였던 많은 청년들이 압록강과 두만강을 건너 간도 지역으로 망명하여 그 지역의 한인 동포들과 함께 무장 독립 전쟁에 참가하였다.

간도의 연길현 춘양향에 본부를 둔 대한 국민회는 대한민국 임시 정부가 수립된 후에 간민회가 개편된 단체로 간도 지방 한인의 자치와 독립군 활동, 군자금 수집 등의 활동을 일원화하여 추진하였다. 대한 국민회의 회장은 1919년 3월 용정 만세

이봉창의 의거와 순국
이봉창은 24세 때 일본에 건너가 상점 점원이나 철공소 직공 등으로 6년 동안 일하면서 일본어를 유창하게 익혔다. 굉장한 폭음과 함께 수류탄이 작렬하였으나 일황은 폭살을 면하고 수행원 몇 사람이 부상을 입었다. 이봉창은 체포되어 비공개 재판에서 사형 선고를 받고 일본 이치가야형무소에서 사형이 집행되어 같은 해 10월 10일에 순국하였다.

이봉창(1900~1932)

한인 애국단에 입단한 윤봉길과 순국
4월 26일에 윤봉길은 한인 애국단에 가입하여 '조국의 독립과 자유를 회복하기 위하여' 한인 애국단의 일원이 된다는 입단선서를 하였다. 의거가 성공한 후 윤봉길은 체포되어 상하이의 일본군 군법회의에서 사형선고를 받고 일본으로 호송되었으며, 같은 해 12월 19일에 가나와 형무소에서 총살형이 집행되어 24세의 젊은 나이로 순국하였다.

윤봉길(1908~1932)

시위를 주도하였던 구춘선이 선임되었고, 회원은 대부분 기독교도들이었다. 그러나 나중에는 다른 종교 계통의 인물들도 참가하였다. 대한 국민회 독립군은 안무(본명은 안병호)가 사령관이 되어 이끌었으며, 홍범도의 대한 독립군 등과 제휴하여 함께 대일 항전을 전개하였다.

대종교의 중심 인물인 서일은 오랫동안 중광단을 이끌다가 3·1 운동 직후에 이를 대한 정의단으로 개편, 확장하였다. 대한 정의단은 곧바로 대한 군정서로 명칭을 바꾸었는데(1919. 10), 이 단체를 흔히 북로 군정서라고도 한다. 북로 군정서는 관할 구역의 한인들에게 징병제를 매우 조직적으로 실시하였고, 1,100여 명의 청년들을 뽑아 군사 훈련을 시켰다. 또한 1920년 2월에는 근거지 안에 6개월 과정의 사관 연성소를 설치하고, 300여 명을 입교시켜 따로 군사 훈련을 실시하였다.

한말의 대표적 의병장으로 크게 활약하였던 홍범도는 만주와 연해주 일대에서 망명 생활을 하면서 항일 독립 운동을 지속적으로 전개하였으며, 1919년에 그가 거느린 부대를 대한 독립군으로 개편하였다. 대한 독립군은 1920년 3월에 일제 경찰 정보에 확인된 것만도 군인이 4백 명이었고, 군총 2백 정과 권총 30정으로 무장하였다. 거기에다가 대한 국민회군과 공동으로 무관 학교를 설립하여 간부와 군졸의 훈련에 힘썼다.

남만주 서간도 지방의 독립군 편성

남만주의 서간도 지방의 유하현, 통화현, 흥경현 등지에서는 부민단이 3·1 운동 직후에 한족회로 확대, 개편되었고, 독립 전쟁의 총본영으로 군정부를 구성하였다. 한족회는 그 지역 한민족의 자치 행정을 맡았고, 이상룡, 김동삼을 중심으로 군정부의 재정적 뒷받침을 하였다.

군정부는 대한민국 임시 정부의 요청으로 그 이름을 서로 군정서라고 고쳤다. 서로 군정서의 최고 지휘자인 독판부 독판에는 이상룡, 부독판에는 여준, 정무총장에 이탁이 선임되었다. 또한, 참모부장에는 김동삼, 독립군 사령관에는 지청천(이청천)이 추대되었다. 1920년 8월 현재 신흥 무관 학교에서 배출된 독립군 간부와 독립군은 약 2천 명에 이르렀다.

서간도의 유하현 삼원보에서는 의병장 출신인 조맹선, 박장호, 백삼규 등이 중심이 되어 1919년 3월(음력)에 대한 독립 군단을 조직하고 국내 진입 작전을 벌여 일제 군경에 대한 기습과 친일파 숙청 등의 활동을 전개하였다.

1920년 7월에 서간도의 관전현 안자구에서 대한민국 임시 정부 산하의 광복군 총영이 조직되어 국내 진입 작전을 자주 전개하며 활발하게 활동하였다. 광복군 총영을 이끈 오동진은 무장 독립 투쟁을 줄기차게 전개한 남만주 독립군의 선봉장이었으며, 일제 군경은 그의 체포에 현상금을 걸기도 하였다.

안무(1883~1924)

북로 군정서
북로 군정서의 본부는 간도의 왕청현 서대파 십리평에 두었으며, 총재는 서일, 부총재는 현천묵. 군사령관은 김좌진이 선임되었다.

대한 독립군 근거지
대한독립군의 근거지는 간도의 왕청현 봉오동이었다가 1920년 8월에는 연길현 명월구에 있었다.

일본 육사 출신의 독립군
김경천은 일본 육사 23기생으로 입학하여 1911년에 졸업하였다. 지청천은 3년 후인 26기생이었다. 김경천은 신흥 무관학교에서 교관 생활을 마친 후에 시베리아에서 항일 독립운동을 계속하였다.

광복군 총영 예하의 국내 독립군
광복군총영은 평안북도의 천마산대를 천마별영으로, 벽동 파저강 연안의 무장 단체는 벽파별영으로 각각 재조직하였다. 이들 별영의 독립군은 국내에 주둔하며 평안북도 일대에서 치열한 항일전을 전개하였다.

봉오동 전투(1920. 6. 7)

　3·1 운동 직후에 가장 먼저 국내 진입 작전을 전개하여 괄목할 만한 성과를 거둔 독립군은 홍범도가 이끈 대한 독립군이었다. 이 부대는 1919년 8월에 삼수, 갑산, 혜산진 방면으로 출동하여 일본군을 기습하였다. 이어서 같은 해 10월에는 강계·만포진에 진입하여 그 곳을 점령하고, 자성으로 진출하여 일본군과 격전을 벌였다.

　홍범도는 효과적인 항일전의 수행을 위하여 간도 지방 독립군의 연합을 위해 노력하였다. 그 결과 홍범도가 이끈 대한 독립군과 안무가 이끈 대한 국민회군이 연합하였고 이어서 최진동이 이끈 군무도독부군과의 통합도 추진되어 1920년 5월 이들 세 독립군이 연합하여 하나의 독립 군단인 '대한군 북로 독군부'를 조직하였고 홍범도가 군사 지휘를 총괄하였다.

　이 무렵 독립군 연합 부대의 병력은 1천 2백여 명에 이르렀다. 소규모의 병력이 종성·온성·회령 지방으로 자주 진입 작전을 전개하여 일본 군경과 교전하였다. 1920년 6월, 30명 정도의 독립군 소부대가 새벽에 삼둔자를 출발하여 두만강을 건너 종성 북쪽에 위치한 강양동 일본 헌병대를 기습 공격하여 격파하고 귀환하였다. 일본군은 강양동 전투의 패배에 분개하여 보복하려고 남양수비대 1개 중대와 헌병 경찰 중대의 병력으로 두만강을 건너 독립군의 본거지인 삼둔자를 향해 진격해 왔다. 그러나 일본군은 이 삼둔자 전투에서도 패하여 60여 명이 사살되었다.

　당시 최강의 군대라고 자랑하던 일본 정규군이 독립군에게 패전하자 함북 나남에 사령부를 두고 국경 지대를 수비하던 제19사단은 아스카와(安川二郞) 소좌가 인솔하는 '월강(越江) 추격 대대'를 편성하여 두만강을 건너 중국령 간도로 진격하게 하였다. 일본군 추격 대대는 6월 7일 새벽에 도강을 완료하고 고려령 서편을 거쳐 독립군의 본거지인 봉오동 입구로 진입해 왔다. 홍범도가 이끈 독립군들은 동·서·북쪽 3면에서 일제히 맹렬하게 사격하였다.

　일본군은 포위망 속에서 450여 명의 사상자를 내고 후퇴하였다. 이것이 봉오동 전투이다. 이 봉오동 전투는 독립군이 무장 독립 전쟁에서 거둔 첫 번째의 빛나는 큰 승리로 우리 한민족에게 큰 감명을 주었으며, 또한 만주에서 활동하는 독립군의 사기도 크게 고무시켰다.

훈춘 사건과 독립군의 이동

　봉오동 전투에서 크게 패배한 일본군은 독립군의 전력과 능력을 새롭게 평가하고 철저한 토벌 계획을 수립하게 되었다. 일제는 대규모의 토벌군을 간도 지방으로 출동시키는 구실을 마련하기 위하여 중국의 마적 두목을 매수하여 훈춘의 일본 영사관을 공격하게 하는 훈춘 사건을 조작하였다. 일제는 훈춘 사건

훈춘(琿春) 사건 (1920.10)
장강호의 마적단은 1920년 10월 초에 훈춘을 습격하여 4시간 동안 약탈과 실육을 자행하고 일본영사관 분관을 불태웠다.

홍범도(1868~1943)

봉오동 전적지(중국 왕청) 현재는 저수지가 생겨 물에 잠겼다.

을 불령선인(不逞鮮人)이 저질렀다고 주장하면서 대규모의 일본군과 경찰을 그 날부터 즉시 간도 지방으로 출동시켰다.

불령선인
일제강점기 불온하고 불량한 조선사람 을 뜻함.

한편, 독립군 여러 부대들은 일본군의 간도 출병이 임박하자, 중국 당국으로부터 일본군 대병력의 공격이 있을 것이라는 제보를 받고 새로운 기지를 찾아 이동하려 고 준비하였다. 이어서 대다수의 독립군 부대들은 대체로 8월 하순부터 원래의 근 거지를 떠나 백두산 부근 방향으로 이동하며 그곳에 새로운 근거지를 만들려고 하 였다.

북로 군정서군, 대한 독립군, 대한 국민회군 등의 독립군 2천여 명은 백두산에서 가까운 이도구와 삼도구 부근의 험준한 밀림지대에 새로운 항전 기지를 마련하고 일본군과의 결전에 대비하였다.

청산리 대첩

독립군 부대들과 일본군은 1920년 10월 21일부터 청산리 백운평 계곡의 전투를 시작으로 그 부근 일대에서 6일 동안 10여 회의 전투를 치렀다. 이들 전투에서 김 좌진의 북로 군정서군, 홍범도의 대한 독립군·대한 국민회군·신민단·의민단 등 의 연합 부대가 크게 활약하여 대승을 거두었는데, 이를 청산리 대첩이라고 한다. 이 청산리 대첩은 항일 무장 독립 전쟁의 역사상 가장 빛나는 승리로 꼽히고 있다.

아즈마(東正彦) 소장이 지휘하는 일본군 아즈마 지대는 천보산 부근에 주력을 배 치하고 이도구와 삼도구 지역의 독립군에 대한 토벌 작전을 본격적으로 실시하였 다. 아즈마 지대에 속하는 야마다 연대의 주력이 삼도구로부터 청산리 골짜기로 들 어오자 북로 군정서군은 백운평 일대의 고지마다 독립군을 매복시키고 일본군이 다가오기를 기다렸다.

출동 일본군의 규모
일본군은 조선에 주둔한 조선군 제19 사단의 주력부대를 주축으로 하고, 시 베리아에 출병하였던 포조군과 요동 반도에 주둔한 관동군 등도 일부 동원 하여 모두 2만여 명의 병력으로 남쪽, 동쪽, 서쪽의 세 방향에서 간도 지방을 향하여 진군하며 독립군 토벌에 대대 적으로 나섰다.

야마다 연대의 전위부대는 21일 아침에 백운평을 지나 독립군 매복 지점 바로 앞까지 다가왔다. 이때 김좌진 사령관의 공격 명령으로 매복한 독립군은 일제 사 격을 하여 200명 가량의 일본군 전위부대를 섬멸하였다(백운평 전투). 야마다 연 대의 주력 부대는 중무기를 앞세워 결사적으로 돌격해왔으나, 유리한 고지를 점하 고 응전하는 독립군에게 크게 패하고 결국 그들의 숙영지로 후퇴하고 말았다.

청산리 전투에서 승리한 북로군정서군 청산리 전투에서 승리한 후에 찍은 기념 사진으로 앞줄 앉아있 는 사람이 김좌진이다.　　**김좌진**(1889~1929)　　**중국의 김좌진 거주지**(중국 산시)

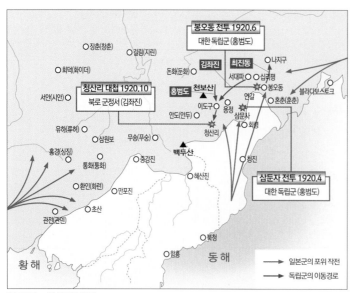

봉오동 · 청산리 전투

또 홍범도가 지휘하는 대한 독립군 등의 연합 부대는 10월 22일에 이도구 완루구에서 아즈마 지대의 주력 부대를 맞이하여 크게 승리하였다. 이 완루구 전투에서 독립군은 일본군 4백여 명을 전사시키는 전과를 올렸다.

10월 23일에 김좌진의 북로 군정서군과 홍범도의 연합 부대는 이도구 어랑촌에서 아즈마 지대의 보병 · 기병 · 포병 등의 주력 부대를 맞아 혈전을 벌여 승리하였다.

당시 북로 군정서군은 어랑촌 후방 고지를 선점하여 일본군의 진출로를 차단하여 최전선에서 싸웠고, 홍범도의 연합 부대는 가장 높은 고지에 포진하여 일본군의 공격을 막으며 북로 군정서군을 후원하였다. 1천 6백여 명의 독립군이 약 5천여 명의 일본군과 싸워 승리하고 일본군 연대장을 비롯한 3백여 명을 사살하였다.

어랑촌 전투가 끝나자, 독립군은 부대를 정비한 후 이동을 개시하였다. 이동 중에도 김좌진의 북로 군정서군은 23일에 맹개골 전투, 24일에 쉬구 전투 등을 치렀고, 홍범도의 연합 부대는 24~25일에 천보산 부근에서 싸운 후에 마지막으로 26일에 고동하 전투를 승리로 이끌었다. 이로써 6일 동안 계속된 청산리 전투는 끝났다.

독립군이 청산리 대첩에서 승리한 요인으로는 유리한 지형지물을 선점하여 잘 활용하고, 독립군의 사기와 독립 열망이 매우 강하였으며, 독립군 지휘관의 작전 지휘 능력이 매우 뛰어났다는 점을 들 수 있다. 또한, 그 지역에 거주하는 한국인 동포들의 군수 지원과 정보 제공이 큰 도움이 되었으며, 간도 지방과 연해주 지방의 동포들이 물심양면으로 후원하여 강력한 독립군을 양성할 수 있었다는 것 등을 꼽을 수 있다.

청산리 항일대첩 기념비

간도(경신) 참변과 자유시 참변

간도 참변의 참상

일제는 봉오동 전투에서 패배하자 대규모의 일본군을 간도 지방에 출동시키며 독립 운동의 근거지를 없애려는 계획을 세웠다. 청산리 대첩을 전후한 시기에 일본군은 간도의 한인 마을을 습격하여 수많은 동포들을 무차별 학살하고 가옥, 교회, 학교 등을 불태우는 초토화 작전의 만행을 저질렀다. 이러한 만행은 1920년 10월부터 시작되어 이듬해 3월 말까지 계속되었으며, 1만여 명의 동포들이 학살당하고 2,500여 채의 민가와 30여 개소의 학교가 불탔다. 이를 경신 참변, 또는 간도 참변이라고 한다(1920).

청산리 대첩 이후에 많은 독립군 부대들은 보다 안전한 지역에 장기 항전 기지를 마련하기 위하여 만주와 연해주의 접경 지대에 있는 북만주의 밀산으로 이동하였다. 1920년 11월에 김좌진의 북로 군정서군, 홍범도의 대한 독립군, 안무의 대한 국민회군, 지청천의 서로 군정서군 등의 여러 독립군 부대들은 흥개호 부근의 밀산에 집결하였다.

이들은 하나의 통합 군단을 결성하기로 합의하고 서일을 총재로, 홍범도와 김좌진·조성환을 부총재로 하는 대한 독립 군단을 조직하였다(1920.11). 이 군단은 3천 5백여 명의 독립군을 3개 대대로 구성하고 이를 묶어 1개 여단으로 편성하였다.

이렇게 결성된 대한 독립 군단은 밀산에서 연해주의 이만으로 이동하였다가 다시 시베리아로 북상하여 극동 공화국의 관할 지역인 흑룡강 연안의 자유시(스보보드니)로 갔다. 자유시에는 만주에서 활동하였던 여러 독립군 부대들 뿐만 아니라, 소비에트 러시아의 적군에 가담하여 백군 및 일본군과 싸웠던 연해주의 이만 부대와 니항(니콜라예프스크) 부대, 하바로프스크 일대에서 활약하였던 다반 부대, 흑룡주의 한인총회가 결성한 자유대대 등의 여러 한인 의용대도 집결하였다. 이들 한인 의용대 중에서 니항 부대는 사할린 출신이 대부분이어서 자유시에 집결한 후 사할린 의용대로 명칭을 바꾸었으며, 시베리아 한인 사회에서는 사할린 부대로 알려졌다.

한인 의용대 중에서 오하묵·최고려 등이 이끈 자유대대와 박일리아가 이끈 사할린 의용대 사이에 독립군의 군사 지휘권을 둘러싼 대립이 심하였다. 결국 자유대대와 사할린 의용대의 대립에서 적군은 자유대대를 지지하여 사할린 의용대를 공격하고 무장 해제를 단행하였다. 만주에서 자유시로 온 독립군들도 이러한 분쟁에 휘말려 무장 해제를 요구하는 적군의 공격으로 큰 피해를 입었는데, 이를 자유시 참변이라고 한다(1921). 자유시 참변 이후 다수의 독립군은 소련 영토를 탈출하여 만주로 되돌아왔다.

자유시 참변의 파벌 배경
박일리아는 이동휘 계열의 인물이었고, 오하묵과 최고려는 이르쿠츠크파 고려공산당 소속이었다.

(3) 독립군 재편과 3부 통합 운동

독립군 재편

자유시 참변을 겪고 만주로 귀환한 독립군과 만주에 남아있었던 독립군들은 조직을 재정비하면서 항일 군사력의 역량을 강화하기 위하여 통합 운동을 추진하였다. 남만주의 서간도 지방에는 1922년에 대한 독립단, 광한단 등의 단체가 통합하여 대한통군부를 결성하였다. 이 단체는 남만주의 독립군 통합 기관인 대한통의부로 발전하였다.

대한통의부의 총장은 김동삼, 부총장은 채상덕이 선임되었다. 총장 밑에는 군사부, 법무부, 학무부, 재무부, 교통부, 실업부, 교섭부, 민사부 등을 두어 일종의 정부 조직 형태를 갖추었다. 소속 독립군으로 통의부 의용군을 편성하였는데, 본부의 사령장은 김창환이 추대되었다. 통의부는 행정 비용과 독립군 군비를 마련하기 위하여 관할 내의 한인들에게 일정한 기준의 부과금을 부과하기도 하였다.

3부의 활동

임시 정부는 남만 군정부를 육군주만참의부(약칭은 참의부)로 정하고 집안·장백·통화·유하 등의 여러 현을 관할 구역으로 하여 민정과 군정을 맡도록 하였다. 이에 1923년에 남만주의 민정·군정 기관인 참의부가 결성되었다. 압록강 연안의 남만주 지역을 관장한 참의부는 국내 진입을 위한 독립군의 훈련과 군장비 확장에 힘쓰며 끊임 없이 항일전을 전개하였다.

참의부 결성에 가담하지 않은 단체들은 남만주에서 별도의 단체를 조직하였다. 곧 통의부의 일부 세력과 서로군정서 계열 및 광정단 등 여러 단체들은 1925년 1월에 길림성 화전현에서 정의부를 결성하였다.

정의부는 헌장을 마련하고 입법·사법·행정 기관을 설치하고 3권 분립의 민주정의 조직을 갖춘 일종의 한인 자치정부였다. 관할 구역은 하얼빈 이남의 남만주 전역을 설정하고 매호마다 일정액의 부과금과 소득세를 납부하게 하였다. 정의부를 이끈 중심 인물은 양기탁, 오동진, 김동삼, 이청천(지청천, 본명은 지대형) 등이었다. 특히, 정의부 독립군은 국내 진입 작전을 벌여 1925년 3월에 평북 초산군 응암리와 추동리의 주재소를 소부대가 공격하여 일제 경찰에 큰 피해를 주었고, 또 다른 소부대는 벽동군 여해도 주재소를 습격하여 일제 경찰을 사살하고 주재소를 소각하기도 하였다.

북만주에서도 여러 독립군 단체들이 재정비되어 활동하였다. 9개 독립군단이 새로 통합되어 결성된 대한 독립 군단은 이범윤을 총재로, 김좌진을 총사령으로 각각 선임하여 활동하였다. 이들 단체와 지역 대표들은 통합 운동을 추진하여 1925년 3월에 영안현 영안성에서 모여 민족 독립 운동의 통합 기관으로 신민부를 창립하였다.

한편, 신민부는 북만주와 간도 지방을 관할 구역으로 삼았고, 그 지역 한인 사회

자료 스페셜 참의부 독립군의 국내 진입 작전과 고마령 참변

1920년대에 참의부, 정의부, 신민부의 3부 중에서도 국내 진입 작전을 가장 자주 실시한 무장 부대는 참의부 독립군이었다.

1924년 5월에 조선 총독 사이토 마코토가 압록강의 국경 지대를 순시할 때, 참의부 대원들은 평북 강계군 고산리 마시탄 강변에서 총독 일행이 타고 있던 일본 경비선을 공격하였다. 비록 총독 총살이라는 목표는 달성하지 못하였지만 이 사건은 독립신문에도 상세하게 보도되어 독립운동계에 고무적인 영향을 주었다.

1925년 3월에 중국 집안현 고마령에서 참의부 독립군은 최석순 제2중대장 겸 참의장을 중심으로 국내 진입 작전을 위한 회의를 개최하고 있었다. 밀정의 정보로 이를 탐지한 일제 군경은 압록강을 건너 60리 정도 떨어진 고마령을 기습 공격하였다. 독립군은 혈전을 벌였으나 최속순 이하 29명이 장렬하게 전사하였다. 이 고마령 참변은 참의부 독립군이 당한 최대의 참변이었다.

의 자치행정을 맡으면서 독립군 양성과 전력 강화에 힘썼다.

이와 같이 만주의 독립군과 항일 단체들은 1920년대 중엽에 참의부, 정의부, 신민부의 3부로 통합되었고, 이들 3부는 만주 지역의 한인 사회를 관장하는 자치행정 기관임과 동시에 항일 무장 투쟁을 꾸준히 실시한 독립군의 군정 기관이었다.

3부의 통합 운동

1920년대 후반에 국내외에서 민족 협동 전선 운동과 민족 유일당 운동이 전개되면서 만주에서 활동하고 있던 독립 운동 단체들도 통합 운동에 나섰다. 더구나 일제는 1920년대 중반부터 장쭤린(張作霖) 군벌의 친일적 경향을 이용하여 만주에서 활동하는 독립군의 탄압과 체포·구속 및 인도에 관한 이른바 미쓰야(三矢) 협정을 맺고(1925), 만주의 독립군 활동에 제약을 가하였다. 이러한 상황에서 만주의 독립군들은 3부를 하나의 단체로 통합하여 독립 운동의 역량을 키워야만 하였다. 이에 정의부를 중심으로 3부 통합 운동이 일어났다.

3부 통합 운동은 부분적으로 성과를 거두어 결국에는 협의회 계열의 국민부 결성(1929), 촉성회 계열의 혁신의회 결성(1928)으로 끝났다. 국민부는 정의부의 주류 세력, 신민부의 민정파, 참의부의 일부 세력이 통합하여 조직하였다. 혁신 의회는 신민부의 군정파, 참의부의 일부 세력, 정의부를 탈퇴한 김동삼·이청천 등이 창립하였다. 그리고 1년 후에 혁신 의회는 민족유일당의 결성을 위하여 민족 유일당 재만책진회로 개편되었다(1929).

(4) 1930년대의 무장 독립 전쟁

조선 혁명당과 조선 혁명군의 조직

남만주 지역의 군정부로 조직된 국민부는 그 중앙 본부를 요령성 신빈현 흥경으로 이전하고 군정으로부터 민정을 분리시켜 국민부는 재만 한인의 자치 행정만을 담당하는 중추 기구로 개편되었다. 그리고 국민부의 모체가 되는 민족 유일당 조직동맹이 중심이 되어 조선 혁명당을 조직하였다(1929).

국민부 소속의 무장 부대는 조선 혁명당이 설립되면서 조선 혁명군으로 개편되었다. 조선 혁명군을 이끄는 지도 기관으로 각 부대에서 대표자를 뽑아 군사 위원회를 설치하였다. 군사 위원회에서는 총사령관에 이진탁, 부사령관에 양세봉을 선임하였다. 이후 총사령관은 김관웅에 이어 양세봉이 맡으면서 항일 무장 투쟁을 적극적으로 전개하였다.

한국 독립당과 한국 독립군의 조직

1929년 7월에 북만주로 돌아온 김좌진은 신민부의 기반 위에서 김종진 중심의 무정부주의자들과 제휴하여 한족 총연합회를 조직하였다. 이 연합회는 영안현의

미쓰야(三矢) 협약
조선총독부 경무국장 미쓰야(三矢宮松)와 장쭤린이 1925년 6월 체결한 조약으로 이로 인해 독립군뿐만 아니라 한국인 농민까지 많은 피해를 입었다.

양세봉(1896~1934. 8. 12) 일제 밀정의 간계에 빠져 총사령관 양세봉이 피살되었다. 이후에는 김호석이 조선 혁명군을 이끌었다.

이청천(1888~1957) 본래 지청천이었으나 서일·김좌진 등과 대한독립군단을 조직할 때 군단의 여단장이 되면서 이청천이라는 이름을 사용하기 시작하였다.

산시역(중국 헤이룽장성)

산시역 앞에 본부를 두고 김좌진이 위원장이 되어 북만주의 유일한 한인 자치 기관으로 발전하고자 노력하였다. 그러나 불행하게도 1930년 1월 김좌진이 공산주의자 박상실에게 권총으로 피살되어 한족 총연합회는 큰 타격을 받았다.

1930년 7월 홍진, 이청천, 황학수 등은 이 연합회를 모체로 하여 그들이 염원하던 북만주 지역의 유일당으로 한국 독립당을 결성하고, 그 소속의 무장 부대로 한국 독립군을 조직하였다. 한국 독립당은 중앙 위원장에 홍진을 선임하였다. 군사 위원장 이청천은 한국 독립군의 총사령관이 되어 총사령부를 의란현에 설치하고 항일 무장 투쟁을 전개하였다.

1930년 무렵 만주의 민족 독립 운동 세력은 남만주 지역에서는 조선 혁명당과 조선 혁명군으로 통합되었고, 동·북만주 지역에서는 한국 독립당과 한국 독립군으로 단일화되었다.

조선 혁명군과 한국 독립군의 활동

만보산 사건(1931. 7)
만주의 길림성 장춘 부근의 만보산 기슭에서 개간한 농토에 수로 공사를 하던 한국인 농민과 중국 농민 사이에 분쟁이 일어났다. 만주 침략의 기회를 엿보고 있던 일제는 이 만보산 사건을 일부러 과대 선전하여 한·중 국민들을 이간시켜 국민 감정을 악화시키고 이런 분위기를 만주 침략에 이용하였다.

만보산 사건 이후 요동 반도의 관동주에 주둔한 일본의 관동군은 1931년 9월에 류타오거우(柳條溝)에서 스스로 만철 선로를 폭파하고 이를 중국측 소행으로 몰아 만주 침략을 자행하는 만주사변을 일으켰다(1931). 이로써 일제의 중국 침략 전쟁이 본격화되어 만주의 대부분을 점령하고 1932년 3월에 장춘(일제는 신경(新京)으로 개명함)에 일본의 꼭두각시 정부인 만주국을 수립하였다.

남만주 지역에서 활동하던 조선 혁명군은 양세봉의 지휘 하에 중국 의용군과 연합 작전을 펼쳤다. 한·중 연합군은 홍경현(지금의 요령성 신빈현) 영릉가와 그 부근의 홍경성에서 일본군 및 만주국군과 대규모의 전투를 벌려 승리하였다(1932). 이후 조선 혁명군은 일본 관동군의 주된 추격 대상이 되어 어려운 여건 속에서도 무순현 노구대 전투, 통화현 전투에서 승리하며 끈질기게 항일 전쟁을 계속하였다.

대전자령 전투
수분하의 대전자령 전투는 4시간의 격전 끝에 일본군 이즈카 연대를 거의 전멸시킨 빛나는 승리의 싸움으로 유명하다.

한편, 동·북만주에서는 이청천이 이끈 한국 독립군은 중국 호로군과 제휴하여 한·중 연합군을 형성하고 항일 무장 독립 전쟁을 계속하였다. 1932년 9월에 한국 독립군과 중국군은 하얼빈 남쪽의 요충지인 쌍성보를 공략하여 승리하고 많은 물자를 노획하였다. 이어서 한국독립군은 사도하자 전투(1933. 4), 동경성 전투(1933. 6), 대전자령 전투(1933. 7)에서 연달아 승리하였다.

이 무렵 대한민국 임시 정부는 정부 직할의 부대를 편성하기 위하여 만주에서 활동하고 있던 독립군에게 중국 본토로 이동할 것을 요청하였다. 이에 이청천 중심의 한국 독립군은 다수가 중국 본토로 이동하였고, 뒷날 한국 광복군의 창설에 참여하게 되었다.

사회주의 계열의 항일 유격 투쟁

1920년대 초반부터 만주 지역의 한인 사회에는 사회주의 사상이 보급되면서 한인 사회주의자들이 대두하였고, 이들에 의한 민족 독립 운동도 전개되었다. 한국에서 일제의 경제 수탈이 심화되어 가난한 조선인 농민들이 1920~30년대에 만주 지역으로 계속적으로 이주하였다. 이에 만주에서 한인 사회주의자들의 항일 유격 투쟁이 일어 날 수 있는 여건이 마련되었다.

1930년대 초에 남만주 반석현에서 한국인으로 중국 공산당에 입당한 이홍광을 중심으로 항일 유격대가 조직되었다. 항일 유격대는 1933년에 동북 인민 혁명군으로 개편되었다.

1935년에 제7회 코민테른 대회는 세계 혁명 운동의 전략으로 반파시즘 인민 전선 노선을 채택하였다. 이에 중국 공산당도 만주에서 항일 세력들을 결집하여 통일 전선을 형성하고 항일 무장 투쟁을 강화하려고 하였다. 이러한 방침에 따라 1936년에 동북 인민 혁명군은 동북 항일 연군 4군 총사령부으로 개편되었다. 그해 5월에 동강(東崗)에서 열린 동북 항일 연군 당정 간부회의는 장백·무송·안도 일대에 새로운 유격 근거지를 건설하고, 한인의 반일 민족 통일 전선 조직으로 재만 한인 조국 광복회의 결성을 결의하였다.

이에 좌우 통일 전선 조직으로 조국 광복회의 결성을 선언하고(1936), 10대 강령을 발표하였다. 이 강령에서 "조선 민족의 총동원으로 광범한 반일 통일 전선을 실현함으로써 강도 일본 제국주의의 통치를 전복시키고 진정한 조선 인민 정부를 수립할 것"을 밝혔다.

조국 광복회는 장백현 일대와 함경남도 갑산군, 삼수군 일대에 조직망을 구축하였다. 동북 항일 연군의 한국인 유격대는 이들 조직망과 연결하여 국내 진공 작전을 수행하여 보천보를 습격하기도 하였다(1937. 6.).

보천보 주재소

한국인 중심의 동북 항일 연군의 제2군
동북 항일 연군의 제2군은 한국인이 절반 이상으로 편성되었으며 한·중 국경 지대와 백두산 지역으로 진출하여 항일 무장 투쟁을 전개하였다.

일제는 1930년대 후반부터 항일 유격대의 토벌에 더욱 힘쓰면서 산간 벽지의 농가들을 강제로 이주시켜 '집단 부락'을 만드는 작업을 강행하였다. 이것은 항일 유격대와 일반인을 분리시켜 유격대가 식량, 옷 등의 물품과 정보 등을 제공받지 못하도록 하기 위한 조치였다.

이러한 일제의 소탕 작전으로 동북 항일 연군은 막대한 피해를 입었으며, 1940년대 초에는 사실상 만주에서 활동할 수 없게 되었다. 그리하여 일부 항일 유격대는 소련의 시베리아 지방으로 이동하였다.

(1) 민족 통일 전선 형성

대일 전선 통일 동맹의 결성

임시 정부의 핵심 인물들인 이동녕·안창호·김구·조완구 등은 1930년 상하이의 프랑스 조계에서 한국 독립당을 창당하였다. 이들은 "종래의 파벌 투쟁을 청산하고 민족주의 운동 전선을 통일하여 임시 정부의 기초적 정당을 조직" 한다는 목적으로 한국 독립당을 결성하였다. 의열단은 1930년대에 접어들면서 사회주의계와 제휴하고 있었다. 그리하여 우파 민족주의계를 대표하는 한국 독립당과 좌파 민족주의계로 사회주의계와 연계한 의열단의 두 단체는 민족 통일 연합 전선을 구축하려 노력하였다.

특히, 의열단의 대표자인 김원봉은 조선 민족 해방과 독립 운동의 세력들을 광범위하게 결집시키기 위하여 적극적으로 나섰다. 마침내 1932년 11월에 한국 독립당, 의열단, 조선 혁명당, 한국 광복 동지회의 대표들은 상하이에서 대일 전선 통일 동맹을 결성하였다. 이 통일 동맹은 결성 선언문에서 일제 통치를 전복하고 독립 자유를 얻기 위한 대일 통일 전선을 결성한다고 그 취지를 밝혔다. 그러나 통일 동맹은 각 단체의 협의체 수준에 머물렀고, 한층 더 강력한 통일 전선을 확립하기 위해서는 새로운 통일 전선 정당의 결성이 요구되었다.

> **대일 전선 통일 동맹의 강령**
> • "우리는 혁명의 방법으로써 한국의 독립을 완성코자 한다"
> • "우리는 혁명 역량의 집중과 지도의 통일로써 대일 전선의 확대 강화를 기한다"

민족 혁명당 결성

1934년부터 강력한 통일 전선의 확립을 위한 노력이 활발하게 추진되었다. 3월에 난징에서 개최된 통일 동맹 제2차 대표자 회의는 강력한 대동단결의 조직체 결성을 위한 통일 동맹의 강령을 만들었다. 유일당의 건설을 결정한 이 선언을 계기로 각 당파들은 유일당 건설을 위한 논의에 들어갔다.

한국 독립당의 내부에는 임시 정부를 옹호하면서 의열단을 사회주의 단체로 여기는 사람들이 많았다. 송병조, 조완구, 차이석 등 반대파들이 탈퇴하고, 김구는 신당이 코민테른의 조종을 받는다는 이유로 참가를 거부하였다. 그러나 다른 당파들은 참여파들이 우세하여 쉽게 참여를 결정하였다.

1935년 6월에 난징에서 조선 혁명당, 의열단, 한국 독립당, 신한 독립당, 재미 대한독립당, 미주 국민회 등 9개 단체의 대표들이 창립 대표 대회를 개최하여 민족 혁명당을 결성하였다. 창립 대표 대회에서는 대일 전선 통일 동맹과 그 가맹 단체들의 해체를 선언하고 중앙 집행 위원을 선출하였다.

민족 혁명당은 기본 조직으로 서기부, 조직부, 선전부를 두고 부속 조직으로 군사부, 국민부, 훈련부, 조사부를 두었다. 서기부장은 의열단계의 김원봉이 선출되었다. 그리고 광동, 상해, 천진, 북경, 미주 지역에 지부를 설치하기로 하였다. 당의 노선으로는 민족 혁명을 우선적으로 추진하며, 조소앙의 삼균주의를 수용하여 정치·경제·교육의 균등을 전제로 한 민주 공화국의 건설을 지향하였다.

1935년 9월에 당내 발언권 약화에 불만을 가진 조소앙, 박창세 등 옛 한국 독립당 계열이 민족 혁명당을 탈당하고 이어서, 한국 독립당을 재건하였다. 한편 민족 혁명당에 불참하였던 김구, 이동녕, 조완구 등은 1935년 11월에 항주에서 한국 국민당을 결성하고 이사장에는 김구를 선임하였다. 삼균주의를 수용한 한국 국민당은 임시 정부 옹호파들이 중심이 된 정당이었다. 이로써 민족 혁명당의 통일전선당의 성격은 약화되었다.

조소앙(1887~1958)

(2) 조선 민족 전선 연맹과 조선 의용대의 조직

조선 민족 전선 연맹의 결성

한국 독립당계의 일부 세력이 이탈한 후에 민족 혁명당에는 중국 관내에서 활동하고 있던 사회주의자들이 들어왔다(1936). 그러나 이청천 중심의 보수 세력이 다시 민족 혁명당을 이탈하고 조선 혁명당을 결성하였다(1937). 이 무렵 민족 혁명당은 조선 민족 혁명당으로 개편되었고, 김원봉이 총서기직을 맡아 당권을 장악하였다(1937).

이러한 상황 속에서 조선 민족 혁명당은 1937년 12월에 양쯔강 중류의 한커우(漢口)에서 김규광(김성숙)의 조선 민족 해방자 동맹, 최창익의 조선 청년 전위 동맹, 무정부주의자 유자명의 조선 혁명자 동맹 등과 연합하여 조선 민족 전선 연맹을 결성하였다. 이로써 중국 관내의 좌익 전선의 통일이 이루어졌다.

한편 대표적인 보수 민족주의자 김구는 우익 전선의 통합에 노력하여 한국 국민당, 조소앙의 한국 독립당, 이청천의 조선 혁명당, 하와이의 6개 단체와 연합하여 1937년 8월에 한국 광복 운동 단체 연합회를 조직하였다. 이로써 중·일 전쟁 발발 직후에 중국 본토의 민족 해방 운동 전선은 우익 진영의 통일 전선 조직인 한국 광복 운동 단체 연합회와 좌익 진영의 통일 전선 조직인 조선 민족 전선 연맹으로 정리되었다.

사회주의자들의 민족혁명당 입당
당시 중국 공산당은 민족 통일 전선의 결성을 추진하고 있었기 때문에 한인 사회주의자 일부가 민족혁명당에 가입한 것으로 여겨진다.

통일 전선 강화론의 배경
일제의 중국 본토 침략이 강화되어 중·일 전쟁이 일어나고(1937. 7), 일본군이 대대적으로 난징을 공격하자 통일 전선 강화와 일치단결을 이룩하자는 주장이 점점 거세게 일어났다.

조선 의용대의 조직과 활동

조선 민족 혁명당이 중심이 되어 결성한 조선 민족 전선 연맹은 창립 선언문에서 계급 전선이 아니라 민족 전선임을 명확히 하였다. 1938년 5월에 군관 학교 특별 훈련반에 입교하였던 청년들이 6개월 간의 소정의 과정을 이수하고 졸업하자, 김원봉은 무장 부대 건설 계획안을 중국 군사 위원회에 제출하여 승인을 받고 조선 의용대의 창설을 추진하였다. 1938년 10월 10일에 한커우(漢口)에서 민족 전선 연맹의 무장 부대로 조선 의용대가 정식으로 결성되었

조선 의용대 창립 기념 촬영

다. 당시 조선 의용대의 총대장은 김원봉이 선임되었다.

조선 의용대는 중국 정부군의 여러 전선에 분산 배속되어 반전 선전, 정보 수집, 포로 심문, 투항 권고 등의 활동을 전개하였다. 그런데 일부는 화북 지방으로의 이동을 주장하였다. 1941년 초에 각 지대가 뤄양(洛陽)으로 이동한 후, 의용대 다수가 황하를 건너 중국 공산당의 구역인 화북 지방으로 들어갔다. 그러나 김원봉이 중심이 된 조선 의용대 본부는 중국 중앙군과 같이 구이린(桂林), 충칭(重慶) 등지에서 활동하였다.

(3) 대한민국 임시 정부와 한국 광복군의 활동
이동 시기의 대한민국 임시 정부

1932년 4월에 일어난 윤봉길의 홍커우 공원 의거 이후 김구를 비롯한 임시 정부의 요인들은 일제의 검거망을 피하여 상하이를 떠나 여러 지역으로 계속 이동하면서 항일전을 준비하였다. 이 시기의 임시 정부는 집단 지도 체제인 국무위원제로 운영되었으며, 이동녕과 김구가 중심이 되어 임시 정부를 이끌어 나갔다.

임시 정부는 정부 직할의 군대 창설을 목표로 설정하고 중국 당국과 교섭에 나섰다. 1933년에 김구는 난징에서 중국의 장제스(蔣介石) 위원장을 만나 한국 청년들의 중국 군관 학교 입교를 승낙받았다. 중국 정부는 1933년 12월에 중앙 군사 정치 학교(황포 군관 학교의 후신)의 뤄양(洛陽) 분교에 한국인을 위한 특별반 설치를 허용하였다.

만주에서 활동하던 이청천을 비롯한 독립군 간부들이 중국 본토로 들어오자, 임시 정부는 이들을 이 군사 학교에 입교시켰다. 교관으로 임명된 이청천과 특별반의 학생대장인 이범석 등은 이들 청년들을 훈련하여 임시 정부의 무장 부대에 대비하였다. 특설반 제1기 졸업생들은 중국군 장교로 임관되었고, 1937년에 중·일 전쟁이 발발하자 대일 전쟁에도 참전하였다.

1940년 5월에 김구가 이끈 한국 국민당은 조소앙의 한국 독립당, 이청천의 조선 혁명당과 통합하여 한국 독립당으로 당명을 고쳤다. 새로 발족한 한국 독립당은 삼균주의를 채택하여 보통 선거제에 의한 정치 균등, 토지와 대기업의 국유화를 통한 경제 균등, 국비 의무 교육제에 의한 교육 균등의 실현을 정강 정책으로 내세웠다.

자료 스페셜 민족 혁명당의 당기

2. 당기의 의의

1) 붉은색은 심장의 혈색이다. 열혈 능동의 뜻을 취하여 자유를 의미한다.

2) 푸른색은 대공(大空)의 색이다. 보편 공정의 뜻을 취하여 평등을 의미한다.

3) 흰색은 일광(日光)의 색이다. 방사광명(放射光明)의 뜻을 취하여 발전을 의미한다.

이상의 의미를 총괄하면 우리 당은 자유 평등의 신국가를 건립하여 그 부단한 향상 발전을 도모함을 의미하는 것이다.

강만길, 『조선민족혁명당과 통일전선』, 423쪽

한국 광복군의 창설과 건국 강령의 제정

1940년 9월에 임시 정부는 중국 정부의 주선으로 충칭에 근거지를 마련하였다. 임시 정부는 충칭에 자리를 잡자마자 숙원 사업이었던 한국 광복군을 창설하였다 (1940. 9. 17). 광복군 총사령부의 총사령은 이청천, 참모장은 이범석이 임명되었다.

광복군은 간부 중심의 소수 인원으로 출발하였다. 광복군은 중국 각지에서 활동하던 애국 청년들과 중국의 군관학교 출신의 한인들이 광복군으로 합류하였다. 1942년에 김원봉이 이끌었던 조선의용대의 일부도 광복군으로 편입되어 군사력을 증강하였다.

광복군은 창설 초기에 임시 정부가 중국과 맺은 '한국 광복군 행동 준승 9개항'(1941. 11)으로 중국 군사 위원회의 지휘와 감독을 받았다. 이것은 중국 정부의 원조와 협조 아래 광복군이 편성·운영될 뿐만 아니라 중국 영토에서 임시 정부가 무장 부대를 편성하는 여건 속에서는 어쩔 수 없는 것이었다. 임시 정부는 1942년부터 중국 정부와 협상을 꾸준히 전개하고 광복군의 통수권 회복을 위하여 노력하였다. 마침내 임시정부는 중국과 새로운 군사협정을 맺어 광복군에 대한 통수권을 되찾았다(1945. 4).

임시 정부는 항일 투쟁이 격화됨에 따라 지도 체제 강화를 위해 헌법을 개정하고, 집단 지도 체제인 국무위원제를 주석중심제로 바꾸었다(1940). 김구는 주석에 취임하여 행정·군사의 업무를 총괄하면서 강력한 영도력을 행사하였다. 한국 독립당 중심의 임시 정부는 일제의 패망에 대비하면서 '대한민국 건국강령'을 제정하여 발표하였다(1941. 11. 28).

건국강령은 총강(總綱), 복국(復國), 건국(建國)의 3장으로 구성되었다. 총강에서는 우리나라의 고유한 역사성과 건국 정신이 삼균 제도에 있음을 지적하고, '혁명적 삼균 제도'로써 복국과 건국 과정에서 정치·경제·교육의 균등과 독립·민주·균치(均治)를 동시에 실시한다고 하였다. 복국에서는 주권을 완전히 회복할 때까지의 기간에는 광복운동자 전체가 국가 주권을 대행한다고 하면서 모든 공무는 임시 의정원의 선거로 조직된 국무위원회에서 집행할 것임을 밝혔다. 건국에서는 삼균주의 이념에 입각한 건국 방향을 구체적으로 명시하면서 경제 정책의 기본 원칙으로 대생산 기관과 중요 산업의 국유화, 중소 기업의 사영화, 토지의 국유화와 상속·매매의 금지 등을 명확하게 밝혔다.

임시정부의 국무위원제
집단지도체제인 임시정부의 국무위원제는 1927년의 제3차 개헌으로 수립되어 1940년까지 장기간 지속되었다.

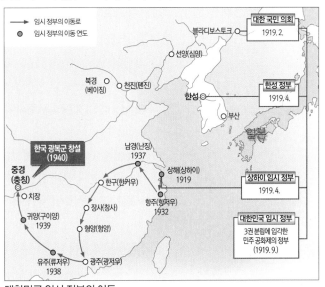

대한민국 임시 정부의 이동

한국 광복군 총사령부 성립 전례 기념

한국 광복군의 훈련 모습

임시 정부의 개편과 민족 통일 전선 형성

광복군의 전력 강화
일제 말기에는 목숨을 걸고 일본군을 탈출하여 임시 정부를 찾아온 한인 학병들이 계속해서 광복군에 입대하였다.

한국 광복군 배지

조선 의용대의 다수가 황하를 건너 화북 지방의 팔로군(중국공산군) 작전 지역으로 이동한 직후에 민족 혁명당은 1941년 5월에 당중앙회의에서 임시 정부 참여를 결정하고 이를 선언하였다. 당시 중국 정부는 김구 세력과 김원봉 세력의 통합을 권장하고 있었다. 이에 한국 독립당과 민족 혁명당의 통합 문제가 제기되어 양쪽의 교섭이 진행되었다. 그러나 양쪽의 입장 차이가 커서 통합 교섭은 지지부진하였다.

중국 정부는 두 세력의 통합을 촉진시키기 위해 먼저 양측의 군사조직인 한국 광복군과 조선 의용대를 통합시키고자 하였다. 그리하여 조선 의용대는 광복군 제1지대로 개편되고 김원봉은 제1지대장이 되었다.

임시 정부는 1942년 10월에 임시 의정원 회의에서 민족 혁명당 중심의 조선 민족 전선 연맹의 임시 정부 참가를 승인하였다. 이에 민족 전선 연맹측의 김원봉, 유자명, 김상덕 등이 임시 의정원의 의원으로 선출되었고, 김규식과 장건상은 임시정부 국무위원 겸 선전부장, 학무부장으로 선임되었다. 그 후에는 민족 전선 연맹 쪽의 김규식이 임시 정부의 부주석이 되었고, 김원봉·장건상·유림 등이 국무위원이 되었다(1944. 4.).

이와 같이 민족 전선 연맹 계열의 임시 정부 참여와 임시 정부의 개편으로 1930년대 이후에 줄곧 추진해 왔던 민족 통일 전선의 노력이 결실을 맺었다. 또한 임시 정부는 좌우 통합의 통일 전선 정부의 형태를 갖추게 되었다.

한국 광복군의 활동

1941년 12월에 일본군의 하와이 진주만 기습으로 태평양 전쟁이 일어나자. 임시 정부는 즉각 대일 선전 포고를 하고 광복군을 연합군의 일원으로 일본과의 전쟁에 참전할 것을 선언하였다. 광복군은 중국 정부의 지원을 받으며 중국 각지에서 중국군과 함께 선전 활동과 초모 활동을 벌였다.

일본군이 동남아시아로 전선을 확대하여 미얀마(버마)에 진격하자 영국군은 광복군 공작대의 인도 파견을 요청하였다. 이에 광복군은 영어와 일본어에 능통한 대원을 선발하여 인도·미얀마 전선에 파견하였다(1943. 9). 이들 공작 대원들은 영국군 부대에 배속되어 영국군과 함께 일본군과 전투를 벌였다. 이들 중 일부는 최전방인 임팔 지역의 전투에서 일본군과 싸워 승리하였다. 이들 공작대는 대적 선전 활동, 포로 심문, 노획한 일본군 문서의 번역, 전단 작성 등의 활동에서 크게 공헌하였다.

광복군은 조국의 광복을 쟁취하기 위하여 직접 국내로 진입하여 일본군을 몰아내려는 국내 진공 작전을 수립하고, 미국과 제휴하여 한반도에 진공하기 위한 특수훈련 계획을 추진하였다. 1945년에 광복군은 특수 훈련을 받을 정예 대원을 선발하고 중국주둔 미국 전략 정보처(OSS, CIA의 전신)와 합작하여 특수 훈련을 실시하였다. 제2지대(지대장 이범석)는 시안 부근에서 50명씩 2개 반으로 나누어 훈련시켰고, 제3지대(지대장 김학규)는 부양(阜陽) 부근에서 21명을 훈련시켰다. 3개월의 훈련에서 대원들은 유격 전술, 정보 계통의 과목, 암호 해독법 등을 익혔다.

이들의 훈련이 거의 끝나가자 광복군 총사령부는 '국내 정진군'을 편성하였다(1945. 8). 이범석이 총지휘관으로 임명된 국내 정진군은 8월 말에 국내 진공 작전을 실시할 예정이었다. 그러나 8월 15일에 일본이 항복하여 이 작전은 실시되지 못하고 무산되었다. 이들 가운데 선발대로 이범석 대장과 장준하·김준엽·노능서 등의 대원은 1945년 8월 18일에 미군 항공기로 서울 여의도 비행장에 도착하여 서울 시내로 진입하려고 하였으나 뜻을 이루지 못한 채 중국으로 되돌아갔다.

김두봉(1889~1960) 1935년 김원봉의 민족 혁명당에 들어갔고, 조선 독립 동맹 주석으로 추대되었으며, 광복 후 북조선 노동당을 결성하였다.

(4) 조선 독립 동맹과 조선 건국 동맹의 활동
조선 독립 동맹의 결성

1930년대 후반 이후에 중국 공산당의 근거지인 옌안에는 한국인 공산주의자들과 독립 운동가들이 모여들었다. 그 중에서 대표적인 인물은 중국 공산군의 대장정에 참가한 무정(김무정), 한인 공산주의자인 최창익과 한빈 등이었다. 한글학자 출신의 독립 운동가로 민족 혁명당의 간부로 활동하던 김두봉도 나중에 이곳으로 왔다. 이들은 중국 공산당의 팔로군 전방총사령부 소재지인 산시성의 태항산에서 1941년 1월에 화북 조선 청년 연합회를 결성하였다.

이 청년 연합회는 그 강령에서 화북 전체의 조선 청

조선의용군 대원이 일본군 점령지역에 항일 표어를 쓰고 있다.

년들을 단결시켜 조국 광복의 대열에 참가시킬 것, 일본 제국주의 하의 조선 통치를 전복하고 조선 민족의 독립된 자주 공화국을 건설할 것, 조선 전민족의 반일 전선을 옹호하고 전조선 민족 해방의 전쟁을 발동할 것 등을 내세웠다. 창립 선언에서는 조선 항일 민족 통일 전선의 결성을 강조하면서, 계급과 당파를 막론하고, 성별이나 종교 신앙을 불문하고 일치단결하여 일본 제국주의 반대 투쟁으로 민족 해방을 전취할 것을 밝혔다.

이 단체는 당시 그 지역으로 이동한 조선 의용대를 적극적으로 끌어들이며 조직을 확대하였다. 이 조직 확대와 더불어 화북 조선 청년 연합회는 발전적으로 해체되고 민족 해방 운동과 통일 전선 형태의 단체인 조선 독립 동맹이 결성되었다 (1942. 7).

조선 의용군의 활동

화북 지방으로 이동한 조선 의용대는 팔로군과 합작하고 화북 조선 청년 연합회에 가입한 후, 그 산하의 무장 부대인 조선 의용대 화북지대로 개편하였다(1941. 7). 조선 의용대는 태항산 지역에서 팔로군과 협동 작전을 펼치며 대일전에 참가하여 호가장 전투(1941. 12)에서 크게 활약하였고, 팔로군과 일본군 40만 명이 대결하여 1942년 5월부터 시작된 반소탕전(反掃蕩戰)에서 용맹을 과시하여 팔로군으로부터 격찬을 받았다. 그러나 반소탕전에서 조선 의용대의 간부인 윤세주·진광화를 비롯한 10여 명의 용사들이 희생되었다.

1942년 7월에 조선 독립 동맹이 결성되자 조선 의용대 화북 지대는 조선 의용군으로 개편되었다. 조선 의용군은 최전방에서 대적 선전. 후방 공작 등의 활동에서 많은 성과를 올렸다. 1943년에 본부를 옌안으로 옮긴 조선 의용군은 그 곳에 조선

자료 스페셜 | **조선 독립 동맹의 강령**

1. 본동맹은 일본제국주의의 조선에 대한 지배를 전복하고 독립 자유의 조선민주공화국을 건립할 목적으로 아래의 임무를 실현하기 위하여 싸운다.
   (1) 전 국민의 보통선거에 의한 민주정권의 수립.
   (2) 언론, 출판, 집회, 결사, 신앙, 사상, 태업의 자유 확보.
   (3) 국민 인권 존중의 사회제도 실현.
   (4) 법률적, 사회적, 생활적 남녀평등의 실현.
   (5) 자주 원칙하에 세계 각국 및 각 민족과 우호관계 수립.
   (6) 조선에 있는 일제의 일체의 자산 및 토지를 몰수하고 일제와 밀착되어 있는 대기업을 국영으로 귀속하며 토지 분배를 실행함
   (7) 8시간 노동제를 실시하여 사회의 노동을 보장함
   (8) 인민에 대한 부역 및 잡세를 폐지하고 통일적 누진 세제를 실시함.
   (9) 국민의무교육제도를 실시하고 이에 필요한 경비는 국가가 부담함.
   (10) 조선문화의 향상 및 국민문화의 보급.

김창순·김준엽 공저, 『한국공산주의운동사 5』, 129쪽

청년 혁명 군정 학교를 세워 대원들의 교육에 노력하였다.

조선 건국 동맹의 활동

일제 말기의 잔혹한 탄압 속에서도 국내에서 여운형을 중심으로 조선 건국 동맹이 결성되어 일제의 패망을 앞두고 민족의 해방과 독립을 위하여 노력하였다. 여운형은 상하이의 대한민국 임시 정부에서 독립 운동에 헌신하다가, 1929년에 일본 경찰에 잡혀 국내로 압송되어 재판을 받고 감옥살이를 하였다. 3년 후 풀려난 여운형은 국내에 그대로 남아 일제의 회유와 전향의 압력을 물리치고 고난의 시기를 보냈다.

그는 1941년에 일제가 태평양 전쟁을 도발하자 일제의 패망을 예견하고 전국적인 독립 운동 단체의 조직을 준비하였다. 1942년에 일제의 패망을 말했다는 이유로 그는 헌병대에 체포되어 1943년에 출감하였다. 다시 독립 운동 단체의 결성에 나선 여운형은 조동호 등과 함께 조선 건국 동맹을 창립하였다(1944. 8. 10).

조선 건국 동맹의 위원장에는 여운형이 선출되었다. 지도부의 중심 인물들은 민족주의 계열과 사회주의 계열이 모두 참여하여 건국 동맹은 통일 전선 단체의 성격을 가졌다. 처음에 건국 동맹은 비밀을 철저히 보장하기 위하여 불문(不文), 불언(不言), 불명(不名)의 3대 원칙을 정하여 강령을 만들지 않았다.

건국 동맹은 전국 10개도에 책임자를 임명하여 지방 조직을 갖추어갔다. 또한 해외 주재 연락 책임자로 북중국 방면에 이영선, 상하이 방면에 신국권, 베이징 방면에 이상백 등을 선임하여 국외의 민족 독립 운동 단체와의 연결을 추진하였다. 이어서 건국 동맹은 조동호, 이걸소, 이석구 등 6인으로 군사위원회를 조직하여(1945. 3) 후방 교란을 위한 노농군 편성을 추구하였다. 만주 군관 학교 출신인 박승환은 만주에서 건국 동맹의 유격대를 조직하여 국내 진공 작전을 계획을 수립하였고, 조선 독립 동맹의 조선 의용군과 합동 작전을 전개할 것도 시도하였다. 그러나 이러한 건국 동맹의 노력은 일제가 8월 15일에 패망함으로써 모두 실현되지 못한 채 끝나고 말았다.

자료 스페셜 조선 건국 동맹의 강령

1. 각인 각파를 대동단결하여 거국일치로 일본제국주의 세력을 구축하고 조선민족의 자유와 독립을 회복할 것.
2. 반추축(反樞軸) 제국과 협력하여 연합전선을 형성하고 조선의 완전한 독립을 저해하는 일체 반동세력을 박멸할 것.
3. 건설(국가건설)부면에 있어서 일체 시정(施政)을 민주주의적 원칙에 의거하고 특히 노농(勞農)대중의 해방에 치중할 것.

이기형, 「몽양 여운형」 168쪽

더 알아보기

일본 수도 도쿄에서 조선 독립을 역설한 여운형

　　3·1 운동 직후인 1919년 11월에 상하이에서 독립 운동에 헌신하고 있던 여운형은 일본 정부의 초청을 받고 일본 수도 도쿄를 방문하였다. 당시 일본 정부의 척식국 장관인 코가 렌조오가 여운형을 만나 조선 통치에 관한 문제를 논의하고 싶다며 그를 초청하였던 것이다. 여운형의 도쿄 방문에는 최근우, 신상완, 장덕수 등이 동행하였다. 그들 일행은 11월 18일에 도쿄에 도착하여 테이코쿠 호텔에 유숙하였다.

　　11월 27일 테이코쿠 호텔에서 500여 명의 내외신 기자와 각계 인사들 앞에서 여운형은 "우리 민족이 생명을 걸고 아침 저녁으로 분투하는 한국 독립 운동의 진상과 그 의의를 밝히려고 나는 이 곳에 왔다. 지금 이 자리를 빌어 그것을 말하게 된 것을 기쁘게 그리고 감사히 생각하는 바이다."라는 말로 독립 운동사에 길이 남을 유명한 연설을 시작하였다. 그는 한국의 독립 운동이 세계의 대세, 신의 의사 및 한국민의 각성에 의해서 일어난 자연적 필연의 운동이라는 것, 일본이 자아 방위를 위해 한국 병합을 했다는 구실은 이미 성립되지 않는다는 것, 한국민의 실력이 없기 때문에 독립해도 독립을 유지할 수 없다는 주장은 사실과 어긋난다는 것 등을 강력하게 주장하였다. 이 연설을 계기로 여운형은 한국 독립 운동의 중심 인물 가운데 한 사람으로 세상에 널리 알려지게 되었다.

테이코쿠 호텔의 기자 회견 연설문 요지(일부)

여운형 생가(경기 양평) 근래에 복원하였다. 아래에는 몽양 여운형 기념관이 있다.

　　나는 독립 운동이 내 평생의 사업이다. 구주(歐洲, 유럽) 전란이 일어났을 때 나와 우리 한국이 한 독립 국가로 대전에 참가치 못하고 동양의 한 모퉁이에 쪼그리고 앉아 우두커니 방관만 하고 있는 것이 심히 유감스러웠다. 그러나 우리 한족의 장래가 신세계 역사의 한 페이지를 차지할 시기가 반드시 오리라고 자신한다. 그러므로 나는 표연히 고국을 떠나 상하이에서 나그네로 있었다. 작년 11월에 대전이 끝나고 상하이의 각 사원에는 평화의 종소리가 울렸다. 우리는 신(神)의 사명이 머리 위에 내린듯하였다. 그리하여 활동을 시작하였다. 먼저 동지 김규식을 파리에 보내고 3월 1일에는 내지에서 독립 운동이 돌발하여 독립 만세를 절규하였다. 곧 대한 민족이 전부 각성하였다. 굶주린 자는 먹을 것을 찾고 목마른 자는 마실 것을 찾는 것은 자기의 생존을 위한 인간 자연의 원리이다.

　　이것을 막을 자가 있겠는가! 일본인이 생존권이 있다면 우리 한족만이 홀로 생존권이 없을 것인가! 일본이 생존권이 있다는 것은 한국인이 긍정하는 바이요, 한인이 민족적 자각으로 자유와 평등을 요구하는 것은 신이 허락하는 바이다. 일본 정부는 이것을 방해할 무슨 권리가 있는가! 이 세계는 약소 민족 해방, 부인 해방, 노동자 해방 등 세계 개조를 부르짖고 있다. 이것은 일본을 포함한 세계적 운동이다. 한국의 독립 운동은 세계의 대세요 신의 뜻이요 한민족의 각성이다. 어느 집에서 새벽에 닭이 울면 이웃집 닭이 따라 우는 것은 닭 하나하나가 다른 닭이 운다고 우는 것이 아니고 때가 와서 우는 것이다.

　　때가 와서 생존권이 양심적으로 발작된 것이 한국의 독립 운동이요 결코 민족 자결주의에 도취한 것이 아니다. 신은 오직 평화와 행복을 우리에게 주려한다. 과거의 약탈 살육을 중지하고 세계를 개조하는 것이 신의 뜻이다. 세계를 개척하고 개조로 달려나가 평화적 천지를 만드는 것이 우리 사명이다. 우리의 선조는 칼과 총으로 서로 죽였으나 이후 우리는 서로 붙들고 돕지 않으면 안된다.

여운형, 『몽양 여운형』

3

사회·경제적 민족 운동의 전개

1. 민족 실력 양성 운동과 사회주의 운동

2. 사회 운동의 전개

3. 민족 협동 전선 운동과 신간회 활동

신간회(新幹會) 창립대회(1927)

신간회 3대 강령

一. 우리는 정치적, 경제적 각성을 촉진한다.
一. 우리는 단결을 공고히 한다.
一. 우리는 기회주의를 일체 부인한다.

원산 노동자 총파업(1929)

동양 척식 주식 회사 목포 지점(전남 목포)

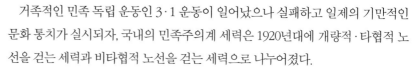

1 민족 실력 양성 운동과 사회주의 운동

(1) 민족 실력 양성 운동의 전개

1920년대의 민족 실력 양성 운동

거족적인 민족 독립 운동인 3·1 운동이 일어났으나 실패하고 일제의 기만적인 문화 통치가 실시되자, 국내의 민족주의계 세력은 1920년대에 개량적·타협적 노선을 걷는 세력과 비타협적 노선을 걷는 세력으로 나누어졌다.

개량적·타협적 노선의 세력은 일제의 문화 통치에 편승하여 일제와 타협하면서 한말의 애국 계몽 운동을 계승하여 민족 실력을 우선적으로 양성하려고 하였다. 또한 실력 양성에 걸림돌이 되는 민족성의 개조, 일제 지배 아래에서의 자치 등을 주장하였다. 이들 세력의 중심 인물은 이광수, 최남선, 김성수, 최린, 송진우 등이었다. 실력 양성론을 주장한 이들을 민족 개량주의자라고도 한다.

춘원 이광수 기념비(경기 남양주) 봉선사 입구에 있다.

상하이의 임시 정부에서 활동하다 이탈하고 귀국한 이광수는 천도교의 잡지인 「개벽」 5월호에 '민족개조론'을 발표하였다(1922). 그는 이 글에서 조선 민족이 쇠퇴하게 된 근본 원인이 타락한 민족성에 있다고 보고, 우리 민족이 완전한 멸망에 빠지기 전에 살아남을 수 있는 유일한 길은 민족성을 개조하는 것이라고 주장하였다.

이광수의 민족 개량주의 핵심 내용
• 민족개조론
• 실력양성론
• 자치론

이어서 그는 거짓말과 속이는 행실을 안하고, 공상과 공론을 버리고 의무를 실행하며, 표리부동함이 없이 의리를 지켜 가는 민족으로 개조하자며, 조선 민족의 내실을 다져 실력을 양성할 필요가 있음을 역설하였다. 1924년 1월에 이광수는 자신이 주필로 있는 동아일보의 사설에 5회에 걸쳐 '민족적 경륜'을 실어, "우리는 조선 내에서 허(許)하는 범위 내에서 일대 정치적 결사를 조직해야 한다"라며 일본 통치 하에서의 자치 운동을 주장하였다.

그러나 국내의 일부 민족주의계 세력은 일제에 대한 타협을 거부하면서 보다 적극적인 항일 운동을 추구하였다. 이들은 개량적·타협적인 민족 운동 대신에 비타협적 민족 운동을, 자치론 대신에 절대 독립론을 견지하였다. 이들 세력의 중심인물은 안재홍, 신석우, 권동진 등이었다. 이들 세력은 큰 편은 아니었지만 일제에 비

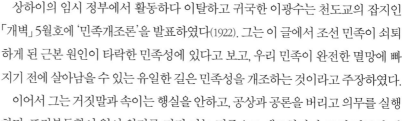

자료 스페셜 이광수의 민족 개조론의 논리

상해에서 귀국한 이광수는 흥사단의 국내조직인 수양동맹회(그 뒤 대성학교 졸업생과 신민회 회원을 중심으로 결성된 동우구락부와 합하여 수양동우회로 되었다가 1929년 동우회로 변경)를 조직하고 그 활동의 방향을 '민족개조론'과 '소년에게'로 정리하였다. 이 두 편의 글은 "안창호의 구국이론, 즉 흥사단 이념을 처음으로 세상에 물은 것"으로 평가되었다.

이 민족개조론에서는 대개 다음과 같은 주장이 개진되었다. 첫째는 일제가 주장한 독립불능론의 논리에 따라 그 원인을 조선민족의 성격적 결함, 인종적 열악(당파성, 게으름, 믿음의 없음, 사회성 등)으로 제시하고, 둘째는 3·1 운동을 "무지몽매한 야만인종이 지각없이 따라서 한" 것으로 지적하여 민족해방운동을 포기하도록 하였다. 이런 인식에 따라 셋째로는 식민지하에서의 모든 활동은 비정치적이어야 한다고 하여 교육의 진흥, 산업의 발전, 민기의 진작 등을 제시하였다. 따라서 결론적으로 이를 위한 기초로 민족성을 개조해야 한다는 것이었다. 그리고 이 개조는 정치가, 관리, 상공업자, 교사, 목사, 학자, 문사, 예술가, 신문기자, 지방유지 등의 식자층, 유산자의 '중추계급'을 중심으로 해야 한다고 하였다.

김도형, '일제침략기 반민족 지배집단의 형성과 민족개량주의'

타협적인 정치적 저항을 추구함으로써 민족 해방 운동의 개량화를 저지하고 항일 민족 운동 전선을 통일시키기 위하여 사회주의자들과의 연대를 모색하였다. 그러한 노력의 결실로 1927년에 신간회가 탄생하였다.

물산 장려 운동

일제 식민지 경제 체제 하에서 우리의 민족 기업은 일제의 억압과 차별로 제대로 성장하지 못하였다. 1920년에 일제는 일본 자본의 침투를 촉진시키기 위하여 허가제의 회사령을 철폐하고, 회사 설립을 신고제로 전환하였다. 이에 일본 독점 자본의 조선 진출이 크게 늘어났고, 조선인의 회사 설립도 쉬워졌다. 1920년대 전반에 호남 지방의 대지주 출신인 김성수는 전국의 지주와 상인 자본을 규합하여, 서울의 영등포에 큰 규모의 경성 방직 주식 회사를 설립하고 제품 생산을 기계화하였다. 그러나 대다수의 민족 기업인 평양과 대구의 메리야스 공장, 평양과 부산의 고무신 공장 등은 소규모의 회사들이었다.

경성 방직 주식 회사의 광목 선전 광고 : '우리가 만든 것 우리가 쓰자'

이러한 상황 속에서 실력 양성 운동의 일환으로, 1920년대에 지주와 자본가 및 일부 지식인들이 민족 자본과 기업을 육성하여 민족 경제의 자립을 이룩하자는 운동을 일으켰다. 이 민족 운동을 물산 장려 운동이라고 한다.

물산 장려 운동은 한말의 국채 보상 운동과 맥락을 같이하는 민족 운동으로 평양에서 처음 시작되었다. 1920년 7월에 조만식을 중심으로 평양의 유지들이 모여 조선 물산 장려회를 발기하고, 같은 해 8월에 발기위원 70명을 선정하고 국산품 장려와 근검 절약이 국내 산업의 진흥을 위해 가장 긴요하다는 취지서를 발표하였다. 그러나 일제는 국산품의 장려가 일본상품 배척을 주장하는 항일 운동이라며 조선 물산 장려회의 창립 총회 개최를 억압하였다. 이에 8월에 개최될 예정되었던 창립 총회가 열리지 못하고 2년 후 정식으로 창립되었다(1922. 6.).

조만식(1883~1950) 그는 국산품 애용 운동 뿐만 아니라 민립대학기성회 조직과 조선일보 사장 등을 통해 민족의 기개를 펴는 데 기여하였다.

서울에서는 염태진·박태화 등 학생 50여 명이 조선 물산 장려, 자급 자족, 산업 진흥 등을 목적으로 자작회를 결성하고(1922. 12.) 물산 장려 운동을 시작하였다. 이를 계기로 물산 장려 운동은 여러 사회 단체의 호응을 얻어 본격화되었다. 조선 기독교 청년회에서는 토산품(국산품) 장려 표어를 모집하여 '내 살림 내 것으로', '조

자료 스페셜 조선물산장려회 궐기문

내 살림 내 것으로!
보아라! 우리의 먹고 입고 쓰는 것이 거의 다 우리의 손으로 만든 것이 아니었다.
이것이 세상에 제일 무섭고 위태한 일인 줄 오늘에야 우리가 깨달았다.
피가 있고 눈물이 있는 형제자매들아. 우리가 서로 붙잡고 서로 의지하여 살고서 볼 일이다.
입어라! 조선 사람이 짠 것을
먹어라! 조선 사람이 만든 것을
써라! 조선 사람이 지은 것을
조선 사람, 조선 것.

조선 물산 장려회보 "내 살림 내것으로 조선사람 조선것"이라는 문구가 있다.

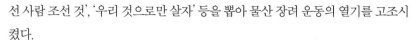
선 사람 조선 것', '우리 것으로만 살자' 등을 뽑아 물산 장려 운동의 열기를 고조시켰다.

이와 같이 물산 장려 운동의 열기가 고조되자 전국적 조직의 필요성이 대두하였다. 이에 서울에서 1923년 초에 조선 청년 연합회의 주관으로 25개 단체와 유지 30여 명이 모여 조선 물산 장려회의 발기 준비회를 가진 후, 창립 총회를 개최하여 (1923.1) 20명으로 이사진을 구성하였다. 조선 물산 장려회의 이사장은 유성준을 선임하였고, 경리부·조사부·선전부에 5~8명의 이사를 각각 뽑았다.

이어서 조선 물산 장려회는 곧 지부 조직에 착수하여 대전, 부산, 마산, 군산, 개성 등 전국 각지에 25개의 지부를 설치하고 자급 자족, 국산품 애용, 소비 절약, 금주·금연 등의 운동을 전국적으로 전개하였다. 물산 장려 운동이 고조되자 가정 주부들도 그 취지를 가정에서 실천하기 위하여 서울에서 이도·박영자·최영아 등 50여 명이 토산 애용 부인회를 조직하였다(1923.2).

물산 장려 운동은 한동안 국민의 지지를 받고 성행하였지만 사회주의 계열에서는 별로 호응하지 않았다. 그들은 이 운동을 상인과 자본가들의 이익을 추구하는 부르주아 민족 운동이라며 비판하였다. 또한 토산품 애용으로 토산품의 값이 뛰거나 유성준·박영효 등의 친일 세력도 참여하였기 때문에 민중들 사이에서도 점차 호응도가 떨어져갔다. 이에 물산 장려 운동은 별다른 성과를 거두지 못하고 점차 시들해졌다.

토산 애용 부인회의 활동
토산 애용 부인회는 남의 나라에 빚지지 말고 살림에 충실하자며, 토산품의 무명으로 옷을 지어입고 음식물과 일용 상품은 토산품을 애용하자고 하였다.

민립 대학 설립 운동

1920년대에는 경제 분야의 실력 양성 운동과 함께 교육을 통하여 민족 실력을 양성하자는 민족 운동이 일어났다. 일부 민족 지도자들은 3·1 운동 이후 교육열이 높아지자 민족의 역량을 강화하기 위해서 고등 교육 기관을 설립하자고 주장하였다. 이에 우리 손으로 대학을 설립하자는 민립 대학 설립 운동이 전개되었다.

이상재 생가(충남 서천)

한규설, 이상재, 유근 등은 조선교육회를 설립하고(1920.6), 교육 제도의 개선, 교육 기관의 확장, 도서관 설치 및 잡지 발행 등의 활동에 나섰다. 이상재가 회장인 조선교육회는 1922년에 총독부의 인가를 받아 조선 교육 협회로 명칭을 변경하였다. 이 무렵 총독부가 조선 교육령을 개정하여(1922), 대학 설립의 길이 열렸다. 조선 교육 협회는 대학 설립을 총독부에 요구하였으나 거부되자 민립 대학 설립 운동을 추진하였다.

이상재, 이승훈, 한용운, 현상윤 등은 조선 민립 대학 기성회를 결성하고(1923), 대학 설립을 위한 활동에 나섰다. 조선 청년 연합회와 동아일보·조선일보 등의 언론 기관도 적극 협조하여 민립 대학 설립 운동은 본격적으로 추진되었으며, "한민족 1,000만 명이 한 사람 1원씩"이라는 구호를 내걸고 1천만 원을 목표로 전국적인 모금 운동을 전개하였다. 그러나 일제의 방해, 1923년의 대홍수, 1924년의 극심한 가

조선 민립 대학 기성회 창립 총회

뭄 등으로 인하여 자금 모집이 순조롭게 진전되지 못하였고, 민립 대학 설립 운동
은 좌절되고 말았다.

한편, 일제는 민립 대학 설립 운동을 탄압하면서 경성 제국 대학령을 제정하고
(1923), 1924년에 경성 제국 대학의 2년제 예과를 설치하였으며, 1926년에 4년제의
법문학부와 의학부를 설치하였다. 경성 제국 대학은 일제 강점기에 조선에 설치된
하나뿐인 대학으로 다수의 일본인 학생과 소수의 조선인 학생들이 입학하여 공부
하였다. 1930년대 후반에 일제의 대륙 침략으로 고급 기술자의 수요가 늘어나자
경성 제국 대학에 이공학부를 개설하였다(1938).

경성 제국 대학 의학부

노동 야학과 문맹 퇴치 운동

국권 피탈 후 우리 민족의 대다수는 일제의 식민지 차별 교육과 우민화 교육으
로 교육의 기회를 얻지 못하고 문맹 상태에 놓여 있었다. 이에 1920년대에 이르러
실력 양성 운동을 전개하던 사람들은 문맹자의 증가가 민족의 역량을 약화시킨다
고 판단하여 문맹 퇴치를 위하여 노력하였다.

당시 일제가 건립한 공립 보통 학교는 수용 능력이 많이 제한되었을 뿐만 아니
라 학비가 비싸서 노동자, 농민, 도시 빈민 등은 교육을 받기 어려웠다. 이에 1920
년대에 전국 각지에서는 노동 야학이 설립되어 문맹 퇴치 운동을 벌였다. 야학의
교사는 대부분 지방의 유지들이었으며 수업 연한은 대체로 1년이었다. 야학 교육
은 우리말 교재로 주로 조선어와 우리 역사를 가르치며 민족 의식의 고취에도 힘
썼다.

1920년대 후반 이후에는 일부 지식인, 청년, 학생들이 종교 단체와 언론 기관의
후원을 받으며 문맹 퇴치와 농촌 계몽 활동에 헌신하였다. 특히 천도교도들이 중
심이 되어 결성된 조선 농민사는 농민 운동과 농민 야학에 공헌하였다.

1929년에 조선일보는 "아는 것이 힘, 배워야 산다"라는 표어를 내세우고 문자 보
급 운동을 시작하였다. 이 운동은 조선일보가 만든 한글 교재를 방학 때 농촌으로
귀향하는 학생들에게 교부하여 문자 보급 운동과 농촌 계몽 운동을 함께 전개하는
활동이었다. 동아일보도 1931년부터 브나로드('민중 속으로'라는 뜻의 러시아어) 운동을
전개하였다. 이 운동은 각 지방의 마을마다 야학을 개설하여 농민들에게 한글을 가
르치며, 동시에 미신 타파, 구습 제거, 생활 개선, 근검 절약 등의 계몽 활동을 하였
다. 조선일보와 동아일보의 문자 보급 운동, 브나로드 운동은 일제의 중지 명령으
로 모두 1935년에 중단되었다.

최용신 기독교의 감리교 전도사인 최용신은
YWCA 파견교사로 경기도 화성군 샘골(현재의
안산시 본오동)에서 야학을 운영하며 농촌 운동
을 전개하여 심훈의 소설 '상록수'의 모델이 되
었다.

브나로드 운동 포스터

(2) 사회주의 운동

사회주의 단체의 결성

3·1 운동을 전후한 시기에 국내에도 민족 해방을 위한 새로운 이념으로 사회주

의 사상이 유입되어 여러 방면으로 영향을 주었다. 1917년 러시아 10월 혁명으로 권력을 장악한 레닌이 세계 적화의 한 수단으로 약소 민족의 독립 운동을 지원하겠다고 하자, 연해주와 시베리아에서 활동하던 한국인들과 만주 및 중국 본토에서 활동하던 일부 독립 운동가들은 사회주의와 연결하여 민족 독립 운동을 추진하려는 움직임을 보여주었다. 거기에 3·1 운동이 일어났으나 파리 강화 회의와 워싱턴 회의 등에서 우리 민족의 독립 열망이 외면당하자, 청년들과 지식인층 사이에서는 민족 자결주의 원칙에 실망하고 사회주의 사상에 관심을 가진 사람들이 늘어났다.

초기에 사회주의 사상은 해외 독립 운동 세력과 일본 유학생들을 통하여 국내에 유입되었다. 1920년대 초에 국내에서는 지식인, 청년, 학생, 선진적 노동자들 중심의 사상단체로서 서울청년회, 무산자 동지회, 신사상 연구회, 화요회, 북풍회 등의 사회주의적 단체들이 조직되었다.

서울 청년회는 장덕수·오상근 등의 민족주의자와 김사국·이영 등의 사회주의자들이 결성하였으나(1921. 1), 동아일보에서 추진한 김윤식의 사회장에 참여하는 문제와 이동휘·김철수를 통해 전해진 코민테른 자금을 장덕수 등이 전용한 사건 등을 계기로 민족주의자들은 떠나고 사회주의자들 중심의 단체로 재편되었다.

신사상 연구회는 홍증식·홍명희·윤덕병 등이 사회주의 사상을 연구할 목적으로 결성하였는데(1923. 7), 점차 유력한 사회주의 단체로 성장하였으며, 이듬해에 마르크스의 생일이 화요일이어서 명칭을 화요회로 개칭하였다. 북풍회는 일본 유학생들 중심의 사회주의 단체로 김약수·김종범·정우홍 등이 조직하였으며(1924. 11), 서울 청년회 및 화요회와 함께 사회주의 사상의 보급에 힘썼다.

조선 공산당의 창당과 수난

볼셰비키는 러시아 10월 혁명에 성공한 후 1918년에 당명을 러시아 공산당(소련 공산당의 전신)으로 개칭하였다. 레닌이 이끈 러시아 공산당은 이후 코민테른(Communist International)을 결성하고, 세계 각국의 공산주의 운동을 이끌었다.

코민테른은 상하이파 고려 공산당과 이르쿠츠크파 고려 공산당의 통합에 실패하자 두 파를 모두 해체시켰다(1922. 12). 이어 코민테른은 상하이파의 이동휘, 이르쿠츠크파의 한명서 등을 위원으로 하는 '꼬르뷰로'(高麗局)를 블라디보스토크에 두고 조선 공산주의 운동을 관할하였으나 두 파의 반목은 지속되었다. 이에 코민테

자료 스페셜 **무산자 동지회의 창립 총회 결의사항**

1. 무산자의 생존권 확립을 내용으로 하는 강령을 제정할 것.
2. 회규는 위원제 무두제(無頭制)로 할 것.
3. 기관지 무산자(無産者)를 발행할 것.
4. 회관을 건축하고 공장으로도 겸용할 수 있는 광대한 지하실로 할 것.

김창순·김준엽 공저, 『한국공산주의운동사 2』, 청계연구소, 1989

른은 꼬르뷰로를 다시 해체하고 조선 공산당을 조직하기 위한 준비 기관으로 '오르그뷰'(組織局)를 설치하였다(1924. 3).

국내의 사회주의자들은 다양한 대중 운동 단체, 사회 운동 단체와 연계하면서 활동 기반을 넓혀갔다. 동아일보와 조선일보 등의 일간지와 「개벽」, 「조선지광」, 「신천지」 등의 잡지도 사회주의 사상을 소개하여 사회주의 사상의 보급을 거들었다. 이러한 여건 속에서 1924년에 조선 노농 총동맹과 조선 청년 총동맹 등이 결성되어 국내에서 사회주의 정당이 출현할 수 있는 기반 조성에 도움을 주었다.

김재봉(1890~1944) 조선공산당 초대 책임비서를 지냈으나 곧 체포되어 징역을 선고받았다.

1925년 4월에 서울에서 김재봉을 책임 비서로 하는 조선 공산당이 극비리에 창당되었다. 창당 결성식에는 김재봉, 조봉암, 조동우, 김약수, 박헌영 등 20여 명이 참석하였다.

한편, 일제는 1925년 5월에 치안 유지법을 공포하여 사회주의 사상을 탄압하였다. 그런데 신의주에서 청년 회원들의 폭행 사건이 일어난 것을 계기로 경찰에 공산당의 조직이 발각되었다(1925. 11). 이 신의주 사건으로 김재봉·박헌영 등 220명이 검거되어 조선 공산당과 고려 공산 청년회의 조직은 대부분 와해되었다(제1차 공산당 사건).

그후 검거를 모면한 조선일보 진주 지국장 강달영을 책임비서로 하는 제2차 조선 공산당이 조직되었으며(1925. 12), 권오설을 책임 비서로 하는 고려 공산 청년회도 다시 조직되었다. 제2차 조선 공산당과 고려 공산 청년회는 사회주의자와 민족주의자의 협동 전선을 이루어 '국민당'을 만들려는 목표를 설정하고 활동하면서 6·10 만세 운동의 격문과 전단을 인쇄·살포하려다 사전에 발각되어 강달영·권오설 등 130여 명이 검거되었다(제2차 공산당 사건, 1926. 6). 이로써 제2차 조선 공산당은 사실상 해체되었다.

조선 공산당의 재건을 위한 노력이 이재유, 박헌영 등에 의해 1930년대에도 꾸준히 계속되었다. 그러나 일제의 끈질긴 탄압으로 많은 희생자만 내면서 지하 운동으로 이어졌으며 8·15 해방까지 당을 재건하지 못하였다.

조선 공산당의 중심 세력
조선 공산당의 결성에는 화요회 계열이 중심이 되었고 북풍회 계열의 인사들도 참여하였으나 서울 청년회 계열은 대부분 불참하였다.

화요회
1924년 신사상 연구회가 이름을 바꾸어 설립한 단체로 조선 공산당 창립에 주도적인 역할을 하였다.

자료 스페셜 　12월 테제의 한국 공산주의 운동 비판

　　12월 테제는 한국의 사회와 경제구조의 실상을 정확히 진단하면서, 한국 공산주의자의 실패를 다음과 같이 지적하였다. 한국의 산업의 원시적 단계로 인해 수많은 농민에 비하면 공업노동자의 수는 훨씬 적었다. 그리하여 농민들에게 자극을 주어 계급의식을 심어주는 데에 실패한 것이 한국의 혁명을 발전시키는 데 지장을 가져왔다. 공산주의자는, 농민과 그들의 토지를 둘러싼 혁명투쟁을 무시함으로써, 한국에 있어서 부르조아 민족부르조아지운동의 패배의 원인과 똑같은 오류를 범했다. 테제는 나아가 한국 공산주의자의 오류로서 그들이 민족혁명운동과, 일본 제국주의에 협력하여 노동자와 농민을 착취하고 있었던 민족개량주의운동을 구별하지 못했다는 점을 지적했다. 테제는 또한 당이 쁘띠부르조아 지식인들로 가득차 있어서, 노동자들과의 밀접한 연대를 갖지 못하게 되었고, 또 이것이 공산주의운동에 있어서 끊임없는 위기의 주요한 원인 중의 하나가 되었다고 지적하면서, 주로 지식인·학생들로 구성되어 있는 한국의 공산주의를 평가절하 하였다.

서대숙 지음, 현대사연구회 옮김, 『한국 공산주의운동사 연구』, 이론과실천, 107~8쪽

(1) 노동 운동과 농민 운동

노동자·농민 단체의 조직

공제 창간호(1920.8) 조선 노동 공제회의 기관지이다.

1920년대에 접어들면서 노동자와 농민들의 단체가 조직되고 이들의 노동 운동과 농민 운동이 점차 활성화되었다. 또한, 사회주의 사상의 보급과 사회주의자들의 관여로 이들의 활동은 항일 민족 운동의 성격을 띠면서 발전하였다.

전국적인 노동 운동 단체로 처음 조직된 것은 1920년에 결성된 조선 노동 공제회였다. 조선 노동 공제회는 「공제(共濟)」라는 잡지를 발간하면서 계몽 강연, 소비조합 설립, 노동 야학 설립 등의 활동을 폈으며, 소작인 조합의 결성을 결의문으로 채택하여 "소작인은 단결하라!"라는 선언을 발표하였다(1922). 이리하여 노동 운동과 농민 운동은 뚜렷하게 분화되지 않은 상태인 노농 운동으로 추진되었다.

이어서 1922년에 조선 노동 공제회의 윤덕병, 신백우 등 사회주의 세력은 조선 노동 연맹회를 결성하였다. 이 단체는 사회주의적 성격의 강령을 내세웠다. 성립 초기에 2만 명 이상의 회원을 확보한 조선 노동 연맹회는 노동 운동과 농민 운동을 이끌면서, 서울의 양화(洋靴) 직공들과 고무 공장 여직공들의 동맹 파업과 그들의 직공 조합의 창립을 지원하였다. 그리고 1923년 5월 1일의 노동절(메이데이)을 기념하여 대대적 시위 행진을 계획하였으나, 일제 경찰의 불허로 중지하고 그 대신에 노동 강연회를 개최하였다.

조선 노동 연맹회의 강령
• "사회 역사의 필연적인 진화 법칙에 따라 신사회의 건설을 기도함"
• "현 사회의 계급적 의식에 의하여 일치단결을 기도함"

1924년 4월에 전국의 노동자·농민 단체들이 거의 망라하여 조선 노농 총동맹을 결성하였다. 성립 당시에 이 단체는 산하 단체가 260여 개, 회원은 5만 3천여 명에 이르렀다. 그러나 창립 직후에 일제의 집회 금지로 합법적인 활동을 할 수 없었으며, 내부적으로 사회주의계의 파벌 대립으로 어려움을 겪었다. 1920년대 후반에 이르러 노동 운동과 농민 운동의 성장에 따라 조선 노농 총동맹은 조선 노동 총연

자료 스페셜

○ **조선 노동 공제회의 "소작인은 단결하라" 선언(일부)**

소작 문제는 소작인 자체의 자각이 아니면 안 될 것이오 소작인의 자각은 지금 상태와 같이 산산이 개인의 행동으로 아무 조직적 단체가 없으면 문제의 이해를 연구할 기회는 없을 것이다. 따라서 아무 힘도 생기지 아니할 지며 아무 일도 되지 아니할 것이다. 그러므로 소작 문제 해결은 반드시 소작인의 단결이 공고하여야 할 것을 가장 굳세게 신념하고 이에 선언하노니 조선의 소작인이여 단결하라. 조선의 소작인이여 단결하라. 단결하여야 살 것이다.

동아일보, 1922년 7월 31일~8월 3일

○ **조선 노농 총동맹의 강령**

1. 우리는 노동계급을 해방하여 완전한 신사회의 실현을 목적한다.
1. 우리는 단결의 위력으로서 최후의 승리를 얻는 데까지 철저히 자본계급과 투쟁한다.
1. 우리는 노동계급의 지금 생활에 비추어 복리증진 및 경제적 향상을 도모한다.

김창순·김준엽, 「한국공산주의운동사 2」, 95~96쪽

맹과 조선 농민 총동맹으로 각각 분리되었다(1927). 이로써 노동 운동과 농민 운동의 단체 조직상의 분리가 확고하게 이루어졌으며, 직업별 노동 조합도 점차 산업별 노동 조합으로 전환되어 갔다.

노동 운동의 전개

20세기 초에 부산·인천·군산 등의 개항장과 서울·평양 등의 도시에서 노동자들의 공조 단체가 출현하였으나 이들 조직은 노동 조합의 형태를 갖추지 못한 상부상조의 단체였다. 1910년대의 한국 공업은 그 발전이 아주 미약하여 1917년에 공장은 1,358개, 노동자는 4만 2천명에 불과하였다. 이 시기까지는 노동 운동이 제대로 실시되지 못하였다.

그러나 1920년대에 이르러 일본의 자본이 한국에 들어와 많은 공장이 설립되고 한국인의 기업도 점차 늘어나면서 노동자의 수는 계속 증가하였다. 식민지 산업이 어느 정도 발전하였으나 노동 조건은 매우 열악하였다. 한국인 노동자의 노임은 동일 직종의 일본인 노동자의 절반이 못되는 경우가 많았으며, 노동 시간도 하루에 12시간 이상인 경우가 47%나 되었다. 이에 1920년대에 한국의 노동 운동이 본격적으로 추진되었다.

1921년 9월에 부산의 부두 노동자들 5천여 명은 임금 인상을 요구하며 대규모 총파업을 일으켰다. 일제 경찰은 파업 주동자들을 체포하고 집회를 방해하였으며 운송업자들은 경찰의 힘을 믿고 강경한 태도로 맞섰다. 그러나 노동자들은 일치단결하여 10여 일이나 파업을 계속하여 10% 정도의 임금 인상의 성과를 거두었다. 이 파업 사건을 계기로 노동자들의 파업 투쟁은 점차 확산되었다.

1920년대 중반을 넘어서면서 노동 쟁의는 참가 인원과 발생 횟수가 크게 증가하였으며, 점차 전국적으로 확산되었다. 일제 당국이 발표한 통계를 보면 1926년에 노동 쟁의는 81건 발생에 5,984명이 참가하였으나 1928년에는 119건 발생에 7,759명이 참가하였으며, 1930년에는 160건 발생에 18,972명이 가담하였다. 그 중에서 대표적인 파업은 1926년 1월부터 70여 일간 계속된 목포 제유 공장 노동자들의 파업, 1929년 1월부터 4월까지 계속된 원산 총파업 등이었다.

특히 원산 총파업은 1928년 9월에 영국인이 경영하던 라이징 선 석유 회사(문평 석유공장)의 일본인 감독이 조선인 노동자를 구타한 사건이 발단이 되어 일어났다. 9월 18일에 라이징 선의 노동자들은 악질적인 일본인 감독의 파면, 노동 조건의 개선 등을 요구하며 파업을 벌였다. 회사 측은 처음에는 사과를 하고 노동자들의 요구를 받아들이겠다고 약속하였다.

그러나 3개월이 지나도 약속을 이행하지 않고 도리어 노동 운동을 억누르고 노동자 단체를 파괴하려고 하였다. 12월 28일에 상급 단체인 원산 노동 연합회가 앞장서서 약속을 지키라고 요구하였으나 회사 측은 이를 거절하였다. 이에 분노한 석

부산 부두노동자들의 총파업
10여 일이나 계속된 파업으로 부산항의 화물 수송이 마비되어 전 산업에 큰 타격을 주었다. 이에 운송업자들이 양보하여 임금이 인상되고 파업은 끝났다.

노동 쟁의

연도	발생건수	참가인원
1920	81	4.599
1921	36	3.403
1922	46	1.799
1923	72	6.041
1924	45	6.751
1925	55	5.700
1926	81	5.984
1927	94	10.523
1928	119	7.759
1929	102	8.293
1930	160	18.972

노동 쟁의 발생 횟수(박경식, 「일본 제국주의의 조선 지배」)

총파업을 벌이는 원산 노동자들

유 공장 노동자 3백여 명은 1929년 1월 14일에 다시 파업을 실시하였다. 같은 시기에 원산 부두 노동자들도 임금 인상을 요구하며 화물 하역을 거부하고 파업에 돌입하였다. 상급 단체인 원산 노동 연합회도 소속 노조에게 파업을 지시하여 이들 사건은 대규모의 총파업으로 확산되었다.

원산 노동자들의 파업이 계속되자 전국의 노동 조합, 농민 조합, 청년회, 신간회 등에서 성금을 보내 지원하였다. 그러나 약 4개월 정도 계속된 원산 총파업은 일제 경찰의 탄압으로 노동자들과 파업 지도부들이 구속되고 파업 자금도 고갈되자, 개편된 노동 연합회가 파업 노동자의 자유 의사에 의한 복귀를 결정하여 4월 초에 끝났다.

1930년대에 이르러 일본의 대륙 침략이 계속되고 병참 기지화 정책으로 일본 자본침투가 더욱 본격화되면서 노동자 수는 급속히 증가하였다. 그러나 일제가 한반도에 대한 수탈을 더욱 강화하고 통제를 강화하여 노동자들의 근로 조건은 더욱 나빠졌으며, 또한 일제의 탄압도 심해져 합법적인 노동 운동이 사실상 불가능하게 되었다. 이에 1930년대의 노동 운동은 사회주의자들과 연결된 비합법 조직인 혁명적 노동 조합을 결성하여 투쟁을 계속하였고, 노동 쟁의도 자주 발생하였다.

농민 운동의 전개

1910년대에 일제의 토지 조사 사업으로 지주제가 강화되고 많은 농민들이 토지를 상실하고 소작농으로 전락하였다. 또한 일본인 지주가 증가하고 5할 이상의 고율 소작료와 1년 기간의 기한부 소작제가 정착되어 소작인에 대한 수탈이 심해졌다. 이러한 현상은 1920년대에 산미 증식 계획이 추진되어 식민지 지주제가 강화되면서 더욱 심해졌다. 거기에다가 수리 조합비, 종자·비료 대금 등을 소작인 등 가난한 농민들이 부담하여 농민들의 몰락은 가속화되었다.

이에 농민들 사이에서 일제 식민 정책과 일본인 지주에 대한 민족적 저항심이 커졌고, 악질적인 조선인 지주에 대한 반감도 높아졌다. 농민들은 소작인 조합 등의 단체를 조직하여 소작료 불납 등의 투쟁을 시작하였는데 3·1 운동 이후에는 농민들의 사회 의식이 높아지면서 1920년대에 소작 쟁의 등의 농민 운동이 활성화되었다. 1920년에 소작 쟁의는 15건 발생에 4,040명이 참가하였고, 1923년에는 176건 발생에 9,063명이 가담하였다. 1925년에 소작 쟁의는 204건이었으나 1927년에는

275건으로 증가하였으며, 1928년에는 무려 1,590건으로 급증하였다. 소작 쟁의가 일어난 원인은 소작권 취소 및 이동 반대, 소작료 인하 요구 등이 대부분을 차지하였으며, 세금과 공과금을 지주가 부담할 것을 요구한 경우도 있었다.

암태도 소작 쟁의 기사(1924. 4. 6일자 동아일보 기사) 서태석(1885~1943)과 목포 경찰서장 간의 대화 내용이 있다.

1920년대의 소작 쟁의로 대표적인 것은 전남 신안에서 발생한 암태도 소작 쟁의(1923~24), 황해도 재령에서 일어난 동양 척식 주식 회사 농장의 소작 쟁의(1924), 평북 용천의 불이 흥업 회사 서선 농장의 소작쟁의(1925~31) 등 이었다.

암태도 소작 쟁의는 지주 문재철과 그를 비호하는 일제에 대항하여 암태도 소작 농민들이 1923년 8월부터 1924년 8월까지 벌인 농민 항쟁이었다. 당시 암태도 소작농들은 7~8할의 고율 소작료에 시달리다 서태석을 중심으로 소작인회를 조직하고(1923.8), 지주에게 소작료를 4할로 낮추어줄 것을 요구하였다. 암태도 소작인에 대한 전국적인 지원과 지지가 이어지자 일제 당국은 태도를 바꾸어 적극적인 중재에 나섰으며 소작료 인하 등의 요구가 관철되어 암태도 소작 쟁의는 끝났다.

동양 척식 주식 회사는 일제 강점기에 농민 수탈에 앞장선 일본의 국책 회사로 악명이 높았다. 이 회사가 소유한 재령군 북률면의 북률 농장에서 소작 쟁의가 발생하였다. 이 사건으로 370여 호의 소작인들은 만주로 떠나게 되었다. 2년 후에 의열단 단원으로 북률면 출신인 나석주는 동양 척식 주식 회사에 폭탄을 던졌다(1926).

동양 척식 주식 회사 부산 지점(부산) 현재는 부산 근대 역사관으로 쓰고 있다.

1930년대의 농민 운동은 경제 투쟁보다 항일 민족 운동의 성격을 강하게 띠면서 혁명적 노동 조합을 중심으로 치열하게 전개되었다. 소작 쟁의는 1930년대 후반까지 크게 증가하였으며 그 후에는 일제의 전시 체제의 확립으로 통제와 탄압이 심해지면서 약화되었다.

(2) 청년 운동·여성 운동·소년 운동

청년 운동의 전개

1919년 10월에 일제가 제한된 범위 안에서나마 집회 결사의 자유를 부분적으로 용인하자, 전국 각지에서 청년 단체를 비롯한 각종 단체들이 많이 만들어졌다. 3·1 운동 직후에 문화 통치를 표방한 일제는 민족 운동에서 무저항적, 개량주의적 문화 운동만은 인정하였다. 이를 계기로 우리 민족은 1920년대에 각종 사회 단체를 결성하여 사회적 민족 운동을 활발하게 전개할 수 있게 되었다.

1920년 6월 청년들은 청년 단체들을 전국적 차원의 단일 조직으로 규합하기 위

자료 스페셜 전투적 형태로 변해가는 소작 쟁의(1930년대)

종래 조선의 농민 운동이 치열하였다고는 하나 무리한 소작권 이동과 높은 소작료 반대 등이 주요한 원인이었다. 그러나 1930년경부터 쟁의 형태가 차츰 전투적으로 변해 갔다. 그것은 이미 단순히 경작권 확보를 위해서가 아니라 '토지를 농민에게'와 같은 슬로건을 내걸고 농민 야학, 강습소 등을 개설하여 계급적 교육을 실시하고, 또 농민조합의 조직도 크게 달라져 청년부, 부인부, 유년부 같은 부문 단체를 조직하여 지주에 대한 투쟁이 정치투쟁화하는 경향이 생겼다.

『조선총독부 경무국 비밀보고서』(1933)

하여 조선 청년회 연합 기성회를 발기하고 통합운동에 나섰다. 이들은 창설을 준비한 지 반년 만에 가입을 신청한 단체가 600여 개에 이르자 창립 총회를 개최하고 조선 청년회 연합회를 결성하였다(1920. 12).

조선 청년회 연합회가 결성된 직후에 연합회의 중심 인물인 오상근, 장덕수, 김사국, 이영 등은 서울 청년회를 조직하였다(1921. 1). 이 단체도 연합회와 마찬가지로 초창기에는 오상근·장덕수 등의 민족 개량주의계가 주도하였으나, 김사국·이영 등이 사회주의계에 가담하면서 두 계열 사이에 내분이 일어났다.

1922년 1월에 김윤식이 사망하자 민족 개량주의계인 박영효 등은 김윤식 사회장 위원회를 구성하였다. 사회주의계는 이를 반대하였으나 장덕수 등은 이 사회장 위원회에 가담하여 활동하였다. 김윤식 사회장 문제를 계기로 서울 청년회는 민족 개량주의 세력과 사회주의 세력의 대립이 심해졌고, 결국 서울 청년회가 18개 지방 단체와 함께 조선 청년회 연합회를 탈퇴하였다(1922. 4).

이후 정노식을 집행위원장으로 하는 조선 청년회 연합회는 계속 민족 개량주의적 조직으로 남아 민립 대학 설립 운동과 물산 장려 운동을 적극 지지하였다. 그러나 서울 청년회는 민족 개량주의 세력을 배제하고 "계급적 자각과 단결로써 무산 대중 해방 운동의 전위가 될 것을 기한다" 등을 강령으로 채택하여 사회주의 세력의 단체가 되었다.

한편, 신사상 연구회(화요회의 전신)와 북풍회(북성회의 국내 조직) 등이 중심이 되어 신흥 청년 동맹이 조직되었다(1924. 2). 서울 청년회와 조선 청년회 연합회는 대표 330여 명으로 조선 청년 총동맹 발기 준비회를 구성하였고, 신흥 청년 동맹도 서울 청년회의 합동제의에 응하여 이에 가담하였다.

이에 청년 운동의 전국적 통일 지도 기관인 조선 청년 총동맹의 창립 대회가 1924년 4월에 서울 종로의 중앙 청년 회관에서 223개 단체의 대표 170명이 참석하여 개최되었다. 3일간 계속된 이 대회에서 최창섭·이영 등 25명이 중앙 집행 위원으로, 그리고 한신교·박헌영 등 5명이 중앙 검사위원으로 선출되었다. 임원 선출에서 민족 개량주의계는 배제되고 사회주의계 인사들이 주로 뽑혔다. 이에 조선 청년 동맹의 주도권은 사회주의계가 완전히 장악하였다.

자료 스페셜 조선 청년 총동맹의 발기 선언과 강령

○ 선 언
우리는 계급적 대단결을 목표로 청년운동의 통일을 도모하기 위하여 다음의 강령으로서 조선 청년 총동맹을 발기하노라. 아! 이에 공명하여 전진하려는 각 청년 단체여, 어서 가맹 하여라! 단결하라!

○ 강 령
1. 대중 본위인 신사회의 건설을 기도함.
1. 조선 민중 해방 운동의 선구가 되기를 기약함.

- 김창순·김준엽, 『한국공산주의운동사 2』, 140쪽 -

여성 운동의 전개

우리나라에서 3·1 운동 이전까지는 이렇다 할 여성 단체가 존재하지 않았다. 그러나 여성들이 3·1 운동을 비롯한 항일 독립 운동에 대거 참여하면서 이들의 정치·사회 의식이 점차 높아져 갔다. 이에 1920년대 초에는 각종 여성 단체가 결성되어 우리나라에서 여성 운동이 본격적으로 실시되었다.

3·1 운동 직후인 1919년 4월에 서울에서 오현주, 이정숙 등이 '대한민국 애국 부인회'라는 애국주의 지하 조직을 결성하여 독립 운동을 후원하였다. 이 부인회는 대표를 뽑아 상하이 임시 정부에 파견하였고, 독립 운동 자금을 거두어 임시 정부에 보냈다. 1919년에 평양에서도 '대한 애국 부인회'가 조직되어 임시 정부를 후원하는 활동을 전개하다가 이듬해에 발각되어 관련자들이 검거되었다(1920).

1920년대 초에는 조선 여자 교육회, 조선 여자 기독교 청년회 등이 만들어졌다. 당시의 민족 개량주의적 실력 양성 운동을 벌이던 인사들은 신문화 건설과 사회 개조에 여성의 계몽과 교육이 중요함을 깨닫고 여성 교육·계몽의 활동을 전개하려고 이들 단체들을 결성하였다.

덕성여자대학교(서울 종로) 근화 학원은 여성 계몽 단체로 덕성여자고등학교와 덕성여자대학교의 모태가 되었다.

대표적인 여성 교육 단체인 조선 여자 교육회는 1920년에 차미리사(김미리사)가 중심이 되어 조직하였다. 이 교육회는 교육을 제대로 받지 못한 부인들을 교육시키기 위하여 부인 야학 강습소를 설치하여 여성 교육에 노력하였다. 이 강습소가 발전하여 '무궁화'의 뜻이 담긴 근화 학원(나중에 총독부의 압력으로 덕성 학원으로 바뀜)으로 성장하여 많은 인재를 양성하였다.

한편, 여자 기독교도들의 단체인 조선 여자 기독교 청년회는 1922년 4월에 서울에서 김필례, 김활란, 유각경 등이 중심이 되어 결성하였다. 일제 강점기에 이 단체는 금주 계몽, 문맹 퇴치, 공창(公娼) 폐지, 물산 장려 등의 활동을 전개하였다.

각종 여성 잡지(여자시론, 근우)

1920년대에 보급된 사회주의 사상은 여성 운동에도 많은 영향을 주었다. 이에 조선 여성 동우회, 경성 여자 청년 동맹, 경성 여자 청년회 등이 만들어졌다. 1924년 5월에 박원희, 정종명 등이 결성한 조선 여성 동우회는 신사회의 건설, 여성 해

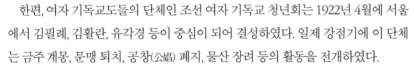

자료 스페셜   조선 여성 동우회의 선언과 강령

○ 선 언(요지)

사람으로서 사람다운 생활을 하지 못하고 권리 없는 의무만을 지켜오던 여성 대중도 인류 역사의 발달을 따라 어느 때까지든지 그와 같은 굴욕과 학대만을 감수하고 있을 수는 도저히 없게 되었다. 우리도 사람이다. 우리에게도 자유가 있으며, 권리가 있으며, 생명이 있다. 우리의 지방은 누구에게 빼앗기었으며, 우리의 자유는 누구의 짓밟힘이 되었는가. 우리는 성적(性的)으로나 경제적으로나 남성의 압박, 노예가 되고 말았다. 저 무리한 남성은 우리의 가졌던 온갖 권리를 박탈하였고, 그 대신 우리에게는 오직 죽음과 질병만을 주었다. 아! 우리도 살아야 하겠다. 우리도 잃었던 온갖 우리의 것을 찾아야 하겠다.

○ 강 령

1. 본회는 사회 진화 법칙에 의하여 신사회의 건설과 여성 해방 운동에 나서는 일군의 양성과 훈련을 기함.
1. 본회는 조선 여성 해방 운동에 참가할 여성의 단결을 기함.

김창순·김준엽, 『한국공산주의운동사 2』, 154쪽

어린이날 표어

방정환 동상(서울 어린이 대공원)

방 운동을 표방하며 활동하였다.

1920년에 신간회가 결성되자 이에 호응하여 여성 운동계도 민족주의계와 사회주의계가 손잡고 근우회를 조직하여, '조선 여자의 공고한 단결과 지위 향상'을 위한 활동을 전개하였다.

소년 운동의 전개

1920년대에는 청년 운동이 활성화되면서 소년 운동도 전개되었다. 소년 운동은 1920년에 진주 소년회가 조직되면서 시작되었고 천도교 청년회가 소년부를 설치하면서 본격화되었다.

천도교 청년회는 1920년에 설립되어 방정환, 김기전 등의 노력으로 천도교 소년부를 설치하였고, 이 부서가 곧 천도교 소년회로 독립되었다. 1923년에 방정환이 중심이 된 천도교 소년회는 잡지 「어린이」를 발행하고, 매년 5월 1일을 어린이날로 정하였다.

방정환은 어린이를 소중하게 여기고 바르게 키우는 것이 우리 민족을 독립시킬 미래의 재목을 키우는 것이라 하였다. 그리하여 사람들이 어린이를 하나의 인격체로 대할 것을 기대하여 '아이' 대신에 '어린이'라는 용어를 사용하였다. 또한, 그는 강영호, 손진태 등과 함께 색동회를 창립하고 어린이 운동에 힘썼다. 한편, 조철호도 소년 운동을 추진하여 1922년에 보이스카우트 단체인 조선 소년군을 창설하였다.

(3) 형평 운동의 전개

1920년대 초 경상남도 진주에서 백정 출신의 유력자인 이학찬은 백정 자제의 교육을 위하여 공사립 학교에 다니게 하는 취학 운동을 전개하였다. 그러나 백정 출신이라는 구실로 번번이 거절을 당하였으며, 간혹 입학이 허락되어도 냉대와 학대로 인하여 중도에 퇴학한 경우가 대부분이었다. 이에 분개한 이학찬은 백정 계급의 해방 운동을 모색하게 되었다. 그는 장지필과 같은 백정 출신의 지식인, 양반 출신의 강상호·신현수 등의 사회 운동가들과 함께 조선 형평사를 조직하였다(1923. 4). 이 형평사의 설립 목적은 백정 계급을 타파하고 백정에 대한 모욕적인 칭호를 폐지하며, 교육을 장려하고 상호 친목을 도모하여, 백정도 참다운 인간이 되게 한다는 것이었다.

이에 "우리도 사람이다"라고 부르짖으면서 사회 평등을 요구하는 백정 출신들의 형평 운동이 진주에서 시작되어 전국 각지로 전파되었다. 조선 형평사는 진주의 본사를 중심으로 각 도에 지사를, 각 군에 분사를 두어 전국적인 조직망을 갖추려고 하였다. 형평 운동을 반대하는 군중의 폭거도 있었지만 전국 각지에서 형평 운동 단체들이 조직되었다. 1924년 2월에 전국의 지사와 분사의 대표들 300여 명

형평 대회를 알리는 포스터

이 부산에 모여 형평사 전조선 임시 총회를 개최하였다.

임시 총회에서 장지필을 중심으로 한 혁신파는 본사를 서울로 이전할 것을 주장하였고, 강상호·신현수·이학찬 중심의 보수파는 진주 본사를 고수하자고 주장하여 내부의 대립이 드러났다. 즉, 혁신파는 형평 운동을 사회주의 노선에 입각한 계급해방 운동으로 발전시키려고 하였으나, 보수파는 형평 운동을 인권 운동의 차원으로 한정시키고자 하였다. 이처럼 두 세력의 노선 차이는 뚜렷이 구분되었다. 충청도, 전라도, 강원도를 기반으로 한 혁신파는 천안에서 형평사 혁신 동맹 창립 총회를 열어(1924. 3), 본사의 서울 이전과 잡지 「형평」의 발간 등을 결의하였다. 이에 맞서 경상도를 기반으로 한 보수파는 진주에서 형평사 전국 대회를 따로 개최하였다(1924. 4).

이러한 두 세력의 분열과 대립을 해소하기 위한 노력으로 대전에서 양파의 간부들이 모여 간담회를 개최하였다(1924. 7). 이 간담회에서 형평사 통일을 논의하고 대전에서 전조선 형평사원 대회(全朝鮮衡平社員大會)를 열기로 합의하였다. 이에 형평사 통일 대회가 대전에서 전국 31개 단체, 대표 51명이 참석하여 개막되었고(1924. 8), 양파는 조선 형평사 중앙 총본부로 통합되고 본부의 위치는 서울로 결정하였다.

형평사 포스터

1925년 4월에 양파 합동으로 서울에서 전조선 형평 대회를 개최하여 내부 분열이 수습되고 이후 형평 운동은 더욱 활성화되었다. 그러나 1926년 12월에 고려 혁명당 사건으로 장지필, 서광훈 등의 간부들이 구속되고, 이후 다른 사회 운동과의 제휴를 주장하는 신파와 전통적인 평등 운동을 주장하는 구파의 대립이 다시 일어나 내부 갈등이 표면화되면서 형평 운동은 약화되었다. 이리하여 형평 운동은 1930년대 초를 지나면서 사실상 그 막을 내리게 되었다.

형평 운동 기념탑(경남 진주)

공평은 사회의 근본이고 애정은 인류의 본령이다. 그런고로 우리는 계급을 타파하고, 모욕적 칭호를 폐지하여, 교육을 장려하며, 우리도 참다운 인간이 되는 것을 기하는 것은 본사(本社)의 주지(主旨)이다. 지금까지 조선의 백정은 어떠한 지위와 어떠한 압박을 받아 왔던가. 과거를 회상하면 종일토록 통곡하여도 혈루를 금할 길 없다. 여기에 지위와 조건문제 등을 제기할 여가도 없이 목전의 압박을 절규하는 것이 우리의 실정이다. 이 문제를 선결하는 것이 우리의 급무라고 설정하는 것은 적확한 것이다. ‥‥‥‥

본사는 시대의 요구보다도 사회의 실정에 응하여 창립되었을 뿐이니라. 우리도 조선민족 2천만의 분자로서 갑오년 6월부터 칙령으로써 백정의 칭호가 없어지고 평민이 된 우리들이다. 애정으로써 상호부조하며, 생명의 안정을 도모하고, 공동의 존영을 기하려 한다. 이에 40여 만의 단결로써 본사의 목적인 그 주지를 선명하게 표방코자 하는 바이다.

조선 경남 진주
형평사 발기인 일동

(1) 민족 협동 전선 운동과 정우회 선언

민족 협동 전선 운동의 대두

1924년 1월에 이광수가 동아일보에 연재한 '민족적 경륜'은 국내의 우익 민족주의 세력을 타협주의와 비타협주의로 분열·대립시키는 직접적 계기가 되었다. 동아일보 계열의 김성수, 송진우 등과 천도교 신파의 최린 등은 타협주의 노선을 걸으면서 자치 운동 단체인 '연정회'를 조직하려고 하였다. 이들은 자치론을 반대하는 당시 청년층과 사회주의자들의 저항에 부딪혀 뜻을 이루지 못하고 연정회 조직을 중단하였다.

비타협적 민족주의자들은 자치 운동과 같은 개량적 노선을 반대하고 사회주의와 사회 운동을 인정하면서 민족 협동 전선의 필요성을 주장하였다. 사회주의계의 조선 청년 총동맹은 1924년 4월의 임시 대회에서 "타협적 민족 운동에 대해서는 절대 배척하고 민족 운동은 찬성한다."라고 결의하여 민족 협동 전선론을 제기하였다. 이어서 1924년 11월에 북풍회는 강령에서 "우리는 계급 관계를 무시한 단순한 민족 운동은 부인하지만 조선 현하(現下)에 있어서 민족 운동도 피치 못할 현실에서 발생한 것인 이상 우리는 사회 운동과 민족 운동의 병행에 대한 시간적 합동을 기한다."라고 하여 민족 협동 전선론에 접근하였다.

일제의 치안유지법 제정으로(1925) 민족 협동 전선을 형성하자는 주장은 한층 더 높아졌다. 이에 안재홍, 홍명희, 백남운 등의 비타협적 민족주의자들과 사회주의자들은 1925년 9월에 조선 사정 연구회를 결성하고 스스로 민족 운동의 주류임을 표방하였다. 또한 이들은 이 단체의 결성을 계기로 민족 협동 전선을 형성하기 위한 준비에 힘썼다.

안재홍(1891~1965)

정우회 선언

1925년에 결성된 조선 공산당도 일본 제국주의 통치의 완전한 타도와 조선의 완전한 독립을 주장하며, "조선의 모든 역량을 모아 민족 유일당 전선을 만들어 적에게 정확한 공격을 준비해야 한다."라고 하여 민족 유일당 전선의 형성을 지향하였다.

한편, 서울 청년회계의 사회주의자와 물산 장려회의 민족주의자들이 중심이 되어 '조선 민족의 공동 이익을 위해 분주할 것'을 목적으로 하는 조선 민흥회를 발기하고(1926. 7), 전조선 민족적인 각 계급의 역량을 집중하기로 결의하였다. 같은 시기에 사회주의계의 화요회, 북풍회, 조선 노동당, 무산자 동맹의 4단체가 통합하여 조선 공산당의 표현 단체로 합법적 사상 단체인 정우회를 결성하였다(1926. 4). 재일본 한국 유학생들이 조직한 사회주의 단체인 일월회 회원들은 서울에 머무르면서 정우회에 가담하여 사회주의 운동의 새로운 방향을 밝히는 정우회 선언(1926. 11)을 주도하였다.

정우회 선언의 주요 내용은 첫째, 과거의 분열에서 벗어나 사상 단체를 통일하고 구체적으로 전위적 운동을 하여야 한다. 둘째, 교육을 통해 대중을 조직화하고 질적·양적으로 그 영역을 확대하여 그것을 기초로 일상 투쟁을 하여야 한다. 셋째, 종래에 국한되었던 경제적 투쟁에서 계급적·대중적·의식적 정치 형태로 전환하여야 한다. 이 과정에서 비타협적 민족주의자와의 일시적인 공동 전선이 필요하다. 넷째, 이론 투쟁을 통한 운동의 진로를 제시하여야 한다.

이 정우회 선언에서 가장 주목되는 것은 세 번째의 주장인 방향 전환론으로 비타협적 민족주의자들과의 민족 협동 전선의 필요성을 강조한 것이다. 그 결과 비타협적 민족주의계와 사회주의계 두 진영의 민족 협동 전선의 형성이 촉진되었다. 사회주의 단체들과 조선 공산당은 정우회 선언을 지지하면서 민족 협동 전선을 결성하기 위하여 박차를 가하였고, 비타협적 민족주의자들도 이에 적극 호응하여 민족 협동 전선 결성의 분위기가 고조되었다.

(2) 신간회와 근우회의 활동

신간회의 창설

좌우 협력의 민족 협동 전선을 결성하려는 노력은 1925년의 조선 사정 연구회의 결성, 1926년의 정우회 선언 등으로 진전되었으며, 1927년의 신간회 창설로 결실을 맺었다.

신간회는 자치론의 철저한 분쇄와 완전 독립 노선의 강화, 비타협적 민족주의자들과 사회주의자들의 연합에 의한 민족 협동 전선의 형성, 민중의 성장에 기초한 독립운동의 고양을 3대 목표로 하여 발기되었다. 조선일보 계열의 민족주의자인 신석우·안재홍 등의 언론인, 이승훈과 이갑성 등의 기독교인, 천도교 구파의 권동진, 불교계 대표 한용운, 그리고 홍명희와 한위건 등의 사회주의자 등 좌우익 대표 28명이 1927년 1월에 신간회 발기를 선언하고 강령을 채택하였다

한편, 조선 민흥회는 1927년 2월 창립 대회 직전에 발기인 대회를 개최하여 신간회와의 합동을 결의하고, 최익한·권태석·명제세 등을 합동위원으로 선임하였다. 이들 합동위원은 신간회측 대표 권동진·홍명희 등과 회합하여 합동에 합의하였다. 이에 조선 민흥회는 계획한 창립 대회를 취소하고 회원 전원이 신간회에 가입하였다.

신간회 창립 대회는 1927년 2월 15일에 서울의 기독교 청년회(YMCA) 회관에서 개최되었다. 이 대회에서는 강령과 규약을 통과시킨 다음 회장에 이상재, 부회장에 홍명희를 선출하였다. 그러나 홍명희가 굳이 사양하였으므로 다시 부회장에 권동진을 선출하고, 중앙위원으로 이인, 홍명희, 허헌, 한용운, 안재홍, 신석우, 조만식

신간회 강령
1. 우리는 정치적, 경제적 각성을 촉진함.
2. 우리는 단결을 공고히 함.
3. 우리는 기회주의를 일제 부인함.
- 박제경, 『근세조선정감』

신간회 창립 보도

등 37명을 선임하였다.

　원래 신간회는 단체 본위의 조직이 아닌 개인 본위 조직이었으나 조선 노동 총동맹, 조선 농민 총동맹, 조선 청년 총동맹 등의 대중 운동 단체들이 적극 참가함으로써 그 회원과 지회가 급속도로 증가 확대되었다. 이에 신간회는 1928년 말 현재 지회가 140여 개소, 회원이 약 3만여 명에 이르렀으며, 1931년에는 회원이 약 4만 명으로 증가하였다.

신간회의 활동

　신간회는 1928년 7월부터 각 지방을 순회하면서 강연회를 개최하였다. 경기도와 경상도는 안재홍과 조병옥, 평안도는 안재홍과 이병헌, 충청도와 전라도는 이승복, 강원도는 조헌영, 인천은 정철성과 박호진, 그 밖에 권태석 등이 강연을 하였다. 이들은 조선인에 대한 착취 기관 철폐, 일본인의 조선 이민 반대, 타협적 정치 운동 배격, 조선인 본위의 교육 제도 실시 등을 주장하면서 민족의식의 고취에 힘썼다.

　또한 신간회는 노동 쟁의와 소작 쟁의, 학생들의 동맹 휴학 등에 관심을 기울이고 지도하였다. 특히 원산노동자의 총파업, 함남 단천의 농민 운동, 광주 학생 항일 운동 등을 지원한 것은 대표적 활동이었다.

　1929년 1월에 원산에서 부두 노동자들이 라이징 선 석유회사의 화물 하역을 거부하고 파업에 돌입하였을 때 신간회는 이를 적극 지원하여 '원산 총파업'으로 발전하도록 힘썼으며, 부두 노동자들의 권익 옹호를 위하여 끝까지 노력하였다. 1929년 7월에 단천에서 1천여 명의 농민들이 일제의 산림 조합 시행령에 반대하여 시위를 벌이다가 일제 경찰의 발포로 30여 명이 사상하고 60여 명이 구속되는 사건이 일어나자 신간회 본부는 단천 지회와 함께 개입하여 농민들을 위한 투쟁을 전개하였다.

　또한 신간회는 1929년 11월에 광주에서 항일 학생 운동이 일어나자 허헌, 김병로, 황상규 등을 파견하여 진상을 조사하고 한국인 학생의 처벌을 강력하게 항의하였다. 이들 조사단이 상경하자 광주 학생 사건 보고 대연설회의 개최를 결정하였으나 일제 경찰의 금지령으로 실행하지 못하였다.

　이어서 신간회는 민중 대회를 개최하고 시위 운동을 전개하여 광주 학생 항일 운동을 전국 학생 독립 운동으로 발전시키려고 하였다. 그러나 일제 경찰은 민중 대

일제의 신간회 강연회 탄압
일제 경찰은 안재홍, 권태석, 이병헌 등의 강연 내용이 불온하다고 하여 이들을 구속하였다.

신간회 안동지회 제2회 정기대회(1928. 1. 29)

자료 스페셜 　신간회가 민중 대회 개최에 대하여 발표한 결의문

1. 민중대회를 개최할 것.
2. 시위 운동을 전개할 것.
3. 다음 표어로써 민족적 여론을 환기할 것.
　"오라. 형제여. 자매여! 광주대연설회. 우리들의 자질(子姪)
　이 희생되는 것을 묵시(默視)하기 불능하다."

4. 광주 사건의 정체를 폭로하자.
5. 경찰의 학교 유린을 배격하자.
6. 포악한 경찰 정치에 항쟁하자.

신용하, 『한국현대사와 민족문제』, 259쪽

회 시작 8시간 전에 신간회 본부를 포위해서 신간회 간부 44명과 근우회·청년 총 동맹·노동 총동맹 등의 간부들을 체포하였다(1929. 12. 민중대회사건). 전국 각지의 학생들은 신간회의 민중 대회 개최 소식에 고무되어 독립 시위 운동과 동맹 휴학 등을 단행하여 광주 학생 항일 운동은 전국적으로 확산되었다.

신간회의 지방 지회들의 활동은 중앙 본부의 활동보다 더욱 적극적이고 전투적이었다. 신간회 전국 각지의 지회들은 완전 독립 사상의 고취, 자치론 규탄, 한국인 본위의 민족 교육 요구, 친일파와 친일 관리 규탄, 동양 척식 주식 회사 규탄, 수리 조합의 농민 착취 규탄, 독립 운동가 유족 보호 지원 등의 활동을 벌였다.

신간회는 복대표 대회에서 종래의 간사제를 집행 위원제로 개편하고 임원을 새로 선출하였으며, 지방 지회의 권한을 확장하여 자율성을 강화하였다. 새로 선출된 임원은 중앙 집행 위원장에 허헌, 중앙 검사 위원장에 권동진, 서기장에 황상규, 회계 겸 조사부장에 김병로 등이었다. 이에 사회주의계 인사들이 종전보다 중앙 간부로 더 많이 진출하였다.

신간회의 복대표 대회
일제의 탄압으로 신간회는 창설 이후 정기 대회를 개최할 수 없게 되자 고육 책으로 각 지방마다 몇 개의 지회가 합동으로 대표를 선출하여 그를 복대표(復代表)로 하고, 이들 복대표들이 약식 전체 대회를 개최하였다(1929. 7). 이 대회를 복대표 대회라고 한다.

신간회의 해소

'민중 대회 사건'으로 중앙 집행 위원장 허헌을 비롯한 홍명희, 이관용, 조병옥, 이원혁 등 6명의 간부들이 공판에 회부되어 큰 타격을 받았지만 회계와 조사부장을 겸임한 김병로가 본부의 재정을 담당하면서 이끌어 나갔다. 1930년 10월에 신간회는 임시 규정을 제정하여 전체 대회를 대행하는 중앙 집행 위원회를 개최하였다. 이 중앙 집행 위원회에서 결원 상태였던 중앙 집행 위원장에 김병로를 선출하였다. 이후 신간회의 노선이 점차 우경화·타협화하였고, 합법화 노선을 주장하는 인물들이 중앙 상무 집행 위원과 각 부서의 책임자가 되었다.

사회주의 세력이 우세하였던 지방 지회에서는 신간회 본부의 우경화와 타협 노선으로의 전환에 불만을 가졌다. 더구나 중앙의 간부진들이 자치 운동을 주장하는 최린 등의 천도교 신파와 협력하여 합법운동을 주장하자 일부 지회에서 신간회 해소론이 대두하였다. 이러한 해소론의 대두에는 코민테른의 신간회에 대한 성격 규정의 변화와도 관계가 있었다.

코민테른은 1927년 5월에 신간회에 참여한 한국 사회주의자·공산주의자들에게 사후적으로 동의와 지지를 보내었다. 그러나 1929년 12월의 "조선의 혁명적 노동자·농민의 임무에 관한 테제(이른바 12월 테제)를 발표하고, 이어서 1930년 프로핀테른의 '9월 테제'를 발표하여 신간회를 민족 개량주의 단체로 규정하였다.

1930년 12월에 부산 지회에서 신간회 해소론이 처음 제기하였다. 이원, 평양, 인천, 단천, 홍원, 서울 지회 등에서도 해소론을 결의하였다. 그러나 신간회 운동에 참가한 안재홍 등의 비타협적 민족주의 세력은 해소론을 반대하였다. 이들은 "조선의 운동은 양대 진영의 병렬 합동이 가장 동지적 지속을 하여야 할 정세에 있고, 둘

신간회 해소 포스터

이서 서로 대립 배격할 정세를 가지지 않았다."라고 주장하고, "신간회 이상으로 진보적인 조직 형태가 출현하기까지 해소해서는 안 된다." 라고 하였다.

해소 결의가 각 지회에서 중앙으로 계속 올라오는 가운데 김병로가 이끄는 집행부는 해소론을 비판하고 신간회 조직을 유지하기 위하여 일제의 허가를 얻어 1931년 5월 15일에 신간회 창설 이후 처음으로 전체 대회를 개최하였다. 이 대회에서 해소안을 표결에 부친 결과 찬성 43, 반대 3, 기권 30으로 가결되었다. 해소안이 통과된 후 일제 경찰은 신간회가 해체되었다고 주장하며 대회를 해산시켰다. 이로써 4년 동안 존속하며 1920년대 후반의 민족 해방 운동을 주도하면서 폭넓은 민중 운동으로 성장하던 신간회의 활동은 끝나게 되었다.

근우회의 활동

신간회의 창설은 여성 운동에도 전환기의 바람을 일으켰다. 종래의 여성 운동은 민족주의계의 비혁명적 계몽주의와 사회주의계의 여성 해방 운동으로 갈라져 있었으나 신간회의 결성과 함께 여성 운동 조직의 분립을 지양하고, 통일과 단결을 이루어 민족 협동 전선을 형성하자는 요구가 확산되었다.

1927년 4월에 서울 인사동 중앙 유치원에서 전국 여성 운동의 통합을 목표로 발기 총회가 개최되었다. 이 발기 총회에서는 회의 명칭을 '근우회'로 정하고, "조선 여성은 경제, 사회, 정치적으로 인간적 지위에 있지 못하였고 가정에서까지 세상과는 벽을 쌓고 살아왔으므로 여성의 지위 향상을 위해 단결"하기로 합의하였다. 그리고 창립 준비 위원으로 민족주의계와 사회주의계에서 15명을 선정하였다.

근우회 발기 모임(1927)

창립 준비 위원회는 근우회 취지문, 강령, 규약 등을 작성하고 1927년 5월에 서울 기독교 청년회관에서 창립 총회를 개최하였다. 회장은 김활란, 부회장은 유각경, 서기는 유영준·최은희 등이 선임되었다. 이로써 신간회의 여성 자매 단체로 민족 협동 기관인 근우회가 결성되었다.

근우회는 지방의 지회 조직에 힘써 모두 61개의 지회를 설치하였다. 초창기에 근우회는 주로 여성 계몽 활동에 주력하였다. 중앙 본부는 1년에 2회씩 '부인 계몽 강

자료 스페셜　근우회 취지문

인류 사회는 많은 불합리를 생산하는 동시에 그 해결을 우리에게 요구하여 마지않는다. 여성문제는 그 중의 하나이다. 세계는 이 요구에 응하여 분연히 활동하고 있다. 세계 자매는 수천년래의 악몽으로부터 깨어서 우리의 생활 도정에 횡재(橫在)하고 있는 모든 질곡을 분쇄하기 위하여 싸워온 지 오래이다. 이 역사적 세계적 혁명에서 낙오할 수 있으랴. 우리 사회에서도 여성운동이 개시된 것은 또한 오래이다. 그러나 회고하여 보면 조선 운동은 거의 분산되어 있었다. 그것에는 통일된 조직이 없었고 통일된 목표와 지도 정신이 없었다. 고로 그 운동은 효과를 충분히 내지 못하였다. 우리는 운동상 실천으로부터 배운 것이 있으니 우리가 실제로 우리 자체를 위하여 우리 사회를 위하여 분투하려면 우리 조선 자매 전체의 역량을 공고히 단결하여 운동을 전반적으로 전개하지 아니하면 아니된다.

일어나라! 오너라! 단결하자! 분투하자!

조선의 자매들아 미래는 우리의 것이다!

박제경, 『근세조선정감』

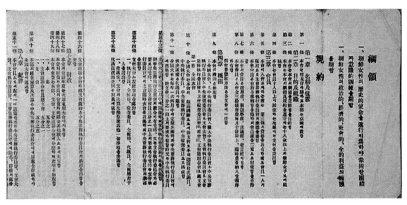
근우회 강령 규약

좌'를 실시하였으며, 전국 순회 강연도 실시하였다. 또한 여성 계몽을 위한 대토론
회도 개최하였다. 근우회 지방 지회에서는 주로 문맹 여성들을 위한 야학의 설립
과 한글 교육, 부녀 노동자들과 농촌 부인들을 위한 권익 옹호 운동, 생활 개선을 위
한 계몽 운동 등을 전개하였다.

　1929년 11월에 광주 학생 항일 운동이 일어나자 근우회는 신간회와 함께 이를
후원하여 근우회 본부의 간부들이 일제 경찰에 의해 체포되기도 하였다. 신간회 해
소론이 대두하자 근우회 내부의 사회주의자들도 해소론을 주장하였으며, 지방 지
회별로 해소를 결의하여 1931년 말에는 근우회 본부와 지회가 모두 해체되고 말
았다.

더 알아보기

김윤식 사회장 사건

김윤식

3·1 운동 직후인 1920년대 초는 민족 독립 운동의 전선이 민족주의 계열과 사회주의 계열로 나뉘어져 그 대립이 점차 심해지고 있었으며, 또한 사회주의 계열 내부에도 여러 파벌이 대두하여 파쟁이 계속되고 있었다. 이러한 시기에 일어난 김윤식 사회장 사건은 민족주의 진영과 사회주의 진영의 대립을 초래하고 사회주의 진영의 파쟁도 촉진시켰다는 점에서 주목되고 있다.

김윤식은 박규수의 제자로 온건 개화파의 중심 인물이었으며 여러 차례나 정부의 고관을 역임하였고, 1910년의 경술국치 직후에는 일본 제국으로부터 남작 귀족의 작위와 은사금을 받기도 하였다. 그러나 3·1 운동 때에는 그와 이용직이 일본 총리대신 앞으로 「조선독립청원서」를 제출하였다. 이 청원서 제출 사건으로 두 사람 모두 귀족의 작위를 박탈당하고 투옥되었다가 김윤식은 징역 2년에 집행유예 3년형을, 이용직은 징역 1년 6개월에 집행유예 3년형을 각각 선고받고 풀려났다. 이 때 김윤식은 85세의 고령으로 2개월간 감옥살이를 하였다.

1921년 11월부터 병석에 누운 김윤식은 회복하지 못하고 1922년 1월 22일에 87세의 나이로 사망하였다. 그가 죽자 동아일보는 '오호 김윤식 선생'이라는 제목으로 그의 사망 소식을 크게 보도하였다. 언론계, 교육계, 법조계를 비롯한 각계의 대표자들 50여 명이 1월 24일에 서울 종로YMCA 회관에 모여 김윤식의 장례식 문제를 논의하고 사회장으로 합의하였다. 이에 김윤식 사회장 위원회가 결성되고 그 위원장에 박영호, 부위원장에 이용직이 선임되었다. 사회장 위원으로 위촉된 86명은 대부분 민족주의 우파 세력의 인사들이 중심이었으며 장덕수, 오상근과 같이 상하이파 고려공산당과 연관된 사람들도 있었다.

이들 민족주의 우파 세력은 실력 양성의 개량주의적 노선과 자치론의 타협적 노선을 추구하는 인사들이었으며 일본 제국의 귀족 작위를 받은 인사들도 9명이나 되었다. 또한 한문학의 대가로 알려진 김윤식도 한일합방 직전의 어전회의에서 '불가불가'(不可不可)라고 의견을 제시하였는데 이것은 한일합방이 '불가'하다고 해석할 수도 있고, '불가불 찬성'이라고도 볼 수 있는 애매한 표현이어서 그는 기회주의자라는 비난을 받기도 하였다.

사회장 위원회 활동이 시작되자 1월 27일에 노동 공제 회장 박이규를 비롯한 사람들이 사회장 위원 선정의 불법성과 김윤식의 행적을 문제로 삼아 사회장 위원회의 회의장을 항의 방문하였고, 그 다음날에 '고김윤식사회장반대회'를 조직하고 반대 운동을 본격화하였다. 이들은 7개 항의 결의문과 선언을 채택하고 사회장 취소 사회장 추진에 앞장선 동아일보 배격 등을 주장하였다.

사회장 반대 운동이 거세지자 김윤식의 유족들은 사회장 위원회 측에 거절 통지를 보냈다. 이에 사회장 위원회는 2월 1일에 마지막 총회를 열고 사회장 중지를 결의하고, 그들은 장례식에 개인 자격으로 참여하여 고인을 정중히 영결하자고 합의하였다. 2월 4일에 거행된 장례식은 사회장은 아니었지만 매우 성대하게 치러졌다. 영결식장에 참석한 사람들만 1천 명이 넘었으며 상여가 지나가는 길가에는 모인 사람들이 무척 많았다. 운구 행렬이 동대문을 지나 동묘 앞에 이르러 치제를 드렸는데 제문은 최남선이 지었다.

김윤식의 행적은 보는 입장에 따라 다를 수 있어 10일 동안 사회장 찬반 운동이 벌어졌고, 결국 사회주의 세력들이 주도한 사회장 반대 운동이 성공한 결과가 되고 말았다. 이 김윤식 사회장 사건은 실력양성운동과 자치론을 주장하며 민족 개량주의적 타협 노선을 추구한 민족주의 우파 세력과 태동기에 확산되어가던 사회주의 세력의 대립을 가져왔고, 사회주의 세력 내부에서는 분열과 파쟁을 초래하는 계기도 제공하였다.

4 민족 문화 수호 운동의 전개

1. 국학 운동의 전개

2. 교육·언론 활동과 종교 활동

3. 문학과 예술 활동의 진전

여순 감옥(중국 대련) 신채호가 수감되어 있던 곳이다.

빼앗긴 들에도 봄은 오는가

지금은 남의 땅 - 빼앗긴 들에도 봄은 오는가?

나는 온몸에 햇살을 받고
푸른 하늘 푸른 들이 맞붙은 곳으로
가르마 같은 논길을 따라 꿈 속을 가듯 걸어만 간다.

입술을 다문 하늘아, 들아
내 맘에는 나 혼자 온 것 같지를 않구나!
네가 끌었느냐, 누가 부르더냐, 답답워라. 말을 해 다오.

- 이상화 -

이상재 동상(서울 종로, 종묘 공원)

신채호 동상(경기 과천, 서울 대공원)

(1) 민족주의 역사학과 조선학 운동

민족주의 역사학

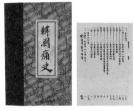

박은식의 『한국통사』

일제 강점기에 민족 문화를 수호하고 민족 의식을 함양하기 위한 국학 운동은 민족 문화 수호 운동의 핵심이었으며, 항일 민족 독립 운동과 표리 관계를 이루면서 줄기차게 추진되었다. 국학 운동의 중심은 민족주의 역사학자들의 한국사 연구 활동과 조선어학회의 국어 연구와 한글 보급 활동이었다.

일제의 한국사 왜곡에 맞서 박은식, 신채호, 정인보, 문일평, 안재홍 등의 민족주의 역사학자들은 한국 민족사의 주체적 발전과 민족 문화의 우수성을 강조하면서 일제 식민사학의 허구성을 밝히고자 주력하였다. 따라서 이들이 중심이 된 민족주의 사학은 민족 정신을 중시하고 이를 고취시켜 독립을 이룩하려는 의도를 강하게 드러내었다.

박은식(1859~1925) 박기정이라는 별명으로 독립 운동을 전개하기도 하였고, 대한민국 임시 정부의 대통령에 취임한 적도 있다.

한말에 언론 활동과 애국 계몽 활동에 힘썼던 박은식은 1911년에 중국으로 망명하여 독립 운동을 하면서 한국사 연구에도 몰두하였다. 그는 1915년에 상하이에서 『한국통사』(韓國痛史)를 간행하여 19세기 후반 이후의 일제 침략 과정과 민족의 고통을 서술하였다. 그는 이 책에서 민족 정신인 '혼'(魂)을 역사라고 생각하면서 국가 형체인 '백'(魄)과 구분하여 비록 우리나라가 일제에게 멸망하여 형체는 사라졌지만 우리 민족이 '혼'을 존속하여 멸하지 않으면 국가의 독립이 이루어질 것이라고 주장하였다. 이와 같이 박은식은 우리 민족의 정신인 혼을 강조하면서 우리가 민족 정신을 지켜 나가면 언젠가는 일제의 압제에서 벗어나 국가 독립을 이룩할 것이라고 주장하였던 것이다.

정인보(1893. 5~1950. 9)

박은식은 임시 정부에서 독립 운동에 종사하면서 19세기 말의 근대화 운동과 20세기 한민족의 독립 투쟁사를 쓴 『한국독립운동지혈사』를 1920년에 간행하였다. 이 책은 박은식이 3·1 운동과 무장 독립군의 항쟁에 초점을 맞추어서 우리 민족이 피를 흘리며 일제와 투쟁한 항쟁사를 서술한 책이었다. 그는 임시 정부의 제2대 대통령을 역임한 직후에 상하이에서 병사하였다(1925).

신채호는 박은식과 마찬가지로 한말에 황성 신문과 대한 매일 신보에서 언론인으로 크게 활약하였으며 애국 계몽 운동에도 힘썼다. 그는 구국 위인들의 전기를

자료 스페셜 신채호의 "조선 역사상 일천년래 제일대 사건"

서경전역(西京戰役)을 역대의 사가들이 다만 왕사(王師)가 반적(反賊)을 친 전역(戰役)으로 알았을 뿐이었으나 이는 근시안의 관찰이다. 그 실상은 이 전역이 즉 낭불양가(郎佛兩家) 대 유가의 전(戰)이며, 국풍파 대 한학파의 전이며, 독립당 대 사대당의 전이며, 진취사상 대 보수사상의 전이니, 묘청은 곧 전자의 대표요, 김부식은 곧 후자의 대표였던 것이다. 이 전역에 묘청 등이 패하고 김부식이 승하였으므로 조선사가 사대적·보수적·속박적 사상~유가사상에 정복되고 말았거니와, 만일 이와 반대로 김부식이 패하고 묘청 등이 승하였다면 조선사가 독립적·진취적 방면으로 진전하였을 것이니, 이 전역을 어찌 일천년래 제일대사건이라 하지 않으랴.

신채호, 『조선사연구초』

집필하여 국민의 애국심을 고취하였으며 대한 매일 신보에 「독사신론」을 써서 (1908) 민족주의 사학의 토대를 마련하였다. 1910년에 중국으로 망명하여 독립운동에 가담하면서 신채호는 한국 고대사의 연구에도 전념하여 1920년대에 『조선상고사』, 『조선사연구초』 등을 집필하였다. 그는 『조선상고사』의 총론 첫머리에서 "역사란 무엇이뇨. 인류 사회의 아(我)와 비아(非我)의 투쟁이 시간부터 발전하며 공간부터 확대하는 심적 활동의 상태의 기록"이라고 하여, 역사를 '아-우리 민족'과 '비아-다른 민족'의 투쟁의 기록으로 파악하였다. 또한 신채호는 민족의 성쇠는 민족 의식의 성쇠와 직결된다고 생각하여 민족 의식을 매우 중시하였으며, 민족 고유 사상인 '낭가'(郎家) 사상을 특히 강조하였다.

신채호의 『조선상고사』

신채호는 1923년 이후에 이회영, 유자명. 그리고 중국인 이석증 등과 교류하면서 무정부주의 사상을 갖게 되었다. 그는 의열단 단장인 김원봉의 부탁을 받고 '조선혁명선언'(의열단선언)을 집필하였으며 1927년에 국내에서 신간회가 창설될 때 홍명희·안재홍의 권유로 신간회 활동에도 참여하였다. 무정부주의 활동으로 신채호는 1929년에 일제 경찰에 체포되어 10년형의 언도를 받고 만주의 뤼순 감옥에서 복역하다가 옥중에서 사망하였다(1936).

정인보는 신채호의 민족 사관을 계승하였다. 그는 동아일보에 「오천년 간 조선의 얼」을 연재하여 민족 정신인 '얼'을 강조하고 고취하였다. 이 글은 해방 직후에 『조선사연구』로 간행되었다.

언론인과 역사가로 활약한 문일평은 신문을 통하여 한국의 역사를 소개하면서 역사의 대중화와 민중 계몽에 이바지하였다. 민족주의 사학자인 문일평은 민족 정신인 '조선심'(朝鮮心)을 강조하였고, 우리 역사에서 조선심의 발로로 세종의 훈민정음 창제를 꼽았다.

안재홍은 신채호와 정인보의 한국 고대사 연구를 계승하면서 신민족주의 사관에 입각하여 『조선상고사감』을 저술하였다. 그는 고조선의 홍익인간의 건국 이념을 계승한 우리 민족 고유의 '다사리' 사상의 출발점이 삼국 시대라고 하였다. 1930년대 중후반에 정인보, 문일평, 안재홍은 이른바 '조선학 운동'을 전개하여 국학 연구를 활성화시키는 데 이바지하였다.

사회 경제 사학과 실증 사학

1930년대에 이르러 한국의 역사학계에는 사회 경제 사학과 실증 사학이 새로이 등장하였다. 백남운, 이청원, 전석담 등이 중심이 된 사회 경제 사학은 사회 구성체 발전 단계론의 역사 인식을 바탕으로 하면서 역사 발전의 원동력을 민중에게서 구하였으며, 우리 역사를 유물사관의 방법론에 맞추려고 하였다. 주로 경제 사학자들이 중심이 된 사회 경제 사학은 식민사학의 정체성·후진성론에 대항하여 우리 역사도 세계사적인 발전 과정을 걸어왔음을 밝혔다.

백남운(1897~1979) 묘(북한 애국열사릉)

정약용의 「여유당전서」

백남운은 『조선사회경제사』(1933), 『조선봉건사회경제사』(1937)를 저술하여 사회 경제 사학을 이끌었다. 그는 식민사관과 민족주의 사학의 특수 사관을 비판하고 일원론적인 역사법칙, 즉 유물사관을 강조하였다.

백남운은 이 일원론적 역사 발전 법칙에 맞추어 생각하는 것만이 '유일한 과학적 방법론'이라고 생각하였으며 유물사관에 입각하여 조선 사회 경제사의 보편사적인 특징을 중시하였다. 이청원은 1936년에 『조선사회사독본』을 저술하여 유물사관으로 조선 역사를 분석하고 설명하였다. 백남운과 이청원 등은 8·15 해방 이후에 북한으로 가서 활동하였으므로 남한에서 사회 경제 사학의 흐름은 계승 발전되기 어려운 형편이 되었다.

1934년에 이병도·이상백·김상기 등의 역사학자, 이윤재·이희승 등의 국어학자, 그리고 송석하·손진태 등의 민속학자들이 실천성이 강한 유물사관과 민족주의 역사학을 모두 거부하고 순수 학문으로서의 역사학을 지향하여 진단학회를 창립하였다. 진단학회는 학회지로 「진단학보」를 발간하여 역사학을 비롯한 국학 전반의 학문적 수준을 높이는 데 이바지하였다.

진단학회에서 활약한 이들 역사가들의 학풍은 실증을 특히 중시하였기 때문에 이를 실증 사학이라고 한다. 그러나 일제 말기인 1940년대에 진단학회는 일제의 탄압으로 자진 해산이라는 형식으로 해체되었고, 진단학보의 발간도 중단되었다.

1930년대의 조선학 운동

1930년대 중엽에 정인보, 안재홍, 문일평 등의 민족주의 사학자들은 이른바 '조선학' 운동을 시작하였다. 1934년부터 시작된 조선학 운동은 1936년에 맞이할 다산 정약용의 서거 100주년 기념 사업의 일환으로도 추진되었다. 그들은 조선 후기 실학을 주목하고 정약용의 저서들을 정리하여 『여유당전서』를 간행하며 국학 붐을 일으키려는 일종의 문화적 독립 운동으로 이 기념 사업을 시작하였다. 다산 서거 100주년 기념 사업의 발기인들은 정인보, 안재홍, 문일평, 백낙준, 한용운 등이었고 『여유당전서』의 간행 경비도 전국적인 헌금 운동의 형태로 조달되었다. 조선학 운동은 과거 민족주의 역사학이 지나치게 국수적이었음을 반성하고, 민족과 민중을 다같이 중시하면서 우리 민족 문화의 고유성과 세계성을 동시에 찾으려는 국학 운동이었다.

이와 동시에 정인보, 안재홍, 문일평 등이 실학 사상의 정리를 위해 노력하였다. 정인보는 '(다산)선생 한 사람에 대한 연구는 곧 조선사의 연구요, 조선 근대 사상의 연구'라고 하였다. 안재홍은 문화적 독립주의를 표방하고 그 학문적 기초로서 조선학을 제창하였으며, 조선학의 핵심을 다산에서 찾아 그를 '근대 국민주의의 선구자', '근대 자유주의의 거대한 개조'라고 추앙하였다. 문일평은 당시에 전개된 조선학에 대한 정의를 다음과 같이 말하였다.

광의로는 종교·철학·예술·민속·전설 할 것 없이 조선 연구의 학적 대상이 될 만한 것은 모두 포함한 것이나, 협의로는 조선어·조선사를 비롯하여 순(純)조선 문학 같은 것을 지칭하여야 하겠다. 그러나 엄정한 입장에서 조선학이란 광의보다도 협의로 해석하는 것이 옳다고 하겠다. 특히 조선학이 유불학(儒佛學)과 대립하는 경우에 이르러서는 협의로 해석할 것은 물론이다. 다시 말하면 조선인의 특수성을 표시하는 그 언어를 비롯하여 조선인의 과거상을 영사하는 그 역사이며, 또 조선인의 실생활을 조선말로 써내린 조선문학 같은 것이 조선학을 구성한 중심 골자가 되어야 하겠다.(『호암전집』 2)

이와 같이 문일평은 한국적인 것을 조선학으로 생각하였으며, 민족을 민중과 연결시켜 생각하고 세종의 훈민정음 창제를 특히 높게 평가한 것도 한글이 민족 문자, 민중 문자이기 때문이었다. 그는 실학자들의 민족 지향, 민중 지향, 실용 지향 등을 높이 평가하는 사론을 발표하여 역사 의식의 계발과 역사의 대중화에도 공헌하였다.

1930년대 중엽에 민족주의 사학자들이 중심이 되어 전개한 조선학 운동은 조선 후기의 실학을 집중적으로 부각시키면서 우리 역사를 발전적으로 이해하려고 하였으며 민족과 민중을 다 같이 중시하려는 문화 운동이었다.

한편, 일제의 문화재 약탈과 문화재 국외 유출을 막기 위하여 전형필은 우리의 귀중한 문화재를 보존하는 데 노력하였다. 부친으로부터 많은 재산을 물려받은 전형필은 자신의 재산을 문화재를 수집하고 보존하는 일에 모두 사용하였다. 그는 오세창, 고희동 등과 함께 미술품과 고서화, 골동품, 조선 자기, 고려 청자 등을 수집·보존하는 일에 평생을 바쳤다.

1938년에는 서울 성북동에 한국 최초의 사립 박물관인 보화각을 개설하였다. 소장품은 대부분 국보 및 보물급의 문화재로 김정희, 신윤복, 김홍도, 정선 등의 그림과 서예 및 자기류, 불상, 서적 등 이었다. 그의 박물관인 보화각은 1966년에 간송 미술관으로 개칭되어 오늘날까지 이어지고 있다.

보화각
오세창이 명명한 보화각은 "빛나는 보배를 모아두는 집"의 뜻을 가졌다.

(2) 한글 연구와 보급 활동

조선어학회의 활동

일제의 민족 말살 정책이 적극적으로 추진되던 시기에 우리 민족 문화를 수호하기 위한 노력은 한국사 연구 활동과 마찬가지로 한글 연구와 보급 활동에서도 꾸준히 전개되었다. 한말에 학부의 기관으로 설립된 국문연구소에서 활약하였던 주시경의 영향을 받았던 장지영, 김윤경, 이윤재, 최현배 등이 조선어연

문일평 어록비(충남 천안, 독립기념관)

구회를 조직하였다(1921).

조선어연구회는 한글의 연구에 힘쓰면서, 강습회와 강연회 등을 개최하여 한글 보급에 노력하였으며, 회지로「한글」이란 잡지를 간행하여 한글 연구의 성과를 정리, 발표하였다. 특히, 조선어연구회는 1926년에 한글 제정 480주년을 맞아 기념식을 거행하여 농촌의 문맹 타파 운동을 결의하고 그 날(음력 9월 29일)을 한글날의 시초가 된 '가갸날'로 정하였다. 이후 조선어연구회는 문맹 타파 운동에 힘쓰면서 우리말 쓰기를 권장함으로써 한글을 대중화하는 데 이바지하였다. 또한 우리말과 글을 통하여 민족 정신을 고취시키는 활동도 전개하였다.

1931년에 조선어연구회는 조선어학회로 확대·개편되면서 더욱 활발한 활동을 전개하였다. 1933년에 조선어학회는 '한글 맞춤법 통일안'을 공표하여 국어정서법을 확정하였다. 이 맞춤법 통일안은 조선어학회가 선정한 권덕규·이극로·이희승 등 12명의 위원들이 2년 간에 걸쳐 초안을 마련한 후, 2차례의 독회를 거쳐 최종안을 3년 만에 확정한 것이었다. 이어서 조선어학회는 표준말 정립이 시급함을 깨닫고 1936년에 '조선어 표준말 모음'을 공표하였다. 또한 1941년에는 외래어 표기법 통일안을 정하여 외래어 및 외국 사람 이름과 지명 표기를 통일하였다.

한편, 조선어연구회가 1929년에 '조선어 사전 편찬회'를 조직하여 '큰사전'의 편찬에 착수하였는데 이 때 다음 내용의 조선어 사전 편찬 취지서를 발표하였다. "오늘날 세계적으로 낙오된 조선 민족의 다시 태어나게 할 가장 빠른 길은 문화의 향상과 보급을 급무로 하지 않을 수 없는 것이요. 문화를 촉성하는 방편으로는 문화의 기초가 되는 언어의 정리와 통일을 급속히 꾀하지 않을 수 없는 것이다. 그를 실현할 최선의 방책은 사전을 편찬함에 있는 것이다." 이와 같이 조선어연구회는 사전 편찬 사업의 중요성을 깨닫고 이것이 국어 국문을 지키는 핵심 사업이라고 여겼던 것이다.

한글 보급 운동 책자 및 교재

조선어학회는 이 편찬 사업을 계승하여 꾸준히 노력하였으며, 마침내 1942년 봄에 이르러 '우리말 큰사전'의 원고가 3분의 1 정도 완성되자 대동출판사에 이를 넘겨 조판에 들어가게 되었다. 그러나 같은 해에 일제의 탄압으로 조선어학회 사건이 일어나 사전 편찬 사업은 중단되고 말았다.

조선어학회 사건

조선어학회가 『우리말 큰사전』의 편찬 전임 위원으로 이극로, 이윤재, 정인승, 이

자료 스페셜 『우리말 큰사전』 머리말(일부)

말은 사람의 특징이요, 겨레의 보람이요, 문화의 표상이다. 조선말은, 우리 겨레가 반만년 역사적 생활에서 문화 활동의 말미암던 길이요, 연장이요, 또 그 결과이다. 그 낱낱의 말은, 다 우리의 무수한 조상들이 잇고 이어 보태고 다듬어서 우리에게 물려준 거룩한 보배이다. 그러므로 우리말은 곧 우리 겨레가 가진 정신적 및 물질적 재산의 총 목록이라 할 수 있으니, 우리는 이 말을 떠나서는 하루 한 때라도 살 수 없는 것이다.

『우리말 큰사전』 편찬 모습

조선어학회 회원들 모습

중화, 권승욱, 권덕규, 정태진 등을 선임하여 편찬 작업에 박차를 가하자 일제는 이를 탄압하여 저지시키려고 획책하였다. 1937년에 중·일 전쟁을 도발하고 중국 본토 침략을 강화한 일제는 민족 말살 정책을 강화하면서 학술 단체인 조선어학회를 그들의 정책에 걸림돌로 여겨서 이를 탄압하였다.

이에 일제 경찰은 조선어학회를 탄압하는 구실을 찾으려고 혈안이 되어 있었다. 그런데 이 무렵 함경남도 홍원에서 함흥으로 기차 통학을 하던 영생여자고보 4학년생 박영옥 등이 기차 안에서 태극기·무궁화 등의 이야기를 속삭이는 것을 엿들은 경찰은 박영옥의 일기책을 조사하다가 2년 전의 일기에서 "국어(일본어) 사용자를 처벌했다"는 구절을 발견하고 여학생들을 고문하여 정태진 선생이 관련되었음을 알게 되었다. 정태진은 교사를 사직하고 조선어학회의 사전 편찬 사업에 참여하고 있었는데 일제 경찰은 이 홍원 사건을 조작하여 조선어학회를 탄압하는데 악용하였다.

이윤재(1899~1943)

일제 경찰은 1942년 9월에 정태진을 체포하여 고문하고 조선어학회가 민족주의 단체로서 독립 운동을 목적으로 하고 있다는 거짓 자백을 받은 후, 같은 해 10월 1일에 제1차로 이중화, 장지영, 최현배, 이극로, 한징, 이윤재, 이희승, 정인승 등 11명을 검거하여 함남 홍원으로 압송하였다. 뒤이어 제2차로 이병기, 김법린, 안재홍, 이인 등을 구속하였다. 이에 모두 33명이 구속되어 홍원 경찰서에서 취조를 받고 33명 모두 '치안유지법'의 내란죄로 함흥 검사국에 송치되었다. 이들 중에서 16명이 기소되어 예심에 회부되었고 12명은 기소 유예가 되었다.

일제의 잔혹한 고문으로 이윤재, 한징이 함흥 형무소에서 옥사하였으며, 1945년 1월에 함흥 지방 재판소에서는 이극로에게 징역 6년, 최현배에게 4년, 이희승에게 3년 반, 정인승·정태진 등에게 2년을 선고하였다. 그리고 김양수, 이중화, 이인 등 5명에게 징역 2년에 집행유예 4년씩을 선고하였다.

일제는 이 사건으로 조선어학회를 불법화하고 강제로 해산시켰다. 또한, 10여 년의 각고 끝에 만든 '우리말 큰사전'의 원고 3만 2천장(400자 원고지)과 20만 장에 이르는 어휘 카드도 모조리 압수하여 사전 편찬을 원천적으로 불가능하게 만들었다.

(1) 교육 활동과 언론 활동

민족 교육 진흥 운동

3·1 운동을 계기로 일제가 식민 정책을 무단 통치에서 이른바 문화 통치로 바꾸고, 조선 교육령도 개정하여 한민족을 회유하려고 하였다. 이러한 정책 변화를 이용하여 우리 사회의 각계 지도자들은 민족의 실력을 양성하기 위하여 민족 교육 진흥 운동을 추진하면서 일제의 식민지 동화 교육에 반대하고 '조선인 본위의 교육'을 주장하며 교육 단체들을 조직하였다. 이 때 설립된 교육 단체 중 대표적인 것은 조선 여자 교육회, 조선 교육회 등이었다.

조선 여자 교육회는 배화여학교 사감 겸 교사였던 차미리사(김미리사)가 중심이 되어 여성 교육을 목적으로 창립하였다(1920. 4). 조선 여자 교육회는 여성 해방 이념을 표방한 기관지 「여자시론」을 발간하고, 조선 최초의 여성 야학 기관인 부인야학강습소를 설치하여 여성 교육 활동에 힘썼다. 또한 여러 차례의 토론회와 전국적인 순회 강연회 등을 개최하여 여성 계몽 활동에 나섰으며, 여성 교육과 사회 활동의 중요성, 남녀 평등, 생활 습관의 개선 등을 역설하였다.

조선 교육회는 1920년 6월에 한규설, 이상재 등을 비롯한 전국의 유지 91명의 발기로 설립되었고, 회장에는 이상재, 부회장에는 김사묵이 선임되었다. 조선 교육회는 3·1 운동 이후 계몽적 차원의 교육 운동을 이끌면서 교육 제도의 개선, 교육 기관의 확장, 한국인의 재력과 노력에 의한 교육 사업 등의 활동에 나섰다. 그러나 일제 당국의 인가를 받지 못하다가 1922년 1월에야 그 활동을 교육 진흥 사업에만 한정하라는 총독부의 요구를 수용하여 조선 교육 협회의 이름으로 인가를 받았다.

조선 교육협회는 1922년 11월부터 본격적으로 추진된 민립 대학 설립 운동에 앞장섰으며, 대중 상대의 강연회를 개최하고 기관지도 발간하였다. 노동 야학 총서를 발간하여 노동 야학에도 공헌하였고, 지방 순회 강연대를 조직하여 한글 강습회도 개최하고 교육 계몽 활동을 전개하였다.

이 시기에 민족 지도층 인사들은 한민족 본위의 교육을 실시하기 위하여 사립 학교, 개량 서당, 강습소, 야학 등을 설립하고 민족 교육 진흥 운동에 힘썼다. 이들 민

차미리사(1879~1955) 여성 교육 운동가이며 독립 운동가로 미국에서 신학을 공부한 후 귀국해 한동안 김미리사라는 이름으로 활동하였다.

자료 스페셜 **조선교육회의 발기문**

……이제 세계적 대전란의 결과가 신문화의 대운동을 야기하게 됨은 특히 저명한 사실인즉 금일 우리의 사회를 이 침륜(沈淪) 중에서 만회할 유일의 방책은 다만 이 시대에 적용한 교육을 장려 진흥함에 전적으로 있도다. 희(噫)라, 금일 조선의 교육 문제는 이것이 결코 한가로운 사람의 한가로운 이야기꺼리가 아니라 우리 민족의 장래가 쇠하느냐 성하느냐 하는 갈림길이며, 사활에 관한 문제라. 현재 조선 내에 산재한 많은 교육 기관 중에서 순전히 우리 조선인의 재력과 노력으로 경영하는 것이 몇 개나 있느뇨. 근본의 문제를 등한히 하고 민족의 부활이니 사회의 개선이니 아무리 절규하며 아무리 기대할지라도 필경 도래할 리가 없을 것이로다.

동아일보, 1920년 6월 23일

족 교육 기관들은 일제의 억압 속에서도 우리말과 우리글, 우리 역사를 가르쳤으며, 민족 의식의 고취에 이바지하였다.

언론 활동

1910년 8월에 일제는 한국을 병합하자 한말의 모든 신문과 잡지 등을 폐쇄하고, 오직 조선총독부 기관지인 매일 신보만을 남겨서 일제의 식민지 통치를 선전하게 하였다.

1919년에 한민족이 일으킨 3·1 운동은 일제의 야만적인 무단 통치를 끝내고 식민지 언론 탄압정책에도 타격을 주어 이의 수정이 불가피하게 만들었다. 3·1 운동의 폭발과 동시에 조선 독립 신문, 국민 신보, 자유 민보 등의 지하 신문들이 발행되어 독립 운동의 소식을 전하고 독립 사상과 항일 정신을 고취하는 활동을 전개하였다.

1919년 9월에 신임 조선 총독으로 부임한 사이토 마코토는 이른바 문화 통치를 내세우면서 한민족을 회유 분열시키려고 하였다. 일제는 '일제 통치를 교란시키지 않는 범위 내에서'라는 조건을 붙여, 엄격한 검열 제도 하에서 1920년 1월에 동아 일보, 조선 일보, 시사 신문의 3개 신문사의 설립을 허가하였다. 이 가운데 조선 일보가 1920년 3월 5일에 맨 처음 창간되었으며, 뒤이어 동아 일보가 같은 해 4월 1일에 창간되었다. 시사 신문은 친일파 민원식이 1920년 4월 1일에 친일 신문으로 창간하였으나 그가 참정권 운동을 벌이다가 도쿄에서 암살당하자 경영권이 바뀌었다. 이 신문은 제호가 1924년에 시대일보로 변경되어 간행되었고, 이때부터 친일 신문의 오명을 벗게 되었다.

동아 일보와 조선 일보 창간

1920년대에 동아 일보, 조선 일보는 억압받은 우리 민족과 민중의 의사를 대변하는 민족지의 구실을 하였다. 또한 지식인들의 계몽 운동의 도구였으며, 신문화 운동의 광장이기도 하였다. 이들 신문은 국내의 민중 운동의 추진, 독립 운동가의 활동, 해외 독립 운동의 소식 등도 자세히 전하려고 노력하였다. 그러나 일제는 이들 신문에 대한 검열을 매우 엄격하게 하여 삭제, 압수, 벌금, 정간 등의 탄압을 심하게 하였다.

1930년대 후반 이후에는 일제 침략 전쟁의 확대로 전시 체제가 확립되면서, 일제의 언론 탄압과 통제는 더욱 심해졌다. 이에 일제 말기에 이들 신문이 민족의 의사를 대변하는 일은 사실상 어렵게 되었으며, 1940년에 동아일보와 조선일보는 일제에 의해 강제로 폐간되었다.

한편, 1924년 3월에 창간된 시대 일보는 중외 일보 (1926), 중앙 일보(1931), 조선 중앙 일보(1933)로 개칭되

일장기 삭제 사진(손기정)

어 변하여 갔다. 1936년에 손기정이 베를린 올림픽의 마라톤 경기에서 우승하였을 때, 동아 일보와 조선 중앙 일보는 각각 일장기를 말소한 사진을 실었는데 이 사건으로 동아 일보는 무기정간을 당하였고, 조선 중앙 일보는 자진 휴간하였다.

일제 강점기에 저항 운동에 앞장선 종합 잡지로 「개벽」, 「신생활」 등이 유명하였다. 천도교에서 독립운동과 신문화 운동을 목표로 간행한 개벽은 1920년 8월에 창간된 이래 거의 두 달에 한 번씩 압수 처분을 받아오다가 1925년 8월에는 3개월 간 정간 처분을 받았으며, 1926년 8월호에는 이동휘, 서재필, 유동열, 이승만, 김규식, 안창호 등 12명의 독립운동가들의 기사를 특집으로 실었다가 폐간을 당하였다. 또한 일제는 사회주의계 인물들이 1922년 3월에 창간한 잡지 신생활의 논조가 항일적이고 불온하다고 하여 1923년 1월에 이를 폐간시켰다.

개벽   신생활

상치은사금
나이가 많은 것을 높여서 주는 돈을 이른다.

(2) 종교계의 활동
일제의 종교 정책과 탄압

한·일 합방 이후 일제는 한국의 종교를 그들의 식민 통치에 유리한 방향으로 이용하려 하였고, 순응하지 않고 저항적 경향을 보이면 탄압하였다. 그리하여 합방 직후에 일제는 유교계를 회유하고 포섭하기 위하여 전국에서 60세 이상의 연로한 유생 9,721명을 골라 이들에게 이른바 상치은사금(尙齒恩賜金)을 지급하며 헌병 경찰을 동원하여 받기를 강요하였다. 이에 저항하여 자결로써 거부한 유생들도 있었고 많은 유생들이 받기를 거부하였다. 또한 일제는 1911년에 성균관을 경학원으로 개편하여 원장을 조선 총독이 임명하였고, 지방의 향교도 경학원 밑에 두고 그 재산권을 인정하여 지방 유생들의 반발을 무마하였다.

30본산의 지주 임명
조선 총독은 30본산의 지주를 임명하여 불교계를 지배하였을 뿐만 아니라 한국 불교의 친일화를 추진하였다.

1911년에 일제는 사찰령을 발표하여 불교계의 통제와 친일화에 나섰다. 전국의 사찰은 30본산(本山)으로 개편되어 그 밑에 1,300여 말사를 소속시켰다. 그리고 사찰의 병합·이전·폐지·명칭 변경과 승규(僧規) 등을 총독의 허가제로 하였고, 사찰에 속하는 토지·삼림·건물 등과 불상·고문서·고서화 등의 처분도 모두 총독의 허가를 받게 하였다.

일제는 서북 지역의 기독교 세력과 연관된 민족주의 세력을 탄압하기 위하여 소위 안악 사건, 총독 암살 음모 사건 등을 날조하여 신민회와 기독교계 인사들을 검거·투옥하였다(105인 사건). 이 105인 사건을 계기로 일제의 기독교 정책은 탄압 정책으로 바뀌었다.

1930년대 중반부터 일제가 신사참배를 강요하자 일부 교회는 신사 참배를 반대하였다. 일제는 신사 참배 거부에 대하여 강력하게 탄압하였다. 이에 평양의 기독교계 학교인 숭실 학교·숭의 여학교 등이 신사 참배를 거부하여 자진 폐교했다. 이에 각 지방의 기독교계 학교들도 자진 폐교하거나 일제의 강압으로 폐교되었다. 그리고 신사 참배를 거부한 200여 교회가 폐쇄되고 2천여 명의 교직자와 신도들이 투옥되었으며, 주기철 목사를 비롯한 50여 명이 옥중에서 순교하였다.

천도교는 3·1 운동에서 기독교와 함께 주도적인 역할을 수행함으로써 민족의 거족적인 항일 독립 운동을 가능하게 하였다. 이로 인해 천도교는 일제의 탄압과 감시를 계속 받았으며, 많은 천도교 지도자들이 체포·투옥되었고 지방 교구 가운데 아주 폐쇄당한 곳도 있었다.

종교 단체들의 활동

일제의 탄압 속에서도 종교계는 다양한 민족 운동과 독립 운동 및 사회 운동을 전개하여 민족 교육, 민중 계몽, 독립 투쟁, 문화 사업 등에서 크게 공헌하였다. 유교계의 유생들은 개인적 신념에 따라 다양한 방법으로 항일 독립 운동에 나섰다. 국권 피탈 직후에 황현처럼 자결한 유생도 여러 명이나 되었고, 국외로 망명하여 만주와 연해주 등지에서 독립 운동과 민족 교육 운동에 헌신한 사람도 많았다. 유교계는 137명의 유림대표가 서명한 독립 탄원서를 파리 강화 회의에 보내 많은 인사들이 투옥되어 고초를 겪기도 하였다(파리 장서 사건).

일제의 불교 통제와 친일화 정책에 대항하여 한용운, 박한영 등은 1911년에 송광사에서 승려 궐기 대회를 개최하고 일본의 조동종(曹洞宗)과 한국 불교의 통합을

한국 유림 독립 운동 파리 장서비(서울 장충단 공원)

자료 스페셜　신사 참배를 거부한 주기철 목사의 순교

1938년 2월에서 9월 사이에 한국 교회의 공적 기관은 대부분이 일제에 굴복, 신사 참배를 승복했으나 개별적인 교회와 교직자, 신자들의 대부분은 신사 참배를 반대하였고 그들 중의 일부는 부분적이나마 불참배 운동을 벌이기 시작했다. 이때 신사불참배 운동의 본거지는 주기철 목사가 있는 평양 산정현 교회였다. 주 목사는 신사 참배를 적극 반대했기 때문에 이미 1938년 2월 초에 제1차 검거 투옥되었고, 그해 9월 9일 노회 총회를 앞두고 2차 투옥되었으며, 1939년 8월 제3차 투옥되었고, 1940년 5월 4차 투옥을 최후로 1944년 4월 21일 하오 9시 평양 감옥에서 순교하였다. 전후 7년간의 옥고를 치르면서도 끝내 신사불참배 운동을 계속하다 결국 순교의 길을 걸었다. 그가 목회하는 산정현 교회는 신사 참배를 하지 않으면 교회를 없애버린다고 협박하는 데도 끝내 참배를 거부하고, 마침내 산정현 교회는 문을 닫고 말았다.

송건호, 『한국현대사』, 424쪽

주기철(1897~1944) 목사

꾀한 이회광 등의 친일적인 행위를 규탄·저지하였다. 3·1 운동 때는 불교계에서 한용운, 백용성이 민족 대표로 가담하였으며, 이로 인해 한용운은 3년형을 받았다. 불교 개혁 운동을 추진한 조선 불교 청년회의 승려들은 불교 교단의 친일화에 대항하여 조선 불교 유신회를 조직하고(1921. 12), 사찰령 철폐와 정교분리(政敎分離)를 주장하며 불교계의 자주권 회복을 위해 노력하였다.

천도교는 손병희가 20세기 초에 교계 내의 친일 세력을 추방하고 민족 종교로서 체제를 정비하였다. 1910년에 천도교는 30만 명의 신도를 확보할 정도로 성장하였으며, 같은 해에 운영난에 빠진 보성학교를 인수하여 교육 사업도 실행하였다. 일제 강점기 최대의 민족 독립 운동인 3·1 운동을 준비하고 실행하는 데 크게 공헌한 천도교는 탄압 속에서도 크게 성장하여 민족 종교로서의 입지를 확고하게 다졌다.

천도교 중앙 대교당(서울 종로)

1923년에 천도교 지도자들은 제2의 3·1 운동을 계획하여 자주 독립 선언문을 발표하여 민족 운동을 이끌려고 하였다. 그리고 「개벽」이라는 잡지를 발간하여 문화 향상과 대중 계몽에 힘썼으며, 조선 농민사를 조직하여 농민운동과 농촌 계몽 활동도 전개하였다. 그러나 천도교는 일제의 탄압과 감시를 받아 활동에 어려움을 겪었으며, 많은 지도자들이 체포·투옥되는 시련을 당하였다.

기독교(개신교)는 천도교와 함께 3·1 운동에 크게 공헌하였으며, 개화기에 전래된 이후부터 교육·의료 활동과 민중 계몽 활동에서 크게 이바지하였다. 조선 기독교 청년회(YMCA)와 조선 여자 기독교 청년회(YWCA)는 신문화 운동을 전개하면서 농촌 계몽과 농민 의식 개혁 등을 추구하였다. 기독교 교회는 주일학교 등을 통하여 한글 보급 운동에도 기여하였다.

천주교는 개화기부터 고아원과 양로원 등을 설립하여 사회 사업을 추진하였으며, 이러한 사회 사업은 일

자료 스페셜 천도교의 자주 독립 선언문

존경하는 천도교인과 민중 여러분!

우리 대한은 당당한 자주 독립국이며, 평화를 애호하는 세계의 으뜸 국민임을 재차 선언합니다. 지난 기미년의 독립만세운동은 곧 우리의 전통적인 독립의 의지를 만방에 천명한 것이고, 국제 정세의 순리에 병진하는 자유, 정의, 진리의 함성이었습니다. 그럼에도 불구하고, 일본의 무력적인 압박으로 말미암아 우리의 자유와 평등을 주장한 자주독립운동은 가슴 아프게도 꺾였습니다. …… 우리의 독립을 위한 투쟁은 이제부터가 더욱 의미가 있고 중요합니다. 뜻 맞는 동지끼리 다시 모여 기미년의 감격을 재현하기 위하여 다시 일어나, 끝까지 조국의 독립을 위하여 신명을 바칠 것을 결의하고 선언합니다.

이종일, 「제2 독립 선언문」, 1923

제 강점기에도 계속되었다. 교단 중심으로 천주교는 독립 운동에 참여하지 못하였으나 안중근처럼 개인적으로 민족 운동과 독립 운동에 참가한 천주교 신자들은 많았다. 1920년대 초에 간도 지방에서 항일 무장 투쟁에 참여한 의민단은 천주교 신자들 중심의 독립군이었다.

원불교는 1916년에 박중빈이 창시하였다. 개간 사업과 저축 운동을 전개한 원불교는 민족 경제의 자립, 민족 실력 양성 운동에도 참여하였다. 또한 남녀 평등, 허례 허식 폐지 등의 생활 개선 운동도 추진하였다.

민족 종교로 나철이 창시한 대종교는 일제의 심각한 감시와 탄압을 받았다. 그리하여 1910년대에 본거지를 만주로 옮기고 항일 독립 운동에 힘썼다. 서일을 비롯한 대종교 지도자들은 1911년에 간도의 왕청현에서 중광단을 결성하고 의병 투쟁과 무관 학교 출신의 인물들을 규합하였다. 이 중광단은 3·1 운동 직후에 정의단으로 개편되었다가 곧 북로군정서군으로 발전하였다. 이 무렵 만주와 연해주에서 활약한 독립 운동가들은 대종교 신자들이 매우 많았다. 특히 서일, 김좌진이 이끈 북로군정서군은 항일 독립 전쟁에서 중추적 역할을 하였다.

1915년에 일제는 '종교통제안'을 만들어 대종교를 종교단체로 가장한 항일 독립 운동단체라고 불법화시켰다. 이에 대한 충격으로 나철은 구월산에서 항거 자결하였다. 대종교의 제2대 교주인 김교헌은 일제의 박해 때문에 교단 본거지를 만주 화룡현으로 옮겨 만주 동포들에게 포교하였다.

대종교 삼종사 무덤(중국 길림성 화룡시) 좌로부터 서일·나철·김교헌의 묘이다.

4. 민족 문화 수호 운동의 전개 **541**

(1) 문학 활동

계몽적 성격의 문학과 예술 지향의 문학

최남선과 이광수

1910년대의 한국 문학은 최남선과 이광수의 2인 시대라고 할 수 있다. 이들은 우리나라 근대 문학의 선구자로서 중요한 역할을 하였다. 최남선은 1908년에 잡지 『소년』을 창간하고 그 창간호에 새로운 형태의 시 「해에게서 소년에게」를 발표하여 신체시를 개척하였다. 1914년에는 잡지 『청춘』을 발간하여 언문일치의 우리말 문장을 구사하는 데 선구적 역할을 하였으며, 계몽적 성격의 문학 활동을 이어나갔다.

이광수는 1917년 매일신보에 한국 최초의 근대적 장편 소설인 「무정」을 연재하였다. 이 소설은 계몽기 신소설을 총결산하고 1910년대 소설이 1920년대의 본격적인 근대 소설로 넘어가는 과도기적 작품의 구실을 하였다. 또한, 「무정」은 낡은 유교 도덕을 비판하고 자유 연애를 주장하였으며, 새로운 교육을 받으며 성장하는 지식인의 삶을 그린 계몽적 · 이상주의적 작품이었다.

폐허 창간호

1919년 2월에 도쿄에 유학하고 있던 김동인, 주요한, 전영택 등이 중심이 되어 한국 최초의 동인지 『창조』를 창간하였다. 이어서 1920년 7월에는 염상섭, 오상순, 김억 등의 동인지 『폐허』가 간행되었다. 1922년 1월에는 박종화, 홍사용, 나도향, 이상화, 현진건 등의 동인지 『백조』가 발간되었다.

이들 동인지의 간행으로 1920년대의 문학은 계몽적 성격을 벗어나 순수 예술을 지향하는 새로운 문예 사조가 도입되었다. 이에 퇴폐주의, 허무주의, 낭만주의 경향의 작품들이 많이 창작되었다. 이것은 우리 민족이 큰 기대를 걸었던 3 · 1 운동이 실패함에 따라 좌절된 지식인의 정신적 상황과 시대 분위기를 반영하였기 때문이었다. 이들 동인지는 예술성은 추구하였으나 현실 문제에 대해서는 소극적이며 도피적인 경향을 보였다.

백조 창간호

1920년대 초의 허무와 좌절은 곧이어 등장한 김소월, 한용운 등의 민족 시인에 의하여 새로운 차원으로 승화 · 극복되었다. 대표적인 민족 시인 김소월은 잡지 개벽에 「진달래꽃」을 발표하여(1922) 문단에 등장하였다. 그는 전원과 자연을 시적 소재로 삼아 민족적 정서를 전통적 민요조에 실어 아름답게 작품화하였고, 일제하에서 민족적 감정과 시대의식을 작품에 반영하였다. 그가 쓴 많은 시들은 수많은 사람들이 널리 애송하였다.

한편, 애국 승려로서 독립 운동가인 한용운은 '님의 침묵'에서 주권을 빼앗긴 민족과 산하를 '님'으로 노래하였다. 시인 이상화도 1926년 『개벽』 6월호에 「빼앗긴 들에도 봄은 오는가」를 발표하여 일제에 대한 저항 의식을 노래하였다. 이어서 심훈은 1930년에 '그날이 오면'에서 민족 해방의 날을 고대하였다.

신경향파·국민 문학과 일제 말기의 문학

1920년대에 유행하기 시작한 사회주의 사상은 문학에도 큰 영향을 주어 1923년을 전후해서 신경향파 문학이 대두하였다. 사회주의 성향의 문인들은 식민지 지배하의 현실에 맞서는 저항 문학을 추구하였고, 문학의 소재도 노동자·농민 등의 가난한 사람들 사이에서 찾아 그들의 현실과 생활을 반영하려고 하였다.

이 신경향파 문학은 1925년에 조선 프롤레타리아 예술가 동맹(카프 : KAPF)이 결성되면서 본격적인 프롤레타리아 문학(약칭은 프로 문학) 운동으로 진전되었다. 이 카프의 기관지로『문예 운동』이 발간되었고(1926), 도쿄에서는『예술 운동』이 간행되었다(1927).

이러한 경향의 대표적 문인으로 김기진, 박영희, 최서해, 조명희, 이기영, 최학송 등을 꼽을 수 있다. 이들의 문학 활동은 한국 사실주의 문학의 발전에 중요한 전환을 가져왔으나, 현실에 대한 직접적인 폭로와 고발에 치우쳤다는 한계성도 지녔다. 나중에 전향하면서 박영희는 "얻은 것은 이데올로기이고 잃은 것은 예술 자체이다."라고 말하였다.

민족주의 계열의 문인들은 프로 문학의 극단적 계급주의에 반발하여 '계급 이전의 민족'을 내세워 국민 문학 운동을 전개하였다. 이 문학 운동의 중심 인물은 최남선, 이병기, 염상섭, 이광수, 주요한, 양주동 등이었다. 이들은 문학 작품을 통하여 민족 의식과 민족애, 국민 의식 등을 고취해야 한다고 주장하였다. 그리고 시조 문학을 부흥시키며 역사 소설을 써야 한다고 주장하여 복고적 성향도 드러내었다. 1934년에 일제의 탄압으로 카프가 해산을 당하자 국민 문학 운동도 시들어졌다. 홍명희는 1928년부터 대하 역사 소설 '임꺽정'을「조선 일보」에 연재하여 조선 시대 민중의 삶을 탁월하게 묘사하였다.

김영랑 생가(전남 강진)

1920년대 말부터 모더니즘을 대표하는 서정시가 출현하였다. 이들 서정 시인은 정지용, 김영랑, 김기림, 박용철, 김광균 등이었다. 정지용은 시각적 이미지를 불러 일으키는 아름다운 시어를 썼으며, 김영랑과 박용철은 동양적인 혼을 읊으려고 노력하였다. 소설에서도 이효석은 완벽한 구성의 단편 소설「메밀꽃 필 무렵」을 창작하였고, 김유정과 채만식은 풍자와 기지에서 뛰어났다.

일제는 중·일 전쟁 이후에 조선인의 적극적인 전쟁 협력을 요구하였다. 다수의 문인과 지식인들이 일제에 동원되어 친일 단체에 가담하였고 친일 문학 운동이 조장되었다. 이러한 상황에서 이광수, 최남선, 박영희, 김기진, 주요한, 정인섭 등의 문인들은 일제에 협력하여 친일 단체에서 활동하였다. 그러나 민족적 양심을 지킨 문인이나 저항적인 작가들은 공식적인 문단 활동을 중단하고 은둔하였다.

이효석 생가(강원 평창)

일제 말기의 이러한 문학적 '암흑기'에도 이육사, 윤동주 등은 강렬한 저항 의식과 자기 성찰을 담은 작품을 창작하였다. 중국 베이징 대학과 의열단의 혁명간부학교를 나와 독립 운동에 투신하였던 이육사는 투철한 역사 의식을 바탕으로 민족 해방을 바라는 마음에서 시 「광야」를 노래하였다. 그는 시집 「청포도」를 내고(1940) 중국으로 탈출했다가 그곳에서 일제 경찰에 잡혀 투옥되었으며 베이징 감옥에서 옥사하였다(1944).

북간도 출신의 저항 시인 윤동주는 "죽는 날까지 하늘을 우러러, 한 점 부끄러움이 없기를" 바라며 살다가, 교토의 동지사 대학에 다닐 때 사상범으로 체포되어 투옥된 후 8·15 광복을 6개월 앞두고 후쿠오카 감옥에서 옥사하였다(1945).

(2) 예술 활동

음악과 미술

일제 강점기에 우리 민족은 세계의 선진 문화를 도입하면서 예술 발전에 노력함과 동시에 항일 독립 의식과 한민족의 예술적 감정을 표현하는 데 힘썼다. 국권 강탈을 전후한 시기에 학도가, 망국가, 한양가, 거국가 등 망국민의 슬픔과 일제에 대한 저항 정신을 표현한 창가가 한동안 유행하였다. 1910년대의 이러한 창가들은 서양 음악에 바탕을 둔 것이었다.

1920년대에는 우리 민족의 창작 음악이 가곡과 동요의 형태로 나타났다. 가곡에는 홍난파와 현제명의 활약이 뛰어났고, 동요에는 윤극영이 크게 활약하였다. 홍난파는 1925년에 「봉선화」를 작곡하여 식민지하의 한국의 비운을 봉선화에 비유하여 한국인의 심정을 표현하였다. 같은 해에 홍난파는 바이올린 독주회를 열어 음악 발전에 공헌하였다. 현제명은 우리 민족의 정서와 어울린 「고향 생각」과 「그 집 앞」 등을 작곡하여 널리 애창되었다. 윤극영은 동요 '반달'을 작곡하여 한민족의 심금을 울렸다.

1930년대에는 미국과 독일에서 음악 활동을 하면서 세계적인 지휘자의 반열에 오른 안익태가 「코리아 환상곡」을 작곡하였다. 그리고 토속적인 서정으로 조국의 아픔을 노래한 채동선은 「고향」을 작곡하여 나라를 잃은 우리 민족에게 감명을 주었다. 성악가 윤심덕은 화가 나혜석과 함께 1920년대의 신여성을 대표하는 사람으로 도쿄 유학을 마치고 귀국하여 한국 최초의 소프라노로 활약하였다. 그녀는 한

홍난파

안익태

윤동주 생가(중국 지린, 명동촌)

이육사 문학관(경북 안동)

고희동

김관호

이중섭

고희동(자화상)

윤심덕

국 최초의 대중 가요로 꼽히는 「사(死)의 찬미」를 녹음하기도 하였다.

미술 분야에서 이 시기의 대표적 화가는 안중식, 고희동, 김관호, 이상범, 변관식, 이중섭 등이었다. 안중식은 조석진과 함께 한말과 1910년대에 활약하면서 우리의 전통 회화를 발전시켰고 전통시대의 화법을 근대 회화로 전하는 다리 역할을 하였다. 고희동은 우리나라의 서양화를 처음 개척하였고, 김관호는 서양화가로 활동하면서 대동강을 배경으로 한 「해질녘」을 그렸는데 이 작품은 노을진 강변과 인체 묘사가 뛰어났다.

이중섭 흰소

이상범은 안중식의 영향을 많이 받은 동양화가로 「해진 뒤」라는 작품을 그렸다. 조석진의 외손자인 변관식은 금강산 그림을 잘 그렸는데 그의 산수화는 향토색 짙은 독특한 실경 산수화였다. 이중섭은 한국의 근대 미술을 대표하는 서양화가로 독특한 경지를 이루었다.

한편, 한국 최초의 여성 서양화가로 나혜석이 유명하였다. 초상화가인 채용신은 서양화풍을 수용하여 조선의 전통적인 초상화를 발전시킨 화가로 주목되었다. 이밖에 조소 부문에서 김복진은 미륵불을 중심으로 한 작품을 제작하였으며, 서예에서는 김규진이 뛰어난 활동을 하였다.

연극·영화와 무용

일제 강점기에 이르러 우리나라의 전통적 예술인 판소리, 가면극, 꼭두각시 놀음 사당패들의 연희는 점차 시들어가고 일본풍의 신파극이 퍼져갔다. 1910년대에 사랑과 이별을 주제로 한 신파 극단들의 공연은 상업성을 띠어 다소 통속적인 면이 있었으나 나라를 잃은 우리 민족의 애환을 표현하기도 하였다.

토월회 회원들

3·1 운동 이후에는 도쿄 유학생들이 연극 공연을 민중 계몽의 수단으로 삼아 극예술 협회를 조직하여(1920) 서구의 근대 연극을 연구하며 이를 도입하였다. 1922년에 박승희, 김기진, 김복진, 김을한 등은 도쿄에서 극단 토월회(土月會)를 창립하였다. 이들은 "현실(土)을 도외시하지 않고 이상(月)을 좇는다"라는 뜻으로 토월회라고 하였다. 이 토월회의 활동으로 우리나라에서 본격적인 신극 운동이 일어나게 되었다.

토월회는 1923년 7월에 조선극장에서 제1회 공연을 가졌다. 이때의 공연은 신파극에서 벗어나 근대적 신극 운동의 시작이라는 의미를 지닌다. 토월회는 예술과 계

유치진(1905~1974)

나운규 앨범

몽을 목표로 순회 공연을 하면서 남녀 평등, 봉건적 유교사상의 비판, 일제에 대한 저항 등을 주지시키려고 하였다. 그러나 재정 난으로 1926년 2월의 제56회 공연을 끝으로 해산되고 말았다.

1931년에 홍해성, 유치진 등은 극예술 연구회를 창립하고 흥행 위주의 연극보다 순수 연극을 지향하는 활동을 전개하였다. 이 신 극 운동 단체는 처음에 소극장에서 주로 공연하였으며 민족적 비 극을 무대 예술로 표현하였다. 특히, 유치진의 출세작인 '토막'은 피압박 한민족의 비참한 사회 현실과 그것을 초래한 일제의 수탈 정책을 표현하였다. 중·일 전쟁이 일어난 이후인 1930년대 후반 에 이르러 일제는 극예술연구회를 해체시키고 연극계에 대한 탄압을 강화하였다. 이에 1940년에 들어서면서 민족적 색채의 모든 예술 활동은 금지되었고 일본 군국 주의를 찬양·고무하는 연극 이외에는 공연할 수 없게 되었다.

예술 활동에서 영화는 다른 분야보다 그 발전이 뒤졌다. 그 까닭은 처음 일본 영 화의 보조 수단으로 출발하여 한국 영화로 독립하여 발전하기에는 자본·기술·장 비 등에서 많은 어려움이 있었기 때문이었다. 1924년에 부산에서 설립된 조선키네 마 주식회사는 윤백남, 안종화 등이 일본인과 함께 설립하여 한국 영화의 태동에 중요한 역할을 하였다. 이 조선키네마 주식회사에서 배우 연구생으로 출발한 나운 규는 윤백남 감독의 '운영전'에서 단역인 가마꾼으로 처음 출연하였다. 1925년에 이경손 감독의 '심청전'에서 나운규는 주인공 심봉사의 역을 맡으면서 배우로서 이 름이 알려지기 시작하였다.

최승희(1911.11~1967.8)

이렇게 시작한 영화인 나운규는 24세 때인 1926년에 '아리랑'의 감독과 주연을 맡아 큰 성공을 거두었으며, 이 영화는 한국 영화를 획기적으로 발전시키는 계기 가 되었다. '아리랑'은 우리 고유의 향토적인 정서를 바탕으로 일제 지배하의 망국 의 통분과 슬픔을 표현하였으며 항일의식과 애국·애족의 마음을 일깨워 준 예술 영화였다. 이 영화가 개봉된 단성사에는 연일 관객들이 만원이었고, 전국 어디서나 '아리랑'이 상영되는 곳이면 사람들의 발길이 끊이지 않았으며, 영화 주제가인 민 요 아리랑 가락이 관객의 심금을 울려주었다.

한편, 무용에서도 조택원, 최승희 등이 크게 활약하였다. 조택원은 일본과 프랑 스에서 무용을 배워 한국 현대 무용의 선구자로 활약하였으며 일본과 한국 각지에 서 순회 공연을 하였다. 그러나 일제 말기에는 총독부의 강요로 황군 위문단의 단 장을 맡아 오점을 남기기도 하였다.

최승희는 서구식 현대적 기법의 춤을 창작 공연한 최초의 한국 여성 무용가로 8· 15 광복 이전의 한국 무용계를 주도하였다. 그녀는 1930년대에 미국, 프랑스, 스위 스, 이탈리아, 네덜란드 등을 순회 공연하여 국제적 명성을 드높였다.

더 알아보기

간송 전형필(1906~1962)의 활동

전형필은 1906년 7월 29일에 서울 종로 4가에서 태어났다. 그의 아버지 전영기는 중추원 의관을 역임한 후 배오개(梨峴) 시장에서 대대로 물려받은 미곡상을 경영하는 대부호였으며, 어머니 박씨는 훈련원 첨정을 지낸 박태윤의 딸이었다. 문인으로 크게 활약한 월탄 박종화는 전형필의 외4촌 형님으로 그의 청소년기에 많은 영향을 주었다.

어의동보통학교(지금의 효제초등학교)를 졸업한 전형필은 박종화가 다녔던 휘문고등보통학교(휘문고보)에 입학하였다. 이 학교에서 그는 미술 교사인 춘곡 고희동 선생의 투철한 민족의식에 감명을 받았고, 나중에 와세다 대학의 법과대학에 다닐 때에도 방학 때 귀국하면 고희동의 집을 방문하여 스승으로부터 역사와 문화의 중요성에 관한 말씀을 즐겨 경청하였다. 특히 고희동은 전형필에게 조선의 문화를 지키는 선비가 되라고 당부하였다. 이는 훗날 전형필이 조선의 혼과 얼이 깃든 소중한 문화재를 수집하고 보존하는 일을 시작하는 데 중요한 계기가 되었다.

1928년 여름에 고희동은 전형필을 데리고 서울 돈의동에 있는 위창 오세창의 집을 방문하였다. 오세창은 개화사상의 선구자인 오경석의 아들로서 3·1 운동 때 민족 대표 33인으로 활약하였으며, 그 당시에 고서화(古書畵)의 최고 감식안을 가진 인물로 인정받았다. 이로써 전형필은 평생의 스승인 오세창을 만나 그의 지도를 받을 수 있게 되었다. 이 첫 만남 때 오세창은 전형필의 아호를 '산골짜기에 흐르는 맑은 물과 사시사철 푸르른 소나무'라는 뜻으로 간송(澗松)이라고 지어 주었다.

간송 미술관

간송은 오세창의 도움으로 고서화와 골동품에 대한 지식과 안목을 넓히면서 문화재 수집에 본격적으로 나섰다. 그는 친부와 양부로부터 막대한 재산을 물려받았는데 그가 상속받은 논은 무려 800만 평(4만 마지기)이 넘었다.

문화재를 수집하면서 간송은 이를 길이 온전하게 보존할 수 있는 방안 마련에도 골몰하였다. 결국에 그는 사설 박물관 건립을 결심하고 1933년 봄에 서울 성북동에 만 평이 넘는 땅을 구입하고 사설 박물관인 보화각을 1938년에 완공하였다. 조선총독부가 박물관 개관을 불허였기 때문에 일제 강점기에는 보화각을 일반에게 개방할 수 없었다.

1962년에 그가 급성신우염으로 병사한 후, 후손들이 보화각을 간송미술관으로 개명하고 그의 수장품들을 정리하였으며 1971년 가을 부터 매년 5월과 10월에 소장품 전시회를 개최하여 일반인에게 전시하고 있다. 간송미술관이 소장하고 있는 중요 문화재는 다음과 같다.

간송 미술관 소장의 귀중한 문화재들
- 청자 상감 운학문 매병(국보 68호)
- 청자 기린형 향로(국보 65호)
- 청자 상감 연지원앙문 정병(국보 66호)
- 청자 오리형 연적(국보 270호)
- 청화백자 양각진사철재 난국초충문병(국보 294호)
- 훈민정음(국보 70호)
- 동국정운(국보 71호)
- 혜원전신첩(국보 135호)
- 백자 박산향로(보물 238호)
- 금동여래입상(보물 284호)
- 괴산 외사리 석조부도(보물 579호)
- 전 문경오층석탑(보물 580호)

VIII
현대 사회의
발전

1. 광복과 정부 수립 운동의 전개
3. 경제 발전과 사회·문화의 발전
2. 민주주의의 시련과 발전
4. 통일 정책과 평화 통일의 과제

1945년 8월 15일, 우리 민족은 일제 식민 통치에서 벗어나 광복을 맞이하였다. 광복은 미·소 등 연합군의 일본에 대한 승리의 결과였으나, 그 동안 국내외에서 우리 민족이 부단히 전개한 투쟁과 희생의 결실이기도 하였다. 독립 국가 건설 방안을 모색해 오던 민족 대표들은 8·15 광복을 계기로 통일 정부 수립을 위한 노력을 본격적으로 펼쳤다. 그러나 냉전 체제의 구축과 그 주역인 미국과 소련의 남북한 분할 및 군정 통치 등의 국제 정세 하에서 좌·우익 세력의 대립이 격화되면서 결국 통일 정부 수립은 좌절되고 말았다. 그리고 38도선을 경계로 남한과 북한에는 체제를 달리하는 대한민국과 조선민주주의 인민공화국이 수립됨으로써 민족 분단이 현실화되었다.

이승만 정부는 미국의 경제 원조를 토대로 전쟁 복구 사업에 나섰으나 장기 집권을 위한 부정 선거를 획책하다 4·19 혁명(1960)으로 무너졌다. 제2공화국 장면 내각은 4·19 혁명의 열망을 배경으로 지방 자치, 경제 개발 5개년 계획, 남북 통일 논의 등을 추진하고자 했으나, 박정희 등이 주도한 5·16 군사 정변으로 무위로 끝났다. 박정희 정부는 '조국의 근대화'를 표방하고 3선 개헌에 이어 유신 체제를 수립하여(1972) 영구 집권을 도모하였다. 또한 초헌법적인 긴급 조치 등을 발표하여 시민, 학생, 재야인사 등 민주화 세력을 탄압하였다.

10·26 사태를 계기로 1980년 '서울의 봄'을 맞이하였다. 그러나 전두환 등 신군부 세력은 5·18 민주화 운동을 유혈 진압함으로써 민주주의는 또 다시 시련을 맞게 되었다. 전두환 정부는 권위주의적 통치를 자행하다가 6월 민주 항쟁(1987)으로 무너졌으나, 민주 세력이 분열됨으로써 노태우 정부로 이어졌다. 군사 정권에서 문민 정부로 교체한 김영삼 정부, 최초의 여야 정권 교체로 탄생한 김대중 정부와 참여 정부를 표방한 노무현 정부, 그리고 이명박 정부를 계승한 박근혜 정부로 이어지고 있다.

한편, 1960년대부터 경제 개발 5개년 계획 등을 본격적으로 추진하여 '한강의 기적'이라 불리는 경제 발전을 이룩하였다. 경제 발전과 함께 산업화, 도시화 등이 급속하게 진행됨에 따라 사회 모습과 문화 양식 등이 크게 변모하였다.

그때 우리는		그때 세계는	
연대	주요 사건	연대	주요 사건
1945	8·15 광복, 모스크바 3국 외상회의	1945	제 2차 세계 대전 종식
1948	5·10 총선거, 대한민국 정부 수립	1949	중국 공산 정권 수립
1950	6·25 전쟁 발발	1955	반둥 회의
1960	3·15 부정선거, 4·19 혁명	1957	소련, 인공 위성 발사
1961	5·16 군사 정변		
1972	7·4 남북 공동 성명	1972	닉슨, 중국 방문
		1975	베트남 전쟁 종식
1980	5·18 민주화 운동	1985	소련, 고르바초프 집권
1987	6월 민주 항쟁	1990	독일 통일
1991	남북 유엔 동시 가입	1995	세계무역기구(WTO) 출범
1997	IMF 구제 금융 요청	1999	유로(EURO) 체제 출범
2000	6·15 남북 공동 선언	2001	9·11 테러
2002	2002 한·일 월드컵 개최	2003	미국·이라크 전쟁
2007	한·미 자유 무역 협정 체결(FTA)		

1 광복과 정부 수립 운동의 전개

1. 8·15 광복과 분단
2. 5·10 총선거와 대한민국의 수립
3. 6·25전쟁의 발발과 전개

광복의 환희(1945. 8. 15)

그 날이 오면

그 날이 오면 그 날이 오면은
삼각산이 일어나 더덩실 춤이라도 추고
한강물이 뒤집혀 용솟음칠 그 날이
이 목숨이 끊치기 전에 와 주기만 할 량이면
나는 밤하늘에 나르는 까마귀와 같이
종로의 인경을 머리로 들이받아 울리오리다.
두개골은 깨어져 산산조각이 나도
기뻐서 죽사오매 오히려 무슨 한(恨)이 남으오리까

— 심훈 —

남과 북, 서로 다른 국가 체제를 수립하다.

대한민국 정부 수립(1948. 8. 15)

조선 민주주의 인민 공화국 최고 인민회의

(1) 8·15 광복

광복 직전의 건국 준비 활동

일제가 중·일 전쟁(1937)과 태평양 전쟁(1941)을 도발하여 침략 전쟁을 계속 확대하자, 국내외에서 다양한 독립 운동을 추진하던 여러 독립 운동 단체들은 일제의 패망을 예측하고 광복 이후 독립 국가 수립을 위한 건국 준비 작업을 추진하였다.

1940년에 충칭(重慶)에 자리 잡은 대한민국 임시 정부는 한국 국민당, 조선 혁명당, 한국 독립당 등 우익 계열의 독립 운동 단체들을 한국 독립당으로 통합하고, 일본의 패망에 대비하여 1941년 건국 강령을 제정하였다. 이 건국 강령은 조소앙이 제창한 삼균주의를 바탕으로 삼았다. 주요 내용으로는 삼균 제도를 골자로 한 헌법의 실시, 농사짓는 사람이 땅을 가져야 한다는 경자 유전의 토지 제도, 보통 선거 제도와 의무 교육의 실시를 통한 정치·경제·교육의 균등 실현 등을 규정하였다. 또한, 대한민국 임시 정부는 조선 민족 혁명당의 지도자들을 받아들여 정부 체제를 개편하였다. 이에 한국 독립당을 이끈 김구가 주석으로, 조선 민족 혁명당의 지도자인 김규식이 부주석으로 선임되었고, 민족 연합 전선이 형성되어 임시 정부가 강화되었다.

대한민국 임시정부는 1940년 충칭에서 한국 광복군을 창립하였다. 여기에 1942년 5월 김원봉이 이끄는 조선 의용대의 일부가 합류하면서 군사면에서도 좌우의 통합이 이루어지게 되었다. 지청천을 총사령, 이범석을 참모장으로 하는 한국 광복군은 중국 국민당의 지원을 받으면서 선전·초모(招募) 활동을 전개하였다. 1943년 가을에는 영국군의 협조 요청으로 미얀마, 인도 전선에 파견되어 포로 신문, 선전 활동 등을 주로 담당하였다.

한편, 국내에서는 여운형을 중심으로 조선 건국 동맹이 결성되었다(1944). 이 단체는 해외 독립 운동 연합 전선과의 연결을 시도하면서 일본 제국주의 제 세력을 구축하고 조선 민족의 자유와 독립을 회복함과 동시에 민주주의 국가의 수립을 추구하였다. 여기에는 사회주의자뿐만 아니라 우익 계열의 인사들도 적극 참여하였다.

이와 같이 광복 직전에 건국 준비 활동을 전개하던 독립 운동 단체들은 광복 후에 민주 공화국을 수립하고, 민주주의를 바탕으로 사회주의를 혼합한 사회·경제 체제를 만드는 데 대체로 의견을 같이 하였다.

한국 독립당
1930년 1월 25일 중국 상하이에서 조직된 민족주의 계열의 대표적인 독립 운동 정당. 1940년 한국 독립당과 조선 혁명당, 한국 국민당이 한국 독립당의 이름으로 합당하였다.

삼균주의
이 사상은 조소앙이 쑨원의 삼민주의와 사회주의의 영향을 받아 독립 운동의 기본 방략 및 조국 건설의 지침으로 삼기 위해 체계화한 것이다. 삼균이란 개인 간·민족 간·국가 간 균등을 말하고, 정치적·경제적·교육적 균등의 실현을 통해 삼균을 이룬다는 평등주의 사상이다.

삼균주의를 주창한 조소앙(1887~1958)

한국 독립당 회원들 한국 독립당은 1940년 5월 민족주의 진영의 3당이 통합하였다.

8·15광복

1945년 8월 15일, 마침내 우리 민족은 광복을 맞이하였다. 그러나 이날 해방된 줄 모르고 지낸 사람들이 아주 많았다. 서울 시내 곳곳에 '본일 정오 중대 방송, 1억 국민 필청'이라 쓰인 벽보가 나붙었지만, 그것을 유심히 본 사람은 많지 않았다.

광복의 기쁨은 8월 16일 학생과 청년 등 5천여 명이 휘문 중학교 운동장에 모여 조선 건국 준비 위원회(약칭 '건준') 위원장인 여운형의 감격적인 연설을 들으면서 부터 실감하기 시작했다. 감격의 소식은 17, 18일을 지나면서 전국으로 순식간에 퍼져나갔다. 도시 농촌을 막론하고 광복의 기쁨을 나누는 인파가 거리를 메웠고, 가지각색의 태극기가 거리에 나부꼈다.

해방 후 서울 역에 모여든 인파

8·15 광복은 일차적으로 제2차 세계 대전에서 연합국이 승리하고 일제가 패망함으로써 이루어졌지만, 그동안 우리 민족이 국내외에서 줄기차게 전개해 온 민족 독립 운동이 맺은 결실이었다. 연합국의 승리가 8·15 광복의 계기가 되었다면, 우리 민족의 끈질긴 독립 운동은 8·15 광복의 밑바탕이었던 것이다.

국내에서는 온 겨레가 참여한 3·1 운동 외에 일제의 식민지 교육과 수탈에 저항하여 학생, 농민, 노동자 등이 민족 운동을 벌였다. 또한, 우리 민족은 경제와 교육 분야에서 민족의 실력을 양성하기 위해 노력하였고, 민족 문화 수호 운동을 전개하여 일제의 민족 말살 정책에 대항하였다. 국외에서도 만주와 연해주, 중국 대륙에서 항일 무장 투쟁이 줄기차게 전개되었다. 특히, 대한 민국 임시 정부는 독립을 위한 외교적인 노력을 기울이는 동시에 한국 광복군을 창설하여 연합군의 일원으로 참전하고, 국내 진공 작전을 준비하였다.

1945년 9월 9일, 조선 총독부 제1 회의실에서는 엄숙한 분위기에서 식이 거행되고 있었다. 미 제24 군단 사령관 하지 중장과 제7함대 사령관 킨 케이드 제독이 지켜보는 가운데 아베 총독은 항복 문서에 서명을 하였다. 항복 조인식은 30분만에 끝나고 일본 국기가 내려졌다. 그러나 일장기 대신 올라간 것은 태극기가 아닌 미국의 성조기였다. 광복을 공식적으로 확인하는 역사적 순간은 자주 독립을 위한 시련의 출발점이기도 했다.

항복 문서에 서명하는 일본 총독(1945)

(2) 국토의 분단

38도선의 분할 점령 논의

광복 직전 우리 민족은 연합국으로부터 적절한 시기에 독립을 약속받은 한편, 한국 광복군의 국내 진입 작전을 계획하고 있었다. 그런데 1945년 8월 15일 일제의 갑작스런 항복으로 한국 광복군의 국내 진입은 좌절되었다.

따라서, 광복은 되었지만 우리 민족은 전승국의 입장에 서지 못하고 한반도의 독특한 지정학적 위치로 인해 연합국의 이해 관계에 놓이게 되었다. 연합국은 이미 1943년 이집트 카이로 회담에서 조선의 독립을 보장하는 대신에 "적절한 절차를 거쳐 한국을 자주 독립시킬 것을 결의한다."라는 단서를 붙였다. 이러한 약속은 제2차 세계 대전이 끝나기 직전에 열린 포츠담 회담에서 다시 확인되었다(1945. 7.).

1945년 2월, 미국·영국·소련의 연합국 지도자들은 흑해 연안의 얄타에서 회담을 열고 전후 유럽의 국경 문제를 논의하였다. 이 얄타회담에서 미국은 소련의 대일전 참전을 요청하였고, 소련은 이 요청을 받아들여 일본에 선전 포고를 하였다. 1945년 8월 8일에 참전한 소련군은 만주 방면으로 진격하였으며, 그 일부는 함경도 지방으로 진입하였다. 이에 당황한 미국은 소련의 한반도 단독 점령을 막고 한반도에 남아 있던 일본군의 무장을 해제하기 위하여 38도선의 분할 점령을 제안하였고, 소련은 이를 수용하였다.

일본군의 무장 해제를 명목으로 38도선을 경계로 이북은 소련군이, 이남은 미군이 각각 분할 점령하였다. 한반도는 광복과 동시에 미국과 소련의 영향력 아래에 들어가게 되었다. 미군과 소련군이 한반도에 들어온 명분은 일본군 무장 해제였으나 실제로는 자국의 이해 관계를 확실히 보장받기 위해서였다. 따라서 그 자체가 분단을 굳히는 성격을 지니고 있었다.

한국 문제는 미국과 소련의 협력에 의해서만 해결될 수 있었다. 하지만 미·소 양군은 통합사령부를 두지 않고 상호 협의도 없었다. 이후 38도 이남에는 미군정이, 이북에는 사실상의 소련군 정부가 들어서게 되었고, 38도선은 남과 북을 나누는 민족의 분단선으로 굳어져 갔다.

카이로 회담 1943년 11월 8일 카이로에서 환담 중인 중국 총통 장제스, 미국 대통령 루스벨트, 영국 수상 처칠(왼쪽부터). 한국의 독립을 언급한 최초의 회담이다.

국토 분단의 비극 38도선 처음 38도선은 일본군의 항복을 받고 신탁 통치로 옮겨갈 때까지의 일시적인 경계선이었으나, 남북한에 각각 정부가 들어서면서 실질적인 국경선이 되었다.

광복 직후의 국내 정세

일제가 물러나자 자주적인 독립 국가를 세우려는 움직임이 더욱 활발하게 펼쳐졌다. 조선 건국 동맹을 주도하였던 여운형은 일본의 항복이 있기 직전에 조선 총독부 정무총감을 만나 정치범과 경제범의 즉시 석방, 서울 시민 3개월분의 식량 확보 등 5개 항을 요구하였다. 그리고 안재홍 등과 함께 조선 건국 동맹을 기반으로 조선 건국 준비 위원회를 조직하여 국내 정국을 주도하였다. 건국 준비 위원회는

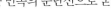
여운형이 조선 총독부에 요구한 5개항
1. 전 조선의 정치범과 경제범을 즉각 석방할 것.
2. 서울의 3개월 분 식량을 확보할 것.
3. 치안 유지와 건국 사업에 간섭하지 말 것.
4. 학생과 청년의 훈련에 대하여 간섭하지 말 것.
5. 노동자를 건국 사업에 동원하는 데 대하여 간섭하지 말 것

자료 스페셜 **카이로 회담**

(미·영·중) 3대 동맹국은 일본국의 침략을 정지시키며 이를 벌하기 위하여 이번 전쟁을 계속하고 있는 것이다. 위 동맹국은 자국을 위하여 어떠한 이익을 요구하는 것은 아니며 또 영토를 확장할 의도도 없다.

위 동맹국의 목적은 일본국이 1914년 제1차 세계 대전 개시 이후에 탈취 또는 점령한 태평양 도서 일체를 박탈할 것과 만주·대만·펑호도와 같이 일본국이 청으로부터 빼앗은 지역 일체를 중화민국에 반환함에 있다. 또한 일본국은 폭력과 탐욕으로 약탈한 다른 일체의 지역으로부터 구축될 것이다. 앞의 3대국은 조선 인민의 노예 상태에 유의하여 적당한 시기에 맹세코 조선을 자주 독립시킬 결의를 한다.

조선은행 조사부, 『조선 경제 연보』, 1948

1945년 10월에 이승만을 중심으로 하여 한국 민주당, 국민당, 조선 공산당을 비롯한 200여 단체가 모여 구성한 협의체. 독립 쟁취를 위하여 공동 투쟁, 공동 노선을 취할 것을 결의하고, 총재에 이승만을 추대하였다.

비록 일부 우파 세력이 참여하지 않았지만 좌·우 세력을 망라하여 폭넓은 지지를 받았다. 그리하여 8월 말에는 전국에 145개에 이르는 건국 준비 위원회 지부가 만들어졌다.

미군의 주둔이 다가오자, 조선 건국 준비 위원회는 중앙 조직을 정부 조직에 준하는 형태로 개편하여 조선 인민 공화국(인공)을 선포하였다(1945. 9. 6). 아울러 각 지부를 인민 위원회로 전환하였다. 조선 인민 공화국은 이승만을 주석, 여운형을 부주석, 허헌을 국무총리에 추대하였다. 그러나 조선 공산당의 박헌영을 중심으로 한 좌익 세력이 주도권을 장악하였다. 이에 우익 지도자들은 조선 인민 공화국을 외면하였고, 남한에 진주한 미군도 이를 인정하지 않았다.

우익 세력인 송진우, 김성수 등은 임시 정부에 대한 지지와 조선 인민 공화국 반대를 선언하며 한국 민주당(한민당)을 결성하였다. 이들은 조선 인민 공화국에 참여하지 않고, 대한민국 임시 정부를 새로운 정부로 맞아들이려는 임시 정부 추대 운동을 전개하는 동시에, 미 군정청과 긴밀한 관계를 유지하면서 세력을 확대해 나갔다.

해외 독립 운동 세력들도 속속 귀국하였다. 미국에서 귀국한 이승만은 독립 촉성 중앙 협의회(촉성)를 결성하는 등 정치 활동을 시작하였다. 김구 등 대한민국 임시 정부 요인들은 개인 자격으로 귀국하여 한국 독립당을 중심으로 통일 정부 수립을 위한 활동을 펼쳤다.

미군 진주 서울 시내로 들어오고 있는 미 제7사단 32보병 연대

광복 이후 38도선 이남과 이북에는 미군과 소련군이 진주하였다. 이는 단순한 일본군의 무장 해제 뿐만 아니라 한반도에 대한 분할 점령을 의미하는 것이었다. 9월 8일, 인천에 상륙한 미군은 다음날 서울에 들어와 군정청을 설치하고 남한 지역을 직접 통치하였다.

한편, 북한에 진주한 소련군은 8월 하순에 평양에 북조선 주둔 소련군 사령부를 설치하였다. 소련군은 평남 건국 준비 위원회를 강제 해체시킨 후 민족주의자와 공산주의자들을 중심으로 인민 위원회를 조직하게 하였다. 이후 소련은 조만식 등 민족주의 계열의 인사들을 숙청하고, 소련군과 함께 들어온 김일성이 실권을 장악할 수 있도록 하였다. 결과적으로 미·소 양국 군대의 주둔과 군정의 실시는 남북한에서 각각 자기들에게 우호적인 정권이 수립되었고, 이는 한반도가 남북으로 분단되는 데 결정적인 요인으로 되었다.

원산항에 진주하는 소련 극동군 제25군(1945. 8. 21)

모스크바 3국 외상 회의와 좌우 대립

제2차 세계 대전 중이던 1943년 11월 미국·영국·중국의 수뇌들 사이에 열린 카이로 회담에서는 일본의 식민지인 한반도의 처리에 대한 최초의 공식적인 합의가 있었다. 12월 1일 발표된 카이로 선언에서는 '적당한 절차'를 거쳐 한국을 독립시켜 줄 것을 약속하였다. 이 내용은 전쟁의 막바지였던 1945년 7월 포츠담 선언에

서 다시 확인되었다.

1945년 12월에 열린 모스크바 3국 외상 회의는 카이로 선언의 원칙을 구체적으로 실행에 옮기기 위한 방안을 마련하기 위해 개최되었다. 이 회의에서 미국과 소련은 각각 서로 다른 신탁 통치안을 내세웠다. 미 국무 장관 번스는 한국인 참여가 제한된 5년 동안의 신탁 통치안을 핵심으로 한 한국 문제 해결 방안을 제시하였다. 이에 대해 소련은 한국의 독립을 부여하기 위한 민주주의적 임시 정부 수립과 신탁 통치를 5년 이내로 한정할 것을 핵심으로 하는 수정안을 제안하였다.

우파 정치 세력의 신탁통치 반대 집회(왼쪽, 1945. 12)**와 좌파 정치 세력의 모스크바 결정 지지 집회**(오른쪽, 1946. 1) 신탁통치 절대 반대와 삼상결정 절대 지지 문구가 선명히 대비된다.

결국, 12월 28일 소련측 수정안에 미국 측이 약간의 수정을 가해 발표한 것이 모스크바 3국 외상 회의 결정서이다. 그 내용은 민주주의 원칙 하에 독립 국가를 건설하기 위한 조선 임시 민주주의 정부 수립, 조선 임시 정부 수립을 원조하기 위한 미·소 공동 위원회의 설치, 최고 5년간 미·영·중·소 4개국의 신탁 통치 실시, 미·소 양국 사령부의 대표 회의 개최 등이었다. 구체적인 방안을 미·소 공동 위원회가 임시 정부와 협의하게 되어 있는 신탁 통치 사항도 중요한 합의였지만, 무엇보다도 모스크바 3국 외상 회의 합의의 핵심은 임시 정부의 수립이었다.

모스크바 3국 외상 회의의 결정 소식이 전해지자 주요 정치 세력은 각각 상이한 태도를 보였다. 이승만과 한민당은 김구가 중심이 된 반탁에는 입장을 같이 했지만 목적은 서로 달랐다. 김구 측은 반탁의 초기 국면을 주도하면서 대한민국 임시 정부 추대에 열중하였고, 이승만과 한민당 측은 반탁 운동을 이용하여 단독 정부 수립에 치중하였다. 김규식·안재홍 등의 중도 우파는 미·소 공동 위원회에 협조

자료 스페셜　조선에 관한 모스크바 3국 외상 회의 결정서(1945. 12. 28)

1. 조선을 독립 국가로 재건설하며 조선을 민주주의적 원칙하에 발전시키는 조건을 조성하고, 가급적 속히 장구한 일본의 조선 통치의 참담한 결과를 청산하기 위하여 조선의 공업·교통·농업과 조선 인민의 민족 문화 발전에 필요한 모든 시책을 취할 임시 조선 민주주의 정부를 수립할 것이다.

2. 조선 임시 정부 구성을 원조할 목적으로 먼저 그 적절한 방안을 연구 조성하기 위하여 남조선 미합중국 점령군과 북조선 소연방 점령군의 대표자들로 공동 위원회가 설치될 것이다. 그 의제 작성에 있어 공동 위원회는 조선의 민주주의 정당 및 사회단체와 협의하여야 한다. 그들의 작성한 제안은 공동 위원회 대표들의 정부가 최후 결정을 하기 전에 미·영·소·중의 4국 정부에 공히 참작하기 위해 제출되어야 한다.

3. 조선 인민의 정치적·경제적·사회적 진보와 민주주의적 자치 발전과 독립 국가의 수립을 원조 협력할 방안을 작성함에는 또한 조선 임시 정부와 민주주의 단체의 참여하에서 공동 위원회가 수행하되, 공동 위원회의 제안은 최고 5년 기한으로 4개국 신탁 통치(Trusteeship)의 협약을 작성하기 위하여 미·영·소·중 4국 정부가 공동 참작할 수 있도록 조선 임시 정부와 협의한 후 제출되어야 한다.

4. 남북 조선에 관련된 긴급한 문제를 고려하기 위하여 또한, 남조선 미합중국 관구와 북조선 소련 관구의 행정 경제면의 항구적 균형을 수립하기 위하여 2주일 이내에 조선에 주둔하는 미·소 양군 사령부 대표로써 회의를 소집할 것이다.

노중선, 『민족과 통일』, 자료편

해 신속히 임시 정부를 수립하고 신탁 통치는 임시 정부가 수립된 후에 반대한다는 선 임시 정부 수립, 후 신탁 통치 반대를 주장하였다. 여운형·백남운 등의 중도 좌파도 미·소 공동 위원회에 적극 협조하되 신탁 통치는 받지 않도록 해야 한다고 주장하였다.

한편, 좌익 세력인 공산당도 처음에는 신탁 통치를 반대하였으나 돌연 1946년 1월 2일, 모스크바 3국 외상 회의의 결정을 지지한다고 발표하였다. 공산당이 모스크바 3국 외상 회의의 결정을 지지하면서 신탁 통치까지 찬성한 것은 즉시 독립을 바라는 한국인의 열망을 무시한 처사로 일부 공산당원들에게도 반발을 샀다.

신탁 통치 찬반 논쟁을 계기로 좌·우의 갈등과 대립이 본격화되었다. 그 때까지 매국노, 민족 반역자였던 친일파는 반탁 운동을 계기로 애국자로 둔갑하였다. 친일파가 반탁 운동에 적극 참여하면서 우익의 반탁 투사들은 좌익을 매국노·민족 반역자로 몰아세웠다.

미·소 공동 위원회의 개최

신탁 통치 문제로 좌익과 우익이 격렬하게 대립하는 가운데 모스크바 3국 외상 회담 결정에 따라 제1차 미·소 공동 위원회가 덕수궁에서 열렸다(1946. 3. 20). 미·소 공동 위원회는 독립 국가 건설을 위한 정부 수립에 합의했지만, 임시 정부를 수립하기 위해 미·소 공동 위원회가 협의할 정당, 사회 단체의 자격 문제로 결렬되었다. 미국은 반탁을 주장하는 남한의 우익 세력을 참여시키려 했고, 소련은 이에 반대하였다. 4월 5일, 소련 측은 반탁 투쟁을 했더라도 모스크바 3국 외상 회의 결정을 지지하겠다고 밝히면 그 정당 사회 단체와도 협의하겠다는 양보안을 내놓았다.

미·소 공동 위원회는 4월 18일, 모스크바 3국 외상 회의 결정을 지지하여 미·소 공동 위원회에 협력한다면 과거의 반탁 행위를 불문에 부치고 임시 정부를 수립하는데 협의 대상으로 삼겠다는 공동 성명 5호를 발표하였다. 공동 성명 5호를 둘러싸고, 정당 간의 이해 관계가 얽히면서 미·소 간의 의견 차이는 좁혀지지 않았고, 이후 거듭되는 논란 속에서 미·소 공동 위원회는 아무런 성과 없이 휴회되었다.

미·소 공동위원회의 휴회는 정국에 커다란 영향을 미쳤다. 제1차 미·소 공동 위원회가 중단되고 통일 정부의 수립이 늦어지자, 이승만은 1946년 6월 3일에 정읍에서 남한만이라도 단독 정부를 수립해야 한다고 주장하였다(정읍 발언). 이승만의 이러한 주장은 한민당을 제외한 모든 정치 세력이 격렬하게 반대하였다.

1947년 5월 21일 제2차 미·소 공동 위원회가 재개되었지만 협의에 참여할 여러 정당과 사회 단체의 명부 작성 문제를 놓고 다시 미·소 간의 이해가 엇갈리면서 결렬되고 말았다. 그러나 미·소 공동 위원회가 결렬되었던 더 큰 이유는 미·소 냉전이 격화되면서 미국의 세계 전략이 수정되었기 때문이었다. 미국은 이미 3월 12일에 그리스와 터키 등지에서 소련의 팽창을 좌시하지 않겠다는 투르만 독트린을 발

미·소 공동위원회 미·소 공동 위원회 절차를 토의하는 미군 사령관 하지 중장(왼쪽)과 소련군 사령관 스티코프 중장

정읍 발언
이제 우리는 무기 휴회된 미·소 공동 위원회가 재개될 기색도 보이지 않으며, 통일 정부를 고대하나 여의케 되지 않으니, 우리는 남방만이라도 임시 정부, 혹은 위원회 같은 것을 조직하여 38 이북에서 소련이 철퇴하도록 세계 공론에 호소하여야 될 것이니 여러분도 결심하여야 될 것이다.
– 「서울신문」, 1946년 6월 4일 기사

표하였다. 따라서 미국은 더 이상 소련과 협의해서 한국 문제를 처리해야 할 필요성을 느끼지 못하였다. 이에 미국은 한국 문제를 미국이 주도권을 행사하고 있는 유엔으로 이관하였다(1947. 9).

좌·우 합작 운동의 전개

광복 직후 좌·우 연합의 건국 준비 위원회가 추진한 건국 활동은 실패로 끝났지만, 광복 이후 결성된 수많은 정당 중에는 전체적으로 좌·우 연합을 지향하는 중도파 정당이 많았다. 그러나 신탁 통치 문제로 국내의 정치 세력은 급속히 좌익과 우익 진영으로 나누어지면서 중도파의 설 땅이 좁아지고 있었다.

좌·우 합작위원회 우익 대표로 김규식, 안재홍, 원세훈 등이 좌익 대표로 여운형, 성주식, 이강국 등이 참가하였다.

제1차 미·소 공동 위원회의 결렬과 이승만의 단독 정부 수립 운동을 민족적 위기로 판단한 김규식과 여운형 등의 중도 세력은 민족의 단결에 의하여 통일 정부를 수립해야 한다고 주장하며 좌·우 합작 운동을 전개하였다(1946. 10). 중도 우익의 김규식을 중심으로 5명의 우익 인사와 중도 좌익의 여운형을 중심으로 5명의 좌익 인사들이 좌·우 합작 위원회를 구성하고, 토지 개혁 실시와 입법 의원 구성을 주요 내용으로 하는 좌우 합작 7원칙을 발표하였다(1946. 10). 당시 미 군정청은 조선 공산당 등 좌익 세력에 대한 탄압을 강화하면서, 좌우 합작 운동을 지원하였다.

그러나 좌·우 대결을 피하고 민족이 단결하여 통일 임시 정부를 수립하려던 좌·우 합작 운동은 광복 정국에서 실질적인 힘을 가지고 있던 김구와 이승만 세력, 그리고 조선 공산당이 참여하지 않음으로써 현실적으로 성공하기 어려웠다. 게다가 소련과의 냉전이 본격화되고 미국의 정책이 강경 노선으로 전환되면서 미국은 좌·우 합작 운동에 대한 지원을 철회하고 우익 세력을 옹호하기 시작하였다. 결국 좌·우 합작을 통하여 중도적 통일 정부를 수립하려던 운동은 실패하게 되었고, 이러한 정국 속에 좌·우 합작 운동의 중심 인물인 여운형이 극우 세력에 의해 암살되었다(1947. 7).

김규식(1881~1950) 광복 정국의 정치적 분열을 막기 위해 좌·우 합작 운동을 적극적으로 전개했다.

자료 스페셜 **좌·우 합작 7원칙(1946. 10. 7)**

1. 조선의 민주 독립을 보장한 3상 회의 결정에 의하여 남북을 통한 좌우 합작으로 민주주의 임시정부를 수립할 것.
2. 미·소 공동 위원회 속개를 요청하는 공동 성명을 발할 것.
3. 토지 개혁에 있어 몰수, 유조건 몰수, 체감 매상 등으로 토지를 농민에게 무상으로 분여하며, 시가지의 기지(基地) 및 대건물을 적정 처리하며, 중요 산업을 국유화하며, 사회 노동 법령과 정치적 자유를 기본으로 지방 자치제의 확립을 속히 실시하며, 통화 및 민생 문제 등을 급속히 처리하여 민주주의 건국 과업 완수에 매진할 것.
4. 친일파 민족 반역자를 처리할 조례를 본 합작 위원회에서 입법 기구에 제안하여 입법 기구로 하여금 심리 결정케 하여 실시케 할 것.
5. 남북을 통하여 현 정권하에 검거된 정치 운동자의 석방에 노력하고 아울러 남북 좌우의 테러적 행동을 일체 즉시로 제지토록 노력할 것.
6. 입법 기구에 있어서는 일체 그 기능과 구성 방법 운영을 본 합작 위원회에서 작성하여 적극적으로 실행을 기도할 것.
7. 전국적으로 언론, 집회, 결사, 출판, 교통, 투표 등의 자유가 절대 보장되도록 노력할 것.

송남헌, 『해방 30년사』, Ⅱ

(1) 5·10 총선거와 남북 협상

한국 문제의 유엔 상정

제2차 미·소 공동 위원회가 결렬되자 모스크바 협정안에 따른 문제의 해결은 불가능하게 되었다. 이에 미국은 한국 문제를 유엔에 상정하여 해결하려 하였고, 소련은 미·소 양군의 동시 철수안을 제기하였다.

한국 문제의 유엔 상정
유엔 총회 운영 위원회는 미국의 제안을 12 : 2로 가결하고, 총회에 한국 문제를 의제로 채택할 것을 권고하였다. 이에 유엔 총회는 이 권고를 찬성 41, 반대 6, 기권 6으로 가결하였다.

미국은 한반도에 군정과 신탁 통치를 거쳐 자국에 우호적인 독립 국가를 세우려고 하였다. 하지만 국내외 반발로 뜻대로 되지 않자 남한만이라도 미국에 우호적인 정부를 수립하려고 하였다. 이에 미국은 소련의 반대를 무릅쓰고 한국 문제를 유엔 총회에 상정하였다(1947. 9). 소련이 반대한 이유는 당시 유엔이 미국에 우호적인 국가가 다수였기 때문이었다.

유엔 총회는 미국 측 제안을 압도적 다수로 가결함으로써 한국의 독립 문제는 유엔으로 넘어가게 되었다. 이에 1947년 11월, 유엔 총회는 미국의 제안에 따라 유엔 감시 하의 남북한 총선거에 의한 국회 구성과 통일 정부의 수립, 총선거를 감시하기 위한 유엔 한국 임시 위원단의 설치, 통일 정부 수립 후 점령군 철수를 골자로 하는 한국 문제 결의안을 확정하였다.

이에 총선거를 감시하게 될 유엔 한국 임시 위원단이 인도, 오스트레일리아, 캐나다, 중국, 프랑스 등의 대표로 구성되었고, 1948년 1월에 남한에 입국하여 서울에서 업무를 시작하였다. 임시 위원단은 남한에서 미군정의 환영 속에 업무를 수행하였지만, 인구가 적은 북한에 불리하다고 생각한 소련은 임시 위원단이 북한에 들어오는 것을 거부하였다.

유엔 한국 임시 위원단 환영 집회

소련의 입북 거부로 유엔 결의안의 실현이 불가능해지자, 임시 위원단은 접근 가능한 지역에서라도 선거를 실시하여 독립 국가를 건설하자는 남한 단독 선거의 방안을 모색하였다. 유엔 총회의 임시 위원회(소총회)는 남한에서만이라도 선거를 실시해야 한다는 미국의 결의안을 채택하였고, 유엔의 결의에 따라 임시 위원단은 1948년 5월 10일 안에 총선거를 실시하기로 결정하였다(1948. 2).

남북 협상

남한만의 총선거를 둘러싸고 반탁 운동을 전개해 온 우익 세력은 둘로 나뉘어졌다. 이승만과 한국 민주당은 단독 정부 수립을 주장하며 남한만이라도 즉각 총선거를 실시해야 한다고 주장하였다. 이에 반하여 김구를 중심으로 한 한국 독립당

계열은 단독 정부 수립을 반대하고, 미·소 양군의 철수와 남북 지도자의 협상에 의한 총선거를 주장하였다. 좌익은 단독 정부 수립 저지 투쟁을 전개하였다. 좌·우 합작 운동을 펼쳤던 김규식도 여운형이 암살 된 이후 홍명희, 안재홍, 원세훈 등과 함께 중도파 세력을 규합하여 계속해서 통일 정부 수립 운동을 펼쳐나갔다.

이승만과 한국 민주당이 단독 정부 수립 노선을 본격화하자 한국 독립당의 김구와 민족 자주 연맹을 조직한 김규식은 남한 단독 정부 수립이 한반도의 분단을 영구화한다고 주장하였다 이들은 통일 정부를 수립하기 위한 노력으로 북한의 김일성, 김두봉에게 남·북한 정치 지도자 회담을 개최하자고 제안하였다(1948. 2).

남북 협상을 위해 38도선에 선 백범 김구

이 무렵 북한 당국은 1948년 초에 이미 인민군을 창설하고, 이어서 그들의 헌법 초안을 작성하여 북한 단독 정권 수립을 위한 준비를 마치고 있었다. 김구와 김규식 등의 남북 협상 제의를 받은 북한 당국은 3월, 남북 회담의 규모를 지도자들뿐만 아니라 모든 정당 사회 단체의 대표자까지 망라한 연석 회의를 개최하자고 다시 제의하였다.

이에 1948년 4월 27일부터 30일까지 김구, 김규식, 조소앙, 박헌영, 백남운 등 남측 대표 11명과 김일성, 김두봉 등 북측 대표 4명이 참석한 가운데 평양에서 남북조선 제 정당 사회 단체 대표자 연석회의가 개최되었다(1948. 4). 이 회의에서는 남한만의 단독 정부 수립 반대, 미·소 양군의 철수를 요구하는 결의문을 채택하였다. 이와 함께 김구·김규식·김일성·김두봉의 4자 회담이 열렸지만 남북한 지역 모두 정부 수립을 위한 준비가 진행되던 단계였기 때문에 별다른 성과를 얻지 못하고 끝나고 말았다.

경교장(서울 종로) 김구가 1945년 11월 이후 안두희에 의해 암살될 때까지 사용했던 집이다.

1948년 5월 초에 김구와 김규식 일행은 서울에 돌아왔고, 김구가 이끈 한국 독립당과 김규식의 민족 자주 연맹은 5·10 총선거에 불참하였다. 이들 세력은 그 후에도 통일 정부 수립을 위한 노력을 계속하였으나 미·소 냉전이 격화되면서 아무런 결실을 맺지 못하였고, 1949년 6월 김구는 안두희의 총탄을 맞고 쓰러졌다.

(2) 대한민국 정부 수립

제헌 국회의 구성

1945년 5월 10일, 유엔의 결의에 따라 남한에서 총선거가 실시되었다. 제헌 국회 의원을 뽑는 5·10 총선거는 21세 이상 모든 국민에게 투표권이 부여된 우리나라 최초의 보통 선거였다.

좌익 세력을 중심으로 대규모 단독 선거 반대 투쟁이 전개되었지만 선거는 예정

제헌 국회의 구성
제헌 국회 의원 200석 가운데 무소속이 85석, 이승만 계열의 대한 독립 촉성 국민회가 55석, 한국 민주당이 29석을 차지하였다. 이 선거에는 김구와 김규식 계열이 불참하였으며, 일부는 무소속으로 출마하였다.

제헌 국회 구성을 위한 국회의원 총선거(1948. 5. 10)

대한민국 정부 수립 선포식 (1948. 8. 15)

대로 실시되었다. 그러나 김구가 이끈 한국 독립당과 김규식 등 남북 협상 참가 세력, 다수 중도계 인사들은 단독 정부 수립이라 규정하고 총선에 참여하지 않았다.

이 선거의 결과 5월 말에 제헌 국회가 개최되었는데, 제헌 국회 의원의 임기는 2년으로 한정되었다. 제헌 국회는 개원하자 이승만을 의장으로 선출하고 헌법 제정에 착수하여 우리나라의 국호를 대한민국으로 결정하는 등 대한민국 임시 정부의 법통을 계승한 민주 공화국 체제의 헌법을 제정하여 7월 17일 공포하였다(1948. 7. 17). 헌법은 대통령 중심제의 권력 구조를 골간으로 하면서 내각제의 요소도 가미하고 있었다. 임기 4년의 대통령은 국회에서 간접 선거로 선출하고, 국회는 단원제로 운영하였다.

제헌 국회는 헌법에 따라 대통령에 이승만을, 부통령에 이시영을 각각 선출하였다. 이승만의 대통령 당선으로 공석이 된 국회의장에는 신익희가 선출되었다. 이승만 대통령은 국무총리에 이범석을 임명하여 내각을 구성하였고, 대법원장에는 김병로를 임명하여 사법부를 구성하였다.

1948년 8월 15일 이승만 대통령은 대한민국 수립을 국내외에 선포하였다. 미국의 하지 사령관은 군정의 종언을 선언하였고, 정부 청사인 중앙청에는 태극기가 게양되었다. 이로써 우리 민족이 염원하던 정부가 수립되었고, 대한민국 정부는 미군정으로부터 정권을 이양받았다.

1948년 12월에 파리에서 개최된 유엔 총회는 48대 6이라는 다수의 지지로 대한민국이 한반도에서 유일한 합법 정부임을 공인하였다. 이어 미국을 비롯한 자유 우방 50여 국가로부터 각각 승인을 받았다. 이에 유엔 결의로 유엔 감시 하에 총선거를 실시하여 수립된 대한민국은 유엔의 공인으로 국제 사회에서 그 정통성을 인정받게 되었다.

일제 잔재 청산을 위한 노력

해방 직후 주요 정당과 사회 단체들은 대체로 민족 반역자와 일제에 적극적으로 협력했던 친일파들을 처단하자고 주장하였다. 당시 대부분 국민들도 친일파의 처단을 원하고 있었다. 그러나 대다수 국민들의 요구에도 불구하고 미 군정은 인재 부족을 이유로 일제 강점기의 관료와 경찰을 그대로 근무하게 하였다. 이리하여 친일파 처단 문제는 대한민국 정부 수립 이후로 넘어가게 되었다.

광주 전남, 반민족 행위 특별 조사 위원회 전라남도 조사부에 설치한 투서함에 투서하는 모습 (1948. 10)

대한민국 국회는 제헌 헌법에서 "이 헌법을 제정한 국회는 1945년 8월 15일 이전의 악질적인 반민족 행위를 처벌하는 특별법을 제정할 수 있다."고 규정하였다. 국회는 이 조항에 근거하여 반민족 행위 처벌법 기초 특별 위원회를 구성하고 특별법 제정에 착수하였다. 이에 과거 친일 경력이 있는 지식인, 경제인, 경찰, 제헌 의회 의원 등이 이 법 제정을 결사적으로 반대하였다. 그러나 친일파 처단을 요구 하는 국민의 요구를 더 이상 미룰 수 없었다. 마침내 1948년 9월, 이승만은 국회를 통과한 반민족 행위 처벌법을 공포하였다.

반민족 행위 처벌법이 제정 공포되자, 국회는 국회의원 10명으로 구성된 반민족 행위를 예비 조사할 반민족 행위 특별 조사 위원회(반민 특위)를 설치하였다. 그러 나 반민 특위의 활동은 순조롭게 진행되지 못하였다. 반민족 행위 처벌법 제정에 반대하였던 세력들은 국회 앞에서 반민 특위는 공산당의 앞잡이고, 체포된 반민족 행위자들은 공산당과 싸운 애국지사라며 이들의 석방을 요구하는 시위가 벌어졌 다. 이러한 상황 속에서 서울 중부 경찰서는 반민 특위 대원의 무장 해제, 서류 및 장비 압수 등의 일을 저지르고, 반민 특위 직원 35명을 연행하였다(반민 특위 사건, 1949. 6. 6.).

결국, 친일파를 처벌하려는 사람은 공산주의자·매국노로 매도된 반면, 친일파 는 공산주의와 싸우면서 건국 운동을 한 애국자로 둔갑되는 공포 분위기가 형성되 었다. 이러한 상황 속에서 반공 정책을 가장 중요시하였던 이승만 정부의 비협조, 친일 세력의 방해 공작, 일본 경찰 출신 간부의 반민 특위 습격 사건 등으로 친일파 청산은 제대로 이루어지지 않은 채 끝나고 말았다(1949. 8. 31.).

반민족 행위 특별 조사 위원회(반민특위)에 체 포되어 법정으로 끌려가는 친일 혐의 인사들

실제로, 1949년 9월 반민 특위가 해산될 때까지 취급한 사건은 682건에 지나지 않았다. 이 중 체포는 305명, 미 체포는 173명, 자수는 61명이었으며, 559명이 특별 검찰에 송치되어 221명이 기소되었다. 재판이 종결된 38명 중 사형 1명, 무기 징역 1명을 포함해 징역형이 12명, 공민권 정지는 18명, 무죄는 6명, 형 면죄는 2명이었 다. 그러나 이들조차 1950년까지는 재심 청구나 감형, 그리고 형 집행 정지 등으로 모두 자유의 몸이 되었다. 이처럼 광복 이후, 친일파를 제대로 청산하지 못한 과오 는 오늘 현대사를 옥죄는 굴레가 되었다.

(1) 건국 초기의 국내 정세

제주도 4·3 사건과 여수·순천 10·19 사건

광복 이후 냉전이 심화되는 가운데 민족 통일 국가의 수립이 남북 분단으로 좌절되고, 남한만의 단독 정부 수립이 확실시되자, 이에 반대하는 시위가 각지에서 전개되었다. 특히, 좌익 세력은 단독 정부의 수립을 저지하기 위한 투쟁을 곳곳에서 전개하였다. 1948년 2월 7일에는 서울에서 총 파업을 단행하고 단독 정부 수립과 단독 선거 실시를 반대하는 전국적인 시위를 주도하였다. 이 가운데 다른 곳보다 경제가 더욱 어렵고 경찰을 비롯한 우익 세력의 부패가 심했던 제주도에서 가장 격렬한 반대 투쟁이 일어났다(제주도 4·3 사건). 이들은 미군 철수, 남한만의 단독 선거 절대 반대, 경찰과 테러 집단 철수 등을 주장하였다.

제주도 4·3 사건은 남한만의 단독 정부 수립을 반대하는 좌익 세력의 활동, 군정 경찰과 서북 청년단에 대한 반감 등이 복합적으로 작용하여 발생하였다. 1947년 3·1절 기념 시위가 벌어졌을 때 군정 경찰의 발포로 희생자가 발생하자, 제주도민들은 이에 항의하여 파업을 단행하였다. 이에 대해 미 군정 당국이 대규모의 군대와 경찰 및 서북 청년단을 추가로 파견함으로써 제주도민과의 대립과 갈등이 증폭되었다. 그 결과, 좌익이 중심이 되어 구성된 유격대와 군·경찰·극우 청년 단체로 구성된 토벌대 사이에 대규모 유혈 사태가 빚어졌으며, 이 과정에서 무고한 양민도 다수 희생되었다. 이에 제주도 일부 지역에서는 5·10 총선거가 실시되지 못하고 연기되었다.

제주도에서의 무장 봉기가 진정되지 않자, 정부는 이를 진압하기 위해 여수에 주둔하고 있던 국방 경비대 제14연대 1대대에 제주 진압을 위해 출동하라는 명령을 내렸다(1948. 10). 이에 부대 내의 일부 좌익 세력은 출동을 거부하고 무장 봉기를 일으켜 여수를 점령한데 이어 순천을 점거했다(여수·순천 10·19 사건). 사건은 순식간에 광양, 구례, 벌교, 보성, 고흥 등 전남 동부 6개 군 지역까지 확산되었다. 이 사건은 국군과 경찰에 의해 진압되었지만, 그 과정에서 무고한 민간인들이 희생되거나 피해를 입었다.

북한 정권의 수립

광복 직후 북한 주민들도 건국 준비 활동에 들어갔다. 1945년 8월에 평양에서는 민족주의자 조만식을 위원장으로 하는 평남 건국 준비 위원회가 결성되었으며, 다른 지역에서도 건국 조직들이 만들어졌다. 북한에 들어온 소련군은 모든 건국 준비 조직들에게 좌·우 합작의 인민 위원회로 개편할 것을 명령하였다. 이에 따라 각

제주도 4·3 사건의 처리
2000년 '제주 4·3사건 진상 규명 및 희생자 명예 회복을 위한 특별법'이 제정되어 이 사건을 1947년 3월 1일 경찰의 발포사건을 기점으로 하여 경찰과 서북청년단의 탄압에 대한 저항과 남한의 단독선거·단독 정부 반대를 기치로 1948년 4월 3일 남로당 무장대가 무장 봉기한 이래 1954년 9월 21일 한라산 금족 지역이 전면 개방될 때까지 제주도에서 발생한 무장대와 토벌대 간의 무력 충돌과 토벌대의 진압 과정에서 수 많은 주민이 희생당한 사건으로 정의하였다.

서북 청년단
1946년 11월에 서울에서 조직된 반공 단체로, 월남한 청년들로 구성되어 반공 운동에 앞장섰다.

여순사건 위령탑(전남 순천)

지방별로 인민 위원회가 조직되어 자치가 실시되었다.

소련군과 함께 들어온 김일성은 조선 공산당 북조선 분국의 책임 비서가 되어 국내 좌익 세력을 누르고 주도권을 장악하기 시작하였다. 김일성은 신탁 통치를 반대하는 우파 지도자 조만식을 제거하였으며, 북조선 임시 인민 위원회가 결성되자 위원장이 되었다(1946. 2).

북조선 임시 인민 위원회 발족, 위원장에 김일성을 선출하였다(1946. 2. 8).

북조선 임시 인민 위원회는 일제 잔재 청산, 주요 산업의 국유화, 무상 몰수·무상 분배 원칙에 따른 토지 개혁을 실시하였다. 그러나 북한의 토지개혁은 매매나 소작 등이 금지되는 소유권이 없는 한계를 지니고 있었다. 또 8시간 노동제를 규정한 노동법, 남녀 평등법 제정 등으로 북한 주민의 인심을 얻어 공산주의 체제를 강화하였다. 이러한 소련식 사회주의 체제 구축으로 친일파·지주·자본가·종교인·지식인들은 큰 타격을 받게 되었고, 이들 중 많은 사람들이 38도선을 넘어 월남하였다.

한편, 중국 화북 지방에서 독립 투쟁을 전개하였던 조선 독립 동맹 계열의 인사들은 해방 후 북한으로 들어와 조선 신민당을 결성하였다. 김일성이 이끈 북조선 공산당은 김두봉이 이끈 조선 신민당과 합당하여 북조선 노동당(북로당)으로 바뀌었다. 북조선 노동당의 위원장에 김두봉, 부위원장에 김일성이 선출되었지만, 실질적인 지도자는 김일성이었다. 북조선 노동당의 결성과 발맞추어 남한에서는 박헌영이 중심이 된 조선 공산당이 다른 좌익 정당과 통합하여 남조선 노동당(남로당)으로 변신하였다.

북한은 임시 헌법 초안을 만들고(1947. 12) 다음해 2월에는 조선 인민군을 창설하였다. 1948년 남한에서 5·10 총선거로 제헌 국회가 구성되자, 북한에서는 최고 인민 회의가 구성되었다. 이어 남한에 대한민국 정부가 수립되자, 1948년 9월 9일 북한에서는 최고 인민 회의 대의원 선거를 실시하여 김일성을 수상으로, 남조선 노동당 지도자였던 박헌영을 부수상으로 하는 조선 민주주의 인민 공화국을 수립하였다.

(2) 6·25 전쟁

전쟁의 발발

한반도에 세워진 2개의 정부는 상대를 비난하면서 자신들이 중심이 된 통일을 주장하였다. 남한에서는 조선 경비대를 국군으로 확대 개편하였고, 북한에서는 조선 인민군을 창설하였다.

미국과 소련은 1948년 말에서 1949년 중반에 걸쳐 한반도에서 군대를 철수 시켰지만 군사적·경제적 지원을 계속하였다. 1949년 중국 공산당이 국·공 내전에서 승리하자, 김일성은 극비리에 소련과 중국을 방문하여 스탈린과 마오쩌둥으로부터 전쟁 지원을 약속받았다. 북한은 소련으로부터 전투기와 탱크 등의 무기와 군사 고문단을 지원받아 막강한 군사 장비를 갖추면서 전력을 강화하였다. 동시에 중

애치슨 라인
1950년 1월 12일, 미국 국무 장관 애치슨이 언급한 극동 방위선을 말한다. 애치슨은 스탈린과 마오쩌둥의 야심을 저지하기 위하여 태평양에서의 미국의 방위선을 알류산 열도 - 일본 - 오키나와 - 필리핀을 연결하는 선으로 정한다고 발표하였다. 이는 한국을 미국의 태평양 방위선 안에서 제외함으로써 북한 남침의 빌미를 제공하였다.

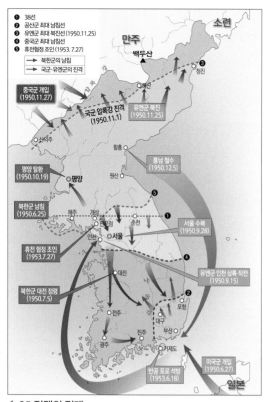

6·25 전쟁의 전개

❶ 38선
❷ 공산군 최대 남침선
❸ 유엔군 최대 북진선(1950.11.25)
❹ 중국군 최대 남침선
❺ 휴전협정 조인(1953.7.27)
→ 북한군의 남침
→ 국군·유엔군의 진격

중국군 개입
(1950.11.27)

국군 압록강 진격
(1950.11.1)

유엔군 북진
(1950.11.25)

흥남 철수
(1950.12.5)

평양 탈환
(1950.10.19)

북한군 남침
(1950.6.25)

서울 수복
(1950.9.28)

휴전 협정 조인
(1953.7.27)

유엔군 인천 상륙 작전
(1950.9.15)

북한군 대전 점령
(1950.7.5)

미국군 개입
(1950.6.27)

반공 포로 석방
(1953.6.18)

국과 비밀 협정을 맺어 국·공 내전에서 중국 공산당을 위해 싸웠던 조선 의용군 3개 사단을 북한의 인민군으로 편입시켰다. 이러한 상황 속에서 38도선 일대에서는 크고 작은 무력 충돌이 자주 일어났다.

전쟁 직전 남한의 지상군이 10여 만 명, 인민군은 20여 만 명으로 북한이 월등한 군사력을 보유하고 있었다. 또한, 남한 내의 좌익 세력은 지리산 등 각지에서 빨치산 활동을 전개하고 있었다. 이승만 정부는 1949년 겨울 대대적인 소탕 작전을 전개하여 빨치산 게릴라들의 활동을 진압하였다. 이러한 가운데 미국은 남한에서 주한 미군을 단계적으로 철수시켰으며, 중국 대륙이 공산화되자 미국 국무 장관 애치슨은 한반도를 미국이 반드시 방어해야 할 방어선의 외곽에 위치하고 있다는 이른바 애치슨 선언을 발표하였다(1950. 1).

애치슨 선언 직후 소련과 중국을 방문한 김일성은 소련과 중국의 지원을 약속 받은 후 1950년 6월 25일 새벽에 38도선 전역에서 기습적 공격을 감행하였다(6·25 전쟁). 서울과 춘천, 동해안에 주력 부대를 투입한 북한은 전쟁 개시 3일 만에 서울을 점령하고, 1개월 후에는 낙동강 일대까지 내려왔다.

6·25 전쟁이 일어나자 긴급 소집된 국제 연합 안전 보장 이사회는 북한의 남침을 침략 행위로 규정하고, 대한민국에 군사 지원을 결의하였다. 이 결정에 따라 미국을 비롯한 16개국이 한국을 지원하기 위해 군대를 파견하였고, 맥아더를 사령관으로 하는 유엔군을 편성하였다.

인천 상륙 작전과 중국군의 개입

국군과 유엔군은 1950년 9월 15일에 인천 상륙 작전을 성공시켜 전세를 역전시켰다. 9월 28일에는 서울을 수복한 후 10월 1일에 38도선을 넘어 북진을 계속하였다. 중국 공산당은 국군과 유엔군이 38도선을 넘어 북진할 경우 군대를 파견하겠다고 경고하였고, 인도는 휴전을 위한 협상을 제안하였다. 그러나 국군과 유엔군은 북진을 계속하여 10월 19일에 평양을 탈환하고, 10월 26일에는 압록강 연안의 초산까지 진격하였다.

그러나 유엔군의 만주 진격을 우려한 중국은 대규모의 군대를 파견하여 북한을 지원하였다. 이에 전세는 다시 역전되었고, 중국군의 인해 전술에 밀린 국군과 유엔군은 후퇴하였다. 1950년 12월 하순에 단행된 흥남 철수 작전에는 10만여 명의 피난민도 함께 수송되었다.

폭파된 대동강 철교를 건너 남하하는 북한주민들(1951. 1)

국군과 유엔군의 후퇴로 1951년 1월 4일 서울은 다시 북한군의 수중에 들어갔다 (1·4후퇴). 중국군의 개입으로 평택, 오산까지 후퇴하였던 국군과 유엔군은 다시 총공세를 단행하여 70여 일 만에 수도 서울을 재탈환하였다. 그러나 이후 전투는 38도선 일대에서 교착 상태에 빠지게 되었다.

휴전 협정

38도선을 중심으로 전선이 고착되고 장기전의 양상을 띠자 유엔 주재 소련 대표는 휴전을 제의하였다. 중국군의 참전으로 6·25 전쟁이 세계 대전으로 확대될 것을 우려한 미국은 소련의 휴전 제의를 받아들였다. 이에 따라 1951년 7월 10일 개성에서 휴전 회담이 열렸다. 이 때 이승만 대통령은 남북통일을 이루지 못하고 휴전할 수 없다는 성명을 발표하였다.

거제도 포로수용소에서 북한군과 중공군 포로들이 소련의 스탈린, 중국의 마오쩌둥, 북한의 김일성 등 공산 정권 지도자들의 초상화를 그려 전시하고 있다.

한국 정부와 국민의 휴전 반대에도 불구하고 휴전 회담은 2년 동안 계속되었다. 휴전 회담의 주요 쟁점은 군사 경계선의 설정 문제, 휴전 감시 기관 구성 문제, 포로 교환 문제 등이었다. 특히, 양쪽의 포로 교환을 둘러싸고 신경전이 계속되었다. 공산군 측은 무조건 모두 교환하자고 주장했고, 유엔군 측은 포로 각 개인의 자유 의사에 따라 결정하자고 주장하였다.

1949년 체결된 전쟁 포로 예우에 관한 제네바 협약에서는, 전쟁 당사국 간의 적대 행위가 끝나는 시점에 즉시 포로를 본국에 돌려보내는 자동 송환 원칙을 채택하고 있었다. 그러나 미국 측은 개인의 의사를 존중한다는 인도주의를 내세워 포로 본인이 남한과 북한을 선택하게 하는 자유 송환을 주장하였다. 이에 대해 공산국 측이 제네바 협정 위반이라며 강력히 반발하여 휴전 회담은 중단되고 말았다.

거제도 포로 수용소 유적 기념상(경남 거제)

휴전 회담이 중단된 동안 거제도 포로 수용소에서는 포로들의 의사를 확인하기 위한 심사가 실시되어, 반공 포로와 공산 포로가 분리되었다. 그러자 이에 반발한 공산 포로들이 폭동을 일으키거나, 반공 포로와 공산 포로 사이에 충돌이 일어나기도 하였다.

휴전 회담은 1953년에 들어서면서 급진전되었다. 소련에서는 스탈린이 사망하였고, 미국에서는 종전을 공약으로 내세운 아이젠하워가 대통령으로 당선되었다. 중국은 더 이상 전쟁에 개입할 여력이 없었다. 이승만 대통령은 37,000여 명의 반공 포로 석방을 강행하면서 휴전에 반대하였지만, 미국으로부터 한·미 상호 방위 조약의 체결과 장기간의 경제 원조 및 한국군의 증강 등을 약속 받고 휴전에 묵인함으로써 마침내 한국 정전 협정(휴전)이 성립되었다(1953. 7. 27). 무려 2년 1개월 동안 575회의 공식 회의를 거친 결과였다.

정전협정서에 서명하는 유엔군 대표 클라크 장군(사진 왼쪽에서 두 번째)

전쟁이 남긴 상흔

3년간 지속된 6·25 전쟁으로 남과 북은 막대한 피해를 입었다. 전쟁으로 인한 사상자 수가 남·북한을 합쳐 수백만 명을 넘었으며, 수많은 전쟁 고아와 천만이 넘는 이

산가족이 발생하였다. 물질적 손실도 엄청나서 도로, 주택, 철도, 항만 등의 사회 간접 시설이 거의 파괴되어 전국이 폐허로 변하였다. 남한은 생산 시설의 42%가 파괴되었고, 북한 역시 주요 산업 시설의 대부분이 연합군의 공격으로 잿더미가 되었다.

전쟁 중에 양측 군대에 의한 민간인 학살 사건이 일어나기도 했다. 북한군과 좌익은 남한의 점령 지역에서 인민재판을 열어 지주와 자본가, 군인 및 경찰과 그 가족들을 반동분자로 몰아 처형하였다. 그리고 국군은 서울 수복 후 북진하면서 부역자 등을 찾아내어 처형하였는데, 그 과정에서 어쩔 수 없이 북한군에게 협력하였던 양민을 비롯하여 무고한 양민까지 피해를 당하였다.

국민 보도 연맹 사건
1949년 좌익 운동을 하다 전향한 사람들로 조직된 반공 단체. 1948년 12월 시행된 국가 보안법에 따라 좌익 사상에 물든 사람들을 전향시켜 보호하고 인도한다는 취지로 결성되었는데, 1949년 말에는 가입자 수가 30만 명에 달하였다.

뿐만 아니라 좌익 출신의 국민 보도 연맹 소속원, 교도소 수감자 등도 처형하였다. 또한, 군 수뇌부의 부정부패로 국민 방위군 등 5만 명 이상이 굶어죽는 참상이 벌어지기도 하였다. 국민 방위군 사건은 1950년 12월, 국회에서 통과된 '국민방위군 설치법'에 따라 '제2 국민병 소집령'을 내려 경찰과 군인을 제외한 장정들로 구성된 군대를 말한다. 방위군 총 인원을 50만 명으로 추산하여 3개월 분 예산으로 209억을 편성하였는데, 국민 방위군 간부들이 횡령하여 5만 명 이상의 방위군이 식량과 침구를 지급받지 못해 굶어 죽거나 얼어 죽었다. 미군도 노근리 등에서 실수로 무고한 양민을 학살하였다. 이 외에도 공비와 내통한 사람 등의 색출 명목으로 충무, 거제, 함평, 산청, 거창 등에서 수많은 양민이 학살되었다.

또한, 6·25 전쟁은 이후 남북한 정치 상황에도 막대한 영향을 끼쳤다. 이승만 정부는 반공을 국가의 기본 방책으로 삼고 야당을 탄압하면서 정권을 유지하였다. 북한에서도 전쟁과 이후의 복구 과정을 통하여 김일성의 독재 권력이 강화되었다. 결국 남한과 북한은 서로 이질적인 사회로 나아가면서 대립하게 되었고, 이로써 분단은 더욱 고착되었다.

전쟁으로 고아가 된 소년

전쟁으로 폐허가 된 중앙청 앞 모습(1950. 11)

그리고 전쟁으로 인한 수백만 명의 피난민이 남쪽으로 피난가고, 또한 북한 주민이 월남함으로써 지방의 전통 문화가 무너져 갔으며, 권위 질서의 붕괴, 촌락 공동체 의식의 약화 등이 나타나기 시작하였다. 그 결과 한국 사회 구조가 급속하게 변화되었으며, 이러한 변화는 사회 변화의 활력소로 작용하기도 하였다. 그 밖에도 6·25 전쟁을 계기로 유엔군의 참전, 미국의 경제 원조와 함께 서구 문화가 밀려들어와 우리 사회와 문화에 커다란 충격을 주었다.

자료 스페셜 6·25 전쟁 당시의 인명 피해 상황

(단위 : 명)

구분	남한		유엔군	북한		중국군	계
	민간인	군인		민간인	군인		
사망	373,599	227,748	36,813	406,000	294,151	184,128	1,522,439
부상	229,652	717,083	114,816	1,594,000	225,949	715,872	3,597,372
실종	387,744	43,572	6,198	680,000	91,206	21,836	1,230,556
계	990,995	988,453	157,827	2,680,000	611,306	921,836	6,350,367

한국 역사 연구회, 『한국현대사2』

2 민주주의의 시련과 발전

5·18 민주화 운동 기념물(광주)

임을 위한 행진곡

사랑도 명예도 이름도 남김 없이
한 평생 나가자던 뜨거운 맹세
동지는 간 데 없고 깃발만 나부껴
새 날이 올 때까지 흔들리지 말자

세월은 흘러가도 산천은 안다
깨어나서 외치는 뜨거운 함성
앞서서 나가니 산 자여 따르라
앞서서 나가니 산 자여 따르라

독재 정권에 맞서 죽음으로 지켜낸 민주주의

4·19 혁명(1960) 이승만 정부의 3·15 부정 선거에 대한 마산 의거로 촉발된 4·19 혁명은 영구 집권을 책동하던 이승만과 자유당 정권의 12년간 장기 집권을 종식시키고, 제2 공화국의 출범을 보게 한 역사적 전환점이 되었다.

6·10 민주 항쟁(1987) 전두환 대통령의 '4·13 호헌 조치'에 반발하여 1987년 6월 10일을 정점으로 20여 일 동안 전국에서 민중 항쟁이 일어났다. 직선제 개헌과 제반 민주화 조치 시행을 쟁취한 6월 민주 항쟁은 권위적인 전두환 정권의 종말을 가져왔다.

(1) 이승만 정부의 장기 집권과 독재화

이승만 정부의 독재 정권 강화

이승만 정부는 건국 이후 친일파 청산과 농지개혁을 실시하였으나 국민들의 기대에는 미치지 못하였다. 그 결과 6·25 전쟁 직전에 실시된 제2대 국회의원 선거인 5·30 총선에서 지지 세력이 크게 줄어들었다.

6·25 전쟁이 일어나자 국회는 정부와 함께 부산으로 피난하였다. 피난지 수도 부산에서 이승만의 임기 만료가 다가오자, 국회의 간접 선거로는 재선이 어렵다고 판단하여 직선제 개헌을 추진하였다. 이승만은 직선제 개헌안을 제출하고(1951. 11) 보수 세력을 결집하여 자유당을 창당하였다. 그러나 직선제 개헌안은 국회에서 압도적인 표 차이로 부결되었다. 오히려 민주 국민당과 무소속 국회의원들이 내각제 개헌안을 국회에 제출하였다.

이에 이승만 대통령의 측근들은 관제 민의를 조장하여 야당 의원들을 비난하는 벽보를 곳곳에 붙이며 공포 분위기를 조성하였다. 또한, 이승만 정부는 공비 토벌을 빙자하여 부산 일대에 계엄령을 선포하고, 내각제를 찬성하는 야당 의원 47명을 헌병대로 연행하고 10여 명을 국제 공산당으로 몰아 구속하였다(부산 정치 파동).

이러한 공포 분위기 속에서 이승만 정부는 대통령 직선제를 골자로 하고 내각 책임제를 가미한 발췌 개헌안을 국회에 제출하였다. 국회는 기립 표결을 거쳐 찬성 163, 반대 0으로 이를 통과시켰다(발췌개헌, 1952. 7).

대통령 직선제를 규정한 새 헌법에 따라 1952년 8월에 실시된 정·부통령 선거에서는 대통령에 자유당 후보인 이승만이, 부통령에는 이승만이 지원했던 무소속의 함태영이 당선되었다. 대통령에 재선된 이승만은 자신의 권력을 강화하면서 장기 집권을 위한 준비 작업을 벌였다. 1954년에 실시된 국회의원 선거에서 압승을 거둔 자유당은 이를 바탕으로 초대 대통령 중임 제한을 철폐하는 헌법 개정안을 국회에 제출하였다. 이에 야당은 격렬히 반대하였다. 표결 결과 1표가 부족하여 부결이 선포되었으나, 자유당은 사사오입(四捨五入)을 내세워 개헌안의 통과를 선언하였다(사사오입 개헌, 1954. 11).

개정된 헌법에 의해 이승만은 1956년 제3대 대통령에 당선되었으며, 민주당 장면 후보가 이승만의 지명을 받은 이기붕을 누르고 부통령에 당선되었다. 이 때 민주당 대통령 후보인 신익희는 "못 살겠다 갈아 보자"는 구호를 내걸고 정권 교체의 바람을 일으켰으나, 선거도중 갑자기 사망하였다. 신익희가 사망하자 진보당 당수였던 조봉암이 216만표를 얻어 이승만의 장기 집권 체제에 큰 위협이 되었다. 이에 이승만 정부는 초대 농림부장관을 지낸 진보당 당수 조봉암을 간첩 혐의로 처형하였다(1959. 7). 또한, 1958년 12월에는 반공 체제의 강화를 내세워 신국가 보안법을

발췌 개헌안 통과 출석 위원 166명 중 찬성 163표, 반대 0표, 기권 3표로 발췌 개헌안을 통과시켰다(1952. 7).

초대 대통령 중임 제한 철폐
제55조 제1항 : 대통령과 부통령의 임기는 4년으로 한다. 단, 재선에 의해 1차 중임할 수 있다.
부칙 : 이 헌법 공포 당시의 대통령에 대하여는 제55조 제1항 단서의 제한을 적용하지 아니한다.

사사 오입 개헌
제적 203명 중 찬성 135표, 반대 60표, 기권 7표로 개헌 정족수인 136표에 1표가 미달하였다. 그러나 자유당은 국회의원 재적 203명의 2/3는 135.333⋯⋯으로 이를 사사입하면 135명이 3분의 2가 된다고 주장하여 개헌안을 통과시켰다.

제3대 대통령 선거 포스터
민주당의 대통령 후보인 신익희는 "못 살겠다 갈아 보자"는 구호를 내걸고 정권 교체의 바람을 일으켰으나, 선거 운동 도중 갑자기 사망하였다.

야당의 반대를 무릅쓰고 통과시켰고, 이승만 정부를 비방하는 사설을 실었다는 이유로 경향 신문을 폐간하였다(1959. 4.).

재판에 회부된 조봉암 1956년 실시된 대통령 선거에서 진보당의 조봉암이 216만 표를 얻어 이승만의 장기 집권에 큰 위협이 되자, 이승만 정부는 조봉암(앞줄 오른쪽)을 간첩 혐의로 사형에 처하였다. 그러나 2011년 1월 대법원에서 간첩죄와 국가보안법 위반 등의 혐의에 대해 무죄 판결을 내렸다.

3·15 부정 선거

1960년의 정·부통령 선거를 앞두고 부정과 부패로 민심을 잃은 자유당 정권은 이승만과 이기붕을 각각 대통령과 부통령으로 당선시키기 위해 부정 선거를 획책하였다. 이에 맞서 야당인 민주당은 대통령 후보에 조병옥, 부통령 후보에 장면을 내세웠다. 조병옥이 후보 등록 직후에 급서하였기 때문에 이승만은 단일 대통령 후보가 되었다. 그러나 자유당은 이기붕을 부통령에 당선시키기 위해 수단과 방법을 가리지 않고 대대적인 부정선거를 자행하였다.

3월 15일에 실시된 정·부통령 선거는 경찰, 공무원, 관변 단체가 총 동원된 부정 선거였다. 이승만 정권은 전체 투표의 85% 득표를 목표로 설정하고 사전 투표에서 40%를, 실제 투표에서 40%를 넘기기 위해 3인조, 5인조를 구성하게 하여 조장의 감시아래 투표하도록 내무부 장관이 각 행정 기관에 비밀리에 지시하였다. 또 다른 방법으로는 투표소 안에서의 표 바꾸기, 투표함 바꿔치기 방법도 동원되었다. 이와 같은 부정 선거 결과 이승만은 92%를 얻어 대통령에 당선되었고, 이기붕 후보도 72%의 득표로 민주당의 장면 후보를 누르고 부통령에 당선되었다.

투표를 하기 위해 3인조 5인조 짝을 이룬 투표 행렬

이승만 정부의 부정 선거에 맞서 투표 당일 마산에서 시위가 일어나자, 경찰은 이를 무차별하게 진압하였다. 3·15 부정 선거를 규탄하는 항의 시위가 확산되는 가운데, 행방불명이 되었던 김주열의 시체가 최루탄을 맞고 숨진 채 처참한 모습으로 마산 앞 바다에서 발견되자, 마산 시민의 분노는 절정에 달하였다. 4월 11일부터 3일 동안 2만여 명의 시민이 참여한 가운데 제2차 마산 시위가 일어났고, 또다시 사상자가 발생하였다. 이를 무마하기 위하여 이승만 정부는 마산 사건의 배후에 공산주의 세력이 개입되었다고 조작하였으나, 그뒤 사건의 진상이 밝혀짐에 따라 독재 정권에 대한 시민들의 반감은 더욱 고조되었고 시위는 서울, 부산, 광주 등 전국으로 확산되었다.

(2) 4·19 혁명

4·19 혁명의 전개

마산에서의 의거는 서울의 각 대학에 큰 영향을 끼쳤다. 먼저 1960년 4월 18일에 고려대학교 학생들이 시위를 벌였다. 이들 시위대가 국회의사당 앞 시위를 마치고 학교로 돌아오는 길에 조직 폭력배의 습격을 받아 40여 명이 부상당하였다.

4월 19일에는 서울의 주요 대학과 고등학생들이 대거 시위에 참가하였으며 여기에 시민들이 합세하였다. 시위대는 "3·15 부정 선거 다시 하라", "이승만 정권 물러가라" 등의 구호를 내걸고 경무대를 향하여 나아갔다. 정부는 계엄령을 선포하

태극기를 들고 경무대로 향하는 시위대

대학 교수단의 시위 "학생들의 피에 보답하라."라는 구호를 내걸고 국회 앞으로 행진 시위를 벌이고 있다.

고 군대를 동원하였으며, 경찰로 하여금 무차별 사격으로 진압하게 하였다. 경무대 앞에서 경찰의 발포로 100여 명이 사망하고, 부산·광주 등지에서도 사망자가 속출하였다. 유혈 사태가 발생하자 시위는 부정 선거 규탄에서 이승만 퇴진 운동으로 발전하였다. 이승만 정부는 계속해서 확산되는 시위를 저지하기 위하여 전국 대도시에 계엄령을 선포하고 군대를 동원하였다.

이에 민주당은 이 사태를 수습하기 위하여 국회 소집을 요청하였고, 장면은 부통령직을 사임하면서 이승만 대통령의 하야를 요구하는 성명을 발표하였다. 미국도 시위대에 대한 정부의 강경 진압을 비난하였다. 4월 25일에는 대학 교수들이 이승만의 하야를 요구하는 시국 선언문을 채택하고 학생들을 지지하며 국회 앞까지 행진 시위를 벌였다. 4월 26일에는 국회가 이승만의 하야를 의결하였다.

드디어 4월 26일, 이승만은 국민이 원한다면 대통령직에서 물러나겠다는 하야 성명을 발표하였다. 하야 후 이승만은 비밀리에 하와이로 망명하였다. 당시 경무대에 피신해 있던 이기붕 일가는 절망적인 사태를 맞아 자살하였고, 자유당 정권은 몰락하였다.

과도 정부 수립과 장면 민주당 내각 성립

이화장으로 떠나는 이승만

이승만 대통령의 하야로 독재 정권이 무너지고 허정을 수반으로 하는 과도 정부가 수립되었다. 허정 과도 정부는 평화적인 정권 교체, 3·15 부정 선거 책임자 처벌, 정치적 중립화 등을 실시하겠다고 발표하였다.

또한, 국회는 민주당의 주도로 3·15 정·부통령 선거의 무효와 재선거 실시, 양원제 의회와 내각 책임제 개헌 통과 후 즉각적인 민의원과 참의원 총선거 실시 등을 결정하였다. 내각 책임제 개헌과 함께 국회는 자동적으로 해산되고, 새 헌법에 따라 민의원과 참의원을 선출하기 위한 7·29 총선에서 민주당이 크게 승리하여 집권하였다. 새로 구성된 국회는 민의원과 참의원의 합동 회의에서 민주당 구파의 윤보선을 상징적 지위의 대통령으로 선출하였다. 이어서 민의원에서는 실권을 행사하는 국무총리에 민주당 신파의 장면을 인준하였다(1960. 8). 이에 장면을 중심으로 한 민주당 내각이 성립되었다.

장면 내각의 기자 회견(1961. 2)

국립 4·19민주 묘지 기념탑(서울 강북)

장면 내각은 정치·사회적 민주화와 경제 발전 등을 국정 목표로 삼았다. 그리고 국정 과제로 독재 정권의 유산 청산, 민주주의의 실현, 경제 재건과 경제 개발, 남북 관계의 개선 등을 내세웠다. 이를 위하여 장면 내각은 각종 정부 규제를 완화하였고, 언론을 활성화하기 위해 노력하였다. 이러한 정부의 시책에 힘입어 6·25 전쟁 이래 침체되었던 노동 운동, 교원 노조 운동, 청년·학생 운동이 활발히 전개되고, 혁신 세력은 진보적인 정치 활동을 전개하였다.

4·19 혁명을 주도했던 학생들은 그 동안 위축되었던 통일 문제를 정면으로 제기하였다. 학생들은 민족 통일 연맹을 결성하고 남북 간의 학술 토론회나 체육 대회, 서신 왕래, 인사 교류 및 기술 협정 등을 주장하였다. 혁신계 정치인들도 민족 자주 통일 협의회를 만들어 학생들과 연계하면서 통일 운동을 추진하였다.

이처럼 민주화와 통일에 대한 열기가 고조되었으나, 장면 내각은 별다른 개혁 의지를 보여주지 못하였다. 허정 과도 정부로부터 물려받은 부정 선거 원흉과 부정 축재자 처리 문제에도 적극적으로 대처하지 못하였다. 오히려 민주당은 내부 갈등으로 인한 정쟁으로 민주당과 신민당으로 분당되면서, 장면 내각에 대한 국민의 기대는 점차 멀어지게 되었다.

(1) 5·16 군사 정변과 군정

5·16 군사 정변

1961년 5월 16일에 박정희 소장과 일부 영관급 장교들은 사회 혼란과 무질서, 급진적 통일 운동, 장면 내각의 무능력 등을 구실로 탱크를 앞세우고 한강 인도교를 건너 서울 시내로 진입해 들어왔다. 이들은 순식간에 중앙청을 비롯한 정부의 중요 행정 기관과 방송국을 점령하고 정권을 장악하였다(5·16 군사 정변). 그리고 전국에 계엄령을 선포하고 군사 혁명 위원회의 이름으로 반공 정책의 강화, 유엔 헌장의 준수, 부패 일소, 자립 경제 수립, 통일을 위한 노력 등 6개조의 혁명 공약을 발표하였다.

박정희 군사 정부는 혁명 공약에 따라 정치, 경제, 사회 개혁을 강력하게 추진하였다. 군사 정부는 사회 안정을 명분으로 정치 활동 정화법, 반공법을 제정하여 군사 정변 이전에 활동하였던 모든 구 정치인들의 활동을 금지시키고, 용공 분자의 색출을 내세워 진보적 지식인과 노조 및 학생 간부들을 혁명 재판에 회부하였다. 사회의 부정부패를 바로잡기 위해 부정 축재자와 3·15 부정 선거 관련자, 폭력배 등을 처벌하였다. 또한, 민생 안정을 목표로 농어촌 고리채 정리법 제정 및 통화 개혁을 단행하고 농가 부채를 줄이는 정책을 추진하였다.

5·16 군사 정변의 주역 박정희 소장을 중심으로 육사 8기생들이 주도하였다.

그러나 1962년 흉작과 통화 개혁의 실패 등으로 인하여 여러 가지 정책들이 난항을 겪었으며, 4대 의혹 사건이라 불리는 부정부패 사건을 일으키기도 하였다. 또한 군사 정부 내에서는 반혁명 사건 등으로 군사 정변 주체 세력 내부에서 분열이 나타나기도 하였다. 군사 정부는 민정 이양에 대비하여 민주 공화당을 창설하고, 대통령 중심제와 단원제 국회를 골자로 한 헌법을 만들어 이를 국민 투표로 확정했다.

(2) 박정희 정부의 출범

박정희 정부의 수립

군정으로부터 민정으로 이양하기 위한 대통령 선거가 1963년 10월에 실시되었다. 군정을 이끌었던 박정희는 민주 공화당 후보로 출마하였다. 이에 대항하여 구 정치인과 재야 세력들은 민정당을 창당하고 윤보선을 후보로 내세웠다. 박정희는 민정당의 윤보선 후보를 15만여 표의 근소한 차이로 누르고 대통령에 당선되었다.

1963년 12월에 국가 재건 최고 회의가 해산되고 박정희가 제5대 대통령에 취임하였다. 박정희 정부가 출범할 당시 한국 경제는 극도로 피폐해져 있었다. 이에 박정희 정부는 조국 근대화와 국가 안보를 국정 지표로 삼고 경제 성장 정책을 적극적으로 추진하였다.

4대 의혹 사건
군사 정부 아래에서 일어난 일련의 부정부패 사건. 4대 의혹 사건은 증권 파동, 빠찡코 사건, 새나라 자동차 사건, 워커힐 호텔 사건으로 사건의 진상이 명백하게 규명되지 않은 채 마무리되었다.

한일 협정 비준

박정희 정부는 일본과 국교 정상화를 위해 한·일 회담을 적극적으로 추진하였다. 경제 개발 자금의 필요성과 미국의 요구에 의해 1961년 10월부터 재개된 한·일 회담은 이전과는 달리 철저히 비공개로 진행되었다. 소위 김종필·오히라 각서로 대표되는 굴욕적인 회담 내용이 공개되자 당시 반일 감정이 고조되어 있던 학생과 시민들은 일본의 식민 지배에 대한 사죄와 적절한 보상이 배제된 한·일 회담을 굴욕 외교로 규정짓고 반대하였다.

1964년 3월 24일, 한·일 회담에 반대하는 시위가 대학생들을 중심으로 거세게 일어났다. 서울·부산·광주 등 대도시뿐만 아니라 지방에까지 시위가 확산되었다. 학생들의 시위가 전국적으로 확산되고 박정희 정부의 퇴진을 외치는 구호까지 등장하자(6·3 시위), 박정희 정부는 계엄령을 선포하고 시위에 참여한 다수의 학생과 언론인을 체포하였다.

결국 계엄령이 선포된 가운데 1965년 6월 22일 한·일 협정이 조인되고, 8월 국회에서 한·일 협정 비준안이 통과되었다. 그 결과로 한국은 경제 개발에 필요한 자금의 일부를 충당할 수 있었고, 한·미·일 공동 안보 체제가 형성되었다. 반면에 일본의 식민 지배에 대한 사과, 약탈 문화재의 반환, 군 위안부와 강제 징용자 등 여러 문제를 해결하지 못하고 말았다.

한국군의 베트남 파견

케네디 대통령이 암살된 후 베트남 전쟁이 확대되면서 미국과 베트남은 한국군의 베트남(월남) 파병을 요청하였다. 박정희 정부는 1964년 초에 비전투 부대인 비둘기 부대를 보내어 베트남을 지원하였으나, 곧 전투 부대인 맹호·청룡·백마 부대 등을 증파하였다. 1965년부터 1973년까지 베트남 전쟁에 파견된 전투병은 5만 5천여 명에 달했다.

베트남 파병 문제 역시 국민들의 반대에 부딪혔으나, 정부는 파병의 대가로 국군의 전력 증강과 경제 개발을 위한 기술 제공 등을 미국으로부터 약속받았다(브라운 각서, 1966. 3). 또, 미국과 정치·군사적 동맹 관계도 더욱 강화되었으며 파병된 군인이 보내온 급료, 베트남에 대한 군수 물자 수출과 건설 사업 참여 등으로 벌어들인

한·일 협정 비준안에 서명하는 박정희 대통령

월남(베트남) 파병 시민들이 부산항에서 수송선으로 떠나는 파월 장병들을 환송하고 있다.

3선 개헌 반대 시위(1969)

외화는 경제 성장에 큰 도움이 되었다.

1960년대 중반 이후부터 경제 개발 5개년 계획의 성과가 가시적으로 나타나기 시작하였다. 이러한 경제 성장으로 민심을 얻은 민주 공화당의 박정희 후보는 1967년 5월에 실시된 대통령 선거에서 다시 윤보선 후보를 누르고 재선되었다.

3선 개헌과 1·12 사태

1967년 6월 국회의원 선거에서 선거를 성공적으로 치른 민주 공화당은 박정희 대통령의 3선을 위한 헌법 개정을 준비하였다. 개헌 추진 세력은 조국 근대화와 민족 중흥의 과업을 이룩하기 위해서는 무엇보다 강력한 정치적 리더십이 필요하다고 주장하였다. 그러나 3선 개헌 논의는 야당과 재야 세력의 반발을 초래하였으며, 심지어는 민주 공화당 안에서도 일부 세력의 반대에 부딪혔다.

야당과 재야 세력들은 3선 개헌 반대 투쟁 위원회를 결성하였고, 학생들 역시 3선 개헌에 반대하여 전국적으로 시위가 확산되었다. 국민들의 격렬한 반대 투쟁에도 불구하고 박정희 정부는 여당 의원만으로 3선 개헌안과 국민 투표 법안을 변칙 통과시켰고, 이를 국민 투표에 부쳐 투표자 65%의 찬성으로 개헌을 확정하였다(3선 개헌, 1969. 10).

한편, 1968년은 안보적으로 위기의 한해였다. 1968년 1월 21일에 청와대 인근 지역에 무장 공비가 나타나 총격전이 벌어졌다(1·21사태). 이들은 북한군 특수 부대 출신의 무장 게릴라 31명으로 청와대를 습격·파괴하려는 임무를 띠고 있었다. 1·21 사태가 발생한 지 3일 만에 미국의 첩보 수집함 푸에블로 호가 원산 부근에서 영해를 침범하였다는 이유로 북한 측에 의해 나포되었다. 당시 푸에블로 호에는 군인과 민간인 83명이 타고 있었다.

이어서 1968년 가을에는 120여 명의 북한 무장 공비가 동해로부터 울진·삼척 지구에 침투하였고, 이들을 무찌르기 위한 군경 합동 소탕 작전이 2개월 동안이나 계속되었다.

무장공비 김신조 생포 기자 회견(1968)

푸에블로호(1968) 북한에 나포된 미국 정보 수집함

3 민주주의 시련과 민주회복

(1) 유신 체제

유신 체제의 성립

박정희 정부는 3선 개헌으로 장기 집권에 성공하였지만 민심은 점차 멀어져 갔다. 수출 지향적이고 외자 의존적인 경제 개발 정책으로 재벌의 출현, 정·경 유착 등 여러 가지 문제점이 나타났다. 곧 선 성장, 후 분배의 성장 제일 주의와 저임금 정책으로 노동자들의 생존권 요구가 거세졌다.

한편, 1970년대 초 미국이 닉슨 독트린을 발표하면서 냉전 체제의 완화 조짐이 나타났다. 닉슨 독트린에 따라 베트남에서 미군이 철수하고, 주한 미군 감축 결정이 내려졌다. 거기에다가 세계 경제는 원유 파동으로 어려운 처지에 빠졌고, 이는 국내 경제에도 큰 영향을 끼쳐 경제 불황이 닥쳤다. 이러한 국제 정세의 변화는 반공을 국시로 내세우며 민주화 운동을 탄압하고 권위주의적 정권을 유지해 온 박정희 정부에게 위기감을 불러일으켰다.

이러한 상황에서 박정희 정부는 남북 적십자 회담을 제의하여 남북 대화의 전기가 마련되자, 중앙정보부장 이후락을 비밀리에 북한에 보내 김일성을 만나게 하였다. 이러한 남북 간의 비밀 접촉으로 자주·평화·민족적 대단결에 기초한 7·4 남북 공동 성명이 서울과 평양에서 동시에 발표되었다. 그러나 7·4 남북 공동 성명의 환희가 채 가시기도 전인 1972년 10월 17일, 박정희 대통령은 전국에 비상계엄을 선포하고 국회 해산, 정당 및 정치 활동의 금지, 헌법의 일부 효력 정지와 비상 국무 회의에 의한 헌법 권한의 대행 등을 내용으로 하는 대통령 특별 선언을 발표하였다(10월 유신). 10월 유신 선포 이후, 박정희 정부는 비상 국무 회의에서 유신 헌법을 제정하고 이를 국민투표에 붙여 확정하였다.

유신 체제는 의회 주의와 삼권 분립의 민주적인 헌정 체제와는

> **닉슨 독트린의 주요 내용(1969. 7)**
> 1. 미국은 향후 베트남 전쟁처럼 군사적으로 개입하지 않는다.
> 2. 미국은 아시아의 여러 나라들과 체결된 조약은 준수하지만, 핵 위협을 제외하고는 아시아 각국은 스스로 협력하여 내란이나 침공에서 자국을 방위해야 한다.
> 3. 미국은 태평양의 국가로서 필요한 역할을 수행하지만, 직접적인 개입은 하지 않으며, 아시아 여러 나라가 스스로 자립하는 것을 지원한다.

유신 헌법 공포식(1972. 12. 27)

자료 스페셜 유신 헌법(1972)

제39조 ① 대통령은 통일 주체 국민 회의에서 토론 없이 무기명으로 선거한다.

제40조 ① 통일 주체 국민 회의는 국회의원 정수의 3분의 1에 해당하는 수의 국회 위원을 선거한다.

제53조 ① 대통령은 천재지변 또는 중대한 재정·경제상의 위기에 처하거나, 국가의 안전 보장 또는 공공의 안녕 질서가 중대한 위협을 받거나 받을 우려가 있어 신속한 조치를 할 필요가 있다고 판단할 때에는 내정·외교·국방·경제·재정·사법 등 국정 전반에 걸쳐 필요한 긴급 조치를 할 수 있다.

　　　② 대통령은 (중략) 국민의 자유와 권리를 잠정적으로 정지하는 긴급 조치를 할 수 있고, 정부나 법원의 권한에 관하여 긴급 조치를 할 수 있다.

제54조 ① 대통령은 전시 사변 또는 이에 준하는 국가 비상사태에 있어서 병력으로써 군사상의 필요 또는 공공의 안녕 질서를 유지할 필요가 있을 때에는 법률이 정하는 바에 의하여 계엄을 선포할 수 있다.

제59조 ① 대통령은 국회를 해산할 수 있다.

통일 주체 국민 회의에서의 대통령 선거 1972년 통일 주체 국민 회의에서의 대통령 선거 결과 단독 입후보한 박정희 후보가 대의원 2,359명 중 2,357명의 찬성으로 제8대 대통령에 당선되었다.

유정회
유신 헌법에 따라 대통령의 추천으로 통일 주체 국민 회의에서 선출된 전국구 국회의원들이 모여 만든 원내 교섭 단체이다. 대통령 박정희의 지도 이념을 입법 활동에 구현한다고 표방함으로써 유신 체제의 수호 및 발전을 위한 국회 내 전위대 역할을 담당하였다.

달리 대통령 1인에게 강력한 통치권을 부여하는 권위주의 통치 체제였다. 유신 헌법에 의해서 대통령의 임기가 6년으로 늘어났으며, 대통령 중임 제한도 없어졌다. 그리고 대통령을 직접 선거가 아닌 통일 주체 국민 회의에서 간접 선거로 선출하게 되면서 박정희의 영구 집권이 가능하게 되었다.

또한, 대통령에게 국회의원 수의 1/3을 추천할 수 있는 권한을 부여하였고, 대통령은 국회를 해산할 수 있으나 국회는 대통령을 탄핵할 수 없으며, 국회의 국정 감사권도 폐지한다고 규정하였다. 대통령이 추천한 1/3의 국회의원이 임기 2년의 유정회 국회의원으로 활동하게 됨에 따라 더 이상 야당은 국회 내에서 개헌 저지선을 확보할 수 없었다. 그리고 대법원장이 지명하던 대법관을 대통령이 임명하고, 나아가 대통령은 긴급조치라고 불리는 초헌법적인 권리를 가지게 되었다.

박정희 정부는 긴급조치를 통해서 유신 체제에 반대하는 모든 행위를 금지시켰고, 유신 체제에 반대하는 시민들을 영장 없이 체포하여 군사 재판에 회부하였다. 또한, 유신 체제는 경제 개발의 명분 하에 노동 3권을 제한하였으며, 언론 통제를 강력하게 실시하였다.

유신 헌법에 따라 실시된 대통령 선거에서 단독으로 출마한 박정희 후보가 대의원의 99.9%의 지지를 받아 임기 6년의 제8대 대통령에 취임하였다(1972. 12).

유신 체제의 붕괴

박정희 정부가 한국적 민주주의를 내세워 유신 체제를 합리화하는 가운데 일본에서 유신 반대 운동을 벌이던 김대중이 국내로 납치되는 사건이 발생하였다(1973. 8). 이 사건 이후 서울 대학교 문리대 학생들의 시위를 시작으로 유신 철폐를 요구하는 유신 반대 시위가 전국 각 지역의 대학교로 확대되어 갔다(1973. 10). 이와 같이 유신 체제 반대 운동이 거세어지자 1974년 1월부터 정부는 긴급조치를 잇달아 발동하고 유신 철폐를 요구하는 민주화 운동을 탄압하였다.

이러한 강경 조치에도 불구하고 유신 체제에 저항하는 언론 자유 실천 운동이 시작되었고, 민주 회복 국민 회의, 천주교 정의 구현 사제단, 자유 실천 문인 협의회 등이 결성되어 활동하였다. 1976년 3월 1일에는 윤보선, 함석헌, 김대중, 문익환 등 재야 민주 인사들이 명동 성당에서 긴급 조치 철폐, 민주 인사와 학생 석방, 박정희 정권 퇴진 등을 요구하는 3·1 민주 구국 선언을 발표하는 등 반독재 민주화 운동을 전개하였다.

긴급조치
단순한 행정 명령 하나 만으로 국민의 자유와 권리에 대하여 제한을 가할 수 있는 초헌법적 권한으로, 반유신 세력에 대한 탄압 도구로 악용되었다.

박정희는 또 다시 장충체육관에서 통일 주체 국민 회의 대의원의 간접 선거로 제9대 대통령에 선출되었다(1978. 7). 그러나 같은 해 12월에 실시된 국회의원 선거에서는 야당인 신민당이 여당인 공화당보다 득표율이 1.12% 앞지르는 등 민심이 유신 독재 정권에서 떠나고 있었다. 국제 여론도 점차 나빠졌다. 미국의 카터 대통령은 박정희 정권의 인권 탄압에 유감을 나타내면서 주한 미군을 철수하겠다고 압력을 가하였다. 그나마 유신 체제가 국민의 반발 속에서도 견딜 수 있었던 것은 경제 성장 때문이었다.

그러나 1979년의 제2차 국제 원유 값 폭등과 중화학 공업 과잉 투자에 따른 경제 불황은 경제 성장의 신화를 무너뜨려 박정희 정부를 위기로 몰고 갔다. 노동 현장 에서는 근로 조건 개선과 임금 인상을 요구하는 노동 운동이 자주 일어났는데, 정 부는 이를 계속 탄압하였다. 이러한 상황 속에서 1979년 8월에 YH 무역 여공들이 신민당사에서 농성을 벌이자, 경찰들이 당사에 진입하여 이들을 강제 해산하였다 (YH 사건). 이어 박정희 정부는 김영삼 신민당 총재를 외국 언론과의 기자 회견을 문 제 삼아 국회의원직에서 제명하였다.

이에 유신 체제에 대한 국민의 불만이 폭발하였다. 1979년 10월 16일에 부산에 서 학생과 시민들이 유신 체제에 항거하는 대규모의 반정부 시위를 격렬하게 전개 하였으며, 18일과 19일에는 마산에서도 시위가 벌어졌다(부·마 민주화 운동). 사태의 해결 방안을 놓고 박정희의 측근 세력은 강경파와 온건파로 나누어졌다. 온건책을 주장한 중앙정보부장 김재규는 10월 26일 궁정동 만찬에서 박정희 대통령을 시해 하였다(10·26 사태). 10·26 사태로 유신 체제는 그 막을 내리게 되었다.

부·마 민주화 운동 부산 광복동 거리에서 시위 군중과 경찰이 대치하고 있는 모습이다(1979. 10).

박정희 대통령 서거(동아일보 1979년 10월 27 일자)

(2) 신군부 세력의 등장과 전두환 정부의 수립

신군부 세력의 등장

10·26 사태로 박정희 대통령이 피살되자 정부는 제주도를 제외한 전국에 비상 계엄령을 선포하고 사태의 수습에 나섰다. 대통령 권한 대행이 된 최규하 국무총 리는 통일 주체 국민 회의 대의원회에서 제10대 대통령으로 선출되었다(1979. 12. 6). 최규하가 이끄는 과도정부는 정치 일정에 따라 헌법을 개정하고, 개정 헌법에 따라 새 정부를 구성하려 하였다.

그러나 1979년 12월 12일 전두환, 노태우 등 이른바 신군부 세력은 지휘 계통을 무시하고 일부 병력을 동원하여 계엄 사령관 정승화 대장을 체포하고 군사권을 장 악하였다(12·12 군사 반란).

신군부 세력의 대두와 민주화의 지연에 반발하여 1980년 5월 중순부터 서울에

12·12 군사 반란
1995년 5 · 18 민주화 운동 등에 관 한 특별법에 의해 1997년 대법원은 12 · 12를 명백한 군사 반란으로 규정 하였다.

12·12 군사 반란을 일으킨 신군부 세력(1979. 12)

서울의 봄(1980. 5. 15) 서울역 앞에서 '유신 철폐'와 '계엄 해제'를 요구하며 대규모 시위를 벌였다.

서는 대학생을 중심으로 대규모 시위가 전개되었고, 전국으로 확대되어 갔다. 1980년 5월 14일부터 서울에서는 민주화 대행진을 표방한 대규모 학생 시위가 벌어져 서울 시내가 시위대로 가득 찼다. 5월 15일에는 10여만 명이 서울역 앞에 모여 민주화 요구 시위를 벌였다. 이 시위는 4·19 이후 최대 규모로 '서울의 봄'이라고도 불린다.

1980년 초 민주화 열기가 분출하자 신군부 세력은 5월 17일 사회를 안정시킨다는 명분으로 계엄령을 전국으로 확대 선포하였다. 국회 폐쇄, 정치 활동 금지, 대학 폐쇄, 파업 금지, 언론 검열 강화 등을 포고하였다. 또한 무장 군인들을 대학에 진주시켜 학생들의 민주화 운동을 감시·탄압하고, 김대중·김종필 등 정치인들을 내란 음모 혹은 권력형 부정 축재자 등의 명목으로 체포하였고, 야당 당수였던 김영삼을 자택에 연금시켰다.

5·18 민주화 운동

1980년 5월 17일 신군부가 전국에 비상 계엄을 확대하고 정치인들에 대한 대대적인 탄압을 가하자, 5월 18일 광주에서는 이에 반대하는 대규모 학생 시위가 일어났다(5·18 민주화 운동). 신군부는 이를 진압하기 위해 계엄군을 투입했다. 그러나 계엄군으로 투입된 공수 부대의 무자비한 과잉 진압에 격분한 시민들이 시위 대열에 가담하면서, 시위는 광주 전체로 확산되었다.

시위가 가열되는 가운데 5월 20일, 계엄군이 도청 앞에 운집한 시민들을 향하여 무차별 총격을 발포하여 수많은 사상자가 발생하였다. 이에 분노한 시민들은 파출소, 예비군 무기고 등에서 획득한 무기로 무장하면서 시민군을 조직하였고, 시위는 점차 시민 봉기 형태를 띠기 시작하였다.

무장한 시민군 5·18 민주화 운동 당시 계엄군에 맞선 시민군의 모습이다.

광주에서 시작된 시위는 광산, 영광, 함평, 나주, 화순, 영암 등지로 확산되었으며, 무장한 시민군은 계엄군과 시가전을 벌여 광주 시내의 공공 건물과 시내를 장악하였다. 계엄군이 광주 외곽에서 시내 진입로를 차단하고 광주를 철저히 고립시킨 가운데 광주 시민들은 도청 앞 광장에서 여러 차례 민주 수호 범시민 궐기 대회를 개최하였다. 계엄 사령부는 이 민주화 운동을 불순분자의 책동이라고 발표하였다.

계엄군의 완전 봉쇄로 고립된 광주 시민들은 자치적으로 질서를 잡아 나갔으며, 시민 수습 대책 위원회를 구성하였다. 시민 수습 대책 위원회는 더 이상의 유혈 사태를 막기 위하여 시민군의 무기를 회수하는 한편, 계엄 철폐를 조건으로 계엄 당국과 협상을 시도하였지만 실패하였다. 계엄군은 5월 27일 새벽에 전남 도청으로 진격하여 최후 항전을 하는 시민군을 무력으로 진압하였고, 이 과정에서 많은 시민들이 희생되었다.

국립 5·18 민주 묘지(광주)

신군부의 명분 없는 군사 정변과 5·18 민주화 운동에 대한 과잉 진압은 신군부의 도덕성에 먹칠을 하였고, 그후 전두환 정부의 크나큰 짐이 되었다. 이 사건은 1980년대의 재야 학생 운동의 추동력으로 거세게 타올랐고, 신군부의 무력 사용에 미국이 방관했다는 판단에서 반미 운동이 일어나는 계기로 작용하였다. 그래서 서울, 광주, 부산 등 미국 문화원에 대한 공격이 잦아진 것도 1980년대 학생 운동의 한 특색이었다.

제12대 전두환 대통령 취임 선서(1981. 3)

전두환 정부의 수립

5·18 민주화 운동을 무력으로 진압한 전두환을 비롯한 신군부는 행정·입법·사법의 3권이 집중된 국가 보위 비상 대책 위원회(국보위)를 설치하였다(1980. 5. 31). 당시 최규하 대통령이 국보위 위원장이었으나 허수아비에 지나지 않았고, 실질적인 권한은 상임 위원장인 전두환이 장악하였다.

이렇게 정권 장악의 조치를 취한 신군부는 1980년 8월에 마침내 최규하 대통령을 사퇴시켰고, 전두환이 장충체육관에서 통일 주체 국민 회의 대의원의 99.9% 지지를 얻어 제11대 대통령에 선출되었다(1980. 9). 전두환은 다시 유신 헌법의 일부를 수정하여 통일 주체 국민 회의와 비슷한 대통령 선거인단을 조직하였고, 이를 통해 임기 7년 단임의 대통령을 간접 선출하는 신헌법을 제정하였다. 결국 그는 국민투표에 의해 통과한 이 헌법에 따라 민주 정의당 후보로 출마하여 제12대 대통령에 선출되었다(1981. 2).

전두환 정부는 정의 사회 구현, 복지 사회 건설을 국정 지표로 내걸고 육군사관학교 출신의 장교들을 전역시켜 주요 관공서와 정부 투자 기관의 요직에 앉혔다.

전두환 정부는 취임 후 재야 학생 운동에 대해 강온 양면의 정책을 실시하였다. 학원의 시위 현장에는 직접 정·사복 경찰을 시위 현장에 투입시켜 가차 없이 진압하였다. 이 때문에 1980년대 대학은 이전보다 더 살벌하였고, 최루탄 가스가 그칠 날이 없었다. 또한, 여러 언론 매체들을 강제로 통폐합하고, 반정부 성향의 기자를 대거 해직시켜 언론을 완전히 장악하였다.

다른 한편으로는 정치 규제자의 단계적 해금, 시위로 제적된 일부 학생과 해직된 교수의 복교와 복직, 학도 호국단 폐지, 학생의 날과 학생 자치 기구 부활, 해외 여행 자유화, 야간 통행 금지 해제, 중·고생의 교복 및 두발 자율화 조치 등 유화 정책을 실시하기도 하였다. 1984년에는 학원의 면학 분위기를 조성하고 대학 입시 재수생을 구제한다는 명분으로 졸업정원제를 실시하였다. 그러나 졸업정원제 이후 대학 정원이 대폭 늘어 교육의 질이 떨어지는 등 부작용이 많아지자, 결국 1986년 폐지되었다.

전두환 정부는 3저 호황 속에서 경제 성장, 물가 안정, 수출 증대 등을 이루어 국제 수지 흑자를 내기도 하였다.

졸업 정원제
신군부가 '교육 정상화 및 과열 과외 해소 방안'으로 내놓은 제도 중 하나. 졸업 정원제는 졸업 정원에서 30%를 더해 입학생을 뽑되 졸업은 어렵게 하겠다는 것이었다. 대학 입학의 문호를 넓힌다는 차원에서 실시되었지만, 교육의 질이 떨어지고 학원가의 시위가 대형화되는 현상이 나타나자 1986년 폐지되었다.

(1) 민주주의의 확산

6월 민주 항쟁

전두환 정부는 정권 수립 과정에서 개정한 헌법의 내용 및 5·18 민주화 운동의 무력 진압에 따른 후유증으로 정권의 정통성을 인정받기 어려운 상황이었다. 이러한 상황에서 실시된 1985년 2월의 국회의원 선거는 국민들의 민주화를 향한 열기를 분출하는 계기가 되었다. 정치 규제에서 풀려난 정치인들이 중심이 된 신한 민주당(신민당)은 직선제 개헌을 선거 공약으로 내세워 관제 야당인 민주 한국당(민한당)을 제치고 제1 야당으로 등장하였다. 자신감을 얻은 신민당과 재야 민주 세력은 1986년 초부터 직선제 개헌을 위한 1천만 명 서명 운동을 전개하였고, 대학 교수와 재야 세력이 개헌과 민주화를 요구하는 시국 선언을 발표하며 대거 참여하였다.

이에 따라 개헌 운동이 전국적으로 확산되자, 국회는 여야 만장일치로 헌법 개정 특별 위원회를 발족시켰다. 이 특별 위원회에서 여당은 의원 내각제 개헌안을, 야당은 대통령 직선제 개헌안을 고수하여 국회 차원의 개헌 운동은 진전을 보지 못하였다.

1987년 1월, 대학생인 박종철이 경찰의 고문을 받다 사망한 사건이 발생하였다. 천주교 정의 구현 사제단이 중심이 되어 밝혀낸 박종철 고문 치사 사건은 국민의 분노를 야기시켜 거국적 민주 항쟁의 도화선이 되었다. 이러한 상황에서 전두환 대통령은 4월 13일에 개헌에 대한 정치권의 합의가 이루어지지 않았다는 구실로 헌법을 그대로 유지한 채 선거를 치르겠다고 발표하였다(4·13 호헌 조치). 이 4·13 호헌 조치는 정부의 장기 집권 의도를 드러낸 것으로 받아들여져 국민들로부터 큰 반발을 샀다. 그리고 6월 9일에는 대학생 이한열이 시위 도중 경찰의 최루탄에 맞아

6월 민주 항쟁 당시 시민들 명동 성당 앞에서 시위를 하고 있다.

자료 스페셜 6·29 민주화 선언(1987. 6. 29)

첫째, 여야 합의 하에 조속히 대통령 직선제 개헌을 하고, 새 헌법에 의한 대통령선거를 통해, 88년 2월 평화적 정부 이양을 실현토록 해야 하겠습니다.

둘째, 직선제 개헌이라는 제도의 변경뿐만 아니라, 이의 민주적 실천을 위해서는 자유로운 출마와 공정한 경쟁이 보장되어, 국민의 올바른 심판을 받을 수 있는 내용으로 대통령 선거법을 개정하여야 한다고 봅니다.

셋째, 우리 정치권은 물론, 모든 분야에 있어서의 반목과 대결이 과감히 제거되어, 국민적 화해와 대단결을 도모하여야 합니다. 그러한 의미에서 그 과거가 어떠하였든 간에, 김대중 씨도 사면 복권되어야 한다고 생각합니다.

넷째, 인간의 존엄성은 더욱 존중되어야 하며, 국민 개개인의 기본적 인권은 최대한 신장되어야 합니다.

다섯째, 언론 자유의 창달을 위해 관련 제도와 관행을 획기적으로 개선해야 합니다. 아무리 그 의도가 좋더라도, 언론인 대부분의 비판의 표적이 되어온 언론 기본법은 시급히 대폭 개정되거나 폐지하여 다른 법률로 대체되어야 할 것입니다.

여섯째, 사회 각 부문의 자치와 자율은 최대한 보장되어야 합니다. 각 부문별로 자치와 자율의 확대로 다양하고 균형 있는 사회 발전을 이룩하여야 국가발전의 원동력이 된다고 믿습니다.

일곱째, 정당의 건전한 활동이 보장되는 가운데, 대화와 타협의 정치 풍토가 조속히 마련되어야 합니다.

여덟째, 밝고 맑은 사회건설을 위하여 과감한 사회 정화 조치를 강구해야 합니다.

민주 정의당 대표 노태우

사망하는 사건이 발생하였다.

1987년 6월 10일에 집권 여당인 민주 정의당이 노태우를 대통령 후보로 지명하였지만, 같은 날 야당과 재야의 연합 기구인 민주 헌법 쟁취 국민 운동 본부는 박종철 고문 살인 은폐 조작 규탄 및 호헌 철폐 범국민 대회를 전국 22개 도시에서 열었다.

시위가 계속되는 가운데 국민 운동 본부는 6월 26일 국민 평화 대행진을 감행하였는데, 100여만 명의 학생, 시민, 재야 인사들이 전국 각지에서 호헌 철폐·민주 헌법 쟁취·독재 타도 등의 구호를 외치며 격렬하게 시위를 벌였다. 이날 시위는 6월 항쟁 가운데 최대 규모로 전국 33개 도시와 4개 군 읍 지역 270여 장소에서 심야까지 격렬하게 전개되었다(6월 민주 항쟁).

결국 민주 정의당 대통령 후보였던 노태우는 6월 민주 항쟁으로 나타난 국민의 민주화 요구를 받아들여 대통령 직선제 개헌, 기본권 보장 등을 주요 내용으로 하는 8개항의 시국 수습 방안을 발표하였다. 이것이 이른바 6·29 민주화 선언이었다. 이 선언이 계기가 되어 국회에서는 5년 단임의 대통령 직선제 헌법을 의결하였고(1987. 10), 이 개정 헌법은 국민 투표에 의해 확정되었다.

(2) 민주주의의 제도적 정착

노태우 정부

6·29 민주화 선언이 계기가 되어 개정된 헌법에 따라 1987년 12월 16일 직선제에 의한 대통령 선거가 실시되었다. 민주 정의당의 노태우, 통일 민주당의 김영삼, 평화 민주당의 김대중, 신민주 공화당의 김종필 등이 출마하였으나 노태우 후보가 야당의 후보 단일화 실패를 틈타 36%를 얻어 5년 단임의 대통령에 당선되었다.

제13대 노태우 대통령 취임 선서(1988. 2. 25)

노태우 대통령은 직선제 대통령의 정통성을 지녔으나 신군부 출신에다 대통령 선거 직후에 실시된 총선의 결과물인 여소야대 국회로 인해 정치적으로 많은 어려움을 겪어야 했다. 여소야대의 국회에서 야당은 5공 비리 청문회를 열어 전두환의 일해 재단 설립 배경 및 자금 조성 과정, 5·18 민주화 운동 진압 진상, 언론 탄압에 대한 진상 등을 규명하였다. 그 결과로 전두환은 대국민 사과문을 발표하고 백담사로 거처를 옮겨 약 2년간 세상과 격리되었다.

노태우 정부는 6월 민주 항쟁의 영향으로 정치적 민주화를 추구하는 방향으로 나아갔다. 5·16 군사 정변으로 중단되었던 지방 자치제를 부분적으로 실시하였으며, 언론 기본법을 폐지하여 언론의 자유가 신장되었고, 노동 운동이 활성화되었다. 1988년 서울 올림픽을 성공적으로 개최하여 국제 사회에서 한국의 위상이 높아졌으며, 소련, 동구권 및 중국 등 사회주의 국가들을 올림픽에 참가시킴으로써 이들 나라와 외교 관계를 맺을 수 있는 좋은 분위기를 조성하였다. 이를 바탕으로 노태우 정부는 북방 정책을 추진하여 1989년 헝가리를 시작으로 1990년 소련,

1992년 중국과 차례로 외교 관계를 수립하였다.

1980년대 말 동유럽 국가의 몰락과 소련에서의 고르바초프에 의한 개혁·개방 정책의 추진, 1990년 서독의 통일은 한국에 결정적으로 유리한 국면을 조성하였다. 사회주의 국가의 몰락과 동유럽 국가들과의 수교는 경제적으로도 우리의 통상 대상국을 넓히는 계기가 되었고, 남북관계에서도 큰 변화를 가져오게 되었다.

1990년 9월부터 총리를 대표로 하는 남북 고위급 회담이 서울과 평양에서 번갈 아 열리면서 남북 간의 화해와 불가침 및 교류 협력에 관한 합의서(남북 기본 합의서) 가 채택되었다. 이러한 남북 화해의 분위기는 1991년 9월에 남·북한이 동시에 유 엔에 가입하는 결과를 가져왔다.

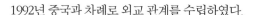
유엔 가입을 보도한 당시 신문 기사(1991. 9)

김영삼 정부

3당 합당으로 민주 자유당의 대표 최고위원이 된 김영삼은 1992년 12월 18일에 실시된 대통령 선거에서 야당의 김대중 후보를 누르고 대통령에 당선되었다. 김영 삼 정부는 5·16 군사 정변 이후 33년 만에 등장한 최초의 정통성을 지닌 민간 정부 였다(1993. 2).

김영삼 정부는 깨끗한 정부, 튼튼한 경제, 건강한 사회, 통일된 조국 건설을 국정 지표로 설정하고, 도덕성 회복을 최우선 과제로 내걸고 사정 활동을 통해 전두환· 노태우 정부의 비리와 부정을 시정하는데 총력을 기울였다. 이러한 국정 과제를 수 행하기 위해 1993년 3월에 정부 차관급 이상 공직자의 재산을 공개하도록 하는 공 직자 윤리법을 제정하였다.

제14대 김영삼 대통령 취임 선서(1993. 2. 25)

또한, 역사 바로 세우기 운동을 전개하면서 신군부 세력에 의한 12·12 사태를 쿠 데타적 사건으로 규정하고, 광주에서 일어난 5·18 민주화 운동의 희생자들에 대 한 추모식을 거행하여 이들의 명예를 회복시켰다. 이어서 신군부 출신의 전직 대 통령인 전두환과 노태우를 12·12 사태 및 5·18민주화 운동과 관련하여 반란 및 내 란죄 혐의로 구속 기소하였다(1995).

광복 50주년인 1995년에는 일제 잔재를 청산하고 역사를 바로 세워 민족 정기를 확립한다는 목적 하에 박은식, 서재필, 전명운 등 애국지사들의 유해를 국내로 모 셔와 국립묘지에 안장시키고, 8월 옛 조선 총독부 건물을 철거하였다. 그리고 1995 년 6월 27일에는 그 동안 유보되어 왔던 지방 자치 단체장 선거가 실시되었다. 도 지사, 시장, 구청장, 군수 등 245명이 주민의 직접 선거로 선출되어 민선 자치 시대 가 출발할 수 있게 되었다.

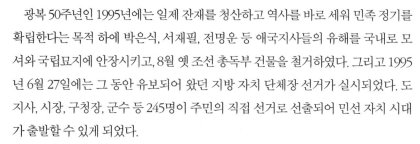
옛 조선총독부 철거 부재(독립기념관)

김영삼 정부 출범과 더불어 경제 정책에도 변화가 일어났다. 그 중에서 가장 주 목되는 것은 1993년 8월에 단행된 금융 실명제였다. 은행의 가명 계좌를 실명 계좌 로 바꾸는 이 조치로 금융 시장이 위축되고 소규모 사업자들의 자금 조달이 어려 워지는 등 부작용도 있었지만, 경제 개혁의 초석을 놓았다는 점에서 국민들의 환

금융실명제
금융 거래 시 가명이나 차명이 아닌 본 인의 실명으로 거래해야 하는 제도이 다.

영을 받았다.

1993년 12월에는 수년간 끌어오던 우루과이라운드 협정이 타결되었다. 보호 무역주의 철폐를 골자로 하는 이 협정으로 우리나라는 상품, 금융, 건설, 유통, 서비스 등 모든 분야에서 외국에 문호를 개방하게 되었지만, 국제 경쟁력이 약한 분야에서는 피해가 적지 않았다.

김영삼 정부는 시장 개방 정책을 더욱 강화하기 위해 1996년 9월 서방 선진국들의 경제 협력 개발 기구(OECD)에 가입하였다. 그리고 시장 개방 정책에 맞추어 낙후된 분야의 경쟁력을 높이기 위해 세계화를 강조하였다. 이 무렵 우리나라의 1인당 국민 소득이 1만 달러를 넘어섰고, 연간 수출도 1천억 달러를 돌파하여 선진국을 뒤쫓는 수준에 올라섰으나, 무역 역조가 갈수록 심화되고 경제 성장이 둔화되어 1996년의 경제 성장률은 7%를 밑돌게 되었다. 급기야 1997년 말에는 국제 경제 여건의 악화와 외환 부족으로 인해 경제 위기를 맞아 국제 통화 기금(IMF)의 지원을 받는 경제 위기를 겪었다.

김대중 정부

1997년 말의 경제 위기 속에서 제15대 대통령 선거가 실시되었다. 12월 18일에 있었던 대통령 선거에서 김대중 후보가 40.3%의 지지를 받아 37만 표 차이로 이회창 후보를 누르고 대통령에 당선되었다. 야당인 새정치 국민회의의 김대중 후보가 당선됨으로써 우리나라 헌정사 상 최초로 여·야의 평화적인 정권 교체가 이루어졌다.

제15대 김대중 대통령 취임식(1998. 2. 25)

김대중 정부가 출범 당시 가장 먼저 해결해야 할 문제는 외환위기를 극복하여 IMF 관리 체제에서 벗어나는 것이었다. 이를 위해 김대중 정부는 경제 구조 조정, 외국 자본의 유치, 부실 기업의 정리 등에 힘썼다. 국민들도 자발적으로 외환을 보충하기 위한 금 모으기 운동에 동참했다. 대한 제국 말기의 국채 보상 운동과 비슷한 금 모으기 운동은 단기간에 엄청난 양의 금을 모아 달러로 바꾸었고, 세계인을 감동시켰다. 정부와 국민의 노력으로 1999년 말 보유 달러는 700억을 넘어서고, 외국인의 투자도 급증했다.

자료 스페셜 6·15 남북 공동 선언(2000. 6. 15)

1. 남과 북은 나라의 통일 문제를 그 주인인 우리 민족끼리 서로 힘을 합쳐 자주적으로 해결해 나가기로 하였다.
2. 남과 북은 나라의 통일을 위한 남측의 연합제안과 북측의 낮은 단계의 연방제안이 서로 공통성이 있다고 인정하고 앞으로 이 방향에서 통일을 지향시켜 나가기로 하였다.
3. 남과 북은 올해 8·15에 즈음하여 흩어진 가족, 친척 방문단을 교환하며 비전향 장기수 문제를 해결하는 등 인도적 문제를 조속히 풀어 나가기로 하였다.
4. 남과 북은 경제 협력을 통하여 민족 경제를 균형적으로 발전시키고 사회·문화·체육·보건·환경 등 제반 분야의 협력과 교류를 활성화하여 서로의 신뢰를 다져 나가기로 하였다.
5. 남과 북은 이상과 같은 합의 사항을 조속히 실천에 옮기기 위하여 빠른 시일 안에 당국 사이의 대화를 개최하기로 하였다.

도라산 역(경기 파주) 서울과 신의주를 잇는 경의선 철도역 중 하나로 민통선 안에 있다. 2000년 시작된 경의선 복원 사업에 의해 2002년 완공되었다.

김대중 정부가 이전 정부와 근본적으로 다른 점은 대북 정책이었다. 김대중 정부는 남북 간의 화해와 협력에 바탕을 둔 적극적인 포용 정책을 추구하였다. 이를 '햇볕 정책'이라 부르기도 한다. 1998년 정주영은 500마리의 소떼를 몰고 북한을 방문하여 세계를 깜짝 놀라게 했다. 그 결과 숙원 사업이던 금강산 관광 사업을 성사시켜 1998년 11월 18일, 1,418명의 관광객을 태운 금강호가 분단 후 처음으로 동해항을 출발하여 북한의 장전항을 향해 떠났다.

2000년에 이르러 남북 관계는 극적인 전환을 맞이하였다. 이해 6월에는 남북의 정상이 평양에서 만나 5개항의 6·15 남북 공동 선언을 발표했다. 이 역사적인 사건을 계기로 합의 사항 이행을 위한 장관급 회담이 열려 경의선 복원을 합의하였고, 서울과 평양을 오가며 남북 이산 가족의 재상봉도 이루어지게 되었다. 체육과 예술 분야의 민간 교류도 남북을 오가며 활발하게 전개되었다. 2000년, 시드니 올림픽 개회식에는 남북한 선수들이 동시 입장하였다.

남북 화해가 진행되는 가운데 2000년 12월 10일에 김대중 대통령은 민주화와 인권, 남북 교류와 경제 협력을 통한 한반도의 긴장 완화와 평화 체제 구축을 위한 노력이 인정되어 노벨 평화상을 수상하였다.

김대중 대통령의 노벨평화상 수상(노르웨이 오슬로 시청, 2000.12.10)

20세기를 청산하고 21세기의 문턱을 넘어서는 시기의 김대중 정권기는 한국의 국제적 위상이 한 단계 더 높아진 시기였다. 한국과 일본이 공동 개최한 2002 월드컵은 88올림픽에 이어 전 세계인의 주목을 다시 받았다. 한국 축구가 4강에 오르는 성과를 거두었고, 시청 앞 광장에 모인 수백만 시민들의 질서 있는 길거리 응원은 전 세계인을 감동시켰다.

이 무렵 한국의 얼굴로 불리는 인천 국제 공항이 준공되어 동북아 물류의 중심지가 되었고, 통신 기술과 생명 공학 분야에 대한 과감한 투자가 이루어져 반도체의 메모리 부분은 세계 최첨단을 달리고 있으며, 컴퓨터와 모바일 전화기의 보급률도 세계에서 가장 앞서고 있다.

노무현 정부

제16대 노무현 대통령 취임 선서(2003. 2. 25)

제16대 대통령 후보는 이전과는 달리 여당과 야당 모두 당내 경선을 통해 선출하게 되었다. 그 결과 여당인 새천년민주당은 노무현 후보를, 야당인 한나라당은 이회창을 각각 후보로 결정되었다. 선거 초반 열세를 극복한 노무현 후보는 유권자의 48.9%를 득표하여 46.6%에 그친 한나라당 이회창 후보를 누르고 극적으로 대통령에 당선되었다.

참여 정부를 표방한 노무현 정부는 국민의 정부인 김대중 정부 정부의 정책의 계승과 함께 일부 정책에서는 차별화를 시도하였다. 전국 정당 지향과 지역주의 타파 등을 명분으로 새천년민주당에서 나와 열린 우리당을 창당하였다(2003.11.11). 또한, 미국이 이라크 침공에 다국적군이 참여함을 국제 사회에 과시하기 위해 파병을 요청해오자, 군사 동맹국이자 제1의 경제 교역국인 미국의 요구를 무시할 수 없었던 정부는 해외 파병을 통해 전투력 향상과 미국과의 동맹 강화 등을 명분을 내세워 국회에 국군의 해외 파병 동의를 요청하였다. 2003년 4월에 자이툰(평화를 상징하는 올리브) 부대로 이름붙인 연인원 1만 9천 명의 비전투 요원인 공병 부대와 의료 부대 등을 파견하였다.

집권 1년 만에 노무현 대통령은 정치적 중립 의무 위반 등의 사유로 한나라당을 중심으로 한 야당 국회의원들에 의해 탄핵 소추를 당하여 대통령 직무가 중지되었다(2004.3.12). 5월 14일 헌법재판소에 의해 탄핵 소추가 기각되어 노무현은 다시 대통령직을 수행하게 되었다. 대통령 탄핵에 반발한 시민들이 촛불 시위를 벌이는 상황에서 치러진 17대 국회의원 총선거(2004.5.15)에서 창당한지 5개월 만에 열린 우리당이 국회의원 재적 299명의 과반이 넘는 152석을 차지하였다.

노무현 정부는 총선에서의 압승에 힘입어 각종 개혁 입법을 발의하였다. 공주·연기를 행정 복합 도시로 만들기 위한 특별법 제정을 비롯하여 국가 보안법, 사립 학교법, 언론 관계법, 과거사법 등 4대 개혁 입법 처리에 나섰다. 그러나 한나라당과 수구 세력 등의 반대로 뜻을 이루지 못하였다. 노무현 대통령은 집권 중반기인 2005년에 권력 이양을 조건으로 선거 제도 개혁을 위해 박근혜가 대표였던 한나라당에 대연정을 제안했다가 거부당하기도 하였다.

노무현 정부는 김대중 정부의 화해와 협력을 바탕으로 한 대북 정책의 기조를 그대로 유지하였다. 장관급 회담 결과로 2004년에 개성 공단 준공식을 거행하였고, 김대중 정부의 금강산 관광(1998)에 이어 2007년 12월에는 개성 관광도 본격적으로 시작되었다.

노무현 대통령 탄핵 반대 촛불 시위(2003)
대통령의 정치적 중립성 위반 등을 사유로 한나라당, 자유 민주 연합, 새천년 민주당 등 야당이 합세하여 찬성 193표, 반대 2표로 대통령 탄핵 소추안을 통과시켰다(2004.3.12). 이에 따라 노무현 대통령은 직무가 정지되었고 고건 총리가 권한을 대행하였다. 5월 14일 헌법 재판소에서 탄핵 소추안이 기각되어 노무현은 대통령직에 복귀하였다. 노무현 대통령의 탄핵에 반대하는 시민들의 촛불 시위가 전국에서 열렸다.

노무현 대통령의 영국 국빈 방문 (2004.12.2)

노무현 대통령 묘(경남 김해) 제16대 대통령 임기를 마치고 역대 대통령 중 처음으로 고향(김해 봉하마을)으로 내려가 시민들과 어울려 '사람사는 세상'을 가꾸고자 애썼다. 이명박 정부와 갈등 끝에, 2009년 5월 23일 부엉이 바위에서 투신하여 생을 마쳤다. 노무현 대통령은 그의 유언에 따라 화장되어 사저 근처에 고인돌 형식의 묘에 안장되었다. 노무현 대통령의 묘소는 국가보존묘지 제1호로 지정되어 관리하고 있다.

자료 스페셜 10·4 남북 공동 선언(2007. 10. 4)

1. 남과 북은 6.15 공동 선언을 고수하고 적극 구현해 나간다.
2. 남과 북은 사상과 제도의 차이를 초월하여 남북 관계를 상호 존중과 신뢰 관계로 확고히 전환시켜 나가기로 하였다.
3. 남과 북은 군사적 적대 관계를 종식시키고 한반도에서 긴장 완화와 평화를 보장하기 위해 긴밀히 협력하기로 하였다.
4. 남과 북은 현 정전체제를 종식시키고 항구적인 평화 체제를 구축해 나가야 한다는데 인식을 같이하고 직접 관련된 3자 또는 4자 정상들이 한반도 지역에서 만나 종전을 선언하는 문제를 추진하기 위해 협력해 나가기로 하였다.
5. 남과 북은 민족 경제의 균형적 발전과 공동의 번영을 위해 경제 협력 사업을 공리공영과 유무상통의 원칙에서 적극 활성화하고 지속적으로 확대 발전시켜 나가기로 하였다.
6. 남과 북은 민족의 유구한 역사와 우수한 문화를 빛내기 위해 역사, 언어, 교육, 과학 기술, 문화예술, 체육 등 사회 문화 분야의 교류와 협력을 발전시켜 나가기로 하였다.
7. 남과 북은 인도주의 협력 사업을 적극 추진해 나가기로 하였다. 남과 북은 흩어진 가족과 친척들의 상봉을 확대하며 영상 편지 교환 사업을 추진하기로 하였다.
8. 남과 북은 국제무대에서 민족의 이익과 해외 동포들의 권리와 이익을 위한 협력을 강화해 나가기로 하였다. 남과 북은 이 선언의 이행을 위하여 남북 총리 회담을 개최하기로 하고, 제1차 회의를 금년 11월중 서울에서 갖기로 하였다. 남과 북은 남북관계 발전을 위해 정상들이 수시로 만나 현안 문제들을 협의하기로 하였다. 스포츠 및 문화 교류 등을 통한 남북 관계가 진척되는 가운데, 2007년 평양에서 노무현 대통령과 김정일 국방 위원장의 제2차 남북 정상 회담이 이루어졌다. 남북 정상 회담 결과, 남북 관계 발전과 평화 번영을 위한 8개 기본 조항으로 구성된 10·4 남북 공동 선언을 발표하였다.

제17대 이명박 대통령 취임 선서(2008.2.25)

광우병 촛불 시위(2008.5)
이명박 정부의 미국산 쇠고기 수입 재개 협상 내용에 대한 반대 의사를 표시하기 위하여 학생과 시민이 벌인 촛불 시위. 촛불 시위가 100일 이상 계속되면서 쟁점이 교육 문제, 대운하·공기업 민영화 반대 및 이명박 정권 퇴진 등으로 확대되었다. 자녀를 동반한 가족 단위의 참가도 많았으며, 연예인이나 음악가들이 많이 참가하여 '문화축제' 모습을 보이기도 했으나, 청와대로 향해 거리 행진하는 과정에서 경찰들과 충돌하기도 하였다.

이명박 대통령의 4대강 사업 설명회

상주 낙단보(경북 상주) 이명박 정부는 4대강 살리기 명분으로 많은 보를 무리하게 건설하였다.

제18대 대통령 선거 세대별 투표율 및 후보 지지율(2012.12.19)(단위 : %)

세대	투표율	지지율	
		박근혜 후보	문재인 후보
19세.20대	65.2	33.7	65.8
30대	72.5	33.1	66.5
40대	78.7	44.1	55.6
50대	89.9	62.5	37.4
60대 이상	78.8	72.3	27.5

이명박 정부

2007년 12월 19일에 실시된 제17대 대통령 선거에서 한나라당 이명박 후보가 대통합민주신당 정동영 후보와 자유선진당 이회창 후보를 물리치고 대통령에 당선되었다. 한나라당 후보의 대통령 당선으로 10년 만에 여·야의 정권 교체가 다시 이루어졌다.

이명박 정부는 '국민을 섬기는 정부' 등 5대 국정 지표와 함께 이른바 '747 공약'(7% 경제 성장, 4만 달러국민소득, 7대 세계 경제 강국)을 앞세워 노무현 정부와의 차별화를 시도하였다. 그러나 이명박 정부는 한·미 자유 무역 협정(FTA), 미국 소고기 수입 등의 협상 과정에서 국민 여론과 정서를 무시하고 강행 처리하려다가 학생, 직장인, 가정주부 등 수많은 시민들이 참여한 촛불 시위로 정권 출범 초기부터 큰 위기에 직면하게 되었다. 그러나 국민과의 소통 부재로 비난받던 이명박 정부는 촛불 시위를 누그러뜨리고 통치 환경을 유리하게 만들었다.

2008년 12월에 이명박 정부는 22조원의 막대한 예산을 투입하여 '4대강 사업'을 추진하였다. 4대강(한강, 낙동강, 금강, 영산강) 사업은 하천을 준설하고 친환경 보를 설치하여 하천 생태계를 복원을 주된 사업으로 하고, 노후 제방 보강, 중소 규모 댐과 홍수 조절지 건설, 하천 주변 자전거길 조성 등을 부수적 사업 내용으로 하였다. 그러나 실제로는 이명박 대통령이 국민적인 반발로 포기를 공식 선언한 한반도 대운하의 재추진을 염두에 두고 진행된 사업이었다는 사실이 밝혀졌을 뿐만 아니라, 생태계 파괴, 건설업체 담합, 사업비 부정, 관련 공무원의 뇌물 수수 등 적지 않은 문제점들이 드러나고 있다.

박근혜 정부

제18대 대통령 선거에서 집권 여당인 새누리당 박근혜 후보와 무소속 안철수 후보와의 야권 후보 단일화를 이룬 통합민주당 문재인 후보가 대결을 벌였다. 박근혜 후보는 '경제 민주화'를 비롯하여 '기초 연금, 무상 보육, 4대 중증질환 국가 보장, 무상 교육' 등 증세 없는 복지 정책을 핵심적인 선거 공약으로 하여 지지를 호소하였다. 제18대 대통령 선거는 종전의 지역(영남 : 호남)과 이념(보수 : 진보) 대결에다 세대별(20~40대 : 50~70대) 대결이 새로운 변수로 떠올라 치열하게 펼쳐졌다.

2012년 12월 19일의 투표에서 박근혜 후보는 전자(영남, 보수, 50~70대)의 절대적인 지지 등에 힘입어 유권자 51.6%의 득표율로 헌정 사상 첫 여성 대통령으로 당선되었다. 2013년 2월 25일에 출범한 박근혜 정부는 '국민 행복 희망의 새 시대'라는 국정 지표와 함께 선거 공약을 주요 국정 과제를 설정하여 여러 정책을 추진하고 있다.

3

경제 발전과 사회·문화의 발전

1. 경제 혼란과 전후 복구
2. 경제 성장과 자본주의 발달
3. 사회·문화의 변화

나로호 발사 성공, 우주 시대를 열다

우주로 날아가는 인공 위성 '나로호' 발사체 모습(2013. 1. 30).

2013년 1월 30일, 나로우주센터에서 발사한 우주 발사체인 나로호를 우주로 쏘아 올리는 데 성공함으로써, 우리나라는 세계에서 11번째로 자기 나라에서 자국 기술로 발사체에 위성을 실어 쏘아 올린 '우주 클럽' 가입국이 되었다.

나로호 발사 성공은 항공 우주 선진국으로 도약하는 발판이 될 것이며, 과학 기술 강국, 우주 강국 대한민국의 꿈을 활짝 열어 주었다.

대한민국 수도 서울의 발전된 모습 6.25 전쟁(1950)의 폐허를 딛고, 세계 12위의 경제 대국으로 성장하는 '한강의 기적'을 이룩하였다.

풍력발전(강원 평창) 환경 보존 운동의 일환으로 많이 만들어지고 있다.

(1) 광복 직후의 경제 혼란

경제 혼란의 원인

광복 이전의 우리 경제는 자본과 기술을 일본인들이 거의 독점하고 있었기 때문에 민족 자본이 형성되지 못하였고, 일본 경제에 예속되어 제대로 발전하지도 못하였다. 더욱이 민족 자본은 11%에 지나지 않았다. 여기에 광복 직후 38도선을 경계로 남북이 분단되자, 자원과 산업이 북한에 치우쳐 있었고 남북한 교류마저 단절되어 남한의 경제 혼란은 보다 가중되었다. 당시 남한 경제는 농업과 경공업이 중심이었으며, 공업 원료의 지하 자원과 중공업 시설은 북한 지역에 편중되어 있었다. 주요 동력원인 전력 및 석탄은 대부분 북한에서 생산되었고, 남한에서는 전력의 8%와 석탄의 20% 정도만이 생산될 뿐이었다.

1945년 9월, 미군정은 일본인과 총독부의 재산 및 기업을 군정 당국이 접수하여 관리하고, 조선은행권을 계속 사용한다고 발표하였다. 그런데 조선 총독부는 패전 직후 미군정이 실시될 때까지의 20여 일 동안에 일본인들의 재산을 보호하기 위해 조선은행권을 대규모로 남발하였다. 그 결과, 조선은행권은 8월 15일에 49억원 정도였으나, 8월 31일에는 79억 정도로 대폭 증가하여 통화량이 급증하였다. 통화량의 급증은 물가 상승을 부채질하여 1947년 말 물가는 2년 전인 1945년에 비해 33.4배가 폭등했다.

경제 혼란의 가중

물가가 폭등하고 있는 상황에서 해외 동포와 공산주의 체제에서 벗어나기 위해 월남한 동포 등으로 인한 실업자 증가와 식량 부족은 남한 경제를 극심한 혼란에 빠뜨렸다. 이렇듯 대규모 식량 부족 사태가 발생한 것은 인구 증가, 소비 욕구의 팽창, 매점매석 등이 원인이었다. 미군정은 이러한 문제를 해결하기 위해 쌀값을 자유 시장 경제에 맡겼으나 일부 상인과 지주들의 매점매석으로 쌀값이 오히려 폭등하고, 덩달아 다른 물가도 크게 올랐다. 미군정은 심각한 쌀 부족을 해결하기 위하여 1946년 여름부터 보리와 쌀의 수집과 배급을 통제하는 미곡 수집제를 실시하였다. 미곡 수집제는 미곡을 강제로 수매하여 판매하는 것이었는데, 당시 생산가가 수매가의 2배에 달하였기 때문에 오히려 농민의 생활을 더 어렵게 만들었다.

미군정 시기의 한국 경제는 이처럼 물자의 부족, 통화량의 급증, 쌀값 폭등 등으로 극심한 혼란을 겪게 되었다. 1948년에는 북한이 전기 공급을 중단함으로써 남한 경제는 더욱 어려워졌다.

6·25 전쟁 직후 실업자의 모습

(2) 이승만 정부의 경제 정책

농지 개혁

농지 개혁은 이승만 정부가 시급히 해결해야 할 과제 중 하나였다. 광복 이전뿐만 아니라 정부 수립 무렵까지도 농민 대다수는 남의 토지를 빌어 농사를 짓고 지주에게 지대를 바쳐야 하는 소작농이었다. 실제로 전체 경작 면적의 60% 이상이 소작지였고, 소작농은 자소작농을 합하여 83% 정도를 차지하였다. 그래서 대부분의 광복 이전 독립 운동 단체들은 광복 후 시행할 경제 정책에 농지 개혁을 포함시켰고, 광복 후 정치 단체들도 강령이나 정책에서 농지 개혁 문제를 거론하였다.

1946년에 북한에서 무상 몰수, 무상 분배의 농지 개혁을 실시하자, 농민들은 북한과 같은 농지 개혁을 요구하였다. 미군정은 농지 개혁 요구를 외면할 수 없게 되자 입법을 서둘렀으나, 지주층의 반발로 실시할 수 없었다. 미군정은 결국 1948년 총 선거를 앞두고 신한 공사를 해체하고 귀속 농지를 농민에게 유상으로 분배하였다. 그러나 한국인 지주의 농지는 지주들의 반대로 심의조차 되지 못하다가, 이승만 정부가 수립되고 나서야 본격적으로 논의가 이루어졌다.

정부 수립 후 1949년에 농지 개혁법이 제정되고, 이듬해 봄에 이를 공포하고 시행에 들어갔다(1950. 3). 농지 개혁은 3정보를 토지 소유의 상한으로 정하고 그 이상의 농지를 소유한 지주의 토지를 정부가 사들여 다시 농민에게 파는 유상 매수, 유상 분배를 원칙으로 하였고, 호당 분배 받을 수 있는 최대 면적은 3정보였다. 그러나 정부의 재정 부족으로 지주들에게는 지가 증권을 주었으며, 농민은 연간 소출량의 150%를 5년간 분할 상환하였다.

농지 개혁은 6 · 25 전쟁으로 잠시 중단되기도 하였지만, 1957년까지 실시되었

지가 증권 농지 개혁법에 의해 지주에 대한 농지 보상으로 발급되었다(1949. 6).

자료 스페셜 **농지 개혁법(1950. 3)**

제5조 정부는 다음에 의하여 농지를 매수한다.
  1. 다음의 농지는 정부에 귀속한다.
    (가) 법령 및 조약에 의하여 몰수 또는 국유로 된 농지
    (나) 소유권의 명의가 분명하지 않은 농지
  2. 다음의 농지는 본법 규정에 의하여 정부가 매수한다.
    (가) 농민이 아닌 자의 농지
    (나) 자경하지 않는 자의 농지
    (다) 본법 규정의 한도를 초과하는 부분의 농지
    (라) 과수원, 종묘포, 상전(桑田) 등 다년성 식물 재배 토지를 3정보 이상 자영하는 자의 소유인 다년성 식물 재배 이외의 농지
제6조 다음의 농지는 본법으로 매수하지 않는다.
  1. 농가로서 자경 또는 자영하는 1가당 총 면적 3정보 이내의 소유 농지, 단 정부가 인정하는 고원, 산간 등 특수 지구에는 예외로 한다.
제8조 보상은 다음의 방법에 의하여 정부는 피보상자 또는 그가 선정한 대표자에게 지가 증권을 발급한다.
제12조 농지의 분배는 1가구당 총 경영 면적이 3정보를 초과하지 못한다.
제13조 분배받은 농지에 대한 상환액 및 상환 방법은 다음과 같다.
  2. 상환은 5년간 균분 연부로 하고 매년 정부에 납입하여야 한다.

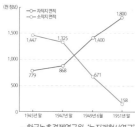

다. 농지 개혁은 유상 매수, 유상 분배의 원칙, 실시 시기의 지연으로 인한 토지 처분, 물가 급등으로 농지 상환가를 부담해야 하는 농민 고통 가중 등 불철저함이 적지 않게 노출되었다. 그러나 농지 개혁은 전쟁 전까지 70~80%가 농민에게 분배될 정도로 상당한 진전을 보여 지주 중심의 토지 소유가 폐지되고, 많은 농민들이 자기 소유의 농토를 가질 수 있게 되었다.

(3) 6·25 전쟁과 경제 복구

6·25 전쟁으로 남북한은 생산 시설의 40% 이상이 파괴되어 물자가 크게 부족하였다. 특히 전쟁 비용을 마련하기 위하여 통화량을 늘림으로써 인플레이션이 발생하여 민중들은 극심한 생활고를 겪어야 했다.

1953년 7월에 휴전 협정이 체결된 후 국민과 정부는 파괴된 경제를 일으켜 세우는데 온 힘을 기울였다. 이에, 미국을 비롯한 국제 사회의 원조도 큰 힘이 되었다. 국제 연합은 유엔 한국 부흥 위원단을 조직하여 대한민국의 전후 복구에 도움을 주고자 하였다. 유엔 한국 부흥 위원단의 원조는 주로 구호와 사회 재건에 집중되었다. 미국의 원조도 식량을 비롯한 소비재가 대부분이었다. 미공법 480호(PL480)에 의해 도입된 잉여 농산물은 1956~1960년까지 약 1억 5천 7백만 달러 규모였으며, 밀·보리·쌀 등의 곡류와 원면이 대부분이었다.

미국 원조에 의해 성장한 대표적인 분야는, 이른바 삼백 산업이었다. 삼백이란 제분을 위한 소맥(밀가루), 방적업을 위한 원면(면화)과 원모(양모), 제당(설탕)을 가리킨다. 특히, 면방직·모방직 등의 섬유 공업은 이 시기에 비약적인 발전을 이룩하여 1960년대 수출 주도형 경제 성장에 밑바탕이 되기도 하였다. 이 무렵 비료 공장과 시멘트 공장도 건립되었다.

한편, 미국의 경제 원조에 따른 미국 잉여 농산물의 도입으로 한국인들은 기아로부터 벗어날 수 있었던 반면, 우리 농업 기반은 파괴되었다. 값싼 미국산 면화가 들어오면서부터 우리나라 면화 재배는 거의 사라지게 되었고, 밀도 마찬가지였다. 또한, 다량의 잉여 농산물의 도입으로 쌀값이 폭락하기도 했다. 그 결과 농촌에는 이농, 폐농 현상이 나타나 무작정 도시로 떠난 이들이 광범한 도시 빈민층을 형성하기도 하였다.

원조를 받는 과정에서 가장 중요한 현안으로 떠오른 것은 환율과 대충 자금 문제였다. 환율 문제는 1950년대를 통해 대한민국 정부와 미국 사이에 중요한 외교 현안이 되었다. 환화의 가치가 과대평가 될 경우 미국으로부터 더 많은 원조를 받을 수 있었기 때문에 대한민국 정부는 환율을 내리려고 하였다. 반면, 미국은 환율이 올라갈 경우 원조 물품의 판매 대금인 대충 자금이 증가하기 때문에 한국에 대한 원조를 줄일 수 있었다. 그래서 환율을 둘러싼 양국 사이의 줄다리기가 이승만 정부 시절 내내 지속되었다.

미공법 480호(PL480)
미국 정부가 잉여 농산물 재고 처리와 그것을 통한 대외 군수 물자 판매를 주목적으로 1954년 제정된 「농업 교역 발전 및 원조법」으로 일반적으로 'PL(Public Law) 480호'라고 불린다.

대충 자금
대충 자금이란 미국의 원조를 받은 나라가 원조액에 해당하는 자기 나라 돈을 별도의 특별 계정을 만들어 적립한 것을 말한다. 1950년대 미국의 대한 원조는 물품으로 이루어졌기 때문에, 정부는 원조 물품을 시중 업자에게 분배하여 위탁 판매하고 판매된 돈을 받아 한국 은행에 입금시켰다. 이 돈은 당시 국내 재정의 40%를 차지하였다.

미국 식량 원조 선전물(1955)

(1) 경제 성장 정책의 추진

제1·2차 경제 개발 5개년 계획의 추진

정부의 경제 개발 계획으로는 이승만 정부의 7개년 계획, 장면 내각 때 수립한 5개년 계획 등이 있었다. 그러나 본격적인 경제 개발 계획은 5·16 군사 정변 이후 박정희 정부에 의하여 수립되었다. 이 때에는 자립 경제와 조국 근대화를 국정 목표로 내걸고 1962년부터 4차례에 걸쳐 실시하였다.

제1차 경제 개발 5개년 계획(1962~1966)에서는 공업화와 자립 경제 구축을 위한 기초를 다지는 것을 기본 목표로 삼아 수출 산업 육성과 시멘트·전력 등 기간 산업과 사회 간접 자본의 확충에 중점을 두었다. 그 결과, 경제 성장률은 연평균 8%에 달하였고, 수출은 연평균 44%의 높은 증가율을 기록하였다.

제2차 경제 개발 5개년 계획(1967~1971)은 산업 구조의 근대화와 자립 경제의 확립을 기본 목표로 삼고 경공업 중심의 수출 주도형 공업화 정책을 계속 추진하였다. 특히 이 시기에는 기초 산업의 개발과 철강 공업, 화학 공업 및 기계 공업의 육성에도 관심을 기울이기 시작하였다. 이 때에는 베트남 파병에 따른 베트남 특수가 우리 기업의 해외 진출, 인력 수출, 상품 수출 등에 큰 도움이 되었다. 이 기간에도 연평균 10% 정도의 고도 성장을 계속하였으며, 수출 증가율도 연평균 33% 이상을 기록하였다.

경부 고속 국도 개통(1970)

1·2차 계획 기간에는 울산에 공업 단지가 조성되고 정유 공장을 비롯한 각종 공장이 건설되었으며, 마산 지역에는 수출 자유 지역이 만들어졌다. 또 우리나라 경제 발전에서 큰 역할을 담당할 포항 종합 제철 공장이 착공되고(1970) 경부 고속 국도가 개통되었다(1970). 이 기간 동안 한국 경제는 수출이 20배 이상 증가하였고, 연간 경제 성장률도 두 자릿수에 가까워 한강의 기적으로 일컬어졌다.

포항 종합 제철 1기 착공식(1970. 4)

중공업 중심 정책으로의 전환

1970년대의 제3·4차 경제 개발 5개년 계획에서는 세제·금융 지원을 통한 수출 주도형 중화학 공업화를 목표로 하였다. 이에 철강·금속·조선·기계·전자·화학 공업을 6개 전략 업종으로 선정하고 이를 집중적으로 지원하였다.

1973년에는 포항 종합 제철 공장이 완공되고, 이어 제2 제철소인 광양 제철소가 건설되어 세계 5위권의 철강 생산국으로 발돋움하였다. 조선 공업은 울산·거제 등지에 대규모의 조선소가 건립되어 수출 산업으로 육성되었으며, 세계 최대의 조선국으로 부상하였다. 1970년대부터 발달하기 시작한 자동차 공업은 1980년대 이후 내수 확대와 수출 증대에 힘입어 계속 발전하였다. 1995년 자동차 생산 250만 대를 돌파한 후 2007년도에는 400여만 대에 이르렀고, 그 중에서 285만 대를 수출하였

한국 수출의 일등 공신, 저렴한 노동력
우리나라 수출이 크게 신장된 것은 양질의 노동력을 저렴한 임금으로 고용할 수 있었고, 원화 환율을 지속적으로 평가 절하하여 가격 경쟁력을 확보하였기 때문이었다. 1971년의 임금 수준은 일본의 1/6, 미국의 1/17정도였다. 1982년에는 우리나라를 100으로 할 때, 대만은 123.3, 싱가포르가 235.3, 일본이 527.6, 미국이 732.8 이었다.

100억불 수출의 날 기념 아치(1977)

다. 이리하여 우리나라 자동차 공업은 생산과 수출에서 세계 5위권에 진입하였다.

정부는 기계 공업을 육성하기 위하여 창원 공업 단지를, 전자 공업을 육성하기 위하여 구미 공업 단지를 건설하였고, 석유 화학 공업을 육성하기 위해 울산 석유 화학 공업 단지를 국제 규모로 확장하고, 여수에는 종합 화학 기지를 건설하여 석유 화학 공업을 육성하였다.

울산의 공업 단지

1970년대부터 주요 수출 산업으로 육성된 전자 공업은 크게 발달하여 국내 제조업 생산 및 수출 1위의 핵심 산업으로 떠올랐다. 전자 공업의 발달은 컴퓨터, 반도체, 통신 기기 등의 정보 산업의 발달을 촉진시켜 정보화 사회를 이루는 밑바탕이 되고 있다.

이 시기 수출 주도 품목 역시 경공업 제품과 가공 무역 중심에서 중화학 공업 제품으로의 전환을 추진하였다. 수출 주도 품목의 성공적 전환을 통해 대한민국의 수출은 급격하게 성장하였다. 1977년에는 100억 달러, 1981년에는 200억 달러의 수출을 기록하였다. 또한 공업 생산에서 중화학 공업이 차지하는 비중이 55%를 넘어서게 되었다. 이리하여 우리나라는 본격적인 산업 사회로 진입하여 신흥 공업국으로 발전하였다.

이와 같이 우리나라의 경제는 비약적 발전을 거듭하여 국민의 생활 수준도 괄목할 정도로 향상되었으나, 경제 발전과 함께 부작용도 많이 나타났다. 공업 중심의 경제 개발로 농촌의 피폐는 계속되었고, 산업 불균형도 심화되었으며, 재벌 중심의 경제 구조와 정경 유착에 따른 부패도 심해졌다. 노동자들에 대한 저임금 정책이 지속되고 노동 운동에 대한 정부의 탄압도 계속되었다. 또한 공업화에 따른 공해 문제가 제기되고 도시 빈민층이 형성되었다.

옥포 조선소(경남 거제)

(2) 외환 위기 극복과 우리 경제의 과제
주요 경제 국가로의 성장

우루과이 라운드
1986년 우루과이에서 개최된 GATT(관세 및 무역에 관한 일반 협정)의 8차 다자 간 무역 협상을 말한다. 과거 7차례의 다자 간 협상과의 차이는 새로운 시대 상황에 맞추어 농산물 시장, 서비스업, 지적 재산권과 같은 매우 광범한 의제를 다루고 있다는 점이 특징이다.

1980년대 들어 선진 자본주의 국가들은 인근 지역을 중심으로 보호 무역을 강화하고, 후발 자본주의 국가들에 대한 개방 압력을 강화하였다. 이와 함께 세계 무역 체제를 개편하기 위하여 1986년 9월 우루과이에서 '다자 간 무역 협상 개시를 위한 각료 선언(우루과이 라운드)'을 발표하였다. 우루과이 라운드는 1994년에 타결되었으며, 이듬해에는 그 실천을 감시하고 분쟁을 조정하기 위한 세계 무역 기구(WTO)가 설립되었다. 보호 무역 주의 철폐를 골자로 하는 이 협정으로 인해 대한민국은 그 동안 국내 산업의 보호를 위해 개방을 미루었던 분야에 대해서도 개방을 하게 되었다. 그 결과 외국의 상품과 초국적 자본이 아무런 제약 없이 밀려 들어왔다. 그 영향을 가장 크게 받은 것은 농업을 비롯한 1차 산업이었다. 농축산물 수입 자유화에 따라 국내의 생산 농가들은 값싼 외국 농산물과 힘든 경쟁을 하게 되면서 심각한 타격을 입었다.

그렇지만 우리 경제는 지속적으로 발전하여 산업 구조는 중화학 공업이 중심이 된 전자 제품·반도체 등의 비중이 크게 높아졌으며, 국민 총생산과 무역 규모에서 세계의 10위권에 진입하는 등 세계 속의 주요 경제 국가로 성장하였다. 이에 우리나라는 서방 선진 국가들이 중심이 된 경제 협력 개발 기구(OECD)에 가입하였으며 (1996), 아시아·태평양 경제 협력체(APEC)에도 적극 참여하였다.

외환 위기와 극복

그러나 우리나라는 1997년에 외환 위기를 맞아 국제 통화 기금(IMF)의 긴급 지원을 받는 IMF 관리 체제로 들어가고 말았다. 성장의 흐름 속에서 산업 구조의 조정, 기업 구조의 개혁 등을 미룬 채 시장 개방을 계속한 결과였다. 특히 재벌 기업의 무문별한 외채 조달은 원화의 가치 하락을 가져왔고, 이것이 외환 위기의 직접적인 원인이 되었다.

외환 위기로 인한 국민들의 고통은 엄청났다. 1996년에 1인당 국민 총 생산은 1만 달러를 돌파하였으나 외환 위기를 맞은 후 1998년에는 6,300 달러로 뚝 떨어졌다. 또 기업의 부도 사태로 부실기업의 정리와 경제의 구조 조정이 진행되면서 실업자가 급증하고 노사 간의 갈등도 증폭되었다. 1999년에는 실업률이 10%를 넘어서기도 했다. 대량 실업과 구직난은 중산층의 몰락과 가족 해체로 이어졌다. 이러한 어려운 여건 속에서도 외환 위기를 극복하기 위한 국민과 정부의 노력이 계속되었고, 금 모으기 운동이 추진되었다.

경제 위기 속에 집권한 김대중 정부는 노사정 위원회(1998)를 구성하여 노사 협조를 구하면서 신자유주의 경제 정책을 바탕으로 기업, 금융, 공공, 노동 등 4대 부문의 개혁을 추진하였다. 그 결과 수출과 무역 흑자 증가, 벤처 기업의 창업 등으로 외환 위기를 극복하고 3년 8개월만인 2001년 8월에 국제 통화 기금의 관리 체제에서 벗어나게 되었다.

우리 경제의 과제

최근 우리 경제는 세계 경제 침체에 따른 수출 부진, 국내 경기 침체, 구조 조정에 따른 실업 증가 등으로 많은 어려움을 겪고 있다. 정부는 이러한 위기를 타개하고 지속적인 경제 발전과 미래 경쟁력 확보를 위하여 정보 통신 기술(IT), 생명 기술(BT), 나노 기술(NT), 환경 기술(ET), 문화 기술(CT) 등을 차세대 성장 산업으로 육성하기 위하여 노력하고 있다.

자본 자유화 정책
국제 간에 자본 이동에 관한 규제를 완화하고 철폐하는 것을 말한다. 즉 외국인 직접 투자 도입의 자유화, 한국 기업의 해외 진출 투자 제한의 완화, 증권 시장의 개방 등을 주요 내용으로 하고 있다.

IMF(International Monetary Fund, 국제 통화 기금)
1947년에 설립되었다. 가맹국의 출자로 공동 기금을 만들어 외환 자금 조달의 원활화, 외환 시세 안정, 세계 각국의 경제적 번영을 목적으로 한다.

신자유주의 경제 정책
시장에서의 자유로운 경쟁이야말로 최선의 결과를 낳는다는 논리에 바탕을 둔 이념과 정책. 시장 개방과 자본의 자유로운 유통을 위하여 정부의 역할 축소와 각종 규제의 철폐를 요구하고 있다.

나노 기술
물질을 나노 크기(1나노미터는 10억분의 1미터)의 수준에서 분석·조작하고 이를 제어할 수 있는 과학과 기술을 말한다.

(1) 산업화와 도시화·정보화

산업화·도시화로의 진전

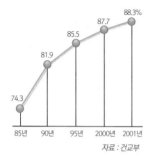

도시화율 추이(1985~2001)

88.3%
87.7
85.5
81.9
74.3

85년 90년 95년 2000년 2001년

자료 : 건교부

1960년대 이후 빠르게 진행된 경제 개발은 우리 사회를 농업 중심의 사회에서 공업 중심의 산업 사회로 변화시켰다. 농업에 종사하는 인구가 크게 줄어들었을 뿐 아니라, 국민 총생산에서 1차 산업이 차지하는 비중도 크게 낮아졌다. 그 대신 공업과 서비스 부문에 종사하는 인구가 크게 늘어나고, 국민 총 생산에서 이 부문이 차지하는 비중도 크게 높아졌다.

광복 이후 늘어나고 있던 도시 인구는 1960년대 이후 정부의 공업화 추진 정책으로 더욱 폭발적으로 증가하였다. 박정희 정부의 개발 정책이 수도권과 영남 공업 지대에 집중되어 일자리를 찾기 위해 농촌의 젊은이들이 몰려들었다. 서울은 1,000만 명이 넘는 거대 도시로 성장하였고 그 주변에는 수많은 위성 도시들이 급속히 생겨났으며, 울산·포항·창원·구미·광양·여수 등은 공업 도시로 발달하였다.

인구의 도시 유입의 또 다른 원인은 교육열 때문이었다. 교육은 사회적 지위를 상승시킬 수 있는 유일한 길로 인식되었으며, "말은 제주도로, 사람은 서울로"라는 말이 유행할 정도로 농촌에서 서울로 유학 오는 젊은 층들이 증가하였다.

재개발된 아파트(서울 송파)

산업화에 따른 인구의 도시 집중은 주택 문제, 환경 오염, 교통 문제, 실업 문제 등과 같은 많은 문제를 낳았다. 정부는 비대해진 도시의 주거 환경을 개선하기 위하여 대규모 아파트 단지 개발, 서울 근교의 신도시 건설, 장기 임대 아파트 건축, 도시 재개발과 재건축 등을 통하여 주택 문제를 해결하고 있으며, 교통난을 해결하기 위해 지하철, 내부 순환 도로 등을 건설하였다. 이 밖에도 정부와 지방 자치 단체는 쓰레기 매립장과 소각로 건설 등으로 환경 오염을 방지하기 위해 노력하고 있다.

정보화 사회로의 이행

정보화 사회
통신·컴퓨터·교육·정보 서비스 등의 정보 관련 산업에 종사하는 사람이 총 인구의 3분의 1이며, 이러한 산업에 의한 생산이 국민 총생산의 3분의 1 이상에 달하는 사회를 의미한다.

한편, 우리 사회는 컴퓨터와 정보 통신, 특히 인터넷의 발달로 정보화 사회로 나아가고 있다. 정부는 21세기가 정보화 사회가 될 것으로 예상하고 국가 경쟁력 강화와 직결된 공공 기관, 연구소, 학교 등에 초고속 정보 통신망을 설치하였다. 국민

산업 구조의 변화

(단위 : %)

연도	1961		1971		1981		1990		2000	
	인구	생산	인구	생산	인구	생산	인구	생산	인구	생산
농림 어업	63.2	41.4	48.2	29.7	34.2	15.6	17.9	8.5	10.9	4.6
광공업	8.7	14.6	14.2	19.6	21.3	31.3	27.6	29.6	20.2	31.8
서비스 기타	28.1	44.0	37.6	50.7	44.5	53.1	54.5	61.9	68.9	63.6

한국은행, 「국민 소득 계정」

들은 일상 생활과 취미 등과 관련된 정보 취득, 업무, 학업 등에 컴퓨터 통신과 인터넷을 활용하고 있다. 컴퓨터 통신과 인터넷의 확산은 생활의 편리뿐만 아니라 우리 사회 전반에 유익한 영향을 주고 있다.

(2) 농촌 사회의 변화

농촌 살리기 운동의 전개

광복 직후 우리나라는 가난한 농업국이었다. 인구의 80%가 농민이었으며, 이른바 보릿고개로 대표되는 절대 빈곤에 시달렸다.

1960년대에 들어와 경제 개발이 추진되면서 식량 자급을 위한 증산 계획을 펼쳐, 경지가 확대되고 농가 소득도 늘어났다. 1950년대의 절대 빈곤에서는 벗어났지만 박정희 정부의 성장 제일주의의 공업화 정책으로 농업은 상대적으로 낙후되어 갔고, 도시와 농촌의 소득 격차도 커져 갔다. 도시의 공장 노동자를 위한 저곡가 정책은 농가 소득의 향상에 큰 장애물이 되었다. 그리하여 산업화, 도시화가 진전되면서 농촌의 많은 젊은 이들이 일자리를 찾아 농촌을 떠났다.

이렇게 되자 박정희 정부는 여러 가지 농촌 살리기 운동을 전개해 나갔는데, 그 대표적인 것이 1970년에 시작된 새마을 운동이었다. 근면·자조·협동의 기치 아래 농촌 근대화 사업의 일환으로 추진된 새마을 운동은 주택 개량, 농로 개설, 도로 확충, 하천 정비 등의 지역 개발 사업에서 큰 성과를 거두었다.

새마을 운동(1970) 최근 새마을 운동에 관한 기록 문서들이 세계 기록 유산으로 등재되었다.

농촌 문제와 우리의 과제

1970년대는 민간 차원의 농민 운동이 본격화된 시기였다. 1972년에 카톨릭 농민회가 결성되면서 활성화된 농민 운동은 함평 고구마 피해 보상 투쟁으로 이어졌고, 이후 농민들은 정부의 저곡가 정책에 맞서 추곡 수매 투쟁, 농협 민주화 투쟁, 수세 거부 투쟁을 전개하였다.

1980년대 농민들은 외국의 농축산물 수입 개방에 부딪혔다. 이미 6·25 전쟁 후 값싼 면화와 밀가루 수입으로 면화 농사와 밀 농사가 거의 사라지게 되었던 경험을 가진 우리 농가는 쇠고기 수입 등으로 큰 타격을 받았다. 게다가 우루과이라운드(UR) 협상을 통해 세계 무역 기구(WTO) 체제가 출범함에 따라 우리나라는 쌀을 비롯하여 많은 농축산물 수입을 허용하게 되었는데, 2001년의 세계 무역 기구 뉴라운드의 출범으로 농축산물에 대한 시장 개방 압력은 더욱 커지고 있는 실정이다.

현재 우리나라는 다자 간 무역 협상을 벌여 칠레, 싱가포르, 미국, 유럽 연합(EU) 등과 자유 무역 협정(FTA)를 체결하여 교역을 시행하고 있다. 그 결과 전자·자동

세계 무역 기구 뉴라운드
세계 무역 기구가 출범한 뒤 2001년 11월 카타르의 도하에서 열린 제4차 각료 회의에서 합의된 다자 간 무역 협상을 말한다. 144개 회원국이 뉴라운드 협정에 공식 합의함으로써 세계의 자유 무역이 더욱 촉진될 수 있게 되었다.

차·조선 부문 등에서는 해외 시장이 확대된 반면, 국내의 농축산물 시장은 점차 외국에 개방되고 있다. 최근에는 이웃 나라 중국에서 값싼 농산물이 대거 쏟아져 들어오면서, 우리 농촌은 존립 기반마저 흔들리고 있다.

(3) 노동 운동

노동 운동의 출발

1960년대에 경제 개발 계획이 시작되면서 인구 구성에 커다란 변화가 일어났다. 농업 인구는 급격히 줄어들기 시작한 반면, 인구의 도시 집중에 따라 산업 노동자는 증가하였다. 특히, 노동 집약적 수출 공업 육성 정책에 따라 상대적으로 적은 봉급을 주고 고용할 수 있었던 여성 노동자가 크게 늘어났다.

공업 생산에 필요한 풍부한 노동력은 경제 발전의 커다란 힘이 되었다. 그러나 정부는 수출 경쟁력을 확보하기 위하여 저임금 정책을 고수하고 노동 운동을 강력히 통제하였다. 그 결과 노동자들은 낮은 임금과 열악한 작업 환경에 시달렸다. 이에 1970년 11월 청계천 평화시장 봉재 공장의 재봉사 전태일은 "우리는 기계가 아니다." "근로 기준법을 준수하라."라고 외치며 분신 자살하였다. 전태일의 분신은 노동 운동에 대한 사회의 관심을 크게 불러 일으켰으며, 학생과 지식인들이 노동 운동에 관심을 갖는 계기가 되었다.

청계천 전태일 동상 전태일의 분신은 노동 운동에 대한 사회의 관심을 크게 불러 일으켰다.

이후 노동 조합이 속속 결성되면서 노동 운동은 점차 활성화되었다. 특히, 이 시기에 동일 방직 공장 여성 노동자의 노동 운동은 노동 문제를 사회 문제화시켰으며, YH 무역 여성 노동자들의 노동 운동은 유신 체제의 몰락에도 영향을 끼쳤다.

노동 운동의 확대

신민당사에서 시위하는 YH무역 여성 노동자 모습(1979)

노동 운동은 1980년대 후반 민주화 운동과 함께 본격화되었다. 노동 쟁의 건수가 폭발적으로 늘어났고, 쟁의 형태도 대중적이며 대규모적인 연대 투쟁으로 발전하였다. 노동자들은 임금 인상, 노동 환경 개선, 민주적인 노동 조합의 결성 등을 요구하였으며, 노동 운동은 생산직 노동자뿐만 아니라 금융 기관, 병원, 학교 등 사무직 노동자층까지 확대되었다.

1991년에 국제 노동 기구(ILO)에 가입하고, 1995년에는 한국 노동 조합 총연맹(한국 노총)과는 별도로 전국 민주 노동 조합 총연맹(민주 노총)이 결성되어 노동 운동은 더욱 활기를 띠었다. 그러나 1997년의 외환 위기에 따라 우리 경제가 국제 통화 기금(IMF)의 관리 체제에 놓이면서 노동자들은 대량 실업에 직면하게 되었다. 이에 김대중 정부는 전국 민주 노동 조합 총연맹(1997)과 전국 교직원 노동 조합(전교조, 1999)을 합법화하고, 노사정 위원회를 구성하여(1998) 구조 조정에 따른 실업 문제와 노동 쟁의를 해결하기 위해 노력하였다.

한편, 우리 노동자들은 경제 성장으로 생활이 향상되면서 더럽고 힘들고 위험한 일을 하지 않으려고 3D 업종에 대한 취업을 기피하고 있다. 이에, 기업은 외국인 노동자들을 고용하게 되었는데, 이 과정에서 외국인 노동자들에 대한 인권 침해와 노동 문제 등이 발생하기도 하였다.

(4) 남녀 평등권 실현과 사회 보장 제도

남녀 평등권의 실현

광복 이후에는 헌법에 남녀 평등이 선언되고 여성들의 법적 지위가 향상됨으로써 여성도 성별에 의한 차별을 받지 않고 일할 수 있는 조치가 마련되었다. 이에 따른 취업을 통한 여성의 사회 참여는 1960년대 이후 경제 개발이 이루어지면서 크게 향상되었다.

산업화 초기에 여성들은 섬유, 가발, 전자, 봉제 등 노동집약적 수출 산업에 대거 취업하였다. 이후 우리 사회가 산업 사회로 바뀌면서 전문직과 기술직·사무직에 종사하는 여성도 꾸준히 증가하였다.

이와 더불어 출산율 저하, 핵가족화, 맞벌이 부부와 독신 가구의 증가 등 여성들의 경제 활동을 촉진하는 사회적·경제적 여건 변화에 힘입어 가족 내의 수직적인 남녀 관계는 수평적 관계로 바뀌고 있다. 이러한 변화를 수용하여 1980년대 이후 여성 운동이 활발해지면서 한국 성폭력 상담소, 한국 여성의 전화, 한국 정신대 문제 대책 협의회 등이 조직되어 여성의 인권 보장을 위해 노력하였다. 2006년에는 여성 경제 인구 활동이 1천만 명을 넘어섰고, 저임금 단순 노동에 종사하던 과거와는 달리 법조계, 의료계, 언론계, 금융계 등의 전문직으로 진출하는 여성이 점차 많아지고 있다.

여성 지위 향상을 위한 노력

한편, 여성의 사회 참여와 지위 향상을 보장하는 여러 가지 노력이 진행되었다. 1987년에는 남녀 고용 평등법이 제정되었으며, 1989년에는 여성들이 요구한 가족

자료 스페셜 1989년 개정된 가족법의 주요 내용(1989. 12)

1. 8촌 이내의 혈족은 친족이 된다. 4촌 이내의 인척은 모두 친족이다. 부부 중 한쪽이 사망한 경우에 아내뿐만 아니라, 남편도 재혼을 하게 되면 종전 처가 쪽과의 인척 관계가 없어진다.
2. 부부의 동거 장소는 부부가 협의하여 정한다. 다만 서로 협의가 되지 않을 경우에는 가정 법원의 결정에 따른다. 친권은 부부가 똑같이 행사하며, 생모와 이혼모도 친권자가 될 수 있다.
3. 장남도 호주 승계를 포기할 수 있으며, 여성 호주의 지위를 보장한다. 호주의 가족에 대한 입적 동의권·분가 강제권·거소 지정권·각종 청구권·부양 의무 등 권리 의무를 삭제하고, 특히 호주가 되면 당연히 상속받던 분묘에 속한 임야, 경지, 족보, 제구 등도 실제로 제사를 지내는 사람에게 상속된다.
4. 호주 승계 여부와 결혼 여부에 관계없이 자녀분의 상속분은 균등하게 1, 배우자인 경우에는 남편, 아내 구분 없이 1.5로 한다. 상속인의 범위를 4촌으로 축소한다.

사회보장이란?

사회보장이란 용어가 처음으로 사용된 것은 1935년 미국에서 사회보장법 (Social Security Act)에 제정된 때부 터이며, 우리 나라에서는 1960년 제4 차 개정 헌법에서 처음으로 "국가의 사회보장에 관한 노력"을 규정하였고, 1963년 11월 법률 제1437호로 전문 7개조의 "사회보장에 관한 법률"을 제정하였다. 그후 1980년 10월 개정된 헌법에서 "사회보장"이라는 용어를 최초로 사용하였다.

사회보장 기본법 제3조 제1호에 의하면 "사회보장이란 질병·장애·노령·실업·사망 등 각종 사회적 위험으로부터 모든 국민을 보호하고 빈곤을 해소하며 국민생활의 질을 향상시키기 위하여 제공되는 사회 보험, 공공 부조, 사회 복지 서비스 및 관련 복지 제도를 말한다."라고 정의하고 있다. (국민건강보험공단, 「한국의 사회보장」, 사회보장의 정의)

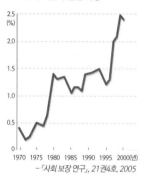

사회 복지 예산의 변천 과정

1970 1975 1980 1985 1990 1995 2000(년)
– 「사회 보장 연구」, 21권4호, 2005

법 개정 법안이 국회에서 통과되어 1991년 1월 1일부터 시행되었다. 이 개정 법안의 시행으로 여성을 차별하는 호주 상속 제도가 실질적으로 약화되었으며, 재산 상속과 분배에서 남녀 평등권이 강화되었다. 그리고 2005년도에는 호주제 폐지를 골자로 한 민법 개정안이 통과됨으로써 호주제는 역사의 뒤안길로 사라지게 되었다.

오늘날 우리 사회는 여성 인력의 활용 없이는 경제 발전이나 국가 발전이 효과적으로 이루어질 수 없는 시대가 되었다. 이에 김대중 정부는 2001년에 여성 문제 전담 행정 부처인 여성부를 출범시키고, 21세기 남녀 평등 헌장을 제정하여 여성들의 사회 참여와 지위 향상, 남녀 평등 사회 구현 등을 위해 노력하였다.

사회 보장 제도의 확대

경제 성장으로 1인당 국민 소득(GNI)은 크게 향상되어 우리 사회의 절대 빈곤은 거의 극복되었다. 그러나 우리 사회가 산업화·도시화로 이행하면서 노약자, 빈곤층, 실업자 등의 소외 계층이 발생하였다. 이에 복지 사회의 건설이라는 과제가 중시되어 선진 사회에서 시행하고 있는 사회 보장 제도가 도입되었다. 사회 보장 제도의 도입은 사회적 위화감을 해소하고 사회적 유대를 강화하기 위한 정책이었다.

1963년에 산업 재해 보상 보험법이 제정되어 노동자의 업무상 재해를 보상해주는 방안이 마련되었다. 그러나 전국 규모의 본격적인 사회 보장 제도는 국민 건강 보험 제도의 도입으로 시작되었다. 1977년에는 전면 개정된 의료 보험법이 실시되어 500인 이상 사업장에 의료 보험이 적용되었고, 1983년에는 16인 이상의 사업장까지, 1988년에는 5인 이상의 사업장까지 확대되었다.

공무원과 교원을 위한 의료 보험법은 1979년부터 실시되었고, 농어민(1988)과 영세상인 등 자영업자를 대상으로 한 지역 의료 보험법도 추진되었다. 2000년에는 선진적인 의료 제도를 확립하기 위한 국민 건강 보험 공단이 출범하여 의료 보험이 완전 통합되었다. 이어 2008년에는 노인 장기 요양 보험이 실시되었고, 2011년에는 사회보험이 통합 징수(건강보험, 국민연금, 고용보험, 산재보험)되는 체제를 만들었다.

우리나라 연금 제도는 1960년대부터 공무원·군인·교원 등을 대상으로 제한적으로 실시되었다. 1980년대에는 국민 복지 연금 제도를 도입하기 위한 준비 작업이 추진되어 1988년부터 국민 연금 제도가 실시되었으며, 1999년에는 도시 지역 자영업자까지 확대되어 모든 국민이 가입해야 하는 제도로 정착되었다. 또, 1999년도에는 국민 기초 생활 보장법이 제정되었다. 이 때부터 국가와 지방 자치 단체는 빈곤층과 노인, 장애자들에게 생계비와 주거비, 의료비, 교육비를 보조하였다. 이로써 국민들은 최소한의 복지를 누리게 되었으며, 이에 대한 사회 복지 예산도 계속 증가하고 있다.

(5) 사회 시민 운동과 국외 이주 동포

시민 운동의 확대와 환경 보존 운동

우리나라의 시민 운동은 1980년대 후반 민주화의 움직임 속에서 보편화되기 시작하여 1990년대 이후 크게 성장하였다. 비정부 기구(NGO)라 불리는 시민 단체들은 다양한 영역에서 사회적인 문제를 제기하였다. 오늘날 참여 연대를 비롯한 시민 단체들은 주택 문제, 환경 문제, 여성 문제, 장애우 문제, 교통 문제, 소비자 문제 등의 분야에서 활동하고 있다. 이는 우리 사회가 다원화되고, 경제가 성장함에 따라 중산층이 형성되면서 가능한 일이었다.

시민 단체는 2006년에 약 2만 3,000개 정도로, 다양한 분야에서 활발한 활동을 전개하고 있다. 시민운동 중 가장 활발한 분야 중 하나가 환경 운동이다. 맑고 아름답던 우리 강산은 1960년대 산업화가 시작되면서 점차 오염되어 갔다. 1970년대 초 중화학 공업 위주로 경제 구조가 변화됨에 따라 각종 산업 폐기물이 배출되면서 환경 문제는 더욱더 심각한 상황에 이르게 되었다. 도시의 공기는 공장의 연기와 자동차 매연으로 더럽혀지고, 하천은 공장의 폐수, 농약, 생활 하수 등으로 썩어 갔다. 1991년의 낙동강 페놀 오염과 2007년의 태안 앞바다 유조선 탱크 원유 유출은 대표적인 환경 오염 사건이었다.

공해 문제를 계기로 시작한 환경 운동은 1992년의 브라질의 리우데자네이루에서 열린 유엔 환경 개발 회의(UNCED, 지구 정상 회담) 이후 더욱 활발해져 갔다. 환경 단체들은 댐 건설 반대, 새만금 갯벌 살리기, 습지 보전, 반핵, 골프장 건설 반대와 같은 환경 운동을 전개하고 있다. 정부도 1994년 환경부를 설치하고 환경 오염 방지를 위한 법률을 제정하여 공해에 대한 규제를 강화하고 있으며, 21세기에 추구해야 할 환경 정책의 방향과 미래 환경의 청사진을 담은 환경 비전 21을 수립하여 실천하고 있다.

오늘날 환경 문제는 전 지구촌의 주요 과제로 떠오르면서 기후 변화 협약 등 각종 국제 환경 협약의 체결, 환경과 무역의 연계 논의 등이 활발하게 이루어지고 있다.

인구 문제

8·15 광복 이후 해외 동포의 귀국과 북한 동포들의 월남으로 남한 인구는 크게 증가하였다. 1944년에 남한 인구는 약 1,600만 명 정도였으나 1960년에는 2,500만 명으로 증가하였고, 2000년에는 4,700만 명을 넘어섰으며, 2012년 5천만명을 돌파하였다. 1㎢ 당 인구 밀도도 1960년에는 254명이었으나 2000년에는 475명으로 늘어났다. 우리나라는 좁은 국토에 많은 인구가 살고 있어 인구 밀도가 매우 높은 편이다.

1950년대 후반에서 1960년대 초반, 여성들은 평균 다섯 명의 아이를 출산하였

비정부 기구(NGO)
정부나 기업과 달리 시민들이 자발적으로 모여서 공공의 이익을 위해 활동하는 단체이다.

환경 비전 21
21세기를 맞이하면서 추구해야 할 환경 정책의 방향을 제시하고 국민에게 밝은 희망을 주기 위하여 미래 환경의 청사진을 담은 환경 보전 장기 종합 계획. 오염과 훼손이 생기기 전에 미리 예방하고, 개발과 보전의 조화를 추구하며, 환경을 훼손하는 자와 환경 자원을 사용하는 자에게 그 비용을 부담시키고, 국민의 자발적인 환경 개선 노력을 유도하기 위하여 경제적 유인책을 적극 활용하는 한편 정보의 공개와 국민의 참여로 환경 정책의 투명성과 신뢰성을 확보해 나간다는 다섯 가지 원칙 아래 수립되었다.

기후 변화 협약
지구의 온난화를 규제·방지하기 위하여 온실 가스를 규제하려는 국제 협약으로 한국은 1993년 12월, 47번째로 가입하였다.

딩크족(DINKS)

정상적인 부부 생활을 하면서 의도적으로 자녀를 갖지 않고 맞벌이를 하는 젊은 부부를 지칭하는 말로 double income, no kids의 약칭이다. 열심히 일하고 여가 시간은 자녀들에게 구속당하지 않고 원하는 일을 하면서 보내려는 생활 방식이 특징이다.

가족계획포스터

다. 전쟁 뒤 찾아온 베이비붐이었다. 의약품 보급 등으로 사망률이 뚝 떨어지면서 인구는 사상 유례 없는 속도로 증가하였다. 이에 정부는 1962년 가족 계획이라는 출산 억제 정책을 시작하였다.

대대적인 출산 억제 정책과 산업 사회의 생활 여건이 맞물리면서 출산율은 현저하게 떨어졌다. 1983년에는 한 여성이 평생 낳는 아이의 수인 합계 출산율이, 인구가 늘지도 줄지도 않은 대체 수준(2.1명)이 되었다.

1990년대 중반 이후에는 출산율이 큰 폭으로 떨어진 반면, 신생아가 적어지고 수명이 길어지면서 고령화가 빠른 속도로 진행되었다. 이에 정부는 출산 보조금 지급, 무료 보육의 확대 등의 정책을 내놓았다. 하지만 출산율을 높이는 데는 성공하지 못하였다. 2004년도에 우리나라 여성의 출산율은 1.16에 불과하였다. 최근에는 교육 및 양육 부담 때문에 아이를 낳지 않겠다는 딩크족(Double Income No Kids)도 점점 늘고 있는 추세다. 이에 정부는 육아 지원뿐 아니라 신생아의 전 생애를 뒷받침하는 등 저출산 대책을 마련하고 있다.

국외 이주 동포와 한민족 네트워크

8·15 광복으로 220만 명의 국외 이주 동포가 고국으로 귀환하였지만, 우리 민족의 활발한 해외 진출로 오늘날에는 600여 만명의 동포가 국외에 거주하고 있다. 이들의 대부분은 중국, 구 소련 지역, 일본, 미국 등에서 생활하고 있지만, 일부는 전 세계 곳곳에서 살고 있다.

광복 이전 한국인의 해외 이주는 만주·연해주와 일본에 집중되어 있었다. 일제의 가혹한 수탈을 피하여 새로운 삶의 터전을 찾아 나서거나 항일 투쟁을 위하여 이주한 경우도 있었으며, 징용 등에 의해 강제 이주되기도 하였다. 광복 후 이들 중 상당수는 귀국하였지만 일부는 현지에 정착하여 이른바 중국의 조선족 사회와 일본 재일 동포 사회가 형성되었다.

중국의 동포들은 주로 동북 3성의 조선족 자치구에서 한인 사회를 형성하고 있는데, 최근에는 중국의 개혁·개방과 한·중 수교에 따른 환경 변화 속에서 대도시

가족 계획 표어로 본 인구 정책

시대	표어	출산율
1960년대	알맞게 낳아서 훌륭하게 기르자 덮어놓고 낳다 보면 거지꼴을 못 면한다	4.64
1970년대	딸 아들 구별 말고 둘만 낳아 잘 기르자	3.96 3.0
1980년대	무서운 핵 폭발 더 무서운 인구 폭발 잘 키운 딸 하나 열 아들 안 부럽다	2.38 1.62
1990년대	아들 바람 부모 세대 짝꿍 없는 우리 세대	1.64 1.55
2000년대	아빠, 혼자는 싫어요, 엄마 동생을 갖고 싶어요.	1.16(2004)

한국인들의 해외 이주 현황(외교 통상부 홈페이지 2002)

로 진출하고 있다. 그리고 이들 동포들은 한·중 수교 이후 크게 늘어난 한국 기업에 취직하여 우리 기업의 중국 진출에 교량 역할을 하고 있으며, 코리언 드림에 따라 많은 동포들이 취업을 목적으로 한국에 건너오고 있다.

일본에 거주하는 동포들은 일제 패망 후 귀국하지 못하고 눌러 앉은 사람들과 그 후손들이 대부분으로, 주로 오사카를 비롯한 대도시에 거주하고 있다. 이들은 일본의 차별 대우에 시달리면서도 한국 국적을 고수하며 한국인으로서의 긍지를 갖고 있다. 조국 분단으로 인해 재일 동포 사회도 조총련과 거류민단을 중심으로 분열되었지만, 2000년 6월에 있었던 남북 정상 회담 이후 점차 갈등이 해소되어 가고 있다.

러시아를 비롯한 독립 국가 연합에는 일제 강점기에 연해주에 거주하였던 동포들이 1937년 소련 당국의 강제 이주로 중앙 아시아에 분산되어 거주하고 있다. 오늘날 우즈베키스탄과 카자흐스탄 등 중앙 아시아와 러시아에 40만이 넘는 인구가 교포 사회를 형성하여 한국인으로서의 정체성을 유지하고 있다. 이들은 1990년대구 소련이 붕괴하면서 또다시 새로운 삶을 찾아 유랑하고 있으며, 일부는 연해주로 다시 모여들고 있다.

미국 동포의 역사는 20세기 초 하와이 사탕수수 노동자 이민으로 시작되었는데, 미국 이주는 광복 이후 본격화되었다. 6·25 전쟁으로 생긴 전쟁 고아와 전쟁 미망인들이 주도적으로 미국으로 이주하였다. 1965년 이후에는 아메리칸 드림을 향한 한국인들의 미국 이주가 대체로 가족 초청 이민의 형태로 진행되었다. 그리고 우리 경제가 급속히 발전하면서 더 나은 생활 수준과 자녀 교육을 위해서 미국으로의 이민이 계속되었다.

이 밖에도 1960년대와 1970년대 초 독일에 건너간 광부와 간호사 등이 계약 기간을 끝낸 뒤에도 현지에 남아 동포 사회를 형성하였으며, 1962년부터 남미로 농업 이민을 떠난 동포들이 브라질, 아르헨티나 등에서 의류업을 중심으로 생업에 종사하고 있다. 한편, 1990년대 이후에는 자녀 교육과 더 나은 생활환경을 찾아 해외로 이주하는 경우가 많아지면서 미국 이외에도 캐나다, 오스트레일리아, 뉴질랜드 등으로 이민 가는 사람들이 늘어나고 있다.

이와 같이 세계 도처에 한인 사회가 형성되면서 세계적 규모의 한민족 네트워크 구축도 가능해졌다. 1989년부터 시작된 세계 한민족 축전은 전 세계에서 활동하고 있는 한인들이 고국을 찾아 전통 문화를 체험하고 한민족으로서의 정체성을 확립하는 기회가 되었다.

(6) 대중 문화의 발달

영화·가요·만화

미 군정기와 6·25 전쟁을 겪으면서 미국식 춤과 노래가 유행하였지만, 본격적인 대중 문화는 1960년대의 신문·방송 등 매스컴의 발달과 함께였다. 1970년대에 들어서

조선족 실험소 학교(중국 해림시) 많은 조선족 학생들이 교육을 받고 있다.

대한민국 체육의 어제와 오늘
우리나라 체육은 1947년 6월 대한 올림픽 위원회(KOC)의 설립과 국제 올림픽 위원회(IOC)에 가입하였고, 1966년 6월에는 태릉 선수촌을 건립하여 국가적인 후원 아래 성장하게 되었다. 1980년 체육진흥법을 제정하고 이어 프로 스포츠(야구, 축구, 농구 등) 시대를 열었다. 특히 1986년 9월 제10회 서울 아시아 경기 대회와 1988년 9월 제24회 서울 올림픽 대회의 성공적인 개최는 우리나라를 세계 속의 한국으로 만드는 계기를 만들어 주었다.
1976년 몬트리올 올림픽에서는 광복 이후 최초로 양정모(레슬링)가 금메달을 획득하였고, 1992에는 황영조(마라톤)가 바르셀로나 올림픽에서 우승하였다. 또 2002년 한·일 월드컵에서는 4강에 진출하였고, 2008년 베이징 올림픽에서는 금메달 13개, 은메달 10개, 동메달 8개를 획득하는 쾌거를 올렸다. 한편 2011년 7월에는 2018년 제22회 동계 올림픽 대회를 평창에 유치하는데 성공하였다.

면서 산업화의 진전과 함께 교통·통신 시설의 급속한 확장으로 전국이 일일 생활권으로 접어들었고, 경제 성장에 의해 생활이 풍요로워지고 여가가 확대됨에 따라 문화 예술의 대중화 현상도 더욱 진전되었다.

1960년대까지 도시에서는 영화관이, 농촌에서는 천막 극장이 문화를 유행시키고 전달하는 유일한 공간이 되면서 큰 인기를 끌었다. 그러나 1970년대부터 텔레비전 드라마가 관심을 끌면서 그 위상이 상대적으로 약화되었다. 1980년대 이후에는 영화가 산업의 중요한 일부분으로 자리 잡으면서 영화에 대한 대중적, 국가적 관심이 제고되고 있다. 새로운 감성과 영화 기법을 익힌 젊은 감독들의 등장도 한국 영화를 새롭게 발전시켰다. 1990년대 임권택 감독의 「서편제」는 한국 영화의 나아갈 길을 제시하였다고 평가받았다.

1960년대까지 한국의 대중 가요는 일본의 영향을 받은 트로트가 주류를 이루었다. 이러한 때에 미군 기지에서 흘러나오는 미국의 팝송은 젊은이들의 취향을 바꾸어 놓았다. 1970년대에는 미국과 서유럽의 기존 권위에 도전하는 저항적인 청년 문화가 유입되면서, 통기타를 치면서 노래하는 가수들이 등장하였다. 1980년대에 들어서면서 젊은 세대가 좋아할 수 있는 대중 가요가 등장하면서 대중 가요 시장에 10대가 등장하였다. 이런 경향은 1990년대 서태지의 등장 이후에 더욱 두드러졌으며, 10대 청소년들은 대중 가요 뿐만 아니라 대중 문화 시장의 주체로 떠올랐다.

문화 예술의 대중화에는 만화의 영향도 적지 않았다. 1970년대 이후 만화는 학생들 사이에 선풍적 인기를 끌었으며, 만화방은 시민들과 학생들이 여유를 즐기는 공간으로 자리 잡게 되었다. 1980년대에는 만화의 대중화가 이루어져 여러 만화가 영화로 만들어지기도 하였다. 1980년 중반 이후에는 사회 비판적인 만화가 만들어졌으며, 역사 만화도 등장하여 대중화되었다.

1990년대 이후의 대중 문화

최근에는 국제화, 개방화가 진전되면서 외국의 대중문화가 대량으로 빠르게 유입되고 있으며 정보 통신 기술의 발달로 사이버 문화가 새로운 대중문화의 한 영역으로 성장하고 있다. 또한, '한류'라 하여 일본을 비롯한 동남 아시아나 중국 등에서 영화, 대중 가요, TV 드라마 같은 한국의 대중 문화와 김치를 비롯한 한국 음식이 선풍적인 인기를 누리고 있다. 특히, TV드라마인 「대장금」은 아시아는 물론 아프리카, 유럽 등 전 세계로 수출되어 한류 드라마 열풍을 불러 일으켰다.

21세기에는 대중 문화의 발달로 문화 산업이 활기를 띠고 있다. 문화 산업은 자체의 높은 부가 가치와 문화 상품을 이용한 마케팅을 통하여 기존 산업과 사회에 엄청난 영향을 끼치고 있다. 이에 정부는 21세기 지식 정보화 사회의 승부처를 문화 산업으로 보고, 문화 산업 육성에 적극 노력하고 있다.

청산도(전남 완도) 서편제의 아름다운 장면이 촬영된 곳이다.

드라마 '대장금' 수출, 세계 전역으로 확대

드라마 '대장금' 수출이 세계 전역으로 확대되고 있다. MBC는 최근 요르단의 전문 배급사 MEM과 '대장금'을 아랍어 사용권역 전 지역에서 방영하는 TV 방영권 수출 계약을 체결했다. '대장금'은 이미 지난 2월부터 이집트 국영 ERTU에서 프라임 타임에 방영되고 있는데, 이번 계약이 성사되면서 방영이 아랍어 권 전역으로 확산될 것이다. '대장금'은 일본, 중국, 대만, 홍콩, 베트남, 필리핀 등 아시아 전역에서 숱한 화제를 뿌렸고, 최근 수출국이 60여 개 국에 이를 정도로 진출 지역이 확대되고 있다.
– 중앙일보, 2006년 5월 13일자

4 통일 정책과 평화 통일의 과제

1. 분단 체제의 고착화와 북한의 변화

2. 통일 정책과 남북 대화

3. 국제 정세의 변화와 평화 통일의 과제

오두산 통일전망대(경기 파주)

우리의 소원은 통일

우리의 소원은 통일 꿈에도 소원은 통일
이 정성 다해서 통일 통일을 이루자
이 겨레 살리는 통일 이 나라 살리는 통일
통일이여 어서 오라 통일이여 오라

우리의 소원은 통일 꿈에도 소원은 통일
이 정성 다해서 통일 통일을 이루자
이 겨레 살리는 통일 이 나라 살리는 통일
통일이여 어서 오라 통일이여 오라

남북 정상 회담(2000.6.13) 분단 이후 처음으로 대한민국의 김대중 대통령과 조선 민주주의 인민 공화국의 김정일 국방위원장이 평양에서 역사적인 대화를 나누었다. 남북한의 두 정상은 6.15 남북 공동 선언을 발표하여 남북 통일의 이정표를 세웠다.

통일전망대에서 본 금강산 가는길(강원 고성)

(1) 분단 체제의 고착화

분단 체제의 고착

38도선을 경계로 한 미·소의 분할 점령과 3년간의 군정에 이어 남한과 북한에 각각 대한민국과 조선 민주주의 인민 공화국 정부가 수립되었다. 그리고 냉전 체제가 굳어지는 국제 정세 속에서 남한은 자유 민주주의를 바탕으로 자본주의 체제를 발전시켜 간 반면, 북한은 사회주의 체제로 나아갔다. 이렇게 남북한 사회의 이질화가 진행되는 가운데 북한의 남침으로 시작된 6·25전쟁은 남북한 모두에게 깊은 상처를 남겼다. 전쟁으로 엄청난 피해를 입은 남한에서는 이승만 정부가 반공을 내세워 평화 통일론을 억압하였고, 정권 유지를 위해 독재 체제를 강화하였다. 그 결과 남한은 1960년대 말까지는 북한과의 대화를 통한 평화 통일이 아니라 멸공 통일을 내세웠다.

북한 또한 6·25 전쟁으로 발전소, 교량, 산업 시설 등이 거의 파괴되어 남한 못지않게 큰 피해를 입었다. 전쟁의 피해를 복구하기 위해 주민들을 독려하는 한편

비무장지대(DMZ) 관광 안내소(경기 파주)

미국에 대한 반감을 앞세워 주민들을 결속하였다. 그리고 남한을 무력으로 통일하자는 노선 하에 김일성 독재 체제를 굳혀갔다.

김일성 체제는 북한 주민들의 생활에 우선하여 적화 통일을 위한 군사력 증강에 힘쓰고, 주한 미군 철수와 국가 보안법 철폐를 주장하면서 무력 도발을 자행하기도 하였다. 이후 남북한은 휴전선을 사이에 두고 서로에 대한 적대적인 정책을 고수하며 무력 대결 태세를 유지하였다. 이에 따라 분단 체제는 더욱 굳어지게 되었다.

김일성 독재 체제의 강화

6·25 전쟁 이후, 북한에서는 김일성을 중심으로 권력의 집중화가 진행되었다. 1948년 9월, 북한에 정권이 수립되었을 당시에는 갑산파의 김일성, 연안파의 김두봉, 남로당계의 박헌영, 소련파의 허가이 등이 연립 형태를 취하고 있었다. 그러나 6·25 전쟁을 겪으면서 당의 조직 복구와 재건을 둘러싼 문제로 김일성은 당 조직의 책임자였던 소련파의 허가이를 제거하였다. 이어 6·25 전쟁의 패전에 따른 정치적 위기를 수습하기 위해 박헌영을 비롯한 남로당계의 주요 간부들을 미 제국주의의 간첩이라는 누명을 씌어 숙청하였다.

휴전 후 김일성이 추진한 중공업 중심의 경제 노선에 대한 반발이 커져 가는 가운데, 김일성 독재 체제는 1956년 소련에서 권력을 잡은 흐루시초프의 스탈린 격하 운동과 개인 숭배 반대에 고무 받은 소련파와 연안파로부터 비판을 받게 되었다. 이에 김일성은 교조주의와 수정주의를 배격하고 주체성을 확립하자고 주장하

인민대 학습당 내부

주체 사상탑

우리식 사회주의

면서 집단 지도 체제로의 전환을 모색했던 화북 조선 독립 동맹과 조선 의용군 출신의 연안파와 소련파의 핵심 세력을 제거하였다(8월 종파 사건). 이어 김일성은 항일 빨치산 운동을 전개하였던 갑산파의 일부까지도 숙청하였다.

1960년대에 이르러 중국과 소련 사이에 사회주의 노선 분쟁과 국경 분쟁이 자주 일어나자, 북한은 중립을 지키면서 독자적인 노선을 모색하였다. 이것이 곧 주체 사상의 출현이었다. 북한은 주체 사상과 함께 국방을 강조하기 시작하였다. 이러한 경향이 주체 사상과 결합하면서 정치에서의 자주, 경제에서의 자립, 국방에서의 자위를 강조하는 노선으로 확립되었다. 이러한 주체 사상의 강조는 결국 김일성 개인에 대한 우상 숭배를 조장하는 것이었다.

김일성 유일 체제가 확립된 이후, 김일성의 아들인 김정일이 김일성의 후계자로 지목되었다. 그리고 7·4남북 공동 성명이 발표된 직후 남한에서 유신 체제가 성립된 것과 비슷한 시기에 북한에서는 최고 인민 회의에서 새로운 사회주의 헌법을 제정하고(1972. 12), 국가 권력을 국가 주석 중심으로 개편하였다. 이 헌법에 따라 내각 수상이 주석으로 바뀌었으며, 주석으로 추대된 김일성은 북한 최고 기관인 중앙 인민 위원회를 관장하며, 행정·사법·입법의 모든 권력을 장악하게 되었다.

김정일·김정은 세습 체제의 확립

북한은 1970년을 전후하여 만주에서 유격대 활동을 경험하지 않은 소위 혁명 2세대가 정치 무대에 등장하기 시작하였다. 이와 함께 김일성의 아들인 김정일이 3대 혁명 소조 운동을 주도하면서 자연스럽게 김일성의 후계자로 지목되었다.

1980년대에는 김정일을 중심으로 대를 이어 충성하자는 구호가 나타났으며, 김정일이 조선 노동당의 3대 중추 기관인 정치국 상무 위원회, 비서국, 군사 위원회 위원에 선출됨으로써 당을 실질적으로 장악하고 후계 체제를 굳혀 나갔다. 그뒤 북

3대 혁명 소조 운동
3대 혁명 소조는 사상·기술·문화 혁명의 3대 과업을 추진하기 위해 1973년 조직된 전위대다. 김정일은 이 운동을 주도하면서 후계 체제의 기반을 구축하였다.

우리식 사회주의
1980년대 말에 동유럽 공산 정권이 몰락하고 이어 소련까지 해체되자, 북한은 커다란 충격을 받았다. 북한은 동유럽 공산 정권이 몰락한 것은 주체 사상과 같은 위대한 사상이 없었고, 김일성 부자와 같은 위대한 지도자가 없었기 때문이라고 왜곡하였다. 이에 북한은 체제 유지를 위하여 '우리대로 살자'는 구호를 대대적으로 내세우면서 이른바 주체 사상을 기반으로 형성된 '우리식 사회주의'를 제창하고 있다.

사회주의 강성 대국
군사, 정치, 사상면에서는 이미 강국을 이루었으나 경제가 문제이므로, 경제 강국만 건설하면 사회주의 체제의 강성 대국이 된다는 주장이다. 북한이 당면한 위기를 극복하기 위하여 제시한 정책이다.

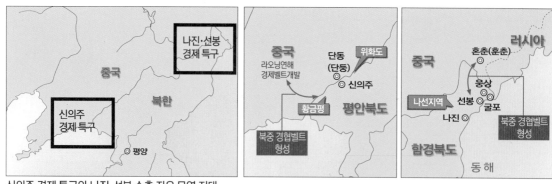

신의주 경제 특구와 나진·선봉 수출 자유 무역 지대

한은 1980년대 후반부터 시작된 사회주의권의 개방과 개혁에 대응하여 우리식 사회주의라는 새로운 정치 이념을 내세움으로써 내적인 폐쇄성을 더욱 강화하였다.

김일성 사망 후 과도 기간을 안정적으로 수습한 김정일은 1997년에 노동당 총비서로 추대된 데 이어, 1998년에 헌법을 개정하여 김정일 체제가 김일성의 혁명 유업을 계승하는 후계 체제임을 분명히 하였다. 새 헌법에 의하면 북한 정권의 최고 권력자는 국방위원회 위원장인데, 그 자리에 김정일이 추대되었다. 이리하여 북한은 국가 주석 대신 국방 위원장이 정치·군사·경제 분야를 총 지휘하는 종전의 국가 주석의 직책을 대행하게 되면서 김정일 체제가 정식으로 출범하게 되었다(1998. 9). 김정일 체제는 출범과 동시에 군사, 정치, 사상, 경제면에서 강국이 되어야 한다는 사회주의 강성 대국을 표방하였다.

2010년, 북한 조선노동당 대표자회의에서 김정일의 3남인 김정은이 인민군 대장의 칭호를 부여받은 이후 2011년 김정일이 갑작스레 사망하자, 김정은은 김정일의 후계자가 되어 3대에 걸친 권력 세습 체제가 확립되었다.

(4) 북한 사회의 변화

1980년대 이전의 모습

북한은 6·25 전쟁으로 파괴된 경제를 복구하기 위하여 소련과 중국의 원조를 받아 중공업의 우선적 발전과 경공업·농업의 동시 발전이라는 경제 정책을 추진하고 농업·상공업 등의 모든 경제 부문에서 협동화가 추진되어 한동안 생산력이 증대되었다.

그러나 생산 수단의 사회적 소유, 중앙 집권적 계획 경제, 자립 경제 정책 등은 생산력의 저하를 가져와 1980년대 이후에 북한의 경제는 전반적으로 침체되어 갔다. 또한 과다한 국방비 지출, 동유럽 사회주의 국가의 몰락으로 인한 교역 상대국 상실과 에너지 자원 및 사회 간접 시설 부족은 경제 발전에 커다란 장애가 되어 1990년대 이래 계속적으로 마이너스 경제 성장을 하였다. 그동안 북한 정권은 심각한

평양 시가지

평양 아리랑 공연

경제적 위기 상황, 사회주의 국가들의 개혁·개방 조치, 냉전 체제의 해체 등에도 불구하고 개혁·개방에 따른 체제 붕괴를 염려하여 북한식 사회주의를 고수하여 왔다.

조국 통일 3대 헌장 기념탑

1990년대 이후의 변화

북한은 결국 경제 위기와 식량난의 극복을 위해 1990년대에 들어와 중국의 경제 특구 전략을 부분적으로 수용하여, 서방의 자본과 기술을 도입하기 위하여 나진·선봉 자유 무역 지대 설치를 공포하고(1991) 외국인 투자를 유도하기 위해 합영법을 개정하였다(1992). 그리고 1998년에는 헌법 개정을 통하여 시장 경제적 요소를 부분적으로 도입하고 관료들을 서방에 파견하여 자본주의 경영 방식을 배우도록 하였다. 2001년에는 기존의 사고방식을 탈피한 신사고를 강조하였으며, 유럽 연합(EU)의 대부분 국가들과 외교 관계를 맺었다. 특히 북한은 2002년 7월부터 식량을 비롯한 일부 생활 필수품의 배급제를 시장 기능으로 보완하는 등 점진적인 변화를 추구하고 있다.

한편, 북한은 핵과 미사일 위협을 통하여 미국으로부터 체제를 보장받으려 노력하였다. 그리하여 북한은 1994년에 북한의 핵 개발 동결과 미국의 경수로 건설 제공, 그리고 북·미 간 관계 정상화 추진 등을 주요 내용으로 하는 제네바 기본 합의서를 체결하고, 1999년에는 미사일 재 발사 유보 등의 조치로 미국과의 관계를 정상화하고자 노력하였다.

특히, 북한은 남북 관계에서도 새로운 변화를 보이고 있다. 북한은 김대중 정부의 대북 화해·협력 정책에 호응하여 1998년부터 금강산 관광 사업을 시작하였으며, 2000년 6월에 개최된 남북 정상 회담을 통하여 6·15 남북 공동 선언을 발표하게 되었다. 2003년부터 개성에 남·북한이 합작하는 공단이 건설되었다.

합영법(合營法)
북한이 서방의 자본과 기술을 도입하기 위해 1984년 9월, 최고 인민 회의에서 제정한 합작 투자에 관해 제정한 법이다. 이를 보완하여 1992년 합영법 시행 규칙을 개정하였다.

제네바 기본 합의서
1994년 10월에 스위스 제네바에서 한반도 핵 문제의 전반적 해결을 위하여 북한과 미국 간에 이루어진 합의서다.

(1) 1950대와 1960년대의 통일 정책

1950년대의 통일 정책

남북 분단 이후, 이승만 정부는 북한 정권을 철저히 부정한 상태에서 유엔 결의에 따라 자유 총선거를 실시하여 통일 정부를 수립해야 한다고 선언하였다. 6·25 전쟁 직후에는 무력 북진 통일을 주장하였는데, 이는 당시 전쟁으로 엄청난 피해를 입은 국민의 정서가 반영된 것이기도 하였다. 따라서 이 시기에는 자주 통일, 평화 통일은 논의조차 금지되었다. 그리고 북한의 김일성 정권도 독재 권력을 강화하면서 무력 적화 통일 정책을 고수하였다.

휴전 직후에 열린 제네바 회담에서도 남한 대표는 "유엔 감시 하의 인구 비례에 의한 총선거"를, 북한 대표는 "전(全) 조선 위원회 주관 하의 중립국 감시에 의한 총선거"를 주장하여 양측의 입장은 날카롭게 대립하였다.

평화 통일의 주장은 4·19 혁명 이후 표출되었다. 4·19 혁명으로 정권을 잡은 장면 내각은 이승만 정부의 북진 통일 주장을 철회하고 유엔 감시 하의 남북 총선거를 통한 통일을 공식 입장으로 천명하였다. 진보당과 유사한 정치 노선을 가지고 있었던 정치인들은 소위 혁신 정당을 조직하고, 다양한 평화 통일론을 내세웠다.

학생들도 "가자 북으로! 오라 남으로!"라는 구호 아래 통일을 위한 모임을 조직하고, 남북 학생 회담을 추진하였다. 급진적인 생각을 가지고 있던 일부 학생들은 판문점에서 남북 학생 회담을 개최하여, 평화적 통일을 이룩할 수 있다고 생각하였다. 그러나 장면 내각은 이들 학생과 혁신 정당의 제의를 받아들이지 않았다.

5·16 군사 정변으로 인해 4·19 혁명 이후 표출된 평화 통일을 위한 노력은 좌절되었다. 반공을 국시로 내세운 군사 정부는 평화 통일을 주장하였던 혁신 정당의 정치인들과 학생들을 다수 구속하였다. 박정희 정부는 우선 건설에 주력하고 나중에 국력이 북한을 압도할 때 통일을 논의하자는 입장을 취하였다. 이는 선 건설 후 통일론이었다.

한편, 북한은 4·19 혁명 직후에 남한에서의 통일 논의가 활발하게 진행되자 통일 방안의 과도적 조치로서 남북 연방제 방안을 발표하였다(1960.8). 이 방안은 완전한 통일 국가 형태의 연방이 아니라, 남북에 존재하는 각각의 정치 체제를 그대로 둔 채 통일 정부를 수립하기까지의 과도기적 체제로 연방제를 실시하자는 것이었다.

5·16 군사 정변으로 박정희 정부가 들어서자 북한은 남북 협상론을 후퇴시키고 이른바 남조선 혁명론을 제기하였다. 그 결과 1960년대의 남북한 관계는 상호 비방과 군사적 긴장이 계속되어 평화적 통일을 위한 어떠한 돌파구도 열리지 않았다.

제네바 회담
휴전 협정이 맺어진 뒤 1954년 4월 26일 스위스 제네바에서 한반도 문제 해결을 위한 국제 정치 협상 회의가 개최되었다. 이 회담은 남한과 유엔 참전국, 북한, 중국, 소련 등 19개국의 대표가 참석한 가운데 6월 15일까지 7주간 계속되었다.

남조선 혁명론
한반도 통일은 남조선이 혁명을 수행되는 조건에서만 해결될 수 있다는 주장을 말한다.

4·19 혁명 이후 등장한 통일 운동 4·19 혁명을 계기로 일부에서는 남북한 교류를 통한 평화 통일을 주장하였다.

(2) 남북 관계의 진전

7·4 남북 공동 성명

1970년대 초 미국과 소련, 미국과 중국 사이에 화해 분위기가 조성됨에 따라 남북 관계는 새로운 변화를 맞이하였다. 닉슨 독트린에 의하여 주한 미군의 일부가 철수하자, 박정희 정부는 자주 국방 정책을 추진하면서 남북한 사이의 긴장 완화를 위하여 남북 대화를 제의하였다. 북한 역시 과중한 군사비가 경제 발전에 걸림돌이 되었기 때문에 긴장 완화의 필요성을 느끼면서 남북 대화에 적극 응하였다.

7·4 남북 공동 성명을 발표하는 중앙 정보부장 이후락(1972. 7)

1971년에는 남북 간에 이산가족을 찾기 위한 적십자 회담이 개최되었다. 남북 대화가 열리는 사이에 정부는 비밀리에 중앙 정보부장 이후락을 북한에 보내 김일성과 만나게 하고, 1972년 7월 4일에는 남북한 당국자 사이에서 합의한 7개항의 7·4 남북 공동 성명이 서울과 평양에서 동시에 발표되었다. 이 성명에서 남북한은 자주 통일, 평화 통일, 민족 대단결의 3대 원칙에 합의하고 통일 문제를 협의하기 위해 남북 조절 위원회를 구성하여 남북 대화를 진행할 것을 천명하였다. 7·4 남북 공동 성명은 얼어 있던 남북 관계를 일순간에 해빙시키는 놀라운 사건이었다. 남북한뿐만 아니라 해외에서도 지지와 환호를 보냈다.

남북 적십자 제1차 본회담(1972. 8)

그러나 남과 북은 3차례 진행된 남북 조절 위원회 본회담에서 서로의 의견 차이를 극복하지 못하여 긴장 완화를 위한 정책을 더 이상 추진하지 못하였다. 곧이어 남북한은 유신 체제와 사회주의 헌법 개정을 통해 독재 체제를 강화함으로써 평화적인 교류는 더 이상 진전되지 못하였다.

이러한 상황에서 1973년 남한은 국제 정세의 변화에 능동적으로 대처하기 위하여 남북한의 유엔 동시 가입과 호혜 평등의 원칙 하에 모든 국가에 대한 문호 개방을 주요 내용으로 하는 6·23 평화 통일 외교 정책 선언(6·23 선언)을 발표하였다.

6·23 평화 통일 외교 정책 선언
평화 통일 기반을 조성하기 위해 공산권에 대한 문호 개방과 남북한 유엔 동시 가입 등을 내용으로 한 정책 선언을 말한다.

1980년대 이후의 통일 정책

1982년 전두환 정부는 민족 화합 민주 통일 방안을 발표하였다(1982. 1). 이는 남북 대표로 민족 통일 협의 회의를 구성하여 통일 헌법을 기초하고, 이 헌법을 국민 투표로 확정한 후 남북한 총선거를 실시하여 통일 민주 공화국을 건설하자는 것으로, 종전보다 더욱 구체적인 통일 방안이었다.

북한은 이보다 앞서 이른바 고려 민주 연방 공화국 창립 방안을 발표하였다(1980.

자료 스페셜 7·4 남북 공동 성명(1972)

쌍방은 오랫동안 서로 만나보지 못한 결과로 생긴 남북 사이의 오해와 불신을 풀고 긴장의 고조를 완화시키며 나아가서 조국 통일을 촉진시키기 위하여 다음과 같은 문제들에 완전한 견해의 일치를 보았다. 쌍방은 다음과 같은 조국 통일 원칙들에 합의를 보았다.

첫째, 통일은 외세에 의존하거나 외세의 간섭을 받음이 없이 자주적으로 해결하여야 한다.

둘째, 통일은 서로 상대방을 반대하는 무력 행사에 의거하지 않고 평화적 방법으로 실현하여야 한다.

셋째, 사상과 이념, 제도의 차이를 초월하여 우선 하나의 민족으로서 민족적 대단결을 도모하여야 한다.

10). 북한이 종전에 주장한 과도적 연방제 방안은 총선거에 의한 통일을 전제로 한 것이지만, 고려 민주 연방 공화국 창립 방안은 총선거에 의한 통일 방안 대신 남북한이 동등하게 참가하는 통일 정부를 수립하고 그 밑에 남한과 북한의 지역 정부를 설치하는 형태의 연방 공화국을 창립하자는 것이었다.

1980년대 후반에는 국제적으로 냉전 체제가 해체되면서 남북한 사이에도 화해와 협력의 분위기가 조성되었다. 이와 함께 1988년 서울 올림픽을 성공적으로 치른 노태우 정부는 공산 국가와 수교를 위한 북방 정책을 추진하면서 자주, 평화, 민주의 원칙 아래 한민족 공동체 통일 방안을 제안하였다(1989). 북한도 외교적 고립에서 벗어나기 위하여 유연한 대남 정책을 추진하였다. 이에 따라 1990년부터 남북이 서로 돌아가며 고위급 회담을 개최하였다. 이에, 남북 화해 분위기가 조성되어 남북한이 동시에 유엔에 가입하였다(1991. 9). 이로써 남북한은 분단 46년 만에 별개의 의석을 가진 유엔 회원국이 되었다.

같은 해 12월에는 남북 사이의 화해와 불가침 및 교류 협력에 관한 합의서(남북 기본 합의서)를 채택하였다. 이어서 다음 해에는 핵무기를 개발하지 않는다는 한반도 비핵화에 관한 공동 선언도 채택되었다(1992). 남북 기본 합의서의 채택으로 남과 북은 서로를 존중하여 상대방의 체제를 인정하게 되었다.

남북한 유엔 동시 가입(1991. 9) 유엔본부 국기 게양대에 태극기와 인공기가 나란히 걸려 있다.

남북 관계의 새로운 진전

1998년의 정주영의 소떼 방북은 남북 교류의 물꼬는 물론 전 세계인의 관심과 이목을 집중시켰다. 판문점을 통한 소떼 방북은 분단 이후 남북 대결의 상징이었

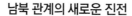

자료 스페셜 남북 기본 합의서 (1991. 12. 13)

제1장 남북 화해
　제1조 남과 북은 서로 상대방의 체제를 인정하고 존중한다.
　제2조 남과 북은 상대방의 내부 문제에 간섭하지 아니한다.
　제3조 남과 북은 상대방에 대한 비방·중상을 하지 아니한다.
　제4조 남과 북은 상대방을 파괴·전복하려는 일체 행위를 하지 아니한다.

제2장 남북 불가침
　제9조 남과 북은 상대방에 대하여 무력을 사용하지 않으며 상대방을 무력으로 침략하지 아니한다.
　제10조 남과 북은 의견 대립과 분쟁 문제들을 대화와 협상을 통하여 평화적으로 해결한다.

제3장 남북 교류 협력
　제15조 남과 북은 민족 경제의 통일적이며 균형적인 발전과 민족 전체의 복리 향상을 도모하기 위하여 자원의 공동 개발, 민족 내부 교류로서의 물자 교류, 합작 투자 등 경제 교류와 협력을 실시한다.
　제16조 남과 북은 과학 기술, 교육, 문화 예술, 보건, 체육, 환경과 신문, 라디오, 텔레비전 및 출판물을 비롯한 출판 보도 등 여러 분야에서 교류와 협력을 실시한다.
　제17조 남과 북은 민족 구성원들의 자유로운 왕래와 접촉을 실현한다.
　제19조 남과 북은 끊어진 철도와 도로를 연결하고 해로, 항로를 개설한다.
　제20조 남과 북은 우편과 전기 통신 교류에 필요한 시설을 설치·연결하며, 우편·전기 통신 교류의 비밀을 보장한다.

던 판문점을 단숨에 화해와 평화의 장소로 바꾸어 놓았고, 이는 역사적인 금강산 관광으로 이어졌다(1998. 10.18).

김대중 정부는 평화와 화해·협력을 통한 남북 관계 개선을 대북 정책의 목표로 삼고, 평화를 파괴하는 일체의 무력 도발 불용, 흡수 통일 배제, 화해·협력의 적극 추진 등 대북 정책 3원칙을 제시하였다. 남북 기본 합의서 이행을 국정 과제의 하나로 설정하고, 북한 측에 남북 기본 합의서 이행을 위한 당국간 대화에 호응할 것을 촉구하였으며, 대북 화해 정책을 지속적으로 추진하였다. 그 결과 분단 반세기 만에 금강산 관광이 시작되고, 남북한 간에 인적·물적 교류가 크게 늘어나는 등 화해·협력의 흐름이 정착되었다.

그리고 마침내 2000년 6월, 분단 55년 만에 처음으로 남북의 최고 당국자인 김대중 대통령과 김정일 국방 위원장이 평양에서 정상 회담을 가졌다. 이 회담에서 남북 정상은 남북한 간 대화와 협력만이 분단의 심화를 막고 공동 번영하며 평화 통일을 앞당기는 길이라는 데 의견을 같이하고, 7·4 남북 공동 성명과 남북 기본 합의서에서 이미 합의한 내용을 바탕으로 5개항의 공동 선언을 합의·발표하였다(6·15 남북 공동 선언).

도라산역(경기 파주) 6.15남북공동선언에 이어 경의선 철도 연결 사업의 일환으로 만들어졌다.

남북 정상 회담은 화해와 협력의 새 시대를 여는 출발점으로서 남북한이 상호 이해와 신뢰의 폭을 넓히고, 이를 토대로 대화와 협력, 평화와 공존의 시대로 나아가는 민족사의 중요한 전환점이 되었다. 5월과 6월에는 평양 교예단과 평양 학생 소년 예술단이, 8월에는 북한의 조선 국립 교향악단이 서울을 방문하여 공연하였고 이산 가족의 재상봉도 이루어졌다. 또한, 한반도 안에서 탈냉전과 평화 분위기가 고조되어 경의선 복구 사업, 개성 공단 설치 등과 같은 남북 경제의 교류와 협력이 더욱 활성화되었다.

2001년 출범한 미국의 부시 정부가 북한을 '악의 축'으로 지목하고 핵 의혹을 제기하면서 남북 관계는 시련을 맞이하였다. 그러나 2003년에 출범한 노무현 정부는 김대중 정부의 햇볕 정책을 계승하여 개성 공단 사업 등 대북 지원 사업을 지속적으로 전개하였다. 그 결과 노무현 대통령과 김정일 국방 위원장의 제2차 남북 정상 회담이 2007년 평양에서 개최되어 6·15 남북 공동 선언을 계승 발전시킨 8개항의 남북 관계 발전과 평화 번영을 위한 선언이 채택되었다(10·4 남북 공동 선언).

초기 개성 공단 건설 현장(2005)

국제 정세의 변화와 평화 통일의 과제

(1) 국제 정세의 변화

냉전 체제 해체와 북방 정책

분단 체제를 고착시켰던 냉전 시대는 1990년대를 전후하여 마침내 막을 내렸다. 베를린 장벽의 붕괴로 분단 국가였던 독일이 통일을 이루었고(1990. 10), 고르바초프 대통령의 개혁·개방 정책에 따라 소련이 해체되었으며(1991), 동유럽 사회주의 체제가 몰락함으로서 제2차 세계대전 이후 성립된 냉전 체제는 해체되었다.

이와 같이 급변하는 국제 정세 속에서 노태우 정부는 서울 올림픽을 계기로 북방 정책을 추진하면서 1989년 헝가리를 시작으로 소련(1990), 중국(1992)과 연이어 외교 관계를 수립하였다.

주변국의 이해 관계

냉전 체제가 해체되었지만 미국·중국·일본·러시아의 4대국이 한반도의 정세 변동에 직접적인 이해관계를 가지고 있었기 때문에 냉전적 대결 관계를 완전히 청산할 수는 없었다. 따라서 한반도 통일을 위해서는 이들 주변 강대국의 협력을 얻어야만 했다. 이들 4대국은 대체로 남북한의 군사적 대결 관계의 완화, 남북 대화의 진전, 한반도의 평화 정착을 희망하고 있다.

러시아는 한반도에서 자국의 경제 이익과 안보를 위하여 남북한 평화 공존, 한국과의 경제 협력 증대 등을 원하고 있으며, 한반도 비핵화 및 평화 체제 구축에 대한 영향력 행사를 모색하고 있다. 이에 따라 러시아는 남북의 화해·협력 정책을 지지하고 남북한과 경제 협력을 적극 추진하고 있다. 특히 자국의 경제 발전을 위하여 남과 북을 잇는 한반도 종단 철도와 시베리아 횡단 철도가 연결되기를 원하고 있다.

1970년대 말부터 경제 개혁과 대외 개방 정책을 펴 고도의 경제 성장을 이룩하고 있는 중국은 21세기에도 지속적인 경제 발전을 위하여 한반도의 안정이 필요하다고 보고 있다. 따라서 중국은 남한의 화해·협력 정책을 지지하고 있으며, 북한의 붕괴를 염려하여 북한에 정치적·경제적 지원을 하고 있다.

북한과 미국은 관계 개선을 도모하고 있으나 북한의 핵 개발 의혹과 미사일 발사 문제로 진전되지 못하고 있으며, 북한과 일본의 수교 협상도 진척되지 못한 채 지지 부진한 상태에 있다. 앞으로 북한이 미국·일본과 수교하고 관계를 개선한다면 한반도의 평화 정착과 통일 기반의 조성에 큰 도움이 될 것이다.

베를린 장벽 붕괴

(2) 평화 통일의 과제

평화 통일을 위한 노력

8·15 광복 후 우리 민족의 최대 과제는 통일 국가의 수립이었다. 그러나 미국과 소련의 진주로 인한 38도선의 분할, 냉전 체제의 형성, 민족 내부의 분열로 말미암아 남한과 북한에 각각 다른 정부가 수립됨으로써 민족 통일 국가를 건설하지 못하였다. 북한의 무력 남침에 의한 6·25 전쟁으로 인적·물적 피해를 입었고, 동족 상호 간의 불신이 고조되면서 통일의 가능성은 더욱 멀어지고 말았다.

1970년대에 들어서 냉전 체제의 완화 속에 남북 대화가 시작되었으나 남한은 안보를, 북한은 대남 적화 전략을 목표로 하는 통일 정책을 취하였다. 그러나 1990년대를 전후하여 냉전 체제가 해체되는 가운데 독일의 평화 통일과 소련의 개혁·개방 조치 등 국제 정세의 변화는 우리 민족에게 평화 통일의 희망을 불어 넣어 주었다. 이후 남한과 북한은 남북 교류와 화해·협력을 진전시키면서 평화 통일의 기반을 점차 넓혀가고 있다. 2000년 6월, 평양에서의 남북 정상 회담은 대화와 협력, 평화와 공존의 시대로 나아가는 민족사의 중요한 전환점이 되었다.

이러한 평화 통일을 위한 노력이 계속 이어진다면 반세기 이상 지속된 분단 체제가 막을 내리고 민족적 염원인 통일 한국이 수립될 수 있을 것이다. 남북한이 통일되면 남한의 자본과 기술, 북한의 자원과 노동력이 결합되어 경제 발전이 가속화되고, 군사력 감소에 따른 국방비 절감으로 복지 사회의 건설과 문화 발전이 더욱 촉진될 수 있을 것이다.

또한 우리나라가 21세기 민족 통일을 완수하고 더욱 발전하기 위해서는 세계 각국에 분포하여 살고 있는 해외 동포들과 하나의 민족이라는 동질성을 유지하면서 이들과 한민족 공동체를 형성해야 한다.

임진각 통일을 소원하는 메모지(경기 파주)

자료 스페셜 남북한 통일 정책

시기	남한	북한	남북한 간의 합의사항
1950년대	- 무력 북진 통일(이승만 정부)	- 적화 통일(1950년대)	
1960년대	- 유엔 감시 하에 남북한 총선거를 통한 평화 통일(장면 내각) - 선 건설 후 통일(박정희 정부)	- 연방제 통일 방안(1960)	
1970년대	- 평화 통일 3대 원칙 발표(1974)	- 고려 연방제 통일 방안(1973)	- 7·4 남북 공동 성명(1972)
1980년대	- 민족 화합 민주 통일 방안(전두환 정부) - 한민족 공동체 통일 방안(노태우 정부)	- 고려 민주 연방 공화국 창립 방안(1980)	
1990년대 이후	- 한민족 공동체 건설을 위한 3단계 통일 방안(김영삼 정부) - 대북 화해·협력 정책(김대중 정부)		- 남북 기본 합의서 채택(1991) - 6·15 남북 공동 선언(2000) - 10·4 남북 공동 선언(2007)

부록

1. 역대 왕조 계보

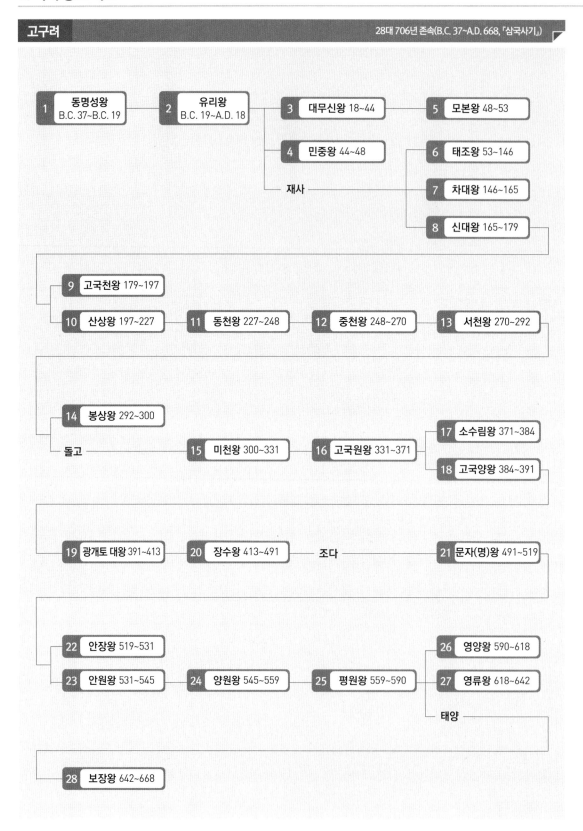

1	동명성왕	B.C. 37~B.C. 19
2	유리왕	B.C. 19~A.D. 18
3	대무신왕	18~44
4	민중왕	44~48
5	모본왕	48~53
6	태조왕	53~146
7	차대왕	146~165
8	신대왕	165~179
9	고국천왕	179~197
10	산상왕	197~227
11	동천왕	227~248
12	중천왕	248~270
13	서천왕	270~292
14	봉상왕	292~300
15	미천왕	300~331
16	고국원왕	331~371
17	소수림왕	371~384
18	고국양왕	384~391
19	광개토 대왕	391~413
20	장수왕	413~491
21	문자(명)왕	491~519
22	안장왕	519~531
23	안원왕	531~545
24	양원왕	545~559
25	평원왕	559~590
26	영양왕	590~618
27	영류왕	618~642
28	보장왕	642~668

재사, 돌고, 조다, 태양

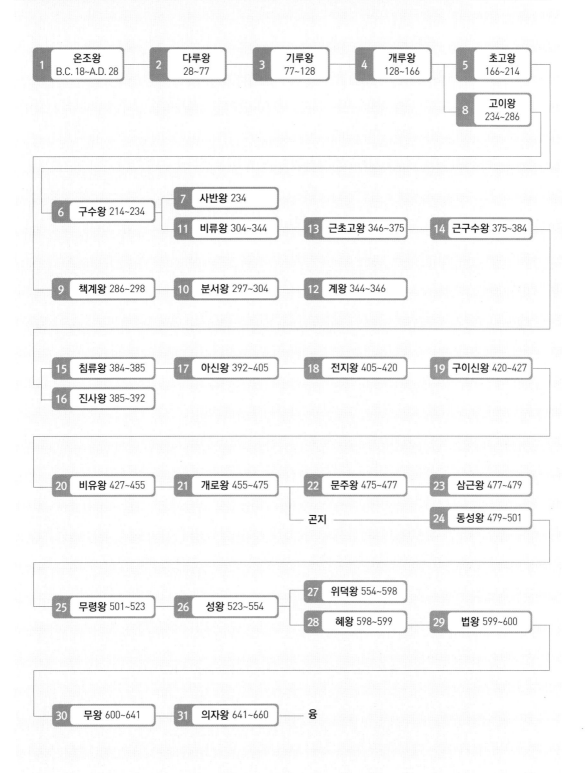

역대 왕조 계보

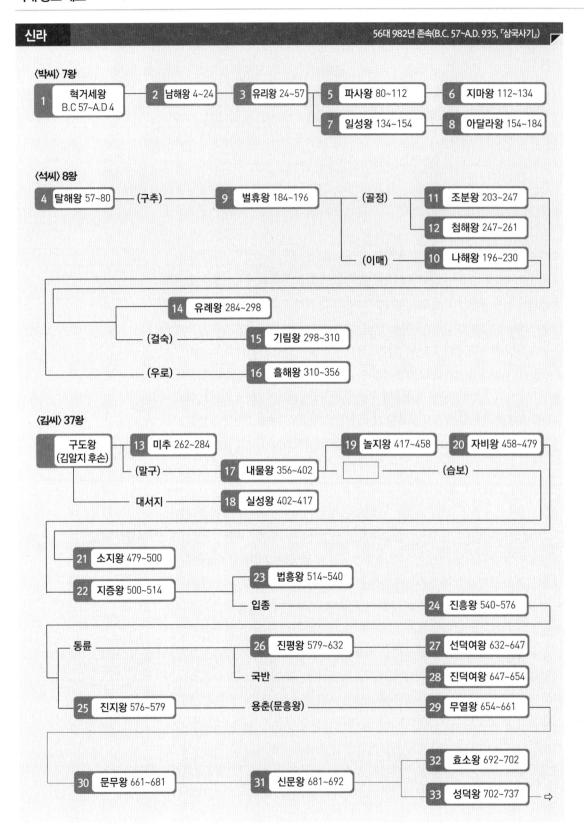

신라 | 56대 982년 존속(B.C. 57~A.D. 935, 『삼국사기』)

〈박씨〉 7왕

1 혁거세왕 B.C 57~A.D 4 — 2 남해왕 4~24 — 3 유리왕 24~57 — 5 파사왕 80~112 — 6 지마왕 112~134

7 일성왕 134~154 — 8 아달라왕 154~184

〈석씨〉 8왕

4 탈해왕 57~80 — (구추) — 9 벌휴왕 184~196 — (골정) — 11 조분왕 203~247

12 첨해왕 247~261

(이매) — 10 나해왕 196~230

14 유례왕 284~298

(걸숙) — 15 기림왕 298~310

(우로) — 16 흘해왕 310~356

〈김씨〉 37왕

구도왕 (김알지 후손) — 13 미추 262~284

19 놀지왕 417~458 — 20 자비왕 458~479

(말구) — 17 내물왕 356~402 — (습보)

대서지 — 18 실성왕 402~417

21 소지왕 479~500

22 지증왕 500~514 — 23 법흥왕 514~540

입종 — 24 진흥왕 540~576

동륜 — 26 진평왕 579~632 — 27 선덕여왕 632~647

국반 — 28 진덕여왕 647~654

25 진지왕 576~579 — 용춘(문흥왕) — 29 무열왕 654~661

32 효소왕 692~702

30 문무왕 661~681 — 31 신문왕 681~692 — 33 성덕왕 702~737 ⇨

| 34 | 효성왕 737~742 |

| 35 | 경덕왕 742~765 | → | 36 | 혜공왕 765~780 | → | 37 | 선덕왕 780~785 | 내물 10세손

| 38 | 원성왕 785~798 | 내물 12세손

인겸
- 39 소성왕 798~800 → 40 애장왕 800~809
- 41 헌덕왕 809~826
- 42 흥덕왕 826~836
- 충공 → 44 민애왕 838~839

예영
- 헌정 → 43 희강왕 836~838
- 균정
  - 45 신무왕 839 → 46 문성왕 839~857
  - 47 헌안왕 857~897

계명 → 48 경문왕 861~875
- 49 헌강왕 875~886 → 52 효공왕 897~912
- 50 정강왕 886~887
- 51 진성여왕 887~897

〈박씨〉 3왕

53 신덕왕 912~917   아달라 원손
- 54 경명왕 917~924
- 55 경애왕 924~927

〈김씨〉 1왕

56 경순왕 927~935
문성왕 6세손

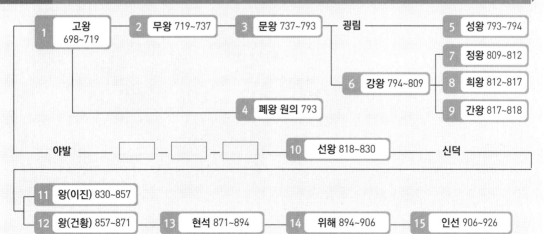

1 고왕 698~719 → 2 무왕 719~737 → 3 문왕 737~793 → 굉림 → 5 성왕 793~794

6 강왕 794~809
- 7 정왕 809~812
- 8 희왕 812~817
- 9 간왕 817~818

4 폐왕 원의 793

야발 → □ — □ — □ → 10 선왕 818~830 → 신덕

11 왕(이진) 830~857

12 왕(건황) 857~871 → 13 현석 871~894 → 14 위해 894~906 → 15 인선 906~926

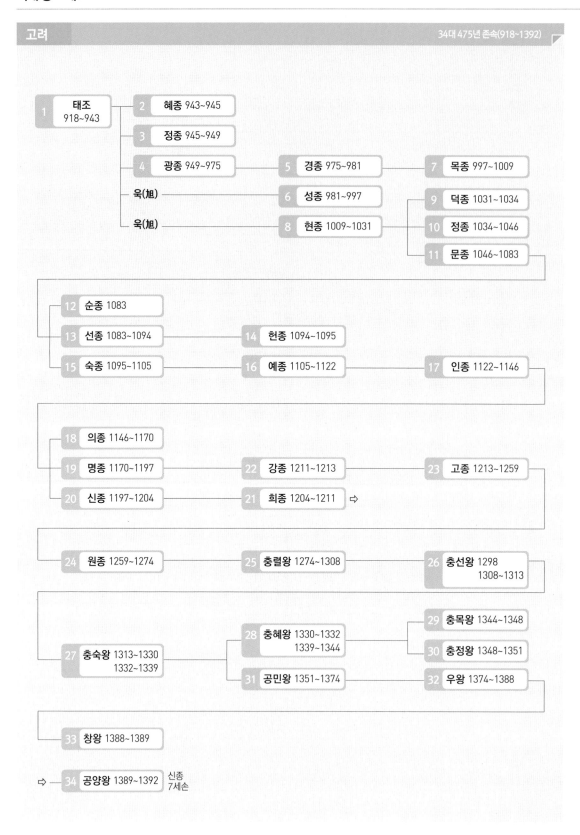

고려   34대 475년 존속(918~1392)

1 태조 918~943
2 혜종 943~945
3 정종 945~949
4 광종 949~975
욱(旭)
욱(旭)
5 경종 975~981
6 성종 981~997
8 현종 1009~1031
7 목종 997~1009
9 덕종 1031~1034
10 정종 1034~1046
11 문종 1046~1083

12 순종 1083
13 선종 1083~1094
15 숙종 1095~1105
14 헌종 1094~1095
16 예종 1105~1122
17 인종 1122~1146

18 의종 1146~1170
19 명종 1170~1197
20 신종 1197~1204
22 강종 1211~1213
21 희종 1204~1211
23 고종 1213~1259

24 원종 1259~1274
25 충렬왕 1274~1308
26 충선왕 1298 1308~1313

27 충숙왕 1313~1330 1332~1339
28 충혜왕 1330~1332 1339~1344
31 공민왕 1351~1374
29 충목왕 1344~1348
30 충정왕 1348~1351
32 우왕 1374~1388

33 창왕 1388~1389

34 공양왕 1389~1392 신종 7세손

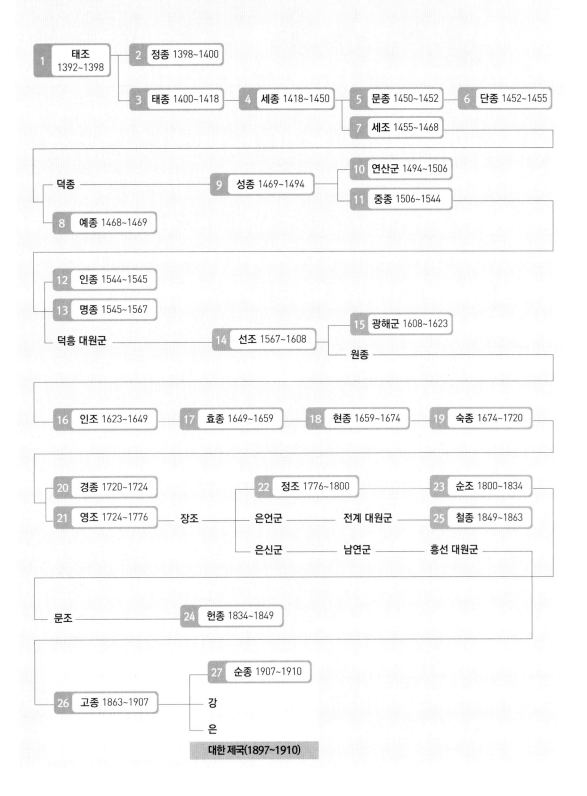

2. 연표

우리 나라	구석기 시대	신석기 시대	고조선(B.C. 2333~B.C. 108)			
주요 사항						

연대	구석기 문화	신석기 문화	2333 고조선 건국	청동기 문화 보급	고조선 발전
	약 70만 년 전	8000년 경		2000년 경	1000년경

주요 사항	3000년 경	2500년 경	1800년 경	1000년 경	
	이집트 문명 시작	황허 문명 시작	함무라비왕,	주의 건국	770 중국, 춘추시대
		인더스 문명 시작	법전 편찬		(~403)

중국	구석기 시대	신석기 시대	황허 문명 형성	은(殷, B.C. 1600~B.C. 1046)	주(周, B.C. 1046~B.C. 770)	춘추 전국(春秋戰國) 시대
일본		죠몬(繩文) 시대				
서양	고		대			

고조선(B.C. 2333~B.C. 108)	삼국 시대

57 신라 건국

194 위만조선 성립   37 고구려 건국

철기 문화 보급   108 고조선 멸망   18 백제 건국

400년경

600	500	400	300	200	100	B.C

660년 경 석가 탄생   492 페르시아 전쟁   334 알렉산더 대왕,   221 진, 중국 통일   91 사마천, 사기 편찬

551년 경 공자 탄생   (~479)   동방 원정   202 한, 건국   27 로마, 제정 시작

525 페르시아,   431 펠로폰네소스   4 그리스도 탄생

     오리엔트 통일   전쟁 (~404)

                         430 헤로도토스,

                         역사 편찬

                         403 중국, 전국 시대

춘추 전국(春秋戰國) 시대(B.C. 770~B.C. 221)	진(秦, B.C. 221~B.C. 206)	전한(前漢, B.C. 206~A.D. 8)
죠몬(縄文) 시대	야요이(弥生) 시대	

사   회

우리 나라	삼			국

주요 사항

			313 고구려, 낙랑군 축출	
			372 고구려, 불교 전래	405 백제, 일본에
			태학 설치	한학 전파
	194 고구려, 진대법	260 백제, 16관	백제, 동진에 사절 파견	427 고구려, 평양 천도
	실시	등·공복 제정	384 백제, 불교 전래	433 나·제 동맹 성립

연대

A.D.	100	200	300	400

주요 사항	25 후한 건국	105 채륜, 제지법	220 후한 멸망,	313 로마, 크리스트교 공인	439 중국, 남북조 성립
		발명	삼국 시대	316 5호 16국 시대	476 서로마 제국 멸망
		166 로마 사신	280 진(晉), 중국	317 동진 성립	486 프랑크 왕국 성립
		중국 도착.	통일	325 니케아 공의회	
				375 게르만 민족, 대이동 시작	
				395 로마 제국, 동서로 분열	

중국	신	후한	삼국 시대	진(晉)	남북조 시대
일본	야요이 시대	100여국 시대		고분 시대	야마토(大和) 정권 시대
서양	고	대		사	회

시　대　｜　남　북　국　시　대

502 신라, 우경 실시				
503 신라, 국호·왕호 제정	612 고구려, 살수 대첩			
508 신라, 동시전 설치	624 고구려, 도교 전래			
520 신라, 율령 반포·공복 제정	645 고구려, 안시성 승리			
	660 백제 멸망			
527 신라, 불교 공인	668 고구려 멸망	722 신라, 정전 지급	828 장보고, 청해진 설치	901 궁예, 후고구려 건국
536 신라, 연호 사용	676 신라, 삼국 통일 달성	751 김대성, 불국사·석굴암 건립	834 백관의 복색 제도 공포	918 왕건, 고려 건국
538 백제, 사비성 천도	682 국학 설치			926 발해 멸망
545 신라, 국사 편찬	685 9주 5소경 설치	771 성덕 대왕 신종 주조	888 위홍, 삼대목 편찬	935 신라 멸망
552 백제, 일본에 불교 전파.	698 발해 건국	788 독서삼품과 설치	900 견훤, 후백제 건국	936 고려, 후삼국 통일

500　　　600　　　700　　　800　　　900

529 유스티니아누스 법전 완성	610 무함마드, 이슬람교 창시	710 일본, 나라 천도	829 잉글랜드 왕국 성립	907 당 멸망
베네딕트, 몬테카시노 수도원 창설	618 당 건국	712 당, 현종 즉위	843 베르뎅 조약	916 거란 건국
	622 헤지라(이슬람 원년)	755 당, 안·사의 난	875 당, 황소의 난	960 송 건국
	629 현장, 대당서역기 저술	771 카롤루스 대제, 프랑크 왕국 통일		962 오토 1세, 신성 로마 황제 대관
537 성 소피아 성당 건립(콘스탄티노플)	645 일본, 다이카 개신			
	671 당 의정, 인도 여행	794 일본, 헤이안 천도		987 프랑스, 카페 왕조 성립
589 수, 중국 통일				

수(隋, 589~618)	당(唐, 618~907)	5대 10국 시대
야마토 정권 시대	아스카(飛鳥) 시대(592~709)　나라(奈良) 시대(710~793)	헤이안(平安) 시대(794~1185)

중　　　세　　　사　　　회

우리 나라			
		고	려

주요 사항

			1219 몽골과 통교
		1102 해동통보 주조	1231 몽골 침입(1차)
		1107 윤관, 여진 정벌	1232 강화 천도
		1126 이자겸의 난	1234 상정고금예문 간행
956 노비안검법 실시		1135 묘청의 서경 천도 운동	1236 고려 대장경 조판(~1251)
958 과거 제도 시행	1009 강조의 정변	1145 김부식, 삼국사기 편찬	1270 개경 환도
976 전시과 실시	1019 귀주 대첩	1170 무신정변	삼별초, 대몽 항쟁 전개
986 12목 설치	1076 개정 전시과 시행	1179 경대승, 도방 정치	1274 여·원의 일본 원정
992 국자감 설치	1086 의천, 교장도감 설치	1196 최충헌 집권	1278 녹과전 지급
996 건원중보 주조	1097 주전도감 설치	1198 만적의 난	1285 일연, 삼국유사 편찬

연대

900	1000	1100	1200

주요 사항

	1037 셀주크 투르크 건국	1115 금 건국	1206 칭기즈 칸, 몽골 통일
	1054 크리스트교, 동서로 분열	1125 요 멸망	1215 영국, 대헌장 제정
	1066 노르망디 공 윌리엄, 잉글랜	1127 북송 멸망	1241 한자 동맹 성립
	드 정복	1163 프랑스, 노트르담 성당 건	1271 원 건국
	1069 송, 왕안석 변법	축 시작	1279 남송 멸망
		1192 일본, 가마쿠라 막부 성립	1298 마르코 폴로,
			동방견문록 집필

중국	송(宋, 960~1279)	
일본	헤이안(平安) 시대(794~1185)	
서양	중	세

시 대	조 선 시 대	

	1359 홍건적 침입			
	1363 문익점, 목화씨 전래(원)	1403 주자소 설치		
	1377 화통도감 설치	1411 5부 학당 설립		
	직지심체요절 인쇄	1412 시전 설치		1510 3포 왜란
	1388 이성계, 위화도 회군	1413 8도 행정 조직 완성	1441 측우기 제작	1542 백운동 서원 건립
	1389 박위, 쓰시마 섬 정벌	태조 실록 편찬	1443 훈민정음 창제	1555 을묘왜변
1304 대성전(국학) 건립	1391 과전법 제정	1416 4군 설치	1446 훈민정음 반포	1592 임진왜란(~1598)
1309 소금 전매제 시행	1392 고려 멸망, 조선 건국	1420 집현전 확장	1466 직전법 실시	한산도 대첩(이순신)
1314 만권당 설치	1394 한양 천도	1436 6진 설치	1485 경국대전 완성	1593 행주 대첩(권율)

1300	**1400**	**1500**

1302 프랑스, 삼부회 성립	1356 황금 문서 발표	1405 정화, 남해 원정	1450 구텐베르크, 활판 인	1517 루터, 종교 개혁
1309 교황, 아비뇽 유폐	1368 원 멸망, 명 건국	(1433)	쇄술 시작	1519 마젤란, 세계 일주(~1522)
1321 단테, 신곡 완성		1429 잔 다르크, 영국군	1453 비잔티움 제국 멸망	1524 독일의 농민 전쟁
1338 일본, 무로마치 막부		격파	1455 장미 전쟁(~1485)	1536 칼뱅, 종교 개혁
성립			1492 콜럼버스, 아메리카	1562 위그노 전쟁(~1598)
영국 · 프랑스,			항로 개척	1588 영국, 무적 함대 격파
백년 전쟁(~1453)			1498 바스코 다 가마,	1598 낭트 칙령 발표
			인도 항로 개척	1600 영국, 동인도 회사 설립

원(元, 1271~1368)	명(明, 1368~1644)

가마쿠라(鎌倉) 막부 시대(1192~1333)	무로마치(室町) 막부 시대(1338~1573)	센코쿠(戰國) 시대(1467~1590)

사 회	근 대 사 회

우리 나라	조 선 시 대

주요 사항

1608 대동법 실시(경기도)			1801 신유박해
1609 기유약조 체결(일본)	1645 소현 세자, 서양 서적 전래		황사영 백서 사건
1610 허준, 동의보감 완성	1653 하멜, 제주도 표착	1708 대동법, 전국 확대 시행	1810 이규경, 오주연문장전산고
1623 인조반정	김육, 시헌력 도입	1712 백두산 정계비 건립	저술
1624 이괄의 난	1658 나선 정벌(2차)	1725 탕평책 실시	정약용, 아방강역고 저술
1627 정묘호란	1659 대동법 실시(호서 지방)	1750 균역법 실시	1811 홍경래의 난
1628 벨테브레, 제주도 표착	1662 제언사 설치	1763 고구마 전래	1823 비변사, 서얼 허통 건의
1631 정두원ㆍ천리경ㆍ자명종,	1678 상평통보 주조	1776 규장각 설치	1831 천주교 조선 교구 설치
화포 등 전래	1696 안용복, 독도에서 일본어	1785 대전통편 완성	1832 영국 상선 암허스트호 통
1636 병자호란	민 축출	1786 서학 금함	상 요구

연대

1600	1700	1800

주요 사항

1603 일본, 에도 막부 성립	1642 영국, 청도교 혁명	1740 오스트리아 계승 전쟁	1814 빈 회의(~1815)
1616 후금 건국	1644 청, 중국 통일	1762 루소, 사회계약론 발표	1830 프랑스, 7월 혁명
1618 독일, 30년 전쟁(~1648)	1651 크롬웰, 항해 조례 발표	1765 와트, 증기 기관 발명	1832 영국, 선거법 개정
1628 영국, 권리 청원 제출	1688 영국, 명예 혁명	1776 미국, 독립 선언 발표	
	1689 네르친스크 조약 체결	1789 프랑스 혁명, 인권 선언	
	영국, 권리 장전 발표		

중국	명(明)	청(淸, 1616~1911)
일본		에도(江戶) 막부 시대(1603~1687)
서양	근	대

조　선　시　대

	1863 고종 즉위, 흥선 대원군 집권		1878 일본 제일 은행, 부산에 지점 설치
	1864 동학 교조 최제우, 처형		1879 지석영, 종두법 실시
	1865 경복궁 중건		1880 수신사 파견
1836 금 · 은광 잠채 금지	1866 병인박해		1881 영남 만인소
1839 기해박해	미국 상선 제너럴 셔먼호 사건	1869 흥인지문, 개축 완료	조사 시찰단 파견
1860 최제우, 동학 창시	병인양요	1871 신미양요, 척화비 건립	영선사 파견
1861 김정호, 대동여지도 제작	1867 육전조례 간행	1873 고종, 친정 선포	별기군 창설
1862 임술 농민 봉기	1868 독일 상인 오페르트,	1875 운요호 사건	최시형, 동경대전 간행
삼정이정청 설치	남연군 묘 도굴	1876 강화도 조약 체결	

1840 아편 전쟁(~1842)	1863 링컨, 노예 해방 선언	1869 수에즈 운하 개통	1878 독일, 사회주의자 진압법 제정
1848 프랑스, 2월 혁명	1864 국제 적십자사 창립	1870 프로이센 · 프랑스 전쟁(~1871)	1879 독일, 오스트리아 동맹 결성
1850 중국, 태평 천국 운동	제1 인터내셔널 성립	1871 독일 통일	1881 러시아, 알렉산드로 2세 암살
1858 인도, 무굴 제국 멸망	1865 멘델, 유전 법칙 발견	트로이 유적 발굴	
1860 베이징 조약 체결	1866 프로이센 · 오스트리아 전쟁	1872 삼제 동맹(독일 · 오스트리아 ·	
1861 이탈리아 왕국 성립	1867 북독일 연방 성립	러시아) 성립	
미국, 남북전쟁(~1865)	1868 일본, 메이지 유신	1873 독일, 문화 투쟁	
1862 중국, 양무 운동 추진		1875 영국, 수에즈 운하 주권 매수	
		1876 미케네 유적 발굴	
		1877 인도 제국 성립	

청(淸, 1616~1911)

메이지(明治) 시대(1868~1912)

사　　　　　　　　　회

우리 나라	조 선 시 대

주요 사항

1882 조·미 수호 통상 조약 체결			1892 명동 성당 착공
조·영 수호 통상 조약 체결		1886 노비 세습제 폐지	1893 동학 교도, 보은 집회
임오군란	1884 우정총국 설치	육영 공원 설립	전화기 도입
조·청 상민 수륙 무역 장정 체결	갑신정변	1887 조선 전보 총국 설치	1894 동학 농민군, 백산 봉기
1883 한성 순보 발간	1885 거문도 사건(~1887)	상공 회의소 설립	교정청 설치
전환국 설치	서울·인천 간 전신 개통 1889 방곡령 선포		갑오개혁
원산 학사 설립	알렌, 광혜원 설립	기선 회사 설립	홍범 14조·독립 서고문 발표

연대

1800

주요 사항

1882 삼국 동맹 성립(독일·오스	1884 청·프랑스 전쟁	1887 프랑스령 인도차이나 성	1893 디젤 기관 발명
트리아·이탈리아,)	(~1885)	립	1894 청·일 전쟁(~1895)
	1885 청·일, 톈진 조약 체결	1889 일본, 제국 헌법 공포	쑨원, 흥중회 조직
	인도, 국민 회의 창립	1890 영국, 남아프리카공화국	
		식민 지배	

중국	청(淸, 1616~1911)
일본	메이지(明治) 시대(1868~1912)
서양	근 대

대 한 제 국 시 대

1895 을미 개혁

유길준, 서유견문 저술 　 1897 대한 제국 성립

삼국 간섭 　 1898 만민 공동회 개회

김홍집 내각 성립(3차) 　 최시형 처형

을미사변 　 독립 협회, 관민 공동회 개최,

1896 태양력 사용 　 독립 협회 해산

이관 파천 　 1899 대한국 국제 반포, 경인선 개통

독립 신문 발간 　 1900 만국 우편 연합 가입

독립 협회 설립

1901 금 본위제 채택

1902 서울·인천 간 전화 개통

경의선 철도 가공식

하와이 이민 시작 　 1905 화폐 정리 사업 실시

1903 YMCA 발족 　 경부선 개통

1904 한·일 의정서 체결 　 헌정 연구회 조직

원산·인천 간 전화 개통 　 을사늑약 체결

보안회, 황무지 개간권 요구에 반대운동 　 을사의병

베델·양기탁, 대한 매일 신보 창간 　 서전 서숙 설립(간도)

제1차 한·일 협약 조인 　 1906 통감부 설치

1900

1895 시모노세키 조약 체결 　 1897 독일군, 자오저우 만 점령 　 1902 영·일 동맹 　 1905 제1차 모로코 사건

뢴트겐, X선 발견 　 1898 청, 변법 자강 운동 추진 　 1903 라이트 형제, 비행기 발명 　 포츠머스 강화 조약 체결

마르코니, 무선 전신 발명 　 파쇼다 사건 　 포드, 자동차 회사 설립 　 쑨 원, 중국 혁명 동지회 결성

1896 제1회 올림픽 대회 　 퀴리 부처, 라듐 발견 　 1904 러·일 전쟁(~1905) 　 인도 국민회의, 4대 강령 발표

1899 보어 전쟁 　 1906 샌프란시스코 대지진

헤이그 만국 평화 회의 개최 　 미국, 세계 최초의 라디오 방송

청(淸, 1616~1911)

메이지(明治) 시대(1868~1912)

사 　 회

우리 나라	대 한 제 국 시 대		일 제 강 점 기	

주요 사항

	1908 서울 진공 작전 전개	1910 안중근, 뤼순 감옥에서	
1907 국채 보상 운동	삼림법 공포	순국	1912 조선 태형령 시행
헤이크 특사 파견	장인환·정명운, 스티븐스	경학사·신흥 강습소 설치	경찰범 처벌 규칙 시행
국문 연구소 설치	사살	13도 의군 결성	독립 의군부 조직
고종 황제 퇴위	월간지 소년 창간(최남선)	국권 피탈	1913 대한인 부인회 조직(하와이)
한·일 신협약(정미 7조약) 조인	동양 척식 주식 회사 설립	조선 총독부 설치	안창호, 흥사단 조직
신문지법 공포	1909 나철, 대종교 창시	회사령 공포,	왕십리선 전차 운행
군대 해산 조칙 발표	박은식, 유교 구신론 발표	토지 조사 사업(~1918)	1914 이상설, 대한 광복군 정부 수립
간도, 출장소 개설	일본, 청과 간도 협약 체결	1911 토지 수용령 공포	박용만, 국민 군단 조직
순종 황제 즉위	안중근, 이토 히로부미 사살	105인 사건	경원선 개통

연대

1900

주요 사항

1907 삼국 협상 성립	1908 이란, 페르시아 유전 발견	1910 핼리 혜성 출현	1912 중화 민국의 성립
피카소, 아비뇽의 여인들 완성	제4회 런던 올림픽 개최	1911 이탈리아·터키 전쟁	제1발칸 전쟁 발발
프랑스, 헬리콥터 최초 비행	청, 서태후 사망, 선통제	중국, 신해 혁명	미국, 윌슨 대통령 당선
	즉위	아문센, 남극 탐험	1914 제1차 세계 대전(~1918)
	1909 피어리, 북극 탐험		파나마 운하 개통

중국	청(淸, 1610~1911)	중화 민국(中華民國, 1912~1949)
일본	메이지(明治) 시대(1868~1912)	다이쇼(大正) 시대(1912~1926)
서양	근	대

일 　 제 　 강 　 점 　 기

			1922 조선 민립 대학 기성 준비회 조직
		1920 조선 일보 · 동아 일보 창간	안창남, 모국 방문 기념 비행
1915 한일 은행 개점	1919 창조 창간	봉오동 전투, 청산리 대첩	어린이날 제정
1916 박중빈, 원불교 창시	2 · 8 독립 선언(일본 동경)	개벽 창간	1923 국민 대표회 개최(상하이)
세브란스 의학 전문 학교	3 · 1 운동	조선 물산 장려회 창립 총회	김상옥 의거
개교	대한 민국 임시 정부 수립	간도 참변	신채호, 조선 혁명 선언서 작성
1917 한강 인도교 준공	제암리 학살 사건	1921 대한 독립 군단 조직	조선 물산 장려회 창립 총회
1918 서당 규칙 공포 시행	강우규 의거	김익상 의거	형평사 창립
신한 청년당 조직(상하이)	대한 애국 부인회 조직	조선어 연구회 창립	조선 교육회 설립

1915 독일 비행선, 런던 공습	1919 파리 강화 회의 개최	1920 국제 연맹 성립	1922 국제 사법 재판소 설립
독일, 최초 금속제	간디, 비폭력 저항 운동 개시	미국, 금주법 시행	이집트, 독립 선언
비행기 등장	중국, 5 · 4운동 전개	국제 연맹 총회(제네바)	이탈리아, 무솔리니 내각 성립
1916 영국군, 세계 최초 탱크 사용	독일, 바이마르 헌법 제정	1921 중국 공산당 결성	1923 일본, 관동 대지진 발생
1917 러시아, 2월 혁명 · 10월 혁명		워싱턴 회의 개최	
1918 미국 윌슨 대통령, 14개조 평			
화 원칙 발표			

중화 민국(中華民國, 1912~1949)

다이쇼(大正) 시대(1912~1926)

사 　 　 회

우리 나라	일		제	

주요 사항

	1927 신간회 조직	1931 조선어 학회 설립	
	경성 방송국 개국	신간회 해소	1933 한글 맞춤법 통일안 제정
	1928 한국 독립당 조직	동아 일보, 브나로드	1934 진단 학회 조직
	1929 원산 노동자 총파업	운동 전개	과학 지식 보급회 조직
1924 신민부 조직	국민부 조직	만보산 사건	1935 민족 혁명당 조직
1925 정의부 조직	조선 일보, 문자 보급	김구, 한인 애국단 조직	한국 국민당 조직
조선사 편수회 설치	운동 전개	1932 이봉창 의거	1936 손기정, 베를린 올림픽 대회
1926 경성 제국 대학 개설	광주 학생 항일 운동	윤봉길 의거	마라톤 우승
6 · 10 만세 운동	1930 황해선 개통	쌍성보 · 영릉가 전투	동아일보 일장기 삭제 사건
나석주, 의거	관부 연락선 취항		안익태, 한국 환상곡 완성

연대

1900

주요 사항

1924 중국, 제1차 국공 합작	1927 린드버그, 대서양 횡단 성공	1931 만주 사변	1933 미국, 테네시 강 유역
몽골 인민 공화국 수립	1929 소련, 중화민국과 단교	1932 만주국 건국	개발 공사 설립
1926 장 제스, 북벌 시작	세계 경제 공황 발생		히틀러, 독일 총통에 취임
	호치민, 베트남 공산당 창설		중국, 대장정 시작
	제1회 월드컵 개최		1935 독일, 재군비 선언

중국	중화 민국(中華民國, 1912~1949)
일본	쇼와(昭和) 시대(1926~1989)
서양	근 대

강　　　점　　　기

	1940 창씨개명 강요		
1937 최현배, 우리 말본 간행	조선어 학회, 외래어 표기법		
총독부, 황국 신민 서사 제정	통일안 발표	1942 공출제 시행	
조선 의용대 조직	조선 일보·동아 일보, 강제	조선 의용대, 한국 광복군에 편입	1945 대한 민국 임시정부,
조선 민족 전선 연맹 결성	폐간	조선어 학회 사건	독일에 선전 포고
1938 한글 교육 금지	한국 광복군 창설	1943 징병제 공포	8·15 광복
국가 총동원법 공포	1941 대한 민국 임시 정부,	진단 학회 해산	여운형, 조선 건국 준비
근로 보국대 조직	대한 민국 건국 강령 발표	1944 미곡 공출제 실시	위원회 발족
1939 국민 징용령 공포	대한 민국 임시 정부, 대일 선	여자 정신대 근무령 공포	일본인 재산, 미군정청 귀속
국제 전화 개통(서울~상하이)	전 포고	여운형, 건국 동맹 조직	모스크바 3국 외상 회의 개최

1936 이탈리아, 에티오피아 병합	1940 삼국(독일, 이탈리아, 일본) 동맹	1942 일본, 미드웨이 해전 패배	1945 얄타 회담
독일·오스트리아 군사 협정	1941 독일, 제트 전투기 제작	스탈린그라드 공방전	독일·일본 항복
프랑코 쿠데타, 에스파냐 혁명	스탈린, 소련 수상에 취임	1943 이탈리아 항복	미국, 세계 최초 핵 실험 성공
1937 중·일 전쟁	대서양 헌장 발표	모스크바 3국(미·영·소) 외상 회의	포츠담 선언
중국, 제2차 국공 합작	태평양 전쟁(~1945)	카이로 선언	제2차 세계 대전 종결
난징 대학살		1944 노르망디 상륙 작전	유엔(UN) 성립
1939 독일, 제2차 세계 대전(~1945)			유네스코(UNRSCO) 발족
폴란드 침공			뉘른베르크 재판 시작

중화 민국(中華民國, 1912~1949)

쇼와(昭和) 시대(1926~1989)

사　　　　　회

우리 나라

대　　한　　민　　국

주요 사항

1946 미·소 공동 위원회 개최(1차)		1949 반민족 행위 특별	1951 1·4후퇴
이승만, 남한 단독 정부		위원회 발족	반민족 행위 처벌법
수립 주장(정읍 발언)	1948 김구, 남북 협상 제의	농지개혁법 공포	폐지에 관한 법률 공포
김규식·여운형, 좌우 합작위	제주 4·3사건	김구 피살	자유당 창당
원회 조직	5·10 총선거 실시	1950 농지 개혁 실시	1952 제1차 개헌(발췌 개헌)
1947 미·소 공동 위원회 개최(2차)	대한 민국 정부 수립	6·25 전쟁	정·부통령 선거
유엔 한국 임시 위원단 구성	반민족 행위 처벌법 제정	인천 상륙 작전	1953 반공 포로 석방
김구, 남한 단독 정부 수립반대	북한 정권 수립	9·28 서울 수복	휴전 협정 조인
성명 발표	여수·순천 10·19사건	중국군, 6·25 전쟁 참전	한·미 상호 방위 조약 조인

연대

1900

주요 사항

1946 제1차 유엔 총회 개최	1948 소련, 베를린 봉쇄	1949 북대서양 조약 기구	1952 미국, 수소 폭탄 실험 성공
ENIAC 탄생(세계 최초의	유엔 총회, 세계 인권 선언	(NATO) 성립	1953 영국 탐험 대원 힐러리,
전자 계산기)	채택	중화 인민 공화국	에베레스트 세계 최초 등정
국제 부흥 개발 은행		수립	
(IBRD) 발족		1950 미국, 애치슨 선언	
파리 평화 회의		유엔, 한국 파병 결의	
1947 미국, 마셜 플랜 발표			

중국　　중화 민국(中華民國, 1912~1949)

일본　　쇼와(昭和) 시대(1926~1989)

서양　　　현　　　　　　대

대 한 민 국

	1958 제4대 민의원 총선거		
	1959 경향 신문 폐간	1961 5 · 16 군사 정변	1964 6 · 3 시위
	진보당 사건 (조봉암 사형 집행)	서울 텔레비전 방송국	미터법 시행
1954 제3대 민의원 총선거	1960 3 · 15 부정 선거	(KBS-TV) 개국	1965 베트남 파병
농지 개혁법 기한 만료	4 · 19 혁명	1962 제1차 경제 개발 5 개년 계획	한일 협정 조인
제2차 개헌(사사오입 개헌)	제3차 개헌(내각 책임제 개헌)	공용 연호 서기로 변경	1966 한미 행정 협정 조인
1956 제3대 정부통령 선거 실시	제5대 민참의원 총선거	1963 부산시, 직할시로 승격	1967 과학 기술처 신설
진보당 창당(위원장 조봉암)	제4대 대통령 윤보선 취임	박정희 정부 수립	제6대 대통령 선거
1957 한글 학회, 우리말 큰사전 완간	장면 내각 성립	제6대 국회 의원 총선거 실시	제2차 경제 개발 5개년 계획

1954 노틸러스호(원자력 잠수함) 진수	1958 유럽 경제 공동체(EEC) 발족	1961 소련, 유인 인공 위성 발사	1964 중국, 원자 폭탄 실험 성공
인도차이나 휴전 성립	1959 쿠바 혁명, 카스트로 집권	1962 쿠바 봉쇄	중국, 문화 대혁명 시작(~1976)
동남아시아 조약 기구(SEATO)	달라이 라마, 인도 망명	1963 핵실험 금지 협정	1967 제3차 중동 전쟁
성립	남극 조약 조인		
1955 반둥 회의 개최			
1956 이집트, 수에즈 운하 접수			
헝가리 · 폴란드, 반공 의거			
1957 소련, 인공 위성 스푸트니크 1호			
발사 성공			

중화인민공화국(中华人民共和国, 1949~현재)

쇼와(昭和) 시대(1926~1989)

사 회

우리 나라	대 한 민 국

주요 사항

			1978 12해리 영해법 공포
			제2대 통일 주체 국민
1968 1·21사태			회의
북한, 푸에블로호 납치	1971 제7대 대통령 선거	1973 6·23 평화 통일 선언	대의원 선거 실시
향토 예비군 창설	무령왕릉 발굴	제1차 석유 파동	제9대 대통령 선거
중학 입시 제도 폐지	1972 제3차 경제 개발 5개년 계획	1974 긴급 조치 선포	자연 보호 헌장 선포
국민 교육 헌장 선포	7·4남북 공동 성명	서울 지하철 1호선 개통	1979 YH 무역 사건
1969 3선 개헌안 변칙 통과	제1차 남북 적십자 회담	1975 정부, 방위세 신설	부·마 민주화 운동
1970 새마을 운동 제창	베트남 주둔 국군 철수 개시	1977 제4차 경제 개발 5개년 계획	10·26 사태
경부 고속 국도 개통	10월 유신	수출 100억 달러 달성	12·12사태

연대

1900

주요 사항

1968 소련, 체코슬로바키아 민	1971 중국, 미국 탁구 팀 초청	1973 제4차 중동 전쟁	1978 미국·중국, 국교 수립
주화 운동 진압	중국, 유엔 가입	1975 베트남 통일	1979 이란, 이슬람교 혁명
1969 중·소 국경 분쟁	1972 닉슨, 중국 방문	1976 UN, 팔레스타인	중동 평화 조약 조인
서독, 할슈타인 원칙	아랍 게릴라, 뮌헨 올림픽	건국 승인안 채택	소련, 아프가니스탄 침공
폐기 결정	난입 테러	1977 동남아시아 조약 기구	
미국, 아폴로 11호 달 착륙	중·일 수교	(SEATO)해체	
1970 미국, 닉슨 독트린 발표			
일본 요도호 여객기 납치			
사건			

중국	중화인민공화국(中华人民共和国, 1949~현재)
일본	쇼와(昭和) 시대(1926~1989)
서양	현 대

대   한   민   국

		1987 박종철 고문 치사	
	1983 KBS, 이산 가족 찾기	4 · 13 호헌 조치 선언	1989 헝가리와 수교
	KAL기 피격	6월 민주 항쟁	1990 3당 합당(민정, 민주, 공화당)
1980 5 · 18민주화 운동	아웅산 사건	1988 한글 맞춤법 고시	소련과 국교 수립
KBS, 컬러 TV 첫 방영	1984 서울 지하철 2호선 개통	남극 세종 과학 기지	남북한 총리 회담 개최
언론기본법 공포	88올림픽 고속 국도 개통	준공	1991 남북한 유엔 동시 가입
1981 연좌제 폐지	1985 남북 고향 방문단 교류	노태우 정부 수립	국제 노동기구(ILO) 가입
전두환 정부 수립	1986 서울 아시아 경기 대회	제24회 서울 올림픽	1992 인공 위성 우리별 1호 발사
1982 야간 통행 금지 해제	남극 조약 가입	대회 개최	중국과 국교 수립

1980 이란 · 이라크 전쟁	1983 미국, 유네스코 탈퇴	1987 미 · 소, 전략무기감축	1989 독일, 베를린 장벽 붕괴
폴란드 자유 노조 출범	1984 영국 · 중국, 홍콩 반환	협상 조인	루마니아, 공산 독재 정권 붕괴
1981 미국, 왕복 우주선	협정 조인	1988 이란 · 이라크 종전	중국, 천안문 사태
콜롬비아호 발사	1985 멕시코시티 대지진	PLO 독립 선포	1990 독일 통일
1982 제1회 뉴델리 회의	1986 필리핀 민주 혁명		1991 발트 3국(에스토니아, 리투아
			니아, 리트비아) 독립
			독립 국가 연합(CIS) 탄생
			남아프리카 공화국, 인종 차별
			정책 폐지

중화인민공화국(中华人民共和国, 1949~현재)

헤이세이(平成) 시대(1989~현재)

사   회

우리 나라	대 한 민 국			

주요 사항

1993 김영삼 정부 성립
   금융 실명제 실시
1994 북한, 김일성 주석 사망
1995 지방 자치제 실시
   유엔 평화 유지 활동
   (PKO)
   한국, UN 안보리
   비상임 이사국 피선
1996 경제 협력 개발 기구
   (OECD)가입

1997 IMF 구제 금융 요청
   제15대 대통령 선거
1998 김대중 정부 성립
1999 우리별 3호 인공위성 발사
2000 6 · 15남북 공동 선언
   제3차 ASEM 개최
   김대중 대통령 노벨평화상
   수상

2001 남북한, 이산가족 서신
   교환
2002 2002 월드컵 한일 공동
   개최
   제16대 대통령 선거 실시
2003 노무현 정부 출범
   대구 유니버시아드
   대회 개최
2004 이라크 파병
2005 APEC 정상 회의 개최

2007 한 · 미 자유 무역 협정
   (FTA) 체결
   남북정상회담 개최(2차)
2008 호주제 폐지
   이명박 정부 출범
2010 천안함 피격 사건
   연평도 포격 사건
2013 박근혜 정부 출범

연대

1900　　　　　**2000**

주요 사항

1992 유고 연방 해체
   체코와 슬로바키아 분리
   독립
1993 우루과이 라운드 타결
   북미 자유 무역 협정 체
   결(NAFTA)
1994 이스라엘 · 요르단,
   평화 협정 체결
1995 세계 무역 기구(WTO)
   출범

1997 영국, 중국에 홍콩 반환
1999 유로(EURO) 체제 출범
   미국, 파나마 운하 반환
   포르투갈, 중국에 마카오
   반환

2001 미국 뉴욕 세계
   무역 센터 피폭
   미국, 아프가니스탄 공격
2003 미국 · 이라크
   전쟁

2008 오바마, 미국 제44대 대
   통령 당선

중국	중화인민공화국(中华人民共和国, 1949~현재)
일본	헤이세이(平成) 시대(1989~현재)
서양	현　대　사　회

3. 유네스코 등재 유산

세계 유산이란 유네스코가 인류의 소중한 문화 및 자연유산을 보호하기 위해 1978년 만든 것이다. 목적은 자연 재해나 전쟁 등으로 파괴의 위험에 처한 유산의 복구 및 보호활동 등을 통하여 보편적 인류 유산의 파괴를 근본적으로 방지함과 아울러, 문화유산의 보호를 위한 국제적 협력에 있다. 5천년의 유구한 역사를 지닌 대한민국도 소중한 문화를 가지고 있기에 적지 않은 문화 유산을 가지고 있다.(이하 서술은 문화재청 홈페이지를 정리한 것이다.)

1. 세계 유산

• 석굴암과 불국사 (1995)

석가탑과 다보탑

석굴암

석굴암과 불국사는 751년 신라 경덕왕 때 창건하여 774년에 완공하였다. 토함산 중턱에 위치한 석굴암은 인공석굴로 본존불인 석가여래불상 및 보살상, 제자상, 금강역사상, 사천왕상 등의 불상을 조각하였다. 특히, 주실 내에 봉안되어 있는 인도 굽타 양식의 본존불 석가여래불은 매우 아름답다.

불국사 입구의 연화교와 칠보교 조각은 아름답고 3층석탑인 석가탑은 각 부분의 비례와 균형이 알맞아 간결하다. 이어 옆에 있는 다보탑은 이형 석탑으로서 예술성이 매우 뛰어나다.

불국사

장경판전

• 해인사 장경판전 (1995)

13세기에 제작된 고려 대장경판 8만여 장을 보존하는 세계 유일의 대장경판 보관용 건물이다. 두 건물이 남북으로 나란히 배치되어 통풍의 원활, 방습의 효과, 실내 적정 온도의 유지, 판가의 진열 장치 등이 매우 과학적, 합리적으로 되어 있다. 1488년 조선 초기에 건립된 후 한 번도 화재나 전란 등의 피해를 입지 않아 원형을 그대로 유지하고 있다.

• 종묘 (1995)

종묘는 조선 역대 왕과 왕비 및 추존된 왕과 왕비의 신주를 모신 유교사당이다. 1394년 한양으로 도읍을 옮긴 그해 12월에 착공하여 이듬해 9월에 완공하였다. 정전을 비롯하여 별묘인 영녕전과 전사청, 재실, 향대청 및 공신당, 칠사당 등의 건물이 있다. 현재 정전에는 19실에 49위, 영녕전에는 16실에 34위의 신위가 모셔져 있고, 공신당에는 공신 83위가 모셔져 있다. 정면이 매우 긴 형식의 희귀한 건축유형이다.

종묘

• 창덕궁 (1997)

1405년 경복궁의 이궁으로 지어고 광해군이 정궁으로 사용한 후부터 1872년 경복궁을 중건할 때까지 258년 동안 역대 제왕이 정사를 보살펴 온 법궁이었다. 가장

인정전

주합루(규장각)

오래된 궁궐 정문인 돈화문, 신하들의 하례식이나 외국사신의 접견 장소로 쓰이던 인정전, 국가의 정사를 논하던 선정전과 왕가 일족이 거처하는 희정당, 침전공간이었던 대조전 등이 있다. 특히 왕들의 휴식처로 사용되던 후원이 아름답다.

• 화성 (1997)

정조가 아버지 사도세자의 묘를 명당인 수원의 화산으로 이전하고, 이곳을 강력한 왕도정치의 실현을 위한 중심지이자 수도 남쪽의 국방 요새로 활용하기 위해 축성되었다. 1794년 1월에 착공하고 1796년 9

화서문과 공심돈

낙남헌

경주 남산 칠불암

황룡사지

월에 완공하였다. 축성시에 거중기, 녹로 등 새로운 기재를 고안·사용하였다. 부속 시설물은 일부인 낙남헌만 남아있다.

• 경주 역사 유적 지구 (2000)

신라 천년(B.C 57-AD 935)의 역사와 문화를 한눈에 파악할 수 있을 만큼 신라 수도 경주의 다양한 유산이 산재해 있는 종합 역사 지구이다. 남산 지구, 궁궐터 월성 지구, 고분군 분포지역인 대능원 지구, 황룡사 지구, 산성 지구 등 5군데로 구분된다.

• 고창·화순·강화 고인돌 유적 (2000)

고인돌 거석 문화의 대표적 산물로 전국적으로 약 3만여 기가 있다. 청동기 시대의 대표적 무덤 중 하나인 고인돌은 고창·화순·강화 등에 밀집되어 있다.

고창 지석묘 무리

화순 고인돌 무리

강화 고인돌

제주 성산 일출봉

• 제주 화산섬과 용암동굴 (2007)

세계유산으로 지정된 지역은 한라산, 성산 일출봉, 거문오름용암동굴계 등 3개이다.

• 조선 왕릉 (2009)

조선시대의 왕릉은 당시 국가통치 이념인 유교와 그 예법에 근거하여 시대에 따라 다양한 공간의 크기, 문인과 무인 공간의 구분, 석물의 배치, 기타 시설물의 배치 등이 특색을 띠고 있다. 특히 왕릉의 석물 중 문인석, 무인석의 규모와 조각양식 등은 예술성을 각각 달리한다. 공간은 속세의 공간인 진입 공간 (재실, 연못, 금천교), 제향 공간(홍살문, 정자각, 수복방), 그리고 성역 공간(비각, 능침공간)의 3단계로 구분되어 조성되었다.

건원릉(태조)

헌릉(태종, 원경왕후)

• 역사 마을 : 하회와 양동 (2010)

씨족마을은 조선 초기에 형성되기 시작하였고 조선 후기에는 전체 마을 중 약 80%를 점하게 되며, 오늘날까지 그 명맥을 유지하고 있다. 가장 대표적인 양반마을이면서 씨족마을은 안동 하회와 경주 양동에 있다. 두 마을에는 양반씨족마을의 대표적인 구성 요소인 종가, 살림집, 정사와 정자, 서원과 서당 등이 남아 있다.

안동 하회마을

경주 양동마을

2. 세계 기록 유산

•『훈민정음』(1997)

1443년 조선 세종이 그 당시 사용되던 한자를 많은 백성들이 배워 사용할 수 없는 사실을 안타까워하여 우리말의 표기에 적합한 문자체계(한글)를 완성하며 탄생했다. 훈민정음이란 뜻은 '백성을 가르치는 올바른 소리'란 뜻이다. 한글은 창제당시 28자로 오늘날에는 24자만 사용되는데, 배우고 사용하기에도 편리한 문자체계는 그 자체로도 독창적, 과학적이라고 인정되고 있다.

훈민정음 언해본

•『조선왕조실록』(1997)

조선의 태조로부터 철종까지 25대 472년간(1392-1863)의 장구한 역사를 연·월·일 순서에 따라 기록한 책으로 총1,893권 888책으로 되어 있는 방대한 양의 역사서이다. 세계적으로 그 유례가 없는 귀중한 역사 기록물로 실록을 편찬한 사관은 관직으로서의 독립성과 기술에 대한 비밀성을 제도적으로 보장받았다. 임진왜란과 병자호란을 거치면서 소실되기도 하였으나 그때마다 재출간하거나 보수하여 정족산, 태백산, 적상산, 오대산의 4사고(史庫)에 각각 1부씩 전하여 내려왔다.

조선왕조실록

•『직지심체요절』(2001)

고려 공민왕 때의 승려인 백운화상이 1372년에 저술한 것으로 청주 흥덕사에서 1377년 7월에 인쇄하였다. 여러 불서에서 선의 핵심을 깨닫는데 필요한 것만을 간추려 모은 것으로 금속 활자로 인쇄하였다. 조선 고종 때 주한 프랑스 대리공사였던 꼴랭 드 쁠랑시(Collin de Plancy)가 수집해간 장서에 포함되어 프랑스 국립도서관에 이관되어 오늘에 이르고 있다. 상·하 2권으로 되어 있으나, 현재 하권만이 유일하게 프랑스에 소장되어 있다.

직지심체요절

•『승정원일기』(2001)

승정원은 조선 정종 대에 창설된 기관으로 국가의 모든 기밀을 취급하던 국왕의 비서실이다. 1623년 3월부터 1910년까지의 국정 전반 기록 총 3,243책(글자 수 2억4천250만자)이 남아 있는데 세계 최대의 연대 기록물로 조선왕조실록, 일성록, 비변사등록과 함께 한국의 역사와 문화를 알리는 자료이다.

승정원일기

•『조선왕조 의궤』(2007)

조선 왕조의 유교적 국가의례를 중심으로 국가중요행사를 그림과 글로 체계적

조선왕조 의궤

으로 작성한 총 3,895여권의 방대한 분량의 기록물이다. 왕실의 생활상을 시각적으로 이해할 수 있는 귀중한 자료이다. 이런 시각 중심 형태의 기록 유산은 뛰어난 화원과 사관의 공동 작업을 통해서만 만들어질 수 있다.

• 『해인사 대장경판 및 제(諸) 경판』(2007)

대장경판

현재 세계에서 가장 오래된 불교 대장경판으로 산스크리트어에서 한역된 불교대장경의 원본 역할을 하고 있다. 해인사는 11세기 초기부터 한국의 출판 인쇄와 불교 문화를 이끌었던 곳으로, 오랜 시간에 걸쳐 완성된 경판들을 보관하고 있다. 고려대장경판은 초기 목판 제작술의 귀중한 자료이며 고려시대의 정치, 문화, 사상을 엿볼 수 있는 역사기록물이기도 하다. 경판 표면에는 옻칠이 되어 현재도 인쇄가 가능할 정도로 훌륭하게 보존되어 왔다.

• 『동의보감』(2009)

동의보감

선조 30년(1597) 임금의 병과 건강을 돌보는 어의 허준(1539〜1615) 선생이 선조의 명을 받아 중국과 우리나라의 의학 서적을 하나로 모아 편집에 착수하여 광해군 3년(1611)에 완성하고 광해군 5년(1613)에 간행한 의학 서적이다. 총 25권 25책으로 나무활자로 발행하였다. 이 책은 관직에서 물러난 뒤 16년간의 연구 끝에 완성한 한의학의 백과사전격인 책으로 중국과 일본에도 소개되었고, 현재까지 우리나라 최고의 한방의서로 인정받고 있다.

• 『일성록』(2011)

일성록

1760년(영조 36)에서 1910년(융희 4)까지 151년 동안의 국정 운영 내용을 매일매일 일기체로 정리한 국왕의 일기다. 왕의 관점에서 펴낸 일기의 형식을 갖추고 있으나 실질적으로는 정부의 공식적인 기록물이다. 필사본으로 한 질만 편찬된 유일본이며 총 2,329책으로 구성되어 있고 21개월분만 누락되어 있다.

• 『5·18민주화운동 기록물』(2011)

1980년 5월 18일부터 27일까지 광주를 중심으로 전개된 민주화를 요구하는 시민들의 일련의 활동과 이후에 이 사건의 책임자 처벌, 피해자 보상과 관련하여 기록되고 생산된 문건, 사진, 영상 등의 자료를 총칭한다. 5·18민주화운동은 한국의 민주화에 큰 전기가 되었다.

• 『난중일기』 (2013)

난중일기

임진왜란의 영웅 이순신이 1592년 1월 1일부터 1598년 11월 17일까지 7년 간의 군중 생활을 직접 기록한 친필 일기이다. 1595년의 을미일기를 뺀 총7책이 보존되어 전해오고 있다. 비록 개인의 일기 형식의 기록이지만, 전쟁 기간 중 해군의 최고 지휘관이 직접 매일 매일의 전투 상황과 개인적 소회를 현장감 있게 다루었다는 점에서 역사적으로나 세계사적으로 유례를 찾을 수 없는 기록물이다.

• 『새마을 운동 기록』 (2013)

대한민국 정부와 국민들이 1970년부터 1979년까지 추진한 새마을운동 과정에서 생산된 대통령의 연설문과 결재문서, 행정부처의 새마을 사업 공문, 마을단위의 사업서류, 새마을지도자들의 성공사례 원고와 편지, 시민들의 편지, 새마을 교재, 관련 사진과 영상 등 약 22,000여 건의 자료를 말한다.

5.18 민주화 묘역 부조

3. 인류 무형 유산

인간의 창조적 재능의 걸작으로서 뛰어난 가치를 지닌 문화사회의 전통에 근거한 구전 및 무형유산으로는 언어, 문학, 음악, 춤, 놀이, 신화, 의식, 습관, 공예, 건축 등이 있다.

종묘제례

• 종묘 제례 및 종묘 제례악 (2001)

종묘제례란 종묘에서 행하는 제향의식으로, '종묘대제(宗廟大祭)'라고도 한다. 종묘제례는 왕실에서 거행되는 국가 제사이다. 종묘제례악은 종묘에서 제사를 드릴 때 의식을 장엄하게 치르기 위하여 연주하는 기악·노래·춤을 말한다. 국가를 세우고 발전시킨 왕의 덕을 찬양하는 내용으로 되어 있으며, 춤이 곁들여 진고 타악기, 현악기 등 여러 악기가 연주된다.

판소리

• 판소리 (2003)

한 명의 소리꾼이 고수(북치는 사람)의 장단에 맞추어 소리(창), 아니리(말), 너름새(몸짓)를 함께 하는 것으로, '판'과 '소리'의 합성인데, '많은 청중들이 모인 놀이판에서 부르는 노래'라는 뜻을 가지고 있다. 전라도 지방을 중심으로 넓은 지역에 전승되어 지역에 따라 동편제, 서편제, 중고제로 나뉜다. 처음에는 판소리 열두마당이라 하여 그 수가 많았으나 후에 예술적으로 다듬어져 판소리 다섯마당으로 정착되었다. 삶의 희로애락을 해학적으로 표현하고 청중도 참여한다는 점에서 가치가 크다.

강릉 농악

강릉 관노놀이(가면극)

• 강릉 단오제 (2005)

단오(음력 5월 5일)는 보리 수확과 모 심기가 끝난 뒤 풍농을 기원하는 농경사회의 명절이다. 강릉단오제는 음력 4월부터 5월초까지 한 달에 걸쳐 강릉시를 중심으로 벌어지는 대한민국 최대 규모의 전통축제로 유교, 무속, 불교, 도교를 바탕으로 한 제례와 단오굿, 가면극, 농악, 농요 등 다양한 의례와 공연은 뛰어난 예술성을 보여준다. 그네뛰기, 씨름, 창포머리감기, 수리취떡먹기 등 한국의 독창적인 풍속도 행해지고 있다.

• 강강술래 (2009)

우리나라의 대표적인 세기절기인 설, 대보름, 단오, 백중, 추석, 9월 밤에 연행되었으며 특히 팔월 추석날 밤에 대대적인 강강술래 판이 벌어졌다. 강강술래는 노래, 무용, 음악이 삼위일체의 형태로 이루어진 것으로 노래 잘하는 한 사람이 설소리를 하면 모든 사람들이 뒷소리를 받는 선후창의 형태로 노래되며, 노랫소리에 맞춰 많은 여성들이 손에 손을 잡고 둥글게 원을 그리며 춤을 춘다.

• 남사당놀이 (2009)

남사당놀이는 꼭두쇠(우두머리)를 비롯해 최소 40명에 이르는 남자들로 구성된 유랑연예인인 남사당패가 농어촌을 돌며, 주로 서민층을 대상으로 조선 후기부터 연행했던 놀이이다. 남사당놀이는 ① 풍자를 통한 현실비판성을 담고 있다. ② 놀이공간은 야외의 공간이면 어느 곳이나 가능하다. ③ 전문적 유랑 집단으로서, 각 마을에 들어가면 우선 마을제당에서 풍물을 치며 안녕과 풍요를 기원해 준다.

남사당놀이

• 영산재 (2009)

영산재는 49재(사람이 죽은지 49일째 되는 날에 지내는 제사)의 한 형태로, 영혼이 불교를 믿고 의지함으로써 극락왕생하게 하는 의식이다. 석가가 영취산에서 행한 설법회상인 영산회상을 오늘날에 재현한다는 상징적인 의미를 지니고 있다. 부처의 공덕을 찬양하기 위해 해금, 북, 장구, 거문고 등의 각종 악기가 연주되고, 바라춤·나비춤·법고춤 등을 춘다.

• 제주 칠머리당영등굿 (2009)

제주시 건입동의 본향당인 칠머리당에서 하는 굿이다. 굿날이 되면 건입동 주민뿐만 아니라 제주 시내의 어부와 해녀들도 참가한다. 그리고 각 가정에서 제사에 쓰일 음식을 차려서 당으로 가져온다. 매인심방이 징과 북, 설쇠 등의 악기 장단에 맞추어 노래와 춤으로 굿을 진행한다. 우리나라 유일의 해녀의 굿이라는 점에서 그 특이성과 학술적 가치가 있다.

• 처용무 (2009)

처용무란 처용 가면을 쓰고 추는 춤을 말한다. 궁중무용 중에서 유일하게 사람 형상의 가면을 쓰고 추는 춤으로, '오방처용무'라고도 한다. 통일 신라 헌강왕 때 살던 처용이 아내를 범하려던 역신(疫神 : 전염병을 옮기는 신) 앞에서 자신이 지은 노래를 부르며 춤을 춰서 귀신을 물리쳤다는 설화를 바탕으로 하고 있다.

처용무

가곡원류 1876년(고종 13) 박효관과 안민영
이 편찬한 노래책으로 『청구영언』·『해동가요』
와 더불어 3대 시조집으로 일컬어진다.

· 가곡 (2010)

관현반주(管絃伴奏)가 따르는 전통성악곡으로 시조(우리나라 고유의 정형시)에 곡을 붙여서 관현악 반주에 맞추어 부르는 우리나라 전통음악이다. 지금의 가곡은 조선 후기부터 나타난 빠른 곡인 삭대엽에서 파생한 것으로, 가락적으로 관계가 있는 여러 곡들이 5장형식의 노래 모음을 이룬 것이다.

· 대목장 (2010)

전통적으로 나무를 다루는 사람을 목장이라 하였는데, 이 목장 가운데 궁궐이나 사찰 또는 가옥을 짓고 건축과 관계된 일을 대목(大木)이라 불렀고, 그 일을 하는 장인을 대목장(大木匠)이라 불렀다. 설계, 이들은 시공, 감리 등 나무를 재료로 하여 집을 짓는 전 과정의 책임을 지는 장인이었다.

· 줄타기 (2011)

남사당 줄타기

공중에 맨 줄 위에서 노래와 재담을 하면서 갖가지 재주를 부리는 놀이이다. 줄 위를 마치 얼음지치듯 미끌어지며 나가는 재주라고 하여 '어름' 또는 '줄얼음타기'라고도 부른다. 줄타기 공연자들은 줄광대, 어릿광대, 삼현육각재비로 나누어진다. 줄광대는 주로 줄 위에서 갖가지 재주를 보여주고 어릿광대는 땅 위에 서서 줄광대와 어울려 재담을 한다. 삼현육각재비는 줄 밑 한편에 한 줄로 앉아서 장구, 피리, 해금 등으로 광대들의 동작에 맞추어 연주한다.

· 택견 (2011)

택견(수박)

택견은 우리나라 전통 무술의 하나로, 우쭉거려 생기는 탄력으로 상대방을 제압하고 자기 몸을 방어하는 무술이다. 고구려 고분벽화에 택견을 하는 모습이 그려져 있어 삼국시대부터 이미 택견이 행해졌음을 알 수 있다. 고려시대에는 수박이라 하여 무인들 사이에서 성행하는 무예로 발전되었다. 조선시대에는 대중화한 무술로 되어 무인뿐만 아니라 일반인들도 널리 행하게 되었다.

· 한산 모시짜기 (2011)

충청남도 서천군 한산 지역에서 만드는 모시는 다른 지역에 비해서 품질이 우수하며 섬세하고 단아하다. 한산 지역에서 모시짜기가 성행한 이유는 이 지역이 모시풀의 생장 조건에 적합하기 때문이다

모시

• 매사냥 (2012)

매를 훈련하여 야생 상태에 있는 먹이를 잡는 방식으로 4000년 이상 지속되고 있다. 매를 길들이기 위해서 방안에 가두어 키우는데, 이를 '매방'이라고 한다. 매를 길들이는 매 주인은 매방에서 매와 함께 지내며 매와 친근해지도록 한다. 매사냥은 개인이 아니라 팀을 이루어서 하며, 꿩을 몰아주는 몰이꾼(털이꾼), 매를 다루는 봉받이, 매가 날아가는 방향을 봐주는 배꾼으로 구성되고 있다.

매사냥

• 아리랑 (2012)

한국의 대표적인 민요로 '아리랑', 또는 그와 유사한 발음의 어휘가 들어 있는 후렴을 규칙적으로, 또는 띄엄띄엄 부르는 한 무리의 노래를 말한다. 가사가 일정하게 정해져 있지 않고 주제도 개방되어 있어 신분과 관계없이 자유롭게 노래할 수 있다는 특징을 가지고 있다. 태백산맥을 중심으로 발생된 아리랑은 정선 지역을 중심으로 점차 확산되어 한반도의 남서쪽인 전라남도의 진도, 남동쪽인 경상남도의 밀양 등지에서 전승 보존 단체가 결성되어 있다.

정선 아리랑

• 김장 문화 (2013)

김장은 약 3,000여 년 전부터 행하던 한국의 전통 문화 가운데 하나이다. 처음에는 침채·딤채라 하여 절임류 김치가 다수였다. 고려 때 이규보는『동국이상국집』에서 순무장아찌와 소금에 절인 김치에 대해 소개하고 있다. 이후 조선시대에 와서 다양화되었고 18세기에 간행된『증보 산림경제』에는 30여 가지의 김치를 소개하고 있다.

김장은 품앗이와 나눔 문화를 형성하는데 중요한 역할을 하였고, 현재 까지

김장박물관

도 행해지는 우리 문화의 소중한 전통이다. 아울러 우리 밥상에 밥, 국과 함께 없어서는 안될 주식으로 김치가 이해되어지고 있다.

4. 찾아보기

5. 참고문헌

강동진, 『일제의 한국침략정책사』, 한길사, 1985.

강만길, 『고쳐 쓴 한국현대사』, 창작과비평사, 2001.

강만길, 『조선 민족혁명당과 통일전선』, 화평사, 1991.

강만길, 『한국 독립 운동사』, 서해문집, 2008.

강재언, 『한국의 개화 사상』, 비봉출판사, 1981.

국립중앙박물관, 『고려 시대를 가다』, 국립중앙박물관, 2009.

국립중앙박물관, 『다시 보는 역사 편지 : 고려묘지명』, 국립중앙박물관, 2006.

국사편찬위원회, 『고등학교 국사』, 교육인적자원부, 2002.

국사편찬위원회, 『신편 한국사』 1-50권, 탐구당, 1994~1998.

국사편찬위원회, 『한민족 독립 운동사』, 1990.

권태억 외, 『자료 모음 근현대 한국 탐사』, 역사비평사, 2001.

김구, 『백범일지』, 소담출판사, 2002.

김두섭, 『미군정기 한국의 사회 변동과 사회사』, 한림대학교출판부, 1999.

김삼웅, 『안중근평전』, 시대의창, 2009.

김삼웅 편, 『사료로 보는 20세기 한국사』, 가람기획, 1997.

김운태, 『일본제국주의의 한국통치』, 박영사, 1988.

김인걸 외, 『한국현대사 강의』, 돌베개, 2000.

김인호 외, 『미래를 여는 한국의 역사』 2 고려편, 웅진지식하우스, 2011.

김종수, 『한국 독립 운동사 강의』, 한울아카데미, 2007.

김창순   김준엽, 『한국공산주의운동사 2』, 청계연구소, 1989.

김철준, 『사료로 본 한국 문화사』 고대, 일지사, 2000.

김한종 외, 『한국 근 · 현대사』, 금성출판사, 2005.

노경채, 『한국 독립당 연구』, 신서원, 1996.

대한민국 임시정부 청사관리처, 『도설 한국 독립 운동사』, 대한민국임시정부 청사관리처, 2002.

F.A. 매켄지, 『한국의 독립운동』, 집문당, 1999.

민두기, 『일본의 역사』, 지식산업사, 1988.

민속원, 『한국 역사 민속학 강의』 1, 민속원, 2010.

박환, 『20세기 한국 근현대사 연구와 쟁점』, 국학자료원, 2001.

박경식, 『일본제국주의의 조선지배』, 청아출판사. 1986.

박용운, 『고려사』 상, 하, 일지사, 1989.

박은식, 『한국독립운동지혈사』, 소명출판, 2008.

박찬승 편, 『한국 근현대사를 읽는다』, 경인문화사, 2010.

변태섭 · 신형식, 『한국사통론』, 삼영사, 2006.

서대숙 지음, 현대사연구회 옮김, 『한국 공산주의운동사 연구』, 이론과실천, 1989.

서중석, 『사진과 그림으로 보는 한국현대사』, 웅진지식하우스, 2009.

서중석, 『한국 현대 민족 운동 연구』, 역사비평사, 2002.

서중석, 『한국 현대사 60년』, 역사비평사, 2007.

송건호 외, 『해방 전후사의 인식』, 한길사, 2007.

송건호, 『한국현대사』, 두레, 1986.

송남헌, 『해방 3년사』 I II, 까치 글방, 1989.

송우혜, 『윤동주 평전』, 열음사. 1989.

신복룡, 『한국 분단사 연구』, 지문당, 2008.

신용하, 『한국 현대사와 민족문제』, 문학과지성사, 1990.

신용하, 『독립협회 연구』, 일조각, 1976.

신운용, 『안중근과 한국근대사』, 채륜, 2009.

신재홍, 『항일 독립 운동 연구』, 신서원, 1999.

신형식, 『고구려사』, 이화여자대학교출판부, 2003.

신형식, 『백제사』, 이화여자대학출판부, 1992.

신형식, 『신라 통사』, 주류성, 2004.

신형식, 『신라사』, 이화여자대학출판부, 1993.

신형식, 『한국 고대사의 새로운 이해』, 주류성, 2009.

신형식, 『한국의 고대사』, 삼영사, 1999.

역사문제연구소, 『한국 현대사의 라이벌』, 역사비평사, 1992.

역사학연구소, 『함께 보는 한국 근현대사』, 서해문집, 2004.

연세대학교 국학연구원, 『일제의 식민 지배와 일상생활』, 혜안, 2004.

염인호, 『김원봉 연구』, 창작과비평사, 1993.

염인호, 『조선의용군의 독립운동』, 나남출판, 2001.

원재훈, 『안중근, 하얼빈의 11일』, 사계절, 2010.

윤병식, 『한국 근대사론』, 지식산업사, 1985.

이광린, 『한국 근현대사 논고』, 일조각, 1999.

이기명, 『조선시대 관리임용과 상피제』, 백산자료원, 2007.

이기백, 『한국사신론』, 일조각, 1999.

이기웅, 『안중근 전쟁, 끝나지 않았다』, 열화당, 2010.

이기형, 『몽양 여운형』, 실천문학사. 1988.

이병희, 『뿌리 깊은 한국사, 샘이 깊은 이야기』 3, 솔출판사, 2004.

이사벨라 버드 비숍, 『한국과 그 이웃 나라들』, 살림출판사, 1994.

이성무, 『사료로 본 한국 문화사』 조선후기, 일지사, 1984.

이완범, 『해방 3년사』, 태학사, 2007.

이정식, 『여운형-시대와 사상을 초월한 융화주의자』, 서울대학교출판부, 2008.

이종범 외, 『자료 한국 근현대사 입문』, 혜안, 1995.

이종석, 『북한의 역사』1·2, 역사비평사, 2011.

이태진, 『사료로 본 한국 문화사』 조선전기, 일지사, 2000.

임경석 · 차혜영 외, 『개벽에 비친 식민지 조선의 얼굴』, 도서출판 모시는 사람들, 2007.

임종국, 『친일문학론』, 평화출판사, 1966.

정교 · 변주승 외 역, 『대한계년사』 1-10, 소명출판, 2004.

정재정, 『서울 근현대 역사 기행』, 혜안, 1998.

조동걸, 『한국 근현대사의 이해와 논리』, 지식산업사, 1998.

조동걸, 『한말 의병 연구』, 한국독립운동사연구소, 1989.

조순승, 『한국분단사』, 형성신서, 1983.

조영래, 『전태일 평전』, 돌베개, 1991.

지명관, 『한국문화사』, 삼민사, 1985.

진홍섭 외, 『한국 미술사』, 문예출판사, 2006.

차기벽 · 박충석 편, 『일본 현대사의 구조』, 한길사, 1987.

하원호 외, 『한국 근대 개화 사상과 개화 운동』, 신서원, 1998.

한국사특강편찬위원회, 『한국사 특강』, 서울대출판부, 2008.

한국역사연구회, 『한국사강의』, 한울아카데미. 1989.

한국역사연구회, 『고려 시대 사람들 어떻게 살았을까』 1 · 2, 청년사, 2005.

한국역사연구회, 『삼국 시대 사람들 어떻게 살았을까』, 청년사, 2005.

한국역사연구회, 『한국현대사』 4, 풀빛, 1991.

한국일보사, 『한국독립운동사 Ⅱ-중국 본토에서의 투쟁』, 한국일보사, 1988.

한국일보사, 『한국독립운동사 Ⅲ-국내에서의 투쟁』, 한국일보사. 1989.

한국학중앙연구원, 『한국 민족문화 대백과사전』, 한국학중앙연구원. 1991.

한상철·이영복, 『내가 쓰는 한국 현대사』, 우리교육, 2011.

한영우, 『다시 찾는 우리역사』, 경세원, 2001.

한우근 외, 『역주 경국대전』, 한국정신문화연구원, 1985.

허수열, 『개발 없는 개발』, 은행나무, 2005.

홍영기, 『대한 제국기 호남 의병 연구』, 일조각, 2004.

황현 · 임형택 외 역, 『매천야록』, 문학과 지성사, 2005.

〈참고 웹 사이트〉

고전번역원

국사편찬위원회

독립기념관

두산 백과사전

문화재청

서울대 규장각 한국학연구원

장서각

한국역사정보통합시스템

한국학중앙연구원

대표 필자

신형식   서울대학교 역사교육과 졸업
                단국대학교 대학원 사학 전공(문학박사)
                전 이화여자대학교 교수
                전 국사편찬위원회 위원
                현 서울시사편찬위원회 위원장

단원별 집필자

Ⅰ. 선사 문화와 국가의 형성   신형식 (서울시사편찬위원회)
Ⅱ. 고대 사회의 발전   신형식 (서울시사편찬위원회)
Ⅲ. 고려의 건국과 발전   장득진 (국사편찬위원회)
Ⅳ. 조선의 건국과 발전   이기명 (동국대 외래강사)
Ⅴ. 조선 후기 사회의 변화   홍순율 (한양대 부속 고등학교)
Ⅵ. 근대 사회의 전개   이경찬 (수주고등학교)
Ⅶ. 일제 강점과 독립 운동의 전개   최병도 (전 경기고등학교)
Ⅷ. 현대 사회의 발전   노성태 (광주 국제고등학교)

부록 정리 · 교정 · 윤문 · 시각 자료 선정

장득진 (국사편찬위원회)
이경찬 (수주고등학교)
이기명 (동국대 외래강사)

新 한국통사

펴낸이 ㅣ 최병식
펴낸날 ㅣ 2014년 2월 24일
펴낸곳 ㅣ 주류성 출판사
주소 ㅣ 서울특별시 서초구 강남대로 435(서초동 1305-5) 주류성빌딩 15층
전화 ㅣ 02-3481-1024(대표전화) 팩스 02-3482-0656
홈페이지 ㅣ www.juluesung.co.kr

값 35,000원

ISBN 978-89-6246-118-3 13910

한국사 연표

1

선사~조선 후기

고달사지 원종대사 혜진탑비 귀부·이수

한국사 연표

1

선사~조선 후기

법천사지 지광국사 현묘탑비

ⓒ장득진 한국역사문화교육연구회

한국사 연표

2

근·현대

독도

한국사 연표

2

근·현대

독립문

©장득진 한국역사문화교육연구회